Heinz Möhlmeier, Günter Nath

Allgemeine Wirtschaftslehre für steuer- und wirtschaftsberatende Berufe

13. Auflage

Bestellnummer 67730

■ Bildungsverlag EINS
westermann

Aus Gründen der besseren Lesbarkeit wird bei geschlechtsspezifischen Bezeichnungen i. d. R. nur die männliche Form gewählt.

Die in diesem Produkt gemachten Angaben zu Unternehmen (Namen, Internet- und E-Mail-Adressen, Handelsregistereintragungen, Bankverbindungen, Steuer-, Telefon- und Faxnummern und alle weiteren Angaben) sind i. d. R. fiktiv, d. h., sie stehen in keinem Zusammenhang mit einem real existierenden Unternehmen in der dargestellten oder einer ähnlichen Form. Dies gilt auch für alle Kunden, Lieferanten und sonstigen Geschäftspartner der Unternehmen wie z. B. Kreditinstitute, Versicherungsunternehmen und andere Dienstleistungsunternehmen. Ausschließlich zum Zwecke der Authentizität werden die Namen real existierender Unternehmen und z. B. im Fall von Kreditinstituten auch deren IBANs und BICs verwendet.

Die in diesem Werk aufgeführten Internetadressen sind auf dem Stand zum Zeitpunkt der Drucklegung. Die ständige Aktualität der Adressen kann vonseiten des Verlages nicht gewährleistet werden. Darüber hinaus übernimmt der Verlag keine Verantwortung für die Inhalte dieser Seiten.

service@bv-1.de
www.bildungsverlag1.de

Bildungsverlag EINS GmbH
Ettore-Bugatti-Straße 6-14, 51149 Köln

ISBN 978-3-427-**67730**-7

westermann GRUPPE

Inhaltsverzeichnis

1	**Rechtliche und soziale Rahmenbedingungen menschlicher Arbeit im Betrieb**	

1.1	**Wandel der Arbeitsbedingungen**	9
1.1.1	Entwicklung der Arbeitswelt	9
1.1.2	Rahmenbedingungen für Arbeit	10
1.1.3	Arbeitsschutz	11
1.1.3.1	Jugendarbeitsschutzgesetz	13
1.1.3.2	Arbeitszeitgesetz und Entgeltfortzahlungsgesetz	15
1.1.3.3	Mutterschutzgesetz (*MSchG*)	16
1.1.3.4	Elternzeit, Elterngeld und Kinderbetreuungskosten	19
1.1.4	Arbeitssicherheit	23
1.1.4.1	Unfallschutz	23
1.1.4.2	Sicherheits- und Gesundheitsschutzkennzeichnung	24
1.1.4.3	Sicherheitsregeln für Büroarbeitsplätze	25
1.2	**Berufsausbildung**	26
1.2.1	Duale Ausbildung	26
1.2.2	Rechtsgrundlagen der Berufsausbildung	28
1.2.3	Berufsausbildungsvertrag	33
1.2.4	Berufsausübung	35
1.3	**Aufgaben und Grundlagen des Arbeitsrechts**	36
1.3.1	Individualarbeitsrecht	40
1.3.1.1	Arbeitsvertragsrecht	40
1.3.1.2	Pflichten und Rechte aus dem Arbeitsverhältnis	41
1.3.1.3	Beendigung des Arbeitsverhältnisses	43
1.3.1.4	Besondere Formen des Arbeitsverhältnisses	54
1.3.1.5	Aushängepflichtige Gesetze und Verordnungen	57
1.3.2	Kollektivarbeitsrecht	57
1.3.2.1	Tarifverträge	60
1.3.2.2	Betriebsvereinbarungen	64
1.3.2.3	Tarifkonflikte	65
1.4	**Entlohnung der Arbeit**	69
1.4.1	Entlohnungsformen	69
1.4.2	Arbeitsbewertung	74
1.5	**Mitwirkung und Mitbestimmung der Arbeitnehmer**	74
1.5.1	Gesetzliche Grundlagen	74
1.5.2	Beteiligungsrechte auf der Ebene des Arbeitsplatzes	75
1.5.3	Beteiligungsrechte auf der Ebene des Betriebes	75
1.5.4	Beteiligungsrechte auf der Ebene der Unternehmensleitung	80
1.6	**Soziale Sicherung**	81
1.6.1	Entwicklung der Sozialpolitik	81
1.6.2	Zweige der sozialen Sicherung	82
1.6.2.1	Gesetzliche Krankenversicherung	86
1.6.2.2	Deutsche Rentenversicherung	90
1.6.2.3	Arbeitslosenversicherung	97
1.6.2.4	Gesetzliche Pflegeversicherung	101
1.6.2.5	Private Pflegeversicherung	103
1.6.2.6	Familienpflege	104
1.6.2.7	Gesetzliche Unfallversicherung	105
1.6.2.8	Sonstige staatliche Maßnahmen der sozialen Sicherung	108
1.6.2.9	Altersvorsorge	110
1.6.3	Meldepflichten	115
1.6.4	Risiken im Netz der sozialen Sicherheit	115
1.7	**Datenschutz und Datensicherheit**	116
1.7.1	Datenschutz	117
1.7.2	Datensicherheit	122

1.7.3	Zusammenhang zwischen Datenschutz und Datensicherheit	124
1.7.4	Elektronischer Rechtsverkehr mit Gerichten	124
1.8	**Gerichtsbarkeit**	124
1.8.1	Arbeitsgerichtsbarkeit	125
1.8.2	Sozialgerichtsbarkeit	127

2 Grundlagen des Wirtschaftens

2.1	**Bedürfnisse, Bedarf, Nachfrage**	133
2.2	**Güterangebot**	138
2.3	**Wirtschaften**	140
2.3.1	Grundprinzipien	141
2.3.2	Leitmaximen wirtschaftlichen Handelns	143
2.3.3	Wirtschaftsbereiche	146
2.3.4	Internationale Arbeitsteilung	147
2.4	**Produktionsfaktoren**	147
2.4.1	Arbeit	148
2.4.2	Boden, Umweltnutzung, Umweltressourcen	150
2.4.3	Kapital	152
2.4.4	Kombination der Produktionsfaktoren	156
2.4.5	Betriebliche Kennzahlen zur Messung der Effizienz des Faktoreinsatzes	158
2.5	**Wirtschaftskreislauf**	161
2.5.1	Wirtschaftssubjekte – Wirtschaftsobjekte	161
2.5.2	Einfacher Wirtschaftskreislauf	162
2.5.3	Erweiterter Wirtschaftskreislauf	165
2.6	**Inlandsprodukt und Volkseinkommen**	174
2.6.1	Das Inlandsprodukt – Maßstab des wirtschaftlichen Wohlstands	174
2.6.2	Wertschöpfung der Unternehmung	175
2.6.3	Wege der Inlandsproduktsberechnung	177
2.6.4	Vom Bruttoinlandsprodukt zum verfügbaren Einkommen	180
2.7	**Markt und Preisbildung**	184
2.7.1	Märkte und Marktformen	184
2.7.2	Bestimmungsgründe des Nachfrageverhaltens	187
2.7.3	Bestimmungsgründe des Anbieterverhaltens	191
2.7.4	Vollkommener Markt	193
2.7.5	Unvollkommene Märkte	195
2.7.6	Preisbildung	196
2.7.6.1	Angebot und Nachfrage als Preisbildungsfaktoren	196
2.7.6.2	Funktionen des Marktpreises	198
2.7.6.3	Anpassungsreaktionen bei Veränderungen von Angebot und Nachfrage	200
2.7.6.4	Eingriffe des Staates in die Preisbildung	202

3 Rechtliche Rahmenbedingungen des Wirtschaftens

3.1	**Rechtsgrundlagen**	213
3.1.1	Die Rechtsordnung als Bestandteil der Gesellschaftsordnung	213
3.1.2	Rechtsquellen	214
3.1.3	Rechtsprechung	215
3.1.4	Privatrecht und öffentliches Recht	217
3.1.5	Objektives und subjektives Recht	218
3.1.6	Dispositives und zwingendes Recht	219
3.1.7	Aufbau des Bürgerlichen Gesetzbuches	219
3.2	**Rechtssubjekte und Rechtsobjekte**	220
3.2.1	Rechtssubjekte	220
3.2.2	Geschäftsfähigkeit	223

3.2.3	Deliktsfähigkeit (Verschuldensfähigkeit)	229
3.2.4	Rechtsobjekte	230
3.2.5	Eigentum und Besitz	234
3.3	**Rechtsgeschäfte**	242
3.3.1	Arten und Zustandekommen von Rechtsgeschäften	242
3.3.2	Form der Rechtsgeschäfte	245
3.3.3	Nichtigkeit und Anfechtbarkeit von Rechtsgeschäften	249
3.3.4	Zustandekommen eines Vertrages	252
3.3.5	Vertragstypen des BGB	254
3.4	**Kaufvertrag**	255
3.4.1	Zustandekommen eines Kaufvertrages – Verpflichtungsgeschäft	257
3.4.2	Verbraucherverträge	259
3.4.2.1	Außerhalb von Geschäftsräumen geschlossenen Verträgen (AGV)	261
3.4.2.2	Fernabsatzverträge	262
3.4.2.3	Vertrag im elektronischen Geschäftsverkehr	263
3.4.2.4	Verbraucherdarlehen und Sonderformen	264
3.4.2.5	Verbraucherbauvertrag	266
3.4.2.6	Widerrufsrecht	267
3.4.3	Erfüllung	270
3.4.4	Besondere Lieferungs- und Zahlungsbedingungen	274
3.4.5	Leistungsstörungen bei der Erfüllung des Kaufvertrages	275
3.4.5.1	Pflichtverletzungen des Verkäufers (Schuldners)	276
3.4.5.2	Pflichtverletzungen des Käufers	285
3.5	**Mahn- und Klageverfahren**	292
3.5.1	Außergerichtliches Mahnverfahren	292
3.5.2	Inkassoverfahren	293
3.5.3	Gerichtliches Mahnverfahren	295
3.5.4	Klageverfahren	299
3.6	**Verjährung**	301
3.6.1	Zivilrechtliche Verjährungsfristen	302
3.6.2	Neubeginn und Hemmung der Verjährung	303

4 Grundzüge des Handelsrechts

4.1	**Überblick über das Handelsrecht**	309
4.2	**Gründung und Anmeldung der Unternehmung**	311
4.3	**Kaufmannseigenschaft**	315
4.3.1	Istkaufmann	318
4.3.2	Kannkaufmann/Optionskaufmann	318
4.3.3	Fiktivkaufmann/Scheinkaufmann	320
4.3.4	Formkaufmann	320
4.4	**Firmenrecht**	321
4.5	**Register**	326
4.5.1	Handelsregister	326
4.5.2	Andere öffentliche Register	332
4.5.3	Publizität in der Korrespondenz	334
4.6	**Mitarbeiter des Kaufmanns**	336
4.6.1	Nicht selbstständige Mitarbeiter	336
4.6.1.1	Handlungsgehilfe	336
4.6.1.2	Handlungsbevollmächtigter	337
4.6.1.3	Prokurist	339
4.6.2	Selbstständige Mitarbeiter	341
4.6.2.1	Handelsvertreter	341
4.6.2.2	Vertragshändler – Franchisenehmer	344
4.6.2.3	Kommissionär	344
4.6.2.4	Handelsmakler	346
4.6.2.5	Sonstige kaufmännische Hilfsgewerbe: Spediteur, Frachtführer, Lagerhalter	347

5 Unternehmensformen

5.1	Unternehmensbegriff	352
5.2	Übersicht über die Unternehmensformen	353
5.3	Gründe für die Wahl der Unternehmensform	354
5.4	Einzelunternehmung	356
5.5	Personengesellschaften	362
5.5.1	Gesellschaft bürgerlichen Rechts	363
5.5.2	Offene Handelsgesellschaft	373
5.5.3	Kommanditgesellschaft	391
5.5.4	Stille Gesellschaft	400
5.5.5	Europäische wirtschaftliche Interessenvereinigung (EWIV)	408
5.6	Kapitalgesellschaften	408
5.6.1	Gesellschaft mit beschränkter Haftung	412
5.6.1.1	Klassische Gesellschaft mit beschränkter Haftung (GmbH)	412
5.6.1.2	Unternehmergesellschaft – UG (haftungsbeschränkt)	428
5.6.2	Aktiengesellschaft (AG) nach deutschem Recht	432
5.6.3	Kommanditgesellschaft auf Aktien	449
5.6.4	Die Europäische Aktiengesellschaft – Societas Europaea (SE)	451
5.7	Eingetragene Genossenschaft (e. G.)	453
5.8	Mischformen	459
5.8.1	GmbH & Co. KG	459
5.8.2	GmbH & Co. OHG	466
5.8.3	GmbH mit Beteiligung eines atypischen stillen Gesellschafters	466
5.8.4	Betriebsaufspaltung	468
5.9	Organisationsformen für freie Berufe	471
5.9.1	Organisationsform für steuerberatende Berufe	471
5.9.2	Partnerschaftsgesellschaft	473
5.9.3	Partnerschaftsgesellschaft mit beschränkter Berufshaftung	478
5.10	Gesamtbetrachtung der Unternehmensformen	480

6 Finanzkrisen und Auflösung der Unternehmung

6.1	Notleidende Unternehmung	488
6.1.1	Merkmale und Ursachen	488
6.1.2	Folgen	489
6.2	Sanierung	490
6.2.1	Merkmale	490
6.2.2	Maßnahmen	490
6.2.2.1	Allgemeine Sanierung	490
6.2.2.2	Kapitalmäßige Sanierung	491
6.2.2.3	Steuerliche Folgen	493
6.3	Insolvenz	494
6.3.1	Arten des Insolvenzverfahrens	496
6.3.2	Unternehmensinsolvenz (Regelinsolvenz)	497
6.4	Freiwillige Liquidation	504
6.4.1	Auflösungsgründe	504
6.4.2	Ablauf des Liquidationsverfahrens	504
6.4.3	Steuerliche Folgen	505
6.5	Ansatzmöglichkeiten zur Früherkennung von Krisen	506

7 Investition und Finanzierung

7.1	**Investition**	509
7.1.1	Investitionsarten	509
7.1.2	Grundsatz der fristenkongruenten Finanzierung	511
7.2	**Finanzierungsarten**	512
7.2.1	Außenfinanzierung	512
7.2.2	Innenfinanzierung	516
7.3	**Sonderformen der Finanzierung**	524
7.3.1	Factoring	524
7.3.2	Leasing	528
7.3.3	Mitarbeiterbeteiligungen	534
7.4	**Kreditinstitute**	535
7.4.1	Aufgaben der Kreditinstitute	535
7.4.2	Arten der Kreditinstitute	536
7.5	**Kreditarten**	539
7.5.1	Kreditbegriff	539
7.5.2	Kreditvertrag – Kreditprüfung – Kreditleihe	540
7.5.3	Kontokorrentkredit	544
7.5.4	Ratenkredit	546
7.6	**Kreditsicherungen**	549
7.6.1	Personensicherheiten	550
7.6.2	Sachsicherheiten	553
7.6.2.1	Zession (Sicherungsabtretung, Forderungsabtretung)	553
7.6.2.2	Pfandrecht	556
7.6.2.3	Sicherungsübereignung	558
7.6.2.4	Eigentumsvorbehalt	561
7.6.2.5	Grundpfandrechte	563
7.6.3	Kreditversicherung	572

8 Grundzüge der Wirtschaftsordnung und Wirtschaftspolitik

8.1	**Ziele unternehmerischen Handelns im System der sozialen Marktwirtschaft**	579
8.2	**Bereiche der Wirtschaftspolitik**	581
8.3	**Konjunkturpolitik**	582
8.3.1	Konjunkturschwankungen	582
8.3.2	Ziele der Konjunkturpolitik	586
8.3.2.1	Preisniveaustabilität	586
8.3.2.2	Hoher Beschäftigungsstand	591
8.3.2.3	Außenwirtschaftliches Gleichgewicht	593
8.3.2.4	Quantitatives – qualitatives Wachstum	597
8.3.2.5	Zielkonflikte	599
8.3.2.6	Zielerweiterungen	600
8.3.3	Konjunkturpolitische Steuerungskonzepte	603
8.3.3.1	Fiskalpolitik – Nachfragesteuerung	603
8.3.3.2	Nachfragesteuerung– nachfrageorientierte Wirtschaftspolitik	604
8.3.3.3	Angebotssteuerung – angebotsorientierte Wirtschaftspolitik	606
8.3.4	Geldpolitik im Europäischen System der Zentralbanken	610
8.3.4.1	Europäische Wirtschafts- und Währungsunion	610
8.3.4.2	Europäisches System der Zentralbanken	612
8.3.4.3	Geldpolitische Instrumente der Europäischen Zentralbank (EZB)	619
8.3.4.4	Weitere Institutionen in Währungs- und Finanzfragen	627
8.4	**Wettbewerbspolitik**	628
8.4.1	Wirtschaftsordnung der Bundesrepublik Deutschland	629
8.4.2	Ordnungspolitische Rahmenbedingungen der Marktwirtschaft	630
8.4.3	Wettbewerb als „Motor" der Marktwirtschaft	632

8.4.4   Unternehmenskonzentration 633
8.4.5   Wettbewerbsrecht 640
8.4.6   Verbraucherschutz 643
8.5   Strukturpolitik 648
8.5.1   Infrastrukturpolitik 652
8.5.2   Umweltpolitik 653
8.5.3   Sektorale Strukturpolitik 656
8.5.4   Regionale Strukturpolitik 658
8.6   Idee und Wirklichkeit der sozialen Marktwirtschaft 659

Sachwortverzeichnis 663
Bildquellenverzeichnis 667

1 Rechtliche und soziale Rahmenbedingungen menschlicher Arbeit im Betrieb

1.1 Wandel der Arbeitsbedingungen

1.1.1 Entwicklung der Arbeitswelt

Im Verlauf seiner Entwicklung hat der Mensch stets versucht, seine Arbeit durch technische Hilfsmittel und organisatorische Maßnahmen produktiver zu gestalten.

Die Erfindung neuer Maschinen und Produktionsverfahren ermöglichte im 19. Jahrhundert den Übergang von den handwerklichen zu den industriellen Herstellungsverfahren und leitete den tief greifenden Wandel von einer **Agrar-** in eine **Industriegesellschaft** ein. Fabriken in den Städten ersetzten die alten Handwerksbetriebe. Die notwendigen Arbeitskräfte fanden sich in der vom Land in die Städte strömenden arbeitslosen Bevölkerung.

Die **Maschinisierung und Mechanisierung der Arbeitswelt** führte nicht nur zu einer grundlegenden Veränderung der traditionellen Arbeits- und Produktionsverfahren, sondern auch zu einer hochgradig arbeitsteiligen Wirtschaft mit industrieller Massenproduktion. Hierbei ist der Mensch der technischen Apparatur zugeordnet, er bedient die Maschine und stellt sich auf ihren Takt ein. Bei der **Fließbandarbeit** verrichtet er am vorbeilaufenden Werkstück bestimmte Handgriffe, meist nach vorgegebener Zeiteinteilung. Durch diese Produktionsweise wurde eine erhebliche Steigerung der Arbeitsproduktivität erreicht.

In der zweiten Hälfte des vergangenen Jahrhunderts stand die Entwicklung der industriellen Produktion im Zeichen der **Automatisierung des Arbeitsprozesses.** Unter der Automation versteht man technische Verfahren, die darauf abzielen, die Produktion von selbstständig arbeitenden Maschinen durchführen zu lassen. Menschliche Arbeit wird dadurch nicht überflüssig, aber sie ändert sich in ihrer Qualität und Quantität. Dem Menschen kommt vorrangig die Aufgabe der Planung, Lenkung und Kontrolle des Produktionsprozesses zu. Die aufgrund der Automation freigesetzten Arbeitskräfte finden zunehmend Beschäftigung im **Dienstleistungsbereich** der Wirtschaft.

Der Wandel in der Arbeitswelt blieb und bleibt nicht ohne Folgen für die soziale Situation des Menschen. Das anfängliche Fehlen sozialen Schutzes führte im 19. Jahrhundert zu gesellschaftlichen Missständen:

- mangelnde Fürsorge bei Krankheit und Arbeitslosigkeit,
- keine Alterssicherung,
- niedrige Masseneinkommen,
- Kinderarbeit,
- unzureichende Ernährung,
- schlechte Wohnverhältnisse.

Ausgehend von Zusammenschlüssen der Arbeiterschaft bildeten sich Mitte des 19. Jahrhunderts die **Gewerkschaften** und **politischen Parteien,** die eine Verbesserung der Arbeits- und Lebensbedingungen forderten.

Mithilfe einer entsprechenden Gesetzgebung gelang es nach und nach, die negativen Begleiterscheinungen und Fehlentwicklungen der Industrialisierung zu korrigieren. Heute ist der einzelne Arbeitnehmer durch eine umfangreiche **Arbeits- und Sozialgesetzgebung** geschützt.

1

Seit Ende des 20. und zu Beginn des 21. Jahrhunderts verändert sich die Arbeitswelt.

- Die Industriegesellschaft wandelt sich immer mehr zur Wissens- und Dienstleistungs-gesellschaft.
- Dienstleistungen werden Industrieprodukten immer mehr vorgeschaltet und nachgela-gert bzw. sie begleiten diese immer mehr.
- Die Globalisierung der Wirtschaft führt zu einem immer stärkeren Austausch von Gütern und Dienstleistungen auf internationaler Ebene und zu immer stärkeren Ver-zahnungen der Wirtschaften verschiedener Länder.
- Die Gesellschaft wird zunehmend pluralisiert. Gleichzeitig wird die Individualisierung im privaten und beruflichen Bereich zunehmen. Dies wird zu neuen Wertmaßstäben und zu Änderungen der sozialen Beziehungen führen.
- Aufgrund des Geburtenrückgangs wird sich zwangsläufig die Altersstruktur in den Unter-nehmen ändern. Weibliche und ausländische Mitarbeiter werden neue Zielgruppen für Arbeitgeber werden.

Beispiele:

- *Heute ist es bereits möglich, dass die Bestellung der Pizza über ein Callcenter z. B. in Indien erfolgt. Von dort wird die Bestellung an den örtlichen Lieferanten in Deutschland weitergeleitet.*
- *Callcenter aus der Ukraine befragen in Deutschland im Auftrag eines deutschen Unternehmens Kunden nach ihrer Kundenzufriedenheit.*

1.1.2   Rahmenbedingungen für Arbeit

Personalwirtschaft – man spricht auch von Personalwesen, Personalmanagement, Human Resource Management – befasst sich mit dem **Produktionsfaktor Arbeit**, d. h. der Gesamtheit der mitarbeiterbezogenen Gestaltungs- und Verwaltungsaufgaben im Unternehmen, insbesondere mit Einstellung, Einsatz, Entlohnung, Fort- und Weiterbildung sowie Ausscheiden von Arbeitskräften.

Seit einigen Jahren findet in allen Lebensbereichen ein Wertewandel statt. Werte wie Fleiß, Ordnung und Gehorsam stehen wieder gleichwertig neben Selbstentfaltungswerten wie freier Wille, Individualität und Flexibilität. Dieser Wertewandel verändert auch die Einstel-lungen gegenüber der Arbeit. Die Ansprüche an die beruflichen Fähigkeiten haben sich erhöht und qualitativ verändert.

Ziele der Personalwirtschaft sind insbesondere:

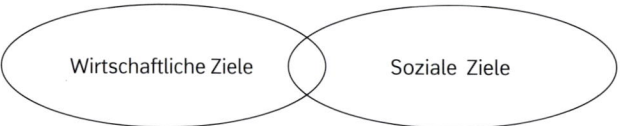

In einem Unternehmen sollten wirtschaftliche und soziale Ziele ausgewogen und in Abhän-gigkeit von der Konjunkturlage, der Auftragslage des Unternehmens und dem Beschäf-tigungsgrad am Arbeitsmarkt umgesetzt werden. Personalarbeit sollte so angelegt sein, dass die Schnittmenge zwischen wirtschaftlichen und sozialen Zielen möglichst groß ist.

- **Wirtschaftliche Ziele**
  beinhalten die Versorgung des Unternehmens mit geeigneten Mitarbeitern unter Berück-sichtigung ökonomischer Größen wie Gewinn, Marktanteil, Umsatz, Produktivität/Stei-gung der Arbeitsleistung, Rentabilität, Kostenminimierung:

1

> **Beispiele:**
> - *Steigerung der Mitarbeiterleistung durch Verbesserung des Leistungsprozesses und der Motivation,*
> - *Senkung der Personalkosten für die derzeitigen Mitarbeiter,*
> - *gut qualifizierte Mitarbeiter,*
> - *niedrige Personal- und Fehlbesetzungskosten,*
> - *geringe Fehlzeiten,*
> - *Abbau nicht zwingend benötigter Stellen.*

■ **Soziale Ziele**

Diese Ziele – auch humanitäre Ziele genannt – sind auf die Menschen im Betrieb und auf das Arbeitsumfeld ausgerichtet und dienen zur Erfüllung der Bedürfnisse und Erwartungen der Menschen.

> **Beispiele:**
> - *abwechslungsreiche und auf den Mitarbeiter ausgerichtete Gestaltung der Arbeitsaufgabe,*
> - *sichere und ergonomische Gestaltung des Arbeitsplatzes,*
> - *flexible und an den menschlichen Rhythmus angepasste Gestaltung der Arbeitszeit,*
> - *gerechte und angemessene Gestaltung der Personalentlohnung,*
> - *Fortbildung, Bildungsurlaub und Aufstiegschancen,*
> - *kooperative und gerechte Gestaltung der Personalführung,*
> - *Schaffung eines arbeitsförderlichen Betriebsklimas.*

Aufgaben der Personalwirtschaft sind insbesondere:

■ Personalstandanalyse, Personalbeschaffung, Personaleinsatz, Personalentwicklung, Personalkostenentwicklung, Personalbetreuung, Personalfreisetzung,

■ Personalführung und Personalcontrolling,

■ Personalpolitik durch Vorgabe von Leitlinien, Förderung, Nachwuchsentwicklung, Mitarbeiterbeurteilung, Auswahlkriterien,

■ Überwachung der Einhaltung von arbeits-, sozial- und sicherheitsrechtlichen Schutzrechten.

Die Leistungen der einzelnen Arbeitnehmer hängen insbesondere ab von

■ objektiven Bestimmungsgrößen wie Arbeitsgestaltung und Humanbeziehungen,

■ subjektiven Bestimmungsgrößen wie Kenntnissen, Fertigkeiten, Leistungsfähigkeit, Leistungswilligkeit, Leistungsdisposition, Leistungsmotivation durch Lob und Übertragung von Verantwortung, leistungsgerechter Entlohnung, beruflichem Vorwärtskommen.

1.1.3   Arbeitsschutz

> Unter dem Begriff **„Arbeitsschutz"** sind alle Maßnahmen für die Sicherheit und Gesundheit der Beschäftigten bei der Arbeit zu verstehen.

Zum Bereich Arbeitsschutz zählen insbesondere

■ die **Verhütung von Arbeitsunfällen**, Berufskrankheiten und arbeitsbedingten Gesundheitsgefahren,

■ die menschengerechtere **Gestaltung der Arbeit** und des Arbeitsplatzes, sichere Arbeitsstätten sowie der sicherheitsbewusste Umgang mit Gefahrstoffen,

■ Fragen der **Arbeitszeit** *(z. B. Sonn- und Feiertagsarbeit)* sowie

■ der **Schutz** besonders schutzbedürftiger Personengruppen *(z. B. Jugendliche, Schwangere).*

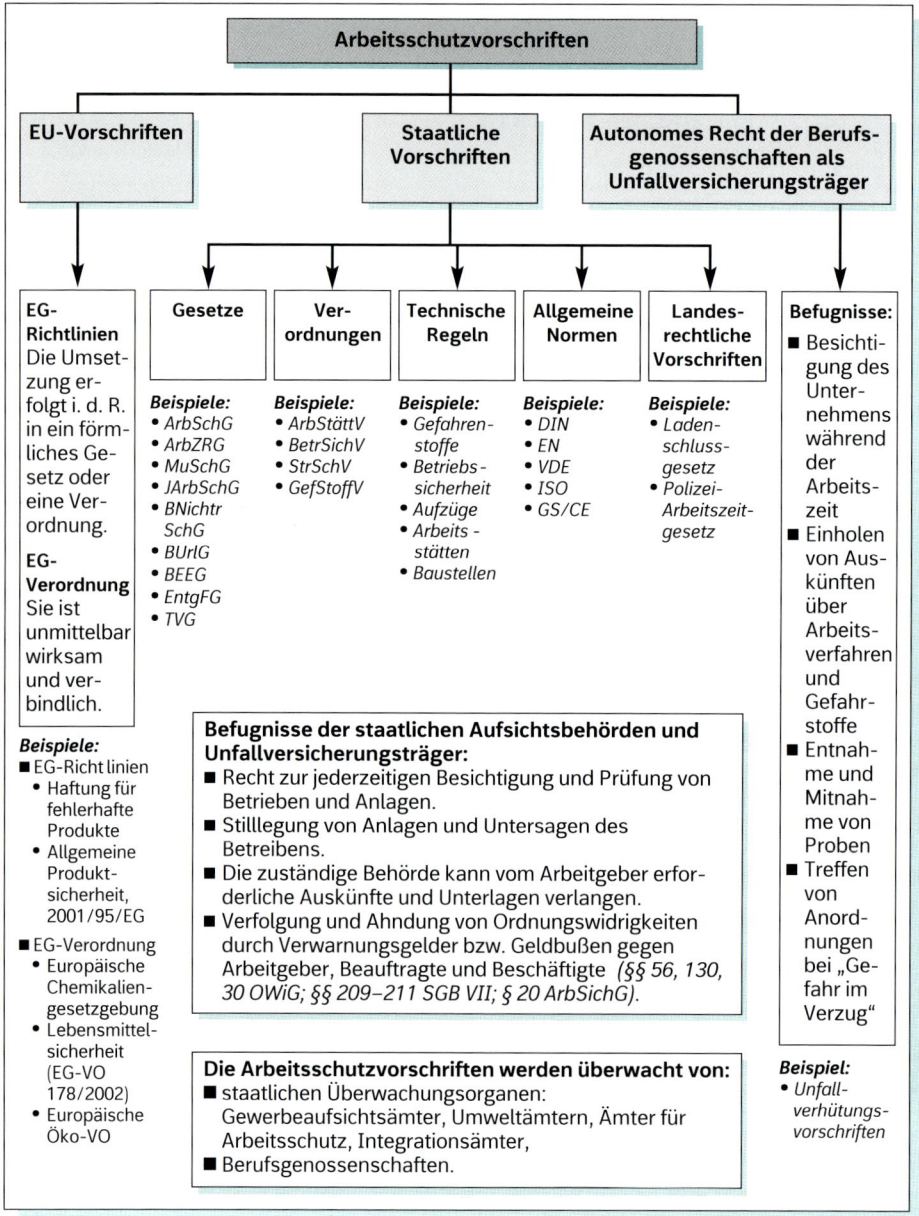

Arbeitsschutzvorschriften

EU-Vorschriften — **Staatliche Vorschriften** — **Autonomes Recht der Berufsgenossenschaften als Unfallversicherungsträger**

EG-Richtlinien
Die Umsetzung erfolgt i. d. R. in ein förmliches Gesetz oder eine Verordnung.

EG-Verordnung
Sie ist unmittelbar wirksam und verbindlich.

Beispiele:
■ EG-Richtlinien
• Haftung für fehlerhafte Produkte
• Allgemeine Produktsicherheit, 2001/95/EG

■ EG-Verordnung
• Europäische Chemikaliengesetzgebung
• Lebensmittelsicherheit (EG-VO 178/2002)
• Europäische Öko-VO

Gesetze

Beispiele:
• ArbSchG
• ArbZRG
• MuSchG
• JArbSchG
• BNichtrSchG
• BUrlG
• BEEG
• EntgFG
• TVG

Verordnungen

Beispiele:
• ArbStättV
• BetrSichV
• StrSchV
• GefStoffV

Technische Regeln

Beispiele:
• Gefahrenstoffe
• Betriebssicherheit
• Aufzüge
• Arbeitsstätten
• Baustellen

Allgemeine Normen

Beispiele:
• DIN
• EN
• VDE
• ISO
• GS/CE

Landesrechtliche Vorschriften

Beispiele:
• Ladenschlussgesetz
• Polizei-Arbeitszeitgesetz

Befugnisse:
■ Besichtigung des Unternehmens während der Arbeitszeit
■ Einholen von Auskünften über Arbeitsverfahren und Gefahrstoffe
■ Entnahme und Mitnahme von Proben
■ Treffen von Anordnungen bei „Gefahr im Verzug"

Beispiel:
• Unfallverhütungsvorschriften

Befugnisse der staatlichen Aufsichtsbehörden und Unfallversicherungsträger:
■ Recht zur jederzeitigen Besichtigung und Prüfung von Betrieben und Anlagen.
■ Stilllegung von Anlagen und Untersagen des Betreibens.
■ Die zuständige Behörde kann vom Arbeitgeber erforderliche Auskünfte und Unterlagen verlangen.
■ Verfolgung und Ahndung von Ordnungswidrigkeiten durch Verwarnungsgelder bzw. Geldbußen gegen Arbeitgeber, Beauftragte und Beschäftigte *(§§ 56, 130, 30 OWiG; §§ 209–211 SGB VII; § 20 ArbSichG)*.

Die Arbeitsschutzvorschriften werden überwacht von:
■ staatlichen Überwachungsorganen: Gewerbeaufsichtsämter, Umweltämtern, Ämter für Arbeitsschutz, Integrationsämter,
■ Berufsgenossenschaften.

Mit der Anmeldung eines Gewerbebetriebs oder einer freiberuflichen Tätigkeit erfolgt automatisch die Anmeldung bei der für die jeweilige Branche zuständigen Berufsgenossenschaft (BG).

Jeder Arbeitgeber ist für den Arbeits- und Gesundheitsschutz der Mitarbeiter verantwortlich (*§§ 3, 4 ArbSchG, § 2 GUV-V A1, § 618 BGB*).

Der betriebliche Arbeitsschutz verfolgt das Ziel, Sicherheit und Gesundheitsschutz der Beschäftigten bei der Arbeit zu gewährleisten und zu verbessern.

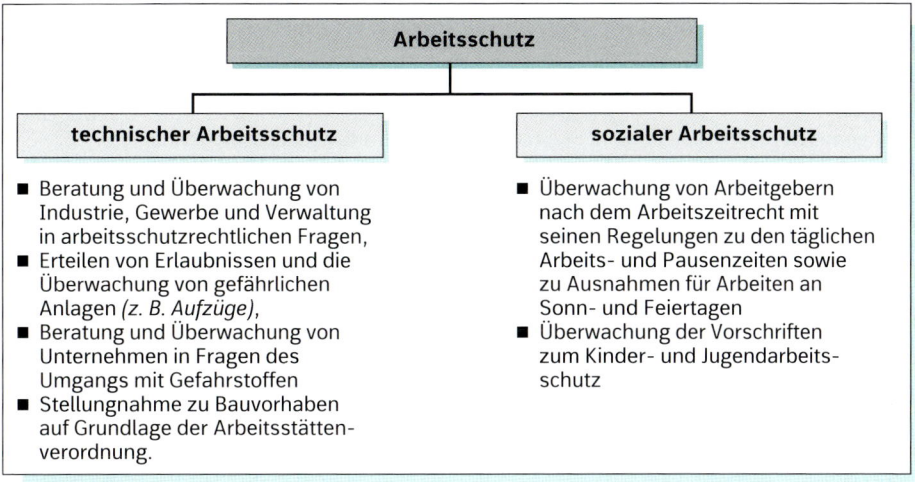

1.1.3.1   Jugendarbeitsschutzgesetz

Jugendliche nach dem Jugendarbeitsschutzgesetz (*JArbSchG*) sind Personen, die das 15. Lebensjahr, aber noch nicht das 18. Lebensjahr vollendet haben.

Nach dem *JArbSchG* sind Jugendliche wegen der noch nicht abgeschlossenen geistig-seelischen Entwicklung nur begrenzt leistungsfähig. Deshalb will das *JArbSchG* Jugendliche

- vor Überforderung, Überbeanspruchung und den Gefahren am Arbeitsplatz in einer sich wandelnden Arbeitswelt schützen und
- den Einstieg in die Arbeitswelt erleichtern.

Beispiel:

Der 17-jährige Auszubildende Gabriel Frey soll wegen des erhöhten Arbeitsanfalls ab 1. Oktober täglich 10 Stunden arbeiten.

Die Gewerbeaufsichtsämter und Kammern sind für die Überwachung der Einhaltung des *JArbSchG* zuständig.

Schutzbestimmungen des Jugendarbeitsschutzgesetzes *(JArbSchG)*		
Geltungs-bereich	<ul><li>Alle Arbeitgeber, die Jugendliche beschäftigen, soweit sie mindestens 15 Jahre, aber noch keine 18 Jahre alt sind (Auszubildende, Arbeiter, Angestellte).</li><li>Die Beschäftigung Jugendlicher im Familienhaushalt sowie geringfügige Hilfeleistungen fallen nicht unter das *JArbSchG*.</li></ul>	*§ 1 JArbSchG*
Arbeitszeit	<ul><li>höchstens 8 Std. täglich, 40 Std. wöchentlich bei einer verbindlichen 5-Tage-Woche *Ausnahme:* 8,5 Std. täglich, wenn freitags nur 6 Stunden gearbeitet wird. Soweit Tarifverträge längere Arbeitszeiten vereinbaren, muss innerhalb von 2 Monaten ein Ausgleich erfolgen.</li><li>samstags: keine Beschäftigung *Ausnahme:* Betriebe mit Samstagsarbeit, jedoch Ausgleich an einem Wochentag; zwei Samstage im Monat sollen mindestens beschäftigungsfrei bleiben.</li><li>an Sonn- u. Feiertagen: grundsätzlich Beschäftigungsverbot *Ausnahme:* wie samstags, jedoch müssen mindestens zwei Sonntage im Monat beschäftigungsfrei bleiben.</li></ul>	*§§ 4, 8, 12 JArbSchG*

1

Schutzbestimmungen des Jugendarbeitsschutzgesetzes *(JArbSchG)*		

Arbeits- beginn/-ende, Freizeit, Ruhepausen	■ keine Beschäftigung vor 6:00 und nach 20:00 Uhr
	  Ausnahme: über 16-Jährige in Bäckereien, Gastronomie-, Land-
	               wirtschafts-, Schichtbetrieben
	■ mindestens 12 Std. Freizeit zwischen Arbeitsende und Arbeits-
	  beginn
	■ bei 4,5 bis 6 Std. Arbeitszeit:
	  • mindestens 30 Minuten Pause nach 4,5 Std. Arbeitszeit
	■ bei mehr als 6 Arbeitsstunden:
	  • mindestens 60 Minuten Pause
	■ nach 4,5 Std. spätestens erste Pause
	■ Mindestdauer je Pause: 15 Minuten
		*§§ 4, 5,
		8, 12
		JArbSchG*

Bezahlter Urlaub	■ Der gesetzliche Mindesturlaub darf nicht unterschritten werden.
	■ Alter des Jugendlichen zu Beginn des Kalenderjahres
	  • unter 16 Jahre: 30 Werktage
	  • unter 17 Jahre: 27 Werktage
	  • unter 18 Jahre: 25 Werktage
		*§ 13 i. V. m.
		§ 3 Abs. 1
		BurlG, § 19
		JArbSchG*

Beschäfti- gungsverbot	■ Arbeiten, die objektiv die physische und psychische Leistungs-
	  fähigkeit übersteigen *(z. B. Akkord- und Fließbandarbeit mit vor-
	  gegebenem Arbeitstempo)*
	■ gefährliche Arbeiten (Gefahrstoffe, biologische Arbeitsstoffe)
	  Ausnahme: zulässig bei Jugendlichen über 16 Jahren zu Aus-
	               bildungszwecken
	■ Beschäftigung Minderjähriger bis zur Vollendung des 15. Lebens-
	  jahres und Vollzeitschulpflichtige (Kinderarbeitsverbot)
	  Ausnahme: die nicht mehr der Vollzeitschulpflicht unterliegenden
	               Kinder 7 Std. pro Tag und 35 Std. in der Woche
		*§§ 2, 5,
		7, 16, 17
		JArbSchG*

Berufs- schulbesuch	■ Anrechnung der Berufsschulzeit auf Ausbildungs- und Arbeits-
	  zeit
	■ Freistellung für den Berufsschulunterricht bei Fortzahlung der
	  Vergütung
	  Für **Jugendliche** (unter 18 Jahre) gilt *Beschäftigungsverbot:*
	  • soweit der Unterricht vor 9:00 Uhr beginnt; dies gilt auch für
	    Personen, die über 18 Jahre alt und noch berufsschulpflichtig
	    sind,
	  • an einem Berufsschultag pro Woche mit mehr als 5 Unter-
	    richtsstunden von mindestens je 45 Minuten,
	  • in Berufsschulwochen mit mindestens 25 Std. planmäßigem
	    Blockunterricht an mindestens 5 Tagen.
	■ Volljährige Berufsschulpflichtige müssen **im Anschluss** an den
	  Berufsschulunterricht – auch bei Blockunterricht – auf Verlan-
	  gen des Arbeitgebers wieder in den Betrieb.
	  Überschreitet die Dauer des Berufsschulunterrichts die an die-
	  sem Tag zu leistende Ausbildungszeit im Betrieb, so ist bei
	  Volljährigen die darüber hinaus aufgewendete Zeit für den
	  Berufsschulunterricht **nicht** auf die wöchentliche Ausbil-
	  dungszeit anzurechnen *(BAG v. 13.02.2003).*
		*§ 9
		Abs. 1–2
		JArbSchG,
		§ 15 BBiG*

Prüfung	Der Ausbilder hat **jugendliche** Auszubildende
	  • für die Teilnahme an Prüfungen und Ausbildungsmaßnahmen,
	  • an dem Arbeitstag unmittelbar vor dem Tag der schriftli-
	    chen Abschlussprüfung freizustellen.
	Diese Zeiten gelten als Arbeitszeit und sind zu vergüten.
		*§ 10
		JArbSchG*

Ärztliche Untersuchung	■ erste Untersuchung frühestens 14 Monate vor Beginn der
	  Beschäftigung
	■ Nachuntersuchung in den letzten 3 Monaten des ersten Aus-
	  bildungsjahres
		*§§ 32–46
		JArbSchG*

1.1.3.2 Arbeitszeitgesetz und Entgeltfortzahlungsgesetz

Das *ArbZG* regelt insbesondere die Höchstdauer der täglichen Arbeitszeit, die zeitliche Lage der Arbeitszeit, Pausen und Ruhezeiten, die Arbeit an Sonn- und Feiertagen.

Die Überwachung der gesetzlichen Arbeitszeitvorgaben erfolgt durch das Gewerbeaufsichtsamt bzw. das Amt für Arbeitsschutz.

Arbeitszeit ist die Zeitspanne, für die Arbeitnehmer ihre Arbeitskraft dem Arbeitgeber zur Verfügung stellen. Werktage i. S. d. *ArbZG* sind alle Tage von Montag bis einschließlich Samstag (Sechs-Tage-Woche!). Im Arbeitszeitrecht ist zu unterscheiden zwischen

- öffentlich-rechtlichen Vorschriften,

   Beispiel:

   Arbeitszeitgesetz
- zivilrechtlichen Regelungen.

   Beispiele:

   Arbeitsvertrag, Tarifvertrag

Die Regelungen des *ArbZG* können durch tarifvertragliche Vereinbarungen oder Betriebsvereinbarungen zugunsten der Arbeitnehmer geändert werden. Zum Schutz und zur Vorsorge bei gesundheitlichen Belastungen gelten die gesetzlich normierten Regelungen gleichermaßen für Frauen und für Männer.

Schutzbestimmungen nach dem Arbeitszeitgesetz *(ArbZG)*

- **gilt für alle Arbeitnehmer über 18 Jahre in Betrieben und Verwaltungen**
  Ausnahmen: Jugendliche nach *JArbSchG*, Auszubildende nach *BBiG*, leitende Angestellte nach § 5 *Betriebsverfassungsgesetz*, Personal- und Dienststellenleiter im öffentlichen Dienst, Chefärzte, Seeleute *(§ 18 Abs. 3 ArbZG, SeemG)*, Besatzungsmitglieder von Luftfahrzeugen *(§ 20 ArbZG)*, Arbeitnehmer in Bäckereien und Konditoreien *(§ 18 Abs. 4 ArbZG)*, Arbeitnehmer des öffentlichen Dienstes mit hoheitlichen Aufgaben *(§ 19 ArbZG)*.
- **Arbeitszeit ist die Zeit vom Beginn bis zum Ende der Arbeit ohne Ruhepausen *(§ 2 Abs. 1 ArbZG)*.**

Tägliche Arbeitszeit

- Höchstens 8 Stunden *(§ 3 S. 1 ArbZG)* je Werktag (6 Tage).
  Ausnahme: Die tägliche Arbeitszeit kann bis auf 10 Stunden verlängert werden, wenn die Verlängerung innerhalb eines Ausgleichszeitraums von 6 Monaten oder alternativ von 24 Wochen erfolgt *(§ 3 S. 2 ArbZG)*.
- Wöchentliche Arbeitszeit max. 48 Stunden.
- Ununterbrochene Mindestruhezeit von 11 Stunden nach Beendigung der täglichen Arbeitszeit *(§ 5 Abs. 1 ArbZG)*. Ausnahmen: *§ 5 Abs. 2–4 ArbZG*.
- Ruhepausen:
  - mindestens 30 Minuten bei einer Arbeitszeit von mehr als 6 bis 9 Stunden *(§ 4 ArbZG)*,
  - mindestens 45 Minuten bei einer Arbeitszeit von über 9 Stunden.
  - Eine Aufteilung der Ruhezeiten in jeweils 15 Minuten ist möglich.
    Länger als 6 Stunden darf nicht ohne Ruhepausen gearbeitet werden.

1

Schutzbestimmungen nach dem Arbeitszeitgesetz *(ArbZG)*
Sonn- und Feiertagsarbeit
Grundsatz: Arbeiten ist an Sonntagen und gesetzlichen Feiertagen verboten *(§ 9 Abs. 1 ArbZG)*. *Ausnahmen (§§ 9, 10, 13, 14 ArbZG):*   ■ Es gibt Ausnahmetatbestände *(§ 16 ArbZG):*   **Beispiele:**   • Not- und Rettungsdienst der Feuerwehr,   • Arbeiten zur Aufrechterhaltung der öffentlichen Sicherheit,   • Arbeiten in Krankenhäusern, Altersheimen usw.,   • Arbeiten in Gaststätten und Hotels,   • Arbeiten bei Sport- und Freizeitveranstaltungen.   ■ Ausgleich für Sonn- und Feiertagsbeschäftigung: • mindestens 15 Sonntage im Kalenderjahr müssen für jeden Arbeitnehmer beschäftigungs- frei sein,   • für jeden Sonn- und Feiertagsarbeitstag ist ein Ersatzruhetag an einem Werktag zu gewähren   a) bei Sonntagsarbeit innerhalb von 2 Wochen,   b) bei Feiertagsarbeit an einem Wochentag innerhalb von 8 Wochen.   Hiervon können nach *§ 12 ArbZG* im Tarifvertrag oder in Betriebsvereinbarungen Abweichungen vereinbart werden.   In Notfällen oder außergewöhnlichen Fällen kann entsprechend *§ 14 ArbZG* von bestimmten Vor- schriften abgewichen werden.

Weitere Arbeitszeitvorschriften sind zu finden im Ladenschlussgesetz *(LadSchlG)*, im Jugend-arbeitsschutzgesetz *(JArbSchG)*, in Sozialvorschriften über den Straßenverkehr, dem Fahrpersonalgesetz *(FPersG)* und der Fahrpersonalverordnung *(FPersV)*.

Entgeltfortzahlungsgesetz (*EFZG*)

Nach dem Gesetz über die Zahlung des Arbeitsentgelts an Feiertagen und im Krankheits-fall *(EFZG)* haben alle Arbeitnehmer Anspruch auf Fortzahlung des vollen Lohnes im Krankheitsfall, wenn

■ das Arbeitsverhältnis mindestens vier Wochen ununterbrochen bestanden hat,
■ die krankheitsbedingte Arbeitsunfähigkeit die alleinige Ursache der Arbeitsverhinde-rung ist,
■ die Arbeitsunfähigkeit nicht vom Arbeitnehmer verschuldet worden ist,
■ Arbeitnehmer ihrer (arbeitsvertraglichen Neben-)Pflicht zur Vorlage eines ärztlichen Attests über die Arbeitsunfähigkeit nach *§ 5 Abs. 1 EFZG* mit Angabe der voraussicht-lichen Dauer unverzüglich nachkommen. Diese Bescheinigung ist erforderlich, wenn Arbeitnehmer krankheitsbedingt länger als drei Kalendertage nicht arbeiten können oder wenn Arbeitgeber die Vorlage eines ärztlichen Attests schon zu einem früheren Zeitpunkt verlangen.

Der Anspruch auf Entgeltfortzahlung besteht für 6 Wochen.

1.1.3.3   Mutterschutzgesetz (*MSchG*)

Das Mutterschutzgesetz gilt für Frauen, die in einem Arbeitsverhältnis stehen, für weib-liche Beschäftigte in der Heimarbeit und ihnen Gleichgestellte, für weibliche Auszubilden-de, für weibliche Teilzeitbeschäftigte, für Arbeitnehmerinnen in der Probezeit. Studentin-nen und Schülerinnen, wenn die Ausbildungsstelle Ort, Zeit und Ablauf der Ausbildung verpflichtend vorgibt, Praktikantinnen i. S. d. *§ 26 BBiG*, arbeitnehmerähnliche Selbstständige, Frauen mit Behinderung in Werkstätten für Menschen mit Behinderung, Frauen in betrieblicher Berufsbildung, Teilnehmerinnen des Bundesfreiwilligendienstes oder für Entwicklungshelferinnen.

Durch den gesetzlichen Mutterschutz sollen schwangere Frauen und deren Kind in der Zeit vor und nach der Geburt vor gesundheitlichen Gefährdungen am Arbeitsplatz, Überforderungen, finanziellen Einbußen und vor dem Verlust des Arbeitsplatzes während der Schwangerschaft und einige Zeit nach der Geburt geschützt werden.

Die **Mutterschutzfrist** dauert i.d.R. 6 Wochen vor und 8 Wochen, bei Mehrlings- und Frühgeburten und bei Geburt eines behinderten Kindes 12 Wochen nach der Geburt des Kindes. Bei vorzeitiger Entbindung verlängert sich die Schutzfrist nach der Geburt um den Zeitraum, der vor der Entbindung nicht in Anspruch genommen wurde *(§§ 3, 5 Abs. 2, 6 Abs. 1, 3 Abs. 2 MuSchG)*.

Mutterschaftsgeld *(§§ 13, 14 MuSchG)* wird für die Zeit der Mutterschutzfrist als Lohnersatzleistung gezahlt.

> **Beispiel:**

Berechnung der Mutterschutzfrist:

mutmaßlicher Entbindungstag	*12.05.*
Beginn Schutzfrist nach § 3 Abs. 2 MuSchG	*11.05. abzüglich 42 Tage = 31.03.*
voraussichtliches Ende der Schutzfrist	*07.07.*
Beginn des Bezugs von Mutterschaftsgeld + AG-Zuschuss	*31.03.*
letzter Arbeitstag	*30.03.*
tatsächlicher Entbindungstag	*20.05.*
fiktiver Zeitraum der Schutzfrist nach § 3 Abs. 2 MuSchG	*31.03. – 07.07.*
nicht in Anspruch genommen	*20.05.–12.05. = 8 Tage*
Ende der tatsächlichen Mutterschutzfrist	*07.07. + 8 Tage = 15.07.*

Der abweichende tatsächliche Entbindungstermin am 20. Mai führt zu einer Verlängerung der Schutzfrist nach der Geburt um 8 Tage bis zum **15.07.**

Die Regelungen des *MuSchG* sollen schwangere Arbeitnehmerinnen und deren Kind in der Zeit vor und nach der Geburt vor gesundheitlichen Gefährdungen am Arbeitsplatz schützen, finanzielle Einbußen vermeiden und vor dem Verlust des Arbeitsplatzes bewahren. Neben dem *MuSchG* sind weitere Rechtsvorschriften zu beachten wie *z.B. die Verordnung zum Schutze der Mütter am Arbeitsplatz, das SGB V, die ArbeitsstättenVO, BiostoffVO, GefahrstoffVO, RöntgenVO, StrahlenschutzVO.*

Schutzvorschriften			
Arbeitsplatzgestaltung zum Schutz der Gesundheit der schwangeren und stillenden Frau und ihres Kindes § 2 MuSchG	Beschäftigungsverbote und Möglichkeit der Fortführung einer Erwerbstätigkeit, soweit es verantwortbar ist §§ 3–8 MuSchG	Kündigungsverbot und Schutz vor einer unberechtigten Kündigung §§ 9–10 MuSchG	Sicherung des Einkommens in der Zeit, in der eine Beschäftigung verboten ist §§ 11–17 MuSchG
Schutz vor Benachteiligungen während der Schwangerschaft, nach der Entbindung und in der Stillzeit aufgrund der Umsetzung von mutterschutzrechtlichen Maßnahmen			

Mutterschutz	
Rechtsgrundlagen	▪ Grundgesetz *(Art. 6 Abs. 4 GG)* ▪ Bundeselterngeld- und Elternzeitgesetz *(BEEG)* ▪ Gesetz zum Schutz der erwerbstätigen Mutter *(MuSchG)*

1

Mutterschutz	
Mitteilungspflicht	Werdende Mütter müssen den Arbeitgeber über die Schwangerschaft und den mutmaßlichen Termin der Entbindung informieren, sobald die Schwangerschaft bekannt ist. Sollte der Arbeitgeber hierüber Zeugnis des Arztes oder einer Hebamme verlangen, ist dies vorzulegen. Die Kosten hat dann der Arbeitgeber zu übernehmen. Der Arbeitgeber muss nach Kenntnis der Schwangerschaft, diese der zuständigen Aufsichtsbehörde – dem Arbeitsschutz- oder Gewerbeaufsichtsamt – anzeigen *(§ 25 MuSchG)* und eine Gefährdungsbeurteilung für den Arbeitsplatz oder die Tätigkeit der werdenden Mutter *(§ 9 MuSchG)* erstellen und dokumentieren.
Beginn des Schutzes	Ab Tag der Kenntnisnahme über die Schwangerschaft durch den Arbeitgeber; der Arbeitgeber kann auf seine Kosten ein schriftliches Attest verlangen. Die Beschäftigung einer werdenden Mutter ist dem Gewerbeaufsichtsamt mitzuteilen.
Gestaltung des Arbeitsplatzes	■ Bei der Einrichtung des Arbeitsplatzes sind alle Vorkehrungen und Maßnahmen zum Schutz von Leben und Gesundheit der werdenden Mutter zu treffen *(§ 2 Abs. 1 MuSchG)*. ■ Bei stehenden oder sitzenden Tätigkeiten ist der Arbeitnehmerin eine Sitzgelegenheit zum kurzen Ausruhen bereitzustellen *(§ 2 Abs. 2 MuSchG)*. Bei ständig sitzender Tätigkeit muss eine Gelegenheit zu kurzen Unterbrechungen ihrer Arbeit gegeben werden.
Arbeitsplatz	Arbeitgeber müssen nach Kenntnis einer Schwangerschaft eine Gefährdungsbeurteilung des Arbeitsplatzes der Schwangeren vornehmen und evtl. Schutzmaßnahmen festlegen. Während der **Pausen** und, soweit erforderlich, auch während der Arbeitszeit, müssen sich schwangere Frauen und stillende Mütter unter geeigneten Bedingungen auch hinlegen und ausruhen können.
Arbeitszeitbeschränkung	Es gilt ein Nachtarbeitsverbot für schwangere oder stillende Frauen von 20 Uhr bis 6 Uhr. Eine Beschäftigung bis 22 Uhr und Sonn- und Feiertagsarbeit kann durch ein behördliches Genehmigungsverfahren ermöglicht werden, wenn die Frau dem ausdrücklich zustimmt, nach ärztlichem Zeugnis nichts gegen die Beschäftigung spricht und eine unverantwortbare Gefährdung für die Schwangere oder ihr Kind durch Alleinarbeit ausgeschlossen ist. Schülerinnen und Studentinnen soll es aber freistehen, Klausuren zu schreiben oder Unterricht und Vorlesungen zu besuchen. Darf die Schwangere oder Stillende aufgrund gesetzlicher oder ärztlicher Beschäftigungsverbote bestimmte Arbeiten nicht mehr ausüben, kann der Arbeitgeber dieser Frau eine anderweitige, nicht verbotene Beschäftigung zuweisen.
Erstattungen nach dem Aufwandsausgleichsgesetz (AAG)	Nach *AAG* und *MuSchG* sind Arbeitgeberaufwendungen bei Mutterschaft oder Beschäftigungsverbot auf Antrag bei der GKV erstattungsfähig: ■ der Arbeitgeberzuschuss zum Mutterschaftsgeld während der Schutzfrist *(§ 1 Abs. 2 Nr. 1 AAG)* ■ das durch den Arbeitgeber fortgezahlte Arbeitsentgelt während eines Beschäftigungsverbotes nach *§§ 3 Abs. 1, 4, 6 Abs. 2* oder *3 MuSchG* oder wegen eines Mehr-, Nachts- oder Sonntagsarbeitsverbots nach *§§ 8 Abs. 1, 3* oder *5 MuSchG (§ 1 Abs. 2 Nr. 2 AAG)*, ■ die auf die Arbeitsentgelte und Vergütungen entfallenden und von den Arbeitgebern zu tragenden Beiträge zur Bundesagentur für Arbeit und die Arbeitgeberanteile zur gesetzlichen Kranken- und Rentenversicherung, zur sozialen Pflegeversicherung, die Arbeitgeberzuschüsse nach *§ 172 a SGB VI* sowie die Beitragszuschüsse nach *§ 257 SGB V* und nach *§ 61 SGB XI* in der tatsächlichen Höhe. Nicht erstattungsfähige Aufwendungen sind die Umlagen zur U1 und U2 sowie die Insolvenzgeldumlage.
Stillzeit	Stillt die Mutter, hat sie laut *MuSchG* ein Anrecht auf insgesamt eine Stunde oder zweimal eine halbe Stunde Stillzeit pro Tag.
Mutterschaftshilfe	Alle werdenden Mütter, die in der GKV versichert sind, können Mutterschaftshilfe beantragen. Hierzu gehören Vorsorgeuntersuchungen, eine umfassende medizinische Betreuung durch Ärzte und Hebammen, die Möglichkeit der stationären Entbindung, häusliche Pflege, Betreuung durch Hebammen, Haushaltshilfe, Mutterschaftsgeld.

Mutterschutz	
Urlaubs-anspruch	Mutterschutzfristen und Zeiten mit Beschäftigungsverbot für schwangere Frauen und Mütter sind bei der Berechnung des Jahresurlaubes wie Beschäftigungszeiten zu berücksichtigen, *§ 17 MuSchG*. Ein Resturlaub kann auf das Jahr, in dem die Mutterschaftsfrist endet, oder auf das nächstfolgende Urlaubsjahr übertragen werden.
Lohnfort-zahlung	■ Bei Beschäftigungsverbot oder Beschränkungen der Arbeitszeit nach den Vorschriften des *MuSchG* ist vor Beginn oder nach Ende der Mutterschutzfristen der volle Lohn zu zahlen *(§ 11 MuSchG)*. ■ Der Mutterschutzlohn richtet sich nach dem Durchschnittsverdienst der letzten 13 Wochen oder letzten 3 Monate vor Beginn der Schwangerschaft.

Kündi-gung	■ Die Kündigung einer Arbeitnehmerin ist nach *§ 9 MuSchG* während der Schwangerschaft und bis zum Ablauf von vier Monaten nach der Entbindung unzulässig, wenn
	  • dem Arbeitgeber zur Zeit der Kündigung die Schwangerschaft oder Entbindung bekannt war,
	  • innerhalb von zwei Wochen nach Zugang der Kündigung die Schwangerschaft mitgeteilt wird.
	■ Frauen, die nach der 12. Schwangerschaftswoche eine Fehlgeburt erleiden, erhalten Kündigungsschutz bis zum Ablauf von vier Monaten nach einer Fehlgeburt.
	■ Das absolute Kündigungsverbot gilt für alle Arten von Arbeitsverhältnissen.
	■ Für Mütter, die direkt nach dem Mutterschutz ihre Elternzeit antreten, gilt der Kündigungsschutz durchgehend von dem Zeitpunkt an, an dem der Arbeitgeber über die Schwangerschaft informiert wurde bis zum Ablauf der Elternzeit.
	■ Bestehende befristete Arbeitsverhältnisse von Schwangeren können während der Schwangerschaft auslaufen.
	■ Eine schwangere Arbeitnehmerin kann während der Schwangerschaft von sich aus jederzeit kündigen. Befristete Arbeitsverträge bleiben gültig; somit enden Ausbildungsverhältnisse trotz Schwangerschaft mit Ablauf der vertraglich vereinbarten Ausbildungszeit oder – bei vorzeitigem Bestehen der Abschlussprüfung – mit Bekanntgabe des Prüfungsergebnisses durch den Prüfungsausschuss.

Mutterschaftsgeld als auch Arbeitgeberzuschuss sind sozialversicherungsfrei und lohnsteuerfrei. Die Mitgliedschaft in den gesetzlichen Versicherungen bleibt bestehen. Der Zeitraum wird in der gesetzlichen Rentenversicherung angerechnet.

1.1.3.4   Elternzeit, Elterngeld und Kinderbetreuungskosten

Im Rahmen der Förderung von Familien werden neben Kindergeld gewährt
■ Elternzeit und Elterngeld sowie
■ Kinderbetreuungskosten.

▊ Elternzeit und Elterngeld

Elternzeit[1]

Elternzeit ist ein arbeitsrechtlicher Anspruch gegenüber dem Arbeitgeber, nach der Geburt eines Kindes für einen Zeitraum unbezahlt von der Arbeit freigestellt zu werden.
Anspruch auf Elternzeit haben nur Arbeitnehmer/-innen in Vollzeit- oder Teilzeitbeschäftigung, geringfügig Beschäftigte, Heimarbeiter/-innen, Auszubildende, wenn
■ ein Arbeitsvertrag bzw. Ausbildungsvertrag nach deutschem Recht vorliegt,
■ Arbeitnehmer/-innen während der Elternzeit nicht mehr als 30 Wochenstunden im Durchschnitt des Monats erwerbstätig sind,

---

[1] Vgl. *§§ 15ff. BEEG.*

1

- sie mit dem Kind in den ersten drei Lebensjahren des Kindes in einem Haushalt leben und dieses Kind selbst betreuen und erziehen *(§ 15 Abs. 1 BEEG)*.

Für Beamtinnen/Beamte und Soldatinnen/Soldaten wird *§ 15 BEEG* analog angewendet.

Elternzeit kann beantragt werden von den leiblichen Eltern, den Stiefeltern, den Adoptiveltern (ab der Anmeldung, i.d.R. mit dem Zeitpunkt, zu dem das Kind in die Familie kommt), den Pflegeeltern (bei Vollzeitpflege), den Großeltern *(z. B. bei minderjährigen Eltern oder Eltern in Ausbildung)*, Geschwistern, Tanten, Onkeln *(z. B. bei Tod, Behinderung oder schwerer Krankheit der Eltern des Kindes)*.

Nach *§ 16 Abs. 1 BEEG* ist der Antrag auf Elternzeit schriftlich (Textform nach *§ 126 BGB*) und eigenhändig unterschrieben für den Zeitraum
- bis zum vollendeten 3. Lebensjahr des Kindes, spätestens 7 Wochen vor Beginn der Elternzeit zu stellen,
- zwischen dem 3. Geburtstag und dem vollendeten 8. Lebensjahr des Kindes, spätestens 13 Wochen vor dem Beginn der Elternzeit dem Arbeitgeber vorzulegen.

Die Frist berechnet sich nach *§§ 187 Abs. 1, 188 Abs. 2 BGB*.

Jeder Elternteil kann seine Elternzeit auf drei Zeitabschnitte verteilen. Eine Verteilung auf weitere Zeitabschnitte ist nur mit der Zustimmung des Arbeitgebers möglich. Der Arbeitgeber kann die Inanspruchnahme eines dritten Abschnitts einer Elternzeit innerhalb von acht Wochen nach Zugang des Antrags aus dringenden betrieblichen Gründen ablehnen, wenn dieser Abschnitt im Zeitraum zwischen dem dritten Geburtstag und dem vollendeten achten Lebensjahr des Kindes liegen soll.[1]

Der gesetzlich krankenversicherte Elternteil bleibt während der Elternzeit beitragsfrei Mitglied der gesetzlichen KV und PV, wenn er keine beitragspflichtigen Einkünfte bezieht.
Dies gilt nicht für freiwillig Versicherte in den gesetzlichen Krankenkassen.
Privat krankenversicherte Eltern müssen den vollständigen Beitrag selbst zahlen, weil der AG-Zuschuss entfällt.
In der Rentenversicherung werden für jedes Kind bei dem Elternteil, bei dem das Kind erzogen wird, die ersten 36 Monate nach Ablauf des Monats der Geburt des Kindes als rentenbegründende und rentensteigernde Versicherungszeiten (= Erziehungszeiten) angerechnet. Erziehungszeiten werden auf die Rente angerechnet, wenn ein Elternteil während der Kindererziehung nicht arbeitet. Wenn beide Elternteile das Kind erziehen, können die Eltern entscheiden, wem die Erziehungszeit angerechnet werden soll.

> **Beispiel:**
>
> *Fortsetzung S. 17*
> *Die Mutter kann die Elternzeit nach Ablauf der achtwöchigen Mutterschutzfrist nach der Entbindung (§ 6 Abs. 1 MuSchG) antreten. Die Zeit der Mutterschutzfrist wird auf die Elternzeit angerechnet (§ 16 Abs. 2 BEEG). Dadurch verringert sich die Dauer der Elternzeit um 8 Wochen.*
> *Der Anspruch auf Elternzeit beginnt frühestens für den Vater am Tag der Geburt des Nachwuchses, für die Mutter am 16.07.*

Elterngeld

Das Elterngeld will ein ausfallendes Einkommen ausgleichen, wenn Eltern ihr Kind nach der Geburt betreuen. Es steht den Eltern gemeinsam zu, wenn sich beide an der Betreuung beteiligen und den Eltern dadurch Einkommen wegfällt. Es wird 12 Monate lang gezahlt. Müttern werden zwei Monate Mutterschaftsgeld abgezogen. Sollten Väter sich zwei sog. Vätermonate nehmen, wird das Elterngeld insgesamt 14 Monate gezahlt.

---

[1] Vgl. *§ 16 Abs. 1 S. 5, 6 BEEG*.

1

Anspruch auf Elterngeld als staatliche Sozialleistung haben nach § 1 Abs. 1 BEEG Mütter und Väter, die

- einen Wohnsitz oder ihren gewöhnlichen Aufenthalt in Deutschland haben,
- mit ihren Kindern in einem Haushalt leben,
- ihre Kinder nach der Geburt selbst betreuen oder erziehen,
- keine oder keine völlige Erwerbstätigkeit (nicht mehr als 30 Stunden in der Woche) ausüben.

Anspruchsberechtigt sind Arbeitnehmer/-innen, Selbstständige, Studierende und Auszubildende, Beamtinnen und Beamte, Erwerbslose und unter bestimmten Voraussetzungen Verwandte bis zum 3. Grad und Adoptiveltern.

Junge Familien und Alleinerziehende müssen entscheiden, welche Form des Elterngeldes beantragt werden soll: Basiselterngeld oder ElterngeldPlus.

Das Elterngeld steht nach § 4 Abs. 1 BEEG erst mit dem Tag der Geburt zu.

Die Höhe des Elterngeldes vermindert sich um die sog. „anzurechnenden Leistungen". Hierzu gehören nach § 3 Abs. 1 BEEG

- Mutterschaftsgeld während der Mutterschutzfrist
- in diesem Zeitraum gezahlte Dienst- und Anwärterbezüge nebst Zuschüssen bei Beamtinnen/Soldatinnen,
- Familienleistungen anderer Staaten,
- allgemeine Einkommensersatzleistungen *(z. B. Krankengeld, Arbeitslosengeld, Über-gangs- und Verletzungsgeld, Kurzarbeitergeld, Entschädigungen nach dem Justizver-gütungs- und Entschädigungsgesetz, Karenzentschädigungen, Insolvenzgeld, Grün-dungszuschuss)*,
- Betreuungsgeld und vergleichbare Leistungen der Länder,
- BAföG.

Während der nach der Entbindung einsetzenden Schutzfrist wird Mutterschaftsgeld *(§ 13 Abs. 1 i. V. m. § 6 Abs. 1 S. 1 MuSchG)* und kein Elterngeld gezahlt.

	Basiselterngeld	ElterngeldPlus
Antrag § 7 BEEG	Schriftlicher Antrag bei der zuständigen Elterngeldstelle[1] Anlagen: ■ Geburtsbescheinigung, Verwendungszweck Elterngeld ■ Bescheinigung der KV über den Bezug von Mutterschaftsgeld ■ Arbeitgeberbescheinigung über Zuschuss zum Mutterschaftsgeld ■ Einkommensnachweise der letzten 12 Monate vor dem Geburtsmonat ■ Angaben zur Arbeitszeit (Vollzeit, Teilzeit)	
Dauer der Zahlung § 4 BEEG	Anspruch auf Elterngeld haben Mütter **oder** Väter für max. 12 Monate abzüglich der Schutzfristen nach *MuSchG* für einen Partner + evtl. 2 „Partner"-Monate.	Väter und Mütter können vom Staat neben ihrem Gehalt ElterngeldPlus bis zu 32 Monate beziehen, wenn sie einer Teilzeitbeschäftigung nachgehen. ■ Maximal 24 Monate abzüglich der Schutzfristen nach *MuSchG* ■ + evtl. 4 „Partner"-Monate ■ + evtl. 4 Monate „Partnerschaftsbonus"[2]

---

[1] Vgl. www.bmfsfj.de/bmfsfj/themen/familie/familienleistungen/elterngeld/elterngeldstellen-und-aufsichtsbehoerden/elterngeldstellen-und-aufsichtsbehoerden-in-elterngeldangelegenheiten/73716.

[2] Beide Elternteile arbeiten mindestens 4 Monate lang 25 bis 30 Stunden in Teilzeit. Vgl. hierzu Elternteilzeitgesetz und Teilzeit- und Befristungsgesetz.

1

	Basiselterngeld	ElterngeldPlus
Höhe *§ 2 BEEG*	Bemessungsgrundlage vgl. *§§ 2 -3 BEEG*; bei einem Nettogehalt ■ bis 1 200,00 € 67% ■ bis 1 240,00 € Abbau von 0,1% je 2,00 € ■ ab 1 241,00 € 65 % Mindestbetrag: 300,00 € Höchstbetrag: 1 800,00 € + evtl. Geschwisterbonus *(§ 2a BEEG)*	Ein Betrag Elterngeld Plus wird **höchstens in der Hälfte** eines dem Antragsteller zustehenden Basiselterngeldes ohne anzurechnenden Zuverdienst gewährt. Für die Berechnung des Elterngeld-Plus werden ■ das Mindestelterngeld, ■ der Mindestgeschwisterbonus und ■ der Mehrlingszuschlag halbiert. **Das ElterngeldPlus beträgt max. 50% des Elterngeldbetrages, der Eltern ohne Teilzeiteinkommen nach der Geburt zustünde.** Mindestbetrag: 150,00 € Höchstbetrag: 900,00 €
Gestaltungs-möglichkei-ten	Basiselterngeld und ElterngeldPlus können miteinander kombiniert werden.	
Schutzfristen *§ 18 BEEG* *§ 19 BEEG*	Während der Gesamtdauer der Elternzeit besteht das Arbeitsverhältnis fort und es besteht Kündigungsschutz.	
Berechnung der Bemes-sungsgrund-lage für das Elterngeld *§§ 2, 2a-f BEEG*	Bei Einkünften aus nichtselbstständi-ger Arbeit: Durchschnittliches Bruttoeinkommen je Monat – Einmalzahlungen *(z. B. Urlaubsgeld)* = **Bereinigtes Bruttoeinkommen** – (Lohnsteuer + Kirchensteuer + Soli) – 21 % Abzüge für Sozialversicherung = **Bereinigtes Einkommen** – 76,67 € Werbungskosten (= 920,00 € : 12 Monate) = **Einkommen aus nichtselbstständiger Arbeit nach *BEEG***	Bei Gewinneinkünften: Durchschnittlicher monatlicher posi-tiver Gewinn – 21 % Abzüge für Sozialversicherung = **(Netto-)Einkommen nach *BEEG***
Sozialversi-cherung, Steuer	Das Elterngeld ist befreit von Sozialabgaben und Steuern, aber es unterliegt dem Progressionsvorbehalt nach *§ 32 Abs. 1 EStG*.	

▐ Kinderbetreuungskosten

Kinderbetreuungskosten sind Aufwendungen für die behütende oder beaufsichtigende Betreuung von Kindern außerhalb des eigenen Haushalts in bestimmten Einrichtungen, die Alleinerziehende oder berufstätige (angestellte und selbstständige) Eltern für die Betreuung ihres zum Haushalt gehörenden Kindes bezahlen.

Für die steuerliche Anerkennung gilt bei
■ Kindern, die das 14. Lebensjahr noch nicht vollendet haben, und
■ Kindern, die wegen einer vor Vollendung des 25. Lebensjahres eingetretenen körperlichen oder seelischen Behinderung außerstande sind, sich selbst zu unterhalten:
2/3 der Kinderbetreuungskosten, höchstens 4 000,00 € pro Kind und Jahr, können als Son-derausgaben vom Gesamtbetrag der Einkünfte abgezogen werden *(§ 10 Abs. 1 Nr. 5 EStG)*.

Beispiel:

Kinderbetreuungskosten sind
- *die Unterbringung in Kindergärten, Kindertagesstätten, Kinderhorten und Kinderkrippen sowie bei Tagesmüttern,*
- *die Beschäftigung von Kinderpflegerinnen und Erzieherinnen, die Beschäftigung von Hilfen im Haushalt, soweit sie ein Kind betreuen,*
- *die Beaufsichtigung des Kindes bei der Erledigung seiner häuslichen Schulaufgaben.*

Kinderbetreuungskosten werden steuerlich anerkannt, wenn sie auf Verlangen der Finanzbehörden nachgewiesen werden durch Vorlage einer Rechnung oder Nachweis der Überweisung an den Erbringer der Betreuungsleistung.

1.1.4 Arbeitssicherheit

1.1.4.1 Unfallschutz

Rechtsgrundlagen (Beispiele)	■ **Arbeitsschutzgesetze** mit Verordnungen wie: • Arbeitsstättenverordnung • Betriebssicherheitsverordnung • Biostoffverordnung • Gefahrenstoffverordnung • Technische Regeln (DIN) ■ **Geräte- und Produktsicherheitsverordnung** mit Verordnungen wie: • Maschinenverordnung • Explosionsschutzverordnung ■ **Arbeitssicherheitsgesetz** ■ **Chemikaliengesetz** mit Verordnungen ■ **Sozialgesetzbuch VII** *(SGB VII)* ■ **Atomgesetz** mit Verordnungen: • Strahlenschutz- und Röntgenverordnung • Lebensmittelbestrahlungsverordnung

Die Überwachung der **Arbeitssicherheit**[1] in Deutschland erfolgt insbesondere durch
- die staatlichen Gewerbeaufsichtsämter,
- die Ämter für Arbeitsschutz,
- die Unfallkassen,
- die Umweltschutzämter und
- die Berufsgenossenschaften.

Nach *§ 15 SGB VII* erlassen die Berufsgenossenschaften als Träger der gesetzlichen Unfallversicherung Vorschriften für Sicherheit und Gesundheitsschutz, die vom Bundesminister für Arbeit und Soziales genehmigt werden müssen.

Arbeitgeber haben zur Verhütung von Arbeitsunfällen, Berufskrankheiten und arbeitsbedingten Gesundheitsgefahren für eine wirksame Erste Hilfe zu sorgen und Abwehrmaßnahmen zum Schutz der Arbeitnehmer zu treffen.

Beispiel:

Schumann gründet als Steuerberater ein Steuerberaterbüro.
Werden Arbeitnehmer beschäftigt, ist die Gründung der vbg (Verwaltungsberufsgenossenschaft, Hamburg) zu melden. Sie berät in Fragen zur Arbeitssicherheit und zum Gesundheitsschutz. Ab 20 Beschäftigten ist ein/e Sicherheitsbeauftragte/r zu bestellen.

---

[1] www.arbeitssicherheit-online.com, www.bghw.de

1

▨ Vorschriften für Sicherheit und Gesundheitsschutz

Der Unternehmer hat zur Verhütung von Arbeitsunfällen, Berufskrankheiten und arbeitsbedingten Gesundheitsgefahren und für eine wirksame Erste Hilfe Maßnahmen zu treffen, die dieser Unfallverhütungsvorschrift und den für ihn sonst geltenden Unfallverhütungsvorschriften entsprechen *(§ 1 VSG)*.

Nach *§ 15 SGB VII* erlassen die Unfallversicherungsträger als autonomes Recht Vorschriften für Sicherheit und Gesundheitsschutz über

- Einrichtungen, Anordnungen und Maßnahmen, welche die Unternehmer zur Verhütung von Arbeitsunfällen, Berufskrankheiten und arbeitsbedingten Gesundheitsgefahren zu treffen haben, sowie die Form der Übertragung dieser Aufgaben auf andere Personen,
- das Verhalten der Versicherten zur Verhütung von Arbeitsunfällen, Berufskrankheiten und arbeitsbedingten Gesundheitsgefahren,
- vom Unternehmer zu veranlassende arbeitsmedizinische Untersuchungen und sonstige arbeitsmedizinische Maßnahmen vor, während und nach der Verrichtung von Arbeiten, die für Versicherte oder für Dritte mit arbeitsbedingten Gefahren für Leben und Gesundheit verbunden sind,
- Voraussetzungen, die der Arzt, der mit Untersuchungen oder Maßnahmen beauftragt ist, zu erfüllen hat, sofern die ärztliche Untersuchung nicht durch eine staatliche Rechtsvorschrift vorgesehen ist,
- die Sicherstellung einer wirksamen Ersten Hilfe durch den Unternehmer,
- die Maßnahmen, die der Unternehmer zur Erfüllung der sich aus dem Gesetz über Betriebsärzte, Sicherheitsingenieure und andere Fachkräfte für Arbeitssicherheit ergebenden Pflichten zu treffen hat,
- die Zahl der Sicherheitsbeauftragten, die nach *§ 22 SGB VII* unter Berücksichtigung der in den Unternehmen für Leben und Gesundheit der Versicherten bestehenden arbeitsbedingten Gefahren und der Zahl der Beschäftigten zu bestellen sind.

1.1.4.2   Sicherheits- und Gesundheitsschutzkennzeichnung

Auf Gefahren und Risiken, die trotz sicherheitstechnischer (GS-Zeichen = geprüfte Sicherheit) oder sicherheitsorganisatorischer Maßnahmen *(z. B. Tragen von Sicherheitsschuhen)* verbleiben, ist am Arbeitsplatz durch auffällige Sicherheitskennzeichnung (rote Verbots-, blaue Gebots-, gelbe Warn-, grüne Rettungsschilder) hinzuweisen.
Sicherheitskennzeichnungen

- sind kein Ersatz für technische und organisatorische Schutzmaßnahmen,
- geben eindeutige und wichtige Verhaltensvorgaben sowie Informationen und liefern Hinweise auf Sicherheitseinrichtungen.

Des Weiteren besteht die Kennzeichnungspflicht bei allgemeinen Sicherheitsrisiken auf dem Betriebsgelände und bei der Beförderung gefährlicher Güter zu Lande, zu Wasser und in der Luft.
Diese Kennzeichen sind so anzubringen, dass diese von allen Personen gesehen werden können.

Beispiele:

Sicherheitskennzeichen

Verbotszeichen	Warnzeichen	Gebotszeichen	Rettungszeichen	Brandschutzzeichen
Allgemeines Verbotszeichen	Warnung vor giftigen Stoffen	Allgemeines Gebotszeichen	Sammelstelle	Feuerlöscher
⊘	⚠	❗	🏃	🧯
Rauchen verboten	Warnung vor elektr. Spannung	Fußschutz benutzen	Erste Hilfe	Brandmelder
🚭	⚡	👢	→	

Warnhinweise[1]

Warntafel mit Nummer zur Kennzeichnung der Gefahr an Front und Heck des Lkw	Umweltgefährdende Stoffe	Schulbus	Transport von Dieselkraftstoff
X423 **1428**	⬥	🏃	⬥ ⬥

> Gefahrenquellen frühzeitig erkennen bedeutet Unfälle vermeiden!

1.1.4.3 Sicherheitsregeln für Büroarbeitsplätze

Für einen gesunden, effizienten und sicheren Büroarbeitsplatz muss Arbeitnehmern ein ausreichend großer Arbeitsplatz mit ausreichender Bewegungsfreiheit in einem ausreichend großen Büroraum zur Verfügung gestellt werden (vgl. Technische Regel für Arbeitsstätten ASR A1.2).

Beispiele:

■ **Arbeitsschutzgesetz** *(ArbSchG)*
Das Arbeitsschutzgesetz verpflichtet den Arbeitgeber, Gesundheitsgefährdungen am Arbeitsplatz zu beurteilen und über notwendige Schutzmaßnahmen zu entscheiden (z. B. Maßnahmen für eine sichere Arbeitsstätten- und Arbeitsplatzgestaltung, für Lärmschutz, zur arbeitsmedizinischen Vorsorge, zur Gesundheit am Arbeitsplatz, zur Produktsicherheit, für den Umgang mit Gefahrstoffen). Nach § 12 ArbSchG haben Arbeitgeber oder fachkundige Personen Beschäftigte ausreichend und angemessen über Sicherheit und Gesundheitsschutz bei der Arbeit (z. B. Brandschutzmaßnahmen, Erste Hilfe, Fluchtwege und Notausgänge) zu unterweisen, damit diese sich bei der Arbeit und in Notsituationen sicherheitsgerecht verhalten.

---

[1] Vgl. www.osha.europa.eu/de/tools-and-publications und www.gefahrgutberater.de/glossar/glossar.html.

1

■ **Arbeitsstättenverordnung** *(ArbStättV)*
Die Arbeitsstättenverordnung beinhaltet Mindestvorschriften, die dazu dienen sollen, die Sicherheit und den Schutz der Gesundheit der Beschäftigten in/an Arbeitsstätten wirksam zu schützen und Arbeitsabläufe menschengerecht zu gestalten. Hierzu zählen insbesondere die Forderungen nach gesundheitlich zuträglichen Luft-, Klima- und Beleuchtungsverhältnissen sowie nach einwandfreien sozialen Einrichtungen, insbesondere Sanitär- und Erholungsräumen.

■ **Arbeitsstättenregeln** *(ASR)*
Technische Regeln für Arbeitsstätten beschreiben Maßnahmen sowie praktische Durchführungshilfen. Sie legen dar, wie die in der Arbeitsstättenverordnung gestellten Schutzziele und Anforderungen hinsichtlich Sicherheit und Gesundheit der Beschäftigten beim Einrichten und Betreiben von Arbeitsstätten vom Arbeitgeber erreicht werden können.

1.2   Berufsausbildung

Berufsausbildung (früher: Lehre) ist die Ausbildung einer/eines Auszubildenden als Berufsbildung in einem hierzu anerkannten Ausbildungsbereich, wie *z. B. in Handwerk, Industrie oder Verwaltung.*

Beispiel:

Die 17-jährige Auszubildende Anja Weiser möchte nach dem Besuch der Höheren Handelsschule eine Berufsausbildung als „Steuerfachangestellte" beim Steuerberater Hans Kern beginnen. Der Berufsausbildungsvertrag, ein Formular der zuständigen Steuerberaterkammer, wird von

■ *dem Ausbilder, dem Steuerberater Hans Kern,*
■ *der Auszubildenden, Anja Weiser,*
■ *den gesetzlichen Vertretern der Auszubildenden, ihren Eltern Ludwig und Lotti Weiser,*

unterzeichnet.

1.2.1   Duale Ausbildung

Berufsbildung umfasst die Berufsausbildung, die Berufsausbildungsvorbereitung, die berufliche Fortbildung und Umschulung. Es gelten die normalen arbeitsrechtlichen Regelungen, soweit das Berufsbildungsgesetz *(BBiG)* keine abweichenden Vorschriften beinhaltet.

Berufsbildung *(§ 1 BBiG)*			
Berufsausbildungs-vorbereitung	**Berufsausbildung**	**Berufliche Fortbildung**	**Berufliche Umschulung**
Heranführung an • eine Berufsausbildung in einem anerkannten Ausbildungsberuf oder • eine gleichwertige Berufsausbildung durch Vermittlung von Grundlagen zum Erwerb beruflicher Handlungskompetenz	■ Berufliche Grundbildung: Erwerb von • Berufserfahrung, • fachlichen Fertigkeiten, • Kenntnissen ■ Lernorte: • Kanzlei und • Berufsschule/ Berufskolleg	■ Erhaltung und Erweiterung beruflicher Kenntnisse und Fertigkeiten ■ Anpassung an technische Entwicklungen	Befähigung zu einer anderen beruflichen Tätigkeit

Die Berufsausbildung in Deutschland erfolgt im **dualen Ausbildungssystem**. Die praktische Ausbildung wird im *Ausbildungsbetrieb* durchgeführt. Parallel dazu erfolgt die Vermittlung der theoretischen Kenntnisse in der *Berufsschule* in Form des Teilzeit- oder Blockunterrichts.

1

Grundstruktur des Bildungswesens in der Bundesrepublik Deutschland

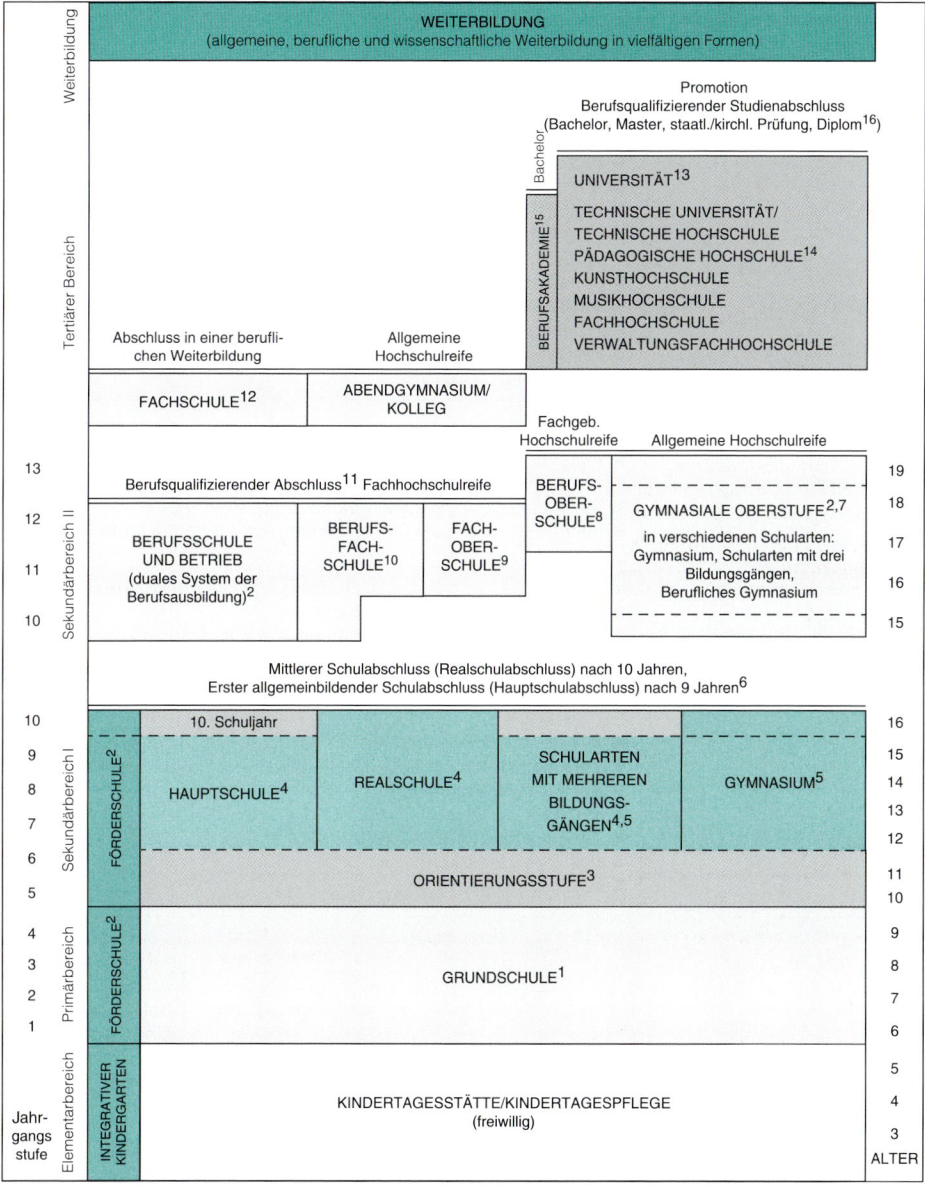

Quelle: Sekretariat der Ständigen Konferenz der Kultusminister der Länder in der Bundesrepublik Deutschland, Dokumentations- und Bildungsinformationsdienst: Grundstruktur des Bildungswesens in der Bundesrepublik Deutschland. In: www.kmk.org. Dezember 2015. www.kmk.org/fileadmin/Dateien/pdf/Dokumentation/dt-2015.pdf, S. 2 [06.08.2018].

1

1.2.2   Rechtsgrundlagen der Berufsausbildung

Die **Verordnung über die Berufsausbildung zum Steuerfachangestellten/zur Steuer-fachangestellten** (StFachAngAusbV, Ausbildungsordnung) vom 9. Mai 1996 hat für die Ausbildung die Rechtsgrundlage und gleichfalls die Berufsbezeichnung als *„Steuer-fachangestellter/Steuerfachangestellte"* geschaffen.[1]

Auf die Berufsausbildung finden folgende Rechtsvorschriften Anwendung:

Gesetze	**Beispiele:**
	■ *Berufsbildungsgesetz (BBiG)*
	■ *Bürgerliches Gesetzbuch (BGB)*
	■ *Jugendarbeitsschutzgesetz (JArbSchG)*
	■ *Arbeitszeitgesetz (ArbZG)*
	■ *Bundesurlaubsgesetz (BUrlG)*
	■ *Entgeltfortzahlungsgesetz (EFZG)*
	■ *Mutterschutzgesetz (MuSchG)*
	■ *Bundeselterngeld- und Elternzeitgesetz (BEEG)*
	■ *Tarifvertragsgesetz (TVG)*
	■ *Arbeitsgerichtsgesetz (ArbGG)*
	■ *Betriebsverfassungsgesetz (BetrVG)*
	■ *Sozialgesetzbuch (SGB)*
Rechtsverordnungen	**Beispiele:**
	■ *Ausbildungsverordnungen (§ 4 BBiG) und Erprobungs-verordnungen (§ 6 BBiG)*
	■ *Ausbildereignungsverordnungen (§ 30 Abs. 5 BBiG)*
	■ *Rechtsverordnungen für Fortbildungsprüfungen (§ 53 BBiG)*
Kammerrecht	**Beispiele:**
	■ *Prüfungsordnungen (§ 47 BBiG)*
	■ *Rechtsvorschriften für die Prüfung von Zusatzqualifikationen für Auszubildende (§ 9 BBiG)*
Sonstige Rechtsquellen	**Beispiele:**
	■ *Berufsausbildungsvertrag*
	■ *Tarifverträge*
	■ *Betriebsvereinbarungen*
	■ *betriebliche Übung*
	■ *der Gleichbehandlungsgrundsatz*
	■ *das Direktionsrecht*
	■ *das Richterrecht*

---

[1]   Die Ausbildungsordnung wird zurzeit überarbeitet.

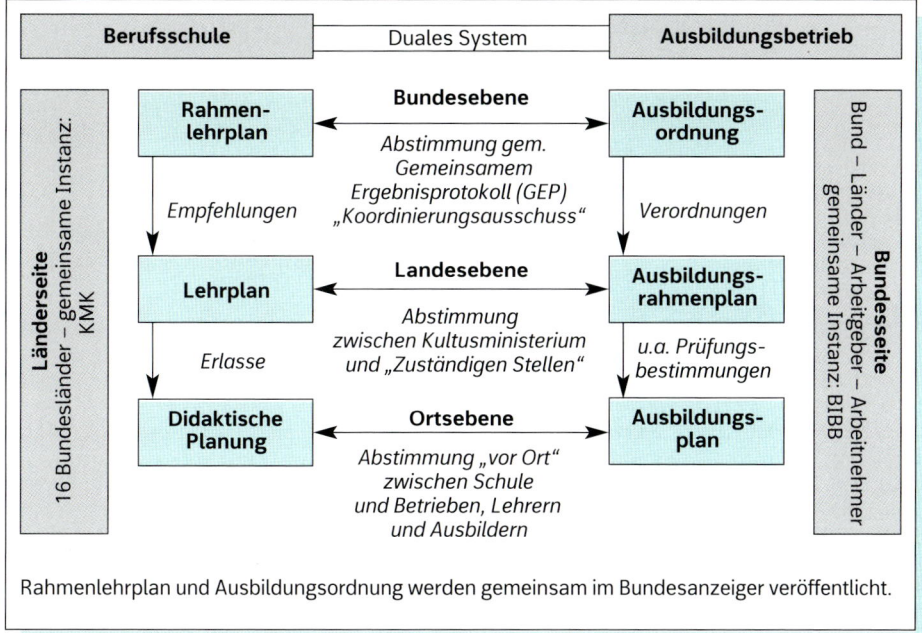

Rahmenlehrplan und Ausbildungsordnung werden gemeinsam im Bundesanzeiger veröffentlicht.

Berufsbildungsgesetz

Das Berufsbildungsgesetz bildet die gesetzliche Grundlage für die Ausbildungsberufe im Dualen System. Die Einzelvorschriften konkretisieren die Eignung der Ausbildungsstätte, die persönliche und fachliche Eignung der Ausbilder, die Entstehung und die Inhalte des Berufsausbildungsvertrages, die Ordnung der Berufsausbildung, das Prüfungswesen und die Regelung sowie die Überwachung der Berufsausbildung.

Insbesondere regelt das *BBiG* die Verpflichtung zur Lernortkooperation, die „gestreckte" Abschlussprüfung, die Antragsmöglichkeit zum zusätzlichen Ausweis der berufsschulischen Leistungsfeststellungen auf dem Zeugnis für die abgelegte Abschlussprüfung, einen Rechtsanspruch auf Zulassung zur Abschlussprüfung nach dem Besuch einer Vollzeitschule, Erleichterungen bei der Abnahme der Berufsabschlussprüfung sowie der Schaffung von Ausbildungsverbünden.

Ausbildungsordnung

Die Ausbildungsordnung legt als Rechtsverordnung die Bezeichnung des Ausbildungsberufs, die Ausbildungsdauer, die zu vermittelnden Fertigkeiten und Kenntnisse (Ausbildungsberufsbild), den Ausbildungsrahmenplan und die Prüfungsanforderungen fest.

Die Ausbildungsordnung i. S. d. *§ 25 BBIG* für Steuerfachangestellte ist die „Verordnung über die Berufsausbildung zum Steuerfachangestellten/zur Steuerfachangestellten" *(StFachAngAusbV)*.

Nach Anlage I zu *§ 4 StFachAngAusbV* nennt der Ausbildungsrahmenplan die zu vermittelnden Fertigkeiten und Kenntnisse für diesen Ausbildungsberuf:

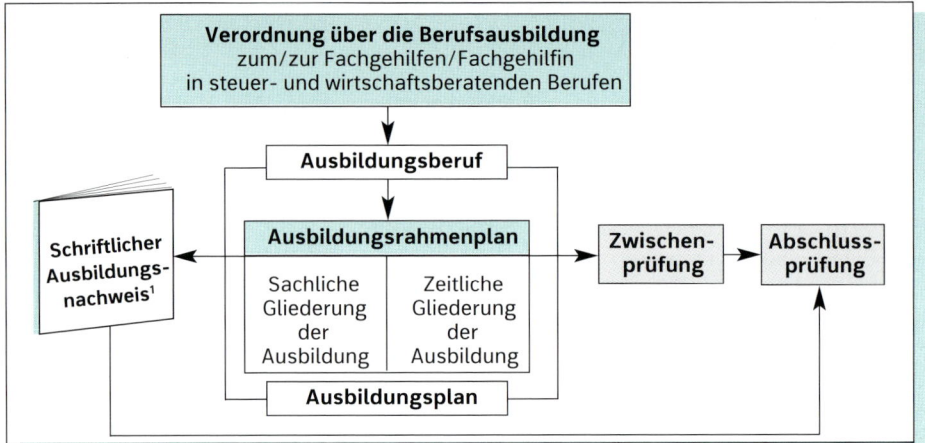

Nach dem **Ausbildungsberufsbild** sind für die Steuerfachangestellten folgende Kenntnisse und Fertigkeiten Gegenstand der Berufsausbildung:

1. **Ausbildungspraxis** 1.1 Bedeutung, Stellung und gesetzliche Grundlagen der steuerberatenden und wirtschaftsprüfenden Berufe 1.2 Personalwesen, arbeits- und sozialrechtliche Grundlagen 1.3 Berufsbildung 1.4 Arbeitssicherheit, Umweltschutz und rationelle Energieverwendung	**4.** **Rechnungswesen** 4.1 Buchführungs- und Bilanzierungsvorschriften 4.2 Buchführungs- und Abschlusstechnik 4.3 Lohn- und Gehaltsabrechnung 4.4 Erstellen von Abschlüssen
2. **Praxis und Arbeitsorganisation** 2.1 Inhalt und Organisation der Arbeitsabläufe 2.2 Kooperation und Kommunikation	**5.** **Betriebliche Facharbeit** 5.1 Auswertung der Rechnungslegung 5.2 Finanzierung
3. **Anwendung von Informations- und Kommunikationstechniken**	**6.** **Steuerliche Facharbeit** 6.1 Abgabenordnung 6.2 Umsatzsteuer 6.3 Einkommensteuer 6.4 Körperschaftsteuer 6.5 Gewerbesteuer 6.6 Bewertungsgesetz

Der Ausbildende hat unter Zugrundelegung des Ausbildungsrahmenplans für den Auszubildenden einen **Ausbildungsplan** zu erstellen. Sollte der Auszubildende in einer landwirtschaftlichen Buchstelle ausgebildet werden, so sind die Besonderheiten der Steuer- und Wirtschaftsberatung für land- und forstwirtschaftliche Betriebe zu berücksichtigen.

Außerdem ist vom Auszubildenden ein **schriftlicher Ausbildungsnachweis** zu führen. Die ordnungsgemäße Führung ist Voraussetzung für die Zulassung zur Abschlussprüfung *(§ 43 Abs. 1 Nr. 2 BBiG)*.

Während des zweiten Ausbildungsjahres wird eine schriftliche **Zwischenprüfung** anhand praxisbezogener Fälle oder Aufgaben durchgeführt. Die Zwischenprüfung erstreckt sich auf die Fächer Steuerlehre (60 Minuten), Rechnungswesen (60 Minuten) und Wirtschafts- und Sozialkunde (30 Minuten). Die Prüfungsdauer kann bei einer programmierten Prüfungsform unterschritten werden *(§ 7 StFachAngAusbV)*.

---

[1] früher Berichtsheft

Die Zwischenprüfung erstreckt sich auf die im Ausbildungsrahmenplan für das erste Ausbildungsjahr aufgeführten Kenntnisse und Fertigkeiten der Führung von Nebenbüchern, der Lohn- und Gehaltsabrechnung und auf den im Berufsschulunterricht entsprechend den Rahmenplänen zu vermittelnden Lehrstoff, wobei regelmäßig die Aufgabenstellung aus den Fächern Steuerlehre, Buchführung und Wirtschafts- und Sozialkunde erfolgt. Dabei hat das Ergebnis der Zwischenprüfung keinen Einfluss auf die Dauer der Ausbildung. Die Zwischenprüfung dient allein der Ermittlung des Ausbildungsstandes und soll dem Auszubildenden sowie dem Ausbildenden Gelegenheit geben, festgestellte Mängel bis zur Abschlussprüfung zu beseitigen.

Am Ende der Ausbildungszeit legt der/die Auszubildende vor dem Prüfungsausschuss der zuständigen Steuerberaterkammer die **Abschlussprüfung** ab, die sich auf alle im Ausbildungsrahmenplan angegebenen Kenntnisse und Fertigkeiten sowie auf die im Berufsschulunterricht für die Berufsausbildung notwendigen Lerninhalte bezieht. Die Abschlussprüfung wird schriftlich in den drei Fächern Steuerwesen, Rechnungswesen, Wirtschafts- und Sozialkunde und mündlich im Prüfungsfach „Mandantenorientierte Sachbearbeitung" durchgeführt *(§ 8 StFachAngAusbV)*.

Die **Zulassung** zur Abschlussprüfung setzt voraus:

- absolvierte Ausbildungszeit oder eine nicht später als 2 Monate nach dem Prüfungstermin endende Ausbildungszeit,
- Teilnahme an der Zwischenprüfung,
- schriftlicher Ausbildungsnachweis,
- eingetragenes Berufsausbildungsverhältnis.

Die **Prüfung** erstreckt sich auf folgende **schriftliche** Prüfungsfächer:

- Steuerwesen (Bearbeitungszeit etwa 150 Minuten),
- Rechnungswesen (Bearbeitungszeit etwa 120 Minuten),
- Wirtschafts- und Sozialkunde (Bearbeitungszeit etwa 90 Minuten).
- Die genannte Prüfungsdauer kann unterschritten werden, wenn die Prüfung in programmierter Form durchgeführt wird.

Das **mündliche Prüfungsfach** „Mandantenorientierte Sachbearbeitung" besteht aus einem Prüfungsgespräch. Der Prüfling soll ausgehend von einer von zwei ihm mit einer Vorbereitungszeit von höchstens zehn Minuten zur Wahl gestellten Aufgaben zeigen, dass er berufspraktische Vorgänge und Problemstellungen bearbeiten und Lösungen darstellen kann. Für das Prüfungsgespräch kommen insbesondere folgende Gebiete in Betracht:
a) allgemeines Steuer- und Wirtschaftsrecht,
b) Einzelsteuerrecht,
c) Buchführungs- und Bilanzierungsgrundsätze,
d) Rechnungslegung.

Das Prüfungsgespräch soll für den einzelnen Prüfling nicht länger als 30 Minuten dauern.

Ergänzungsprüfung: Sind in der schriftlichen Prüfung die Prüfungsleistungen in bis zu zwei Prüfungsfächern mit „mangelhaft" und in dem weiteren Prüfungsfach mit mindestens „ausreichend" bewertet worden, so ist auf Antrag des Prüflings oder nach Ermessen des Prüfungsausschusses in einem der mit „mangelhaft" bewerteten Prüfungsfächer die schriftliche Prüfung durch eine mündliche Prüfung von etwa 15 Minuten zu ergänzen, wenn diese für das Bestehen der Prüfung den Ausschlag geben kann. Das Prüfungsfach ist vom Prüfling zu bestimmen. Bei der Ermittlung des Ergebnisses für dieses Prüfungsfach sind die Ergebnisse der schriftlichen Arbeit und der mündlichen Ergänzungsprüfung im Verhältnis 2 : 1 zu gewichten *(§ 8 Abs. 6 StFachAngAusbV)*.

1

Bei der Ermittlung des Gesamtergebnisses haben die Prüfungsfächer das gleiche Gewicht.

Zum Bestehen der Abschlussprüfung müssen im Gesamtergebnis, im Prüfungsfach Steuerwesen und in mindestens zwei weiteren der vier genannten Prüfungsfächer mindestens ausreichende Leistungen erbracht werden. Werden die Prüfungsleistungen in einem Prüfungsfach mit „ungenügend" bewertet, ist die Prüfung nicht bestanden *(§ 8 Abs. 7, 8 StFachAngAusbV)*.

▨ Rahmenlehrplan

Der Rahmenlehrplan ist nach Ausbildungsjahren gegliedert. Er umfasst Lernfelder, Zeitrichtwerte, Zielformulierungen und Lerninhalte, die im Berufsschul-/Berufskollegunterricht zu vermitteln bzw. zu erreichen sind.

- **Lernfelder** sind thematische Einheiten, die sich an konkreten beruflichen Aufgabenstellungen und Handlungsabläufen orientieren, die mit dem Berufsbild verbunden sind.
- **Zeitrichtwerte** geben an, wie viele Unterrichtsstunden zum Erreichen der Lernziele einschließlich der Leistungsfeststellung vorgesehen sind.
- **Zielformulierungen** beschreiben die angestrebten Ergebnisse, die von den Lernenden in einem Lernfeld erreicht werden sollen. Sie werden als Elemente der beruflichen Handlungskompetenz unter Beachtung des Ausbildungsberufsbildes und des Ausbildungsrahmenplanes beschrieben.
- **Lerninhalte** sind die Unterrichtsinhalte, durch deren Behandlung die für ein Lernfeld angegebenen Zielformulierungen zu erreichen sind.

Übersicht über die Lernfelder des Ausbildungsberufes Steuerfachangestellte/Steuerfachangestellter					
Lerngebiete		**Zeitrichtwerte**			
		1. Jahr	**2. Jahr**	**3. Jahr**	**Gesamt**
1	Mit der Berufsausbildung beginnen und im Betrieb mitarbeiten	40			40
2	Bei der Wahrung von Interessen der Mandanten gegenüber der Finanzverwaltung mitwirken und steuerlich relevante Vorgänge der Mandanten begründet zuordnen sowie die Grundlagen der Einkünfteermittlung darstellen	80			80
3	Bei der Ermittlung der Einkünfte mitwirken	80			80
4	Werte und Werteströme im Mandantenauftrag erfassen und dokumentieren	80			80
5	Am Abschluss und der Erfüllung von Verträgen im Betrieb mitwirken	40			40
6	Einkommen- und Körperschaftsteuererklärungen erstellen und -bescheide prüfen		80		80
7	Handels- und gesellschaftsrechtliche Fragen der Mandanten klären und beantworten		80		80
8	Im Mandantenauftrag Geschäftsvorfälle aus betrieblichen Funktionsbereichen erfassen und dokumentieren			40	40
9	Lohn- und Gehaltsabrechnungen für Mandanten vornehmen und buchen			40	40

Übersicht über die Lernfelder des Ausbildungsberufes Steuerfachangestellte/Steuerfachangestellter				
Lernfelder	**Zeitrichtwerte**			
	1. Jahr	**2. Jahr**	**3. Jahr**	**Gesamt**
10 Umsatzsteuerlich relevante Geschäftsvorfälle der Mandanten auf ihre Steuerbarkeit und Steuerpflicht überprüfen		40		40
11 Umsatzsteuervoranmeldungen/-erklärungen erstellen und Bescheide prüfen			60	60
12 Gewerbesteuererklärungen erstellen und Steuerbescheide prüfen			60	60
13 Investitionsanlässe bei Mandanten unterscheiden und deren Finanzierungsmöglichkeiten beurteilen			40	40
14 Beim Erstellen von Jahresabschlüssen mitarbeiten			80	80
15 Beim Auswerten und Interpretieren von Jahresabschlüssen unter Einschluss mikro- und makroökonomischer Kriterien mitwirken			40	40
Gesamt	**320**	**280**	**280**	**880**

Vertiefungen innerhalb der Lernfelder sind im Rahmen weiter gehender berufsspezifischer Aufgabenstellungen und durch den Einsatz von Informations- und Kommunikationssystemen zu realisieren.

1.2.3   Berufsausbildungsvertrag

Ein **Berufsausbildungsverhältnis** als privatrechtliches Verhältnis zwischen dem Auszubildenden (bei Minderjährigen dem gesetzlichen Vertreter: Vater, Mutter, Vormund) und dem Ausbildenden wird durch Vertrag begründet *(§ 10 Abs. 1 BBiG)*. Der **Berufsausbildungsvertrag** kommt durch die Einigung der Vertragsparteien zustande und ist in schriftlicher Form abzufassen *(§ 11 Abs. 1 BBiG)*.

Ausbildender (Wirtschaftsprüfer/Steuerberater/Wirtschafts-/Steuerberatungsgesellschaft) ist derjenige, der einen anderen zur Berufsausbildung einstellt. Vom Ausbildenden ist derjenige zu unterscheiden, der die Ausbildung durchführt. Das kann der Ausbildende selbst oder ein von ihm beauftragter **Ausbilder** sein. Der **Auszubildende** ist derjenige, der ausgebildet wird.

Als **Mindestangaben** muss der Berufsausbildungsvertrag folgende Angaben enthalten *(§ 11 Abs. 1 S. 2 BBiG)*:

- Namen und Anschriften der Vertragspartner,
- Art, sachliche und zeitliche Gliederung sowie Ziel der Berufsausbildung, insbesondere die Berufstätigkeit, für die ausgebildet werden soll,
- Beginn und Dauer der Berufsausbildung,
- Ort der Ausbildung,
- Ausbildungsmaßnahmen außerhalb der Ausbildungsstätte (Besuch der Berufsschule),
- Dauer der regelmäßigen täglichen Ausbildungszeit,
- Dauer der Probezeit (mindestens 1 Monat, maximal 4 Monate; *§ 20 BBiG*),
- Zahlung und Höhe der Vergütung *(§§ 17–19 BBiG)*,
- Dauer des Urlaubs,

- Voraussetzungen, unter denen der Berufsausbildungsvertrag schriftlich gekündigt werden kann:
  - Kündigung in der Probezeit *(§ 22 Abs. 1 BBiG)*,
  - Kündigung nach der Probezeit
    - aus wichtigem Grund *(§ 22 Abs. 2 Nr. 1 u. 4 BBiG)*,
    - durch Aufgabe dieser Berufsausbildung mit einer Kündigungszeit von 4 Wochen *(§ 22 Abs. 2 Nr. 2 BBiG)*;
- Unterschriften aller Vertragsparteien,
- Eintragungsvermerk der zuständigen Stelle *(z. B. Steuerberaterkammer)*.

Die Beteiligten (Ausbildender, Auszubildender, Erziehungsberechtigte) übernehmen mit dem Abschluss des Berufsausbildungsvertrages **Pflichten**, die gleichzeitig die **Rechte** der anderen Vertragspartner sind *(§§ 13–19, 27–33 BBiG)*.

Pflichten der Vertragsparteien	
Auszubildender	Lernpflicht, Dienstleistungspflicht, Gehorsamspflicht, Sorgfaltspflicht, Schweige- und Treuepflicht, Berufsschulpflicht, Lernpflicht, Führung des Berichtsheftes, Teilnahmepflicht an Ausbildungsmaßnahmen, Folgeleisten von Weisungen, Beachtung der Betriebsordnung, Bewahrungspflicht, Haftungspflicht, Pflicht der Krankmeldung im Krankheitsfall
Ausbildender	ordnungsgemäße Ausbildung sowie kostenlose Bereitstellung der zur Ausbildung erforderlichen Arbeitsmittel *(§ 14 BBiG)*, Zahlung einer angemessenen Vergütung *(§§ 17, 18 BBiG)*, Pflicht der Entgeltfortzahlung, z. B. im Krankheitsfall *(§ 19 BBiG)*, Fürsorgepflicht *(§ 15 BBiG, §§ 9, 10 JArbSchG)*, Sorgfaltspflicht, Freistellung zum Besuch der Berufsschule bzw. des Berufskollegs sowie Freistellung für Prüfungen *(§ 15 BBiG, §§ 9, 10 JArbSchG)*, Gewährung von Urlaub *(§ 11 BBiG, § 19 JArbSchG)*, Ausstellung von Arbeitszeugnissen *(§ 16 BBiG)*
Erziehungsberechtigte	Unterstützungspflicht, evtl. Haftpflicht

Die **Ausbildungsdauer** beträgt grundsätzlich drei Jahre. Ein Antrag auf Verkürzung der Ausbildungszeit – *z. B. aufgrund besonders guter Leistungen des Auszubildenden oder bei praktischen und/oder theoretischen Vorkenntnissen* – muss **gemeinsam** von Auszubildendem und Ausbildendem gestellt werden *(§§ 7, 8, 45 BBiG)*.

Andererseits ist auf Antrag des Auszubildenden die Ausbildungsdauer zu **verlängern**, wenn die Verlängerung erforderlich ist, um das Ausbildungsziel zu erreichen.

Die **Ausbildungsdauer endet**

- mit Ablauf der vereinbarten Ausbildungszeit oder
- mit dem Tage der Bekanntgabe des Bestehens durch den Prüfungsausschuss *(§ 21 Abs. 2 BBiG)*.

Bei Nichtbestehen der Prüfung darf auf Antrag die Ausbildungszeit nach *§ 21 Abs. 3 BBiG* zweimal verlängert werden, insgesamt jedoch nur um ein Ausbildungsjahr.

Besteht der Auszubildende innerhalb der Jahresfrist nicht die Abschlussprüfung, darf der Ausbildungsbetrieb das Ausbildungsverhältnis nach Ablauf des Jahres auflösen.

Auf Antrag kann der Auszubildende eine englischsprachige und eine französischsprachige Übersetzung des Abschlusszeugnisses sowie den Ausweis der Leistungsfeststellungen aus der Berufsschule auf dem Zeugnis verlangen *(§ 37 Abs. 3 BBiB)*.

1.2.4 Berufsausübung

Die beruflichen Tätigkeitsbereiche des/der Steuerfachangestellten umfassen im Wesentlichen die Aufgabenbereiche, die für die freiberuflich tätigen Angehörigen der steuer- und wirtschaftsberatenden Berufe gelten.

Der gesetzliche Auftrag der **Steuerberater** umfasst:

- Mandanten bei der Erfüllung ihrer Buchführung zu unterstützen,
- sie in Steuerangelegenheiten zu beraten und
- sie vor Finanzbehörden und Finanzgerichten zu vertreten.

Des Weiteren übernehmen die **Wirtschaftsprüfer** und **vereidigten Buchprüfer** die Aufgabe, betriebswirtschaftliche und Jahresabschlussprüfungen durchzuführen und Bestätigungsvermerke über das Ergebnis dieser Prüfungen zu erteilen.

Immer häufiger schließen sich Wirtschaftsprüfer und Steuerberater zu Gesellschaften[1] zusammen. Nach *§ 49 ff. StberG* sind zulässig: Aktiengesellschaften, Kommanditgesellschaften auf Aktien, Gesellschaften mit beschränkter Haftung, Offene Handelsgesellschaften, Kommanditgesellschaften (einschl. GmbH & Co. KG) und Partnerschaftsgesellschaften. Offene Handelsgesellschaften und Kommanditgesellschaften können als Steuerberatungsgesellschaften anerkannt werden, wenn sie wegen ihrer Treuhandtätigkeit als Handelsgesellschaften in das Handelsregister eingetragen worden sind. Weiterhin zulässig sind Sozietäten als Gesellschaft des bürgerlichen Rechts *(GbR) nach § 705 ff. BGB.*

Steuerfachangestellte/-r

Dem/der Steuerfachangestellten kommt die Aufgabe zu, den Berufsangehörigen bei seiner Arbeit zu unterstützen und zuzuarbeiten.

Beispiele:

- *Übernahme von laufenden Buchführungsarbeiten,*
- *steuerliche Arbeiten für einen bestimmten Mandantenkreis,*
- *je nach Größe der Beratungspraxis Übernahme selbstständiger Arbeitsbereiche wie Lohnabrechnung für die Mitarbeiter der Beratungspraxis,*
- *Vorbereitung der Abschlüsse für Kapitalgesellschaften einschließlich Anhang und Lagebericht.*

Die verantwortungsvolle **Tätigkeit** des/der Steuerfachangestellten setzt voraus:

- fundierte und breit angelegte Kenntnisse auf dem Gebiet des Rechnungs- und Steuerwesens,
- ausreichendes Fachwissen auf dem Gebiet des Arbeits-, Sozial- und Wirtschaftsrechts,
- betriebswirtschaftliche Grundkenntnisse und Grundzüge der Datenverarbeitung,
- Fähigkeit und Bereitschaft zur ständigen Fortbildung, um das Fachwissen permanent weiterzuentwickeln und den neuesten Gegebenheiten anzugleichen,
- gute Umgangsformen mit Mandanten und Behörden sowie sicheres Auftreten mit der Fähigkeit zur Menschenführung.

Es gibt **keine Tarifverträge** für den Bereich der steuer- und wirtschaftsberatenden Berufe. Vereinbarungen über Gehaltszahlungen, Urlaubsdauer, soziale Sonderzuwendungen usw. bedürfen der einzelvertraglichen Regelung.

---

[1] Vgl. S. 471 ff.

1

■ Fort- und Weiterbildungsmöglichkeiten

Ohne berufliche Fortbildung wird der/die Steuerfachangestellte seinen/ihren Beruf auf Dauer nicht mit Erfolg ausüben können. Deshalb bieten viele Institutionen Fortbildungskurse für Steuerfachangestellte an. Dazu zählen die Berufsverbände des steuerberatenden Berufs sowie die Steuerberaterkammern. Der Blick in die Fachzeitschriften gibt einen ersten Überblick. Auskünfte erteilen zudem die jeweiligen Geschäftsstellen der Standesorganisationen.

Zum Nachweis von Kenntnissen, Fertigkeiten und Erfahrungen, die durch berufliche Fortbildung erworben wurden, bieten die Steuerberaterkammern die Fortbildungsprüfung mit der Abschlussbezeichnung **Steuerfachwirt/-in** oder **Steuerfachassistent/-in** an. Ebenfalls bieten die Industrie- und Handelskammern die klassische Fortbildungsprüfung zum/zur **Bilanzbuchhalter/-in** an. Zulassungsvoraussetzung zur Prüfung ist der Abschluss einer erfolgreich beendeten 3-jährigen kaufmännischen Ausbildung sowie eine umfassende Tätigkeit im betrieblichen Rechnungswesen von 3 Jahren nach Abschluss der Ausbildung.

Klassischerweise handelt es sich bei dem Beruf des Steuerberaters bzw. Wirtschaftsprüfers um einen weitgehend akademischen Beruf. Trotzdem steht dem/der Steuerfachangestellten im Gegensatz zum Rechtsanwalts-/Notargehilfen oder der Arzthelferin generell die Möglichkeit offen, zur **Prüfung zum/zur Steuerberater/-in** oder **Wirtschaftsprüfer/-in** zugelassen zu werden.

> **Beispiel:**
>
> *Zulassungsvoraussetzung zur Steuerberaterprüfung für einen Steuerfachangestellten ist die 10-jährige hauptberufliche Tätigkeit nach dem Berufsausbildungsabschluss auf dem Gebiet der von den Bundes- oder Landesfinanzbehörden verwalteten Steuern (Verkürzung auf 7 Jahre für Bilanzbuchhalter und Steuerfachwirte).*
>
> *Zulassungsvoraussetzung zur Wirtschaftsprüferprüfung für einen Steuerfachangestellten ist die mindestens 10-jährige Mitarbeit bei einem Wirtschaftsprüfer oder einer Wirtschaftsprüfungsgesellschaft und die Ableistung einer wenigstens 2-jährigen Prüfertätigkeit in dieser Zeit (§ 9 Abs. 2 WPO).*
>
> *Nur denjenigen Steuerfachangestellten stehen die letztgenannten Fortbildungsmöglichkeiten offen, die außerordentlich befähigt und gut vorbereitet sind.*

1.3   Aufgaben und Grundlagen des Arbeitsrechts

> Das **Arbeitsrecht** beinhaltet alle Rechtsnormen, die sich auf eine in persönlicher Abhängigkeit geleistete Arbeit beziehen.

Arbeitsrecht ist das Sonderrecht, das die Rechtsbeziehungen zwischen Arbeitgeber und Arbeitnehmer regelt.

Gründe für ein sich ständig änderndes Arbeitsrecht sind
- die Schutzbedürftigkeit von Arbeitnehmern,
- die persönliche Abhängigkeit von Arbeitnehmern,
- die wirtschaftliche Abhängigkeit von Arbeitnehmern,
- der zuerst einmal nicht eigene, sondern fremde Nutzen der Leistung der Arbeitnehmer
- das Bedürfnis nach einem Ausgleich zwischen den Interessen von Arbeitgebern und Arbeitnehmern.

■ Arbeitsverhältnis

Das Arbeitsverhältnis umfasst die Gesamtheit aller Rechtsbeziehungen zwischen Arbeitgeber und Arbeitnehmer.

1

Das Arbeitsverhältnis wird i. d. R. durch einen privatrechtlichen Arbeitsvertrag zwischen Arbeitgeber und Arbeitnehmer begründet, der ein Dienstvertrag nach *§ 611 BGB* ist und Arbeitnehmer zur unselbstständigen Arbeit verpflichtet.

Arbeitnehmer
- sind weisungsgebunden,
- gliedern sich in einen fremden Organisationsbereich ein,
- sind an feste Arbeitszeiten und häufig gleichzeitig an einen festen Arbeitsplatz gebunden und
- verpflichten sich zur Erbringung der gesamten Arbeitskraft.

Aus dem Arbeitsvertrag, aus den Betriebsvereinbarungen, aus tarifvertraglichen und gesetzlichen Bestimmungen ergeben sich die einzelnen Rechte und Pflichten, insbesondere die Art der zu leistenden Arbeit und deren Vergütung.

Das Arbeitsverhältnis beginnt mit dem Abschluss des Arbeitsvertrages, auch wenn der Arbeitsantritt später erfolgt. Es wird im Normalfall durch Kündigung beendet.

Arbeitgeber – Arbeitnehmer

Arbeitgeber ist, wer
- Arbeitnehmer beschäftigt einschließlich der zu ihrer Berufsbildung Beschäftigten,
- die Arbeitsleistung von Arbeitnehmern aufgrund des Arbeitsvertrages fordern kann,
- Arbeitnehmern das Arbeitsentgelt schuldet,
- Arbeitgebern gleichgestellt ist und wer in sonstiger Weise selbstständig tätig wird.

Arbeitnehmer im arbeitsrechtlichen Sinne sind nach *§ 611a BGB*
- natürliche Personen,
- die aufgrund eines privatrechtlichen Dienstvertrags verpflichtet sind,
- höchstpersönlich ihre Arbeitskraft
- sachlich-fachlich und örtlich weisungsgebunden,
- organisatorisch und zeitlich eingebunden,
- in persönlicher Abhängigkeit
- gegen Entgelt zur Verfügung zu stellen.

Steuerrechtlich und sozialversicherungsrechtlich sind zum Teil abweichende Definitionen möglich.

Als **arbeitnehmerähnlich** *(§ 12a TVG)* gelten natürliche Personen, die
- weder weisungsgebunden noch persönlich abhängig,
- aber wirtschaftlich abhängig und sozial schutzbedürftig sind und
- nur für einen Auftraggeber arbeiten.

Hierzu zählen insbesondere Heimarbeiter und ihnen Gleichgestellte.

Die Unterscheidung in Arbeiter und Angestellte hat heute rechtlich kaum noch Bedeutung.

Die Einordnung als **leitender Angestellter** nach *§ 5 Abs. 3 BetrVG* erfolgt insbesondere
- nach der Befugnis der selbstständigen Einstellung und Entlassung von Arbeitnehmern,
- nach der Wahrnehmung unternehmerisch bedeutsamer Aufgaben in eigener Verantwortung,
- aufgrund weitgehender Vollmachten *(z. B. Generalvollmacht, Prokura)*.

Für leitende Angestellte
- ist grundsätzlich das Betriebsverfassungsgesetz nicht anwendbar *(§ 5 Abs. 3 BetrVG)*,
- muss in Betrieben mit mindestens 10 leitenden Angestellten ein Sprecherausschuss errichtet werden *(§ 1 SprAuG)*,

- gilt nicht das Arbeitszeitgesetz *(§ 18 Abs. 1 Nr. 1 ArbZG)*,
- muss mindestens ein leitender Angestellter dem Aufsichtsrat einer mitbestimmten Gesellschaft angehören,
- gilt u. U. ein verminderter Kündigungsschutz *(§ 14 Abs. 2 KSchG)*.

Vom Arbeitnehmer sind zu unterscheiden
- Beamte, Richter, Soldaten,
- Familienangehörige gem. *§§ 1619, 1360 BGB,*
- Gesellschafter von Personengesellschaften,
- Organmitglieder von juristischen Personen,
- Strafgefangene.

Rechtsquellen des Arbeitsrechts

Europäisches Recht EG-Richtlinien EG-Verordnungen		

Deutsches Verfassungsrecht		
Beispiele *Art. 1, 2, 3, 9, 12 GG*	Landesverfassungen	

Deutsche Gesetze und Rechtsverordnungen		
Für alle Arbeitnehmer geltende Vorschriften	**Für bestimmte Berufszweige geltende Vorschriften**	**Sonstige Rechtsvorschriften**
Beispiele: ■ *Bürgerliches Gesetzbuch (BGB)* ■ *Arbeitszeitgesetz (ArbZG)* ■ *Arbeitsschutzgesetz (ArbSchG)* ■ *Arbeitsstättenverordnung (ArbStättV)* ■ *Arbeitsgerichtsgesetz (ArbGG)* ■ *Allgemeines Gleichbehandlungsgesetz (AGG)* ■ *Arbeitnehmer-Entsendegesetz (AEntG)* ■ *Bundesurlaubsgesetz (BUrlG)* ■ *Bundeselterngeld- und Elternzeitgesetz (BEEG)* ■ *Jugendarbeitsschutzgesetz (JArbSchG)* ■ *Kündigungsschutzgesetz (KSchG)* ■ *Mutterschutzgesetz (MuSchG)* ■ *Teilzeit- und Befristungsgesetz (TzBfG)*	*Beispiele:* ■ *Gewerbeordnung (z. B. § 105 ff. GewO)* ■ *Handelsgesetzbuch (z. B. § 59 ff. HGB)* ■ *Fahrpersonalgesetz (FPersG)* ■ *Heimarbeitsgesetz (HAG)* ■ *Seemannsgesetz (SeemG)* ■ *Ladenschlussgesetz (LadSchlG)* ■ *Bildschirmarbeitsverordnung (BildscharbV)* ■ *Biostoffverordnung* ■ *Druckluftverordnung* ■ *Baustellenverordnung*	*Beispiele:* ■ *Tarifvertragsgesetz (TVG)* ■ *Berufsbildungsgesetz (BBiG)* ■ *Beschäftigtenschutzgesetz (BSchutzG)* ■ *Betriebsverfassungsgesetz (BetrVG)* ■ *Mitbestimmungsgesetz (MitbestG)* ■ *Nachweisgesetz (NachwG)* ■ *Tarifvertrag* ■ *Betriebsvereinbarung* ■ *Entgeltfortzahlungsgesetz (EntgFG)* ■ *Gesetz zur Verbesserung der betrieblichen Altersversorgung (BetrAVG)* ■ *Sozialgesetzbuch (SGB)* ■ *Gesetz zur Bekämpfung der Schwarzarbeit (SchwarzArbG)* ■ *Teilzeit- und Befristungsgesetz (TzBfG)*

Tarifvertrag *(TVG)*		

Betriebsvereinbarungen *(§ 88 BetrVG)*		

Arbeitsvertrag *(§ 611 ff. BGB)*		

> Auf den **Berufsausbildungsvertrag** sind die für den Arbeitsvertrag geltenden Rechtsvorschriften und Rechtsgrundsätze anzuwenden, wenn sich aus seinem Wesen und Zweck und aus *BBiG* nichts anderes ergibt *(§ 10 Abs. 2 BBiG)*.

Das **Arbeitsrecht** ist in keinem umfassenden Arbeitsgesetzbuch kodifiziert, sondern ergibt sich aus einer **Vielzahl von Einzelgesetzen**.

Beispiele:

Frau Marga Möge, 20 Jahre alt, schließt mit dem Steuerberater Steuer einen Berufsausbildungsvertrag ab.	*§§ 3, 4 BBiG*
Nach bestandener Prüfung zur Fachangestellten unterschreiben Frau Möge und Herr Steuer einen unbefristeten Arbeitsvertrag.	*§§ 145, 611 ff. BGB* *Es gelten die allgemeinen Regeln (z. B. §§ 104 ff., 145 ff., 164 ff., 275 ff., 305 ff., 320 ff., 611 ff. BGB; SGB, BUrlG, Tarifvertrag, evtl. Betriebsvereinbarungen).*
Frau Möge wird krank. Sie muss spätestens nach drei Kalendertagen eine ärztliche Arbeitsunfähigkeitsbescheinigung beim Arbeitgeber vorlegen. Der Arbeitgeber kann die Vorlage ohne besonderen Anlass früher verlangen.	*§ 5 Abs. 1 S. 2 EFZG[1]*
Im September beantragt Frau Möge eine Woche Urlaub.	*§§ 3, 4, 5, 11 BUrlG*
Frau Möge wird schwanger und teilt dem Arbeitgeber mit, dass sie im Juni des Folgejahres ein Baby erwartet.	*§ 9 MuSchG*

Teilbereiche des Arbeitsrechts		
Individualarbeitsrecht	**Kollektivarbeitsrecht**	**Arbeitsschutzrecht[2]**
Regelung der Vertragsbeziehungen zwischen Arbeitgeber und Arbeitnehmer, d. h. Abschluss, Bestand und Beendigung von Arbeitsverträgen mit den sich daraus für die Vertragsparteien ergebenden Rechten und Pflichten: ■ Arbeitsvertragsrecht, ■ Kündigungsschutzrecht.	Regelungen zwischen den Arbeitgeberverbänden und der Gesamtheit der Belegschaft bzw. den Arbeitgeberverbänden und den Gewerkschaften. Dazu gehören insbesondere: ■ Koalitionsrecht, ■ Tarifvertragsrecht, ■ Betriebsverfassungsrecht, ■ Unternehmensmitbestimmungsrecht, ■ Arbeitskampf-/Schlichtungsrecht, ■ Arbeitsgerichtsgesetz *(ArbGG)*.	Das Arbeitsschutzrecht dient dem Schutz von Arbeitnehmern vor bestimmten Gefahren des Arbeitslebens. Es werden öffentlich-rechtliche Pflichten begründet, um die den einzelnen Arbeitnehmern bei der Arbeit drohenden Gefahren zu beseitigen oder zu vermindern.

---

[1] Entgeltfortzahlungsgesetz
[2] Vgl. S. 11 ff.

1

1.3.1   Individualarbeitsrecht

1.3.1.1   Arbeitsvertragsrecht

> Der **Arbeitsvertrag** (Einzelarbeitsvertrag) bildet die Rechtsgrundlage für ein individuell geschlossenes Arbeitsverhältnis zwischen dem einzelnen Arbeitnehmer und dem Arbeitgeber. Der Arbeitsvertrag kann entweder auf bestimmte oder auf unbestimmte Zeit geschlossen werden. Wurde nichts anderes vereinbart, gilt der Arbeitsvertrag als auf unbestimmte Zeit geschlossen. Der Arbeitsvertrag definiert die Rechte und Pflichten der Arbeitgeber und Arbeitnehmer.

Der Arbeitsvertrag kann formfrei, d.h. mündlich, schriftlich oder durch schlüssiges Verhalten, geschlossen werden, wenn kein Tarifvertrag eine Schriftform vorschreibt. Der Arbeitgeber ist aber spätestens einen Monat nach dem Beginn des Arbeitsverhältnisses verpflichtet, dem Arbeitnehmer einen schriftlichen Arbeitsvertrag auszuhändigen *(§ 2 NachwG)*.

Verstößt der Arbeitgeber gegen dieses Schriftformerfordernis, wird der Arbeitsvertrag allerdings nicht unwirksam, er ist vielmehr auch ohne Einhaltung der Schriftform gültig. Der Arbeitnehmer kann allerdings seinen Arbeitgeber auf Fertigung und Herausgabe einer Niederschrift **verklagen**.

Der Arbeitsvertrag ist ein Dienstvertrag i.S.d. *§ 611 BGB*. Der **Inhalt** des Arbeitsverhältnisses ergibt sich regelmäßig aus dem Arbeitsvertrag (ggf. in Verbindung mit den einschlägigen Tarifverträgen). Wenn der Arbeitgeber gegenüber Arbeitnehmern vorformulierte Arbeitsverträge verwendet, ist der Arbeitnehmer ein Verbraucher. Dies hat zur Folge, dass die Regelungen des Arbeitsvertrags als AGB der Inhaltskontrolle der *§§ 305 ff. BGB* unterliegen und es gelten die Klauselverbote nach *§ 309 BGB*, wenn sich aus den Besonderheiten des Arbeitsrechts nichts anderes ergibt *(§ 310 Abs. 4 S. 2 BGB)*.

Tarifverträge sowie Betriebsvereinbarungen fallen nicht unter die Kontrolle des AGB-Rechts.

Das Arbeitsverhältnis ...
- liegt vor, wenn jemand aufgrund eines privatrechtlichen Arbeitsvertrages im Dienste eines anderen zur Leistung weisungsgebundener, fremdbestimmter Arbeit in persönlicher Abhängigkeit verpflichtet ist; das Weisungsrecht kann Inhalt, Durchführung, Zeit, Dauer und Ort der Tätigkeit betreffen *(§ 611 BGB, BAG v. 20.01.2010, 5 AZR 99/09)*,
- ist ein Dauerschuldverhältnis, das auf den Austausch von Arbeitsleistung und Vergütung ausgerichtet ist und
- folgt wegen der Einbeziehung des Arbeitnehmers in die vom Arbeitgeber organisierte Arbeitsteilung besonderen Regeln,
- beinhaltet die Gesamtheit der durch den Arbeitsvertrag begründeten Rechtsbeziehungen zwischen Arbeitgeber und Arbeitnehmer.

Eine Benachteiligung wegen des Geschlechts bei der Einstellung ist gem. *§ 7 Abs. 1 S. 1 AGG* verboten und wird gem. *§ 15 Abs. 1 und 2 BGB* mit einem Schadensersatz- bzw. Entschädigungsanspruch sanktioniert.

Bei Arbeitsverträgen mit Minderjährigen ist die Zustimmung des gesetzlichen Vertreters notwendig.

Der Arbeitgeber wird durch den Arbeitsvertrag **erheblich gebunden**. Aus diesem Grund steht dem Arbeitgeber ein **Fragerecht** zu. Der Arbeitnehmer hat zulässige Fragen zu seiner Ausbildung, zu seinen früheren Arbeitsverhältnissen, Fähigkeiten und zu seiner Gesundheit zu beantworten. Das Fragerecht des Arbeitgebers bestimmt sich nach dem Umfang und den Grenzen des Aufgabenkreises, der dem Arbeitnehmer übertragen werden soll.

Beispiel:

Die Frage nach einer bestehenden Schwangerschaft ist grundsätzlich nicht zulässig und braucht deswegen nicht beantwortet zu werden.

Nach *§ 2 NachwG* muss ein Arbeitsvertrag mindestens enthalten:
- den Namen und die Anschriften der Vertragsparteien
- den Zeitpunkt des Beginns des Arbeitsverhältnisses
- bei befristeten Arbeitsverhältnissen: die vorhersehbare Dauer des Arbeitsverhältnisses
- den Arbeitsort bzw. den Hinweis darauf, dass der Arbeitnehmer an verschiedenen Orten beschäftigt werden kann
- eine kurze Charakterisierung oder Beschreibung der vom Arbeitnehmer zu leistenden Tätigkeit
- die Zusammensetzung und Höhe des Arbeitsentgelts einschließlich der Zuschläge, der Zulagen, Prämien und Sonderzahlungen sowie anderer Bestandteile des Arbeitsentgelts und deren Fälligkeit
- die vereinbarte Arbeitszeit
- die Dauer des jährlichen Erholungsurlaubs
- die Fristen für die Kündigung des Arbeitsverhältnisses
- einen in allgemeiner Form gehaltenen Hinweis auf die Tarifverträge, Betriebs- und Dienstvereinbarungen, die auf das Arbeitsverhältnis anzuwenden sind
- die Dauer der im Ausland auszuübenden Tätigkeit
- die Währung, in der das Gehalt ausgezahlt wird
- ein zusätzliches, mit dem Auslandsaufenthalt verbundenes Arbeitsentgelt und damit verbundene zusätzliche Sachleistungen
- die vereinbarten Bedingungen für die Rückkehr des Arbeitnehmers

1.3.1.2 Pflichten und Rechte aus dem Arbeitsverhältnis

Die Pflichten und Rechte des Arbeitnehmers und Arbeitgebers ergeben sich inhaltlich aus den Arbeitsrechtsbestimmungen, es sei denn, im Arbeitsvertrag werden zulässige Abweichungen vereinbart. Aus den Pflichten des Arbeitgebers ergeben sich einerseits die Rechte des Arbeitnehmers und aus den Rechten des Arbeitgebers die Pflichten des Arbeitnehmers.

1

Pflichten des Arbeitgebers = Rechte des Arbeitnehmers		
	Arbeitgeber	**Arbeitnehmer**
Hauptpflichten	■ Vergütungspflicht ■ Weisungsrecht	■ Pflicht zur persönlichen Arbeitsleistung ■ Gehorsamspflicht
Nebenpflichten	■ Fürsorgepflicht und Meldepflicht nach *§ 28a SGB IV* ■ Gewährung von Urlaub *(BUrlG)* ■ Schutz der Gesundheit der Arbeitnehmer *(ArbSchG)* ■ Beschäftigung nach Arbeitsvertrag ■ Schutz der Persönlichkeit sowie des Eigentums der Arbeitnehmer ■ Zeugnispflicht *(§ 630 BGB, § 109 GewO, § 16 BBiG)* ■ Grundsatz der Gleichbehandlung ■ Verbot der Geschlechterdiskriminierung *(§ 613 Abs. 3 BGB)* ■ keine Benachteiligung von Teilzeitbeschäftigten *(§ 4 TzBfG)* ■ keine Diskriminierung ■ Informations- und Anhörungspflicht ■ Meldungen nach DEÜV[1] ■ Einbehaltung und Abführung der Sozialversicherungsbeiträge *(§§ 28 d SGB IV ff.)*	■ Treuepflicht *(§ 242 BGB)* ■ Verschwiegenheitspflicht *(§ 62 StBerG, § 203 StGB)* ■ Pflicht zu Überstunden in Notfällen ■ Anzeige drohender Schäden ■ Anzeigepflicht bei Krankheit *(§ 5 EFZG)* ■ keine Störung des Betriebsklimas ■ Unterlassung von ruf- und kreditschädigenden Mitteilungen ■ Verbot der Annahme von Schmiergeldern ■ Beachtung des Wettbewerbsverbots *(§ 60 ff. HGB)* ■ Pflicht zur Schadensabwendung ■ Rechenschaftslegung über die Arbeitsleistung ■ Auskunfts-, Rechenschafts- und Herausgabepflichten *(§§ 666, 667 BGB)* ■ Schutz des Arbeitgebereigentums ■ Vorlage des Sozialversicherungsausweises und Angabe der Steuer-Identifikationsnummer zu Beginn der Beschäftigung

Nebenpflichten	■ AN haben Anspruch auf
	  • vertragsgemäße Beschäftigung *(§§ 611, 613, 242 BGB)*,
	  • gesetzes- und verfassungskonforme Beschäftigung,
	  • Schutz gegen Gesundheitsgefährdung *(§ 618 BGB)*,
	  • Schutz vor sexueller Belästigung *(§§ 2–4 BeschSchG)*,
	  • Schutz der informellen Selbstbestimmung, vgl. *Art. 2 Abs. 1 i. V. m. Art. 1 Abs. 1 GG*
	  • Schutz von Eigentum und sonstigen Vermögensinteressen *(§ 242 BGB)*,
	  • gesetzeskonforme Förderung *(§§ 629, 630 BGB)*.
		■ die zur Durchführung des Meldeverfahrens und der Beitragszahlung erforderlichen Angaben machen sowie Unterlagen vorlegen *(§ 280 Abs. 1 SGB IV)*

Rechtsfolgen bei Verstößen gegen Rechte bzw. Pflichten	■ Lohnminderung ■ evtl. Schadensersatz *(§§ 276 Abs. 1, 254 BGB)* ■ Abmahnung ■ Kündigung	■ Kündigung ■ evtl. Schadensersatz

---

[1] Vgl. www.deutsche-rentenversicherung.de/cae/servlet/contentblob/204564/publicationFile/53629/2013_meldungen.pdf.

1.3.1.3 Beendigung des Arbeitsverhältnisses

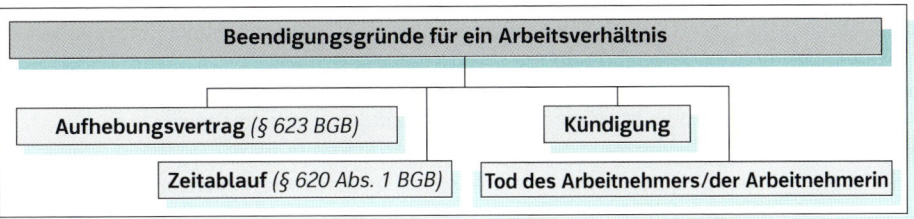

Aufhebungsvertrag

Arbeitgeber und Arbeitnehmer vereinbaren in einem Aufhebungsvertrag, dass das Arbeitsverhältnis zu einem bestimmten Zeitpunkt enden soll. Während eine Kündigung eine einseitige Erklärung ist und daher auch dann wirkt, wenn der Gekündigte mit ihr nicht einverstanden ist, ist ein Aufhebungsvertrag nur dann wirksam, wenn beide Vertragsparteien zustimmen.

Der Aufhebungsvertrag muss gem. *§ 623 BGB* zwingend in schriftlicher Form erfolgen.

Bietet der Arbeitgeber dem Arbeitnehmer einen Aufhebungsvertrag an, muss er den Arbeitnehmer darauf hinweisen, dass möglicherweise eine Sperrfrist für den Bezug von Arbeitslosengeld besteht. Unterlässt der Arbeitgeber diese Aufklärung, könnte er dazu verpflichtet werden, dem Arbeitnehmer das dadurch entgangene Arbeitslosengeld zu ersetzen.

Aus sozialversicherungsrechtlichen und steuerlichen Gründen sollten der vereinbarte Beendigungszeitpunkt und der Anlass für die Beendigung eindeutig im Vertrag genannt werden. Weitere Vertragsbestandteile sind:

- neben der Höhe und Fälligkeit der Abfindung noch ausstehende Zahlungen (Provisionen, Überstundenausgleich, Reisekosten etc.),
- Abreden bezüglich des Resturlaubs,
- eine etwaige Freistellung von der Arbeit bis zum Ende des Arbeitsverhältnisses,
- die Verschwiegenheitspflicht des Arbeitnehmers, insbesondere wenn dieser bereits eine neue Arbeitsstelle in Aussicht hat,
- die Rückgabe von Firmeneigentum und das Schicksal eines möglichen Firmenhandys oder Laptops, Firmenfahrzeuges etc.,
- Abreden über Erfindungen des Arbeitnehmers.

Das Widerrufsrecht der *§§ 312, 355 BGB* findet auf Aufhebungsverträge keine Anwendung.

Befristetes Arbeitsverhältnis

Ein befristeter Arbeitsvertrag muss schriftlich vereinbart werden. Fehlt die Schriftform, ist die Befristung unwirksam und der Arbeitsvertrag gilt als unbefristet abgeschlossen.

Die Zulässigkeit befristeter Arbeitsverträge ist im Teilzeit- und Befristungsgesetz *(TzBfG)* geregelt. Nach *§ 3 Abs. 1 TzBfG* ist ein Arbeitnehmer befristet beschäftigt, wenn ein Arbeitsvertrag auf bestimmte Zeit geschlossen wurde, d. h., die Dauer des Arbeitsvertrags ist kalendermäßig bestimmt (kalendermäßig befristeter Arbeitsvertrag) oder ergibt sich aus Art, Zweck oder Beschaffenheit der Arbeitsleistung (zweckbefristeter Arbeitsvertrag).

Eine ordentliche Kündigung kommt nur in Betracht, wenn ihre Zulässigkeit vereinbart ist *(§ 15 Abs. 3 TzBfG)*. Eine außerordentliche Kündigung ist unter den Voraussetzungen des *§ 626 BGB* zulässig.

Die Befristung eines Arbeitsverhältnisses ist grundsätzlich nur dann zulässig, wenn es dafür eine sachliche Rechtfertigung nach § 14 Abs. 1 TzBfG gibt.

Ein **sachlicher Grund** liegt insbesondere vor, wenn
- der betriebliche Bedarf an der Arbeitsleistung nur vorübergehend besteht (Saisonarbeiten, zeitlich begrenzte Arbeitsaufgaben),
- die Befristung im Anschluss an eine Ausbildung oder ein Studium erfolgt, um den Übergang des Arbeitnehmers in eine Anschlussbeschäftigung zu erleichtern,
- der Arbeitnehmer zur Vertretung eines anderen Arbeitnehmers beschäftigt wird,

> *Beispiel:* *Vertretung bei Elternzeit, Mutterschutz, Krankheit von Arbeitnehmern*

- die Eigenart der Arbeitsleistung die Befristung rechtfertigt,
- die Befristung zur Erprobung erfolgt,
- in der Person des Arbeitnehmers liegende Gründe die Befristung rechtfertigen,
- der Arbeitnehmer aus Haushaltsmitteln vergütet wird, die haushaltsrechtlich für eine befristete Beschäftigung bestimmt sind, und er entsprechend beschäftigt wird, oder
- die Befristung auf einem gerichtlichen Vergleich beruht.

Ohne sachlichen Grund ist die Befristung eines Arbeitsvertrages nur bei einer Neueinstellung in zwei Fällen zulässig:
- Befristung bis zu einer Dauer von zwei Jahren *(§ 14 Abs. 2 TzBfG).*
  - Während der Gesamtdauer von 2 Jahren kann die Befristung insgesamt dreimal verlängert werden.
  - Auszubildende können nach Abschluss ihrer Ausbildung beim gleichen Arbeitgeber nur einmal mit sachlichem Grund befristet weiterbeschäftigt werden, weil bereits ein befristetes Arbeitsverhältnis zu diesem Arbeitgeber bestanden hat.
- Befristung bis zu einer Dauer von fünf Jahren bei Arbeitnehmern, die das 52. Lebensjahr vollendet haben *(§ 14 Abs. 3 TzBfG).* Innerhalb der Gesamtdauer ist eine mehrfache Verlängerung des Arbeitsvertrages zulässig.

Kündigung

Die Kündigung ist eine einseitige, rechtsgestaltende und empfangsbedürftige Willenserklärung eines **Vertragspartners** gegenüber der anderen Vertragspartei, mit der ein bestehendes, auf unbestimmte Zeit abgeschlossenes Arbeitsverhältnis nach Ablauf der gesetzlichen bzw. einzel- oder tarifvertraglich vereinbarten Kündigungsfrist rechtswirksam beendet wird. Für die Wirksamkeit muss die andere Seite nicht zustimmen. Die Kündigung muss eindeutig und unmissverständlich sein; sie braucht den Kündigungsgrund nicht unbedingt zu enthalten, sie ist formfrei, verlangt aber grundsätzlich die **Schriftform** *(§ 623 BGB)* **und die eigenhändige Unterschrift**. Kündigungen per SMS, E-Mail, Fax oder mündliche Kündigungen sind unwirksam. Der Arbeitgeber muss zudem beweisen können, dass die Kündigung dem Mitarbeiter zugegangen ist. Bei Kündigung von Berufsausbildungsverhältnissen nach der Probezeit ist der Kündigungsgrund stets anzugeben (die ordentliche Kündigung ist ausgeschlossen).

Die Nichtbeachtung der Schriftform bedeutet die Unwirksamkeit der Kündigung *(§§ 125, 126, 623 BGB).*

Die Willenserklärung Kündigung wird wirksam, wenn sie der anderen Vertragspartei zugegangen ist, sie muss nicht angenommen werden.

Der Zugangszeitpunkt ist bedeutsam für den Lauf weiterer Fristen wie z. B. für
- *die Kündigungsfristen nach Arbeitsvertrag oder Tarifvertrag, ansonsten gelten die gesetzlichen Kündigungsfristen nach § 622 BGB,*
- *die Frist nach § 4 KSchG zur Klageerhebung,*

- *Mitteilungen, die eine besondere Kündigungsfrist zur Folge haben (z. B. Schwerbehinderung, Schwangerschaft).*

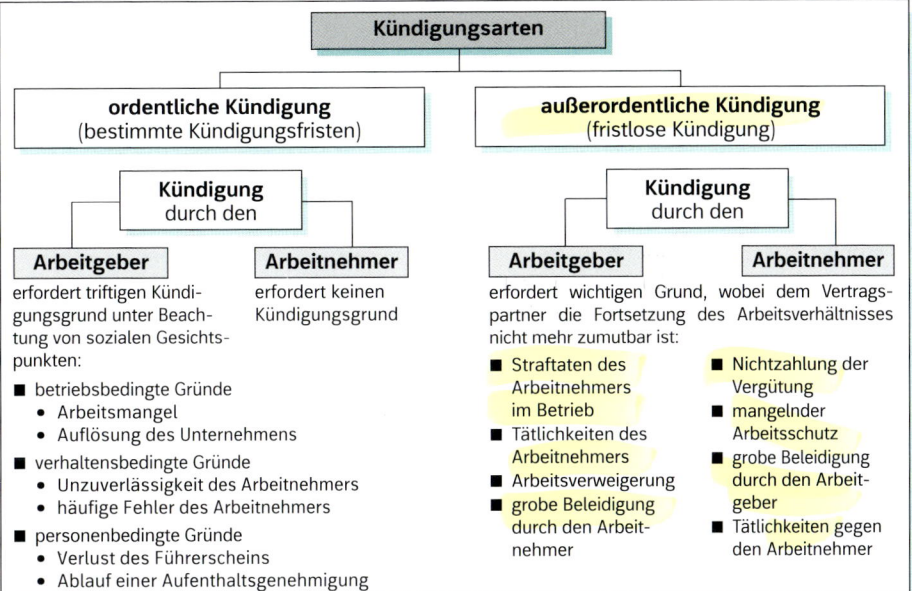

Ordentliche Kündigung

Eine Kündigung ist ordentlich, wenn sie

- bestimmt und unmissverständlich erklärt worden ist,
- fristgerecht erklärt wurde und der Empfänger erkennen kann, wann das Arbeitsverhältnis enden soll. Regelmäßig genügt hierfür die Angabe des Kündigungstermins oder der Kündigungsfrist. Ausreichend ist aber auch ein Hinweis auf die maßgeblichen gesetzlichen, tarifvertraglichen oder einzelvertraglichen Fristenregelungen, wenn der Erklärungsempfänger hierdurch unschwer ermitteln kann, zu welchem Termin das Arbeitsverhältnis enden soll[1].

Der Zeitpunkt, in dem eine Kündigung zugeht, ist entscheidend für den Beginn der Kündigungsfrist.

Zugang verlangt, dass die Willenserklärung so in den Empfangsbereich des Empfängers gelangt, dass dieser unter regelmäßigen Umständen davon hätte Kenntnis erlangen müssen.

Beispiele:

- *Einwurf in den Briefkasten, persönliche Übergabe*
- *Übergabeeinschreiben: mit der Aushändigung durch den Postboten bzw. Abholung bei der Post*

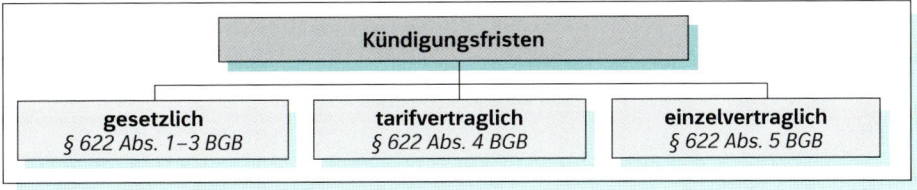

---

[1] Vgl. *BAG-Urteil vom 20.06.2013, 6 AZR 805/11.*

1

Das Arbeitsverhältnis eines Arbeitnehmers kann gesetzlich mit einer Frist von vier Wochen (= 28 Tage) zum 15. oder zum Ende eines Kalendermonats gekündigt werden *(§ 622 Abs. 3 BGB)*. Nur für eine ordentliche Kündigung durch den Arbeitgeber verlängern sich die Kündigungsfristen nach der Dauer der Betriebszugehörigkeit *(§ 622 Abs. 2 BGB)*.

Gesetzliche Kündigungsfristen bei ordentlicher Kündigung

Kündigungsfristen bei Dienstverhältnissen		§621 BGB
Die Vergütung erfolgt:	Die Kündigung muss erfolgen:	
▪ nach Tagen	▪ an jedem Tag für den Ablauf des folgenden Tages	Nr. 1
▪ nach Wochen	▪ spätestens am 1. Werktag einer Woche für den Ablauf des folgenden Samstags	Nr. 2
▪ nach Monaten	▪ spätestens am 15. des Kalendermonats für den Schluss des Kalendermonats	Nr. 3
▪ nach Vierteljahren oder einem längeren Zeitraum	▪ unter Einhaltung einer Kündigungsfrist von 6 Wochen zum Schluss des Kalendervierteljahres	Nr. 4
▪ nicht nach Zeitabschnitten	▪ jederzeit, aber es ist eine Kündigungsfrist von 2 Wochen einzuhalten, wenn das Dienstverhältnis den Verpflichteten vollständig oder hauptsächlich in Anspruch nimmt	Nr. 5

Kündigungsfristen bei Arbeitsverhältnissen	§622 BGB
Die ordentliche Kündigungsfrist ergibt sich aus dem Arbeitsvertrag oder einem anwendbaren Tarifvertrag, fehlen diese Regelungen gilt die gesetzliche Kündigungsfrist nach § 622 Abs. 1–3 BGB.	

▪ **Kündigung durch den Arbeitnehmer**	§622 Abs. 1 BGB
Arbeitnehmer können frei unter Einhaltung der ordentlichen Kündigungsfrist von 4 Wochen (= 28 Tage) zum 15. oder zum Ende des Kalendermonats kündigen.	
• **Kündigung von Aushilfen** Die gesetzliche Kündigungsfrist kann nach § 622 Abs. 5 Nr. 1 BGB nur bei vorübergehenden Aushilfen bis zu 3 Monaten vertraglich abgekürzt werden.	
• **Kündigung während einer Probezeit bis zu 6 Monaten:** zwei Wochen zu jedem beliebigen Tag	

▪ **Kündigung durch den Arbeitgeber**	§622 Abs. 2 BGB
Das Kündigungsrecht der Arbeitgeber wird eingeschränkt. Bei Kündigung des Arbeitsverhältnisses durch den Arbeitgeber verlängern sich bei ordentlicher Kündigung die Kündigungsfristen entsprechend der Dauer des Arbeitsverhältnisses. Die gesetzlichen Kündigungsfristen sind Mindestkündigungsfristen. Grundlage für die Berechnung der Kündigungsfrist ist die Dauer der Betriebszugehörigkeit im Zeitpunkt des Zugangs der Kündigung.	
Bei der Kündigung von Aushilfen für die Dauer von 3 Monaten gibt es keine Mindestfrist, ist aber vereinbar. Die Kündigungsfrist während einer max. 6-monatigen Probezeit beträgt 2 Wochen.	§622 Abs. 3 BGB

Das Arbeitsverhältnis dauert ...	Kündigungsfristen:	§622 BGB
weniger als 2 Jahre	4 Wochen zum 15. oder zum Monatsende,	Abs. 1
mehr als 2 Jahre	1 Monat zum Ende eines Kalendermonats,	Abs. 2 Nr. 1
mehr als 5 Jahre	2 Monate zum Ende eines Kalendermonats,	Abs. 2 Nr. 2
mehr als 8 Jahre	3 Monate zum Ende eines Kalendermonats,	Abs. 2 Nr. 3
mehr als 10 Jahre	4 Monate zum Ende eines Kalendermonats,	Abs. 2 Nr. 4
mehr als 12 Jahre	5 Monate zum Ende eines Kalendermonats,	Abs. 2 Nr. 5
mehr als 15 Jahre	6 Monate zum Ende eines Kalendermonats,	Abs. 2 Nr. 6
mehr als 20 Jahre	7 Monate zum Ende eines Kalendermonats.	Abs. 2 Nr. 7

■ **Kündigung durch den Insolvenzverwalter** Die Kündigungsfrist beträgt höchstens 3 Monate, soweit keine kürzere Frist maßgebend ist.	*§ 113 InsO*
■ **Berechnung der Kündigungsfristen** Die Berechnung der Kündigungsfristen richtet sich nach *§ 186 ff. BGB.* Der Tag des Zugangs der Kündigung wird bei der Frist nicht mitgerechnet, die Frist beginnt erst mit dem nächsten Tag zu laufen. Die Kündigung ist auch wirksam, wenn das Ende der Kündigungsfrist auf einen Samstag, Sonntag oder gesetzlichen Feiertag fällt (*§ 193 BGB* ist **nicht** anzuwenden). Nach dem EuGH-Urteil vom 19.01.2010 (AZ C-555/07) darf die Regelung des *§ 622 Abs. 2 S. 2 BGB* nicht mehr angewendet werden.	*§ 186 ff. BGB*

Sonderregelungen
- Alle Fristen können tarifvertraglich gekürzt oder verlängert werden. Arbeitnehmer und Arbeitgeber, die nicht tarifvertraglich gebunden sind, können dennoch die tarifvertraglich vereinbarten Regelungen im einzelnen Arbeitsvertrag übernehmen *(§ 622 Abs. 4 BGB)*.
- In Betrieben mit bis zu 20 Beschäftigten kann generell eine Kündigungsfrist von 4 Wochen vereinbart werden *(§ 622 Abs. 4 BGB)*.
- Der Beendigungszeitpunkt wird in einigen Arbeits- und Tarifverträgen eingeschränkt, indem eine ordentliche Kündigung nur zum Ende des Quartals ausgesprochen werden darf. Dann ist die jeweilige Monatsfrist einzuhalten und eine ordentliche Kündigung nur zum 31. März, 30. Juni, 30. September und 31. Dezember des jeweiligen Kalenderjahres möglich.

Beispiele:

1. *Einem Arbeitnehmer wird am Dienstag, den 07.08.2018 das ordnungsgemäße Kündigungsschreiben durch den Arbeitgeber übergeben.*
   *Der Tag der Aushändigung der Kündigungserklärung wird gem. § 187 Abs. 1 BGB **nicht** mitgerechnet. Also beginnt der Lauf der Frist erst am 08.08.*
   Probezeit 5 Monate: Während einer Probezeit bis zu 6 Monaten kann das Arbeitsverhältnis mit einer Frist von 2 Wochen vom Arbeitgeber und Arbeitnehmer gekündigt werden (§ 622 Abs. 3 BGB), wenn tarifvertraglich nichts anderes bestimmt ist. Das Arbeitsverhältnis endet am 22.08.
   Betriebszugehörigkeit 1 Jahr, Kündigungsfrist 4 Wochen zum Monatsende: Dies bedeutet, es muss ab dem Zeitpunkt der Kündigung bis zum nächsten Monatsende gewartet werden und erst ab dann zählen die 4 Wochen. Das Arbeitsverhältnis endet am 30.10.
   Betriebszugehörigkeit 3 Jahre, Kündigungsfrist 1 Monat zum Monatsende: Das Arbeitsverhältnis endet am 30.09.

2. *Dem Arbeitnehmer B wird mit einer Frist von 6 Monaten zum Quartal am 07.08.2018 das ordnungsgemäße Kündigungsschreiben übergeben.*
   Das Arbeitsverhältnis endet am 31.03.2019.

3. *Die Arbeitnehmerin A, Betriebszugehörigkeit 3 Jahre, erhält am 01. März die schriftliche Kündigungserklärung des Arbeitgebers zum 31. März.*
   Die Kündigung wird in diesem Fall erst zum 30. April wirksam, weil der Tag der Aushändigung der Erklärung gem. § 187 Abs. 1 BGB nicht mitgerechnet wird. Die bedeutet, der Lauf der Frist beginnt erst am 2. März.
   Die gesetzliche Kündigungsfrist beträgt 1 Monat zum Ende des Kalendermonats; eine volle Monatsfrist endet in diesem Fall erst mit dem Ablauf des 1. April (§ 188 Abs. 2 BGB).

Bei Kündigungen ist vor Ausspruch der Kündigung der Betriebsrat anzuhören, es sind die Gründe nachvollziehbar darzulegen. Ohne Anhörung – nicht Zustimmung – des Betriebsrates ist die Kündigung unwirksam *(§ 162 BetrVG)*.

Außerordentliche Kündigung

Eine außerordentliche Kündigung eines Arbeitsverhältnisses erfordert nach *§ 626 Abs. 1 BGB* einen „wichtigen Grund", d. h. einen ganz besonders schwerwiegenden Anlass für eine Kündigung, der dem Kündigenden – AG oder AN - das Abwarten der Kündigungsfristen unzumutbar macht.

1

Nach *§ 626 BGB* kann eine außerordentliche Kündigung nur innerhalb von zwei Wochen ausgesprochen werden, nachdem der zur Kündigung Berechtigte den wichtigen Grund erfahren hat.

Ausstehende Urlaubsansprüche sollten bei einer außerordentlichen Kündigung so berücksichtigt werden, dass der Kündigungstermin um den noch bestehenden zeitlichen Urlaubsanspruch nach hinten verschoben werden[1].

Gründe für eine außerordentliche Kündigung durch den Arbeitgeber sind z. B.	Gründe für eine außerordentliche Kündigung durch den Arbeitnehmer sind z. B.
▪ Diebstahl und Unterschlagung zulasten des Arbeitgebers oder zulasten von Kollegen ▪ Schwere Beleidigungen, erhebliche Tätlichkeiten oder sexuelle Belästigungen während der Arbeit ▪ Geschäftsschädigende Äußerungen, Anzeige des Arbeitgebers bei Behörden ▪ Annahme von Schmiergeldern ▪ Androhung von Krankheit ▪ Grundlose und „beharrliche" Arbeitsverweigerung ▪ Selbstbeurlaubung	▪ Wiederholt unpünktliche Zahlung der Vergütung ▪ Beharrliche Nichtabführung von Sozialabgaben ▪ Beleidigungen ▪ Tätlichkeiten ▪ Sexuelle Belästigungen

■ Änderungskündigung *(§ 2 KSchG)*

Eine Änderungskündigung ist die einseitige Kündigung des gesamten Arbeitsverhältnisses i. d. R. durch den Arbeitgeber, verbunden mit dem gleichzeitigen Vertragsangebot, das Arbeitsverhältnis einvernehmlich bzw. durch vertragliche Übereinkunft zu geänderten Bedingungen fortzusetzen. Nimmt der Arbeitnehmer das neue Arbeitsvertragsangebot nicht an, entfaltet die Erklärung die Wirkung einer Beendigungskündigung. Stimmt er dagegen zu, gelten die neuen Arbeitsbedingungen nach Ende der Kündigungsfrist.

Auch bei der ordentlichen Änderungskündigung muss der Arbeitgeber die Voraussetzungen des *KSchG* einhalten, d. h., die Änderungskündigung muss durch das Vorliegen von personen-, verhaltens- oder betriebsbedingten Gründen sozial gerechtfertigt sein. Ebenso ist der besondere Kündigungsschutz, etwa für schwerbehinderte oder schwangere Mitarbeiter, zu beachten.

bis zu 30 Wochstd   0,75
bis zu 20 Wochst.   0,5

■ Kündigungsschutz

Allgemeiner Kündigungsschutz

Arbeitnehmer genießen nur dann allgemeinen Kündigungsschutz nach dem *KSchG*, wenn sie in demselben Betrieb oder Unternehmen ohne Unterbrechung länger als sechs Monate tätig waren und wenn dieser Betrieb mindestens elf Arbeitnehmer beschäftigt *(§ 1 Abs. 1 und 23 Abs. 1 S. 2 KSchG)*. Bei der Zahl der Arbeitnehmer ist zu berücksichtigen, dass teilzeitbeschäftigte Arbeitnehmer bis zu 30 Wochenstunden nur mit 0,75 und bis zu 20 Wochenstunden nur mit 0,5 berücksichtigt werden.

Die Grundnorm des Kündigungsschutzes fordert die **„soziale Rechtfertigung"** der Kündigung, d. h., soziale Faktoren wie Unterhaltspflichten, Alter, Behinderungen und lange Betriebszugehörigkeiten sind in die Überlegungen einzubeziehen *(§ 1 Abs. 1 KSchG)*.

---

[1] Vgl. *BAG,* 10.02.2015, *Az. 9 AZR 455/13.*

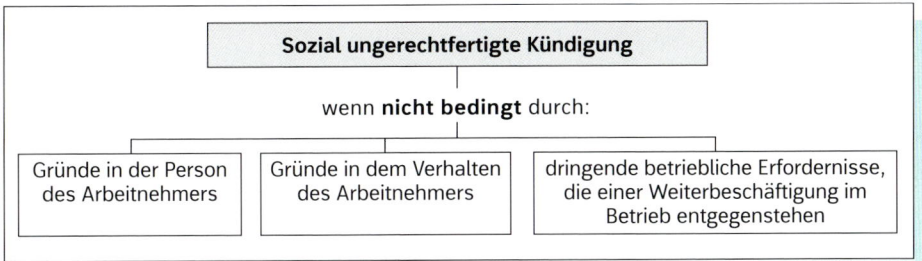

Ordentliche Kündigungsgründe

- **Personenbedingte Kündigungsgründe** sind solche Umstände, die in der Person des Arbeitnehmers liegen. Voraussetzung einer personenbedingten Kündigung ist, dass der AN aufgrund persönlicher Fähigkeiten, Eigenschaften oder nicht vorwerfbarer Einstellungen nicht mehr in der Lage ist, künftig eine vertragsgerechte Leistung zu erbringen.

> **Beispiel:**
> *Fehlende persönliche, fachliche, gesundheitliche Qualifikation, Wegfall der Arbeitserlaubnis, Haftstrafe, Verlust der Fahrerlaubnis bei Kraftfahrern, bei Krankheit: lang andauernd, häufige Kurzerkrankung, dauerhafte Leistungsunfähigkeit, übermäßiger Alkoholkonsum und damit verbundene Unfähigkeit, die Arbeit zu verrichten.*

- **Verhaltensbedingte Kündigungen** verlangen **vier Voraussetzungen**, damit sie wirksam werden:
  1. Der gekündigte Arbeitnehmer muss in erheblicher Weise gegen seine arbeitsvertraglichen Pflichten verstoßen haben (**Pflichtverstoß**).
  2. Der Pflichtverstoß des Arbeitnehmers muss **rechtswidrig** sein, d.h., es darf keine rechtfertigenden Umstände geben. Außerdem muss der Pflichtverstoß **schuldhaft**, d. h. vorsätzlich oder zumindest fahrlässig, begangen worden sein.
  3. Die Kündigung muss **verhältnismäßig** sein, d.h., es darf als Reaktion des Arbeitgebers **kein milderes Mittel** als die Kündigung geben. Ein milderes Mittel ist insbesondere die **Abmahnung**, manchmal auch eine Versetzung auf einen anderen Arbeitsplatz.
  4. Bei der Abwägung der widerstreitenden Interessen, d. h. des Interesses des Arbeitgebers an einer Beendigung des Arbeitsverhältnisses und des Interesses des Arbeitnehmers an einer Fortsetzung des Arbeitsverhältnisses, muss das Interesse des Arbeitgebers an einer Beendigung überwiegen. Dieser Schritt der rechtlichen Prüfung wird „**Interessenabwägung**" genannt. Sie muss zugunsten des Arbeitgebers ausgehen, damit die Kündigung rechtens ist.

Fehlt auch nur eine dieser Voraussetzungen, ist die Kündigung unwirksam.

> **Beispiele:**
> *Verletzung vertraglicher Pflichten, Schlechtleistung, Verstöße gegen betriebliche Ordnung, wiederholte Unpünktlichkeit, die eigenmächtige Selbstbeurlaubung, die eigenmächtige Urlaubsverlängerung, Verrat von Betriebsgeheimnissen, Nichtanzeigen von Krankheiten, zu späte Übersendung der Arbeitsunfähigkeitsbescheinigung, Verletzung vertraglicher Pflichten.*

- **Betriebsbedingte Kündigungsgründe** i. S. d. *§ 1 Abs. 2 S. 1 KSchG* liegen vor, wenn dringende außer- oder innerbetriebliche Faktoren den Wegfall eines oder mehrerer Arbeitsplätze zur Folge haben und keine anderweitige Beschäftigungsmöglichkeit in demselben Betrieb oder einem anderen Betrieb desselben Unternehmens besteht. Das heißt, der

1

Bedarf für eine Weiterbeschäftigung des gekündigten Arbeitnehmers im Betrieb entfällt voraussichtlich dauerhaft.

Für eine betriebsbedingte Kündigung sind **vier Voraussetzungen** zu erfüllen, damit sie wirksam ist:

1. Es müssen betriebliche Erfordernisse vorliegen, die dazu führen, dass der Bedarf an Arbeitsleistungen geringer wird wie *z. B. die Schließung einer Abteilung oder einer Filiale, die Veränderung von Arbeitsabläufen, die bestimmte Arbeitsplätze wegfallen lässt.*
2. Die Kündigung muss „dringlich" sein, d. h., es darf keine Möglichkeit der Weiterbeschäftigung des Arbeitnehmers auf einem anderen Arbeitsplatz geben.
3. Bei Abwägung des Arbeitgeberinteresses an einer Beendigung des Arbeitsverhältnisses und des Arbeitnehmerinteresses an einer Fortsetzung des Arbeitsverhältnisses muss das Beendigungsinteresse des Arbeitgebers überwiegen. Dieser Schritt bei der rechtlichen Überprüfung ist die „Interessenabwägung".
4. Der Arbeitgeber muss bei der Auswahl des gekündigten Arbeitnehmers soziale Gesichtspunkte ausreichend berücksichtigen, d. h., er darf keinen Fehler bei der Sozialauswahl machen.

Fehlt nur eine dieser Voraussetzungen, ist die Kündigung unwirksam.

Kommt es zum Kündigungsschutzprozess muss der Arbeitgeber im Einzelnen erläutern, welche **unternehmerische Entscheidung** er getroffen hat und wie und warum diese Entscheidung zu einem dauerhaften Wegfall von Arbeitsbedarf in seinem Betrieb führt.

> **Beispiele:**
> - *Innerbetriebliche Umstände wie Rationalisierungsmaßnahmen, Einstellung oder Einschränkung der Produktion,*
> - *außerbetriebliche Umstände wie Auftragsmangel, Umsatzrückgang.*

Die Kündigungsschutzklage wegen sozialer Ungerechtigkeit muss innerhalb von drei Wochen beim Arbeitsgericht erfolgen *(§ 4 KSchG)*. Wird innerhalb dieser Frist keine Klage erhoben, gilt die Kündigung als sozial gerechtfertigt.

Verstößt die Kündigung gegen eine **ungerechtfertigte soziale Auswahl** *(§ 95 BetrVG)*, bei der es auf

- die Dauer der Betriebszugehörigkeit,
- Unterhaltspflichten und/oder
- das Lebensalter,
- eine Schwerbehinderung

ankommt, oder wird die Umsetzungsmöglichkeit innerhalb des Unternehmens oder Betriebsteiles nicht berücksichtigt, steht dem Betriebsrat ein Widerspruchsrecht zu. Eine Kündigung ist nur dann „sozial gerechtfertigt", wenn die Kündigung aus **personen-, verhaltens- oder betriebsbedingten Gründen** erfolgt.

Abmahnung

Jede Form von persönlichem Fehlverhalten am Arbeitsplatz, das ein vertragswidriges Verhalten darstellt, kann abgemahnt werden. Die Frage einer Abmahnung stellt sich nur bei verhaltensbedingten Kündigungen. Bevor eine ordentliche verhaltensbedingte Kündigung ausgesprochen wird, verlangt die ständige Rechtsprechung des Bundesarbeitsgerichts (keine gesetzliche Regelung) eine Abmahnung des Arbeitgebers an den Arbeitnehmer.

1

Die Abmahnung

- ist eine Warnung des Arbeitgebers an den Arbeitnehmer; der Arbeitgeber weist den Arbeitnehmer darauf hin, dass dieser seine arbeitsvertraglichen Pflichten nicht oder nicht vollständig erfüllt (genaue Beschreibung des einzelnen **Fehlverhaltens**, Nennung des konkreten Fehlverhaltens unter Angabe von Ort, Datum und Uhrzeit, Pauschalbehauptungen sind nicht ausreichend); mehrere Pflichtverletzungen sollten i. d. R. einzeln abgemahnt werden, jede mit Datum, Uhrzeit und möglichen Zeugen beziehungsweise Beweisen.
- muss den Hinweis enthalten, dass im Wiederholungsfall der Bestand des Arbeitsverhältnisses gefährdet ist,
- fordert den Arbeitnehmer auf, sich in **Zukunft vertragsgetreu** zu verhalten und droht für den Fall der erneuten Pflichtverletzung mit arbeitsrechtlichen Konsequenzen,
- hat **keine gesetzliche Grundlage** (sie ist aus Richterrecht entstanden),
- kann **formlos** erteilt werden; sie sollte aber aus Beweisgründen schriftlich erfolgen und der **Zugang nachweisbar** sein,
- muss den abgemahnten **Lebenssachverhalt** detailliert **beschreiben**.

Beispiele:
- *Der Arbeitnehmer hält die vertraglichen Arbeitszeiten nicht ein.*
- *Der Arbeitnehmer verletzt die Anzeigepflichten bei Krankheit.*
- *Der Arbeitnehmer missbraucht Dienstgeheimnisse.*
- *Der Mitarbeiter erledigt während der Dienstzeiten private Angelegenheiten.*
- *Missachtung von Sicherheitsvorschriften,*
- *Nichtbefolgung von Weisungen*

Voraussetzung für eine ordentliche verhaltensbedingte Kündigung ist eine zuvor wirksam erteilte Abmahnung, weil dem Arbeitnehmer durch eine Abmahnung die Gelegenheit gegeben werden soll, die Arbeitsleistung bzw. sein Verhalten zu ändern.

Ignoriert ein Mitarbeiter eine ausgesprochene Abmahnung und ändert sein Fehlverhalten nicht, droht die ordentliche verhaltensbedingte Kündigung. Diese kann nur nach einer vorherigen Abmahnung ausgesprochen werden.

Bei wirklich schweren Pflichtverletzungen *(z. B. Straftaten)* können Arbeitgeber ohne eine vorherige Abmahnung fristlos kündigen.

Es gibt keine **zeitliche Grenze**, innerhalb derer die Abmahnung ausgesprochen werden muss.

In einem Kleinbetrieb ist das Kündigungsschutzgesetz nicht anwendbar *(§ 23 S. 2 KSchG).*

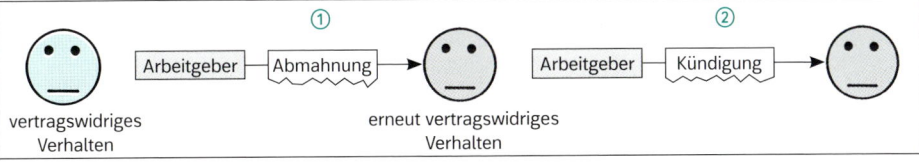

1

Besonderer Kündigungsschutz

Auszubildende	■ **In der Probezeit:** Das Berufsausbildungsverhältnis kann innerhalb der vertraglich vereinbarten Probezeit (mindestens 1 Monat, maximal 4 Monate) jederzeit vom Arbeitgeber oder vom Auszubildenden ohne Einhaltung einer Frist zu jedem beliebigen Termin schriftlich gekündigt werden *(§ 22 Abs. 1, 3 BBiG)*. Kündigungsgründe müssen nicht angegeben werden. ■ **Nach der Probezeit:** Der Auszubildende kann mit einer Frist von vier Wochen kündigen, wenn • dieser die Berufsausbildung aufgeben oder • eine andere Berufsausbildung aufnehmen will. In Ausnahmefällen kann es möglich sein, Auszubildende während der Ausbildung den Ausbildungsbetrieb wechseln zu lassen, dies ist jedoch nur unter eng begrenzten Regeln denkbar. Ein Aufhebungsvertrag kann geschlossen werden. Sowohl Auszubildende als auch Ausbilder können das Ausbildungsverhältnis aus **wichtigem Grund** ohne Einhaltung einer Kündigungsfrist beenden, dieses allerdings nur schriftlich und innerhalb einer Frist von zwei Wochen ab Kenntnis der die Kündigung rechtfertigenden Tatsachen. Es gibt also keine sog. ordentliche, d. h. fristgerechte Kündigung wie bei „normalen" Arbeitnehmern. Für Auszubildende, die Zwischen- oder Abschlussprüfungen nicht bestanden haben, gelten Sonderregelungen. Der/die Auszubildende kann durch einseitige Erklärung eine *Verlängerung des Berufsausbildungsverhältnisses* bis zur nächsten Wiederholungsprüfung, höchstens aber um ein Jahr, herbeiführen *(§ 21 Abs. 3 BBiG)*.
Probearbeits- verhältnisse	Die Vereinbarung einer anfänglichen Probezeit gem. *§ 622 Abs. 3 BGB* dient **lediglich** der **Verkürzung der gesetzlichen Kündigungsfrist** auf mindestens **2 Wochen**. Ohne diese Vereinbarung könnte ein Arbeitsverhältnis von Beginn an nur mit einer Frist von 4 Wochen zum 15. oder zum Monatsende gekündigt werden.
Aushilfen	Bei Aushilfsarbeitsverhältnissen, die bis zu drei Monaten dauern, kann nach *§ 622 Abs. 5 BGB* durch Vereinbarung im Arbeitsvertrag die Kündigungsfrist verkürzt werden.
Betriebsratsmitglieder/ Jugend- und Auszubildenden- vertreter	Der Arbeitgeber kann nur aus wichtigem Grund kündigen. Die in Berufsausbildung stehenden Betriebsratsmitglieder und Jugend- und Auszubildendenvertreter sind in ein unbefristetes Arbeitsverhältnis zu übernehmen, wenn der Ausbildungsbetrieb nicht 3 Monate vor Ausbildungsabschluss schriftlich kündigt *(BetrVG)*.
Schwerbehinderte	Kündigung nur mit Zustimmung des Integrationsamtes, Kündigungsfrist mindestens vier Wochen, ab 20 Beschäftigte sind 5 % der Arbeitsplätze mit Schwerbehinderten zu besetzen, sonst hat der Arbeitgeber eine abnehmend gestaffelte Ausgleichsabgabe je nicht besetzter Stelle im Monat zu zahlen *(§ 71 ff. SGB IX)*.
Werdende Mütter *(§ 9 MuSchG)*	Kündigung während der Schutzfrist unzulässig, die Arbeitnehmerin kann während der Schutzfrist zum Ende der Schutzfrist kündigen.
Junge Mütter/Väter in der Elternzeit	Eine Kündigung während der Elternzeit ist unzulässig *(§ 18 BEEG)*. Arbeitnehmer, die erziehungsberechtigt sind, können nach *§ 19 BEEG* das Arbeitsverhältnis zum Ende der Elternzeit mit einer Frist von drei Monaten kündigen.
Geltung des Kündigungsschutz- gesetzes	Der gesetzliche Kündigungsschutz nach dem Kündigungsschutzgesetz gilt erst in Betrieben, die mehr als 10 Mitarbeiter beschäftigen *(§ 23 KSchG)*. Leiharbeiter zählen bei vorhandenem Personalbedarf mit.

Kündigungsschutzverfahren

Hält der Arbeitnehmer eine Kündigung für ungerechtfertigt, hat er folgende Möglichkeiten:

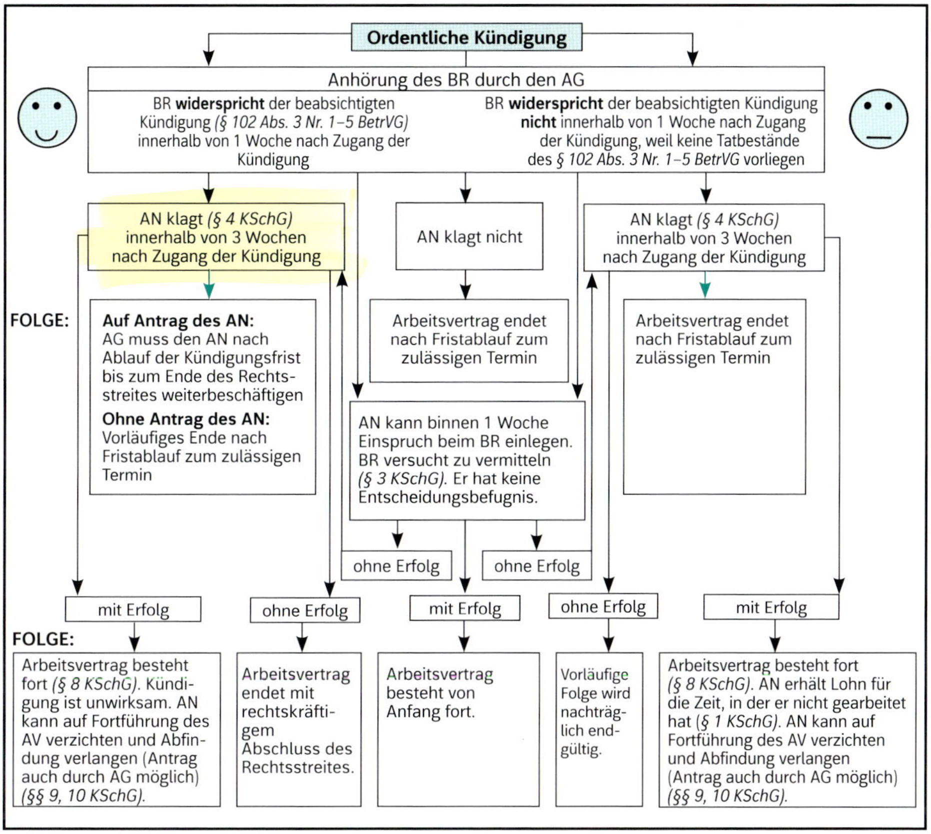

Ordentliche Kündigung

Anhörung des BR durch den AG

BR **widerspricht** der beabsichtigten Kündigung *(§ 102 Abs. 3 Nr. 1–5 BetrVG)* innerhalb von 1 Woche nach Zugang der Kündigung

BR **widerspricht** der beabsichtigten Kündigung **nicht** innerhalb von 1 Woche nach Zugang der Kündigung, weil keine Tatbestände des *§ 102 Abs. 3 Nr. 1–5 BetrVG* vorliegen

AN klagt *(§ 4 KSchG)* innerhalb von 3 Wochen nach Zugang der Kündigung

AN klagt nicht

AN klagt *(§ 4 KSchG)* innerhalb von 3 Wochen nach Zugang der Kündigung

FOLGE:

Auf Antrag des AN: AG muss den AN nach Ablauf der Kündigungsfrist bis zum Ende des Rechtsstreites weiterbeschäftigen

Ohne Antrag des AN: Vorläufiges Ende nach Fristablauf zum zulässigen Termin

Arbeitsvertrag endet nach Fristablauf zum zulässigen Termin

Arbeitsvertrag endet nach Fristablauf zum zulässigen Termin

AN kann binnen 1 Woche Einspruch beim BR einlegen. BR versucht zu vermitteln *(§ 3 KSchG)*. Er hat keine Entscheidungsbefugnis.

ohne Erfolg   ohne Erfolg

mit Erfolg | ohne Erfolg | mit Erfolg | ohne Erfolg | mit Erfolg

FOLGE:

| Arbeitsvertrag besteht fort *(§ 8 KSchG)*. Kündigung ist unwirksam. AN kann auf Fortführung des AV verzichten und Abfindung verlangen (Antrag auch durch AG möglich) *(§§ 9, 10 KSchG)*. | Arbeitsvertrag endet mit rechtskräftigem Abschluss des Rechtsstreites. | Arbeitsvertrag besteht von Anfang fort. | Vorläufige Folge wird nachträglich endgültig. | Arbeitsvertrag besteht fort *(§ 8 KSchG)*. AN erhält Lohn für die Zeit, in der er nicht gearbeitet hat *(§ 1 KSchG)*. AN kann auf Fortführung des AV verzichten und Abfindung verlangen (Antrag auch durch AG möglich) *(§§ 9, 10 KSchG)*. |

Das Kündigungsschutzverfahren ist bei einer **außerordentlichen Kündigung** bis auf die nicht bestehende Kündigungsfrist seitens des Arbeitgebers und der nur bestehenden dreitägigen Widerspruchsfrist des Betriebsrates identisch.

■ Arbeitszeugnis

Bei Beendigung des Arbeitsverhältnisses haben Arbeitnehmer, Auszubildende und freie Mitarbeiter Anspruch auf Ausstellung eines Zeugnisses *(§§ 630 BGB, 109 GewO)*. Die elektronische Form ist nicht zulässig.

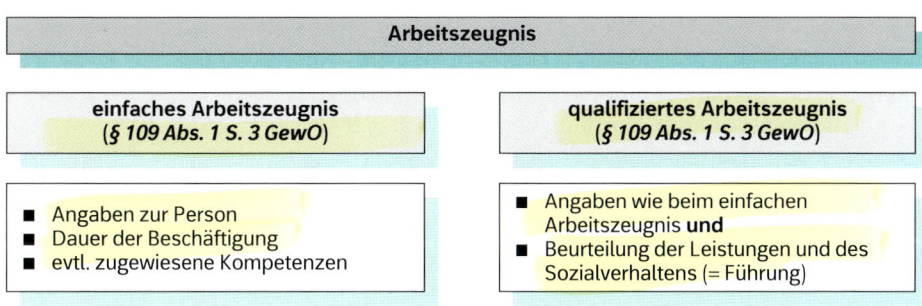

Arbeitszeugnis

einfaches Arbeitszeugnis *(§ 109 Abs. 1 S. 3 GewO)*

- Angaben zur Person
- Dauer der Beschäftigung
- evtl. zugewiesene Kompetenzen

qualifiziertes Arbeitszeugnis *(§ 109 Abs. 1 S. 3 GewO)*

- Angaben wie beim einfachen Arbeitszeugnis **und**
- Beurteilung der Leistungen und des Sozialverhaltens (= Führung)

1

1.3.1.4   Besondere Formen des Arbeitsverhältnisses

Es gibt neben dem unbefristeten Vollzeitarbeitsverhältnis – auch „Normalarbeitsverhältnis" genannt – eine Reihe besonderer Formen von Arbeitsverhältnissen.

Beispiele für Formen des Arbeitsverhältnisses	
Teilzeitarbeitsverhältnis	Arbeitnehmer, deren Arbeitsverhältnis länger als sechs Monate bestanden hat, können gem. *§ 8 Abs. 1 TzBfG* verlangen, dass die vertraglich vereinbarte Arbeitszeit verringert wird; es besteht also ein Rechtsanspruch auf Teilzeitarbeit. Arbeitsrechtlich entspricht die Absicherung die einer Vollbeschäftigung.
Arbeitsplatzteilung	Liegt eine **Arbeitsplatzteilung** (Jobsharing) vor, wird die vorhandene Arbeitsaufgabe eines Arbeitsplatzes unter Abstimmung von zwei Arbeitnehmern gemeinschaftlich erfüllt.
Aushilfsarbeitsverhältnis	Eine **Aushilfsbeschäftigung** wird angenommen, wenn die Beschäftigung nur in regelmäßig geringem Umfang oder kurzfristig unregelmäßig stattfindet.
Leiharbeitsverhältnis	Eine Zeitarbeitsfirma vermittelt an Betriebe mit Personalbedarf (Leih-)Arbeitnehmer. Die Zeitarbeitsfirma schließt mit dem personalsuchenden Unternehmen einen Überlassungsvertrag, der regelt, unter welchen Bedingungen der Leiharbeiter entsprechend dem Arbeitnehmerüberlassungsgesetz (AÜG) entliehen wird. Die Zeitarbeitnehmer sind bei der Zeitarbeitsfirma angestellt und haben auch nur dort einen Arbeitsvertrag. Leiharbeitnehmern stehen grundsätzlich die gleichen Arbeitsbedingungen zu wie einem Festangestellten mit vergleichbarer Tätigkeit.
Befristete Arbeitsverhältnisse	Alle Arbeitsverhältnisse können befristet werden (zeitlich befristeter Arbeitsvertrag, zweckbefristeter Arbeitsvertrag). Das Arbeitsverhältnis endet **nicht** durch Kündigung, sondern durch Ablauf der Zeit/des Zwecks, für die/den es eingegangen wurde. Befristete Arbeitsverträge verlangen Schriftform *(§ 14 Abs. 4 TzBfG)*, der Vertragsinhalt muss von beiden Vertragsparteien unterschrieben werden *(§ 126 Abs. 1–2 BGB)*.
Grenzüberschreitende Entsendung von Arbeitnehmern	Arbeitnehmerentsendung liegt vor, wenn Arbeitnehmer auf Weisung ihres inländischen Arbeitgebers (entsendendes Unternehmen) im Ausland eine Beschäftigung für ihn ausüben.
Ferienjobs	Jugendliche ab 15 Jahren dürfen unter bestimmten Rahmenbedingungen, wie z. B. *§§ 8, 22 JArbSchG*, mit Erlaubnis der Eltern in den Schulferien für höchstens vier Wochen (20 Arbeitstage im Kalenderjahr) beschäftigt werden *(§ 5 Abs. 4 JArbSchG)*.
Berufsausbildungsverhältnis	Eine Berufsausbildung ist nach dem BBiG die berufliche Erstausbildung in einem staatlich anerkannten Ausbildungsberuf.

▉ Geringfügige Beschäftigungsverhältnisse

Geringfügig Beschäftigte sind nach *§ 8 Abs. 1 SGB IV* zu unterscheiden:
- aufgrund des **geringen Entgelts** (max. 450,00 € je Monat) in
  - geringfügig entlohnte Beschäftigung – Minijob *(§ 8 Abs. 1 Nr. 1 SGB IV)*,
  - Minijob im Privathaushalt *(§ 8a SGB IV)*;
- aufgrund der **zeitlichen Geringfügigkeit**: kurzfristige Beschäftigung *(§ 8 Abs. 1 Nr. 2 SGB IV)*.

Geringfügige Beschäftigungen nach ***§ 8 SGB IV***

- **geringfügig entlohnte Beschäftigungen**
  - Minijobs in gewerblichen oder freiberuflichen Bereichen *§ 8 Abs. 1 SGB IV*
  - Minijobs in Privathaushalten *§ 8a SGB IV i. V. m. § 8 Abs. 1 Nr. 1 SGB IV*
- **kurzfristige Beschäftigungen**
  - Kurzfristige Beschäftigung *§ 8 Abs. 1 Nr. 2 SGB IV* *§ 8a SGB IV*

<table>
<tr>
<td colspan="2">Eine geringfügig entlohnte Beschäftigung liegt vor, wenn das Arbeitsentgelt regelmäßig (durchschnittlich) im Monat 450,00 € nicht übersteigt. Der Jahresverdienst darf maximal 5400,00 € für 12 Monate betragen.
Minijobs bleiben auch dann versicherungsfrei, wenn die monatliche 450-Euro-Grenze gelegentlich bis zu dreimal überschritten wird und der Jahresverdienst von 5400,00 € nicht überschritten wird.

Der gesetzliche Mindestlohn sowie die Dokumentationspflichten sind einzuhalten.

Es besteht Anspruch auf Entgeltfortzahlung im Krankheitsfall sowie auf finanzielle Absicherung bei Mutterschaft nach den Regelungen des Mutterschutzgesetzes.

Fällt ein gesetzlicher Feiertag auf einen Arbeitstag des Minijobbers, muss der Arbeitgeber das Arbeitsentgelt zahlen, das der Minijobber ohne den Arbeitsausfall erhalten hätte (§ 2 EntgFG).</td>
<td>Eine kurzfristige Beschäftigung liegt nach
SGB IV vor, wenn
■ die Beschäftigung innerhalb eines Kalenderjahres auf längstens 3 Monate an mindestens fünf Tagen pro Woche oder
■ 70 Arbeitstage bei weniger als an fünf Tagen wöchentlich begrenzt ist. Die Höhe des Verdienstes ist unerheblich.
■ Der gesetzliche Mindestlohn muss eingehalten werden (§ 17 MiLoG).
■ Eine kurzfristige Beschäftigung ist sowohl für Arbeitgeber als auch für Arbeitnehmer beitragsfrei in der SV.
EStG vor, wenn
■ der AN gelegentlich, nicht regelmäßig wiederkehrend beschäftigt wird,
■ die Dauer der 18 zusammenhängenden Arbeitstage nicht übersteigt,
■ der Lohn je Stunde während der Beschäftigung durchschnittlich 72,00 € je Arbeitstag nicht übersteigt oder
■ der Einsatz zu einem unvorhersehbaren Zeitpunkt sofort erforderlich wird.</td>
</tr>
<tr>
<td>Der Arbeitgeber muss abführen:
■ 13,0 % KV
■ 15,0 % RV[1]
■ 3,6 % AN-Anteil RV
■ gesetzl. UV je nach Gefahrenklasse
■ 0,9 % Umlage I = U 1
■ 0,24 % Umlage II = U 2
■ 0,06 % InsO = U 3
■ 2,0 % Steuer</td>
<td>Der Arbeitgeber muss abführen:
■ 5,0 % KV
■ 5,0 % RV
■ 13,6 % AN-Anteil RV
■ 1,6 % gesetzliche UV
■ 0,9 % Umlage I = U 1
■ 0,24 % Umlage II = U 2
■ 0,06 % InsO = U 3
■ 2,0 % Steuer</td>
<td>Der Arbeitgeber muss abführen:
■ 0,0 % KV und RV
■ gesetzl. UV je nach Gefahrenklasse bzw. 1,6 % bei Beschäftigung in privaten Haushalten
■ 0,9 % Umlage I = U 1
■ 0,24 % Umlage II = U 2
■ 0,06 % InsO = U 3
Kurzfristige Beschäftigungen sind stets lohnsteuerpflichtig. Die Lohnsteuer kann entweder nach den individuellen Lohnsteuerabzugsmerkmalen (Steuerklasse) oder unter den Voraussetzungen des § 40 Abs. 1 + 4 EStG pauschal mit 25 % + SolZ + evtl. KiSt erhoben werden.</td>
</tr>
<tr>
<td>Abführung sämtlicher Abgaben an die Minijob-Zentrale</td>
<td>Abführung sämtlicher Abgaben an die Minijob-Zentrale</td>
<td>Die Pauschalsteuer ist stets an das Betriebsstättenfinanzamt abzuführen</td>
</tr>
</table>

[1] Gewerbliche Minijobber sind rentenversicherungspflichtig, d. h., sie müssen zusätzlich zum pauschalen AG-Beitrag aus eigenen Mitteln bis zum Beitragssatz der RV (2018 = 18,6 %) aufstocken (z. Z. = 3,6 % = 18,6 % −15 %). Ist das vom AN nicht gewollt, ist vom AN ein Antrag auf Versicherungsfreiheit zu stellen.

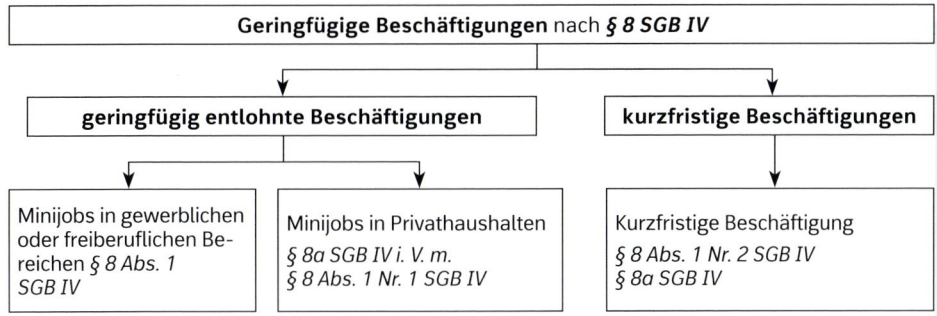

1

Arbeitgeber können, um flexibel auf Produktionsspitzen, Nachfrageschwankungen oder Personalengpässe reagieren zu können, die Personalplanung auf der Grundlage einer sog. „sonstigen flexiblen Arbeitszeitregelung" vornehmen. Dies verlangt Arbeitszeitkonten, die in Form von Gleitzeit- oder Jahreszeitkonten geführt werden. Voraussetzungen:

- Der Arbeitnehmer erhält ein vertraglich vereinbartes monatlich gleichbleibendes Arbeitsentgelt (verstetigtes Arbeitsentgelt), dem abhängig vom Stundenlohn eine bestimmte Soll-Arbeitszeit zugrunde liegt; er arbeitet je nach Bedarf unterschiedlich viele Stunden im Monat.
- Jeweils zu Beginn der Beschäftigung darf für einen Prognosezeitraum von 12 Monaten das Arbeitsentgelt je Monat regelmäßig nicht mehr als 450,00 € im Monat bzw. (12 M · 450,00 € =) maximal 5 400,00 € betragen.
- Die über die vertraglich vereinbarte Arbeitszeit hinausgehenden und auf einem schriftlich vereinbarten Arbeitszeitkonto eingestellten Arbeitsstunden sind spätestens innerhalb von zwölf Kalendermonaten nach ihrer monatlichen Erfassung durch bezahlte Freizeitgewährung oder Zahlung des Mindestlohns auszugleichen.
- Die zum Ende dieses Prognosezeitraumes zu erwartenden Guthabenstunden im Arbeitszeitkonto sind zu berücksichtigen.

> **Beispiele:**
>
> *Arbeitgeber und Arbeitnehmer vereinbaren ab die Zahlung eines monatlichen Arbeitsentgelts von 410,00 € bei einer Soll-Arbeitszeit je Monat (M) von 41 Stunden (Lohn je Std. 10,00 €). Der Arbeitseinsatz im laufenden Kalenderjahr soll flexibel erfolgen, sodass Überstunden über das Arbeitszeitkonto regelmäßig auf- und abgebaut werden.*
>
> *Die zu erwartende Gesamtarbeitszeit beträgt 492 Stunden (41 Std · 12 M). Eine geringfügig entlohnte Beschäftigung liegt auch dann vor, wenn zum Ende des Prognosezeitraums 48 Guthabenstunden im Arbeitszeitkonto sind, was einer Gesamtarbeitszeit von 540 Stunden entsprechen würde (540 Std. · 10,00 € Lohn = 5 400,00 €).*
>
> *Einmalzahlungen (z. B. Urlaubs- oder Weihnachtsgeld) sind zu berücksichtigen.*

Arbeitgeber sind nach dem **Mindestlohngesetz** verpflichtet, für geringfügig Beschäftigte
- Beginn, Ende und Dauer der täglichen Arbeitszeit
- spätestens bis zum Ablauf des 7. auf den Tag der Arbeitsleistung folgenden Kalendertages
zu dokumentieren.

Diese Aufzeichnungen sind mindestens zwei Jahre lang zusammen mit den Entgeltunterlagen für die Sozialversicherung aufzubewahren. Es gibt für diese Aufzeichnungen keine Formvorschriften.

Die Minijob-Zentrale leitet die eingezogenen Beiträge und Abgaben arbeitstäglich an die Träger der gesetzlichen RV, den Gesundheitsfonds, das Bundeszentralamt für Steuern und die Bundesagentur für Arbeit weiter. Für dieses Auftragsgeschäft erhält die Minijob-Zentrale von den Sozialversicherungsträgern eine Vergütung und vom Bundesministerium der Finanzen einen jährlichen Zuschuss.

Der monatliche Eigenbeitrag zur RV bringt für Arbeitnehmer Vorteile:
- Der Minijobber erwirbt vollwertige Pflichtbeitragszeiten in der RV.
- Es werden die Mindestversicherungszeiten erhöht.
- Deshalb ist ein früherer Rentenbeginn möglich.
- Es bestehen Ansprüche auf Rehabilitation sowie Anspruch auf eine Rente wegen Erwerbsminderung.
- Pflichtversicherte Minijobber haben einen Anspruch auf Riester-Zulagen.
- Bei rentenversicherungspflichtigen Minijobbern, deren Ehegatte selbstständig ist, erhält der Ehegatte einen abgeleiteten Anspruch auf die Riester-Zulagen (§ 79 S. 2 EStG).

Für die Sozialabgaben wird bei einem monatlichen Arbeitsentgelt zwischen **450,01 € bis zu einer Grenze von 850,00 €** (Midijob) eine sog. **Gleitzone**[1] eingeführt. Oberhalb von Arbeitsentgelten von 450,00 € besteht danach Versicherungspflicht in allen Zweigen der Sozialversicherung. Der **Arbeitgeber** muss in diesem Fall den **vollen** Arbeitgeberanteil zur Sozialversicherung für das gesamte Arbeitsentgelt entrichten. Beim Arbeitnehmer hingegen steigen die Beträge linear bis zum vollen Arbeitnehmeranteil an.

1.3.1.5 Aushängepflichtige Gesetze und Verordnungen

Arbeitgeber sind gesetzlich verpflichtet, ihre Arbeitnehmer über bestimmte Arbeitsgesetze und Verordnungen zu informieren. Aushängepflichtig sind **Arbeitnehmerschutzvorschriften**, damit Arbeitnehmer sich über diese Vorschriften informieren und deren Einhaltung überprüfen können.[2]

Zu unterscheiden sind Vorschriften, die

■ für alle Arbeitnehmer oder
■ für besondere Arbeitnehmergruppen oder Arbeitsplatzsituationen gelten.

Ob ein Gesetz oder einzelne Bestimmungen daraus aushängepflichtig sind, ergibt sich aus einer entsprechenden Bestimmung im jeweiligen Gesetz selbst. Mit Erfüllung der Aushangpflicht kommen Arbeitgeber der vom Gesetzgeber vorgegebenen Fürsorgepflicht nach und vermeiden Geldbußen und etwaige Schadensersatzansprüche der Beschäftigten.

Aushängepflichtige Gesetze müssen für die Arbeitnehmer in der aktuellen Fassung leicht zugänglich und lesbar sein.

Beispiele:

■ *Aushang am „Schwarzen Brett"*
■ *Bereitstellung im Intranet nur ausreichend, wenn alle Arbeitnehmer Zugang haben*
■ *Bereitstellung einer Gesetzessammlung im Personalbüro*

Verstoßen Arbeitgeber gegen die Aushangpflicht, stellt dies eine Ordnungswidrigkeit dar.

Beispiel:

Ein Verstoß gegen die Aushangpflicht wird mit einer Geldstrafe von bis zu 2 500,00 € geahndet (§ 21 Abs. 2 MuSchG).

1.3.2 Kollektivarbeitsrecht

Arbeitnehmer und Arbeitgeber haben das Recht, sich in Organisationen zusammenzuschließen, um einen sozialen Ausgleich zwischen den unterschiedlichen Interessenlagen der Vertragsparteien herbeizuführen. Dieses Recht auf **Koalitionsfreiheit** ist verfassungsrechtlich garantiert *(Art. 9 Abs. 3 GG)*.

Die Arbeitnehmer organisieren sich in **Gewerkschaften**, die Arbeitgeber gleicher Wirtschaftszweige in **Arbeitgeberverbänden** (Fachverbänden) mit der Dachorganisation Bundesverband der Deutschen Arbeitgeberverbände (BDA als tarifrechtlicher Zusammenschluss). Sie werden als **Tarifvertragsparteien**, **Tarifpartner oder Sozialpartner** bezeichnet.

---

[1] Vgl. www.deutsche-rentenversicherung.de/Allgemein/de/Navigation/3_Infos_fuer_Experten/02_ArbeitgeberUndSteuerberater/01_betriebspruefdienst/03_gleitzone/gleitzonenrechner_node.html.
[2] www.bmwi-unternehmensportal.de/DE/Unternehmensfuehrung/Rechte-Pflichten/Vorgaben-Pflichten-beachten/Aushangpflichtige-Gesetze/inhalt.html

1

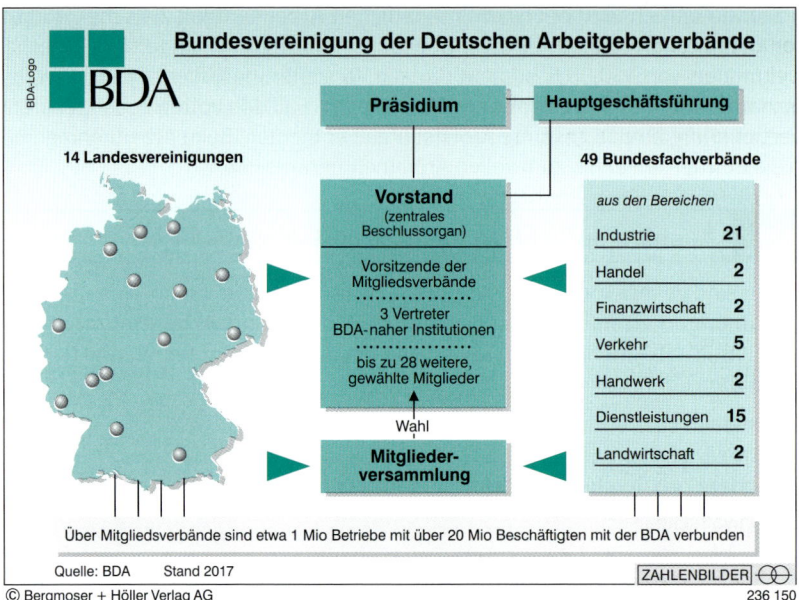

Gewerkschaften sind **demokratische Vereinigungen von Arbeitnehmern**, die sich zur Wahrung und Förderung ihrer gemeinsamen Arbeitnehmerinteressen freiwillig und auf Dauer zusammengeschlossen haben, **unabhängig** von politischen Parteien, Kirchen, Staat und Gegenseite (d. h. Arbeitgeberseite), bereit und fähig, die Interessen ihrer Mitglieder nötigenfalls mit Kampfmaßnahmen zu verfolgen.

Aufgaben der Gewerkschaften

Allgemeine Aufgaben

- Verbesserung der sozialen und wirtschaftlichen Lage der Mitglieder durch Wochenarbeitszeitverkürzung, Verlängerung der Urlaubsdauer, Anhebung der Löhne und Gehälter
- Intensivierung der beruflichen Aus- und Weiterbildung
- Verstärkung des Schutzes vor Arbeitslosigkeit, Arbeitsunfällen, Insolvenz des Arbeitgebers
- Mitwirkung bei der Erstellung neuer Ausbildungsordnungen
- Mitwirkung bei der Besetzung von Prüfungsausschüssen

Rechtliche Aufgaben

- Tarifvertragsabschluss
- Durchführung von Arbeitskämpfen
- Mitgliedervertretung vor Arbeitsgerichten

Wirtschaftspolitische Aufgaben

- Einkommens- und Vermögensumverteilung zugunsten der Mitglieder
- Mitwirkung bei wirtschaftspolitischen Entscheidungen im Gesetzgebungsverfahren wie Wirtschafts- und Steuergesetze
- Mitbestimmungserweiterung in den Unternehmen

Aufgaben der Arbeitgebervereinigungen

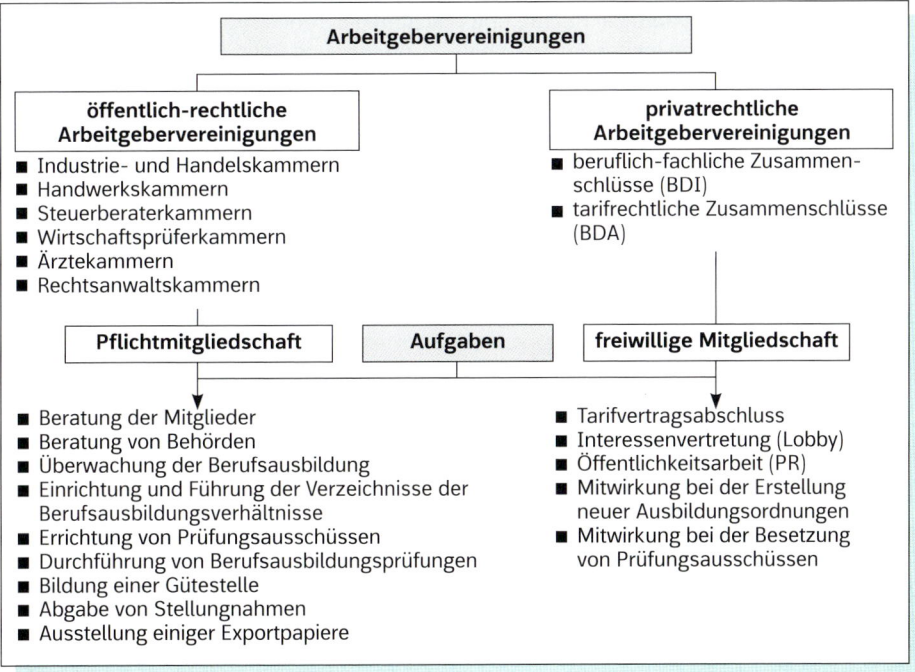

Steuerberaterkammern

Es gibt in Deutschland 21 Steuerberaterkammern in der Rechtsform der Körperschaft des öffentlichen Rechts, diese bilden zusammen die Bundessteuerberaterkammer.

Mitglied einer Steuerberaterkammer sind alle Steuerberater, alle Steuerbevollmächtigten und Steuerberatungsgesellschaften.

Aufgaben der Steuerberaterkammern sind nach § 76 StBerG

- Bestellung und Widerruf von Steuerberatern,
- Bestellung und Widerruf von Steuerberatergesellschaften,
- Führung des Berufsregisters,
- Interessenwahrnehmung der Berufsangehörigen,
- Beratung und Information von Mitgliedern,
- Vermittlung bei Streitigkeiten unter Mitgliedern,
- Berufsaufsicht,
- Vermittlung einer Praxisvertretung *(z. B. bei Krankheit, Praxisabwicklung oder Praxistreuhandschaft im Todesfall von Berufsangehörigen)*,
- Abwehr unerlaubter Steuerrechtshilfe
- Erstellung von Gutachten für Gerichte bei Gebührenstreitigkeiten,

1

- Überwachung der Ausbildung, Durchführung der Zwischen- und Abschlussprüfungen für Steuerfachangestellte,
- Aus- und Fortbildung der Mitarbeiter,
- Durchführung der Fortbildungsprüfung zum/zur Steuerfachwirt/-in.

1.3.2.1 Tarifverträge

Der Tarifvertrag[1] ist ein privatrechtlicher kollektiver Vertrag nach *§ 145 ff. BGB* zwischen tariffähigen Parteien, in dem die Rechte und Pflichten der Tarifvertragsparteien vereinbart werden. Geregelt werden insbesondere Inhalt, Abschluss und Beendigung von Arbeitsverhältnissen, Löhne, Gehälter und arbeitsrechtliche Fragen.

Tarifverträge werden abgeschlossen zwischen

- tariffähigen Gewerkschaften und Arbeitgebervereinigungen (→ Koalitionen genannt) oder zwischen
- tariffähigen Gewerkschaften und einzelnen Arbeitgebern.

Sie sind das wichtigste Instrument der Tarifpartner zur Förderung der Interessen der Mitglieder und zur Gestaltung von Arbeits- und Wirtschaftsbedingungen.

Tarifverträge werden von den **Tarifvertragsparteien** in eigener Verantwortung und frei von staatlichen Einflussnahmen abgeschlossen; man spricht daher von Tarifautonomie *(Art. 9 Abs. 3 GG)*. Tarifverträge verlangen **Schriftform**. Das Tarifeinheitsgesetz hat das Ziel, die Funktionsfähigkeit der Tarifautonomie zu sichern. Es ordnet an, dass im Fall konkurrierender Tarifverträge von verschiedenen Gewerkschaften in einem Unternehmen nur der Abschluss der mitgliederstärksten Gewerkschaft gilt.

Die Aufnahme von Tarifverhandlungen mit einer Gewerkschaft muss der Arbeitgeber den anderen tarifzuständigen Gewerkschaften im Unternehmen bekannt geben und diese mit ihren tarifpolitischen Forderungen anhören.

Die unterlegene Gewerkschaft kann sich diesen Vereinbarungen durch nachträgliche Unterzeichnung anschließen.

Wer die meisten Mitglieder im Unternehmen hat, entscheiden im Zweifel die Arbeitsgerichte.

Beim Bundesministerium für Arbeit und Soziales ist laut *§ 6 Tarifvertragsgesetz (TVG)* ein **Tarifregister** zu führen, in das Abschluss, Änderungen oder Aufhebung der Tarifverträge sowie Beginn und Beendigung der Allgemeinverbindlichkeit einzutragen sind. Von den rund 73 000 als gültig in das Tarifregister eingetragenen Tarifverträgen waren im April 2017 443 allgemeinverbindlich.

Mit der Allgemeinverbindlicherklärung gelten die Rechtsnormen eines bestimmten Tarifvertrages auch für bisher nicht tarifgebundene Arbeitgeber und Arbeitnehmer, d. h., der Tarifvertrag ist auch für Arbeitgeber und Arbeitnehmer verbindlich, die nicht als Mitglieder der den Tarifvertrag abschließenden Verbände bzw. Gewerkschaften tarifgebunden sind. Die Allgemeinverbindlichkeit endet mit dem Ablauf, der Kündigung oder dem Außerkrafttreten des Tarifvertrages.

---

[1] www.rechtsrat.ws/info/tarife.htm

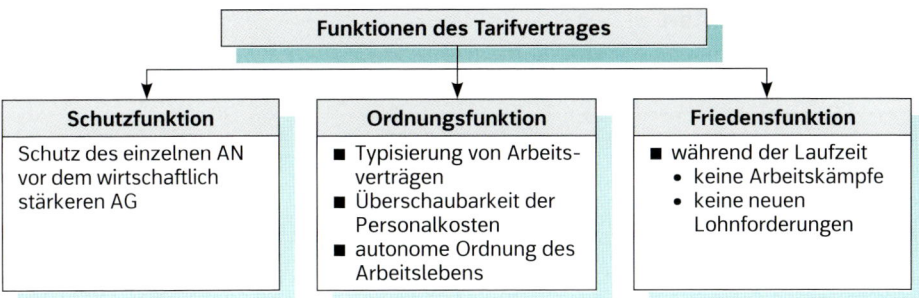

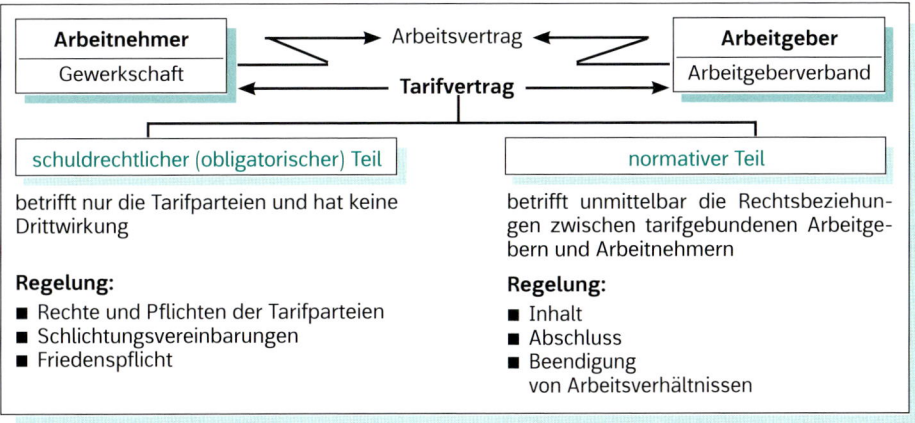

Bei **Haustarif-Verträgen** schließen einzelne Arbeitgeber mit einer Gewerkschaft den Tarifvertrag ab.

Weil die Tarifvertragsparteien die Tarifverträge in eigener Verantwortung schließen, spricht man von **Tarifautonomie** *(Art. 9 Abs. 3 GG)*. Die Tarifautonomie ist das nach dem *GG* verbriefte Recht, Tarifverträge frei von staatlichen Eingriffen abzuschließen.

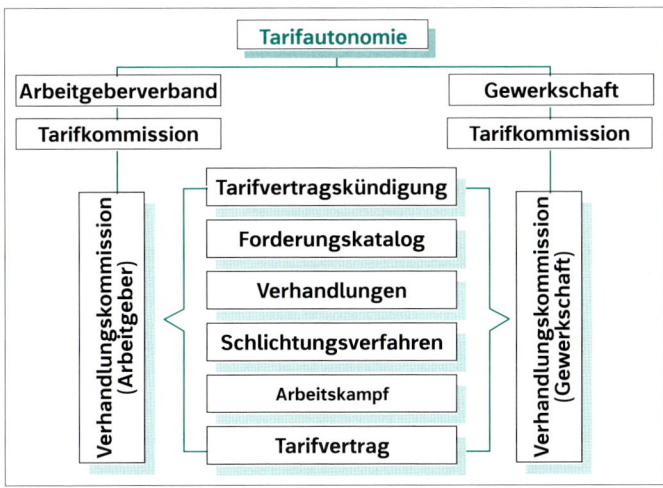

1

Tarifvertragsarten

Tarifvertragsbedingungen sind **Mindestbedingungen**.

Tarifvertragsarten		
Arten von Tarifverträgen	**Dauer**	**Inhalt**
Manteltarif-vertrag	mehrere Jahre	Manteltarifverträge enthalten ■ keine konkrete Vergütungshöhe und auch ■ keine Eingruppierungen der Beschäftigten in Lohn- oder Gehaltsgruppen oder -stufen. Im Manteltarifvertrag werden insbesondere längerfristige, allgemeinere Regelungen getroffen, die häufig auch für einen größeren Personenkreis gelten, d. h., sie bilden den „Mantel" für speziellere Tarifverträge. Inhalte sind ■ Einstellungs- und Kündigungsschutzbestimmungen, ■ Arbeitszeitregelungen, ■ Arbeitsbewertungsverfahren, ■ Regelungen zu Krankheit, ■ Krankmeldung und Lohnfortzahlung, ■ Erholungs- und Sonderurlaub, ■ Zuschläge für Mehr-, Nacht- und Schicht-, Sonn- und Feiertagsarbeit, ■ Regelungen zu Überstunden, ■ Vermögenswirksame Leistungen, ■ Alterssicherung, ■ Bestimmungen zum Rationalisierungsschutz sowie zur Qualifizierung, ■ Arbeitsschutz.
Rahmentarif-vertrag	wenige Jahre	Ein Rahmentarifvertrag – auch Lohn- und Gehaltsrahmentarifvertrag genannt – umfasst Regelungen bezüglich ■ der Ausgestaltung und Festlegung von Lohn- und Gehaltsgruppen, ■ der Gruppenmerkmale, ■ der Ausgestaltung der Leistungsentlohnung.
Lohn-, Gehalts- und Entgelttarif-vertrag	zwischen 12–24 Monate	In diesem Tarifvertrag wird die Höhe der **tariflichen Vergütung** geregelt. Es werden Lohn-, Gehalts- oder Entgelttabellen dargestellt, um Vergütungsgruppen inklusive der Vergütung der jeweiligen Gruppe abzubilden. Dabei kommt die unterste Entgeltgruppe einem Mindestlohn gleich.
Flächentarif-vertrag	wenige Jahre	Er gilt für ■ eine bestimmte Branche, ■ einen bestimmten Wirtschaftszweig, ■ einen bestimmten regionalen Bereich. Ein Flächentarifvertrag kann sowohl bei einer als auch bei mehreren Branchen Anwendung finden. **Beispiele:** ■ *Flächentarifverträge sind die der IG Metall, z. B. fällt die Daimler AG unter den IG Metall Tarifvertrag Nordwürttemberg/Nordbaden.* ■ *Flächentarifvertrag der Dienstleistungsgewerkschaft ver.di.*

Arten von Tarifverträgen	Dauer	Inhalt
Spartentarif-vertrag	unter-schiedlich	Dies sind Tarifverträge, die in einer Sparte eines Tarifgebietes angewendet werden. So wird der Tarifvertrag für den öffentlichen Dienst (TVöD) in Spar-tentarifverträgen für einzelne Bereiche konkretisiert. Es gibt Spartentarifverträge für die Beschäftigten des öffentlichen Nahverkehrs, für Beschäftigte von Krankenhäusern oder des Ord-nungsdienstes, die sich zwar am TVöD anlehnen, in einzelnen Punkten jedoch unterschiedlich gestaltet sein können.
Haus-, Firmen- und Werkstarif-vertrag	unter-schiedlich	Hier werden auf der Arbeitgeberseite nur von einem **einzelnen Arbeitgeber** – nicht vom Arbeitgeberverband – Verträge geschlos-sen; diese gelten deshalb nur für ein einzelnes Unternehmen. **Beispiel:** *Volkswagen AG und IG Metall* *Die VW AG unterliegt eigentlich dem Flächentarifvertrag der IG Metall. Volkswagen ist aber schon vor Jahren aus dem Flächenab-kommen ausgestiegen und hat in separaten Verhandlungen mit der IG Metall einen Haustarifvertrag abgeschlossen.*
Ergänzungs-tarifvertrag	unter-schiedlich	Für Unternehmer besteht die Möglichkeit, zusätzlich zum Flächen-tarifvertrag Ergänzungstarifverträge abzuschließen, in denen **unter-nehmensspezifische Regelungen** enthalten sind. Es soll eine betriebsindividuelle Lösung möglich gemacht werden, ohne dass in Verhandlungen über einen Haustarifvertrag einge-stiegen werden muss.

Besteht für den Arbeitgeber Tarifbindung, so muss der Tarifvertrag auf alle Arbeitnehmer des Industriezweigs/Betriebs – unabhängig von der Zugehörigkeit zu einer Gewerkschaft – unterschiedslos angewendet werden.

Der Arbeitgeber ist verpflichtet, die für seinen Betrieb geltenden Tarifverträge an geeigneter Stelle auszuhängen *(§ 8 TVG)*.

Weitere Unterteilung der Tarifverträge nach Geltungsbereichen:

Geltungsbereiche	
Tarifbereich	■ Bundes-, Landes-, Bezirks- und Ortstarifverträge ■ Werktarifverträge
Tarifpartner	■ Verbandstarifvertrag (Normalfall): eine Gewerkschaft und ein Arbeitgeberver-band ■ Haustarifvertrag (Firmentarif): eine Gewerkschaft und ein Arbeitgeber ■ Branchentarifvertrag (je Wirtschaftszweig)
Gültigkeit	■ fachlich: nach Produktionsgebieten eines Industriezweiges ■ personalbezogen: nach Angestellten und Arbeitern ■ räumlich: Bundes-/Landesebene oder -region ■ zeitlich: ein-, zwei- oder mehrjährig

1

Geltungsbereiche	
Bindung	▪ Möglichkeit nach dem Tarifvertragsgesetz: **Allgemeinverbindlich(keits)erklärung** Die Erklärung erfolgt nach dem im *TVG* geregelten Verfahren durch den Bundesminister für Arbeit und Soziales. Nach Eintragung im Tarifregister und Veröffentlichung im Bundesanzeiger gelten die Rechtsnormen des Tarifvertrages auch für bisher nicht tarifgebundene Arbeitgeber des Tarifbezirkes.

Tarifvertragliche Wirkungen

Vorteile	Nachteile
▪ klare Regelung von Pflichten und Rechten (Richtlinienfunktion) ▪ sozialer Friede der Tarifpartner und Gleichbehandlung während der Laufzeit (Friedenspflicht) ▪ kalkulierbare Lohnkosten bei den Arbeitgebern ▪ Vereinfachung bei Arbeitsvertragsabschluss ▪ Sicherheit bei den Arbeitnehmern (Mindestlohn, Mindestarbeitsbedingungen, soziale Gesichtspunkte)	▪ Gefahr von Machtkonzentrationen bei ungenügender Kontrolle ▪ starrer Lohn nach unten

▪ Bindung von Tarifverträgen

Tarifverträge sind nur verbindlich für

- Arbeitnehmer, die Mitglied einer Gewerkschaft sind, <u>und</u>
- Arbeitgeber, die einem Arbeitgeberverband angehören, der mit der Gewerkschaft einen Tarifvertrag abgeschlossen hat, <u>oder</u>
- Arbeitgeber, die selbst einen (Firmen-)Tarifvertrag abgeschlossen haben.

In Ausnahmefällen kann der Tarifvertrag nach dem im TVG geregelten Verfahren vom Bundesminister für Arbeit und Soziales für allgemein verbindlich erklärt werden. Nach Eintragung im Tarifregister und Veröffentlichung im Bundesanzeiger gelten die Rechtsnormen des Tarifvertrages auch für bisher nicht tarifgebundene Arbeitnehmer des Tarifbezirks.

Besteht ein Tarifvertrag, so haben die Bestimmungen des Tarifvertrags Gesetzeskraft. Abweichungen vom Tarifvertrag im Arbeitsvertrag sind ungültig, es sei denn, die Abweichung wurde im Tarifvertrag ausdrücklich erlaubt oder sie erfolgt ausschließlich zum Vorteil des Arbeitnehmers.

Deshalb sind übertarifliche Gehälter zulässig, untertarifliche Gehälter i. d. R. nicht.

Nicht tarifgebundenen Arbeitnehmern kann ein Gehalt nach dem Tarifvertrag gezahlt werden, wenn dies im Arbeitsvertrag gesondert vereinbart wird.

1.3.2.2   Betriebsvereinbarungen

Eine Betriebsvereinbarung ist ein schriftlicher Vertrag nach BGB zwischen Arbeitgeber und Betriebsrat, der Rechte und Pflichten für alle Arbeitnehmer eines Unternehmens formuliert *(§ 77 Abs. 4 S. 2 BetrVG)*.

Regelung durch Betriebsvereinbarungen	
Bindungen	**Regelungsmöglichkeiten**

■ Schriftform *(§ 77 Abs. 2 BetrVG)*
■ Der Betriebsrat muss in einem ordentlichen Beschluss über den Inhalt und Abschluss der Betriebsvereinbarung, die das Ergebnis der Verhandlung darstellt, abstimmen. Dieser Beschluss ist die Willenserklärung des Betriebsrats, aus der dann zusammen mit der übereinstimmenden Willenserklärung des Arbeitgebers der Vertrag „Betriebsvereinbarung" entsteht.
■ Der Betriebsrat muss einen Beschluss fassen, mit dem er den Betriebsratsvorsitzenden ermächtigt, stellvertretend für den Betriebsrat die Betriebsvereinbarung abzuschließen.
■ Die Einigung zwischen Arbeitgeber und Betriebsrat muss jeweils von einer vertretungsberechtigten Person der beiden Parteien – beim Betriebsrat i. d. R. dem Betriebsratsvorsitzenden – unterschrieben werden.
■ Offenlegung im Unternehmen
■ keine Schlechterstellung als der Tarifvertrag; nur Ergänzung
■ keine Geltung für leitende Angestellte
	Gegenstand einer Betriebsvereinbarung können alle Fragen sein, bei denen dem Betriebsrat ein gesetzliches Mitbestimmungsrecht zusteht.
	■ soziale Angelegenheiten
	  • *Beginn und Ende der täglichen Arbeitszeit*
	  • *Pausenregelungen*
	  • *Zeit, Ort und Zahlung des Lohnes*
	  • *Aufstellung allgemeiner Urlaubsgrundsätze*
	  • *Fragen der betrieblichen Lohngestaltung*
	  • *Förderung der Vermögensbildung*
	  • *Sonderfall: Sozialplan*
	■ personelle Angelegenheiten
	  • *Personalplanung*
	  • *Vorschläge zur Sicherung und Förderung der Beschäftigung*
	  • *Personalfragebögen*
	  • *Beurteilungsgrundsätze*
	  • *Förderung der Berufsbildung*
	■ wirtschaftliche Angelegenheiten bei Betrieben mit mehr als 100 ständig Beschäftigten Unterrichtung über
	  • *die wirtschaftliche und finanzielle Lage des Unternehmens,*
	  • *die Absatzlage,*
	  • *Rationalisierungsmaßnahmen*

Wurden durch Einzelvereinbarung für den Arbeitnehmer günstigere Regelungen vereinbart, gehen diese der Betriebsvereinbarung vor.

Jeder Vertragspartner kann eine bestehende Betriebsvereinbarung nach *§ 77 Abs. 5 BetrVG* mit einer Frist von drei Monaten kündigen. Abweichende Kündigungsfristen können vereinbart werden.

1.3.2.3 Tarifkonflikte

Tarifverträge enden entweder durch Zeitablauf oder durch Kündigung eines Tarifpartners. Jeder Tarifpartner ernennt Vertreter für die Tarifkommission, in der die Forderungen vorgetragen und beraten werden. In den **Tarifverhandlungen** begründet jede Partei ihre wirtschaftliche Lage und erläutert, worauf es ihr bei dem Verhandlungsergebnis ankommt.

Kommt keine Einigung zustande, versuchen die Gewerkschaften durch Demonstrationen, Streikdrohungen, Betriebsversammlungen und Warnstreiks Druck auf die Arbeitgeber auszuüben.

In den meisten Wirtschaftsbereichen können die Tarifparteien frei vereinbaren, wie sie Tarifverhandlungen führen. Dabei beantragt oft nach Scheitern der Tarifverhandlungen eine Partei die **Schlichtung**, um den Arbeitsfrieden zu erhalten. Die aus Vertretern der Tarifparteien zu bildende Kommission kann einen unparteiischen Schlichter heranziehen, dem die schwierige Aufgabe obliegt, die gescheiterten Tarifverhandlungen zu einem guten Ende zu bringen.

Gibt es keine Einigung, kommt es zum Arbeitskampf. Zulässige Kampfmittel sind **Streik** auf der Arbeitnehmerseite und **Aussperrung** auf der Arbeitgeberseite.

Suche nach dem Kompromiss

Bei jeder neuen Tarifrunde ist es das gleiche Ritual: Die Gewerkschaften fordern mehr, als sie durchsetzen können; die Arbeitgeber bieten weniger an, als sie schließlich zugestehen müssen. Die Suche nach einem Kompromiss, der für beide Seiten tragbar ist, verläuft nach Regeln, die in Satzungen und Verträgen festgelegt sind. Kampfmaßnahmen sind nur unter ganz bestimmten Voraussetzungen möglich. Damit soll die andere Seite wieder an den Verhandlungstisch gezwungen werden. Der normale Ablauf sieht so aus: Wenn die Tarifverhandlungen zu keinem Ergebnis führen und eine Seite sie für

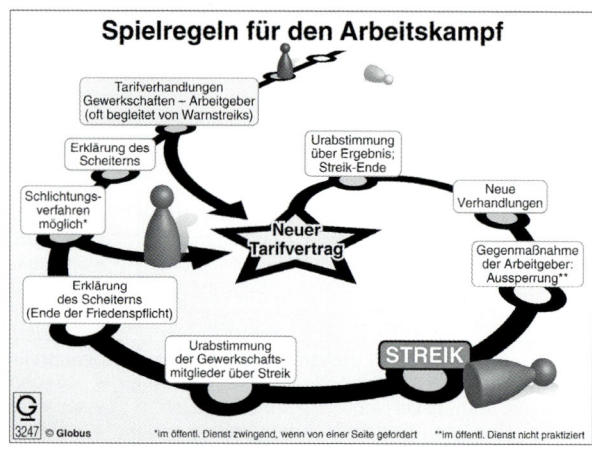

geschichtert erklärt, kann versucht werden, den Streit mithilfe eines unbeteiligten Dritten zu schlichten. Eine besondere Regelung kennt der öffentliche Dienst: Scheitern die Verhandlungen und fordert eine Seite die Schlichtung, dann muss sich die Gegenseite auf Schlichtungsgespräche einlassen. Wenn auch diese Schlichtung scheitert, setzt die Gewerkschaftsführung eine Urabstimmung über Streik an, dem in der Regel drei Viertel aller Mitglieder zustimmen müssen. Auf den Streik können die Arbeitgeber mit Aussperrung reagieren. (Im öffentlichen Dienst gab es noch nie Aussperrungen; sie sind juristisch umstritten.) Der Streik endet, wenn in neuen Verhandlungen ein Kompromiss gefunden wird und in einer zweiten Urabstimmung mindestens ein Viertel der Gewerkschaftsmitglieder zustimmt.

Quelle: Globus

▨ Streik

> **Streik** i. S. d. Arbeitsrechts ist die Verweigerung der arbeitsvertraglichen Hauptleistungspflichten durch Arbeitnehmer
> - mit dem Ziel, Forderungen nach höheren Löhnen und/oder besseren Arbeitsbedingungen gegen Arbeitgeber/Arbeitgeberverbände durchzusetzen,
> - mit dem Willen, die Arbeit nach vollständiger oder teilweiser Erreichung des angestrebten Zieles wieder aufzunehmen.

Das **Streikrecht** ist ein aus *Art. 9 Abs. 3 GG* abgeleitetes erlaubtes Mittel des Arbeitskampfes zur Durchsetzung von rechtmäßigen Tarifforderungen oder deren Abwehr *(§ 1 TVG)*.

Ein Streik gilt nur als genehmigt, wenn mindestens 75 %[1] der gewerkschaftlich organisierten Arbeitnehmer in der vom Gewerkschaftsvorstand eingeleiteten **Urabstimmung** dem Streik zustimmen. Die von der Streikleitung ernannten **Streikposten** sollen **Streikbrecher** beeinflussen und **Streikende** von strafbaren Handlungen abhalten.

Das Arbeitsverhältnis wird durch den Streik nicht gelöst.

Jeder Arbeitnehmer (auch Nichtorganisierte) ist streikberechtigt. Streikgeldzahlungen erhalten nur Gewerkschaftsmitglieder.

Ein **Streikende** ist dann beschlossen, wenn in einer erneuten Urabstimmung mindestens 25 % der Gewerkschaftsmitglieder sich dafür aussprechen.

---

[1]   Soweit die Gewerkschaftssatzung keine abweichende Regelung zulässt.

Streikformen		
Organisierter Streik	**Generalstreik**	**Warnstreik**
von der Gewerkschaft beschlossener und organisierter Streik mit Streikgeldzahlungen und Streikposten	alle oder lebenswichtige Unternehmen eines Landes werden bestreikt	Demonstration der Streikbereitschaft durch kurze Arbeitsniederlegung
	Schwerpunktstreik	**Sympathiestreik**
„Wilder" Streik	Schlüsselunternehmen werden bestreikt	zur Unterstützung anderer Streikender
von der Gewerkschaft nicht gebilligter Streik	**Teilstreik**	
	umfasst nur Teile der Arbeitnehmer oder Betriebsteile	

Rechtsfolgen eines Streiks

Zunächst ist festzustellen, ob der Streik rechtmäßig oder rechtswidrig ist.

Als rechtmäßig gelten Streiks, wenn

- sie von tariffähigen Parteien organisiert und ordnungsgemäß verkündet werden,
- sich der Streik gegen den Tarifpartner richtet,
- die Parteien ein tariflich regelbares und zulässiges kollektives Ziel verfolgen,
- der Streik nicht die tarifvertragliche Friedenspflicht verletzt,
- der Streik das letzte Mittel zur Problemlösung darstellt,
- der Streik als erforderlich und verhältnismäßig gilt,
- Notdienstleistungen gewährleistet sind.

Rechtsfolgen ...	
eines rechtmäßigen Streiks	**eines rechtswidrigen Streiks**
■ Aussetzen der Arbeitspflichten des AN ■ kein Anspruch des AN auf Lohnzahlung und Aussetzen der Lohnzahlungspflicht des AG ■ kein Anspruch des AN auf Arbeitslosengeld *(§ 146 II SGB III)* ■ Nebenpflichten gelten weiter. ■ kein Kündigungsrecht ■ Schadensersatzpflicht bei verbotenen Kampfmitteln ■ Die sozialen Versicherungen *(KV, PV, AV, UV)* bleiben gültig. ■ Es werden keine Beiträge zur SV gezahlt. ■ Recht auf Stilllegung durch den AG ■ Verbände/Gewerkschaften dürfen Unterstützungszahlungen an Mitglieder leisten. ■ Es müssen Notstands- und Erhaltungsarbeiten organisiert werden.	■ kein Wegfall der Arbeitspflichten ■ kein Anspruch auf Lohnzahlung des AN ■ keine Lohnzahlungspflicht des AG ■ kein Anspruch auf Arbeitslosengeld des AN ■ Verletzung des Arbeitsvertrages, wenn AN streikt ■ gesamtschuldnerische Haftung aus Vertrag und Delikt ■ Abmahnung und verhaltensbedingte Kündigung sind möglich. ■ AG hat Anspruch auf Unterlassung. ■ AG besitzt Recht zu Gegenmaßnahmen und Kündigung des Tarifvertrages.

1

▨ Aussperrung

Im Arbeitskampf gilt der **Grundsatz der Verhältnismäßigkeit der Mittel**. Aus diesem Grund steht dem Arbeitgeber das Kampfmittel der Aussperrung zu.

> Die **Aussperrung** ist der Ausschluss der Arbeitnehmer von der Arbeit bei gleichzeitiger Verweigerung der Lohn- und Gehaltszahlung.

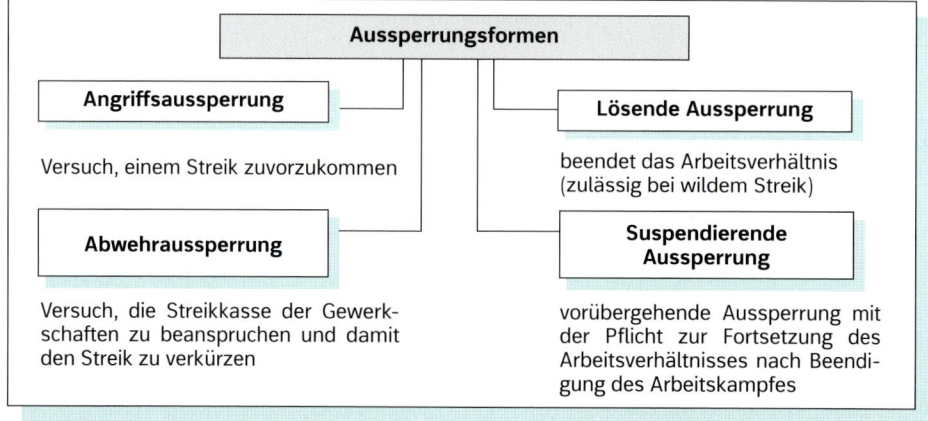

▨ Auswirkung von Arbeitskämpfen

Der Arbeitskampf sollte immer das letzte Mittel in einem Tarifkonflikt darstellen. Er erfordert von beiden Tarifparteien großen Einsatz und hohe Kosten:

für den **Arbeitgeber:**
- Produktionsausfall
- Gewinneinbußen

für die **Gewerkschaften:**
- Streikgeldzahlungen
- Einkommenseinbußen bei den Arbeitnehmern
- Sympathieverlust bei der vom Streik mittelbar betroffenen Öffentlichkeit

Für die **Bundesagentur für Arbeit** gilt das **Neutralitätsgebot** *(§ 116 Abs. 1 S. 1 AFG)*. Arbeitskämpfe dürfen durch Arbeitslosen- und Kurzarbeitergeldzahlungen an unmittelbar am Arbeitskampf beteiligte Arbeitnehmer nicht unterlaufen werden. Soweit eine mittelbare Beteiligung von Arbeitnehmern vorliegt, regelt das *„Gesetz zur Sicherung der Neutralität der Bundesanstalt für Arbeit bei Arbeitskämpfen"* den Leistungsanspruch. Mittelbar ist ein Arbeitnehmer eines Betriebes betroffen, wenn er den Betrieb weder bestreikt noch selbst ausgesperrt ist, aber wegen eines Arbeitskampfes seine Tätigkeit einstellen muss.

> **Beispiel:**
>
> *Zulieferungen bleiben wegen des Arbeitskampfes aus.*

Ein **Leistungsanspruch** auf Arbeitslosen- und Kurzarbeitergeld liegt heute nur noch bei mittelbar vom Arbeitskampf betroffenen Arbeitnehmern vor, wenn der Betrieb außerhalb des räumlichen und fachlichen Geltungsbereichs des umkämpften Tarifbereichs liegt.

1.4   Entlohnung der Arbeit

Weil es objektive Kriterien für eine absolute Lohngerechtigkeit nicht gibt, ist die Frage nach einer möglichst **gerechten Entlohnung** seit jeher das zentrale Thema der Tarifpolitik und der betrieblichen Lohngestaltung. Für Arbeitnehmer ist entscheidend, dass sie einen Lohn bekommen, der den Anforderungen und Leistungen an ihrem Arbeitsplatz entspricht. Dazu gehört auch, dass sie ihr eigenes Einkommen im Verhältnis zu denen der Kollegen, die höher- oder minderwertige Tätigkeiten verrichten, als angemessen empfinden. Der gesetzliche Mindestlohn bildet die Lohnuntergrenze.

Verstöße gegen den gesetzlichen Mindestlohn werden geahndet *(§§ 19,21 MiLoG)*.

1.4.1   Entlohnungsformen

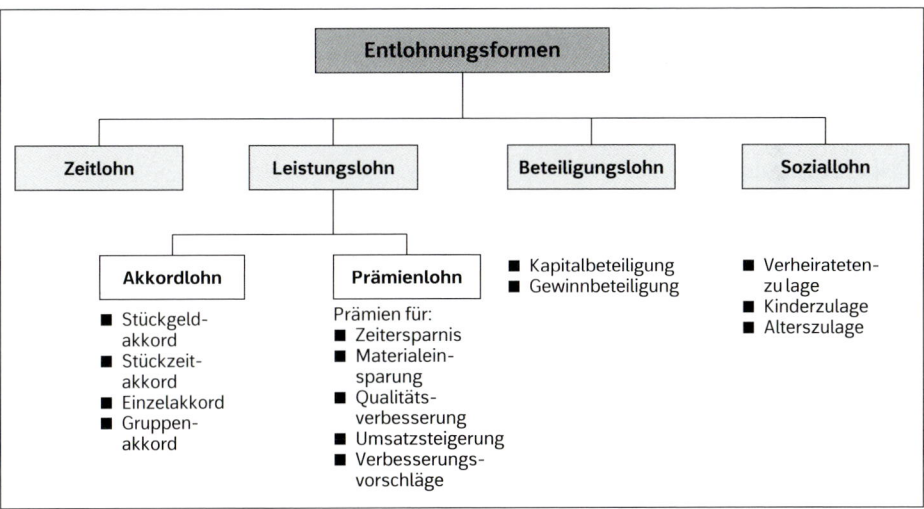

Der Lohn wird im Regelfall als **Geldlohn** gewährt, in Ausnahmefällen als **Naturallohn** *(z. B. Sachbezüge, Vorteilszuwendungen)*. Der Geldlohn ist ein **Nominallohn** und wird durch Lohnerhöhungen der Inflationsrate einschließlich Produktionsfortschritt im Idealfall angepasst, um den **Reallohn** nicht absinken zu lassen.

Zeitlohn

> Beim Zeitlohn besteht **keine direkte Verbindung** zwischen Lohn und Leistung.

Der Arbeitnehmer wird entsprechend der Dauer der geleisteten Arbeitszeit entlohnt. Der Zeitraum der Entlohnung kann *z. B. eine bestimmte Zeiteinheit (60 Minuten, 45 Minuten), ein Tag, eine Woche oder ein Monat* sein.

Der Zeitlohn ist kein Leistungslohn, aber dennoch erwartet der Arbeitgeber eine bestimmte Leistung vom Arbeitnehmer.

1

Der Zeitlohn kann als reiner Zeitlohn oder als Zeitlohn mit Leistungszulagen *(z. B. Qualitäts-, Mengen-, Anwesenheitsprämien)* gezahlt werden.

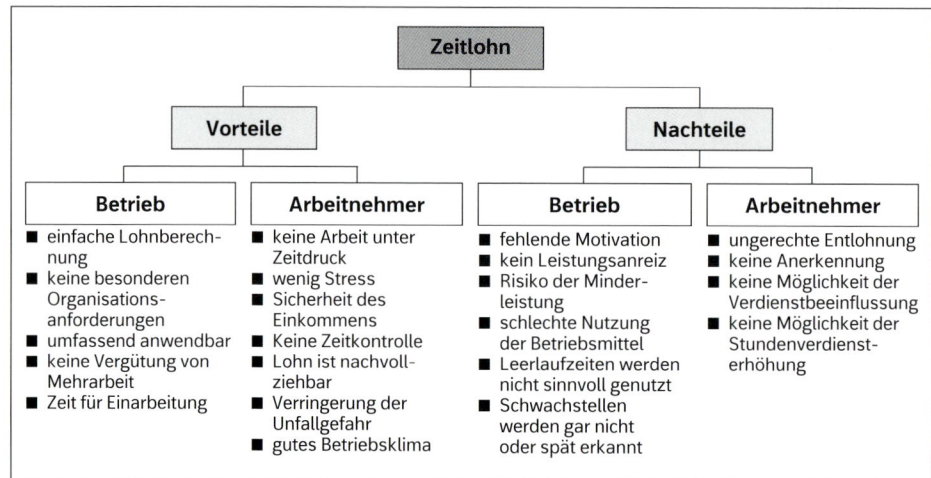

Leistungslohn

Beim Leistungslohn besteht **ein direkter Zusammenhang** zwischen Leistung und Lohn. Neben der Arbeitszeit bestimmt auch die erbrachte Leistung die Höhe der Entlohnung.

Beispiele:

Akkordlohn, Prämienlohn

Beim **Akkordlohn** bestimmt die geleistete Arbeit die Lohnhöhe. Ein Akkordlohn kann nur berechnet werden, wenn die Arbeit gleichartig, bekannt, regelmäßig wiederkehrend, messbar und durch den Arbeitnehmer beeinflussbar ist.

Der Akkordlohn besteht aus **Tariflohn** (= Zeitlohn bei normaler Leistung) plus **Akkordzuschlag** (ca. 15–30 % des Tariflohnes).

Tariflohn und Akkordzuschlag bilden zusammen den **Akkordrichtsatz.**

Beispiel:

Tariflohn	*10,00 €*
+ 25 % Akkordzuschlag	*2,50 €*
Akkordrichtsatz	*12,50 €*

Wird der Akkordsatz in Geld je Einheit festgelegt, so liegt der Geldakkordsatz oder Stückgeldakkord vor.

Stückgeldakkord: Bruttolohn = Stückzahl · Geldakkordsatz

Wird der Akkordsatz in einer Auftragszeit je geleisteter Einheit festgestellt, so liegt der Zeitakkordsatz oder Stückzeitakkord vor.

Stückzeitakkord: Bruttolohn = Stückzahl · Zeitakkordsatz · Minutenfaktor

Stückzeitakkord

Zeitakkordsatz: $\dfrac{100\ Dezimalminuten}{25\ Stck.}$ *= 4 Dezimalminuten Vorgabezeit je Stück*

1

Beispiele:

Stückgeldakkord

Geldakkordsatz: $\dfrac{12,50\ €}{25\ Stck.}$ = 0,50 € je Stück

Bruttoverdienst bei Normalleistung:

Stückzahl · Geldakkordsatz = Bruttolohn
780 · 0,50 € = 390,00 €
25 Stck.

Dezimalminutenfaktor = $\dfrac{12,50\ €}{100\ Dezimalminuten}$ = 0,125 €

Bruttoverdienst bei Normalleistung:

Stückzahl · Zeitakkordsatz · Minutenfaktor = Bruttolohn
780 · 0,125 € · 4 = 390,00 €

Bruttoverdienst bei Mehrleistung:

Stückzahl · Zeitakkordsatz · Minutenfaktor = Bruttolohn
975 · 0,125 € · 4 = 487,50 €

Beim **Einzelakkord** wird die Leistung des einzelnen Mitarbeiters erfasst und entlohnt. Bei Anwendung des **Gruppenakkords** werden die Akkordzettel regelmäßig auf einen Gruppenführer ausgestellt und wie Einzelakkordscheine ausgerechnet. Die Summe der Verdienste aus den Einzelakkordscheinen ist der Akkordverdienst der Gruppe. Die Verteilung des Lohnes auf die Gruppenmitglieder ist dabei problematisch. Als Verteilungsschlüssel bietet sich der Zeitlohnwert der einzelnen Mitglieder an.

Beispiel:

Akkordverdienst der Gruppe: 960,00 €
Summe der Akkordzeitlöhne: 800,00 €

Akkordfaktor: $\dfrac{960,00\ €}{800,00\ €}$ = 1,2

Akkordanteil: Zeitlohn · Akkordfaktor

Verteilungsrechnung:

Gruppenakkord-beteiligte	aufgewendete Zeit	Lohnsatz je Stunde	Zeitlohnwert	Akkordfaktor	Akkord-verdienst
Reim, Erni	30	9,00 €	270,00 €	1,2	324,00 €
Henke, Ulrich	20	9,56 €	190,00 €	1,2	228,00 €
Traub, Karin	34	10,00 €	340,00 €	1,2	408,00 €
	84		800,00 €		960,00 €

Vorteile des Gruppenakkords liegen in der gegenseitigen Kontrolle der Gruppenmitglieder, der Kooperation der Mitglieder und der optimalen Arbeitsteilung. **Nachteile** ergeben sich gerade bei größeren unüberschaubaren Gruppen. Der Gruppenakkord kann bei leistungsstarken Mitgliedern zur Unzufriedenheit führen.

Die fortschreitende Automatisierung der Fertigung bedingt häufig eine Abkoppelung der Lohnbemessung von der Ausbringungsmenge. Der Akkordlohn wird ersetzt durch den **Prämienlohn**.

Prämienlohn = Grundlohn + Prämienzuschlag

Überschreitet der Mitarbeiter die Normalleistung, so erhält er eine **Einzelprämie** oder eine **Gruppenprämie**.

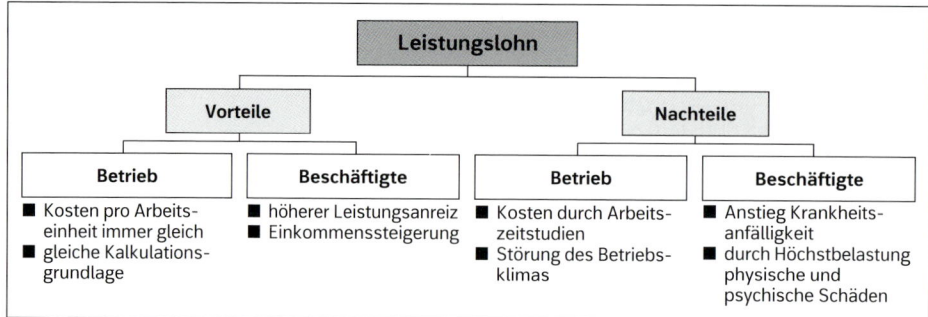

Beteiligungslohn

> Der **Beteiligungslohn** in Form der **Erfolgsbeteiligung** ist ein zusätzlicher Leistungs-
> anreiz im Rahmen der Entlohnungsformen.

Gestaltungsmöglichkeiten
- nach den **beteiligten Mitarbeitern:**
  - alle Arbeitnehmer
  - ausgewählte Arbeitnehmergruppen

  Beispiel:

  Tantieme für leitende Angestellte

- nach der **Bezugsgröße** der Beteiligung:
  - Ertragsbeteiligung (Wertschöpfung, Umsatz)
  - Gewinnbeteiligung (Bilanzgewinn, korrigierter Bilanzgewinn)
  - Leistungsbeteiligung (Produktivität, Produktionsmenge)
- nach der **Auszahlungsweise** der Erfolgsanteile:
  - Barauszahlung
  - Vermögensbildung:
    indirekte Beteiligung (Fonds für das Mitarbeiterkapital)
    direkte Beteiligung:
    – durch Eigenkapital (Belegschaftsaktie, GmbH-Anteil, stiller Gesellschafter,
                      Kommanditist)
    – durch Fremdkapital (Schuldverschreibung, Darlehen)
- nach dem **Aufteilungsschlüssel:**
  - gleiche Anteile
  - Staffelung nach Betriebszugehörigkeit, Lohnhöhe oder Lebensalter

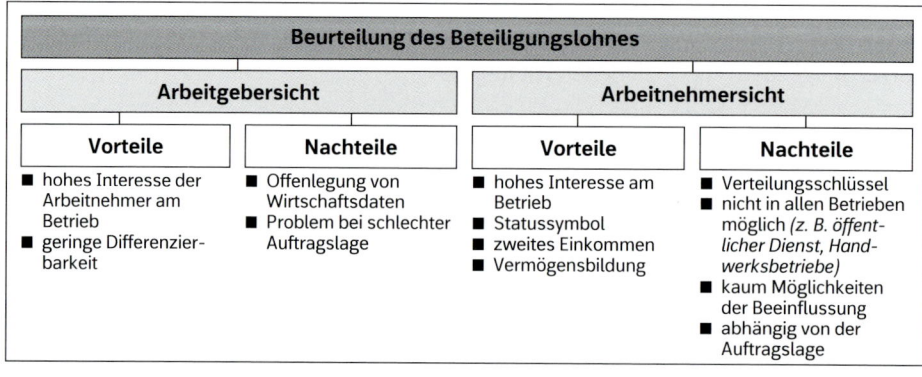

Personalzusatzkosten (Personalnebenkosten)

Personalzusatzkosten sind alle Kosten des Arbeitgebers, die zusätzlich zum reinen Arbeitslohn vom Arbeitgeber gezahlt werden.

Je nach Branche können diese Personalzusatzkosten noch einmal bis zu 100 % des reinen Arbeitslohnes zusätzlich ausmachen.

Die meisten Arbeitnehmer wissen genau, wie viel sie verdienen – aber nur wenige wissen, wie viel sie tatsächlich kosten. Denn die Lohnkostenrechnung, die ein Unternehmen aufstellt, sieht anders aus als die simple Formel „Arbeitszeit mal Stundenlohn". Über das Direktentgelt für geleistete Arbeit hinaus müssen die Unternehmungen ja auch an Feiertagen, im Urlaub und bei Krankheit weiterzahlen. Hinzu kommen Zusatzleistungen wie Weihnachtsgeld oder Urlaubsgeld. Außerdem müssen Arbeitgeberanteile zur Sozialversicherung abgeführt werden. All dies zusammengenommen ergibt den „zweiten Lohn", die Personalzusatzkosten.
Quelle: Globus

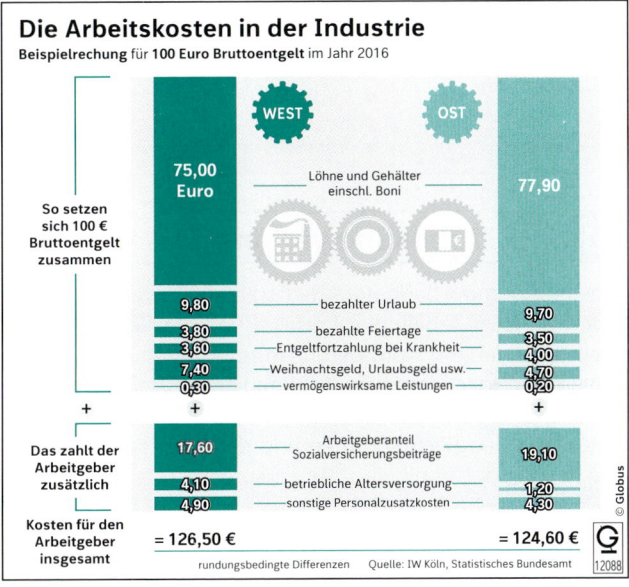

Die Arbeitskosten in der Industrie
Beispielrechnung für **100 Euro Bruttoentgelt** im Jahr 2016

	WEST	OST
Löhne und Gehälter einschl. Boni	75,00 Euro	77,90
So setzen sich 100 € Bruttoentgelt zusammen		
bezahlter Urlaub	9,80	9,70
bezahlte Feiertage	3,80	3,50
Entgeltfortzahlung bei Krankheit	3,60	4,00
Weihnachtsgeld, Urlaubsgeld usw.	7,40	4,70
vermögenswirksame Leistungen	0,30	0,20
Das zahlt der Arbeitgeber zusätzlich — Arbeitgeberanteil Sozialversicherungsbeiträge	17,60	19,10
betriebliche Altersversorgung	4,10	1,20
sonstige Personalzusatzkosten	4,90	4,30
Kosten für den Arbeitgeber insgesamt	= 126,50 €	= 124,60 €

rundungsbedingte Differenzen   Quelle: IW Köln, Statistisches Bundesamt
© Globus 12088

Personalzusatzkosten können	
gesetzlich vorgeschrieben sein.	**Beispiele:** ■ Arbeitgeberanteil zu den Sozialversicherungen; Umlagen U1, U2, U3 (InsO) ■ Beiträge zur Berufsgenossenschaft ■ bezahlte Feiertage und sonstige Ausfallzeiten ■ Entgeltsfortzahlung im Krankheitsfall, bei Arztbesuch, Heirat, Urlaub ■ Aufwendungen aufgrund des Mutterschaftsschutzgesetzes ■ Aufwendungen aufgrund des Schwerbehindertengesetzes ■ Aufwendungen nach dem Betriebsverfassungsgesetz
aufgrund **Tarifvertrag** verbindlich sein.	**Beispiele:** ■ Zahlung eines Urlaubsgeldes ■ Zahlung von zusätzlichen Monatsgehältern (z. B. Weihnachtsgeld) ■ betriebliche Altersversorgung ■ Zahlung der vermögenswirksamen Leistungen
freiwillig gewährt werden.	**Beispiele:** ■ Kosten für Aus-, Weiter- und Fortbildung ■ Aufwendungen für betriebliche Einrichtungen wie z. B. Kindergärten, Erholungsheime, Sportanlagen, Kantinen ■ Familienbeihilfen ■ Fahrtkostenzuschüsse ■ Erholungsheime ■ Vermögensbildung ■ Zahlung von Weihnachtsgeld/Urlaubsgeld ■ Altersvorsorge und Aufwendungen für Pensionssicherungsfonds ■ Betriebskindergarten

1

Personalzusatzkosten können	
ohne **Gegenleistung** gewährt werden.	**Beispiele:** ■ gesetzliche Feiertage ■ persönliche Gründe wie z. B. Arztbesuch, Heirat ■ Lohnfortzahlung bei Krankheit, Mutterschaft ■ Urlaubsgeld ■ Weihnachtsgeld
nicht **leistungs-bezogen** sein.	**Beispiele:** ■ Zulagen ■ Zuschläge ■ Prämien

1.4.2 Arbeitsbewertung

Arbeitsbewertung bedeutet Arbeitsplatzbewertung, d. h., es sollen unterschiedliche Tätigkeiten an dem Arbeitsplatz erfasst, in einer Tätigkeitsbeschreibung dokumentiert und nach bestimmten Anforderungsarten mittels vergleichbarer Bewertungskriterien so bewertet werden, damit ein diskriminierungsfreier, weitestgehend leistungsgerechter und leistungsmotivierender Grundlohn für einzelne Arbeitsplätze ermittelt wird. Die Bewertung muss den Rechtsnormen und der Rechtsprechung des Europäischen Gerichtshofs und des Bundesarbeitsgerichts entsprechen.

Die Differenzierungen müssen
■ durchschaubar, nachvollziehbar und überprüfbar sein,
■ aufgrund gleicher Kriterien für frauen- wie für männerdominierte Tätigkeiten erfolgen,
■ nach Kriterien erfolgen, die die Tätigkeiten vollständig und angemessen beschreiben,
■ nach Kriterien erfolgen, die weder in der Formulierung noch in der Auslegung diskriminieren bzw. auf Geschlechterstereotype Bezug nehmen.

Um die Löhne und Gehälter innerhalb eines Betriebes gerecht zu staffeln, bedarf es einer genauen Erfassung der Anforderungen an die einzelnen Arbeitsplätze. Mithilfe der Arbeitswertstudien erfolgt die Ermittlung der Schwierigkeitsgrade der Arbeit, die die Grundlage für die Bestimmung der Lohnhöhe darstellen.

1.5 Mitwirkung und Mitbestimmung der Arbeitnehmer

1.5.1 Gesetzliche Grundlagen

Unter **Mitbestimmung** ist die gesetzliche Teilhabe der Arbeitnehmer oder ihrer Vertretungen am Willensbildungsprozess im Unternehmen zu verstehen.

In Deutschland regeln acht verschiedene Gesetze die Mitbestimmung. Die Mitbestimmung findet statt
■ auf der betrieblichen Ebene, indem die Arbeitnehmer Betriebsräte wählen, die ihre Interessen gegenüber dem Arbeitgeber vertreten;
■ auf der Unternehmensebene (Unternehmensmitbestimmung), indem die Arbeitnehmer ihre Vertreter im Aufsichtsrat wählen.

Eine spezielle Variante ist das Montanmitbestimmungsgesetz für Unternehmen im Bereich Kohle und Stahl mit mehr als 1 000 Beschäftigten.

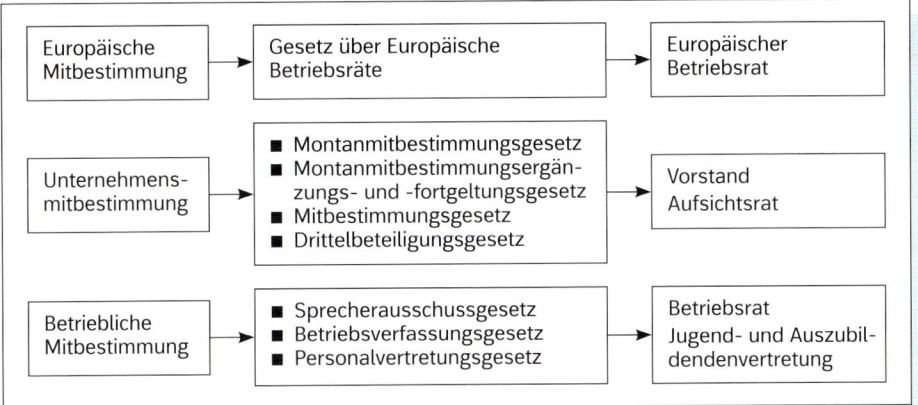

1.5.2 Beteiligungsrechte auf der Ebene des Arbeitsplatzes

Dem Arbeitnehmer stehen auf der Ebene des Arbeitsplatzes individuelle **Mitwirkungs- und Beschwerderechte** *(§§ 81–86a BetrVG)* zu:

Recht
- auf Unterrichtung über Aufgaben (Tätigkeit, Verantwortung) seines Arbeitsbereiches,
- auf Unterrichtung über Gesundheits- und Unfallgefahren an seinem Arbeitsplatz,
- auf Anhörung, soweit er persönlich in betrieblichen Angelegenheiten betroffen ist,
- auf Erörterung seiner Leistungsbeurteilung,
- auf Einsicht in seine Personalakte,
- zur Beschwerde wegen Benachteiligung durch Arbeitgeber oder Arbeitskollegen,
- zum Vorschlag von Beratungsthemen an den Betriebsrat.

1.5.3 Beteiligungsrechte auf der Ebene des Betriebes

Der **Betriebsrat**
- ist das gewählte und damit legitime Organ der Interessenvertretung der Arbeitnehmer,
- kann nur in Betrieben mit i. d. R. fünf wahlberechtigten Arbeitnehmern *(§ 7 BetrVG)* gewählt werden.

Verschiedene Beteiligungsrechte des Betriebsrats nach dem *BetrVG* sind davon abhängig, dass der Betrieb oder das Unternehmen eine bestimmte Größe aufweist. Der Arbeitgeber braucht z. B. über einen Interessenausgleich und einen Sozialplan im Falle einer Betriebsänderung nur dann zu verhandeln, wenn sein Unternehmen i. d. R. mehr als 20 wahlberechtigte Arbeitnehmer hat *(§ 111 Abs. 1 S. 1 BetrVG)*. Laut BAG-Urteil[1] sind hierbei auch Leiharbeitnehmer mitzuzählen, wenn sie länger als drei Monate im Unternehmen eingesetzt und daher wahlberechtigt sind *(§ 7 S. 2 BetrVG)*.

---

[1] *BAG-Urteil vom 18.10.2011 Az. 1 AZR 335/10*

1

Ein **Betriebsrat** (BR) wird nach *§ 1 BetrVG* in Betrieben mit mindestens fünf ständigen wahlberechtigten Arbeitnehmern von diesen alle vier Jahre gewählt *(§ 13 BetrVG)*. Wahlberechtigt sind nach *§ 7 BetrVG* alle Arbeitnehmer, die das 18. Lebensjahr vollendet haben; wählbar sind alle Wahlberechtigten, die mindestens sechs Monate dem Betrieb angehören *(§ 8 BetrVG)*.

Auf Religionsgemeinschaften *(§ 118 Abs. 2 BetrVG)* und Verwaltungen und Betriebe der öffentlichen Hand *(§ 130 BetrVG)* ist das *BetrVG* nicht anwendbar. Auf Tendenzbetriebe und -unternehmen ist die Anwendung des *BetrVG* eingeschränkt *(§ 118 Abs. 1 BetrVG)*.

Betrieb i.S.d. *BetrVG* ist eine organisatorische Einheit, mit der der Unternehmer allein oder in Gemeinschaft mit seinen Mitarbeitern einen arbeitstechnischen Zweck fortgesetzt verfolgt (vgl. auch *§ 4*: Betriebsteile, Nebenbetriebe). Mehrere Unternehmen können einen einheitlichen Betrieb i.S.d. *BetrVG* bilden. Ebenso kann ein Unternehmen mehrere Betriebe haben.

Nach *§ 26 Abs. 3 BetrVG* wird der Betriebsrat bei Abgabe seiner Erklärungen durch den **Betriebsratsvorsitzenden** bzw. dessen Stellvertreter vertreten. Die BR-Tätigkeit ist ehrenamtlich. BR-Mitglieder sind aber von der Arbeitsleistung unter Vergütungsfortzahlung freizustellen, soweit dies für die ordnungsgemäße Erledigung der BR-Arbeit erforderlich ist. Entsprechendes gilt für Bildungs- und Schulungsveranstaltungen *(§ 37 Abs. 6, 7 BetrVG)*.

Die **Kosten** der Betriebsratstätigkeit trägt nach *§ 40 Abs. 1 BetrVG* der Arbeitgeber, der nach *§ 40 Abs. 2 BetrVG* auch Räume, sachliche Mittel und Büropersonal im erforderlichen Umfang zur Verfügung zu stellen hat. Zu den Kosten der BR-Tätigkeit, die der Arbeitgeber zu erstatten hat, gehören auch die Kosten eines vom Betriebsrat gegen ihn geführten Rechtsstreits, und zwar unabhängig von seinem Ausgang.

Betriebsratsmitglieder genießen wegen ihres Amtes einen **besonderen Kündigungsschutz**. Nach *§ 15 KSchG* ist eine ordentliche Kündigung von BR-Mitgliedern unzulässig.

Im Verhältnis zwischen Betriebsrat und Arbeitgeber gilt der Grundsatz der vertrauensvollen **Zusammenarbeit** *(§ 2 Abs. 1 BetrVG)*. Arbeitskampfmaßnahmen und politische Betätigungen im Betrieb sind unzulässig *(§ 74 Abs. 2 BetrVG)*. Grobe Pflichtverletzungen des Betriebsrates können den Ausschluss einzelner Betriebsratsmitglieder bzw. die Auflösung des Betriebsrates zur Folge haben *(§ 23 Abs. 1 BetrVG)*. Grobe Pflichtverletzungen des Arbeitgebers begründen einen Unterlassungsanspruch aus *§ 23 Abs. 3 BetrVG*.

Das Betriebsverfassungsgesetz regelt auf der Betriebsebene die Zusammenarbeit zwischen Arbeitgeber und Arbeitnehmern. Zum Zwecke des gerechten Interessenausgleichs kann in Unternehmen mit mindestens fünf wahlberechtigten und mindestens drei wählbaren Arbeitnehmern ein Betriebsrat mit einer Amtszeit von vier Jahren gewählt werden. Der Betriebsrat ist geschlechtsspezifisch im zahlenmäßigen Verhältnis der Belegschaft zu besetzen, wenn der Betriebsrat aus mehr als 3 Personen besteht.

Auf einer ersten **Wahlversammlung** wird ein Wahlvorstand gewählt. Eine Woche später wird auf einer zweiten Wahlversammlung der Betriebsrat geheim und unmittelbar gewählt (zweistufiges Wahlverfahren). Wahlberechtigt sind alle volljährigen Arbeitnehmer und außerdem Leiharbeitnehmer, die länger als 3 Monate im Betrieb eingesetzt werden. Wählbar sind alle Wahlberechtigten mit einer Betriebszugehörigkeit von mindestens 6 Monaten.

> Der **Betriebsrat** übt als gesetzliche Vertretungsmacht für die Arbeitnehmerschaft eines Betriebs Beteiligungsrechte aus (betriebliche Mitbestimmung).

1

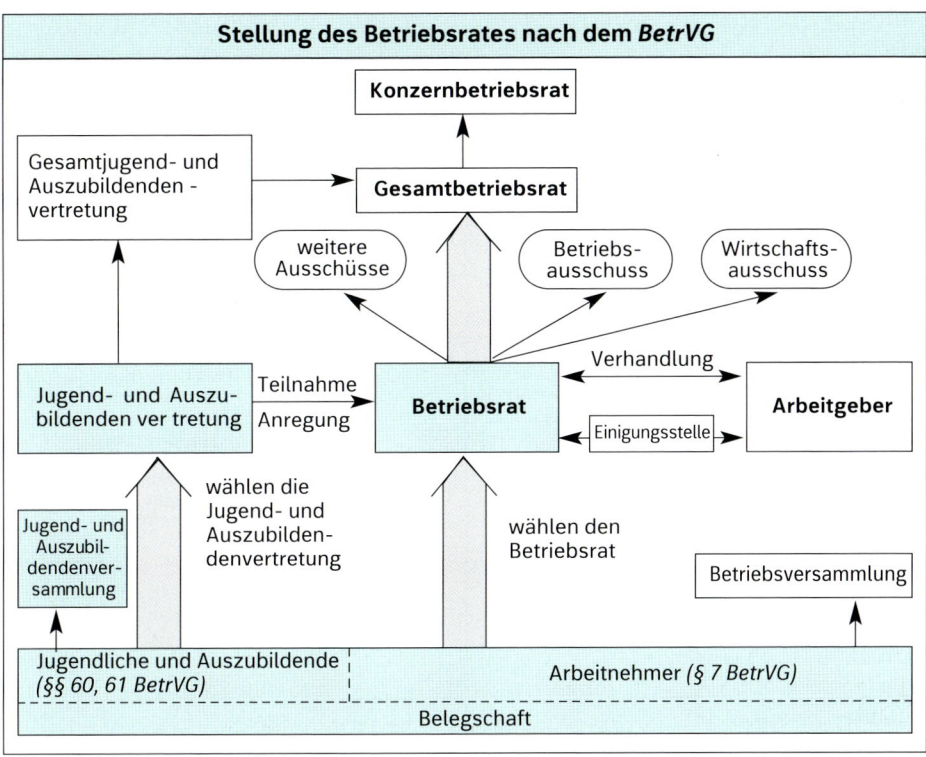

Stellung des Betriebsrates nach dem *BetrVG*

Zusammensetzung des Betriebsrates		
Wahlberechtigte	**Betriebsratsmitglieder**	
5 – 20	ein Betriebsobmann	Bei über 9 000 Wahlberechtigten kommen je angefangene 3 000 zwei Betriebsratsmitglieder hinzu. Der Betriebsrat bildet ab 9 Mitgliedern einen **Betriebsausschuss**, der die Geschäfte des Betriebsrates führt. Bei Betrieben mit mehr als 100 Arbeitnehmern können nach Maßgabe einer mit dem Arbeitgeber zu treffenden **Rahmenvereinbarung** Aufgaben auf **Arbeitsgruppen** übertragen werden.
21 – 50	3 Mitglieder	
51 – 100	5 Mitglieder	
101 – 200	7 Mitglieder	
201 – 400	9 Mitglieder	
401 – 700	11 Mitglieder	
701 – 1 000	13 Mitglieder	
1 001 – 1 500	15 Mitglieder	
1 501 – 2 000	17 Mitglieder	
2 001 – 2 500	19 Mitglieder	
2 501 – 3 000	21 Mitglieder	
3 001 – 3 500	23 Mitglieder	
3 501 – 4 000	25 Mitglieder	
4 001 – 4 500	27 Mitglieder	
4 501 – 5 000	29 Mitglieder	
5 001 – 6 000	31 Mitglieder	
6 001 – 7 000	33 Mitglieder	
7 001 – 9 000	35 Mitglieder	

1

Aufgaben des Betriebsrates			
Sozialer Bereich	**Personeller Bereich**	**Wirtschaftlicher Bereich**	
	Mitwirkung		
Mitbestimmung	**Widerspruchsrecht**	**Beratungsrecht**	**Informationsrecht**
■ Soziale Angelegenheiten *(§ 87 BetrVG)* • Betriebsordnung • Urlaubsregelung • Beginn und Ende der Arbeitszeit • Zeit, Ort, Art der Entgeltzahlung • Entlohnungsgrundsätze • Akkord- u. Prämiensätze • Vorschlagwesen • Pausenregelung • soziale Einrichtungen, Kantine, Aufenthaltsraum, sanitäre Anlagen, Überstunden ■ betriebliche Bildungsmaßnahmen *(§ 98 BetrVG)* ■ Sozialplan bei Betriebsveränderung *(§§ 112, 112a BetrVG)* ■ betrieblicher Umweltschutz *(§ 89 BetrVG)* ■ Fremdenfeindlichkeitsfragen *(§ 99 Abs. 2 Nr. 6 BetrVG)*	■ Personelle Einzelmaßnahmen *(§ 99 BetrVG)* • Versetzung • Ein- und Umgruppierungen • Kurzarbeit • Einstellungen (bei Betrieben mit mehr als 20 Arbeitnehmern) ■ Kündigungen *(§ 102 BetrVG)*	■ Arbeitsplatzgestaltung *(§ 90 BetrVG)* • Baumaßnahmen • technische Anlagen • Arbeitsablauf ■ Personalplanung, Förderung betrieblicher Bildung *(§ 92 ff. BetrVG)* ■ Betriebsänderungen, Stilllegung *(§§ 106, 111–113 BetrVG)*	■ Einstellung leitender Angestellter *(§ 105 BetrVG)* ■ Einsichtnahme in die Personalakte einzelner Mitarbeiter *(§ 83 BetrVG)* ■ Wirtschaftliche Angelegenheiten *(§ 106 BetrVG)* • wirtschaftliche und finanzielle Lage • Produktions- und Absatzlage • Einführung neuer Arbeits- und Rationalisierungsmethoden
wenn der Betriebsrat nicht zustimmt:	wenn der Betriebsrat nicht angehört wird: / der Betriebsrat muss angehört werden, aber wenn er widerspricht:	mit Beratung, aber ohne Zustimmung des Betriebsrates:	ohne Zustimmung des Betriebsrates:
unwirksam		**wirksam**	

Zusammenarbeit

Betriebsversammlung *(§ 42 ff. BetrVG)*	**Einigungsstelle** *(§ 76 BetrVG)*	**Wirtschaftsausschuss** *(§ 106 BetrVG)*
■ Einberufung jedes Quartal mit Einladung an die Arbeitgeberseite ■ Gewerkschaft und Arbeitgeberverband können beratend teilnehmen ■ einmal jährlich Bericht des Arbeitgebers über die wirtschaftliche Lage des Unternehmens	■ bei Bedarf oder auf Dauer eingerichtete Stelle mit einer vom Arbeitgeber und Betriebsrat bestellten gleichen Anzahl von Mitgliedern sowie einem unparteiischen Vorsitzenden zur Beilegung von Meinungsverschiedenheiten ■ die Möglichkeit einer Klage vor dem Arbeitsgericht bleibt unberührt	■ Beratung von wirtschaftlichen Angelegenheiten zwischen Ausschuss und Arbeitgeber mit anschließender Unterrichtung des Betriebsrates ■ Besetzung bei mehr als 100 Beschäftigten mit drei, maximal sieben sachverständigen Personen, von denen mindestens eine Person Betriebsratsmitglied sein muss

Jugend- und Auszubildendenvertretung

Zusammensetzung	Aufgaben unter Mitwirkung über den Betriebsrat

Zusammensetzung

- **aktives Wahlrecht:**
  Wahl alle 2 Jahre zwischen dem 1. Oktober und dem 30. November durch alle Jugendlichen, die das 18. Lebensjahr, oder Auszubildende, die das 25. Lebensjahr noch nicht vollendet haben.

- **passives Wahlrecht:**
  wählbar sind alle Arbeitnehmer, die das 25. Lebensjahr noch nicht vollendet haben

- **Besetzung**
  - hängt von der Mitarbeiterzahl dieser Personengruppe ab
  - mindestens ein Vertreter, höchstens 15 Vertreter

Aufgaben unter Mitwirkung über den Betriebsrat

- **Antragsrecht** *(§ 70 Abs. 1Nr. 1 BetrVG)*
  Die JAV hat insbesondere ein Antragsrecht
  - zu Fragen der betrieblichen Berufsausbildung,
  - zu Fragen der Arbeitszeiten junger Arbeitnehmer,
  - zur Gestaltung der Arbeitsplätze junger Arbeitnehmer,
  - zu Fragen der generellen Urlaubsregelungen junger Arbeitnehmer.

- **Überwachungsrecht** *(§ 70 Abs. 1 Nr. 2 BetrVG)*
  Die JAV überwacht insbesondere die Einhaltung
  - des Jugendarbeitsschutzgesetzes *(JArbSchG),*
  - des Berufsbildungsgesetzes *(BBiG),*
  - des Tarifvertrages *(TV)* sowie
  - von Betriebsvereinbarungen.

- **Anregungsrecht** *(§ 70 Abs. 1 Nr. 3 BetrVG)*
  Die JAV kann Anregungen an den Betriebsrat weitergeben, über die dieser beraten muss.
  Hält der Betriebsrat die Anregungen für berechtigt, muss er diese gegenüber dem Arbeitgeber weiterverfolgen.

- **Sprechstunden** *(§ 69 BetrVG)*
  Die JAV kann Sprechstunden während der Arbeitszeit einrichten. Zeit und Ort sind durch Betriebsrat und Arbeitgeber zu vereinbaren. An den Sprechstunden der JAV kann der Betriebsratsvorsitzende oder ein beauftragtes Betriebsratsmitglied beratend teilnehmen.

- **Teilnehmerrecht** *(§§ 67–68 BetrVG)*
  Die JAV hat das Recht zur Teilnahme an Betriebsratssitzungen und Besprechungen zwischen Arbeitgeber und Betriebsrat bei Angelegenheiten, die jugendliche Arbeitnehmer betreffen.

- **Jugend- und Ausbildungsversammlung** *(§§ 71 und 43 BetrVG)*
  Die JAV kann vor oder nach der vierteljährlichen Betriebsversammlung eine JA-Versammlung einberufen.

Besonderer Schutz von Betriebsratsmitgliedern und Mitgliedern des Wahlvorstandes nach dem *BetrVG*

- Unkündbarkeit bis einschließlich ein Jahr nach ihrer Tätigkeit als Betriebsratsmitglied oder als Mitglied des Wahlvorstandes (nur außerordentlich kündbar mit Zustimmung des Betriebsrates oder des Arbeitsgerichts),

- Weiterzahlung des Arbeitsentgelts bei der Interessenvertretung,

- Betriebsratskosten trägt der Arbeitgeber,

Beispiele:

Wahlkosten (§ 20 Abs. 3 BetrVG), Kosten und Sachaufwand für Tätigkeit und Sprechstunden (§ 40 BetrVG), Kosten der Einigungsstelle (§ 76a BetrVG)

- Recht der Betriebsratsmitglieder auf dreiwöchigen bezahlten Bildungsurlaub,

- Schutz vor Versetzung, wenn dies zum Verlust des Mandats oder der Wählbarkeit führen würde.

1

1.5.4 ## Beteiligungsrechte auf der Ebene der Unternehmensleitung

In Kapitalgesellschaften mit mehr als 500 Arbeitnehmern sind diese in Deutschland an den wirtschaftlichen Planungen und Entscheidungen der Unternehmenspolitik beteiligt, indem die Arbeitnehmervertreter im Aufsichtsrat den Vorstand des Unternehmens überwachen.

Mitbestimmung im Aufsichtsrat	
paritätische Mitbestimmung oder Montan-mitbestimmung Montan-Mitbestimmungsgesetz von 1951 (MontanMitbestG)	**Mitbestimmung in Kapitalgesellschaften** (<u>keine</u> Montanunternehmen) Betriebsverfassungsgesetz von 1952 (BetrVG) Mitbestimmungsgesetz von 1976 (MitbestG) Drittelbeteiligungsgesetz von 2004 (DrittelbG)
Montanbetriebe i. S. d. Gesetzes sind alle Kapitalgesellschaften des Bergbaus und der Eisen und Stahl erzeugenden Industrie mit mehr als 1000 Arbeitnehmern. **Aufsichtsrat: 11, 15 bis 21 Mitglieder** Bei 11 Mitgliedern setzt sich der Aufsichtsrat aus ■ 4 Vertretern der Anteilseigner und einem weiteren Mitglied, ■ 4 Vertretern der Arbeitnehmer und einem weiteren Mitglied sowie zusätzlich ■ einem neutralen Mitglied (*§ 4 Abs. 1 MontanMitbestG*) zusammen. **Der Aufsichtsrat ist paritätisch (gleichrangig) mit Vertretern der Anteilseigner und Arbeitnehmer besetzt, hinzu kommt ein „neutrales" Mitglied.** **Bei Pattsituationen hat das neutrale Mitglied die entscheidende Stimme.**	■ **drittelparitätische Mitbestimmung** Das Drittelbeteiligungsgesetz regelt die Mitbestimmung in Unternehmen von 500 bis 2000 Beschäftigten (AG, KGaA, GmbH, Genossenschaften und Versicherungsvereine auf Gegenseitigkeit). Der **Aufsichtsrat** setzt sich zusammen aus ■ 2/3 Anteilseignern/Aktionären und ■ 1/3 AN-Vertretern. ■ **unterparitätische Mitbestimmung** In großen Kapitalgesellschaften mit über 2000 Beschäftigten gilt das **Mitbestimmungsgesetz:** ■ Die AN-Vertreter wählen 50 % der Aufsichtsratsmitglieder. Die Größe des Aufsichtsrats richtet sich nach Zahl der AN. ■ Der Aufsichtsratsvorsitzende ist mit 2/3-Mehrheit zu wählen, sonst wählen ihn Anteilseigner. ■ AN-Vertreter wählen den Stellvertreter. **Der Aufsichtsratsvorsitzende hat die entscheidende Stimme bei zweimaliger Stimmengleichheit.**

▨ Kosten der Mitbestimmung

Die gesetzliche Mitbestimmung in den Unternehmen hat ihren Preis. Als größte Einzelposten sind die Ausgaben für die Tätigkeit des Betriebsrates und für die Durchführung von Sozialplänen zu vermerken.

1.6   Soziale Sicherung

1.6.1   Entwicklung der Sozialpolitik

Das im Grundgesetz verankerte **Sozialstaatsprinzip** *(Art. 20 und 28 GG)* verpflichtet den Staat, für soziale Sicherheit und Gerechtigkeit innerhalb der Gesellschaft zu sorgen. Mit dem Sozialstaatsprinzip wird der Staat in seinem Verhältnis zur Gesellschaft auf eine aktive Rolle als Sozialstaat verpflichtet. Das Ziel der Gesetzgebung ist die Herstellung sozialer Gerechtigkeit im Rahmen der rechtsstaatlichen Ordnung und die Gesetzesauslegung nach dem sozialstaatlichen Auftrag.

Historisch betrachtet führte die Idee der Aufklärung in Verbindung mit dem Liberalismus zu der Vorstellung, dass der Einzelne in der Gesellschaft seine persönlichen Angelegenheiten selbst regeln könne. Der Staat hatte die notwendigen Freiräume für die freie individuelle Entwicklung zu schaffen und sich nur auf die äußeren Sicherheitsbedürfnisse zu konzentrieren. Die Wirtschaftsordnung war nach den Grundsätzen der **freien Marktwirtschaft** gestaltet.

Die Entwicklung führte jedoch zu sozialen Ungerechtigkeiten. Der Staat sah sich zum Handeln gezwungen. Rechtliche Voraussetzung der Maßnahmen des Staates war eine umfassende **Sozialgesetzgebung**, welche die Gewährung von Sozialleistungen regelt und die Grundlage zahlreicher Schutzbestimmungen sowie der Rechte der Arbeitnehmer im Betrieb bildet.

Die **Sozialpolitik** des Staates zielt insbesondere darauf ab:

- ein **System der sozialen Sicherung** in der Grundversorgung zu schaffen, das der Schutzbedürftigkeit des Einzelnen bei Krankheit, Unfall, Invalidität, Arbeitslosigkeit, Ausscheiden aus dem Erwerbsleben Rechnung trägt sowie wirtschaftlich benachteiligte oder schwächere Bevölkerungskreise finanziell unterstützt,

- soziale Nachteile auszugleichen und für **Chancengleichheit** in Aus- und Fortbildung zu sorgen,

- menschengerechte **Lebens- und Arbeitsbedingungen** anzustreben,

- eine angemessene **betriebliche Mitbestimmung** der Arbeitnehmer zu verwirklichen,

- eine ausgewogene **Einkommens- und Vermögensverteilung** unter den großen sozialen Gruppen herbeizuführen.

Neben diesen sozialpolitischen Maßnahmen des Staates zur Grundsicherung der Bevölkerung muss jeder heute zusätzliche vorbeugende Maßnahmen für eine ausreichende Gesamtversorgung treffen. Insbesondere aufgrund des Rückgangs der Geburtenrate (→ weniger Beitragszahler), längerer Ausbildungszeiten (→ kürzere Beitragszeiten), hoher Arbeitslosigkeit (→ weniger Beitragseinnahmen), Frühverrentung (→ kürzere Beitragszeiten), steigender Lebenserwartung (→ längere Rentenzahlungen und mehr Rentenempfänger) muss das gesetzliche Rentensystem geändert werden, weil es sonst nicht mehr finanzierbar bleibt.

> *Beispiel:*
>
> *Verhältnis Beitragszahler – Rentner:*
> *1962   6   : 1*
> *1982   3,5 : 1*
> *2015   2,1 : 1*
> *2030   1   : 1*

1

Aufgrund dieser Entwicklung wird die staatliche Rente an Bedeutung verlieren und die private Altersvorsorge muss an Bedeutung gewinnen.

Die Transferleistungen der sozialen Mindestsicherungssysteme sind finanzielle Hilfen des Staates, die zur Sicherung des grundlegenden Lebensunterhalts dienen. Dazu zählen insbesondere folgende Leistungen:

- Arbeitslosengeld II/Sozialgeld nach dem Zweiten Buch Sozialgesetzbuch (*SGB II*, „Grundsicherung für Arbeitsuchende"),
- Laufende Hilfe zum Lebensunterhalt außerhalb von Einrichtungen nach dem *SGB XII* („Sozialhilfe"),
- Grundsicherung im Alter und bei Erwerbsminderung nach dem *SGB XII* („Sozialhilfe"),
- Regelleistungen nach dem Asylbewerberleistungsgesetz,
- Leistungen der Kriegsopferfürsorge nach dem Bundesversorgungsgesetz.

Das Alterseinkünftegesetz *(AltEinkG)* beschreibt die verschiedenen Formen und Schichten der Altersvorsorge (Dreischichtenmodell):

1. Schicht: Basisversorgung	Gesetzliche Rentenversicherung	Beamtenversorgung	Berufsständische Altersversorgung für kammerfähige freie Berufe wie z. B. Ärzte, Anwälte, Architekten	Versorgung der landwirtschaftlichen Alterskassen (Alterssicherung für Landwirte)	Private kapitalgedeckte Leibrentenversicherung (private Basis-Rente oder Rürup-Rente)	
2. Schicht: staatlich geförderte Zusatzversorgung	**Betriebliche Altersversorgung**					Private kapitalgedeckte Altersversorgung (Riester-Rente)
	mittelbare Pensionszusage über separaten Versorgungsträger:				Pensionszusage (= Direktzusage)	
	Direktversicherung	Unterstützungskasse	Pensionskasse	Pensionsfonds		
3. Schicht: private Kapitalanlage	rein privat finanzierte Altersvorsorge durch private Kapitalansammlung					
	Beispiele: *Kapitallebensversicherungen, private Rentenversicherungen mit Kapitalwahlrecht, Anlage in Bundesschatzbriefen, Investmentfonds, Aktien, Ratensparverträge, Immobilien, fondsgebundene Rentenversicherung*					

1.6.2   Zweige der sozialen Sicherung

Die Versicherung ist der Zusammenschluss von Wirtschaftssubjekten, die selbst oder deren Eigentum einer gleichen Gefahr ausgesetzt sind, zur gemeinsamen Deckung des bei dem Einzelmitglied durch den zufälligen Gefahreneintritt verursachten Schadens.

Durch Beitragszahlungen von allen Versicherten wird ein Geldfonds geschaffen, aus dem diejenigen Versicherten, die der Eintritt einer solchen Gefahr (= Versicherungsfall) tatsächlich betroffen hat, Zahlungen zum Ausgleich des dadurch entstandenen finanziellen Schadens erhalten.

Das Grundprinzip der kollektiven Risikoübernahme unterstellt, dass der Versicherungsfall in Wirklichkeit nur bei wenigen Versicherten eintreten wird.

In Deutschland kann das Versicherungsgeschäft nur betrieben werden in der Rechtsform

- des Versicherungsvereins auf Gegenseitigkeit (VVaG),
- der Aktiengesellschaft,
- der Anstalt oder Körperschaft des öffentlichen Rechts.

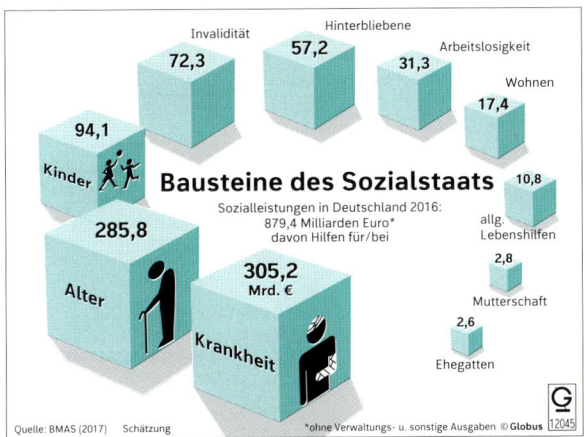

Darüber hinaus gibt es den Grundsatz der Spartentrennung, d. h., das Lebens-, Kranken-, Rechtsschutz- und das übrige Schaden- und Unfallversicherungsgeschäft müssen grundsätzlich von jeweils rechtlich selbstständigen Versicherungsgesellschaften betrieben werden. Die Spartentrennung hat die Konzernbildung zur Folge, da nur so alle Versicherungsarten aus einer Hand angeboten werden können. Wer beispielsweise bei einem Allianz-Vertreter eine Lebens-, eine Kranken- und eine Haftpflichtversicherung abschließt, hat in Wirklichkeit bei drei verschiedenen, rechtlich selbstständigen Versicherungsgesellschaften abgeschlossen. Ein möglichst weitgehender Versicherungsschutz hat sich auf vielen Gebieten im Interesse der Allgemeinheit als notwendig erwiesen. Deshalb hat der Staat bestimmte Versicherungen zwingend vorgeschrieben.

> **Beispiele:**
>
> *Alle Kfz-Halter müssen Mitglied einer Kfz-Haftpflichtversicherung sein. Damit soll erreicht werden, dass bei selbst verschuldeten Unfällen die Schadenforderungen i. d. R. gedeckt sind. Das Einkommen der Autofahrer würde i. d. R. nicht ausreichen, um die bei schweren Unfällen entstehenden finanziellen Verpflichtungen tragen zu können.*

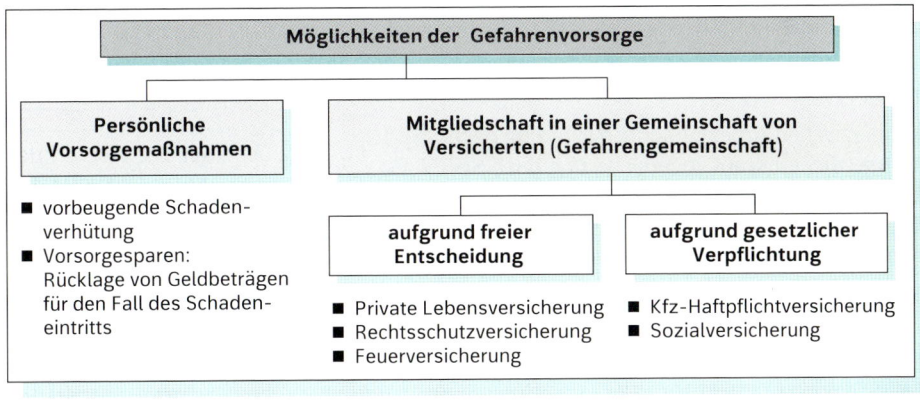

1

Überblick über das Versicherungswesen

Das Versicherungswesen unterscheidet die Bereiche **Individualversicherung** und **Sozialversicherung.** Beide Bereiche sind in mehrere Versicherungszweige untergliedert.

Die fünf Säulen der Sozialversicherung

Die deutsche Sozialversicherung ist ein gesetzliches Versicherungssystem (= Zwangsversicherung). Es bietet als Solidargemeinschaft wirksamen finanziellen (Grund-)Schutz vor den großen Lebensrisiken und deren Folgen wie Krankheit, Arbeitslosigkeit, Alter, Betriebsunfällen und Pflegebedürftigkeit.

Die Träger der gesetzlichen Sozialversicherung sind rechtsfähige Körperschaften des öffentlichen Rechts mit Selbstverwaltung. Ihre Aufgaben werden ihnen per Gesetz zugewiesen.

Abhängig Beschäftigte – Arbeitnehmer und Arbeitnehmerinnen – sind in Deutschland sozialversicherungspflichtig, d. h., sie werden grundsätzlich mit Aufnahme der Beschäftigung Pflichtmitglied und – von Ausnahmen abgesehen – beitragspflichtig in der

- gesetzlichen Arbeitslosenversicherung nach SGB III,
- gesetzlichen Krankenversicherung nach SGB V,
- gesetzlichen Rentenversicherung nach SGB VI,
- gesetzlichen Unfallversicherung nach SGB VII,
- gesetzlichen Pflegeversicherung nach SGB XI.

Das Versicherungsverhältnis des Beschäftigten in den einzelnen Zweigen der Sozialversicherung wird kraft Gesetzes begründet.

Der Arbeitgeber hat der Einzugsstelle für jeden in der KV, PV, RV oder AV Versicherten bei den in *§ 28 a Abs. 1 SGB IV* genannten Gründen mit eindeutigen Kennzeichen zur Identifizierung *(§ 28a Abs. 3 SGB IV)* durch elektronische Datenübermittlung (DÜV) zu melden.

1

	Krankenversicherung KV	Rentenversicherung RV	Arbeitslosenversicherung AV	Pflegeversicherung PV	Unfallversicherung UV
Träger	Gesetzliche Krankenkassen: ■ Ortskrankenkassen ■ Betriebskrankenkassen ■ Innungskrankenkassen ■ Bundesknappschaft ■ Seekrankenkasse ■ Landwirtschaftliche Krankenkassen ■ Ersatzkassen	■ Deutsche Rentenversicherung in Berlin; die Betreuung übernehmen regionale Träger (früher LVA). ■ Deutsche Rentenversicherung Knappschaft-Bahn-See in Bochum	Bundesagentur für Arbeit (BA)	Pflegekassen bei den gesetzlichen Krankenkassen und Verband der privaten Krankenversicherung e. V. (§ 75 SGB XI)	■ gewerbliche Berufsgenossenschaft ■ landwirtschaftliche Berufsgenossenschaft ■ Unfallversicherungsträger der öffentlichen Hand
Rechtsquellen	SGB V	SGB VI	SGB III	SGB XI	SGB VII
Aufgaben, Leistungen	Zu den Leistungen der gesetzl. Krankenversicherung gehören z. B.: ■ ärztliche Behandlung einschließlich Psychotherapie ■ Arznei- und Verbandsmittel ■ bestimmte Fahrtkosten ■ Früherkennung ■ Vorbeugung ■ Gesundheitsförderung ■ Haushaltshilfe ■ Mutterschaftsleistungen ■ zahnärztliche Behandlung ■ Zahnersatz (teilweise)	Auf Antrag und nach Erfüllung der Voraussetzungen: ■ Altersrenten ■ Hinterbliebenenrenten ■ Renten wegen Erwerbsminderung ■ Leistungen zur Teilhabe zur Erhaltung und Bemessung der Erwerbsfähigkeit	Aufgaben der AV sind insbesondere die ■ aktive Arbeitsplatzförderung, ■ Zahlung von Leistungen an Arbeitsuchende, ■ Winterbauförderung.	Dienst-, Sach- und Geldleistungen für den Bedarf an Grundpflege und hauswirtschaftlicher Versorgung sowie Kostenerstattung (§ 4 SGB XI)	■ Verhütung von Unfällen am Arbeitsplatz und in der Schule ■ Prävention arbeitsbedingter Gesundheitsgefahren im Falle eines eingetretenen Arbeits-/Wegeunfalls oder einer Berufskrankheit ■ Übernahme der Sach- und Dienstleistungen zur Heilbehandlung bzw. Rehabilitation sowie finanzielle Leistungen z. B. in Form von Renten (Versicherten- und Hinterbliebenenrenten)
Höhe der Beiträge	14,6 % + Zusatzbeitragssatz des Bruttoarbeitslohnes, höchstens von der Beitragsbemessungsgrenze[1] für RV	18,6 % des Bruttoarbeitslohnes, höchstens von der Beitragsbemessungsgrenze[1] für RV	3,0 % des Bruttoarbeitslohnes, höchstens von der Beitragsbemessungsgrenze[1] für RV	2,55 % bzw. 2,8 % des Bruttoarbeitslohnes, höchstens von der Bemessungsgrenze[1] für KV	Die Beitragshöhe richtet sich nach der Gefahrenklasse für den jeweiligen Beruf.
Finanzierung	■ AN 50 % + Zusatzbeitrag ■ AG 50 % ■ Bundeszuschuss Ab 2019 werden Beiträge und Zusatzbeitrag zur gesetzlichen KV zu 50 % von AG und AN getragen.	■ AN und AG zahlen je 50 % des Beitrages ■ Bundeszuschuss	AN: 50 % AG: 50 %	**Alle Bundesländer außer Sachsen:** AN ohne Kind: 1,525 % AN mit Kind: 1,275 % AG: 1,275 % **Beiträge in Sachsen:** AN ohne Kind: 2,025 % AN mit Kind: 1,775 % AG: 0,775 % 2019 erhöht sich voraussichtlich der Beitragssatz für AN und AG jeweils um 0,15 %.	AG übernimmt in voller Höhe die Beiträge.

[1] Die Beitragsbemessungsgrenze gibt den monatlichen Einkommenshöchstbetrag an, von dem Beiträge berechnet werden. Der Betrag wird jährlich neu festgesetzt. In 2018 lauten die Beträge für KV/PV 4 425,00 € in allen Bundesländern, für RV/AV in den alten Bundesländern 6 500,00 €, in den neuen Bundesländern 5 800,00 €.

Die Sozialversicherungsbeiträge zur gesetzlichen RV, AV, KV, PV werden jeweils in einem Prozentsatz vom sozialversicherungspflichtigen Bruttolohn berechnet und erhoben, höchstens jedoch bis zur Beitragsbemessungsgrenze. Übersteigt der Bruttolohn die Beitragsbemessungsgrenze, bleiben die absoluten Beiträge zur jeweiligen Versicherung konstant. Die Beitragsbemessungsgrenzen werden jährlich von der Bundesregierung durch Rechtsverordnung angepasst *(§ 160 SGB VI)*.

Es gibt zwei unterschiedliche Werte der Beitragsbemessungsgrenze für

- die gesetzliche RV *(§§ 157 ff. SGB VI)* und die gesetzliche AV *(§ 341 SGB III)*,
- die gesetzliche KV *(§ 223 SGB V)* und soziale PV *(§ 55 SGB XI)*

Einzugsstellen sind die Träger der gesetzlichen KV. Die Meldung dient der Überwachung der Beitragsabführung der gesetzlich vorgeschriebenen Beiträge. Versäumt ein Arbeitgeber die Anmeldung, stellt dies eine Ordnungswidrigkeit dar.

Der Arbeitgeber hat für jeden Beschäftigten, getrennt nach Kalenderjahren, Lohnunterlagen im Inland in deutscher Sprache zu führen und bis zum Ablauf des auf die letzte Prüfung *(§ 28p SGB IV)* folgenden Kalenderjahres geordnet aufzubewahren *(§ 28f Abs. 1 S. 1 SGB IV)*.

Die Beiträge zur gesetzlichen KV, PV, RV und AV sowie U1–U3 bilden den **Gesamtsozialversicherungsbeitrag** (AG-Anteil + AN-Anteil).

Arbeitgeber sind verpflichtet, jeden Monat (Abrechnungszeitraum) die aus dem Arbeitsentgelt ihrer Beschäftigten zu zahlenden Gesamtsozialversicherungsbeiträge zu berechnen, einen Beitragsnachweis (Zusammenstellung, der an die Krankenkasse abzuführenden Beiträge) zu erstellen und durch gesicherte und verschlüsselte Datenübertragung aus systemgeprüften Programmen der Krankenkasse zwei Arbeitstage vor Fälligkeit der Beiträge – spätestens am fünftletzten Bankarbeitstag um 0.00 Uhr – vorzulegen.

Die Gesamtsozialversicherungsbeiträge sind in voraussichtlicher Höhe spätestens am drittletzten Bankarbeitstag des Monats fällig, in dem die Beschäftigung, mit der das Arbeitsentgelt erzielt wird, ausgeübt worden ist, d.h., sie müssen am drittletzten Bankarbeitstag des laufenden Monats bei der Krankenkasse eingegangen sein, damit keine Säumniszuschläge anfallen. Der Gesamtsozialversicherungsbeitrag ist an die Krankenkassen (Einzugsstellen) zu zahlen. Die Krankenkasse leitet die eingezogenen Beiträge und Abgaben an die Träger der gesetzlichen RV, den Gesundheitsfonds und die Bundesagentur für Arbeit weiter. Beitragsansprüche, die nicht rechtzeitig erfüllt worden sind, hat die Einzugsstelle geltend zu machen *(§ 28h Abs. 1 SGB IV)*.

1.6.2.1 Gesetzliche Krankenversicherung

Die gesetzlichen Krankenkassen

- sind rechtsfähige Körperschaften des öffentlichen Rechts mit Selbstverwaltung *(§ 4 Abs. 1 SGB V)*,
- haben als Solidargemeinschaft die Aufgabe, die Gesundheit der Versicherten zu erhalten, wiederherzustellen oder ihren Gesundheitszustand zu bessern *(§ 1 S. 1 SGB V)*,
- sind Einzugsstellen für die Gesamtsozialversicherungsbeiträge - KV-, PV-, RV-, UV-, AV-Versicherung, U1-U3 und entscheiden über die Versicherungs- und Beitragspflicht,
- leiten die Meldungen, die jeweiligen Beiträge, an die einzelnen SV-Träger und den Gesundheitsfonds weiter.

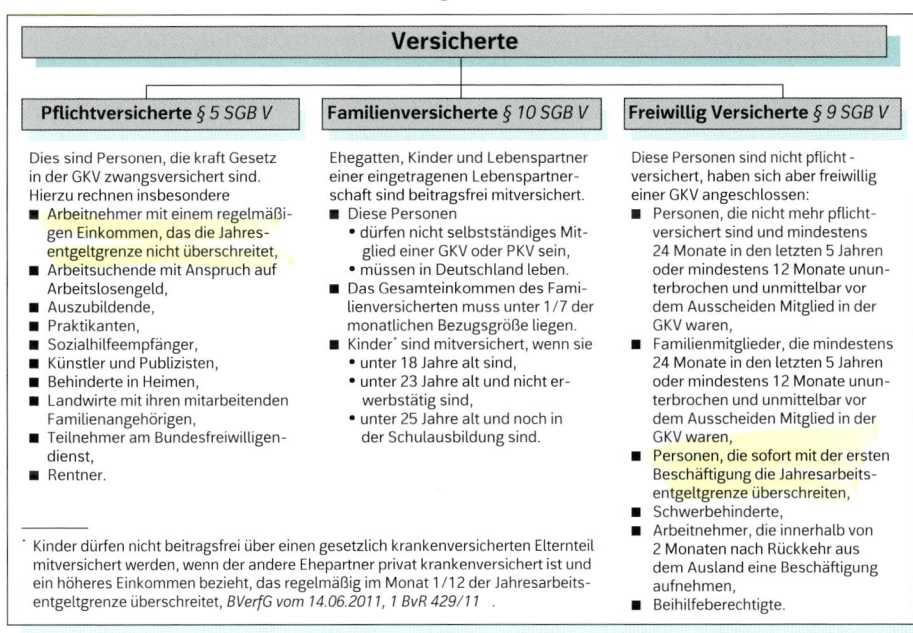

Träger der Krankenkassen in Deutschland

Träger der Gesetzlichen Krankenversicherung (GKV)		Träger außerhalb der GKV	Private Kranken- versicherung
Primärkassen ca. 44,3 Mio. Versicherte	**Ersatzkassen** ca. 28,4 Mio. Versicherte	**Besondere Kostenträger** ca. 3 Mio. Versicherte	**Privatversicherer** ca. 8,77 Mio. Versicherte
Beispiele: • AOK • Betriebskrankenkassen • Signal-Iduna-IKK • Landwirtschaftliche Krankenkassen • Seekrankenkasse • Bundesknappschaft	*Beispiele:* • Barmer GEK • Deutsche Angestellten Krankenkasse DAK • Techniker Krankenkasse TK • Kaufmännische Krankenkasse KKH	*Beispiele:* • Sozialhilfeträger • Beihilfestellen von Bund, Ländern und Gemeinden • Berufsgenossenschaften	*Beispiele:* • Debeka VVaG • DKV AG • AXA KV AG • Allianz KV AG • Central KV AG • Continentale VVaG • HUK-Coburg KV AG

Personen in der Berufsausbildung und Arbeitnehmer, die für ihre Tätigkeit ein Arbeitsentgelt beziehen, sind nach *§ 5 SGB V* in der gesetzlichen Krankenversicherung zu versichern, wenn ihr Jahresgehalt nicht die Versicherungspflichtgrenze (= Jahresarbeitsentgeltgrenze, die jährlich neu festgestellt wird) überschreitet.

Die Mitgliedschaft versicherungspflichtig Beschäftigter beginnt mit dem Tag des Eintritts in das Beschäftigungsverhältnis *(§ 186 Abs. 1 SGB V)*.

Versicherte in der gesetzlichen Krankenkasse

In der Gesetzlichen Krankenversicherung sind die Versicherten zu unterscheiden:

Versicherte

Pflichtversicherte § 5 SGB V	Familienversicherte § 10 SGB V	Freiwillig Versicherte § 9 SGB V

Dies sind Personen, die kraft Gesetz in der GKV zwangsversichert sind. Hierzu rechnen insbesondere
■ Arbeitnehmer mit einem regelmäßigen Einkommen, das die Jahresentgeltgrenze nicht überschreitet,
■ Arbeitsuchende mit Anspruch auf Arbeitslosengeld,
■ Auszubildende,
■ Praktikanten,
■ Sozialhilfeempfänger,
■ Künstler und Publizisten,
■ Behinderte in Heimen,
■ Landwirte mit ihren mitarbeitenden Familienangehörigen,
■ Teilnehmer am Bundesfreiwilligendienst,
■ Rentner.
	Ehegatten, Kinder und Lebenspartner einer eingetragenen Lebenspartnerschaft sind beitragsfrei mitversichert.
	■ Diese Personen
	  • dürfen nicht selbstständiges Mitglied einer GKV oder PKV sein,
	  • müssen in Deutschland leben.
	■ Das Gesamteinkommen des Familienversicherten muss unter 1/7 der monatlichen Bezugsgröße liegen.
	■ Kinder* sind mitversichert, wenn sie
	  • unter 18 Jahre alt sind,
	  • unter 23 Jahre alt und nicht erwerbstätig sind,
	  • unter 25 Jahre alt und noch in der Schulausbildung sind.
		Diese Personen sind nicht pflichtversichert, haben sich aber freiwillig einer GKV angeschlossen:
		■ Personen, die nicht mehr pflichtversichert sind und mindestens 24 Monate in den letzten 5 Jahren oder mindestens 12 Monate ununterbrochen und unmittelbar vor dem Ausscheiden Mitglied in der GKV waren,
		■ Familienmitglieder, die mindestens 24 Monate in den letzten 5 Jahren oder mindestens 12 Monate ununterbrochen und unmittelbar vor dem Ausscheiden Mitglied in der GKV waren,
		■ Personen, die sofort mit der ersten Beschäftigung die Jahresarbeitsentgeltgrenze überschreiten,
		■ Schwerbehinderte,
		■ Arbeitnehmer, die innerhalb von 2 Monaten nach Rückkehr aus dem Ausland eine Beschäftigung aufnehmen,
		■ Beihilfeberechtigte.

---

* Kinder dürfen nicht beitragsfrei über einen gesetzlich krankenversicherten Elternteil mitversichert werden, wenn der andere Ehepartner privat krankenversichert ist und ein höheres Einkommen bezieht, das regelmäßig im Monat 1/12 der Jahresarbeitsentgeltgrenze überschreitet, BVerfG vom 14.06.2011, 1 BvR 429/11 .

1

Nicht versicherungspflichtig sind nach *§ 6 SGB V* insbesondere

- Personen, deren Gehälter die Pflichtversicherungsgrenze überschreiten,
- Beamte, Richter, Zeit- und Berufssoldaten, Beschäftigte des Bundes, der Länder, der Gemeinden sowie Mitarbeiter von öffentlich-rechtlichen Körperschaften, die nach beamtenrechtlichen Regelungen entlohnt werden,
- geringfügig Beschäftigte nach *§§ 8, 8a SGB IV*,
- Arbeitnehmer, deren regelmäßiges Jahresarbeitsentgelt die Jahresarbeitsentgeltgrenze übersteigt.

Leistungen

Die durch Gesetz vorgeschriebenen Leistungen der gesetzliche Krankenkassen (GKV) sollen eine medizinische Grundversorgung der Versicherten gewährleisten.

Grundlage für Leistungen der GKV soll immer die einfache und zweckmäßige Lösung sein.

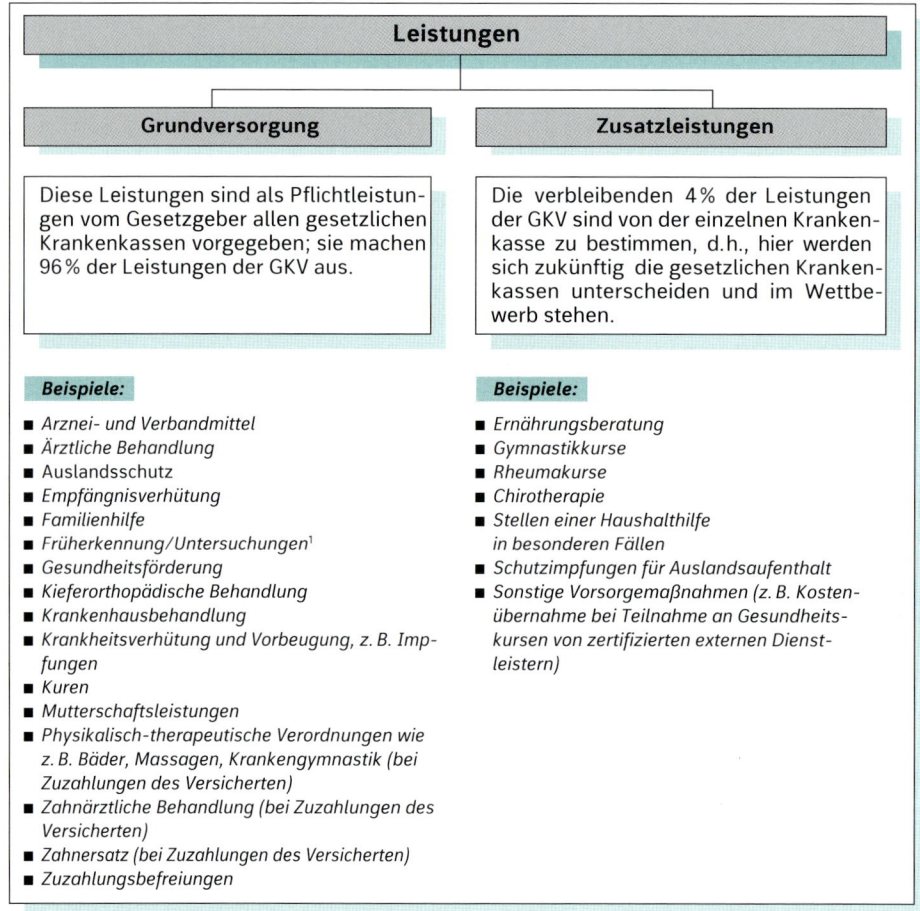

Leistungen	
Grundversorgung	**Zusatzleistungen**
Diese Leistungen sind als Pflichtleistungen vom Gesetzgeber allen gesetzlichen Krankenkassen vorgegeben; sie machen 96 % der Leistungen der GKV aus.	Die verbleibenden 4 % der Leistungen der GKV sind von der einzelnen Krankenkasse zu bestimmen, d.h., hier werden sich zukünftig die gesetzlichen Krankenkassen unterscheiden und im Wettbewerb stehen.
Beispiele:	*Beispiele:*
■ *Arznei- und Verbandmittel* ■ *Ärztliche Behandlung* ■ *Auslandsschutz* ■ *Empfängnisverhütung* ■ *Familienhilfe* ■ *Früherkennung/Untersuchungen*[1] ■ *Gesundheitsförderung* ■ *Kieferorthopädische Behandlung* ■ *Krankenhausbehandlung* ■ *Krankheitsverhütung und Vorbeugung, z. B. Impfungen* ■ *Kuren* ■ *Mutterschaftsleistungen* ■ *Physikalisch-therapeutische Verordnungen wie z. B. Bäder, Massagen, Krankengymnastik (bei Zuzahlungen des Versicherten)* ■ *Zahnärztliche Behandlung (bei Zuzahlungen des Versicherten)* ■ *Zahnersatz (bei Zuzahlungen des Versicherten)* ■ *Zuzahlungsbefreiungen*	■ *Ernährungsberatung* ■ *Gymnastikkurse* ■ *Rheumakurse* ■ *Chirotherapie* ■ *Stellen einer Haushalthilfe in besonderen Fällen* ■ *Schutzimpfungen für Auslandsaufenthalt* ■ *Sonstige Vorsorgemaßnahmen (z. B. Kostenübernahme bei Teilnahme an Gesundheitskursen von zertifizierten externen Dienstleistern)*

---

[1] Für Kinder bis zum 6. Lebensjahr; Krebsvorsorgeuntersuchungen für Frauen ab dem 20., für Männer ab dem 45. Lebensjahr; Gesundheits-Check-up und Hautkrebs-Screening für Männer und Frauen alle zwei Jahre ab dem 35. Lebensjahr; für alle Versicherten zweimal jährlich Vorsorgeuntersuchungen zur Erhaltung gesunder Zähne.

Umlageverfahren U1, U2, U3

Die Umlage U1 (Entgeltfortzahlungsversicherung) ist eine Arbeitgeberpflichtversicherung für Unternehmen mit bis zu 30 Mitarbeitern; es wird je nach Beitragssatz ein Teil der Aufwendungen für die Lohnfortzahlung im Krankheitsfall erstattet. Arbeitnehmer – auch Aushilfen und Teilzeitbeschäftigte – mit wenigstens vierwöchiger Betriebszugehörigkeit haben bei krankheitsbedingten Arbeitsausfällen gegenüber dem Arbeitgeber Anspruch auf Entgeltsfortzahlung vom 1. bis zum 42. Krankheitstag. Der Erstattungsanspruch besteht nur für Zeiträume, für die Arbeitsentgelt auf der Grundlage von § 3 Abs. 1 und 2 und § 9 Abs. 1 EFZG fortgezahlt wird. Für die Dauer der Mutterschutzfristen erhalten Arbeitnehmerinnen den Einkommensausfall in voller Höhe teilweise vom Arbeitgeber, teilweise von der (gesetzlichen) Krankenkasse erstattet. Durch die Teilnahme am U2-Verfahren erhalten alle Unternehmen die Aufwendungen für den Mutterschutz auf Antrag zurück (§ 26 SGB V).

Bei Insolvenz des AG erhalten die im Inland beschäftigten rentenversicherungspflichtigen AN auf Antrag ein **Insolvenzausfallgeld**. Zur Finanzierung des Insolvenzgeldes wird eine Insolvenzgeldumlage (U3) erhoben. Anspruch auf Insolvenzgeld haben alle Beschäftigten, d. h. sowohl sozialversicherungspflichtige Arbeitnehmer als auch geringfügig Beschäftigte.

Meldewesen

Sozialversicherungsbeiträge und Umlagebeträge (ohne Berufsgenossenschaften) sind spätestens 5 Bankwerktage vor dem letzten des Kalendermonats an die Krankenkassen zu melden, damit die Zahlung 3 Bankwerktage vor Monatsende durch Lastschriftverfahren/Überweisung/Scheck (valutagenau) sichergestellt ist.

Finanzierung

Die Mittel der Krankenversicherung werden durch Beiträge und sonstige Einnahmen aufgebracht (§ 220 Abs. 1 SGB V).

Unterschiede in der Finanzierung zwischen gesetzlicher und privater Krankenversicherung	
Gesetzliche Krankenversicherung (GKV)	**Private Krankenversicherung (PKV)**
Die Beiträge sind ... ■ auf der Grundlage staatlich festgelegter Leistungen kalkuliert, ■ einkommens-, nicht aber risikoabhängig berechnet, ■ mit einer Umverteilungskomponente versehen, die die Empfänger mittlerer und höherer Einkommen zugunsten geringer verdienender oder beitragsfreier Versicherter belastet, ■ umlagefinanziert: es werden – anders als bei der privaten Krankenversicherung – keine (Alters-)Rückstellungen für die höheren Kosten älterer Versicherungsnehmer gebildet, ■ nicht demografiegesichert: die fortschreitende Alterung führt zu tendenziell immer höheren Beitragssätzen.	Die Beiträge sind ... ■ aufgrund vertraglich vereinbarter Leistungen kalkuliert, ■ risikobezogen und nicht einkommensabhängig berechnet, ■ Rücklagen bildend: die vorhersehbaren Kostensteigerungen innerhalb einer Tarifgruppe aufgrund der Altersentwicklung werden durch Rücklagen gemindert, ■ demografiefest, weil die Versicherungsprämien jeweils für die entsprechende Tarifgruppe berechnet und nur für diese risikogerechte Beiträge erhoben werden, ■ tarifgruppenbezogen kalkuliert: die PKV beinhaltet nur einen Risikoausgleich innerhalb einer Tarifgruppe, aber keine Umverteilung mit weiteren Versichertengruppen im gleichen Versicherungsunternehmen.

Quelle: Dirkmann, Mario: Private oder gesetzliche Krankenversicherung. In: sozialrechtler.de. www.sozialrechtler.de/?seite=24 [06.08.2018]. (verändert)

---

[1] Entgeltfortzahlungsgesetz, Aufwendungsausgleichsgesetz (AAG)

1

Die Leistungen und sonstigen Ausgaben der **gesetzlichen Krankenkassen** werden durch Beiträge und den Bundeszuschuss finanziert.

Arbeitnehmer und Arbeitgeber entrichten KV-Beiträge, die sich i. d. R. nach den beitragspflichtigen Einnahmen der Mitglieder richten. Für versicherte Familienangehörige werden keine Beiträge erhoben.

Der Arbeitgeber überweist den Krankenversicherungsbeitrag im Rahmen des Gesamtsozialversicherungsbeitrages so zeitig an die gesetzliche Krankenkasse, dass diese spätestens am drittletzten Bankarbeitstag des Monats im Besitz der Beiträge ist.

Die gesetzlichen Krankenkassen überweisen diese KV-Beiträge an den Gesundheitsfonds, der beim Bundesversicherungsamt als Sondervermögen des Bundes geführt wird.

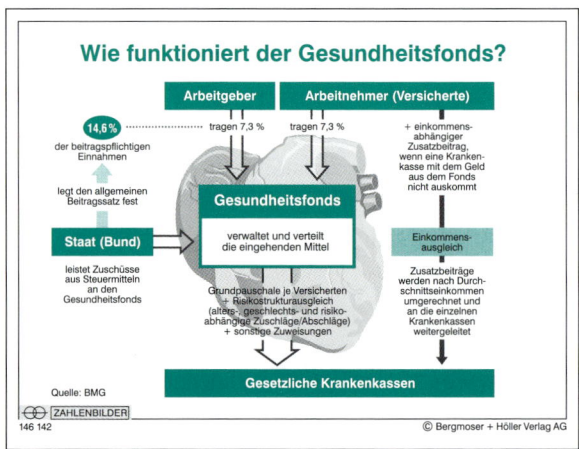

Die einzelnen gesetzlichen Krankenkassen erhalten aus dem Gesundheitsfonds für jede/n einzelne/n Versicherte/n eine einheitliche Grundpauschale je Versichertem zuzüglich alters-, geschlechts- und risikoangepassten Zu- und Abschlägen zur Deckung ihrer standardisierten Leistungsaufgaben.

1.6.2.2 Deutsche Rentenversicherung

Träger der gesetzlichen Rentenversicherung in Deutschland sind
- die Deutsche Rentenversicherung Bund,
- die Deutsche Rentenversicherung Knappschaft Bahn See,
- die Regionalträger der Deutschen Rentenversicherung.

> Aufgabe der **gesetzlichen Rentenversicherung** ist die finanzielle Sicherung der Arbeitnehmer und ihrer Familie bei verminderter Berufsfähigkeit, Erwerbsunfähigkeit, Alter und Tod.

Versicherte

Die gesetzliche Rentenversicherung unterscheidet ebenso wie die gesetzliche Krankenversicherung zwischen Pflichtversicherten und freiwillig Versicherten.

1

Versicherte	
Pflichtversicherte	**freiwillig Versicherte**
■ **Arbeiter, Angestellte** ■ **Auszubildende** ■ **Studenten** bei Einkommen über der Geringfügigkeitsgrenze von 450,00 € ■ **Behinderte** in anerkannten Werkstätten ■ **einige Selbstständige** (z. B. Hausgewerbetreibende, Künstler[1], Publizisten, Existenzgründungs zuschussempfänger) ■ **Bezieher von Krankengeld, Arbeitslosengeld, Vorruhestandsgeld** ■ **Mütter oder Väter** während der max. 3-jährigen Elternzeit nach der Geburt eines Kindes ■ **Teilnehmer am Bundesfreiwilligendienst**	■ **Jedermann**, der der Rentenversicherung nicht schon als Pflichtmitglied angehört, kann für **Zeiten von der Vollendung des 16. Lebensjahres an die freiwillige Mitgliedschaft** beantragen (z. B. Selbstständige).

Leistungen

Leistungen aus der Rentenversicherung werden nur gewahrt, wenn der Versicherte ihr eine Mindestanzahl von Versicherungsjahren angehört hat. Diese sog. Wartezeit schwankt je nach Art der beantragten Rente zwischen fünf und 45 Jahren.

Versicherte der gesetzlichen RV haben i.d.R. Anspruch auf Altersrente, wenn sie ein **bestimmtes Lebensalter** erreicht und eine Mindestversicherungszeit zurückgelegt haben. Die Regelaltersgrenze (§ 35 S. 2 SGB V) für die Regelaltersrente wird bis 2029 schrittweise auf 67 Jahre angehoben (§ 235 SGB V). Regelaltersgrenze ist das Renteneintrittsalter, das erreicht sein muss, damit ein Anspruch auf eine normale Altersrente (Regelaltersrente) entsteht.

Der Bezieher einer Regelaltersrente darf unbeschränkt hinzuverdienen, ohne dass der Hinzuverdienst zur Minderung oder gar zum Wegfall der Rente führt. Personen, die neben dem Bezug einer Altersvollrente eine Beschäftigung aufnehmen, sind bis zum Erreichen der Regelaltersgrenze rentenversicherungspflichtig.

Um das Rentensystem zu schonen, werden Anreize zum Arbeiten nach Vollendung des 67. Lebensjahres durch höhere Rentenansprüche geschaffen, indem der Verdienst auf Wunsch des Rentners rentenversicherungspflichtig erklärt wird. Weiterhin dürfen Arbeitnehmer, die das Modell der Teilrente wählen, zwischen 63 und 67 mit der Flexirente hinzuverdienen. Ziel der Flexirente ist es, den Übergang vom Erwerbsleben in den Ruhestand flexibler zu gestalten und gleichzeitig die Attraktivität für ein Weiterarbeiten über die reguläre Altersgrenze hinaus zu erhöhen. Dies unterscheidet die Regelaltersrente von den anderen Altersrenten.

---

[1] Die Träger der Deutschen Rentenversicherung haben die Befugnis, Abgabenpflicht, Höhe und Vorauszahlungen nach dem Künstlersozialversicherungsgesetz (KSVG) festzustellen.

1

Andere Altersrenten sind

- Altersrente für langjährige Versicherte,
- Altersrente für schwerbehinderte Menschen,
- Altersrente für langjährig unter Tage beschäftigte Bergleute.

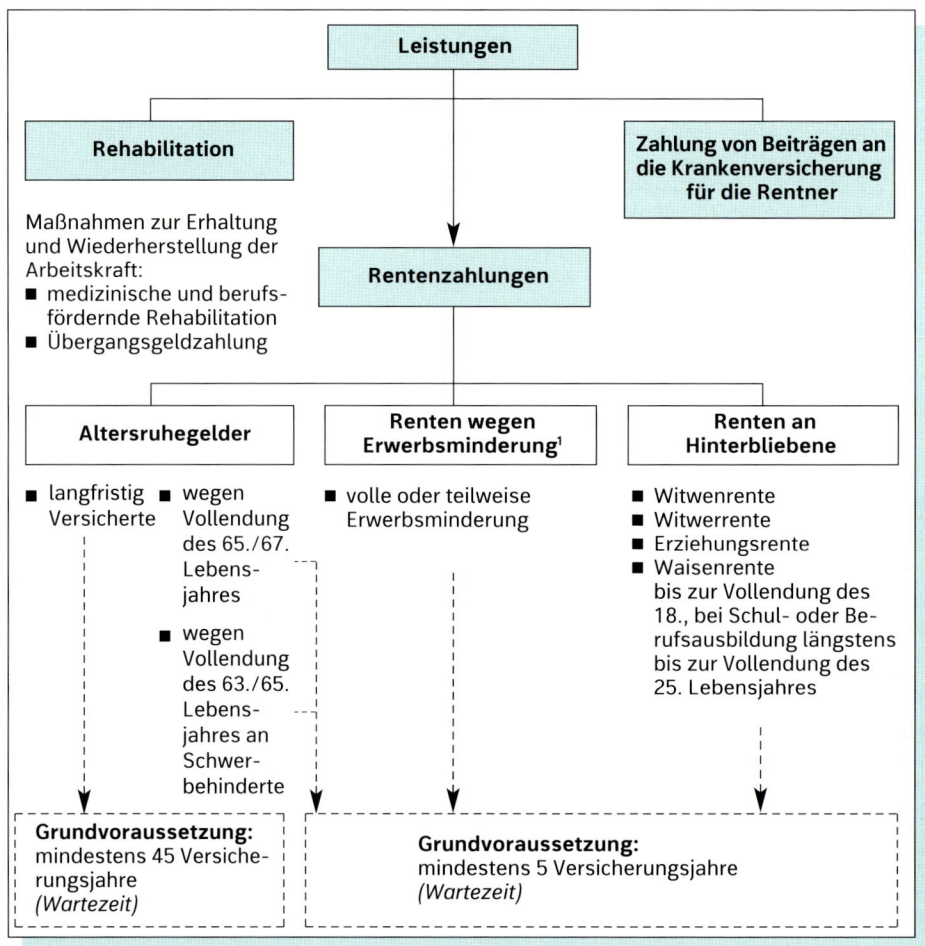

Rentenberechnung

Damit die spätere Rente richtig berechnet werden kann, müssen alle Versicherungszeiten komplett erfasst sein. Die Rentenversicherer schicken jedem Versicherten über 27 Jahren jährlich eine Renteninformation, mit der ersten zusätzlich auch einen Versicherungsverlauf. Darin sind alle erfassten Zeiten aufgelistet. Fehlen Zeiten, können sie im Zuge einer Kontoklärung ergänzt werden. Die Rentenversicherer helfen dabei und beraten ihre Kunden.

---

[1]   Es gibt Erwerbsminderungsrenten in zwei Stufen: abhängig davon, ob ein Erkrankter nicht mehr als 3 Stunden täglich (dann volle Erwerbsminderungsrente) oder mehr als 3 Stunden bis 6 Stunden täglich (dann halber Anspruch) arbeiten kann.

1

Vier Faktoren reichen aus, um die spätere Rente[1] zu bestimmen: Entgeltpunkte, Zugangsfaktor, Rentenartfaktor und der aktuelle Rentenwert.

Ep Entgeltpunkte

Entgeltpunkte geben den aktuellen Kontostand auf dem persönlichen Rentenkonto wieder. Für ihre Ermittlung sind zu berücksichtigen:
- Entgeltpunkte für Beitragszeiten,
- Entgeltpunkte für beitragsfreie Zeiten und Zuschläge für beitragsgeminderte Zeiten,
- Zuschläge oder Abschläge für Entgeltpunkte aus einem Versorgungsausgleich,
- Zuschläge aus der Zahlung von Beiträgen bei vorzeitiger Inanspruchnahme einer Rente wegen Alters sowie
- Zuschläge für Beiträge aus versicherungsfreier geringfügiger Beschäftigung.

Die Summe dieser Entgeltpunkte ist mit dem Zugangsfaktor zu vervielfachen. Das Ergebnis sind die persönlichen Entgeltpunkte.
Entscheidend ist die Höhe des Einkommens: Wer in einem Jahr genau durchschnittlich verdient, bekommt einen Entgeltpunkt aufs Konto.

→ **Persönliche Entgeltpunkte**

Zf Zugangsfaktor

Der Zugangsfaktor wird durch den Zeitpunkt des Rentenbeginns bestimmt. Mit dem Zugangsfaktor sind die ermittelten Entgeltpunkte zu vervielfältigen. Das Ergebnis sind persönliche Entgeltpunkte. Der Zugangsfaktor beträgt grundsätzlich 1,0. Er ist größer als 1,0, wenn eine Rente wegen Alters trotz erfüllter Wartezeit erst nach Erreichen der Regelaltersgrenze in Anspruch genommen wird. Er ist kleiner als 1,0, wenn eine Rente vorzeitig in Anspruch genommen wird.

Rentenformel: $(Ep \cdot Zf) \cdot Raf \cdot aRw = Monatsrente$

Raf Rentenartfaktor

Der Rentenartfaktor ist ein festgelegter Faktor für die Rentenberechnung und bestimmt das Sicherungsziel der Rentenart im Verhältnis zu einer Altersrente.
Der Rentenartfaktor beträgt für persönliche Entgeltpunkte bei Renten
- wegen Alters 1,0,
- wegen teilweiser Erwerbsminderung 0,5,
- wegen voller Erwerbsminderung 1,0,
- wegen Berufsunfähigkeit 0,6667,
- wegen Erwerbsunfähigkeit 1,0,
- bei Erziehungsrenten 1,0,
- bei kleinen Witwen- bzw. Witwerrenten bis zum Ende des dritten Kalendermonats nach dem Todesmonat 1,0, anschließend 0,25,
- bei großen Witwen- bzw. Witwerrenten bis zum Ende des dritten Kalendermonats nach dem Todesmonat 1,0, anschließend 0,55
- bei Halbwaisenrenten 0,1,
- bei Vollwaisenrenten 0,2.

Dynamischer Faktor ▶

aRw aktueller Rentenwert

Der aktuelle Rentenwert spiegelt die Lohnentwicklung: Steigen die Löhne, steigt auch die Rente.
Der aktuelle Rentenwert ist der Betrag, der einer ungeminderten monatlichen Rente aus Beiträgen eines Durchschnittsverdieners für ein Jahr entspricht. Er wird durch die Bundesregierung mit Zustimmung des Bundesrats jeweils am 01.07. eines Jahres festgelegt. Durch die Erhöhung des aktuellen Rentenwerts wird die Rente an die Veränderung der Löhne und Gehälter angepasst.
Gültig ab 01.07.2018:
- Alte Bundesländer: 32,03 €
- Neue Bundesländer: 30,69 €

---

[1] www.deutsche-rentenversicherung.de

Über den jährlich neu zu bestimmenden **aktuellen Rentenwert** werden die persönlichen Entgeltpunkte schließlich mit der allgemeinen Einkommensentwicklung verknüpft: Er gibt an, welcher monatliche Rentenbetrag auf einen Entgeltpunkt (d. h. auf ein Versicherungsjahr mit Durchschnittseinkommen) entfällt. Die Monatsrente ergibt sich durch Multiplikation der Entgeltpunkte mit dem aktuellen Rentenwert.

Beispiel:

Herr Müsig aus Dortmund erreicht am 28. Dezember 2018 seine Regelaltersgrenze (65 Jahre + 7 Monate) und bezieht seit 1. Januar 2019 eine Altersrente. Die Rentenberechnung führt zu folgendem Ergebnis:

Im Jahre	Verdienst in €	Geteilt durch Durchschnittseinkommen	= Entgeltpunkte (EP)
1975–1998			21,5835
1999	46 300,00	27 357,70	1,6924
2000	47 000,00	27 740,55	1,6943
2001	48 000,00	28 231,49	1,7002
2002	48 000,00	28 626,00	1,6768
2003	49 000,00	29 928,00	1,6933
2004	50 000,00	20 060,00	1,7206
2005	50 000,00	29 202,00	1,7122
2006	51 000,00	29 494,00	1,7292
2007	51 000,00	29 951,00	1,7028
2008	52 000,00	30 625,00	1,6978
2009	52 000,00	30 506,00	1,7045
2010	53 000,00	31 144,00	1,7018
2011	53 000,00	32 100,00	1,6511
2012	54 000,00	33 002,00	1,6663
2013	55 000,00	33 659,00	1,6340
2014	56 000,00	34 514,00	1,6225
2015	57 000,00	35 363,00	1,6119
2016	59 000,00	36 187,00	1,6304
2017	59 000,00	37 103,00	1,5902
2018	60 000,00	37 873,00	1,5842
Summe der Entgeltpunkte			55,0000

Sowohl der maßgebliche Zugangsfaktor bei einer Altersrente mit 65 Jahren als auch der Rentenartfaktor für eine Altersrente betragen im Jahre 2018 1,0. Die Monatsrente nach § 64 SGB VI ergibt sich demnach aus:

$$55,0000 \cdot 1,0 \cdot 1,0 \cdot 32,03^{[1]} = \underline{\underline{1\,761,65\,€}}$$

55,0000	·	1,0	·	1,0	·	32,03[1]	=	**1 761,65 €**
Ep		Zf		Raf		aRw (am		
Entgeltpunkte		Zugangsfaktor		Rentenartfaktor		01.07.2018) aktueller Rentenwert		**Monatsrente**

Abschläge nach § 77 SGB VI wurden berücksichtigt.

◻ Finanzierung

Die zur Hälfte von Arbeitnehmern und Arbeitgebern getragenen Beiträge zur gesetzlichen Rentenversicherung finanzieren ca. 80 % der Gesamtausgaben der Rentenversicherungsträger. Den restlichen Teil von ca. 20 % decken Zuschüsse des Bundes.

---

[1] Stand 2. Halbjahr 2017

In Deutschland ist die gesetzliche Rentenversicherung im Umlageverfahren organisiert, d.h.:

■ Erwerbstätige erlangen durch Beiträge einen Anspruch auf Alterssicherung, aber sie bauen keinen eigenen Kapitalstock auf.

■ Die eingenommenen Beiträge der Erwerbstätigen werden an die derzeitigen Rentner ausgezahlt.

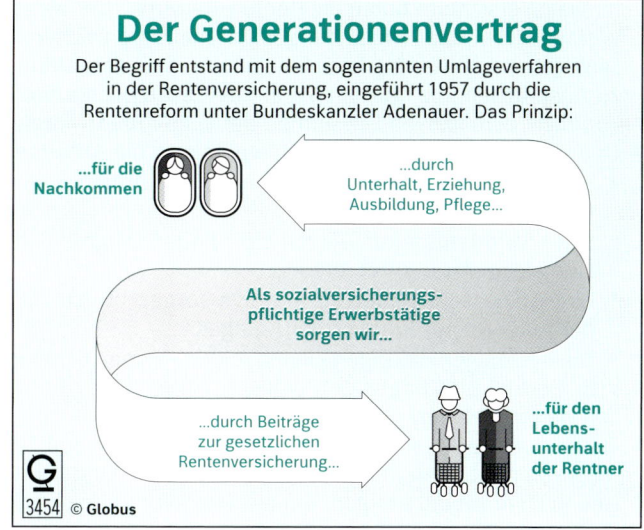

Der Generationenvertrag

Der Begriff entstand mit dem sogenannten Umlageverfahren in der Rentenversicherung, eingeführt 1957 durch die Rentenreform unter Bundeskanzler Adenauer. Das Prinzip:

...für die Nachkommen

...durch Unterhalt, Erziehung, Ausbildung, Pflege...

Als sozialversicherungspflichtige Erwerbstätige sorgen wir...

...durch Beiträge zur gesetzlichen Rentenversicherung...

...für den Lebensunterhalt der Rentner

3454 © Globus

Damit dieses Modell des „Generationenvertrags" funktioniert, ist es von Bedeutung, wie viele Erwerbsfähige einen Job haben – und wie viele Menschen geboren werden (oder einwandern), die dann auf den Arbeitsmarkt treten.

Die Beitragsentrichtungen durch die jetzt arbeitende Generation führen zu Rentenzahlungen an die nicht mehr erwerbstätige Generation. Es gilt der **Generationenvertrag**. Bei Eltern mit Kindern ist die Kindererziehung als Beitrag zur Sicherung der Rentenleistungen zu werten.

Probleme der Rentenversicherung

■ Aufgrund des medizinischen Fortschritts steigt die durchschnittliche Lebenserwartung – und damit die durchschnittliche Dauer des Rentenbezugs.

■ Ein Bevölkerungsrückgang ist in Deutschland auf lange Sicht unvermeidbar, weil die Zahl der Gestorbenen die Zahl der Geborenen immer stärker übersteigt.

■ Die Höhe der Renten und der Beiträge zur gesetzlichen RV hängt von der Entwicklung der Altersstruktur ab.

■ Die gesetzliche RV in Deutschland ist seit 1957 überwiegend über ein Umlageverfahren finanziert: Die erwerbstätige Generation trägt mit ihren Beiträgen die Renten der älteren Generation und erwirbt gleichzeitig den Anspruch, im Alter von der dann erwerbstätigen Generation versorgt zu werden (→ Generationenvertrag).

■ Um das Umlageverfahren beibehalten zu können, müssen die Beiträge zur gesetzlichen Rente in Zukunft weiter angehoben werden. Die Rentenauszahlungshöhe wird schrumpfen und der Startpunkt der eigenen Rente wird immer weiter nach hinten verschoben. Eine eigene private Vorsorge wird immer wichtiger.

■ Die Frührentner und das Lebensalter der Rentner nehmen ständig zu, die Erwerbstätigen aufgrund des Geburtenrückganges jedoch ab. Die so zunehmende Alterslast für die Erwerbstätigen führt automatisch zu sozialen Spannungen bei der Lösung der Finanzierung.

■ Jüngere Beschäftigte starten durch lange Ausbildungszeiten immer später in das Berufsleben und beginnen damit erst relativ spät, in die Rentenkasse einzuzahlen, d.h., sie sammeln durch späteren Berufseinstieg und Phasen von Arbeitslosigkeit im Durchschnitt zusehends weniger Renten-Entgeltpunkte. Zudem haben diese Punkte

1

für viele Versicherte durch die Renten-Reformen der vergangenen Jahre auch noch an Wert verloren. Das Niveau der gesetzlichen Alterssicherung wird daher weiter sinken. Die Rentenversicherung ist auf langjährige Beitragszahlungen angelegt. Nur sie führen zu Ansprüchen, die dem Maßstab des Gesetzgebers für die Rentenberechnung nahe kommen: dem fiktiven Eckrentner, der in 45 Arbeitsjahren 45 Entgeltpunkte anhäuft.

- In den Rentenanwartschaften spiegeln sich die Arbeitsmarktprobleme wider:
  - Viele Erwerbstätige haben nur noch mit Unterbrechungen einen versicherungspflichtigen Job.
  - Viele AN arbeiten nur Teilzeit oder finden längere Zeit keinen Arbeitsplatz, somit sind sie im Alter unterversorgt.
  - Es gibt zu viele schlechte Altersvorsorgeprodukte, bei denen geht die Provision der Anbieter vor Rendite der Anleger.
  - Die derzeitigen niedrigen Zinsen reißen riesige Löcher in die private Altersvorsorge.
- Viele Berufstätige hegen den Wunsch, früher in den Ruhestand zu gehen als gesetzlich vorgeschrieben.
- Zurzeit bekommt jede Frau durchschnittlich nur noch 1,35 Kinder. Um die Bevölkerung konstant zu halten, wären allerdings 2,1 Kinder pro Frau nötig. Die Geburtenrate müsste wieder steigen, um die Altersvorsorge sichern zu können. Aber die Zahl der Frauen im gebärfähigen Alter hat stark abgenommen; es fehlen die in den letzten drei Jahrzehnten nicht geborenen Kinder jetzt als potenzielle Eltern. Eine starke Zuwanderung von jungen Menschen hindert diesen Prozess.

Die derzeitige Phase niedriger Zinsen erschwert die notwendige private und betriebliche Vorsorge zusätzlich zur gesetzlichen Rente. Auf lange Sicht wird die gesetzliche Rente in Deutschland den Bürgern nur noch eine Basisversorgung bieten können.

Maßnahmen und diskutierte **Vorschläge** zur Lösung:
- Erhöhung der Versicherungsbeiträge
- Senkung des Rentenniveaus durch temporäre Abkoppelung von der Einkommensentwicklung und Gewährung eines reinen Inflationsausgleichs
- stufenweise Anhebung der Altersgrenze
- Zahlung einer Grundrente nach Aufbau einer eigenveranlassten Vorsorge (Dreisäulen-System durch Grundrente, Betriebsrente, private Altersvorsorge durch Lebensversicherung oder Sparguthaben, Immobilien etc.)
- Bundeszuschusserhöhung/-festschreibung, Kreditaufnahme, Vermögensveräußerungen
- steuerfinanzierte anstatt beitragsfinanzierte Rente *(z. B. „Riester-Rente")*
- private und tariflich abgesicherte Vorsorge mit und ohne staatliche Zuschüsse oder Freibetragsgewährung

1.6.2.3 Arbeitslosenversicherung

Träger der Arbeitslosenversicherung ist die **Bundesagentur für Arbeit** mit ihrer Zentrale in Nürnberg:

- sie ist eine unmittelbare Körperschaft des öffentlichen Rechts mit Selbstverwaltung,
- sie untersteht der Rechtsaufsicht des Bundesministeriums für Arbeit und Soziales.

Neben der Zentrale gibt es 10 Regionaldirektionen, 156 **Agenturen für Arbeit** und 600 Geschäftsstellen.

Leistungen der Bundesagentur für Arbeit

an Arbeitnehmer

- Ausbildungs- und Arbeitsvermittlung[1]
- Arbeitsberatung
- Arbeitsmarktbeobachtung
- Arbeitsmarkt- und Berufsforschung
- Bekämpfung der illegalen Beschäftigung
- Berufsberatung
- Entgeltsicherung für ältere Arbeitnehmer
- Erteilung von Arbeitserlaubnissen an Ausländer
- Förderung
  - der beruflichen Weiterbildung
    - Unterhaltsgeld
    - Bildungsgutscheine
    - Weiterbildungskosten
  - der Teilhabe behinderter Menschen am Arbeitsleben
- Leistungen der aktiven Arbeitsförderung
  - Arbeitsbeschaffungsmaßnahmen
  - Strukturanpassungsmaßnahmen
  - Personal-Service-Agenturen
  - Zahlung von Lohnkostenzuschüssen
  - Zuschüsse für Eingliederungen
  - Mobilitätshilfen
  - Gründungszuschüsse
- Leistungen zur Förderung der ganzjährigen Beschäftigung in der Bauwirtschaft
- Rehabilitationsleistungen
- Verwaltung der Beiträge der Arbeitslosenversicherung
- Zahlung von Kindergeld (als Familienkasse)
- Zahlung von Lohnersatzleistungen
  - Arbeitslosengeld I (früher Arbeitslosengeld)
  - Arbeitslosengeld II (früher Arbeitslosenhilfe)
  - Zahlung von Saisonkurzarbeiter-, Kurzarbeiter-, Insolvenzgeld

Über bestimmte Träger erfolgt zusätzlich die Förderung
- der Berufsausbildung *(z. B. durch ausbildungsbegleitende Maßnahmen)*,
- von Einrichtungen der beruflichen Aus- und Weiterbildung,
- von Jugendwohnheimen,
- von Arbeitsbeschaffungsmaßnahmen,
- von Eingliederungsmaßnahmen.

an Arbeitgeber

- Arbeitsberatung
- Einstellungszuschuss bei Neugründungen
- Eingliederungszuschüsse
- Förderung der beruflichen Weiterbildung durch Zuschüsse zum Arbeitsentgelt für Ungelernte, Zuschüsse zum Arbeitsentgelt für bedrohte AN
- Förderung der Teilhabe behinderter Menschen am Arbeitsleben
- Leistungen zur beruflichen Eingliederung schwerbehinderter Personen
- Kurzarbeitergeld
- Förderung der ganzjährigen Beschäftigung in der Bauwirtschaft
- Leistungen nach dem Altersteilzeitgesetz
- Zuschüsse zu Sozialplanmaßnahmen
- Zuschüsse zu Infrastrukturmaßnahmen

---

[1] Nach dem *Beschäftigungsförderungsgesetz* werden auch private Arbeitsvermittler zugelassen.

1

■ Versicherte

Die Arbeitslosenversicherung kennt ausschließlich Pflichtversicherte.

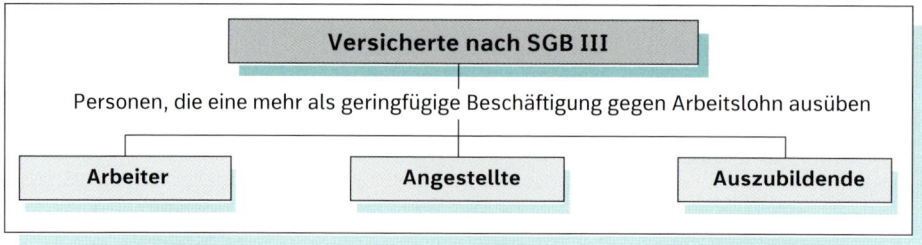

■ Finanzielle Leistungen an Arbeitsuchende

Das Arbeitslosengeld soll Arbeitnehmer, die ihre Beschäftigung verlieren, sozial absichern und teilweise das Arbeitsentgelt ersetzen, das die oder der Arbeitslose wegen der Arbeitslosigkeit nicht erzielen kann.

Arbeitslosengeld I ist eine Entgelt- oder Lohnersatzleistung, die über die Arbeitslosenversicherung bei Eintritt der Arbeitslosigkeit abgedeckt wird *(SGB III)*.

Danach wird meistens **Arbeitslosengeld II (ALG II)** gezahlt. Arbeitslosengeld II ist eine Grundsicherung für erwerbsfähige, hilfsbedürftige Arbeitssuchende *(SGB II)*. Träger des Arbeitslosengeldes II ist der Bund.

Sozialgeld *(§ 19 Abs. 1 S. 2 SGB II)* erhalten Angehörige von ALG-II-Empfängern, die selbst nicht erwerbsfähig und bedürftig sind, d. h., das eigene Einkommen reicht nicht aus oder es gibt überhaupt kein Einkommen. Dies sind insbesondere Personen unter 15 Jahren, Rentner, die kein Einkommen durch die Rentenversicherung haben, Erwachsene, die auf Dauer weniger als drei Stunden täglich arbeiten können. Dieser Personenkreis darf keinen Anspruch auf Leistungen nach *§ 41 ff. SGB XII* (Sozialhilfe) haben.

Arbeitslosengeld	
Arbeitslosengeld I (ALG I) (→ Versicherungsleistung)	**Arbeitslosengeld II (ALG II = Hartz IV)** + evtl. **Sozialgeld** (→ Fürsorgeleistung)

Anspruch auf **Arbeitslosengeld I** hat, wer ...
- unfreiwillig arbeitslos ist, eine neue Beschäftigung sucht und arbeitsbereit ist,
- sich persönlich bei der Agentur für Arbeit arbeitsuchend gemeldet hat,
- die Anwartschaftszeit erfüllt,
- das 65/67. Lebensjahr noch nicht vollendet hat,
- Arbeitslosengeld **beantragt** hat *(§§ 117–122 SGB III).*

Anspruchsdauer *(§ 127 SGB III):*
Die Anspruchsdauer auf Arbeitslosengeld ist abhängig von dem Lebensalter und davon, wie lange der Antragsteller in den letzten 5 Jahren arbeitslosenversicherungspflichtig waren.

Höhe:
Die Höhe des Arbeitslosengeldes stützt sich hauptsächlich auf das im letzten Jahr vor dem Eintritt der Arbeitslosigkeit (dem Bemessungszeitraum) erzielte Arbeitsentgelt.
Von dem ermittelten Nettobezug beträgt das Arbeitslosengeld 60 % bzw. 67 % für Arbeitslose mit mindestens einem Kind *(§§ 129–130 SGB III).*

Vorhandenes Vermögen hat keinen Einfluss auf die Höhe von Arbeitslosengeld I, weil es sich um eine versicherungsähnliche Leistung handelt, die aus den Beiträgen finanziert wird.

Pflichten von Arbeitslosengeldbeziehern
- Meldepflichten
- Hinterlegung des Sozialversicherungsausweises
- Mitwirkungspflicht
- Erstattungspflicht für zu Unrecht erhaltene Leistungen

Wer vom Arbeitslosengeld I zum Arbeitslosengeld II wechseln muss, kann für eine Übergangszeit einen Zuschlag beantragen.

Anspruch auf **Arbeitslosengeld II** hat, wer ...
- arbeitsuchend gemeldet ist,
- bei Beantragung von Arbeitslosengeld II den Anspruch auf Arbeitslosengeld I ausgeschöpft hat,
- hilfebedürftig ist, d. h., bestimmte Vermögens- und Einkommensgrenzen – auch des Ehegatten – dürfen nicht überschritten werden,
- zwischen 15 Jahren und dem gesetzlich festgelegten Regelrenteneintrittsalter *(§ 7a SGB II)* ist,
- erwerbsfähig ist und täglich mindestens 3 Stunden arbeiten kann,
- in Deutschland den gewöhnlichen Aufenthalt hat,
- als ausländischer Arbeitnehmer eine Arbeitserlaubnis hat,
- einen **Antrag** auf Arbeitslosengeld II gestellt hat, zusätzlich sind Formulare für Unterkunfts- und Heizungskosten, für Einkommenserklärungen, zur Vermögensfeststellung und für weitere Angehörige auszufüllen.

Sozialgeld erhalten nicht erwerbsfähige Mitglieder, die in einer Bedarfsgemeinschaft mit dem Empfänger von ALG II leben.
Zu einer Bedarfsgesellschaft rechnen
- erwerbsfähige Hilfebedürftige,
- im Haushalt lebende Eltern,
- Alleinerziehende von Minderjährigen,
- Ehepartner, Partner in eheähnlicher Gemeinschaft,
- minderjährige, unverheiratete bedürftige Kinder, die im Haushalt leben.

Anspruchsdauer
Leistungen werden im Regelfall zunächst für die **Dauer von sechs Monaten bewilligt** *(§ 41 Abs. 1 S. 3 SGB II).* Anschließend wird erneut geprüft, ob die Voraussetzungen für den fortdauernden Leistungsbezug noch immer vorliegen. ALG II kann zeitlich unbefristet erbracht werden, solange der Hilfebedürftige die Anspruchsvoraussetzungen erfüllt.

Höhe:
Die Höhe richtet sich nach dem Bedarf des Empfängers. Eigenes Vermögen und Einkommen der im Haushalt lebenden Angehörigen werden in die Berechnung einbezogen. Vermögensgegenstände zur Alterssicherung bleiben i. d. R. unberücksichtigt.

Rechte und Pflichten der Empfänger von Arbeitslosengeld II

Empfänger von Arbeitslosengeld II erhalten bei der Suche nach einem Arbeitsplatz einen persönlichen Ansprechpartner bzw. einen „Fallmanager". Im Ermessen der Agentur für Arbeit können Arbeitssuchende folgende Leistungen erhalten:

- Erstattung von Bewerbungs- und Reisekosten für Vorstellungsgespräche,
- Kosten für Teilnahme an Trainingsseminaren,
- Umzugshilfen,
- Weiterbildung,
- Eingliederungszuschüsse,
- Vermittlungsgutscheine,
- Unterstützung bei Betreuung von Kindern und pflegebedürftigen Angehörigen.

Empfänger von Arbeitslosengeld II müssen jede zumutbare Arbeitsstelle annehmen, die ihnen von der Bundesagentur für Arbeit vermittelt wird. Angebotene Jobs können nur abgelehnt werden, wenn nachgewiesen wird, dass der Arbeitssuchende seelisch, körperlich und geistig nicht in der Lage ist, diese Tätigkeit auszuüben. Zumutbar sind auch sog. Arbeitsangelegenheiten der Gemeinden/Städte.

Es muss mit der Agentur für Arbeit eine Eingliederungsvereinbarung getroffen werden. Pflichtverletzungen führen zu Kürzungen des Arbeitslosengeldes II.

1

Beispiele:

- *Wiederholte Weigerung, eine Arbeit anzunehmen*
- *Regelverstöße*

Sicherung von Arbeitsplätzen

Die Maßnahmen zur Arbeitsplatzsicherung sollen dazu dienen, bestehende Arbeitsverhältnisse auch in ungünstigen Wirtschaftslagen und während vorübergehender Arbeitsausfälle zu erhalten. Daneben können solche Unternehmen Zuschüsse erhalten, die für Arbeitslose und ältere Arbeitnehmer zusätzlich Arbeitsplätze schaffen.

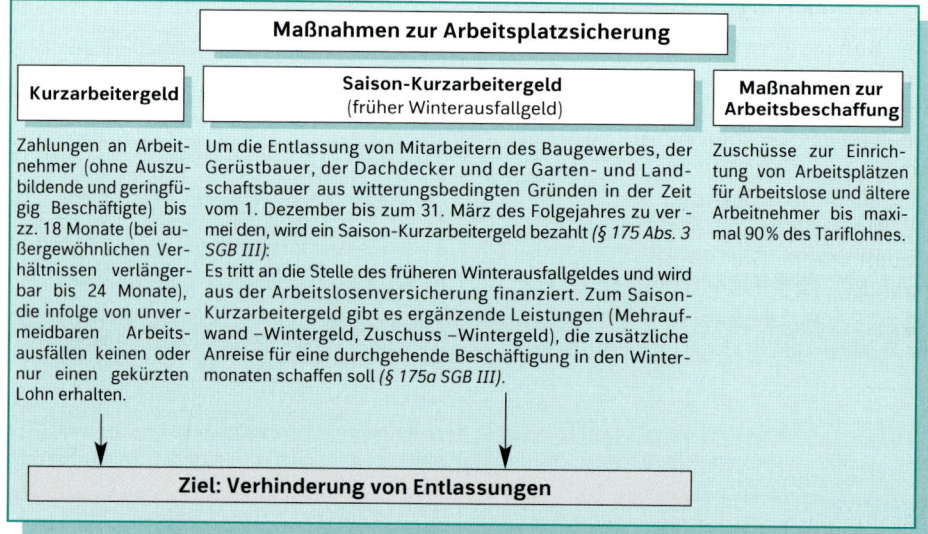

Maßnahmen zur Arbeitsplatzsicherung		
Kurzarbeitergeld	**Saison-Kurzarbeitergeld** (früher Winterausfallgeld)	**Maßnahmen zur Arbeitsbeschaffung**
Zahlungen an Arbeitnehmer (ohne Auszubildende und geringfügig Beschäftigte) bis zz. 18 Monate (bei außergewöhnlichen Verhältnissen verlängerbar bis 24 Monate), die infolge von unvermeidbaren Arbeitsausfällen keinen oder nur einen gekürzten Lohn erhalten.	Um die Entlassung von Mitarbeitern des Baugewerbes, der Gerüstbauer, der Dachdecker und der Garten- und Landschaftsbauer aus witterungsbedingten Gründen in der Zeit vom 1. Dezember bis zum 31. März des Folgejahres zu vermei den, wird ein Saison-Kurzarbeitergeld bezahlt *(§ 175 Abs. 3 SGB III)*. Es tritt an die Stelle des früheren Winterausfallgeldes und wird aus der Arbeitslosenversicherung finanziert. Zum Saison-Kurzarbeitergeld gibt es ergänzende Leistungen (Mehraufwand –Wintergeld, Zuschuss –Wintergeld), die zusätzliche Anreise für eine durchgehende Beschäftigung in den Wintermonaten schaffen soll *(§ 175a SGB III)*.	Zuschüsse zur Einrichtung von Arbeitsplätzen für Arbeitslose und ältere Arbeitnehmer bis maximal 90 % des Tariflohnes.

Ziel: Verhinderung von Entlassungen

Sofortmeldung für schwarzarbeitsträchtige Branchen

Für besonders schwarzarbeitsträchtige Branchen wurde eine **Sofortmeldung** eingeführt. Der Arbeitgeber ist seitdem verpflichtet, noch vor der Aufnahme eines Beschäftigungsverhältnisses der Datenstelle der Deutschen Rentenversicherung eine Meldung zu erstatten, wenn die Beschäftigung in einer der folgenden neun schwarzarbeitsträchtigen Branchen stattfindet:

- Baugewerbe,
- Gaststätten- und Beherbergungsgewerbe,
- Personenbeförderungsgewerbe,
- Speditions-, Transport- und damit verbundene Logistikunternehmen,
- Schaustellergewerbe,
- Unternehmen der Forstwirtschaft,
- Gebäudereinigungsunternehmen,
- Unternehmen, die sich am Auf- und Abbau von Messen und Ausstellungen beteiligen,
- Fleischwirtschaft.

Sofort – unabhängig von der Monatsabrechnung – sind im Wege des bestehenden DEÜV-Meldeverfahrens zu melden:

- Familien- und Vorname des/der Beschäftigten,
- Versicherungsnummer (soweit bereits bekannt),
- Betriebsnummer des Arbeitgebers,
- Tag des Beschäftigungsbeginns.

1

Auf die gemeldeten Daten können neben den mit der Bekämpfung der Schwarzarbeit betrauten Ermittlungsbehörden und den Prüfdiensten der Rentenversicherungsträger auch die Unfallversicherungsträger zugreifen. Letztere können so überprüfen, ob ein Arbeitnehmer während des Bezugs von Leistungen aufgrund eines Arbeitsunfalls Schwarzarbeit leistet, um dann den Arbeitgeber in Regress nehmen zu können.

Das Gesetz sieht weiter eine bußgeldbewährte Verpflichtung für Arbeitgeber in den genannten Branchen vor, alle Arbeitnehmer nachweislich und schriftlich darauf hinzuweisen, dass diese bei ihrer Tätigkeit stets einen Pass, Personalausweis, Pass- oder Ausweisersatz mitzuführen haben *(§ 2 SchwarzArbG)*.

▣ Finanzierung

Die Bundesagentur für Arbeit finanziert sich aus den Beiträgen aus der Arbeitslosenversicherung, aus Zahlungen des Bundes *(z. B. für Arbeitslosengeld II)*, Kindergeld und aus Steuermitteln. Der Bund garantiert die Zahlungsfähigkeit der Bundesagentur für Arbeit.

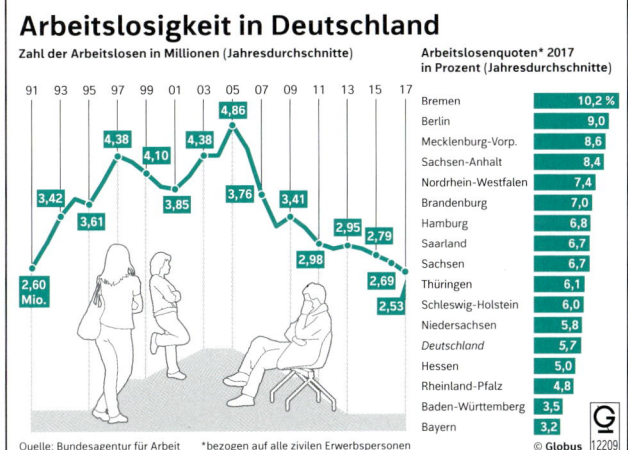

Arbeitslosigkeit in Deutschland

Zahl der Arbeitslosen in Millionen (Jahresdurchschnitte)

Arbeitslosenquoten* 2017 in Prozent (Jahresdurchschnitte)

Bremen	10,2 %
Berlin	9,0
Mecklenburg-Vorp.	8,6
Sachsen-Anhalt	8,4
Nordrhein-Westfalen	7,4
Brandenburg	7,0
Hamburg	6,8
Saarland	6,7
Sachsen	6,7
Thüringen	6,1
Schleswig-Holstein	6,0
Niedersachsen	5,8
Deutschland	5,7
Hessen	5,0
Rheinland-Pfalz	4,8
Baden-Württemberg	3,5
Bayern	3,2

Quelle: Bundesagentur für Arbeit   *bezogen auf alle zivilen Erwerbspersonen   © Globus 12209

1.6.2.4 Gesetzliche Pflegeversicherung

Pflege beinhaltet die Betreuung von Menschen, die sich nur noch eingeschränkt selbst versorgen können. Die PV sichert nur einen Teil der Kosten der Pflege ab, verbleibende Kosten müssen privat übernommen bzw. privat abgesichert werden.

Im Pflegefall stellt der Versicherte einen Antrag. Der Medizinische Dienst bzw. ein Gutachter der Pflegekasse beurteilt, ob die Person **pflegebedürftig** ist und in welchem Umfang sie auf Hilfe angewiesen ist. Danach richtet sich die Zuordnung zu einer Pflegestufe.

> Pflegebedürftig sind Personen, „die wegen einer körperlichen, geistigen oder seelischen Krankheit oder Behinderung für die gewöhnlichen und regelmäßig wiederkehrenden Verrichtungen im Ablauf des täglichen Lebens auf Dauer, voraussichtlich für mindestens sechs Monate, in erheblichem oder höherem Maße Hilfe bedürfen" *(§ 14 Abs. 1 SGB XI)*.

▣ Versicherte

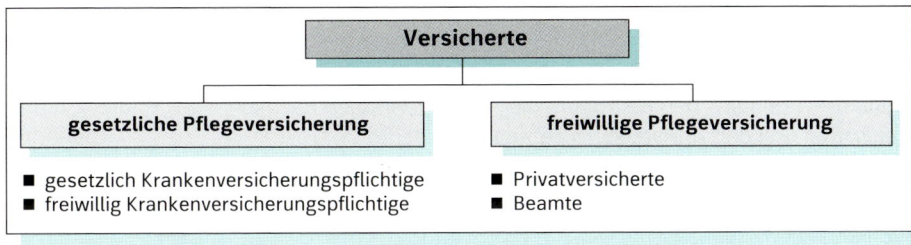

1

Träger der sozialen PV	Träger der sozialen PV sind die Pflegekassen unter dem Dach der Krankenkassen. Pflegekassen sind rechtlich selbstständige Körperschaften mit eigenen Satzungen, Rechten und Pflichten sowie Selbstverwaltungsorganen.
Aufgaben und Ziele der sozialen PV	■ Abfangen des Risikos der Pflegebedürftigkeit ■ Leistung einer *nicht* bedarfsdeckenden **Grundsicherung** und Versorgung von Pflegebedürftigen neben anderen sozialen Leistungen *(z. B. Leistungen der KV, des Rentenversicherungsträgers, der BfA)* ■ Entlastung und Unterstützung von Pflegepersonen ■ Entlastung der Sozialhilfeträger ■ Ausbau einer bedarfsgerechten Pflegeinfrastruktur und Verbesserung der Pflegequalität durch Markt und Wettbewerb ■ Optimierung der Pflegequalität
Anspruch	Um Pflegeleistungen in Anspruch nehmen zu können, muss der Versicherte in den letzten zehn Jahren vor der Antragstellung zwei Jahre als Mitglied in die Pflegekasse eingezahlt haben oder familienversichert gewesen sein.

Pflegegrade

Es werden körperliche, geistige und psychische Einschränkungen gleichermaßen erfasst und in die Einstufung einbezogen.

Für die Einstufung in die Pflegegrade werden insbesondere sechs Lebensbereiche durch Gutachter beurteilt:

■ die Mobilität *(z. B. Treppen steigen, Fortbewegung in der eigenen Wohnung)*,
■ kognitive und kommunikative Fähigkeiten *(z. B. Verstehen, Reden, Erkennen von Risiken)*,
■ Verhaltensweisen und psychische Problemlagen *(z. B. Ängste, nächtliche Unruhe, Aggressionen)*,
■ Selbstversorgung *(z. B. Körperpflege, Ernährung)*,
■ Bewältigung von krankheits- oder therapiebedingten Anforderungen,
■ Alltagsleben und soziale Kontakte *(z. B. direkte Kontakte zu Menschen)*.

Es werden 5 Pflegegrade unterschieden. Der Pflegende wird nach einem Punktsystem begutachtet mit dem Ergebnis, je mehr Punkte der Begutachtete erhält, einen umso höheren Pflegegrad und umso mehr Pflege- und Betreuungsleistungen werden genehmigt. Pflegegrade:

■ Pflegegrad 1: geringe Beeinträchtigung der Selbstständigkeit (ab 12,5 bis unter 27 Gesamtpunkte)
■ Pflegegrad 2: erhebliche Beeinträchtigung der Selbstständigkeit (ab 27 bis unter 47,5 Gesamtpunkte)
■ Pflegegrad 3: schwere Beeinträchtigung der Selbstständigkeit (ab 47,5 bis unter 70 Gesamtpunkte)
■ Pflegegrad 4: schwerste Beeinträchtigung der Selbstständigkeit (ab 70 bis unter 90 Gesamtpunkte)
■ Pflegegrad 5: schwerste Beeinträchtigung der Selbstständigkeit mit besonderen Anforderungen an die pflegerische Versorgung (ab 90 bis 100 Gesamtpunkte)

Finanzierung

Die gesetzliche Pflegeversicherung ist eine umlagefinanzierte (Pflicht-)Versicherung, d. h., sie finanziert sich aus den Beiträgen, die – ausgenommen Sachsen – zur Hälfte von den Versicherten und den Arbeitgebern getragen werden.

Arbeitnehmer mit beitragspflichtigen Einnahmen bis zur Beitragsbemessungsgrenze für die Krankenversicherung werden in der Pflegeversicherung pflichtversichert. Arbeitnehmer mit einem höheren Monatsgehalt sind freiwillig versichert.

Für Rentner gilt der gleiche Prozentsatz wie für Erwerbstätige. Die Hälfte dieses Betrages wird von der Rente abgezogen und die zweite Hälfte trägt die Rentenversicherung. Sozialhilfeempfänger, deren Krankenversicherungsbeiträge bereits vom Sozialamt bezahlt werden, erhalten auch die Pflegeversicherungsbeiträge von dort. Bezieher von Arbeitslosengeld, Arbeitslosenhilfe, Eingliederungsgeld, Eingliederungshilfe für Spätaussiedler, Unterhaltsgeld und Altersübergangsgeld erhalten die Beiträge von der Bundesagentur für Arbeit.

Versicherte Personen	Gesetzliche Pflegeversicherung[1]			
	In allen Bundesländern ohne Sachsen (§ 55 SGB XI)		In Sachsen (§§ 55, 58 SGB XI)	
Versicherte **mit** Kindern: Arbeitnehmer, Studenten, Rentner, Selbstständige	Anteil AN + Anteil AG = Gesamtanteil	1,275 % 1,275 % 2,550 %	Anteil AN + Anteil AG = Gesamtanteil	1,875 % 0,675 % 2,550 %
Versicherte nach vollendetem 23. Lebensjahr **ohne** Kinder, Stief- oder Pflegekinder: Arbeitnehmer, Studenten, Rentner, Selbstständige	Anteil AN + Zuschlag AN + Anteil AG = Gesamtanteil	1,275 % 0,250 % 1,275 % = 2,800 %	Anteil AN + Zuschlag AN + Anteil AG = Gesamtanteil	1,875 % 0,250 % 0,675 % = 2,800 %

1.6.2.5   Private Pflegeversicherung

Die private Pflegeversicherung ist zu unterscheiden in

- private PV als Pflichtversicherung für privat Krankenversicherte, die keine Beiträge in die gesetzliche PV zahlen; Mitglieder einer privaten KV können nicht der gesetzlichen PV beitreten; sie sind verpflichtet bei einem Krankenversicherungsunternehmen eine private Pflegeversicherung zu vereinbaren, welche in Art und Umfang der gesetzlichen Pflegeversicherung entspricht.
- private Pflegeversicherung für gesetzlich Pflegeversicherte als **Pflegezusatzversicherung**, um eine bedarfsgerechte Pflege zu finanzieren. Diese private PV wird in Form einer Pflegetagegeldversicherung, einer Pflegerentenversicherung oder Pflegekostenversicherung angeboten.

Nur **Pflegetagegeldversicherungen** werden durch den Staat jährlich mit 60,00 € (monatlich 5,00 €) gefördert, wenn

- der Versicherte mindestens 18 Jahre alt ist, in einer gesetzliche PV versichert ist und noch keine Leistungen aus der PV erhält,
- der Beitrag bei mindestens 120,00 € pro Jahr liegt.

Bei der privaten PV richtet sich der zu zahlende Beitrag nicht nach dem Einkommen des Versicherten. Private PV kalkulieren ihre Beiträge nach dem Kapitaldeckungsprinzip.

---

[1] 2019 erhöht sich voraussichtlich der Beitragssatz für AN und AG jeweils um 0,15 %.

1

1.6.2.6   Familienpflege

Familienpflegezeitgesetz (FPfZG)
Pflegezeitgesetz (PflegeZG)
Gesetz zur Verbesserung der Vereinbarkeit von Familie, Pflege und Beruf

Berufstätige, die einen pflegebedürftigen nahen Angehörigen (Ehegatten, Lebenspartner, Partner einer eheähnlichen Gemeinschaft, Eltern und Großeltern, Geschwister, Kinder, Adoptiv- oder Pflegekinder und Enkelkinder, Schwiegereltern und Schwiegerkinder) haben, können im Rahmen der Pflegezeit und der Familienpflegezeit eine Auszeit vom Beruf nehmen und sich der häuslichen Pflege ihres Angehörigen widmen, ohne dass dabei ihr Arbeitsplatz gefährdet wird.

Die **Familienpflegezeit** berücksichtigt die Individualität jeder Pflegesituation und besteht aus drei Säulen:

Familienpflegezeit		
§ 2 Abs. 1 + 2 PflegeZG	*§ 3 PflegeZG*	*§ 2 Abs. 1 FPfZG* *Gesetz über die Familien-pflegezeit*
Notfall-Pflegezeit: bis zu 10 Tage + **evtl. Pflegeunterstützungsgeld,** wenn der zu Pflegende einer Pfle-gestufe zugeordnet worden ist. Es erfolgt keine Lohnfortzahlung. Die SV-Beiträge müssen weiter bezahlt werden. Der Versicherungsschutz bei der deutschen Sozialversiche-rung bleibt bestehen.	**Pflegezeit:** bis zu 6 Monate für die: ■ Pflege eines pflegebedürftigen nahen Angehörigen in häus-licher Umgebung, ■ außerhäusliche Betreuung eines pflegebedürftigen minder-jährigen Kindes, ■ Begleitung von nahen Angehörigen in der letzten Lebens-phase. Für pflegende Arbeitnehmer gilt: AV: Auf Antrag übernimmt die Pflegekasse die Weiterzah-lung der Beiträge. KV, PV: Freiwillige Weiterversicherung ist möglich. RV: Bei mindestens 14 Stunden wöchentlicher Pflege entrich-tet die Pflegekasse des nahen Angehörigen Beiträge zur RV.	**Familienpflegezeit:** bis zu 24 Monate für die:
Dem Arbeitgeber ist auf Verlangen eine ärztliche Bescheinigung über die Pflegebedürftigkeit des nahen Angehörigen (**voraussichtliche Pflegestufe**) und die Erforderlich-keit der Freistellung vorzulegen.	Die **Pflegebedürftigkeit** (*§ 14 SGB XI*) des nahen Angehö-rigen in häuslicher Umgebung des Arbeitnehmers (→ Fa-milienpflegezeit) muss durch Vorlage einer Bescheinigung der Pflegekasse oder des Medizinischen Dienstes der KV nachgewiesen werden.	
Es besteht **Kündigungsschutz** von der Ankündigung bis zum Ende der 10-tägigen Auszeit im Akutfall, der 6-monatigen Pflegezeit oder der 24-monatigen Familienpflegezeit.		

Familienpflegezeit		
Angehörige haben die Möglichkeit, um in einer akuten Pflegesituation eine bedarfsgerechte Pflege zu organisieren oder eine pflegerische Versorgung in dieser Zeit sicherzustellen, Arbeitsverhinderung ■ einmal je Pflegebedürftigen je Jahr bis zu 10 Tage Freistellung von der Arbeit und ■ eine Lohnersatzleistung zum teilweisen Ausgleich des Lohnausfalls bei der Pflegeversicherung zu beantragen.	In Betrieben mit über 15 Mitarbeitern kann sich ein/e Beschäftigte/r bis zu 6 Monate von der Arbeit ganz oder teilweise freistellen lassen, um eine Person zu Hause zu pflegen. Es besteht für den Pflegenden Anspruch auf Förderung zur Absicherung des Lebensunterhalts durch ein zinsloses Darlehen. Dieses Darlehen kann beim Bundesamt für Familie und zivilgesellschaftliche Aufgaben beantragt werden.	In Betrieben mit über 25 Mitarbeitern können Beschäftigte sich für die Dauer von bis zu 24 Monaten bei einer verbleibenden Mindestarbeitszeit von 15 Wochenstunden teilweise freistellen lassen, wenn sie einen pflegebedürftigen nahen Angehörigen in häuslicher Umgebung pflegen. Zur Absicherung des Lebensunterhalts kann ein zinsloses Darlehen beantragt werden.
Dieses Recht gilt gegenüber allen Arbeitgebern unabhängig von der Größe des Unternehmens.	Es besteht **nur** ein Rechtsanspruch gegenüber Arbeitgebern mit über 15 Beschäftigten.	Es besteht **nur** ein Rechtsanspruch gegenüber Arbeitgebern mit über 25 Beschäftigten.

Auch Minijobber haben die Möglichkeit, bis zu zehn Arbeitstage der Arbeit fernzubleiben, wenn in ihrer Familie ein akuter Pflegefall auftritt. In diesen zehn Tagen kann die Pflege organisiert oder selbst übernommen werden.

1.6.2.7 Gesetzliche Unfallversicherung

Gesetzliche Grundlage: *SGB VII*

Träger der gesetzlichen Unfallversicherung sind:
■ Berufsgenossenschaften (Körperschaften des öffentlichen Rechts),
■ Unfallkassen/Gemeindeunfallversicherungsverbände sowie
■ Landwirtschaftliche Berufsgenossenschaften.

Gewerbetreibende, Selbstständige, Freiberufler werden mit der Anmeldung ihrer Tätigkeit automatisch Pflichtmitglied in der zuständigen Berufsgenossenschaft. Die Anmeldung erfolgt entweder durch die zuständige Stelle *(z. B. bei Gewerbetreibenden durch das Gewerbeamt der Stadt)* oder selbst.

Aufgabenbereiche der gesetzlichen Unfallversicherung (Berufsgenossenschaften)

Verhütung von Arbeitsunfällen (Prävention) und Erste Hilfe	Entschädigung durch Geldleistungen	Leistungen zur Rehabilitation der Berufserkrankten und Unfallverletzten
Beispiele: • *Erlass und Überwachung von Unfallverhütungsvorschriften* • *Aufklärung, Beratung, Information* • *Schulungen und Werbung*	*Beispiele:* Zahlung von • *Verletztengeld* • *Verletztenrente* • *Übergangsgeld* *bei Tod durch Arbeitsunfall Zahlung von z. B.* • *Witwen-, Witwer-, Waisengeld* • *Hinterbliebenenbeihilfe*	*Beispiele:* • *medizinische Leistungen zur Rehabilitation wie ärztliche Behandlung, Arzneimittel usw.* • *Berufsfindung nach Arbeitsunfall* • *Berufshilfe* • *berufliche Eingliederung z. B. durch Umschulung, Aus- und Fortbildung*

1

■ Versicherte

Die gesetzliche Unfallversicherung unterscheidet zwischen Pflichtversicherten und freiwillig Versicherten.

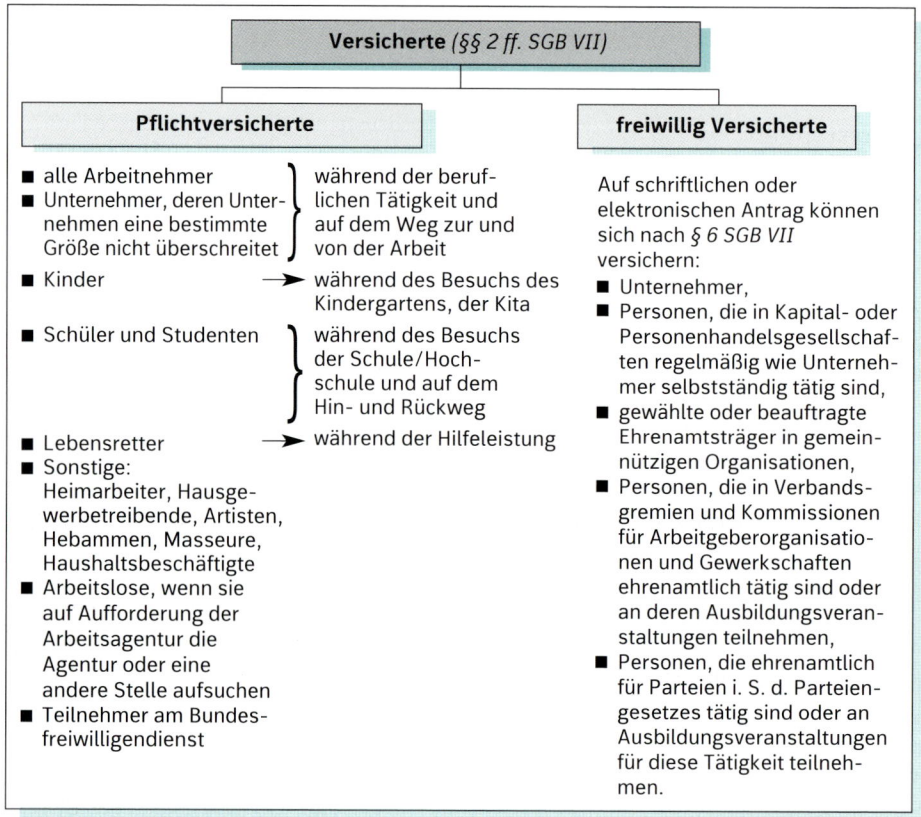

■ Der gesetzliche Auftrag

Die Berufsgenossenschaften und die Unfallversicherungsträger der öffentlichen Hand sollen „mit allen geeigneten Mitteln"
■ Arbeitsunfälle, Berufskrankheiten und arbeitsbedingte Gesundheitsgefahren verhüten,
■ deren Ursachen nachgehen,
■ für eine wirksame Erste Hilfe sorgen,
■ die Folgen von Arbeitsunfällen und Berufskrankheiten mindern.

■ Maßnahmen im Bereich der Unfallverhütung

Die Unfallverhütung ist ein Schwerpunkt der Unfallversicherung. Zu diesem Zweck werden von den **Berufsgenossenschaften** (Unfallversicherungsträger) Unfallverhütungsvorschriften erlassen, die für die betroffenen Unternehmen verbindlich und den Arbeitnehmern bekannt zu geben sind. Ziel der Vorschriften ist der Schutz der Arbeitnehmer vor Unfällen und Berufskrankheiten und die ordnungsgemäße Einrichtung und Erhaltung der Betriebsstätten, Maschinen und Gerätschaften.

Die Berufsgenossenschaften überwachen die Einhaltung der Vorschriften. Bei Verstößen können Bußgelder (bis 10 000,00 €) verhängt werden.

▨ Maßnahmen zur Milderung und Beseitigung der Unfallfolgen

Der Unternehmer ist verpflichtet, jeden Unfall unverzüglich zu melden. In einem anschließenden Untersuchungsverfahren werden Art, Umfang und Ursache der Schädigung festgestellt. Gleichzeitig wird geklärt, ob und in welcher Form die Erwerbsfähigkeit des Versicherten wiederhergestellt werden kann bzw. in welcher Höhe bei bleibenden Unfallfolgen oder bei Tod des Versicherten Rente zu zahlen ist.

▨ Leistungen

Leistungsansprüche entstehen durch:

- Arbeitsunfälle
- Wegeunfälle
- Berufskrankheiten

Der Versicherte bzw. seine Hinterbliebenen können folgende **Leistungen** erhalten:

- **Heilbehandlung**
- **Übergangsgeld** für die Dauer der unfallbedingten Arbeitsunfähigkeit, sofern der Versicherte keinen Arbeitsverdienst oder kein Krankengeld erhält
- **Berufshilfe** zur Wiedereingliederung in das Arbeitsleben; kann der Versicherte seine bisherige Berufstätigkeit nicht wieder aufnehmen, so werden ggf. die Ausbildungskosten für einen anderen Beruf übernommen
- **Verletztenrente**, wenn die Unfallfolgen eine Erwerbsminderung von mindestens 20 % verursachen
- **Sterbegeld**
- **Hinterbliebenenrente**, wenn der Versicherte an den Unfallfolgen oder einer Berufskrankheit gestorben ist (Anspruchsberechtigte sind Witwer, Witwen, Eltern und Kinder)
- **Abfindungszahlungen** anstelle von Verletztenrenten bzw. Hinterbliebenenrenten

▨ Meldeverfahren

Vor der Erstellung des digitalen Lohnnachweises ist in einem Vorverfahren ein automatisierter Abgleich der Unternehmensdaten (Betriebsnummer der BGN = BBNRUV, Mitgliedsnummer, PIN) durchzuführen.

Unternehmen versenden anschließend elektronisch Lohnnachweise an die Unfallversicherungsträger. Lohnnachweise sind eine der Grundlagen für die Berechnung des Beitrages, den Unternehmen für die Haftungsfreistellung sowie den Unfallversicherungsschutz ihrer Beschäftigten jährlich zahlen.

Im digitalen Lohnnachweis sind aufzuführen: die Mitgliedsnummer, die Betriebsnummer der BGN und bezogen auf die Gefahrtarifstellen das beitragspflichtige Arbeitsentgelt, die geleisteten Arbeitsstunden, die Anzahl der Arbeitnehmer sowie technische Erkennungsmerkmale.

Zusätzlich ist das Unternehmen im Meldeverfahren zur Sozialversicherung verpflichtet, für den Prüfdienst der Rentenversicherung eine gesonderte Jahresmeldung zur Unfallversicherung (UV-Jahresmeldung) für jeden Arbeitnehmer abzugeben.

Arbeits- und Wegeunfälle müssen vom Unternehmen oder seinem Bevollmächtigten an den zuständigen Unfallversicherungsträger *(z. B. Berufsgenossenschaft, Unfallkasse)* elektronisch gemeldet werden, wenn ein Arbeitsunfall im Betrieb oder ein Wegeunfall *(z. B. Unfall auf dem Weg zwischen Wohnung und Arbeitsstätte, bei einer beruflich veranlassten Auswärtstätigkeit)* eine Arbeitsunfähigkeit von mehr als drei Kalendertagen oder den Tod eines Versicherten zur Folge hat.

1

Finanzierung

Die Beiträge zur gesetzlichen Unfallversicherung

- werden alleine durch die Unternehmer finanziert,
- werden nach dem Prinzip der nachträglichen Bedarfsdeckung im Umlageverfahren erhoben, d. h., nach Ablauf eines Haushaltsjahres wird der Überschuss der Aufwendungen über die Erträge festgestellt und die festgestellte Differenz ergibt das Umlagesoll. Das Umlagesoll wird von der Berufsgenossenschaft auf die ihr angehörenden Unternehmen verteilt und durch Bescheide im Nachfolgejahr eingefordert *(§ 21 SGB IV, §§ 150, 152 Abs. 1, 153 Abs. 1 SGB VII)*;
- sind abhängig von der Gefährdung im jeweiligen Beruf/Unternehmen, d. h., die Höhe der Beiträge für das einzelne Unternehmen bestimmt sich aus
  - der Gefahrenklasse des Unternehmens,
  - der Summe der im abgelaufenen Jahr gezahlten Arbeitsentgelte;
- werden entsprechend dem Versicherungsprinzip berechnet und erhoben,
- werden als Anreiz zur Prävention durch Beitragsnachlässe oder Beitragszuschläge genutzt, d. h., je nach Unfallquoten und -kosten des einzelnen Unternehmens gegenüber vergleichbaren Unternehmen können Beitragszuschläge verlangt oder Beitragsnachlässe gewährt werden.

Für die Schlusszahlung von Beiträgen zu Berufsgenossenschaften werden i. d. R. sonstige Rückstellungen in der Buchführung gebildet.

1.6.2.8   Sonstige staatliche Maßnahmen der sozialen Sicherung

Sozialhilfe

Sozialhilfe umfasst Leistungen für Menschen, die nicht erwerbsfähig und nicht in der Lage sind, für ihren Lebensunterhalt selbst aufzukommen.
Sozialhilfeleistungen gibt es nur, wenn weder der Betroffene selbst, noch Angehörige, noch andere Sozialversicherungsträger für dessen Bedarf aufkommen können.

Die Sozialhilfe umfasst nach § 8 SGB XII folgende Leistungen *(§ 8 SGB XII)*

- Hilfe zum Lebensunterhalt *(§§ 27 ff. SGB XII)*,
- Grundsicherung im Alter und bei Erwerbsminderung *(§§ 41 ff. SGB XII)*,
- Hilfen zur Gesundheit, vorbeugende Gesundheitshilfe *(§§ 47 ff. SGB XII)*,
- Eingliederung für Behinderte *(§§ 53 ff. SGB XII)*,
- Hilfe zur Pflege *(§§ 61 ff. SGB XII)*,
- Hilfe zur Überwindung besonderer sozialer Schwierigkeiten *(§§ 67 ff. SGB XII)*,
- Hilfe in anderen Lebenslagen wie *z. B. Altenhilfe, Blindenhilfe, Übernahme der Bestattungskosten (§§ 70 ff. SGB XII)*.

Zuständig sind die örtlichen Sozialämter und die überörtlichen Träger der Sozialhilfe.

Kindergeld

Zunächst wird unabhängig vom Einkommen auf Antrag der inländischen und unbeschränkt einkommensteuerpflichtigen Eltern oder Erziehungsberechtigten *(z. B. Adoptiv-, Stief-, Pflege-, Großeltern)* für Kinder unter Angabe der Steuer-Identifikationsnummern des Antragstellers sowie des berechtigten Kindes **Kindergeld** gestaffelt nach der Zahl der Kinder je Monat gewährt.

Das Kindergeld wird von den Familienkassen bei der Bundesagentur für Arbeit und den Familienkassen bei den öffentlich-rechtlichen Arbeitgebern festgesetzt und ausgezahlt.

Das Finanzamt prüft von Amts wegen bei der ESt-Veranlagung im Rahmen einer Günstigerprüfung, ob die steuerliche Wirkung der Kinderfreibeträge *(§ 32 Abs. 6 EStG)* höher ist als das Kindergeld. In diesem Fall wird die Einkommensteuer um die Differenz zwischen der steuerlich mindernden Auswirkung der Kinderfreibeträge und dem Anspruch auf Kindergeld gekürzt.

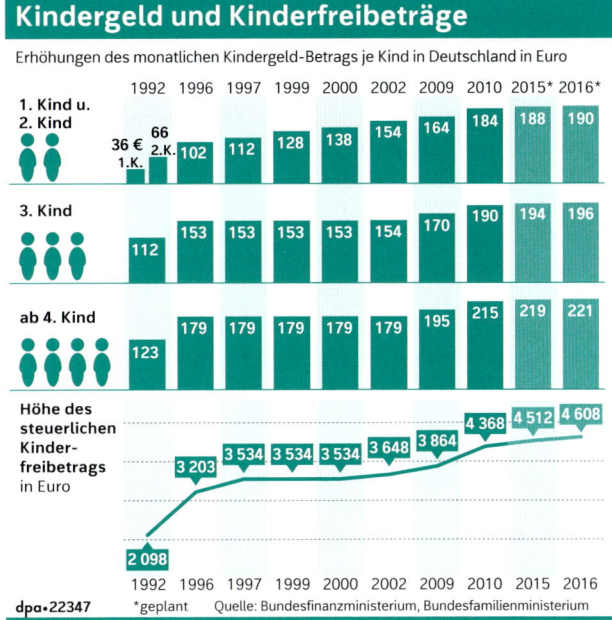

Kindergeld und Kinderfreibeträge

Erhöhungen des monatlichen Kindergeld-Betrags je Kind in Deutschland in Euro

dpa·22347   *geplant   Quelle: Bundesfinanzministerium, Bundesfamilienministerium

Ab Geburtsmonat besteht uneingeschränkt bis zum 18. Geburtstag des Kindes Anspruch auf Kindergeld.

Mit Vollendung des 18. Lebensjahres bleibt der Kindergeldanspruch bis zur Vollendung des 25. Lebensjahres bestehen, wenn sich das Kind in einer Schul- oder Berufsausbildung befindet oder bei der Agentur für Arbeit als arbeits- bzw. ausbildungssuchend gemeldet ist.

Wohngeld

Wohngeld wird auf schriftlichen Antrag bei der zuständigen örtlichen Wohngeldbehörde, der Gemeinde-, Stadt-, Amts- oder Kreisverwaltung und nach Vorlage bestimmter Nachweise zur wirtschaftlichen Sicherung angemessenen und familiengerechten Wohnens als **Miet-** oder **Lastenzuschuss** für Einkommensschwache zu den Aufwendungen für den Wohnraum geleistet.

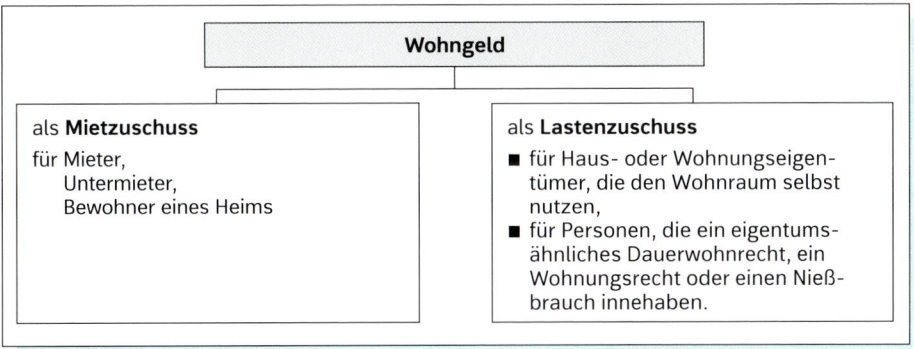

Zur Vermeidung rechtswidriger Inanspruchnahme erfolgt bei Sozialleistungen ein automatisierter Datenabgleich unter den Behörden, um Missbrauch zu vermeiden.

1

◼ Ausbildungsförderung

Ausbildungsförderung beinhaltet Leistungen an Jugendliche und junge Erwachsene zur Förderung der Berufsausbildung. Ausbildungsförderung wird auf Antrag nach *§ 2 Bundesausbildungsförderungsgesetz (BAföG)* geleistet für den Besuch von

- weiterführenden allgemeinbildenden Schulen ab Klasse 10 *(z. B. Haupt-, Real- und Gesamtschulen, Gymnasien)*,
- Berufsfachschulen, einschließlich der Klassen aller Formen der beruflichen Grundbildung ab Klasse 10 *(z. B. Berufsvorbereitungsjahr)*; die Förderungsfähigkeit setzt gem. *§ 2 Abs. 1 Nr. 2 BAföG* voraus, dass in einem zumindest zweijährigen Bildungsgang ein berufsqualifizierender Abschluss erreicht wird,
- Fach- und Fachoberschulklassen, deren Besuch eine abgeschlossene Berufsausbildung nicht voraussetzt,
- Berufsfachschulklassen und Fachschulklassen, deren Besuch eine abgeschlossene Berufsausbildung nicht voraussetzt, sofern sie in einem zumindest zweijährigen Bildungsgang einen berufsqualifizierenden Abschluss vermitteln,
- Fach- und Fachoberschulklassen, deren Besuch eine abgeschlossene Berufsausbildung voraussetzt,
- Abendhauptschulen, Berufsaufbauschulen, Abendrealschulen, Abendgymnasien und Kollegs,
- Höheren Fachschulen und Akademien,
- Hochschulen.

Lernen mit Bafög

Zahl der geförderten Schüler und Studenten in Tausend

2004 05 06 07 08 09 10 11 12 13 14 15 16 17

979

810 Tsd.

806

823

782

davon erhielten

eine Teilförderung **51 %** **49 %** eine Vollförderung

Bafög-Empfänger 2017

2,9 Milliarden Euro gab der Bund für die Ausbildungsförderung aus.

Davon an   Förderbetrag pro Monat und pro Person

225 500 Schüler ◼ **456 €**

556 600 Studenten ◼ **499 €**

Quelle: Statistisches Bundesamt   12642 © **Globus**

Betriebliche oder überbetriebliche Ausbildungen – sog. Ausbildungen im dualen System – können nach dem *BAföG* nicht gefördert werden; dies gilt auch für den Besuch der Berufsschule.

1.6.2.9 Altersvorsorge

Die Säulen der Altersvorsorge sind

- die gesetzliche Rente,
- die private Vorsorge,
- die betriebliche Altersvorsorge.

◼ Private Altersvorsorge

Zur Sicherung des Lebensstandards im Alter fördert der Staat eine stärkere eigenständige Altersvorsorge nach dem sog. Drei-Schichten-Modell (Basisversorgung, staatlich geförderte Zusatzversorgung, private Kapitalanlage).[1]

---

[1] Vgl. S. 82.

Die private Vorsorge baut sich nach dem Prinzip der Kapitaldeckung auf, d. h., die Versicherten zahlen Beiträge ein und erhalten im Alter diese angesparten Kapitalerträge (vermehrt um Zinsen und vermindert um Verwaltungsaufwendungen) als Rente ausgezahlt. Die Bundesanstalt für Finanzdienstleistungsaufsicht (**BaFin**) kontrolliert und zertifiziert, ob die am Markt angebotenen Produkte den gesetzlichen Vorgaben entsprechen.

Zur privaten Altersvorsorge können insbesondere beitragen die ...	
Lebensversicherung	Die Lebensversicherung ist eine freiwillige Versicherung. Für eine vereinbarte Versicherungsleistung – *z. B. Tod oder Erleben eines bestimmten Zeitpunktes* – werden Beiträge eingezahlt, damit im Eintrittsfall an den Versicherungsnehmer oder einen Bezugsberechtigten die Versicherungsleistung ausgezahlt wird.
private Rentenversicherung	Die private Rentenversicherung ist eine Versicherung, bei der laufend Beiträge eingezahlt werden, damit ab einem bestimmten vereinbarten Zeitpunkt eine monatliche lebenslange Rente ausgezahlt wird.
sofort beginnende Rente (Sofortrente)	Es wird ein Einmalbeitrag, *z. B. aus einer fälligen Lebensversicherung oder Erbschaft*, eingezahlt. Hieraus erhält der Einzahlende sofort eine lebenslange Rentenzahlung.
Riester-Rente	Als Ergänzung zur gesetzlichen Altersvorsorge kann auf freiwilliger Basis eine vom Staat durch Zulagen und Sonderausgabenabzugsmöglichkeiten geförderte, privat finanzierte Rente aufgebaut werden. Riester-Verträge werden von Lebensversicherungsunternehmen, Banken und Fondsgesellschaften angeboten. Es gibt drei unterschiedliche Varianten: ■ Private Rentenversicherung: Ziel ist eine lebenslange Rente mit garantierten Leistungen und einer zusätzlichen Überschussbeteiligung. ■ Banksparpläne: Durch Einzahlung monatlicher Sparbeiträge werden Guthaben mit festgelegter Verzinsung angespart. ■ Fondssparpläne: Anlage von Kapitalbeträgen in Investmentfonds. Wer mindestens 8 % seines jährlichen Bruttoeinkommens in einem zertifizierten Riester-Produkt anlegt, erhält direkte staatliche Zuzahlungen in Form einer Grundzulage und Kinderzulagen pro Kind. Zusätzlich können die Beiträge zu Riester-Produkten von der ESt als Sonderausgaben angesetzt werden.
Rürup-Rente	Die Rürup-Rente steht allen Erwerbstätigen offen. Sie ist aber für Selbstständige und Freiberufler oft die einzige Möglichkeit einer staatlich geförderten Altersvorsorge. Die Rürup-Rente ist eine kapitalgedeckte Leibrente, die bis ans Lebensende des Rentners gezahlt wird. Monatlich oder jährlich gezahlte und nach Abzug der Kosten verzinste Beiträge werden in einem Kapitalstock gesammelt, aus dem bei Rürup-Rentenversicherungen die lebenslange Leibrente gezahlt wird. Die Rürup-Rente wird durch Steuervorteile im Rahmen des *§ 10 EStG* gefördert. Der Höchstbeitrag für steuerlich abzugsfähige Altersvorsorgeaufwendungen steigt im gleichen Maße wie die Anhebung der Beitragsbemessungsgrenze zur knappschaftlichen Rentenversicherung an. Die Rürup-Rente lohnt sich als Altersvorsorge aufgrund der Steuervorteile vor allem für Menschen mit einer hohen Steuerlast, weil die Beiträge zu Rürup-Verträgen als Sonderausgaben angesetzt werden können. Bis 2039 werden die monatlichen Rürup-Renten begrenzt besteuert, ab 2040 sind sie voll steuerpflichtig. Diese private Rente wird angeboten als ■ normale Rentenversicherung, ■ fondsgebundene Rentenversicherung oder ■ Fondssparplan.

1

Zur privaten Altersvorsorge können insbesondere beitragen die ...	
Berufsunfähigkeits-versicherung	Arbeitnehmer zahlen freiwillig Beiträge für eine Berufsunfähigkeitsversicherung, damit die Versicherung dem Versicherten eine vereinbarte Berufsunfähigkeitsrente zahlt, wenn der Arbeitnehmer den zuletzt ausgeübten Beruf nicht mehr ausüben kann.

Langfristig niedrige Zinsen haben erhebliche negative Auswirkungen auf eine Altersvorsorge.

Um das gleiche Vorsorgeziel zu erreichen, muss bei langfristig niedrigen Zinsen deutlich mehr Vorsorge vorgenommen werden.

> **Beispiele:**
>
> *Eine Person zahlt monatlich 50 €, 30 Jahre lang*
> - *in eine Spardose: So erreicht sie nach 30 Jahren ein Vermögen von 18 000 €.*
> - *auf ein Sparkonto: So erreicht sie bei*
>   - *einem Zinssatz von 3 % nach 30 Jahren 29 000 €,*
>   - *einem Zinssatz von 5 % nach 30 Jahren 40 000 €.*

Betriebliche Altersvorsorge

Gesetz zur Verbesserung der betrieblichen Altersversorgung oder Betriebsrentengesetz (BetrAVG)

Betriebsrentenstärkungsgesetz (BRSG)

▪ Anspruch

Jeder Arbeitnehmer, der in der gesetzlichen RV pflichtversichert ist *(§§ 17 Abs. 1 S. 3 i. V. m. 1a Abs. 1 BetrAVG)*, hat einen gesetzlichen Anspruch auf betriebliche Altersvorsorge (bAV), d. h., er kann vom Arbeitgeber fordern, durch Verzicht auf Teile des Lohnes, Sonderzahlungen (z, B. Weihnachts-, Urlaubsgeld) oder Gehaltserhöhungen eine bAV zu finanzieren, d. h., ein Teil des monatlichen Gehalts wird in so genannte Anwartschaften auf Betriebsrente umgewandelt. Der Arbeitgeber hat diesen Wunsch auszuführen, er bestimmt Anlageform bzw. Durchführungsweg, d. h., er wählt die Anlageform aus, kümmert sich um die Beitragszahlungen und ist der Vertragspartner für den ausgewählten Anbieter beziehungsweise Finanzdienstleister.

> Die bAV liegt vor, wenn der Arbeitgeber Arbeitnehmern Leistungen der Alters-, Invaliditäts- oder Hinterbliebenenversorgung aus Anlass seines Arbeitsverhältnisses zusagt *(§ 1 BetrAVG)*.

Die Sozialpartner dürfen Modelle der automatischen Entgeltumwandlung für die bAV in Tarifverträgen regeln. Nichttarifgebundene Arbeitgeber und Beschäftigte können die in Tarifverträgen vereinbarten Entgeltumwandlungen durch arbeitsvertragliche Verweisungsklauseln in den Arbeitsverträgen übernehmen.

Für den Arbeitgeber ist eine bAV dann vorteilhaft, wenn sie qualifizierte Mitarbeiter bindet und motiviert, einen Imagegewinn für das Unternehmen bringt und das Unternehmen am Arbeitsmarkt attraktiv macht.

▪ Formen

Es gibt fünf verschiedene Arten der bAV: Direktversicherung, Pensionskasse, Pensionsfonds, Unterstützungskasse und Direktzusage.

Eine Versorgung über eine Direktzusage oder Unterstützungskasse ist nur im Einvernehmen zwischen Arbeitgeber und Arbeitnehmer möglich. Es können mehrere Förderwege nebeneinander genutzt werden.

■ Beiträge
Die Beiträge können vom Arbeitgeber oder vom Arbeitnehmer durch Entgeltumwandlung oder von beiden gemeinsam finanziert werden.

■ Entgeltumwandlung
Der Arbeitnehmer leistet Beiträge zur bAV aus dem eigenen Arbeitsentgelt (Entgeltumwandlung). Er spart damit Steuern und Sozialabgaben.

- Ab 2018:
  Zahlt ein Arbeitnehmer eigenes Geld aus seinem Bruttolohn in eine Betriebsrente, muss der Arbeitgeber bei **neu** abgeschlossenen Altersvorsorgeverträgen mindestens 15 % des umgewandelten sv-freien Entgelts als Zuschuss an die Versorgungseinrichtung (Sparbeitrag) zahlen, wenn
  - der AG sich mit den Gewerkschaften auf ein „Sozialpartnermodell" geeinigt hat. Nichttarifgebundene Arbeitgeber können ein Sozialpartnermodell nutzen, wenn der einschlägige Tarifvertrag dies ermöglicht.
  - die Entgeltumwandlung in eine Direktversicherung, Pensionskasse oder einen Pensionsfonds *(§ 3 Nr. 63 EStG)* fließt und der Arbeitgeber dadurch SV-Abgaben spart.
- Ab 2019:
  Es besteht ein Anspruch auf einen Arbeitgeberzuschuss für **neue** bAV-Verträge mit Entgeltumwandlung.
- Ab 2022:
  Es besteht ein Anspruch auf einen Arbeitgeberzuschuss für **alle** (auch vor 2018 abgeschlossene) bAV-Verträge mit Entgeltumwandlung.

■ Ansparphase
- Einkommensteuer:
  Bis zu 8 % der Beitragsbemessungsgrenze in der Sozialversicherung können steuerfrei in eine Direktversicherung, eine Pensionskasse oder einen Pensionsfonds einbezahlt werden.
- Sozialversicherung:
  Bis zu 4 % der Beitragsbemessungsgrenze in der Sozialversicherung können Sparbeiträge sozialversicherungsfrei geleistet werden, d. h., in der Ansparphase werden Sozialabgaben gespart.

■ Rentenphase
- Einkommensteuer:
  Die Renten aus der bAV sind komplett zu versteuern.
- Sozialversicherung:
  Auf die Betriebsrente muss der Rentenempfänger alleine die vollen Beiträge für KV und PV zahlen.

■ Sicherung
Im Insolvenzfall sind die Leistungen aus dem Pensionsfonds, der Direktzusage und der Unterstützungskasse durch den PENSIONS-SICHERUNGS-VEREIN (PSVaG) abgesichert.

■ Riester-Förderung
Pensionskasse, Pensionsfonds und Direktversicherung können Riester-Förderung erhalten, wenn die Beiträge aus dem individuell versteuerten und sozialversicherungspflichtigen Arbeitsentgelt stammen.

1

Durchführungswege der betrieblichen Altersvorsorge (bAV)		
Direkt-versicherung *(§ 1b Abs. 2 BetrAVG)*	**mittelbare** Renten-zusagen über sepa-rate Ver-sorgungs-träger, d.h., der Arbeitgeber erbringt die zugesagte bAV nicht selbst	Die **Direktversicherung** ist eine klassische oder fonds-gebundene Lebens- oder Rentenversicherung, die der Arbeitgeber als Versicherungsnehmer zugunsten seiner Mitarbeiter abschließt. Beiträge des Arbeitgebers sind Betriebsausgaben.
Pensionskasse *(§ 1b Abs. 3 BetrAVG)*		**Pensionskassen** sind eigenständige, rechtsfähige Ver-sorgungseinrichtungen, die den Mitarbeitern eine bAV zusichern. Träger können ein oder mehrere Unternehmen sein. Beiträge an die Pensionskassen werden von den Mitarbei-tern durch Gehaltsumwandlung und/oder vom Arbeitge-ber gezahlt, aus diesen werden die späteren Leistungen finanziert. Die Versorgungsleistungen werden nicht vom Arbeitgeber selbst, sondern durch die Pensionskasse gezahlt. Pensionskassen sind verpflichtet, ihr Vermögen so anzule-gen, dass eine möglichst große Sicherheit bei gleichzeiti-ger Rentabilität gewährleistet ist. Pensionskassen werden als körperschafts- und gewer-besteuerpflichtige Unternehmen in der Rechtsform des Versicherungsvereins auf Gegenseitigkeit (VVaG) oder der Aktiengesellschaft (AG) geführt *(§ 232 VAG)*. Beiträge des Arbeitgebers sind Betriebsausgaben.
Pensionsfonds *(§ 1b Abs. 3 BetrAVG)*		**Pensionsfonds** sind rechtsfähige Versorgungseinrichtun-gen in der Rechtsform AG oder e.V., die von einem oder mehreren Arbeitgebern genutzt werden, um gegenüber den Arbeitnehmern Versorgungszusagen zu machen. Arbeitgeber, Arbeitnehmer (Entgeltumwandlung) oder beide gemeinsam leisten Beiträge an den Pensionsfonds. Die Beiträge werden am Kapitalmarkt angelegt, um ein Deckungskapital zu bilden. Daraus werden später die Leistungsansprüche bedient. Maximal 30 % des angespar-ten Kapitals dürfen bei Eintreten des Versorgungsfalles als einmaliger Betrag ausgezahlt werden, der Rest wird in Form einer monatlichen Rente geleistet. Die zu erbringen-de Mindestleistung entspricht dabei dem Wert der einge-zahlten Beiträge. Arbeitnehmer haben einen eigenen Anspruch auf Leistung durch den Pensionsfonds. Beiträge des Arbeitgebers sind Betriebsausgaben.
Unterstüt-zungskasse *(§ 1b Abs. 4 BetrAVG)*		**Unterstützungskassen** sind rechtlich selbstständige Versorgungseinrichtungen in der Rechtsform e.V. Eine Unterstützungskasse übernimmt für den Arbeitgeber die Durchführung der betrieblichen Altersversorgung. Sie ge-währt dem Arbeitnehmer aber keinen Rechtsanspruch auf die Versorgungsleistungen. Sollte die Unterstützungskas-se die vereinbarten Leistungen nicht erbringen (können), muss der Arbeitgeber, der die Versorgungszusage erteilt hat, selbst dafür einstehen. Träger der Unterstützungskas-se ist der Arbeitgeber, der seinen Arbeitnehmern Versor-gungsleistungen zusagt. Die Unterstützungskasse kann einen Teil des anzuspa-renden Vermögens im Unternehmen belassen *(z.B. als Darlehen)*. Beiträge an die Unterstützungskasse, Rückversicherungs-prämien und Zahlungen an den PSVaG sind Betriebsaus-gaben.

Durchführungswege der betrieblichen Altersvorsorge (bAV)		
Direktzusage (= Pensions- zusage) *(§ 1 Abs. 1 S. 2 BetrAVG)*	**unmittel- bare** Ren- tenzusage durch den Arbeitgeber, d. h., der Arbeitgeber erbringt die zugesagte bAV selbst	Bei der **Direktzusage** verpflichtet sich das Unternehmen, dem Arbeitnehmer bei Eintritt eines Versorgungsfalls (Rentenalter, Invalidität oder Tod) die jeweils vereinbarte Leistung zu zahlen. Der Arbeitgeber bildet dafür aufwands- wirksam Pensionsrückstellungen *(§ 249 Abs. 1 S. 1 HGB)* in der Bilanz. Die Höhe der jeweiligen Rente richtet sich i. d. R. nach der Dauer der Betriebszugehörigkeit und der Höhe des frühe- ren Einkommens. Insbesondere große Unternehmen machen Pensionszusa- gen für die Altersabsicherung ihrer Mitarbeiter. Beiträge des Arbeitgebers zur Rückversicherung und zur PSVaG sind Betriebsausgaben.

Direktversicherung und Pensionskasse funktionieren nach dem Prinzip der Lebensversiche- rung, somit bedeuten niedrige Zinsen auch geringere Ablaufleistungen *(§ 2 DeckRV).*[1]
Bei der bAV sagt der Arbeitgeber keine betriebliche Versorgungsleistung zu, er verpflichtet sich nur, Beiträge zu entrichten. Das Kapitalanlagerisiko trägt allein der AN.

1.6.3 Meldepflichten

Nach *§ 32b Abs. 3 EStG* haben die Träger der Sozialleistungen i. S. d. *§ 32b Abs. 1 Nr. 1 EStG* unter Angabe des steuerlichen Identifikationsmerkmals (Id-Nr.) des Leistungsempfängers die Daten über die im Kalenderjahr gewährten Leistungen sowie die Dauer des Leistungs- zeitraums für jeden Empfänger bis zum 28. Februar des Folgejahres nach amtlich vorge- schriebenem Datensatz durch amtlich bestimmte Datenfernübertragung an die Finanzämter zu übermitteln, soweit die Leistungen nicht auf der Lohnsteuerbescheinigung *(§ 41b Abs. 1 S. 2 Nr. 5 EStG)* auszuweisen sind. Das BMF kann nach *§ 52 Abs. 43a S. 4 EStG* abweichend von *§ 32b Abs. 3 EStG* den Zeitpunkt der erstmaligen Übermittlung der Mittei- lungen durch ein im Bundessteuerblatt zu veröffentlichendes Schreiben mitteilen.
Der Empfänger der Leistungen ist entsprechend zu informieren und auf die steuerliche Behandlung dieser Leistungen und seine Steuererklärungspflicht hinzuweisen.

1.6.4 Risiken im Netz der sozialen Sicherheit

Alle sozialen Leistungen des Staates zusammen bilden das **„Netz der sozialen Sicherheit"**.

Zunehmend wird diskutiert, ob das System der sozialen Si- cherung hinreichend an die wirtschaftlichen und gesell- schaftlichen Veränderungen an- passungsfähig ist und ob die Übersichtlichkeit des Systems noch gegeben ist.

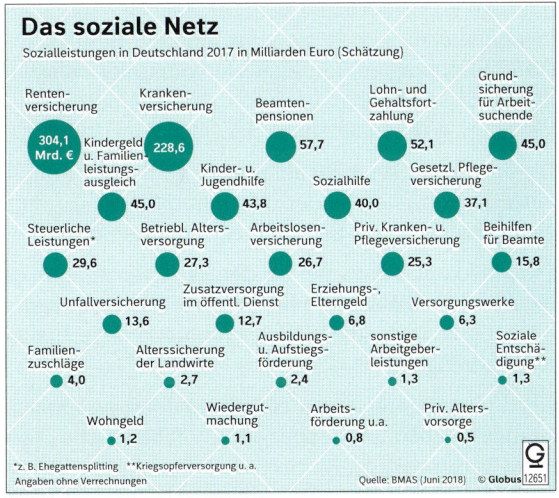

---

[1] *Verordnung über Rech- nungsgrundlagen für die Deckungsrückstellungen*

1

Abhängigkeit der Sozialleistungen von veränderten Wachstumsbedingungen	
Ursachen	Verlangsamtes wirtschaftliches Wachstum führt zu geringerem Zuwachs bei den Arbeitsentgelten, Einkommenseinbußen, erhöhter Arbeitslosigkeit und damit zur Verringerung der Beiträge und Einnahmen der Träger der sozialen Einrichtungen unter gleichzeitiger Zunahme der Sozialausgaben an die Leistungsempfänger
Maßnahmen	■ Überprüfung der sozialen Leistungen ■ Absicherung einer notwendigen Grundversorgung ■ Förderung der privaten Altersvorsorge ■ Ausweitung des Beitragspotenzials ■ Einschränkung der Sozialausgaben

Obwohl von einer ausgezeichneten wirtschaftlichen Entwicklung seit dem 2. Weltkrieg für die Bundesrepublik Deutschland gesprochen werden kann, ist die Beschäftigungspolitik nicht immer in der Lage, Arbeitslosigkeit und ihre Folgen zu verhindern.

Betroffen von den veränderten Arbeitsmarktbedingungen sind insbesondere die Arbeitnehmer mit keinen oder geringen Ausbildungsqualifikationen, gesundheitlichen Einschränkungen und ältere Arbeitnehmer.

Der Sozialpolitik obliegt dabei die Aufgabe, abgestimmt auf die jeweilige Situation, die **Defizite der Beschäftigungspolitik** auszugleichen.

1.7   Datenschutz und Datensicherheit

Rechtsquellen:

■ EU-Datenschutzgrundverordnung *(EU-DSGVO)*
■ Datenschutz-Anpassungs- und Umsetzungsgesetz *(DSAnpUG-EU)*
■ Bundesdatenschutzgesetz *(BDSG)*
■ Datenschutzgesetze der Bundesländer
■ Telekommunikationsgesetz *(TKG)*
■ Telemediengesetz *(TMG)*

Datenschutzregelungen finden sich auch in zahlreichen anderen Gesetzen und Verordnungen *(§§ 203, 353b StGB oder § 61 Abs. 1 SGB VIII)*.

Kaum eine andere Berufsgruppe verfügt über so detaillierte und umfassende Informationen über die wirtschaftlichen und persönlichen Verhältnisse von natürlichen und juristischen Personen wie die des steuerberatenden Berufsstandes. Aufgrund des außergewöhnlich stark ausgeprägten Vertrauensverhältnisses zwischen Steuerberater und Mandant sowie aus berufsständischen und gesetzlichen Anforderungen heraus ist in der Steuerberatungskanzlei eine besonders hohe Sensibilität im Umgang mit Daten erforderlich.

Die einzelnen Geschäftsabläufe in der Steuerberatungskanzlei sind durch den intensiven Einsatz von Systemen der Informationstechnik geprägt. Hard- und Software sind unverzichtbare Hilfsmittel für den Steuerberater und seine Mitarbeiter.

Die Mandanten erwarten bei den Dienstleistungen des Steuerberaters ein hohes Maß an Qualität. Qualitätsmerkmale sind vor allem der vertrauliche Umgang mit ihren Informationen, die korrekte Abwicklung ihrer Steuerangelegenheiten sowie die pünktliche Dienstleistungserbringung.

Der Steuerberater muss ein hohes Maß an Qualität zum einen aus berufsrechtlichen Gründen sicherstellen, aber auch, um eine hohe „Kundenzufriedenheit" bei den Mandanten herzustellen. Dies hat die Folge, dass der Berater diese Mandanten langfristig an sich binden kann.

Neben seinen eigenen Interessen und denen seiner Mandantschaft muss der Steuerberater auch die ordnungsmäßige Dienstleistungserbringung gewährleisten. Dies ergibt sich aus gesetzlichen Anforderungen *(EU-DSGVO, BDSG, StGB, StBerG, HGB)*, den Berufsgrundsätzen und den Grundsätzen zur ordnungsmäßigen Führung und Aufbewahrung von Büchern, Aufzeichnungen und Unterlagen in elektronischer Form sowie zum Datenzugriff *(GoBD)*.

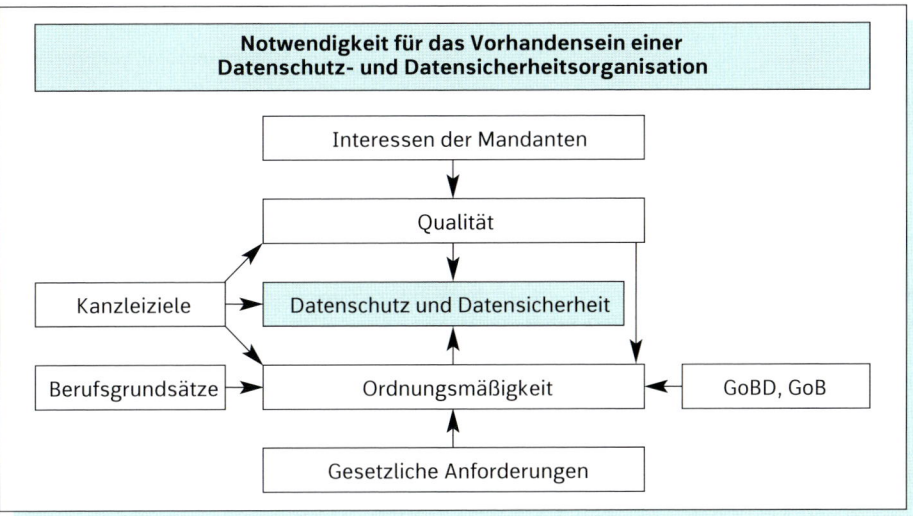

Voneinander abzugrenzen sind:	
Datenschutz dient ...	**Datensicherheit bedeutet ...**

■ dem Schutz des Menschen und seiner persönlichen Daten vor Missbrauch durch andere,
■ nicht dem Schutz der Daten, sondern dem Schutz der Personen, über die diese Daten etwas aussagen.
	■ den Schutz aller analogen und digitalen Daten eines Unternehmens vor unbefugten und unberechtigten Zugriffen,
	■ Sicherheit der Daten, also *beispielsweise Schutz vor*
	  • *nachträglichen Manipulationen (etwa durch Signaturen)*,
	  • *Datenverlust (Backup-Strategien)*,
	  • *unberechtigtem Zugriff oder Kenntnisnahme (Verschlüsselung)*.

1.7.1 Datenschutz

Die **EU-Datenschutz-Grundverordnung** *(EU-DSGVO)* ist eine europaweit einheitliche Rechtsgrundlage für die Verarbeitung gespeicherter personenbezogener Daten, d. h., sie ist verpflichtend für alle Gerichte, Behörden sowie Unternehmen, die nach *Art. 3 DSGVO* ihren Sitz in der EU haben und ihre Dienstleistungen und/oder Produkte auf dem EU-Markt unabhängig vom Sitz anbieten.

Ausgenommen ist nur die Verarbeitung von Daten durch Polizei, Justiz und Behörden für Inneres.

Gegenstand und Ziele der *EU-DSGVO*		
Schutz natürlicher Personen bei der Verarbeitung personenbezogener Daten sowie beim Verkehr mit diesen Daten	Schutz der Grundrechte und Grundfreiheiten natürlicher Personen, insbesondre das Recht auf Schutz der personenbezogenen Daten *(Art. 4 Nr. 1 DSGVO)*	Recht einer Person auf informationelle Selbstbestimmung, d. h., jeder hat das Recht zu erfahren, welche Daten über ihn gesammelt werden, und hat Anspruch auf klare und leicht verständliche Informationen darüber, wer seine Daten zu welchem Zweck wie und wo verarbeitet *(Art. 12–23 DSGVO)*

Die *EU-DSGVO* gilt nicht für die Anwendung personenbezogener Datenverarbeitung, welche
- vom EU-Recht ausgenommen ist (Geheimdienste),
- der gemeinsamen Außen- und Sicherheitspolitik zuzurechnen sind,
- der Datenverarbeitung durch natürliche Personen zur rein persönlichen oder familiären Tätigkeiten dienen,
- durch zuständige Behörden zur Verhütung, Aufdeckung, Untersuchung oder Verfolgung von Straftaten, zur Vollstreckung strafrechtlicher Sanktionen oder zum Schutz vor und zur Abwehr von Bedrohungen der öffentlichen Sicherheit angewendet werden,
- unter die Datenschutzrichtlinie für elektronische Kommunikation *(Richtlinie 2002/58/EG)* fallen.

Erklärung von Begriffen laut *EU-DSGVO*	
personen-bezogene Daten *(Art. 4 Nr. 1 DSGVO)*	Allgemeine personenbezogenen Daten sind alle Informationen, die sich auf eine **identifizierte oder identifizierbare natürliche Person** beziehen. Als identifizierbar wird eine natürliche Person angesehen, die direkt oder indirekt, insbesondere mittels Zuordnung zu einer Kennung wie einem Namen, zu einer Kennnummer, zu Standortdaten, zu einer Online-Kennung oder zu einem oder mehreren besonderen Merkmalen identifiziert werden kann, die Ausdruck der physischen, physiologischen, genetischen, psychischen, wirtschaftlichen, kulturellen oder sozialen Identität dieser natürlichen Person sind.
	Beispiele:
	Name, Adresse, Geburtsdatum, Bankdaten, Alter, Familienstand, Konfession, Staatsangehörigkeit, Beruf, Telefonnummer, E-Mail Adresse, Konto- und Kreditkartennummer, Vereinszugehörigkeit, Krankheiten, Gesundheitszustand, Kraftfahrzeugnummer, Kfz-Kennzeichen, Personalausweisnummer, Sozialversicherungsnummer, Vorstrafen, Werturteile wie z.B. Zeugnisse, arbeitsrechtliche Beurteilungen, Namen von Gesellschaftern in Jahresabschlüssen, Personendaten in der Lohnbuchhaltung, Bewerbungsunterlagen von Personen
	Besondere Kategorien personenbezogener Daten (sensible Daten) sind nach *Art. 9 DSGVO* Daten zur rassischen oder ethnischen Herkunft, Daten zu politischen Meinungen, Daten zu religiösen oder weltanschaulichen Überzeugungen, Daten zur Gewerkschaftszugehörigkeit, Gesundheitsdaten, Daten zum Sexualleben oder zur sexuellen Orientierung, genetische Daten, biometrische Daten.
	Beispiele:
	Fingerabdruck, Iris-Scan, genetische Daten und Krankendaten

1

Verarbeiten *(Art. 4 Nr. 2 DSGVO)*	Dies umfasst jeden mit oder ohne Hilfe automatisierter Verfahren ausge- führten Vorgang oder jeden Vorgang im Zusammenhang mit personenbezo- genen Daten wie das Erheben, das Erfassen, die Organisation, das Ordnen, die Speicherung, die Anpassung, die Veränderung, das Auslesen, das Abfra- gen, die Verwendung, die Offenlegung durch Übermittlung, Verbreitung oder jede andere Form der Bereitstellung, den Abgleich oder die Verknüpfung, die Einschränkung, das Löschen oder die Vernichtung. **Beispiele:** *Erstellung einer Kundendatei, Aufnahme der Daten zur Erstellung einer Rech- nung, Mitarbeiterdatenbank, Buchen und Überweisen von Löhnen*
Verantwortli- cher *(Art. 4 Nr. 7 DSGVO)*	Verantwortliche Stelle/Verantwortlicher ist die natürliche oder juristische Person, Kanzlei, Behörde, Einrichtung oder andere Stelle, die über Zwecke und Mittel zur Verarbeitung von personenbezogenen Daten entscheidet. **Beispiele:** *Kanzleiinhaber, Unternehmer, Vorstand, Geschäftsführer*
Erlaubnis- tatbestände *(Art. 6 Abs. 1 DSGVO)*	Eine personenbezogene Datenverarbeitung ist nur erlaubt, wenn eine ge- setzliche Erlaubnisregelung diese gestattet oder eine ausdrückliche Einwilli- gung der betroffenen Person zur Verarbeitung ihrer Daten vorliegt. **Beispiele für Erlaubnistatbestände:** - *Einwilligung (Art. 4 Abs. 1 S. 1a DSGVO)* - *Verarbeitung zur Erfüllung eines Vertrages oder zur Durchführung vorver- traglicher Maßnahmen (Art. 6 Abs. 1 S. 1b DSGVO)* - *Verarbeitung aufgrund rechtlicher Verpflichtungen (Art. 6 Abs. 1 S. 1c DSGVO)* - *Verarbeitung zur Wahrung berechtigter Interessen (Art. 6 Abs. 1 S. 1f DSGVO)* *Jede Verarbeitung personenbezogener Daten ohne Erlaubnistatbestand laut DSGVO ist ein Verstoß gegen die DSGVO, der Schadensersatz, Haftung und Geldbußen zur Folge haben kann.*

**Rechen-
schafts- und
Dokumenta-
tionspflich-
ten**
*(Art. 5 Abs. 2,
Art. 24 Abs. 1
DSGVO)*
	- Verantwortliche sind zuständig für
	  • die Einhaltung der Grundsätze für die Verarbeitung personenbezoge-
	   nen Daten *(Art. 5 Abs. 1 DSGVO)*,
	  • den Nachweis der Einhaltung der Grundsätze (Rechenschaftspflicht).
	- **Rechenschaftspflicht:** Die verarbeitende Stelle muss jederzeit nachwei-
	  sen können, dass sie bei der Verarbeitung personenbezogener Daten
	  • die technischen und organisatorischen Anforderungen und
	  • die Datenschutzgrundsätze der DSGVO einhält.
	  Sie muss bei Streitigkeiten und gegenüber der Aufsichtsbehörde nachge-
	  wiesen werden.
	- **Dokumentationspflichten** *(Art. 30 Abs. 1 S. 1 DSGVO)*
	  Der Verantwortliche **muss** ein **schriftliches oder elektronisches Ver-
	  zeichnis aller innerbetrieblichen Datenverarbeitungtätigkeiten (Ver-
	  fahrensverzeichnis)** führen.
	  Diese Dokumentation sollte insbesondere beinhalten
	  • die innerbetrieblichen Grundsätze zur Verarbeitung personenbezoge-
	   ner Daten,
	  • Risiko- und Datenschutzfolgeabschätzungen in allen Verarbeitungs-
	   schritten,
	  • evtl. erkannte/identifizierte Datenschutzrisiken,
	  • hausinterne Datenschutz- und Sicherheitsrichtlinien,
	  • Nachweis über durchgeführte Datenschutzschulungen von Mitarbeitern
	   und die Dokumentation derselben,
	  • aufgestellte Regeln zur Überprüfung, Kontrolle, Verbesserung, und An-
	   passung an Datenschutzmaßnahmen

1

	Pflichtangaben des **Verfahrensverzeichnisses** sind insbesondere • die vollständige Personaldatenverwaltung *(z. B. Lohnbuchhaltung)* • die Mandaten-Datenbanken, • Verschlüsselung der E-Mails, E-Mail-System, • Kontaktdaten mit Namen des Verantwortlichen und des Datenschutz- beauftragten, • Zwecke der Verarbeitung, • Kategorien von betroffenen Personen *(z. B. Mandanten)*, von Empfän- gern von betrieblichen personenbezogenen Daten *(z. B. Datev)*, • Fristen für die Löschung personenbezogener Daten, • Beschreibung technisch organisatorischer Maßnahmen nach *Art. 32 DSGVO.* ■ **Datensicherungspflichten** *(Art. 32 DSGVO)* Datenverarbeitende Unternehmen müssen ab dem Zeitpunkt der Ent- wicklung (design) und Erstellung von Apps, Websites usw. die Daten- schutzgrundsätze *(z. B. Minimierung der Daten)* beachten und die Ein- haltung dieser durch entsprechende technische und organisatorische Maßnahmen sicherstellen. Weiterhin sind Voreinstellungen (default) so vorzunehmen, *dass nur personenbezogene Daten, deren Verarbeitung für den jeweiligen bestimmten Verarbeitungszweck notwendig sind, verarbei- tet werden.* ■ **Meldepflichten** *(Art. 33, 34 DSGVO)* Jeder Fall rechtswidriger Datenverarbeitung muss unverzüglich der Aufsichtsbehörde gemeldet werden, wenn die Datenschutzverletzung voraussichtlich zu einem Risiko für die Rechte und Freiheiten natürlicher Personen führt. Zusätzlich besteht eine Dokumentationspflicht für Daten- schutzverletzungen. ■ **Informationspflichten** *(Art. 12, 13, 14 DSGVO)* Die von einer Datenverarbeitung betroffenen Personen müssen genau, transparent, verständlich und in leicht zugänglicher Form in einer klaren, einfachen Sprache über die in *Art. 13, 14 DSGVO* genannten Informatio- nen unterrichtet werden. Informationspflichten dienen der Wahrung der informationellen Selbst- bestimmung, dem Schutz des Einzelnen gegen eine unbegrenzte Erhe- bung, Speicherung, Verwendung und Weitergabe persönlicher Daten. Ziel ist deshalb, eine Transparenz zu schaffen, die es für den Einzelnen erkennbar macht, wer was wann und bei welcher Gelegenheit über ihn erhebt, verarbeitet oder speichert. Es muss über die Dauer, Betroffenenrechte, Beschwerderecht informiert werden. Bei der Information des Betroffenen sind Fristen und Formvorschriften zu beachten. Informationspflichten sind schon bei der Erhebung der Daten zu erfüllen. Werden die Informationen aus dritter Quelle erhoben, muss die Informationenpflicht innerhalb einer angemessenen Frist nach Erlan- gung der Daten, längstens jedoch innerhalb eines Monats erfolgen. Die Information muss unentgeltlich und schriftlich oder in anderer Form (in elektronischer Form) erfolgen. ■ **Auskunftsrecht** *(Art. 15 DSGVO)* Betroffene Personen können vom Verantwortlichen eine Bestätigung verlangen, ob, wie lange, wie oft und welche personenbezogenen Daten verarbeitet werden. Es kann vom Verantwortlichen eine kostenlose Kopie aller verarbeiteten Daten verlangt werden *(Art. 15 Abs. 3 DSGVO)*, unrich- tige Daten sind zu berichtigen *(Art. 35 Abs. 1 S. 1 DSGVO)*.
Verstöße	Verstöße gegen Vorschriften der *DSGVO* durch Unternehmen können mit hohen Bußgeldern belegt werden *(Art. 84 Abs. 4–5 DSGVO)*.

Nach *§ 26 BDSG* ist die Verarbeitung von personenbezogenen Beschäftigungsdaten zulässig, wenn
■ dies zur Erfüllung gesetzlicher Pflichten oder für die Entscheidung über die Begründung eines Beschäftigungsverhältnisses oder für dessen Durchführung oder Beendigung erforderlich ist,

- der Arbeitnehmer in Schriftform die Einwilligungserklärung erteilt,
- der Arbeitgeber den Beschäftigten über den Zweck der Datenverarbeitung und über sein Recht, die Einwilligung zu widerrufen, in Textform aufklärt.

Neben der **DSGVO** und den **deutschen Datenschutzregeln** gelten für Steuerberater und Wirtschaftsprüfer berufsrechtliche Regelungen zum Schutz personenbezogener Daten.

Hier sind insbesondere die berufsrechtlichen Geheimhaltungspflichten *(z. B. Verschwiegenheitspflichten nach § 50 WPO und § 62 StBerG)* als spezielle Schutzpflichten zu nennen. Weiterhin können auch bestimmte strafrechtliche Regelungen eine datenschützende Wirkung haben *(§ 203 StGB für Steuerberater)*. Die Einhaltung der berufsrechtlichen Vorschriften obliegt den zuständigen Kammern *(z. B. Steuerberaterkammern)*.

Die Verschwiegenheitspflicht von angestellten und selbstständigen Steuerberatern ergibt sich *z. B. aus §§ 57 Abs. 1 StBerG i. V. m. 5 BOStB, 203 Abs. 1 Nr. 3 StGB, 102 AO, 84 FGO (Auskunftsverweigerungsrecht in Steuersachen), § 203 Abs. 1, 3–5 StGB (Verletzung von Privatgeheimnissen).*

> **Beispiel:**
> *Steuerberater A fragt beim Mandanten M per unverschlüsselter E-Mail Personaldaten eines Arbeitnehmers ab. Die E-Mail verstößt gegen § 203 Abs. 1 StGB, weil Privatgeheimnisse sowie Geschäfts- und Betriebsgeheimnisse durch unbefugte Offenbarung des Geheimnisses verletzt wurden.*
> *Unverschlüsselte E-Mails können wie Postkarten von jedem mitgelesen werden.*

Nach *§ 62 StBerG* hat der Praxisinhaber bzw. Arbeitgeber seine Mitarbeiter zur Verschwiegenheit schriftlich zu verpflichten und sie über einschlägige Vorschriften zu informieren (Auskunftsverweigerungsrechte in Steuersachen, Schutz von Privatgeheimnissen, Zeugnisverweigerungsrechte und Beschlagnahmeverbote sowie Datenschutzbestimmungen usw.).

Die Verschwiegenheitspflicht stellt eine der Grundvoraussetzungen für die steuerberatende Tätigkeit dar. Die Verschwiegenheitspflicht erstreckt sich auf alles, was dem Steuerberater in Ausübung des Berufs oder bei Gelegenheit seiner Berufstätigkeit anvertraut oder bekannt geworden ist. Hierzu gehört u. a. auch die bestehende Mandatsbeziehung selbst. Die Verschwiegenheitspflicht besteht auch nach Beendigung des Auftragsverhältnisses zeitlich unbeschränkt fort.

Bei der erstmaligen Erfassung und Speicherung personenbezogener Mandantendaten im EDV-System sind Mandanten darauf hinweisen, dass Daten erfasst, genutzt und speichert werden.

Die Benachrichtigung muss beinhalten: Kanzlei/Firma und Anschrift; die Tatsache, dass erstmals Daten über den Mandanten, der benachrichtigt wird, gespeichert oder übermittelt werden, und die Art der Daten; die Zweckbestimmung der Erhebung bei Verarbeitung oder Nutzung *(z. B. Bearbeitung der Einkommensteuererklärung)* sowie die Empfänger oder Kategorien von Empfängern, soweit der Mandant nicht mit der Übermittlung an diese rechnen muss *(z. B. Finanzamt)*.

Steuerberater sind i. d. R. zur Bestellung eines internen oder externen gewerblichen **Datenschutzbeauftragten** verpflichtet, wenn i. d. R. mindestens 10 Personen mit der automatisierten Verarbeitung personenbezogener Daten beschäftigt sind *(Art. 37–38 DSGVO)*.

Nach *Art. 35 DSGVO* und *§ 4 g BDSG* umfassen die Aufgaben und Pflichten des Datenschutzbeauftragten nach *§ 4 f BDSG*

- Unterrichtung und Beratung der Verantwortlichen, der Auftragsverarbeiter und der Beschäftigten,
- Überwachung der Einhaltung der *DSGVO* und nationalen Regelungen,
- Sensibilisierung und Schulung,

1

- Beratung und Überwachung im Zusammenhang mit der Datenschutz-Folgeabschätzung,
- Zusammenarbeit mit der Aufsichtsbehörde.

Für die Einhaltung der datenschutzrechtlichen Vorschriften ist das Unternehmen selbst verantwortlich.

1.7.2   Datensicherheit

Rechtsgrundlagen: *Art. 5 Abs. 1 f, Art. 24, 25, 36 DSGVO*

> Die Datensicherheit erfordert alle **Sicherheitsmaßnahmen technischer und organisatorischer Art zum Schutz von digitalen und analogen Daten gegen Missbrauch und Beschädigung**. Hierbei steht insbesondere die Sicherstellung der Verfügbarkeit, Integrität sowie Verbindlichkeit der Daten im Vordergrund.

Sicherheitsmaßnahmen *(z. B. die Pseudonymisierung und die Verschlüsselung)* müssen dem Stand der Technik entsprechen und deshalb ständig überprüft werden. Sie sollen drohende Risiken und deren Eintrittswahrscheinlichkeit berücksichtigen, allerdings soll der Aufwand je nach der Art der zu schützenden personenbezogenen Daten oder Datenkategorien in einem angemessenen Verhältnis zu dem angestrebten Schutzzweck stehen. Datenverarbeiter müssen die Sicherheit von Daten wahren, die ihnen durch einen Datenverantwortlichen übertragen wurden.

Die **Vorgaben** zur Datensicherheit sind in *Art. 32 DSGVO* geregelt.

Weitere Vorgaben finden sich in *Art. 25*:

- Der Grundsatz der **privacy by design** besagt, dass Datenschutz und Privatsphäre schon in der Entwicklung beachtet werden. IT-Systeme sollen grundsätzlich so ausgestaltet sein, dass sie die Datenschutzgrundsätze des *Art. 5 DSGVO* wirksam umsetzen, insbesondere das Gebot der Datenminimierung.
- Die Anforderung **privacy by default** soll dem Konzept der datenschutzfreundlichen Voreinstellungen entsprechen. Verstöße gegen diese Vorschrift werden mit hohen Bußgeldern geahndet.

Maßnahmen zur Sicherheit und zum Schutz vor Datenverlusten sind insbesondere

- Kernmaßnahmen wie *z. B. regelmäßige Sicherheitsupdates, Einsatz von Virenschutzprogrammen, Personal Firewalls, Nutzung von Benutzerkonten mit eingeschränkten Rechten,*
- Nutzung moderner Internet-Browser mit fortschrittlichen Sicherheitsmechanismen
- Verwendung sicherer Passwörter,
- Nutzung verschlüsselter Verbindungen bei Online Banking und bei Online Shopping
- Erstellen von regelmäßigen Sicherheitskopien (Backups),
- Schutz des Energieübertragungsnetzes durch technische Vorkehrungen (Kurzschluss, Überspannung),
- Nutzung von Cloud-Computing-Diensten durch Auslagerung von Daten und Services in fremde Rechenzentren, die aber über das Internet jederzeit erreichbar sind,
- Abschluss einer Betriebsunterbrechungsversicherung.

Schutzziele zur Datensicherheit *(Art. 32 Abs. 1 b DSGVO)*

Datensicherheit ist der **Zustand**, in dem die Vertraulichkeit, die Verfügbarkeit und die Integrität der Informationen und aller Komponenten eines Informationssystems gewährleistet sind. Bei der Kommunikation kommt die Verbindlichkeit als viertes Datensicherheitsziel hinzu.

- Die **Vertraulichkeit** ist gewahrt, wenn Informationen nur von Berechtigten zur Kenntnis genommen werden können. Hierdurch soll ein Informationsabfluss ausgeschlossen werden.

- Die **Verfügbarkeit** ist gewahrt, wenn Informationen und IT-Komponenten von Berechtigten bei Bedarf genutzt werden können.

- Die **Integrität** ist gewahrt, wenn Daten und Programme nur bestimmungsgemäß erzeugt und verändert werden können.

- **Belastbarkeit** (Widerstandsfähigkeit) verlangt, dass Systeme und Dienste einer gewissen Beanspruchung standhalten müssen.

Rechtsanwälte, Steuerberater und Wirtschaftsprüfer müssen als Berufsgeheimnisträger berufliche E-Mails mit sensiblen Daten verschlüsseln. Eine Unterlassung ist datenschutzwidrig und kann eine Straftat sein *(§ 203 StGB)*.

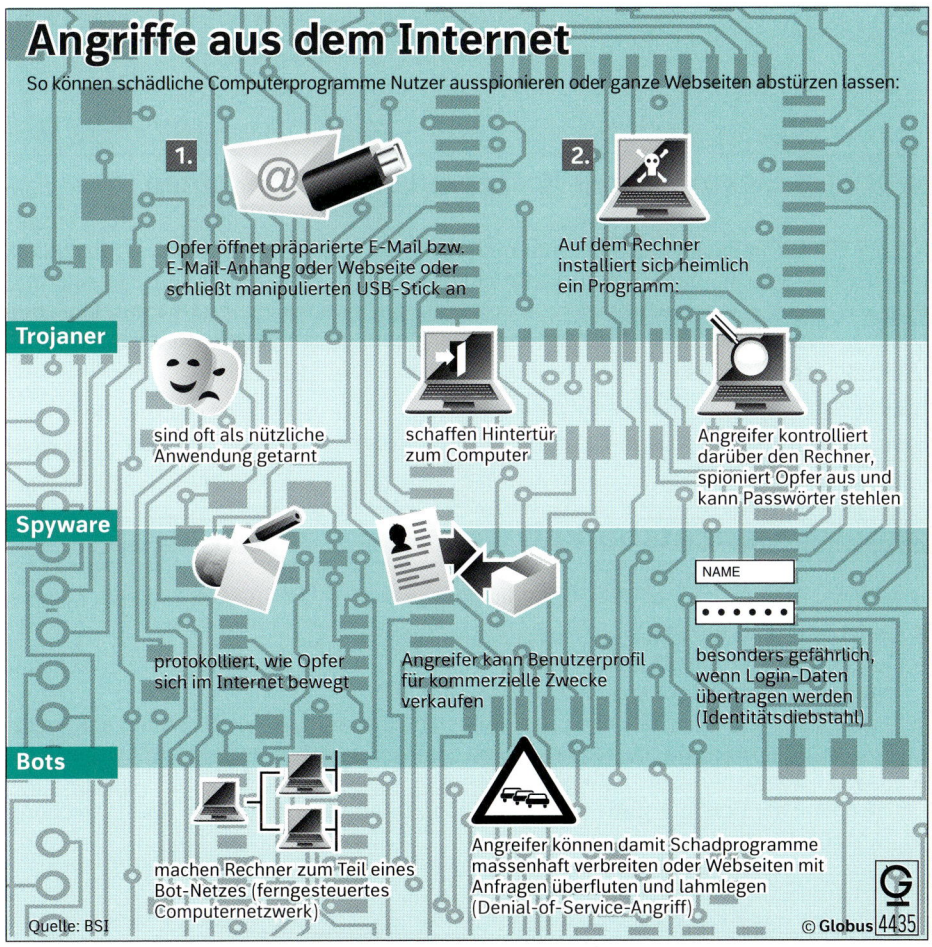

Angriffe aus dem Internet

So können schädliche Computerprogramme Nutzer ausspionieren oder ganze Webseiten abstürzen lassen:

1. Opfer öffnet präparierte E-Mail bzw. E-Mail-Anhang oder Webseite oder schließt manipulierten USB-Stick an

2. Auf dem Rechner installiert sich heimlich ein Programm:

Trojaner

sind oft als nützliche Anwendung getarnt

schaffen Hintertür zum Computer

Angreifer kontrolliert darüber den Rechner, spioniert Opfer aus und kann Passwörter stehlen

Spyware

protokolliert, wie Opfer sich im Internet bewegt

Angreifer kann Benutzerprofil für kommerzielle Zwecke verkaufen

NAME
• • • • • •

besonders gefährlich, wenn Login-Daten übertragen werden (Identitätsdiebstahl)

Bots

machen Rechner zum Teil eines Bot-Netzes (ferngesteuertes Computernetzwerk)

Angreifer können damit Schadprogramme massenhaft verbreiten oder Webseiten mit Anfragen überfluten und lahmlegen (Denial-of-Service-Angriff)

Quelle: BSI

© **Globus** 4435

1

1.7.3 Zusammenhang zwischen Datenschutz und Datensicherheit

Datenschutz und Datensicherheit stehen in keinem konkurrierenden Verhältnis zueinander, sondern **nebeneinander**. Sie verfügen über eine **gemeinsame Schnittmenge**. Falls personenbezogene Daten verarbeitet werden, muss in Bezug auf die Sicherheitsziele vor allem die Vertraulichkeit gewährleistet sein. Wenn IT-Systeme eingesetzt werden, sind entsprechende Datensicherheitsaspekte zu berücksichtigen. Letztendlich hat dies zur Folge, dass jede Kanzlei, die IT-Systeme einsetzt, für sich eine **individuelle Datensicherheitskonzeption** erstellen muss, um sich vor Schadensereignissen zu schützen oder die Folgen eines Schadensereignisses verkraftbar zu machen.

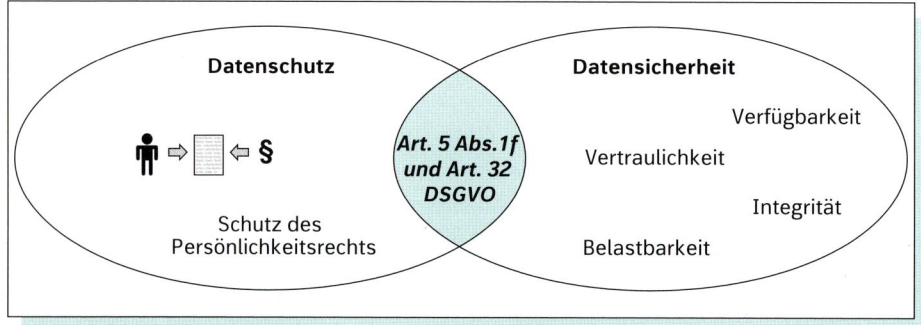

1.7.4 Elektronischer Rechtsverkehr mit Gerichten

Nach *§ 174 ZPO* müssen Anwälte, Notare, Gerichtsvollzieher, Steuerberater, Wirtschaftsprüfer sicher stellen, dass elektronische Zustellungen durch Gerichte möglich sind und dass die Übermittlung elektronischer Dokumente auf einem sicheren Übermittlungsweg i. S. d. *§ 130a Abs. 4 ZPO* so erfolgen kann, dass eine unbefugte Kenntnisnahme durch Dritte ausgeschlossen ist.

Beispiele für sicheren Übermittlungsweg:

Postfach- und Versanddienst eines De-Mail-Kontos, elektronisches Anwaltspostfach nach § 31a BRAO

1.8 Gerichtsbarkeit

Jeder Mitgliedstaat der EU sowie die EU haben eine eigene Gerichtsorganisation:

- **Gerichtsbarkeit der EU**:
  Zu unterscheiden sind drei Gerichtszweige:
  - **der Gerichtshof der Europäischen Union (EuGH)**:
    Der EuGH ist das höchste europäische Gericht und ist mit je einem Richter aus jedem EU-Land besetzt. Urteile des EuGH sind für alle Gerichte innerhalb der EU sowie für die EU-Bürger verbindlich. Gegen Urteile des EuGH ist keine Berufung möglich. Urteile nationaler Gerichte sowie nationale Gesetze müssen an die EuGH Rechtsprechung angepasst werden.

- **das Gericht**[1]:
  Es ist besetzt mit mindestens einem Richter je Mitgliedstaat und ist zuständig in
  – erster Instanz für Rechtssachen, die nicht an die Fachgerichte oder direkt an
    den Gerichtshof verwiesen werden,
  – zweiter Instanz für Rechtsmittel gegen die (erstinstanzlichen) Entscheidungen
    der Fachgerichte.
- **die Fachgerichte** können als Arbeits- und Sozialgericht, Strafgericht, Verfassungs-
  gericht, Verwaltungsgericht, Zivilgericht eingerichtet werden. Sie verhandeln und entscheiden Rechtssachen in erster Instanz.

■ **Gerichtsbarkeit des jeweiligen Mitgliedsstaates** *(z. B. Deutschland, Niederlande).*

Gerichtsbarkeit in Deutschland[2]

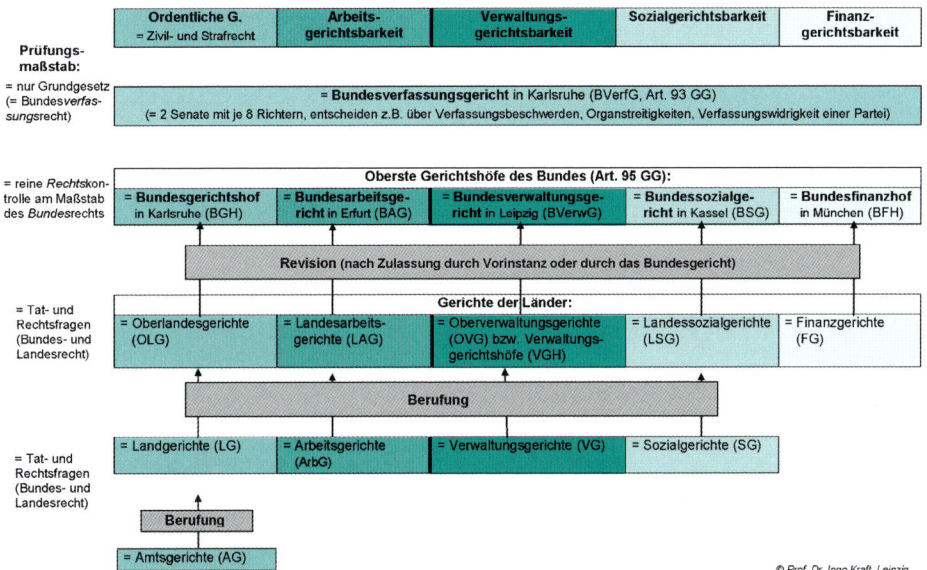

Die Gerichtsbarkeiten in der Bundesrepublik Deutschland

Quelle: Kraft, Ingo: Verwaltungsprozessrecht. In: www.ingokraft.de. www.ingokraft.de/Docs/VwGO%20Schemata.pdf [06.08.2018]. (verändert)

1.8.1 Arbeitsgerichtsbarkeit

Beispiel:

Sonja Stern ist davon überzeugt, dass die fristgerechte Kündigung zum 30. Juni nicht nach sozialen Gesichtspunkten erfolgte. Auch das Gespräch mit ihrem Arbeitgeber, Steuerberater Dr. Uwe Hartig, führt nicht zur Zurücknahme der Kündigung. Frau Stern will gerichtlich gegen die Kündigung vorgehen.

Das **Arbeitsgericht** ist **sachlich zuständig** für alle Streitigkeiten aus:
■ dem Arbeitsvertrag,
■ dem Tarifvertrag,
■ den Betriebsvereinbarungen,

---

[1] Vgl. curia.europa.eu/jcms/jcms/Jo2_7033.
[2] Vgl. auch S. 216.

1

- den Bestimmungen des Betriebsverfassungsgesetzes *(BetrVG)*,
- den Bestimmungen des Mitbestimmungsgesetzes *(MitbestG)*.

Örtlich ist das Arbeitsgericht zuständig, in dessen Bezirk sich der Erfüllungsort für das Arbeitsverhältnis (Niederlassung, Zweigniederlassung des Arbeitgebers) befindet.

Vor Beginn des Prozesses findet eine **Güteverhandlung** vor dem „Vorsitzenden Richter" statt, um die Parteien zu einer Klagerücknahme, -anerkennung oder einem Vergleich zu bewegen, um ohne Urteilsspruch das Gerichtsverfahren abzukürzen sowie Gerichtskosten und Arbeit zu sparen.

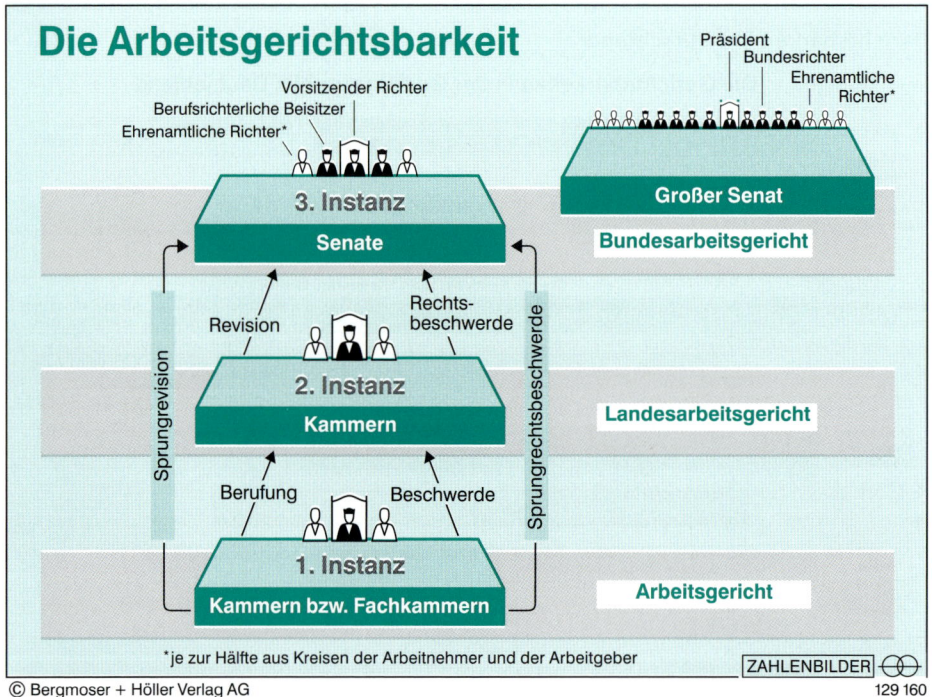

© Bergmoser + Höller Verlag AG   129 160

Im **ersten Rechtszug** entscheidet das **Arbeitsgericht** nach mündlicher Verhandlung durch Urteil (oder Vergleich), in Angelegenheiten des *BetrVG* und *MitbestG* durch Beschluss. Sofern der Streitwert 600,00 € übersteigt, sind die *Berufung* gegen Urteile und die *Beschwerde* gegen Beschlüsse beim **Landesarbeitsgericht** möglich. Gegen das Urteil des Landesarbeitsgerichts ist die Revision bzw. gegen einen Beschluss die *Rechtsbeschwerde* beim **Bundesarbeitsgericht** in Erfurt als höchste Instanz möglich, soweit die Vorinstanz das Rechtsmittel wegen grundsätzlicher Bedeutung der Rechtssache zugelassen hat.

Die Parteien müssen alle Tatsachen vorbringen und Beweismittel beibringen, auf deren Grundlage das Gericht ohne eigene Nachforschungen einen Vergleich herbeiführt oder ein Urteil verkündet. Im **Beschlussverfahren** stellt das Gericht von sich aus Ermittlungen an und klärt den Sachverhalt. Bei der **Berufung** wird der gesamte Streitfall erneut geprüft, bei der **Revision** jedoch nur die richtige Rechtsanwendung der Vorinstanzen.

1.8.2 Sozialgerichtsbarkeit

Sozialgerichte werden untergliedert in **Sozialgericht**, **Landessozialgericht und Bundessozialgericht**. Das Verfahren unterscheidet sich nur insofern von der Arbeitsgerichtsbarkeit, dass mit wenigen Ausnahmen ein Vorverfahren durchgeführt wird. Dabei entscheidet die bei dem Versicherungsträger eingerichtete Widerspruchsstelle über einen gegen einen Verwaltungsakt (Bescheid) gerichteten **Widerspruch** durch **Widerspruchsbescheid**.

Die Sozialgerichte entscheiden gem. *§ 51 SGG* über öffentlich-rechtliche Streitigkeiten in folgenden Angelegenheiten:

Die Sozialgerichtsbarkeit

- Arbeitsförderung und übrige Aufgaben der Agentur für Arbeit *(z. B. Arbeitsvermittlung, Berufsberatung, Arbeitslosenhilfe, Förderungsmaßnahmen nach dem SGB III, Insolvenzgeld)*
- Kriegsopferversorgung mit Ausnahme der Kriegsopferfürsorge, die den Verwaltungsgerichten zugewiesen ist
- Grundsicherung für Arbeitsuchende
- soziale und private Kranken- und Pflegeversicherung, gesetzliche Unfallversicherung, gesetzliche Rentenversicherung, Knappschaftsversicherung, Künstlersozialversicherung
- Streitigkeiten zwischen Krankenkassen und Vertragsärzten, Psychotherapeuten, Vertragszahnärzten sowie deren Verbände und Vereinigungen
- sonstige Angelegenheiten der Sozialversicherung
- Angelegenheiten der Sozialhilfe und des Asylbewerberleistungsgesetzes
- soziale Entschädigung bei Gesundheitsschäden, u. a. Kriegsopferversorgung, Soldatenversorgung, Impfschadensrecht, Gewaltopferentschädigung und bestimmte Angelegenheiten nach dem Schwerbehindertengesetz, *z. B. Feststellung einer Behinderung und Fragen des Schwerbehindertenausweises gem. § 69 SGB IX*
- Ausgleich der Arbeitgeberaufwendungen für Entgeltfortzahlungen nach dem Aufwendungsausgleichsgesetz
- Sozialhilfe und Asylbewerberleistungsgesetz
- sonstige staatliche Transferleistungen (Erziehungsgeld/Elterngeld)
- Angelegenheiten, in denen die Zuständigkeit der Sozialgerichte gesetzlich vorgesehen ist:

Beispiele:

Bundeskindergeldgesetz (§ 15 BKGG),
Opferentschädigungsgesetz (§ 7 OEG)

Die Sozialgerichte sind darüber hinaus für manche nicht so häufig vorkommende Streitfälle im Sozialrecht zuständig. Dazu gehören *beispielsweise Streitigkeiten nach dem Gesetz über die Alterssicherung der Landwirte.*

1

Übungsaufgaben

I. Teil: Arbeitsbedingungen

1. Beschreiben Sie den Wandel der Arbeitsbedingungen und die daraus entstehenden Folgen für den arbeitenden Menschen.

2. Begründen Sie, warum die Arbeitsplatzgestaltung nicht die alleinige Einflussgröße der Arbeitsbedingungen darstellt.

3. Für welchen Arbeitnehmerkreis gilt das Jugendarbeitsschutzgesetz und welchen besonderen Arbeitsschutz bietet das Jugendarbeitsschutzgesetz?

4. Begründen Sie, wann weibliche Arbeitnehmer dem besonderen Arbeitsschutz unterliegen, und erläutern Sie diese Schutzvorschriften.

5. Maria Matt ist Mitarbeiterin der „Männe OHG, Meisenheim". Die Arbeitszeit beträgt 40 Stunden je Woche. Der Arbeitslohn je Monat beträgt 1 500,00 €; für Steuern und Sozialversicherung werden 543,50 € einbehalten. Die Arbeitszeit je Tag beträgt 8 Stunden; je Monat 173,30 Stunden. Der Monat soll mit 18 Arbeitstagen gerechnet werden.
   Frau Matt ist schwanger und soll laut ärztlichem Attest am 7. September voraussichtlich entbinden. Am 10. September wird Frau Matt Mutter der Tochter Meike.
   a) Wer hat Anspruch auf Mutterschaftsgeld?
   b) Berechnen Sie die Schutzfristen vor und nach der Entbindung.
   c) Das Unternehmen bittet Frau Matt, während der Schutzfristen 3 Stunden je Tag auszuhelfen. Prüfen Sie die Zulässigkeit.
   d) Berechnen Sie den Zuschuss, den der Arbeitgeber in den Monaten Juli und August an Frau Matt bezahlen muss. Das Mutterschaftsgeld der Krankenkasse soll 13,00 € je Tag betragen.
   e) Wie ist der Zuschuss des Arbeitgebers zum Mutterschaftsgeld lohnsteuerlich und sozialversicherungsrechtlich zu behandeln?
   f) Erklären Sie das Beschäftigungsverbot während des Mutterschutzes.

6. Unter welchen Voraussetzungen steht Müttern oder Vätern Elterngeld oder Elternzeit zu?

7. Beschreiben Sie mögliche Unfallgefahren in Ihrem Ausbildungsbetrieb und deren Vermeidung. Wer erlässt die Unfallverhütungsvorschriften und ist für deren Überwachung zuständig?

II. Teil: Berufsausbildung

8. Die Max OHG beschäftigt 6 Auszubildende.
   a) Welches Gesetz bildet die Rechtsgrundlage für die gesamte Berufsausbildung?
   b) Nach Ablauf der Probezeit möchte der Auszubildende Walter Wechsel das Ausbildungsverhältnis auflösen, um einen anderen Beruf zu erlernen.
      Beurteilen Sie den Sachverhalt.
   c) Die Auszubildende Petra Plapper ist im 3. Ausbildungsjahr. Sie erzählt im Freundeskreis, die Max OHG habe 1 000 000,00 € Schulden bei diversen Lieferanten. Dies erfahren die Eigentümer der Max OHG und bitten Sie zu prüfen, ob das Ausbildungsverhältnis mit Frau Plapper sofort gelöst werden kann.
   d) Die Auszubildende Susi Sommer (22 Jahre alt) möchte wissen, welche Urlaubsansprüche sie anmelden kann. In welchem Gesetz findet sie Angaben über den Mindesturlaub?
   e) Die Berufsausbildung von der Auszubildenden Erna Ende endet laut Vertrag am 31. August 2017. Die schriftliche Prüfung findet am 15. Mai 2017 und die mündliche Prüfung am 20. Juni 2017 statt.
      Am 20. Juni um 16 Uhr teilt der Vorsitzende des Prüfungsausschusses Frau Ende mit, dass sie die Prüfung mit der Gesamtnote gut bestanden hat, und überreicht darüber eine vorläufige Bescheinigung. Am 12. August wird in einer Feierstunde offiziell das Prüfungszeugnis überreicht. Ab welchem Tag hat sie Anspruch auf das Gehalt einer Angestellten, wenn sie von dem Arbeitgeber als Angestellte übernommen wird?
   f) Für den volljährigen Auszubildenden Peter Pingel beträgt laut geltendem Tarifvertrag die wöchentliche Arbeitszeit 37,5 Stunden: montags 5,5 Stunden, dienstags bis freitags 8 Stunden. Montags besucht der Auszubildende regelmäßig 8 Stunden die Berufsschule.

Der Auszubildende bittet zu prüfen, ob er für die Differenz von 2,5 Stunden (= 8 Std. – 5,5 Std.) eine Mehrarbeitsvergütung vom Ausbilder verlangen kann.

9. Erörtern Sie Rechte und Pflichten aus dem Berufsausbildungsverhältnis.

10. Welche Fortbildungsmöglichkeiten stehen den Steuerfachangestellten im Rahmen der beruflichen Fortbildung offen?

III. Teil: Arbeitsrecht

11. Welche Aufgaben hat das Arbeitsrecht?

12. Unterscheiden Sie Individual- und Kollektivarbeitsrecht.

13. a) Nennen Sie rechtliche Grundlagen des Arbeitsrechts.
    b) Nennen Sie Beispiele für aushängepflichtige Gesetze.

14. Beschreiben Sie Pflichten und Rechte von Arbeitnehmern und Arbeitgebern aus dem Arbeitsverhältnis.

15. Welche Gründe führen zu einer Beendigung eines Arbeitsverhältnisses?

16. Unterscheiden Sie die ordentliche und außerordentliche Kündigung durch den Arbeitgeber. Nennen Sie Beispiele, die eine außerordentliche Kündigung rechtfertigen.

17. Welche gesetzlichen und verlängerten Kündigungsfristen gelten für Arbeitnehmer?

18. Erklären Sie, wann eine Kündigung sozial ungerechtfertigt ist.

19. Karin Kommal und Fridolin Fungi haben am 1. August 2011 eine Ausbildung zur/zum Steuerfachangestellten bei der Steuerberaterin Kluge angefangen.
    Im Mai 2012 möchte Karin Kommal kündigen, weil sie Streit mit der Ausbilderin hatte.
    Fridolin Fungi stellt fest, dass er für diesen Ausbildungsberuf ungeeignet ist, und möchte eine neue Ausbildung im EDV-Bereich starten.
    Beurteilen Sie die Situation der beiden Auszubildenden.

20. Die Steuerfachangestellte Martha Macht arbeitet seit 13 Monaten beim Steuerberater Genau ohne einen schriftlichen Arbeitsvertrag. Der Steuerberater beschäftigt 11 Angestellte.
    Martha Macht arbeitet sehr schluderig, beim Buchen unterlaufen ihr häufig gravierende Fehler.
    Herr Genau möchte deshalb das Arbeitsverhältnis mit Frau Macht auflösen.
    a) Ist eine fristlose Kündigung möglich?
    b) Welche ordentliche Kündigungsfrist muss der Steuerberater einhalten?
    c) Was würde eine Abmahnung bedeuten?
    d) Was muss eine Abmahnung beinhalten?
    e) Was soll die Abmahnung beim Empfänger erreichen?
    f) Wie kann der Empfänger der Abmahnung reagieren, wenn seiner Meinung nach die Abmahnung ungerechtfertigt ist?

21. a) Laura Emmel, 23 Jahre alt, seit 3 Jahren Verkäuferin bei Korb e. K., kündigt am Freitag, den 4. Dezember. Wann ist ihr letzter Arbeitstag, wenn die gesetzlichen Kündigungsfristen gelten?
    b) Max Lude möchte nach zwei Monaten Probezeit kündigen. Welche gesetzliche Kündigungsfrist muss er einhalten?
    c) Am 03.11. erfährt der Arbeitgeber, dass Herr Lude eine Kollegin nachweislich am 02.11. bestohlen hat. Der AG kündigt deshalb den Arbeitsvertrag mit Herrn Lude am 30.11. fristlos. Ist die Kündigung rechtswirksam?
    d) Welche Form verlangt die arbeitsrechtliche Kündigung?
    e) Welche Arten von Arbeitszeugnissen sind zu unterscheiden?

22. Dem Arbeitnehmer Pech ist am 7. Mai zum 30. Juni gekündigt worden. Die schriftliche Kündigung geht dem Arbeitnehmer am Mittwoch, den 9. Mai zu.
    Bis zu welchem Zeitpunkt muss der Arbeitnehmer spätestens bei welchem Gericht die Kündigungsschutzklage erheben?

23. Der Arbeitnehmer Pech verlangt von dem Arbeitgeber ein qualifiziertes Arbeitszeugnis.
    a) Welche Angaben muss ein qualifiziertes Arbeitszeugnis enthalten?
    b) Welche „Notenstufen" werden in Arbeitszeugnissen in Anlehnung an BAG-Urteile verwendet?

1

24. Welche Rechte hat der Arbeitnehmer bei Beendigung des Arbeitsverhältnisses?

25. Nennen Sie die Sozialpartner nach dem Kollektivarbeitsrecht.

26. Erläutern Sie „Tarifautonomie", „Tarifgebundenheit" und „Allgemeinverbindlichkeitserklärung".

27. Welche Regelungen enthält ein Tarifvertrag?

28. Erklären Sie die Unterschiede zwischen Tarifvertrag und Betriebsvereinbarung.

29. Bei Durchführung von Arbeitskämpfen sind bestimmte Regeln zu beachten. Welche der folgenden Behauptungen entsprechen diesen Regeln, welche nicht?
   a) Nach dem Scheitern von Tarifverhandlungen kann der Vorstand der Gewerkschaft den Streik ausrufen.
   b) In Schlichtungsverfahren ist der Spruch des unparteiischen Schlichters für die Tarifvertragsparteien verbindlich.
   c) Führt ein Schlichtungsverfahren nicht zur Einigung, so beginnt am nächsten Tag der Streik.
   d) Bei wilden und organisierten Streiks zahlt die Gewerkschaft Streikgeld.
   e) Bei der Urabstimmung gilt der Streik als genehmigt, wenn mindestens 75 % der unter den Geltungsbereich des Tarifvertrags fallenden Gewerkschaftsmitglieder zustimmen.
   f) Der Streik löst das Arbeitsverhältnis für die Dauer des Streiks nicht auf.
   g) Wer nicht Gewerkschaftsmitglied ist, hat auch kein Streikrecht.
   h) Wenn der Streik ausgerufen ist, haben die Unternehmer das Recht zur Aussperrung.
   i) Bei der Aussperrung haben nur die arbeitswilligen Streikbrecher das Recht, das Firmengelände zu betreten. Während der Laufzeit eines Tarifvertrages sind Arbeitskämpfe nicht erlaubt.

30. Laura Freude arbeitet seit dem 1. März 2017 bei ihrem Arbeitgeber, seit Februar 2018 weiß sie, dass sie schwanger ist. Voraussichtlicher Tag der Entbindung: 15.09.18, tatsächlicher Tag der Entbindung: 16.09.18.
   a) Wie viele Werktage Urlaub bei einer Arbeitswoche von Montag bis Freitag stehen Frau Freude nach dem Gesetz zu?
   b) Wann erwirbt Frau Freude Anspruch auf den vollen Jahresurlaub? (Bitte Datum angeben.)
   c) Mindert die Schwangerschaft den Urlaubsanspruch?
   d) Berechnen Sie Beginn und Ende der Mutterschutzfrist bei einer normalen Geburt.
   e) Frau Freude möchte freiwillig auf den Mutterschutz verzichten. Ist dies möglich?
   f) Sofort nach der Geburt will Frau Freude wieder arbeiten. Ist dies zulässig?
   g) Wann beginnt und wann endet die Elternzeit?

31. Die Arbeitnehmerin A nimmt nach der Geburt ihres ersten Kindes eine dreijährige Elternzeit, die am 18. Mai 2018 endet. Im Verlauf dieser Elternzeit wird sie erneut schwanger. Die Mutterschutzfrist beginnt am 17. März 2018 und endet am 23. Juni 2018.
   a) Für welchen Zeitraum besteht kein Anspruch auf Arbeitgeber-Zuschuss zum Mutterschaftsgeld?
   b) Für welchen Zeitraum kann Zuschuss zum Mutterschaftsgeld abgerechnet werden?

IV. Teil: Entlohnung

32. Nehmen Sie eine Abgrenzung der einzelnen Entlohnungsformen vor.

33. Nicht alle Tätigkeiten lassen sich nach Leistungskriterien vergüten. Erklären Sie aus der Sicht des Betriebes und des Beschäftigten, wann eine Entlohnung nach dem Zeitlohn sinnvoll ist.

34. Stellen Sie Vor- und Nachteile des Zeitlohnes sowie des Akkordlohnes gegenüber.

35. Prämienlohn gilt als besonders motivationsfördernd im Rahmen von Entlohnungssystemen. Erläutern Sie diese Aussage.

36. Der Soziallohn wird „zweiter Lohn" genannt. Aus welchen Gründen ist diesem Lohn besondere Beachtung zu schenken?

37. Das Lohngruppenverfahren ist eine Form der Arbeitsbewertung. Nehmen Sie eine Abgrenzung zu den übrigen Verfahren vor.

38. Welchen Sinn haben Stellenbewertungen?

39. a) Unterscheiden Sie Personalkosten.

b) Nach welchen Kriterien können Lohnbelege sortiert werden?

V. Teil: Mitwirkung, Mitbestimmung

40. In welchen Gesetzen sind die Mitwirkung und Mitbestimmung der Arbeitnehmer in Betrieben und Unternehmungen geregelt?

41. Welche Möglichkeiten hat der Betriebsrat im Bereich der betrieblichen Mitbestimmung?

42. Nennen Sie allgemeine Aufgaben des Betriebsrates.

43. Welche Mitwirkungsmöglichkeiten über den Betriebsrat stehen der Jugend- und Auszubilden-denvertretung zur Verfügung?

44. Erklären Sie die paritätische Mitbestimmung.

45. Nennen Sie die wesentlichen Mitbestimmungsunterschiede zwischen dem Mitbestimmungs-gesetz von 1976 und dem Montan-Mitbestimmungsgesetz.

VI. Teil: Soziale Sicherung

46. Geben Sie die Ziele der Sozialpolitik an, die der Staat im Rahmen der Sozialgesetzgebung errei-chen will.

47. Nennen Sie Gründe für den Abschluss einer Versicherung.

48. Unterscheiden Sie zwischen Individualversicherung und Sozialversicherung und nennen Sie zugehörige Versicherungszweige.

49. Begründen Sie die Versicherungspflicht bei der Sozialversicherung.

50. Karla Knall ist Mitarbeiterin der Fussel GmbH und erhält ein Monatsgehalt von 5 000,00 €. Sie ist ledig und bei der AOK krankenversichert.

a) Nennen Sie mindestens 5 verschiedene Leistungen der gesetzlichen Krankenversicherung.

b) Prüfen Sie, ob Frau Knall rentenversicherungspflichtig ist.

c) Wie berechnet sich der Beitrag zur gesetzlichen Krankenversicherung?

d) Kann sich Frau Knall bei einer privaten Krankenkasse versichern lassen?

e) Bis wann sind die Sozialversicherungsbeiträge an wen und von wem abzuführen?

f) Auf der Fahrt zum Arbeitsplatz fährt Frau Knall bei ihrem Bäcker vorbei, um sich ihr Frühstück einzukaufen. Auf dem Weg zum Bäcker rutscht sie aus und bricht sich den Unterarm.
Die zuständige Versicherung weigert sich, dies als Arbeitsunfall anzuerkennen.
Bei welchem Gericht kann sie klagen?

g) Nach ihrer Genesung geht Frau Knall wieder zu ihrem Arbeitsplatz. Sie fällt vor dem Haupt-portal des Unternehmens und zieht sich eine schmerzhafte Zerrung zu.
Welche Institution hat die Kosten für die ärztliche Behandlung zu tragen?

51. Kim Köbes begann am 1. April als Auszubildende beim Steuerberater Steuer ihre Ausbildung. Am 18. April erlitt sie unverschuldet einen Fahrradunfall. Der behandelnde Arzt stellte am 18. April die Arbeitsunfähigkeit fest und schrieb sie bis zum 30. Juni arbeitsunfähig krank.
Sie ist bei der AOK Rheinland pflichtversichert.

a) Ab wann besteht Anspruch auf Entgeltfortzahlung nach Entgeltfortzahlungsgesetz?

b) Ab wann besteht Anspruch auf Krankengeld?

c) Wer zahlt das Krankengeld aus?

d) Der Arbeitgeber nimmt am Umlageverfahren teil.
Welche Umlage erbringt hier welche Leistung?

e) Wie wird Krankengeld im Rahmen der ESt-Veranlagung behandelt?

52. In der gesetzlichen Krankenversicherung wird zwischen Sach- und Geldleistungen sowie zwi-schen Regel- und Mehrleistungen unterschieden. Grenzen sie diese Begriffe voneinander ab. Nennen Sie jeweils 2 Beispiele.

53. Wie hat eine ordnungsgemäße Krankmeldung eines Arbeitnehmers zu erfolgen?

1

54. Welche der nachfolgenden Arbeitnehmer/-innen sind gesetzlich krankenversichert und arbeitslosenversichert?
   a) Bundeswehroffizier,
   b) Arbeitnehmerin, Monatsgehalt 3 000,00 €,
   c) Frau mit Minijob, 350,00 €,
   d) Vorstandsmitglied einer Aktiengesellschaft,
   e) 68-jähriger Theaterschauspieler,
   f) Pfarrer der katholischen Kirche.

55. a) Erklären Sie den Begriff „arbeitsuchend".
   b) Wie meldet man sich arbeitsuchend?

56. Welche Arbeitnehmer unterliegen der gesetzlichen Pflegeversicherung und welche Leistungen stehen ihnen zu?

57. Der 18-jährige Auszubildende Jürgen Renn verunglückt mit seinem Pkw auf dem Weg zur Arbeit. Die Reparaturkosten des Pkw betragen 5 000,00 € und die der unfallbeschädigten Ampelanlage 1 000,00 €. Renn liegt 12 Wochen im Krankenhaus und anschließend ist er weitere 6 Monate arbeitsunfähig krank. Seine Erwerbsfähigkeit ist auf Dauer um 30 % gemindert. Wer trägt welche Aufwendungen dieses Unfalles?

58. Geben Sie einen Überblick über die Aufgabenbereiche und Leistungen
   a) der gesetzlichen Krankenversicherung,
   b) der gesetzlichen Pflegeversicherung,
   c) der gesetzlichen Rentenversicherung,
   d) der gesetzlichen Unfallversicherung,
   e) der Arbeitslosenversicherung.

59. a) Unterscheiden Sie die verschiedenen Zweige der Sozialversicherung im Hinblick auf die Beitragsaufbringung und Finanzierung der Ausgaben.
   b) Erklären Sie die Begriffe „Beitragsbemessungsgrenze", „Jahresarbeitsentgeltgrenze" und „Versicherungspflichtgrenze".

60. Staatliche Sozialleistungen werden in individuellen Notlagen oder aus familienpolitischen Erwägungen gewährt. Nennen Sie Beispiele und begründen Sie die Leistungsgewährung.

61. Erklären Sie, warum die Gesamtheit der sozialen Leistungen abhängig ist von wirtschaftlichen und gesellschaftlichen Veränderungen.

62. Als tragende Säule der Altersvorsorge ist neben der umlagefinanzierten Rentenversicherung und der privaten Versicherung die betriebliche Altersvorsorge zu nennen.
   a) Geben Sie die Durchführungswege der betrieblichen Altersvorsorge an.
   b) Beschreiben Sie kurz die einzelnen Durchführungswege.
   c) Erklären Sie die Unterschiede der Durchführungswege.
   d) Nennen Sie die Rechtsgrundlagen für die betriebliche Altersvorsorge.

VII. Teil: Datenschutz

63. Unterscheiden Sie Datenschutz und Datensicherheit.

64. Erläutern Sie den Begriff „Verarbeiten" nach der *EU-DSGVO*.

65. Welche Ziele verfolgt die Datensicherheit?

VIII. Teil: Gerichtsbarkeit

66. Erklären Sie den Aufbau der Arbeitsgerichtsbarkeit.

67. Für welche Streitigkeiten ist die Sozialgerichtsbarkeit zuständig?

2 Grundlagen des Wirtschaftens

Wirtschaften basiert darauf, dass Personen individuelle Bedürfnisse haben, die sie befriedigen wollen. Aber die Güter für die Befriedigung dieser Bedürfnisse sind knapp.

2.1 Bedürfnisse, Bedarf, Nachfrage

Bedürfnisse

Jeder Mensch empfindet eine Vielzahl von unerfüllten Wünschen, die in der Sprache der Wirtschaft Bedürfnisse genannt werden. Bedürfnisse entstehen gefühlsmäßig. Sie sind zwar individueller Natur, werden aber in hohem Maße durch die Umwelt beeinflusst, in der der einzelne Mensch lebt.

> Ein **Bedürfnis** ist das subjektive Empfinden eines Mangels, verbunden mit dem Bestreben, diesen Mangel zu beseitigen.

Bedürfnisse werden individuell empfunden und differieren unter den Menschen. Je stärker ein Bedürfnis ist, umso intensiver ist das Bestreben zur Befriedigung. Güter sind die Mittel, mit denen ein Bedürfnis befriedigt werden kann. Die Bedürfnisbefriedigung wird zur Grundlage wirtschaftlichen Handelns.

Beispiel:

Das Bedürfnis nach Nahrungsaufnahme entsteht aus dem Empfinden eines Mangels, den wir als Hunger bezeichnen. Dieses Mangelempfinden löst Handlungen des Menschen aus, Nahrungsmittel zu beschaffen, um den Hunger zu stillen, d. h. den Mangel zu beseitigen (→ Grundlage für die Entstehung von Landwirtschaft und Ernährungsindustrie).

Bedürfnis (Mangelempfinden)	löst Handlungen aus →	Bedürfnisbefriedigung (Mangelbeseitigung)

Bedürfnisarten

Die Bedürfnisse des Menschen unterscheiden sich in ihrer Dringlichkeit. Da der Mensch mit den begrenzt vorhandenen Mitteln nicht alle seine Bedürfnisse zugleich befriedigen kann, wird er die Bedürfnisse entsprechend ihrer Dringlichkeit zu befriedigen suchen.
Nach der **Dringlichkeit der Bedürfnisse** unterscheidet man zwischen Existenz- und Wahlbedürfnissen.

> **Existenzbedürfnisse** (Grundbedürfnisse) sind Bedürfnisse, deren Befriedigung zur Sicherung der Lebensgrundlagen des Menschen notwendig ist.

Beispiel:

Niemand kann auf Dauer ohne Unterkunft, Kleidung und ohne Grundnahrungsmittel wie Brot, Gemüse, Fett, Milch usw. leben.

> **Wahlbedürfnisse** sind die Kultur- und Luxusbedürfnisse.

Beispiel:

Verfügt der Einzelne über mehr Geldmittel, als zum „nackten" Leben erforderlich sind, so kann er wählen, welche Bedürfnisse er darüber hinaus befriedigen will. Der eine legt besonderen Wert auf modische Kleidung, der andere besucht gerne Feinschmeckerlokale, ein Dritter erfüllt sich den Wunsch nach einer Videokamera.

Mit zunehmendem Wohlstand und fortschreitender kultureller und technischer Entwicklung treten die Wahlbedürfnisse in den Vordergrund.

Existenzbedürfnisse (Grundbedürfnisse)	
Beispiele:	■ *Nahrung:* z. B. Essen, Getränke ■ *Kleidung:* z. B. Hose, Hemd, Kleid, Pullover, Mantel, Strümpfe, Schuhe, Unterwäsche ■ *Unterkunft:* z. B. Wohnraum mit Möbeln, Badezimmer, Küche

Wahlbedürfnisse	
Kulturbedürfnisse	**Luxusbedürfnisse**
Beispiele: ■ *sich bilden* ■ *Entspannung durch Fernsehen, Radio hören* ■ *besuchen von Theater- und Kinovorstellungen, von Diskotheken, von Sportveranstaltungen* ■ *Auto fahren* ■ *reisen* ■ *telefonieren*	**Beispiele:** ■ *wertvollen Schmuck kaufen* ■ *teure Getränke trinken* ■ *kostspielige Autos fahren* ■ *Kleider und Möbel von Edeldesignern erwerben* ■ *eine Villa bauen* ■ *ein Privatflugzeug zu besitzen* ■ *ein Bild von Picasso zu besitzen*
Individualbedürfnisse	**Kollektivbedürfnisse**
Die einzelnen Bedürfnisse sind von Mensch zu Mensch verschieden, sie können nur individuell von der einzelnen Person befriedigt werden.	Dies sind Bedürfnisse einer Gemeinschaft oder Gruppe wie *z. B. einer Klasse, einer Gemeinde, einer Stadt, eines Bundeslandes.* **Beispiele:** ■ *Sicherheit durch Gerichte und Polizei* ■ *Einrichtung und Unterhaltung von Schulen, Universitäten, Krankenhäusern, Kindergärten* ■ *Errichtung und Unterhaltung von Straßen, Gehwegen, Wanderwegen*

> Ausgangspunkt jeden **wirtschaftlichen Handelns** bilden die **Bedürfnisse** des Menschen, d. h. das Empfinden eines Mangels mit dem Streben, diesen Mangel zu beseitigen. Bedürfnisse initiieren Handlungen, sie haben Antriebscharakter. Wirtschaftlich relevant und messbar werden Bedürfnisse, wenn sie am Markt befriedigt werden, d. h. wenn **Bedarf** entsteht. Bedarf ist durch Kaufkraft entstehende Nachfrage.

Es ist nicht immer leicht, Existenz-, Kultur- und Luxusbedürfnisse voneinander abzugrenzen.

Beispiele:

■ *Die unterschiedlichen Lebens- und Umweltbedingungen führen dazu, dass das Verlangen nach Pelzkleidung von den Eskimos als Existenzbedürfnis, in unseren Breitengraden dagegen als Luxusbedürfnis empfunden wird.*
■ *Der Wunsch nach einem zuverlässigen Auto wird in seiner Dringlichkeit von einem Taxifahrer höher eingestuft als von jemandem, der das Auto nur zu Ausflugsfahrten benutzt.*

Vielfach richtet sich das Streben der Menschen auf die Erlangung von Statussymbolen, um den eigenen Wohlstand und gesellschaftlichen Rang zu demonstrieren.

Der amerikanische Psychologe Abraham H. **Maslow** hat die Bedürfnisse aufgrund ihrer Dringlichkeit ausgehend von den Grundbedürfnissen hierarchisch nach Stufen geordnet. Zunächst trachtet der Mensch danach, elementare physiologische Grundbedürfnisse zu befriedigen; wenn diese weitgehend gedeckt sind, entstehen Sicherheitsbedürfnisse, anschließend werden soziale Bedürfnisse angestrebt, es folgen Anerkennungs- und Selbsterfüllungsbedürfnisse

In der sich daraus ergebenden fünfstufigen **Bedürfnishierarchie** sind **ökonomische** (wirtschaftliche) und **außerökonomische** (nicht wirtschaftliche) Bedürfnisse enthalten.

Bedürfnishierarchie nach Abraham H. Maslow

5. Stufe:	**Selbsterfüllungsbedürfnisse** Selbstverwirklichung, d. h. so zu sein und zu handeln, wie es dem inneren Drang entspricht *(z. B. Musiker will musizieren, Maler will malen)*, aktive Lebens- und Umweltgestaltung
4. Stufe:	**Wertschätzungs- und Anerkennungsbedürfnisse** Dies sind insbesondere Selbstachtung und Wertschätzung durch andere wie *z. B. Bewunderung, Verehrung, aber auch Status, Streben nach Macht, Ansehen, Geltung.*
3. Stufe:	**Soziale Bedürfnisse** Dies sind Zugehörigkeits- und Liebesbedürfnisse wie *z. B. Geborgenheit, Gruppenzugehörigkeit, Familie, Kontakt, menschliche Zuwendung, Freundschaft, Geselligkeit, Liebe, Informationsaustausch, Beziehungen, Anerkennung.*
2. Stufe:	**Sicherheitsbedürfnisse** *(z. B. Schutz vor Gefahr, Vorsorge für Krankheit, Altersvorsorge, Kündigungsschutz, Vorsorge vor Arbeitslosigkeit, Gerechtigkeit)*
1. Stufe:	**Physiologische Bedürfnisse** insbesondere existenzielle (lebensnotwendige) Bedürfnisse wie *z. B. Atmen, Essen, Trinken, Wohnen, Schlafen, Kleidung, Sexualität*

Nach der **Bewusstheit der Bedürfnisse** unterscheidet man zwischen offenen und latenten Bedürfnissen.

■ **Offene Bedürfnisse** sind dem Menschen bewusst.

■ **Latente Bedürfnisse** sind Wünsche, die erst durch das Umfeld des Menschen geweckt werden müssen, bevor sie als Bedürfnis empfunden werden.

Beispiel:

Die Werbung versucht, die Bedürfnisse der Menschen zu beeinflussen. Andererseits erforschen die Unternehmen die offenen und latenten Bedürfnisse der Verbraucher, um die gewünschten Produkte herzustellen und für sie einen Absatzmarkt zu finden.

Nach der **Art der Bedürfnisbefriedigung** unterscheidet man

■ **Individualbedürfnisse:** diese kann jeder Einzelne im Rahmen seiner finanziellen Möglichkeiten allein befriedigen.

■ **Kollektivbedürfnisse:** die Befriedigung erfolgt mit Gütern, die allen Mitgliedern der Gesellschaft zur Verfügung stehen.

Beispiele:

Straßen, Schulen, geordnete Rechtsprechung, saubere Umwelt

Einteilung der Bedürfnisse		
nach der Dringlichkeit	**nach der Bewusstheit**	**nach der Art der Befriedigung**
▪ Existenzbedürfnisse ▪ Kulturbedürfnisse ▪ Luxusbedürfnisse	▪ offene Bedürfnisse ▪ latente Bedürfnisse	▪ Individualbedürfnisse ▪ Kollektivbedürfnisse

Art und Zahl der Bedürfnisse unterliegen im Verlauf der wirtschaftlichen, technischen und kulturellen Entwicklung einem ständigen Wandel.

Beispiel:

Galt vor 50 Jahren ein Schwarzweißfernsehgerät als ausgesprochener Luxusartikel, den sich nur Besserverdienende „leisten" konnten, so ist heute der Besitz eines Farbfernsehgerätes für die meisten eine Selbstverständlichkeit geworden.

Die Bedürfnisse des Menschen sind unbegrenzt. Sie bilden den Ausgangspunkt wirtschaftlichen Handelns.

Bedarf

Aus der Vielzahl der Bedürfnisse muss eine Konkretisierung derart erfolgen, dass der Einzelne
▪ die Art und Menge der Güter, die er zur Bedürfnisbefriedigung erwerben möchte, benennen kann **und dass**
▪ er die finanziellen Mittel besitzt, um diese ausgewählten Güter zu erwerben.

Aufgrund der begrenzten finanziellen Mittel werden für den Einzelnen viele Bedürfnisse unerfüllt bleiben.

Zur sinnvollen Verwendung seiner Mittel wird der Mensch seine Bedürfnisse zunächst ihrer Dringlichkeit nach ordnen und sodann entscheiden, mit welchen Gütern er diese Bedürfnisse befriedigen will.

Bedarf
▪ ist die konkrete Absicht, durch Erwerb bestimmter materieller, sozialer oder geistiger Wirtschaftsgüter Bedürfnisse befriedigen zu wollen,chfrage,
▪ wird durch einen Kaufentschluss am Markt als Nachfrage wirksam.

▎Nachfrage

Verfügt der Einzelne über genügend finanzielle Mittel und ist er bereit, diese zur Bedarfsdeckung einzusetzen, so entsteht **Nachfrage.**

> **Nachfrage** ist der individuelle Bedarf, der am Markt als Nachfrage in Form von Kaufentscheidungen wirksam wird.

Die Nachfrage wird insbesondere bestimmt von

- der Bedürfnisstruktur des Nachfragenden,
- dem derzeitigen und zukünftigen Preis des Gutes,
- den Preisen anderer Güter,
- dem verfügbaren Einkommen des Konsumenten/Investors,
- dem Geschmack und den Vorlieben des Konsumenten/Investors,
- den Erwartungen des Konsumenten/Investors.

Aufgabe der Wirtschaft und damit Aufgabe der Unternehmen ist es, diese Nachfrage zu befriedigen. Die Nachfrage führt zur Produktion und Bereitstellung von Gütern und zu Angeboten von Dienstleistungen durch Unternehmen, um die geforderten Bedürfnisse zu befriedigen. Ziel einer Volkswirtschaft ist die bestmögliche Versorgung der Bevölkerung mit Gütern und Dienstleistungen.

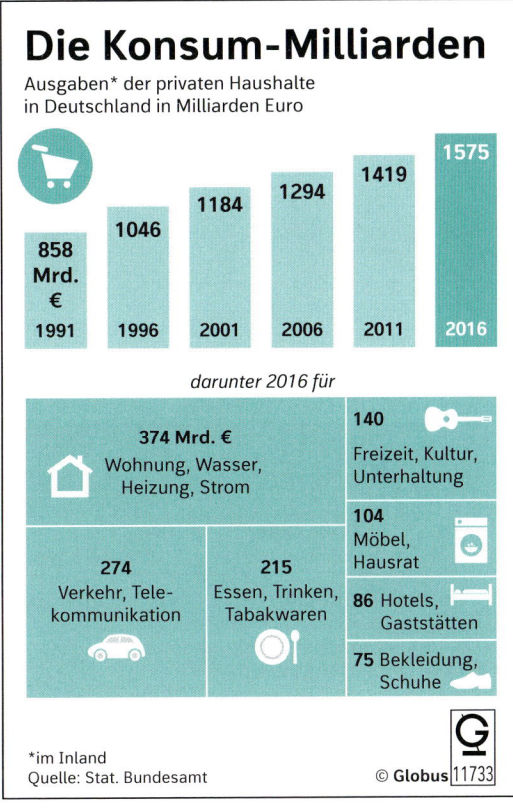

Die Konsum-Milliarden

Ausgaben* der privaten Haushalte in Deutschland in Milliarden Euro

1991	1996	2001	2006	2011	2016
858 Mrd. €	1046	1184	1294	1419	1575

darunter 2016 für

374 Mrd. €
Wohnung, Wasser, Heizung, Strom

274 Verkehr, Telekommunikation

215 Essen, Trinken, Tabakwaren

140 Freizeit, Kultur, Unterhaltung

104 Möbel, Hausrat

86 Hotels, Gaststätten

75 Bekleidung, Schuhe

*im Inland
Quelle: Stat. Bundesamt

© **Globus** 11733

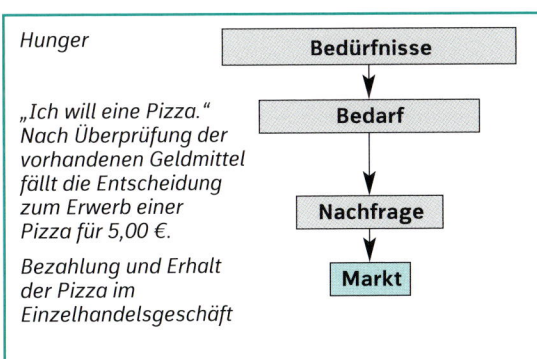

Hunger	**Bedürfnisse**	... sind unbestimmt und unbegrenzt. Die Bedürfnisse werden nach Dringlichkeit sortiert und konkretisiert.
„Ich will eine Pizza." *Nach Überprüfung der vorhandenen Geldmittel fällt die Entscheidung zum Erwerb einer Pizza für 5,00 €.*	**Bedarf**	... ist das konkrete Verlangen, bestimmte Güter zu erwerben. Wenn der Bedarfsträger seine Kaufkraft einsetzt, entsteht Nachfrage.
	Nachfrage	... ist die am Markt wirksam werdende Kaufentscheidung.
Bezahlung und Erhalt der Pizza im Einzelhandelsgeschäft	**Markt**	... ist der Ort, an dem in einer modernen Wirtschaft Güter gegen Geld getauscht werden. Am Markt treffen Angebot von Gütern und Nachfrage nach Gütern zusammen, dabei bestimmen Angebot und Nachfrage den Preis.

> **Beispiel:**
> - *Nach einem anstrengenden Berufsschultag hat die Auszubildende Lisa Röltgen Lust, ins Kino oder Theater zu gehen.*
> - *Sie informiert sich über das Angebot, prüft, ob sie genügend Geld hat, und entscheidet sich für einen Kinobesuch.*
> - *Sie löst an der Kinokasse eine Eintrittskarte zum Preis von 8,00 €.*

2

2.2 Güterangebot

> Als **Güter** bezeichnet man die Mittel, die der Bedürfnisbefriedigung des Menschen dienen. Sie stiften einen Nutzen, indem sie helfen, die vorhandenen Bedürfnisse zu befriedigen.

Güter	stiften einen Nutzen im Hinblick auf →	Befriedigung der Bedürfnisse

Nach der **Verfügbarkeit der Güter** unterscheidet man zwischen freien und knappen Gütern.

Güter

Freie Güter	Knappe Güter = Wirtschaftsgüter
■ sind im Verhältnis zu den Bedürfnissen reichlich vorhanden ■ können ohne Einschränkungen von jedermann erlangt werden	■ knappe Güter werden durch begrenzt verfügbare Produktionsfaktoren hergestellt und verursachen bei der Herstellung Kosten, ■ wegen Knappheit sind Wirtschaftssubjekte bereit, bei Erwerb dieser Güter einen Preis zu zahlen
Beispiele: ■ *Tageslicht* ■ *Regenwasser* ■ *Luft*	**Beispiele:** ■ *elektrisches Licht* ■ *Leitungswasser* ■ *Straßenbahnfahrkarte*

▉ Freie Güter

Es gibt nur wenige Güter, zu deren Beschaffung der Mensch keine Arbeit leisten muss und die von der Natur im Überfluss bereitgestellt werden. Mit diesen freien Gütern braucht nicht gewirtschaftet zu werden. Niemand ist bereit, für sie einen Preis zu zahlen.

▉ Knappe Güter

Nahezu alle Güter, die der Mensch benötigt, stellt die Natur entweder nicht in ausreichender Menge oder nicht in sofort verwertbarem Zustand zur Verfügung. Die Knappheit dieser Güter zwingt den Menschen, mit ihnen zu wirtschaften. Er muss versuchen, seine unbegrenzten Bedürfnisse mit den nur in begrenzter Menge vorhandenen Gütern durch sparsames und planvolles Handeln in Einklang zu bringen.

Nur die knappen Güter sind Gegenstand des Wirtschaftslebens. Man bezeichnet sie daher auch als **Wirtschaftsgüter**. Gradmesser für die Knappheit bzw. den Wert der

Wirtschaftsgüter ist die Höhe des Preises, den man bezahlen muss, um in ihren Besitz zu gelangen.

Nach der **Beschaffenheit der Güter** lassen sich materielle und immaterielle Güter unterscheiden.

■ **Materielle** (stoffliche) Güter sind Sachgüter (Konsum-, Produktionsgüter).

> **Beispiele:**
>
> *Brot, Zement, Auto*

2

■ **Immaterielle** (stofflose) Güter sind Dienstleistungen sowie Rechte, Patente und Lizenzen.

> **Beispiele:**
>
> ■ *Dienstleistungen sind der Haarschnitt durch einen Friseur, die Geschäfte der Kreditinstitute und Versicherungen. Auch die Leistungen, die von den Angehörigen der wirtschafts- und steuerberatenden Berufe und ihren Mitarbeitern erstellt werden, sind Dienstleistungen. Charakteristisch für die Dienstleistungen ist, dass sie im Gegensatz zu den Sachgütern nicht auf Vorrat produziert werden können. Ihre Bereitstellung und Inanspruchnahme erfolgen deshalb gleichzeitig.*
> ■ *Zu den Rechten zählen Patente, Lizenzen, Geldforderungen, Wegerechte usw.*

Nach der wirtschaftlichen **Verwendung der Güter** unterscheidet man zwischen Konsumgütern und Produktionsgütern.

■ **Konsumgüter** dienen unmittelbar der Bedürfnisbefriedigung des Menschen.

> **Beispiele:**
>
> *Lebensmittel, Haushaltsgeräte, Kinobesuch*

■ **Produktionsgüter** (Investitionsgüter) dienen dagegen nur mittelbar der Bedürfnisbefriedigung. Sie werden hergestellt und eingesetzt, um damit andere Güter zu produzieren.

> **Beispiele:**
>
> *Maschinen, Rohstoffe, Telefonanlage innerhalb der Steuerberater-Praxis*

Ein Gut kann sowohl als Produktions- als auch als Konsumgut verwendet werden.

> **Beispiel:**
>
> *Das Auto, das der Steuerberater zum Besuch von Mandanten benötigt, ist Produktionsgut. Benutzt der Steuerberater das Auto zu einer Urlaubsreise, so ist es Konsumgut.*

Nach der **Nutzungsdauer der Güter** unterscheidet man schließlich zwischen Gebrauchs- und Verbrauchsgütern:

■ **Gebrauchsgüter** können über einen längeren Zeitraum genutzt werden.

■ **Verbrauchsgüter** können nur einmal verwendet werden.

> **Beispiele:**
>
> ■ *Zur Herstellung von Schreibtischen werden in einer Möbelfabrik laufend Kreissägen, Fräs- und Schleifmaschinen, Werkzeuge usw. **gebraucht**. Dabei werden Holz, Leim, Lack, Strom usw. ver-**braucht**.*
> ■ *Zur Datenverarbeitung wird der PC **gebraucht**. Dabei werden Papier und Tonermaterial für den Drucker **verbraucht**.*

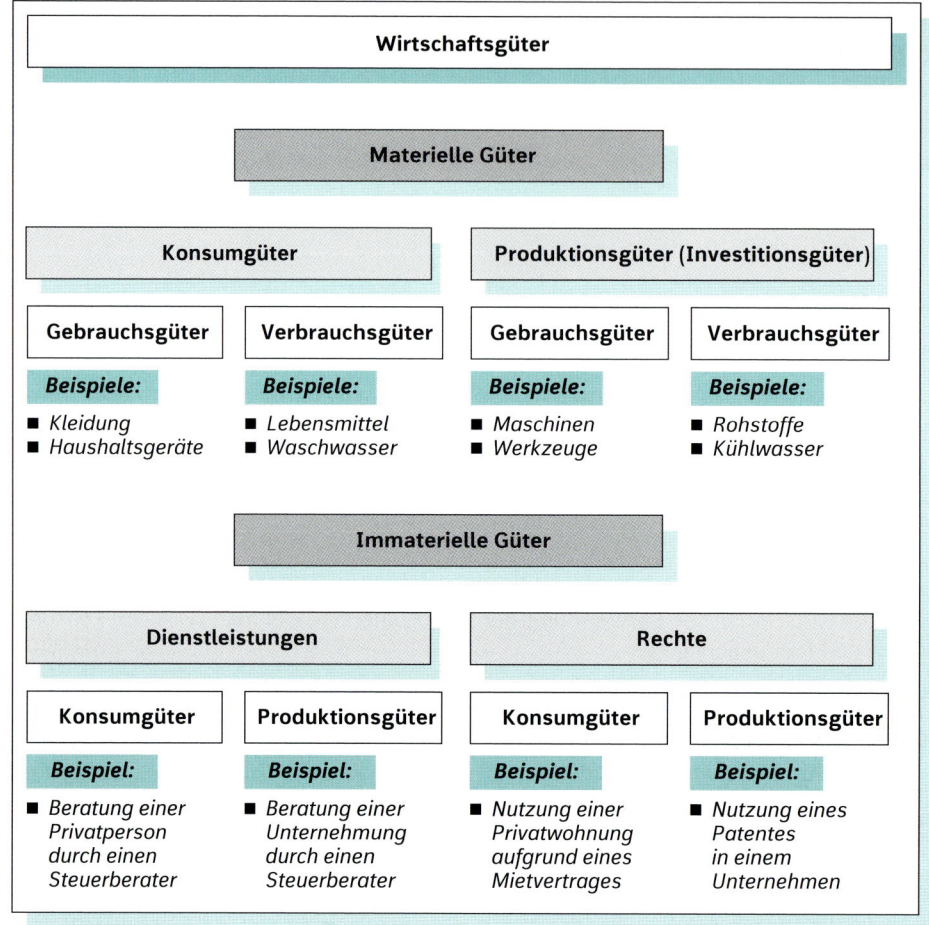

2.3 Wirtschaften

Zwischen der Knappheit der Güter auf der einen Seite und der tendenziellen Unbegrenztheit der menschlichen Bedürfnisse auf der anderen Seite besteht ein naturgegebenes Spannungsverhältnis, das die Menschen zwingt, mit den vorhandenen Mitteln zu wirtschaften und unter Beachtung des ökonomischen Prinzips, des Humanitätsprinzips und des Umweltschonungsprinzips die knappen Mittel zielgerecht einzusetzen.

Wirtschaften ist die planvolle Beschaffung und Verwendung knapper Güter zur bestmöglichen Befriedigung menschlicher Bedürfnisse (Wünsche).
Wirtschaften verlangt, knappe Güter für die Bedürfnisbefriedigung möglichst vorteilhaft einzusetzen. Es verlangt deshalb

- einen effizienten Umgang mit knappen Gütern,
- keine Verschwendung von knappen Gütern,
- optimale Ausnutzung von Kapazitäten.

Zu unterscheiden sind

■ **Betriebswirtschaft:** Die Betriebswirtschaftslehre (BWL) befasst sich mit der Darstellung und Erklärung der wirtschaftlichen Vorgänge in den Unternehmen – auch Betriebe genannt – sowie den Beziehungen eines Unternehmens zu anderen Unternehmen, zu den Verbrauchern sowie zur Gesamtwirtschaft.

Unternehmen sind planmäßig organisierte Wirtschaftseinheiten, in denen Güter beschafft, verarbeitet, verwertet, verwaltet und abgesetzt werden:

Ziel von Unternehmen ist es, Bedürfnisse der Konsumenten, der anderen Unternehmen sowie des Staates zu erkennen, um die gewünschten Güter und Dienstleistungen am Markt anzubieten.Betriebswirtschaftliche Entscheidungen werden beeinflusst von Recht, Psychologie, Soziologie und Ökologie.

Die Betriebswirtschaftslehre (= BWL) kann untergliedert werden in

- **allgemeine BWL:** hierzu gehören *z. B. die Problemfelder Führung, Material-, Produktions-, Personal-, Finanz-, Informationswirtschaft, Marketing, Rechnungswesen, Controlling.*

- **spezielle BWL:** hierzu sind *z. B. Handels-, Industrie-, Bank-, Versicherungs-, Landwirtschafts-, Touristik-, Handwerksbetriebslehre, Steuerlehre, Prüfungswesen* zu rechnen.

■ **Volkswirtschaft:** Die Volkswirtschaftslehre (= VWL) beinhaltet die Untersuchung der Auswirkungen von Entscheidungen in Einzelwirtschaften auf die gesamte Volkswirtschaft sowie den internationalen Austausch von Wirtschaftsgütern.

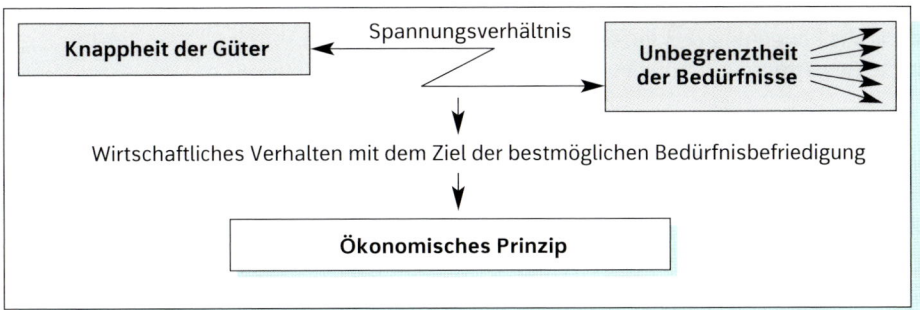

2.3.1 Grundprinzipien

Die Ziele des Wirtschaftens werden dadurch erreicht, dass das ökonomische Prinzip angewendet wird.

Ökonomisches Prinzip

Wirtschaftliches Verhalten vollzieht sich nach dem ökonomischen Prinzip, d. h., es wird ein möglichst günstiges Verhältnis zwischen Aufwand und Ertrag angestrebt.

Das ökonomische Prinzip kann als **Maximum-** oder **Minimumprinzip** formuliert werden:

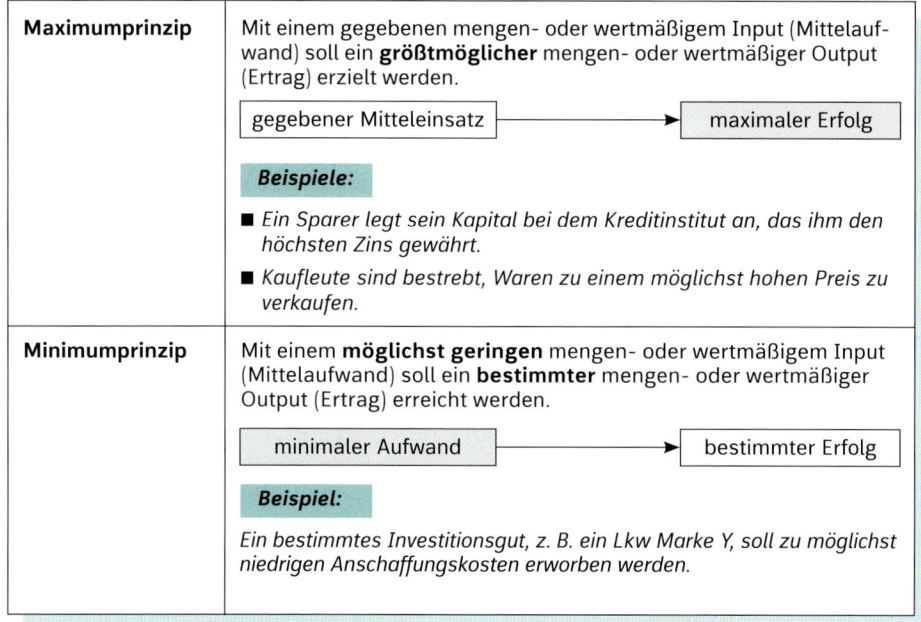

Maximumprinzip	Mit einem gegebenen mengen- oder wertmäßigem Input (Mittelaufwand) soll ein **größtmöglicher** mengen- oder wertmäßiger Output (Ertrag) erzielt werden.
	gegebener Mitteleinsatz ⟶ maximaler Erfolg
	Beispiele:
	■ *Ein Sparer legt sein Kapital bei dem Kreditinstitut an, das ihm den höchsten Zins gewährt.*
	■ *Kaufleute sind bestrebt, Waren zu einem möglichst hohen Preis zu verkaufen.*
Minimumprinzip	Mit einem **möglichst geringen** mengen- oder wertmäßigem Input (Mittelaufwand) soll ein **bestimmter** mengen- oder wertmäßiger Output (Ertrag) erreicht werden.
	minimaler Aufwand ⟶ bestimmter Erfolg
	Beispiel:
	Ein bestimmtes Investitionsgut, z. B. ein Lkw Marke Y, soll zu möglichst niedrigen Anschaffungskosten erworben werden.

Die Beachtung des ökonomischen Prinzips trägt dazu bei, das Spannungsverhältnis zwischen der Knappheit der Güter und der Unbegrenztheit der Bedürfnisse zu mildern.

Bei der Realisierung des ökonomischen Prinzips können Probleme bereiten

- die unvollkommene Information des Entscheiders,
- die Risikoneigung des Entscheiders,
- die Bewertung von Aufwand und Ertrag.

Humanitätsprinzip

Der Mensch steht im Mittelpunkt des Leistungsprozesses; seine Erfordernisse sind zu berücksichtigen.

Beispiel:

menschengerechte Arbeitsorganisation und Führung

Umweltschonungsprinzip

Die Umwelt soll so viel wie möglich geschont werden, d. h., Umweltbelastungen sollen verhindert oder zumindest vermindert werden.

Beispiel:

geräuscharme Baumaschinen, schadstoffarme Fahrzeuge

2.3.2   Leitmaximen wirtschaftlichen Handelns

Alle Teilnehmer am Wirtschaftsleben verfolgen mit ihrem wirtschaftlichen Handeln charakteristische Ziele.

Private Haushalte

Die privaten Haushalte versuchen, sich durch die Erzielung von Einkommen die Geldmittel für
- die Sicherung ihrer Existenz,
- ein angenehmes, finanziell sorgenfreies Leben,
- die Erlangung von Eigentum und Ansehen

zu beschaffen.

Dies hat zur Folge, dass die privaten Haushalte auf der einen Seite bestrebt sind, ein möglichst hohes Einkommen zu erzielen. Auf der anderen Seite versuchen sie, ihr Einkommen so zu verwenden, dass möglichst viele Bedürfnisse befriedigt werden, d. h. ihren Nutzen zu *maximieren*.

Unternehmungen in der Marktwirtschaft

Eckwerte der Betriebsführung von Unternehmen in einer Marktwirtschaft sind:

Erwerbswirtschaftliches Prinzip
Das langfristige Ziel der Unternehmen in der Marktwirtschaft besteht in der *Maximierung* des *Gewinns* („Erwerbs"), d. h., sie versuchen, eine möglichst hohe Differenz zwischen den betrieblichen Aufwendungen und Erträgen zu erzielen. Um dieses Ziel zu erreichen, sind die Unternehmungen einerseits bestrebt, die Kosten der Produktion möglichst gering zu halten, andererseits aus dem Verkauf ihrer Produkte einen möglichst hohen Erlös zu erzielen.

Wirtschaftlichkeitsprinzip
Minimumprinzip: Einen bestimmten Output mit möglichst wenig Input erreichen.
Maximumprinzip: Mit einem gegebenen Input einen möglichst hohen Output erzielen.

Finanzielles Gleichgewicht
Das finanzielle Gleichgewicht eines Betriebes ist gewahrt, wenn er zu jedem Zeitpunkt den dann fälligen Zahlungsverpflichtungen nachkommen kann. Die Einhaltung des finanziellen Gleichgewichts ist eine Nebenbedingung des erwerbswirtschaftlichen Prinzips.

Nachhaltige Unternehmensführung
Corporate Sustainability:
- Sicherung der zukünftigen Wettbewerbsfähigkeit des Unternehmens,
- Schonender Umgang des Unternehmens mit seiner natürlichen Umwelt
- Verantwortung des Unternehmens gegenüber Mitarbeitern und Gesellschaft.

Öffentliche Unternehmen und Versorgungsbetriebe

Öffentliche Unternehmen und **Versorgungsbetriebe** stehen im Dienste der Allgemeinheit. Für sie gilt das Bedarfsdeckungsprinzip.

Beispiele:

Krankenhäuser, Verkehrsbetriebe, Schulen

Bedarfsdeckungsprinzip: Das Handeln öffentlicher Unternehmen und Versorgungs-betriebe ist in erster Linie auf die Deckung des öffentlichen Bedarfs ausgerichtet. Sie ver-suchen, eine angemessene Versorgung der Bevölkerung sicherzustellen und gleichzeitig die Kosten der Produktion möglichst gering zu halten.

Wer die Dienstleistungen öffentlicher Unternehmen und Versorgungsbetriebe in Anspruch nehmen möchte, muss zwar in aller Regel hierfür einen Beitrag leisten, doch reichen diese Beiträge gewöhnlich nicht aus, um die Kosten zu decken.

Gemeinnützige Betriebe verfolgen aufgrund externer Auflagen oder ihrer Satzung keine Gewinnerzielung, sondern streben langfristige Kostendeckung an (⇒ Kostendeckungsprin-zip). Wird die Kostendeckung nicht erreicht, sind Subventionen der öffentlichen Hand not-wendig, um den Betrieb aufrechtzuerhalten.

> **Beispiel:**
>
> *Die Deutsche Bahn AG hat in den vergangenen Jahren versucht, durch die Aufgabe unrentabler Strecken ihre Kosten zu senken. Dieses Handeln ist am erwerbswirtschaftlichen Prinzip ausgerich-tet. Kritiker der Streckenstilllegungen fordern dagegen, dass die Deutsche Bahn AG ihr Handeln auch am gemeinwirtschaftlichen Prinzip zu orientieren habe, d. h. so lange Beförderungsdienst-leistungen anzubieten habe, wie ein entsprechender Bedarf existiert.*

Öffentliche Haushalte und **Verwaltungseinrichtungen** und sonstige **staatliche Insti-tutionen** sind notwendig, um die Volkswirtschaft funktionsfähig zu erhalten, die öffentli-che Ordnung sicherzustellen sowie Rechtssicherheit und Gerechtigkeit zu gewährleisten.

Sie erfüllen ihre Aufgaben aufgrund eines öffentlichen (= gesetzlichen) Auftrags.

> **Beispiel:**
>
> *Bund, Länder, Gemeinden, Einwohnermeldeämter, Finanzämter, Gerichte*

Die notwendigen Geldmittel entstammen dem Steueraufkommen der Bevölkerung. Der *Bundesrechnungshof* bzw. die *Landesrechnungshöfe* wachen darüber, dass die Kosten des Betriebs möglichst gering gehalten und keine unnötigen Ausgaben getätigt werden.

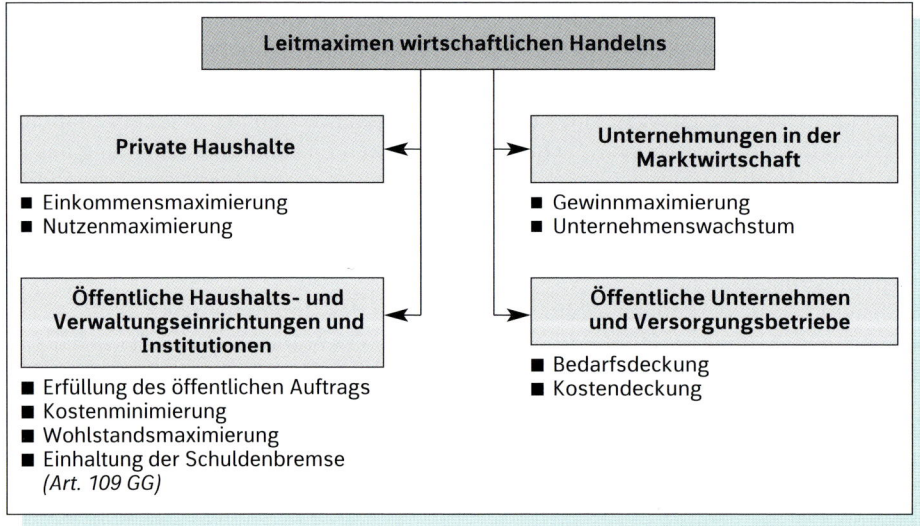

Wirtschaftsbereiche		
Urproduktion ↓ **Primärer Bereich**	**Produzierendes Gewerbe** ↓ **Sekundärer Bereich**	**Dienstleistungen** ↓ **Tertiärer Bereich**

■ Landwirtschaft
■ Forstwirtschaft
■ Fischerei
	■ Bergbau[1]
	■ Energieversorgung
	■ Grundstoffindustrie
	■ Investitionsindustrie
	■ Konsumgüterindustrie
	■ Baugewerbe
	■ Handwerk
		■ Handel
		■ Verkehr
		■ Kreditinstitute
		■ Versicherungen
		■ Sonstige Dienstleistungen
		  • Ärzte, Krankenhäuser
		  • Steuerberater, Wirtschaftsprüfer
		  • Theater, Kinos, Gaststätten, Hotels
		  • Medien

2

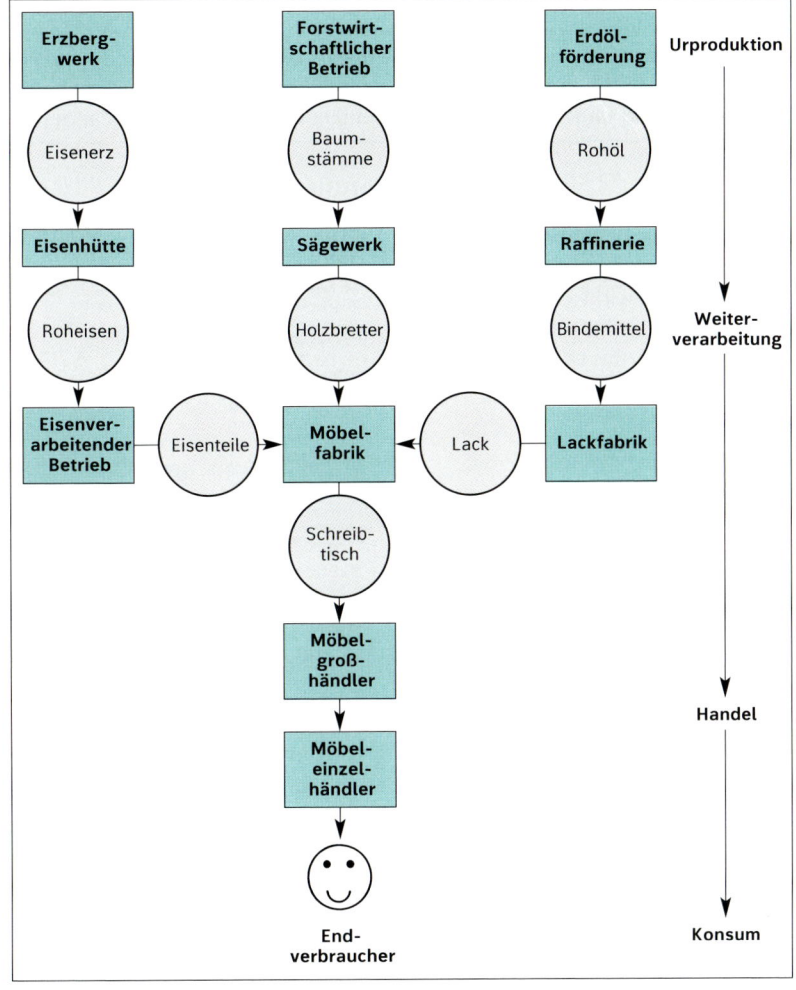

[1] In öffentlichen Statistiken wird der Bergbau i. d. R. nicht unter der Urproduktion, sondern unter „produzierendes Gewerbe" erfasst.

2.3.3 Wirtschaftsbereiche

An der Bereitstellung des in seiner Fülle und Differenziertheit kaum noch überschaubaren Güterangebots sind verschiedene Bereiche der Wirtschaft beteiligt, die sich auf die Erstellung bestimmter Güter spezialisiert haben.

Eine Vielzahl von Unternehmen muss i.d.R. zusammenwirken, um ein einzelnes Wirtschaftsgut zu produzieren.

Beispiel:

Die vereinfachte Darstellung des Weges eines Möbelstückes in allen seinen Produktionsstufen, angefangen von der Gewinnung der Rohstoffe bis hin zur Belieferung des Konsumenten durch den Einzelhandel, vermittelt einen Eindruck von der Kooperation und Arbeitsteilung innerhalb der Wirtschaft.

Die Arbeitsteilung innerhalb der Wirtschaft, der wir unseren hohen Lebensstandard verdanken, nimmt mit dem technischen Fortschritt zu. Sie bewirkt aber auch, dass niemand mehr in der Lage ist, sich mit den zum Leben benötigten Wirtschaftsgütern selbst zu versorgen.

> Unter der **volkswirtschaftlichen Arbeitsteilung** versteht man die Spezialisierung der Unternehmen auf die Produktion bestimmter Güter. Man produziert mehr als man selbst verbraucht und tauscht diese „Mehrproduktion" am Markt gegen andere Güter.

Die Arbeitsteilung innerhalb der Wirtschaft, der wir unseren hohen Lebensstandard verdanken, nimmt mit dem technischen Fortschritt zu. Sie bewirkt aber auch, dass niemand mehr in der Lage ist, sich mit den zum Leben benötigten Wirtschaftsgütern selbst zu versorgen.

Jede arbeitsteilige Volkswirtschaft weist drei **Wirtschaftsbereiche** auf.

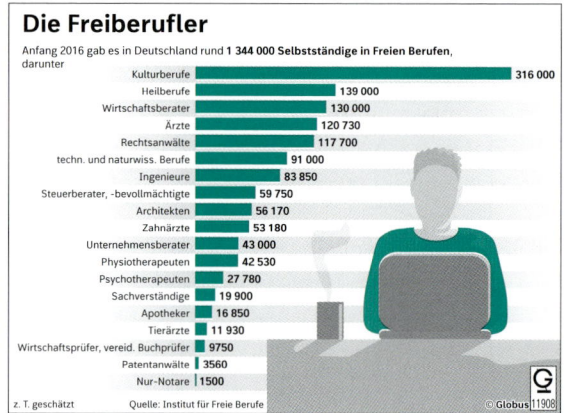

Die Freiberufler

Anfang 2016 gab es in Deutschland rund **1 344 000 Selbstständige in Freien Berufen,** darunter

Kulturberufe	316 000
Heilberufe	139 000
Wirtschaftsberater	130 000
Ärzte	120 730
Rechtsanwälte	117 700
techn. und naturwiss. Berufe	91 000
Ingenieure	83 850
Steuerberater, -bevollmächtigte	59 750
Architekten	56 170
Zahnärzte	53 180
Unternehmensberater	43 000
Physiotherapeuten	42 530
Psychotherapeuten	27 780
Sachverständige	19 900
Apotheker	16 850
Tierärzte	11 930
Wirtschaftsprüfer, vereid. Buchprüfer	9750
Patentanwälte	3560
Nur-Notare	1500

z. T. geschätzt   Quelle: Institut für Freie Berufe   © Globus 11908

Urerzeugung

Gegenstand der Urerzeugung, des **primären Wirtschaftsbereichs**, ist die Gewinnung von Rohstoffen und Erzeugnissen, wie sie von der Natur geboten werden.

Weiterverarbeitung

Nur selten sind die Produkte der Urerzeugung konsumreif, also ohne weitere Be- bzw. Verarbeitung zur unmittelbaren Befriedigung menschlicher Bedürfnisse geeignet.

Die Weiterverarbeitung der Urprodukte zu Fertigerzeugnissen geschieht innerhalb des **sekundären Wirtschaftsbereiches** in den Industrie- und Handwerksbetrieben.

Dienstleistungen

Zum **tertiären Wirtschaftsbereich** zählen schließlich alle Betriebe, die Dienstleistungen „produzieren", wie Handelsbetriebe, Kreditinstitute und Versicherungen. Auch bei den Praxen der Wirtschaftsprüfer und Steuerberater handelt es sich folglich um Dienstleistungsbetriebe.

2.3.4 Internationale Arbeitsteilung

Neben der Arbeitsteilung zwischen den Unternehmen innerhalb einer Volkswirtschaft existiert auch eine weltweite Arbeitsteilung zwischen den Ländern.

Zwei Gründe sind hierfür vorhanden:

- Manche Güter sind aufgrund der natürlichen Gegebenheiten (Klima, geografische Lage) in einzelnen Ländern überhaupt nicht oder nur in sehr geringem Umfang verfügbar.

> **Beispiele:**
>
> *Bodenschätze, Pflanzen, Tiere*

- Der Entwicklungsstand der einzelnen Volkswirtschaften ist unterschiedlich. Dies führt zu unterschiedlichen Produktionsergebnissen und -kosten.

> **Beispiele:**
>
> - *Die Produktionskosten können im Ausland aufgrund des niedrigeren Lohnniveaus geringer als im Inland sein.*
> - *Voraussetzung für die Entwicklung und Nutzung moderner Technologien bei der Produktion ist ein hoher Stand beruflichen Wissens und Könnens, über den die Entwicklungsländer vielfach nicht verfügen.*

Voraussetzung für die internationale Arbeitsteilung ist der ungehinderte Import und Export von Gütern. Der freie Welthandel sorgt für das Funktionieren des internationalen Güteraustauschs. Durch eine sinnvolle internationale Arbeitsteilung kann das Güterangebot in den einzelnen Volkswirtschaften zum Nutzen der dort lebenden Menschen verbessert und erhöht werden.

Die **Globalisierung** ist Ausdruck für die weltweite Öffnung der Märkte, das Entstehen multinational operierender Unternehmungen („Global Players") und den freien Austausch von Gütern, Dienstleistungen und Informationen.

Heute können sich die Unternehmungen den optimalen Standort aussuchen.

> **Beispiele:**
>
> *Forschen in den USA, Entwickeln in Indien, Produzieren in Deutschland, Finanzieren in London und Vertrieb weltweit.*

Globalisierung ist jedoch kein neues Phänomen: Seit Jahrtausenden entwickelt sich die Globalisierung durch Reisen, Handel und Migration (Ein- und Auswanderung) sowie den Austausch von Kultur, wissenschaftlichen Erkenntnissen und technischem Know-how. Neu ist lediglich die Geschwindigkeit, mit der sich der Globalisierungsprozess in den letzten Jahrzehnten beschleunigt hat. Deshalb befürchten die Globalisierungskritiker, die immer schneller wachsende Weltwirtschaft könnte auch zu immer krasseren sozialen Schieflagen führen.

2.4 Produktionsfaktoren

So wie die Güter in der Natur vorgefunden werden, stehen sie noch nicht für den Konsum bereit. Der Einsatz von Arbeit und betrieblichen Anlagen ist notwendig, um die Güter konsumreif zu machen.

2

> **Produktionsfaktoren** (⇒ „inputs") sind Sachgüter und Dienstleistungen, die im Produktionsprozess miteinander kombiniert und eingesetzt werden, um Güter und Dienste (⇒ „outputs") herzustellen, weiterzuverarbeiten und zu verkaufen.

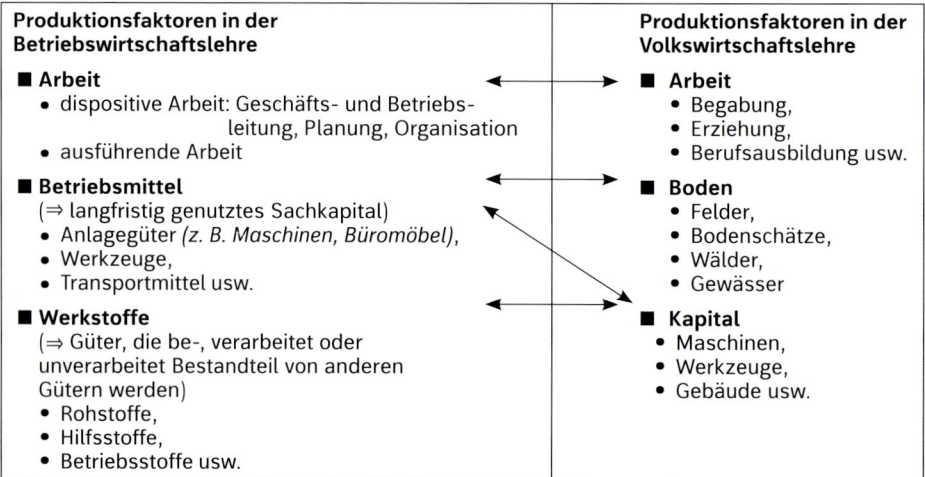

Produktionsfaktoren in der Betriebswirtschaftslehre	Produktionsfaktoren in der Volkswirtschaftslehre
■ **Arbeit** • dispositive Arbeit: Geschäfts- und Betriebs- leitung, Planung, Organisation • ausführende Arbeit	■ **Arbeit** • Begabung, • Erziehung, • Berufsausbildung usw.
■ **Betriebsmittel** (⇒ langfristig genutztes Sachkapital) • Anlagegüter *(z. B. Maschinen, Büromöbel)*, • Werkzeuge, • Transportmittel usw.	■ **Boden** • Felder, • Bodenschätze, • Wälder, • Gewässer
■ **Werkstoffe** (⇒ Güter, die be-, verarbeitet oder unverarbeitet Bestandteil von anderen Gütern werden) • Rohstoffe, • Hilfsstoffe, • Betriebsstoffe usw.	■ **Kapital** • Maschinen, • Werkzeuge, • Gebäude usw.

Es ist die Grundidee des Wirtschaftens, die Produktionsfaktoren rationell so einzusetzen, dass der Bedarf befriedigt werden kann.

Weitere beeinflussende Faktoren können sein:
■ Rechts- und Wirtschaftsordnung,
■ Standortfaktoren,

■ Steuern, Gebühren, Zölle, öffentliche Hilfen, Fördermaßnahmen, Subventionen, Abschreibungserleichterungen,
■ Energieversorgung
■ Umweltschutzauflagen, Entsorgung,
■ geologische und klimatische Bedingungen.

2.4.1 Arbeit

▨ Begriff und Arten der Arbeit

Ohne menschliche Arbeit ist jede wirtschaftliche Tätigkeit undenkbar. In den Produktionsfaktor Arbeit gehen die Fähigkeiten des Menschen in unterschiedlicher Weise ein.

2

Arbeit nach der Beanspruchung der Kräfte und Fähigkeiten	
körperliche Arbeit	geistige Arbeit

Arbeit nach der Stellung in der Betriebshierarchie	
dispositive (leitende) Arbeit	exekutive (ausführende) Arbeit

Arbeit nach der Intensität der Ausbildung		
ungelernte Arbeit	angelernte Arbeit	gelernte Arbeit

Arbeit nach der steuerlichen Systematik	
selbstständige Arbeit (Tätigkeit)	nichtselbstständige Arbeit
Merkmale: ■ freie Wahl von Zeit, Ort und Dauer der Arbeit ■ eigenes unternehmerisches Risiko ■ Einsatz von eigenem Kapital ■ Entgelt = Gewinn	**Merkmale:** ■ Bindung an feste Zeit und bestimmten Ort der Arbeit ■ Eingliederung in eine betriebliche Organisation ■ Weisungsgebundenheit ■ Entgelt = Lohn, Gehalt

Beispiele:
■ *Ein Steuerfachgehilfe verrichtet exekutive Arbeit. Er erzielt Einkommen aus nichtselbstständiger Arbeit (§ 19 EStG).*
■ *Der Geschäftsführer einer GmbH verrichtet dispositive Arbeit. Auch er erzielt als Arbeitnehmer Einkommen aus nichtselbstständiger Arbeit.*

Volkswirtschaftlich versteht man unter **Arbeit** jede auf ein wirtschaftliches Ziel gerichtete menschliche Tätigkeit.

Bestimmungsgrößen des volkswirtschaftlichen Arbeitspotenzials

Quantität und Qualität des Arbeitspotenzials einer Volkswirtschaft werden bestimmt durch:

■ die Bevölkerungszahl,
■ die Bevölkerungsstruktur hinsichtlich Alter und Geschlecht,
■ die Erwerbsquote,

$$\text{Erwerbsquote} = \frac{\text{Erwerbspersonen}}{\text{Wohnbevölkerung}} \cdot 100$$

■ die Qualifikation der Erwerbspersonen,
■ die Arbeitsmentalität,
■ die Mobilität der Erwerbspersonen.

Die Leistungsfähigkeit des Produktionsfaktors Arbeit ist zunächst bestimmt durch die beruflichen Fertigkeiten und Kenntnisse, über die der Einzelne verfügt. Auf der anderen Seite ist sie abhängig vom Ausmaß der praktizierten **Arbeitsteilung**, die eine Spezialisierung auf bestimmte Arbeitsbereiche erlaubt und eine Steigerung der **Arbeitsproduktivität** (= Produktionsmenge je Arbeitsstunde) ermöglicht.

2

2.4.2   Boden, Umweltnutzung, Umweltressourcen

> Der Produktionsfaktor **Boden** ist im weitesten Sinne die zu wirtschaftlichen Zwecken genutzte Natur. Er umfasst alle natürlichen Ressourcen.

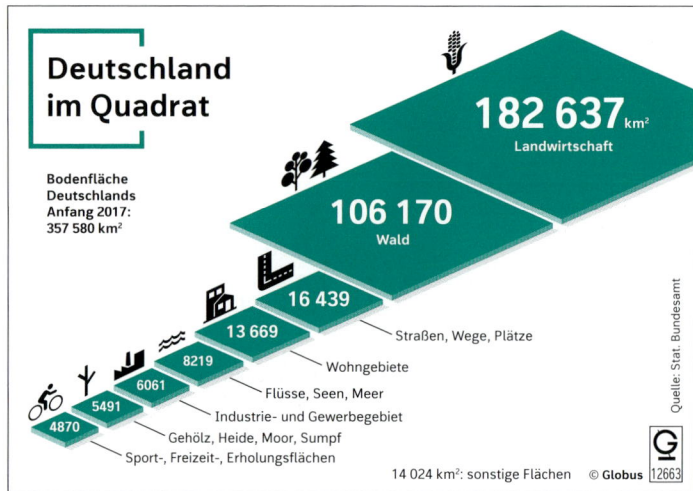

Deutschland im Quadrat

Bodenfläche Deutschlands Anfang 2017: 357 580 km²

182 637 km²
Landwirtschaft

106 170
Wald

16 439 — Straßen, Wege, Plätze
13 669 — Wohngebiete
8219 — Flüsse, Seen, Meer
6061 — Industrie- und Gewerbegebiet
5491 — Gehölz, Heide, Moor, Sumpf
4870 — Sport-, Freizeit-, Erholungsflächen

14 024 km²: sonstige Flächen   © **Globus** 12663

Quelle: Stat. Bundesamt

Beispiele:

Bodenschätze, Bodenfläche, Gewässer, Klima

Die zunehmende Bevölkerungsdichte und die wachsende Produktion haben den Produktionsfaktor Boden zu einem besonders knappen und wertvollen Gut gemacht. Gegenüber den anderen Produktionsfaktoren weist er die Besonderheit auf, dass er weder vermehrbar noch transportierbar ist. Sein Wert ist damit von seiner Lage und seiner natürlichen Beschaffenheit abhängig.

Innerhalb des Wirtschaftslebens wird der Boden in dreierlei Weise genutzt.

Anbauboden

> Der Boden ist land- und forstwirtschaftliche Nutzfläche.

Beispiele:

Getreide-, Gemüse-, Obstanbau, Weideland, Teichanlagen für die Fischzucht, Waldfläche

Abbauboden

> Der Boden ist Quelle wichtiger Rohstoffe.

Beispiele:

Kohle- und Erzbergwerke, Öl- und Gasvorkommen, Steinbrüche, Kiesgruben

Die einmal abgebauten Rohstoffe sind nicht mehr regenerierbar. Diese „Einmaligkeit" zeigt den Menschen die Grenzen eines auf der Ausbeutung der Natur begründeten Wirtschaftswachstums auf und verpflichtet sie gegenüber den nachfolgenden Generationen zum Schutz der Natur und zur weitgehenden Erhaltung der natürlichen Ressourcen.

Standortboden

Der Boden ist Grundfläche für jeden wirtschaftlichen Zweck.

Beispiel:

Der Boden ist Standort für die Produktionsstätten der Industrie, für Handelsbetriebe, Verkehrs- und Freizeitanlagen und nicht zuletzt für die Wohnungen und Häuser der Menschen.

Für jede Unternehmung muss genau überlegt werden, welcher Standort für sie der günstigste ist. Je nach dem Unternehmensgegenstand können bei der Wahl des geeigneten Standortes die einzelnen Standortfaktoren eine unterschiedliche Bedeutung haben.

Standortfaktoren

Als Standortfaktoren werden Sachverhalte bezeichnet, die für die Wahl eines geographischen Ortes unter wirtschaftlichen Gesichtspunkten als maßgebend erachtet werden, um mit einem Betrieb Leistungen zu erstellen oder zu verwerten.

Ergebnisse empirischer Analysen zur Standortwahl von Unternehmen

Ökonomische Kriterien	Politische Kriterien	Kulturelle Kriterien	Geographische Kriterien	Rechtliche Kriterien
■ Energie- und Wasserversorgung ■ Kosten für Energie ■ soziale Infrastruktur ■ Reservoir an Arbeitskräften ■ Lohnkosten ■ Kosten für Grundstücke und Gebäude ■ Mietkosten ■ Investitionsausgaben ■ Steuerbelastung ■ Absatzmarkt ■ Beschaffungsmarkt ■ Konkurrenz ■ staatliche Absatzhilfen ■ steuerliche Vorteile ■ Logistikkosten ■ Absatzmärkte	■ politische Stabilität ■ Steuern, Zölle ■ *Öffentliche Abgaben* ■ Baurecht ■ Kommunalabgaben, öffentliche Finanzhilfen, Subventionen, Steuerbefreiungen ■ Umweltschutzauflagen ■ wirtschaftsnahe Infrastruktur ■ Investitionszulagen, Zuschüsse, ■ Sonderabschreibungen ■ Kommunalabgaben ■ Umweltschutzauflagen ■ Kredithilfen, Bürgschaften ■ soziale Infrastruktur ■ kommunale Finanzhilfen ■ Importbeschränkungen	■ Sprache ■ gesellschaftliche Qualifikation der Arbeitsplätze ■ Kulturangebote ■ Freizeitmöglichkeiten ■ Bildungsangebote ■ Arbeitsintensität	■ Klima ■ Reservoir an Arbeitskräften ■ räumliche Erweiterungsmöglichkeiten ■ Lage zum Absatz- und Beschaffungsmarkt ■ Logistik ■ Verkehrsanbindung ■ Transportkosten ■ Energiekosten	■ Rechtssicherheit ■ Steuerrecht ■ Arbeitsrecht ■ Umweltrecht ■ Wettbewerbsrecht ■ Baurecht ■ Handelsrecht

Für Steuerberater und Wirtschaftsprüfer ist bei der Standortwahl von besonderer Bedeutung das Umfeld hinsichtlich:

- Bevölkerungsdichte und -struktur (Einkommensverhältnisse)
- Wirtschaftsstruktur
- Verkehrslage inkl. Parkmöglichkeiten
- Konkurrenz
- Kosten für geeignete Büroräume

Internationale Standortfaktoren

Internationale Standortfaktoren sind Kriterien für Unternehmen, die mitentscheiden, ob sich ein Unternehmen an einem bestimmten Ort niederlässt.

Beispiele:

niedrigere Lohnstückkosten, bessere Infrastruktur, Marktnähe, politische Rahmenbedingungen

Quantitative Standortfaktoren	Qualitative Standortfaktoren
■ Arbeitskosten ■ Arbeitsproduktivität ■ Wochenarbeitszeit ■ verlorene Arbeitstage durch Arbeitskämpfe ■ Steuerbelastung ■ Umweltschutzaufwand ■ Umsatzrentabilität	■ Qualifikation der Arbeitskräfte ■ Produktqualität ■ Service ■ Rechtssicherheit ■ Infrastruktur ■ Lebensqualität ■ politische Stabilität

2.4.3 Kapital

Arbeit und Boden werden als **ursprüngliche** Produktionsfaktoren bezeichnet. Wäre der Mensch nur auf sie allein gestellt, könnte er seine Lebensbedingungen nur in geringem Umfang verbessern.

Durch seinen Erfindungsgeist angespornt, sucht der Mensch jedoch ständig nach Möglichkeiten, den Erfolg seiner Arbeit zu steigern. Durch die Herstellung und den Einsatz von Werkzeugen, Maschinen, Transportmitteln, Mikroprozessoren usw. wird die Produktivität, das Ergebnis der Arbeitsleistung, erheblich gesteigert.

> Der Produktionsfaktor **Kapital** umfasst alle Produktionsmittel, die bei der Gütererzeugung eingesetzt werden.

Kapital wird als **abgeleiteter** (derivativer) Produktionsfaktor bezeichnet, weil zu seiner Entstehung die Kombination von Arbeit und Boden notwendig ist.

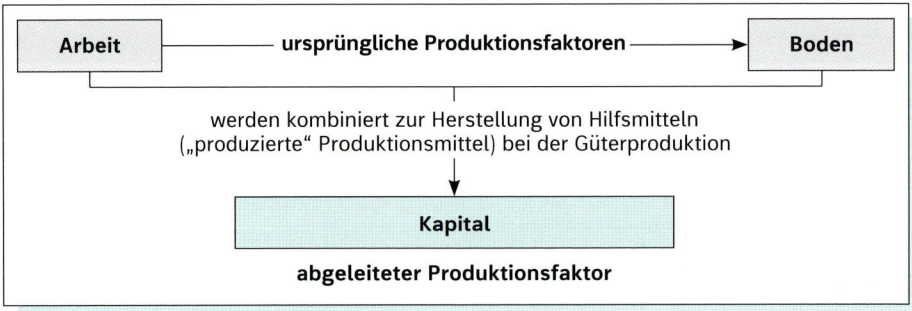

▨ Sparen – Voraussetzung der Kapitalbildung

Beispiel:

Als Robinson Crusoe auf der einsamen Insel strandete, hatte er zunächst nur seine Arbeitskraft und die Natur mit ihren Pflanzen, Tieren und Bodenschätzen – so wie er sie vorfand – zur Verfügung, um sein Leben zu fristen.
Anfangs ernährte sich Robinson von Fischen, die er mit seinen bloßen Händen mühselig aus dem Wasser griff. Bald überlegte er, wie er seinen Fischfang verbessern könnte.
Er verbrauchte in den nächsten Tagen nicht seine gesamte Fischbeute, sondern legte so lange einen Teil der gefangenen Fische als Vorrat zurück, bis er eine ganze Tagesration „gespart" hatte. Als er so weit war, konnte er einen Tag lang seine ganze Arbeitskraft in die Herstellung einer Angel stecken; zur Ernährung verbrauchte er seinen Fischvorrat. Mit der neu geschaffenen Angel gelang es ihm, in kurzer Zeit seinen Tagesbedarf an Fischen zu decken. In der gewonnenen Zeit stellte er als Nächstes eine Reuse, ein Netz und ein kleines Boot her. Jetzt konnte er nicht nur in noch kürzerer Zeit, sondern auch wesentlich bequemer seinen Bedarf an Fischen decken. Er wäre sogar in der Lage gewesen, weitaus mehr an Fischen zu fangen, als er selbst zu seinem eigenen Lebensunterhalt benötigte.
Bald darauf baute er Geräte und Werkzeuge, die ihn beim Bau einer Hütte, bei der Bestellung des Ackers und der Viehhaltung unterstützten.
Durch die Schaffung und den Einsatz des Produktionsfaktors Kapital gelang es Robinson, seine Lebensbedingungen im Laufe der Jahre immer weiter zu verbessern.

Das Beispiel macht deutlich: Die Entstehung des Produktionsfaktors Kapital ist nur möglich, wenn der Mensch auf die konsumtive Verwendung eines Teils seines Einkommens verzichtet.

Beispiel:

Robinson musste zunächst seinen Fischkonsum einschränken und einen Vorrat anlegen.

In einer modernen Volkswirtschaft geschieht die Schaffung des Produktionsfaktors Kapital nicht mehr unmittelbar durch die Bildung eines Gütervorrates, sondern durch das Sparen von Geld.

> **Sparen** bedeutet Konsumverzicht, der i. d. R. zur Bildung von Geldkapital führt.

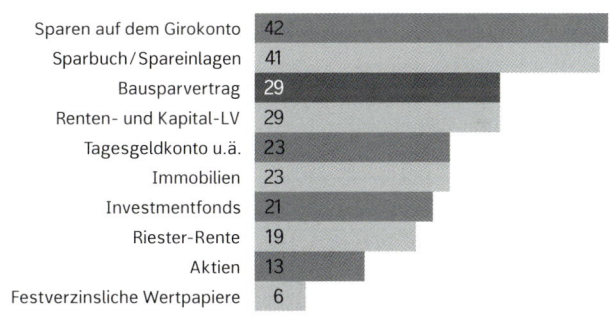

Geldanlagen der Bundesbürger 2018

Angaben in % – Mehrfachnennungen möglich

Sparen auf dem Girokonto	42
Sparbuch / Spareinlagen	41
Bausparvertrag	29
Renten- und Kapital-LV	29
Tagesgeldkonto u. ä.	23
Immobilien	23
Investmentfonds	21
Riester-Rente	19
Aktien	13
Festverzinsliche Wertpapiere	6

Quelle: Kantar TNS

Verband der Privaten Bausparkassen e.V.

Durch die Vermittlung von *Kapitalsammelstellen* (Kreditinstitute, Lebensversicherungen) wird dieses Geldkapital den Unternehmen zur Verfügung gestellt.

Die Unternehmen verwenden das Geldkapital für ihre Investitionen, d. h. zum Erwerb von Maschinen, Fabrikanlagen und Vorräten.

Voraussetzung für das Sparen innerhalb einer Volkswirtschaft sind **Sparfähigkeit** und **Sparwille** der Bevölkerung.

Kein Sparen im volkswirtschaftlichen Sinne ist das *Horten*, bei dem zwar auch Konsumverzicht geleistet wird, aber keine produktive Geldverwendung erfolgt *(„Strumpfsparen")*.

2

Arten des Sparens

■ Freiwilliges Sparen

Der Konsumverzicht wird aufgrund der freiwilligen Entscheidung der Sparer geleistet. Die gesparten Geldmittel können in verschiedenen Formen angelegt werden.

Sparformen sind:
- Spar- und Termineinlagen
- Wertpapiere
- Bausparen
- Kapitallebensversicherungen

Sparmotive sind:
- Vorsorge für die Zukunft
- Erzielung von Kapitaleinkünften *(Zinsen, Dividenden)*
- Geldansammlung für konkrete Anschaffungen und größere Ausgaben *(Autokauf, Urlaubsreise)*

Auch Unternehmen können „sparen", wenn auf die Ausschüttung eines Teils der erwirtschafteten Gewinne verzichtet wird. Diese Geldmittel stehen damit für weitere unternehmerische Zwecke zur Verfügung.

■ Zwangssparen

Der Konsumverzicht wird unfreiwillig geleistet, indem von den Einkommensbeziehern ein bestimmter Teil ihres Einkommens in Form von *Steuern* und *Sozialabgaben* (Renten-, Kranken-, Pflege-, Arbeitslosenversicherung) an den Staat bzw. die Sozialversicherungsträger abzuführen ist.

Das Steigen der Preise führt ebenfalls zu einem unfreiwilligen Konsumverzicht und bedeutet Zwangssparen: Die Inflation „verzehrt" Einkommen, das für den Konsum hätte ausgegeben werden können.

▨ Investieren – Voraussetzung für wirtschaftliches Wachstum

| Konsumverzicht | → sparen → | Geldkapital | → investieren → | Realkapital |

Die der Unternehmung von ihren Kapitalgebern (Kreditinstituten, Eigentümern) zur Verfügung gestellten Geldmittel werden durch Investitionen in Realkapital (Sachkapital) umgewandelt.

> **Investieren** bedeutet die Verwendung von Geldkapital für Unternehmenszwecke.

Arten der Investition

■ Anlageinvestitionen

Das Geld wird für die Beschaffung von dauerhaft verwendbaren Produktionsmitteln verwendet.

> Die **Anlageinvestitionen** umfassen **Ausrüstungen**, **Bauten** und **sonstige Anlagen**.

Beispiele:

Ausrüstungen: *Maschinen, Betriebsausstattungen, Geschäftseinrichtungen, Werkzeuge, Fahrzeuge*
Bauten: *Fabrikbauten, Lagerhallen, Verwaltungsgebäude, Stromleitungen*
Sonstige Anlagen: *EDV-Software, Urheberrechte (immaterielle Anlageinvestitionen)*

Ersatzinvestitionen dienen der Erhaltung des vorhandenen Anlagenbestandes (Kapitalerneuerung), indem abgenutzte oder veraltete Anlagen durch neue ersetzt werden. Die ursprüngliche Produktionskapazität bleibt gleich.

Erweiterungsinvestitionen dienen dem Wachstum der Unternehmung (Kapitalneubildung), indem zusätzliche Produktionsanlagen angeschafft werden. Die vorhandene Produktionskapazität wird erweitert.

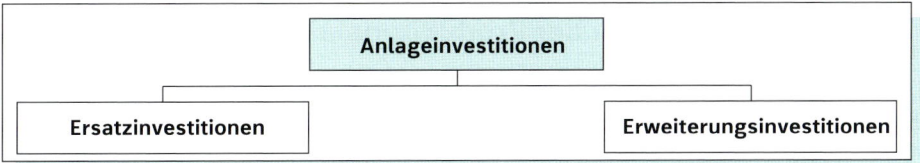

Rationalisierungsinvestitionen dienen der Kostensenkung und der Steigerung der Produktivität. Häufig wird hierbei der Produktionsfaktor Arbeit durch den Produktionsfaktor Kapital ersetzt.

Beispiel:

Durch die Anschaffung einer computergesteuerten Produktionsanlage werden weniger Arbeitskräfte benötigt.

■ **Vorrats-/Lagerinvestitionen**

Das Geld wird für die Beschaffung von Vorräten bzw. Warenlagern verwendet.

Beispiele:

Roh-, Hilfs- und Betriebsstoffe, Fertigerzeugnisse

Die Unternehmensinvestitionen entscheiden über die Entwicklung und die Zukunft einer Volkswirtschaft.

Das Ausmaß der Investitionstätigkeit hängt ab von den
■ Absatzmöglichkeiten für die erzeugten Produkte,
■ Investitionskosten,
■ allgemeinen Zukunftserwartungen (politische Stabilität, sozialer Friede, Höhe der Unternehmenssteuern).

Exkurs: Betriebswirtschaftlicher Kapitalbegriff

Die volkswirtschaftlichen Begriffe Geldkapital und Realkapital sind von den in der Betriebswirtschaftslehre und im Rechnungswesen benutzten Begriffen Eigenkapital und Fremdkapital zu unterscheiden. Hier versteht man unter dem Kapital die auf der Passivseite der Bilanz ausgewiesene Finanzierung (Mittelherkunft) der Unternehmung:

■ Das **Fremdkapital** umfasst die Schulden der Unternehmung, d. h. die von den Gläubigern *(z. B. Kreditinstituten)* zur Verfügung gestellten Geldmittel. Das Fremdkapital steht der Unternehmung *zeitlich befristet* zur Verfügung. Für die Dauer der Kapitalüberlassung muss die Unternehmung Zinsen zahlen.

■ Das **Eigenkapital** ist die Differenz zwischen dem Vermögen und dem Fremdkapital der Unternehmung. Das Eigenkapital gehört den an der Unternehmung beteiligten Personen und steht der Unternehmung zeitlich unbegrenzt zur Verfügung. Den Eigentümern fließt der Gewinn zu, sie tragen aber auch das Verlustrisiko.

Aktiva (Vermögen)	Bilanz	Passiva (Kapital)
Anlagevermögen = langfristig gebundene Vermögensteile		**Eigenkapital**
Umlaufvermögen = kurzfristig gebundene Vermögensteile		**Fremdkapital** langfristig kurzfristig
Mittelverwendung = Investitionen		**Mittelherkunft** = Finanzierung

2

2.4.4 Kombination der Produktionsfaktoren

Der **Produktionsprozess** vollzieht sich durch Kombination der Produktionsfaktoren Arbeit, Boden und Kapital.

Beispiele:

■ *In der Landwirtschaft wirken Arbeitskräfte, landwirtschaftliche Anbaufläche und Maschinen zusammen, um die Felder bewirtschaften zu können.*
■ *Ein Automobilunternehmen benötigt eine Vielzahl von Fachkräften, wie Ingenieure, Kaufleute und Facharbeiter, um mit geeigneten Produktionsanlagen Fahrzeuge produzieren zu können.*
■ *Ein Steuerberater benötigt geeignete Praxisräume und EDV-Geräte, um seine Mandanten betreuen zu können.*

Bei einer **arbeitsintensiven** Produktionsweise liegt der Schwerpunkt auf dem Einsatz des Produktionsfaktors Arbeit.

Beispiel:

Die Tätigkeit der freien Berufe wie Ärzte, Rechtsanwälte, Notare, Steuerberater, Wirtschaftsprüfer usw. erfordert einen hohen Arbeitseinsatz und besonders geschultes Personal. Die Kosten für die Betriebsausstattung sind demgegenüber vergleichsweise gering.

Bei einer **kapitalintensiven** Produktionsweise liegt der Schwerpunkt auf dem Einsatz des Produktionsfaktors Kapital.

Beispiel:

Energie kann nur unter großem Kapitaleinsatz erzeugt werden. Die Kosten für das Personal sind im Vergleich dazu relativ gering.

In welchem Umfang die einzelnen Produktionsfaktoren eingesetzt werden, hängt nicht nur von den technischen Gegebenheiten, sondern auch von ihren Kosten ab. Wenn die Kosten eines Produktionsfaktors steigen, wird die Unternehmensleitung versuchen, soweit dies technisch möglich ist, ihn durch einen kostengünstigeren zu ersetzen (substituieren). Die kostengünstigste Faktorkombination ist die **Minimalkostenkombination**.

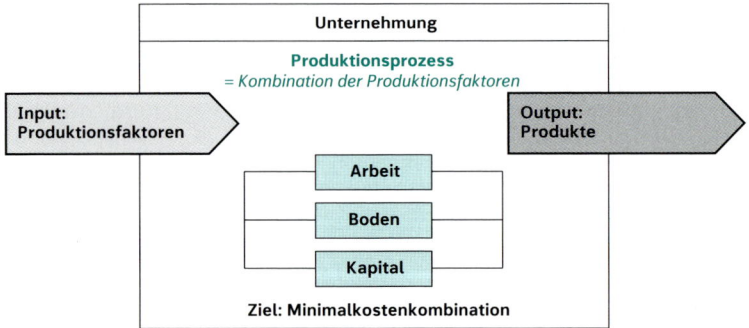

Beispiel:

Ein Textilhersteller will sich auf die Produktion von hochwertigen Pullovern spezialisieren.
Es ist technisch möglich, die Pullover in Handarbeit mit vielen Arbeitskräften und geringem Kapitaleinsatz (arbeitsintensiv) oder mit Spezialmaschinen und wenigen Arbeitskräften (kapitalintensiv) herzustellen.

Die Einsatzmenge des Produktionsfaktors Boden ist umso geringer, je weniger Arbeitskräfte einge-
setzt werden.

Für die Herstellung von 600 000 Pullovern pro Jahr sind folgende 4 Faktorkombinationen technisch
möglich:

Faktor-kombination	Kapitaleinheiten (Menge)	Arbeitseinheiten (Menge)	Bodeneinheiten (Menge)
(1)	1	120	20
(2)	2	60	15
(3)	4	30	10
(4)	12	10	5

Die Kosten betragen für eine
- *Kapitaleinheit* 10 000,00 €,
- *Arbeitseinheit* 2 000,00 €,
- *Bodeneinheit* 1 000,00 €.

Faktor-kombination	Kosten für PF Kapital (€)	Kosten für PF Arbeit (€)	Kosten für PF Boden (€)	Gesamtkosten (€)
(1)	10 000,00	240 000,00	20 000,00	270 000,00
(2)	20 000,00	120 000,00	15 000,00	155 000,00
(3)	**40 000,00**	**60 000,00**	**10 000,00**	**110 000,00**
(4)	120 000,00	20 000,00	5 000,00	145 000,00

Faktorkombination (3) ist die Minimalkostenkombination mit Gesamtkosten in Höhe von 110 000,00 €.

In Industrieländern ist zu beobachten, dass bei steigenden Arbeitskosten aufgrund von Rationalisierungsinvestitionen industrielle Produkte zunehmend in voll- bzw. teilautomatisierten Produktionsprozessen erstellt werden. Der Produktionsfaktor Arbeit wird hier durch den Produktionsfaktor Kapital ersetzt. Die dadurch steigende Arbeitsproduktivität hat einerseits Arbeitszeitverkürzungen ermöglicht, andererseits aber auch Arbeitsplätze vernichtet und zu Arbeitslosigkeit geführt.

Eine andere Wirkung steigender Arbeitskosten ist die Verlagerung besonders arbeitsintensiver Produktionsprozesse in solche Regionen und Länder (sog. „Billiglohnländer"), in denen Arbeitskräfte reichlich vorhanden und die Arbeitskosten deutlich geringer sind.

Beispiel:

Aufgrund von allgemeinen Lohnsteigerungen steigen im oben aufgeführten Beispiel die Kosten für
den Produktionsfaktor Arbeit auf 4 000,00 € pro Arbeitseinheit.

Faktor-kombination	Kosten für PF Kapital (€)	Kosten für PF Arbeit (€)	Kosten für PF Boden (€)	Gesamtkosten (€)
(1)	10 000,00	480 000,00	20 000,00	510 000,00
(2)	20 000,00	240 000,00	15 000,00	275 000,00
(3)	40 000,00	120 000,00	10 000,00	170 000,00
(4)	**120 000,00**	**40 000,00**	**5 000,00**	**165 000,00**

Faktorkombination (4) ist jetzt die Minimalkostenkombination mit Gesamtkosten in Höhe von 165 000,00 €.

Um die neue Minimalkombination zu erreichen, sind notwendig:
- *Investitionen in Höhe von 80 000,00 € (8 zusätzliche Kapitaleinheiten zu je 10 000,00 €),*
- *Freisetzung von 20 Arbeitseinheiten,*
- *Verringerung der Bodenfläche um 5 Einheiten.*

Es sind somit technische und wirtschaftliche Gründe, die zu einer bestimmten Kombination der Produktionsfaktoren führen. Ändern sich die technischen Voraussetzungen *(z. B. Erfindung einer neuen Maschine)* oder die wirtschaftlichen Gegebenheiten *(z. B. steigende Löhne)*, wird die Unternehmung versuchen, die Kombination der Produktionsfaktoren den geänderten Bedingungen anzupassen.

Auch die Wirtschaftsprüfer-/Steuerberaterpraxis ist bei ihrer Leistungserstellung auf das Zusammenwirken der Produktionsfaktoren angewiesen.

Beispiel:

Der junge Steuerberater Dipl.-Kfm. Michael Klein beabsichtigt, eine eigene Praxis zu eröffnen, nachdem er zuvor 3 Jahre in einer Wirtschaftsprüfungsgesellschaft als Angestellter beschäftigt war und er dort umfangreiche Berufserfahrungen erwerben konnte.
In der City findet er einen günstigen Standort für seine Praxis. In der 1. Etage eines Bürohauses kann er geeignete Räume anmieten. Er beauftragt einen Büroausstatter mit der Einrichtung der Praxis. Mithilfe einer Zeitungsannonce findet er eine routinierte Steuerfachgehilfin, die er zum Termin der Praxis-eröffnung einstellt.

Zusammenwirken der Produktionsfaktoren in einer Steuerberater-Praxis		
Arbeit	**Boden**	**Kapital**
■ Steuerberater/-in ■ Steuerfachgehilfe/-in ■ Sekretärin ■ Auszubildende/-r	■ günstig gelegener Standort für die Praxis ■ zweckmäßige Größe der Praxisräume ■ Parkmöglichkeiten	■ Büromöbel ■ DV-System ■ Telefonanlage ■ Büromaterial ■ Fachliteratur

2.4.5   Betriebliche Kennzahlen zur Messung der Effizienz des Faktoreinsatzes

Betriebliche Kennzahlen sollen unternehmensintern und -extern messen, in welchem Ausmaß die betrieblichen Ziele erreicht worden sind. Sie geben Aufschluss darüber, wie sich die Entscheidungen des Managements im Zeit- oder Branchenvergleich ausgewirkt haben. Sie dienen der Planung künftiger und der Kontrolle vergangener Maßnahmen.

Insbesondere das Rechnungswesen liefert Zahlenangaben, die, in Kennzahlen verarbeitet, Führungskräften und Leitung Aussage- und Erkenntniswerte vermitteln.

Wichtige betriebliche Kennzahlen sind die **Produktivität**, die **Wirtschaftlichkeit** und die **Rentabilität**.

■ Produktivität

> Die **Produktivität** setzt die Outputmenge ins Verhältnis zur Inputmenge. Sie misst die mengenmäßige Wirtschaftlichkeit (Effizienz) und beurteilt die Ergiebigkeit der eingesetzten Produktionsfaktoren.

Arbeitsproduktivität $= \dfrac{\text{Produktionsergebnis}}{\text{Arbeitseinsatz}}$

Die Arbeitsproduktivität kann gemessen werden in Produktionsergebnis je *Arbeitsstunde* oder *Arbeitnehmer*.

Kapitalproduktivität $= \dfrac{\text{Produktionsergebnis}}{\text{Kapitaleinsatz}}$

Die Kapitalproduktivität kann gemessen werden in Produktionsergebnis je *Maschinenstunde* oder *Maschine*.

Beispiel 1:

Arbeitsproduktivität:
Ein Schreinermeister führt mit seinen zwei Gesellen jährlich Schreinerarbeiten im Werte von 360 000,00 € aus. Es sind Materialkosten in Höhe von 60 000,00 € angefallen.
Im Kalenderjahr leistete der Meister 2 200 Arbeitsstunden und jeder Geselle jeweils 1 900 Arbeitsstunden, insgesamt somit 6 000 Arbeitsstunden bei drei Mitarbeitern.
Einnahme/Ertrag: 360 000,00 € – 60 000,00 € = 300 000,00 €
Arbeitsproduktivität nach Arbeitsstunden: 300 000,00 € : 6 000 Std.   = 50,00 €/Std.
Arbeitsproduktivität nach Beschäftigten: 300 000,00 € : 3 Mitarbeiter = 100 000,00 €/AN

2

> **Beispiel 2:**
>
> **Kapitalproduktivität:**
> *Ein Makler erwirtschaftet mit fünf Mitarbeiter einen Jahresumsatz von 1 800 000,00 €.*
> *Das Anlagevermögen beträgt 600 000,00 €.*
> *Kapitalproduktivität   = Produktionsergebnis : Sachkapital*
> *   = 1 800 000,00 € (Umsatz) : 600 000,00 € (Anlagevermögen)*
> *   = 3*
> *   → Es werden 3,00 € Wert mit einem Kapitaleinsatz von 1,00 € erzielt.*

Die Kennzahl Produktivität ist nur im Vergleich zu anderen Produktivitäten *(z. B. ähnlicher Unternehmen, früherer Jahre)* aussagefähig. Die Steigerung der gesamtwirtschaftlichen Arbeitsproduktivität bestimmt unter anderem den Verhandlungsspielraum für Gehaltserhöhungen. Auf ein Unternehmen bezogen heißt dies, der Faktor Arbeit darf nicht mehr kosten, als er erwirtschaftet. Übersteigen die Arbeitskosten infolge Lohnerhöhungen die Arbeitsproduktivität, wird der Faktor Arbeit zu teuer, d. h., Unternehmen werden die Kostensteigerung durch Einsparungen – *z. B. durch Freisetzung von Arbeitnehmern* – ausgleichen, weil notwendige Preissteigerungen nicht auf die Kunden abgewälzt werden können. Die Arbeitsproduktivität ist durch die stetig besser werdende Arbeitsplatzausstattung gestiegen. Die Kapitalproduktivität schwankt dagegen je nach Branche.

Um die Produktivität zwischen Volkswirtschaften vergleichen zu können, wird die gesamtwirtschaftliche Produktivität berechnet.

> **Gesamtwirtschaftliche Produktivität** $= \dfrac{\text{Bruttoinlandsprodukt}}{\text{Erwerbstätige} \cdot \text{durchschnittliche Arbeitszeit je Erwerbstätigem}}$

Produktivitätskennziffern drücken lediglich ein mengenmäßiges Verhältnis aus. Sie stellen keinen Ursache-Wirkung-Zusammenhang her.

> **Beispiel:**
>
> *Die Arbeitsproduktivität einer Steuerfachangestellten wird durch die Anschaffung eines neuen DV-Systems gesteigert: Während vorher 50 ESt-Erklärungen pro Monat bearbeitet werden konnten, können bei gleicher Arbeitszeit jetzt 55 ESt-Erklärungen bearbeitet werden.*

Weil über den Wert der erzeugten Ausbringungsmenge, die Leistung, und den Wert des Faktoreinsatzes, die Kosten, nichts ausgesagt wird, lässt sich mit einer Produktivitätskennziffer auch keine Aussage über die Wirtschaftlichkeit oder die Rentabilität der Produktion treffen. So kann eine Produktivitätssteigerung durchaus unwirtschaftlich sein, wenn sie mit hohen Kosten verbunden ist oder wenn sie aus Absatzmangel nicht genutzt werden kann.

▊ Wirtschaftlichkeit

> Die **Wirtschaftlichkeit** ist das wertmäßige Verhältnis von Leistung (= Wert der Produktion) und Kosten (= Wert der eingesetzten Produktionsfaktoren).
>
> $$\textbf{Wirtschaftlichkeit} = \frac{\text{Leistung (Menge} \cdot \text{Preis)}}{\text{Kosten (Menge} \cdot \text{Preis)}}$$
>
> Wirtschaftlichkeit > 1 = Leistung > Kosten → Betriebsgewinn
> Wirtschaftlichkeit < 1 = Leistung < Kosten → Betriebsverlust
>
> Die Wirtschaftlichkeit kann gesteigert werden durch Verringerung der Inputmenge, Verringerung der Faktorpreise, Erhöhung der Absatzpreise.

> **Beispiel:**
>
> *Von einer Steuerfachangestellten werden pro Monat 50 ESt-Erklärungen bearbeitet. Das Honorar des Steuerberaters beträgt jeweils 250,00 €. Die monatlichen Kosten für Gehalt, Arbeitsmittel usw. betragen 11 000,00 €. Aufgrund der Anschaffung eines neuen DV-Systems könnte die Anzahl der bearbeiteten ESt-Erklärungen monatlich um 5 erhöht werden. Gleichzeitig steigen die monatlichen Kosten um 288,00 €.*

$$W_1 = \frac{50\ Stück \cdot 250{,}00\ €}{11\,000{,}00\ €} = \underline{\underline{\textbf{1,14}}} \qquad\qquad W_2 = \frac{55\ Stück \cdot 250{,}00\ €}{11\,288{,}00\ €} = \underline{\underline{\textbf{1,22}}}$$

*Die Anschaffung des neuen DV-Systems ist wirtschaftlich, da mit jedem als Kosten eingesetzten €
nach der Rationalisierungsmaßnahme 0,08 € mehr erwirtschaftet werden kann.*

Eine höhere Produktivität führt also nur dann auch zu einer Verbesserung der Wirtschaftlichkeit, wenn die Ausbringungsmenge in einem stärkerem Maß steigt als die Produktionskosten.

Gewinn

Gewinn = Ertrag – Aufwand

Ertrag ist der Wert aller erbrachten Leistungen in einer bestimmten Zeit (Periode).
Aufwand ist der Wert aller verbrauchten Leistungen in einer bestimmten Zeit (Periode).

◼ Rentabilität

Die **Rentabilität** ist das Verhältnis des Gewinn (Ertrag – Aufwand = Gewinn) zu anderen Größen. Sie misst die Ertragskraft des Unternehmens.

$$\textbf{Eigenkapitalrentabilität} = \frac{Gewinn}{Eigenkapital} \cdot 100$$

$$\text{Umsatzrentabilität} = \frac{Gewinn}{Umsatz} \cdot 100$$

$$\text{Gesamtkapitalrentabilität} = \frac{Gewinn + verr.\ Fremdkapitalzinsen}{Gesamtkapital\ (EK + FK)} \cdot 100$$

Die **Eigenkapitalrentabilität** misst die Rentabilität des eingesetzten Kapitals, d. h. die
Verzinsung des eingesetzten Eigenkapitals.

Die **Umsatzrentabilität** gibt den relativen Gewinnanteil in den Umsätzen an, d. h., sie
spiegelt wider, ob sich die Geschäftätigkeit lohnt.

Die **Gesamtkapitalrentabilität** gibt die Verzinsung des gesamten Kapitals an; sie
sollte bei der Überprüfung der Kreditkosten eines neuen Kredites als Beurteilungs-
größe herangezogen werden.

Beispiel:

Die Bilanz der Steuer GmbH weist ein Eigenkapital von 180 000,00 € aus.
Summe der jährlichen Erträge . . . . *1 323 200,00 €*
Summe der jährlichen Aufwendungen . . . . *1 280 000,00 €*

Jahresgewinn . . . . *43 200,00 €*

$$\textit{Eigenkapitalrentabilität} = \frac{43\,200{,}00\ €}{180\,000{,}00\ €} = \textbf{\textit{24 \% p. a.}}$$

◼ Liquidität

Ein Unternehmen ist liquide und wahrt das finanzielle Gleichgewicht, wenn es zu jedem Zeitpunkt fällige Verpflichtungen begleichen kann. Liquidität verlangt flüssige Zahlungsmittel.

Es sollte Ziel der Unternehmenspolitik sein, die Liquidität zu erhalten und Liquiditäts-
reserven vorzuhalten, um *z. B. Gefahren aus Fehleinschätzungen, Planungsfehlern oder
unvorhersehbaren Ereignissen ausgleichen zu können.*

Der **Liquiditätsgrad** gibt an, wie ein Unternehmen seine Zahlungsverpflichtungen erfüllen kann.

$$\text{Liquidität 1. Grades } (\textit{cash ratio}) = \frac{Bestand\ Zahlungsmittel}{Kurzfristige\ Verbindlichkeiten} \cdot 100 \quad \text{(sollte mindestens 20 \% betragen)}$$

$$\text{Liquidität 2. Grades } (\textit{quick ratio}) = \frac{Zahlungsmittel + Forderungen}{Kurzfristige\ Verbindlichkeiten} \cdot 100 \quad \text{(sollte mind. 50 \%, besser} \geq \text{100 \% betragen)}$$

$$\text{Liquidität 3. Grades } (\textit{current ratio}) = \frac{Umlaufvermögen}{Kurzfristige\ Verbindlichkeiten} \cdot 100 \quad \text{(sollte 150 \% bis 200 \% betragen)}$$

Folgende Maßnahmen können z. B. die Liquidität verbessern:

- Verkauf von Forderungen an Factoringgesellschaften,
- Leasing,
- Aufnahme von Krediten,
- Aufnahme neuer Gesellschafter,

- Erhöhung der Kapitaleinlagen der Gesellschafter,
- Veräußerung von Anlagevermögen,
- Beschleunigung der Eintreibung von Außenständen.

2.5 Wirtschaftskreislauf

Eine Analyse des Wirtschaftskreislaufes einer Volkswirtschaft dient

- der Beschreibung von abgelaufenen Wirtschaftsperioden,
- der Prognose für zukünftige Wirtschaftsperioden.

2.5.1 Wirtschaftssubjekte – Wirtschaftsobjekte

Gewirtschaftet wird überall dort, wo planvolle Entscheidungen zur Beschaffung und Verwendung knapper Güter getroffen werden.

Private Haushalte, Unternehmungen und staatliche Einrichtungen sind die Träger selbstständiger wirtschaftlicher Entscheidungen. Sie werden Wirtschaftssubjekte genannt.

Wirtschaftssubjekte		Wirtschaftsobjekte	
private Haushalte	<ul><li>sie erhalten Einkommen aus Erwerbstätigkeit, Vermögen und Transfers,</li><li>sie verbrauchen Konsumgüter,</li><li>sie bilden Vermögen (Sparen)</li></ul>	Produktionsfaktoren	<ul><li>Boden</li><li>Kapital</li><li>Arbeit</li><li>Information</li><li>Umwelt</li></ul>
Unternehmungen	<ul><li>sie produzieren für den Markt Güter und Dienstleistungen,</li><li>es werden Produktionsfaktoren kombiniert und eingesetzt,</li><li>sie sollen bestrebt sein, kostendeckend zu arbeiten,</li><li>es entstehen Einkommen</li></ul>	Güter	<ul><li>Konsumgüter</li><li>Verbrauchsgüter</li><li>Gebrauchsgüter</li></ul>
Einrichtungen des Staates *z. B. Gebietskörperschaften* <ul><li>*Bund*</li><li>*Länder*</li><li>*Gemeinden*</li><li>*Bundesagentur für Arbeit*</li></ul>	<ul><li>sie beschäftigen Arbeitnehmer,</li><li>sie produzieren Dienstleistungen,</li><li>sie kaufen Güter und Dienstleistungen bei den Unternehmen,</li><li>sie produzieren öffentliche Güter,</li><li>sie erzielen hoheitliche Einnahmen (Steuern),</li><li>sie nehmen Kredite auf</li></ul>	Investitionsgüter	Der Ge- oder Verbrauch dieser Güter dient der Neuschaffung anderer Güter.

Wirtschaftssubjekte		Wirtschaftsobjekte	
übrige Welt (Ausland)	■ alle Wirtschafts- subjekte mit Sitz im Ausland, ■ alle fremden Staaten	**Dienstleistungen**	Hierzu zählen *z. B.* ■ *Bankgeschäfte,* ■ *Finanzgeschäfte,* ■ *Versicherungs- geschäfte,* ■ *Beratung (z. B. Steuer- und Rechtsberatung),* ■ *Hotel- und Gast- stättengewerbe,* ■ *Fernsehen, Rundfunk,* ■ *Schulen, Hochschulen.*

Zur Herstellung von Gütern und Dienstleistungen werden Produktionsfaktoren einge-setzt. Die wesentlichen Produktionsfaktoren sind Kapital und Arbeit.

Konsumgüter dienen dem Ge- und Verbrauch. Private Haushalte konsumieren Güter und Dienstleistungen.

Investitionsgüter und Dienstleistungen dienen der Bereitstellung neuer Güter. Unterneh-men investieren in Investitionsgüter und Dienstleistungen.

Der Staat konsumiert *(z. B. Personal- und Sachausgaben)* und investiert *(z. B. Straßenbau)*.

Beispiele:

■ *Herr und Frau Lins treffen gemeinsam die Entscheidung, ein neues Auto zu kaufen.*
■ *Die Unternehmungsleitung der Firma Eichholz beschließt, zwei neue Mitarbeiter einzustellen.*
■ *Der Rat der Stadt Köln beschließt den Bau eines öffentlichen Hallenbades.*

> Die Wirtschaftssubjekte eines Landes bilden in ihrer Gesamtheit und mit ihren Beziehungen zueinander eine **Volkswirtschaft**.

Eine Volkswirtschaft kann auch länderübergreifend sein, wenn in einem gemeinsamen Wirtschaftsraum
■ für die Wirtschaftssubjekte weitgehend gleiche gesetzliche Rahmenbedingungen existieren,
■ ein ungehinderter Austausch von Waren, Dienstleistungen, Geld und Kapital erfolgen kann,
■ eine gemeinsame Währung installiert ist,
■ die Wirtschaftspolitik aufeinander abgestimmt ist.
Es ist Ziel der europäischen Integration, einen solchen gemeinsamen Wirtschaftsraum zu schaffen.

2.5.2 Einfacher Wirtschaftskreislauf

Das wirtschaftliche Geschehen in Deutschland bietet mit seinen ca. 82 Millionen Einwoh-nern, 37 Millionen privaten Haushalten, 2,8 Millionen Unternehmungen und 20 000 staat-lichen Wirtschaftseinheiten das Bild einer kaum überschaubaren, verwirrenden Vielfalt.

Um die komplizierten Vorgänge innerhalb der Volkswirtschaft überblicken und das reibungslose Funktionieren des Wirtschaftsablaufs verstehen zu können, bedient man sich einer vereinfachten Darstellung, eines Modells. In diesem **Modell** sind alle gleich-artigen Wirtschaftssubjekte zu jeweils einer Gruppe zusammengefasst. Es werden im Folgenden zunächst die Verbindungen zwischen der Gruppe der Unternehmungen und der privaten Haushalte betrachtet. Die Beziehungen, die zwischen den verschiedenen Unternehmungen bestehen, werden dabei vernachlässigt.

Güterkreislauf

In den hoch entwickelten Volkswirtschaften der Gegenwart werden die zur Bedürfnisbefriedigung benötigten Güter nur in sehr geringem Umfang innerhalb des eigenen
Haushalts produziert.

Beispiel:

*Mit Do-it-yourself-Arbeiten, wie Anstreichen der Wohnung, Durchführung kleiner Reparaturen,
Handarbeiten, Einkochen, Radieschen im eigenen Garten züchten usw., kann die Güterversorgung
eines Haushaltes nur zu einem geringen Teil geregelt werden.*

Das war nicht immer so: In der frühesten und einfachsten Wirtschaftsform, der geschlossenen Hauswirtschaft, wurde nahezu alles, was man zum Leben brauchte, durch die
Familienangehörigen selbst hergestellt, angefangen von den Nahrungsmitteln bis zur Bekleidung und Unterkunft.

Inzwischen hat sich eine weitgehende Trennung zwischen dem **Konsum in den privaten Haushalten** und der **Produktion in den Unternehmungen** vollzogen. Die meisten
Güter, die in den Haushalten ge- und verbraucht werden, werden in den Unternehmungen hergestellt und gelangen anschließend als Güterangebot auf den Markt.

> **Private Haushalte** sind **Lebensgemeinschaften** mit gemeinsamer Wirtschaftsfüh-
> rung. Die durchschnittliche Haushaltsgröße beträgt in Deutschland 2,1 Personen.

Die Unternehmungen und die privaten Haushalte stehen in einer ständigen Verbindung
zueinander, Güterproduktion und -konsum sind Vorgänge, die sich laufend wiederholen.

Die Produktion der Güter in den Unternehmungen erfolgt durch **Kombination** (das Zusammenwirken) der **Produktionsfaktoren** Arbeit, Boden und Kapital. Sie ist nur möglich,
wenn die privaten Haushalte die hierzu notwendigen Produktionsfaktoren bereitstellen.

> Im **Produktivgüterstrom** stellen die privaten Haushalte den Unternehmungen die
> Produktionsfaktoren zur Verfügung.

Beispiele:

- *Herr Führes ist Sachbearbeiter in einer Steuerberaterpraxis. Er stellt wöchentlich 38 Stunden
  seine Arbeitskraft zur Verfügung.*
- *Herr Weintraut hat ein Grundstück geerbt, das er an ein Gartencenter langfristig verpachtet hat.*
- *Frau Albert ist vermögend. Aufgrund ihres Besitzes von 3 500 Bayer-AG-Aktien ist sie Miteigen-
  tümerin dieser Unternehmung.*

Die Produktion in den Unternehmungen ist in ihrer letzten Bestimmung
auf den Konsum gerichtet. Die Unternehmungen stellen die Konsumgüter
her, um diese anschließend an die
Haushalte zu verkaufen.

> Im **Konsumgüterstrom** fließen die
> von Unternehmen produzierten Kon-
> sumgüter an die privaten Haushalte.

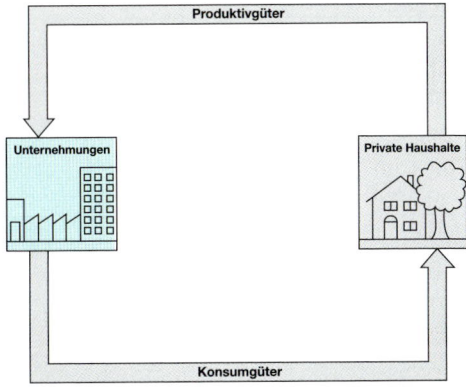

Der Produktivgüterstrom und der Konsumgüterstrom bilden zusammen den **Güterkreislauf.**

Der Güterkreislauf zwischen den Unternehmungen und den privaten Haushalten ist Grundmerkmal jeder arbeitsteiligen Volkswirtschaft. Es ist leicht zu erkennen, dass eine Unterbrechung des Produktivgüterstroms auch zu einer Unterbrechung des Konsumgüterstroms führen würde.

Beispiel:

Die Haushalte verzichten darauf, den Unternehmungen ihre Arbeitskraft zur Verfügung zu stellen. Da in diesem Fall in den Unternehmungen nicht weiterproduziert werden könnte, müsste zwangsläufig auch der Konsumgüterstrom ausbleiben. Die Haushalte wären gezwungen, sich mit den Gütern, die sie zur Deckung ihres Bedarfs benötigen, selbst zu versorgen.

Geldkreislauf

Als Gegenleistung für die Bereitstellung der Produktionsfaktoren Arbeit, Boden und Kapital werden bei den privaten Haushalten und den privaten Haushalten der Unternehmer Einkommen erzielt:

1. Arbeitnehmereinkommen

Hierzu zählen Einkommen aus unselbstständiger Arbeit wie *z. B. Lohn, Gehalt, Bezüge von Beamten, Richtern, Soldaten.*

2. Unternehmereinkommen

Hierzu zählen Einkommen aus unternehmerischer Tätigkeit und aus Vermögen wie *z. B. Gewinn, Pacht, Grundrente, Miete, Zinsen, Dividenden, Lizenzgebühren.*

> Im **Einkommensstrom** erhalten die privaten Haushalte in Form von Geldzahlungen das Entgelt für die Bereitstellung der Produktionsfaktoren.

Geldzahlungen für *z. B. Löhne, Gehälter, Zinsen, Pacht* sind
- für private Haushalte Einkommensquellen,
- für Unternehmungen Aufwendungen.

Beispiele:

- *Herr Führes bezieht als Steuerfachangestellter ein Monatsgehalt von 2 400,00 €.*

- *Herr Weintraut erzielt aufgrund der Verpachtung seines Grundstücks an das Gartencenter eine jährliche Pachteinnahme von 28 000,00 €.*

- *Frau Albert erhält als Aktionärin von der Bayer AG eine jährliche Gewinnausschüttung. Aufgrund der guten Ertragslage dieser Unternehmung werden für das zurückliegende Geschäftsjahr 0,90 € Dividende je Aktie ausgeschüttet.*

Die Haushalte verwenden die erzielten Einkommen zum Kauf der Konsumgüter.

> Im **Konsumausgabenstrom** leisten die privaten Haushalte Geldzahlungen an die Unternehmungen als Entgelt für die gekauften Konsumgüter.

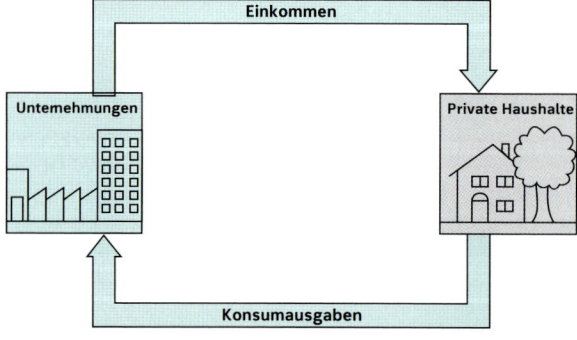

Die Haushaltsausgaben für Konsumgüter sind daher aus der Sicht der Unternehmungen die Erlöse aus dem Verkauf ihrer Produkte.

Der **Geldkreislauf** setzt sich aus dem Einkommensstrom und dem Konsumausgabenstrom zusammen. Nicht zu Unrecht vergleicht man den Geldkreislauf mit dem Blutkreislauf eines Lebewesens. Das Geld ist der „Treibstoff", der den Wirtschaftsablauf in Gang hält. Einerseits sind die Geldeinkommen Anreiz für die Haushalte, den Unternehmungen die zur Gütererzeugung erforderlichen Produktionsfaktoren zur Verfügung zu stellen. Andererseits sind die Erlöse mit den darin enthaltenen Gewinnen der Antrieb für die Unternehmungen, die zur Deckung des Bedarfs notwendigen Güter herzustellen und zu verkaufen.

Geldkreislauf und Güterkreislauf bilden zusammen den **Wirtschaftskreislauf**, der den Wirtschaftsablauf innerhalb einer Volkswirtschaft in vereinfachter Form darstellt. Geldkreislauf und Güterkreislauf verlaufen in entgegengesetzter Richtung.

Dies ist dadurch begründet, dass auf der einen Seite die Einkommen die Gegenleistung der Unternehmungen für die Bereitstellung der Produktionsfaktoren durch die Haushalte, und auf der anderen Seite die Konsumausgaben die Gegenleistung der Haushalte für die bezogenen Konsumgüter darstellen. Produktivgüterstrom und Einkommensstrom einerseits sowie Konsumgüterstrom und -ausgabenstrom andererseits stimmen folglich wertmäßig überein.

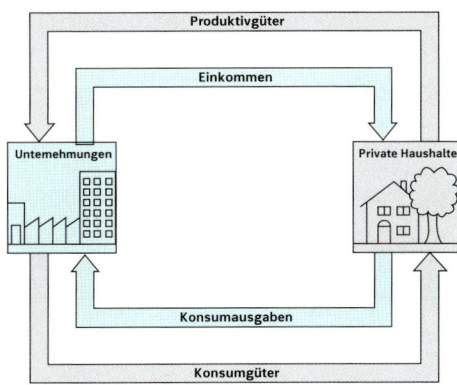

Da die Produktionsfaktoren in den Unternehmungen und die Konsumgüter in den Haushalten aufgebraucht, „verzehrt" werden, müssen sie immer wieder neu in den Güterkreislauf eingebracht werden.

Beispiele:

- *Die in den Unternehmungen benutzten Maschinen haben nur eine begrenzte Lebensdauer und müssen daher in bestimmten Zeitabständen ersetzt werden.*
- *Die Mitarbeiter der Unternehmungen müssen ihre Arbeitskraft jeden Tag neu zur Verfügung stellen.*

Das Geld führt dagegen einen dauernden Kreislauf aus. Eine bestimmte Geldmenge reicht folglich aus, um den Wirtschaftskreislauf dauerhaft aufrechtzuerhalten.

Wirtschaftskreislauf:	Geldkreislauf = Güterkreislauf
Geldkreislauf:	Wert aller Konsumgüter
Güterkreislauf:	Wert der gesamten Produktion

2.5.3   Erweiterter Wirtschaftskreislauf

Im Modell des einfachen Wirtschaftskreislaufs ist unterstellt worden, dass die privaten Haushalte ihr gesamtes Einkommen für den Kauf von Konsumgütern ausgeben. Auch die Rolle des Staates wird in diesem Modell nicht berücksichtigt. Beides ist wirklichkeitsfremd.

▉ Einbeziehung der Kreditinstitute

Sparen

Die privaten Haushalte können frei entscheiden, ob sie ihr Einkommen konsumieren, also zum Kauf von Konsumgütern verwenden, oder ob sie einen Teil davon zurücklegen und sparen.

> **Sparen** ist der Verzicht darauf, einen Teil des Einkommens zu verbrauchen.

Dieser Konsumverzicht ist jedoch nur vorübergehend. Zu einem späteren Zeitpunkt, wenn das Sparziel erreicht ist, dienen die angesammelten Sparbeträge einem konsumtiven Zweck.

Wer einen Teil seines Einkommens sparen will, wird diesen Betrag möglichst sicher und verzinslich anlegen wollen.

Die Kreditinstitute bieten ihren Kunden eine Vielzahl nach Betrag, Laufzeit, Rentabilität (Verzinsung) und Risiko unterschiedlicher Möglichkeiten der Geldanlage an.

Die **Sparquote** gibt an, wie viel Prozent des verfügbaren Einkommens in einer Volkswirtschaft durchschnittlich gespart wird.

$$\text{Sparquote} = \frac{\text{private Ersparnis} \cdot 100}{\text{verfügbares Volkseinkommen}}$$

Die **Konsumquote** gibt an, wie viel Prozent des verfügbaren Einkommens für Konsumzwecke ausgegeben wird. Sparquote und Konsumquote addieren sich daher immer zu 100 %.

Für den Fall, dass das laufende Einkommen zur Finanzierung der Ausgaben nicht ausreicht *(z. B. bei größeren Anschaffungen)*, können die privaten Haushalte bei den Kreditinstituten Konsumkredite erlangen.

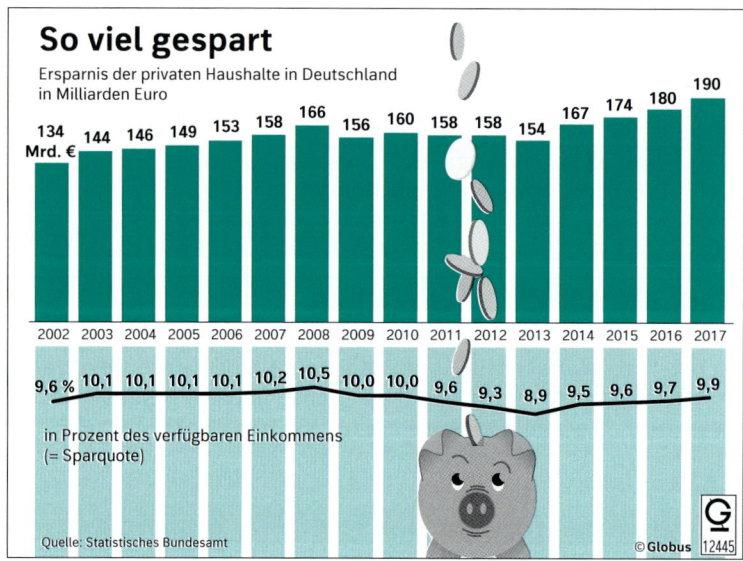

So viel gespart

Ersparnis der privaten Haushalte in Deutschland in Milliarden Euro

2002	2003	2004	2005	2006	2007	2008	2009	2010	2011	2012	2013	2014	2015	2016	2017
134 Mrd. €	144	146	149	153	158	166	156	160	158	158	154	167	174	180	190
9,6 %	10,1	10,1	10,1	10,1	10,2	10,5	10,0	10,0	9,6	9,3	8,9	9,5	9,6	9,7	9,9

in Prozent des verfügbaren Einkommens (= Sparquote)

Quelle: Statistisches Bundesamt

© Globus 12445

Investieren

Die Kreditinstitute vermitteln die bei ihnen angelegten Geldbeträge an die Unternehmungen weiter. Diese Geldmittel geben den Unternehmungen die Möglichkeit, Investitionen vorzunehmen.

> **Investition** ist die Mittelverwendung für Unternehmenszwecke.

2

Die Investitionsvorhaben können durch langfristige Kredite oder durch Bereitstellung von zusätzlichem Eigenkapital finanziert werden.

Vorübergehend nicht benötigte Geldmittel können auf der anderen Seite von den Unternehmungen bei Kreditinstituten *(z. B. in Form von Termineinlagen)* verzinslich angelegt werden.

Beispiel:

Die WEKA Fertighaus AG stellt eine zunehmende Nachfrage nach ihrem neuesten Produkt „Wochenend 2000" fest. Die vorhandenen Produktionsanlagen reichen nicht mehr aus, um alle Kaufwünsche fristgerecht erfüllen zu können.
Für eine Erweiterungsinvestition werden 3 000 000,00 € benötigt. Der Kapitalbedarf soll durch einen Investitionskredit und durch die Ausgabe zusätzlicher Aktien gedeckt werden.
Die Deutsche Bank AG gewährt den Investitionskredit und vermittelt die neuen WEKA AG Aktien an ihre Kunden.

Investitionen lassen sich in eine Phase der Durchführung und in eine Phase der Nutzung der Investition einteilen. Volkswirtschaftlich ergibt sich während der ersten Phase ein Einkommenseffekt und während der zweiten Phase ein Kapazitätseffekt.

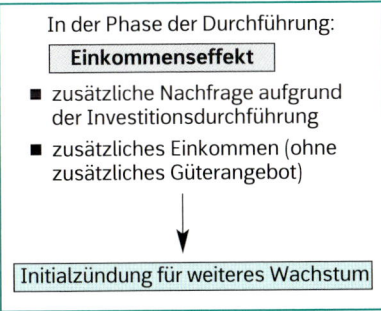

Voraussetzung für die Durchführung von Investitionen in den Unternehmungen ist eine entsprechende Ersparnisbildung der privaten Haushalte.

Im Kreislaufmodell wird deutlich, dass nur solche Geldbeträge für Investitionen zur Verfügung stehen, die bei Kreditinstituten angelegt werden. Geldbeträge, die stattdessen gehortet werden („im Sparstrumpf verschwinden"), werden dem Geldkreislauf vorübergehend entzogen und können deshalb nicht produktiv verwendet werden.

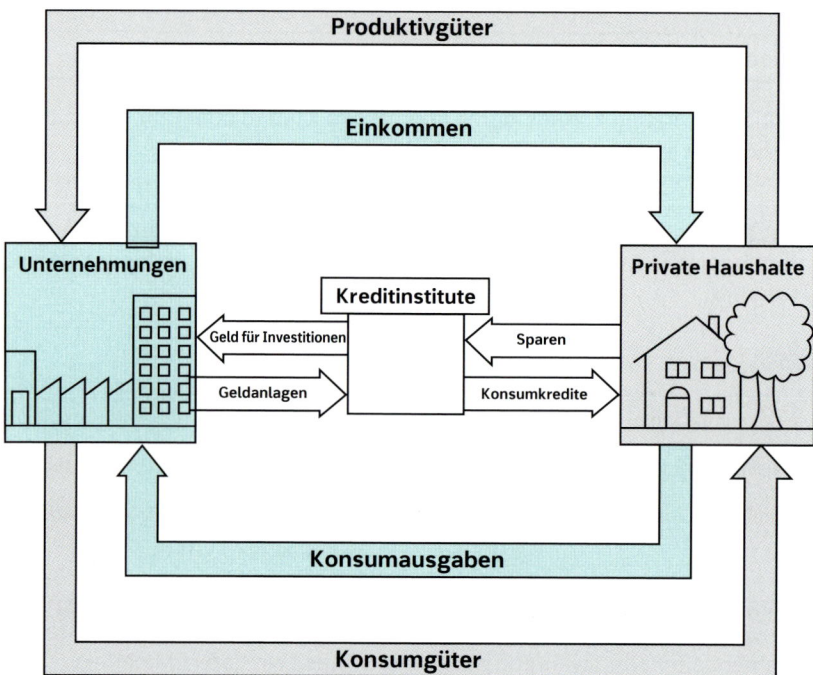

Einbeziehung des Staates

Der Wirtschaftssektor **Staat** ist die Zusammenfassung aller öffentlichen Haushalte. Hierzu zählen die Gebietskörperschaften (Bund, Länder, Städte, Gemeinden), die Einrichtungen der Sozialversicherung und alle sonstigen staatlichen Institutionen, die gemeinnützige Aufgaben erfüllen.

Der Staat tritt sowohl als Konsument als auch als Produzent auf.

Der Staat hat in einer Volkswirtschaft vielfältige Aufgaben in den Bereichen der öffentlichen Verwaltung, der Rechtsprechung, der Landesverteidigung, des Zivilschutzes, des Umweltschutzes, im Gesundheits-, Bildungs- und Sozialwesen zu erfüllen.

Zur Erfüllung seiner Aufgaben erhebt der Staat Abgaben wie z. B. *Steuern, Gebühren und Beiträge* und veräußert diese möglichst gemeinwohlmaximierend *z. B. in Form von Subventionen und Transfers*.

Staatseinnahmen

Die Staatseinnahmen setzen sich zum überwiegenden Teil aus den verschiedenen **Steuern** zusammen, die der Staat zwangsweise bei den privaten Haushalten und Unternehmungen erhebt.

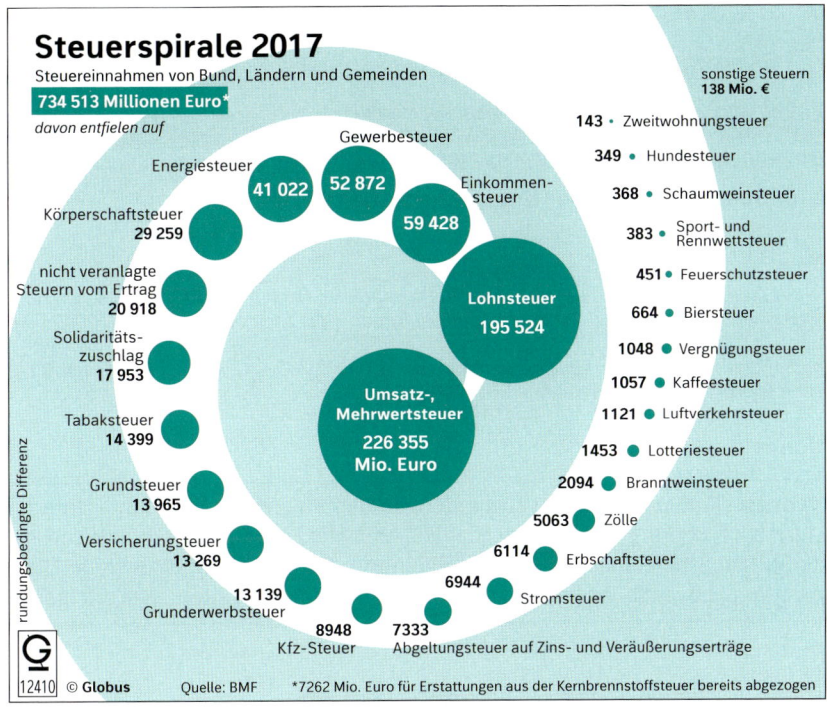

Steuerspirale 2017
Steuereinnahmen von Bund, Ländern und Gemeinden

734 513 Millionen Euro*

davon entfielen auf

sonstige Steuern
138 Mio. €

Gewerbesteuer
Energiesteuer **41 022** · **52 872**
Körperschaftsteuer **29 259**
Einkommen-steuer **59 428**
nicht veranlagte Steuern vom Ertrag **20 918**
Solidaritäts-zuschlag **17 953**
Lohnsteuer **195 524**
Tabaksteuer **14 399**
Umsatz-, Mehrwertsteuer **226 355 Mio. Euro**
Grundsteuer **13 965**
Versicherungsteuer **13 269**
Grunderwerbsteuer **13 139**
Kfz-Steuer **8948**
7333 Abgeltungsteuer auf Zins- und Veräußerungserträge
6944 Stromsteuer
6114 Erbschaftsteuer
5063 Zölle
2094 ● Branntweinsteuer
1453 ● Lotteriesteuer
1121 ● Luftverkehrsteuer
1057 ● Kaffeesteuer
1048 ● Vergnügungsteuer
664 ● Biersteuer
451 ● Feuerschutzsteuer
383 ● Sport- und Rennwettsteuer
368 ● Schaumweinsteuer
349 ● Hundesteuer
143 · Zweitwohnungsteuer

rundungsbedingte Differenz

G 12410 © **Globus**   Quelle: BMF   *7262 Mio. Euro für Erstattungen aus der Kernbrennstoffsteuer bereits abgezogen

Daneben erzielt der Staat Einnahmen aufgrund von Gebühren und Beiträgen, die das Entgelt für die Inanspruchnahme staatlicher Leistungen darstellen.

Beispiele:

■ *Beiträge zur gesetzlichen Renten-, Kranken- und Arbeitslosenversicherung*
■ *Ausstellungsgebühr für einen neuen Reisepass*

Schließlich finanziert der Staat einen Teil seiner Ausgaben durch die Aufnahme von Krediten, indem Schuldverschreibungen ausgegeben und durch die Vermittlung der Kreditinstitute an Kapitalanleger verkauft werden.

Beispiel:

Ein privater Kapitalanleger kauft für 10 000,00 € Bundesobligationen, die mit $3\frac{1}{4}$ % p. a. verzinst werden und eine Laufzeit von 5 Jahren haben.

Staatsausgaben

Als Staatsausgaben fließen die vereinnahmten Geldmittel des Staates wieder an die Unternehmungen und die privaten Haushalte zurück.

Der Geldstrom an die privaten Haushalte umfasst:
■ Arbeitsentgelte für die Bediensteten des Staates,
■ Transferzahlungen.

Transferzahlungen sind unentgeltliche Leistungen des Staates an bestimmte Privatpersonen. Durch diese Ausgaben versucht der Staat, innerhalb der Volkswirtschaft für soziale Gerechtigkeit zu sorgen.

2

Beispiele:

- *Renten und Pensionen für aus dem Erwerbsleben ausgeschiedene Personen und deren Hinterbliebene*
- *Sozialleistungen wie Arbeitslosengeld, Wohngeld, Kindergeld usw.*

Der Geldstrom an die Unternehmungen umfasst:

■ Entgelte für Sachleistungen der Unternehmungen an den Staat

Beispiele:

- *Das Land NRW plant die Errichtung der vierspurigen Rheinbrücke. Nach Ablauf des öffentlichen Ausschreibungsverfahrens erhält die REGO Hochbau AG aufgrund ihres Angebotes über 35 000 000,00 € den Zuschlag.*
- *Die Schulmöbelfabrik Löffert & Co. beliefert die Stadt Dresden mit 200 Schulbänken zur Ausstattung der städtischen Berufsschule zum Preis von 25 000,00 €.*

■ Subventionen

> **Subventionen** sind unentgeltliche Zuwendungen des Staates an bestimmte Unternehmungen zur Förderung gesamtwirtschaftlich wichtiger Forschungsvorhaben sowie zur Unterstützung einzelner Wirtschaftsregionen oder Wirtschaftsbranchen. Die Gewährung von Subventionen kann auch in Form von Steuererleichterungen erfolgen.

Beispiele:

- *Förderung der Grundlagenforschung zur Nutzung der Sonnenenergie*
- *Unterstützung der Stahlindustrie zum Erhalt von Arbeitsplätzen*

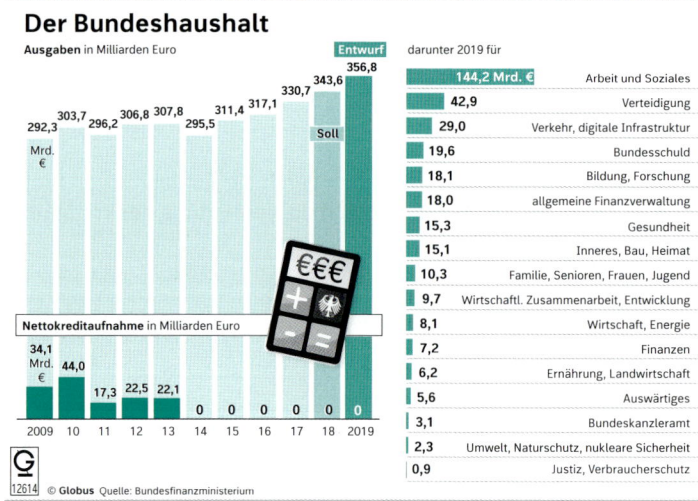

Der Bundeshaushalt

Ausgaben in Milliarden Euro — **Entwurf** — darunter 2019 für

144,2 Mrd. €	Arbeit und Soziales
42,9	Verteidigung
29,0	Verkehr, digitale Infrastruktur
19,6	Bundesschuld
18,1	Bildung, Forschung
18,0	allgemeine Finanzverwaltung
15,3	Gesundheit
15,1	Inneres, Bau, Heimat
10,3	Familie, Senioren, Frauen, Jugend
9,7	Wirtschaftl. Zusammenarbeit, Entwicklung
8,1	Wirtschaft, Energie
7,2	Finanzen
6,2	Ernährung, Landwirtschaft
5,6	Auswärtiges
3,1	Bundeskanzleramt
2,3	Umwelt, Naturschutz, nukleare Sicherheit
0,9	Justiz, Verbraucherschutz

Ausgaben (Mrd. €): 292,3 / 303,7 / 296,2 / 306,8 / 307,8 / 295,5 (Soll) / 311,4 / 317,1 / 330,7 / 343,6 / 356,8

Nettokreditaufnahme in Milliarden Euro (Mrd. €): 34,1 / 44,0 / 17,3 / 22,5 / 22,1 / 0 / 0 / 0 / 0 / 0 / 0

2009 10 11 12 13 14 15 16 17 18 2019

© Globus Quelle: Bundesfinanzministerium 12614

■ Einbeziehung des Auslandes

Der Wirtschaftssektor Ausland besteht aus der Zusammenfassung aller ausländischen Wirtschaftssubjekte.

> Der **Außenwirtschaftsverkehr** umfasst den Austausch von Waren, Dienstleistungen und Kapital mit fremden Volkswirtschaften.

Für Deutschland spielen die Beziehungen zum Ausland eine besondere Rolle:
Deutschland ist ein vergleichsweise rohstoffarmes Land und muss deshalb eine Vielzahl der zur Güterherstellung benötigten Produkte aus dem Ausland einführen. Auch können viele Dinge des täglichen Verbrauchs, die wir sehr schätzen *(z. B. bestimmte Lebensmittel)*, nur aus dem Ausland bezogen werden. Schließlich sind die Deutschen sehr reisefreudig und verbringen gerne ihren Urlaub im Ausland.

Das dazu benötigte Geld muss im Gegenzug durch entsprechende Wirtschaftsleistungen für das Ausland „verdient" werden.

Da ungefähr ein Drittel der bei uns erzeugten Produkte an das Ausland verkauft wird, sind eine Vielzahl von Arbeitsplätzen im Inland von der Nachfrage des Auslandes abhängig. Ein freier Welthandel ermöglicht eine internationale Arbeitsteilung und dient damit den in den einzelnen Volkswirtschaften lebenden Menschen.

Voraussetzungen für möglichst ungehinderte Wirtschaftsbeziehungen mit ausländischen Volkswirtschaften sind:

- geordnete wirtschaftliche und politische Verhältnisse im In- und Ausland,
- vergleichbare Rechtsordnungen,
- stabile Wechselkurse zwischen den Währungen,
- keine Handelsbarrieren durch Zölle.

Warenverkehr

- **Warenimport:** Aus dem Ausland werden Güter importiert.
- **Warenexport:** Aus dem Inland werden Güter exportiert.

Beispiele:

Erdgas aus Russland, Textilien aus Indien, elektronische Geräte aus Korea, Fotokameras aus Japan

Beispiele:

Maschinen, pharmazeutische Produkte, Kraftfahrzeuge

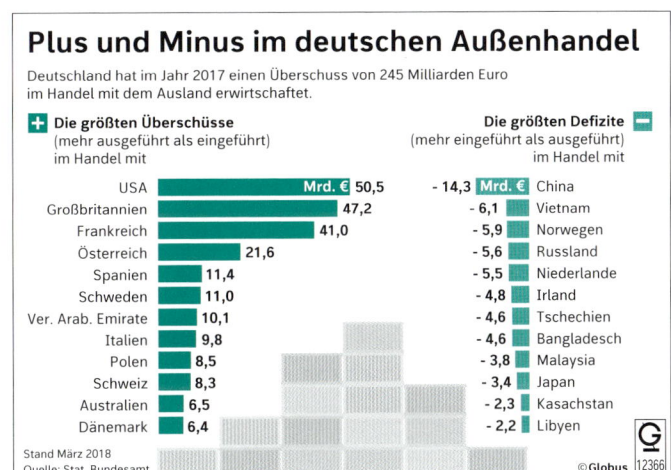

Plus und Minus im deutschen Außenhandel

Deutschland hat im Jahr 2017 einen Überschuss von 245 Milliarden Euro im Handel mit dem Ausland erwirtschaftet.

Die größten Überschüsse (mehr ausgeführt als eingeführt) im Handel mit

	Mrd. €
USA	50,5
Großbritannien	47,2
Frankreich	41,0
Österreich	21,6
Spanien	11,4
Schweden	11,0
Ver. Arab. Emirate	10,1
Italien	9,8
Polen	8,5
Schweiz	8,3
Australien	6,5
Dänemark	6,4

Die größten Defizite (mehr eingeführt als ausgeführt) im Handel mit

Mrd. €	
- 14,3	China
- 6,1	Vietnam
- 5,9	Norwegen
- 5,6	Russland
- 5,5	Niederlande
- 4,8	Irland
- 4,6	Tschechien
- 4,6	Bangladesch
- 3,8	Malaysia
- 3,4	Japan
- 2,3	Kasachstan
- 2,2	Libyen

Stand März 2018
Quelle: Stat. Bundesamt

© Globus 12366

Dienstleistungsverkehr

- **Dienstleistungsimport:** Inländische Wirtschaftssubjekte nehmen Dienstleistungen des Auslandes in Anspruch.

Beispiel:

Ein Auszubildender verbringt seinen Urlaub in Spanien.

- **Dienstleistungsexport**: Ausländische Wirtschaftssubjekte nehmen Dienstleistungen des Inlandes in Anspruch.

> **Beispiel:**
>
> *Ein Steuerberater berät einen Mandanten in Abu Dhabi.*

Kapitalverkehr

- **Kapitalexport:** Inländische Wirtschaftssubjekte legen Geld im Ausland an.

> **Beispiel:**
>
> *Der Steuerberater Dr. Hamm erwirbt britische Staatsanleihen, weil diese einen höheren Zinssatz haben.*

- **Kapitalimport:** Ausländische Wirtschaftssubjekte legen Geld im Inland an.

> **Beispiel:**
>
> *Ein japanischer Computerhersteller investiert im Inland, indem er hier eine Zweigniederlassung errichtet.*

Unentgeltliche Übertragungen

Ausländische Wirtschaftssubjekte erhalten Geld aus dem Inland ohne eine direkte Gegenleistung.

> **Beispiele:**
>
> - *Entwicklungshilfe an Länder der Dritten Welt*
> - *Spenden im Rahmen der Welthungerhilfe*
> - *Zahlungen von Gastarbeitern an im Ausland gebliebene Familienangehörige*

Inländische Wirtschaftssubjekte erhalten unentgeltliche Zahlungen aus dem Ausland.

> **Beispiel:**
>
> *Ein Inländer erbt von einem ausländischen Verwandten Geld, das er sich hierher überweisen lässt.*

Unter Einbeziehung der Kreditinstitute, des Staates und des Auslandes ergibt sich der **erweiterte Wirtschaftskreislauf**.

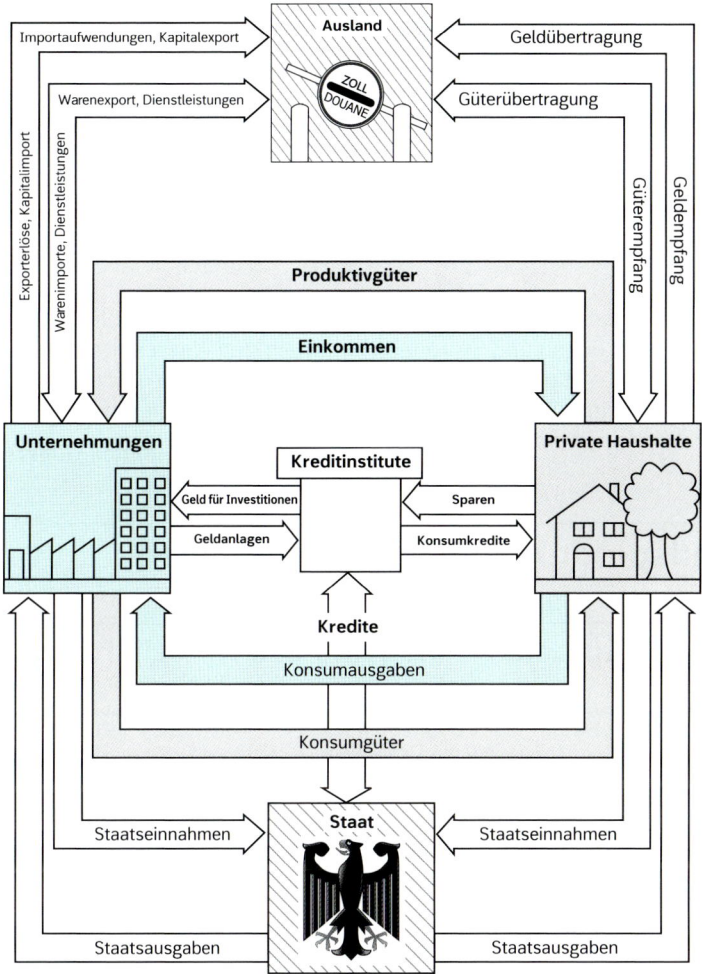

Die Betrachtung des Wirtschaftskreislaufes verlangt fünf Sachverhalte:

1. eine Volkswirtschaft	Wirtschaftliche Betätigung aller Wirtschaftssubjekte in einem Wirtschaftsgebiet.
2. Wirtschaftsobjekte	Sachgüter (Waren), Dienstleistungen, Rechte, Patente, Forderungen, Geld.
3. Wirtschaftssubjekte	Private Haushalte, Unternehmen, öffentliche Haushalte, übrige Länder.
4. ökonomische Transaktionen	Übergang eines Wirtschaftsgutes von A nach B.
5. ökonomische Aktivitäten	■ Produktion und Verwendung von Gütern, ■ Erzielen, Verteilen und Verwenden von Einkommen, ■ Bildung und Anlage von Vermögen, ■ Gewährung und Vergabe von Krediten.

2

Modellkritik

Das Modell vermittelt den Eindruck, als sei der Wirtschaftsablauf stets störungsfrei und als sei das Handeln der verschiedenen Wirtschaftssubjekte völlig aufeinander abgestimmt.

Nicht immer sind in der Wirklichkeit die Annahmen erfüllt, dass

- die privaten Haushalte so viel sparen, wie die Unternehmungen für ihre Investitionen benötigen,
- die Unternehmungen so viele Konsumgüter produzieren, wie die privaten Haushalte kaufen wollen und können,
- der Staat in dem Umfang über Einnahmen verfügt, wie zur Bestreitung der Staatsausgaben erforderlich ist,
- der Austausch von Waren, Dienstleistungen und Kapital mit anderen Volkswirtschaften ausgeglichen ist.

In jeder dynamischen, im Zeitablauf sich verändernden und fortentwickelnden Volkswirtschaft entstehen Schwankungen und Störungen innerhalb des Wirtschaftsablaufs. Es sind zunächst die Kräfte des Marktes, die auf einen Ausgleich hinwirken. Daneben versucht der Staat, mithilfe seiner Wirtschaftspolitik lenkend und korrigierend auf das Wirtschaftsgeschehen Einfluss zu nehmen.

2.6 | Inlandsprodukt und Volkseinkommen

2.6.1 | Das Inlandsprodukt – Maßstab des wirtschaftlichen Wohlstands

Zur quantitativen Darstellung des wirtschaftlichen Geschehens in einer Volkswirtschaft für eine abgelaufene Periode werden Gesamtrechnungen erstellt. Um Aussagen über die wirtschaftliche Leistungsfähigkeit und Entwicklung einer Volkswirtschaft zu erfahren, muss man *z. B. den gesamten Umfang der Produktion und seine Veränderungen im Zeitablauf messen*.

> Das **Inlandsprodukt** (BIP) ist der Gesamtwert aller Sachgüter und Dienstleistungen, die während eines Jahres innerhalb einer Volkswirtschaft hergestellt werden.

Bildlich gesehen kann man sich das Inlandsprodukt als einen riesigen Berg von Gütern vorstellen, der all das umfasst, was in der Volkswirtschaft während eines Jahres hervorgebracht worden ist, einerlei, ob es sich um Sachgüter *(z. B. Autos)* oder Dienstleistungen *(z. B. Kinobesuche)* handelt.
Die Menge der verfügbaren Produktionsfaktoren und der Wirkungsgrad ihres Einsatzes bestimmen das mögliche Ausmaß des Inlandsprodukts einer Volkswirtschaft.
Um das BIP wertmäßig genau bestimmen zu können, werden die Güter mit ihren Herstellungskosten zuzüglich des Saldos aus Gütersteuern und Gütersubventionen bewertet.

Im Inlandsprodukt enthalten sind
- Sachgüter wie *z. B. Konsumgüter, Investitionsgüter, Roh-, Hilfs- und Betriebsstoffe*,
- Dienstleistungen wie *z. B. Mieten von Wohnungen, Pachten von Geschäftsräumen, Telefongespräche, Radio- und Fernsehübertragungen, Leistungen von Banken und Versicherungen*.

Der Unterricht in der Schule stellt einen Beitrag des Staates zum Inlandsprodukt dar. Die Gehälter der Lehrer stellen die „Herstellungskosten" des Unterrichts dar.

Nach den Regeln des Europäischen Systems Volkswirtschaftlicher Gesamtrechnungen (ESVG) gehören **schattenwirtschaftliche Aktivitäten** unter den Produktionsbegriff und sind deshalb in das Bruttoinlandsprodukt *z. B. durch Zuschläge* einzubeziehen.

Keine Produktionstätigkeit sind nach ESVG selbstverrichtete Hausarbeiten.

Das Inlandsprodukt wird traditionell als Maßstab für den materiellen Wohlstand einer Volkswirtschaft benutzt *(„Wohlstandsindikator")*. Sein Wachstum wird als eine Verbesserung des Lebensstandards der Bevölkerung angesehen.

Beispiel:	*1996*	*2006*	*2016*	*2017*
(Brutto-)Inlandsprodukt in Mrd. Euro	*1 926,32*	*2 393,25*	*3 144,05*	*3 263,4*
Wachstum gegenüber dem Vorjahr in Mrd. Euro	*27,44*	*92,39*	*100,40*	*119,25*
Wachstum gegenüber dem Vorjahr in Prozent	*0,8 %*	*3,7 %*	*1,9 %*	*2,2 %*

Ausdruck für das **Wirtschaftswachstum** einer Volkswirtschaft ist im Allgemeinen der Anstieg des Inlandsprodukts.

Ob ein quantitatives Wachstum jedoch *tatsächlich* die Lebensbedingungen der Bevölkerung verbessert, wird zunehmend kritisch betrachtet.

Die traditionelle Inlandsproduktberechnung berücksichtigt nämlich z. B. nicht
- das Gesundheitsniveau der Bevölkerung,
- die Bildungschancen,
- die Zufriedenheit und das Wohlergehen der Bevölkerung,
- die gleichmäßige Verteilung der vorhandenen Arbeit,
- die Verteilung der Einkommen,
- den Verbrauch von ökologischen Ressourcen,
- die Schäden und Nachteile, die durch die Mehrproduktion verursacht werden:
  - Umweltbelastungen und -schäden durch Raubbau an der Natur *(z. B. Waldsterben)*,
  - Klimabelastungen,
  - Zivilisationskrankheiten,
  - Verlust an Lebensqualität durch Lärm, Verkehrsdichte, Hektik und Stress im Alltag und im Beruf.

2.6.2 Wertschöpfung der Unternehmung

Um festzustellen, wie groß das Inlandsprodukt ist, muss man die einzelnen Produktionsleistungen am Ort ihrer Entstehung erfassen.

Ein forstwirtschaftliches Unternehmen verkauft Holz zum Preis von 10 000,00 € an ein Sägewerk.

Das Sägewerk schneidet das Holz zu Brettern und verkauft es zum Preis von 16 000,00 € an eine Möbelfabrik.

Die Möbelfabrik verarbeitet die Bretter zu Naturholzmöbeln und verkauft diese zum Preis von 25 000,00 € an eine Möbelhandlung.

Die Möbelhandlung verkauft die gelieferten Erzeugnisse als Bio-Möbel nach und nach zum Preis von 42 000,00 € an die Endverbraucher.

Es ist leicht zu erkennen, dass die beteiligten Unternehmen jeweils einen unterschiedlichen Beitrag zur Herstellung des Endproduktes geleistet haben:

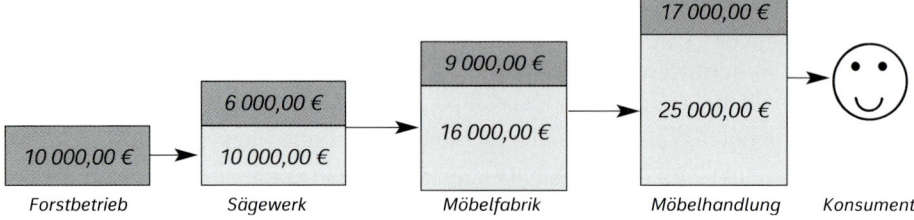

	Vorleistungen	Bruttowertschöpfung	Produktionswert
Forstbetrieb	–	10 000,00 €	10 000,00 €
Sägewerk	10 000,00 €	6 000,00 €	16 000,00 €
Möbelfabrik	16 000,00 €	9 000,00 €	25 000,00 €
Möbelhandlung	25 000,00 €	17 000,00 €	42 000,00 €
	51 000,00 €	42 000,00 €	93 000,00 €

Die **Bruttowertschöpfung** der Unternehmung ist die Differenz zwischen dem Verkaufserlös der eigenen Leistungen, dem sog. Produktionswert, und dem Kaufpreis der von anderen Unternehmen bezogenen Vorleistungen.

> Die **Wertschöpfung** in der Unternehmung geschieht durch Kombination der Produktionsfaktoren Arbeit, Boden und Kapital.

Die Besitzer der Produktionsfaktoren, also die Arbeitnehmer, Kapitalanleger, Grundstücksbesitzer und Unternehmer, erhalten für ihre Leistungen ein Entgelt in Form von Löhnen und Gehältern, Zinsen, Mieten, Pachten, Gewinnausschüttungen.

Diese Zahlungen stellen das Einkommen der privaten Haushalte dar.

Aufgrund des Produktionsprozesses werden die in der Unternehmung eingesetzten Produktionsanlagen und -mittel abgenutzt, sodass sie nach Ablauf ihrer Nutzungsdauer wieder erneuert werden müssen.

Die entstandenen Wertminderungen des Sachkapitals stellen Aufwendungen dar und werden als Abschreibungen erfasst. Die Abschreibungsbeträge sind in die Verkaufspreise miteinkalkuliert und fließen damit beim Verkauf der Produkte in die Unternehmung zurück. Die Abschreibungsgegenwerte dienen später der Finanzierung der Ersatzinvestitionen.

Die **Nettowertschöpfung** ist somit identisch mit den Einkommen, die den privaten Haushalten zufließen.

Produktionswert		
Vorleistungen	**Bruttowertschöpfung**	
	Abschreibungen	**Nettowertschöpfung**

Beispiel:

Die Möbelfabrik aus dem obigen Beispiel hat an die Mitarbeiter Gehälter in Höhe von 5 500,00 €, an die Kreditgeber Zinsen in Höhe von 500,00 € und an die Eigentümer des Firmengrundstücks Miete in Höhe von 1 000,00 € zu zahlen. Die Abschreibungen für die eingesetzten Maschinen und Geräte betragen 800,00 €.

Wertschöpfungsrechnung			
Vorleistungen	16 000,00 €		
Abschreibungen	800,00 €	*Verkaufserlöse*	25 000,00 €
Nettowertschöpfung	8 200,00 €		
Gehälter	5 500,00 €		
Zinsen	500,00 €		
Miete	1 000,00 €		
Gewinn	1 200,00 €		

2

2.6.3 Wege der Inlandsproduktsberechnung

Das Inlandsprodukt kann auf drei verschiedenen Wegen ermittelt werden, wobei jeweils ein anderer Untersuchungsaspekt im Vordergrund steht:

- **Entstehungsrechnung:** Wo ist das Inlandsprodukt entstanden? Wie viel haben die einzelnen Wirtschaftsbereiche zum gesamtwirtschaftlichen Ergebnis beigetragen?
- **Verwendungsrechnung:** Wie wird das Inlandsprodukt verwendet? Wurde es konsumiert, investiert oder exportiert?
- **Verteilungsrechnung:** Wie verteilen sich die bei der Entstehung des Inlandproduktes erzielten Einkommen?

Das **Bruttoinlandsprodukt** (BIP)
- ist der in Euro zu Marktpreisen gemessene wirtschaftliche Gesamtwert aller produzierten Sachgüter und geleisteten Dienstleistungen, die während eines Kalenderjahres innerhalb einer Volkswirtschaft, d. h. im Inland, von Inländern und Ausländern produziert werden;
- bezieht sich auf die wirtschaftlichen Vorgänge im Wirtschaftsgebiet Deutschland;
- misst die wirtschaftliche Leistung im Inland;
- berechnet den materiellen Wohlstand eines Landes.

Probleme
- Die BIP-Berechnung berücksichtigt nicht die Leistung von Hausfrauen, die Heimwerkertätigkeit und die Schwarzarbeit.
- Die Wohlfahrt der Bevölkerung wird nicht richtig erfasst, weil *z. B. der Nutzen der Freizeit nicht berücksichtigt wird.*
- Reparaturen der privaten Haushalte, Gesundheitsleistungen u.ä. gehen erhöhend in die BIP-Rechnung ein.
- Der Verbrauch der natürlichen Umwelt wird nicht erfasst, aber die Beseitigung von Umweltschäden erhöht das BIP.

---

1. **Entstehungsrechnung BIP** (Produktionsansatz)		2. **Verwendungsrechnung BIP** (Ausgabenansatz)		3. **Verteilungsrechnung BIP**	
	Produktionswert		private Konsumausgaben		Arbeitnehmerentgelte (Inländer)
–	Vorleistungen	+	Konsumausgaben des Staates	+	Unternehmens- und Vermögenseinkommen
=	Bruttowertschöpfung	+	Bruttoinvestitionen einschl. Vorratsvermögen	=	**Volkseinkommen**
+	Gütersteuern	=	inländische Verwendung	+	Produktions- und Importabgaben an den Staat minus Subventionen vom Staat
–	Gütersubventionen	+	Exporte	+	Abschreibungen
		–	Importe	–	Saldo der Primäreinkommen aus der übrigen Welt
=	**Bruttoinlandsprodukt**	=	**Bruttoinlandsprodukt**	=	**Bruttoinlandsprodukt**

2

Entstehungsrechnung

Das **Bruttoinlandsprodukt** wird von der Produktionsseite dargestellt. Es wird errechnet als Differenz aus dem Wert der produzierten Waren und Dienstleistungen (= **Produktionswert**) und dem Vorleistungsverbrauch. Diese Differenz wird **Bruttowertschöpfung** (BWS) genannt. Anschließend werden die Gütersteuern wie *z. B. Tabak- oder Mineralölsteuer* hinzuaddiert; die Subventionen werden abgezogen.

Das Bruttoinlandsprodukt wird von den volkswirtschaftlichen Sektoren Land- und Forstwirtschaft, Fischerei, produzierendes Gewerbe ohne Bau, Baugewerbe, Handel, Gastgewerbe, Verkehr, Finanzierung, Vermietung, Unternehmensdienstleister, öffentliche und private Dienstleister erwirtschaftet.

Die Entstehungsrechnung weist die Beiträge der einzelnen Wirtschaftsbereiche zum Inlandsprodukt aus. Die Veränderungen dieser Beiträge im langfristigen Zeitablauf spiegeln die strukturelle Veränderung der Volkswirtschaft wider.

Verwendungsrechnung

Die Verwendungsrechnung zeigt die Verwendung der Güter aus der Inlandsproduktion und den Importen. Das Bruttoinlandsprodukt wird hier von der **Nachfrageseite** her ermittelt, indem man die Ausgaben für die Endverwendung von Waren und Dienstleistungen, d. h. die privaten und staatlichen Konsumausgaben, die Investitionen und den Außenbeitrag (= Export – Import) berechnet.

Die Verwendungsrechnung gibt Auskunft darüber, von welchen Wirtschaftsbereichen die produzierten Güter beansprucht werden bzw. für welche Zwecke sie hergestellt werden. Die **privaten Konsumausgaben** umfassen alle Käufe von Sachgütern und Dienstleistungen durch private Haushalte.

Beispiel: *Konsumausgaben der privaten Haushalte im Inland nach Verwendungszwecken*

Konsumausgaben der privaten Haushalte im Inland[1]				
	1995	*2005*	*2010*	*2015*	*2017*
Verwendungszwecke	*in Mrd. €*	*in Mrd. €*	*in Mrd. €*	*in Mrd. €*	*in Mrd. €*
Nahrungsmittel, Getränke, Tabakwaren	162,92	180,59	186,54	214,38	226,65
Bekleidung, Schuhe	67,30	65,77	66,98	69,92	74,88
Wohnung, Wasser, Strom, Gas, andere Brennstoffe	228,24	307,47	342,01	370,85	386,713
Einrichtungsgegenstände, Geräte für den Haushalt	82,59	84,44	90,09	104,55	110,09
Verkehr und Nachrichten- übermittlung	157,47	214,18	223,65	263,80	288,72
Freizeit, Unterhaltung, Kultur	93,78	121,11	135,20	138,87	149,46
Beherbergungs- und Gast- stättendienstleistungen	56,71	63,44	71,62	81,55	86,74
Übrige Verwendungszwecke	163,76	221,33	256,77	295,27	311,15
Konsumausgaben der priva- ten Haushalte im Inland	**1 012,77**	**1 258,33**	**1 372,87**	**1 539,19**	**1 636,39**

Die **Konsumausgaben des Staates** umfassen die Güterkäufe des Staates für seinen laufenden Bedarf sowie die Einkommensleistungen an die öffentlichen Bediensteten.

Bruttoanlageinvestitionen sind Ausrüstungen (Maschinen, Fahrzeuge, sonstige Produktionsmittel), Bauten (Häuser, Straßen, Brücken, Verwaltungsgebäude) und sonstige Anlagen (EDV-Software, Urheberrechte).

Addiert man hierzu die Vorratsveränderungen [Differenz zwischen Anfangs- und Endbeständen bei den Vorräten (Roh-, Hilfs-, Betriebsstoffe, Halb-, Fertigerzeugnisse)], so erhält man die **Bruttoinvestitionen**.

Verteilungsrechnung

Eine direkte Berechnung des Bruttoinlandsproduktes über die Verteilungsseite ist in Deutschland wegen fehlender statistischer Erhebungen über die Unternehmens- und Vermögenseinkommen nicht möglich.

Ausgehend vom Volkseinkommen subtrahiert man die im Produktionsprozess entstandenen Arbeitnehmerentgelte aller Inländer und erhält als Differenz die Unternehmens- und Vermögenseinkommen. Zum Volkseinkommen werden die Produktions- und Importabgaben an den Staat hinzugerechnet, die Subventionen werden abgezogen, anschließend werden die Abschreibungen addiert und der Saldo der Primäreinkommen aus der übrigen Welt hinzugerechnet, um zum Bruttoinlandsprodukt zu gelangen.

Die Verteilungsrechnung gibt Auskunft über die Höhe und die Arten der Faktoreinkommen, die von Inländern innerhalb eines Jahres aufgrund ihrer Wertschöpfungsbeiträge im In- und Ausland erzielt werden.

Zu unterscheiden sind
- das Arbeitnehmerentgelt als Summe aller Arbeitnehmereinkommen; es beinhaltet die Bruttolöhne und -gehälter zuzüglich Lohnnebenkosten in Form von Arbeitgeberbeiträgen zur Sozialversicherung und weiterer Sozialaufwendungen der Arbeitgeber.
- die Unternehmens- und Vermögenseinkommen; hierzu zählen *z. B. Gewinne der Unternehmen und Freiberufler, Zinsen und sonstige Kapitaleinkünfte, Mieten, Pachten.*

Die Lohnquote drückt den relativen Anteil der Arbeitnehmereinkommen am Volkseinkommen aus. Ziel der gewerkschaftlichen Tarifpolitik ist es u. a., die Lohnquote zu erhöhen.

$$\text{Lohnquote} = \frac{\text{Arbeitnehmerentgelt}}{\text{Volkseinkommen}} \cdot 100$$

Die Lohnquote gibt **keine** Auskunft über die Höhe der Einkommen, die insgesamt von den Arbeitnehmerhaushalten erzielt werden, da in ihr weder Transferleistungen des Staates noch die Nebeneinkünfte der Arbeitnehmerhaushalte berücksichtigt werden.

Beispiel:

Das Monatsgehalt der Steuerfachangestellten Zina Zoll beträgt 1 450,00 €. Sie hat ein Haus geerbt, das sie für 1 000,00 € vermietet. Sie besitzt festverzinsliche Wertpapiere im Werte von 10 000,00 €, die zu 5 % p. a. verzinst werden.
Miet- und Zinseinkünfte werden nicht in der Lohnquote berücksichtigt.

Die Lohnquote ist **keine** Auskunft über die Gerechtigkeit der Einkommensverteilung innerhalb einer Volkswirtschaft, weil sie keine Einkommensunterschiede berücksichtigt.

Beispiel:

Das Jahresgehalt eines Profi-Fußballerspielers in Höhe von 500 000,00 € wird ebenso in der Lohnquote erfasst wie das Monatsgehalt einer Verkäuferin in Höhe von 1 500,00 €.

Bruttoinlandsprodukt (BIP) 2017[1]					
Entstehung BIP	**Mrd. €**	**= Verwendung BIP**	**Mrd. €**	**= Verteilung BIP**	**Mrd. €**
Land-, Forstwirt-schaft, Fischerei	21,5	private Konsumaus-gaben	1 737,7	Arbeitnehmerent-gelte	1 668,5
+ produzierendes Gewerbe ohne Bau	752,8	+ Konsumausgaben des Staates	638,1	+ Unternehmens- und Vermögens-einkommen	766,4
+ Baugewerbe	145,0	= **Konsumausgaben**	**2 375,8**	= **Volkseinkommen**	**2 434,8**
+ Handel, Gastgewerbe und Verkehr	474,0	+ Bruttoinvestitionen	660,9	+ Produktions- und Importabgaben an den Staat minus Subventio-nen vom Staat	318,7
+ Information und Kommunikation	138,4	– Vorratsveränderun-gen	21,4		
+ Finanz- und Versicherungs-dienstleister	110,9	Außenbeitrag: + Export	1 542,6	+ Abschreibungen	579,5
+ Grundstücks- und Wohnungswesen	317,8	– Import	1 294,5	– Saldo der Primär-einkommen aus der übrigen Welt	– 60,7
+ Unternehmensdienst-leister	323,6				
+ öffentliche Dienstleis-ter, Erziehung, Gesundheit	536,8				
+ sonstige Dienstleister	118,7				
+ Gütersteuern minus Gütersubventionen	323,8				
BIP 2017	**3263,4**	**BIP 2017**	**3263,4**	**BIP 2017**	**3263,4**

2.6.4 Vom Bruttoinlandsprodukt zum verfügbaren Einkommen

◾ Bruttoinlandsprodukt (BIP, engl. GDP)

Das Bruttoinlandsprodukt schließt nur die innerhalb des eigenen Wirtschaftsraumes erwirtschafteten Leistungen ein. Dabei spielt es keine Rolle, ob diese von Inländern oder Ausländern erzielt wurden.

Beispiel:

Ausländische Arbeitnehmer aus grenznahen Gebieten zu Deutschland sind häufig bei deutschen Unternehmen beschäftigt. Die von diesen Arbeitnehmern im Inland erzielten Einkommen sind im deutschen Bruttoinlandsprodukt enthalten.

Nach dem Wohnort- oder Produktionsortprinzip gelten alle Wirtschaftssubjekte als Inländer, die ihren ständigen Sitz in Deutschland haben, also auch die hier lebenden Arbeitnehmer fremder Nationalitäten und die Tochtergesellschaften ausländischer Unternehmen.

Auf das BIP beziehen sich viele Kriterien der europäischen Wirtschafts- und Währungsunion.

---

[1] Quelle: Eigene Darstellung, Daten entnommen aus: Statistisches Bundesamt. In: www.destatis.de/DE/ZahlenFakten/GesamtwirtschaftUmwelt/VGR/VolkswirtschaftlicheGesamtrechnungen.html [06.08.2018]. © Statistisches Bundesamt (Destatis), 2018.

Beispiele:

- *die zulässige Neuverschuldung: maximal 3 % des BIP,*
- *der Schuldenstand: 60 % des BIP,*
- *Beschreibung der Struktur und Strukturveränderungen einer Volkswirtschaft: der Übergang von einer Industriegesellschaft zu einer Dienstleistungsgesellschaft wird danach beurteilt, welche Anteile das produzierende Gewerbe bzw. die zum Dienstleistungssektor gehörenden Branchen am BIP haben,*
- *Maß der Produktionsleistung einer Volkswirtschaft und damit Ausgangspunkt zur Schätzung des Produktionspotenzials.*

Bruttonationaleinkommen

Das Bruttonationaleinkommen ist die Summe aller Güter und Dienstleistungen, die von allen inländischen Unternehmen, Haushalten und vom Staat im In- und Ausland innerhalb eines Kalenderjahres erwirtschaftet wurden.

Bruttoinlandsprodukt (BIP)
- an die übrige Welt gezahlte Einkommen
+ aus der übrigen Welt empfangene Einkommen

= **Bruttonationaleinkommen (BNE)**

Das Bruttonationaleinkommen – früher Bruttosozialprodukt genannt – wird als Einkommensindikator einer Volkswirtschaft angesehen und dient als Basisgröße für Wirtschaftswachstum.

Beispiel:

Die Zinseinkünfte, die ein deutscher Kapitalanleger aufgrund einer Kapitalanlage im Ausland erzielt, sind Einkommen, die im Bruttonationaleinkommen zu erfassen sind.

Nettonationaleinkommen

Im Bruttonationaleinkommen sind alle Produktionsleistungen enthalten, die zur Erhaltung des in der Volkswirtschaft vorhandenen Sachkapitals notwendig sind.
Die hierzu erforderlichen Geldmittel werden durch Abschreibungen bereitgestellt. Somit sind Abschreibungen wertmäßig identisch mit den Ersatzinvestitionen.
Ohne Ersatzinvestitionen würde die Leistungsfähigkeit einer Volkswirtschaft ständig abnehmen.

| **Abschreibungen** | ≙ | **Ersatzinvestitionen** |

Während also das Bruttonationaleinkommen die gesamte Produktionsleistung der Inländer einschließlich der Ersatzinvestitionen erfasst, stellt das Nettonationaleinkommen nur die neu geschaffene Produktionsleistung dar, klammert also die durch die Abschreibungen erfassten Wertminderungen des vorhandenen Sachkapitals aus.

Bruttonationaleinkommen zu Marktpreisen (BNE)
- Abschreibungen für Ersatzinvestitionen

= **Nettonationaleinkommen zu Marktpreisen (NNE = Primäreinkommen)**

2

▨ Volkseinkommen

Werden die produzierten Güter ausschließlich mit den Kosten der zu ihrer Entstehung eingesetzten Produktionsfaktoren bewertet, erhält man das **Volkseinkommen**.

Der Unterschied zwischen dem Volkseinkommen und dem Nettonationaleinkommen ist zunächst dadurch begründet, dass der Staat den Verbrauch bestimmter Güter und den Verkauf von Waren und Dienstleistungen mit Produktions- und Importabgaben belastet.
Diese sind im Verkaufspreis enthalten und werden damit auf den Verbraucher abgewälzt.

> **Beispiele:**

- *Mineralölsteuer*   ■ *Tabaksteuer*   ■ *Branntweinsteuer*

Die Produktions- und Importabgaben machen ein Produkt also teurer, als es gemessen an seinen Entstehungskosten eigentlich ist.
Auf der anderen Seite gewährt der Staat manchen Unternehmen **Subventionen**. Dies führt dazu, dass die von diesen Unternehmen erzeugten Produkte billiger angeboten werden können, als sie es von ihren Entstehungskosten eigentlich sind.

	Nettonationaleinkommen zu Marktpreisen
–	Produktions- und Importabgaben an den Staat
+	Subventionen vom Staat
=	**Volkseinkommen** (= Nettonationaleinkommen/Nettosozialprodukt zu Faktorkosten)

Die Kosten für die Beschaffung der zur Produktion benötigten Produktionsfaktoren sind aus der Sicht der Empfängerseite, also der privaten Haushalte, Einkommenszahlungen.

> Das **Volkseinkommen** ist demzufolge die Summe aller von den Inländern während eines Jahres erzielten Faktoreinkommen.

Bruttonationaleinkommen zu Marktpreisen	*Abschreibungen*	
	Nettonationaleinkommen zu Marktpreisen	– *Indirekte Steuern an den Staat* + *Subventionen* **= Volkseinkommen (Nationaleinkommen zu Faktorpreisen)**

▨ Verfügbares Einkommen

Das Volkseinkommen ist allerdings nicht identisch mit dem Einkommen, das den privaten Haushalten tatsächlich zur Verfügung steht.
Der Staat entzieht vielmehr den privaten Haushalten Einkommensteile in Form von direkten Steuern und Sozialabgaben.
Ein Teil dieser öffentlichen Einnahmen dient der Finanzierung öffentlicher Aufgaben, ein anderer Teil fließt jedoch in Form von Transferzahlungen an die privaten Haushalte zurück.

> **Beispiele:**

Renten, Pensionen, Kindergeld, Wohngeld, BAföG-Zahlungen

Der Staat bewirkt auf diese Weise einen Einkommensausgleich zwischen Beschäftigten und Arbeitslosen, zwischen Erwerbspersonen und Rentnern, Gesunden und Kranken, ganz allgemein eine Einkommensumverteilung von den finanziell besser gestellten zu den sozial schwachen Bürgern.

Volkseinkommen
− direkte Steuern (Lohn-/Einkommensteuer)
− Sozialabgaben
+ Transferzahlungen
= verfügbares Einkommen

	2000 in Mrd. €	2010 in Mrd. €	2015 in Mrd. €	2016 in Mrd. €	2017 in Mrd. €
verfügbares Einkommen	1 297,28	2 134,401	2 526,122	2 609,022	2 710,242
− Konsum	1 207,60	1 939,610	2 217,532	2 289,840	2 375,761
= Sparen[1]	112,456	194,791	301,556	319,182	334,481

Zusammenfassung

Bruttoinlandsprodukt (BIP)
+ aus der übrigen Welt empfangene Einkommen (von Inländern im Ausland)
− an die übrige Welt gezahlte Einkommen (von Ausländern im Inland)

= Bruttonationaleinkommen zu Marktpreisen (BNE)
− Abschreibungen
= Nettonationaleinkommen zu Marktpreisen (NNE)
− Produktions- und Importabgaben an den Staat
+ Subventionen vom Staat

= Volkseinkommen
(= Nettonationaleinkommen/ Nettosozialprodukt zu Faktorkosten)
− direkte Steuern der privaten Haushalte
− Sozialabgaben
+ Transferzahlungen an private Haushalte

= verfügbares Einkommen

Primäre Einkommen der Inländer aus der übrigen Welt — Bruttoinlandsprodukt

Primäre Einkommen der Ausländer aus dem Inland — Bruttonationaleinkommen

Abschreibungen — Nettonationaleinkommen = Primäreinkommen

Subventionen — Volkseinkommen

Produktions- und Importabgaben

Unternehmens- und Vermögenseinkommen — Arbeitnehmerentgelt

---

[1] Quelle: Eigene Darstellung, Daten entnommen aus: Statistisches Bundesamt. In: www.destatis.de/DE/ZahlenFakten/GesellschaftStaat/EinkommenKonsumLebensbedingungen/Einkommen KonsumLebensbedingungen.html [06.08.2018]. © Statistisches Bundesamt (Destatis), 2018.

2.7 | Markt und Preisbildung

2.7.1 | Märkte und Marktformen

▢ Märkte

Im Mittelalter war das Marktrecht die Erlaubnis, dauerhaft einen Markt, der unter dem Schutz des Marktherrn *(z. B. Bischof, König, Fürst)* stand, abzuhalten. Dieses Privileg war für die städtische Wirtschaft von entscheidender Bedeutung, weil unter dem Schutz des Marktherrn das Marktgeschehen störungsfrei ablaufen konnte. Der **Marktplatz** wurde für viele Orte der zentrale Platz, an dem das Rathaus und Geldhäuser errichtet wurden.

Aus dem Marktrecht wurden später Stadtrechte abgeleitet. Auch heute dürfen verwaltungsrechtlich selbstständige Gemeinden nach *Art. 3 der Gemeindeordnung für den Freistaat Bayern* noch die Bezeichnung Markt beantragen und führen.

> *Beispiele:*
>
> *Markt Murnau, Markt Indersdorf bei Dachau, Markt Nordheim im Landkreis Neustadt an der Aisch/Bad Windsheim.*

> **Markt** im wirtschaftlichen Sinne ist
> - das Zusammentreffen von Angebot und Nachfrage nach ökonomischen Gütern wie Waren, Dienstleistungen und Rechten,
> - der reale oder virtuelle Ort (Handelsplatz), an dem Güter getauscht werden.

> Als **Marktwirtschaft** bezeichnet man eine auf Märkten basierende Wirtschaft.

Der **Tausch** ist das Grundprinzip des Marktes. Durch Verwendung eines allgemein anerkannten Tauschmittels (= **Zahlungsmittel** in Form von Münzen, Banknoten und Buchgeld) kann der Leistungsaustausch zeitlich voneinander getrennt werden.

Angebot	Markt	Nachfrage
Es bieten an ■ Haushalte ihre Arbeitskraft, ■ Unternehmen ihre Güter und Dienstleistungen, ■ der Staat das rechtliche Gerüst und die Infrastruktur, ■ das Ausland Importgüter.	**Markt** Treffpunkt von Anbietern und Nachfragern mit dem Ziel, Güter gegen Zahlungsmittel zu tauschen.	Es fragen ■ Haushalte nach Konsumgütern, ■ Unternehmen nach Investitions- und Produktionsgütern, ■ der Staat nach Produktions-, Investitions- und Konsumgütern, ■ das Ausland nach Exportgütern.

Angebot und Nachfrage
- sind „Triebkräfte" für das Funktionieren einer Marktwirtschaft,
- bestimmen die produzierte Menge und den Marktpreis,
- können beeinflusst werden.

Märkte erfüllen mit dem Ziel des Güteraustausches verschiedene Funktionen:

Funktionen des Marktes	
Versorgung	Grundfunktion des Marktes und allgemeines Ziel allen Wirtschaftens ist die Versorgung der Wirtschaftssubjekte *(z. B. Haushalte, Unternehmen, Staat)* mit Konsum- und Investitionsgütern sowie Dienstleistungen. **Beispiel:** *Lebensmittelläden, Bäcker und Metzger in einer Stadt übernehmen die Nahversorgung der Haushalte mit lebensnotwendigen Waren.*
Koordination	Der Markt muss dafür sorgen, dass Angebot und Nachfrage aufeinandertreffen, ausgetauscht werden und wechselseitig Güternachfrage und Güterangebot beeinflussen.
Preisbildung	Über den Preis treffen sich am Markt Angebot und Nachfrage. Über die Preise regelt der Markt die Verteilung der Güter, indem den Nachfragern, die bereit sind, die Preise zu zahlen, die Güter zukommen.
Verteilung	In Zusammenwirkung mit den Preisen regelt der Markt die Verteilung der Güter.

Nach der Art der angebotenen und nachgefragten Güter werden zwei Marktarten unterschieden: Gütermärkte und Faktormärkte.

Marktarten			
Gütermärkte Dies sind Märkte, auf denen Wirtschaftsgüter abgesetzt werden.		**Faktormärkte** Dies sind Märkte, auf denen Unternehmen die zur Erbringung von Wirtschaftsleistungen notwendigen Produktionsfaktoren erwerben.	
Konsumgütermärkte	Handel mit Konsumgütern, d. h., Marktobjekte sind für den Endverbrauch bestimmte Güter. **Beispiele:** ■ *Büchermarkt* ■ *Automobilmarkt* ■ *Lebensmittelmarkt*	**Arbeitsmarkt**	Austausch von Arbeitskraft gegen Arbeitsentgelt, d. h., Marktobjekt ist die Arbeitsleistung. **Beispiele:** ■ *Markt für Steuerfachangestellte* ■ *Markt für Juristen*
Dienstleistungsmärkte	Marktobjekt ist eine Dienstleistung. **Beispiele:** ■ *Buchung einer Reise* ■ *Steuerberatung*	**Bodenmarkt (Immobilienmarkt)**	Handel mit Grundstücken und Gebäuden, d. h., Marktobjekte sind bebaute und unbebaute Grundstücke sowie Gebäude.
Investitionsgütermärkte	Handel mit Investitionsgütern, d. h., Marktobjekte sind für die Herstellung von Gütern und Dienstleistungen bestimmt (Beschaffungsmarkt – Absatzmarkt). **Beispiele:** ■ *Markt für Baumaschinen* ■ *Markt für Werkzeugmaschinen* ■ *Markt für Lastkraftwagen*	**Kaptalmarkt**	Markt für Handel und Vermittlung zwischen Anbietern von Finanzierungsmitteln (Gläubigern) und Nachfragern nach Finanzierungsmitteln (Schuldnern), d. h. kurz- und langfristige Kredite sowie Wertpapiere wie *z. B.* Aktien. **Beispiele:** ■ *Markt für Kredite* ■ *Markt für Wertpapiere*
		Rohstoffmarkt	Erwerb von Rohstoffen

Einen Markt, der von einer starken Position der Anbieter geprägt ist, bezeichnet man als **Verkäufermarkt**. Umgekehrt spricht man von einem **Käufermarkt**, wenn die Nachfrager aufgrund ihrer Verhandlungsstärke auf den Preis und die Qualität des Angebots Einfluss nehmen können.

Beispiel:

Im Winter ist während einer lang anhaltenden Kälteperiode die Position der Heizöl-Lieferanten relativ stark. Der Marktpreis wird daher deutlich steigen. Im Sommer dagegen besteht für die Anbieter eine Absatzflaute. Die Position der Nachfrager ist dadurch relativ stark. Sie können den Preis drücken und sich günstig einen Vorrat für den Winter anlegen.

Marktformen

Von zentraler Bedeutung für das Marktgeschehen ist, wie viele Anbieter und wie viele Nachfrager auf dem Markt auftreten.

Beispiel:

Wenn ein Top-Profifußballspieler von einem Verein an einen anderen Verein verkauft wird, unterliegt dieser Vorgang anderen Marktgesetzmäßigkeiten, als wenn an einer Wertpapierbörse zwischen einer Vielzahl von Marktteilnehmern Aktien einer großen Chemie-AG gehandelt werden.

Je nach Anzahl und relativer Größe der Marktteilnehmer auf der Angebots- bzw. der Nachfrageseite lassen sich verschiedene entsprechen der Anzahl der Marktteilnehmer Marktformen unterscheiden:

Zahl der Anbieter / Zahl der Nachfrager	ein Anbieter	wenige Anbieter	viele Anbieter
ein Nachfrager	zweiseitiges (bilaterales) Monopol	beschränktes Nachfragemonopol (= beschränktes Monopson)	Nachfragemonopol (Monopson)
wenige Nachfrager	beschränktes Angebotsmonopol	zweiseitiges (bilaterales) Oligopol	Nachfrageoligopol (Oligopson)
viele Nachfrager	Angebotsmonopol	Angebotsoligopol	vollständige Konkurrenz (Polypol)

Beispiele:

Polypol (vollständige Konkurrenz)	Anbieter: Nachfrager:	viele Gemüsehändler (Wochenmarkt) viele Käufer
Angebotsoligopol	Anbieter: Nachfrager:	wenige Automobilhersteller viele Automobilkäufer
Angebotsmonopol	Anbieter: Nachfrager:	kommunale Verkehrsbetriebe Fahrgäste
zweiseitiges bilaterales Oligopol	Anbieter: Nachfrager:	Werften (Schiffshersteller) Reedereien (Schiffsbetreiber)
zweiseitiges bilaterales Monopol	Anbieter: Nachfrager:	Gewerkschaft Arbeitgeberverband
Nachfragemonopol (Monopson)	Anbieter: Nachfrager:	Straßenbauunternehmen öffentliche Hand

Die Marktform und die Möglichkeit des Marktzutritts für neue Marktteilnehmer sind für das Ausmaß des Wettbewerbs von zentraler Bedeutung.

Beispiel:

Der einzige Bäcker in einer kleinen, abgelegenen Ortschaft kann, vordergründig betrachtet, den Brötchenpreis weitgehend autonom festsetzen: Wer morgens unbedingt frische Brötchen haben möchte, hat keine Ausweichmöglichkeit. Auf der anderen Seite weiß der Bäcker, dass er als einziger Anbieter unmittelbar keine Konkurrenz zu fürchten hat. Würde der Bäcker jedoch seine Marktstellung zu sehr ausnutzen und einen völlig überzogenen Preis für seine – vielleicht auch noch schlechten – Brötchen verlangen, müsste er damit rechnen, dass sich schon bald ein anderer Bäcker niederlässt und ihm seinen Markt streitig macht.

Für die Beurteilung eines Marktes kommt es deshalb auch darauf an, ob es sich um einen *offenen* oder einen *geschlossenen* Markt handelt.

Während in einen **offenen Markt** jederzeit neue Anbieter bzw. Nachfrager eintreten können, ist bei einem geschlossenen Markt neuen Marktteilnehmern der Zugang durch gesetzliche, technische oder finanzielle Barrieren versperrt.

Beispiele:

- *Der Staat konzessioniert Lotteriegesellschaften, die das Recht erhalten, Lottospiele anzubieten.*
- *Zum Bau eines Kraftwerkes sind ein Kapitalbedarf in Milliardenhöhe und ein besonderes technisches Wissen erforderlich. Nur ein großes Energieversorgungsunternehmen verfügt über das entsprechende Know-how und ist in der Lage, das notwendige Kapital aufzubringen.*

Steht der Marktmacht der einen Marktseite keine entsprechende Gegenmacht gegenüber, so besteht die Gefahr, dass der Wettbewerb eingeschränkt oder im Extremfall sogar aufgehoben wird.

Die relative Stärke eines Marktteilnehmers gegenüber der Marktgegenseite drückt sich in seiner Fähigkeit aus, den Marktpreis beeinflussen zu können.

Beispiel:

Auf eine Erhöhung der Strompreise können die Verbraucher nur durch Stromsparen reagieren; einen Einfluss auf die Preisgestaltung der Energieversorgungsunternehmen haben sie nicht.

2.7.2 Bestimmungsgründe des Nachfrageverhaltens

In der Nachfrage der privaten Haushalte kommt der Wunsch der Konsumenten zum Ausdruck, eine bestimmte Menge von Gütern zu erwerben.

Der primäre Grund für die Nachfrage der privaten Haushalte ist darin zu sehen, dass jeder Mensch Bedürfnisse hat, die er mit den ihm gegebenen finanziellen Mitteln befriedigen muss bzw. möchte.

Im Einzelnen betrachtet, wird man feststellen, dass die Nachfrage nach einem Gut von mehreren Faktoren abhängig ist.

Bestimmungsgründe für Nachfrage	
■ Preis	Das Gesetz der Nachfrage besagt, dass bei sonst gleichen Bedingungen die nachgefragte Gütermenge fällt, wenn der Preis des Gutes ansteigt.
■ Einkommen	Geht die nachgefragte Gütermenge mit sinkendem Einkommen zurück, so handelt es sich um ein normales Gut. Sinkt die nachgefragte Gütermenge dagegen bei steigendem Einkommen, spricht man von einem inferioren Gut. Bei Preisanstieg des einen Gutes steigt die Nachfrage nach substitutiven Gütern.
■ Dringlichkeit des Bedarfs	Alle Haushalte werden zunächst die Güter nachfragen, die sie am dringlichsten benötigen.
■ Preise verwandter Güter	• Zwei Güter bilden Substitute: Ein Preisanstieg des einen Gutes löst einen Nachfrageanstieg für das andere Gut aus. • Güter, bei denen der Preisanstieg des einen Gutes einen Nachfragerückgang des anderen Gutes bewirkt, nennt man komplementäre Güter.
■ Geschmack, Vorlieben	Offensichtliche Bestimmungsgründe der Nachfrage sind Präferenzen. Diese beruhen auf psychischen Einstellungen und historisch erworbenen Gewohnheiten.
■ Erwartungen	Erwartete Preiserhöhungen können die Nachfrage erhöhen; erwartete Preissenkungen können die Nachfrage mindern.
■ Anzahl der Käufer	Bei Auftritt neuer Käufer auf einem Markt steigt die Nachfragemenge im Markt, dies führt zu einem höheren Preis.

■ Dringlichkeit des Bedürfnisses nach dem Gut

Die Haushalte versuchen, zunächst die Güter nachzufragen, die sie am dringlichsten benötigen bzw. sich wünschen.

Jeder private Haushalt entwickelt dabei unterschiedliche Bedürfnisse.

Beispiel:

In dem einen Haushalt wird besonderer Wert auf Essen und Trinken gelegt, für den anderen Haushalt ist gute Kleidung besonders wichtig, für einen dritten Haushalt steht die jährliche Urlaubsreise im Vordergrund des Interesses.

Die **Bedürfnisskala** eines Menschen spiegelt die Reihenfolge der Bedürfnisse entsprechend ihrer individuell empfundenen Dringlichkeit wider. Das subjektive Mangelgefühl wird vielfach durch Werbung und das gesellschaftliche Umfeld, in dem der Einzelne lebt, beeinflusst oder sogar erst geweckt.

Je dringlicher der Wunsch nach einem bestimmten Gut empfunden wird, desto höher ist auch der Preis, den man zu zahlen bereit ist.

■ Höhe des verfügbaren Einkommens

Bei steigendem Einkommen kann man sich mehr Wünsche erfüllen. Dies bedeutet, dass man entweder von einem bestimmten Gut eine größere Menge kauft oder dass man auf höherwertige, teurere Güter umsteigt.

Beispiel:

Es ist zu beobachten, dass bei steigendem Einkommen die Verbrauchsausgaben für Grundnahrungsmittel wie Brot und Kartoffeln sinken, während für teurere Lebensmittel, wie exotische Obst- und Gemüsesorten, mehr Geld ausgegeben wird.

Ein steigendes Einkommen führt daher i.d.R. zu einer Änderung der Bedürfnisskala.

Die absolute Höhe des verfügbaren Haushaltseinkommens begrenzt die Möglichkeiten der Bedürfnisbefriedigung.

Die Haushalte versuchen, ihr Einkommen so aufzuteilen, dass mit den verfügbaren Mitteln möglichst viele Bedürfnisse befriedigt werden können.

Preis des Gutes

2

Wer sich etwas kaufen möchte, schaut zunächst auf den Preis.

Je höher der Preis eines Gutes, desto geringer wird im Normalfall die Nachfrage nach diesem Gut sein. Umgekehrt wird bei sinkendem Preis die Nachfrage nach dem Gut zunehmen.

Wenn die Nachfrager in dieser Weise auf Preisveränderungen bei einem Gut reagieren, spricht man von einer preiselastischen Nachfrage.

Beispiel:

Bei steigenden Benzinpreisen sinkt die Nachfrage nach Benzin.

Die **Preiselastizität** ist von Gut zu Gut unterschiedlich.

Bei nicht so dringlich gewünschten Gütern reagieren die Verbraucher im Allgemeinen preisempfindlicher als bei dringend benötigten Gütern. Bei einer hohen Preiselastizität führen daher bereits kleine Preisveränderungen zu einer großen Veränderung der nachgefragten Menge.

Die Nachfrage nach einem Gut kann auch unabhängig von seinem Preis sein. In diesem Fall spricht man von einer starren (= preisunelastischen) Nachfrage.

Beispiel:

Ein Medikament, das für die Gesundung des Kranken wichtig ist und für das es kein Ersatzmedikament gibt, wird unabhängig von der Höhe seines Preises in der erforderlichen Menge gekauft.

Den Zusammenhang von Preis und nachgefragter Menge kann man in einer **Nachfragekurve** veranschaulichen. Sie macht deutlich, wie die Käufer auf Preisveränderungen der von ihnen nachgefragten Güter reagieren.

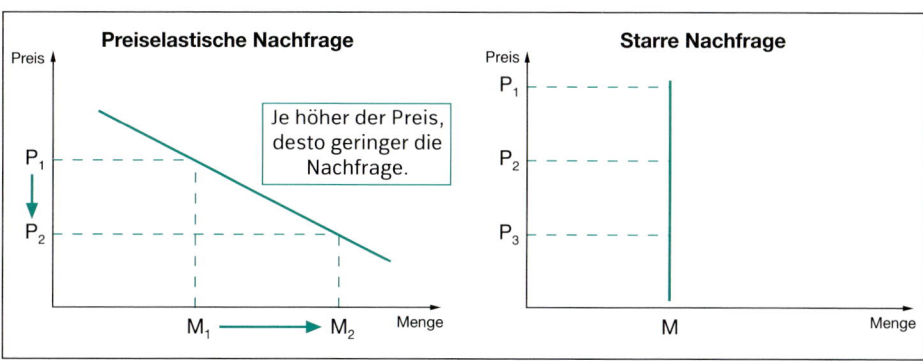

2

Preise anderer Güter

Es lässt sich beobachten, dass die Nachfrage nach einem bestimmten Gut auch von den Preisen anderer Güter, nämlich den Preisen der *Substitutionsgüter* und *Komplementärgüter*, abhängig ist.

Substitutionsgüter sind untereinander austauschbare Güter. Sie dienen demselben Zweck.

Beispiele:

■ *Butter – Margarine*   ■ *Fahrrad – Auto*

Bei steigendem Preis eines Gutes besteht die Neigung, auf ein billigeres Substitutionsgut umzusteigen, d. h., es steigt dann die Nachfrage nach dem Substitutionsgut.

Beispiel:

Bei deutlich steigendem Benzinpreis steigt die Nachfrage nach der Inanspruchnahme öffentlicher Verkehrsmittel.

Komplementärgüter sind sich ergänzende Güter. Das eine Gut bildet mit dem anderen Gut zusammen eine Nutzeneinheit, d. h., es kann nur im Zusammenwirken mit dem anderen Gut sinnvoll genutzt werden.

Beispiele:

■ *Auto – Benzin*   ■ *CD-Player – CD*

Steigt der Preis des einen Gutes, wird man feststellen, dass nicht nur die Nachfrage nach diesem Gut, sondern auch die Nachfrage nach dem Komplementärgut zurückgeht.

Beispiel:

Bei deutlich steigendem Benzinpreis sinkt die Nachfrage nach Autos mit hohem Benzinverbrauch, wohingegen die Nachfrage nach Autos mit günstigen Verbrauchswerten steigt.

Das letzte Beispiel macht deutlich, dass der Preisanstieg bei einem Gut nicht nur Folgen für die Nachfrage nach diesem Gut hat, sondern indirekt zu einer Veränderung der Nachfragestruktur führen kann.

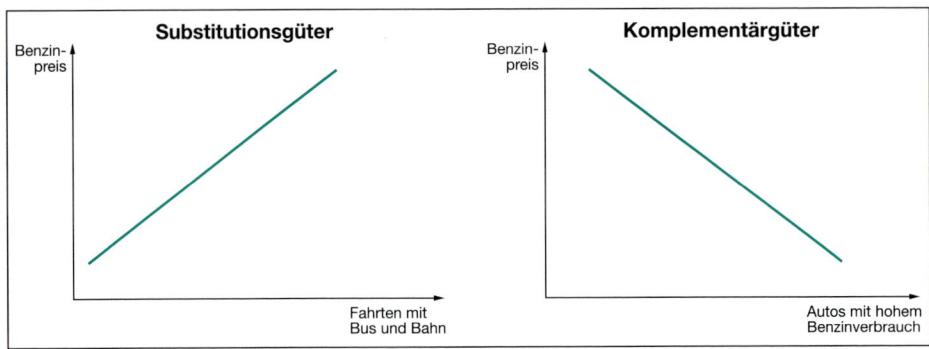

Zukunftserwartungen

Rechnen die Nachfrager damit, dass das Gut bald nicht mehr zu haben ist oder dass es in Zukunft zu einem Anstieg der Preise kommen wird, werden sie u. U. bereits heute das Gut kaufen.

Beispiele:

■ *Kauf von Aktien in Erwartung steigender Kurse*
■ *„Hamsterkäufe" in Erwartung einer Wirtschaftskrise*

2.7.3 **Bestimmungsgründe des Anbieterverhaltens**

Primäre Antriebsfeder für das Anbieterverhalten von Unternehmungen in einer Marktwirtschaft ist die Gewinnerzielungsabsicht:
Die Unternehmungen versuchen auf der einen Seite, die Kosten der Produktion möglichst gering zu halten, und auf der anderen Seite, für die von ihnen erzeugten Produkte einen möglichst hohen Preis zu erzielen.

Bestimmungsgründe für Angebote	
■ Preis	Die angebotene Menge eines Gutes wird i. d. R. bei steigendem Preis des Gutes zunehmen.
■ Kosten	Steigende Kosten *(z. B. steigende Einkaufspreise)* mindern i. d. R. das Angebot.
■ Technologie bzw. Erwartungen	Technologischer Fortschritt senkt i. d. R. die Produktionskosten und erhöht die angebotene Gütermenge.
■ Anzahl der Verkäufer	Ziehen sich Verkäufer vom Markt zurück, sinkt die auf dem Markt angebotene Gütermenge.
■ Rechtliche Rahmenbedingungen	*Beispiele:* *Vertragsrecht nach BGB, steuerrechtliche Vorgaben, z. B. Inhalt einer Rechnung, Vergabevorschriften, Schutzrechte der Verbraucher, Nachweise der Fachkunde, Prüfzeugnisse.*

Preis des Gutes

Je höher der am Markt erzielbare Preis für ein Gut ist, desto mehr Unternehmer sind grundsätzlich bereit, dieses Gut zu produzieren. Umgekehrt wird bei sinkendem Preis die Anzahl der Unternehmen, die das Gut produzieren wollen, geringer.
Wenn die Unternehmungen in dieser Weise auf Preisänderungen reagieren, spricht man von einem **preiselastischen** Angebot.

Beispiel:

Steigen aufgrund einer besonderen Nachfrage die Preise für handgefertigte Marzipanhasen, so führt dies dazu, dass Unternehmen, die diese Marktlücke erkennen, die sich bietenden Gewinnchancen wahrnehmen und ihre Produktion entsprechend ausweiten.

Die Angebotsmenge eines Gutes kann aber auch unabhängig von seinem Preis sein. In diesem Fall spricht man von einem **starren** (preisunelastischen) Angebot.

Beispiel:

Sind die Produktionskapazitäten der Unternehmen ausgelastet, so kann bei einer Ausweitung der Nachfrage und trotz steigender Preise das Angebot kurzfristig nicht erhöht werden.

Der Zusammenhang zwischen Preis und angebotener Menge lässt sich in einer Angebotskurve veranschaulichen. Sie macht deutlich, wie die Verkäufer auf Preisveränderungen der von ihnen angebotenen Güter reagieren.

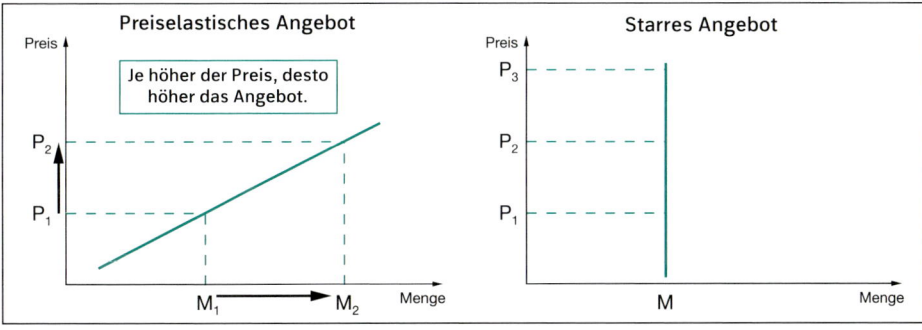

Kosten der Produktion

Die Kosten der Produktion sind für die Produktionsentscheidungen einer Unternehmung ebenso wichtig wie der am Markt erzielbare Preis, denn der Gewinn der Unternehmung ist die Differenz zwischen den Verkaufserlösen und den durch die Produktion verursachten Kosten.

2

> Unter **Kosten** versteht man den bei der betrieblichen Leistungserstellung verursachten Verbrauch an Gütern und Dienstleistungen.

Man unterscheidet zwischen fixen und variablen Kosten.

Fixe Kosten sind von der Beschäftigungslage der Unternehmung unabhängig. Man spricht daher auch von den Kosten der Betriebsbereitschaft.

Beispiele:

Gehälter für die Mitarbeiter, zeitanteilige Abschreibungen für die bei der Produktion eingesetzten Maschinen, Mietkosten

Variable Kosten sind von der Beschäftigungslage abhängig. Sie steigen (sinken) mit zunehmender (abnehmender) Produktionsmenge.

Beispiele:

Materialkosten, Akkordlöhne

Addiert man die fixen und die variablen Kosten, so ergeben sich die Gesamtkosten der Unternehmung.

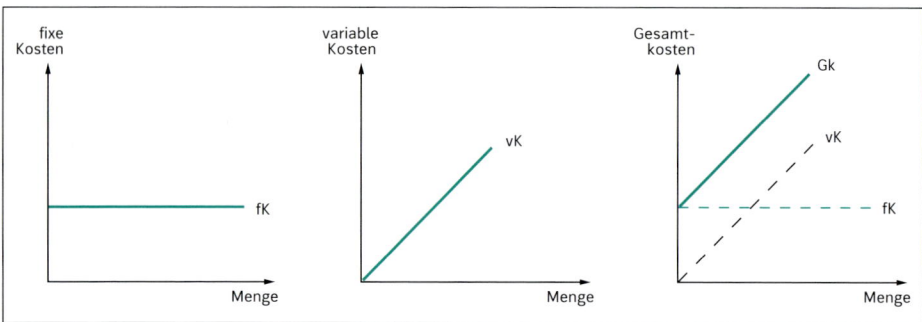

Bei Dienstleistungsbetrieben bestehen die Gesamtkosten überwiegend aus fixen Kosten.

Beispiel:

In einer Steuerberaterpraxis machen die Mietkosten und die Personalkosten den überwiegenden Teil der Kosten aus. Die Kosten für das Büromaterial und andere variable Kosten sind dabei von untergeordneter Bedeutung.

In Handwerksbetrieben und im Baugewerbe bestehen die Gesamtkosten häufig zum größeren Teil aus variablen Kosten, da derartige Unternehmungen vorwiegend materialaufwendig arbeiten und die Mitarbeiter vielfach nicht fest angestellt sind.

Gesetz der Massenproduktion

Während die variablen Kosten pro Stück unabhängig von der Produktionsmenge konstant bleiben, nehmen die fixen Kosten pro Stück mit zunehmender Kapazitätsauslastung ab. Die Stückkosten sinken daher mit steigender Produktionsmenge.

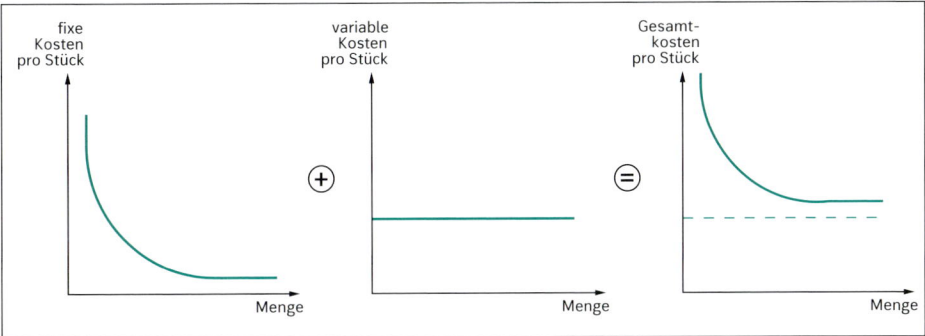

$$\textbf{Stückkosten} = \frac{\text{fixe Kosten}}{\text{Produktionsmenge}} + \text{variable Kosten pro Stück}$$

Beispiel:

Die fixen Kosten eines Walkman-Produzenten betragen 600000,00 € pro Jahr. Die variablen Kosten je Walkman betragen 80,00 €.
Die Produktionskapazität t beträgt 15000 Stück pro Jahr.

Produktionsmenge (Stück)	variable Kosten (€)	fixe Kosten pro Stück (€)	Stückkosten (€)
1	80,00	600 000,00	600 080,00
100	80,00	6 000,00	6 080,00
1 000	80,00	600,00	680,00
10 000	80,00	60,00	140,00
15 000	80,00	40,00	120,00

2.7.4 Vollkommener Markt

Das ideale Marktgeschehen spielt sich auf einem Markt ab, der frei von jeglichen Wettbewerbsbeschränkungen ist. Ein solcher Markt wird als vollkommener Markt bezeichnet.

> Der **vollkommene Markt** ist kein Markt der Wirklichkeit, sondern nur ein theoretisches Modell, das für das Verständnis des Zusammenspiels von Angebot und Nachfrage besonders hilfreich ist.

Das Modell „vollkommenen Markt" dient dazu, Wirkungszusammenhänge von Angebot, Nachfrage und Preisbildung auf unterschiedlichen Märkten zu analysieren und liefert wichtige Erkenntnisse zur Untersuchung von unvollkommenen Märkten.

2

Für einen **vollkommenen Markt** müssen insbesondere folgende **Voraussetzungen** erfüllt sein:

■ **rationale Verhaltensweisen der Marktteilnehmer**	Die Marktteilnehmer handeln streng nach dem Rationalprinzip: Die Anbieter (Unternehmungen) streben Gewinnmaximierung, die Nachfrager (Konsumenten) Nutzenmaximierung an.
■ **polypolistische Konkurrenz**	Die Anzahl der Marktteilnehmer ist so groß bzw. die Marktmacht des einzelnen Marktteilnehmers so gering, dass niemand aus seiner Marktposition heraus in der Lage ist, den Marktpreis zu beeinflussen.
■ **homogene Güter**	Die auf dem Markt gehandelten Güter sind in jeglicher Hinsicht gleichartig. Sie weisen keinerlei Unterschiede hinsichtlich Qualität, Aussehen und Verpackung auf. **Beispiel:** *Weizenauszugsmehl Typ 405, abgepackt in einer Standardverpackung zu 1 kg*
■ **keine persönlichen Präferenzen (Vorlieben)**	Nachfrager haben keine persönlichen, räumlichen und zeitlichen Präferenzen. Jede Bevorzugung eines bestimmten Anbieters durch den Nachfrager ist ausgeschlossen.
■ **vollständige Markttransparenz der Marktteilnehmer**	Anbieter und Nachfrager verfügen über eine vollständige Marktübersicht: Die Anbieter sind darüber informiert, welche Mengen und zu welchen Preisen die Nachfrager kaufen wollen; umgekehrt wissen die Nachfrager, welche Mengen und zu welchen Preisen die Anbieter verkaufen wollen.
■ **unendlich schnelle Reaktionsgeschwindigkeit der Marktteilnehmer**	Anbieter und Nachfrager sind in der Lage, auf Preisänderungen sofort zu reagieren: Die Anbieter können ohne zeitlichen Verzug die Güterproduktion aufnehmen oder einstellen, d. h., es gibt hierbei keine produktionstechnischen Hemmnisse. **Beispiel:** *Weizenauszugsmehl Typ 405, abgepackt in einer Standardverpackung zu 1 kg*

Ein Markt der Wirklichkeit, der den Bedingungen des vollkommenen Marktes sehr nahe kommt, ist die **Wertpapierbörse:**

- Die Marktteilnehmer handeln weitgehend rational.
- Die gehandelten Wertpapiere sind innerhalb einer bestimmten Wertpapiergattung homogen.
- Persönliche Präferenzen bestehen nicht, d. h., es spielt keine Rolle, von wem ein Wertpapier gekauft bzw. an wen es verkauft wird.
- Angebot und Nachfrage treffen zeitgleich an einem bestimmten Börsenplatz zusammen.
- Die Marktteilnehmer verfügen über eine hervorragende Markttransparenz und reagieren schnell auf Kursveränderungen.

2.7.5 | Unvollkommene Märkte

Ist nur eine der Voraussetzungen des vollkommenen Marktes nicht erfüllt, so liegt ein unvollkommener Markt vor.

> Die Märkte der Wirklichkeit sind **unvollkommene Märkte**. Unvollkommene Märkte sind Märkte, die eine oder mehrere Voraussetzungen für einen vollkommenen Markt nicht erfüllen.

Beispiel:

Wegen der vermeintlich besseren Qualität bevorzugen manche Konsumenten ein ganz bestimmtes Waschmittel. Objektiv betrachtet weisen die Konkurrenzprodukte dieselben Wascheigenschaften auf.

Manche kaufen dieses Waschmittel im Gemischtwarenladen direkt um die Ecke, weil der Weg zum billigen Discounter zu weit ist, andere kaufen es dort nicht, weil sie nicht wissen, dass dort das Waschmittel billiger ist.

Wiederum ein anderer kauft das Waschmittel in der teuren Drogerie, weil er sich auf das Wiedersehen mit der netten Verkäuferin freut.

Ein Dritter kauft das Waschmittel nachts im Bahnhofsgeschäft, weil er für einen Vorstellungstermin am nächsten Morgen noch sein Hemd waschen muss und er vergessen hat, sich das Waschmittel rechtzeitig zu besorgen.

In einem unvollkommenen Markt ist es den Anbietern möglich, innerhalb eines bestimmten Rahmens für ein und dasselbe Gut unterschiedliche Preise zu verlangen.

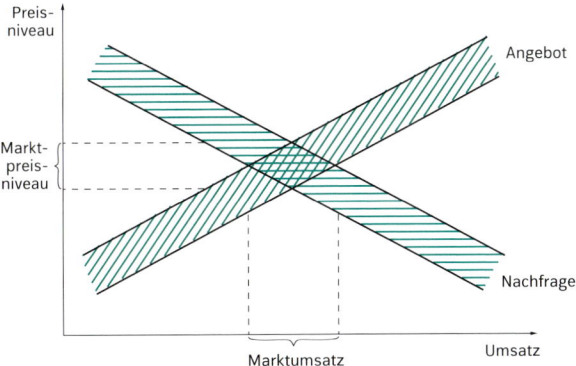

Der einzelne Anbieter ist in der Entscheidung über die Höhe des Preises oder über die Angebotsmenge frei. Setzt er den Preis nach eigenem Ermessen fest, dann können sich die Nachfrager nur mit der Nachfragemenge anpassen. Setzt er die Menge fest, die er anbieten will, dann lässt er den Käufern die Wahl, zu welchem Preis sie nachfragen wollen. Er kann also im Gegensatz zum Anbieter im vollkommenen Markt aktive **Preispolitik** betreiben.

2

2.7.6 Preisbildung

> Der **Preis** ist der in Geld ausgedrückte Tauschwert eines Gutes, einer Dienstleistung oder eines Rechtes.

Der **Preis** als Gegenleistung bei Rechtsgeschäften tritt in verschiedenen Begriffen auf. Alle haben gemeinsam, dass die Gegenleistung in Geld *(z. B. in Euro)* ausgedrückt wird.

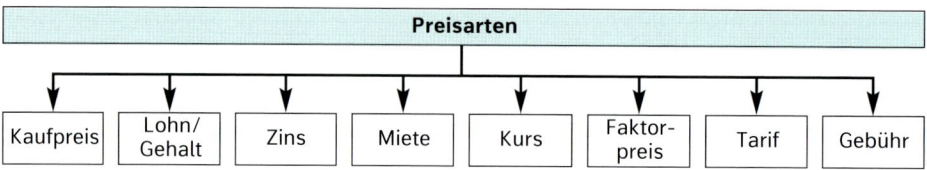

2.7.6.1 Angebot und Nachfrage als Preisbildungsfaktoren

Die Entstehung des Marktpreises ist das Ergebnis des Zusammentreffens von Angebot und Nachfrage.

Beispiel:

Ausgangspunkt für die folgenden Überlegungen ist der Markt für Fahrräder.

Es wird unterstellt, dass die Bedingungen des vollkommenen Marktes erfüllt sind:

- *Die Marktteilnehmer handeln rational, sie haben weder zeitliche, räumliche noch persönliche Präferenzen und verfügen über eine vollständige Markttransparenz.*
- *Es existiert nur eine Art von Fahrrädern (Typ „Standard").*
- *Die Anzahl der Anbieter und Nachfrager ist so groß, dass es keine Rolle spielt, ob einer von ihnen ausscheidet oder hinzukommt; keiner der Marktteilnehmer kann von sich aus den Marktpreis beeinflussen.*

Preis (€)	Angebot Menge (Stück)	Nachfrage Menge (Stück)	Marktumsatz Menge (Stück)	Nachfrage-/ Angebotsüberhang Menge (Stück)
100,00	10 000	60 000	10 000	NÜ 50 000
150,00	15 000	55 000	15 000	NÜ 40 000
200,00	30 000	50 000	30 000	NÜ 20 000
300,00	40 000	40 000	40 000	–
400,00	50 000	30 000	30 000	AÜ 20 000
500,00	60 000	20 000	20 000	AÜ 40 000
600,00	70 000	10 000	10 000	AÜ 60 000

Die Gegenüberstellung zeigt, dass angebotene und nachgefragte Menge nur beim Preis von 300,00 € gleich groß sind. Der mengenmäßige Umsatz bei diesem Preis beträgt 40 000 Stück.

> Beim **Gleichgewichtspreis** (= Marktpreis) stimmen angebotene und nachgefragte Menge überein. Die dazugehörige Menge heißt **Gleichgewichtsmenge**.

Im vollkommenen Markt kann kein Anbieter und kein Nachfrager von sich aus den Marktpreis beeinflussen, weil alle in scharfem Wettbewerb miteinander stehen, die Zahl der Mitbewerber groß und der eigene Marktanteil sehr gering ist. Alle müssen sich dem Gleichgewichtspreis anpassen, der durch das Zusammenspiel von Angebot und Nachfrage entsteht.

Es hat deshalb für den einzelnen Anbieter keinen Sinn, den Preis als absatzpolitisches Mittel einzusetzen. Er muss den **Preis als Datum** in seine Entscheidung einbeziehen und kann sich nur mit seiner produzierten Menge als Bedingung des Marktes anpassen. Man bezeichnet ihn daher als **Mengenanpasser**. An veränderte Marktdaten passt er sich nur mit seiner Ausbringungsmenge an. Seine Mengenänderungen sind für den Gesamtmarkt wegen seines geringen Marktanteiles nicht spürbar und rufen keine Reaktionen der Konkurrenten hervor.

Der Gleichgewichtspreis liegt im Schnittpunkt von Angebots- und Nachfragekurve.

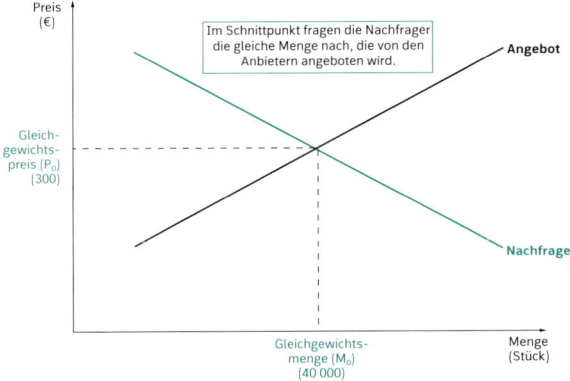

Bei allen Preisen über 300,00 € existiert ein **Angebotsüberhang**, der umso größer ist, je höher der Preis ist.

Angenommen, die Unternehmer glaubten, Fahrräder ließen sich zum Preis von 600,00 € absetzen. Das Marktangebot betrüge dann insgesamt 70000 Stück. Die Fahrradhersteller würden jedoch bald feststellen, dass nur wenige Nachfrager bereit sind, diesen hohen Preis zu zahlen, und würden auf dem Großteil der Produktion, nämlich 60000 Fahrrädern, „sitzen bleiben". Nur durch eine Preissenkung könnten sie ihre Läger von den überteuerten Fahrrädern räumen.

Je weiter der Preis fällt, umso mehr Unternehmer müssten die Produktion von Fahrrädern aufgeben.

Es bleiben schließlich nur solche Unternehmen übrig, die auf Dauer in der Lage sind, zum Preis von 300,00 € Fahrräder kostendeckend zu produzieren.

Bei allen Preisen unter 300,00 € entsteht ein **Nachfrageüberhang**, der umso größer wird, je niedriger der Preis ist.

Angenommen, die Unternehmen glaubten, Fahrräder ließen sich nur zum Preis von 150,00 € absetzen. Das Marktangebot betrüge dann nur 15000 Stück, da nur wenige, besonders kostengünstig arbeitende Unternehmen in der Lage sind, bei diesem Preis rentabel zu produzieren.

Die Hersteller würden jedoch sofort feststellen, dass ihnen bei diesem Preis die Fahrräder förmlich aus den Händen gerissen werden. Um ihre Gewinne zu erhöhen, würden sie schleunigst die Preise heraufsetzen. Dieser Preisanstieg lockt weitere Unternehmen in diesen Markt. Das Marktangebot würde zunehmen, je höher der Preis steigt. Der Nachfrageüberhang von 40 000 Stück würde so nach und nach abgebaut.

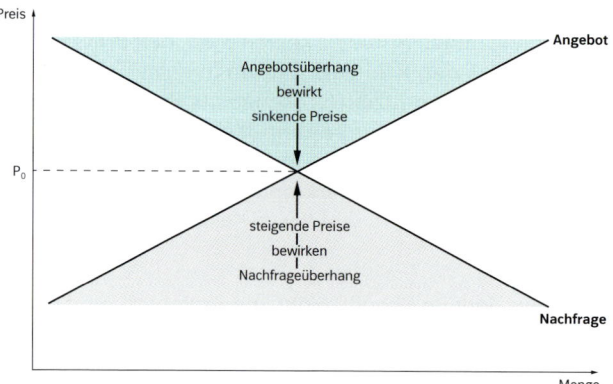

2.7.6.2   Funktionen des Marktpreises

Der Marktpreis erfüllt innerhalb der Volkswirtschaft wichtige Funktionen:

Signal-/Lenkungsfunktion

Ein hoher Marktpreis signalisiert die Knappheit eines Gutes und regt die Unternehmen an, dieses Gut zu produzieren.

Die produktiven Kräfte innerhalb der Volkswirtschaft werden dorthin gelenkt, wo sie besonders rentabel (= gewinnbringend) eingesetzt werden können. Die jeweiligen Marktpreise geben ein Bild von der Situation auf den verschiedenen Märkten. Hohe Marktpreise signalisieren den Unternehmungen, wo sich Gewinnchancen bieten und Marktlücken existieren.

Produktionszweige, die aufgrund einer rückläufigen Nachfrage nicht mehr rentabel arbeiten, werden aufgegeben. Die dabei freigesetzten Produktionsfaktoren können jetzt bei der Herstellung solcher Güter eingesetzt werden, die besonders gefragt sind und Zukunft haben.

Ausschaltungs-/Innovationsfunktion

Unternehmungen, die mit der technischen und wirtschaftlichen Entwicklung nicht Schritt halten können, weil sie im Preis von ihren Konkurrenten unterboten werden und in der Qualität ihrer Produkte hinter anderen Unternehmen zurückstehen, finden bald nicht mehr genügend Abnehmer und werden vom Markt verdrängt.

Der Druck der Konkurrenz lässt die Unternehmen ständig nach günstigeren Produktionsmethoden, nach technischen Neuerungen, nach verbesserten oder neuartigen Produkten suchen. Dies bewirkt einen Fortschritt in der Wirtschaft, der den allgemeinen Lebensstandard hebt und den Verbrauchern zugutekommt.

> **Grenzanbieter** sind diejenigen Anbieter, die beim Marktpreis gerade noch bereit und in der Lage sind, das Produkt herzustellen. Bei einem Preisrückgang sind sie als Erste von der Ausschaltung bedroht.

Anbieter dagegen, die aufgrund ihrer besonders kostengünstigen Produktionsweise auch unterhalb des Marktpreises anbieten könnten, erzielen einen Geldvorteil, die *Produzentenrente*.

Die **Produzentenrente** ist die Differenz zwischen dem Marktpreis des Gutes und dem Preis, zu dem der Unternehmer gerade noch bereit und in der Lage wäre, das Produkt anzubieten.

Die Produzentenrente ist gewissermaßen die „Belohnung" für besondere unternehmerische Tüchtigkeit.

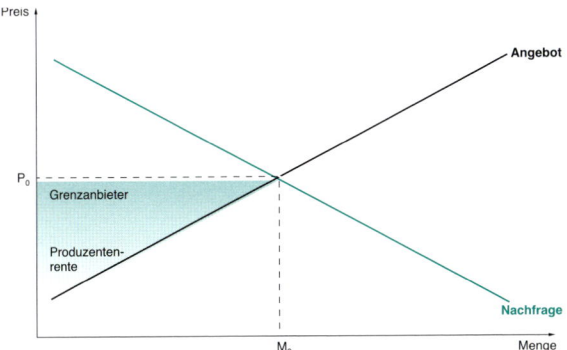

> **Grenznachfrager** sind diejenigen Nachfrager, die beim Marktpreis gerade noch bereit und in der Lage sind, das Produkt zu kaufen. Bei einem Preisanstieg würden sie als Erste „leer" ausgehen.

Nachfrager dagegen, die aufgrund ihrer besonders hohen Nutzeneinschätzung für das Gut bereit und in der Lage wären, auch einen höheren Preis als den vorhandenen Marktpreis zu zahlen, erzielen ebenfalls einen Geldvorteil, die *Konsumentenrente*.

Die **Konsumentenrente** ist die Differenz zwischen dem Marktpreis und dem Preis, den der einzelne Nachfrager gerade noch zu zahlen bereit und in der Lage gewesen wäre.

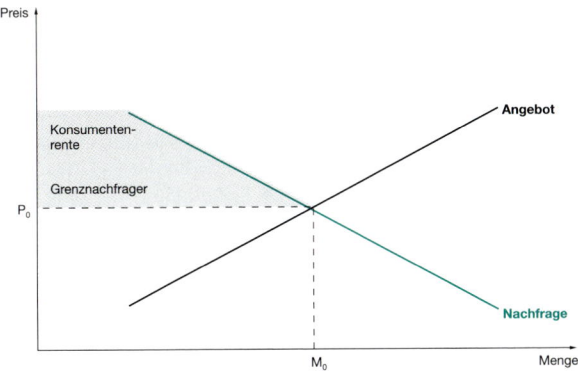

2

Markträumungsfunktion

Die Preisbildung sorgt dafür, dass angebotene und nachgefragte Menge einander entsprechen. Ein Angebotsüberhang wird durch sinkende Preise und verringerte Güterproduktion, ein Nachfrageüberhang durch steigende Preise und erhöhte Güterproduktion beseitigt.

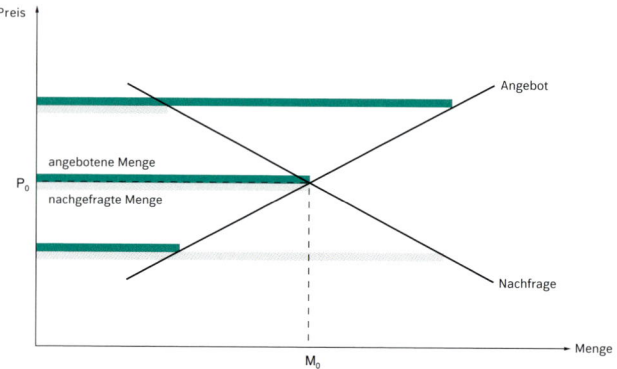

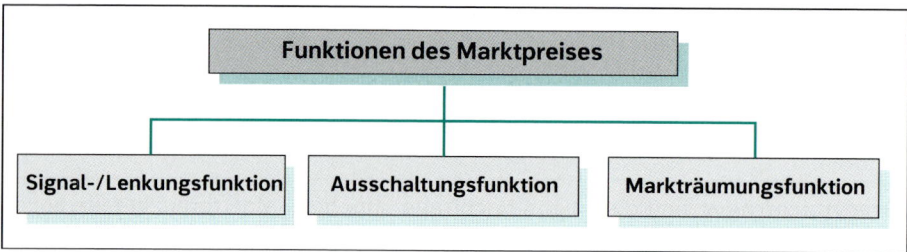

2.7.6.3 Anpassungsreaktionen bei Veränderungen von Angebot und Nachfrage

Ein bestehendes Marktgleichgewicht wird durch Veränderungen des Angebots- und Nachfrageverhaltens aufgehoben. Der Marktmechanismus sorgt dafür, dass sich ein neues Marktgleichgewicht bildet.

Veränderungen der Nachfrage

Erhöhung der Nachfrage durch:	**Verringerung der Nachfrage** durch:
■ gestiegene Nutzeneinschätzung der Nachfrager für das Gut (das Gut ist „in") ■ Einkommenserhöhung ■ Steuersenkung ■ Preiserhöhung bei einem Substitutionsgut ■ Preissenkung bei einem Komplementärgut	■ gesunkene Nutzeneinschätzung der Nachfrager für das Gut (das Gut ist „out") ■ Einkommensrückgang ■ Steuererhöhung ■ Preissenkung bei einem Substitutionsgut ■ Preiserhöhung bei einem Komplementärgut
Die Nachfragekurve verschiebt sich nach *rechts*.	Die Nachfragekurve verschiebt sich nach *links*.
Zum ursprünglichen Preis besteht jetzt eine *größere Nachfrage*.	Zum ursprünglichen Preis besteht jetzt eine *geringere Nachfrage*.

Erhöhung der Nachfrage durch:	Verringerung der Nachfrage durch:
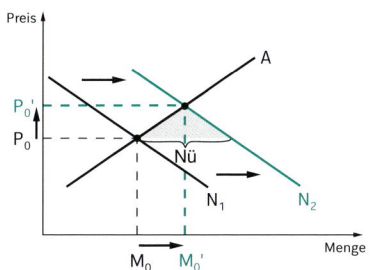	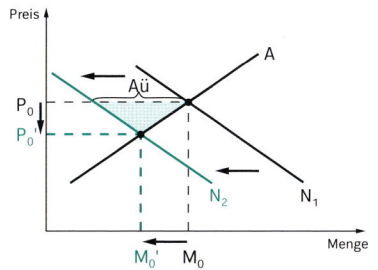
Die Erhöhung der Nachfrage führt dazu, dass zunächst ein *Nachfrageüberhang* entsteht.	Die Verringerung der Nachfrage führt dazu, dass zunächst ein *Angebotsüberhang* entsteht.
Der dadurch hervorgerufene *Preisanstieg* führt zu einer Erhöhung der Angebotsmenge.	Der dadurch hervorgerufene *Preisrückgang* führt zu einer Verringerung der Angebotsmenge.
Das neue Marktgleichgewicht ist gekennzeichnet durch	Das neue Marktgleichgewicht ist gekennzeichnet durch
▪ einen höheren Gleichgewichtspreis, ▪ eine höhere Gleichgewichtsmenge.	▪ einen niedrigeren Gleichgewichtspreis, ▪ eine niedrigere Gleichgewichtsmenge.

Veränderungen des Angebots

Erhöhung des Angebots durch:	Verringerung des Angebots durch:
▪ Verringerung der Produktionskosten	▪ Erhöhung der Produktionskosten
Beispiel:	*Beispiel:*
fallende Rohstoffpreise	*Lohnsteigerungen*
▪ optimistische Zukunftserwartungen bei den Unternehmungen	▪ pessimistische Zukunftserwartungen bei den Unternehmungen
Die Angebotskurve verschiebt sich nach *rechts*.	Die Angebotskurve verschiebt sich nach *links*.
Zum ursprünglichen Preis besteht jetzt ein *größeres Angebot*.	Zum ursprünglichen Preis besteht jetzt ein *geringeres Angebot*.
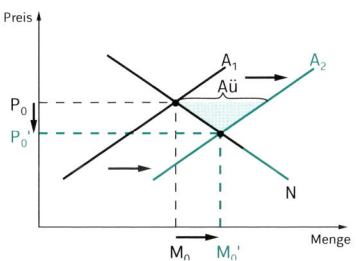	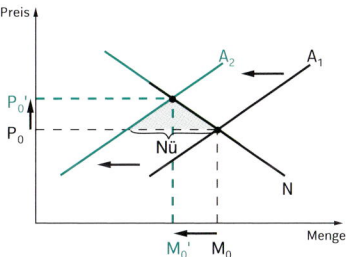
Die Erhöhung des Angebots führt dazu, dass zunächst ein *Angebotsüberhang* entsteht.	Die Verringerung des Angebotes führt dazu, dass zunächst ein *Nachfrageüberhang* entsteht.
Der dadurch hervorgerufene *Preisrückgang* führt zu einer Verringerung des Angebots.	Der dadurch hervorgerufene *Preisanstieg* führt zu einer Verringerung der Nachfrage.
Das neue Marktgleichgewicht ist gekennzeichnet durch	Das neue Marktgleichgewicht ist gekennzeichnet durch
▪ einen niedrigeren Gleichgewichtspreis, ▪ eine größere Gleichgewichtsmenge.	▪ einen höheren Gleichgewichtspreis, ▪ eine niedrigere Gleichgewichtsmenge.

2

2.7.6.4 Eingriffe des Staates in die Preisbildung

Im vollkommenen Markt bildet sich der Marktpreis automatisch. Wer als Unternehmer nicht zum Marktpreis anbieten will oder kann, wird von seinen Konkurrenten verdrängt. Wer als Konsument den Marktpreis nicht zahlen will oder kann, geht leer aus.

Marktpreise können aus sozialpolitischen Erwägungen zu hoch oder zu niedrig sein. Oftmals ist der Staat daher daran interessiert, den Preis für bestimmte Güter zu kontrollieren bzw. zu beeinflussen; dies könnte ihn dazu veranlassen, in die Preisbildung einzugreifen.

Eingriffe des Staates in die Preisbildung	
marktinkonforme Eingriffe	**marktkonforme Eingriffe**
Verordnung von ■ Höchstpreisen ■ Mindestpreisen ■ Festpreisen ■ Margenpreisen	Gewährung von ■ Subventionen ■ Transferzahlungen ■ Steuererleichterungen

Durch *marktinkonforme* Eingriffe wird der Preisbildungsprozess außer Kraft gesetzt, während bei *marktkonformen* Eingriffen der Preisbildungsprozess im Prinzip erhalten bleibt.

Da die Volkswirtschaft der Bundesrepublik Deutschland eine Marktwirtschaft ist, sind die Eingriffe des Staates in den Preisbildungsprozess die Ausnahme.

Sie sind nur dann berechtigt, wenn die marktwirtschaftliche Preisbildung unter sozialen Gesichtspunkten zu Ergebnissen führt, die mit dem im Grundgesetz verankerten **Sozialstaatsprinzip** nicht vereinbar sind.

▨ Marktinkonforme Eingriffe

Festpreise

Der Staat schreibt für ein Gut bzw. eine Dienstleistung einen bestimmten Preis vor, der weder über- noch unterschritten werden darf.

Beispiele:

■ *Gebührenordnung für Ärzte*
■ *nach dem Einkommen der Eltern gestaffelte Kindergartengebühren*
■ *Preise für Medikamente*

Höchstpreise

Höchstpreise werden zum Schutz der Konsumenten vor zu hohen Preisen verordnet. Der Höchstpreis liegt immer unter dem Gleichgewichtspreis.

Beispiel:

Im Zuge einer allgemeinen Lebensmittelknappheit setzt der Staat den Preis für 1 kg Brot auf 2,50 € fest, nachdem der Marktpreis auf 10,00 € gestiegen war und einkommensschwache Nachfrager bei diesem Preis nicht mehr ausreichend versorgt waren.

2

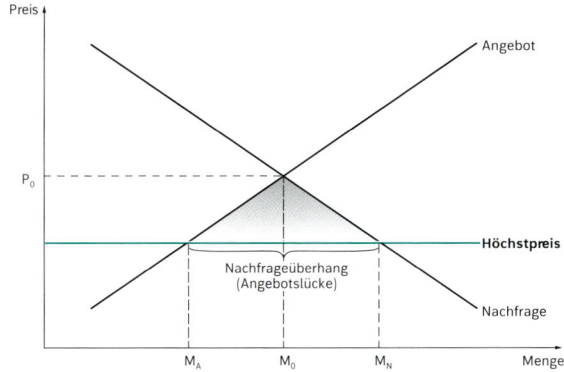

Es zeigt sich, dass der Höchstpreis zu einem **Nachfrageüberhang** führt. Die Angebots-menge wird gegenüber der Gleichgewichtsmenge durch den Eingriff des Staates verringert, da eine Reihe von Anbietern nicht mehr in der Lage ist, bei diesem Preis noch kostendeckend zu produzieren. Eine Unterversorgung der Bevölkerung ist damit vorprogrammiert.

Nur durch *Rationierung* des begrenzten Angebots *(z. B. mithilfe von Lebensmittelkarten)* kann der Staat eine gleichmäßige Verteilung des vorhandenen Angebots erreichen.

Warteschlangen vor den Geschäften und die Entstehung illegaler „*Schwarzmärk-te*", auf denen Ware zu „Marktpreisen" gehandelt wird, sind die äußeren Folgen der Höchstpreisverordnung.

Mindestpreise

Mindestpreise werden festgelegt, um den Produzenten ein bestimmtes Mindestein-kommen zu sichern. Der Mindestpreis liegt immer über dem Gleichgewichtspreis.

Beispiel:

Zum Schutz der Landwirtschaft setzt der Staat für 1 Liter Milch einen Mindestpreis von 1,00 € fest, nachdem der Marktpreis im Zuge einer allgemeinen Produktivitätssteigerung bei der Milcherzeugung auf 0,50 € gefallen war und viele landwirtschaftliche Betriebe dadurch an den Rand ihrer Existenz gedrängt worden waren.

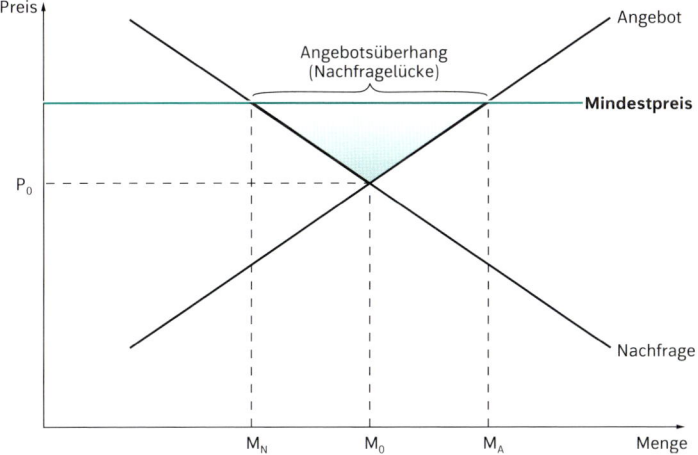

2

Es zeigt sich, dass der Mindestpreis zu einem **Angebotsüberhang** führt. Die Angebotsmenge wird gegenüber der Gleichgewichtsmenge durch den Eingriff des Staates erhöht, da nun auch solche Anbieter auf dem Markt auftreten können, die ansonsten dem marktwirtschaftlichen Ausleseprozess zum Opfer gefallen wären. Ein Überangebot ist damit vorprogrammiert.

Nur durch *Interventionskäufe* kann der Staat sein Ziel erreichen: In Höhe der vorhandenen Nachfragelücke müsste er selbst als Nachfrager auftreten und den Produzenten ihre Ware zum garantierten Mindestpreis abnehmen.

Überproduktion, überhöhte Preise und damit ebenfalls eine Unterversorgung der Konsumenten sind die äußeren Folgen der Mindestpreisverordnung.

Die Erfahrungen, die in der Vergangenheit mit marktinkonformen staatlichen Eingriffen gemacht wurden, sind unbefriedigend.

Sie zeigen, dass der Staat damit seine ursprüngliche Zielsetzung auf Dauer nicht erreichen kann und lediglich kurzfristig die äußeren Symptome, nicht jedoch die eigentlichen Ursachen einer wirtschaftlichen Fehlentwicklung bekämpfen kann.

Die Außerkraftsetzung der marktwirtschaftlichen Preisbildung führt vielmehr dazu, dass sich die „heilsamen" Funktionen des Marktpreises nicht mehr entfalten können. Ungleichgewichtigkeiten von Angebot und Nachfrage, Verschleuderung volkswirtschaftlicher Ressourcen, Verlust von Innovationsfähigkeit, Unzufriedenheit der Bevölkerung sind die langfristigen Folgen.

▨ Marktkonforme Eingriffe

Die marktinkonformen Eingriffe des Staates haben zur Folge, dass nicht mehr die Marktkräfte, sondern staatliche Stellen den Ausgleich von Angebot und Nachfrage regulieren.

Die relative Erfolglosigkeit derartiger Eingriffe hat dazu geführt, dass der Staat versucht, das Marktgeschehen durch marktkonforme Eingriffe zu lenken.

> Bei **marktkonformen Eingriffen** bleiben die Funktionen der freien Marktpreisbildung erhalten. Die negativen sozialen Auswirkungen zu hoher oder zu niedriger Marktpreise werden durch Veränderung der Angebots- bzw. Nachfragebedingungen abgefedert.

Maßnahme: Durch Transferzahlungen und Steuererleichterungen werden einkommensschwache Privathaushalte begünstigt.

Folge: Die Nachfragekurve verlagert sich nach rechts.

Beispiel:

Die Zahlung von Wohngeld ermöglicht Sozialhilfeempfängern den Bezug solcher Wohnungen, die sie sich normalerweise nicht leisten könnten. Der Vermieter erhält die übliche Marktmiete, sodass der Anreiz, Mietwohnungen zu bauen und zu unterhalten, bestehen bleibt. Würde der Staat stattdessen Miethöchstpreise vorschreiben, die nicht gewinnbringend oder sogar nicht kostendeckend sind, wäre eine Wohnungsnot die langfristige Folge.

2

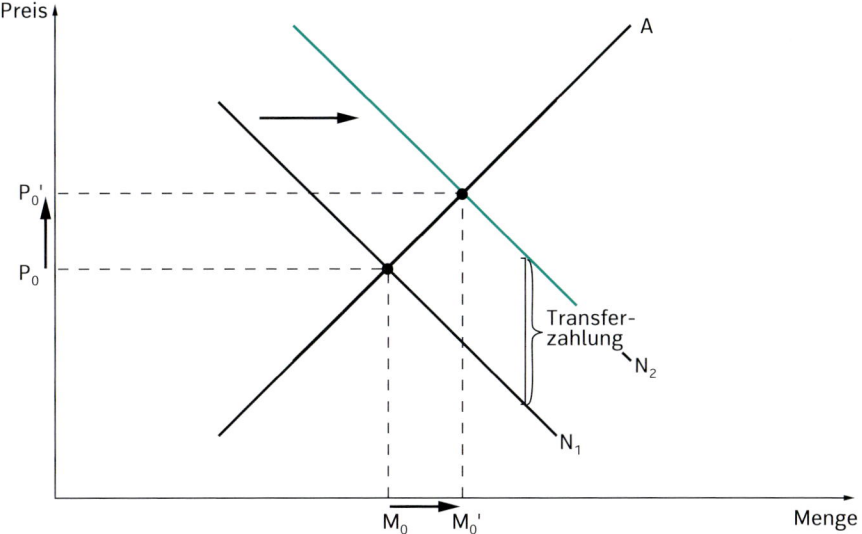

Maßnahme: Um Arbeitsplätze zu erhalten bzw. um die Verbraucherpreise niedrig zu halten, werden an Unternehmen bestimmter Branchen Subventionen gezahlt.

Folge: Die Angebotskurve verlagert sich nach rechts.

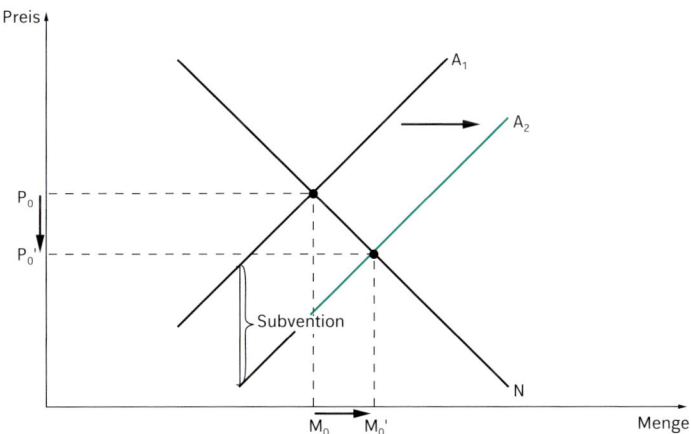

Maßnahme: Durch Erhöhung bestimmter Kostensteuern (Tabaksteuer, Branntweinsteuer, Mineralölsteuer usw.) werden die Marktpreise der betroffenen Produkte künstlich verteuert.

Folge: Die Angebotskurve verlagert sich nach links.

Kostensteuern dienen – wie alle Steuern – grundsätzlich der Finanzierung der öffentlichen Haushalte. Durch gezielte Steuerbelastung bestimmter Produkte kann aber auch unerwünschten Marktverhaltensweisen begegnet werden.

2

Beispiele:

■ *Eine Erhöhung der Mineralölsteuer bringt viele Autofahrer dazu, auf öffentliche Verkehrsmittel umzusteigen.*

■ *Eine Erhöhung der Tabaksteuer hält mehr Menschen vom Rauchen ab. Die Krankenkassen werden von nikotinbedingten Krankheitskosten entlastet.*

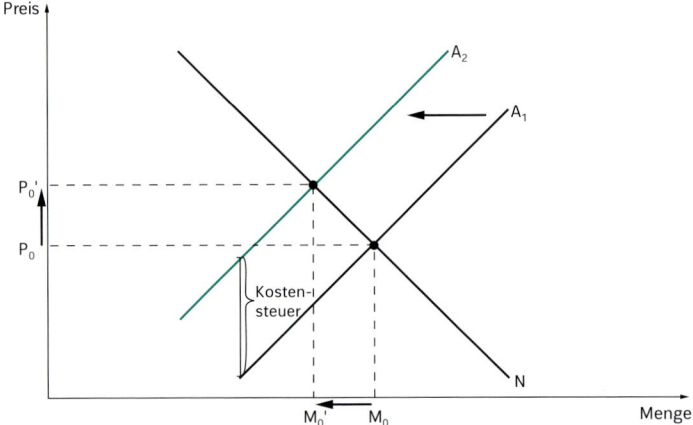

Übungsaufgaben

1. Beschreiben Sie die Rangordnung der menschlichen Bedürfnisse.

2. Zeigen Sie den Zusammenhang zwischen den Bedürfnissen und den Gütern auf.

3. Grenzen Sie ab:
   a) Existenzbedürfnisse – Wahlbedürfnisse,
   b) offene Bedürfnisse – latente Bedürfnisse,
   c) Individualbedürfnisse – Kollektivbedürfnisse.

4. Begründen Sie, warum die Bedürfnisse der Menschen einem Wandel unterliegen.

5. Erläutern Sie den Zusammenhang zwischen Bedürfnissen, Bedarf und Nachfrage.

6. Grenzen Sie ab:
   a) materielle Güter – immaterielle Güter,
   b) Konsumgüter – Produktionsgüter,
   c) Gebrauchsgüter – Verbrauchsgüter,
   d) freie Güter – knappe Güter.
   Führen Sie zu den Begriffspaaren je 3 Beispiele auf.

7. Ordnen Sie den nachfolgenden Gütern die zutreffenden Güterbegriffe zu:
   a) Schreibmaschine in der Praxis des Wirtschaftsprüfers,
   b) Taschenrechner des Berufsschülers,
   c) Leitungswasser zur Bewässerung des Rasens im Fußballstadion,
   d) Geschirrspülautomat in der Küche eines Restaurants,
   e) Benzin für das Mofa eines Briefzustellers,
   f) Elektrizität für eine Straßenbahn,
   g) Beratung eines Klienten durch einen Steuerberater.

8. Was heißt „wirtschaften" und warum muss der Mensch wirtschaften?

9. Erläutern Sie das ökonomische Prinzip. Führen Sie je zwei Beispiele für das Maximum- und das Minimumprinzip auf.

10. Entscheiden Sie, welchem Wirtschaftsbereich die nachfolgenden Wirtschaftssubjekte zuzuordnen sind.

    a) Molkerei
    b) Wirtschaftsprüfer
    c) Theater
    d) Pharmahersteller
    e) Elektrizitätswerk
    f) Hühnerfarm
    g) Apotheke

11. Erläutern Sie zwei Vorteile der internationalen Arbeitsteilung.

12. Nennen Sie 5 Bestimmungsgrößen des Arbeitspotenzials einer Volkswirtschaft.

13. Nennen Sie die grundsätzlichen Nutzungsmöglichkeiten des Produktionsfaktors Boden.

14. Ein Steuerberater möchte sich selbstständig machen. Erläutern Sie die Gesichtspunkte der Standortwahl.

15. Erläutern Sie das Zusammenwirken der Produktionsfaktoren bei der Tätigkeit eines Rikschafahrers in Kalkutta.

16. Beschreiben Sie die Entstehung des Produktionsfaktors Kapital
    a) in der Robinson-Wirtschaft,
    b) in einer modernen, arbeitsteiligen Volkswirtschaft.

17. Entscheiden Sie bei den folgenden Aussagen aus dem Wirtschaftsteil einer Tageszeitung, welche der Kapitalbegriffe und welche der Kapitalformen jeweils angesprochen sind.

Kapitalbegriffe		**Kapitalformen**	
1	volkswirtschaftlicher Kapitalbegriff	3	Realkapital
		4	Geldkapital
2	betriebswirtschaftlicher Kapitalbegriff	5	Eigenkapital
		6	Fremdkapital

    a) Die konjunkturelle Expansion hat die Bereitschaft zur **Ausweitung der Produktionskapazitäten** bei den Unternehmen verstärkt.
    b) Aufgrund des **Anstiegs der Sparquote** wurden dem Kapitalmarkt zusätzliche Mittel zugeführt.
    c) Durch die **Schaffung zusätzlicher Verkehrswege** will das Land NRW für eine bessere Anbindung von Paderborn an den Wirtschaftsraum Rhein-Ruhr sorgen.
    d) Bei der Stadel-Brau-AG ist die **Aufnahme eines Investitionskredites** notwendig, um die geplante Unternehmensexpansion finanzieren zu können.
    e) Die aufgrund der **Kapitalerhöhung** der DETA-Stahl-AG ausgegebenen **jungen Aktien** haben einen Ausgabepreis von 300,00 €.

18. Ein Spielwarenhersteller plant die Produktion von Miniatureisenbahnen.
Es ist technisch möglich, die Miniatureisenbahnen mit geringem Kapitaleinsatz und vielen Arbeitskräften (arbeitsintensiv) oder mit hohem Kapitaleinsatz und wenigen Arbeitskräften (kapitalintensiv) herzustellen.
Die gewünschte Ausbringungsmenge von 5 000 Stück pro Monat kann mit folgenden Faktorkombinationen produziert werden:

Kapital-einheiten (KE)		Arbeits-einheiten (AE)
1	und	1 200
2	und	400
6	und	200
12	und	100

Der Preis für:
1 KE beträgt   80 000,00 € p. m.
1 AE beträgt   2 500,00 € p. m.

Der Marktpreis für diese Miniatureisenbahnen beträgt 220,00 € pro Stück.

    a) Erläutern Sie im Zusammenhang mit dem beschriebenen Sachverhalt folgende Aussage: „Die Kombination der Produktionsfaktoren ist ein wirtschaftliches und ein technisches Problem."

b) Bestimmen Sie
- die Minimalkostenkombination,
- die Kosten pro Stück bei der Minimalkostenkombination,
- den Jahresgewinn bei der Minimalkostenkombination.

2

19. In der PlayFun AG werden innerhalb einer Rechnungsperiode zur Herstellung von 6 000 Tischtennisplatten 4 800 Arbeitsstunden benötigt.
Der Stundenlohn der Arbeitskräfte beträgt inkl. der Lohnnebenkosten 60,00 €; die übrigen Kosten je Tischtennisplatte betragen 120,00 €.
Der Verkaufspreis je Tischtennisplatte beträgt 198,00 €.

    Ermitteln Sie
    a) die Arbeitsproduktivität (Stück / Arbeitsstunde),
    b) die Gesamtkosten je Tischtennisplatte,
    c) den Gesamtgewinn.

    Aufgrund einer rationelleren Produktionstechnik gelingt es, das Produktionsvolumen um 600 Stück zu erhöhen. Die gute Marktsituation erlaubt eine Steigerung des Absatzvolumens im gleichen Umfang.
    Gleichzeitig erhöhen sich die sonstigen Kosten auf 126,00 € je Tischtennisplatte.

    Ermitteln Sie
    d) den Produktivitätsanstieg in Prozent,
    e) die Veränderung des Gesamtgewinns.
    f) Um wie viel Prozent dürfen aufgrund des Produktivitätsanstiegs die Lohnkosten je Stunde steigen, ohne dass sich der Gewinn der Unternehmung verändert?
    g) Um wie viel Prozent würde der Gesamtgewinn steigen, wenn der durch den Produktivitätsanstieg erzielte zusätzliche Gewinn ausschließlich den Eigentümern der Unternehmung zufließen würde?

20. Beschreiben Sie den Güterkreislauf innerhalb des einfachen Wirtschaftskreislaufs (ohne Staat, ohne Ausland).

21. Beschreiben Sie den Geldkreislauf innerhalb des einfachen Wirtschaftskreislaufs.

22. Warum verlaufen Güterkreislauf und Geldkreislauf in entgegengesetzter Richtung?

23. Erläutern Sie den Zusammenhang von Sparen und Investieren innerhalb der Volkswirtschaft.

24. Welche Möglichkeiten stehen dem Staat zur Verfügung, um sich Geldmittel für seine Ausgaben zu beschaffen?

25. Unterscheiden Sie zwischen Transferzahlungen und Subventionen.

26. Nennen Sie je drei Beispiele für
    a) direkte Steuern,
    b) indirekte Steuern.

27. In einer geschlossenen Volkswirtschaft mit den Wirtschaftssektoren private Haushalte, Unternehmen, Staat und Kreditinstitute fließen ausschließlich die nachfolgenden monetären Ströme:

Faktoreinkommen	900 GE
privater Konsum	700 GE
staatlicher Konsum	260 GE
direkte Steuern und Sozialabgaben	
der Unternehmen	160 GE
der privaten Haushalte	140 GE
indirekte Steuern	30 GE
Transferzahlungen an private Haushalte	80 GE
Subventionen an Unternehmen	60 GE

    Ermitteln Sie
    a) das Gesamteinkommen der privaten Haushalte,
    b) das tatsächlich verfügbare Einkommen der privaten Haushalte,
    c) das Sparen der privaten Haushalte,
    d) das Budgetdefizit bzw. den Budgetüberschuss des Staates.

28. Nennen Sie vier Gegenstände des Außenwirtschaftsverkehrs.

29. Ordnen Sie den nachfolgenden Beschreibungen die jeweils zutreffende Einkommensart zu.

1	Realeinkommen
2	Grundrente
3	Transfereinkommen
4	Unternehmereinkommen
5	Zins

a) Bezug von Sozialhilfeleistungen,
b) Entgelt für die Bereitstellung des Produktions-faktors Boden,
c) Einkommen, das sich ergibt, wenn Änderungen der Kaufkraft des Geldes berücksichtigt werden,
d) es handelt sich um ein variables Einkommen, dessen Höhe von der Kostenentwicklung im Unternehmen und seiner Absatzlage bestimmt ist.

30. An der Entstehung der volkswirtschaftlichen Gesamtleistung (Inlandsprodukt) sind verschiedene Wirtschaftssektoren beteiligt.

Ordnen Sie den nachfolgenden Wirtschaftssubjekten den jeweils zutreffenden Wirtschaftssektor zu.

1	Landwirtschaft, Forstwirtschaft, Fischerei
2	Produzierendes Gewerbe
3	Handel und Verkehr
4	Sonstige Dienstleistungs-unternehmen
5	Private Haushalte
6	Staat

a) Rheinische Düngemittel Vertriebsgesellschaft e.G.,
b) Ruhrkohle AG,
c) Peter Schmitz, Coiffeur,
d) Leihbücherei der Stadt Köln,
e) Florian Probst, Privatbankier,
f) Kölner Verkehrsbetriebe AG,
g) Emma Hilf, Hausangestellte,
h) RWE AG.

31. Aus dem Jahresabschluss einer Maschinenfabrik liegen Ihnen folgende Zahlenangaben vor:

Verkaufserlöse	750 000,00 €
Vorleistungen	150 000,00 €
Abschreibungen	60 000,00 €
Personalaufwand	300 000,00 €
Zinsaufwand	45 000,00 €
Mietaufwand	50 000,00 €

Ermitteln Sie
a) den Gewinn der Unternehmung,
b) die Bruttowertschöpfung,
c) die Nettowertschöpfung der Unternehmung.

32. Aus dem Jahresabschluss und dem Geschäftsbericht einer Automobil AG liegen Ihnen folgende Zahlenangaben vor (in Klammern: Veränderung gegenüber dem Vorjahr):

Anzahl der produzierten Automobile	1 200 000	(+200 000)
Anzahl der beschäftigten Arbeitnehmer	30 000	(+2 000)
Bestandsmehrungen an Fertigerzeugnissen	2,6 Mio. €	
Bestandsminderungen an Rohstoffen	0,5 Mio. €	
Abschreibungen auf das Anlagevermögen	0,7 Mio. €	
Bau einer Produktionsanlage	12,8 Mio. €	
Summe der Erträge	9,5 Mio. €	(+0,8 Mio. €)
Summe der Aufwendungen	7,0 Mio. €	(+0,7 Mio. €)
Eigenkapital	60,0 Mio. €	(unverändert)

a) Entscheiden Sie, ob die Arbeitsproduktivität gegenüber dem Vorjahr gestiegen (1) oder gesunken (2) ist.
b) Entscheiden Sie, ob die Eigenkapitalrentabilität gegenüber dem Vorjahr gestiegen (1), gesunken (2) oder unverändert (3) ist.

Ermitteln Sie
c) die Bruttoinvestitionen,
d) die Nettoinvestitionen.

33. Begründen Sie, weshalb die Höhe und das Wachstum des Inlandsprodukts nur bedingt als Wohlstandsindikator angesehen werden können.

34. Was versteht man unter einem Markt?

35. Grenzen Sie ab und nennen Sie jeweils Beispiele:
a) Investitionsgütermarkt – Konsumgütermarkt
b) Finanzmarkt – Arbeitsmarkt
c) organisierter Markt – nicht organisierter Markt
d) offener Markt – geschlossener Markt
e) vollkommener Markt – unvollkommener Markt
f) Käufermarkt – Verkäufermarkt

36. Nennen Sie fünf Bestimmungsgrößen der individuellen Nachfrage.

37. Nennen Sie drei Bestimmungsgrößen des individuellen Angebots.

38. Was versteht man unter Kosten?

39. Entscheiden Sie bei den nachfolgenden Aussagen, welche Art des Angebots- bzw. Nachfrageverhaltens jeweils zugrunde liegt.

Elastische Nachfrage	1
Elastisches Angebot	2
Starre Nachfrage	3
Starres Angebot	4
Komplementärelastizität	5
Substitutionselastizität	6

a) Die Preise für Benzin steigen; der Benzinverbrauch sinkt daraufhin.
b) Der Butterpreis steigt; der Absatz von Margarine nimmt daraufhin zu.
c) Die Preise für Zigaretten steigen; die Absatzzahlen stagnieren aber.
d) Die Preise für Benzin steigen; die Zahl der Autoneuzulassungen ist daraufhin rückläufig.
e) Trotz steigender Preise können die Unternehmer das Produktionsvolumen nicht erhöhen, da die Kapazitäten ausgelastet sind.

40. Erläutern Sie das „Gesetz der Massenproduktion".

41. Die fixen Kosten eines Waschmaschinenherstellers betragen 2 100 000,00 € pro Jahr. Die vorhandene Produktionskapazität umfasst 30 000 Waschmaschinen pro Jahr. Die variablen Kosten je Waschmaschine betragen 325,00 €.
a) Wie viel Euro beträgt der kostendeckende Preis bei einer Kapazitätsauslastung von 80 %?
b) Um wie viel Prozent ermäßigt sich der kostendeckende Preis, wenn die Produktion um 6 000 Stück gesteigert werden kann?

42. Der Geschäftsführer einer Spielgeräte GmbH bittet um Hilfestellung bei der Wahl einer Maschine zur Herstellung von Miniaturautomobilen.

Zur Auswahl stehen die Maschinen A und B:

	Maschine A	Maschine B
Anschaffungskosten	48 000,00 €	60 000,00 €
Nutzungsdauer	6 Jahre	8 Jahre
max. Produktionskapazität p. a.	12 000 Stück	15 000 Stück
variable Kosten je Stück	1,80 €	2,00 €

a) Stellen Sie den Selbstkostenpreis je Stück bei Maschine B bei voller Auslastung der vorhandenen Produktionskapazität fest.
b) Stellen Sie fest, ab welcher Produktionsmenge Maschine B gegenüber Maschine A vorteilhafter ist.

43. Nennen Sie die Voraussetzungen eines vollkommenen Marktes.

44. Begründen Sie, weshalb es in einem unvollkommenen Markt den Anbietern möglich ist, für ein und dasselbe Gut unterschiedliche Preise zu verlangen.

45. Ordnen Sie den nachfolgenden Aussagen die zutreffenden Begriffe zu.

Ausschaltungskosten	1
Grenzanbieter	2
Käufermarkt	3
Lenkungsfunktion	4
Produzentenrente	5
Markträumungsfunktion	6
Grenznachfrager	7
Verkäufermarkt	8

a) Aufgrund dieser Marktkonstellation ist mit Preissenkungen zu rechnen.
b) Nicht wettbewerbsfähige Produzenten werden vom Markt verdrängt.
c) Ein Konzern gibt einen unrentablen Unternehmenszweig auf und investiert in eine Zukunftsbranche.
d) Solange ein Anbieter in der Lage ist, unterhalb des Marktpreises anzubieten, verfügt er über diesen Geldvorteil.
e) Die Anpassungsvorgänge auf dem Markt führen dazu, dass ungeplante Lagerinvestitionen vermieden werden.
f) Fällt der Marktpreis, können diese Marktteilnehmer mit einer Erhöhung ihrer Kaufkraft rechnen.

46. In welchem Fall muss bei preiselastischem Verhalten der Marktteilnehmer der Gleichgewichtspreis steigen bei gleichzeitiger Abnahme der Gleichgewichtsmenge?
a) Die Nachfrage ist konstant, das Angebot steigt.
b) Das Angebot ist konstant, die Nachfrage steigt.
c) Das Angebot ist konstant, die Nachfrage sinkt.
d) Die Nachfrage ist konstant, das Angebot sinkt.

47. Ordnen Sie den nachfolgenden Aussagen den zutreffenden Marktbegriff zu.

„Schwarzer Markt"	1	Effektenmarkt	4
vollkommener Markt	2	Käufermarkt	5
Faktormarkt	3	Verkäufermarkt	6

a) Hier wird zu Preisen gehandelt, die über dem staatlich verordneten Preis liegen.
b) Es handelt sich um einen hochgradig organisierten Markt. Die Handelsobjekte selbst können hier nicht in Augenschein genommen werden.
c) Dieser Markt existiert nur als gedankliches Modell.
d) Es handelt sich um einen Sammelbegriff für Märkte, auf denen die Produktivkräfte einer Volkswirtschaft gehandelt werden.
e) Es besteht an diesem Markt aufgrund des Angebotsüberhangs die Tendenz zu Preissenkungen.

48. Im Modell des vollkommenen Marktes kommt es immer dann zu einem neuen Marktgleichgewicht, wenn sich die Nachfrage- bzw. Angebotsbedingungen ändern.
Entscheiden Sie in den nachfolgenden Fällen, in welcher Weise
■ sich die Nachfrage- bzw. Angebotskurve verschiebt,
■ sich der Marktpreis verändert.
a) Preiserhöhung bei einem Substitutionsgut.
b) Das Einkommen der Konsumenten steigt.
c) Preiserhöhung bei einem Komplementärgut.
d) Der Staat gewährt den Unternehmen Subventionen.
e) Die Produktionskosten der Unternehmen steigen.
f) Der Staat senkt die Einkommensteuer.

49. Entscheiden Sie, welche Folgewirkungen für den Gleichgewichtspreis und die Gleichgewichtsmenge durch den Eintritt der jeweils beschriebenen Änderung der Marktsituation entstehen.
a) Die Nachfrage steigt, das Angebot bleibt konstant.
b) Der Anstieg der Produktionskosten wird durch Kaufkraftsteigerungen in gleicher Höhe ausgeglichen.
c) Das Angebot steigt, die Nachfrage bleibt konstant.
d) Die Nachfrage steigt, das Angebot steigt in gleichem Maße.
e) Die Nachfrage steigt, das Angebot sinkt.

2

50. Erläutern Sie die Funktionen des Marktpreises.

51. Begründen Sie die Notwendigkeit staatlicher Eingriffe in das Marktgeschehen in einem Land, das sich dem Sozialstaatsprinzip verpflichtet fühlt. Nennen Sie Beispiele.

52. Kennzeichnen Sie die nachfolgenden Aussagen über Höchst- und Mindestpreise.

Höchstpreis trifft zu.	1
Mindestpreis trifft zu.	2
Höchstpreis und Mindestpreis treffen zu.	3
Weder Höchstpreis noch Mindestpreis treffen zu.	4

a) Staatliche Maßnahmen zur Mengenregulierung sind i. d. R. die Folge dieses staatlichen Eingriffs.
b) Dieser staatliche Eingriff dient dem Schutz der Konsumenten.
c) Dieser staatliche Eingriff lässt die Notwendigkeit einer Rationierung entstehen.
d) Dieser staatliche Eingriff führt gewöhnlich zur Entstehung von Schwarzmärkten.
e) Die Ausschaltungsfunktion des Marktpreises wird durch diesen staatlichen Eingriff beeinträchtigt.
f) Es handelt sich um einen marktkonformen Eingriff des Staates.
g) Unrentabel arbeitende Unternehmen werden durch diesen staatlichen Eingriff geschützt.

53. Unterscheiden Sie einmal Eigenkapital und Fremdkapital hinsichtlich Interessenlage, Einfluss auf die Leitung des Unternehmens, Informationsrecht, zeitliche Verfügbarkeit, Haftung, Vermögensanspruch im Insolvenzfall, Ertragsanteil, steuerliche Behandlung.

54. Nach welchen Kriterien kann der Begriff Kosten gegliedert werden?

55. Nennen Sie Aufgaben der Kosten- und Leistungsrechnung.

3 Rechtliche Rahmenbedingungen des Wirtschaftens

3.1 Rechtsgrundlagen

3.1.1 Die Rechtsordnung als Bestandteil der Gesellschaftsordnung

Jede „lebensfähige" menschliche Gemeinschaft ist nur auf der Grundlage einer allgemeinen Ordnung möglich, welche die „Spielregeln" für das Zusammenleben festlegt. Dies gilt für sämtliche Bereiche des Zusammenlebens, ob innerhalb der Familie, des Betriebes oder der Gesellschaft. Werden diese Spielregeln innerhalb der Gruppe auf die Dauer von den Gruppenmitgliedern nicht eingehalten, so wird die Gruppe zwangsläufig auseinanderbrechen.

Immer wenn Menschen in einer Gemeinschaft zusammenleben, stoßen unvermeidlich gegensätzliche Interessen aufeinander. Es entstehen Interessenkonflikte. Um die Gemeinschaft aufrechtzuerhalten und ein geordnetes Zusammenleben überhaupt erst zu ermöglichen, muss daher geklärt werden,

- auf welche Weise verschiedenartige Interessen miteinander in Einklang gebracht werden sollen,
- wann sich der Einzelne mit seinen Interessen dem Interesse der Gemeinschaft unterzuordnen hat,
- in welchen Fällen das persönliche Interesse des Einzelnen Vorrang vor den Interessen anderer hat.

> Die Gesamtheit aller Verhaltensregeln, denen der Einzelne unterworfen ist, bezeichnet man als **Gesellschaftsordnung**.

Diese Ordnung ist keineswegs ausschließlich durch Verfassung, Gesetzesvorschriften und vertragliche Vereinbarungen festgelegt. Darüber hinaus bestimmen vielmehr auch *Sitten, Brauchtümer* und *kulturelles Erbe* die Ordnung, innerhalb derer sich das gesellschaftliche Leben vollzieht. Allerdings sind die wichtigsten Grundsätze der Gesellschaftsordnung in Form von **Rechtsnormen** allgemein verbindlich geregelt.

Insgesamt stellt die Gesellschaftsordnung die Zusammenfassung vielfältig verflochtener, ineinander greifender Regeln dar. Gedanklich lassen sich innerhalb der Gesellschaftsordnung vier verschiedene Teilbereiche unterscheiden:

- Die **Rechtsordnung** beinhaltet die Gesamtheit sämtlicher Rechtsvorschriften innerhalb der Gesellschaft.
- Die **politische Ordnung** spiegelt die politischen Herrschafts- und Machtverhältnisse innerhalb der Gesellschaft wider.
- Die **Sozialordnung** umfasst die soziale Ordnung innerhalb einer bestimmten Gesellschaftsordnung, d. h. die Gesamtheit der für den Aufbau der Gesellschaft und für die Beziehungen zwischen den Gesellschaftsmitgliedern und gesellschaftlichen Gruppen geltenden Regeln und zuständigen Institutionen.
- Die **Wirtschaftsordnung** legt die Rahmenbedingungen fest, die für das wirtschaftliche Handeln der Wirtschaftssubjekte in einer Volkswirtschaft gelten.

Alle vier Bereiche sind voneinander abhängig. Sie bedingen sich teilweise gegenseitig: Geänderte Auffassungen innerhalb der politischen Führung über die Sozialordnung schlagen sich in einer entsprechenden Sozialgesetzgebung nieder. Hieraus können wiederum Rückwirkungen auf die Wirtschaftsordnung entstehen. Umgekehrt bleibt der wirtschaftliche Wandel nicht ohne Auswirkungen auf die Wirtschafts- und Sozialordnung.

- **Rechtsnormen** regeln verbindlich die Beziehungen der Menschen zueinander und begrenzen die Rechte des Einzelnen innerhalb der Gesellschaft.
- Die **Rechtsordnung** als Gesamtheit aller Rechtsnormen ist Bestandteil sämtlicher Verhaltensregeln, denen der Einzelne unterworfen ist.

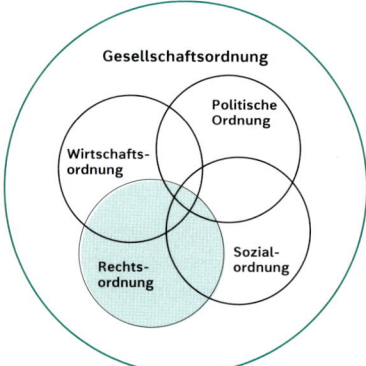

Das Recht ist ein System von Regeln, das von öffentlichen Organen geschaffen und dient als wichtiger Bestimmungsfaktor für die Gesellschaft, da es die politischen, wirtschaftlichen und sozialen Rahmenbedingungen gestaltet und einen wesentlichen Beitrag zum sozialen Frieden leistet.

3.1.2 Rechtsquellen

Rechtsnormen können

- sich durch ständige allgemeine Praxis und Rechtsanschauungen entwickeln *(= Gewohnheitsrecht)*,
- durch individuelle Vereinbarungen zwischen einzelnen Personen entstehen *(= Vertragsrecht)*,
- ausdrücklich vom Gesetzgeber (Legislative) geschaffen werden *(= Gesetzesrecht, „codifiziertes Recht")*.

Während Gewohnheitsrecht und Gesetzesrecht für die Allgemeinheit verbindlich sind, gelten vertragliche Vereinbarungen nur für die beteiligten Parteien.

Gewohnheitsrecht	Gesetzesrecht	Vertragsrecht
Ungeschriebene Rechtsnormen, die sich durch längere, stetige Gewohnheiten und Rechtsanschauungen innerhalb einer Gesellschaft entwickelt haben; sie sind mit dem Gesetzesrecht gleichrangig. Gegenüber dem Gesetzesrecht bestehen heute nur noch wenige Rechtsnormen, die ausschließlich gewohnheitsrechtlich abgesichert sind.	Geschriebene Rechtsnormen, die in einem förmlichen Verfahren von den dafür zuständigen staatlichen Organen erlassen werden. ■ **Gesetze** werden von den Trägern der gesetzgebenden Gewalt, den Parlamenten (Legislative), erlassen. ■ **Rechtsverordnungen** werden von einer Behörde, die der Gesetzgeber eigens ermächtigt hat, erlassen. Sie sind an ein be-	Geschriebene und ungeschriebene Rechtsnormen, die aufgrund individueller Absprachen zwischen den Rechtssubjekten entstehen. ■ Der **Grundsatz der Vertragsfreiheit** bedeutet Abschluss- und Inhaltsfreiheit: Es steht den Beteiligten frei, Verträge mit wem auch immer und beliebigen Inhalts zu schließen. Die Vertragsfreiheit findet dort ihre Grenze, wo gegen bestehende

Beispiele: ■ Ein Professor für Steuerrecht hat die Befugnis, in steuerrechtlichen Angelegenheiten geschäftlich tätig zu werden. ■ Es entspricht dem Gewohnheitsrecht, dass vor den Gerichten auch Anwälte eine Robe tragen müssen. Durch die Amtstracht werden Richter wie Rechtsanwälte als Organe der Rechtspflege kenntlich gemacht (LG Augsburg vom 30.06.2015).	stimmtes Gesetz gebunden und dienen zur Ergänzung des Gesetzes. Inhalt, Zweck und Ausmaß der Ermächtigung zum Erlass einer Rechtsverordnung sind im betreffenden Gesetz festgelegt. **Beispiele:** EStDV, UStDV, GewStDV, Arbeitsstättenverordnung, Prüfungsordnungen	Gesetze und die Rechte Dritter verstoßen wird. ■ Der Grundsatz von **„Treu und Glauben"** bedeutet, dass Verträge so auszulegen und zu erfüllen sind, wie es den allgemeinen Verkehrssitten entspricht (§§ 157, 242 BGB). ■ Der **Grundsatz der Vertragstreue** verpflichtet die Vertragspartner zur Erfüllung der eingegangenen Verpflichtungen. Eine schuldhafte Verletzung der Vertragspflichten löst ggf. Schadensersatzpflicht aus.

Regeln EU-Recht und nationales Recht eine Rechtsnorm unterschiedlich, so hat das Europarecht Vorrang vor nationalem Recht. Europarecht unterscheidet zwischen:

■ **Verordnung:** Sie enthält unmittelbar geltendes Recht und gilt ggf. auch zwischen privaten Parteien.
■ **Richtlinie:** Die Mitgliedstaaten sind verpflichtet, diese Regelungen in nationales Recht umzusetzen, d. h., sie müssen entsprechende nationale Gesetze beschließen.

3.1.3 Rechtsprechung

Die **Rechtsprechung** (Judikative) geschieht durch die Gerichte. Die Richter sind unabhängig und nur dem Gesetz verpflichtet (Art. 97 GG). Sie haben die Aufgabe, in einem geregelten Verfahren (Prozess) das vorhandene Recht auf den Einzelfall anzuwenden und darüber zu entscheiden, wie in Streitfällen Gesetze bzw. Verträge auszulegen sind, d. h., was bei konkreten Sachverhalten rechtens ist.

Beispiel:

Die Finanzgerichte (FG) als spezielle Verwaltungsgerichte sind zuständig für
■ abgabenrechtliche Streitigkeiten zwischen Steuerpflichtigen und Finanzbehörden,
■ berufsrechtliche Streitigkeiten nach dem Steuerberatungsgesetz.

Ständige Rechtsprechung liegt vor, wenn die Gerichte in einer bestimmten Rechtsfrage wiederholt im gleichen Sinn entscheiden. Eine bestimmte Rechtsanschauung kann auf diese Weise zum Gewohnheitsrecht erstarken.
Höchstrichterliche Rechtsprechung erfolgt durch die höchsten Gerichte.

Beispiel:

Es sind zuständig:
■ der **Europäische Gerichtshof** (EuGH) für europäische und überstaatliche Angelegenheiten der Gemeinschaftsmitglieder
■ das **Bundesverfassungsgericht** (BVG) für Verfassungsstreitigkeiten
■ der **Bundesgerichtshof** (BGH) für Zivil- und Strafsachen
■ der **Bundesfinanzhof** (BFH) für Streitigkeiten über Abgabenangelegenheiten
■ das **Bundesarbeitsgericht** (BAG) für arbeits- und tarifrechtliche Angelegenheiten
■ das **Bundessozialgericht** (BSG) für sozialversicherungsrechtliche Streitigkeiten
■ das **Bundesverwaltungsgericht** (BVerwG) für öffentlich-rechtliche Streitigkeiten nicht verfassungsrechtlicher Art

3

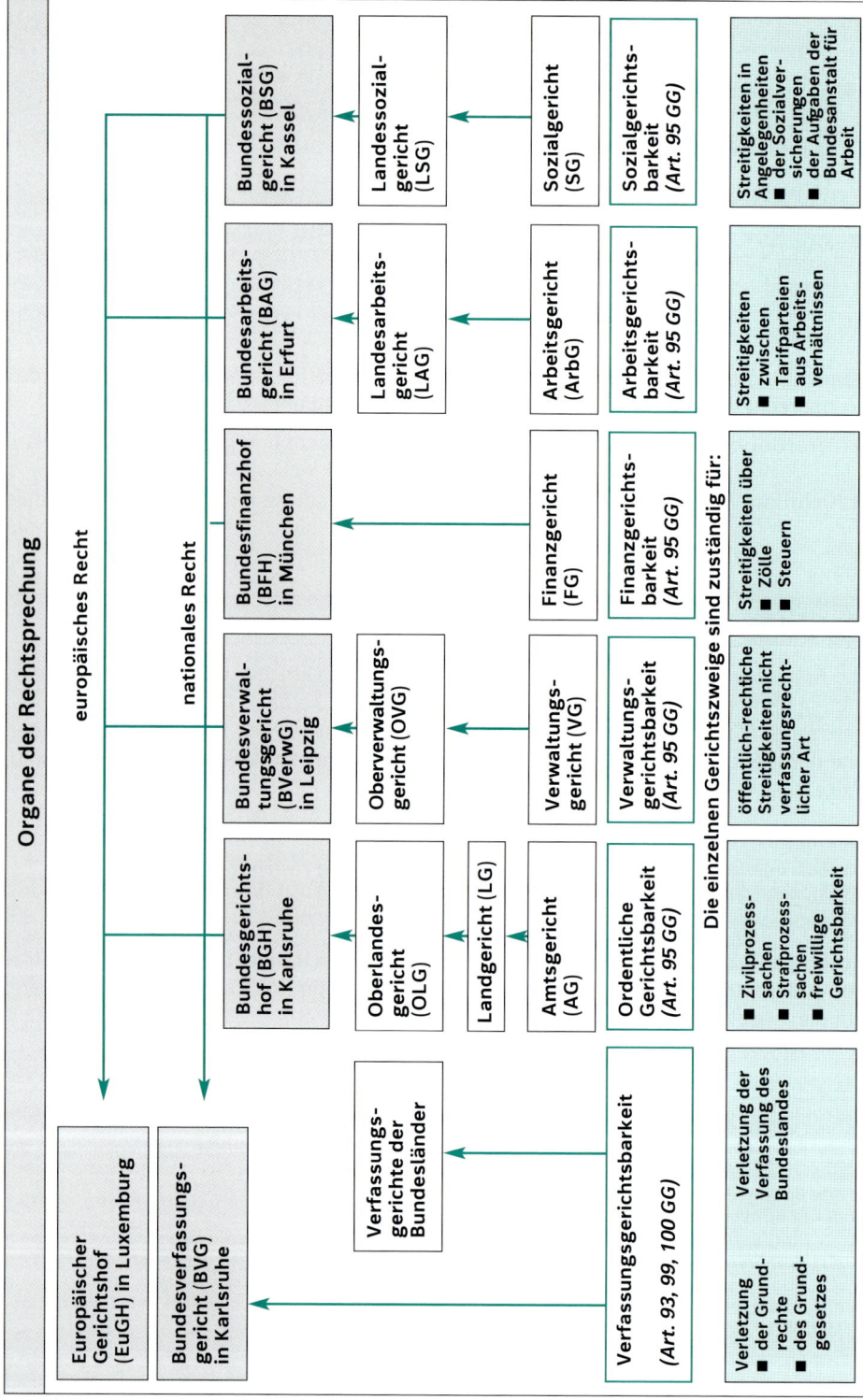

Organe der Rechtsprechung

europäisches Recht

nationales Recht

Europäischer Gerichtshof (EuGH) in Luxemburg

Bundesverfassungsgericht (BVG) in Karlsruhe

Bundesgerichtshof (BGH) in Karlsruhe

Oberlandesgericht (OLG)

Landgericht (LG)

Amtsgericht (AG)

Ordentliche Gerichtsbarkeit *(Art. 95 GG)*

Bundesverwaltungsgericht (BVerwG) in Leipzig

Oberverwaltungsgericht (OVG)

Verwaltungsgericht (VG)

Verwaltungsgerichtsbarkeit *(Art. 95 GG)*

Bundesfinanzhof (BFH) in München

Finanzgericht (FG)

Finanzgerichtsbarkeit *(Art. 95 GG)*

Bundesarbeitsgericht (BAG) in Erfurt

Landesarbeitsgericht (LAG)

Arbeitsgericht (ArbG)

Arbeitsgerichtsbarkeit *(Art. 95 GG)*

Bundessozialgericht (BSG) in Kassel

Landessozialgericht (LSG)

Sozialgericht (SG)

Sozialgerichtsbarkeit *(Art. 95 GG)*

Verfassungsgerichte der Bundesländer

Verfassungsgerichtsbarkeit

(Art. 93, 99, 100 GG)

Die einzelnen Gerichtszweige sind zuständig für:

Verletzung
■ der Grundrechte
■ des Grundgesetzes

Verletzung der Verfassung des Bundeslandes

Zivilprozesssachen
■ Strafprozesssachen
■ freiwillige Gerichtsbarkeit

öffentlich-rechtliche Streitigkeiten nicht verfassungsrechtlicher Art

Streitigkeiten über
■ Zölle
■ Steuern

Streitigkeiten zwischen
■ Tarifparteien aus Arbeitsverhältnissen

Streitigkeiten in Angelegenheiten der Sozialversicherungen
■ der Aufgaben der Bundesanstalt für Arbeit

Die Endurteile der höchsten deutschen Gerichte sind zwar endgültig für den betreffenden Fall, binden aber in einem neuen Fall weder die höchsten Gerichte selbst noch die untergeordneten Gerichte. Hiervon ausgenommen sind nur die Entscheidungen des Bundesverfassungsgerichts: Sie binden die Verfassungsorgane des Bundes und der Länder und haben grundsätzlich Gesetzeskraft.

3.1.4 Privatrecht und öffentliches Recht

Rechtsnormen können privatrechtlicher oder öffentlich-rechtlicher Natur sein.

Das **Privatrecht**
- regelt die **Rechtsbeziehungen der Bürger untereinander**,
- will bei Streitigkeiten eine gesetzliche Grundlage für Wahrheitsfindung und Klärung bieten,
- ist häufig **kein zwingendes Recht**, es werden Rechtsrahmen vorgegeben, die durch Verträge abgeändert werden können,
- beinhaltet die **Gleichstellung der Parteien**, d. h., alle Bürger stehen sich gleichberechtigt gegenüber.

Beachte:
Für den Staat gilt Privatrecht, wenn er **nicht** hoheitlich handelt.

Privatrechtliche Beziehungen werden in erster Linie durch **Verträge** gestaltet. Niemand kann zum Abschluss eines Vertrages gezwungen werden. Die Vertragspartner können im Rahmen der bestehenden Gesetze ihre Verträge beliebig ausgestalten.

Auch öffentlich-rechtliche Institutionen können privatrechtliche Beziehungen eingehen.

Beispiel:

Die Stadt Köln kauft von einem Möbelhersteller Computertische.

Das **öffentliche Recht**
- regelt die Rechtsbeziehungen des Staates zu den Bürgern,
- beinhaltet den Grundsatz der **Über- und Unterordnung**, d. h., der Staat gibt die Regeln vor, die die Bürger zu befolgen haben,
- will die **Einhaltung von Recht und Ordnung zum Schutz der Allgemeinheit**,
- ist **zwingendes Recht**, d. h., Verstöße gegen öffentliches Recht werden vom Staat geahndet.

Öffentlich-rechtliches Handeln vollzieht sich in erster Linie oder häufig durch Verwaltungsakte.
Verwaltungsakte sind hoheitliche Maßnahmen, die eine Behörde zur Regelung eines Einzelfalles trifft und denen der Betroffene, wenn kein Rechtsbehelf mehr möglich ist, sich nicht entziehen kann.

Beispiele:

- *Steuerbescheid des Finanzamtes*
- *Bußgeldbescheid des Amtes für öffentliche Ordnung wegen Falschparkens*

Privatrecht (Zivilrecht)	Öffentliches Recht
■ regelt die Rechtsbeziehungen der Privatpersonen und privaten Einrichtungen untereinander ■ dient dem Individualinteresse ■ dient der Regelung des Rechtsverkehrs sowie des Ausgleichs von Interessenkonflikten	■ regelt die Rechtsbeziehungen der Privatpersonen und privaten Einrichtungen zu den öffentlichen Einrichtungen (Staat, Gemeinden usw.) und der öffentlichen Einrichtungen untereinander ■ dient dem öffentlichen Interesse durch einseitige verbindliche hoheitliche Regelungen
Die im Gesetz stehenden Rechtsnormen können durch individuelle vertragliche Abmachungen geändert werden. Die gesetzlichen Regelungen gelten nur insoweit, als keine anderweitigen vertraglichen Vereinbarungen getroffen wurden.	Die im Gesetz stehenden Rechtsnormen sind für die Bürger bzw. die betroffenen öffentlichen Einrichtungen zwingend. Bei Straftatbeständen muss der Staat – vertreten durch den Staatsanwalt – Klage bei Gericht erheben.
Grundsätze: ■ Gleichberechtigung der Beteiligten ■ Vertragsfreiheit ■ Vertragstreue	**Grundsatz:** Über- bzw. Unterordnungsverhältnis
Rechtsgebiete: ■ *Bürgerliches Recht* ■ *Scheckrecht* ■ *Handelsrecht* ■ *Urheberrecht* ■ *Wertpapierrecht*	**Rechtsgebiete:** ■ *Verfassungsrecht* ■ *Prozessrecht* ■ *Verwaltungsrecht* ■ *Steuerrecht* ■ *Strafrecht* ■ *Schulrecht*

3.1.5   Objektives und subjektives Recht

Das **objektive Recht** umfasst die Gesamtheit der durch **Gesetze** oder **Gewohnheitsrecht** verschriftlichten (kodifizierten) oder verabschiedeten Rechtsnormen.

Beispiele:

- *Grundgesetz (GG)*
- *Bürgerliches Gesetzbuch (BGB)*
- *Handelsgesetzbuch (HGB)*
- *Strafgesetzbuch (StGB)*
- *Straßenverkehrsordnung (StVO)*

Im Gegensatz zum objektiven Recht versteht man unter dem **subjektiven Recht** eine Befugnis oder einen Anspruch, der sich für den Berechtigten aus dem objektiven Recht unmittelbar ergibt oder aufgrund eines objektiven Rechts erworben wird.

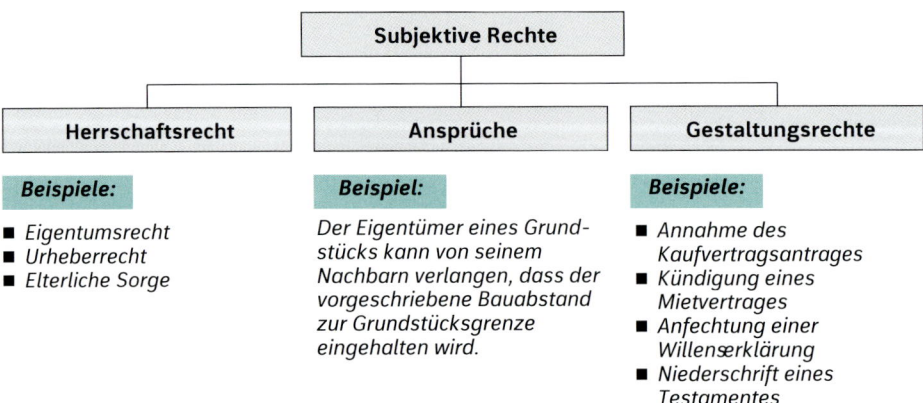

Subjektive Rechte

Herrschaftsrecht

Beispiele:
- *Eigentumsrecht*
- *Urheberrecht*
- *Elterliche Sorge*

Ansprüche

Beispiel:
Der Eigentümer eines Grundstücks kann von seinem Nachbarn verlangen, dass der vorgeschriebene Bauabstand zur Grundstücksgrenze eingehalten wird.

Gestaltungsrechte

Beispiele:
- *Annahme des Kaufvertragsantrages*
- *Kündigung eines Mietvertrages*
- *Anfechtung einer Willenserklärung*
- *Niederschrift eines Testamentes*

3.1.6 Dispositives und zwingendes Recht

Dispositives Recht (nachgiebiges Recht) erlaubt, dass geltende allgemeine Rechtsvorschriften durch die Beteiligten abgeändert oder ausgeschlossen werden.
Unter **zwingendem Recht** sind Rechtsvorschriften zu verstehen, deren Abänderung oder Ausschluss durch die Parteien gesetzlich verboten ist.

Beispiele:

- *Dispositives Recht:* *Beim Kauf eines Pkw wird die gesetzliche Gewährleistungsfrist von 24 Monaten (§ 438 BGB) vertraglich auf 36 Monate verlängert.*
- *Zwingendes Recht:* *Verbraucherdarlehensverträge bedürfen der Schriftform (§ 492 Abs. 1 S. 1 BGB), § 138 BGB Nichtigkeit eines Rechtsgeschäftes wegen Sittenwidrigkeit.*

3.1.7 Aufbau des Bürgerlichen Gesetzbuches

Das Bürgerliche Gesetzbuch ist in fünf Bücher aufgeteilt, diese Bücher werden in Abschnitte untergliedert.

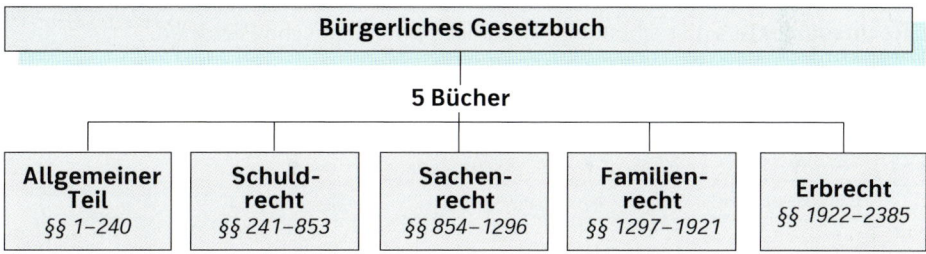

Bürgerliches Gesetzbuch

5 Bücher

Allgemeiner Teil §§ 1–240	Schuldrecht §§ 241–853	Sachenrecht §§ 854–1296	Familienrecht §§ 1297–1921	Erbrecht §§ 1922–2385

Erstes Buch: Allgemeiner Teil	Allgemeine Rechtsbegriffe werden geklärt. ■ Personen ■ Fristen, Termine ■ Sachen ■ Verjährung ■ Rechtsgeschäfte
Zweites Buch: Schuldrecht	Das Recht der Schuldverhältnisse behandelt die schuldrechtlichen Beziehungen zwischen Schuldner (Leistungsverpflichteter) und Gläubiger (Leistungsberechtigter). ■ Inhalt der Schuldverhältnisse ■ Schuldübernahme ■ Schuldverhältnisse aus Verträgen ■ Mehrheit von Schuldnern ■ Erlöschen der Schuldverhältnisse und Gläubigern ■ Übertragung der Forderung ■ einzelne Schuldverhältnisse
Drittes Buch: Sachenrecht	Das Sachenrecht erfasst die Zuordnung einer Person zu einer Sache. Im Sachenrecht werden Besitz, Eigentum an Sachen, Erwerb und Verlust von Eigentum an Sachen, Eigentumsbeschränkungen und Belastungen behandelt. ■ Besitz ■ Vorkaufsrecht ■ allgemeine Vorschriften über ■ Reallasten Rechte an Grundstücken ■ Hypothek, Grund- und ■ Eigentum Rentenschuld ■ Erbbaurecht ■ Pfandrecht an beweglichen ■ Dienstbarkeiten Sachen und an Rechten

3

Viertes Buch: Familienrecht	Im Familienrecht sind die familienrechtlichen Beziehungen einer Person geregelt. ■ bürgerliche Ehe ■ Vormundschaft ■ eingetragene Lebenspartnerschaft ■ Betreuung ■ Verwandtschaft
Fünftes Buch: Erbrecht	Im Erbrecht wird der Übergang von Vermögen eines Verstorbenen auf die Erben festgeschrieben. ■ gesetzliche Erbfolge ■ Erbunwürdigkeit ■ Vermächtnis ■ Erbverzicht ■ Testament ■ Erbschein ■ Erbvertrag ■ Erbschaftskauf ■ Pflichtteil

3.2   Rechtssubjekte und Rechtsobjekte

3.2.1   Rechtssubjekte

Rechtssubjekte sind rechtsfähige natürliche und juristische Personen.

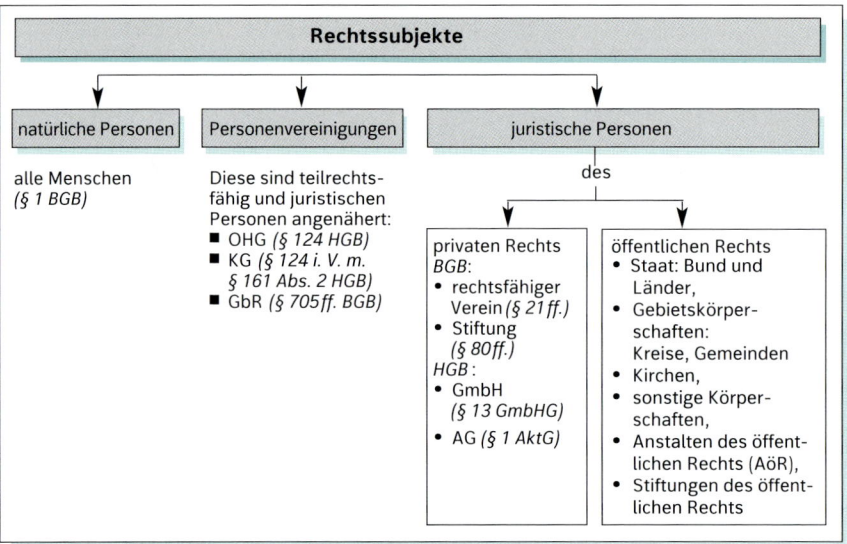

Rechtsfähigkeit ist die Fähigkeit der Rechtssubjekte, Träger von Rechten und Pflichten zu sein.
■ Rechte: *z. B. Recht auf Leben, Recht zu erben, Recht auf Eigentum, Recht auf Urlaub eines Arbeitnehmers*
■ Pflichten: *z. B. Schulpflicht für Kinder und Jugendliche, Pflicht, Steuern zu zahlen*

Natürliche Personen sind die Menschen. Die Rechtsfähigkeit natürlicher Personen beginnt mit Vollendung der Geburt *(§ 1 BGB)* und endet mit Eintritt des Todes *(§ 1922 Abs. 1 BGB)*. Geburt und Tod einer natürlichen Person sind dem Standesamt/Einwohnermeldeamt anzuzeigen.

Für den **Beginn** der Rechtsfähigkeit sind nach den Gesetzen **weitere Zeitpunkte** vorstellbar
- mit der Zeugung *(§ 844 Abs. 2 BGB,* vgl. auch *§§ 1923 Abs. 2, 1912, 2103, 2043 Abs. 2 BGB),*
- mit der Nidation (12–14 Tage nach der Befruchtung),
- mit Beginn der Geburt *(StGB).*

Beispiel:

Ein Säugling ist rechtsfähig und kann aufgrund einer Schenkung Eigentümer mit Rechten und Pflichten sowie Besitzer einer Sache werden.

> **Juristische Personen** sind Personenvereinigungen oder Vermögensmassen mit eigener Rechtspersönlichkeit.

Man unterscheidet zwischen juristischen Personen des privaten Rechts und juristischen Personen des öffentlichen Rechts.

Juristische Personen brauchen Menschen als „Organe" zum rechtsgeschäftlichen Handeln (nach außen = Handlungsfähigkeit), d. h. ein **Vertretungsorgan**.

Beispiele:

- *Vorstand der AG (§ 78 AktG)*
- *Geschäftsführer der GmbH (§ 35 GmbHG)*

Die Rechtsfähigkeit juristischer Personen beginnt und endet mit einem Rechtsakt oder hoheitlichen Akt.

Beispiele:

Gründungen ...
- *von GmbH, AG:*   *Eintragung ins Handelsregister*
- *des Idealverein i. S. d. § 21 BGB:*   *Eintragung ins Vereinsregister*
- *des Wirtschaftlichen Vereins, § 22 BGB:*   *staatliche Verleihung*

Die Rechtsfähigkeit ausländischer, nach dem Recht eines Mitgliedslandes der EU gegründeter Gesellschaften richtet sich nach dem Gründungsrecht des jeweiligen ausländischen Gründung-EU-Landes (Ausfluss der Niederlassungsfreiheit).

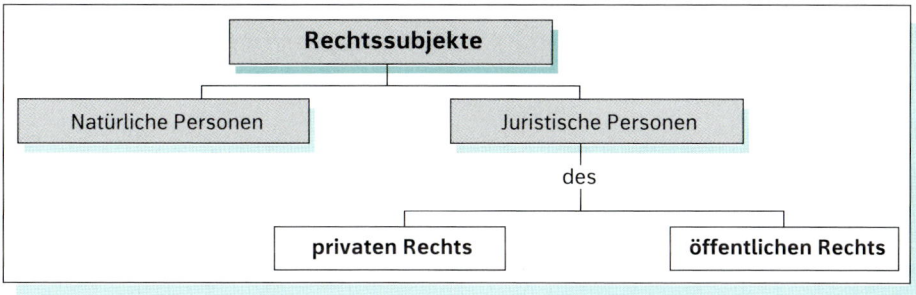

Natürliche und juristische Personen sind **parteifähig**, d. h., sie können in einem Zivilprozess klagen oder beklagt werden.

Verbraucher *(§ 13 BGB)*

> **Verbraucher** *sind* natürliche Personen, die Rechtsgeschäfte abschließen, die überwiegend weder gewerblichen noch freiberuflichen Tätigkeiten zuzurechnen sind. Das Rechtsgeschäft muss zum privaten Bereich gehören.

Beispiele:

- *Der Unternehmer U kauft als Privatperson für seine Frau einen Pkw. Der Unternehmer ist hier Verbraucher, weil er nicht gewerblich tätig wird.*
- *Arbeitnehmer kauft Arbeitskleidung; hier ist der AN Verbraucher.*
- *Zwei Existenzgründer nehmen bei der A-Bank ein Darlehen auf, bis zum Beginn ihrer Tätigkeit sind sie Verbraucher.*

Unternehmer *(§ 14 BGB)*

> **Unternehmer** sind natürliche oder juristische Personen, rechtsfähige Personengesellschaften, die ein Rechtsgeschäft zu gewerblichen, freiberuflichen oder land- und forstwirtschaftlichen Zwecken abschließen.

Unternehmer i. S. d. *§ 14 BGB* sind Gewerbetreibende, Kleingewerbetreibende, Handwerker, Freiberufler, Vermögensverwalter, Eigenbetriebe der Städte und Gemeinden *(z. B. Wasserwerk, Schwimmbad)*, Land- und Forstwirte, Personengesellschaften (OHG, KG, PG), die planmäßig und dauerhaft am Markt ihre Leistungen gegen Entgelt anbieten.

Nichtrechtsfähige Personenvereinigungen sind:

- nicht eingetragene Vereine *(§ 54 BGB)*   ■ Erbengemeinschaften *(§ 2032 ff. BGB)*

Träger der Rechte und Pflichten ist in diesem Fall nicht die Personenvereinigung selbst, sondern vielmehr die Gesamtheit ihrer Mitglieder.

Natürliche und juristische Personen können zur Zahlung von Steuern herangezogen werden, d. h. **Steuersubjekt** sein. Bei natürlichen Personen bestimmt der Wohnsitz, bei juristischen Personen der Geschäftssitz die Zuständigkeit des Finanzamtes.

Quasi juristische Personen sind die *Personenhandelsgesellschaften* OHG und KG sowie die Partnerschaftsgesellschaft. Sie besitzen keine eigene Rechtsfähigkeit, werden aber weitgehend wie juristische Personen behandelt.

Beispiele:

- *Personenhandelsgesellschaften führen eine Firma.*
- *Personenhandelsgesellschaften können unter ihrer Firma klagen und beklagt werden.*

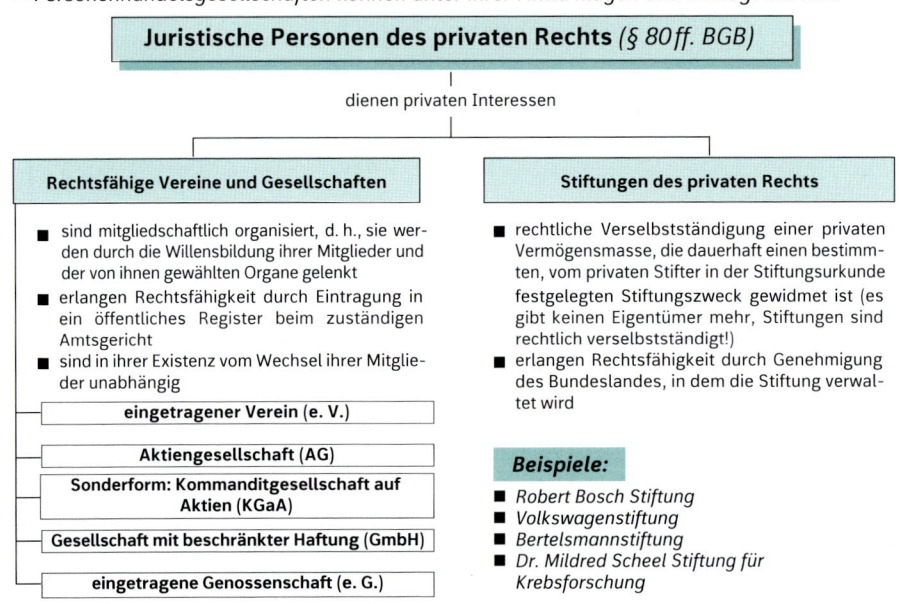

Juristische Personen des privaten Rechts *(§ 80 ff. BGB)*

dienen privaten Interessen

Rechtsfähige Vereine und Gesellschaften

- sind mitgliedschaftlich organisiert, d. h., sie werden durch die Willensbildung ihrer Mitglieder und der von ihnen gewählten Organe gelenkt
- erlangen Rechtsfähigkeit durch Eintragung in ein öffentliches Register beim zuständigen Amtsgericht
- sind in ihrer Existenz vom Wechsel ihrer Mitglieder unabhängig

eingetragener Verein (e. V.)

Aktiengesellschaft (AG)

Sonderform: Kommanditgesellschaft auf Aktien (KGaA)

Gesellschaft mit beschränkter Haftung (GmbH)

eingetragene Genossenschaft (e. G.)

Stiftungen des privaten Rechts

- rechtliche Verselbstständigung einer privaten Vermögensmasse, die dauerhaft einen bestimmten, vom privaten Stifter in der Stiftungsurkunde festgelegten Stiftungszweck gewidmet ist (es gibt keinen Eigentümer mehr, Stiftungen sind rechtlich verselbstständigt!)
- erlangen Rechtsfähigkeit durch Genehmigung des Bundeslandes, in dem die Stiftung verwaltet wird

Beispiele:

- *Robert Bosch Stiftung*
- *Volkswagenstiftung*
- *Bertelsmannstiftung*
- *Dr. Mildred Scheel Stiftung für Krebsforschung*

Juristische Personen des öffentlichen Rechts

- nehmen öffentliche Aufgaben wahr
- unterliegen staatlicher Aufsicht
- erlangen Rechtsfähigkeit durch Gesetz oder staatlichen Hoheitsakt

Körperschaften des öffentlichen Rechts

- sind mitgliedschaftlich organisiert, d. h., sie werden durch die Willensbildung ihrer Mitglieder und der von ihnen gewählten Organe gelenkt
- sind in ihrer Existenz vom Wechsel ihrer Mitglieder unabhängig

Gebietskörperschaften

Beispiele:

- *Bund*
- *Bundesländer*
- *Gemeinden*

Personalkörperschaften

Beispiele:

- *Religionsgemeinschaften*
- *Kammern*
- *Ortskrankenkassen*
- *Hochschulen*
- *Berufsgenossenschaften*

Anstalten des öffentlichen Rechts (AöR)

- rechtliche Verselbstständigung einer öffentlichen Verwaltungseinrichtung
- besitzen Selbstverwaltungsrecht, d. h. Befugnis zur selbstständigen Regelung ihrer Organisation und des Verhältnisses zu ihren Benutzern

Beispiele:

- *öffentliche Sparkassen*
- *öffentliche Rundfunk-/ Fernsehanstalten*
- *Bundesanstalt für Finanzdienstleistungsaufsicht*

Die **nicht rechtsfähigen Anstalten** und **Behörden** sind Teil eines übergeordneten Gemeinwesens: Sie bilden nur organisatorisch, nicht aber rechtlich selbstständige Einheiten der öffentlichen Hand.

Beispiele:

- *städtische Schulen*
- *öffentliche Museen*

Stiftungen des öffentlichen Rechts

- rechtliche Verselbstständigung einer öffentlichen Vermögensmasse, die dauerhaft einem bestimmten Zweck gewidmet ist

Beispiele:

- *Stiftung Preußischer Kulturbesitz*
- *Deutsche Stiftung für Entwicklungshilfe*
- *Bayerische Forschungsstiftung*
- *Stiftung Weimarer Klassik*
- *Stiftung Deutsche Sporthilfe*
- *Stiftung Haus der Geschichte der BRD*

3

Von der Rechtsfähigkeit ist die **Handlungsfähigkeit** zu unterscheiden.

Handlungsfähigkeit ist die Fähigkeit, durch eigenes verantwortliches Handeln Rechtswirkungen hervorzurufen.

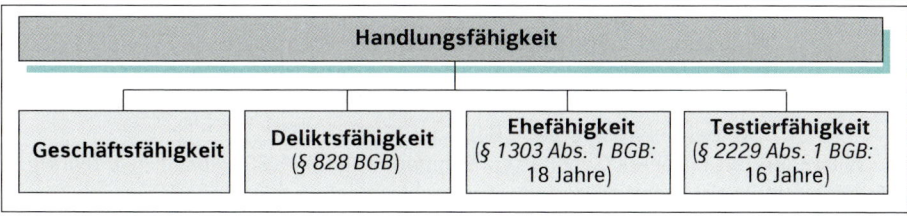

Handlungsfähigkeit			
Geschäftsfähigkeit	Deliktsfähigkeit (§ 828 BGB)	Ehefähigkeit (§ 1303 Abs. 1 BGB: 18 Jahre)	Testierfähigkeit (§ 2229 Abs. 1 BGB: 16 Jahre)

3.2.2 Geschäftsfähigkeit

Volle Geschäftsfähigkeit ist die Fähigkeit einer Person,
- rechtsgeschäftliche Willenserklärungen selbstständig wirksam abzugeben und
- rechtsgeschäftliche Willenserklärungen selbstständig wirksam zu empfangen,
- um Rechtsgeschäfte selbstständig zu begründen, zu ändern und zu beenden, d. h. durch eine Willenserklärung eine beabsichtigte Rechtsfolge herbeiführen zu können.

Geschäftsfähigkeit natürlicher Personen

Bei natürlichen Personen richtet sich die Geschäftsfähigkeit nach dem Lebensalter:

Geburt:	Vollendung des 7. Lebensjahres:	Vollendung des 18. Lebensjahres:	Tod:
Beginn der Rechtsfähigkeit *(§ 1 BGB)*	Beginn der beschränkten Geschäftsfähigkeit	Beginn der vollen Geschäftsfähigkeit *(§ 2 BGB)*	Ende der Rechts- und Geschäfts- fähigkeit

Geburt	Vollendung 7. Lebensjahr	Vollendung 18. Lebensjahr	Tod
geschäftsunfähige - Personen	**beschränkt geschäftsfähige Personen** *(§ 106 ff. BGB)*	**voll geschäftsfähige Personen**	
Dies sind ■ Minderjährige bis zu 7 Jahren, ■ dauerhaft Geistes- kranke.	Das sind ■ Minderjährige ab dem vollendeten 7. Lebensjahr bis 18 Jahre, ■ Betreute *(§ 1896 BGB)*.	Das sind Personen, die das 18. Lebensjahr vollendet haben.	

Besondere Geschäftsfähigkeiten von natürlichen Personen

- **Ehemündigkeit**   *§ 1303 BGB* (18 bzw. 16 Jahre)
- **Testierfähigkeit**   *§ 2229 BGB* (16 Jahre)
- **Religionsmündigkeit**   Gesetz über die religiöse Kindererziehung (14 Jahre KErzG)

Geschäftsunfähigkeit

> Willenserklärungen von **Geschäftsunfähigen** sind grundsätzlich **nichtig** *(§ 105 BGB)*.

Tatbestand: Die natürliche Person ist geschäftsunfähig i. S. d. *§ 104 BGB*:
- Kinder vor Vollendung des **7. Lebensjahres** oder
- Personen, bei denen die freie Willensbildung durch **dauerhaft** krankhafte Störungen der Geistestätigkeit ausgeschlossen ist.

Rechtsfolge: Geschäftsunfähige können **nicht selbstständig am Rechtsverkehr teilnehmen**, d. h.,
- sie können **keine wirksamen Willenserklärungen abgeben** *(§ 105 Abs. 1 BGB)* und
- sie können **keine Willenserklärungen empfangen** *(§ 131 Abs. 1 BGB)*.
- Für Geschäftsunfähige **handeln** die **gesetzlichen Vertreter:**
  a) bei Kindern: beide Elternteile *(§§ 1626 Abs. 1, 1629 Abs. 1 BGB)*,
  b) bei Geisteskranken: Betreuer *(§ 1902 BGB)*.

Die Willenserklärung eines Geschäftsunfähigen ist gem. *§ 105 Abs. 1 BGB* nichtig. Das gilt auch für nur rechtlich vorteilhafte Rechtsgeschäfte.

Volljährige Geschäftsunfähige können unter den Voraussetzungen des *§ 105a BGB* **Geschäfte des täglichen Lebens** trotz der Geschäftsunfähigkeit wirksam vornehmen.

Beispiele:

- *Kauf von Lebensmitteln*
- *Kauf einer Busfahrkarte*

Beispiel:

Der 5-jährige Florian soll von seinem Onkel Max ein Skateboard geschenkt bekommen. Die Schenkung wird erst wirksam, wenn Florians Eltern stellvertretend für ihren Sohn das Geschenk annehmen.

Die *elterliche Sorge* beginnt mit der Geburt und endet mit der Volljährigkeit, mit dem Tod des Kindes bzw. bei Entzug durch das Vormundschaftsgericht. Die elterliche Sorge umfasst die Sorge für die Person *(§§ 1631–1633, 1666 BGB)* und das Vermögen des Kindes *(§§ 1638–1649, 1666 Abs. 2–1667, 1683, 1698, 1698 a, 1698 b BGB)* sowie die Vertretung des Kindes. Die Eltern vertreten das Kind gemeinschaftlich *(§§ 1626, 1629 BGB)*.

Sind die Eltern verstorben oder wurde ihnen das Sorgerecht entzogen, so wird für das minderjährige Kind (Mündel) vom Vormundschaftsgericht eine andere Person zum **Vormund** bestellt. Der Vormund hat die Aufgabe,

- für die minderjährige Person und das Vermögen des Mündels zu sorgen,
- den Mündel zu vertreten.

Vgl. zum Thema Vormundschaft *§§ 1773 bis 1895 BGB.*

Willenserklärungen gegenüber einem Geschäftsunfähigen sind erst wirksam, wenn sie dem gesetzlichen Vertreter zugehen *(§ 131 BGB)*.

Beispiel:

Der 5-jährige Florian hat ein Mehrfamilienhaus geerbt. Die Kündigung durch einen Mieter ist nur wirksam, wenn sie Florians Eltern übermittelt wird.

Beachten Sie jedoch:
Für die Erledigung von Botengängen spielt die Frage der Geschäftsfähigkeit keine Rolle. Der Bote gibt keine eigene Willenserklärung ab, sondern übermittelt nur die bereits fertige Willenserklärung seines Auftraggebers. Der Bote kann somit auch geschäftsunfähig sein.

Beispiel:

Der 5-jährige Moritz wird von seinem Vater mit einem Einkaufszettel zum Einkaufen geschickt. Er gibt selber keine Willenserklärung ab, sondern übermittelt nur die Willenserklärung seines Vaters.

Nicht in allen Fällen können die Eltern bzw. der Vormund allein Rechtsgeschäfte im Namen des Kindes abschließen. Zum Schutz des Kindes bedürfen vielmehr bestimmte „gefährliche" Rechtsgeschäfte zusätzlich der Genehmigung des Vormundschaftsgerichts *(§§ 1643, 1821 BGB)*.

Beispiele:

- *Kreditaufnahmen auf den Namen des Mündels*   - *Grundstücksgeschäfte*

Beschränkte Geschäftsfähigkeit (*§§ 106–113 BGB*)

Tatbestand:	■ Natürliche Person **nach Vollendung des 7. Lebensjahres** bis zur Vollendung des 18. Lebensjahres *(§ 106 BGB)*,
	■ Personen, deren geistige Tätigkeit eingeschränkt ist, ohne dass es sich um eine dauerhafte krankhafte Störung der Geistestätigkeit handelt,
	■ Personen, die einer besonderen Betreuung bedürfen.
Rechtsfolgen:	Beschränkt Geschäftsfähige können am Rechtsverkehr teilnehmen.
	■ Liegt keine Einwilligung *(§ 183 S. 1 BGB)* der gesetzlicher Vertreter vor, ist das Geschäft entweder schwebend oder endgültig unwirksam. Eine Willenserklärung ist schwebend unwirksam, wenn sie ohne Einwilligung der gesetzlichen Vertreter abgegeben wurde, aber die Eltern können sie noch genehmigen *(§ 108 BGB)*. Die WE kann wirksam werden durch Zustimmung *(§ 182 BGB)*. Die Zustimmung *(§ 182 BGB)* kann erfolgen als
	• vorherige Zustimmung (= Einwilligung, *§ 183 BGB*),
	• nachträgliche Zustimmung (= Genehmigung, *§ 184 BGB*)

3

■ Ein Vertrag wird somit erst mit der nachträglichen Zustimmung durch die gesetzlichen Vertreter rückwirkend wirksam *(§ 184 Abs. 1 BGB)*.

■ Bei Verweigerung der Genehmigung durch die gesetzlichen Vertreter wird die Willenserklärung endgültig unwirksam *(§ 108 Abs. 1 BGB)*.

■ Nur bei **vorteilhaften Rechtsgeschäften** ist die Zustimmung der gesetzlichen Vertreter **nicht** erforderlich, wenn

  • durch das Rechtsgeschäft nur ein rechtlicher Vorteil erlangt wird *(§ 107 BGB)*, z. B. Annahme eines Geschenks,

  • es sich um Rechtsgeschäfte handelt, die ein von den Eltern genehmigtes Arbeitsverhältnis betreffen *(§ 113 BGB)*.

Ausnahmen: ■ Taschengeld *§ 110 BGB*,
            ■ Erwerbsgeschäfte *§ 112 BGB*,
            ■ Arbeitsverhältnis *§ 113 BGB*.

3

Beispiel 1:

Anna besteht mit 17 Jahren das Abitur. Sie wohnt noch in Bonn, möchte aber in München studieren.

■ *Den Mietvertrag für ihre Studentenwohnung kann sie aufgrund der beschränkten Geschäftsfähigkeit nicht alleine unterschreiben; für die Wirksamkeit müssen Annas Eltern noch mitunterzeichnen.*

■ *Der Immatrikulationsantrag der Universität muss von Anna und von ihren Eltern unterzeichnet werden.*

■ *Nutzungsverträge oder Teilnahmeverträge an Exkursionen verlangen ebenfalls neben Annas Unterschrift die Unterschrift ihrer Eltern.*

■ *Anna kann nicht mit der Bankkarte bezahlen, weil ihr für das Lastschriftverfahren die volle Geschäftsfähigkeit fehlt.*

■ *Anna kann sich nur dann ein neues Fahrrad für 800,00 € kaufen, wenn die Eltern zustimmen oder das Fahrrad aus eigenem Sparvermögen bezahlt wird.*

Wird die Zustimmung erteilt, ist die Willenserklärung von Anfang an wirksam, wird sie verweigert, ist die Willenserklärung von Anfang an unwirksam.

In vier Ausnahmefällen können beschränkt geschäftsfähige Personen auch ohne Zustimmung ihres gesetzlichen Vertreters wirksam Rechtsgeschäfte abschließen:

---

1. Ausnahme: **Rechtlich vorteilhafte Rechtsgeschäfte**

Rechtsgeschäfte sind wirksam, wenn das mit der Willenserklärung bezweckte Rechtsgeschäft für den Minderjährigen rein rechtlich vorteilhaft ist *(§ 107 BGB)*.

Ein Rechtsgeschäft ist für beschränkt Geschäftsfähige nachteilig, wenn durch das Rechtsgeschäft persönliche Pflichten begründet oder vorhandene Rechte aufgehoben oder gemindert werden. Unschädlich sind dingliche Belastungen *(z. B. Grundpfandrechte)*, weil nur die Sache haftet, sowie die Übernahme zur Verpflichtung öffentlicher Lasten *(z. B. Steuern und Gebühren)*, weil diese kraft öffentlichen Rechts erhoben werden.

Beispiele:

■ *Die 11-jährige Susanne bekommt von ihrer Tante ein Armband geschenkt. Weil die Eltern das Armband geschmacklos finden und darüber hinaus die Tante nicht leiden können, sind sie gegen das Geschenk. Susanne freut sich jedoch darüber. Die Schenkung ist wirksam, wenn Susanne das Armband annimmt.*

■ *Der 15-jährige Anton bekommt ein Grundstück geschenkt, das mit einem Grundpfandrecht belastet und vermietet ist.*

  *Die Übereignung eines mit **dinglichen Rechten, insbesondere Grundpfandrechten** (Hypothek, § 1113, und Grundschuld, § 1191 BGB), belasteten Grundstücks ist rechtlich vorteilhaft, weil der beschränkt Geschäftsfähige nur mit seinem Grundstück, nicht aber mit seinem sonstigen Vermögen haftet.*

  Die Verpflichtung, Grunderwerbsteuer zahlen zu müssen, ist unschädlich, weil diese Steuer kraft öffentlichen Rechts erhoben wird. Weil bei dem Grundpfandrecht nur die Sache haftet, ist das ebenso unschädlich.

  Die Vermietung der Wohnung beinhaltet aber Pflichten nach § 571 Abs. 1 BGB („Erwerb bricht nicht Miete").

2. Ausnahme: **Taschengeldgeschäfte**

Ein vom Minderjährigen ohne Zustimmung des gesetzlichen Vertreters geschlossener Vertrag gilt als von Anfang an wirksam, wenn der Minderjährige die Zahlung von seinem für solche Geschäfte überlassenen Taschengeld leisten kann.

Spart der Minderjährige größere Summen vom Taschengeld an, kann jedoch die elterliche Genehmigung wieder notwendig werden.

Zu beachten gilt aber, dass

- die Wirkung des *§ 110 BGB* erst eintritt, wenn der Minderjährige die Leistung „bewirkt"[1] hat; bis zu diesem Zeitpunkt können die Eltern das Geschäft vernichten,
- die Eltern mit der Hingabe des Taschengeldes nur in die Verfügung über das Geld einwilligen, nicht aber in den abgeschlossenen Vertrag *(z. B. Kaufvertrag).*

Konsumfreudige Jugend
Einnahmen und Ausgaben der 6- bis 19-Jährigen in Deutschland im Jahr 2017
Einnahmen insgesamt: 22,9 Mrd. Euro, davon:

9,6 Mrd. €	regelmäßiges Nettogehalt
5,1	regelmäßiges Taschengeld
4,0	Jobs, Nebentätigkeiten
2,0	Geldgeschenke (Zeugnis, Urlaub, Weihnachten, Geburtstag)
1,5	zusätzliches Geld von den Eltern
0,7	Sonstiges

Ausgaben insgesamt: 17,9 Mrd. Euro, davon für:

4,1	Kleidung, Mode
1,6	Kneipe, Disko u. ä.
1,3	Fastfood-Restaurants
1,2	Getränke
1,0	Körper-/Haarpflege
0,9	Fahrrad, Mofa, Moped, Auto
0,9	Süßigkeiten/Eis
0,9	Hobbys
0,8	Eintrittskarten
0,8	Handygebühren
0,7	Zeitschriften/Bücher
0,6	Sport, Sportartikel, Fitnessstudio
0,5	Rauchen
0,5	Sachen fürs eigene Zimmer
0,5	salzige Knabbersachen/Chips
0,5	Computer, -software, -spiele, Internet
1,1	Sonstiges

Hochrechnungen auf Basis einer repräsentativen Befragung von 1465 6- bis 19-Jährigen im März/April 2017
Quelle: iconkids & youth   rundungsbedingte Differenzen © Globus 12008

Ziel dieser Regelung ist es, sog. Massengeschäfte rechtssicherer zu machen.

Beispiel:

Überlassen die Eltern ihrem Kind 50,00 € für den Kauf eines Pullovers, der Minderjährige kauft aber einen Pullover für 250,00 € und legt den Rest von seinem gesparten Taschengeld dazu, kann der Vertrag rückgängig gemacht werden. Es lag nur ein Einverständnis über einen 50,00 € teuren Pullover vor und eben nicht für einen, der 250,00 € kostet.
Zusätzlich bewegt sich der Kauf von solch teuren Sachen meist nicht mehr in einem üblichen Rahmen, zu dem die Eltern vorbehaltlos zustimmen würden.

3. Ausnahme: **Selbstständiger Geschäftsbetrieb**

Ermächtigt der gesetzliche Vertreter mit Genehmigung des Vormundschaftsgerichts den Minderjährigen zum selbstständigen Betrieb eines Erwerbsgeschäfts, so ist der Minderjährige für solche Rechtsgeschäfte unbeschränkt geschäftsfähig, welche der Geschäftsbetrieb mit sich bringt.

Ausgenommen sind Rechtsgeschäfte, zu denen der Vertreter der Genehmigung des Vormundschaftsgerichts bedarf.

Beispiel:

Der 17-jährige Robert soll die Leitung des elterlichen Betriebes übernehmen, da sein Vater krank geworden ist. Nachdem die Genehmigung des Vormundschaftsgerichts vorliegt, kann er alle Rechtsgeschäfte selbstständig abschließen, die den Betrieb betreffen.

4. Ausnahme: **Dienst-/Arbeitsverhältnis**

Ermächtigt der gesetzliche Vertreter den Minderjährigen, in Dienst oder in Arbeit zu treten, so ist der Minderjährige für solche Rechtsgeschäfte unbeschränkt geschäftsfähig, welche die Eingehung oder Aufhebung eines Dienst- oder Arbeitsverhältnisses der gestatteten Art oder die Erfüllung der sich aus einem solchen Verhältnis ergebenden Verpflichtungen betreffen. Ausgenommen sind Verträge, zu denen der Vertreter der Genehmigung des Vormundschaftsgerichts bedarf.

---

[1] Das heißt, solange der beschränkt Geschäftsfähige z. B. den Kaufpreis nicht gezahlt hat, ist der Vertrag schwebend unwirksam. Die Wirksamkeit hängt von der Zustimmung der gesetzlichen Vertreter ab.

Die Ermächtigung kann von dem Vertreter zurückgenommen oder eingeschränkt werden. Als Arbeitnehmer kann der Minderjährige auch Folgegeschäfte abschließen *(z. B. Versicherung, Wohnungsmiete, Gewerkschaftsbeitritt usw.).*

Ausbildungsverträge werden von *§ 113 BGB* nicht erfasst; die Ausbildung bildet den Mittelpunkt, nicht der Dienst oder die Arbeit.

> **Beispiel:**
>
> *Die 16-jährige Andrea hat mit Einwilligung ihrer Eltern eine Stelle als Floristin angetreten. Sie kann daraufhin selbstständig bei einem Kreditinstitut ein Girokonto eröffnen, auf das ihr Gehalt überwiesen werden soll.*

Geistesstörung

> Eine Willenserklärung ist stets **nichtig**, wenn diese in einem Zustand abgegeben wird, der eine freie Willensbildung ausschließt (dauerhafte oder vorübergehende Störung der Geistestätigkeit; „Blackout"; *§§ 104, 105 BGB).*

> **Beispiel:**
>
> *Der 21-jährige Oliver verkauft volltrunken, nachdem der Wirt sich weigert, ihm noch Alkohol auszuschenken, seinen DVD-Player für „ein Bier" an seinen Thekennachbarn. Der Wirt ist Zeuge. Als der Thekennachbar am nächsten Tag den Player abholen will, kann sich Oliver an nichts erinnern.*

Betreuung

Kann ein Volljähriger aufgrund einer psychischen Krankheit oder einer körperlichen, geistigen oder seelischen Behinderung seine Angelegenheiten ganz oder teilweise nicht besorgen, kommt die Bestellung eines *Betreuers* durch das *Vormundschaftsgericht* in Betracht. Die Geschäftsfähigkeit des Betroffenen wird dadurch nicht aufgehoben. Im Einzelfall kann das Gericht aber die Teilnahme des Betreuten am Rechtsverkehr einschränken *(§ 1896 BGB).*

▨ Geschäftsfähigkeit juristischer Personen

Juristische Personen entstehen nur in der durch das Gesetz vorgeschriebenen Form. Zu unterscheiden sind

- **juristische Personen des Privatrechts:**
  Sie sind ab Eintrag bis zur Löschung im Handelsregister rechtsfähig.

> **Beispiele:**
>
> *Kapitalgesellschaften (AG, GmbH, e. G.), Stiftungen*

- **juristische Personen des öffentlichen Rechts:**
  Ihnen wird die Rechtsfähigkeit durch Gesetze oder per Verwaltungsakt verliehen bzw. entzogen.

> **Beispiele:**
>
> ■ ***Körperschaften**, zu unterscheiden sind insbesondere:*
>
> *Gebietskörperschaften: Bund, Länder Kreise/Landkreise und Gemeinden. Die Mitgliedschaft hängt von dem Wohnsitz ab.*
>
> *Personalkörperschaften: IHK, Handwerkskammer, AOK*
>
> *Verbandskörperschaft: höhere Kommunalverbände, Regionalverbände, Bundesrechtsanwaltskammer, Bundessteuerberaterkammer*
>
> *Realkörperschaften: Deichverband, Wasserschutzverband*
> *Die Mitgliedschaft richtet sich nach dem Eigentum an einem Grundstück.*
>
> ■ ***Anstalten (AöR)**: Landesrundfunkanstalten der ARD und das ZDF, Deutsche Bundesbank, Deutsche Welle, Deutscher Wetterdienst*
>
> ■ ***Stiftungen des öffentlichen Rechts**: Stiftung Preußischer Kulturbesitz Berliner Philharmoniker*

3

Juristische Personen sind mit Erwerb der Rechtsfähigkeit unbeschränkt geschäftsfähig.

Juristische Personen können erst mithilfe natürlicher Personen, die in Organen bestimmte Funktionen ausüben, Rechtshandlungen vornehmen.

Alle juristischen Personen haben zumindest ein Organ, das zur **Vertretung der juristischen Person nach außen**, d. h. zum Handeln für die juristische Person im eigenen Namen, nicht im fremden Namen, als Stellvertreter berechtigt ist.

Juristische Personen werden Dritten gegenüber vertreten durch

- das **kraft Gesetzes** hierzu bestimmte Organ (= gesetzlicher Vertreter),

Beispiele:

- *Vorstand des eingetragenen Vereins*   - *Geschäftsführer der GmbH*

oder

3

- **kraft Vollmacht** hierzu bestimmte Personen (= rechtsgeschäftliche Vertreter).

Beispiele:

- *Handlungsbevollmächtigte*   - *Prokuristen*   - *Generalbevollmächtigte*

3.2.3   Deliktsfähigkeit (Verschuldensfähigkeit)

Deliktsfähigkeit ist die Fähigkeit, durch eigenes, rechtswidriges und schuldhaftes Verhalten schadensersatzpflichtig zu werden *(§§ 827, 828 BGB)*. **Deliktsfähig** sind Personen, die vorsätzlich oder fahrlässig das Leben, den Körper, die Gesundheit, die Freiheit, das Eigentum oder ein sonstiges Recht einer anderen Person verletzt haben. Voraussetzung: Der Handelnde hat die erforderliche Einsicht in die schädigende Handlung *(§ 828 Abs. 2 BGB)*.
Mögliche Anspruchsgrundlagen: *§§ 823 Abs. 1, 823 Abs. 2, 826, 831, 839 BGB i. V. m. Art. 34 GG.*

Beispiel:

Ein Kunde stößt in einem Porzellangeschäft durch eigene Unachtsamkeit eine Vase vom Regal.

Nicht deliktsfähig sind ...
- Personen vor Vollendung des 7. Lebensjahres *(§ 828 Abs. 1 BGB)*,
- Personen, die sich zum Zeitpunkt, in dem sie Dritten einen Schaden zufügen,
  - im Zustand der Bewusstlosigkeit oder
  - in einem Zustand krankhafter Störung der Geistestätigkeit befinden
    (§ 827 S. 1 BGB).

Der Zustand der Bewusstlosigkeit oder krankhaften Störung darf nicht selbst *(z. B. durch Alkohol, Drogen)* herbeigeführt worden sein.

Beschränkt deliktsfähig sind
- Minderjährige (7. Lebensjahr bis vor Vollendung des 18. Lebensjahres, *§ 828 Abs. 2 S. 1 BGB)*,
- Taubstumme *(§ 828 Abs. 2 S. 2 BGB)*.

Beschränkt Deliktsfähige sind für einen Schaden, den sie anderen zufügen, **nicht** verantwortlich, wenn sie bei der Begehung der schädigenden Handlung nicht die zur Erkenntnis der Verantwortlichkeit erforderliche Einsicht hatten *(§ 828 Abs. 2 BGB)*.

Juristische Personen – in analoger Anwendung gilt dies auch für Personengesellschaften – müssen für Schäden einstehen, die Geschäftsführer, Vorstandsmitglieder oder deren Vertreter in Ausübung ihrer Tätigkeit anderen zufügen.
Fügt die juristische Person oder die Personengesellschaft anderen einen Schaden zu, so müssen die Mitglieder und Vorstände, die diese Handlung gebilligt haben, für den Schaden als Gesamtschuldner einstehen.

3

3.2.4   Rechtsobjekte

> Rechtsobjekt ist ein Gegenstand, über den ein Rechtssubjekt verfügen kann.
> Rechtsobjekte sind die Gegenstände des Rechtsverkehrs.

Beispiel:

Michael, Eigentümer des Fahrrades (Michael → Rechtssubjekt), verleiht sein Fahrrad (Rechtsobjekt) an die Freundin Meike. Michael bleibt Eigentümer, Meike wird unmittelbare Besitzerin (§ 872 BGB).

Rechtso bjekte dienen den Rechtssubjekten.
Die Rechtsordnung regelt die Befugnisse des Rechtssubjektes zum Rechtsobjekt.

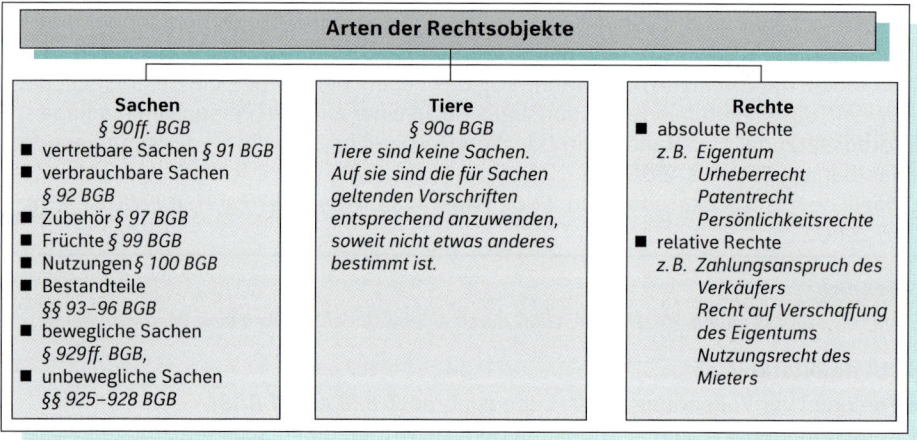

Arten der Rechtsobjekte		

Sachen
§ 90ff. BGB
■ vertretbare Sachen § 91 BGB
■ verbrauchbare Sachen § 92 BGB
■ Zubehör § 97 BGB
■ Früchte § 99 BGB
■ Nutzungen § 100 BGB
■ Bestandteile §§ 93–96 BGB
■ bewegliche Sachen § 929ff. BGB,
■ unbewegliche Sachen §§ 925–928 BGB
	Tiere
	§ 90a BGB
	Tiere sind keine Sachen. Auf sie sind die für Sachen geltenden Vorschriften entsprechend anzuwenden, soweit nicht etwas anderes bestimmt ist.
		Rechte
		■ absolute Rechte
		  z. B. Eigentum
		    Urheberrecht
		    Patentrecht
		    Persönlichkeitsrechte
		■ relative Rechte
		  z. B. Zahlungsanspruch des Verkäufers
		    Recht auf Verschaffung des Eigentums
		    Nutzungsrecht des Mieters

■ Sachen

Sachen sind **nur körperliche Gegenstände** *(§ 90 BGB)*.

Nicht vertretbare Sachen sind Einzelstücke mit individueller Prägung. Sie existieren in dieser Form nur einmal.

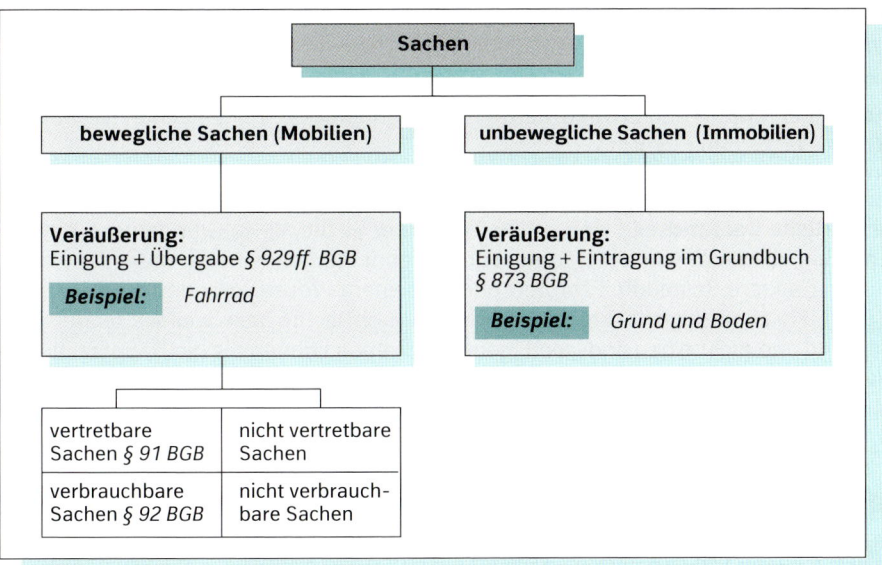

Sachgesamtheiten bestehen aus einer Mehrzahl von einzelnen Sachen, die aber aufgrund des gemeinsamen Zweckes als Ganzes angesehen werden.

Beispiel: *Bibliothek*

> **Nicht vertretbare Sachen** sind Einzelstücke mit individuellen Merkmalen.

Beispiele:

- *ein genau bestimmtes einzelnes Kleid im Second-Hand-Laden; das Kleid ist durch Gebrauchsspuren unverwechselbar → nicht vertretbare Sache*
- *das gleiche Kleid landet in einem Container mit vielen Altkleidern, hier ist es ein Teil einer Menge → vertretbare Sache*

> **Vertretbare Sachen *(§ 91 BGB)*** sind bewegliche Sachen, die im Rechtsverkehr nach Zahl, Maß oder Gewicht bestimmt werden können.

Beispiele:

2 kg Mehl, 5 kg Äpfel, 5 PC

> **Verbrauchbare Sachen *(§ 92 BGB)*** sind bewegliche Sachen, deren bestimmungsmäßiger Gebrauch im Verbrauch oder im Veräußern besteht.

Beispiele:

- *industrielle Massenprodukte wie Lebensmittel, Heizöl*
- *Wertpapiere*

> **Unbewegliche Sachen** sind Grundstücke.

Ein **Grundstück** ist ein abgegrenzter Teil der Erdoberfläche.

Für jedes Grundstück ist im **Grundbuch** des zuständigen Grundbuchamtes eine besondere Akte, ein **Grundbuchblatt**, angelegt, aus dem die rechtlichen Verhältnisse des Grundstücks hervorgehen.

Wohnungseigentum und **Erbbaurechte**[1] sind grundstücksgleiche Rechte. Sie werden wie Grundstücke behandelt.

> Bestandteile können **unwesentliche oder wesentliche Bestandteile** sein:
> **Wesentliche Bestandteile** sind solche Teile einer Sache, eines Grundstücks, eines Gebäudes, die **nicht** von der Hauptsache getrennt werden können, ohne dass der eine oder andere Bestandteil zerstört oder in seinem Wesen verändert wird *(§§ 93, 94 BGB)*. Sie können nicht Gegenstand besonderer Rechte sein, weil sie rechtsunfähig sind und nicht einen anderen Eigentümer haben können als die Hauptsache.
> **Unwesentliche Bestandteile** lassen sich ohne Zerstörung oder wesentliche Änderung von der Hauptsache trennen. An diesen Sachen können selbstständige Rechte begründet werden und bestehende Rechte erhalten bleiben.

Beispiele:

- *Die Räder an einem Auto sind kein wesentlicher Bestandteil, sie können ohne Probleme an ein anderes Auto gleichen Typs montiert werden.*
- *Der Autolack ist wesentlicher Bestandteil des Autos, wird er heruntergekratzt, so ist der Lack zerstört.*

Wesentlicher Bestandteil eines **Grundstücks** ist all das, was in das Gebäude zu dessen Herstellung eingefügt worden ist, damit es als vollständig angesehen werden kann.

Beispiel:

Die Heizkörper und die Heizungsanlage sind nach § 94 Abs. 2 BGB wesentliche Bestandteile des Gebäudes. Heizkörper und Heizungsanlage könnten zwar aus dem Gebäude entfernt werden, aber dies hätte zur Folge, dass das Gebäude als unfertig oder unvollständig gelten würde.

> **Zubehör** sind selbstständige bewegliche Sachen, die – ohne Bestandteil der Hauptsache zu sein – dem wirtschaftlichen Zweck der Hauptsache zu dienen bestimmt sind und zu ihr in einem dieser Bestimmung entsprechenden räumlichen Verhältnis stehen *(§ 97 BGB)*.

Zubehör braucht im Unterschied zu Bestandteilen nicht fest mit der Sache verbunden zu sein.

Für Hauptsache und Zubehör existiert häufig die gleiche Rechtslage, insbesondere besteht einheitliches Eigentum.

Beispiele:

- *Landwirtschaftsmaschinen, die zu einem Bauernhof gehören*
- *Inventar, das zu einer Gaststätte gehört*
- *der zu einem Auto gehörende Ersatzreifen*

Bei einer Veräußerung oder Belastung der Sache erstreckt sich die Verpflichtung im Zweifel auch auf das Zubehör der Sache *(§§ 311c, 926, 1120 BGB)*.

- **Persönlichkeitsrechte** wie *z. B. Ehre, Recht am eigenen Bild, Recht auf Intimsphäre, Recht am Namen, Familienrechte (Erziehungsrecht, eheliche Lebensgemeinschaft).*

Relative Rechte bestehen innerhalb eines bestimmten Rechtsverhältnisses **gegenüber bestimmten Personen** *(z. B. aus Vertrag).*

---

[1] Der Erbbauberechtigte hat für eine bestimmte Zeit (i. d. R. 99 Jahre) das vererbliche und veräußerbare Recht, auf einem Grundstück ein Gebäude zu errichten und zu unterhalten.

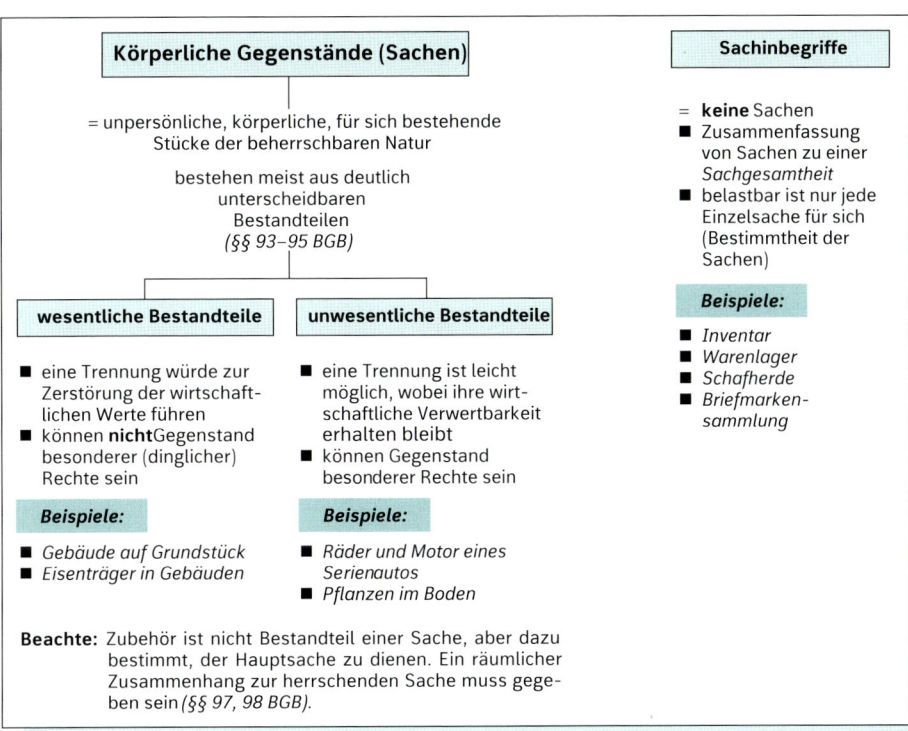

3

Rechte

Rechte sind unkörperliche (immaterielle) Gegenstände.

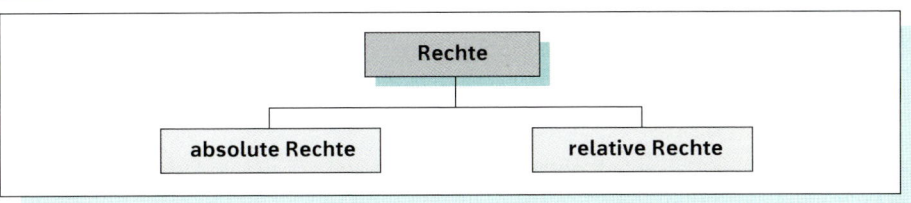

Absolute Rechte bestehen **gegenüber jedermann**; sie gewähren Abwehransprüche gegen diejenigen, die unberechtigt in diese Rechte eingreifen.

Beispiel:

Wird widerrechtlich in das Eigentum einer Person eingegriffen, so erlangt der Eigentümer z. B. nach §§ 823 Abs. 1, 1004 Abs. 1 BGB Ansprüche auf Schadensersatz, Beseitigung und Unterlassung.

Absolute Rechte sind insbesondere

■ **Herrschaftsrechte** • an Sachen wie z. B. Eigentum,
  • an beschränkten dinglichen Rechten wie z. B. Hypothek,
  • an Rechten wie z. B. Nießbrauch, § 1068 BGB,
  • an immateriellen Gütern wie z. B. Patent-, Urheber-, Markenrecht;

Beispiel:

A hat B sein Fahrrad geliehen. A kann nur von B und nicht von irgendjemandem das Fahrrad zurückverlangen.

Relative Rechte sind

- vertragliche und gesetzliche Ansprüche *(z. B. Ansprüche aus einem Kaufvertrag, Mietvertrag, Ausbildungsvertrag, Recht auf Übereignung, familienrechtliche Ansprüche, erbrechtliche Ansprüche),*
- Gestaltungsrechte *(z. B. Wiederverkaufsrecht, Vorkaufsrecht, Kündigung, Anfechtung, Rücktritt),*
- Gegenrechte *(z. B. Einreden, Stundung, Verjährung).*

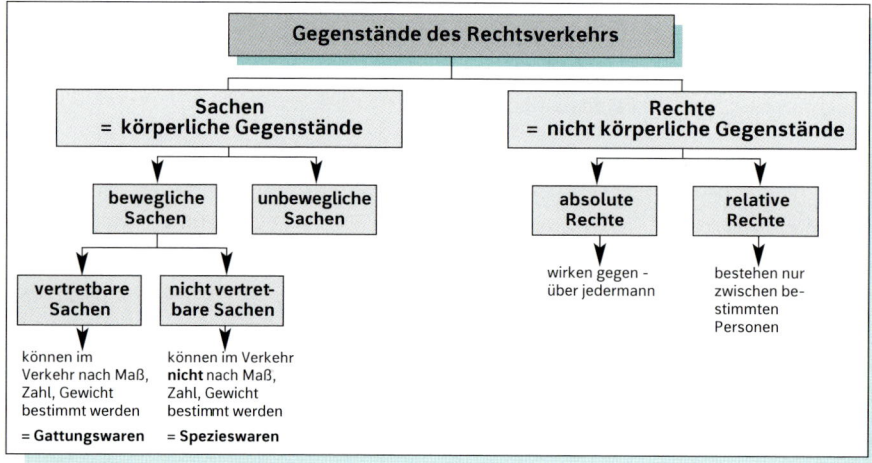

3.2.5   Eigentum und Besitz

Eigentum

Eigentum
- ist die rechtliche Herrschaft einer Person über eine Sache *(§ 903 BGB)*,
- begründet ein unmittelbares Herrschaftsverhältnis des Eigentümers an der Sache,
- ist das dingliche Recht einer Person zur unmittelbaren Herrschaft über eine Sache,
- beinhaltet die Befugnis, das Eigentum durch Veräußerung auf einen anderen zu übertragen.

Der Eigentümer kann, soweit nicht das Gesetz oder Rechte Dritter entgegenstehen, mit der Sache nach Belieben verfahren *(§ 903 BGB)*.

Beispiel:

Die Schultasche gehört Karin. Alle anderen Personen haben Karins Eigentum an der Tasche zu respektieren.

Eigentum kann eingeschränkt werden durch
- Gesetze (Umweltrecht, Denkmalschutzrecht, Tierschutzrecht, Baumrecht),
- rechtsgeschäftliche Beschränkungen (Vermieten einer Wohnung).

Beim **Alleineigentum** ist nur eine Person Eigentümer einer Sache.
Beim **Miteigentum** steht das Eigentum mehreren Personen gemeinschaftlich zu.

Jeder Miteigentümer hat einen bestimmten ideellen Anteil an der Sache und kann über seinen Anteil allein verfügen (Bruchteilseigentum).

Beispiel:

Die Freunde Michael, Peter und Klaus haben 6 000,00 € zusammengelegt und dafür 200 PETRO-Chemie-AG-Aktien und 900 DETA-Stahl-AG-Aktien gekauft. Jedem gehört genau ein Drittel der Wertpapiere. Jeder könnte sein Drittel an jemand anderen veräußern.

Beim **Gesamthandseigentum** besteht ein ungeteiltes Eigentumsrecht mehrerer Personen an der Sache. Verfügungen über das Eigentum können grundsätzlich nur gemeinschaftlich von den Miteigentümern *(Gesamthändern)* vorgenommen werden.

Beispiel:

Die Geschwister Rolf und Ines haben gemeinsam ein Grundstück geerbt. Mit jeder Verfügung über das Grundstück müssen beide einverstanden sein.

Gesamthandsgemeinschaften sind:
- Erbengemeinschaft *(§§ 2032 ff. BGB)*,
- eheliche Gütergemeinschaft *(§§ 1416 ff. BGB)*,
- rechtsfähiger Verein und
- Personengesellschaft (GbR, OHG, KG).

Besitz

Besitz ist die **tatsächliche** (Sach-)Herrschaft einer Person über eine Sache *(§§ 854, 856 BGB)*, unabhängig davon, ob dem Besitzer auch das Recht zusteht.

Besitz alleine begründet kein Rechtsverhältnis zwischen der Person und der Sache, Besitz stattet den Besitzer mit bestimmten Rechtsstellungen aus wie z. B. Besitzschutz *(§§ 858–867 BGB)*, Schutz des früheren Besitzers *(§ 1007 BGB)*, Besitz als sonstiges Recht *(§ 823 BGB)*.

Aufgabe des Besitzes ist es,

- den Besitz gegen unrechtmäßige Entziehung zu schützen (Besitzwehr *§ 859 Abs. 1 BGB*: der Besitzer hat das Recht, den bestehenden Besitz zu verteidigen);
- Störungen des Besitzes zu beseitigen (Besitzkehr: der Besitzer hat das Recht, dem Besitzstörer die bewegliche Sache wieder abzunehmen, *§ 859 Abs. 2 + Abs. 3 BGB*),
- Besitzansprüche geltend machen zu können *(§§ 861, 862, 867, 1007 BGB)*.

Eigentum und Besitz können, müssen aber nicht zusammenfallen, d. h., Eigentümer und Besitzer können identisch oder verschiedene Personen sein.

Der Besitz wird durch Erlangung der tatsächlichen Gewalt über eine Sache erworben, einerlei, ob dies auf rechtmäßige Weise *(z. B. durch Leihe)* oder unrechtmäßige Weise *(z. B. durch Diebstahl)* geschieht.

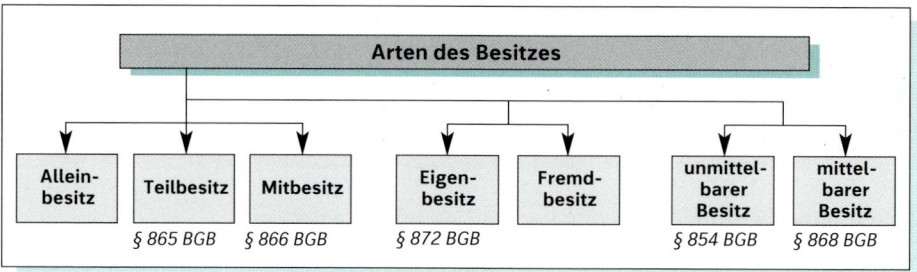

Alleinbesitz liegt vor, wenn nur eine Person Besitzer ist.

Teilbesitz ist gegeben, wenn eine Person von einer Sache einen Teil besitzt.

Mitbesitz liegt vor, wenn eine Sache im gemeinschaftlichen Besitz mehrerer Personen ist.

Beispiel:

A ist Eigentümer eines Fünffamilienhauses und vermietet an B eine Wohnung.
B ist Teilbesitzer der Mietwohnung.
Der Flur, das Treppenhaus, der Fahrstuhl, die gemeinsame Waschküche in diesem Mehrfamilien-
haus sind Mitbesitz aller Mieter dieses Hauses.

Der **Eigenbesitzer** betrachtet die Sache als ihm gehörend *(§ 872 BGB)*.

Der **Fremdbesitzer** hat zurzeit die tatsächliche Herrschaft über die Sache, das Eigentum an der Sache steht einem anderen zu.

Unmittelbarer Besitzer *(§§ 854, 855 BGB)* ist, wer die tatsächliche Sachherrschaft selbst unmittelbar ausübt, d. h., diese Person hat eine gewisse räumliche Beziehung zur Sache und besitzt die Sache für eine gewisse Dauer.

Beispiele:

- *A stellt seinen Pkw in einem Parkhaus ab, um im Stadtzentrum einzukaufen. A bleibt aufgrund der Zugangsmöglichkeit zu seinem Pkw Besitzer des Pkw, obwohl er sich weit vom Fahrzeug entfernt und zurzeit keine unmittelbare räumliche Beziehung besteht.*
- *B sitzt in einem öffentlichen Park auf einer Bank. B ist nicht Besitzer, weil er die Sache nicht für eine gewisse Dauer besitzen möchte.*

Mittelbarer Besitzer *(§ 868 BGB)* ist, wer einem anderen aufgrund eines zeitlich begrenzten Rechtsverhältnisses den unmittelbaren Besitz so überlassen hat, dass dieser Leiher, Mieter, Pächter, Verwahrer, Nießbraucher oder Pfandgläubiger wird.

Beispiele:

Michael ist Eigentümer eines Fahrrades, das bei ihm zu Hause im Zimmer steht.	Michael → unmittelbarer Besitzer und Eigentümer
Michael verleiht sein Fahrrad an seinen Freund Jonas, damit Jonas eine Besorgung erledigen kann.	Jonas → unmittelbarer Besitzer aufgrund Leihe Michael → mittelbarer Besitzer und Eigentümer

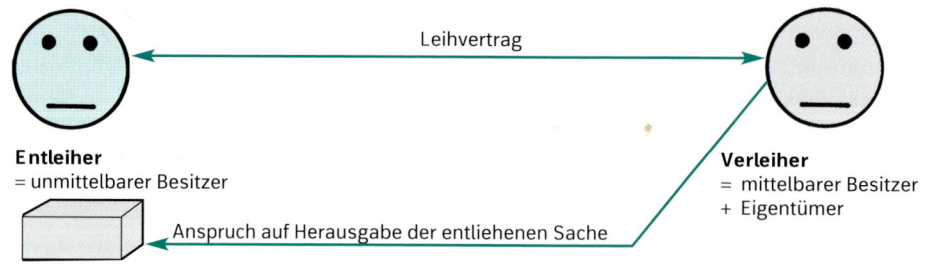

Eigentumserwerb an beweglichen Sachen

Eigentumserwerb an beweglichen Sachen	
Rechtsgeschäftlicher Erwerb **§§ 929, 873, 925 BGB**	**Erwerb kraft Gesetz**
Das Eigentum an beweglichen Sachen wird übertragen durch ...	

■ **Einigung** über den **Eigentumsübergang** und Übertragung des unmittelbaren Besitzes an der Sache vom Veräußerer auf den Erwerber *(§ 929 BGB)*;	■ Ersitzung *(§§ 900, 937 ff. BGB)*
	■ Verbindung, Vermischung, Verarbeitung *(§ 947 BGB)*
Beispiel:	■ Erwerb von Schuldurkunden *(§ 952 BGB)*
Clara schenkt Peter ein Buch; mit der Übergabe des Buches erwirbt Peter das Eigentum.	■ Erwerb von Erzeugnissen und sonstigen Bestandteilen *(§ 953 ff. BGB)*
■ bloße **Einigung** über die **Übertragung des Eigentums**, wenn sich die Sache bereits im Besitz des Erwerbers befindet *(§ 929 BGB)*;	■ Aneignung herrenloser Sachen *(§ 958 BGB)*
	■ Fund *(§ 973 ff. BGB)*
Beispiel:	■ Gesamtrechtsnachfolge *(§ 1922 BGB)*
Clara schenkt Peter eine CD, die Peter sich vorher von Clara geliehen hatte.	
■ **Einigung** über die **Eigentumsübertragung** und Vereinbarung eines **Besitzmittlungsverhältnisses** *(z. B. Miet-, Pacht-, Leih-, Verwahrungsvertrag)*, wenn die Sache weiterhin im Besitz des Veräußerers bleiben soll *(§ 930 BGB)*;	
Beispiel:	
Clara veräußert ihr Fahrrad, das sie Peter für zwei Monate geliehen hat, an Michael. Clara und Michael vereinbaren, dass Peter das Fahrrad entsprechend der Vereinbarung mit Clara weiter nutzen kann.	
■ **Einigung** über die **Eigentumsübertragung und Abtretung des Herausgabeanspruchs**, wenn sich die bewegliche Sache im Besitz eines Dritten befindet (dingliche Einigung + Abtretungsvertrag nach *§ 398* zum Zwecke der Übertragung des mittelbaren Besitzes; *§ 931 BGB*).	
Beispiel:	
Clara veräußert ihren Motorroller, der in der Garage ihres Freundes Karl abgestellt ist. Clara veräußert den Motorroller an Peter; es wird Einigung erzielt; Clara teilt Karl mit, dass er den Motorroller an Peter herausgeben soll.	

Situation	Abwicklung der Eigentumsübertragung	Rechts-grundlage
1. Fall Der Gegenstand befindet sich beim Veräußerer (Normalfall).	**Veräußerer** ←→ **Erwerber** Einigung + Übergabe	§ 929 BGB
2. Fall Der Gegenstand befindet sich bereits beim Erwerber.	←→ Einigung	§ 929 BGB

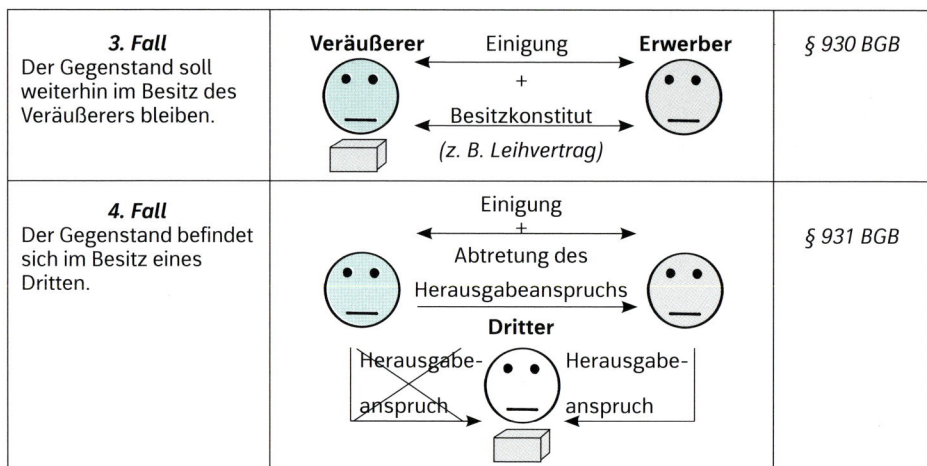

| 3. Fall
Der Gegenstand soll weiterhin im Besitz des Veräußerers bleiben. | Veräußerer — Einigung — Erwerber
+
Besitzkonstitut
(z. B. Leihvertrag) | § 930 BGB |
| 4. Fall
Der Gegenstand befindet sich im Besitz eines Dritten. | Einigung
+
Abtretung des Herausgabeanspruchs
Dritter
Herausgabe-anspruch   Herausgabe-anspruch | § 931 BGB |

Eigentumserwerb kraft *Gesetzes* an beweglichen Sachen

- **Ersitzung, *§ 937 ff. BGB***

  Wer eine bewegliche Sache zehn Jahre im Eigenbesitz hat, erwirbt das Eigentum, wenn er bei dem Erwerb des Eigenbesitzes und während des Ersitzungszeitraumes in gutem Glauben ist.

- **Verbindung, Vermischung, Verarbeitung, *§ 947 ff. BGB***

  Verbindung:

  Werden mehrere bewegliche Sachen so miteinander verbunden, dass sie wesentliche Bestandteile einer neuen Sache werden, so entsteht an der neuen Sache Miteigentum der bisherigen Eigentümer nach Bruchteilen. Die Anteile der Miteigentümer bestimmen sich nach dem Verhältnis des Wertes, den die verbundenen Sachen zur Zeit der Verbindung hatten. Ist jedoch eine Sache als Hauptsache anzusehen, so erwirbt ihr Eigentümer das Alleineigentum.

  Vermischung:

  Werden bewegliche Sachen so vermischt (Flüssigkeiten) oder vermengt (Feststoffe), dass eine Trennung nicht möglich oder wirtschaftlich nicht sinnvoll ist, so entsteht an der neuen Sache Miteigentum der bisherigen Eigentümer nach Bruchteilen. Die Anteile der Miteigentümer bestimmen sich nach dem Verhältnis des Wertes, den die vermischten Sachen zur Zeit der Vermischung hatten. Ist jedoch eine Sache als Hauptsache anzusehen, so erwirbt ihr Eigentümer das Alleineigentum.

  Verarbeitung:

  Der Verarbeiter, der aus vorhandenem Material eine neue bewegliche Sache herstellt, erwirbt auch dann das Eigentum, wenn das verarbeitete Material einem anderen gehörte.

- **Erwerb von Schuldurkunden, *§ 952 BGB***

  Das Eigentum an Urkunden, die über eine Forderung ausgestellt worden sind, geht mit dem Übergang der Forderung *(z. B. durch Abtretung)* kraft Gesetzes auf den neuen Inhaber der Forderung über.

  Beispiele:

  Sparbuch, Hypothekenbrief, Grundschuldbrief

  Beachte: Dies gilt **nicht** für Inhaberpapiere und Orderpapiere (Scheck, Wechsel).

- **Erwerb von Erzeugnissen und sonstigen Bestandteilen, *§ 953 ff. BGB***

  Erzeugnisse und sonstige Bestandteile einer Sache gehören auch nach der Trennung dem Eigentümer der Sache.

- **Aneignung herrenloser Sachen, *§ 958 BGB***
  Wer eine herrenlose bewegliche Sache in Eigenbesitz nimmt, erwirbt das Eigentum an der Sache. Eine bewegliche Sache ist herrenlos, wenn der Eigentümer den Besitz aufgibt und auf das Eigentum verzichten will.

- **Fund, *§ 973 ff. BGB***
  Wer eine verlorene Sache findet und an sich nimmt, hat dem Verlierer oder dem Eigentümer unverzüglich Anzeige zu machen. Sind Eigentümer oder Vorbesitzer unbekannt, muss der Fund der zuständigen Behörde angezeigt werden.

- **Gesamtrechtsnachfolge, *§ 1922 BGB***
  Mit dem Tode einer Person (Erbfall) geht deren Vermögen (Erbschaft) als Ganzes auf eine oder mehrere andere Personen (Erben) über.

Sonderform: gutgläubiger Eigentumserwerb *(§§ 932, 935 BGB)*

Ein Erwerber kann vom Nichtberechtigten Eigentum erwerben, wenn er davon ausgehen durfte, dass der Veräußerer Eigentümer ist.

Es muss zwischen dem gutgläubigen Erwerb von beweglichen Sachen und von Grundstücken unterschieden werden.

Erwerber von **beweglichen Sachen** können i. d. R. nicht überprüfen, ob der Veräußerer zur Übertragung des Eigentums berechtigt ist. Deshalb gilt die gesetzliche Vermutung, dass derjenige im Rechtsverkehr der Eigentümer ist, der den Besitz an einer Sache auf den Erwerber übertragen hat *(§ 1006 BGB)*.

Wer eine Sache vom Besitzer erwirbt, darf auf dessen Berechtigung zur Eigentumsübertragung vertrauen.

Veräußert jemand eine Sache, die ihm nicht „gehört" *(z. B. geliehene oder gemietete Sachen)*, so wird der Erwerber unter folgenden Voraussetzungen Eigentümer:

- die Einigung der Parteien über den Eigentumsübergang
- die tatsächliche Übergabe der Sache
- die fehlende Berechtigung des Veräußernden zur Eigentumsübertragung
- der gute Glaube des Erwerbers an die Berechtigung des Übertragenden

Guter Glaube beim Erwerber ist dann anzunehmen, wenn ihm nicht bekannt ist und auch nicht nach den Umständen bekannt sein muss, dass der Veräußerer nicht Eigentümer der Sache ist.

Gutgläubiger Eigentumserwerb tritt **nicht** ein, wenn die veräußerte Sache dem tatsächlichen Eigentümer

- gestohlen wurde,
- verloren gegangen oder
- sonst abhanden gekommen ist, d. h., es darf kein unfreiwilliger Verlust des unmittelbaren Besitzes gegeben sein.

Ausnahme: Dies gilt nicht für Geld, Inhaberpapiere *(z. B. Inhaberschecks, Inhaberaktien, Inhaberschuldverschreibungen)* und für durch öffentliche Versteigerung erworbene Sachen *(§ 935 Abs. 2 BGB)*. Hier ist ein gutgläubiger Erwerb möglich.

Ein gutgläubiger Erwerb an **Grundstücken** ist nur möglich, wenn das Grundbuch den Veräußerer als Eigentümer ausweist *(§§ 892, 893 BGB).*

Weiß der Erwerber tatsächlich vom fehlenden Eigentum, ist der gutgläubige Erwerb nicht möglich.

▨ Eigentumsübertragung von Grundstücken

Gem. *§ 311 b BGB* muss ein Grundstücksübertragungsvertrag zwingend notariell beurkundet werden. Zur Übertragung des Eigentums an einem Grundstück zwischen dem Erwerber und dem Veräußerer des Grundstücks sind erforderlich
- die **Einigung** über den Eintritt der Rechtsänderung bei gleichzeitiger Anwesenheit von Veräußerer und Erwerber vor einem Notar – auch **Auflassung** genannt – und
- die **Eintragung** der Rechtsänderung **im Grundbuch** *(§§ 311b, 873, 925 BGB)* und damit die Veröffentlichung der dinglichen Rechtsverhältnisse an dem Grundstück.

Das Grundbuchamt führt für jedes Grundstück ein gesondertes *Grundbuchblatt* (bestehend aus mehreren Seiten), aus dem die Rechtsverhältnisse an dem Grundstück hervorgehen.

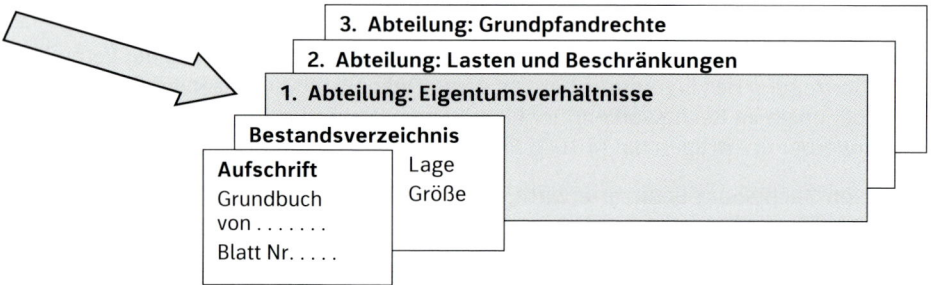

Die Einigung über den Eigentumsübergang (= Auflassung) muss bei gleichzeitiger Anwesenheit des Erwerbers und des Veräußerers vor einem Notar erklärt werden *(§ 925 BGB).*

Der Notar weist die Auflassung nach und veranlasst aufgrund des Antrags des Erwerbers und der Bewilligung des Veräußerers die Eintragung des neuen Eigentümers in das Grundbuch. Der Eigentumsübergang ist erst dann vollzogen, wenn die Eintragung erfolgt ist; die Eintragung hat somit **konstitutive** (= rechtserzeugende) Wirkung.

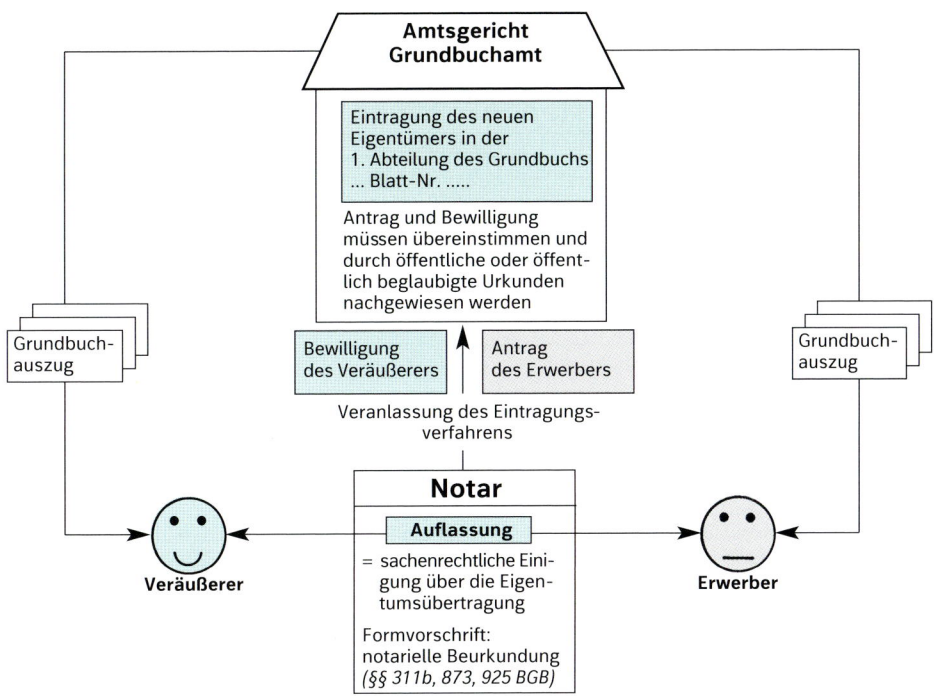

3

Kurzdarstellung: Ablauf der entgeltlichen Eigentumsübertragung an einem Grundstück

1. Die Vertragsparteien einigen sich über die entgeltliche Veräußerung eines Grundstückes.
2. Der Notar wird von den Vertragsparteien beauftragt, einen Vertragsentwurf zu erstellen und die notwendigen Tatsachen festzustellen.
3. Der Notar fertigt den Vertragsentwurf an. Die Vertragsunterlagen für einen Haus-, Grundstücks- oder Wohnungskauf zwischen privaten Käufern und gewerblichen Immobilienverkäufern (Verbrauchervertrag) müssen vom Notar den jeweiligen Immobilienkäufern zwei Wochen vor dem Beurkundungstermin beim Notar *(§ 17 Abs. 2a BeurkG)* zur Verfügung gestellt werden, damit der Verbraucher sich mit den rechtlichen, wirtschaftlichen, steuerlichen, bautechnischen Besonderheiten des Rechtsgeschäfts vertraut machen kann, um eventuelle Änderungswünsche vor dem Beurkundungsverfahren einzubringen.
4. Die Parteien schließen bei einem Notar einen Kaufvertrag über den Erwerb des Grundstückes ab. Der notariell beurkundete Kaufvertrag begründet die Rechte und Pflichten der Vertragsparteien (Käufer und Verkäufer).
5. Der Notar hat darauf zu achten, dass jede Partei gesichert ist, d. h., der Verkäufer muss das Entgelt für das Grundstück erhalten und der Käufer muss (i. d. R. lastenfreier) Eigentümer des Grundstückes werden. Bei Belastungen ist zu prüfen, ob der Käufer die Belastungen übernehmen oder ob er sie nicht übernehmen will.
6. Regelmäßig ist in der Kaufvertragsurkunde auch die sog. **Auflassung**[1] enthalten: „Die Beteiligten sind darüber einig, dass das Eigentum am Grundstück auf den Käufer übergehen soll" *(§§ 873 Abs. 1, 925 Abs. 1 BGB)*. Die Auflassung ist formbedürftig und sie muss vor dem Notar erfolgen *(§ 925 Abs. 1 S. 2 BGB)*.
7. Der Notar beurkundet den Kaufvertrag.
8. Der Notar holt die erforderlichen Genehmigungen ein, z. B. Vorkaufsrechtverzichtsbescheinigung der Gemeinde über das *gesetzliche Vorkaufsrecht, die Genehmigung des Vormundschaftsgerichtes, wenn Minderjährige beteiligt sind, Teilungsgenehmigungen der zuständigen Behörden, Zustimmung der Landwirtschaftskammer bei Verkauf von landwirtschaftlich genutzten Flächen, Auskünfte bei den Banken über eingetragene Grundpfandrechte.*
9. Der Notar schickt zur Feststellung der Grunderwerbsteuer eine Durchschrift des Kaufvertrages an die Grunderwerbsteuerstelle des Finanzamtes.
10. Das Finanzamt erlässt einen Grunderwerbsteuerbescheid i. d. R. an den Käufer über eine Steuerschuld in einer Spanne von 3,5 bis 6,5 % des Kaufpreises je Bundesland *(z. B. 6,5 % in NRW)*.
11. Nach Zahlung der Grunderwerbsteuer erhält der Notar eine Unbedenklichkeitsbescheinigung (= Nachweis über die Zahlung der Grunderwerbsteuer).
12. Gleichzeitig beantragt der Notar zur Sicherung des Eigentumsverschaffungsanspruchs des Käufers die Eintragung einer Vormerkung – oft Auflassungsvormerkung genannt – im Grundbuch.
13. Wenn die vertragsgemäße Umschreibung der Eigentumsverhältnisse auf den Käufer gesichert ist, teilt der Notar den Beteiligten die Fälligkeit des Kaufpreises mit (ggf. die Hinterlegung des Kaufpreises beim Notar → Notaranderkonto).
14. Der Notar beantragt die Eigentumsumschreibung,
    - ■ wenn ihm alle erforderlichen Genehmigungen, behördlichen Bescheinigungen sowie die Unbedenklichkeitsbescheinigung des Finanzamtes vorliegen und
    - ■ wenn ihm die Zahlung des Kaufpreises nachgewiesen worden ist.

Die Einigung über den Wechsel der Eigentumsverhältnisse am Grundstück muss noch zum Zeitpunkt der Eintragung fortbestehen. Gleichzeitig mit der Umschreibung der Eigentumsverhältnisse wird die Vormerkung gelöscht.

---

[1] Der Begriff „Auflassung" gilt nur, wenn sich die Einigung auf die *Eigentumsübertragung* an einem Grundstück bezieht. Sobald sich die Einigung auf ein anderes Grundstücksrecht – *z. B. eine Grundschuld* – bezieht, spricht man nur von „Einigung".

3.3 Rechtsgeschäfte

3.3.1 Arten und Zustandekommen von Rechtsgeschäften

Willenserklärung:	Eine Person bekundet durch ein **äußerlich erkennbares Verhalten** *(z. B. durch Worte, schriftlich oder durch schlüssiges Verhalten)* **bewusst** einen **Willen**, um eine bestimmte gewollte **Rechtswirkung** (Begründung, inhaltliche Änderung oder Beendigung eines privaten Rechtsverhältnisses) auf dem Gebiet des Privatrechts zu erzielen.[1]

Tatbestandsmerkmale einer Willenserklärung	
Wille → innerer Erklärungstatbestand	Erklärung → äußerer Erklärungstatbestand
Die Erklärung muss dem/der Erklärenden zurechenbar sein und er/sie muss wissen, dass etwas Rechtserhebliches erklärt wird. Die Erklärung verlangt ■ Handlungswillen, ■ Rechtsbindungswillen, ■ einen bestimmten Geschäftswillen.	Aus dem Verhalten des/der Erklärenden ist objektiv zu erkennen, dass er/sie bewusst ■ handelt (→ Handlungswillen), ■ eine rechtserhebliche Handlung vornimmt (Rechtsbindungswille), ■ eine bestimmte Rechtslage herbeiführen will (bestimmter Geschäftswille).

Willenserklärungen (WE) werden wirksam, ■ wenn der/die Erklärende sie abgegeben hat und ■ wenn die Erklärung zugegangen ist, d. h. in den Machtbereich des Empfängers gelangt ist bzw. von ihm zur Kenntnis genommen wird (ausgenommen nicht empfangsbedürftige WE, wie *z. B. Testament, Auslobung, Annahme gem. § 151 BGB*).

Willenserklärungen (WE) können unterschieden werden nach

1. der Art der Willenserklärung: a) WE wird ausgesprochen oder erfolgt schriftlich,
   b) WE geschieht stillschweigend durch schlüssiges (= konkludentes) Verhalten *(z. B. Kauf im SB-Markt durch Zeigen, Nicken; aus dem Regal nehmen)*,
2. der Notwendigkeit der Willensäußerung gegenüber dem Empfänger der Willenserklärung:
   a) empfangsbedürftige Willenserklärungen *(z. B. Kündigung)*,
   b) nicht empfangsbedürftige Willenserklärungen *(z. B. Testament)*,
3. der Anwesenheit des Empfängers der Willenserklärung:
   a) Abgabe der Willenserklärung unter Anwesenden,
   b) Abgabe der Willenserklärung unter Abwesenden.

Diese Unterscheidungen können entscheidend dafür sein, ob und wann die Willenserklärung wirksam wird.

Empfangsbedürftige Willenserklärungen gelten unter **Anwesenden** als abgegeben, wenn
■ die mündliche oder telefonische Willenserklärung ausgesprochen und vom Empfänger verstanden werden kann,
■ die schriftliche Willenserklärung so in den Empfangsbereich des Empfängers *(z. B. Briefkasten, Büroräume)* gelangt, dass dieser die Möglichkeit hat, davon Kenntnis zu erlangen.
Nach *§ 130 Abs. 1 BGB* müssen **empfangsbedürftige Willenserklärungen** dem Empfänger **zugehen**. Der Zugang bezeichnet
a) den Zeitpunkt, in dem die Erklärung wirksam wird *(z. B. bedeutsam für die Bestimmung von Fristen)*,
b) den Übergang der Verlust- oder Verfälschungsgefahr auf den Empfänger.

---

[1] *BGHZ 145, 343, 346 = NJW 2001, 289*

Die Erklärung wird hinsichtlich Form und Inhalt in der Gestalt wirksam, in der sie zugeht. Die Willenserklärung ist zugegangen, wenn sie in den Machtbereich des Empfängers gelangt ist und unter gewöhnlichen Verhältnissen damit zu rechnen ist, dass von ihr Kenntnis genommen wird.

Empfangsbedürftige Willenserklärungen gelten unter **Abwesenden** als abgegeben, wenn

- die mündliche oder telefonische Willenserklärung ausgesprochen und vom Empfänger verstanden werden kann,
- die Willenserklärung *z. B. durch Boten* zugeht,
- die schriftliche Willenserklärung in den Empfangsbereich des Empfängers *(z. B. Briefkasten, Büroräume)* gelangt, sodass dieser die Möglichkeit erhält, davon Kenntnis zu erlangen *(§ 130 BGB)*.

Beispiel:

Die schriftliche Kündigung des Zeitungsabonnements wird wirksam, sobald das Kündigungsschreiben in den Machtbereich des Empfängers (z. B. in seinen Briefkasten oder sein Postfach) gelangt.

Nicht empfangsbedürftige Willenserklärungen werden in dem Zeitpunkt wirksam, zu dem sie abgegeben werden.

Beispiele:

- *Das Testament wird mit seiner Niederschrift wirksam.*
- *Am 31.03. wird eine befristete Kündigung um 23 Uhr in den Briefkasten des Empfängers geworfen. Diese Kündigung ist wegen verspäteten Zugangs unwirksam, weil unter gewöhnlichen Umständen zu dieser Zeit nicht mehr mit einer Kenntnisnahme gerechnet werden kann.*

Rechtsgeschäfte

- regeln Rechtsbeziehungen zwischen Rechtssubjekten und Rechtsobjekten,
- kommen zustande

   a) durch eine Willenserklärung: **einseitige Rechtsgeschäfte,**

   Beispiele:

   § 314 BGB Kündigung, § 349 BGB Rücktritt, § 143 BGB Anfechtung, § 657 BGB Auslobung, § 1937 Testament

   b) durch mehrere Willenserklärungen: **zwei- und mehrseitige Rechtsgeschäfte,**

   Beispiele:

   Verträge, Gründung einer GbR § 705 BGB

- sind Geschäfte, aus denen Rechtsfolgen entstehen,
- erfordern evtl. weitere Wirksamkeitsvoraussetzungen *(z. B. Formerfordernisse, Besitzverschaffung)*.

Beispiele:

- *Tatbestand: Arbeitgeber A kündigt dem Arbeitnehmer Wenig-Fleißig schriftlich und fristgerecht. Eine Willenserklärung (= Kündigung) + Schriftform (§ 623 BGB) + Einhaltung der Fristen nach § 622 BGB → einseitiges Rechtsgeschäft, Rechtsfolge: Beendigung des Arbeitsverhältnisses.*
- *A will B ein Buch übereignen.*
  Die Übereignung verlangt zwei übereinstimmende Willenserklärungen (die Einigung) und die Übergabe des Buches.
  Die Übereignung ist ein zweiseitiges Rechtsgeschäft (§ 929 S. 1 BGB).
- *Die Hauptversammlung der Volkswagen AG beschließt eine Kapitalerhöhung. Mehrere Willenserklärungen der Aktionäre, der Beschluss wird vom Notar protokolliert → mehrseitiges Rechtsgeschäft.*

Rechtsgeschäfte können nach verschiedenen Gesichtspunkten eingeteilt werden.

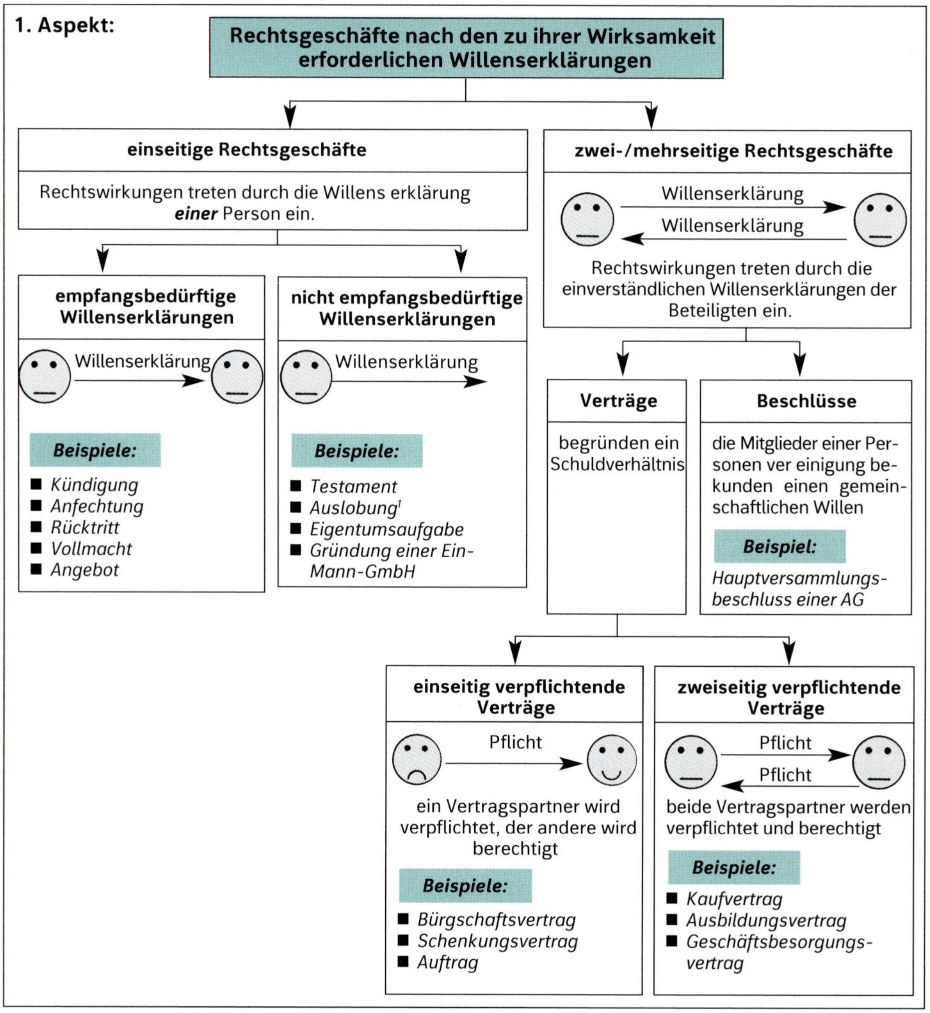

1. Aspekt:

Rechtsgeschäfte nach den zu ihrer Wirksamkeit erforderlichen Willenserklärungen

einseitige Rechtsgeschäfte

Rechtswirkungen treten durch die Willens erklärung *einer* Person ein.

empfangsbedürftige Willenserklärungen

Willenserklärung

Beispiele:
- Kündigung
- Anfechtung
- Rücktritt
- Vollmacht
- Angebot

nicht empfangsbedürftige Willenserklärungen

Willenserklärung

Beispiele:
- *Testament*
- *Auslobung[1]*
- *Eigentumsaufgabe*
- *Gründung einer Ein-Mann-GmbH*

zwei-/mehrseitige Rechtsgeschäfte

Willenserklärung

Willenserklärung

Rechtswirkungen treten durch die einverständlichen Willenserklärungen der Beteiligten ein.

Verträge

begründen ein Schuldverhältnis

Beschlüsse

die Mitglieder einer Personen ver einigung bekunden einen gemeinschaftlichen Willen

Beispiel:

Hauptversammlungsbeschluss einer AG

einseitig verpflichtende Verträge

Pflicht

ein Vertragspartner wird verpflichtet, der andere wird berechtigt

Beispiele:
- *Bürgschaftsvertrag*
- *Schenkungsvertrag*
- *Auftrag*

zweiseitig verpflichtende Verträge

Pflicht

Pflicht

beide Vertragspartner werden verpflichtet und berechtigt

Beispiele:
- *Kaufvertrag*
- *Ausbildungsvertrag*
- *Geschäftsbesorgungsvertrag*

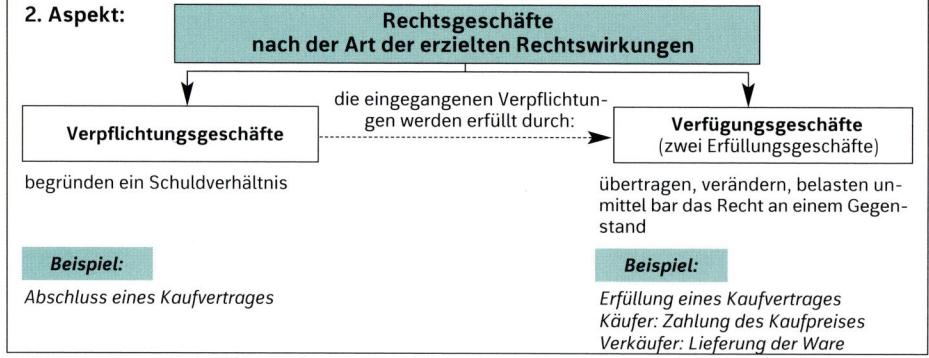

2. Aspekt:

Rechtsgeschäfte nach der Art der erzielten Rechtswirkungen

Verpflichtungsgeschäfte

begründen ein Schuldverhältnis

Beispiel:

Abschluss eines Kaufvertrages

die eingegangenen Verpflichtungen werden erfüllt durch:

Verfügungsgeschäfte
(zwei Erfüllungsgeschäfte)

übertragen, verändern, belasten unmittel bar das Recht an einem Gegenstand

Beispiel:

Erfüllung eines Kaufvertrages
Käufer: Zahlung des Kaufpreises
Verkäufer: Lieferung der Ware

---

[1]   Auslobung ist *z. B. das per Aushang abgegebene Versprechen „100,00 € Belohnung für denjenigen, der meinen Kater Mucki zurückbringt."*

Bei den meisten Käufen des täglichen Lebens erfolgen das Verpflichtungs- und die Verfügungsgeschäfte in unmittelbarem zeitlichen Zusammenhang.

Beispiel:

Ein Kunde entnimmt in einem Supermarkt einem Verkaufsregal eine Tüte Milch und bezahlt den Kaufpreis anschließend an der Kasse.

▨ Vertrag

Ein Vertrag verlangt übereinstimmende Willenserklärungen von mindestens zwei Personen.

Beispiele:

Kaufvertrag, Mietvertrag, Werkvertrag, Dienstvertrag, (dingliche) Einigung i. S. d. § 929 S. 1 BGB

Man nennt

- die zeitlich vorangehende Willenserklärung **Angebot** bzw. **Antrag** (§ 145 BGB),
- die zeitlich nachfolgende Willenserklärung **Annahme**.

Der Vertrag kommt durch inhaltlich **übereinstimmende Willenserklärungen (Angebot + Annahme) zustande.**

3.3.2   Form der Rechtsgeschäfte

Willenserklärungen können **formlos** abgegeben werden, d. h., der Erklärende kann wählen, in welcher Art und Weise er seinen Willen äußern will, wenn keine gesetzliche Vorschrift die Einhaltung einer bestimmten Form verlangt.
Willenserklärungen können unterschiedlich abgegeben werden:

- mündlich (unter Anwesenden und per Telefon),
- schriftlich,
- in elektronischer Form,
- durch konkludentes (schlüssiges) Verhalten.

Viele alltägliche Rechtsgeschäfte kommen durch konkludentes Handeln zustande.

Beispiel:

Kunde entnimmt eine Tüte Milch aus dem Verkaufsregal im Supermarkt, geht zur Kasse, legt die Milch wortlos auf die Ladentheke, die Kassiererin scannt wortlos den Kaufpreis ein und legt den Kassenbon über 1,20 € dem Kunden vor. Dieser bezahlt wortlos den Kaufpreis und erhält die Milch.

Hier kommt durch konkludentes Handeln ohne jede mündliche oder schriftliche Erklärung ein Vertrag zustande:

- *Kunde legt die Tüte Milch auf die Ladentheke ⇒ Angebot an den Verkäufer: Ich will diese Tüte erwerben,*
- *Kassiererin scannt den Kaufpreis ein ⇒ Annahme des Angebots: Ich will diese Tüte verkaufen. Ein Vertrag verlangt übereinstimmende Willenserklärungen (hier Angebot = Annahme).*
- *Kunde zahlt den Kaufpreis und erhält die Tüte Milch.*

Rechtsgeschäfte können **formbedürftig** sein

- **durch Gesetz** *(z. B.: §§ 311b, 766, 780, 781 BGB),*
- **aufgrund von Parteivereinbarung**:
  - konstitutiv: Rechtsgeschäft gilt nur in der vereinbarten Form,
  - deklaratorisch: Rechtsgeschäft wird durch die Form nur beweissicher gemacht, die Form hat keine Auswirkung auf die Gültigkeit;
- **aufgrund gerichtlicher Verfahrensvorgaben** *(z. B. Schriftsätze nach § 130 ZPO).*

 Formvorschriften

Der Gesetzgeber schreibt für bestimmte Rechtsgeschäfte eine bestimmte Form vor. Wird diese durch Gesetz vorgeschriebene Form nicht eingehalten, ist das Rechtsgeschäft nichtig, d. h. von Anfang an nicht wirksam *(§ 125 S. 1 BGB)*.
Eventuell kann dieser Formmangel geheilt werden *(§§ 311b Abs. 1 S. 2, 518 Abs. 2, 494 Abs. 2, 503 Abs. 3 S. 2 BGB)*. Ist eine Nebenabrede eines formbedürftigen Rechtsgeschäftes formlos geschlossen worden, dann ist die Nebenabrede nach *§ 125 S. 1 BGB* nichtig. Die Wirksamkeit des an sich formgültig abgeschlossenen Hauptgeschäftes richtet sich nach *§ 139 BGB*.

Formvorschriften …

- haben eine Warnfunktion zur Verhinderung leichtfertiger und riskanter Verpflichtungen.
- erfordern die eigenhändige Unterschrift, wobei die Unterschrift den räumlichen Abschluss der Willenserklärung dokumentiert.
- schützen die Parteien vor übereilten Handlungen.
- verfügen über eine Klarstellungs- und Beweisfunktion:
  - Der Aussteller der Urkunde macht sich erkennbar.
  - Es wird nachgewiesen, dass die Urkunde vom Aussteller ist.
  - Der Empfänger der Urkunde hat die Möglichkeit der Überprüfung.
- verlangen bei bestimmten Geschäften *z. B. durch den Notar* eine Beratung und Belehrung.

> Eine Urkunde ist die schriftliche Festlegung eines rechtlich bedeutsamen Sachverhaltes.

Formvorschriften								
gesetzlich vorge- schriebene Schriftform	Elektro- nische Form	Text- form	De-Mail	Notarielle Beurkun- dung	Notarielle Beglaubi- gung	Beurkundun- gen und Beglaubigun- gen durch ei- ne Behörde	Rechtsge- schäftlich vereinbarte Form
§ 126 BGB, § 126a Abs. 2 BGB	§§ 126 Abs. 3, 126a BGB	§ 126b BGB	De-Mail- Gesetz, § 5a VwZG	§ 128 BGB, §§ 8 ff. BeurkG	§ 129 BGB, § 40 BeurkG, § 56 BeurkG	§ 33 f. VwVfG § 29 f. SGB X §§ 415 ff. ZPO	§ 127 BGB

Gesetzlich vorgeschriebene Schriftform

Wird die gesetzliche Schriftform gefordert, so muss die Urkunde von ihrem Aussteller bzw. von den Vertragspartnern nach *§ 126 BGB*
- eigenhändig durch Namensunterschrift unterzeichnet werden oder
- mittels notariell beglaubigtem Handzeichen erfolgen oder
- durch notarielle Beurkundung stattfinden oder
- in elektronischer Form erfolgen, wenn deren Voraussetzungen vorliegen.

Entsprechen Rechtsgeschäfte nicht der durch Gesetz vorgeschriebenen Form, sind sie nichtig *(§ 125 BGB)*. Erklärungen per E-Mail, Telefax oder Computerfax entsprechen daher i. d. R. nicht der gesetzlichen Schriftform.

Beispiele:

Die Schriftform ist zwingend, weil gesetzlich vorgeschrieben in den folgenden Fällen:

- *bei der arbeitsrechtlichen Kündigung (§ 623 BGB)*
- *beim Abschluss eines Verbraucherdarlehensvertrages (§ 492 BGB)*
- *bei der Mitteilung über die Übernahme einer Hypothekenschuld (§ 416 BGB)*
- *bei einem Widerspruch des Mieters gegen eine Kündigung (§ 574 b BGB)*
- *bei einer Bürgschaft (§ 766 BGB)*

- *bei einem Schuldanerkenntnis (§ 781 BGB)*
- *für den Berufsausbildungsvertrag (§ 4 BBiG)*
- *für einen Frachtbrief (§ 408 Abs. 2 HGB)*
- *für eine Grundstücks- und Raummiete auf bestimmte Zeit (länger als ein Jahr) (§§ 550, 578 BGB)*
- *für die Wohnraumkündigung (§ 568 Abs. 1 BGB)*
- *für ein Schuldversprechen bzw. Schuldanerkenntnis (§§ 780, 781 BGB)*

Beachten Sie bitte:

Ist die Notwendigkeit der Schriftform nur durch den Vertrag vorgegeben, gilt *§ 127 BGB*. In diesem Fall kann eine E-Mail als vereinbartes Schriftformerfordernis genügen mit dem Ergebnis, dass ein Vertrag auch per E-Mail gekündigt werden kann – obwohl Schriftform in den Vertragsbedingungen vorgesehen war *(OLG München vom 26.01.2012, Az. 23 U 3798/11)*.

Elektronische Form

Die schriftliche Form kann nach *§ 126 Abs. 3, § 126a BGB* in bestimmten Fällen durch die elektronische Form ersetzt werden, wenn das elektronische Dokument mit einer „qualifizierten elektronischen Signatur" i. S. d. *§ 2 Nr. 3 SigG* versehen ist und der Erklärungsempfänger mit der elektronischen Form einverstanden ist. Bei Verträgen müssen die Vertragsparteien jeweils ein gleichlautendes Dokument elektronisch signieren.

Die elektronische Form ist *z. B. nicht zulässig beim Schuldanerkenntnis, bei der Erstellung eines Arbeitszeugnisses oder einer Bürgschaft.*

Beispiele:

- *„Onlinevertrag" im Signaturverfahren*
- *Ein Einspruch per Fax beim Finanzamt gegen den Steuerbescheid ist zulässig, wenn er vollständig innerhalb der Einspruchsfrist beim Finanzamt eintrifft.*
- *Ein Einspruch per E-Mail ist zulässig, wenn das Finanzamt eine E-Mail-Adresse hat.*

Textform

Die Willenserklärung muss als lesbare Erklärung auf einem dauerhaften Datenträger *(z. B. Papier, SMS, E-Mail oder Fax)* abgegeben werden, in der die Person des Erklärenden erkennbar wird. Die eigenhändige Unterschrift kann entfallen.

Bei Verbraucherverträgen (Verträgen zwischen Privatpersonen und Unternehmen) wie *z. B. Abonnements, Verträgen mit Stromanbietern oder Telekommunikationsunternehmen* kann eine Kündigung auch in Textform (E-Mail, SMS) erfolgen, wenn deutlich wird, um welchen Vertrag es sich handelt und wer die Vertragspartner (Angabe von Namen, Anschrift, Vertragsnummer) sind.

Im Streitfall muss der Kunde beweisen, dass die Kündigung pünktlich angekommen ist. Bei E-Mails ist zu belegen, dass die Kündigung abgeschickt wurde und dass der Empfänger sie erhalten hat *(z. B. mit einer elektronischen Lesebestätigung, einer Bestätigung des Empfängers)*.

Beispiele:

- *Ein Einspruch per Fax beim Finanzamt gegen den Steuerbescheid ist zulässig, wenn er vollständig innerhalb der Einspruchsfrist beim Finanzamt eintrifft.*
- *Ein Einspruch per E-Mail ist zulässig, wenn das Finanzamt eine E-Mail-Adresse hat.*

De-Mail

Bei De-Mail werden basierend auf der E-Mail-Technik Nachrichten und Dokumente über das Internet vertraulich, sicher (verschlüsselt) und nachweisbar versendet und empfangen. Über De-Mail kann mit zahlreichen Behörden und Unternehmen sicher kommuniziert werden, *z. B. mit der Krankenkasse oder Bank*. Die vertraulichen Nachrichten und Dokumente kommen direkt beim gewünschten Empfänger an. Antworten können ebenfalls auf elektronischem Weg erfolgen.

Notarielle Beglaubigung

Bei einer schriftlichen Erklärung muss sich der Notar/die Notarin Gewissheit über die beteiligten Personen verschaffen (*§§ 40 Abs. 4, 10 Abs. 2 S. 1 BeurkG*) und beobachten, wie die Unterschrift geleistet wird. Erst anschließend wird die Echtheit der Unterschrift von einer bestimmten Person vom Notar bestätigt. Dabei wird der Inhalt der Erklärung von dem Notar nicht überprüft.

Beispiele:

■ *Ausschlagung der Erbschaft (§ 1945 Abs. 1 BGB)*
■ *bestimmte Erklärungen gegenüber dem Grundbuchamt, wie z. B. Eintragungsvoraussetzungen für Grundbuch (§ 29 GBO)*
■ *bestimmte Erklärungen gegenüber dem Handelsregister: Anmeldungen und Unterschriften (§ 12 HGB)*

Notarielle Beurkundung

Mit der notariellen Beurkundung werden der Inhalt der Urkunde, die erfolgte Belehrung durch den Notar sowie die Unterschriften der Parteien unter die Erklärung in Gegenwart des Notars bestätigt.

Beispiele:

■ *Grundstücksverträge (§ 311b Abs. 1 BGB)*
■ *Schenkungsversprechen (§ 518 Abs. 1 S. 1 BGB)*
■ *GmbH-Gesellschaftsvertrag (§ 2 Abs. 1 GmbHG) und jede Änderung (§ 53 Abs. 2 S. 1 GmbHG)*

Beurkundungen und Beglaubigungen durch eine Behörde

Mit einer Beglaubigung wird die Übereinstimmung von Abschriften, Ablichtungen, Negativen, Vervielfältigungen, Ausdrucken elektronischer Dokumente oder elektronischen Dokumenten mit dem Original bestätigt.
Behörden können Beglaubigungen vornehmen, wenn

■ sie die Urkunde selbst erstellt haben,
■ die Urschrift von einer Behörde ausgestellt ist,
■ die Abschrift zur Vorlage bei einer Behörde benötigt wird

und nicht durch Rechtsvorschrift die Erteilung beglaubigter Abschriften aus amtlichen Registern und Archiven anderer Behörden ausschließlich vorbehalten bleibt.
Den Behörden muss das Originaldokument und das Dokument (= Kopie), das beglaubigt werden soll, vorgelegt werden.

Beispiele:

■ *amtliche Beurkundungen durch das Standesamt, Jugendamt, z. B. Anerkennung der Vaterschaft*
■ *amtliche Beglaubigungen von Dokumenten und Unterschriften*

Rechtsgeschäftlich vereinbarte Form

Die Parteien können für ein Rechtsgeschäft das Formerfordernis frei vereinbaren.
Die Anforderungen an die Form bestimmen die Parteien.

Beispiel:

■ *Die Parteien vereinbaren Textform bei einem formlosen Vertrag, d. h., die Form wird nur gewahrt, wenn § 126 BGB beachtet wird. Als zulässig können auch z. B. E-Mail, Telefax, Computerfax sowie SMS und MMS vereinbart werden.*

Die Schriftform kann durch eine öffentliche Beglaubigung oder eine notarielle Beurkundung ersetzt werden *(§ 126 BGB)*. Die öffentliche Beglaubigung kann durch eine notarielle Beurkundung ersetzt werden *(§ 129 BGB)*. Die schriftliche Form kann durch die elektronische Form ersetzt werden, wenn sich nicht aus dem Gesetz ein anderes ergibt *(§ 126 Abs. 3 BGB)*.

Beachten Sie:

- Bei elektronisch übersandten Willenserklärungen muss nachweislich der Empfänger über eine entsprechende Empfangsvorrichtung verfügen.
- Bei elektronischen Nachrichten ist ein Widerruf nach *§ 130 Abs. 1 S. 2 BGB* nicht möglich.

3.3.3 Nichtigkeit und Anfechtbarkeit von Rechtsgeschäften

Nichtigkeit

Ein **nichtiges** Rechtsgeschäft ist **von Anfang an unwirksam** und kann deshalb nicht die bezweckten Rechtswirkungen herbeiführen. Bei Vorliegen der Voraussetzungen bestehen jedoch Ansprüche auf Schadensersatz *(z. B. § 122 BGB)* oder Herausgabeansprüche nach Bereicherungsrecht.

Die Nichtigkeit des Rechtsgeschäftes kann auf folgenden Punkten beruhen:

mangelnde Geschäftsfähigkeit	§ 105 BGB	Die Willenserklärung eines Geschäftsunfähigen ist nichtig.
		Nichtig ist auch eine Willenserklärung, die im Zustand der Bewusstlosigkeit oder der vorübergehenden Störung der Geistestätigkeit abgegeben wird.
schwere Fehler bei der Willensbildung, wie z. B. Scherzgeschäft	§ 116–118 BGB	Das Rechtsgeschäft wird nur zum Scherz abgeschlossen.
		Beispiel:
		Nach glücklich bestandener Abschlussprüfung ruft Thomas in einer Gastwirtschaft dem Kellner zu: „Ein Chappi, ein Bier."
		Wenn der Kellner nicht erkennt, dass Thomas nur scherzen wollte, und eine geöffnete Dose Hundefutter bringt, muss Thomas für den Schaden einstehen.
Scheingeschäft	§ 117 BGB	Das Rechtsgeschäft wird nur zum Schein abgeschlossen.
		Beispiel:
		Um gegenüber dem Finanzamt höhere Werbungskosten nachzuweisen, schließt ein vermögender Kapitalanleger „nur auf dem Papier" mit seinem Freund einen kostspieligen Beratervertrag ab.
Formmangel	§ 125 BGB	Die für das Rechtsgeschäft gesetzlich vorgeschriebene oder vertraglich vereinbarte Form wurde nicht beachtet.
		Beispiel:
		Kaufvertrag über ein Grundstück auf einem Bierdeckel.
gesetzliches Verbot	§ 134 BGB	Das Rechtsgeschäft verstößt gegen ein gesetzliches Verbot.
		Beispiel:
		Mehrere Unternehmen derselben Branche treffen eine Absprache über die Höhe ihrer Verkaufspreise.
		Es liegt in diesem Fall ein verbotenes Preiskartell vor (§ 1 GWB).

3

Sittenwidrigkeit	§§ 134, 138 BGB	Ein Rechtsgeschäft, das gegen die guten Sitten verstößt, ist nichtig. Rechtsfolgen: ■ Nichtigkeit des Rechtsgeschäftes ■ Schadensersatz gem. § 826 BGB Nichtig ist insbesondere ein Rechtsgeschäft, das jemanden unter Ausnutzung der Zwangslage, der Unerfahrenheit, des Mangels an Urteilsvermögen oder der erheblichen Willensschwäche eines anderen Vermögensvorteile versprechen lässt, die in einem auffälligen Missverhältnis zu der Leistung stehen. *Beispiele:* ■ *Ein privater Kreditvermittler vereinbart mit seinem Kunden für die Gewährung eines Ratenkredites 5 % Zinsen pro Monat.* ■ *Wucherzins (vertraglich vereinbarter Zins liegt 12 % über Marktzins)* ■ *Bürgschaftsverträge von vermögenslosen Familienangehörigen* ■ *Ausnutzung einer Monopolstellung*
Anfechtung	§ 142 BGB	Anfechtbar sind Rechtsgeschäfte, die mit einem der im BGB genannten Willensmängel zustande gekommen sind, insbesondere ■ wegen Irrtums (*§ 119 BGB*), ■ wegen arglistiger Täuschung (*§ 123 Abs. 1 Altern. 1 BGB*), ■ wegen widerrechtlicher Drohung (*§ 123 Abs. 1 Altern. 2 BGB*).

Das ganze Rechtsgeschäft ist nichtig, sobald nur ein Teil eines Rechtsgeschäftes nichtig ist *(§ 139 BGB)*.

Ausnahmen:

■ Nichtigkeit einer AGB-Klausel: Nichtig ist nur die einzelne Klausel, der übrige Vertrag ist wirksam *(§ 306 Abs. 3 BGB)*.

■ Ist ein Teil eines Testamentes nichtig, so bleiben die übrigen Teile nach der Auslegungsregel des *§ 2085 BGB* wirksam.

Nichtige Rechtsgeschäfte können durch

■ Umdeutung *(§ 140 BGB; z. B. aus einer außerordentlichen Kündigung wird eine ordentliche Kündigung)*,

■ Bestätigung *(§ 141 BGB; z. B. das Rechtsgeschäft wird erneuert)*

wirksam werden.

Anfechtbarkeit

Eine Willenserklärung ist **anfechtbar**, wenn der Erklärende eine Erklärung dieses Inhalts nicht abgeben wollte, d. h., Wille und Erklärung stimmen nicht überein; d. h., dass der Erklärende die Erklärung „bei Kenntnis der Sachlage und bei verständiger Würdigung des Falles" nicht abgegeben hätte *(§ 119 BGB)*.

Die abgegebene Willenserklärung ist bis zur Anfechtung gültig und wird durch die Anfechtung von Anfang an ungültig.

Abgegebene Willenserklärungen können wegen folgender Punkte angefochten werden:

Irrtum:	Bei der Abgabe der Willenserklärung war der Erklärende **unbewusst** im Irrtum über …
■ **Erklärungsirrtum** § 119 Abs. 1 BGB	■ … deren Inhalt. **Beispiele:** *Versprechen, Verschreiben*
■ **Inhaltsirrtum** § 119 Abs. 2 BGB	■ … die Erklärung dieses Inhaltes, die er gar nicht abgeben wollte. **Beispiel:** *A unterschreibt einen Mietvertrag, ist aber der Meinung, er unterschreibt einen Kaufvertrag.*
■ **Eigenschaftsirrtum** § 119 Abs. 2 BGB	■ … verkehrswesentliche Eigenschaften einer Person oder einer Sache. **Beispiele:** *bei Personen: Alter, Geschlecht, Unkenntnis über Vorstrafen; bei Sachen: z. B. Bebaubarkeit eines Grundstücks*
■ **Übermittlungsirrtum** § 120 BGB	■ … die Übermittlung, die unrichtig war. **Beispiele:** *Zahl undeutlich geschrieben, Bote übermittelt falsche Daten* Die Erklärung ist anfechtbar, wenn anzunehmen ist, dass der Erklärende sie bei Kenntnis der Sachlage nicht abgegeben haben würde. **Voraussetzungen:** ■ Anfechtungsgrund *(§§ 119, 120 BGB)* ■ ausdrückliche Anfechtungserklärung gegenüber dem Anfechtungsgegner *(§ 143 BGB)* ■ Beachtung der Anfechtungsfrist *(§ 121 Abs. 1 BGB)* ■ Fehlen eines Ausschlussgrundes *(§§ 121 Abs. 2, 144 BGB)* ■ die Anfechtung muss unverzüglich, d. h. ohne schuldhaftes Zögern, erfolgen *(§ 121 Abs. 1 BGB)* ■ seit Abgabe der anzufechtenden Willenserklärung sind keine 10 Jahre verstrichen *(§ 121 Abs. 1 BGB)*. **Rechtsfolgen:** ■ **Nach Anfechtung** ist das Rechtsgeschäft nichtig *(§ 142 Abs. 1 BGB)*, d. h., das Rechtsgeschäft bzw. der Vertrag ist **von Anfang an nichtig**. ■ Schadensersatz nach *§ 122 BGB*: Der **Vertrauensschaden**, d. h. der Schaden, den andere erlitten haben, weil sie auf die Gültigkeit der Willenserklärung vertraut haben, ist zu ersetzen.

3

<table>
<tr>
<td>arglistige Täuschung, widerrechtliche Drohung
(§§ 123, 124 BGB)</td>
<td>Wer durch arglistige Täuschung oder widerrechtliche Drohung zur Abgabe einer Willenserklärung gebracht worden ist, kann die Willenserklärung anfechten, weil der Wille bewusst von der Erklärung abweicht.

Voraussetzungen:

arglistige Täuschung
■ Täuschungshandlung
■ die abgegebene Willenserklärung ist nur aufgrund der Täuschung zustande gekommen
■ die Täuschung war widerrechtlich
■ der Täuschende handelt arglistig

rechtswidrige Drohung
■ Drohung
■ die abgegebene Willenserklärung ist nur durch Drohung entstanden
■ die Drohung war rechtswidrig

■ die Anfechtung wird erklärt (§ 143 Abs. 1 BGB)
■ Die Anfechtung erfolgt innerhalb der Anfechtungsfrist von 1 Jahr (§ 24 Abs. 1 BGB)

Rechtsfolgen:

Nach Anfechtung ist das Rechtsgeschäft von Anfang an nichtig (§ 142 Abs. 1 BGB).

Beispiele:
Eine Vertragsunterschrift wird unter Androhung von Prügelstrafe erzwungen.</td>
</tr>
</table>

Motivirrtum/schuldhafte Unkenntnis

Nicht anfechtbar sind Willenserklärungen, bei denen ein **Irrtum im Motiv** vorliegt oder in schuldhafter Unkenntnis gehandelt wird.

Beispiele:

- *Stefan hat für seine Freundin Clara ein Goldkettchen gekauft. Als er erfährt, dass Clara sich heimlich mit seinem Freund Oliver getroffen hat, will er seinen Kauf rückgängig machen.*
  Stefan befand sich hier nur über seine Freundin Clara im Irrtum, nicht jedoch über den Inhalt seiner Willenserklärung beim Kauf des Goldkettchens.
- *Vertragsbedingungen werden nicht gelesen.*
- *Kauf von Wertpapieren im Glauben, der Kurs werde steigen, aber der Kurs fällt.*

3.3.4 Zustandekommen eines Vertrages

Der Vertrag kommt durch zwei inhaltlich **übereinstimmende Willenserklärungen (Antrag/Angebot und Annahme des Angebots)** zweier oder mehrerer am Vertrag beteiligten Personen zustande.

 1. Willenserklärung: **Antrag** →

← 2. Willenserklärung: **Annahme**

3

- Der **Antrag** muss an eine bestimmte Person gerichtet sein.
- Der **Antrag** ist eine empfangsbedürftige Willenserklärung und wird erst mit dem Zugang wirksam.
- Der Antrag ist **bindend** *(§ 145 BGB)*.
  Ausnahmen: Klauseln wie *z. B. solange Vorrat reicht, freibleibend*
- Der **Antrag** muss so konkret formuliert werden, dass die Annahme durch bloßes „Ja" des Antragempfängers zustande kommen kann, d. h., er muss **inhaltlich bestimmt** sein und der/die **Vertragspartner** müssen erkennbar sein.
  Ausnahme: Warenautomaten

- Die **Annahme** ist eine empfangsbedürftige Willenserklärung, die erst mit Zugang wirksam wird.
  Der Zugang ist **nicht** notwendig
  - bei Fällen, in denen die Annahme nach der Verkehrssitte nicht zu erwarten ist *(§ 151 BGB)*,
  - bei notarieller Beurkundung *(§ 152 BGB)*,
  - bei privatrechtlicher Versteigerung durch Zuschlag *(§ 156 BGB)*.
- Die **Annahme** muss **sofort** oder in **angemessener Zeit** erfolgen *(§§ 147, 148 BGB)*.

Rechtsfolgen:
1. Stimmen **Angebot und Annahme inhaltlich überein**, kommt ein **Vertrag** zustande.
2. Erfolgt die Annahme **verspätet**,
   - so entsteht **kein** Vertrag, weil das Angebot wegen Fristablaufs erloschen ist,
   - so ist die Annahmeerklärung ein **neuer Antrag** *(§ 150 Abs. 1 BGB)*.
3. Beinhaltet die Annahme **Erweiterungen**, so gilt das Angebot als **abgelehnt**; die neue Willenserklärung mit den Erweiterungen ist ein **neuer Antrag**.

Ausnahmen:
a) aufgrund Gesetz:
   - Schenkung *§ 516 Abs. 2 S. 2 BGB*
   - Schweigen des Kaufmanns auf Antrag *§ 362 Abs. 1 HGB*
b) Schweigen auf kaufmännisches Bestätigungsschreiben
   Voraussetzungen:
   - der Empfänger des Schreibens muss Kaufmann i. S. d. HGB sein,
   - dem Schreiben müssen Vertragsverhandlungen vorausgegangen sein,
   - das Schreiben muss unmittelbar nach den Verhandlungen erstellt und abgeschickt worden sein,
   - das Schreiben hat früheren Vertragsabschluss zu bestätigen,
   - der Absender muss zu erkennen geben, dass das Schreiben der Vereinbarung entspricht,
   - der Empfänger darf nicht widersprochen haben.

Der Vertrag begründet ein **Schuldverhältnis** zwischen mindestens zwei Parteien, die sich **gegenseitig verpflichten und berechtigen**.

Jede Partei ist einerseits **Schuldner**, sie muss eine Leistung erbringen, und andererseits **Gläubiger**, sie fordert eine Leistung.

Beispiel:

Verkäufer: Er ist Schuldner der Warenlieferung.   *Käufer: Er ist Gläubiger der Warenforderung.*
        Er ist Gläubiger der Geldforderung.   *Er ist Schuldner der Geldzahlung.*

Beachte: Keine Angebote sind Schaufensterauslagen, Anpreisungen in Katalogen und Postwurfsendungen, Speisekarten, Zeitungsinserate.

3.3.5　Vertragstypen des *BGB*

Vertragstyp	Vertrags- partner	Vertragsinhalt	Rechts- grundlage	*Beispiele*
Übereignungsverträge				
Kaufvertrag	Käufer – Verkäufer	Veräußerung von Sachen / Rechten gegen Entgelt	§§ 433 – 479 BGB	*Verkauf von Maschinen*
Verbrauchs- güterkauf- vertrag	Verbraucher – Unternehmer	*Entgeltliche* Veräußerung von beweglichen Sachen an einen Verbraucher	§§ 474 – 479 BGB	*Möbelhaus ver- kauft einen Stuhl an Verbraucher*
Schenkungs- vertrag	Schenker – Beschenkter	*Unentgeltliche* Veräußerung von Sachen oder Rechten	§§ 516 – 534 BGB	*Schenkung einer Armbanduhr*
Überlassungsverträge				
Mietvertrag	Mieter – Vermieter	Überlassung von Sachen zum Gebrauch gegen Entgelt ⇒ keine Eigentumsüber- tragung, aber Besitzrecht	§§ 535–580 BGB	*Vermietung eines Lieferwagens*
Pachtvertrag	Pächter – Verpächter	*Entgeltliche* Überlassung von Sachen zum Gebrauch und Überlassung der anfallenden Erträge	§§ 581–597 BGB	*Verpachtung einer Gaststätte*
Leihvertrag	Entleiher – Leiher	*Unentgeltliche* Überlassung von Sachen zum Gebrauch	§§ 598–606 BGB	*Entleihung von Büchern aus einer Bücherei*
Darlehensvertrag	Darlehensgeber – Darlehensnehmer	Entgeltliche oder unentgelt- liche Überlassung eines Geldbetrages gegen die Ver- pflichtung zur Rückzahlung und zur Zinszahlung	§§ 488–505 BGB	*Gewährung eines Kredites Leistung einer Spareinlage*
Sachdarlehens- vertrag	Darlehensgeber – Darlehensnehmer	Entgeltliche Überlassung von vertretbaren Sachen gegen die Verpflichtung zur Rückerstattung in Sachen von gleicher Art, Güte und Menge	§§ 607–609 BGB	*Wertpapierleihe: zeitlich befristete Überlassung von Wertpapieren gegen Entgelt*
Betätigungsverträge				
Dienstvertrag	Dienstverpflichteter – Dienstberechtigter	Entgeltliche Leistung von Diensten (*ohne* Erfolgs- garantie); verspricht jemand, unentgeltliche Dienste zu leisten, so liegt ein Auftrags- verhältnis vor	§§ 611–630 BGB	*Anstellung eines Mitarbeiters*
Werkvertrag	Unternehmer – Besteller	Entgeltliche Herstellung eines Werkes oder sonstigen Erfolges ⇒ nur die Leistung wird bezahlt	§§ 631–651 BGB	*Anfertigung eines Maß- anzuges, zu dem der Besteller den Stoff liefert*
Geschäfts- besorgungs- vertrag	Auftraggeber – Beauftragter	Besorgung eines Geschäftes gegen Entgelt und Aufwendungsersatz	§§ 675–675b BGB	*Erledigung eines Inkassoauftrages*

Zahlungsdienste-vertrag	Zahlungsdienst-leister – Zahlungsdienst-nutzer	Ausführung eines Zahlungsvorgangs	§§ 675f–675i BGB	*Bezahlung einer Rechnung durch Banküber-weisung*
Verwahrungs-vertrag	Verwahrer – Hinterleger	Aufbewahrung einer beweglichen Sache, ggf. gegen Entgelt	*§§ 688–700 BGB*	*Verwahrung von Wertpapieren*
Gesellschafts-vertrag	Gesellschafter	Gegenseitige Verpflichtung der Gesellschafter, die Erreichung eines gemeinsamen Zwecks in der durch den Vertrag bestimmten Weise zu fördern	*§§ 705–740 BGB*	*Gründung einer Steuerberater-sozietät*

3

3.4 Kaufvertrag

Der Kaufvertrag ist ein zweiseitig verpflichtender (gegenseitiger) Vertrag, in dem sich die Vertragsparteien durch **zwei übereinstimmende Willenserklärungen** zur Leistung und Gegenleistung verpflichten.

Voraussetzungen für das Zustandekommen eines Kaufvertrages:
- zwei übereinstimmende Willenserklärungen über
- den genau bezeichneten und mangelfreien Kaufgegenstand und
- den genau bestimmten oder bestimmbaren Kaufpreis.

Der **Kaufvertrag** ist ein **schuldrechtlicher Vertrag**, der nur das Verpflichtungsgeschäft begründet. Das Verpflichtungsgeschäft ist ein selbstständiges Rechtsgeschäft, das die Verpflichtung zu einer Leistung begründet. Der Kaufvertrag verpflichtet nur zur Übertragung des Eigentums; hieraus erfolgt noch keine Eigentumsübertragung. Wird eine der im Verpflichtungsgeschäft übernommenen Pflichten nicht erfüllt, so kann der andere Vertragspartner seinen Erfüllungsanspruch durch Klage bzw. bei Geldschulden durch Klage oder mit gerichtlichem Mahnbescheid durchsetzen.

Das **Erfüllungsgeschäft** – auch Verfügungsgeschäft genannt – *(§ 929 BGB)* ist im Sachenrecht ein selbstständiges dingliches Rechtsgeschäft, durch das ein Recht übertragen *(z. B. § 929 Abs. 1 BGB)*, belastet *(z. B. § 1204 Abs. 1 BGB)*, geändert oder aufgehoben *(z. B. § 397 Abs. 1 BGB)* wird. Das Erfüllungsgeschäft ist ein **sachenrechtlicher Vertrag**, in dem die im Verpflichtungsgeschäft *(z. B. beim Kaufvertrag)* übernommenen Verpflichtungen eingelöst werden.

Auch im Steuerrecht hat diese Unterscheidung in Verpflichtungs- und Erfüllungsgeschäft Bedeutung: Der Umsatzsteuer unterliegt nach § 1 Abs. 1 UStG und § 3 Abs. 1 UStG erst das Erfüllungsgeschäft, der Abschluss des Verpflichtungsgeschäftes lässt i. d. R. noch keine Umsatzsteuerpflicht entstehen.

▢ Pflichten aus dem Kaufvertrag

Leistungspflichten aus dem Kaufvertrag	
Pflichten des Verkäufers:	**Pflichten des Käufers:**

(Haupt-)Verpflichtungen:
■ Übergabe der Sache (Besitzerwerb nach *§ 854 BGB*)
■ Eigentumsübertragung an der Sache (Eigentumserwerb nach *§ 929 ff. BGB*)
■ Sache muss frei sein von
  a) Sachmängeln *§ 434 BGB* und
  b) Rechtsmängeln *(§ 435 BGB)*.
■ evtl. Montagepflicht *§ 434 Abs. 2 BGB*
■ Die Sache muss an den Käufer durch den Verkäufer am rechten Ort und zur rechten Zeit in der rechten Art und Weise abgeliefert werden.
	(Haupt-)Verpflichtungen:
	■ Zahlung des vereinbarten Kaufpreises *(§ 433 Abs. 2 BGB)*
	■ Abnahme der gekauften Sache *(§ 433 Abs. 2 BGB)*
	■ Sicherung des Eigentumsvorbehaltes *(§ 449 BGB)*

(Neben-)Verpflichtungen: ■ Vorbereitung, Durchführung, Sicherung der Hauptleistung *(§ 242 Abs. 2 BGB)* ■ Aufklärungs- und Informationspflichten *(z. B. §§ 286 Abs. 3 S. 2, 355, 356, 439 Abs. 2, 447 Abs. 1, 477 Abs. 1 BGB)* ■ Gebrauchsanleitung, Einweisung ■ Übernahme der Kosten für Verpackung und Übergabe ■ Vorhaltepflicht von Ersatzteilen ■ ordnungsgemäße Rechnungsausstellung ■ Verhaltenspflichten aus *§ 242 BGB* ■ Beratungspflicht ■ Schutzpflicht ■ Sorgfaltspflicht ■ Pflicht zur Tragung öffentlicher Lasten *(§ 436 BGB)*	*(Neben-)Verpflichtungen:* ■ Verhaltenspflichten *(§ 242 BGB)* ■ gesonderte Pflichten *(z. B. §§ 447 Abs. 2, 445, 459 BGB)* ■ Mitwirkungspflicht *(vgl. auch § 640 BGB)* ■ Übernahme der Kosten der Abnahme und der Versendungskosten an einen anderen Ort als dem Erfüllungsort *(§ 448 Abs. 2 BGB)*, Übernahme der Beurkundungs- und Grundbuchkosten bei Grundstückskaufverträgen *(§ 448 Abs. 2 BGB)*

Gegenstand des Kaufvertrages können insbesondere sein

■ alle körperlichen Gegenstände,
■ Rechte:
- dingliche Sicherungs- und Verwertungsrechte *(z. B. Grundschulden, Pfandrecht, Rentenschuld, Pfandrecht an beweglichen Sachen, Reallast)*,
- immaterielle Rechte *(z. B. Patente, Gebrauchs- und Geschmacksmuster, Markenzeichen)*,
- Gesellschaftsanteile[1],   • Wertpapiere,
- Konzessionen,   • Anwartschaften,
■ Unternehmen,
■ Standardsoftware,
■ Forderungen.

---

[1]   Ausnahme: beherrschende Anteile sind als Sachkauf zu behandeln.

Zu unterscheiden sind folgende Kaufvertragstypen:

Verkäufer ist / Käufer ist	Kaufmann		Verbraucher	
Kaufmann	**Zweiseitiger Handelskauf**	*§ 433 BGB i. V. m. § 377 ff. HGB*	**Einseitiger Handelskauf**	*§ 433 BGB i. V. m. § 377 ff. HGB*
Verbraucher	**Einseitiger Handelskauf**		**Bürgerlicher Kauf** (Privatkauf)	*§ 433 BGB*
	Verbrauchsgüterkauf bei beweglichen und neuen Sachen	*§ 474 BGB*		

Kaufmann ist, wer ein Handelsgewerbe betreibt *(§ 1 ff. HGB)*.

Beim Handelskauf *(§ 433 BGB i. V. m. §§ 343, 344 HGB, §§ 373–382 HGB)* ist mindestens ein Vertragspartner Kaufmann i. S. d. *§ 1 ff. HGB*.

Inhalt des Handelskaufes sind
- der Kauf von Waren *(§ 373 ff. HGB)*,
- der Kauf von Wertpapieren *(§ 381 Abs. 1 HGB)*,
- Verträge über die Lieferung herzustellender oder zu erzeugender Sachen *(§ 381 Abs. 2 HGB)*.

Bei Verträgen mit Partnern im Ausland sollten die Vertragsparteien im Vertrag vereinbaren, ob
- das nationale Recht des Käufers,
- das nationale Recht des Verkäufers,
- ein „neutrales" nationales Recht eines anderen Landes oder
- das UN-Kaufrecht Anwendung finden soll.

Hierbei ist allerdings immer gleichzeitig zu prüfen, ob bestimmte Rechtsvorschriften die Parteiautonomie der Geschäftspartner nicht ausschließen (vgl. Kauf von Immobilien, islamisches Recht).

3.4.1 Zustandekommen eines Kaufvertrages – Verpflichtungsgeschäft

1. Fall Der Antrag (Angebot, Offerte) zum Abschluss des Kaufvertrages geht vom **Verkäufer** aus.

Der *Verkäufer* macht ein **Angebot** (= Vertragsantrag, Offerte), der Käufer nimmt das Vertragsangebot durch eine **Bestellung** (= Vertragsannahme) an.

Dem Angebot des Verkäufers kann eine rechtlich unverbindliche *Anfrage* des Käufers vorausgehen, der Bestellung des Käufers kann eine *Auftragsbestätigung* des Verkäufers folgen.

Durch das Angebot erklärt der Verkäufer, unter welchen Bedingungen er bereit ist, einen Kaufvertrag abzuschließen.

Seine Willenserklärung ist rechtlich bindend, wenn sie an eine bestimmte Person gerichtet ist und alle wesentlichen Vertragspunkte enthält:

- Art, Güte und Beschaffenheit der Ware,
- Menge der Ware,
- Preis der Ware (= Endverbraucherpreise einschl. USt, Preise für Unternehmer ohne USt),
- Preisnachlässe.

Das Angebot muss so formuliert sein, dass es durch ein bloßes **„Ja"** des Käufers angenommen werden kann.

3

| **2. Fall** | Der Antrag zum Abschluss des Kaufvertrages geht vom **Käufer** aus. |

Der Käufer macht eine **Bestellung** (= Vertragsantrag), der Verkäufer erteilt eine **Auftragsbestätigung** (= Vertragsannahme).

Der Bestellung des Käufers kann ein rechtlich unverbindliches *Angebot* des Verkäufers *(z. B. durch Katalogangebot, Schaufensterauslage, Zeitungsinserat)* oder eine rechtlich unverbindliche Anfrage beim Verkäufer vorausgehen.

Antrag und Annahme begründen das Verpflichtungsgeschäft, durch das sich die Vertragspartner zur Erbringung der geschuldeten Leistungen verpflichten. Es entsteht ein Schuldverhältnis.

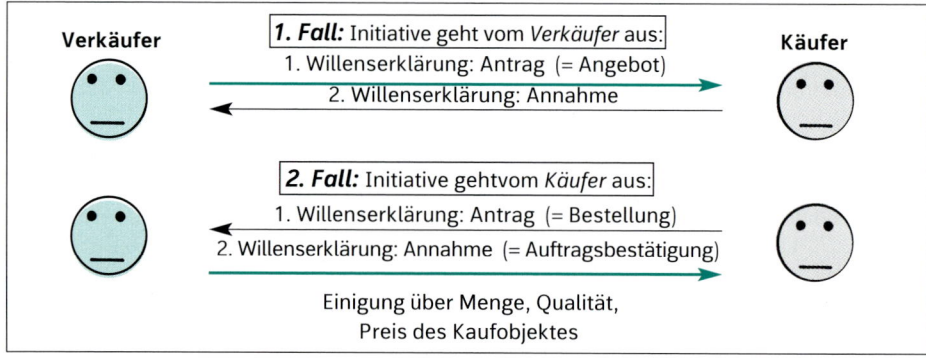

Wer einem anderen die Schließung eines Vertrages anbietet, ist an den Antrag gebunden *(§ 145 BGB).*

Es besteht keine rechtliche Bindung an den Vertragsantrag,
- wenn die Annahmeerklärung des Vertragspartners nicht rechtzeitig erfolgt,
- wenn ein rechtzeitiger Widerruf vonseiten des Antragstellers erfolgt,
- wenn das im Antrag enthaltene Angebot zeitlich befristet war und die Frist abgelaufen ist,
- wenn der rechtliche Bindungswille vom Antragsteller durch eine Freizeichnungsklausel ausdrücklich eingeschränkt worden ist.

Beispiele:

- *„unverbindliches Angebot"*
- *„freibleibend"*
- *„solange der Vorrat reicht"*

Ein **mündlicher Antrag** muss sofort angenommen werden. **Schweigen** gilt als Ablehnung.

Ausnahme: Schweigen des Kaufmanns auf Anträge gilt u. U. als Annahme *(§ 362 HGB)*.

Ein **schriftlicher Antrag** gilt so lange, wie der Eingang einer Antwort unter gewöhnlichen Umständen erwartet werden darf.

Die **verspätete Annahme** eines Antrages gilt als *neuer Antrag*.

Eine Annahme unter Erweiterungen, Einschränkungen oder sonstigen Änderungen gilt als Ablehnung des alten Antrags, verbunden mit einem neuen Antrag *(§ 150 BGB)*.

Die **Zusendung unbestellter Ware** gilt als Antrag, Schweigen als Ablehnung des Antrags, die Bezahlung des Kaufpreises als Annahme.

Aus der Lieferung unbestellter Sachen wird kein Anspruch gegen den Verbraucher begründet *(§ 241a BGB)*. Der Anspruchsausschluss umfasst insbesondere Ansprüche auf Gegenleistung und Rücksendung. Der Empfänger unbestellter und nicht gewünschter Ware ist grundsätzlich nicht zu ihrer Aufbewahrung bzw. Rücksendung verpflichtet.

Wichtige Kaufverträge sollten aus Beweisgründen schriftlich erfolgen und folgende Regelungen enthalten:

- genaue Bezeichnung der Vertragsparteien,
- Laufzeit und Kündigungsfristen,
- Gewährleistungsregeln,
- Absicherung der Zahlung,
- Allgemeine Geschäftsbedingungen,
- Inhalt des Kaufvertrages,
- Zahlungs- und Lieferungsbedingungen,
- Regelungen im Falle des Verzugs,
- Gerichtsstand,
- Regelungen bei Nichterfüllung von Vertragsbestandteilen.

3.4.2   Verbraucherverträge[1]

Rechtsgrundlagen: *§§ 310 ff. BGB Art. 246 ff. EGBGB*

Bei einem Verbrauchervertrag erbringt ein Unternehmer *(z. B. Gewerbetreibender, Freiberufler, Handwerker)* eine Leistung *(z. B. Warenlieferung, Dienstleistung)* gegen Entgelt an Verbraucher (natürliche Person) für überwiegend private Zwecke *(§ 310 Abs. 3 BGB)*.

Hier handelt es sich um **keine selbstständige Vertragsart**, es sind *z. B. Kauf-, Dienst- oder Werkverträge*.

Verbraucherverträge				
außerhalb von Geschäftsräumen geschlossene Verträge *(§§ 312, 312b BGB)*	Fernabsatzgeschäfte *(§§ 312c–k BGB)*	Verträgen im elektronischen Geschäftsverkehr *(§§ 312i–j BGB)*	Verbraucherdarlehensverträge, entgeltliche Finanzierungshilfen und Darlehensvermittlungsverträgen *(§§ 491, 506, 514, 515, 481–487 BGB)*	Verbraucherbauverträge *(§§ 650i ff. BGB)*
Art. 246 EGBGB				
Art. 246a und b EGBGB		*Art. 246 c EGBGB*	*Art. 247, 247 a EGBGB*	*Art. 249 EGBGB*

---

[1]   Vgl. auch bitte Kapitel 8.4.6.

3

Regelungen für Verbraucherverträge:

- Bei Verbraucherverträgen gelten besondere **Schutzvorschriften** zugunsten des Verbrauchers. Der Unternehmer ist verpflichtet, den Verbraucher vor Vertragsabschluss über wesentliche Punkte wie seine Identität (Name, Anschrift, Telefonnummer), Eigenschaften und Gesamtpreis der Ware, ggf. die zusätzlich anfallenden Fracht-, Liefer- oder Versandkosten, die Zahlungs- und Leistungsbedingungen, den Leistungstermin, die Laufzeit des Vertrages und Bestehen eines gesetzlichen Mängelhaftungsrechts zu informieren *(§ 312 a BGB)*.

- Steht dem Verbraucher ein Widerrufsrecht zu, hat der Unternehmer den Verbraucher in **Textform** über sein Widerrufsrecht zu belehren *(Art. 246 Abs. 3 EGBGB)*.

- Nach *§ 312a Abs. 3 BGB* kommt bei einem Vertrag mit einem Verbraucher eine verbindliche Vereinbarung auf Zahlung eines zusätzlichen Entgelts *(z. B. Bearbeitungsgebühr oder eine Reiserücktrittsversicherung)* nur mit ausdrücklicher Zustimmung des Verbrauchers zustande.

- Nach *§ 312a Abs. 4 BGB* muss in Verbraucherverträgen zumindest eine gängige und zumutbare unentgeltliche Zahlungsmöglichkeit angeboten werden, zudem dürfen die Gebühren für die angebotenen Zahlungsmittel nicht höher sein, als die tatsächlich dafür anfallenden Kosten.

- Nach *§ 312a Abs. 5 BGB* dürfen die Kosten für die Nutzung einer Telefonhotline, die für Fragen oder Erklärungen zu einem Verbrauchervertrag angeboten wird, die Kosten für die bloße Nutzung des Telekommunikationsdienstes nicht übersteigen.

- Nach *§ 312 e BGB* kann der Unternehmer vom Verbraucher Fracht-, Liefer- oder Versandkosten und sonstige Kosten nur verlangen, wenn er den Verbraucher über diese Kosten entsprechend den Anforderungen aus *§ 312d Abs. 1 BGB i. V. m. Art. 246a § 1 Abs. 1 S. 1 Nr. 4 EGBGB* informiert hat.

- Die Vertragsunterlagen für einen **Haus-, Grundstücks- oder Wohnungskauf zwischen privaten Käufern und gewerblichen Immobilienverkäufern** (Verbrauchervertrag) müssen vom **Notar** den jeweiligen Immobilienkäufern zwei Wochen vor dem Beurkundungstermin beim Notar *(§ 17 Abs. 2a BeurkG)* zur Verfügung gestellt werden, damit der Verbraucher sich mit den rechtlichen, wirtschaftlichen, steuerlichen, bautechnischen Besonderheiten des Rechtsgeschäfts vertraut macht und damit überlegen kann, welche Fragen und/oder Änderungswünsche er in das Beurkundungsverfahren einbringen möchte.
  Alle Unternehmer mit Sitz in der EU, die an Verbraucher Waren und/oder Dienstleistungen über eine Webseite oder sonst auf elektronischem Weg *(z. B. per E-Mail)* anbieten und die über die Webseite oder sonst auf elektronischem Weg vom Verbraucher bestellt werden, sind gesetzlich verpflichtet, auf ihren Webseiten mittels eines „klickbaren" Links auf die EU-Plattform zur Online-Streitschlichtung hinzuweisen.[1]

- Nach dem **Verbraucherstreitbeilegungsgesetz** *(VSBG)* sollen **Verbraucher** und **Unternehmer** – also **auch Steuerberater** – freiwillig ihre Streitigkeiten zuerst einmal in außergerichtlichen Verfahren (Mediation, Schlichtung oder Schiedsverfahren) beilegen. Unternehmer mit mehr als zehn Beschäftigten haben nach *§ 36 VSBG* allgemeine Informationspflichten gegenüber einem Verbraucher, wenn sie eine Website oder AGB verwenden. Ein Unternehmer muss den Verbraucher leicht zugänglich, klar und verständlich informieren, ob er bereit oder verpflichtet ist, an einem Streitbeilegungsverfahren vor einer Verbraucherschlichtungsstelle teilzunehmen. Ist der Unternehmer bereit, muss er auf die jeweils zuständige **Verbrau-**

---

[1] https://ec.europa.eu/consumers/odr/main/index.cfm?event=main.home.show&lng=DE.

cherschlichtungsstelle in den AGB oder auf der Webseite unter Angabe der Anschrift und Website der Schlichtungsstelle hinweisen.

Unterschieden werden **allgemeine und branchenspezifische Verbraucherschlichtungsstellen**.

Ein Antrag auf Durchführung eines Streitbeilegungsverfahrens kann an die jeweils zuständige **Verbraucherschlichtungsstelle** oder an die **allgemeine Verbraucherschlichtungsstelle**[1] über das **Online-Portal**, per **Post**, **Fax** oder **E-Mail** eingereicht werden. Streitmittler sind nach *§ 6 VSBG* Personen, die die Befähigung zum Richteramt besitzen oder zertifizierter Mediator sind.

■ Verbrauchern darf für eine **Rechnung in Papierform** kein zusätzliches Entgelt in Rechnung gestellt werden.[2]

Unternehmen, die Waren und Dienstleistungen ausschließlich auf elektronischem Wege anbieten und hierüber Verträge abschließen, können erwarten, dass ihre Vertragspartner über einen Internetzugang verfügen und in der Lage sind, die ihnen erteilten Rechnungen elektronisch aufzurufen. Diese Online-Unternehmen dürfen für Papierrechnungen ein angemessenes, den tatsächlich anfallenden Kosten entsprechendes Entgelt verlangen.

3

3.4.2.1	**Außerhalb von Geschäftsräumen geschlossenen Verträgen (AGV)**[3]

Rechtsquellen	*§§ 312, 312 b BGB*
Erklärung	Außerhalb von Geschäftsräumen geschlossene Verträge[4] liegen vor, wenn ■ ein Vertrag über eine entgeltliche Leistung, ■ außerhalb der Geschäftsräume, im Anschluss an ein überraschendes Ansprechen in Verkehrsmitteln oder im Bereich öffentlich zugänglicher Verkehrswege, ■ zwischen einem Verbraucher und einem Unternehmer bzw. dessen Vertreter bei gleichzeitiger körperlicher Anwesenheit abgeschlossen wird. **Beispiele:** *Verträge, die in der Privatwohnung, am Arbeitsplatz, im Restaurant, im Bus, im Zug oder auf allgemein zugänglichen Verkehrsflächen geschlossen wurden.*
Form	Der Unternehmer ist verpflichtet, dem Verbraucher auf Papier eine vom Unternehmer unterzeichnete Abschrift des Vertragsdokuments zu übergeben oder eine Bestätigung des Vertrages, in der der Vertragsinhalt wiedergegeben ist (Dokumentationspflichten *§ 312 f. BGB*).

---

[1] www.verbraucher-schlichter.de/ueber-uns/verbraucherschlichtungsstelle
[2] BGH Beschluss vom 19.01.2017, Az.: III ZR 296/16
[3] früher Haustürgeschäft
[4] Ausnahmen *§ 312 Abs. 3 BGB*

3

Widerruf	Der Verbraucher hat ein Widerrufsrecht. Die Widerrufsfrist beträgt 14 Tage *(§§ 312 g Abs. 1 i. V. m. 355 BGB).* **Die Frist beginnt erst zu laufen, wenn der Unternehmer bestimmte Informationspflichten in Textform erfüllt hat** *(§ 312c Abs. 2 BGB).*
	Nach *§ 356 BGB* beginnt die Widerrufsfrist bei einem Verbrauchsgüterkauf, wenn ■ der Verbraucher die Waren erhalten hat, ■ der Verbraucher mehrere Waren im Rahmen einer einheitlichen Bestellung bestellt hat und die Waren getrennt geliefert werden, sobald der Verbraucher die letzte Ware erhalten hat, ■ die Ware in mehreren Teilsendungen oder Stücken geliefert wird, sobald der Verbraucher die letzte Teilsendung oder das letzte Stück erhalten hat, ■ über einen festgelegten Zeitraum regelmäßig Waren geliefert werden sollen, sobald der Verbraucher die erste Ware erhalten hat.
	Der Tag, an dem die Ware geliefert wurde, wird bei der Ermittlung des Fristendes nicht mitgezählt *(§ 187 Abs. 1 BGB).* Bei Dienstleistungen und Downloads beginnt die Widerrufsfrist **mit Vertragsschluss**.
	Ausnahmen: § 312 g Abs. 2–3 BGB Nach *§ 312 d Abs. 2 BGB* beginnt die Widerrufsfrist nicht vor der korrekten Erfüllung der Informationspflichten gem. *§ 312 c Abs. 2 BGB*.

Keine AGV sind Bau- und Grundstückskaufverträge, Verträge über Pauschalreisen, wenn sie außerhalb von Geschäftsräumen, aber auf vorhergehende Bestellung des Verbrauchers geschlossen werden, Personenbeförderungsverträge *(z. B. Taxifahrten)*, medizinische Behandlungsverträge, Verträge, bei denen die Leistung sofort erbracht und bezahlt wird und nicht mehr als 40,00 € kostet.

3.4.2.2 Fernabsatzverträge

Rechtsquellen	*§§ 312c–312k BGB*
Erklärung	Fernabsatzgeschäfte sind entgeltliche Verbraucherverträge (B2C) ■ über die Lieferung von Waren oder über die Erbringung von Dienstleistungen, ■ wobei der Vertragsschluss seitens des Unternehmers im Rahmen eines für den Fernabsatz organisierten Vertriebs- oder Dienstleistungssystems (Verwendung von Fernkommunikationsmitteln), *z. B. Briefe, Kataloge, Telefonanrufe, E-Mails, SMS, Rundfunk und Telemedien*[1], erfolgen *(§ 312 c Abs. 1 BGB)* und ■ es sich um eine **entgeltliche** Leistung des Unternehmers handelt *(§ 312 Abs. 1 BGB)*.
	Beispiele: *Versandhandel, Bestellung per Telefon, Fax, E-Mail, Brief, Katalog, SMS, Teleshopping, Rundfunk*

---

[1] Vgl. *§ 312 b Abs. 1–2 BGB.*

Form	Nach Vertragsabschluss ist der Unternehmer verpflichtet, dem Verbraucher, innerhalb einer angemessenen Frist nach Vertragsschluss, spätestens jedoch bei der Lieferung der Ware oder bevor mit der Ausführung der Dienstleistung begonnen wird, eine Bestätigung des Vertrages zur Verfügung zu stellen. Die Bestätigung, welche den vollständigen Vertragsinhalt wiedergeben muss, ist auf einem dauerhaften Datenträger *(z. B. Brief, E-Mail etc.)* zur Verfügung zu stellen *(§ 312f Abs. 2 BGB)*.
Widerruf	Die Widerrufsfrist beträgt **14 Tage**. Sie **beginnt** grundsätzlich mit **Vertragsschluss**. Beim **Verbrauchsgüterkauf** beginnt die Widerrufsfrist erst, wenn der Verbraucher oder ein von ihm benannter anderer Empfänger die Ware erhalten hat und der Unternehmer den Verbraucher über sein Widerrufsrecht belehrt hat. Ein Muster für die **Widerrufsbelehrung** enthält Anlage 1 zu *Art. 246a § 1 Abs. 2 S. 2 EGBGB*. Erfolgt keine Widerrufsbelehrung, erlischt das Widerrufsrecht **12 Monate und 14 Tage nach Vertragsschluss** *(§ 356 Abs. 3 BGB)*.

3

3.4.2.3 Vertrag im elektronischen Geschäftsverkehr

Rechtsquellen	*§§ 312i–312j BGB*
Erklärung	Ein Vertrag im elektronischen Geschäftsverkehr liegt vor, wenn der Unternehmer sich ■ zum Zweck des Abschlusses eines entgeltlichen oder unentgeltlichen Vertrages über Waren oder Dienstleistungen ■ der Telemedien bedient. Zu den Telemedien gehören fast alle Angebote im Internet wie *z. B. Webshops, Online-Auktionshäuser, Telebanking, elektronische Post, Suchmaschinen, Webmail-Dienste, Informationsdienste (z. B. zu Wetter, Staus), Podcasts, Chatrooms, Dating-Communitys, Webportale, private Websites und Blogs (§ 1 Abs. 1 TMG)*.
Form	Der Unternehmer muss dem Verbraucher ■ **im elektronischen Geschäftsverkehr** *(z. B. über eine Webseite)* spätestens bei Beginn des Bestellvorgangs angeben, ob Lieferbeschränkungen bestehen und welche Zahlungsmittel akzeptiert werden *(§ 312j Abs. 1 BGB)*. ■ bei einem entgeltlichen Verbrauchervertrag **im elektronischen Geschäftsverkehr** vor der Bestellung klar und verständlich in hervorgehobener Weise die Informationen gem. *Art. 246 a § 1 Abs. 1 S. 1 Nr. 1, 4, 5, 11 und 12 EGBGB* zur Verfügung stellen *(§ 312j Abs. 2 BGB)*. ■ bei einem Vertrag **im elektronischen Geschäftsverkehr** die Bestellsituation so gestalten, dass der Verbraucher mit seiner Bestellung ausdrücklich bestätigt, dass er sich zu einer Zahlung verpflichtet. Diese ausdrückliche Bestätigung kann mit dem Klick auf eine gut lesbare Schaltfläche mit den Wörtern **zahlungspflichtig bestellen, kostenpflichtig bestellen** oder einer anderen eindeutigen Formulierung erfolgen *(§ 312j Abs. 3 BGB)*. Dies gilt **nicht** für Verträge über Finanzdienstleistungen.
Widerruf	Wird ein gesetzliches Widerrufsrecht eingeräumt, beträgt die Widerrufsfrist gem. *§ 355 BGB* 14 Tage; sie beginnt grundsätzlich mit Vertragsschluss.

3.4.2.4 Verbraucherdarlehen und Sonderformen

Verbraucherdarlehensverträge

Rechtsquelle	§ 491 BGB
Erklärung	**Verbraucherdarlehensverträge** sind entgeltliche und unentgeltliche Darlehensverträge zwischen einem Unternehmer *(z. B. einer Bank)* als Darlehensgeber und einem Verbraucher als Darlehensnehmer *(§ 491 Abs. 2 BGB)*.
Arten	■ Verbraucherkreditverträge ■ Immobiliar-Verbraucherdarlehensverträge Es sind Verträge, die durch Grundpfandrechte bzw. Reallasten besichert sind oder die der Finanzierung des Erwerbs und der Erhaltung von Immobilien dienen *(§ 491 Abs. 3 BGB)*.
Form	Der Vertrag ist schriftlich abzuschließen *(§ 492 Abs. 1 BGB)*, z. T. ist notarielle Beurkundung notwendig *(§§ 17 Abs. 2 a S. 2 BeurkG i. V. m. 8 ff. BeurkG)*. Fehlt die Schriftform oder eine der vorgeschriebenen Angaben *(§ 492 Abs. 2 i. V. m. Art. 247 §§ 6–13 EGBGB)*, ist der Vertrag nichtig *(§ 494 Abs. 1 BGB)*. Der Vertrag kann nach *§ 494 Abs. 2 BGB* geheilt werden, wenn der Darlehnsbetrag bereits ausgezahlt ist.
Widerruf	Entgeltliche und unentgeltliche Darlehensverträge können nach *§ 495 Abs. 1, 514 Abs. 2 i. V. m. § 355 BGB* und *§ 495 Abs. 1 BGB* schriftlich *(§ 356b BGB)* innerhalb von 14 Tagen widerrufen werden, wenn keine Ausnahmen nach *§ 495 Abs. 2–3 BGB* vorliegen. Nach *§ 356b Abs. 1 BGB* beginnt die Frist erst, wenn der Darlehensgeber dem Darlehensnehmer eine für diesen bestimmte Vertragsurkunde, den schriftlichen Antrag des Darlehensnehmers oder eine Abschrift der Vertragsurkunde oder seines Antrags zur Verfügung gestellt hat. Enthält diese Urkunde nicht die **Pflichtangaben** nach *Art. 247 §§ 6 bis 13 EGBGB*, beginnt die Widerrufsfrist erst mit der ordnungsgemäßen **Nachholung** dieser Angaben. Bei Nachholung der Angaben beträgt die Widerrufsfrist einen Monat *(§ 356b Abs. 2 BGB)*.

Verträge mit einem Nettodarlehensbetrag unter 200 € oder einer Rückzahlungsfrist innerhalb von 3 Monaten und nur geringen Kosten sind **keine** Verbraucherdarlehensverträge. Weiterhin sind die in *§ 491 Abs. 2 S. 2 BGB* aufgeführten Verträge keine Verbraucherdarlehensverträge.

Der Darlehensgeber muss dem Verbraucher zumindest eine Abschrift des Vertrages übergeben.
Automatisierte Erklärungen des Darlehensgebers müssen nicht unterzeichnet werden.
Der Vertrag muss die für den Verbraucherdarlehensvertrag vorgeschriebenen Angaben nach *Art. 247 §§ 6 bis 13 EGBGB* enthalten, insbesondere sind im Vertrag aufzulisten Gesamtkreditbetrag, Kreditkosten, Zinssatz, effektiver Jahreszins, Kontoführungsgebühren, Regelungen zur Art und Weise der Rückzahlung, zur Beendigung des Vertrags und den zu stellenden Sicherheiten.

Die Regelungen des Verbraucherdarlehensvertrages gelten **nicht** bei Überziehungskrediten für ein Girokonto *(§ 493 BGB)*.

Finanzierungshilfen

Rechtsquellen	*§§ 506, 514, 515 BGB*
Erklärung	Bei entgeltlichen und unentgeltlichen Finanzierungshilfen (Stundung und Zahlungsaufschub) gewährt ein Unternehmer einem Verbraucher einen entgeltlichen, d.h. verzinslichen Zahlungsaufschub oder eine sonstige entgeltliche Finanzierungshilfe. Die Regelungen über Verbraucherdarlehensverträge sind entsprechend anzuwenden *(§ 506 Abs. 1 BGB, §§ 495, 355 BGB)*.
Finanzierungshilfen sind auch ...	■ das **Teilzahlungsgeschäft** *(§§ 506 Abs. 3, 507f. BGB)* als Form des Zahlungsaufschubs, ■ **Finanzierungsleasingverträge** *(§ 506 Abs. 2 BGB)*, wenn der Verbraucher zum Erwerb der Sache verpflichtet ist, der Unternehmer vom Verbraucher den Erwerb der Sache verlangen kann oder der Verbraucher bei Beendigung des Vertrages für einen bestimmten Wert der Sache einzustehen hat. Es bestehen zahlreiche Ausnahmen.
Form	Verbraucherverträge über Finanzierungshilfen müssen schriftlich abgeschlossen werden *(§§ 506 Abs. 1 S. 1, 492 Abs. 1 BGB)*.
Widerruf	■ **Finanzierungshilfen** können in Textform *(§ 356a BGB)* innerhalb von 14 Tagen widerrufen werden *(§§ 495 Abs. 1 i. V. m. 355 BGB)*. ■ **Finanzierungsleasingverträge** können innerhalb von 14 Tagen widerrufen werden *(§§ 500, 495 Abs. 1 i. V. m. 355 BGB)*.

Ratenlieferungsvertrag

Rechtsquelle	*§ 510 Abs. 1 BGB*
Erklärung	Der Ratenlieferungsvertrag ist ein schriftlicher Vertrag zwischen einem Verbraucher und einem Unternehmer, der ■ die Lieferung mehrerer als zusammengehörend verkaufter Sachen zum Gegenstand hat und das Entgelt für die Gesamtheit der Sachen in Teilzahlungen zu entrichten ist, ■ die regelmäßige Lieferung von Sachen gleicher Art zum Gegenstand hat *(z. B. Zeitungsabonnement)* oder ■ die Verpflichtung zum wiederkehrenden Erwerb oder Bezug von Sachen zum Gegenstand hat.
Form	Der Ratenlieferungsvertrag bedarf der Schriftform *(§ 510 Abs. 1 BGB)*. Der Unternehmer hat dem Verbraucher den Vertragsinhalt in Textform mitzuteilen.
Widerruf	Bei Ratenlieferungsverträgen zwischen einem Unternehmer und einem Verbraucher steht dem Verbraucher nach *§§ 510 Abs. 2 i. V. m. 355 BGB* ein Widerrufsrecht mit einer Widerrufsfrist von 14 Tagen zu.

Versicherungsverträge

Rechtsquelle	*Gesetz über den Versicherungsvertrag (VVG)*
Erklärung	Der Versicherer verpflichtet sich mit dem Versicherungsvertrag, ein bestimmtes Risiko des Versicherungsnehmers oder eines Dritten durch eine Leistung abzusichern, die er bei Eintritt des vereinbarten Versicherungsfalles zu erbringen hat. Der Versicherungsnehmer ist verpflichtet, an den Versicherer die vereinbarte Zahlung (Prämie) zu leisten.

Form	Der Versicherer hat dem Versicherungsnehmer einen Versicherungs-schein in Textform, auf dessen Verlangen als Urkunde, zu übermitteln. *(§ 3 Abs. 1 VVG)*
Widerruf	Verbraucher können Versicherungsverträge ohne Angabe von Gründen widerrufen: ■ Lebensversicherungsverträge innerhalb einer Frist von 30 Tagen *(§ 152 Abs. 1 VVG)*, ■ alle anderen Versicherungsverträge mit einer Frist von 14 Tagen *(§ 8 Abs. 1 VVG)*. Die Frist beginnt nach *§ 8 Abs. 2 VVG* erst zu laufen, wenn der Versiche-rungsnehmer den Versicherungsschein, die Vertragsbestimmungen, die Allgemeinen Versicherungsbedingungen und eine Belehrung über sein Widerrufsrecht in Textform erhalten hat. Der Widerruf ist in Textform *(§ 8 Abs. 1 VVG)*, d. h. schriftlich oder in elektronischer Form (E-Mail), gegenüber dem Versicherer zu erklären. Er muss keine Begründung enthalten. Zur Wahrung der Widerrufsfrist genügt die rechtzeitige Absendung Erfolgt der Widerruf eines **Versicherungsvertrages**, wird der Vertrag derart rückabgewickelt, dass die Prämien, die bereits für die Zeit nach dem Zugang des Widerrufs gezahlt wurden, an den Versicherungsneh-mer zurückzuerstatten sind. Die Prämien für die Zeit bis zum Zugang des Widerrufs stehen dem Versicherungsunternehmen zu. Bei Lebensversicherungen muss das Versicherungsunternehmen den Rückkaufswert einschließlich der Überschusssätze oder, wenn dies für den Versicherungsnehmer günstiger ist, die für das erste Jahr gezahlte Prämie erstatten.

3.4.2.5 Verbraucherbauvertrag

Rechtsquellen	*§§ 650i ff. BGB*
Erklärung	Ein Verbraucherbauvertrag ist ein Vertrag zwischen einem Verbraucher und einem Generalunternehmer, der neben der Bauausführung auch die Planung zu erbringen hat, durch den ein Verbraucher einen Un-ternehmer mit dem Bau eines neuen Gebäudes oder mit erheblichen Umbaumaßnahmen an einem bestehenden Gebäude beauftragt *(§ 650i Abs. 1 BGB)*. Hierzu rechnen **nicht** Verträge über einzelne Gewerke beim Bau eines Gebäudes, über den Bau von Freianlagen, Bauen mit einem Architekten. Bauträgervertrag fallen nur begrenzt unter die Regelungen des Ver-braucherbauvertrages *(§ 650u Abs. 2 BGB)*. Bestandteile des Verbraucherbauvertrags sind ■ eine Baubeschreibung *(§ 650j BGB)* durch den Unternehmer in Text-form *(§ 126 b BGB)*. Der Inhalt *(§ 650k BGB)* bestimmt sich aus *Art. 249 § 2 EGBGB*; dies entfällt, wenn der Verbraucher selbst oder ein von ihm Beauftragter *(z. B. Architekt)* die wesentlichen Planungsvor-gaben erstellt. ■ verbindliche Angaben zum Zeitpunkt der Fertigstellung oder zumin-dest zur Dauer der Bauausführung *(§ 650k Abs. 3 BGB)*. Der Unternehmer muss dem Verbraucher alle Unterlagen herausgeben, die dieser zum Nachweis gegenüber Behörden oder ggf. Dritten *(z. B. KfW)* benötigt *(§ 650n BGB)*.
Form	Ein Verbraucherbauvertrag verlangt Textform *(§ 650i Abs. 2 BGB)*, an-sonsten ist er gem. *§ 125 S. 1 BGB* grundsätzlich nichtig.

Widerruf	Verbraucher haben – ausgenommen bei notariell beurkundeten Verträgen – nach *§ 650 i BGB* ein Widerrufsrecht nach *§ 355 BGB*, die Widerrufsfrist beträgt 14 Tage ab Vertragsabschluss *(§§ 356e, 357d BGB)*. Im Vertrag muss eine entsprechende Widerrufsbelehrung enthalten sein; fehlt diese, verlängert sich die Widerrufsfrist auf ein Jahr und 14 Tage. Nach *§ 356e Abs. 1 BGB* beginnt die Widerrufsfrist erst, wenn der Unternehmer den Verbraucher nach *Art. 249 § 3 EGBGB* über sein Widerrufsrecht belehrt hat. Ist die Rückgewähr der bis zum Widerruf erbrachten Leistung bei einem **Verbraucherbauvertrag** ihrer Natur nach ausgeschlossen, schuldet der Verbraucher dem Unternehmer Wertersatz *(§ 357d BGB)*.

Nach *§ 632 a Abs. 1 BGB* können Unternehmer vom Besteller für eine vertragsgemäß erbrachte Leistung eine Abschlagszahlung verlangen. Diese darf bei Verbraucherbauverträgen insgesamt 90 % der vereinbarten Gesamtvergütung nicht überschreiten *(§ 650 m BGB)*. Der Unternehmer muss dem Verbraucher eine Sicherheit für Abschlagszahlungen bei der ersten Abschlagszahlung stellen *(§ 650 m Abs. 2 BGB)*.

3.4.2.6 Widerrufsrecht

Rechtsgrundlagen: *§ 312 g Abs. 1 BGB i. V. m. §§ 355 ff. BGB*

Widerrufsformular und Widerrufsbelehrung

Steht dem Verbraucher ein Widerrufsrecht gem. *§ 312 g Abs. 1 BGB* zu, ist der Unternehmer **verpflichtet**, dem Verbraucher vor Abgabe der Vertragserklärung inhaltlich klar und verständlich in Textform zu belehren und zu informieren und das Muster-Widerrufsformular zur Verfügung zu stellen *(Art. 246 a § 1 Abs. 2 Nr. 1 EGBGB)*.

Der Gesetzgeber bietet folgende Muster an:

- Anlage 2 zu *Art. 246a § 1 Abs. 2 S. 1 Nr. 1* und *§ 2 Abs. 2 Nr. 2 EGBGB* Muster für das **Widerrufsformular**,
- Anlage 1 zu *Art. 246a § 1 Abs. 2 S. 2 EGBGB* Muster für die **Widerrufsbelehrung** bei *Außerhalb von Geschäftsräumen geschlossenen Verträgen* und bei *Fernabsatzverträgen* mit Ausnahme von Verträgen über Finanzdienstleistungen und Anlage zu *Art. 246b § 2 Abs. 3 EGBGB*,
- Anlage 10 zu *Art. 249 § 3 EGBGB* **Musterwiderrufsbelehrung für Verbraucherbauverträge**.

Stellt ein Unternehmer dem Verbraucher ein Muster-Widerrufsformular **online** bereit, muss er dem Verbraucher den Zugang des Widerrufs unverzüglich auf einem dauerhaften Datenträger *(z. B. E-Mail, Papier, USB-Stick)* bestätigen.

Der Verbraucher ist nicht verpflichtet, für die Ausübung des Widerspruchs das Muster-Widerrufsformular zu verwenden. Er kann den Widerruf auch durch eine andere eindeutige Erklärung auszuüben.

Widerrufsfrist

Die Widerrufsfrist beginnt erst, wenn der Unternehmer den Verbraucher klar und verständlich **vor** Vertragsschluss ordnungsgemäß über sein Widerrufsrecht in Papierform oder auf dauerhaftem Datenträger informiert hat *(Art. 246a § 1 Abs. 2 Nr. 1 EGBGB)*. Die Beweislast hierfür trägt der Unternehmer *(§ 361 Abs. 3 BGB)*.

Das Widerrufsrecht endet spätestens 1 Jahr und 14 Tage nach Vertragsschluss, unabhängig davon ob belehrt wurde oder nicht.
Für einen fristgerechten Widerruf kommt es auf die Absendung des Widerrufs an *(§ 355 Abs. 2 BGB)*.

Rücksendung *z. B. von Waren* ist kein Widerruf.
Die **Widerrufserklärung** ist eine einseitige empfangsbedürftige Willenserklärung. Der Widerruf ist an keine Form gebunden, aber aus Beweisgründen sollte die Widerrufserklärung per E-Mail mit Eingangs- oder Lesebestätigung, Fax mit Aufforderung einer Empfangsbestätigung oder einen Einschreiben-Rückschein-Brief versendet werden.

Der Verbrauchervertrag ist während der Widerrufsfrist schwebend wirksam.

Rechtsfolgen eines Widerrufs[1]

- Die fristgerechte Ausübung des Widerrufsrechts bewirkt, dass sowohl der Verbraucher als auch der Unternehmer an ihre auf den Abschluss des Vertrags gerichtete Willenserklärung **nicht** mehr gebunden sind, d. h., der Vertrag wird unwirksam *(§ 355 Abs. 1 BGB)*.
- Nach dem Widerruf des Verbrauchers muss der Unternehmer diesem den Kaufpreis der Ware innerhalb von 14 Tagen zurückerstatten *(§ 357 Abs. 1 BGB)*.
- Der Verbraucher hat die Kosten der Rücksendung zu tragen, wenn der Unternehmer den Verbraucher darüber unterrichtet hat *(§ 357 Abs. 6 BGB, Art. 246a § 1 Abs. 2 S. 1 Nr. 2 EGBGB)*.
- Der Unternehmer kann bei einem Verbrauchsgüterkauf die Rückzahlung solange verweigern, bis er die Waren zurückerhalten hat oder der Verbraucher den Nachweis der Absendung der Waren erbracht hat *(§ 357 Abs. 4 BGB)*.

Kein Widerrufsrecht besteht
- bei in *§ 312 Abs. 2 BGB* genannten Verträgen wie *z. B. notariellen Verträgen, Verträgen über Grundstücke, Bauverträgen, Personenbeförderung, Behandlungsverträgen, sofort erfüllten Bagatellverträgen mit einem Wert von nicht mehr als 40,00 €, Fahrgeschäften.*
- bei in *§ 312 g Abs. 2 BGB* genannten Verträgen wie *z. B. Lieferung von Waren nach Kundenspezifikation, verderblichen Waren, Gesundheits- und Hygieneartikeln, untrennbar vermischten Waren, Software, Zeitungen und Zeitschriften, Waren und Dienstleistungen, deren Preis Schwankungen unterliegt, auf die der Unternehmer keinen Einfluss hat, Beherbergung, Beförderung, Mietwagen, Speisen, Freizeitgestaltung, Versteigerungen, dringender Reparatur.*
- bei Verträgen auf dem Gebiet des Erb-, Familien- und Gesellschaftsrechts sowie auf Tarifverträge und Betriebsvereinbarungen *(§ 310 Abs. 4 BGB)*.

---

[1] Siehe auch in den einzelnen Vertragsarten ab S. 261 ff. die speziellen Widerrufsfolgen.

Nachfolgende Kürzel für Beziehungen sind üblich:

E-Commerce (elektronischer Handel)		
Teilnehmer, der die Beziehung startet	**Kennzeichnungen**	**Erklärungen**
Consumer (Kunden)	C2C Consumer-to-Consumer	Verbraucher an Verbraucher, elektronische Beziehungen zwischen Privatpersonen **Beispiele:** *Auktionshandel eBay, ciao*
	C2B Consumer-to-Business	elektronische Beziehungen zwischen Verbrauchern als Kunden und Unternehmen **Beispiel:** *Communitys, die dem Verbraucher helfen, einen bestimmten Anbieter für Güter oder Dienstleistungen zu finden.*
	C2A Consumer-to-Administration	elektronische Beziehungen zwischen Verbrauchern und Staat **Beispiel:** *Der Verbraucher gibt seine Einkommensteuererklärung elektronisch ab (ELSTER-Verfahren).*
Business (Verkäufer, Unternehmer)	B2C Business-to-Consumer	elektronische Kommunikations- oder Handelsbeziehungen zwischen Unternehmern und Verbrauchern
	B2B Business-to-Business	Geschäftsbeziehungen zwischen mindestens zwei Unternehmen
	B2A Business-to-Administration	elektronische Beziehungen zwischen Unternehmen und der öffentlichen Verwaltung **Beispiel:** *Elektronische Abgabe der Umsatzsteuer-Voranmeldung*
	B2E Business-to-Employers	elektronische Beziehungen zwischen dem Unternehmen und seinen Mitarbeitern **Beispiel:** *Intranet*
Administration (staatliche Verwaltung)	A2C Administration-to-Consumer	elektronische Beziehungen zwischen öffentlicher Verwaltung und den Verbrauchern **Beispiele:** *Die Möglichkeit,* ■ *seine Steuererklärung online abzugeben (ELSTER-Verfahren),* ■ *Behördengänge von zu Hause aus online erledigen zu können.*

3

E-Commerce (elektronischer Handel)		
Teilnehmer, der die Beziehung startet	**Kennzeichnungen**	**Erklärungen**
Administration (staatliche Verwaltung)	A2B Administration-to-Business	elektronische Beziehungen zwischen öffentlicher Verwaltung und Unternehmen **Beispiel:** *Gesetzlich erforderliche öffentliche Ausschreibung von Bauaufträgen auf den Internetseiten des Rathauses einer Stadt.*
	A2A Administration-to-Administration	elektronische Beziehungen zwischen öffentlichen Verwaltungen **Beispiel:** *Elektronischer Datenaustausch zwischen Behörden, wie z. B. zwischen dem Bundeszentralamt für Steuern und dem Finanzamt über Kapitaleinkünfte.*
	G2B Government-to-Business	Zahlungen des Staates an Unternehmen im Gegenzug für Waren und Leistungen, die Unternehmen an öffentliche Stellen geliefert haben, oder an Unternehmen als Subvention

3.4.3   Erfüllung

Das durch den Abschluss des Kaufvertrages entstandene Schuldverhältnis erlischt, indem die Vertragspartner die jeweils eingegangenen Verpflichtungen **erfüllen** *(§ 362 BGB)*, d. h., die geschuldete richtige Leistung wird in der richtigen Art und Weise zur richtigen Zeit am richtigen Ort an den richtigen Gläubiger erbracht *(§ 363 Abs. 1 BGB)*.

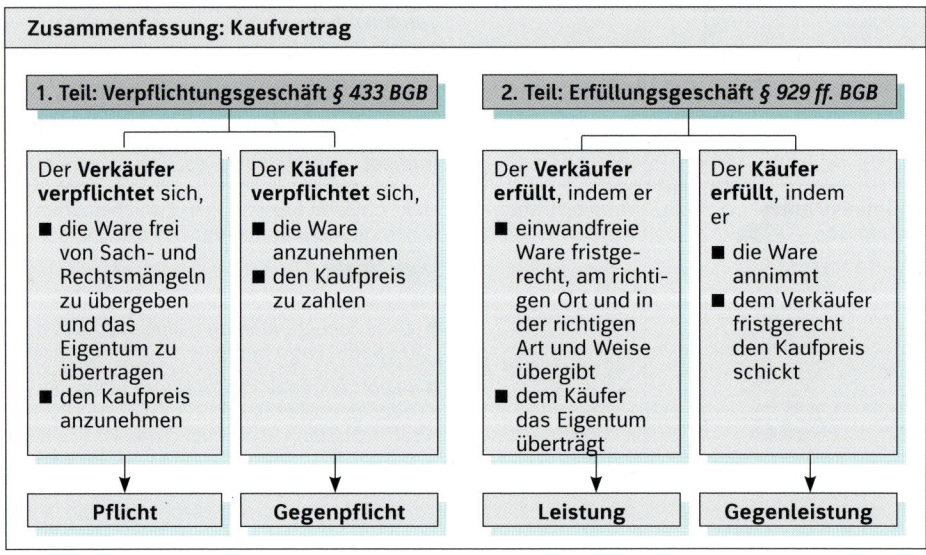

Zusammenfassung: Kaufvertrag

1. Teil: Verpflichtungsgeschäft § 433 BGB

Der **Verkäufer verpflichtet** sich,
- die Ware frei von Sach- und Rechtsmängeln zu übergeben und das Eigentum zu übertragen
- den Kaufpreis anzunehmen

→ Pflicht

Der **Käufer verpflichtet** sich,
- die Ware anzunehmen
- den Kaufpreis zu zahlen

→ Gegenpflicht

2. Teil: Erfüllungsgeschäft § 929 ff. BGB

Der **Verkäufer erfüllt**, indem er
- einwandfreie Ware fristgerecht, am richtigen Ort und in der richtigen Art und Weise übergibt
- dem Käufer das Eigentum überträgt

→ Leistung

Der **Käufer erfüllt**, indem er
- die Ware annimmt
- dem Verkäufer fristgerecht den Kaufpreis schickt

→ Gegenleistung

Durch den Kaufvertrag werden beide Vertragspartner zu gegenseitigen Schuldnern. Durch ihre Leistung am Erfüllungsort werden sie von ihren jeweiligen Verpflichtungen befreit.

Beispiel:

Frau M schließt am 15.05. einen Kaufvertrag über den Kauf eines bestimmten Pkw mit dem Händler Auto ab. Der Pkw wird am 18.06. geliefert und am 19.06. wird der vereinbarte Kaufpreis von 40 000,00 € bezahlt.

Es bestehen **drei** Rechtsgeschäfte (Verträge):

Verpflichtungsgeschäft	Erfüllungsgeschäft	Erfüllungsgeschäft
→ **Kaufvertrag**	→ **Übereignung Pkw**	→ **Übereignung Geld (Kaufpreis)**
Rechtsquelle: § 433 BGB	Rechtsquelle: § 929 S. 1 BGB	Rechtsquelle: § 929 S. 1 BGB
Zwei übereinstimmende WE: Angebot + Annahme	1. Zwei übereinstimmende WE → Einigung: Angebot + Annahme 2. Übergabe des Pkw nach § 854 BGB	1. Zwei übereinstimmende WE Einigung: Angebot + Annahme 2. Übergabe des Geldes nach § 854 BGB
Die Parteien verpflichten sich zu den nach § 433 BGB feststehenden Haupt- und Nebenpflichten.	Wechsel des Eigentums am Pkw	Wechsel des Eigentums am Geld

```
|----------------------------------------►|----------------------------------------►|
    15.05.                              18.06.                                19.06.
  Kaufvertrag                     Lieferung des Pkw                    Kaufpreiszahlung
```

Beachte:
Verpflichtungsgeschäft und Verfügungsgeschäft (= Erfüllungsgeschäft) sind jeweils selbstständige unabhängige Rechtsgeschäfte; wird *z. B. das Verpflichtungsgeschäft unwirksam, so bleibt das Verfügungsgeschäft wirksam.*

Leistungserbringung *(§§ 266 – 277 BGB)*

Der Schuldner muss die richtige Leistung zur rechten Zeit am rechten Ort in der richtigen Art und Weise an den richtigen Gläubiger erbringen.
Wenn eine der vorgenannten Voraussetzungen fehlt, darf der Gläubiger die Leistung ablehnen; der Schuldner wird aber nicht von seiner Leistungspflicht befreit.

Leistungsort

Leistungsort (= **Erfüllungsort**) ist der Ort, an dem der Schuldner die Leistungshandlung erbringen muss. Praktische Bedeutung hat der Erfüllungsort bei Transportkosten und Gefahrtragung; mittelbare Bedeutung hat er für die Zuständigkeit bei Klagen.
Erfolgsort (= **Bestimmungsort**) ist der Ort, an dem die geschuldete Leistung bewirkt wird und somit das Schuldverhältnis endet.

Holschuld	Der Leistungsschuldner (Verkäufer) muss die Ware lediglich **bereitstellen** und dem Gläubiger **anbieten**. Leistungs- und Erfolgsort sind hier identisch. *§ 269 Abs. 1, 2 BGB*: Für Fälle, in denen ein Ort für die Leistung weder bestimmt noch aus den Umständen, insbesondere aus der Natur des Schuldverhältnisses zu entnehmen ist, gilt, dass die Leistung an dem Ort zu erbringen ist, an dem der Schuldner bei der Entstehung des Schuldverhältnisses seinen Wohnsitz bzw. bei Gewerbetreibenden die gewerbliche Niederlassung hatte. Eine Konkretisierung der Ware erfolgt bei der Holschuld mit dem Aussondern und Bereitstellen zur Leistungszeit durch den Schuldner sowie mit der Information des Gläubigers *(§§ 243 Abs. 2, 269 BGB)*.
Schickschuld	Der Erfüllungsort ist beim Schuldner, *z. B. (Waren-)Verkäufer*, der Erfolgsort ist beim Gläubiger. Der Schuldner muss die Ware ordnungsgemäß verpacken, adressieren und **absenden**. Der **Leistungsort** ist der Wohn- bzw. Geschäftssitz des Schuldners *(z. B. Verkäufer)*, der Erfolgsort ist beim Gläubiger *(z. B. Käufe)*. Daraus ergibt sich dann das Problem der Gefahrtragung, d. h. der Risikozuweisung im Falle des **zufälligen Untergangs** vor Eintritt des Leistungserfolges (insbesondere beim Versendungsverkauf, s. *§§ 326 I, 447, 474 II BGB*). Das Versenden von Waren im Handelsverkehr ist eine Schickschuld.
Bringschuld	Der Leistungsschuldner (Verkäufer) muss die Ware **auf eigene Gefahr** zum Gläubiger **transportieren**. **Leistungs-** und **Erfolgsort** liegen beim Gläubiger *(z. B. Käufer)*.

Gefahrenübergang: Mit der Übergabe der verkauften Sache am Erfüllungsort geht die Gefahr des zufälligen Untergangs oder der zufälligen Verschlechterung der Ware auf den Käufer über *(§ 446 BGB)*.

Gesetzlicher Erfüllungsort ist grundsätzlich der Sitz des Schuldners zum Zeitpunkt des Vertragsabschlusses *(§§ 269, 270 BGB)*.

Als **vertraglicher Erfüllungsort** kann durch vertragliche Vereinbarung jeder beliebige Ort als Erfüllungsort vereinbart werden. Der Vertragspartner mit der wirtschaftlich stärkeren Position wird versuchen, seinen Sitz als Erfüllungsort durchzusetzen.

Warenschulden sind „Holschulden".

Geldschulden sind　• bei gesetzlichem Erfüllungsort: Schickschulden,

　　　　　　　　　　• bei vertraglichem Erfüllungsort: Bringschulden.

Beispiel:

Der Unternehmer K, Köln, kauft beim Unternehmer U, Ulm, eine Ware. Die Ware soll vom Spediteur S nach Köln gebracht werden. Es erfolgen keine Regelungen über den Erfüllungsort. Die Geldzahlung ist am 20.10.20.. fällig.
Wo liegt der Erfüllungsort bei Anwendung der gesetzlichen Regelungen?

Gesetzlicher Erfüllungsort		Vertraglicher Erfüllungsort	
Verkäufer = Schuldner der Warenlieferung (Warenschuldner)	Käufer = Schuldner des Kaufpreises (Geldschuldner)	Verkäufer = Schuldner der Warenlieferung	Käufer = Schuldner des Kaufpreises (Geld)
§ 269 BGB: Gesetzlicher Erfüllungsort für Waren ist der Wohn- oder Geschäftssitz des Warenschuldners.	*§ 270 BGB:* Gesetzlicher Erfüllungsort für Geld ist der Wohn- oder Geschäftssitz des Geldschuldners.	Der Erfüllungsort wird von den Vertragspartnern frei ausgehandelt. Der Verkäufer der Waren sowie der Käufer schulden ihre Leistung an jedem vereinbarten Ort. Meist ist der Sitz des Verkäufers der Erfüllungsort für Waren und Geld.	
Beispiel: *Gesetzlicher Erfüllungsort für Waren ist hier Ulm als Sitz des Verkäufers.*	**Beispiel:** *Gesetzlicher Erfüllungsort für Geld ist hier Köln als Sitz des Käufers.*		

Beispiel:	**Beispiel:**	**Beispiel:**	**Beispiel:**
U als Verkäufer trägt Gefahr und Kosten bis zur fristgemäßen und ordnungsgemäßen Übergabe an den Spediteur.	*K als Käufer trägt Gefahr und Kosten des Geldtransports sowie des fristgerechten „Abschickens" des Geldes.*	**Erfüllungsortverein-barung zugunsten des Verkäufers:** *Vertraglicher Erfüllungsort für die Warenlieferung ist Ulm als Sitz des Verkäufers.*	**Erfüllungsortverein-barung zugunsten des Verkäufers:** *Vertraglicher Erfüllungsort für Geld ist Ulm als Sitz des Verkäufers.*
Der Erfüllungsort bestimmt den Gerichtsstand.	Der Erfüllungsort bestimmt den Gerichtsstand.	**Erfüllungsortverein-barung zugunsten des Käufers:** *Vertraglicher Erfüllungsort für die Warenlieferung ist Köln als Sitz des Käufers.*	**Erfüllungsortverein-barung zugunsten des Käufers:** *Vertraglicher Erfüllungsort für Geld ist Köln als Sitz des Käufers.*
Beispiel: *Gerichtsstand für die Warenschulden ist hier Ulm.*	**Beispiel:** *Gerichtsstand für die Geldschulden ist hier Köln.*		
Warenschulden sind Holschulden.	**Geldschulden sind Schickschulden, d. h., der Käufer** ■ muss das Geld am Fälligkeitstag übermitteln, ■ trägt die Kosten der Übermittlung, ■ übernimmt die Gefahr der Übermittlung. **Beispiel:** *Die Zahlung muss hier bis zum 20.10. bei der Bank erfolgt sein.*	**Warenschulden sind Holschulden.**	**Geldschulden sind Bringschulden.** **Beispiel:** *Die Zahlung muss hier bis zum 20.10. beim Verkäufer (Gläubiger) eingegangen sein.*
Folgen: ■ 2 Schuldner und 2 Gläubiger ■ 2 Erfüllungsorte		**Folgen:** ■ 2 Schuldner und 2 Gläubiger ■ 1 Erfüllungsort	

Versendungskauf *(§ 447 BGB)*: Bei einer Ware, die auf Verlangen des Käufers nach einem anderen Ort als dem Erfüllungsort verschickt wird, erfolgt der Gefahrenübergang mit der Übergabe der Ware an die mit dem Versand beauftragte Person *(z. B. Frachtführer, Spediteur)*. Die Warenschuld ist hier eine Schickschuld.

Zahlungsort ist grundsätzlich der Sitz des Gläubigers *(§ 270 BGB)*:

Geldschulden sind „Bring-/Schickschulden":
Der Käufer hat, obwohl sein Sitz für die Geldschuld gesetzlicher Erfüllungsort ist, seine Zahlung auf eigene Kosten und Gefahren dem Verkäufer zu übermitteln.

> „Der Käufer bringt das Geld und holt die Ware."

■ Gerichtsstand

Ergeben sich zwischen den Vertragspartnern Streitigkeiten über die Auslegung und die Erfüllung der Vertragspflichten, so können sie die Hilfe des Gerichts in Anspruch nehmen. Der Gerichtsstand bestimmt das zuständige Gericht, bei dem der Schuldner verklagt werden kann.

Gesetzlicher Gerichtsstand	
Örtliche Zuständigkeit	Der gesetzliche Erfüllungsort ist gleichzeitig gesetzlicher Gerichtsstand: Eine Warenklage ist am Sitz des Verkäufers, eine Zahlungsklage am Sitz des Käufers einzulegen.
Sachliche Zuständigkeit	Bis zu einem Klagewert von 5 000,00 € ist das jeweilige Amtsgericht, bei Beträgen über 5 000,00 € das Landgericht zuständig.
Vertraglicher Gerichtsstand	
Nur Kaufleute und juristische Personen können durch Vertrag einen vertraglichen Gerichtsstand vereinbaren.	

3

3.4.4　Besondere Lieferungs- und Zahlungsbedingungen

Abweichend von den gesetzlichen Regelungen können zwischen Käufer und Verkäufer besondere Lieferungs- und Zahlungsbedingungen vereinbart werden.

> Die **Lieferungsbedingungen** regeln den Zeitpunkt der Lieferung und die Übernahme der Transportkosten.

- Beim **Fixgeschäft** werden für die zu erbringende Leistung folgende Punkte vereinbart:
  a) eine genau bestimmte Leistungszeit (*„Lieferung bis zum 15.11…"*, *„Lieferung am 15.05… fix"*) **und zusätzlich**
  b) die Wichtigkeit der Fristeinhaltung der Leistungszeit. Diese ist so bedeutsam, dass mit der Einhaltung der Frist „das Geschäft steht und fällt" *(BGH 17.01.1990, VIII ZR 292/88)*.

  Zu unterscheiden sind:
  - **Absolutes Fixgeschäft:** Die Einhaltung der Leistungszeit ist nach dem Inhalt des Vertrages von so wesentlicher Bedeutung, dass sie zu einem späteren als dem vereinbarten Zeitpunkt für den Leistungsempfänger (Leistungsgläubiger) sinnlos ist, d. h., die Nichteinhaltung der Leistungszeit bedeutet Unmöglichkeit *(§§ 275, 283, 326 BGB)*.

    Beispiel:

    Für Freitag, den 10.10.20.., um 10 Uhr wird ein Brautstrauß für die Trauung um 11 Uhr bestellt. Der Brautstrauß wird um 12 Uhr geliefert. Die Nichteinhaltung der Leistungszeit führt nach § 275 BGB zur Unmöglichkeit der Leistung. Der Leistungsschuldner wird von seiner Leistungspflicht nach § 275 Abs. 1 BGB befreit. Nach § 326 Abs. 1 S. 1 BGB entfällt für den Leistungsempfänger die Zahlungspflicht.

  - **Relatives Fixgeschäft:** Für die Leistung ist eine bestimmte Zeit vereinbart. Wenn diese vom Leistungsschuldner versäumt wird, führt die Nichteinhaltung der Leistungszeit nicht zur Unmöglichkeit. Die Leistung kann eventuell später erfolgen, d. h., die Leistungspflicht entfällt nicht. Der Lieferungsschuldner gerät in Verzug *(§ 323 Abs. 2 Nr. 2 BGB)*.

    Beispiel:

    Just-in-time-Vereinbarungen

  - **Fixhandelsgeschäft** *(§ 376 HGB)*: Der Kauf ist zumindest ein einseitiges Handelsgeschäft, für das eine fest bestimmte Leistungszeit (bzw. -frist) vereinbart wurde. Bei rechtzeitiger Leistung kommt der Leistungsschuldner in Verzug *(§ 286 BGB)*. Der zu ersetzende Schaden berechnet sich nach *§ 376 Abs. 2 und 3 HGB*. Für einen eventuellen Schadensersatz wegen Nichterfüllung gelten *§ 249 ff. BGB*.

■ Bei einem **Terminkauf** ist die Lieferung vertraglich bis zu einem bestimmten Datum bzw. innerhalb einer bestimmten Frist festgelegt. Die termingerechte Lieferung an den Käufer ist für den Verkäufer erkennbar wesentliche Voraussetzung für den Bestand des Kaufvertrages. Wird dieser Leistungstermin nicht eingehalten, tritt Verzug ein.

> *Beispiele:*
> - *Lieferung der bestellten Büromöbel innerhalb einer Frist von 6 Wochen*
> - *Bestellung eines Maßkleidungsstückes für einen bestimmten Anlass*

Besondere Lieferungsbedingungen	
ab Werk **ab Lager**	Der Käufer trägt sämtliche Beförderungskosten.
frei .... **(benannte Bahnstation)**	Der Verkäufer trägt die Beförderungskosten bis zur benannten Bahnstation.
frei Haus	Der Verkäufer trägt sämtliche Beförderungskosten.

Die **Zahlungsbedingungen** regeln Zeitpunkt und Art der Zahlung.

Besondere Zahlungsbedingungen	
Vorauszahlung/Anzahlung	Der Käufer muss bereits vor der Lieferung den Kaufpreis ganz oder teilweise zahlen.
Zahlungsziel (Zielkauf)	Der Käufer braucht erst nach Ablauf einer bestimmten Zeit nach Lieferung den Kaufpreis zu zahlen. Falls der Käufer in einem solchen Fall sofort zahlen möchte, wird ihm i. d. R. vom Verkäufer ein Preisnachlass (Skonto) gewährt.
Ratenzahlung	Der Käufer kann den Kaufpreis nach und nach in mehreren Teilbeträgen zahlen.

3.4.5 Leistungsstörungen bei der Erfüllung des Kaufvertrages

Das Schuldverhältnis Kaufvertrag endet durch Erfüllung, wenn die richtige Leistung zur richtigen Zeit am richtigen Ort in der richtigen Art, Menge und Güte (geschuldete Leistungspflicht) an den richtigen Gläubiger bewirkt wird *(§ 362 Abs. 1 BGB)*.

Verletzt der Käufer oder Verkäufer eine **Leistungspflicht** aus dem Kaufvertrag, so liegt eine **Leistungsstörung** vor. Die **Pflichtverletzung** des Schuldners i. S. d. *§ 280 Abs. 1 BGB* ist von der Gegenseite darzulegen und zu beweisen.

Leistungsstörungen aus dem Kaufvertrag				
Schuldner				Gläubiger
Pflichtverletzungen Verkäufer				Pflichtverletzungen Käufer
Unmöglich-keit	Schlechtleistung	Nicht rechtzeitige Leistung (Schuldnerverzug)		Annahme-verzug
		Nicht rechtzeitige Lieferung	Nicht rechtzeitige Zahlung	
	Mangelhafte Leistung	Lieferungsverzug	Zahlungsverzug	
Ausschluss der Leistungspflicht *(§ 275 BGB)*	Auftreten eines Sach- oder Rechtsmangels innerhalb der gesetzlichen Gewährleistungsfrist *(§§ 434, 438 BGB)* und Pflichtverletzungen *(§§ 280 Abs. 1 u. 3, 281 Abs. 1 S. 1, 2 Alternative, 282, 241 Abs. 2, 252 BGB)*	Nichtlieferung trotz Mahnung bzw. Nichteinhaltung des vereinbarten Liefertermins *(§ 286 BGB)*	Nichtzahlung trotz Mahnung bzw. Nichtzahlung am vereinbarten Zahlungstermin bzw. Nichtzahlung des Kaufpreises innerhalb von 30 Tagen nach Fälligkeit und Zugang der Rechnung *(§ 286 BGB)*	ordnungs-gemäße Lieferung der bestellten Ware *(§§ 293, 294 BGB)*

3.4.5.1   Pflichtverletzungen des Verkäufers (Schuldners)

▪ Unmöglichkeit der Leistung

„Unmöglichkeit" liegt vor, wenn der Schuldner eine Leistung aus tatsächlichen, terminlichen oder rechtlichen Gründen endgültig nicht erbringen kann *(§§ 275, 280, 311a, 326 BGB)*.

Beispiel:

A verkauft an B ein ganz genau bestimmtes Gebrauchtfahrzeug (Stückschuld). Vor der Übergabe wird das Fahrzeug durch Brand völlig zerstört.

▪ Mangelhafte Leistung (Schlechtleistung)

Hat eine gekaufte Sache bei Gefahrübergang einen Mangel, so liegt eine vertragliche Pflichtverletzung vor, weil aufgrund des Kaufvertrages der Verkäufer verpflichtet ist, dem Käufer die Sache frei von Sach- und Rechtsmängeln zu verschaffen *(§ 433 Abs. 1 BGB)*.

Nach **BGB** sind zwei **Mängelarten** zu unterscheiden:

Mängelarten

Sachmängel *§ 434 BGB* (Sollzustand ≠ Istzustand)	Rechtsmängel *§§ 435, 453 BGB*
Ein **Sachmangel** liegt dann vor, wenn bei Gefahrübergang ■ die Sache **nicht** die vereinbarte Beschaffenheit hat *(§ 434 Abs. 1 S. 1 BGB)*, ■ die Sache sich **nicht** zur vertraglich vereinbarten Verwendung eignet *(§ 434 Abs. 1 S. 2 Nr. 1 BGB)*, ■ die Sache sich **nicht** zur gewöhnlichen Verwendung eignet *(§ 434 Abs. 1 S. 2 Nr. 2 BGB)*, ■ die Sache **nicht** den öffentlichen Äußerungen, wie *z. B. Werbung des Herstellers/Verkäufers*, entspricht *(§ 434 Abs. 1 S. 3 BGB)*, ■ die Sache Montagemängel hat *(§ 434 Abs. 2 BGB), z. B. Montagefehler, fehlerhafte Montageanleitung*, ■ die falsche Sache geliefert wurde *(§ 434 Abs. 3 1. Hs. BGB)*, ■ eine zu geringe Menge der Sache geliefert wurde *(§ 434 Abs. 3 2. Hs. BGB)*.	Ein Rechtsmangel liegt vor, wenn das Eigentum oder der unbeschränkte Gebrauch des Kaufgegenstandes von Dritten aufgrund eines privaten oder öffentlichen Rechts beschränkt werden. Ein Rechtsmangel liegt vor, wenn ■ der Verkäufer des Rechts nicht Eigentümer ist und deshalb nicht übereignen kann, ■ die Sache mit einem Vorkaufsrecht belastet ist, ■ im Grundbuch ein Recht steht, das nicht besteht, ■ dingliche Rechte (Pfandrechte) bestehen, ■ Immaterialgüter- und Persönlichkeitsrechte (Patentrechte, Geschmacksmusterrechte, Urheberrechte, das Namensrecht oder das Recht am eigenen Bild) verletzt werden.
Rechtsmängel i. S. d. *§ 435 BGB* werden genauso behandelt wie Sachmängel *(§§ 437 ff. BGB)*.	

Hat die gekaufte Sache Mängel, kann der Käufer gesetzliche **Mängelrechte** (Mängelansprüche) geltend machen *(§ 437 BGB)*.
Es ist zu unterscheiden zwischen der Frist zur **Mängelanzeige** (Anzeigefrist) und der **Mängelfrist** (Verjährung der Mängelansprüche). Der Geltendmachung von Mängelrechten muss regelmäßig die Mängelanzeige vorangehen.

Die Mängelanzeigepflicht, auch **Rügepflicht** genannt, ist ein Begriff aus dem *HGB* und ist aus *§ 377 HGB* abzuleiten, d. h., diese **unverzügliche** Pflicht gilt **nur** für **Kaufleute** bei **Handelsgeschäften** (B2B). Nur wenn das Geschäft für beide Parteien ein Handelsgeschäft ist, gelten spezielle Pflichten für den Käufer und den Verkäufer: Der Käufer muss bei Erhalt der gewünschten Ware diese unverzüglich untersuchen und erkennbare Mängel dem Verkäufer mitteilen *(§§ 445a Abs. 4 BGB i. V. m. 377 HGB)*.

Zeigt sich der Mangel erst später (versteckter Mangel), so muss die Mängelanzeige unverzüglich nach Entdeckung erfolgen. Unterlässt der Käufer (Kaufmann) diese Anzeige, verliert er gem. *§ 377 Abs. 2 HGB* seine Mängelansprüche gegen den Verkäufer (früher Recht auf Gewährleistung).

3

Zu unterscheiden sind:

Mängel-ansprüche (früher Gewährleistungs-ansprüche)	Die Kaufsache ist mangelfrei zu übergeben. Hat die gekaufte Ware bei Gefahrübergang einen Mangel, kann der Käufer die **gesetzlichen** Mängelansprüche nach *§§ 437 ff. BGB* während der gesetzlich festgelegten Verjährungsfristen (nur) gegen den Verkäufer geltend machen.
Garantie	Zusätzlich zu den gesetzlichen Mängelansprüchen gewährt der Hersteller oder Verkäufer freiwillig vertraglich Garantieleistungen bei Mängeln an der Kaufsache für einen **vertraglich bestimmten Garantiezeitraum** *(§§ 443, 479 BGB)*. Garantieerklärungen eines Unternehmens gegenüber Verbrauchern bei Verbrauchsgüterkäufen müssen die gesetzlichen Voraussetzungen *(§ 479 BGB)* erfüllen. Weiterhin sind die Vorgaben nach *Art. 246a § 1 Abs. 1 Nr. 9 EGBGB i. V. m. § 312d Abs. 1 BGB* zu beachten. Dieses Recht kann nur gegen den Garantiegeber geltend gemacht werden.
Produkthaftung	Es muss ein Schaden in Form einer Tötung, einer Körper- oder Gesundheitsverletzung oder einer Sachbeschädigung an einer anderen Sache als dem **fehlerhaften Produkt** aufgrund der Nutzung der mangelbehafteten Kaufsache entstanden sein. Geregelt ist sie im Produkthaftungsgesetz *(ProdHaftG)*. Ansprüche entstehen unabhängig davon, ob zwischen Hersteller und Endkunde ein Vertrag geschlossen wurde. Diese Ansprüche entstehen unabhängig und zusätzlich zu den Mängelansprüchen. Ansprüche nach dem *ProdHaftG* verjähren nach 3 Jahren *(§ 12 ProdHaftG)*.

Rügefristen

Hat eine erworbene Kaufsache Mängel, muss der Käufer zur Wahrung seiner Mängelansprüche innerhalb bestimmter Verjährungsfristen den Mangel dem Verkäufer anzeigen (rügen):

■ Beim **einseitigen Handelskauf** (B2C) und beim **bürgerlichen Kauf** (C2C) gilt bei **offenen und versteckten Mängeln** an beweglichen Waren:
  • Verjährungsfrist **2 Jahre**:
    Fristbeginn mit Gefahrübergang, d. h. mit Übergabe der Sache *(§§ 438 Abs. 1 Nr. 3, 446 BGB)*
  • Verkürzung auf **1 Jahr**:
    Verjährung ist durch vertragliche Vereinbarung bei gebrauchten Sachen möglich *(§ 475 Abs. 2 BGB)*.

■ Beim **zweiseitigen Handelskauf** (B2B) besteht nach *§ 377 Abs. 1 HGB* eine unverzügliche Anzeigepflicht von Mängeln *(§ 434 BGB)* **durch den Kaufmann:**
  • **Offene Mängel:**
    Der Käufer (Kaufmann) muss nach *§ 377 HGB* bei Wareneingang die Ware unverzüglich auf offen erkennbare Mängel prüfen und diese ggf. sofort dem Verkäufer mitteilen.
  • **Versteckte Mängel:**
    Sie werden nicht bei der unverzüglichen Prüfung entdeckt und sind erst später erkennbar. Sie müssen unverzüglich nach der Entdeckung und innerhalb der Gewährleistungsfrist von 2 Jahren gemeldet werden, wenn diese nicht vertraglich verlängert wurde.

- **Arglistig verschwiegene Mängel:**
  Verjährungsfrist **3 Jahre**. Fristbeginn ist der Schluss des Jahres nach Kenntnis des Anspruchs und des Schuldners *(§§ 438 Abs. 3, 195 BGB)*.
- Verjährungsfrist **5 Jahre** bei einem **Bauwerk** und bei einer Sache *(Baustoffe)*, die die Mangelhaftigkeit eines Bauwerkes hervorgerufen haben *(§§ 438 Abs. 1 Nr. 2, 634a Abs. 1 Nr. 2 BGB)*. Ist die Sache nicht mit dem Gebäude fest verbunden, gilt die Verjährungsfrist von 2 Jahren.
- Verjährungsfrist **30 Jahre**, wenn die Kaufsache aufgrund eines dinglichen Rechts *(z. B. Eigentum)* eines Dritten von diesem herausverlangt werden kann *(§ 438 Abs. 1 Nr. 1 BGB)*.

Unterbleibt eine Mängelanzeige, gilt die Ware als ordnungsgemäß geliefert.

Rechtsfolgen der ordnungsgemäßen Mängelanzeige

Der Käufer kann seine Mängelansprüche nach *§§ 434 ff. BGB* sowie Ansprüche aus *§§ 280 Abs. 1 + 3, 281 Abs. 1 S. 1 BGB* nur abgestuft geltend machen:

1. Schritt:
Der Käufer muss dem Verkäufer zuerst eine angemessene Nachfrist *(§ 281 Abs. 1 BGB)* zur **Nacherfüllung** setzen, bevor andere Mängelansprüche angemeldet werden können. Die Nachfrist ist entbehrlich, wenn der Verkäufer die Lieferung ernsthaft oder endgültig verweigert *(§ 281 Abs. 2 BGB)*.
Der Käufer hat beim Anspruch auf **Nacherfüllung** *(§§ 437 Nr. 1, 439 BGB)* ein Wahlrecht zwischen:

- **Nachbesserung**, also Beseitigung des Mangels (Reparatur) und
- **Neulieferung** durch Lieferung einer mangelfreien Sache.

Die Möglichkeit der Nacherfüllung kann verweigert werden, wenn diese unmöglich ist oder mit unverhältnismäßig hohem Aufwand oder Kosten verbunden ist *(§ 439 Abs. 4 BGB)*.
Erst wenn ein **zweiter** Nachbesserungsversuch des Verkäufers *(§ 440 Abs. 2 BGB)* fehlgeschlagen ist, der Verkäufer die Nacherfüllung verweigert hat oder aufgrund besonderer Umstände des Einzelfalles die Nacherfüllung nicht möglich ist (Just-in-time-Lieferung, Fixgeschäft), kann der Käufer **weitere Mängelansprüche** geltend machen *(§ 440 BGB)*.

2. Schritt:
Weitere Mängelansprüche sind:

- **Minderung** des Kaufpreises oder
- **Rücktritt** vom Vertrag und / oder
- **Schadensersatz** statt Leistung oder Ersatz vergeblicher Aufwendungen.

Der Verkäufer trägt die zum Zwecke der Nacherfüllung erforderlichen **Kosten** *(§ 439 Abs. 2–3 BGB)*.
Nach *§ 439 Abs. 3 BGB* ist der Verkäufer von **Baumaterialien** im Rahmen der Nacherfüllung verpflichtet, dem Käufer auch die Kosten des Aus- und Einbaus zu erstatten.
Zusätzlich kann der Käufer die Zahlungsverweigerungseinrede gem. *§ 438 Abs. 4 BGB* erheben.

3

Rechte des Käufers aufgrund von Sachmängeln

Tatbestand: Es liegt ein wirksamer Kaufvertrag vor, aber die gelieferte Leistung des Verkäufers ist mangelhaft. **Sachmangel** *(§ 434 BGB)*

Rechtsfolgen: Käufer erhält den **Anspruch auf Nacherfüllung** nach *§§ 437 Nr. 1 i. V. m. § 439 BGB*: Er kann wählen zwischen
1. **Beseitigung des Mangels** (Nachbesserung, *§ 440 Abs. 2 BGB*)
2. Recht auf **mangelfreien Ersatzlieferung** und Rückgewähr der mangelhaften Sache *(§ 439 Abs. 4 BGB i. V. m. § 346 Abs. 1 BGB)*
Die zur Nacherfüllung erforderlichen Aufwendungen trägt der Verkäufer nach *§ 439 Abs. 2 BGB* (für Verbraucher *§ 475 Abs. 6 BGB*).
Erfüllungsort für die Nacherfüllung ist beim Verkäufer.

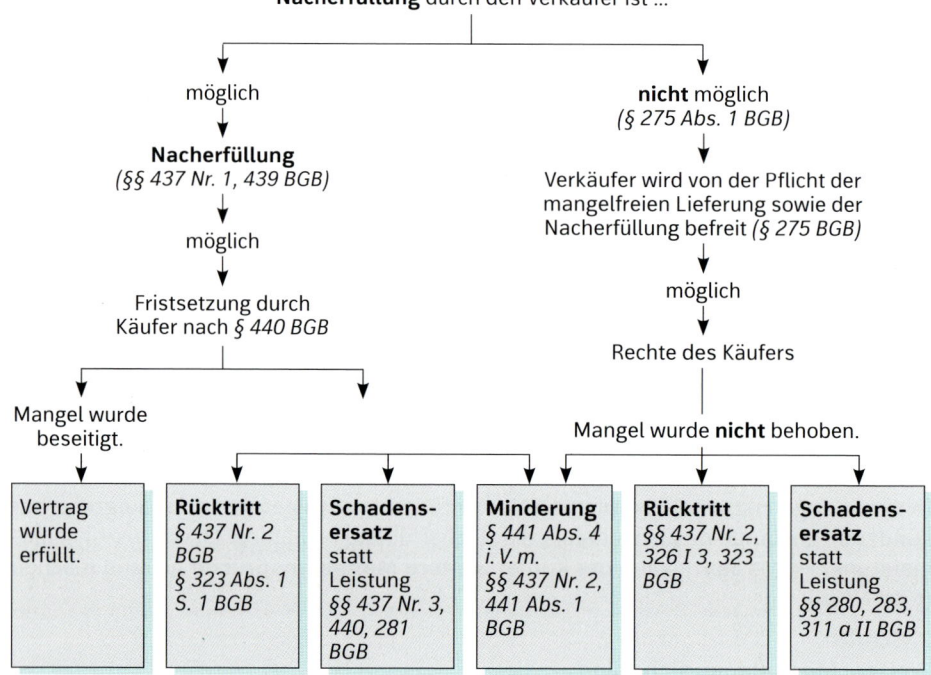

Nacherfüllung durch den Verkäufer ist …

möglich → **Nacherfüllung** *(§§ 437 Nr. 1, 439 BGB)* → **möglich** → Fristsetzung durch Käufer nach *§ 440 BGB*

nicht möglich *(§ 275 Abs. 1 BGB)* → Verkäufer wird von der Pflicht der mangelfreien Lieferung sowie der Nacherfüllung befreit *(§ 275 BGB)* → **möglich** → Rechte des Käufers

Mangel wurde beseitigt. — Mangel wurde **nicht** behoben.

| Vertrag wurde erfüllt. | **Rücktritt** § 437 Nr. 2 BGB § 323 Abs. 1 S. 1 BGB | **Schadens- ersatz** statt Leistung §§ 437 Nr. 3, 440, 281 BGB | **Minderung** § 441 Abs. 4 i. V. m. §§ 437 Nr. 2, 441 Abs. 1 BGB | **Rücktritt** §§ 437 Nr. 2, 326 I 3, 323 BGB | **Schadens- ersatz** statt Leistung §§ 280, 283, 311 a II BGB |

■ Rücktritt vom Vertrag

Der Käufer kann vom Vertrag nach *§§ 437 Nr. 2, 323, 346 ff. BGB* zurücktreten, wenn die Nacherfüllung innerhalb einer angemessenen Frist zweimal fehlgeschlagen, unmöglich oder unzumutbar ist *(§ 440 S. 2 BGB)*. Der Rücktritt muss vom Käufer gegenüber dem Verkäufer erklärt werden *(§ 349 BGB)*.

Ein wirksamer Rücktritt verlangt einen Rücktrittsgrund *(§§ 437 Nr. 2 i. V. m. 323 BGB)*. Dieser kann

• ein vertraglich vereinbarter Rücktrittsgrund *(§ 346 Abs. 1 1. Hs. BGB)* oder
• ein gesetzlicher Rücktrittsgrund *(§ 346 Abs. 1 2. Hs. BGB)* sein.

Bei Mängelansprüchen des Käufers aufgrund eines wirksamen Kaufvertrages sind gesetzliche Rücktrittsgründe nach *§ 437 Nr. 2 BGB*:

• Verzug der Leistung *(§ 323 Abs. 1 BGB)* und
• Unmöglichkeit der Leistung *(§ 326 Abs. 5 BGB)*.

Aufgrund der Erklärung des Rücktritts durch den Käufer gegenüber dem Verkäufer sind die empfangenen Leistungen zurückzugewähren und die gezogenen Nutzungen herauszugeben. Ist dies nicht möglich, ist Wertersatz zu leisten *(§§ 346, 347 BGB)*. Ein Rücktritt kann nicht verjähren, aber es ist zu prüfen, ob ein Rücktritt unwirksam ist, weil der Anspruch auf die Nacherfüllung verjährt ist *(§ 218 Abs. 1 S. 1 BGB)*.

■ **Schadensersatz statt Leistung**
Der Anspruch auf die Leistung ist ausgeschlossen, sobald der Gläubiger statt der Leistung Schadensersatz verlangt hat *(§ 284 Abs. 4 BGB)*. Schadensersatz statt Leistung nach *§ 280 Abs. 3 BGB* kann nur unter den zusätzlichen Voraussetzungen der *§§ 281 ff. BGB* gefordert werden.
Der Käufer kann Schadens- oder Aufwandsersatz gem. *§§ 437 Nr. 3 BGB i. V. m. 280 Abs. 1 S. 3, 281 Abs. 1 S. 1 BGB* vom Verkäufer verlangen, wenn der Verkäufer den Sachmangel zu vertreten hat und dem Käufer nachweislich Kosten bzw. Schäden dadurch entstanden sind. Der Verkäufer muss auch Mangelfolgeschäden ersetzen, wenn er den Schaden zu vertreten hat *(§ 280 Abs. 1 BGB)*.

■ **Schadensersatz neben der Leistung**
Der Anspruch auf Erfüllung der Leistung bleibt erhalten. Daneben gilt es, den Schaden zu ersetzen. Der Käufer ist so zu stellen, als sei der Schaden nicht entstanden. Der Schadensersatz ist ein Geldbetrag zur Wiederherstellung des geschädigten Rechtsguts, zum Ausgleich eines Minderwertes *(§§ 437 Nr. 3, 280 Abs. 1 BGB)*.

■ **Minderung des Kaufpreises**
Statt des Rücktritts kann der Käufer durch eine Minderungserklärung gegenüber dem Verkäufer den Kaufpreis mindern *(§§ 437 Nr. 2, 441 Abs. 1 BGB)*, wenn er dem Verkäufer erfolglos zuvor eine angemessene Frist zur Nacherfüllung eingeräumt hat *(§§ 441, 281 BGB)*. Der Verkäufer ist dem Käufer darüber hinaus zum Ersatz des ggf. entstandenen Schadens verpflichtet.

Besonderheit beim Verbrauchsgüterkauf *(§§ 474–479 BGB)*

Ein Verbrauchsgüterkaufvertrag ist ein Kaufvertrag über eine bewegliche Sache zwischen einem Verkäufer *(§ 14 BGB)* und einem Unternehmer *(§ 13 BGB)*, bei dem der Unternehmer neben dem Verkauf einer beweglichen Sache die Erbringung einer Dienstleistung als Nebenleistung schuldet. Dazu zählt neben der verkauften Sache auch das möglicherweise vereinbarte Montieren, Installieren oder Anpassen.

Zu den **besonderen Bedingungen** des Verbrauchsgüterkaufs zählen:

■ Die **Gewährleistungsansprüche** des Käufers mit Ausnahme des Schadensersatzanspruchs dürfen nicht durch vertragliche Vereinbarung beschränkt werden. Zeigt sich innerhalb von sechs Monaten seit Gefahrübergang ein Sachmangel, so wird vermutet, dass die Sache bereits bei Gefahrübergang mangelhaft war, es sei denn, diese Vermutung ist mit der Art der Sache oder des Mangels unvereinbar *(§ 477 BGB)*. In einem solchen Fall muss der Verkäufer beweisen, dass der Mangel erst nachträglich entstanden ist (Beweislastumkehr).

■ Beim **Versendungskauf** ist es grundsätzlich so, dass die Gefahr der Verschlechterung oder des Untergangs der Sache mit der Übergabe der Sache an die Transportperson vom Verkäufer auf den Käufer übergeht *(§ 447 BGB)*. Für den Verbraucherkaufvertrag ist *§ 447 BGB* nicht anwendbar. Das bedeutet, dass die Gefahr der Verschlechterung oder des zufälligen Untergangs der Kaufsache beim Verbraucherkaufvertrag erst mit Ablieferung beim Käufer durch den Verkäufer auf den Kunden übergeht.

- Übernimmt der Verkäufer eine **Garantie** *(§ 479 BGB),* muss die Erklärung in Textform beim Verbrauchsgüterkauf einen Hinweis auf die gesetzlichen Rechte des Käufers enthalten, dass diese nicht eingeschränkt werden, den räumlichen Geltungsbereich und die Dauer angeben sowie Angaben, die dem Käufer ermöglichen, die Garantieansprüche geltend zu machen (Namen und Anschrift des Garantiegebers), enthalten.
- Wurde für die Leistungen keine Zeit bestimmt, kann der Kunde einer Verbrauchsgüterleistung nur verlangen, dass die Leistung **unverzüglich** bewirkt wird *(§ 474 Abs. 3 BGB).* Die Parteien können die Leistungen sofort bewirken *(§§ 474 Abs. 3 S. 3, 271 Abs. 2 BGB).* Der Unternehmer muss seine Pflicht zur Übergabe der Sache in diesem Fall spätestens 30 Tage nach Vertragsschluss erfüllen.

> **Beispiel:**
>
> *Mangelhaftung Verbrauchsgüterkauf*
> *Die Privatperson P kauft beim Kaufmann K einen Fotoapparat des Herstellers H für 400,00 € am 05.05.10.*
> *Der Hersteller H gibt eine Garantie von 12 Monaten ab Kaufdatum.*
> *Für alle Mängel, die innerhalb von 6 Monaten nach Kaufdatum 05.05.10 auftreten, muss der Kaufmann K als Verkäufer eintreten.*
> *Für Mängel, die innerhalb von 12 Monaten nach Kaufdatum eintreten, gibt der Hersteller (nicht der Verkäufer!) eine Garantie.*
> *Für Mängel, die erst nach 12 Monaten nach Kaufdatum eintreten, wird nur eine Mängelhaftung übernommen, wenn die Privatperson P als Käufer nachweisen kann, dass der Mangel im Zeitpunkt der Übergabe vorhanden war.*

Verletzung einer Neben- oder Schutzpflicht

Die Vertragsparteien haben im Rahmen der Erfüllung der vertraglichen oder gesetzlichen Pflichten aus einem Vertrag nicht nur die geschuldeten (Haupt-)Leistungen ordnungsgemäß zu erbringen, sondern sie müssen bei der Erfüllung auch auf die sonstigen Rechtsgüter des Vertragspartners angemessen Rücksicht nehmen und Verletzungen/Beschädigungen vermeiden. Man spricht bei diesen Pflichten von **nicht leistungsbezogenen Nebenpflichten** *(§§ 241, 242 BGB).*

Formen der Pflichtverletzung:

- Verletzung einer Hauptpflicht *(z. B. Leistung einer mangelhaften Kaufsache, § 433 Abs. 1 S. 2 BGB),*
- Verletzung einer leistungsbezogenen Nebenpflicht *(z. B. mangelhafte Beratung, Aufklärung, Verpackung, Anlieferung, Aufstellung),*
- Verletzung einer nicht leistungsbezogenen Nebenpflicht *(z. B. Zerstörung einer wertvollen Vase bei Handwerkerarbeiten in der Wohnung, § 241 Abs. 2 BGB).*

Die nicht leistungsbezogenen Nebenpflichten aus einem Schuldverhältnis sind zu unterteilen in:

- **Aufklärungspflichten:**
  Jede Vertragspartei muss die andere Partei über wesentliche Umstände des Geschäftes aufklären *(§§ 666, 242 BGB).*

  > **Beispiel:**
  >
  > *V verkauft an K ein gebrauchtes Auto und verschweigt, dass das Fahrzeug einen Unfallschaden hat.*

■ **Schutzpflichten**:

Rechtsgüter der anderen Partei *(z. B. Eigentum, Gesundheit)* dürfen bei der Abwicklung des Vertrages nicht verletzt werden *(§ 241 Abs. 2 BGB)*.

> **Beispiel:**
>
> *Verhaltenspflichten wie z. B. keine Beschädigung vorhandener Möbel bei Anlieferung eines neuen Backofens, Aufklärungspflichten, Rücksichtnahmepflichten, nachwirkende Fürsorgepflichten.*

Verletzungen dieser nicht leistungsbezogenen Nebenpflichten lösen Schadensersatzansprüche aus, wenn die Partei die Pflichtverletzung zu vertreten hat *(§§ 280 Abs. 1 i. V. m. 276 ff. BGB)*. Ansprüche aus § 280 Abs. 1 BGB verjähren nach **3 Jahren** *(§ 195 BGB)*.

> **Beispiel:**
>
> *K betritt die Gemüseabteilung des Supermarktes S GmbH. In einem Gang rutscht er auf einer am Boden liegenden zerquetschten Tomate aus und kugelt sich den Arm aus, so dass er ärztlich behandelt werden muss. Nach Aussagen von Zeugen liegen die Tomaten schon länger auf dem Boden. Geschäftsführung und Angestellte des Supermarktes haben dies nicht gesehen. K möchte von S die Behandlungskosten für den Arzt ersetzt bekommen.*
>
> *Lösung:*
> *Schadensersatz kann K nur fordern, wenn gem. § 280 Abs. 1 BGB zwischen K und S ein Schuldverhältnis besteht. Hierzu ist nach § 311 Abs. 1 BGB ein Vertrag notwendig.*
> *Nach § 241 Abs. 2 BGB entsteht ein Schuldverhältnis gem. § 311 Abs. 2 BGB auch durch*
> *1. Vertragsverhandlungen (§ 311 Abs. 2 Nr. 1 BGB),*
> *2. die Anbahnung eines Vertrages (§ 311 Abs. 2 Nr. 2 BGB) oder*
> *3. durch ähnlich geschäftliche Kontakte (§ 311 Abs. 2 Nr. 3 BGB).*
> *Parteien des Schuldverhältnisses i. S. d. § 311 Abs. 2 BGB sind die Parteien des in Aussicht genommenen Vertrages. K hat sich in den Einflussbereich des S begeben mit der Absicht, Ware zu kaufen oder um geschäftlichen Kontakt anzubahnen, d. h., es muss noch kein konkreter Vertragsabschluss stattgefunden haben. Auch ein Informationsbesuch würde ausreichen.*
> *Aus § 241 Abs. 2 BGB ergeben sich Schutzpflichten, insbesondere sind die potentiellen Käufer im Bereich des Supermarktes vor Gefahren zu schützen. Eine solche Gefahr stellt die herumliegende und nicht umgehend entfernte zerquetschte Tomate dar.*
> *Der Supermarkt öffnet seine Verkaufsräume für die Öffentlichkeit, dabei hat S als Gewerbetreibender Vorkehrungen zu treffen, um Gefahrenquellen, die Personen gefährden könnten, zu vermeiden. Es gehört zur Verkehrspflicht des S, vertreten durch den Geschäftsführer und seine Mitarbeiter, die Gefahrenquelle umgehend zu beseitigen.*
> *S muss sich die schuldhafte Pflichtverletzung gem. § 278 BGB zurechnen lassen.*
> *Der Personenschaden ist durch die Pflichtverletzung herbeigeführt worden.*
> *K hat einen Schadensersatzanspruch gegen S gem. §§ 280 Abs. 1, 311 Abs. 2, 241 Abs. 2, 249 Abs. 2 S. 1 BGB.*

Nicht rechtzeitige Lieferung (Lieferungsverzug)

> **Lieferungsverzug** (Schuldnerverzug) liegt vor, wenn der Verkäufer (Schuldner) die vereinbarte Ware **nicht** zur bestimmten Lieferzeit am vereinbarten Lieferort an den richtigen Käufer (Gläubiger) der Ware übergibt und die Lieferung vom Käufer angemahnt wurde, d. h., der Lieferant verletzt eine Pflicht zur Lieferung aus dem Kaufvertrag.

3

Rechtsfolgen des Lieferverzugs

Käufer setzt *keine Nachfrist*.	Käufer setzt *angemessene Nachfrist*, aber läuft erfolglos ab.

■ Die Lieferung ist weiterhin fällig.
■ Der Käufer kann **sowohl** die Lieferung der Kaufsache **als auch** Ersatz des Verzögerungsschadens verlangen. **Schadensersatz wegen Verzögerung** nach *§§ 280 Abs. 2 i. V. m. 286 BGB* kann verlangt werden, wenn
  • der Lieferer den Lieferverzug verschuldet,
  • der Käufer die Lieferung angemahnt hat oder die Mahnung nach *§ 286 Abs. 2 BGB* entfallen kann und
  • die Lieferung noch erbracht werden kann.
Verzögerungsschaden ist ein Schaden (Produktionsausfälle, Anwaltskosten), der aufgrund der verspäteten Lieferung der Kaufsache entsteht. Der Käufer will weiter die Ware. Der Kaufvertrag bleibt bestehen und der Käufer verliert den Anspruch auf Lieferung der Ware nicht.
	Nach der **erfolglosen Nachfrist** kann der Käufer **anstatt der Lieferung** verlangen:
	■ **Rücktritt** vom Vertrag durch Rücktrittserklärung *(§§ 323, 349 BGB)* mit Angabe des Rücktrittsgrundes. Dies bedeutet, der Vertrag wird rückgängig gemacht *(§§ 348, 320 BGB)*, die empfangenen Leistungen sind zurückzugewähren und die gezogenen Nutzungen herauszugeben *(§§ 346 Abs. 1, 346 ff. BGB)*.
	■ **Schadensersatz statt Leistung**
	Der Käufer kann Ersatz des entstandenen Schadens vom Verkäufer verlangen, wenn die Lieferung endgültig ausbleibt *(§§ 280 Abs. 1–3 i. V. m. 281–283 BGB)*.

Beispiel:

Der Käufer benötigt das Partyzelt für eine Geburtstagsparty am 23. April 2018 bis zum 20. April um 18:00 Uhr und sieht sich gezwungen, die Ware bei einem anderen Lieferanten zu kaufen, wenn nicht rechtzeitig geliefert wird. Der Käufer droht mit der Ablehnung der Lieferung für den Fall, dass bis zum Ablauf der Frist nicht geliefert wird. Danach kann der Käufer bei einem anderen Lieferanten die Ware kaufen. Wenn für diesen Deckungskauf ein höherer Preis gezahlt werden muss, kann er Schadensersatz in Höhe des Differenzbetrages verlangen.

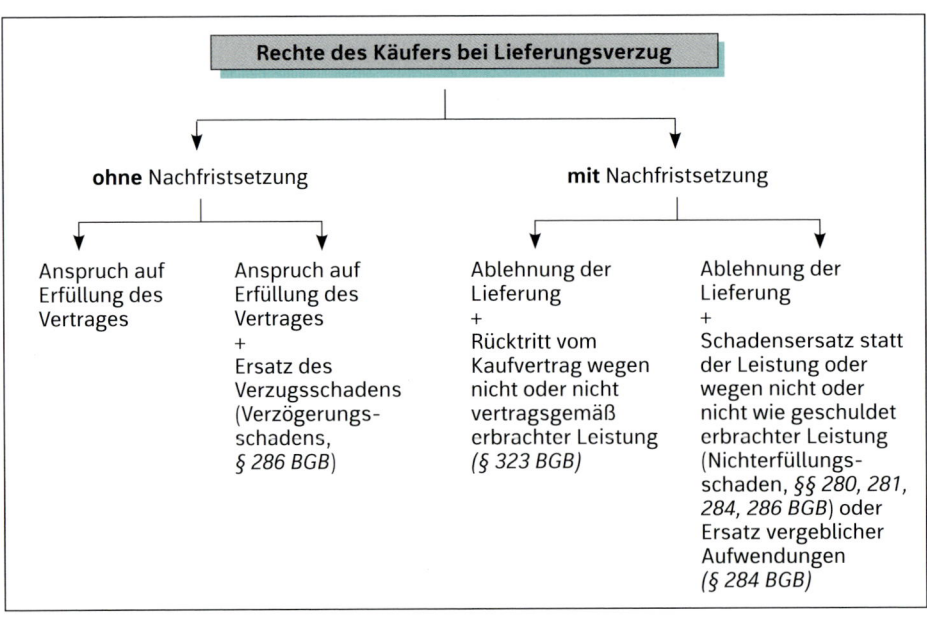

Die **Mahnung** kann entfallen, wenn

- der Verkäufer die Lieferung verweigert,
- eilbedürftige Pflichten vorliegen,

Wasserrohrbruch, Warnpflichten, um drohende Schäden zu vermeiden

- der Liefertermin kalendermäßig bestimmt oder bestimmbar ist,

18. Mai 2018, 44. Kalenderwoche in 2018

- Zweckkauf vorliegt.

3

Die Mahnung muss der Käufer nachweisen können, deshalb sollte die Mahnung *z. B. per Einschreiben mit Rückschein oder Fax* versendet werden.

Anstelle von Schadensersatz statt Leistung kann der Käufer den Ersatz vergeblicher Aufwendungen (Vertragskosten) verlangen *(§ 284 BGB)*.

Der Verkäufer kommt nicht in Lieferungsverzug, wenn die Leistung infolge eines Grundes nicht erfüllt wird, den der Verkäufer nicht zu vertreten hat.

Hochwasser, Erdbeben, Streik

3.4.5.2 Pflichtverletzungen des Käufers

■ Nicht rechtzeitige Zahlung (Zahlungsverzug)

Die Zahlung einer **Geldforderung** gilt als erfüllt

- mit Übergabe des Geldes an den Gläubiger,
- ab Eingang des Geldes auf dem Konto des Gläubigers.

Die **Zahlungsfrist** beginnt zum Zeitpunkt des Empfangs der Gegenleistung. Hierbei wird unterstellt, dass der Zeitpunkt des Rechnungszugangs und der Zeitpunkt des Empfangs der Gegenleistung übereinstimmen. Geht die Rechnung des Gläubigers erst später beim Zahlungsschuldner ein, ist entweder der Zeitpunkt des Rechnungszugangs oder der in der Rechnung vom Gläubiger benannte Zahlungszeitpunkt maßgeblich.

Geld hat der Schuldner auf seine Gefahr und seine Kosten dem Gläubiger an dessen Wohnsitz/Sitz zu übermitteln *(§ 270 Abs. 1 BGB)*.

> Der **Schuldner einer Geldforderung** gerät in Zahlungsverzug, wenn er den vertraglich fälligen Geldbetrag trotz Mahnung schuldhaft nicht zahlt.
> Die Mahnung kann in den Fällen des *§ 286 Abs. 2 BGB* entfallen.

Fälligkeit einer (Geld-)Forderung ist der Leistungszeitpunkt, von dem ab der Gläubiger die Zahlung verlangen kann und der Schuldner die Leistung zu bewirken hat *(§ 271 BGB)*.

Fälligkeit bedeutet aber nicht automatisch Verzug.

Entgeltforderungen sind alle Forderungen, bei denen zuvor eine Gegenleistung erfolgt ist.

Beispiele:

- *Kaufpreisforderungen als Geldforderungen,*
- *Dauerschuldverhältnisse wie z. B. Lohnanspruch, Mietzins.*
- *Bei verspäteter oder unvollständiger Lohnzahlung durch den Arbeitgeber kann der Arbeitnehmer nach § 288 Abs. 5 BGB als Gläubiger einer Entgeltforderung neben dem Ersatz des entstandenen konkreten Schadens zusätzlich eine Pauschale in Höhe von 40,00 € beanspruchen.*

Grundsätzlich ist die Geldforderung aufgrund einer Rechnung sofort fällig.

Voraussetzungen Zahlungsverzug
Allgemeine Voraussetzungen: ■ Es muss ein Schuldverhältnis *(z. B. Kaufvertrag)* bestehen, die Geldzahlung muss fällig und rechtlich durchsetzbar sein *(z. B. keine Einrede der Verjährung).* ■ Der Schuldner hat den Zahlungsverzug zu vertreten *(§ 280 Abs. 1 S. 2 BGB).* **Besondere Voraussetzungen:** **1. Variante:** Der Zeitpunkt der Zahlung ist **kalendermäßig** genau bestimmt *(z. B. durch Festlegung des Datums der Fälligkeit)* oder durch einen unbestimmten Leistungszeitpunkt *(z. B. Woche, Monat)* kalendermäßig bestimmbar. *Folge:* Der Schuldner eines Rechnungsbetrages gerät ohne Mahnung in Verzug, wenn ein bestimmter oder unbestimmter Leistungszeitpunkt **nicht** eingehalten wurde *(§ 286 Abs. 2 Nr. 1–2 BGB).* Der Verzug beginnt bei kalendermäßig bestimmter oder berechenbarer Leistungszeit mit dem Ablauf des Tages, an dem die Leistung spätestens erbracht werden musste. **2. Variante:** Der Geldschuldner wird **gesondert** durch **Mahnung** aufgefordert, die fällige Zahlungsschuld zu erfüllen. *Folge:* Durch die Mahnung kommt der Schuldner in Zahlungsverzug *(§ 286 Abs. 1 BGB).* Der Verzug beginnt mit dem Zugang der Mahnung und bei kalendermäßiger Leistungszeit mit Ablauf des Tages, an dem die Zahlung spätestens zu erbringen war. Auf eine Mahnung kann nach *§ 286 Abs. 2 BGB* verzichtet werden, wenn ■ die Leistung kalendermäßig bestimmt oder bestimmbar ist, ■ der Schuldner die Leistung ernsthaft und endgültig verweigert, ■ aus besonderen Gründen unter Abwägung der beiderseitigen Interessen der sofortige Eintritt des Verzugs gerechtfertigt ist. **3. Variante:** Für die Zahlung wurde der Zahlungstermin weder kalendermäßig bestimmt noch kalendermäßig durch einen unbestimmten Zahlungszeitpunkt bestimmbar festgelegt. *Folge:* ■ **B2C** Der Schuldner einer unstrittigen Geldforderung kommt spätestens **30 Tage** nach Fälligkeit und Zugang einer Rechnung oder einer gleichwertigen Zahlungsaufforderung in Verzug, ohne dass es zusätzlich einer Mahnung des Gläubigers bedarf *(§ 286 Abs. 3 S. 1 BGB).* Die 30-Tage-Regelung greift gegenüber **Verbrauchern nur** dann, wenn sie auf die Folgen in der Rechnung oder Zahlungsaufstellung besonders hingewiesen worden sind. Ein Hinweis in den Allgemeinen Geschäftsbedingungen (AGB) genügt nicht. Der Gläubiger einer Entgeltforderung muss entscheiden, ob er den Schuldner schon vor Ablauf der 30-Tage-Frist in Verzug setzen will. Dies wird durch – mindestens – eine Mahnung erreicht.

■ **B2B**

Der Schuldner einer Entgeltforderung kommt spätestens **30 Tage** nach Fälligkeit und Zugang einer Rechnung oder einer gleichwertigen Zahlungsaufforderung in Verzug, ohne dass es zusätzlich einer Mahnung des Gläubigers bedarf *(§ 286 Abs. 3 S. 1 BGB)*.

Bestreitet ein Unternehmer als Zahlungsschuldner den Zugang einer Rechnung, ist der Liefertermin maßgeblich (Fälligkeit und Empfang der Gegenleistung, *§ 286 Abs. 3 S. 2 BGB*).

Im B2B-Bereich können längere Fristen als die 30-Tage-Frist individuell vereinbart werden. Eine individuell vereinbarte Zahlungsfrist darf **60 Tage nicht überschreiten** *(§ 271a Abs. 1 BGB)*. Eine individuell vereinbarte Überprüfungs- oder Abnahmefrist darf **30 Tage** nicht überschreiten *(§ 271a Abs. 3 BGB)*.

■ **B2A**

Ist der Schuldner ein öffentlicher Auftraggeber[1] *(z. B. Bund, Land, Stadtstaat, Gemeinde, Stadt, Kreis)* wird eine Entgeltforderung automatisch **30 Tage nach Rechnungsstellung** fällig *(§ 271a Abs. 2 Nr. 1 BGB)*. Zahlungsfristen von 31 bis zu 60 Tagen sind nur zulässig und wirksam, wenn der Auftraggeber darlegen kann, dass die Vereinbarung ausdrücklich getroffen wurde und aus der Natur des Schuldverhältnisses sachlich gerechtfertigt ist.

Vereinbarungen über Zahlungsfristen von mehr als **60 Tagen** sind nach *§ 271a Abs. 2 Nr. 2 BGB* unwirksam.

3

Rechtsfolgen bei Zahlungsverzug	
■ **Ohne Nachfristsetzung** • Der Gläubiger kann weiterhin Zahlung verlangen. • Der Schuldner haftet während des Verzugs für jede Fahrlässigkeit und für Zufall (erweiterte Haftung, *§ 287 BGB*). • Der Schuldner hat dem Gläubiger den durch Verzug entstehenden Schaden zu ersetzen (Verzugsschaden: Verzugszinsen, Anwalts- oder Inkassokosten und entgangener Gewinn, *§ 280 Abs. 2 BGB*). Der **Verzugszinssatz** beträgt für das Jahr 5 % über dem Basiszinssatz, bei Rechtsgeschäften unter Kaufleuten, Freiberuflern und Handwerkern 9 % über dem Basiszinssatz, höhere Zinsen können vereinbart werden *(§§ 288, 290 BGB)*.	■ **Mit Nachfristsetzung** • Der Gläubiger kann **Schadensersatz statt der Leistung** verlangen *(§ 281 Abs. 1 S. 1 BGB)*. In diesem Fall erlischt der Anspruch auf Zahlung *(§ 281 Abs. 4 BGB)*. • Der Gläubiger kann anstelle des **Schadensersatzes statt der Leistung** Ersatz der entstandenen Aufwendungen verlangen *(§ 284 BGB)*. • Der Gläubiger kann vom Vertrag **zurücktreten** *(§ 323 Abs. 1 BGB)*. Das Rücktrittsrecht besteht neben dem Schadensersatz oder dem Aufwendungsersatz *(§ 325 BGB)*. • Der Gläubiger kann **Rückforderung** des Geleisteten nach den *§§ 346 ff. BGB* verlangen *(§ 281 Abs. 5 BGB)*.
Bei B2B- oder B2A-Verzug kann eine Verzugsschadenspauschale in Höhe von 40,00 € beansprucht werden. Ist der tatsächliche Schaden höher, *z. B. bei Einschaltung eines Rechtsbeistands*, kann der Gläubiger diesen – unter Anrechnung der 40-Euro-Pauschale – weiterhin nachweisen und geltend machen *(§ 288 Abs. 5 BGB)*.	

Verzinsung

Der Basiszinssatz *(§ 247 BGB)* ist Grundlage für

■ die Kalkulation der Verzugszinsen *(§ 288 BGB)*,
■ die Verzinsung der Kostenfestsetzung *(§ 104 ZPO)*,
■ die Notarkosten *(§§ 154a und 157 Abs. 1 der KO für Notare)*.

---

[1] Vgl. *§ 98 Nr. 1–3 GWB.*

Der Basiszinssatz ist variabel und wird zweimal jährlich (01.01. und 01.07.) von der Deutschen Bundesbank neu festgesetzt und im Bundesanzeiger veröffentlicht.[1]

Die Höhe des Verzugszinssatzes richtet sich nach dem Rechtsgeschäft:

Rechtsgeschäft	Verzugszinsen ab Verzug	
▪ Bürgerlicher Kauf C2C ▪ Verbrauchsgüterkauf B2C (einseitiger Handelskauf)	5 % p. a. + Basiszinssatz der Bundesbank	*§§ 288 Abs. 1, 247 BGB*
▪ Nichtverbraucherge- schäfte: B2B, B2A (zweiseitiger Handelskauf)	9 % p. a. + Basiszinssatz der Bundesbank	*§§ 288 Abs. 2, 247 BGB*
	Gläubiger können ab dem Zeitpunkt des Schuldnerverzuges bei säumigen **Geschäftskunden** oder öffentlichen Auftraggebern nach *§ 288 Abs. 5 BGB* ohne Nachweis eine Mahnpauschale von 40,00 € bei nachweislich höheren Aufwendungen auch höhere Beträge geltend machen. Diese Regelung gilt **nich**t für Verbraucher.	

Es gilt das Zinseszinsverbot der *§§ 248, 289 BGB* (für Verbraucher und Nichtkaufleute) und *§ 353 S. 2 HGB* (für Kaufleute).

Der Verkäufer – auch bei zweiseitigem Handelskauf – kann dem Käufer zusätzlich zum Kaufpreis Verzugszinsen und alle mit der Eintreibung des Geldes angefallenen Kosten in Rechnung stellen.

Die Höhe der geschuldeten Verzugszinsen berechnet sich nach der Formel:

$$\frac{\text{Forderung} \cdot (\text{Basiszinssatz} + 5\,\% \text{ bzw. } 9\,\%) \cdot \text{Anzahl der Verzugstage}}{365 \cdot 100}$$

Bei der Verrechnung einer eingehenden Teilzahlung ist diese nicht auf die Hauptforderung, sondern gem. *§ 367 BGB* zunächst auf die offenen Zinsen zu verrechnen.

Beispiel:

Der Unternehmer U schickt eine ordnungsgemäße Rechnung, Ausstellungsdatum 29.03.20.., über 2 000,00 € an den privaten Kunden K (Verbraucher), die nachweislich am 01.04.20.. beim Geldschuldner K eingegangen ist. Die Zahlung ist somit am 01.05.20.. fällig. Der Gläubiger zahlt Portokosten in Höhe von 2,50 €.

Der Überweisungsauftrag an die Bank wird am 19.06.20.. vom Schuldner erteilt, die Gutschrift beim Gläubiger erfolgte am 20.06.20.. . Die Verzugszinsen sollen nach der Effektivzinsmethode (act/act) berechnet werden.

Prüfung der Voraussetzungen:
1. Die Fälligkeit der Leistung ist gegeben.
2. Die Rechnung ist zugegangen.
3. Bei Geldforderungen kommt der Schuldner automatisch 30 Tage nach Fälligkeit und Zugang der Rechnung in Verzug. Für Verbraucher gilt dies jedoch nur, wenn sie in der Rechnung auf diese Folgen gesondert hingewiesen worden sind.

Der 1. Mai ist ein gesetzlicher Feiertag, der Rechnungsbetrag ist am nächsten Werktag – hier Dienstag, dem 02.05. – fällig (§ 193 BGB).

---

[1] www.bundesbank.de/Redaktion/DE/Standardartikel/Bundesbank/Zinssaetze/basiszinssatz. html

Berechnung der Zinstage für die Zeit 02.05. bis 20.06.:

Deutsche Zinsmethode	*Eurozinsmethode*	*englische Zinsmethode*	*tag genau*
30/360	*act/360*	*act/360*	*act/act[1]*
48 Tage	*49 Tage*	*49 Tage*	*49 Tage*

Die Zinsen nach der act/act-Methode betragen für 49 Tage bei einem Zinssatz von
(5 % − 0,88 % =) 4,12% = 11,06 €
Basiszinssatz: −0,88 %   Zinssatz: 5 % − 0,88 % = 4,12 % p. a.

Rechtsgeschäft	Verbrauchergeschäft
Ausstellung der Rechnung	29.03.
Zugang der Rechnung	01.04.
Fälligkeit der Rechnung	02.05.
Zahlung der Rechnung	20.06.
Zinsbeginn	03.05., 0:00 Uhr
Zinsende	20.06., 24:00 Uhr
Verzinsungstage	49
Basiszinssatz	−0,88 %
Zinssatz Verzug	4,12 %
Zuschlag (§ 288 Abs. 1 S. 2 BGB)	5 %
Rechnungsbetrag	2 000,00 €
Berechnung Zinsen (Euro-Zinsmethode)	(2 000,00 · 4,12 · 49) : (100 · 365)
Zinsen	11,06 €
Sonstiger Verzugsschaden	2,50 €
Neue Forderung (2 000,00 + 11,06 + 2,50)	2 013,56 €

Geldschulden hat der Schuldner (§ 270 Abs. 2 und 3 BGB) „auf seine Gefahr und Kosten" am Wohnort bzw. an der gewerblichen Niederlassung des Gläubigers zu erbringen. Somit endet im Falle einer geschuldeten Geldforderung der Verzug mit Wertstellung beim Gläubiger. Der Schuldner muss dafür Sorge tragen, dass der Betrag rechtzeitig beim Gläubiger eingeht.

Auswirkungen eines Zahlungsverzugs des Schuldners beim „Gläubiger" – Unternehmen:
- *evtl. Liquiditätsprobleme,*
- *Beeinträchtigung der Rentabilität,*
- *evtl. Gefährdung der Wettbewerbsfähigkeit,*
- *in extremen Fällen sogar Zahlungsunfähigkeit und damit Arbeitsplatzverlust.*

Für den Fall der Nichtzahlung kann der Anspruch des Verkäufers auf Rückgabe der Ware durch die ausdrückliche Vereinbarung eines Eigentumsvorbehalts abgesichert werden. Der Käufer erlangt in diesem Fall das Eigentum an der Ware erst mit der vollständigen Bezahlung des Kaufpreises (§ 455 BGB).

▨ Annahmeverzug (Gläubigerverzug)

> Annahmeverzug ist gegeben, wenn der Schuldner (Verkäufer) dem Gläubiger (Käufer) die Warenlieferung ordnungsgemäß anbietet und der Käufer die Annahme der Kaufsache verweigert. Hierbei kommt es nicht auf ein Verschulden des Gläubigers an *(§§ 293–304 BGB)*.

---

[1] act = aus dem Englischen „actual" (dt. tatsächlich)

Voraussetzungen für den Annahmeverzug (Gläubigerverzug, *§§ 293 ff. BGB*):

■ Die Pflicht des Schuldners muss erfüllbar sein *(§ 271 Abs. 1, 2 BGB)*, d. h., der Schuldner muss zur Lieferung aus einem gültigen Vertrag berechtigt sein und die Möglichkeit haben, die Leistung aufgrund einer bestehenden Leistungspflicht *(§ 271 Abs. 3 BGB)* zu erbringen.

■ Der Schuldner muss die richtige Leistung zur rechten Zeit *(§ 271 BGB)* am rechten Ort *(§ 269 BGB)* in der richtigen Art und Weise *(§§ 242, 241, 266 BGB)* vollständig und mangelfrei *(§ 266 BGB)* angeboten haben *(§§ 294, 295, 296 BGB)*.

■ Dies gilt nicht, wenn der Gläubiger
  • erklärt, dass er die Ware nicht annehmen werde,
  • *z. B. laut Vertrag die geschuldete Ware abzuholen hat (§ 295 BGB)*,
  • eine zu einem bestimmten Zeitpunkt vorzuenhmende Mitwirkungshandlung unterlässt *(§ 296 S. 2 BGB)*.

■ Der Schuldner muss zur Leistung bereit und im Stande sein *(§ 297 BGB)*.

■ Der Käufer (Gläubiger) nimmt die Lieferung nicht an (Annahmeverzug *§ 293 BGB*).

■ Es gibt keine vorübergehende Annahmeverhinderung aufgrund eines nicht genauer bestimmten Leistungszeitpunktes *(§ 299 BGB)*.

Durch Gläubigerverzug entsteht kein Schadensersatzanspruch, weil das Schuldverhältnis weiterbesteht und der Schuldner durch einen Annahmeverzug des Gläubigers nicht von seiner Schuld befreit wird. Aber es besteht nach *§ 304 BGB* die Möglichkeit, den Ersatz der Mehraufwendungen zu verlangen.

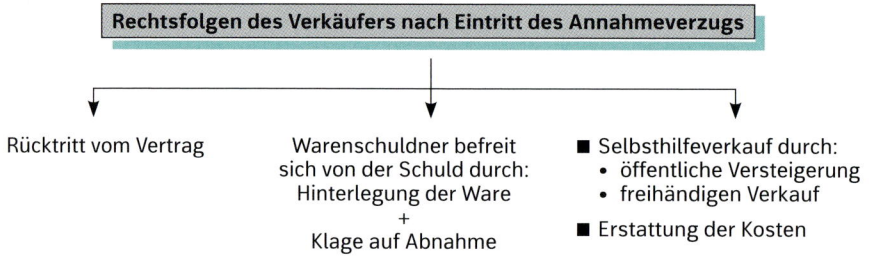

Durch den Annahmeverzug geht die Gefahr des zufälligen Untergangs oder der zufälligen Wertminderung der Ware auf den Käufer über. Der Verkäufer haftet für Schäden an der Ware nur noch bei Vorsatz und bei grober Fahrlässigkeit; für leichte Fahrlässigkeit und höhere Gewalt haftet er nicht mehr *(§ 300 BGB)*.

Der Verkäufer kann die Ware auf Kosten und Gefahr des Käufers hinterlegen *(z. B. in einem öffentlichen Lagerhaus)* und auf Abnahme der Ware klagen *(§ 373 Abs. 1 HGB)*. Der Käufer hat einen eventuellen Mindererlös sowie die entstandenen Kosten zu tragen.

Voraussetzungen für den **Selbsthilfeverkauf** sind:

■ Fristsetzung zur Abnahme der Ware und
■ Androhung des Selbsthilfeverkaufs,
■ Mitteilung von Ort und Zeit des Selbsthilfeverkaufes,
■ Mitteilung des Ergebnisses des Selbsthilfeverkaufes.
■ Käufer und Verkäufer können bei der Versteigerung mitbieten, um einen möglichst hohen Preis.

Bei verderblichen Waren kann die Androhung entfallen *(Notverkauf § 373 Abs. 2 HGB)*. Der Selbsthilfeverkauf erfolgt für Rechnung des säumigen Käufers *(§ 373 Abs. 3 HGB)*; Mehrerlöse stehen dem Käufer zu, Mindererlöse und Kosten der Versteigerung hat der Käufer zu tragen.

Beispiel:

V verkauft an K ein genau bestimmtes Fahrrad wie besichtigt für 100,00 €. Die Parteien vereinbaren schriftlich, dass V das Fahrrad am Dienstag, den 12.05.20.. um 15 Uhr bei K anliefern soll. Die Bezahlung soll bei Übergabe erfolgen.
V fährt mit dem Fahrrad zu K, um dies am vereinbarten Termin zur vereinbarten Zeit zu liefern.
K ist nicht anzutreffen. V wartet 30 Minuten und fährt dann mit dem Fahrrad nach Hause. Unterwegs sucht er einen Supermarkt auf, um Lebensmittel einzukaufen. Er hat das Fahrrad abgeschlossen. Während des Einkaufs wird das Fahrrad gestohlen. Das Fahrrad ist nicht mehr aufzufinden.
Hat V Anspruch auf Zahlung des Kaufpreises?

Lösung:
V und K haben einen Kaufvertrag geschlossen. Der Kaufvertrag kommt durch die Einigung über Kaufsache und Kaufpreis zustande. V könnte gegen K einen Anspruch aus § 433 Abs. 2 BGB auf Bezahlung der 100,00 € für das Fahrrad haben.
Bei dem gebrauchten Fahrrad handelt es sich um eine Stückschuld, da V die Schuld nur mit diesem konkreten gebrauchten Fahrrad erfüllen könnte.
Das Fahrrad wurde K tatsächlich angeboten, K hat das Fahrrad nicht angenommen. K verletzt damit verletzt eine Leistungspflicht. K gerät durch die Nichtannahme des angebotenen Fahrrads nach § 293 BGB in Annahmeverzug.
Die Unmöglichkeit ist erst zu einem Zeitpunkt eingetreten, in dem sich K bereits im Annahmeverzug befunden hat.
Dies hat zur Folge, dass der Kaufpreisanspruch nach § 326 Abs. 2 S. 1 Var. 2 BGB nicht erloschen ist.
V hat somit einen Anspruch gegen K auf Zahlung des Kaufpreises aus § 433 Abs. 2 BGB.

3

3.5   Mahn- und Klageverfahren

3.5.1   Außergerichtliches Mahnverfahren

Der Gläubiger einer Geldforderung hat Anspruch auf Zahlung aus einem Kauf-, Dienst-, Werkvertrag oder einer anderen Verbindlichkeit und der Schuldner zahlt nicht die geforderte Leistung.

Gründe für die Zahlungsverzögerung können *z. B. Vergesslichkeit, Nachlässigkeit, Zahlungsunwilligkeit oder Zahlungsunfähigkeit des Schuldners sein.*

- Die Mahnung ist eine bestimmte, eindeutige, einseitige, empfangsbedürftige Aufforderung des Gläubigers an seinen Schuldner, die geschuldete Leistung zu erbringen. Sie soll den Schuldner an die nicht eingehaltene Fälligkeit einer Verbindlichkeit erinnern.

- Die Mahnung, durch die ein Schuldner in Verzug gesetzt wird, muss kostenlos sein.

- Die Mahnung sollte schriftlich und nachweisbar erfolgen und Datum, Nummer der Rechnung und des Lieferscheins sowie die Fälligkeit beinhalten, damit dem Schuldner eindeutig erklärt wird, welcher Rechnungsposten vom Gläubiger angemahnt wird.

- Vertragsstrafen, die wegen Nichterfüllung oder wegen nicht gehöriger Erfüllung *(§§ 340, 341 BGB)* geleistet werden, haben Schadensersatzcharakter[1]. Hat der Leistungsempfänger die Vertragsstrafe an den leistenden Unternehmer zu zahlen, ist sie deshalb nicht Teil des Entgelts für die Leistung; sie ist nicht umsatzsteuerbar.
  Mahngebühren von Unternehmern, die sich gewerbsmäßig mit der Eintreibung von Forderungen beschäftigen (Inkassobüros), sind dagegen steuerbare Entgelte für ihre **Inkassotätigkeit**.

- Die **Mahngebühren oder Mahnkosten**, die ein Unternehmer von säumigen Zahlern erhebt und aufgrund seiner Geschäftsbedingungen oder anderer Unterlagen – z. B. *Mahnschreiben* – als solche nachweist, sind ebenfalls **nicht Entgelt** für eine besondere Leistung.

- Mahngebühren sollten max. bis 3,00 € betragen. Als Mahnkosten dürfen nur die tatsächlichen Kosten für Papier, Druckkosten, Briefporto berechnet werden. Der Verwaltungsaufwand gehört zu den allgemeinen Betriebskosten des Unternehmens und kann i. d. R. bei Mahngebühren nicht berechnet werden.

- Nur bei Verzug können dem Schuldner gegenüber Mahngebühren, Verzugszinsen nach *§§ 288 i. V. m. 247 Abs. 2 BGB* sowie Schadenersatzansprüche nach *§§ 280 Abs. 1, 241 Abs. 1 S. 1 BGB z. B. für Rücklastschriftgebühren, Inkassokosten, Rechtsanwaltskosten* geltend gemacht werden. Mahngebühren sind Portokosten für die Zahlungserinnerung und Mahnungen, Kosten für Material *(z. B. Papier, Briefumschlag)*.
  Keine Mahngebühren sind die Kosten für Verwaltung, Personal und Technik.

---

[1] Vgl. *BFH-Urteil vom 10.07.1997, V R 94/96, BStBl. II S. 707, Abschnitt 1.3 Abs. 3 UStAE.*

> - Bei Forderungen von öffentlich-rechtlichen bzw. staatlichen Stellen können höhere Gebühren anfallen. Diese sind in verschiedenen Verwaltungsgesetzen *(z. B. VwVG, § 240 AO, § 18 GebG NW, § 2 KostO NW)* festgeschrieben.
>
> - **Verzugszinsen, Fälligkeitszinsen und Prozesszinsen** *(§§ 288, 291 BGB; 353 HGB)* sind als **Schadensersatz** zu behandeln; sie sind **kein** Teil des Entgelts[1].

Nach *§ 286 Abs. 2 bis 4 BGB* ist die **Mahnung entbehrlich**, wenn

- die Fälligkeit kalendermäßig bestimmt ist oder berechnet werden kann,
- die Erfüllung vom Schuldner ernsthaft und endgültig verweigert wird,
- aus besonderen Gründen unter Abwägung der beiderseitigen Interessen der sofortige Eintritt des Verzugs gerechtfertigt ist *(z. B. der Schuldner entzieht sich einer Mahnung oder er kündigt die Leistung zu einem bestimmten Termin selbst an und kommt damit der Mahnung zuvor)*,
- eine Geldforderung nicht innerhalb von 30 Tagen nach Fälligkeit und Zugang einer Rechnung oder gleichwertigen Zahlungsaufstellung geleistet wird; dies gilt gegenüber einem Schuldner, der Verbraucher ist, nur, wenn auf diese Folgen in der Rechnung oder Zahlungsaufstellung besonders hingewiesen worden ist *(§ 286 Abs. 3 2. Hs. BGB)*.
- die Leistung infolge eines Umstands unterbleibt, den der Schuldner nicht zu vertreten hat.

Ziel des außergerichtlichen Mahnverfahrens – hier der Mahnung – sollte sein,
- Außenstände schnell ohne Verärgerung des säumigen Kunden einzutreiben,
- Ausfälle von Forderungen zu minimieren,
- den Schuldner rechtlich in Verzug zu setzen.

Zur Eintreibung der Forderung kann wie folgt **schrittweise** vorgegangen werden:

Zahlungserinnerung: Erinnerungsschreiben an den Zahlungspflichtigen mit Angabe einer neuen Frist an den Schuldner

Mahnung: **Aufforderung zur Zahlung bis zu einem bestimmten Termin** unter Nennung von Auftrag, Vertrag, Rechnungsnummer usw. **Weitere Mahnungen** können geschrieben werden, sind aber aus rechtlicher Sicht nicht notwendig.

3.5.2 Inkassoverfahren

Inkasso ist die geschäftsmäßige Beitreibung oder Einziehung fälliger Forderungen, *z. B. aus nicht ausgeglichenen Rechnungen.*

Werden ausstehende Rechnungen trotz Mahnung nicht beglichen, kann ein Unternehmen die ausstehende Forderung an ein Inkassobüro oder einen im Inkasso tätigen Rechtsanwalt weitergegeben, um die Forderung eintreiben zu lassen.

Mit dem Verzug können die Kosten des Inkassoverfahrens dem säumigen Kunden in Rechnung gestellt werden.

Das beauftragte Inkassobüro sollte zunächst die sog. **Schlüssigkeitsprüfung** vornehmen, bei welcher das Inkassobüro die Forderung eines Gläubigers prüft und klärt, ob diese berechtigt ist.

---

[1] Abschnitt 10.1 Abs. 3 S. 8 f UStAE, Abschnitt 1.3 Abs. 6 UStAE

Im Inkassoverfahren sind vier Sachverhalte abzugrenzen:

- **Das vorgerichtliche Inkassoverfahren**
  Die Schuldnerdaten werden gesammelt und das Unternehmen erkundigt sich über die Zahlungsfähigkeit des Gläubigers und des Schuldners. Das Inkassobüro setzt verschiedene Mahnschreiben auf und tätigt Anrufe. Sollte der Schuldner nicht in der Lage sein, die Forderungen zu erfüllen, können Ratenzahlungen oder eine Stundung vereinbart werden.
- **Das gerichtliche Mahnverfahren**
  Sollte der Schuldner trotz Zuredens nicht zur Zahlung bereit sein, werden im Anschluss gerichtliche Schritte eingeleitet. Das Inkassoverfahren wird fortgeführt, indem ein Antrag auf Erlass eines Mahn- und Vollstreckungsbescheids beim Gericht eingereicht wird.
- **Das nachgerichtliche Inkassoverfahren**
  Wurde der Vollstreckungsbescheid erlassen, kümmert sich das Inkassounternehmen um die Pfändung der Vermögenswerte des Schuldners. Dieser Teil des Inkassoverfahrens kann, je nach dem Verhalten des Schuldners, auch mit der Beantragung einer eidesstattlichen Versicherung oder eines Haftbefehls enden.
- **Das Überwachungsverfahren**
  Nach Beendigung des vorgerichtlichen oder gerichtlichen Verfahrens kann es zu einem Überwachungsverfahren kommen, wenn die gestellte Forderung noch nicht völlig erfüllt wurde. Der Schuldner wird dabei regelmäßig kontrolliert und bei Bedarf das nachgerichtliche Verfahren erneut eingeleitet.

Nach *§ 11a RDG*[1] bzw. *§ 43d BRAO*[2] müssen bei der Forderungseintreibung Verbrauchern mit dem ersten Mahnschreiben bestimmte Informationen klar und verständlich dargelegt und informativ übermittelt werden:

- Name oder die Firma des Auftraggebers,
- Forderungsgrund (bei Verträgen unter konkreter Darlegung des Vertragsgegenstands und des Datums des Vertragsschlusses),
- bei Geltendmachung von Zinsen eine Zinsberechnung unter Darlegung der zu verzinsenden Forderung, des Zinssatzes und des Zeitraums, für den die Zinsen berechnet werden,
- bei Übersteigen des Zinssatzes über dem gesetzlichen Verzugszinssatz einen gesonderten Hinweis hierauf und die Angabe, aufgrund welcher Umstände der erhöhte Zinssatz gefordert wird,
- bei Inrechnungstellung einer Inkassovergütung oder sonstigen Inkassokosten Angaben zu deren Art, Höhe und Entstehungsgrund,
- bei Geltendmachung von Umsatzsteuerbeträgen eine Erklärung, dass der Auftraggeber diese Beträge nicht als Vorsteuer abziehen kann.

Auf Verlangen des Schuldners hat der Inkassodienstleister/Rechtsanwalt ergänzend mitzuteilen:

- eine ladungsfähige Anschrift seines Auftraggebers,
- den Namen oder die Firma desjenigen, in dessen Person die Forderung entstanden ist,
- bei Verträgen „die wesentlichen Umstände des Vertragsschlusses".

---

[1] Rechtsdienstleistungsgesetz
[2] Bundesrechtsanwaltsordnung

Werden die vorgenannten Darlegungs- und Informationspflichten vom Inkassodienstleister nicht erfüllt, liegt eine Ordnungswidrigkeit vor.

Sollte die Forderung der Inkassostelle unberechtigt sein, sollte die Forderung unverzüglich schriftlich und nachweisbar *(z. B. per Einschreiben)* zurückgewiesen werden.

3.5.3 Gerichtliches Mahnverfahren

Wenn der Schuldner seine Zahlungspflicht nicht erfüllt, kann der Gläubiger versuchen, im Wege des **gerichtlichen Mahnverfahrens** seine Forderung geltend zu machen.

Das gerichtliche Mahnverfahren[1] hat zum Ziel, dem Gläubiger *(Antragsteller)* einer Geldforderung einen schnellen und einfachen Weg ohne eine mündliche Verhandlung, ohne ausführliche Klageschrift und ohne Beweiserhebung gegen säumige Schuldner einer **Euro-Geldforderung** *(z. B. Kaufpreis-, Werklohn- oder Darlehensforderungen)* zu eröffnen, um einen Vollstreckungstitel gegen den Schuldner *(Antragsgegner)* zu erhalten.

Der **Vollstreckungstitel** ist bedeutsam für den Gläubiger, weil titulierte Forderungen
- im Wege der Zwangsvollstreckung gegen den Schuldner durchgesetzt werden können,
- die Verjährung der Forderung hemmen *(§§ 204 Abs. 1 Nr. 3 BGB, 167 ZPO)*.

Im Mahnverfahren wird nur geprüft, ob der geltend gemachte **Anspruch auf Zahlung** durch Vorlage von Beweisstücken *(z. B. Vertrag, Rechnung)* genug bezeichnet ist; es wird nicht – wie im Klageverfahren – gerichtlich geprüft, ob die Forderung tatsächlich berechtigt ist.

Zuständig für das Mahnverfahren ist unabhängig vom Streitwert das Amtsgericht, bei dem der Antragsteller (Gläubiger) seinen allgemeinen Gerichtsstand hat (bei natürlichen Personen = Wohnsitz).

Nach *§ 690 Abs. 3 ZPO* ist die Antragstellung für Mahnbescheide bei den zentralen Mahngerichten[2] für Rechtsanwälte nur noch auf dem Wege der elektronischen Übermittlung zulässig.

Voraussetzungen des Mahnverfahrens	■ Die Leistung des Schuldners muss fällig sein *(§ 286 BGB)*. ■ Vorgerichtliche Mahnungen waren erfolglos. Die Einleitung gerichtlicher Schritte wurde in der letzten Mahnung vor dem gerichtlichen Mahnverfahren angedroht. ■ Die berechtigte Forderung sollte durch Vertrag, Lieferschein, Rechnung oder andere Schriftstücke nachweisbar und quantifizierbar sein. ■ Es werden berechtigte unstreitige Zahlungsansprüche auf eine bestimmte Geldsumme in Euro geltend gemacht *(§ 688 Abs. 1 ZPO)*. Antragsberechtigt ist der prozessfähige Gläubiger einer Forderung. Geldansprüche in anderer Währung können nur im Klageverfahren angemeldet werden. ■ Der Aufenthaltsort des Schuldners muss bekannt sein. ■ Der Anspruch darf nicht aus einer noch nicht erbrachten Leistung stammen. ■ Der formgebundene Antrag auf Erlass eines Mahnbescheides muss beinhalten: vollständige Bezeichnung der Parteien, ihrer gesetzlichen Vertreter und Prozessbevollmächtigten, Bezeichnung des Mahngerichtes, Bezeichnung des Anspruchs, genaue Bezeichnung der verlangten Leistung, unterteilt in Haupt- und Nebenleistungen, Erklärung, dass ein unbedingter und fälliger Anspruch besteht, Bezeichnung des Gerichts, das für ein evtl. streitiges Verfahren zuständig wäre, Unterzeichnung.

---

[1] www.mahnbescheide.de
[2] Vgl. www.mahngerichte.de/mahngerichte.

Wenn alle formellen Voraussetzungen für den Erlass des Mahnbescheids vorliegen, wird dieser vom Rechtspfleger des Mahngerichts erlassen. Dabei enthält der Mahnbescheid den ausdrücklichen Hinweis, dass das Gericht **nicht geprüft** hat, **ob dem Antragsteller der geltend gemachte Anspruch auch wirklich zusteht.**

Der Antrag ist vom Rechtspfleger nach Anhörung des Antragstellers kostenpflichtig zurückzuweisen, wenn

- die allgemeinen Prozessvoraussetzungen fehlen,
- die besonderen Zulässigkeitsvoraussetzungen des Mahnverfahrens fehlen,
- das angegangene Gericht nicht zuständig ist oder
- der Antrag in Form und Inhalt nicht den Anforderungen genügt

Wird der Antrag nicht zurückgewiesen, so ergeht der Mahnbescheid mit dem Hinweis, dass

- das Gericht nicht geprüft hat, ob dem Antragsteller der geltend gemachte Anspruch zusteht,
- innerhalb von zwei Wochen seit Zustellung des Mahnbescheides die behauptete Schuld nebst Kosten zu begleichen ist,
- dass dem Gericht mitzuteilen ist, ob und in welchem Umfang dem Anspruch widersprochen wird.

Weiterhin wird im Mahnbescheid der Vollstreckungsbescheid angedroht, aus dem der Antragsteller dann die Zwangsvollstreckung betreiben kann.

Der Mahnbescheid wird dem Antragsgegner zugestellt. Der Antragsteller wird über die Ausstellung sowie die Möglichkeit des Widerspruchs informiert.

> Der Mahnbescheid enthält die Aufforderung an den Schuldner (= Antragsgegner)
> - innerhalb von 2 Wochen seit Zustellung des Mahnbescheides die Geldschuld auszugleichen o d e r
> - Widerspruch zu erheben.

Nach Ablauf der Widerspruchsfrist und innerhalb von 6 Monaten nach Zustellung des Mahnbescheides kann der Antragsteller den **Vollstreckungsbescheid** beantragen. Nach Ablauf einer zweiwöchigen Einspruchsfrist ab Zustellung wird der Vollstreckungsbescheid rechtskräftig und ist damit einem rechtskräftigen Urteil gleichgestellt.

Die Kosten für die Durchführung des gerichtlichen Mahnverfahrens sind abhängig von der Höhe der Hauptforderung. Ist die Rechtsverfolgung erfolgreich, hat der Schuldner die Kosten für die Durchführung des gerichtlichen Mahnverfahrens sowie eventuelle Rechtsanwalts- und Vollstreckungskosten zu tragen.

Der **Vollstreckungstitel**
- ist eine öffentliche verkörperte Urkunde, aus der hervorgeht, dass einer Person ein Anspruch – auch Schuldtitel, vollstreckbarer Titel oder Titel genannt – zusteht,
- berechtigt den Gläubiger (= Antragsteller) zur Zwangsvollstreckung in das Vermögen des Schuldners (= Antraggegner).

Die **Zwangsvollstreckung** erfolgt aufgrund eines vollstreckbaren Titels *(z. B. Mahnbescheid oder Urteil)*. Sie geschieht durch Pfändung von beweglichen Sachen *(z. B. Betriebsmittel, Schmuck)*, die dem Schuldner gehören, oder von Forderungen *(z. B. Sparguthaben)*, die der Schuldner an Dritte hat. Sachen werden vom Gerichtsvollzieher, Forderungen vom Vollstreckungsgericht gepfändet.

Nicht pfändbar sind bestimmte Teile des Arbeitseinkommens, die dem Lebensunterhalt des Schuldners dienen sollen, sowie Gegenstände, die zur Aufrechterhaltung eines angemessenen Existenzminimums notwendig sind.

Bei einer ergebnislosen Zwangsvollstreckung kann der Gläubiger beim Amtsgericht beantragen, dass der Schuldner eine sog. **eidesstattliche Versicherung** abgeben muss. Der Schuldner wird gezwungen, ein genaues Verzeichnis seiner Vermögenswerte aufzustellen und dessen Richtigkeit an Eides statt zu versichern. Verweigert der Schuldner die Abgabe der eidesstattlichen Versicherung, kann der Gläubiger gegen den Schuldner einen Haftbefehl mit dem Ziel der Abgabe der eidesstattlichen Versicherung beantragen.

Antrag auf Erlass eines Mahnbescheides und Arten des Antrags

Anträge auf Erlass eines Mahnbescheids können eingereicht werden:

- In **Papierform**[1]
  Die Antragstellung kann in Papierform erfolgen auf besonderen Vordrucken, die in Bürofachgeschäften zu erwerben sind (Formularantrag). Rechtsanwälte und Inkassodienstleister dürfen diese Variante nicht nutzen (*§ 690 Abs. 3 S. 2 ZPO*).
- **Mahnanträge online**[2] **über das Internet**
  Dies ist die Verfahrensvariante für Nutzer einer Branchensoftware zur Erstellung von Anträgen im automatisierten gerichtlichen Mahnverfahren (AGM). Sie eröffnet die Möglichkeit, eine Antragsdatei mit Hilfe einer Clientsoftware über das Internet zum Mahngericht zu übertragen.
- **Online-Mahnverfahren TAR/WEB**
  Antragsteller, die über eine eigene Mahnsoftware verfügen, können entweder über das Internet per TAR/WEB oder auf Datenträgern Mahn- und Folgeanträge in elektronischer Form beim zuständigen Mahngericht einreichen.

---

[1] Vgl. www.mahngerichte.de/verfahrenshilfen.
[2] Vgl. www.online-mahnantrag.de.

Das gerichtliche Mahnverfahren

3

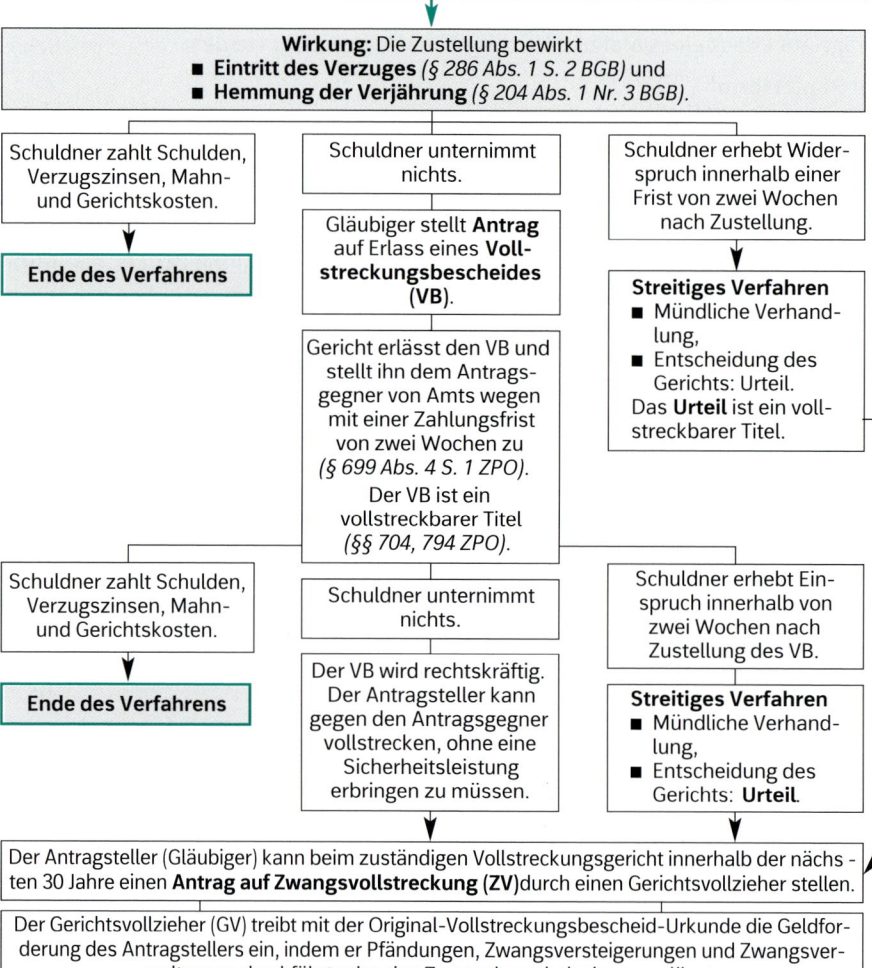

Gläubiger (Antragsteller) stellt auf vorgeschriebenem Vordruck Antrag auf Erlass eines Mahnbescheides.

Gericht **prüft die Formvorschriften** gem. *§§ 688–690, 703c Abs. 2 ZPO.*

Liegen keine Formmängel vor, erlässt der zuständige Rechtspfleger den **Mahnbescheid** über die im Antrag bezeichnete Geldsumme, ohne den Antrag inhaltlich zu prüfen. Dieser Bescheid wird dem Schuldner (Antragsgegner) mit einer zweiwöchigen Zahlungsfrist zusammen mit einem Widerspruchsvordruck zugestellt *(§ 693 Abs. 1 ZPO)*. Der Mahnbescheid enthält die Forderung des Antragstellers sowie alle Zinsen, Nebenforderungen und die Gerichtskosten.

Wirkung: Die Zustellung bewirkt
■ **Eintritt des Verzuges** *(§ 286 Abs. 1 S. 2 BGB)* und
■ **Hemmung der Verjährung** *(§ 204 Abs. 1 Nr. 3 BGB)*.

Schuldner zahlt Schulden, Verzugszinsen, Mahn- und Gerichtskosten.	Schuldner unternimmt nichts.	Schuldner erhebt Widerspruch innerhalb einer Frist von zwei Wochen nach Zustellung.

Ende des Verfahrens

Gläubiger stellt **Antrag auf Erlass eines Vollstreckungsbescheides (VB)**.

Streitiges Verfahren
■ Mündliche Verhandlung,
■ Entscheidung des Gerichts: Urteil.
Das **Urteil** ist ein vollstreckbarer Titel.

Gericht erlässt den VB und stellt ihn dem Antragsgegner von Amts wegen mit einer Zahlungsfrist von zwei Wochen zu *(§ 699 Abs. 4 S. 1 ZPO)*. Der VB ist ein vollstreckbarer Titel *(§§ 704, 794 ZPO)*.

Schuldner zahlt Schulden, Verzugszinsen, Mahn- und Gerichtskosten.	Schuldner unternimmt nichts.	Schuldner erhebt Einspruch innerhalb von zwei Wochen nach Zustellung des VB.

Ende des Verfahrens

Der VB wird rechtskräftig. Der Antragsteller kann gegen den Antragsgegner vollstrecken, ohne eine Sicherheitsleistung erbringen zu müssen.

Streitiges Verfahren
■ Mündliche Verhandlung,
■ Entscheidung des Gerichts: **Urteil**.

Der Antragsteller (Gläubiger) kann beim zuständigen Vollstreckungsgericht innerhalb der nächsten 30 Jahre einen **Antrag auf Zwangsvollstreckung (ZV)** durch einen Gerichtsvollzieher stellen.

Der Gerichtsvollzieher (GV) treibt mit der Original-Vollstreckungsbescheid-Urkunde die Geldforderung des Antragstellers ein, indem er Pfändungen, Zwangsversteigerungen und Zwangsverwaltungen durchführt oder eine Zwangshypothek eintragen lässt.

erfolgreich	fruchtlos
Der Gläubiger erhält sein Geld aus der ZV.	Der GV bescheinigt, dass die ZV in das bewegliche Vermögen des Schuldners erfolglos verlaufen ist (**Unpfändbarkeitsbescheinigung** oder **Pfandlosigkeitsbescheinigung**).

Bei einem streitigen Verfahren (Widerspruch, Einspruch) ist das Gericht örtlich zuständig, bei dem der Antragsgegner seinen allgemeinen Gerichtsstand hat. Dies ist i. d. R. das Gericht, in dessen Bezirk der Antragsgegner wohnt oder seinen Sitz hat.

Rechnet der Gläubiger von vornherein mit einem Widerspruch oder Einspruch des Schuldners, wird er zur Durchsetzung seiner Forderung sofort das Klageverfahren einleiten.

3.5.4 Klageverfahren

Bei einem streitigen Verfahren (Widerspruch, Einspruch) ist das Gericht örtlich zuständig, bei dem der Antragsteller seinen allgemeinen Gerichtsstand hat. Dies ist i. d. R. das Gericht, in dessen Bezirk der Antragsteller wohnt oder seinen Sitz hat.

Rechnet der Gläubiger von vornherein mit einem Widerspruch oder Einspruch des Schuldners, wird er zur Durchsetzung seiner Forderung sofort das Klageverfahren einleiten.

Das Klageverfahren ist das ordentliche Verfahren vor Gericht zur Klärung von zivilen Rechtsstreitigkeiten und zur Durchsetzung von Rechtsansprüchen.

Die Bundesrechtsanwaltskammer übernimmt aufgrund des Gesetzes zur Förderung des elektronischen Rechtsverkehrs mit den Gerichten die Aufgabe, für jede Rechtsanwältin bzw. jeden Rechtsanwalt ein besonderes elektronisches Anwaltspostfach einzurichten, über das Anwaltspostfach wird die gesamte schriftliche Kommunikation zwischen Gerichten und der Anwaltschaft abgewickelt.

3

Die Klage muss bei dem **sachlich und örtlich zuständigen Gericht** erhoben werden.

Zuständigkeit	
sachlich *(§§ 71, 23f GVG)*	**örtlich** (Gerichtsstand *§§ 12–40 ZPO*)
Private Rechtsstreitigkeiten (Zivilprozess), aber auch Angelegenheiten der freiwilligen Gerichtsbarkeit sowie Strafsachen werden vor den sog. ordentlichen Gerichten (Amtsgerichten, Landgerichten, Oberlandesgerichten) verhandelt.	Sie beantwortet die Frage, welches Gericht an welchem Ort zu entscheiden hat. Die örtliche Zuständigkeit wird auch **Gerichtsstand** genannt. **Allgemeiner Gerichtstand** ist i. d. R. der inländische Wohnsitz des Beklagten *(§ 12 ZPO)* bzw. Sitz der juristischen Person *(§ 17 ZPO)*.
■ **Amtsgericht (erste Instanz):** Streitwert bis einschließlich 5 000,00 € (ohne Zinsen und Nebenkosten) sowie unabhängig vom Streitwert Mietsachen, WEG-Sachen, Familiensachen ■ **Landgericht (erste Instanz):** Streitwert über 5 000,00 € sowie Staatshaftungssachen	Für einzelne bestimmte Klagen sind im Gesetz **besondere Gerichtsstände** ausdrücklich vorgesehene Gerichtsstände *(§§ 13–18 ZPO)*. Bei einem **ausschließlichen Gerichtsstand** ist dieser zwingend vorgeschrieben, *z. B. bei Mietsachen nach § 29a ZPO das Gericht*, in dessen Bezirk sich die Räume befinden, bei Ehesachen gilt die Rangfolge nach § 122 FamFG.

Die **Klageschrift** muss enthalten:

■ **Bezeichnung der Parteien (wer gegen wen?)**
■ **Klageantrag**

Beispiel:

„... den Beklagten zu verurteilen, an den Kläger 15 000,00 € nebst 6 % p. a. Zinsen seit dem 5. Jan. 20.. zu zahlen."

■ Klagegrund

Beispiel:

„... wegen einer Forderung in Höhe von 15000,00 € aus dem Kaufvertrag zwischen Kläger und Beklagtem ... "

■ Unterschrift des Klägers bzw. seines Rechtsanwalts

In Zivilprozessen vor dem Landgericht, dem Oberlandesgericht und dem Bundesgerichtshof herrscht *Anwaltszwang*, d. h., die Parteien müssen sich durch einen beim betreffenden Gericht zugelassenen Rechtsanwalt vertreten lassen. In Zivilprozessen vor dem Amtsgericht besteht kein Anwaltszwang.

Ablauf des Klageverfahrens (Zivilverfahren)

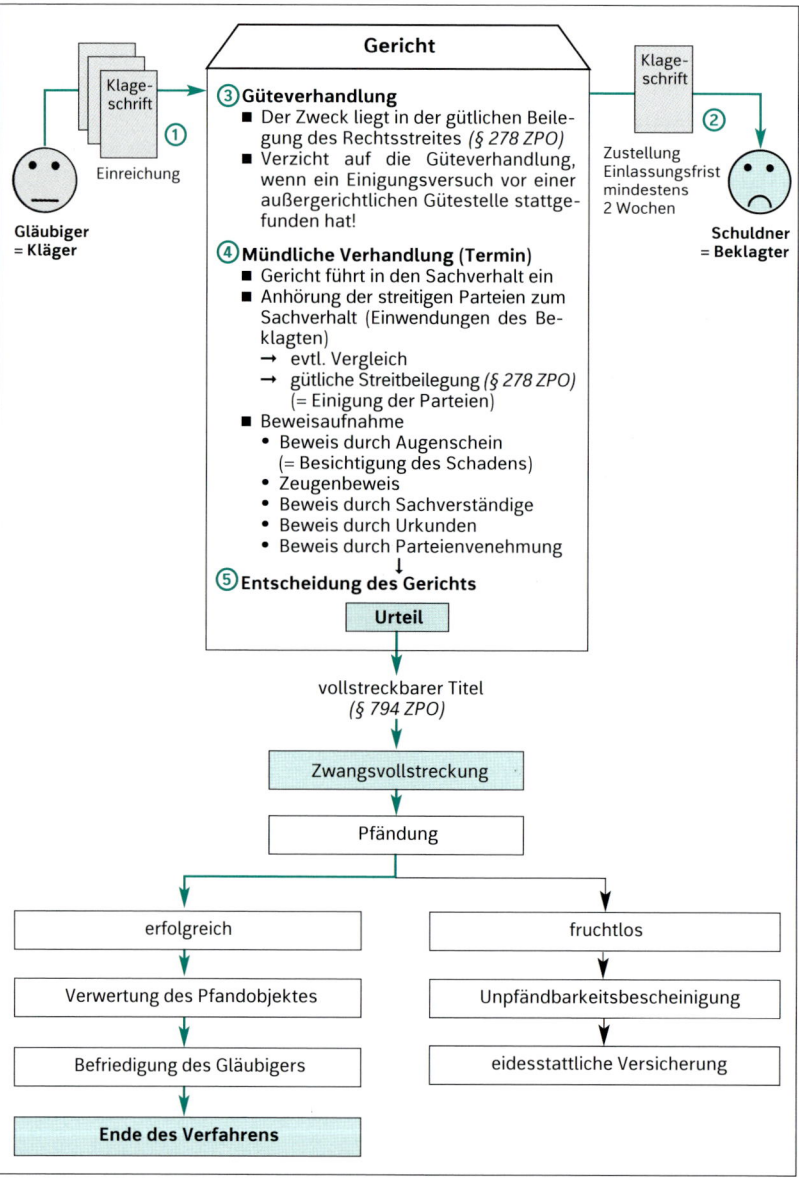

Rechtsmittel im Zivilprozess

Rechtsmittel ermöglichen die Überprüfung gerichtlicher Entscheidungen, die noch nicht rechtskräftig sind. Für die Zulässigkeit der Rechtsmittel sind Zuständigkeit, Statthaftigkeit, Form, Frist, Beschwer, Begründetheit sowie die allgemeinen Prozessvoraussetzungen zu prüfen.

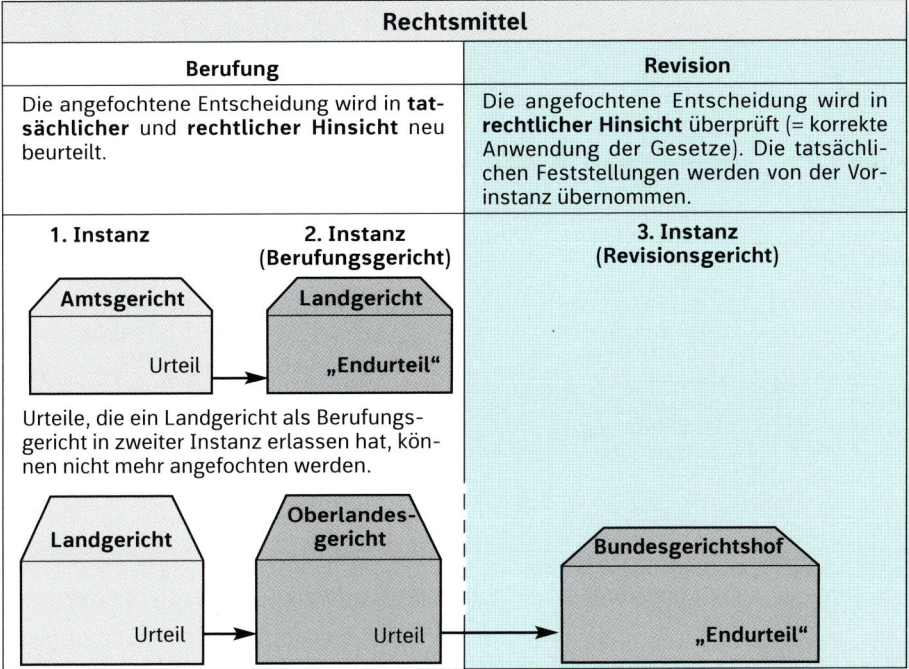

Rechtsmittel	
Berufung	**Revision**
Die angefochtene Entscheidung wird in **tatsächlicher** und **rechtlicher Hinsicht** neu beurteilt.	Die angefochtene Entscheidung wird in **rechtlicher Hinsicht** überprüft (= korrekte Anwendung der Gesetze). Die tatsächlichen Feststellungen werden von der Vorinstanz übernommen.

3

1. Instanz

2. Instanz (Berufungsgericht)

3. Instanz (Revisionsgericht)

Amtsgericht — Urteil → **Landgericht** — „Endurteil"

Urteile, die ein Landgericht als Berufungsgericht in zweiter Instanz erlassen hat, können nicht mehr angefochten werden.

Landgericht — Urteil → **Oberlandesgericht** — Urteil → **Bundesgerichtshof** — „Endurteil"

Ein Urteil ist rechtskräftig und vollstreckbar, wenn es nicht durch Rechtsmittel angefochten werden kann. Ein noch nicht rechtskräftiges Urteil kann jedoch im Urteilsspruch für vorläufig vollstreckbar erklärt werden. Es soll damit verhindert werden, dass der Schuldner durch Einlegung von Rechtsmitteln die Vollstreckung verzögert. Das Gericht kann die vorläufige Vollstreckbarkeit des Urteils gegen Sicherheitsleistung des Gläubigers anordnen. Im Urteilsspruch kann bestimmt werden, dass die Sicherheitsleistung durch Stellung einer selbstschuldnerischen Bürgschaft eines Kreditinstituts erbracht werden kann.

3.6 Verjährung

Verjährung bedeutet im deutschen Privatrecht, dass nur Ansprüche *(§ 194 Abs. 1 BGB)* nach bestimmten Zeiträumen allein aufgrund der verstrichenen Zeit nicht mehr durchgesetzt werden können, d.h., der Schuldner kann ohne Beweise die geltend gemachte Forderung ablehnen *(§§ 194–218 BGB)*.

Ausnahmen: *§§ 194 Abs. 2, 758, 2042 Abs. 2, 894–896, 898, 924 BGB.*

Der Schuldner muss nicht mehr zahlen,
- wenn die im Gesetz vorgeschriebene Verjährungsfrist abgelaufen ist **und**
- wenn der Schuldner das Leistungsverweigerungsrecht („Einrede der Verjährung") geltend macht.

Im Gerichtsverfahren muss der Schuldner sich ausdrücklich auf die Verjährung berufen („Einrede der Verjährung"); das Gericht wird selbstständig **nicht** die Verjährung prüfen oder darauf hinweisen.

Erfüllt ein Schuldner in Unkenntnis der Verjährungsfrist die Forderung nach Eintritt der Verjährungsfrist, kann er seine Leistung nicht mehr zurückfordern *(§ 214 Abs. 2 BGB)*.

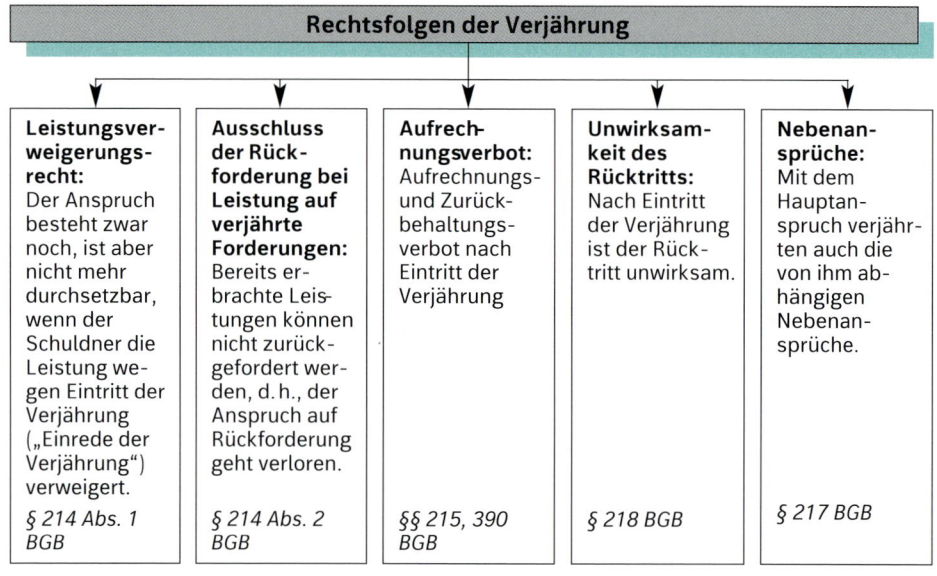

Rechtsfolgen der Verjährung				
Leistungsverweigerungsrecht: Der Anspruch besteht zwar noch, ist aber nicht mehr durchsetzbar, wenn der Schuldner die Leistung wegen Eintritt der Verjährung („Einrede der Verjährung") verweigert. *§ 214 Abs. 1 BGB*	**Ausschluss der Rückforderung bei Leistung auf verjährte Forderungen:** Bereits erbrachte Leistungen können nicht zurückgefordert werden, d. h., der Anspruch auf Rückforderung geht verloren. *§ 214 Abs. 2 BGB*	**Aufrechnungsverbot:** Aufrechnungs und Zurückbehaltungsverbot nach Eintritt der Verjährung *§§ 215, 390 BGB*	**Unwirksamkeit des Rücktritts:** Nach Eintritt der Verjährung ist der Rücktritt unwirksam. *§ 218 BGB*	**Nebenansprüche:** Mit dem Hauptanspruch verjährten auch die von ihm abhängigen Nebenansprüche. *§ 217 BGB*

Besonderheit:　Wirkung der Verjährung bei gesicherten Ansprüchen *(§ 216 BGB)*

■ akzessorische Sicherheit *(z. B. Hypothek, Pfandrecht)*:　　Befriedigung ist trotz Verjährung möglich *(§§ 1137, 1169, 1211, 1254 BGB)*

■ Sicherungsübereignung, Zession, Grundschuld:　　Rückforderung der Sicherheit wegen Verjährung der Forderung ist ausgeschlossen

■ Eigentumsvorbehalt *(§ 216 Abs. 2 S. 2 BGB)*:　　Rücktritt trotz Verjährung des Leistungsanspruchs ist zulässig

3.6.1　Zivilrechtliche Verjährungsfristen

Regelmäßige Verjährungsfrist	Besondere Verjährungsfrist	
3 Jahre *(§ 195 BGB)*	**2 Jahre** *(§§ 438, 634a BGB)*	**30 Jahre** *(§ 197 BGB)*
Ansprüche		
Alle Ansprüche, die nicht ausdrücklich anderen Verjährungsfristen unterliegen. *Beispiele:* Ansprüche aus Darlehens-, Zins-, Miet-, Kaufpreisforderungen, arglistig verschwiegene Mängel, Vertragsverletzungen aus Lieferungs- und Annahmeverzug	Mängel bei ■ Kaufverträgen ■ Werkverträgen ■ Reiseverträgen Ausnahmen: ■ 5 Jahre bei Bauwerkmängeln ■ 1 Jahr bei gebrauchten Sachen	■ Herausgabeanspruch aus dinglichen Rechten *(z. B. Eigentum)* ■ Familien- und erbrechtliche Ansprüche ■ Vollstreckbare Ansprüche aus Urteilen, Vergleichen, Urkunden und Insolvenzverfahren

Beginn der Verjährungsfrist		
■ am Schluss des Jahres, in dem der Anspruch entstanden ist, und ■ mit der Kenntnisnahme des Gläubigers von der Person und den Umständen des Anspruchs	mit ■ Fälligkeit des Anspruchs ■ Lieferung der Sache ■ Abnahme des Werkes	■ Entstehung (Fälligkeit) des Anspruchs ■ Rechtskraft der Entscheidung ■ Zustellung des vollstreckbaren Titels ■ Eröffnung des Insolvenzverfahrens
Beispiel: *Fälligkeit einer Darlehensforderung: 21.05.2018* *Ende der Verjährungsfrist:* *31.12.2021, 24:00 Uhr*	*Beispiel:* *Lieferung einer mangelhaften neuen Ware am 15.11.2018* *Ende der Verjährungsfrist:* *15.10.2020, 24:00 Uhr*	*Beispiel:* *Fälligkeit eines Anspruchs aus einem Urteil: 11.06.2018* *Ende der Verjährungsfrist:* *11.06.2048, 24:00 Uhr*

Nach Eintritt der Verjährung ist der Schuldner berechtigt, die Leistung zu verweigern.

Hat der Schuldner trotz Eintritt der Verjährung geleistet, so kann er nach *§ 214 Abs. 2 BGB* das Geleistete **nicht** zurückfordern, auch dann nicht, wenn er in Unkenntnis der eingetretenen Verjährung geleistet hat.

Beispiel:

Eine Werkleistung (Hausbau) wird am 15.03.2018 abgenommen. Bereits am 17.05.2018 stellt der Auftraggeber fest, dass der Auftragnehmer einen Mangel arglistig verschwiegen hat. Die Verjährungsfrist beginnt erst mit der Abnahme (§ 634 BGB). Die Verjährungsfrist beträgt bei Bauwerken 5 Jahre und sie endet am 15.03.2023.

3.6.2 Neubeginn und Hemmung der Verjährung

Neubeginn der Verjährung *(§ 212 BGB)*

Neubeginn der Verjährung bedeutet, die Verjährungsfrist beginnt nach dem Ende der Unterbrechung in vollem Umfang neu. Ein Neubeginn ist nach *§ 212 BGB* nur in zwei Fällen möglich:
- **Schuldanerkenntnis:** Der Schuldner gibt durch sein Verhalten zu erkennen, dass er den Anspruch als bestehend ansieht und nicht bestreiten will.

  Beispiele:

  Anerkennung: *Leistung einer Abschlagszahlung, Zinszahlung, Sicherheitsleistung, Bitte um Stundung, Anerkennung von Mangelansprüchen, förmliches Schuldanerkenntnis*

  Nichtanerkennung: *Aufrechnung ist kein Unterbrechungsgrund (§ 215 BGB)*

- **Vollstreckungshandlung:** Der Gläubiger hat seinen Anspruch gerichtlich geltend gemacht durch
  - Antrag auf Erlass eines Mahnbescheides und Annahme des Antrags,
  - Klageerhebung und Annahme der Klage,
  - Antrag auf Zwangsvollstreckung bei einem Gericht oder einer Behörde.

Die bis zum Neubeginn der Verjährung verstrichene Zeit bleibt unberücksichtigt.
Die Verjährungsfrist beginnt von Neuem zu laufen.

Beispiel:

Eine am 12. März 2018 fällige Kaufpreisforderung mit dreijähriger Verjährungsfrist wurde am 20. August 2020 durch gerichtlichen Mahnbescheid geltend gemacht.

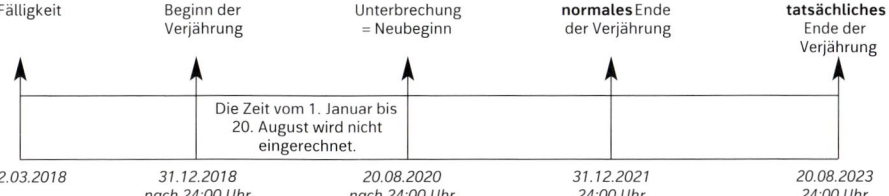

Hemmung der Verjährung *(§ 203 ff. BGB)*

Hemmung der Verjährung bedeutet, der Ablauf der Verjährung wird für eine bestimmte Zeit angehalten. Die Verjährung wird dann um den Zeitraum der Hemmung verlängert *(§ 209 BGB)*.

Die Verjährungsfrist verlängert sich um die Dauer der Hemmung.

Dauer der Hemmung
Die Hemmung dauert,
- bis der Prozess oder das sonstige Verfahren rechtskräftig entschieden oder
- anderweitig erledigt ist.

Kommt das Gerichtsverfahren durch Vereinbarung oder Nichtbetreiben zum Stillstand, so endet die Hemmung 6 Monate nach der letzten Prozesshandlung *(§ 204 Abs. 2 BGB)*.

- **Hemmung der Verjährung durch Rechtsverfolgung** *(§ 204 BGB)*
  - Erhebung der Klage auf Leistung,
  - Zustellung des Mahnbescheides im Mahnverfahren,
  - Anmeldung des Anspruchs im Insolvenzverfahren,
  - Geltendmachung der Aufrechnung des Anspruchs im Prozess.

  Die Hemmung endet 6 Monate nach der rechtskräftigen Entscheidung oder anderweitigen Erledigung des eingeleiteten Verfahrens.

- **Hemmung bei Verhandlungen über den Anspruch** *(§ 203 BGB)*
  Gläubiger und Schuldner verhandeln über Forderungsansprüche. Die Verjährung tritt dann frühestens drei Monate nach dem Ende der Hemmung ein.

- **Hemmung der Verjährung bei höherer Gewalt** *(§ 206 BGB)*
  Der Gläubiger ist innerhalb der letzten 6 Monate der Verjährungsfrist durch höhere Gewalt an der Rechtsverfolgung gehindert.

- **Hemmung der Verjährung bei Leistungsverweigerungsrecht** *(§ 205 BGB)*
  Der Schuldner ist aufgrund einer Vereinbarung mit dem Gläubiger vorübergehend zur Verweigerung der Leistung berechtigt.

  Beispiel: *Stundungsvereinbarung*

- **Hemmung der Verjährung aus familiären und ähnlichen Gründen** *(§ 207 BGB)*
  Ansprüche zwischen Ehegatten und Lebenspartnern, solange die Ehe bzw. Lebenspartnerschaft besteht.

Beispiel:

Eine am 20. August 2018 fällige Kaufpreisforderung mit dreijähriger Verjährungsfrist wird durch Klageerhebung am 11.02.2019 bis zum Tag der Rechtskraft des Urteils am 11.10.2019 gehemmt.

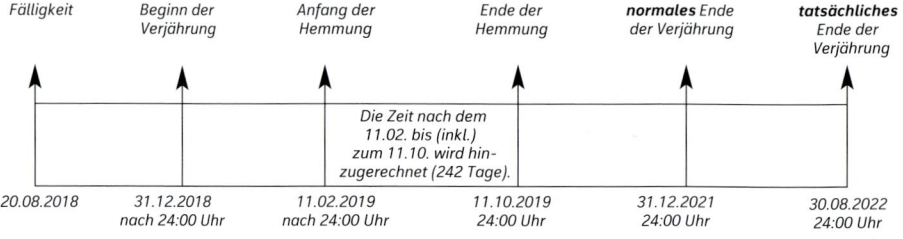

Außergerichtliche Mahnungen sowie private Zahlungsaufforderungen hemmen die laufende Verjährung von Ansprüchen nicht – auch nicht, wenn sie schriftlich und in Form eines eingeschriebenen Briefes erfolgt sind.

▣ Verjährungserleichterungen

Nach *§ 212 Abs. 1 BGB* können formlos Verjährungsvereinfachungen vereinbart werden. Besonderheit:

- bei Verbrauchsgüterverkauf *(§ 474 BGB)* darf die Verjährungsfrist nicht weniger als zwei Jahre betragen,
- bei gebrauchten Sachen darf die Untergrenze von einem Jahr nicht unterschritten werden *(§ 475 Abs. 2 BGB)*.

Übungsaufgaben

1. Grenzen Sie ab:
   a) Gewohnheitsrecht – Gesetzesrecht – Vertragsrecht,
   b) Privatrecht – öffentliches Recht,
   c) Dispositives Recht – zwingendes Recht.

2. Grenzen Sie ab: Rechtsfähigkeit – Geschäftsfähigkeit – Deliktsfähigkeit.

3. Geben Sie Auskunft über die Erlangung der Rechts- und Geschäftsfähigkeit

   a) bei natürlichen Personen,
   b) bei juristischen Personen des Privatrechts.

4. Unterscheiden Sie zwischen dem Zubehör und den wesentlichen Bestandteilen eines Grundstücks. Geben Sie hierzu jeweils zwei Beispiele.

5. Stellen Sie fest, welche Arten von Rechtsgeschäften unten stehend aufgeführt sind. Gehen Sie dabei von den gesetzlichen Bestimmungen des BGB aus.

   Arten der Rechtsgeschäfte

   1 einseitige Rechtsgeschäfte mit empfangsbedürftiger Willenserklärung
   2 einseitige Rechtsgeschäfte ohne empfangsbedürftige Willenserklärung
   3 zweiseitige Rechtsgeschäfte – einseitig verpflichtend
   4 zweiseitige Rechtsgeschäfte – zweiseitig verpflichtend

a) Kaufvertrag	d) Geschäftsbesorgungsvertrag	f) Testament
b) Bürgschaft	(entgeltlich)	g) Schenkung (ohne Auflagen)
c) Anfechtung	e) Kündigung	h) Mietvertrag

6. Prüfen Sie in den folgenden Fällen, ob das beschriebene Rechtsgeschäft

   ■ anfechtbar,   ■ nichtig,   ■ weder anfechtbar noch nichtig ist.

   a) Der Vertrag wurde unter Ausnutzung der Notlage des Vertragspartners geschlossen.
   b) Die Willenserklärung wurde durch widerrechtliche Drohung erzwungen.
   c) Beim Verkauf eines Grundstückes fehlt die notarielle Beurkundung.
   d) Infolge eines Schreibfehlers ist eine zu große Menge bestellt worden.
   e) Der Verkäufer hat den Käufer durch arglistige Täuschung zum Vertragsabschluss gebracht.
   f) Der Käufer hat bei Vertragsabschluss angenommen, er würde die Ware zum niedrigstmöglichen Preis erhalten, und muss später feststellen, dass ein Konkurrenzunternehmen zu noch niedrigeren Preisen anbietet.

7. Prüfen Sie mithilfe des Gesetzestextes, ob für die aufgeführten Rechtsgeschäfte

   ■ Schriftform,   ■ notarielle Beurkundung,

   ■ notarielle Beglaubigung,   ■ keine äußere Form

   vorgeschrieben ist.

   a) Bürgschaftsversprechen eines Kaufmanns,
   b) Kündigung eines Mietverhältnisses über eine Mietwohnung,
   c) Abschluss eines Ehevertrages,
   d) Anmeldung einer Prokuraerteilung zur Eintragung in das Handelsregister,
   e) Abschluss eines Gesellschaftsvertrages zur Gründung einer BGB-Gesellschaft.

8. Prüfen Sie in den folgenden Fällen, ob es sich
   - um einen Vertragsantrag,   ■ um eine Vertragsannahme,
   - weder um einen Antrag noch um die Annahme eines Vertrages handelt.

   aa) Der Käufer bestellt.   bb) Der Käufer nimmt sie in Gebrauch.
   ab) Der Verkäufer lehnt die Lieferung ab.   ca) Der Verkäufer macht ein bindendes Angebot.
   ba) Der Verkäufer sendet unbestellte Ware.   cb) Der Käufer bestellt nach einem halben Jahr.

   Auftraggeber und Beauftragter stehen in ständiger Geschäftsverbindung.

   da) Der Auftraggeber erteilt ohne vorherige Rücksprache seinem Geschäftspartner einen Auftrag zur Besorgung eines Geschäftes.
   db) Der Beauftragte schweigt.

9. Prüfen Sie in den nachfolgenden Fällen, welche Vertragsart vorliegt.
   a) Die Auszubildende Lisa Roth bekommt von ihrer Oma zum 18. Geburtstag eine Kette im Wert von 1 500,00 €.
   b) Lisa möchte bei ihren Eltern ausziehen, sie mietet ein Appartement gegen ein monatliches Entgelt von 400,00 €.
   c) Für den Transport ihrer Möbel in das Appartement überlässt ein Freund Lisa unentgeltlich einen Kleintransporter.
   d) Nach Abschluss ihrer Ausbildung wird Lisa vom Ausbildungsbetrieb als Mitarbeiterin übernommen.
   e) Lisa erwirbt ein Pferd zum Preis von 4 000,00 €.
   f) Das Pferd darf sich auf der Wiese des Bauern B gegen ein monatliches Entgelt austoben und grasen.
   g) Lisa lässt sich von der Schneiderin Frau Nadel ein Kostüm schneidern. Den dazugehörigen Stoff übergibt Lisa der Schneiderin.

10. Das BGB regelt u. a. den Erwerb und den Verlust des Eigentums an beweglichen Sachen. Stellen Sie in den unten stehenden Fällen fest, ob
    - Eigentumserwerb vom Berechtigten,
    - gutgläubiger Eigentumserwerb vom Nichtberechtigten,
    - kein Eigentumserwerb vorliegt.

    a) Ein 20-jähriger Auszubildender verkauft und übergibt einem anderen Auszubildenden eine CD von Michael Jackson, die er sich selbst geliehen hatte. Der Käufer hält den Verkäufer für den Eigentümer.
    b) Der 8-jährige Stephan verkauft und übergibt seiner 7-jährigen Freundin Clara seinen Teddybär, Kaufpreis 1,00 €.
    c) Einem Kreditinstitut wird eine Maschine zur Sicherung übereignet; gleichzeitig wird mit dem Kreditinstitut ein Besitzkonstitut vereinbart. Dem Kreditinstitut ist nicht bekannt, dass die Maschine mit einem Eigentumsvorbehalt belastet ist.
    d) Ein 20-jähriger Auszubildender verkauft sein Fahrrad einem Freund. Er einigt sich mit dem Käufer über den Eigentumsübergang und tritt den Herausgabeanspruch an den Freund ab, da das Fahrrad an einen Dritten verliehen ist.

11. Entscheiden Sie in den nachfolgenden Fällen, in welcher Weise die Eigentumsübertragung vollzogen wird.
    a) Ein Kunde kauft bei seinem Kreditinstitut einen Maria-Theresien-Taler, den er seiner Enkelin zu Ostern schenken möchte.
    b) Ein Kunstmäzen verkauft eine Beuys-Plastik an einen Sammler; das Kunstwerk hängt als Leihgabe in einem Museum.
    c) Ein Auszubildender übergibt sein altes Auto zu Reparaturzwecken an einen Kfz-Mechaniker; dieser möchte das Auto erwerben.
    d) Ein Baumarkt liefert 1 000 Fensterscharniere an eine Großschreinerei. Die Lieferung erfolgt unter einem verlängerten Eigentumsvorbehalt (Verarbeitungsklausel). Die Scharniere werden in die für einen Schulbau vorgesehenen Fenster eingebaut, bevor die Rechnung des Baumarktes bezahlt ist.

12. Prüfen Sie, welche Ansprüche sich aus der Störung der Erfüllung bei nachstehenden Kaufverträgen der Modeboutique Elvira Ellis GmbH ergeben.
    a) Die Elvira Ellis GmbH kauft bei einer Verlagsgesellschaft 2 000 Kunstkalender, die am 15. November geliefert werden sollen. Die Lieferung ist am 30. November noch nicht erfolgt, obwohl eine angemessene Nachfrist gesetzt wurde.

b) Die Elvira Ellis GmbH kauft ein Gemälde. Die Kunstgalerie sichert ausdrücklich zu, dass es ein Original ist. Bei der Prüfung des Gemäldes stellt sich heraus, dass es sich um eine Kopie handelt.

c) Die Elvira Ellis GmbH kauft Büromöbel. Bei Prüfung werden an verschiedenen Möbelstücken Fabrikationsfehler festgestellt und unverzüglich gerügt.

13. Die Modeboutique Elvira Ellis GmbH hat am 12. April mit der Fashion Textil AG einen Kaufvertrag über 100 Blusen der neuesten Sommerkollektion abgeschlossen. Als Liefertermin ist der 12. Mai vereinbart. Am 13. Mai wird der Elvira Ellis GmbH mitgeteilt, dass der Liefertermin aufgrund der hohen Auftragslage nicht eingehalten werden kann.

a) Befindet sich die Fashion Textil AG im Verzug?
Begründen Sie Ihre Auffassung.

b) Welche rechtlichen Möglichkeiten hat die Elvira Ellis GmbH?

14. Der Modeboutique Elvira Ellis GmbH werden am 12. Juni fristgerecht fünf Plisseeröcke geliefert. Wegen des Urlaubs der Geschäftsführerin wird die Ware erst am 20. Juni ausgepackt. Dabei stellt sich heraus, dass zwei Plisseeröcke Webfehler aufweisen.

a) Kann die Elvira Ellis GmbH den Umtausch der mangelhaften Ware verlangen? Begründen Sie Ihre Auffassung.

b) Wie wäre der Fall zu beurteilen, wenn Frau Ellis für sich privat die Plisseeröcke bestellt hätte?

15. Die Schreinerei Klein OHG führt einen Auftrag des Kunden Weitzel aus.

a) Die Klein OHG erhält am 9. Dez. 2017 vom Kunden Weitzel den Auftrag, einen Tisch nach Angaben des Bestellers herzustellen. Der Tisch ist am 21. Jan. 2018 fertig. Er wird am 3. Febr. 2018 geliefert und vom Kunden abgenommen.
Wann beginnt und wann endet die Verjährung?

b) Die Klein OHG liefert für den Neubau des Einfamilienhauses dem Kunden Weitzel die Holzfenster. Für diese Bauwerksarbeiten gelten die Regeln des BGB.
Die Abnahme der eingebauten Fenster erfolgt am 12. Aug. 2017.
Wann beginnt und wann endet die Verjährung?

c) Die Klein OHG liefert an den Kunden Weitzel am 12. Okt. 2017 einen Bilderrahmen.
■ Wie lange ist die Verjährungsfrist im Normalfall?
■ Kunde Weitzel behauptet, er habe den Bilderrahmen fristgerecht wieder abbestellt und bestreitet den Anspruch über den Preis des Bilderrahmens.
Im Rahmen einer Zahlungsklage erkennt Weitzel die Preisforderung der Klein OHG am 14. Juni 2018 an.
Welche Auswirkungen hat die Anerkenntnis der Preisforderung auf die Verjährung?

16. Unter welchen Bedingungen ist es möglich, Arbeitseinkommen zu pfänden?

17. Bestimmen Sie in den nachfolgenden Fällen das Ende der Verjährungsfrist:

a) Urteilsspruch vom 17. Mai 2018 zur Zahlung von 3 500,00 € an den Kläger (Zustellung des Urteils am 10. Juni 2018, Rechtsbehelfsfrist 1 Monat).

b) Fälligkeit einer Handwerkerrechnung an die Familie Schmitz: 27. August 2018.

c) Fälligkeit einer Zinszahlung wegen der Gewährung eines Darlehens: 14. Mai 2018.

d) Fälligkeit eines Darlehens: 30. Dezember 2018.

18. Unterscheiden Sie zwischen Hemmung und Neubeginn der Verjährung: Geben Sie jeweils zwei Beispiele an.

19. Verkäufer K, Köln, übergibt und übereignet aus dem Kaufvertrag die Ware an den Käufer B, Bonn. Zahlungsbedingungen: bei Zahlung innerhalb von 10 Tagen 2 % Skonto, es gelten die gesetzlichen Regelungen. Die Rechnung ist datiert auf den 12. Feb. 2018.

a) Bestimmen Sie den Leistungsort für die Zahlung.

b) Erfolgen die Zahlungen innerhalb der vorgegebenen Zeitspanne in folgenden beiden Fällen?
■ Der Käufer B überweist am 22. Feb. 2018, den Rechnungsbetrag durch Banküberweisung unter Abzug von Skonto.
■ Der Verkäufer versendet per Brief am 22. Feb. 2018 einen Verrechnungsscheck unter Abzug von Skonto.

20. Wann ist die Mietzahlung fällig
    a) bei Wohnraummiete und
    b) bei Gewerberaummiete?

21. Ein Unternehmer sendet an einen Verbraucher eine Rechnung über 1 190,00 €.
Zahlungsbedingung: bei Zahlung innerhalb von 10 Tagen 2 % Skonto, bei Zahlung innerhalb
von 30 Tagen ohne Abzug
Rechnungsdatum: 19.04., Zugang beim Zahlungsschuldner: 22.04.
Annahme: Basiszinssatz 2 %, Eurozinsmethode
Berechnen Sie die neue Forderung unter Einschluss von Verzugszinsen und Verzugsschaden.

22. Ein Unternehmer sendet an einen Verbraucher eine Rechnung über 595,00 €.
Zahlungsbedingung: sofort zahlbar
Rechnungsdatum: 20.04., Zugang beim Zahlungsschuldner: 21.04., nachweisbarer Zugang
der Mahnung durch Rückschein: 15.05.
Wann beginnt der Verzug?

3

4 Grundzüge des Handelsrechts

4.1 Überblick über das Handelsrecht

Das Handelsrecht ist das „Sonderprivatrecht der Kaufleute und der wirtschaftlich täti-gen Unternehmen". Es handelt sich um ein spezielles Gebiet des Privat-(Zivil-)Rechts, obwohl es auch öffentlich-rechtliche Normen enthält.

Die Geltung des Handelsrechts ist abhängig von der Kaufmannseigenschaft wenigs-tens eines der beteiligten Rechtssubjekte.

Das Handelsrecht ist kein vollständiges eigenes Recht, sondern enthält ergänzende Vorschriften zu den allgemeinen Vorschriften, insbesondere des Bürgerlichen Gesetz-buches. Das heißt, die Vorschriften des BGB gelten für Kaufleute nur subsidiär.

Das Handelsrecht zielt auf die besonderen Bedürfnisse des kaufmännischen Rechts-verkehrs, wie z. B. hohes Maß an Eigenverantwortung des Handelnden, etwa durch Vertragsstrafen *(§ 348 HGB)* und Formfreiheit *(§ 350 HGB)*, Entgeltlichkeit auch ohne besondere Vereinbarung *(§ 358 HGB)*, Einbeziehung von Handelsbräuchen *(§ 346 HGB)*, zügige Abwicklung, etwa durch das Erfordernis der unverzüglichen Mängelrüge *(§ 377 HGB)* sowie Rechtsklarheit und Publizität *(§§ 5, 15 HGB)*.

> **Handelsrecht ist nur anzuwenden, wenn die Kaufmannseigenschaft gegeben ist.**

Kaufleute und damit Rechtssubjekte können sein:

- natürliche Personen,
- Personenhandelsgesellschaften,
- juristische Personen.

Handelsgesetzbuch (HGB)	
Aufgaben	**Inhalte**
■ Sicherstellung eines geordneten Ablaufs kaufmännischer Geschäfte ■ Schaffung von Rechtssicherheit im Ge-schäftsverkehr der Kaufleute untereinan-der und der Kaufleute mit Dritten	■ Handelsstand *(§§ 1–104)* ■ Handelsgesellschaften und stille Gesell-schaft *(§§ 105–237)* ■ Handelsbücher *(§§ 238–339)* ■ Handelsgeschäfte *(§§ 343–473)* ■ Seehandel *(§§ 476–905)*

Zum Bereich Handelsrecht zählen bestimmte Nebengesetze, z. B. *Wechselgesetz und Scheckgesetz*, der gewerbliche Rechtsschutz und das Gesellschaftsrecht.

> Grundregel: **Spezialrecht** – hier Handelsrecht – hat **Vorrang** vor dem **allgemei-nen Recht** *(z. B. BGB).*

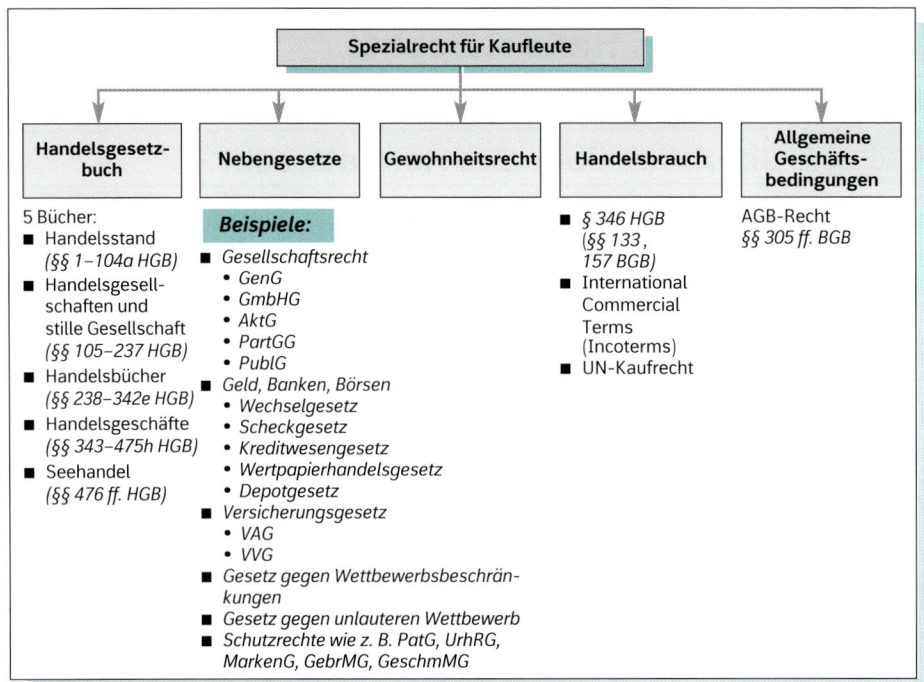

Die **Bedeutung des Handelsrechts für das Steuerrecht** zeigt sich u. a. darin, dass die steuerliche Gewinnermittlung von Kaufleuten nach den handelsrechtlichen Grundsätzen ordnungsgemäßer Buchführung erfolgen muss (Grundsatz der Maßgeblichkeit der Handelsbilanz für die Steuerbilanz, *§ 5 Abs. 1 S. 1 EStG*).

Das **Maßgeblichkeitsprinzip** gilt nur für Unternehmen, die eine Bilanz (Handelsbilanz, Steuerbilanz) erstellen müssen. Nach diesem Prinzip sind die handelsrechtlichen Bilanzierungs- und Bewertungsvorschriften *(§§ 238 ff., 266 ff. HGB)* in der Steuerbilanz zu übernehmen *(§ 5 Abs. 1 S. 1 EStG)*, wenn das Steuerrecht nicht ausdrücklich andere Bilanzierungs- bzw. Bewertungsvorschriften vorschreibt *(§ 5 Abs. 1 letzter Hs. EStG)*.

Das bedeutet,
■ ein Aktivierungs- oder Passivierungs**gebot** für die Handelsbilanz ist auch ein Aktivierungs- oder Passivierungs**gebot** für die Steuerbilanz,
■ ein Aktivierungs- oder Passivierungs**verbot** für die Handelsbilanz ist auch ein Aktivierungs- oder Passivierungs**verbot** für die Steuerbilanz.

Das Maßgeblichkeitsprinzip gilt hingegen **nicht**, wenn ein Aktivierungs- oder Passivierungs**gebot** für die Handelsbilanz besteht, aber für die Steuerbilanz gilt ein Aktivierungs- oder Passivierungs**verbot**.
Wahlrechte, die sowohl für die Handelsbilanz als auch für die Steuerbilanz bestehen, können aufgrund *§ 5 Abs. 1 S. 1. Hs 2 EStG* unterschiedlich in der Handelsbilanz und in der Steuerbilanz ausgeübt werden.

Unternehmer ist nach *§ 14 Abs. 1 BGB* eine natürliche Person, eine juristische Person oder eine rechtsfähige Personengesellschaft, die bei Abschluss eines Rechtsgeschäfts in Ausübung ihrer gewerblichen oder selbstständigen beruflichen Tätigkeit handelt.

4.2 Gründung und Anmeldung der Unternehmung

Mögliche Wege zur Gründung eines Unternehmens

▪ **Neugründung**	Eine Person gründet ein Unternehmen neu.
▪ **Unternehmens- übernahme**	Eine oder mehrere Personen übernehmen ein bestehendes Unternehmen.
▪ **Franchising**	Franchising (Konzessionsverkauf): Der Gründer erwirbt bei einem Franchisegeber das Recht auf die regionale Nutzung eines erprobten Unternehmenskonzepts. Aus dem Gründer wird auf diese Art ein Franchisenehmer (selbstständiger Kaufmann).
▪ **Teamgründung**	Bei der Teamgründung – auch Gründerteam genannt – schließen sich mehrere Personen zu einer zielgerichteten Zweckgemeinschaft mit eigenen Organisationsmerkmalen zusammen.
▪ **E-Business**	Hierbei wird über das Internet eine unmittelbare Geschäftsbeziehung zwischen Anbieter und Abnehmer abgewickelt. Im weiteren Sinne umfasst es jede Art von geschäftlicher Transaktion, bei der die Transaktionspartner im Rahmen von Leistungsanbahnung-, -vereinbarung oder -erbringung elektronische Kommunikationstechniken einsetzen.
▪ **Management-Buy-out (MBO)** ▪ **Management-Buy-in (MBI)**	**Management-Buy-out (MBO)** ist eine besondere Form der Nachfolge. Das eigene Management kauft i.d.R. durch leitende Angestellte oder die Geschäftsführung das Unternehmen. Unter **Management-Buy-in (MBI)** versteht man dagegen die Übernahme eines Unternehmens durch fremde Manager. Beide – MBO und MBI – erfordern die gleiche sorgfältige Vorbereitung wie auch jede andere Unternehmensnachfolge durch Kauf. Vor allem beim Generationswechsel in Unternehmensleitungen ist MBO eine besonders erfolgversprechende und sinnfällige Form der Übernahme. Die eigenen Mitarbeiter kennen das Unternehmen besser als jede „neue" Unternehmensleitung. Bei vielen Unternehmensübertragungen, ganz besonders aber bei MBO und MBI, verfügen die Käufer oft nur über geringe Eigenmittel. Darum müssen sie den Kauf des Unternehmens mit einem hohen Anteil an Fremdkapital finanzieren.
▪ **Ausgründung**	Wenn sich Teile oder eine Abteilung eines bestehenden Unternehmens selbstständig machen, spricht man von einer Ausgründung. Gründe hierfür können sein, die betreffenden Aufgaben (z.B. Buchhaltung, Marketing, Versand) effektiver zu organisieren, Kosten zu sparen, Führungskräfte zu motivieren, die intern keinen Aufstieg auf der Karriereleiter mehr sehen, oder auch zusätzliche Innovationen zu mobilisieren (z.B. durch Fördermittel für das neue Unternehmen).
▪ **Spin-off-Gründung**	Forschungsergebnisse mit Gewinn vermarkten, das ist, kurz gefasst, die Idee von Spin-off-Gründungen. Ihren Ursprung haben Spin-offs immer in einer forschenden Muttergesellschaft, die für das Entstehen der Geschäftsidee quasi als Inkubator fungiert. Inkubatoren sind entweder forschungsintensive Unternehmen, Hochschulen oder Forschungseinrichtungen wie die Max-Planck- oder die Fraunhofer Gesellschaft.
▪ **Beteiligung**	Eine Person beteiligt sich mit Kapital an einem bestehenden Unternehmen.
▪ **Kooperation**	Dies ist die freiwillige Zusammenarbeit von Unternehmen, die rechtlich selbstständig bleiben. Die beteiligten Unternehmen geben somit aber einen Teil ihrer wirtschaftlichen Souveränität ab.

4

■ **Kleingründung**	Als Kleingründung gilt eine Existenzgründung, für die nicht mehr als 60 000,00 € investiert und nicht mehr als 50 000,00 € als Darlehen aufgenommen werden müssen.
■ **Nebenerwerbsgründung**	Eine besondere Form der Kleingründung ist die Nebenerwerbsgründung. Dabei bleibt der Gründer hauptberuflich als Angestellter erwerbstätig und „im Nebenberuf" selbstständig.

In einer Marktwirtschaft kann grundsätzlich jeder im Rahmen der Gesetze eine Unternehmung gründen *(§ 1 GewO, Art. 12 GG)*. Der **Grundsatz der Gewerbefreiheit** ist Voraussetzung für den Wettbewerb innerhalb der Wirtschaft. Die Unternehmungen müssen bei ihrer Geschäftstätigkeit jedoch die gesetzlichen Rahmenbedingungen beachten, die der Gesetzgeber im Interesse der Allgemeinheit festgelegt hat.

Die Unternehmensgründung setzt umfangreiche wirtschaftliche und rechtliche Überlegungen voraus. Aus übergeordneten Interessen und zum Schutz der Allgemeinheit ist in besonderen Fällen die Aufnahme des Geschäftsbetriebs von der Erfüllung bestimmter Voraussetzungen abhängig und nur aufgrund einer staatlichen Konzession zulässig.

4

Für Unternehmensgründungen müssen Voraussetzungen erfüllt werden		
persönliche Voraussetzungen	**sachliche Voraussetzungen**	**rechtliche Voraussetzungen**
■ Geschäftsfähigkeit ■ Rechtsfähigkeit, beschränkte ■ Geschäftsfähigkeit + Zustimmung der Eltern und des Vormundschaftsgerichtes ■ Branchenkenntnisse sowie kaufmännische Kenntnisse und Qualifikationen ■ Rechtliche Grundkenntnisse ■ Risikobereitschaft ■ Aufgeschlossenheit gegenüber neuen Ideen ■ Entscheidungsfähigkeit ■ unternehmerischer Mut ■ Kontaktfreudigkeit und Kontaktfähigkeit ■ Motivationsfähigkeit gegenüber Partnern und Mitarbeitern ■ Kritikverträglichkeit	■ Unternehmenskonzept ■ Businessplan/Geschäftsplan ■ Kapitalaufbringung (Eigen- und Fremdkapital) ■ Investitionsbedarf ■ Marktanalyse, Branche - Markt ■ Marketing ■ Standort ■ Produkt und Dienstleistung ■ Planung	■ Art der Tätigkeit *(z. B. Gewerbe)* ■ Anmeldung *z. B. beim Gewerbeamt, der zuständigen Kammer, Finanzamt, Berufsgenossenschaft, Agentur für Arbeit, Sozialversicherungsträgern* ■ (Pflicht-)Versicherungen ■ Rechnungswesen ■ Registereintragung ■ Genehmigungen bei Gegenständen, die für die Gesundheit gefährlich werden können, wie z. B. *Lebensmittel, offene Milchprodukte, Arzneimittel, Gifte, Waffen, Munition, Sprengstoff.* Gefordert werden z. T. Gesundheitszeugnis, polizeiliches Führungszeugnis, Sachkundenachweis, bestimmte Prüfungen ***Beispiele:*** *an behördliche Genehmigungen sind z. B. gebunden:* *§ 2 GastG → Gaststätten* *§ 55 GewO → Reisegewerbe* *§§ 2, 46 PbefG → Personenverkehr* *§ 1 HandwO → Eintragung in die Handwerksrolle* *Kreditinstitute, Versicherungsgesellschaften, Spielhallen*

Entscheidungsfaktoren bei der Unternehmensgründung

Nachfolgend sollen einige Betrachtungspunkte für eine Gründung aufgelistet werden.

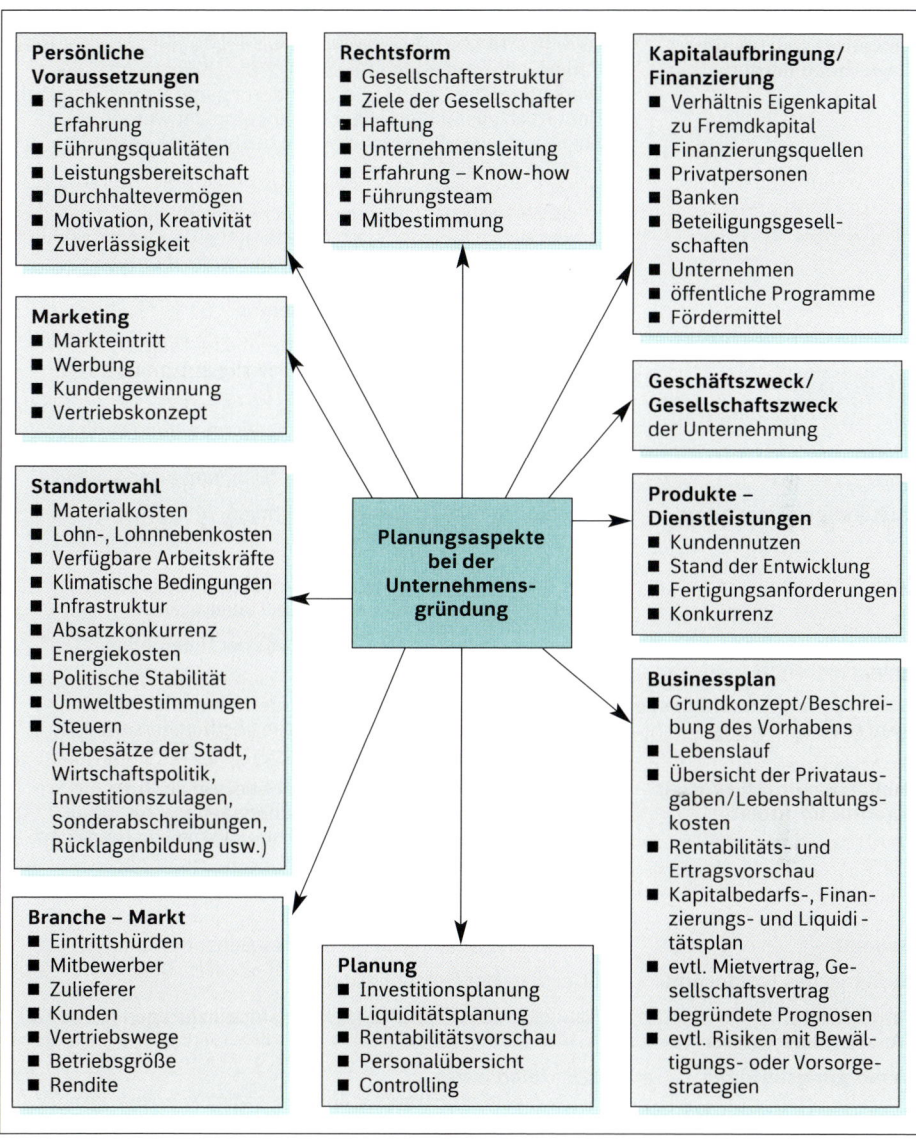

Die Unternehmensgründung von Gewerbebetrieben muss bei der zuständigen Ordnungsbehörde am Sitz des Unternehmens durch eine **Gewerbeanmeldung** angezeigt *(§ 14 GewO)* bzw. genehmigt werden *(vgl. Gaststättengesetz, Kreditwesengesetz)*. Freie Berufe sind bei der zuständigen Kammer anzumelden.

Über die Gewerbeanmeldung/die Aufnahme der Tätigkeit als Freiberufler werden anschließend die nachfolgenden Institutionen informiert:

Institution	Grund/Ziel
Gewerbeaufsichtsamt: **Gewerbeanmeldung**	Gemäß *§ 14 Gewerbeordnung* müssen bei einer gewerblichen Tätigkeit im stehenden Gewerbe *(z. B. Ladengeschäft, Büro, Werkstätte)* der Beginn, die Veränderung und Beendigung bei der örtlich zuständigen Behörde angemeldet werden. Für verschiedene Gewerbzweige besteht eine besondere Genehmigungspflicht: ■ bei *z. B. Versteigerern, Fahrschulen, Pfandvermittlern* muss die persönliche und wirtschaftliche Zuverlässigkeit geprüft werden, ■ bei Industrie- und bestimmten Handwerksbetrieben sind die Umwelteinflüsse nach dem Bundesimmissionsschutzgesetz zu kontrollieren.
zuständige Kammer *Beispiele:* IHK, HWK, StbK, WPK, RAK	Ohne Kammereintragung ist die berufliche Tätigkeit nicht zulässig, z. T. sind besondere Genehmigungspflichten zu beachten. *Beispiele:* ■ *Meisterprüfung für bestimmte Handwerksberufe* ■ *Sachkundenachweis für den Einzelhandel* ■ *Approbation bei der Gründung einer Apotheke*
zuständiges Finanzamt	Anmeldung durch den Steuerpflichtigen *(§ 137 ff. AO)* ■ Erteilung einer USt-/Wirtschafts-Identifikationsnummer *(§ 139c AO)* ■ Fragebogen über zukünftige Umsätze und Gewinne ■ Erklärungspflicht für bestimmte Steuerarten
zuständige Berufsgenossenschaft	Versicherung der Arbeitnehmer sowie der Unternehmer (gesetzliche Unfallversicherung)
Gesetzliche Krankenkassen Rentenversicherung	Arbeitnehmer, die eingestellt wurden, sind unter Nennung der Betriebsnummer bei der jeweils zuständigen Krankenkasse anzumelden; bei der RV durch die DEÜV-Meldung.
Bundesagentur für Arbeit Agentur für Arbeit	■ Ausstellung der Betriebsnummer bei der Zentrale für Betriebsnummern (BNS) der Bundesagentur für Arbeit (Saarbrücken), die in die Versicherungsnachweise der Arbeitnehmer einzutragen ist, ■ Schlüsselverzeichnis für die Anmeldung zur Berufsgenossenschaft.
Bauamt	Evtl. Antrag Nutzungsänderung des Gebäudes stellen.
Statistisches Landesamt	Erfassung der Gründungsdaten.
Amtsgericht: **Abt. Handelsregister**	Kaufleute sind in das Handelsregister einzutragen *(§ 14 HGB)*.
Versorgungsbetriebe	*z. B. Stadtwerke, Elektrizitätswerke = Abschluss von Lieferverträgen für Wasser, Strom, Gas usw.*

4.3 Kaufmannseigenschaft

Rechtsgrundlagen: *§§ 1–6 HGB, § 13 Abs. 3 GmbHG, § 3 Abs. 1 AktG, § 17 Abs. 2 GenG*

Das *HGB* unterscheidet zwischen dem

- Kaufmann, für den im Wesentlichen die Regeln des *HGB* gelten,
- Nichtkaufmann, auf den die Vorschriften des *BGB* anzuwenden sind.

Kaufmann ist, wer
- ein **Handelsgewerbe betreibt** *(§ 1 HGB)*,
- im **Handelsregister einzutragen** oder **eingetragen** ist.

Ein **Kaufmann** muss – im Gegensatz zum Nichtkaufmann – einen **in kaufmännischer Weise eingerichteten Geschäftsbetrieb** haben *(§ 1 Abs. 2 HGB)*.

Der Kaufmann nach *HGB* ist durch drei Merkmale gekennzeichnet: Gewerbe, Handelsgewerbe und Betreiben eines Handelsgewerbes.

Kaufmann ist die Person, in deren Namen und auf deren Kosten das Unternehmen betrieben wird.

Gewerbe ist ...	Handelsgewerbe ist ...
■ jede rechtlich selbstständige, ■ planmäßige und auf Dauer angelegte, ■ entgeltliche, ■ rechtmäßige und rechtsgeschäftliche, ■ auf eine unbestimmte Vielzahl von Geschäften gerichtete und ■ nach außen (am Markt) in Erscheinung tretende Tätigkeit ■ mit der Absicht, Gewinn zu erzielen.	■ jeder nach Art und Umfang in kaufmännischer Weise eingerichteter Gewerbetrieb *(§ 1 Abs. 2 HGB)*[1] ■ Zu unterscheiden sind • Handelsgewerbe kraft Gesetz *(§ 1 Abs. 2 HGB)*, • Handelsgewerbe kraft Registereintragung *(§ 2 HGB)*. ■ **Kein** Handelsgewerbe i. S. d. *§ 1 Abs. 2 HGB* betreiben: • nicht eingetragene Kleingewerbetreibende *(§ 1 Abs. 2 HGB)*, • land- und forstwirtschaftliche Betriebe *(§ 3 Abs. 1 HGB)*, • Partnerschaften *(§ 1 S. 2 PartGG)*, • Handwerksbetriebe, außer es wird HR-Eintragung beantragt, • freie Berufe.

Ein Gewerbe wird vom „Gewerbetreibenden", ein „Handelsgewerbe" von einem „Kaufmann" *(§ 1 Abs. 1 HGB)* betrieben.

Ein Gewerbe wird zum **Handelsgewerbe**, wenn die gewerbliche Betätigung einen bestimmten Umfang erreicht.

---

[1] Vgl. zu Art und Umfang eines in kaufmännischer Weise eingerichteten Geschäfsbetriebs S. 318 zu Istkaufmann.

[2] Für das Vorliegen eines Gewerbes und damit für die Unternehmensstellung des Verkäufers ist steuerlich nicht unbedingt notwendig, dass dieser mit seiner Geschaftstätigkeit die Absicht verfolgt, Gewinn zu erzielen *(BGH vom 29.03.2006, VIII ZR 173/05)*.

Selbstständig beinhaltet Übernahme des Unternehmerrisikos, freie Gestaltung der Tätigkeit, eigene Rechnung, eigenes Risiko und persönliche Unabhängigkeit, d. h. frei sein von örtlichen, zeitlichen und inhaltlichen Weisungen. Ein Gewerbebetrieb liegt vor, wenn ein wirtschaftliches Unternehmen selbstständig, planmäßig und entgeltlich als Anbieter von Leistungen am Markt tätig ist. Hierzu zählen nicht künstlerische, wissenschaftliche und freiberufliche Tätigkeiten, bei denen die Leistungserbringung höchstpersönlichen Charakter hat. Um Abgrenzungsprobleme dieser Definition abzumildern, hat der Gesetzgeber durch die Formulierung „es sei denn" *(§ 1 Abs. 2 HGB)* den kaufmännisch handelnden Personen die gesetzliche Beweislast auferlegt. Gelegentliche Erwerbsgeschäfte oder Veräußerungen begründen handelsrechtlich kein Handelsgewerbe.

Nicht als Handelsgewerbe gilt die Tätigkeit

- **der Land- und Forstwirte,** die aber den Kaufmannsstatus wählen können *(§ 3 HGB)*,
- **der freien Berufe** wie *z. B. Steuerberater, Wirtschaftsprüfer, vereidigte Buchprüfer, Rechtsanwälte, Architekten, Künstler, Notare, Ärzte, wissenschaftliche oder sportliche Tätigkeit.*

Diese Personen sind keine Kaufleute, obwohl sie am Wirtschaftsleben i. d. R. wie Kaufleute teilnehmen.

Anders verhält es sich jedoch, wenn Land- und Forstwirte oder Angehörige eines freien Berufes ihre Tätigkeit in der Rechtsform der GmbH oder AG ausüben.

Beispiele:

- *Deutsche Treuhand Wirtschaftsprüfungsgesellschaft AG*
- *Hohm und Kötting Steuerberatungsgesellschaft mbH*

Vom Begriff des Gewerbes nach *GewO* und *HGB* ist der **steuerrechtliche Begriff** nach § 15 EStG mit seiner andersartigen Zielsetzung abzugrenzen:

„Eine selbstständige nachhaltige Betätigung, die mit der Absicht, Gewinn zu erzielen, unternommen wird und sich als Beteiligung am allgemeinen wirtschaftlichen Verkehr darstellt, ist ein Gewerbebetrieb, wenn die Betätigung weder als Ausübung von Land- und Forstwirtschaft noch als Ausübung eines freien Berufs ... anzusehen ist."

Ein Gewerbebetrieb liegt auch vor, wenn die Gewinnerzielungsabsicht nur Nebenzweck ist. Ein Gewerbe i. S. d. Steuerrechts entfällt aber bei Liebhaberei.

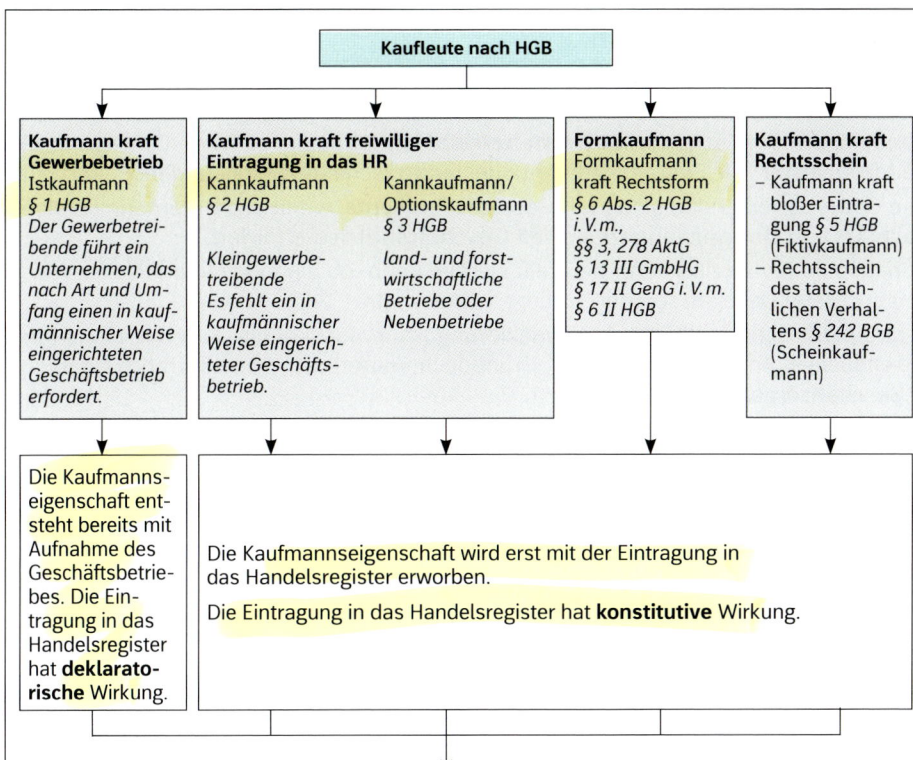

Kaufleute nach HGB

Kaufmann kraft Gewerbebetrieb
Istkaufmann
§ 1 HGB
Der Gewerbetreibende führt ein Unternehmen, das nach Art und Umfang einen in kaufmännischer Weise eingerichteten Geschäftsbetrieb erfordert.

Kaufmann kraft freiwilliger Eintragung in das HR
Kannkaufmann
§ 2 HGB

*Kleingewerbetreibende
Es fehlt ein in kaufmännischer Weise eingerichteter Geschäftsbetrieb.*

Kannkaufmann/
Optionskaufmann
§ 3 HGB

land- und forstwirtschaftliche Betriebe oder Nebenbetriebe

Formkaufmann
Formkaufmann kraft Rechtsform
§ 6 Abs. 2 HGB
i. V. m.,
§§ 3, 278 AktG
§ 13 III GmbHG
§ 17 II GenG i. V. m.
§ 6 II HGB

Kaufmann kraft Rechtsschein
– Kaufmann kraft bloßer Eintragung § 5 HGB (Fiktivkaufmann)
– Rechtsschein des tatsächlichen Verhaltens § 242 BGB (Scheinkaufmann)

Die Kaufmannseigenschaft entsteht bereits mit Aufnahme des Geschäftsbetriebes. Die Eintragung in das Handelsregister hat **deklaratorische** Wirkung.

Die Kaufmannseigenschaft wird erst mit der Eintragung in das Handelsregister erworben.
Die Eintragung in das Handelsregister hat **konstitutive** Wirkung.

4

Folgen der Erlangung der Kaufmannseigenschaft

Beispiele:
- *Anwendung der strengeren HGB-Vorschriften (z. B. § 373 ff. HGB statt § 433 ff. BGB)*
- *Führung einer Firma § 17 ff. HGB*
- *Recht, Prokuristen zu ernennen § 48 HGB*
- *Kaufmann kann sich durch Prokuristen, Handlungsbevollmächtigte, Ladenangestellte vertreten lassen, kaufmännische Vertretung § 48 ff. HGB erweitert § 164 ff. BGB*
- *Haftung für alle Verbindlichkeiten der Unternehmung*
- *Publizitätswirkung des Handelsregisters*
- *Auslegung nach Handelsbrauch § 346 HGB anstelle von §§ 133, 157 BGB*
- *Verträge können durch kaufmännisches Bestätigungsschreiben oder durch Schweigen zustande kommen § 362 HGB*
- *erweitertes Zurückbehaltungsrecht § 369 HGB anstelle § 273 BGB*
- *Recht zur mündlichen Bürgschaftserklärung §§ 349, 350 HGB formfrei, im Gegensatz zu § 766 BGB*
- *mündliche Schuldanerkenntnis § 350 HGB*
- *erweiterte Vertragsstrafe § 348 HGB anstelle § 343 BGB*
- *Pflicht zur unverzüglichen Untersuchungs- und Rügepflicht §§ 377, 378 HGB anstelle von § 433 ff. BGB*
- *höhere Verzugszinsen nach § 352 HGB, anstelle § 246 BGB*
- *Handelsgesellschaften § 105 ff. HGB*
- *Möglichkeit, den Gerichtsstand frei zu vereinbaren §§ 29, 38 ZPO*
- *Buchführungs- und Aufzeichnungspflichten (§§ 238, 239 HGB, 140 AO), Ausnahme: § 241a HGB*
- *Pflicht zur Durchführung der Inventur und Erstellung des Inventars (§§ 240, 241 HGB)*
- *Aufstellung des Jahresabschlusses für jedes Geschäftsjahr (§§ 242–245 HGB)*
- *Beachtung von Ansatzvorschriften (§§ 246–251 HGB)*
- *Berücksichtigung der Bewertungsvorschriften nach §§ 252–256a HGB*
- *Pflicht zur Aufbewahrung von Unterlagen (§§ 257–261 HGB)*
- *Recht, ein vom Kalenderjahr abweichendes Wirtschaftsjahr zu wählen (§ 4a Abs. 1 Nr. 2 EStG)*
- *Recht, bestimmte Bewertungswahlrechte in Anspruch nehmen zu können*
- *Umsatzsteuerpflicht nach UStG*
- *Ausschluss des Verbraucherinsolvenzverfahrens mit Restschuldbefreiung (§§ 304–314 InsO)*
- *Möglichkeit, zum Handelsrichter gewählt zu werden (§ 109 GVG)*

4.3.1   Istkaufmann

Der **Istkaufmann** ist Kaufmann kraft **Gewerbebetrieb** *(§ 1 Abs. 1 HGB)*.

Handelsgewerbe ist jeder **Gewerbebetrieb**[1] unabhängig von der Eintragung ins Handelsregister. Die Eintragung hat nur deklaratorische (rechtsbekundende) Wirkung.

Alle Gewerbetreibenden sind kraft Gesetzes Kaufleute, wenn das Unternehmen einen **nach Art und Umfang eingerichteten Geschäftsbetrieb** erfordert.

Anhaltspunkte, anhand derer beurteilt werden kann, ob ein in kaufmännischer Weise eingerichteter Geschäftsbetrieb vorliegt, können sein:

- Kaufmännische Buchführung, Bilanzierung (Jahresabschluss, Führung eines Kassenbuches, Anlagenbuchführung, Grundbuch, Hauptbuch, Kontokorrentbücher),
- Geschäftsorganisation,
- Art *(z. B. Vielfalt der Geschäftsbeziehungen, Höhe der Kreditaufnahme, Bilanzierung, betriebliche Organisation, grenzüberschreitende Tätigkeit)* und Umfang des Geschäftsbetriebes *(z. B. Umsatz i. d. R. über 500 000,00 €, Höhe des Vermögens und des Kapitals, Anzahl der Betriebsstätten, Anzahl der Mitarbeiter, Lohnsumme, Umfang der Geschäftskorrespondenz, Filialen)*,
- Anzahl der Mitarbeiter (i. d. R. ≥ 5 AN) und die Art der Tätigkeit,
- vielseitiges Waren- und/oder Dienstleistungsangebot,
- vielseitige Geschäftskontakte *(z. B. Debitoren ≥ 20, Kreditoren ≥ 20)*,
- Anlage- und Betriebskapital *(z. B. Anlagevermögen ≥ 125 000,00 €)*.

Die Entscheidung, ob ein in kaufmännischer Weise eingerichteter Geschäftsbetrieb notwendig ist, trifft das Amtsgericht i. d. R. aufgrund von Gutachten der IHK oder Handwerkskammer.

Kaufmann ist somit **jeder** Gewerbetreibende ohne Rücksicht auf die Branche. Ein freiberufliche, wissenschaftliche oder künstlerische Tätigkeit scheidet damit aus.

Beispiele:

Warenhandelsgeschäfte, Handwerk, Dienstleistungen, die nach außen in Erscheinung tretende Vermögensverwaltung

Die pflichtgemäße Eintragung ins Handelsregister hat lediglich **rechtsbekundende** (= deklaratorische) Wirkung.

Beachte:

- Die Begriffe Kaufmann nach *HGB* und Unternehmer nach *§ 14 BGB* sind **nicht** inhaltsgleich, weil für den bürgerlich-rechtlichen Begriff Unternehmer das Betreiben eines Gewerbes und ein nach Art und Umfang eingerichteter kaufmännischer Geschäftsbetrieb nicht entscheidend sind.
- Nicht kapitalmarktorientierte Einzelunternehmen, die an den Abschlussstichtagen von zwei aufeinanderfolgenden Geschäftsjahren nicht mehr als 500 000,00 € Umsatzerlöse und 50 000,00 € Jahresüberschuss aufweisen, brauchen die *§§ 238 bis 241 HGB* nicht anzuwenden *(§ 241a HGB)*.

4.3.2   Kannkaufmann/Optionskaufmann

Der **Kannkaufmann/Optionskaufmann** ist Kaufmann kraft **freiwilliger Eintragung** ins Handelsregister *(§§ 2, 3 HGB)*.

---

[1] Vgl. hierzu die Definition eines Handelsgewerbes, S. 315.

Der Unternehmer ist zuerst einmal kein Kaufmann, betreibt er aber ein Gewerbe, das *z. B. nicht den erforderlichen Umfang hat*, **kann** er durch freiwillige Eintragung ins Handelsregister die Kaufmannseigenschaft erwerben.

Die freiwillige Eintragung hat **konstitutive** (= rechtserzeugende) Wirkung. Auch die Gesellschaft des bürgerlichen Rechts (GbR) kann durch Eintragung ins Handelsregister die Kaufmannseigenschaft erwerben; es gelten dann für die GbR die Regelungen der OHG bzw. der KG.

Kleingewerbetreibende

> **Kleingewerbetreibende** sind Unternehmen, die aufgrund der Art und des Umfangs ihrer Geschäfte einen in kaufmännischer Weise eingerichteten Geschäftsbetrieb nicht benötigen.
> Sie haben jedoch die Möglichkeit, die Kaufmannseigenschaft zu erwerben, wenn sie
> - ein Gewerbe betreiben *(§ 1 Abs. 1 HGB)* **und**
> - sich freiwillig als Kaufmann ins Handelsregister eintragen lassen *(§ 2 S. 1 HGB)*.

Beispiele:

Kleine Gaststätten, Ladenlokale, Bäckereien, Wäschereien, handwerkliche Betriebe

Die Rechtsprechung bietet zur Abgrenzung zum Istkaufmann weitere Kriterien und nimmt Kleingewerbe in folgenden Fällen an:
- Ein-Personen-Betrieb, Bürofläche 15 m^2, Jahresumsatz bis zu 65 000,00 €
- Einzelhandel unter 250 000,00 € Umsatz
- Einzelhandel mit Umsätzen der letzten Jahre zwischen 125 000,00 € und 175 000,00 €
- Provisionsumsatz eines Handelsvertreters unter 100 000,00 €
- Industriebetrieb mit Umsatz unter 500 000,00 €
- Handwerksbetrieb mit Umsatz unter 250 000,00 €
- Unternehmen mit bis zu 5 Beschäftigten

Für **Kleingewerbetreibende**, die **nicht im Handelsregister** eingetragen sind, **gelten nicht**
- die strengeren Vorschriften des *HGB*, sondern aus Schutzgründen die des *BGB*,
- die Vorschriften über die Handelsgeschäfte *(§ 343 HGB)*,
- die Untersuchungs- und Rügepflicht *(§ 377 HGB)*,
- das Zurückbehaltungsrecht *(§ 369 HGB)*,
- die handelsrechtlichen Buchführungspflichten *(§ 238 ff. HGB)*.

Erwirbt der Kleingewerbetreibende durch freiwillige Eintragung in das Handelsregister die Kaufmannseigenschaft, so gelten für den „Neu"-Kaufmann die Vorschriften des *HGB*.

Beispiel:

Bei Eintrag → Vorschrift HGB

1. Stufe:
Meta Möchte, Mainz, meldet bei der Stadtverwaltung ein Gewerbe an: Sie kauft einen Computer. Für drei Kaufleute erstellt sie das Warenlagerverwaltungsprogramm. Die Arbeiten werden in der Privatwohnung ausgeführt.
Folge: *Der Kauf des Computers erfolgt nach den Vorschriften der § 433 ff. BGB.*
               Die Leistung von Diensten sowie die Abschlüsse von Verträgen erfolgen nach dem Werkvertragsrecht des BGB.
               Frau Möchte ist Kleingewerbetreibende; für ihre Handlungen gelten – wie für Privatleute – allein die Regelungen des BGB.
               Frau Möchte führt keine Firma.

2. Stufe:
Frau Möchte erhält immer mehr Aufträge; sie muss neue Büroräume anmieten und fünf Mitarbeiter einstellen. Kredite werden zur Finanzierung der notwendigen Investitionen aufgenommen.
Die Umsätze steigen erheblich. Frau Möchte erreicht einen nach Art und Umfang eingerichteten Geschäftsbetrieb und müsste ins Handelsregister eingetragen werden.

Folge: *Frau Möchte ist ab jetzt Kaufmann kraft Gewerbebetriebes (Istkaufmann); sie führt eine Firma.*
            Die Anschaffung neuer Arbeitsmittel wie z. B. Computer, Büroeinrichtungen erfolgt nach
            den Regeln des Handelskaufs (§ 343 ff. HGB). Es gilt die unverzügliche Rügepflicht
            (§ 377 HGB), falls die eingekauften Gegenstände Mängel aufweisen. Die Eintragung ins
            Handelsregister hat nur deklaratorische Wirkung.

▢ Optionskaufmann nach *§ 3 HGB:* Land- und forstwirtschaftlicher Betriebe

Land- und forstwirtschaftliche Unternehmen oder damit verbundene Nebenbe-
triebe, die nach Art und Umfang einen in kaufmännischer Weise eingerichteten
Geschäftsbetrieb erfordern, **können** durch Eintragung in das Handelsregister die
Kaufmannseigenschaft erwerben (konstitutive Eintragung).

Beispiele:

■ *land- und forstwirtschaftliche Unternehmer: Gutshöfe, Weingüter, Baumschulen*
■ *land- und forstwirtschaftliche Nebenbetriebe: Molkereien, Mühlen, Sägewerke.*

4.3.3   Fiktivkaufmann/Scheinkaufmann

Scheinkaufmann ist jede Person, die durch zurechenbares Verhalten den Anschein er-
weckt, Kaufmann zu sein.
Wer im Rechtsverkehr als Kaufmann auftritt, gilt als Kaufmann, d. h., er muss akzeptie-
ren, dass für ihn alle Regelungen für Kaufleute Anwendung finden.

1. Variante: Fiktivkaufmann
Wer als Kaufmann im Handelsregister eingetragen ist, muss sich als Kaufmann behandeln lassen. Es ist ohne Bedeutung, ob die Eintragung zu Unrecht erfolgt ist oder ob
die Löschung vergessen worden ist *(§ 5 HGB)*. Ein Scheinkaufmann ist mit der Firma im
Handelsregister eingetragen **und** muss unter der Firma ein Gewerbe betreiben.

Beispiel:

Der Autohändler Auto hat seinen Geschäftsbetrieb eingestellt. Einen Teil seiner Abstellfläche hat
er an den benachbarten Möbeleinzelhändler Stuhl als Parkplatz für 200,00 € je Monat vermietet.
Stuhl zahlt wiederholt nicht fristgerecht die vereinbarte Miete.
Zu prüfen wäre, ob Auto unter Bezug auf § 352 Abs. 1 HGB 5 % Verzugszinsen fordern kann. Auto ist
zwar im Handelsregister eingetragen, aber er betreibt kein Gewerbe mehr. Nach § 5 HGB wird die
Kaufmannseigenschaft nur fingiert, solange ein Gewerbe betrieben wird.
Dies ist hier nicht gegeben, weil die geringe Vermietertätigkeit nicht als Gewerbe anzusehen ist. Aus
diesem Grunde ist der § 352 Abs. 1 HGB nicht anwendbar; die Verzugszinsen sind nach § 288 Abs. 1
S. 2 HGB mit 5 % über dem Basiszinssatz anzusetzen.

2. Variante: Scheinkaufmann
Nichtkaufleute, die sich am Handelsverkehr beteiligen und wie Kaufleute auftreten, sind
nach den Grundsätzen des Vertrauensschutzes *(§ 242 BGB)* wie Kaufleute zu behandeln.
Der nicht eingetragene Scheinkaufmann kann sich **nicht** auf die Kaufmannseigenschaft
berufen; der Rechtsschein wirkt aber für den gutgläubigen Dritten, solange er von dem
wahren Sachverhalt keine Kenntnis hat.

4.3.4   Formkaufmann

Formkaufleute (AG, SE, GmbH, UG (haftungsbeschränkt), KGaA, e.G., EWiV) sind
Unternehmen, die bereits aufgrund der von ihnen gewählten Rechtsform die Kaufmannseigenschaft erlangen *(§ 6 HGB i. V. m. § 3 Abs. 1 AktG, § 13 Abs. 3 GmbHG).*

Alle **Kapitalgesellschaften** und **Genossenschaften** sind Formkaufleute, unabhängig davon, ob sie eine gewerbliche Tätigkeit ausüben oder nicht:

Formkaufleute sind z. B.

- Gesellschaften mit beschränkter Haftung (GmbH) *§ 6 Abs. 2 HGB i. V. m. § 13 Abs. 3 GmbHG,*
- Aktiengesellschaften (AG) *§ 6 Abs. 2 HGB i. V. m. § 3 Abs. 1 AktG,*
- eingetragene Genossenschaften (e. G.) *§ 6 Abs. 2 HGB i. V. m. § 17 Abs. 2 GenG.*

Personengesellschaften erwerben erst mit Eintragung der Firma in das Handelsregister die Kaufmannseigenschaften nach *HGB (§§ 105, 123 HGB).* Die rein vermögensverwaltende OHG, die kein Handelsgewerbe betreibt, die aber in das Handelsregister eingetragen wurde, ist Kaufmann kraft Eintragung gem. *§ 2 HGB.*

Nicht eingetragene Einzelunternehmen und nicht eingetragene Personengesellschaften unterscheiden sich durch ihr Auftreten im Geschäftsverkehr von Einzelkaufleuten (e. Kfm.), Offenen Handelsgesellschaften (= OHG) und Kommanditgesellschaften (= KG):

1. durch den fehlenden Rechtsformzusatz in der Firma *(§ 19 Abs. 1 HGB)*

    <u>*und*</u>

2. durch die Angaben in den Geschäftsbriefen *(§§ 37a, 125a HGB).*

Kaufleute nach dem *Handelsgesetzbuch* haben

... das Recht
- zur Führung einer Firma
- zur Ernennung von Prokuristen
- zur Gründung einer OHG oder KG

... die Pflicht
- zur Eintragung in das zuständige Register
- zur Führung der Rechtsformbezeichnung in der Firma
- zur Nennung der Pflichtangaben in den Geschäftsbriefen
- zur Führung der Handelsbücher entsprechend den Grundsätzen ordnungsmäßiger Buchführung
- zur Übernahme einer selbstschuldnerischen Bürgschaft

... die Möglichkeit
- zur Abgabe einer mündlichen Bürgschaftserklärung, eines Schuldversprechens oder Schuldanerkenntnisses
- zur Übernahme des Handelsrichteramtes
- zur Festsetzung eines vom Kalenderjahr abweichenden Wirtschaftsjahres

---

4.4   Firmenrecht

Rechtsgrundlagen: *§ 37a HGB, § 4 GmbHG, § 4 AktG, §§ 18, 125 UmwG,*
                     § 374 ff. FamFG, §§ 12, 823 Abs. 1, 1004 BGB, §§ 3, 5, 14 Abs. 5,
                     § 15 MarkenG

Die **Firma ist der handelsrechtliche Name des Kaufmanns (Unternehmensname),**
- unter dem dieser am Rechtsverkehr teilnimmt, d. h. unter dem er seine Handelsgeschäfte betreibt, unterschreibt, klagen und verklagt werden kann *(§ 17 HGB),*
- der als geschäftliche Bezeichnung geschützt ist *(§§ 5, 15 MarkenG).*

Nur Kaufleute i. S. d. HGB sind zur Führung einer Firma berechtigt und verpflichtet.

Ein Unternehmen kann nur mit der Firma verkauft werden *(§ 23 HGB).*

Nichtkaufleute, Freiberufler und Kleingewerbetreibende haben keine Firma; sie treten unter ihrem bürgerlichen Namen auf, dem eine Geschäftsbezeichnung hinzugefügt wird.

Durch die Firma identifiziert sich der Kaufmann und unterscheidet sich eindeutig von anderen Unternehmen. Sie kann ein Marketinginstrument werden.

Die Firma wird im Handelsregister, Unternehmensbezeichnungen werden dagegen nicht im Handelsregister eingetragen.

Wirkungen der Firma	
Kennzeichnungswirkung und Identifizierungsfunktion	■ Die Firma (Personen-, Sach- oder Fantasiebezeichnung) muss aussprechbar sein und wie ein Name wirken *(§ 18 Abs. 1 HGB)*. ■ Die Firma soll das Unternehmen im Geschäftsverkehr identifizieren. ■ Jede neue Firma muss sich von allen an demselben Ort oder in derselben Gemeinde bereits bestehenden und in das Handelsregister oder in das Genossenschaftsregister eingetragenen Firmen deutlich unterscheiden *(§ 30 HGB)*.
Unterscheidungswirkung	Die Firma muss die abstrakte Fähigkeit haben, sich zu individualisieren, sich von anderen Firmen zu unterscheiden und Verwechslungen auszuschließen *(§ 18 Abs. 1 HGB)*.
Offenlegungs- und Warnfunktion	Die Firma ■ muss einen Rechtsformzusatz, wie z. B. e. K., OHG, KG, GmbH, AG, GmbH & Co. KG, führen *(§ 19 HGB)*, ■ gibt Auskunft über die Haftungsverhältnisse, ■ informiert über die Unternehmensträger.
Werbewirkung	Die Firma kann werbewirksam sein (Produktqualität, Zuverlässigkeit, Werbemaßnahmen, Goodwill).

Inhalt der Firma

Der **Firmenkern** enthält die notwendigen Bestandteile der Firma; ein **Firmenzusatz** kann zur Unterscheidung der Unternehmung und zur Erzielung eines Werbeeffektes beigefügt werden.

Beispiel:	Kennzeichnungswirkung	Unterscheidungskraft	Rechtsform
	Karl Kannalles	**Wirtschaftsprüfung**	**GmbH**
	Firmenkern	Firmenzusatz	

Einzelkaufleute, Personen- und Kapitalgesellschaften können als Firma frei wählen zwischen **Personen-**, **Sach-**, **Fantasie-** oder einer **Mischbezeichnung**.

Das Informationsinteresse der Öffentlichkeit und des Handelsverkehrs wird berücksichtigt
■ durch die Nennung der Rechtsformbezeichnung in der Firma *(§ 19 HGB)* **und**
■ durch die Pflichtangaben auf Geschäftsbriefen *(§ 37a HGB, §§ 6–7 TDG)*.

Firmenarten			
Personenfirma	**Sachfirma**	**Fantasiefirma**	**gemischte Firma**
Die Firma besteht aus einem oder mehreren bürgerlichen Namen + **Rechtsformbezeichnung**	Die Firma ist dem Gegenstand der Unternehmung entlehnt + **Rechtsformbezeichnung**	Die Firma besteht aus einer Fantasiebezeichnung + **Rechtsformbezeichnung**	Die Firma kann beinhalten Personennamen, Sach- und/oder Fantasiebezeichnungen + **Rechtsformbezeichnung**
Beispiele: ■ Ilona Immer e. K. ■ Kirchner und Quack KG ■ Rheindorf & Co. GmbH	*Beispiele:* ■ Autohaus GmbH ■ Käserei e. K. ■ TAX Wirtschaftsprüfungsgesellschaft	*Beispiele:* ■ Luftikus GmbH ■ Leckerli KG ■ Bücherwurm e. K. ■ Gänseblümchen OHG	*Beispiele:* ■ Autohaus Müller OHG ■ Gutes Essen Walter Eber e. K. ■ Bankhaus Delbrück GmbH

Firmengrundsätze

Es gibt allgemeine Grundsätze, nach denen sich die Firma eines Kaufmanns richten muss. Unterschieden werden:

Firmengrundsätze		
Firmenöffent-lichkeit	*§§ 8 ff., 9, 29 HGB* *§ 37a HGB,* *§ 15a GewO*	Die Firma muss zum Handelsregister angemeldet, eingetragen und bekannt gemacht werden. Angaben zur Firma müssen auf den Briefköpfen und E-Mails erkenntlich sein, wie *z. B. Firma, Rechtsform, Ort der Niederlassung, Registergericht, Handelsregisternummer.* Jeder hat das Recht auf Einsicht in das Handelsregister.
Firmeneinheit	*§ 18 Abs. 2 HGB*	Der Kaufmann darf für ein und dasselbe Unternehmen nur eine Firma führen.
Rechtsform-zusatz	*§ 19 HGB*	Alle Kaufleute müssen einen Rechtsformzusatz im Namen führen.
Firmenwahrheit und Firmenklar-heit → Irrefüh-rungsverbot	*§§ 18 Abs. 2, 19 HGB* *§ 22 HGB*	Die Firma darf keine Angaben enthalten, die geeignet sind, über geschäftliche Verhältnisse, die für die angesprochenen Verkehrskreise wesentlich sind, irrezuführen. Die Angaben müssen richtig und wahr sein, sie dürfen nicht täuschen. **Beispiele:** ■ *Eine kleine Stahlbaugesellschaft darf sich nicht „Deutsche Stahlbau GmbH" nennen.* ■ *Verwendung von Drittnamen* ■ *Eine KG firmiert unter dem Namen des Teilhafters.* **Ausnahme:** Firmenbeständigkeit bei Erwerb eines bestehenden Handelsgewerbes.
Firmenbeständig-keit	*§§ 21, 22, 24 HGB*	Eine einmal existierende Firma darf bei einem Inhaberwechsel infolge Verkauf, Schenkung oder Vererbung ggf. unter Beifügung eines Zusatzes, der auf das Nachfolgeverhältnis hinweist, von einem neuen Kaufmann weitergeführt werden. Voraussetzung ist die ausdrückliche Einwilligung des bisherigen Inhabers bzw. seiner Erben. Firmenbeständigkeit hat Vorrang vor Firmenwahrheit! **Beispiel:** *Eisenwaren Wilhelm Keuser e. K.* *Inhaber: Bernd Hopp*
Firmenaus-schließlichkeit	*§§ 18 Abs. 1, 30, 37 Abs. 2 HGB*	Die gewählte Firma muss sich von allen anderen Firmen im gleichen Amtsgerichtsbezirk deutlich unterscheiden. Das bedeutet, jede bestehende Firma verhindert eine neue gleichlautende Eintragung in das Handelsregister. **Beispiele:** ■ *Peter Schmitz e. K., Sanitäranlagen* ■ *Sanitäre Anlagen Peter Schmitz e. K.* Neben *§ 37 Abs. 2 S. 2 HGB* sind namensrechtliche *(§§ 12, 823 Abs. 1 BGB und § 1004 BGB)* und markenrechtliche *(§§ 5, 15 MarkenG)* Vorschriften zu beachten, um Unterlassungs- und Schadensersatzansprüche zu vermeiden.
Verbot der Leer-übertragung	*§ 23 HGB*	Die Firma kann nicht ohne das Unternehmen, für das sie geführt wird, veräußert werden.

4

▪ Firmenschutz

Die Eintragung begründet den Schutz der Firma. Das Recht auf die Firma ist ein absolutes Recht und wirkt gegenüber jedermann.

Nach *§ 30 Abs. 1 HGB* muss sich jede neue Firma von allen an demselben Ort oder in derselben Gemeinde bereits bestehenden und in das Handelsregister oder in das Genossenschaftsregister eingetragenen Firmen deutlich unterscheiden.

Darüber hinaus ist zu beachten, dass die Firma Teil der nach dem Markengesetz *(MarkenG)* geschützten geschäftlichen Bezeichnungen ist *(§§ 1, 5 MarkenG)*, sodass Dritten die Führung einer Firma, die zu Verwechslungen im Inland mit einer bestehenden Firma führen kann, nach Markenrecht untersagt werden kann *(§ 15 Abs. 4 MarkenG)*. Ein genereller Namensschutz ergibt sich zudem aus *§ 12 BGB*.

Firmenschutz	
Öffentlich-rechtlicher Anspruch	**Privatrechtlicher Anspruch**
Firmenmissbrauchsverfahren, *§ 37 Abs. 1 HGB* Das Registergericht fordert von Amts wegen unter Androhung eines Ordnungsgeldes entweder zur Unterlassung des Gebrauchs der Firma auf oder dazu, sich innerhalb einer Frist mittels Einspruch gegen die Verfügung zu rechtfertigen. Wird kein Einspruch eingelegt oder der Einspruch verworfen, wird ein Ordnungsgeld festgesetzt. Das Verfahren ist gem. *§ 140 FGG* in den *§§ 132 bis 139 FGG* geregelt.	**1. Unterlassung,** *§ 37 Abs. 2 S. 1 HGB* Verletzt ein anderer durch unbefugten Gebrauch einer Firma die Rechte einer Person, so kann diese Unterlassung verlangen aus: ▪ *§ 37 Abs. 2 S. 1 HGB* ▪ *§ 1004 Abs. 1 BGB analog i. V. m. § 823 Abs. 1 oder § 12 BGB* ▪ *§ 12 S. 2 BGB* ▪ *§ 15 Abs. 4, § 5 Abs. 2 MarkenG* ▪ *§§ 3, 5, 8 UWG*
	2. Schadensersatz, *§ 37 Abs. 2 S. 2 HGB* Verletzt ein anderer durch unbefugten Gebrauch einer Firma die Rechte einer Person, so ist ein begründeter Anspruch auf Schadensersatz zu prüfen aus: ▪ *§ 823 Abs. 1 i. V. m. §§ 12, 1004 BGB* ▪ *§ 823 Abs. 2 i. V. m. § 37 Abs. 2 HGB* ▪ *§ 826 BGB* ▪ *§ 15 Abs. 5, § 5 Abs. 2 MarkenG* ▪ *§§ 1, 3, 5, 9, 13 UWG*

Beispiel:

Am 15.05.20.. wird die „Emil Eisen e. K., Käsefachgeschäft" in Abteilung A des Handelsregisters beim Registergericht Köln eingetragen. Einen Monat später meldet sich ein anderer Emil Eisen aus Augsburg und teilt mit, dass seine Firma bereits seit mehreren Jahren existiert. Er verlangt eine Änderung der Firma.
Die Regelung des § 30 HGB garantiert nur regionalen Firmenschutz. Ein überregionaler Firmenschutz wird durch § 12 BGB und § 15 MarkenG gewährt. Die Kölner Firma muss daher z. B. in „Käsefachhandel Eisen e.K." geändert werden.

▪ Firmenerwerb

Bei Erwerb oder Erbe eines bestehenden Handelsgeschäftes kann die bisherige Firma mit dem Handelsgeschäft fortgeführt werden, wenn der bisherige Inhaber oder die Erben einwilligen *(§§ 22 Abs. 1, 23 HGB)*. „Alte" Inhabernamen können in der Firma weitergeführt werden *(§ 21 HGB)*.

Der Erwerber und der frühere Inhaber haften gesamtschuldnerisch für frühere Geschäftsverbindlichkeiten jeder Art *(§§ 25, 26 HGB)*.

Ausnahme: ▪ Enthaftung des früheren Unternehmensträgers *(§ 26 Abs. 1 HGB)*,
▪ Vereinbarung eines Haftungsausschlusses für Erwerber mit Eintragungs- und Veröffentlichungspflicht *(§ 25 Abs. 2 HGB)*.

Firmenwert

Für renommierte Unternehmen mit großem Bekanntheitsgrad bedeutet die Firma oft einen erheblichen Wert; insoweit handelt es sich um ein **immaterielles Wirtschaftsgut**. Ihr Wert ist vor allem bestimmt durch den guten Ruf (Goodwill), über den die Unternehmung bei ihren Kunden verfügt.

Der Firmenwert kann betragsmäßig bestimmt werden: Es ist der Betrag, den ein Käufer im Rahmen der Übernahme einer Unternehmung als Ganzes über den Wert der einzelnen Vermögensgegenstände hinaus zu zahlen bereit ist. Beim Kauf einer Unternehmung ist der entgeltlich erworbene Firmenwert in der Steuerbilanz *(§§ 5 Abs. 2, 6 Abs. 1 S. 3 EStG)* und in der Handelsbilanz aktivierungspflichtig *(§ 246 Abs. 1 S. 2 HGB)*.

Firma

Die Firma kann nicht ohne das Handelsgeschäft, für welches sie geführt wird, veräußert wenden.

Die notwendigen Bestandteile der Firma richten sich nach der jeweiligen Rechtsform der Unternehmung.

Die Firma eines Kaufmanns muss bei Gründung die Bezeichnung der Rechtsform der Unternehmung oder eine allgemein verständliche Abkürzung dieser Bezeichnung enthalten.

Rechtsform und Firma

Rechtsform	Die Firma muss enthalten ...	Rechtsquellen
Einzelunternehmung (e. Kfm./e. Kffr.)	einen Personennamen, eine Sach- oder Fantasiebezeichnung mit dem **Zusatz** „eingetragene Kauffrau/eingetragener Kaufmann". Allgemein verständliche Abkürzungen wie e. K., e. Kffr., e. Kfm. sind zulässig.	*§ 19 Abs. 1 Nr. 1 HGB*
Offene Handelsgesellschaft (OHG)	mindestens einen Personennamen, eine Sach- oder Fantasiebezeichnung mit dem **Zusatz** „offene Handelsgesellschaft" oder OHG.	*§ 19 Abs. 1 Nr. 2 HGB*
	Zusätzlich müssen evtl. Haftungsbeschränkungen herausgestellt werden *(z. B. GmbH ist Gesellschafter der OHG [= GmbH & Co. OHG])*.	*§ 19 Abs. 2 HGB*
Kommanditgesellschaft (KG)	mindestens einen Personennamen, eine Sach- oder Fantasiebezeichnung mit dem **Zusatz** „Kommanditgesellschaft" oder KG.	*§ 19 Abs. 1 Nr. 3 HGB*
	Zusätzlich müssen evtl. Haftungsbeschränkungen herausgestellt werden *(z. B. GmbH ist Gesellschafter der KG [= GmbH & Co. KG])*.	*§ 19 Abs. 2 HGB*
Gesellschaft mit beschränkter Haftung (GmbH)	mindestens einen Personennamen, eine Sach- oder Fantasiebezeichnung mit dem **Zusatz** „Gesellschaft mit beschränkter Haftung" oder GmbH.	*§ 4 GmbHG*
Aktiengesellschaft (AG)	mindestens einen Personennamen, eine Sach- oder Fantasiebezeichnung mit dem **Zusatz** „Aktiengesellschaft" oder AG.	*§ 4 AktG*
Eingetragene Genossenschaft (e. G.)	mindestens einen Personennamen, eine Sach- oder Fantasiebezeichnung mit dem **Zusatz** „eingetragene Genossenschaft" oder e. G.	*§ 3 GenG*

Auf allen **Geschäftsbriefen** des Kaufmanns, die an einen bestimmten Empfänger gerichtet werden, müssen seine Firma, der Ort seiner Handelsniederlassung und die Nummer, unter der die Firma in das Handelsregister eingetragen ist, angegeben werden *(§ 37a HGB)*.

Des Weiteren sind bei der Wahl der Firma unbedingt Wettbewerbs- und Kennzeichnungsrechte Dritter zu beachten, weil sonst eine Unterlassungsklage nach *§ 3 UWG* oder *§§ 4, 14 bzw. §§ 5, 15 MarkenG* droht.

4.5 Register

4.5.1 Handelsregister

Rechtsgrundlagen: *§§ 8–16, 29, 106 HGB, §§ 125–158 FGG*[1]
Handelsregisterverordnung, Gesetz über das elektronische
Handelsregister und Genossenschaftsregister *(EHUG)*

Das **Handelsregister**[2] (HR)
- ist das öffentliche, von den zuständigen Amtsgerichten *(§ 8 HGB)* geführte Register, in das kaufmännische eintragungspflichtige Tatsachen und Rechtsverhältnisse eingetragen werden, die für
  den Rechts- und Geschäftsverkehr bedeutsam sein können,
- ist das Verzeichnis der Kaufleute eines Amtsgerichtsbezirkes,
- gibt Auskunft über alle rechtserheblichen Tatsachen, wie Firma und Ort der Hauptniederlassung,
- dient der Sicherheit, der Verlässlichkeit und der Leichtigkeit des Rechtsverkehrs,
- wird elektronisch geführt,
- kann von jedermann eingesehen werden *(§ 9 Abs. 1 HGB)*.

Funktionen des Handelsregisters	
■ Beweisfunktion	Die Eintragung erleichtert die Beweisführung, weil sie den Beweis des ersten Anscheins zugunsten der eingetragenen Tatsachen begründet. Es erfolgt kein Beweis, dass der Registerinhalt materiell-rechtlich richtig ist.
■ Kontrollfunktion	Das Registergericht kontrolliert, ob die einzutragenden Tatsachen oder Rechtsverhältnisse dem Gesetz entsprechend begründet werden.
■ Publizitätsfunktion	Es wird Auskunft gegeben über bestimmte Rechtstatsachen, die im Zusammenhang mit kaufmännischen Gewerben für den Rechtsverkehr von Bedeutung sind (formelle Einsicht *§§ 9, 9a, 10 HGB*, materielle Publizität *§ 15 HGB*).
■ Publikationsfunktion	Der Kaufmann kann relevante Tatsachen über das Register bekannt machen *(§ 15 Abs. 2 HGB)*.

Das Handelsregister soll über Rechtstatsachen von Kaufleuten auf dem Gebiet des Handelsverkehrs Auskunft geben, d. h., das Handelsregister bietet die Möglichkeit, sich zu informieren über *z. B. Firma, Sitz und Vertretungsverhältnisse*. Die im Handelsregister festgehaltenen rechtserheblichen Tatsachen bieten eine Art von Sicherheit im Geschäftsverkehr, da nach *§ 15 Abs. 2 HGB* auf die Richtigkeit der Angaben im gutgläubigen Rechtsverkehr vertraut werden darf. Umgekehrt kann jemand, der Einsicht ins Handelsregister nimmt, nach *§ 15 Abs. 1 HGB* darauf vertrauen, dass eintragungspflichtige Tatsachen, die nicht eingetragen sind, auch nicht gegen ihn gelten.

Eintragungen und Änderungen im Register werden mitgeteilt
- dem Betreiber des Unternehmensregisters und
- den zuständigen Kammern *(§ 37 HGB)*.
Die Eintragungen im Handelsregister werden über die zentrale Internetseite www.handelsregister.de bekannt gemacht.

Zuständigkeit

Rechtsgrundlagen: *§ 8 Abs. 1 HGB, § 125 FGG*

In den meisten Bundesländern wurden die Registergerichte zentralisiert. Die örtliche Zuständigkeit richtet sich nach den Einzelfallregelungen des jeweiligen Sachgebietes.

---

[1] Gesetz über die Angelegenheiten der freiwilligen Gerichtsbarkeit
[2] Handelsregister – Commercial Register – Registre du commerce – Registro di commercio

Beispiel:

Nach § 29 HGB ist örtlich zuständig das AG, in dessen Bezirk der Einzelkaufmann seine Handelsniederlassung hat.

Die funktionelle Zuständigkeit liegt bei Richtern, Rechtspflegern und Urkundsbeamten der Geschäftsstelle. In den meisten Bundesländern wurde die Zuständigkeit vollständig an Rechtspfleger übertragen.

Verfahren

Handels-, Genossen- und Partnerschaftsregister werden elektronisch bei den Amtsgerichten geführt. Die Register sind über eine einheitliche vernetzte Internetseite zugänglich (www.handelsregister.de).

1. Anmeldungen zur Eintragung in das Handelsregister sind von den Vertretungsorganen in öffentlich beglaubigter Form zwingend als elektronische Dokumente über das „Elektronische Gerichts- und Verwaltungspostfach" (EGVP)[1] anzumelden *(§ 12 HGB)*. Notwendige Unterzeichnungen müssen in qualifizierter elektronischer Form nach *§ 126a BGB* erfolgen.
   Die Eintragung im Handelsregister wird wirksam, sobald sie gespeichert und inhaltlich unverändert in lesbarer Form wiedergegeben werden kann *(§ 8a HGB)*.
   Ausnahme: Löschungen erfolgen von Amts wegen *(§ 142 FGG)*.
2. Im Rahmen von Handelsregistereintragungen fordert das Registergericht in Zweifelsfällen ein Gutachten von der Industrie- und Handelskammer bei einem Handelsgewerbe[2], von der Handwerkskammer bei einem Handwerksbetrieb, von der Landwirtschaftskammer bei einem land- und forstwirtschaftlichem Betrieb an *(§ 23 HRV)*.
3. Das Registergericht prüft alle Eintragungsvoraussetzungen, evtl. müssen Genehmigungsbehörden gehört werden.
4. In einer Eintragungsverfügung stellt das Gericht den Wortlaut der Eintragung fest *(§ 27 HRV)*. Eine Eintragung in das Handelsregister wird wirksam, sobald sie in den für die Handelsregistereintragungen bestimmten Datenspeicher aufgenommen ist und auf Dauer inhaltlich unverändert in lesbarer Form wiedergegeben werden kann *(§ 8a Abs. 1 HGB)*.
5. Die Eintragungen und Änderungen werden veröffentlicht *(§§ 10, 11 HGB)*
   - unter www.handelsregister.de,
   - im elektronischen Bundesanzeiger (www.e-bundesanzeiger.de),
   - im elektronischen Unternehmensregister (www.unternehmensregister.de).
   Über den elektronischen Bundesanzeiger als Internet-Publikationsplattform werden Unternehmensmeldungen weltweit zugänglich.

Die Pflicht zur Offenlegung von Jahres- und Konzernabschlüssen besteht für publizitätspflichtige Unternehmen. Die Dokumente der Rechnungslegung sind beim Betreiber des **elektronischen Bundesanzeigers** abzugeben.

Im Fall der **Nichtveröffentlichung** der Jahres- und Konzernabschlüsse muss von Amts wegen ein Ordnungsgeldverfahren eingeleitet werden. Die Zahlung eines Ordnungsgeldes von bis zu 25 000,00 € kann durch fristgemäße Nachreichung der Jahres- und Konzernabschlüsse abgewendet werden.

Auf der Internetseite www.unternehmensregister.de sind sämtliche veröffentlichungspflichtige Unternehmensdaten publiziert. Darüber hinaus können die veröffentlichungspflichtigen Dokumente der Rechnungslegung auch im elektronischen Bundesanzeiger kostenlos eingesehen werden. Über www.handelsregister.de können die Handelsregisterdaten direkt abgerufen werden. Nur letztere Internetseite genießt öffentlichen Glauben i. S. d. *§ 15 HGB*.

---

[1] www.egvp.de
[2] Geprüft wird insbesondere die Buchführungspflicht.

Ziel aller Eintragungen soll sein
- Informationen des Rechtsverkehrs, - Offenlegung der Rechtsverhältnisse.

Öffentlichkeit des Handelsregisters

Jeder kann das elektronisch geführte Handelsregister und die dort eingereichten Dokumente gegen Zahlung einer Gebühr einsehen (*§ 9 HGB*).

Öffentlicher Glaube der Eintragungen

> Eintragungen im Handelsregister und deren Bekanntmachung bewirken gegenüber Dritten einen Vertrauensschutz, es gilt die Vermutung der Richtigkeit und rechtlichen Zulässigkeit (der sog. öffentliche Glauben nach *§ 15 HGB*). Dies führt dazu, dass Registerinhalt und -bekanntmachung für und gegen Dritte wirken.

Nach *§ 15 HGB* sind drei Fallgruppen zu unterscheiden:

Einzutragende Tatsachen sind **nicht** im Handelsregister eingetragen und bekannt gemacht.	Einzutragende Tatsachen sind **richtig** im Handelsregister eingetragen und bekannt gemacht.	Einzutragende Tatsachen sind **falsch** im Handelsregister eingetragen und bekannt gemacht.
§ 15 Abs. 1 HGB	*§ 15 Abs. 2 HGB*	*§ 15 Abs. 3 HGB*
Negative Publizität	**Rechtsschein**	**Positive Publizität**
Es gilt, den Glauben zu schützen, dass etwas, das nicht im Register eingetragen ist bzw. nicht bekannt gemacht wurde, sich nicht ereignet hat, es sei denn, dies war bekannt.	Die richtige Eintragung und Bekanntmachung genießt Vertrauensschutz gegenüber allen anderen Aussagen, d. h., eine eingetragene und bekannt gemachte Tatsache muss ein Dritter gegen sich gelten lassen. *Ausnahme: § 15 Abs. 2 HGB*	Jeder kann sich im Rechtsverkehr auf das, was im Register steht bzw. bekannt gemacht wurde, verlassen. Der Dritte kann auf die Registerlage oder wahre Rechtslage berufen (Wahlrecht).
Beispiel: *Einem Prokuristen wird gekündigt, das Erlöschen der Prokura wird jedoch versehentlich nicht zur Eintragung angemeldet. Aus Verärgerung über die Entlassung verkauft der Ex-Prokurist unberechtigterweise seinen Dienstwagen zu einem günstigen Preis an einen Geschäftsfreund, der von dem Entzug der Prokura nichts wusste. Das Rechtsgeschäft ist für die Unternehmung bindend.* **Beispiel:** *A und B sind persönlich haftende Gesellschafter der Zippa KG, beide haben Einzelvertretungsmacht. A scheidet aus, die Löschung im HR wird vergessen. A tätigt Kaufvertrag im Namen der KG, der Vertrag ist wirksam.*	**Beispiel:** *Die Prokura des Verhandlungspartners ist gelöscht worden; die Löschung ist eingetragen und bekannt gemacht.* *Danach kann ein Dritter sich nicht mehr darauf berufen, das Erlöschen der Prokura nicht gekannt zu haben.*	**Beispiel:** *Aufgrund häufiger Fehler wird einem Mitarbeiter die Prokura letztendlich nicht entzogen. Der vermeintliche Widerruf wird eingetragen und bekannt gemacht. Drei Wochen nach der Bekanntmachung verkauft der Ex-Prokurist aus Enttäuschung über den Prokuraentzug die gesamte EDV-Einrichtung der Unternehmung. Das Rechtsgeschäft ist für die Unternehmung bindend, denn der Dritte wird sich auf die wahre Rechtslage berufen.*

Wurde eine Tatsache richtig eingetragen und bekannt gemacht, so muss ein Dritter diese nach 15 Tagen immer gegen sich gelten lassen.

Beispiele:

- A ist nach 20 Jahren als Prokurist der B & D OHG zum 1. Febr. 2018 aus der Gesellschaft ausgeschieden. Die Eintragung im HR wurde am 20. März des gleichen Jahres gelöscht. Ab dem 5. April des gleichen Jahres kann sich die OHG jedem Dritten gegenüber darauf berufen, dass A keine Rechtshandlungen mehr für die B & D OHG erledigen kann.
- B hat sein Unternehmen aufgegeben. Dies wurde im HR eingetragen. B verwendet aber weiterhin sein übrig gebliebenes Briefpapier mit dem Zusatz e. K.
  Zu prüfen wäre, ob B sich Dritten gegenüber als Kaufmann behandeln lassen muss, weil diese auf die Angaben im Briefpapier vertraut haben.
  Laut Rechtsscheinhaftung ist dies zu bejahen (Scheinkaufmann), aber laut § 15 Abs. 2 HGB ist das eindeutig zu verneinen, weil die Geschäftsaufgabe richtig eingetragen und bekannt gemacht wurde.
- D ist aus der B & D OHG ausgeschieden. Dies wird nicht im HR eingetragen. Die OHG kann sich nicht auf das Ausscheiden des D berufen. Sie muss dulden, dass sie so behandelt wird, als wäre D noch Gesellschafter der B & D OHG. Dies bedeutet, D könnte z. B. noch Verträge zulasten der B & D OHG abschließen.

Eine Eintragung kann **rechtserzeugend** (konstitutiv) *oder* **rechtsbekundend** (deklaratorisch) wirken.

Konstitutive Eintragungen	Deklaratorische Eintragungen
Die Eintragung ist „rechtserzeugend" und „rechtsbegründend", d. h., durch die Eintragung entsteht ein neuer beabsichtigter Rechtstatbestand und dieser wird zugleich öffentlich gemacht.	Die Eintragung ist „rechtserklärend" und „rechtsbezeugend", d. h., die Eintragung bestätigt einen bereits vor der Eintragung bestehenden Rechtstatbestand durch öffentliche Bekanntmachung.
Beispiele:	**Beispiele:**
■ Ein Kleingewerbetreibender wird durch die Eintragung in das Handelsregister Kaufmann (§ 2 HGB). ■ GmbH und AG entstehen erst mit der Eintragung. ■ Haftungsbeschränkung des Kommanditisten gilt erst nach Eintragung.	■ Erlangung der Kaufmannseigenschaft bei einem in kaufmännischer Art und Weise eingerichteten Geschäftsbetrieb § 1 Abs. 2 HGB ■ Erteilung und Widerruf der Prokura (§ 48 HGB) ■ Eintritt eines neuen Gesellschafters in die OHG § 107 HGB

Zu unterscheiden sind

■ eintragungspflichtige Tatsachen,

    Beispiele: Kaufmann, Firma, Prokura

■ eintragungsfähige Tatsachen,

    Beispiele: Vereinbarung nach der Haftungsbeschränkung durch den Erwerber (§ 25 Abs. 2 HGB)

■ nicht eintragungsfähige Tatsachen.

    Beispiele: Handlungsvollmacht, Haftungskapital bei e. K, OHG

Aufbau des Handelsregisters	
Zwei Abteilungen	
Handelsregister Abteilung A (HRA)	**Handelsregister Abteilung B (HRB)**
Zwingend einzutragen sind ■ Einzelkaufleute, ■ Personengesellschaften (OHG, KG, GmbH & Co. KG), ■ Europäische wirtschaftliche Interessenvereinigung, ■ bestimmte juristische Personen nach § 33 HGB wie z. B. Wasserwerke der Kommunen.	■ Aktiengesellschaften, ■ Kommanditgesellschaften auf Aktien, ■ Gesellschaften mit beschränkter Haftung, ■ Europäische Aktiengesellschaft (SE), ■ Versicherungsvereine auf Gegenseitigkeit (VVaG).

4

Handelsregister Abteilung A (HRA)	Handelsregister Abteilung B (HRB)
Einzutragen sind insbesondere ...	

■ Firma
■ Sitz und Angabe der zutreffenden inländischen Geschäftsanschrift, damit unter dieser Anschrift an die Vertreter der Gesellschaft Willenserklärungen abgegeben oder Schriftstücke für die Gesellschaft wirksam zugestellt werden können
■ Niederlassung, Zweigniederlassungen sowie deren Anschrift
■ Rechtsform
■ Inhaber des Unternehmens bzw. Gesellschafter des Unternehmens
  a) Einzelunternehmen: Geschäftsinhaber
  b) OHG: die Gesellschafter
  c) KG: Gesellschafter und Kapitaleinlage des Kommanditisten
■ ggf. Prokura
■ ggf. Eröffnung der Insolvenz
■ ggf. Liquidation
■ ggf. Löschung der Firma
	■ Firma
	■ Gegenstand der Gesellschaft
	■ Sitz und Angabe der zutreffenden inländischen Geschäftsanschrift, damit unter dieser Anschrift an die Vertreter der Gesellschaft Willenserklärungen abgegeben oder Schriftstücke für die Gesellschaft wirksam zugestellt werden können
	■ Niederlassung, Zweigniederlassungen sowie deren Anschrift
	■ Rechtsform
	■ GmbH: • Geschäftsführer
	         • Stammkapital
	         • Stammeinlage
	■ AG: • Vorstand
	         • Grundkapital
	■ ggf. Prokura
	■ ggf. Eröffnung der Insolvenz
	■ ggf. Liquidation
	■ ggf. Löschung der Firma

Die Unterlagen werden elektronisch über die virtuelle Poststelle des zuständigen Amtsgerichts eingereicht.	
Gerichtsintern ist der Rechtspfleger zuständig.	Gerichtsintern ist der Registerrichter zuständig.

- ■ Eintragungsfähig und -pflichtig sind nur die gesetzlich zulässigen und vorgesehenen Tatbestände.
- ■ **Beispiele:**   • *eintragungsfähige Tatsachen: § 2 i. V. m. §§ 29, 3, 13, 25 Abs. 2, 29, 53 Abs. 1 HGB*
  - • *eintragungspflichtige Tatsachen: §§ 25 Abs. 2, 28 Abs. 2, 29, 31, 32, 106, 162 HGB, § 10 GmbHG, § 39 AktG*
- ■ Eintragungen erfolgen auf Antrag, ggf. von Amts wegen. Die Anmeldung zur Eintragung ist in öffentlich (notariell) beglaubigter Form einzureichen *(§ 12 HGB)*. Sie kann ggf. durch Ordnungsgeld erzwungen werden.
- ■ Öffentliche Betriebe werden nur eingetragen, wenn sie im Wettbewerb stehen.
- ■ Die Eintragungen werden vom Amtsgericht durch Veröffentlichung im elektronischen Bundesanzeiger und in mindestens einem weiteren Blatt im Amtsgerichtsbezirk bekannt gemacht *(§§ 10, 11 HGB)*.
- ■ Gelöschte Eintragungen sind unterstrichen.
- ■ Anfallende Kosten: • Notargebühren,
  - • Kosten der Justizkasse per Kostenbescheid.

Handelsregister	
Vorteile	**Nachteile**
■ größere Wahlfreiheit bei der Namensgebung; es kann zwischen Personen-, Sach- und Fantasiefirma gewählt werden ■ klare Dokumentation der Rechtsform ■ Erlangung des Status eines Kaufmanns/ einer Kauffrau, damit Imagegewinn ■ Schutz der Firma ■ Firmenfortführung bei Betriebsübergang zulässig ■ Möglichkeit der Prokuraerteilung	■ Anmeldung zur Eintragung in das Handelsregister erfolgt über den Notar ■ Notar- und Gerichtskosten bei Eintragung und jeder Änderung ■ Buchführungspflicht ■ es gelten die strengeren Regeln des HGB

Elektronisches Handelsregister

Handelsregister A des Amtsgerichts Neustadt	Abteilung A Wiedergabe des aktuellen Registerinhalts – Abruf vom 12.08.20..., 12:10 Uhr	Nummer der Firma HRA 675

– Ausdruck –   Seite 1 von 1

1. Anzahl der bisherigen Eintragungen:
4
2. a) Firma:
Heller und Co. KG
b) Sitz, Niederlassung, Zweigniederlassungen:
Neustadt
3. a) Allgemeine Vertretungsregelung:
-----
b) Inhaber, persönlich haftende Gesellschafter, Geschäftsführer, Vorstand (...):
Persönlich haftende Gesellschafter:
Josef Heller, Neustadt, * 23.03.1960
Peter Lauer, Wiesingen, * 01.07.1958
4. Prokura:
Einzelprokura für Hans Berger, Neustadt, * 04.05.1970
5. a) Rechtsform, Beginn und Satzung:
Kommanditgesellschaft; Beginn 28.08.2005
b) Sonstige Rechtsverhältnisse:
-----
c) Kommanditisten:
Kaufmann Egon Laupichler, Neustadt, * 19.11.1950
Einlage: 20000,00 €
Notar Karl Sendburg, Neustadt, * 20.01.1955
Einlage: 60000,00 €
6. Tag der letzten Eintragung:
07.05.2018

Elektronisches Handelsregister

Handelsregister B des Amtsgerichts Neustadt	Abteilung B Wiedergabe des aktuellen Registerinhalts – Abruf vom 27.10.20..., 14:15 Uhr	Nummer der Firma HRB 6877

– Ausdruck –   Seite 1 von 1

1. Anzahl der bisherigen Eintragungen:
0
2. a) Firma:
Schuette Schleifmaschinen GmbH
b) Sitz, Niederlassung, Zweigniederlassungen:
Neustadt
c) Gegenstand des Unternehmens:
Herstellung und Vertrieb von Werkzeugschleifmaschinen sowie entsprechendem Zubehör
3. Grund- oder Stammkapital:
25000,00 €
4. a) Allgemeine Vertretungsregelung:
Ist nur ein Geschäftsführer bestellt, so vertritt er die Gesellschaft allein. Sind mehrere Geschäftsführer bestellt, so wird die Gesellschaft durch zwei Geschäftsführer sowie durch einen Geschäftsführer gemeinsam mit einem Prokuristen vertreten.
b) Vorstand, Leitungsorgan, geschäftsführende Direktoren, persönlich haftende Gesellschafter, Geschäftsführer, Vertretungsberechtigte und besondere Vertretungsbefugnis:
Einzelvertretungsbefugnis mit der Befugnis, im Namen der Gesellschaft mit sich im eigenen Namen oder als Vertreter eines Dritten Geschäfte abzuschließen:
Geschäftsführer Schuette, Karl, Neustadt, * 06.05.1968
5. Prokura:
Gesamtprokura gemeinsam mit einem anderen Geschäftsführer oder einem anderen Prokuristen:
Weber, Paul, Neustadt, * 04.05.1970
Kruschnik, Martina, Neustadt, * 25.12.1969
6. a) Rechtsform, Beginn, Satzung oder Gesellschaftsvertrag:
Gesellschaft mit beschränkter Haftung; Gesellschaftsvertrag vom 20.09.2018
b) Sonstige Rechtsverhältnisse:

4

■ Löschung einer Handelsregistereintragung

Das Erlöschen einer eingetragenen Firma ist schriftlich in öffentlich beglaubigter Form über einen Notar zur Eintragung in das Handelsregister beim zuständigen Amtsgericht (Registergericht), in dessen Handelsregister die Firma eingetragen ist, zu beantragen (*§ 31 Abs. 2 HGB*).

Das Erlöschen einer Firma im Handelsregister ist insbesondere einzuleiten
- bei Betriebsaufgabe,
- bei Verlust der Firmenfähigkeit von Einzelkaufleuten, OHG, KG,
- bei Ende einer OHG, KG nach Liquidation oder ohne Liquidation, falls nicht jemand anderer das Handelsgeschäft und die Firma fortführt,
- bei Vermögenslosigkeit der Gesellschaft.

Bei einer Personengesellschaft ist zu beachten, dass sie erst erlischt, wenn das Ende der Auseinandersetzung stattgefunden hat.
Ist bei Kapitalgesellschaften die Abwicklung beendet und die Schlussrechnung gelegt, so haben die Abwickler/Liquidatoren den Schluss der Liquidation zur Eintragung in das Handelsregister anzumelden. Die Gesellschaft ist zu löschen (*§ 273 AktG, § 74 GmbHG*).
Eine AG, KGaA, GmbH oder e.G., die kein Vermögen besitzt, kann von Amts wegen oder auf Antrag der Finanzbehörde oder der berufsständischen Organe gelöscht werden. Sie ist von Amts wegen zu löschen, wenn das Insolvenzverfahren über das Vermögen der Gesellschaft durchgeführt worden ist und keine Anhaltspunkte dafür vorliegen, dass die Gesellschaft noch Vermögen (keine verwertbaren Aktiva) besitzt.

4.5.2 Andere öffentliche Register

Von Amts wegen werden in Deutschland weitere öffentliche Register geführt.

Beispiele:

Ausländerzentralregister, Berufsregister (z.B. der Steuerberater), Bundeszentralregister (Führen der Entscheidungen der Gerichte, Strafverfolgungs- und Verwaltungsbehörden, Ausstellen von Führungszeugnissen), Datenschutzregister, Gewerbezentralregister, Markenregister, Melderegister, Tarifregister, Verkehrszentralregister, Vorsorgeregister, Waffenregister, Zahlungsinstitute-Register, E-Geld-Institute-Register, Wettbewerbsregister (Auflistung korrupter Unternehmen).

Zusätzlich gibt es europäische Register.

Beispiele:

Europäisches Patentregister, EU-Transparenzregister (auch: EU-Lobbyregister), Europäische Strafregisterinformationssystem (ECRIS – European Criminal Records Information System), Europäische Arzneimittelagentur (EMA), European Business Register (EBR).

In 23 Sprachen steht auf Internetseiten Bürgern, Unternehmen und Angehörigen von Rechtsberufen das **europäische Justizportal** zum Thema Recht, Rechtsprechung, Justiz, Gerichtsverfahren und Register aus allen Mitgliedstaaten der EU als zentrales Einstiegs-, Informations- und Kommunikationsportal zur Verfügung..

Unternehmensregister	www.unternehmensregister.de
■ Inhalt:	Nach *§ 8b Abs. 2 HGB* ist über das Unternehmensregister ein Zugriff möglich auf: • Eintragungen im elektronischen Handels-, Genossenschafts- und Partnerschaftsregister sowie deren Bekanntmachungen, • eingereichte Dokumente zum Handels-, Genossenschafts- und Partnerschaftsregister, • Unterlagen der Rechnungslegung nach den *§§ 325 und 339*, soweit sie bekannt gemacht wurden, • gesellschaftsrechtliche Bekanntmachungen im Bundesanzeiger, • unternehmensrelevante Mitteilungen der Wertpapieremittenten. Sämtliche veröffentlichungspflichtigen Unternehmensdaten, die im elektronischen Bundesanzeiger geführt werden, werden auch im Unternehmensregister geführt.
■ Eintragungstatbestände:	Name, Anschrift, Rechtsform, Wirtschaftszweig, Zeitpunkt der Aufnahme/Aufgabe der Tätigkeit, sozialversicherungspflichtige Beschäftigte, Umsatz, Angaben zum Zusammenhang zwischen Unternehmen und deren Zweigniederlassungen
■ öffentlicher Glaube:	nur negative Publizität (EU-Recht)
■ Einsichtnahme:	jeder
■ Rechtsgrundlage:	*§ 8b HGB*

Partnerschaftsregister	www.handelsregister.de
■ Inhalt:	Rechtsverhältnisse der Partnerschaftsgesellschaften (PG)
■ Eintragungstatbestände:	Name und Sitz der Partnerschaft, Name und Vorname sowie der in der Partnerschaft ausgeübte Beruf und der Wohnort jedes Partners *(§§ 3, 4, 5 PartGG)*
■ öffentlicher Glaube:	positive und negative Publizität *(§ 5 PartGG i. V. m. § 15 HGB)*
■ Einsichtnahme:	jeder
■ Rechtsgrundlage:	*§§ 3–4 PartGG, 106 Abs. 1 und 108 HGB*

Genossenschaftsregister	www.handelsregister.de
■ Inhalt:	Rechtsverhältnisse der eingetragenen Genossenschaften (e. G.)
■ Eintragungstatbestände:	Firma, Sitz, Statut, Vorstand
■ öffentlicher Glaube:	positive Publizität (eingetragene Tatsachen gelten gutgläubigen Dritten gegenüber als richtig) und negative Publizität (nicht eingetragene Tatsachen gelten als nicht bestehend)
■ Einsichtnahme:	jeder
■ Rechtsgrundlage:	*Verordnung über das Genossenschaftsregister*

Vereinsregister	www.handelsregister.de
■ Inhalt:	Rechtsverhältnisse der eingetragenen Vereine (e. V.)
■ Eintragungstatbestände:	Firma, Sitz, Satzung, Vorstand, Vertretungsregelungen
■ öffentlicher Glaube:	nur negative Publizität *(§ 68 BGB)*
■ Einsichtnahme:	jeder
■ Rechtsgrundlage:	*§ 21, 59 ff. BGB*

Güterstandsregister/Güterrechtsregister beim zuständigen Amtsgericht	
■ Inhalt:	Es dient der Offenlegung güterrechtlicher Verhältnisse in der Ehe und hat eine Schutzfunktion im Rechtsverkehr.
■ Eintragungstatbestände:	Eintragungen erfolgen nur auf Antrag. Eingetragen werden können insbesondere Gütertrennung, Gütergemeinschaft, Änderung des gesetzlichen Güterstandes der Zugewinngemeinschaft, Aufhebung oder Ausschließung der Zugewinngemeinschaft, Beschränkungen oder Ausschließung der Schlüsselgewalt.
■ öffentlicher Glaube:	nur negative Publizität *(§ 1412 BGB)*
■ Einsichtnahme:	jeder
■ Rechtsgrundlage:	*§§ 1558–1563 BGB*

Grundbuch (www.grundbuch-portal.de)	
■ Inhalt:	Rechtsverhältnisse der im Amtsgerichtsbezirk gelegenen Grundstücke
■ Eintragungstatbestände:	u. a. Eigentumsverhältnisse, Lasten und Beschränkungen, Grundpfandrechte
■ öffentlicher Glaube:	positive und negative Publizität *(§ 892 BGB)*
■ Einsichtnahme:	jeder bei Nachweis eines berechtigten Interesses
■ Rechtsgrundlage:	*Grundbuchverordnung, § 905 BGB*

4

Zentrales Testamentsregister (www.testamentsregister.de)	
■ Inhalt:	Öffentlich beurkundete Testamente und Erbverträge sowie privatschriftliche Testamente, die beim Notar oder beim Amtsgericht in besondere amtliche Verwahrung gegeben werden. Nicht aufgenommen werden können mangels Kenntnis privatschriftliche Testamente, die nicht in amtliche Verwahrung gegeben, sondern zu Hause, im Safe oder an einem anderen Ort aufbewahrt werden.
■ Betreiber:	Bundesnotarkammer Berlin
■ Ablauf:	Die Amtsgerichte und Notare übermitteln dem Zentralen Testamentsregister elektronisch, dass ein Testament oder ein Erbvertrag in amtliche Verwahrung genommen wurde. Tritt der Sterbefall ein, benachrichtigt das Standesamt des Sterbeortes das Zentrale Testamentsregister, wo zunächst automatisiert geprüft wird, ob der Erblasser Verfügungen von Todes wegen getroffen hat. Über das Ergebnis der Prüfung benachrichtigt das Zentrale Testamentsregister elektronisch das Nachlassgericht und, wenn ein amtlich verwahrtes Testament oder ein amtlich verwahrter Erbvertrag vorliegt, auch das Amtsgericht oder den Notar, der die Urkunde verwahrt.
■ Rechtsquelle:	Testamentsregisterverordnung

Schuldnerverzeichnis (www.vollstreckungsportal.de)	
■ Inhalt:	Bundesweite Veröffentlichung aller Schuldnerverzeichnisse: Alle Länderschuldnerverzeichnisse werden in einem bundesweiten Portal bereitgestellt, sodass Gläubiger bundesweit Kenntnis über eventuelle Einträge im Schuldnerverzeichnis erlangen können.
■ Betreiber:	Bund und Länder
■ Ablauf:	In jedem Bundesland ist ein Zentrales Vollstreckungsgericht für die elektronische Führung und Verwaltung des Schuldnerverzeichnisses zuständig. Die Schuldnerdaten und die Vermögensverzeichnisse werden in Dateiform von den Gerichtsvollziehern und Vollstreckungsbehörden eingeliefert. Zusätzlich werden diese Daten an ein bundesweites Vollstreckungsportal weitergeleitet, in dem bundesweit nach Schuldnereinträgen recherchiert werden kann.
■ Rechtsquellen:	Gesetz zur Reform der Sachaufklärung in der Zwangsvollstreckung *(ZwVollStrÄndG)* Schuldnerverzeichnisführungsverordnung *(SchuFV), § 802k Abs. 2 ZPO*

4.5.3   Publizität in der Korrespondenz

Für Kaufleute gelten strenge **Publizitätspflichten**. Geschäftsbriefe sind alle nach außen gerichteten Mitteilungen eines Unternehmens an einen oder mehrere bestimmte Empfänger. Die äußere Form *(z. B. Brief, Postkarte, Fax, E-Mail)* ist ohne Bedeutung.

Beispiele:

Angebote, Auftrags- und Anfragebestätigungen, Bestellscheine, Rechnungen, Quittungen, Preislisten usw.

Keine Geschäftsbriefe sind unternehmensinterne Mitteilungen, Versandanzeigen, Lieferscheine, Reparaturabholscheine, Nachrichten und Mitteilungen an einen unbestimmten Personenkreis wie *z. B. Werbesendungen, Postwurfsendungen, Zeitungsanzeigen.*

Geschäftsbriefe müssen die gesetzlich vorgeschriebenen Angaben enthalten (Deklarationspflicht). Zur Einhaltung der Vorschriften über Angaben auf Geschäftsbriefen kann das Registergericht durch Zwangsgeld anhalten. Das einzelne Zwangsgeld darf einen Betrag von 5 000,00 € nicht übersteigen.

Auf allen Rechnungen müssen zusätzlich die Angaben gem. *§ 14 UStG* aufgeführt werden.

Geschäftsbriefe, einschl. E-Mails	Website im Internet
Geschäftsbriefe von Kaufleuten, Personen- und Kapitalgesellschaften, die für den externen Schriftverkehr *(z. B. Rechnungen, Quittungen, E-Mails, Fax, Bestell- und Lieferscheine)* bestimmt sind, müssen Pflichtangaben enthalten (Deklarationspflicht): **Einzelkaufleute *(§ 37a HGB)*** ■ Firma ■ Bezeichnung nach § 19 I Nr. 1 HGB (z. B. e. K.) ■ Ort der Handelsniederlassung ■ Registergericht ■ Handelsregisternummer **OHG, KG *(§§ 125a, 161 II, 177a HGB)*** ■ Rechtsform ■ Hauptsitz der Gesellschaft ■ Registergericht ■ Handelsregisternummer ■ zusätzliche Angaben, wenn Gesellschafter keine natürliche Person ist **GmbH *(§ 35a GmbHG)*** ■ Rechtsform ■ Hauptsitz der Gesellschaft ■ Registergericht ■ Handelsregisternummer ■ alle Geschäftsführer ■ evtl. Aufsichtsrat mit Vorsitzendem ■ Stammkapital **Aktiengesellschaft *(§ 80 AktG)*** ■ Rechtsform ■ Hauptsitz der Gesellschaft ■ Registergericht ■ Handelsregisternummer ■ alle Vorstandsmitglieder ■ Aufsichtsratsvorsitzende/-r ■ Grundkapital	Besondere Informationspflichten gelten im Internet laut *§ 6 Telemediengesetz (TMG)*. Eine Website muss folgende Pflichtangaben enthalten: ■ Vor- und Zuname, Firma, Rechtsform ■ Namen der Vertretungsberechtigten *(§ 6 Nr. 1 TDG)* ■ vollständige Anschrift, Telefon- und Telefaxrufnummer, E-Mail-Adresse des Anbieters ■ Register und Registernummer ■ Umsatzsteuer-Identifikationsnummer *(§ 27a UStG)* oder Wirtschafts-Identifikationsnummer nach *§ 139c AO* ■ gesetzliche Berufsbezeichnung; der Staat, der diese Berufsbezeichnung verliehen hat; zuständige Berufskammer *(z. B. Stb-Kammer, IHK)*; Aufsichtsbehörde; Bezeichnung der berufsrechtlichen Regelungen, *z. B. bei Steuerberatern das Steuerberatungsgesetz (StBerG), die Durchführungsverordnung zum StBerG, die Berufsordnung für Steuerberater sowie die Steuerberatergebührenverordnung* ■ bei AG, KGaA, GmbH, die sich in Abwicklung oder Liquidation befinden, die Angabe hierüber ■ Kennzeichnung externer Links ■ Datenschutzerklärung Das Impressum muss vollständig und mit maximal zwei Klicks von der Startseite aus erreichbar sein. Fehlerhafte Angaben können mit einem Bußgeld bis zu 50 000,00 € geahndet werden.

Für Kaufleute zusätzlich gelten besondere Informationspflichten *(§ 7 TDG)*:
■ die natürliche oder juristische Person, in deren Auftrag die Kommunikation erfolgt, muss identifizierbar sein,
■ die Kommunikation muss als kommerziell zu verstehen sein,
■ Angebote, Preisnachlässe, Zugaben, Geschenke müssen als solche erkennbar sein.

Der Hinweis **Kontakt/Impressum/Kontaktformular** auf einer Internetseite erlaubt das Weiterleiten von Anfragen oder anderen Informationen mittels E-Mail oder eines Datenbanksystems.

■ Löschung einer Handelsregistereintragung

Das Erlöschen einer eingetragenen Firma ist schriftlich in öffentlich beglaubigter Form über einen Notar zur Eintragung in das Handelsregister beim zuständigen Amtsgericht (Registergericht), in dessen Handelsregister die Firma eingetragen ist, zu beantragen (*§ 31 Abs. 2 HGB*).

4.6   Mitarbeiter des Kaufmanns

Der Kaufmann benötigt zum Betreiben seines Handelsgewerbes Hilfspersonen.

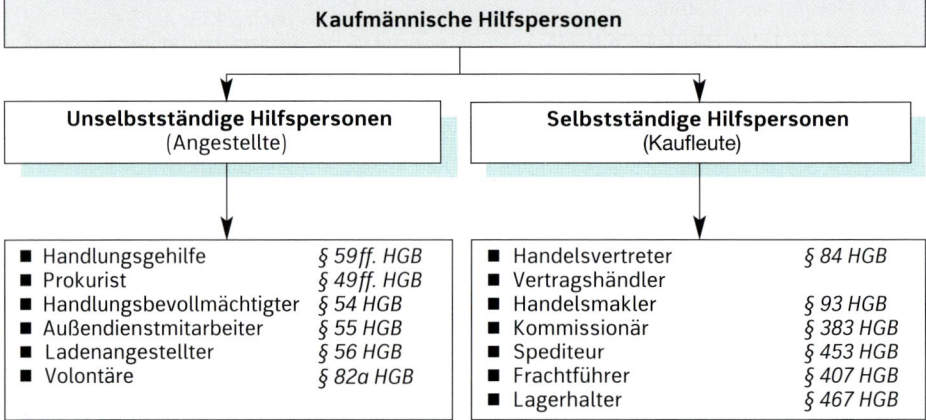

4.6.1   Nicht selbstständige Mitarbeiter

4.6.1.1   Handlungsgehilfe

Rechtsgrundlagen: *§§ 59–83 HGB*

> **Handlungsgehilfe** ist, wer in einem Handelsgewerbe zur Leistung kaufmännischer Dienste gegen Entgelt angestellt ist, ohne zur Vertretung der Unternehmung berechtigt zu sein.

Handlungsgehilfen sind im Geschäftsleben die kaufmännischen Angestellten[1], die kaufmännische Dienste leisten *(z. B. Einkäufer, Verkäufer, Buchhalter, Kassierer, Sekretärin)*.

Rechtsgrundlage für das Verhältnis zwischen dem Handlungsgehilfen und seinem Arbeitgeber (Prinzipal) ist der **Dienstvertrag**. Seine nähere Ausgestaltung darf nicht gegen die unabdingbaren Schutzbestimmungen des Tarifvertrages und ergänzende Arbeitsschutzbestimmungen verstoßen.

> spezielle Rechtsnormen des HGB: Handlungsgehilfe *(§§ 59–83 HGB)*

> allgemeine Rechtsnormen des BGB: Dienstvertrag *(§§ 611–630 BGB)*

---

[1] Abgrenzung vom gewerblichen Arbeitnehmer

▦ Rechte des Handlungsgehilfen

Gehaltszahlung *(§§ 63, 64 HGB, 611 Abs. 1, 612, 614 BGB)*	Die Zahlung des vereinbarten Gehalts hat spätestens am Monatsende zu erfolgen. Der Handlungsgehilfe hat im Krankheitsfall für die Dauer maximal 6 Wochen Anspruch auf Gehaltsfortzahlung, wenn er unverschuldet seinen Dienst nicht ausüben kann.
Fürsorgepflicht des Arbeitgebers *(§§ 62 HGB, 617, 619 BGB)*	Der Arbeitgeber hat für Arbeitsbedingungen zu sorgen, die den Handlungsgehilfen vor Gesundheitsgefährdungen schützen.
Anspruch auf Zeugnis *(§§ 73 HGB, 630 BGB)*	Bei Beendigung des Dienstverhältnisses kann der Handlungsgehilfe ein schriftliches Zeugnis über die Art und Dauer der Beschäftigung, auf Wunsch auch über die Führung und Leistungen (qualifiziertes Zeugnis), verlangen.

▦ Pflichten des Handlungsgehilfen

Dienstleistung *(§§ 59 HGB, 611 Abs. 1 BGB)*	Er muss alle im Rahmen seines Dienstvertrages anfallenden Arbeiten nach bestem Wissen und Gewissen ausführen, soweit sie nicht gegen Gesetze, Verträge oder die guten Sitten verstoßen.
Gehorsamspflicht	Er hat die Weisungen seines Arbeitgebers zu befolgen.
Treue *(§ 826 BGB)*	Er hat die Interessen seines Arbeitgebers zu vertreten.
Verschwiegenheit	Er hat Geschäftsgeheimnisse vertraulich zu behandeln.
Wettbewerbsverbot *(§§ 60, 61 HGB)*	Der Handlungsgehilfe darf ohne Einwilligung seines Arbeitgebers weder ein Handelsgewerbe betreiben noch in dem Geschäftszweig seines Arbeitgebers für eigene oder fremde Rechnung Geschäfte machen.

4

4.6.1.2 Handlungsbevollmächtigter

Rechtsgrundlagen: *§§ 54–56 HGB, 164 ff. BGB*

Handlungsvollmacht beinhaltet jede Vollmacht,
- die einem Mitarbeiter einer Kauffrau / eines Kaufmannes
- in einem Betrieb oder zum Betrieb eines Handelsgewerbes

erteilt wird *(§§ 54–58 HGB, 164 ff. BGB)*.

Der Handlungsbevollmächtigte steht i. d. R. in einem Dienst- oder Arbeitsverhältnis *(§ 59 HGB)*.

> Die **Handlungsvollmacht** ist grundsätzlich eine unternehmensbezogene Vollmacht, die vom Kaufmann erteilt wird, die nicht im Handelsregister eingetragen wird. Sie berechtigt zu allen Geschäften und Rechtshandlungen, die der Betrieb dieses Handelsgewerbes gewöhnlich (branchenübliche Geschäfte und Rechtshandlungen) mit sich bringt *(§ 54 HGB)*.

Bezeichnung	Voraussetzungen	Umfang der Vollmacht
General(handlungs)vollmacht	Vollmacht zum Betrieb des ganzen Handelsgewerbes	Alle betriebsgewöhnlichen Rechts- und Geschäftshandlungen, d. h. alle branchenüblichen Handlungen *(§ 54 Abs. 1 HGB)*
Art(handlungs)vollmacht Gattungsvollmacht	Auf Dauer erteilte Vollmacht zur Erledigung bestimmter zu einem Handelsgewerbe gehörenden Art von wiederkehrenden Geschäften	Alle gewöhnlichen Geschäfte und Rechtshandlungen für eine bestimmte Art von Rechtsgeschäften **Beispiele:** *Verkäufer → Verkaufsvollmacht Einkäufer → Einkaufsvollmacht, Kontovollmacht, Abschlussvollmacht des Handlungsreisenden*
Spezial(handlungs)vollmacht	Vollmacht zu Vornahme einzelner oder sogar nur eines einzelnen Geschäftes eines Handelsgewerbes	Alle Rechtshandlungen, die im Zusammenhang mit dem einzelnen Geschäft stehen **Beispiel:** *einmalige Vollmacht zum Erwerb von 10 Computern*

Nicht erlaubt sind dem Handlungsbevollmächtigten folglich alle für dieses Handelsgewerbe außergewöhnlichen Geschäfte und Rechtshandlungen.

Eine **ausdrückliche Sondervollmacht** ist nach *§ 54 Abs. 2 HGB* notwendig für die:

- Veräußerung und Belastung von Grundstücken,
- Eingehung von Wechselverbindlichkeiten,
- Aufnahme von Darlehen,
- Prozessführung.

Die Vertretungsvollmacht kann darüber hinaus in der Weise beschränkt werden, dass der Handlungsbevollmächtigte nur im Zusammenwirken mit einer anderen Person *(z. B. mit einem Prokuristen)* zeichnungsberechtigt ist.

Einzelvertretungsvollmacht	Gesamtvertretungsvollmacht
Vollmachtausübung **ohne** Zusammenwirken mit einer anderen Person	Vollmachtausübung nur im Zusammenwirken **mit** einer anderen vertretungsberechtigten Person

Erteilung	Die Erteilung kann nach *§ 167 BGB* mündlich, schriftlich oder durch schlüssiges Verhalten erfolgen durch ■ Kleingewerbetreibende, ■ Kaufleute, ■ den Vorstand einer AG bzw. e. G., ■ den/die Geschäftsführer einer GmbH, ■ Prokuristen, ■ Handlungsbevollmächtigte, und zwar ■ schriftlich, ■ mündlich, ■ stillschweigend (konkludentes – schlüssiges – Verhalten).
Eintragung ins Handelsregister	Die Erteilung wird in **kein** Register eingetragen.

Unterschrift (Zeichnung) *(§ 57 HGB)*	Der Handlungsbevollmächtigte muss unter der Firma mit einem das Vollmachtverhältnis andeutenden Zusatz unterschreiben.
	Beispiele:
	Firmenbezeichnung: *Modeboutique Elvira Ellis GmbH*
	i. A. (im Auftrag) Name: *i. A. Thöler*
	i. V. (in Vertretung) Name: *i. V. Meier*
Erlöschen	Die Handlungsvollmacht erlischt ■ durch Widerruf, ■ mit Beendigung des Dienstvertrages, ■ mit Erledigung des Auftrages (bei Spezialvollmacht), ■ bei Befristung nach Ablauf der Frist, ■ bei bedingter Vollmacht bei Wegfall der Bedingung, ■ mit Auflösung der Unternehmung.

4.6.1.3 Prokurist

Rechtsgrundlagen: *§§ 48–53 HGB*

> Die **Prokura** ermächtigt eine natürliche Person zu allen Arten von gerichtlichen und rechtsgeschäftlichen Geschäften und Rechtshandlungen, die der Betrieb (irgend-) eines Handelsgewerbes mit sich bringt. Dies beinhaltet auch betriebsfremde und branchenübergreifende Geschäfte *(§ 49 Abs. 1 HGB)*. Die Prokura hat einen gesetzlich zwingend festgelegten Umfang, der nicht beschränkt, jedoch erweitert werden kann *(§§ 49 Abs. 1, 50 Abs. 1, 3 HGB)*.

4

Der Umfang der Prokura ist gesetzlich zwingend festgelegt und
- kann im Gegensatz zur Handlungsvollmacht gegenüber Dritten nicht auf gewöhnliche oder branchentypische Geschäfte beschränkt werden, ausgenommen Filialprokura *(§ 50 HGB)*,
- kann erweitert werden *(§§ 49, 50 HGB)*,
- ermächtigt zu allen Arten von Rechtsgeschäften, die der Betrieb eines Handelsgewerbes mit sich bringt, hierzu zählen auch branchenfremde Geschäfte.

Dem Prokuristen sind erlaubt ...	Dem Prokuristen sind <u>nicht</u> erlaubt ...
■ alle außergerichtlichen Geschäfte *(z. B. Abschlüsse von Verträgen, Ankauf, Vermietung, Verpachtung von Grundstücken)*, ■ Einstellung und Entlassung von Personal, Aufnahme von Darlehen, Aufnahme eines stillen Gesellschafters, Beendigung und Begründung von Dauerschuldverhältnissen wie *z. B. Miet-, Pacht-, Leasingverträge*, ■ alle gerichtlichen Geschäfte *(z. B. Erhebung einer Klage)* sowie ■ alle gerichtlichen und außergerichtlichen Rechtshandlungen *(z. B. Anfechtungen, Kündigungen)*, die der Betrieb irgendeines Handelsgewerbes mit sich bringt. Eine Beschränkung des Umfangs der Prokura ist Dritten gegenüber unwirksam *(§ 50 HGB)*.	■ Erteilung und Entzug der Prokura, *§ 48 Abs. 1 HGB*, ■ Handlungen außerhalb des Geschäftsbetriebes *(z. B. Verkauf, Schließung des Unternehmens, Branchenänderung)*, ■ Handlungen, die sich der Kaufmann persönlich vorbehalten hat, ■ die Veräußerung und Belastung von Grundstücken *(§ 49 Abs. 2 HGB)*, ■ die Anmeldung von Eintragungen in das Handelsregister *(§§ 29, 31 HGB)*, ■ die Unterzeichnung der Bilanz und der Steuererklärungen, ■ die Aufnahme neuer Gesellschafter, ■ der Verkauf der Unternehmung, ■ die Anmeldung der Insolvenz der Unternehmung *(§ 15 InsO)*, ■ Privatgeschäfte des Geschäftsinhabers.

Die Prokura ist nicht übertragbar.

Sie erlischt nicht mit dem Tod des Inhabers des Handelsgeschäftes *(§ 52 HGB)*.

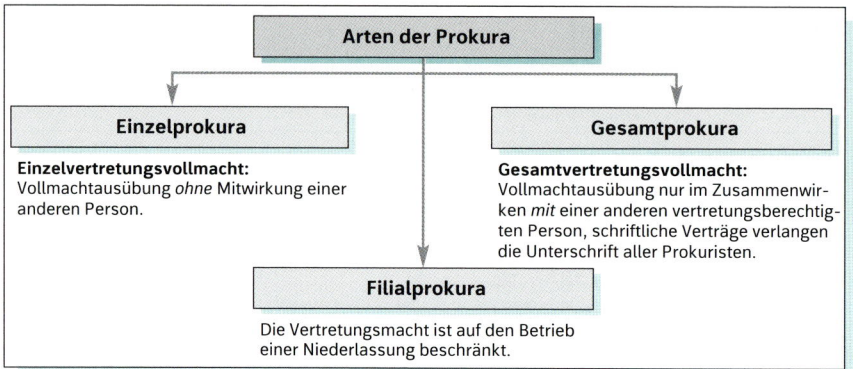

Im **Außenverhältnis**, d. h. im Verhältnis zwischen dem Prokuristen und den Geschäftspartnern des Arbeitgebers, ist die Vertretungsmacht des Prokuristen darüber hinaus nicht weiter beschränkbar *(§ 50 HGB)*.

Anders verhält es sich im **Innenverhältnis**, d. h. im Verhältnis zwischen dem Prokuristen und seinem Arbeitgeber. Hier ist i. d. R. dem Prokuristen ein bestimmtes Ressort zugeteilt, für das er als leitender Angestellter zuständig ist. Den ihm zugewiesenen Kompetenzrahmen darf er nicht überschreiten.

Beispiel:

Frau Simone Brühl ist Personalchefin der Fashion Textil AG. Ihr ist Einzelprokura erteilt worden. Im Innenverhältnis darf sie ihren Arbeitgeber nur in Personalangelegenheiten vertreten. Im Außenverhältnis gilt diese Beschränkung nicht, d. h., sie könnte ihren Arbeitgeber auch in allen anderen Geschäften (mit Ausnahme der ihr gesetzlich nicht erlaubten) rechtswirksam vertreten.

Erteilung *(§ 48 HGB)*	Die Prokura kann nur erteilt werden von ■ einem Kaufmann (Inhaber des Handelsgewerbes) oder ■ dem gesetzlichen Vertreter des Unternehmens, wie den persönlich haftenden Gesellschaftern einer OHG bzw. KG, dem Vorstand einer AG oder dem Geschäftsführer einer GmbH. **Beachten Sie:** Beim Geschäftsführer einer GmbH ist im Innenverhältnis die Zustimmung der Gesellschafterversammlung notwendig *(§ 46 Nr. 7 GmbHG)*. Die Prokura muss ■ persönlich und ausdrücklich, ■ mündlich oder schriftlich erklärt werden.
Eintragung in das Handelsregister *(§ 53 HGB)*	Erteilung und Widerruf der Prokura müssen in das Handelsregister eingetragen werden. Die Eintragung hat deklaratorische Wirkung. Erweiterungen der Prokura *(z. B. Erstreckung auch auf Grundstücksveräußerungsgeschäfte)* sind anzumelden.
Unterschrift (Zeichnung) *(§ 51 HGB)*	Der Prokurist muss unter der Firma mit einem die Prokura andeutenden Zusatz pp. oder ppa. (= per procura) unterschreiben, weil er in fremdem Namen handelt. **Beispiel:** Firmenbezeichnung: *Fashion Textil AG* *pp. oder ppa. (per procura) Name:* *pp. Simone Brühl*
Erlöschen	Die Prokura erlischt durch ■ Widerruf *(§ 52 Abs. 1 HGB)*, ■ Tod des Prokuristen (aber nicht bei Tod des Vertretenen), ■ Beendigung des Dienstvertrages, ■ Einstellung, Veräußerung oder Auflösung der Unternehmung. ■ Eröffnung der Insolvenz über das Betriebsvermögen. Das Erlöschen der Prokura ist unverzüglich zur Eintragung im Handelsregister anzumelden, weil sonst das Unternehmen die im Handelsregister eingetragene, aber bereits erloschene Prokura gegen sich gelten lassen muss.

4.6.2 | Selbstständige Mitarbeiter

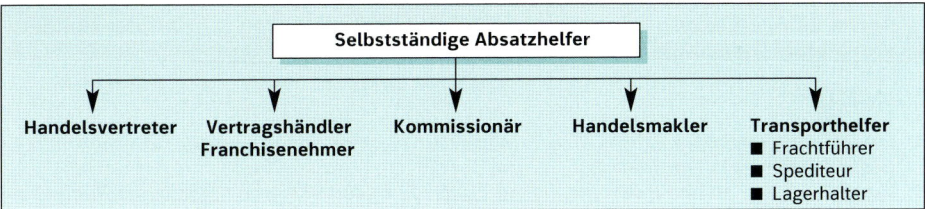

4.6.2.1 | Handelsvertreter

Rechtsgrundlagen: *§§ 84–92 HGB*

> **Handelsvertreter** ist, wer als **selbstständiger** Gewerbetreibender **ständig** damit betraut ist, für einen anderen Unternehmer Geschäfte zu vermitteln oder in dessen Namen abzuschließen *(§§ 84–92 HGB).*

Der Handelsvertreter ist Kaufmann, wenn er
- ein Gewerbe betreibt, das nach Art und Umfang einen in kaufmännischer Weise eingerichteten Geschäftsbetrieb erfordert *(§ 1 HGB),*
- kraft Eintragung die Kaufmannseigenschaft erwirbt *(§ 2 HGB).*

Organisatorisch wird der Handelsvertreter in den Vertrieb eines Unternehmens eingegliedert. Handelsvertretungen betreiben diese Tätigkeit überwiegend als Einzelunternehmer, sind aber auch als Personengesellschaften (OHG, KG) oder Kapitalgesellschaften (AG, GmbH) vorstellbar.

Der Handelsvertreter ist selbstständig, d. h., seine Tätigkeit muss auf
- eigene Rechnung   (= Unternehmerrisiko)   und
- eigene Verantwortung (= Unternehmerinitiative)

ausgeübt werden. Die Selbstständigkeit wird sich dabei immer nur aus dem Innenverhältnis zum Auftraggeber bestimmen.

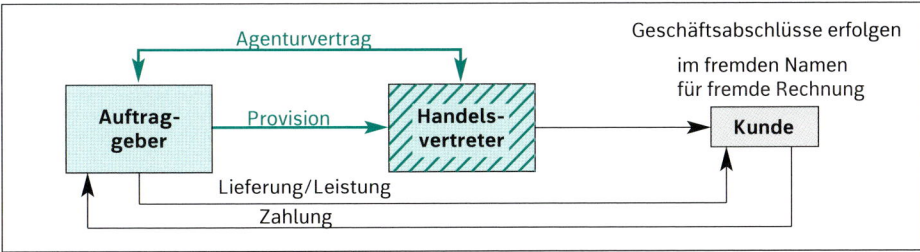

Durch den Einsatz von Handelsvertretern ist es Unternehmen möglich, ein bestimmtes Absatzgebiet lückenlos und kostengünstig zu erschließen.
Für den Auftraggeber ist vorteilhaft, dass keine fixen Kosten entstehen, wie dies beim Einsatz eines fest angestellten Außendienstmitarbeiters der Fall wäre.
Für den Handelsvertreter ist vorteilhaft, dass die Höhe seines Verdienstes durch seinen eigenen Einsatz und seine persönliche Leistung bestimmt ist.

Häufig wird im Agenturvertrag vereinbart, dass der Handelsvertreter für ein bestimmtes Absatzgebiet exklusiv zuständig ist. Je nach Größe des Gebietes unterscheidet man zwischen Platz-, Bezirks- und Generalvertreter.

Wenn es im Agenturvertrag nicht ausdrücklich ausgeschlossen ist, darf der Handelsvertreter gleichzeitig mehrere Unternehmen vertreten.

Beispiele:

- *Die MEDICA-Handelsagentur Mollidor & Müller OHG vertritt mehrere Hersteller von Einrichtungsgegenständen für Arztpraxen.*
- *Handelsvertreter ist der Tankstellenhalter: Er verkauft gegen Provision ständig im Namen und für die Rechnung der Mineralölgesellschaft Treibstoffe.*

Pflichten des Handelsvertreters *(§§ 86, 90a HGB)*

Tätigkeitspflicht	§ 86 Abs. 1 HGB	Er muss sich um die Vermittlung oder den Abschluss von Geschäften bemühen und die Interessen des Auftraggebers wahren.
Benachrichtigungspflicht	§ 86 Abs. 2 HGB	Er muss den Auftraggeber von jeder Vermittlung und von jedem Geschäftsabschluss unverzüglich benachrichtigen.
Sorgfaltspflicht		Er muss seine Geschäfte mit der Sorgfalt eines ordentlichen Kaufmanns ausführen.
Verschwiegenheitspflicht	§ 90 HGB	Er muss über Betriebsgeheimnisse während und auch nach Beendigung des Vertragsverhältnisses Stillschweigen bewahren.
Wettbewerbsverbot	§ 90a HGB	Ein Wettbewerbsverbot ist nur gültig, wenn es schriftlich vereinbart wurde. Das Verbot kann bis längstens zwei Jahre nach der Beendigung des Vertragsverhältnisses vereinbart werden. Bei Kündigung des Handelsvertretervertrages wegen schuldhaften Verhaltens des anderen Teils kann der Vertragspartner sich durch schriftliche Erklärung binnen eines Monats von der Wettbewerbsabrede lossagen *(§ 90 Abs. 3 HGB)*.
Delkrederehaftung	§ 86b HGB	Der Anspruch auf eine besondere Vergütung, Delkredereprovision genannt, entsteht, wenn sich der Handelsvertreter schriftlich eindeutig verpflichtet, für die Erfüllung der Verbindlichkeiten seiner Kunden einzustehen.

Rechte des Handelsvertreters (= Pflichten des Unternehmers)

Unterstützung	§ 86a HGB	Der Unternehmer muss dem Handelsvertreter die zur Ausübung seiner Tätigkeit erforderlichen Unterlagen zur Verfügung stellen.
		Beispiele:
		Prospekte, Preislisten, Geschäftsbedingungen, Bestellformulare
Benachrichtigung		Er hat das Recht auf unverzügliche Benachrichtigung durch den Auftraggeber über Annahme oder Ablehnung eines von ihm vermittelten Auftrages.
Provision	§§ 87–87d HGB	Er hat das Recht auf Provision für die von ihm vermittelten oder abgeschlossenen Geschäfte.
Inkassoprovision	§ 87 Abs. 4 HGB	Zusätzlich zum Anspruch auf Provision für abgeschlossene Geschäfte hat der Handelsvertreter Anspruch auf Inkassoprovision für von ihm auftragsgemäß eingezogene Geldbeträge.
Ausgleichsanspruch	§ 89b HGB	Er hat nach Beendigung des Vertragsverhältnisses das Recht auf einen angemessenen finanziellen Ausgleich für den Fall, dass der Auftraggeber weiterhin mit den von ihm geworbenen Kunden Geschäfte macht.

◾ Steuerliche Behandlung

1. Einkommensteuer

Handelsvertreter sind selbstständige Gewerbetreibende und erzielen Einkünfte aus Gewerbebetrieb i. S. d. *§ 15 EStG.* Zulässige Gewinnermittlungsmethoden sind der Betriebsvermögensvergleich *(§ 5 Abs. 1 EStG)* oder die Überschussrechnung der Betriebseinnahmen über die Betriebsausgaben *(§ 4 Abs. 3 EStG).* **Betriebseinnahmen** sind insbesondere:

- Ansprüche auf Provisionen aus vermittelten Geschäften,
- sonstige Einnahmen in Form von Sachleistungen *(z. B. Geschenke, Incentives),*
- geleistete Alters- oder Invaliditätszahlungen,
- Vorschüsse,
- Ausgleichszahlungen nach *§ 89b HGB (§ 24 Nr. 1c EStG),*
- Veräußerungsgewinne.

Typische Betriebsausgaben eines Handelsvertreters sind Büromaterial, Büromiete, Personalkosten für Angestellte, Telefonkosten, Portokosten, Faxkosten, betriebliche Versicherungskosten, Werbegeschenke, Fachliteratur, Zinsaufwendungen für betriebliche Kredite, gesondert aufgezeichnete und geschäftlich veranlasste Bewirtungskosten, nachgewiesene Reisekosten, Aufwendungen für Kundenbetreuung.

2. Gewerbesteuer

Die Einkünfte aus **Gewerbebetrieb** eines Handelsvertreters unterliegen der Gewerbesteuer. Ebenfalls sind Ausgleichsansprüche und Ausgleichszahlungen nach § 89b HGB dem Gewerbeertrag hinzuzurechnen; nicht jedoch die Ausgleichszahlungen an Hinterbliebene *(z. B. an die Witwe).*

3. Umsatzsteuer

Handelsvertreter sind Unternehmer *(§ 2 UStG),* die eine sonstige Leistung i. S. d. *§ 1 Abs. 1 Nr. 1 UStG* an dem Ort ausführen, von dem der Handelsvertreter sein Unternehmen betreibt. Anderenfalls gilt der Ort der Betriebsstätte als Ort der sonstigen Leistungen (= Ort, an dem der vermittelte Umsatz ausgeführt wird).

Steuerbare Entgelte des Handelsvertreters sind insbesondere:

- Provisionen,
- Auslagenersatz,
- Vergütungen, die als Abfindung für Auslagen in Form von Prozentsätzen vom Umsatz berechnet werden,
- Ausgleichszahlungen nach *§ 89b HGB,*
- geleistete Versicherungsprämien des Auftraggebers *(z. B. Prämien für Lebensversicherungen).*

Die Leistungen des Handelsvertreters unterliegen dem normalen Steuersatz.

Der Handelsvertreter ist vorsteuerabzugsberechtigt, wenn die umsatzsteuerrechtlichen Voraussetzungen des *§ 15 UStG* erfüllt sind.

Steuerfrei sind Vermittlungen von:

- Ausfuhrlieferungen und die Lohnveredelung an Gegenständen der Ausfuhr, innergemeinschaftliche Lieferungen, Umsätze für die Seeschifffahrt und für die Luftfracht,
- Bausparverträgen,
- Versicherungsverträgen.

◾ Handlungsreisender – Abgrenzung zum Handelsvertreter

Der **weisungsgebundene** Handelsreisende ist Angestellter, der Handelsvertreter ist selbstständiger Kaufmann.

Handlungsreisender ist, wer als **Angestellter** mit der Vollmacht ausgestattet ist, im Namen und für Rechnung seines Arbeitgebers Geschäfte zu vermitteln oder in dessen Namen abzuschließen.

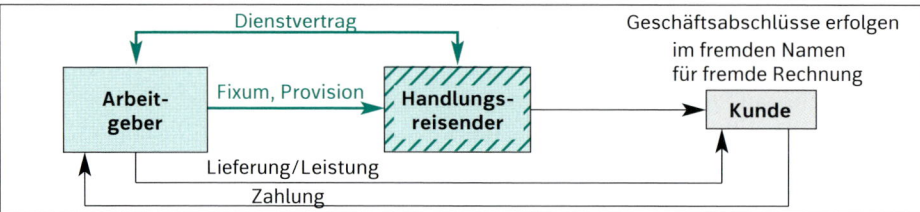

Häufig erhält der Handlungsreisende neben einem **festen Gehalt** (Fixum) eine vom Umsatz abhängige Provision. Im Gegensatz zum Handelsvertreter ist er nur für eine Unternehmung tätig und vertritt nur deren Produkte.

4.6.2.2   Vertragshändler – Franchisenehmer

Vertragshändler sind selbstständige Kaufleute, die sich aufgrund von Verträgen verpflichten, Waren eines oder mehrerer bestimmter Hersteller oder Lieferanten im **eigenen Namen für eigene Rechnung** zu vertreiben.

Häufig sind Vertragshändler vollständig in die Vertriebsorganisation des Herstellers integriert. Der Vertragshändlervertrag ist ein Geschäftsbesorgungsvertrag i. S. d. *§§ 675, 611 ff. BGB.*

Franchisenehmer sind rechtlich selbstständige Kaufleute, die Waren oder Dienstleistungen nach der vom Franchisegeber vorgeschriebenen Geschäftskonzeption verkaufen und an den Franchisegeber Franchisegebühren zahlen.

Beispiele:

McDonald's, OBI, Kamps, Subway, Fressnapf, Bofrost

4.6.2.3   Kommissionär

Rechtsgrundlagen: *§§ 383–406 HBG, DepotG*

Der Kommissionär ist ein Kaufmann, der selbstständig und gewerbsmäßig im eigenen Namen für Rechnung eines anderen Unternehmers (= Kommittent) Waren oder Wertpapiere kauft (= Einkaufskommission) oder verkauft (Verkaufskommission), vgl. *§§ 383–406 HGB.*

Der Kommissionär ist Kaufmann kraft Handelsgewerbes.
Er kann auch eine juristische Person sein.

Das Kommissionsgeschäft ist ein Handelsgeschäft, durch das sich ein Gewerbetreibender (→ Kommissionär) zum Abschluss eines Rechtsgeschäftes im eigenen Namen für fremde Rechnung (→ des Kommittenten) verpflichtet.

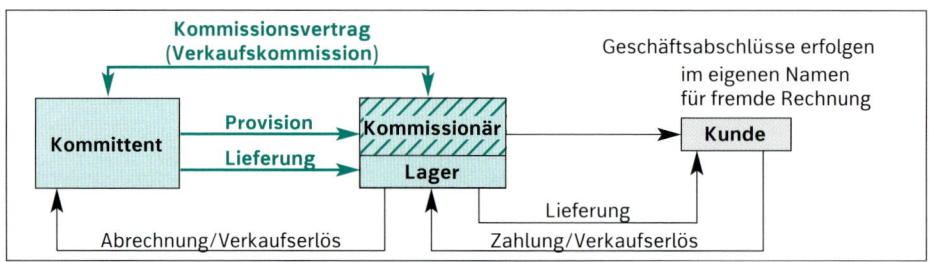

> *Beispiele:*
>
> ■ *Die Pop-und-Fashion-Schmuck GmbH möchte eine neue Kollektion mit einem besonders avant-gardistischen Design auf den Markt bringen. Aufgrund der Unsicherheit der Absatzchancen ist die Schmuckboutique Jil Flunder bereit, die Kollektion anzubieten und für den Fall des Verkaufs mit der Herstellerin abzurechnen.*
> ■ *Kreditinstitute treten als Kommissionäre auf, wenn sie im Auftrag ihrer Kunden Wertpapiere kaufen bzw. verkaufen.*

Für den Kommissionär ist vorteilhaft, dass er das Risiko für den Erfolg seiner Tätigkeit nicht zu tragen braucht. Im Fall der Verkaufskommission kann er sein Absatzsortiment risikolos um neuartige Produkte erweitern, da er berechtigt ist, nicht verkaufte Ware wieder zurückzugeben.

Für den Kommittenten ist vorteilhaft, dass er sich indirekt das Know-how und die Einrichtungen des Kommissionärs beim Absatz bzw. bei der Beschaffung des Kommissionsgutes zunutze machen kann.

Pflichten des Kommissionärs

Sorgfaltspflicht	*§ 384 Abs. 1 HGB*	Er hat die Pflicht, die Geschäfte mit der Sorgfalt eines ordentlichen Kaufmanns auszuführen.
Ausführungspflicht	*§ 384 HGB*	Er hat die Pflicht, dem Kommittenten unverzüglich die Ausführung des Kommissionsgeschäfts anzuzeigen.
Interessenwahrungspflicht	*§ 384 HGB*	Er hat die Pflicht, die Weisungen des Kommittenten zu befolgen und dessen Interessen zu wahren.
Weisungsgebundenheit	*§ 384 Abs. 1 HGB*	*Beispiel:* *Der Verkaufskommissionär darf das Kommissionsgut nicht unter dem vom Kommittenten vorgeschriebenen Preis verkaufen. Wenn kein Preislimit vorgeschrieben ist, muss er versuchen, einen möglichst hohen Preis zu erzielen.*
Benachrichtigungspflicht	*§ 384 Abs. 2 HGB*	Er hat dem Kommittenten über die Ausführung des Kommissionsgeschäfts Rechenschaft abzulegen.
Haftung für das Kommissionsgut	*§ 390 HGB*	Der Kommissionär ist für den Verlust und die Beschädigung des in seiner Verwahrung befindlichen Gutes verantwortlich.
Delkrederehaftung nach Vereinbarung	*§ 394 HGB*	Der Kommissionär hat unter bestimmten Umständen für die Erfüllung der Verbindlichkeit des Dritten, mit dem er für Rechnung des Kommittenten abschließt, einzustehen.

Rechte des Kommissionärs (= Pflichten des Kommittenten)

Provision	*§ 396 Abs. 1 HGB*	Er hat das Recht auf Ausführungsprovision, sobald das Geschäft erfüllt ist.
Aufwandsersatz	*§ 670 BGB*	Er hat das Recht auf Ersatz der ihm entstandenen Kosten. *Beispiele:* *Telefon-, Porto-, Transport-, Lagerkosten*
Vorschuss	*§ 669 BGB*	Für die zur Ausführung des Auftrags notwendigen Aufwendungen hat der Auftraggeber einen Vorschuss zu leisten.
Selbsteintritt	*§ 403 ff. HGB*	Er hat das Recht auf Selbsteintritt, sofern das Kommissionsgut einen Börsen- oder Marktpreis hat. Der **Einkaufskommissionär** kann das Gut, das er kaufen soll, aus dem eigenen Bestand liefern, der **Verkaufskommissionär** kann das Gut, das er verkaufen soll, für den eigenen Bestand kaufen. Der Selbsteintritt ist dem Kommittenten mitzuteilen.
Pfandrecht	*§ 397 HGB*	Er hat zur Sicherung seiner Forderungen ein Pfandrecht am Kommissionsgut, solange er es noch in seinem Besitz hat.

4

4.6.2.4   Handelsmakler

Rechtsgrundlagen: *§§ 93–104 HGB*

Kommissionär und Handelsvertreter sind vom Handelsmakler zu unterscheiden:

> **Handelsmakler** ist, wer gewerbsmäßig für andere Personen die Vermittlung von Verträgen über bewegliche Gegenstände des Handelsverkehrs *(z. B. Kauf oder Verkauf von Waren, Wertpapieren, Versicherungen, Güterbeförderung)* übernimmt. Der Handelsmakler ist nicht von den anderen Personen, für die er tätig wird, aufgrund eines Vertragsverhältnisses ständig beauftragt.

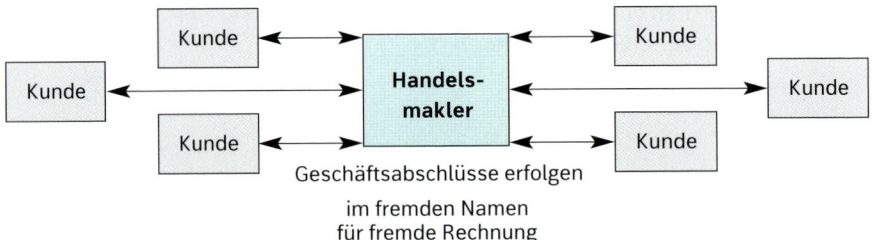

Geschäftsabschlüsse erfolgen
im fremden Namen
für fremde Rechnung

Der Handelsmakler ist selbstständiger Kaufmann. Für seine Tätigkeit erhält er Maklergebühr (Courtage). Sie ist fällig, sobald ein Geschäft durch seine Vermittlung zustande gekommen ist, und ist grundsätzlich von beiden Parteien zur Hälfte zu tragen.

Zivilmakler

Zivilmakler ist, wer gewerbsmäßig Gelegenheit zum Abschluss eines Vertrages nachweist oder einen Vertrag vermittelt, der keine Gegenstände des Handelsverkehrs zum Inhalt hat (Grundstücke, Konzerte, Ehen).

Sofern der Betrieb nach Art und Umfang eine kaufmännische Organisation erfordert, erlangt er durch Eintragung ins Handelsregister die Kaufmannseigenschaft.

Zusammenfassung

Der Handlungsreisende
- ist kaufmännischer Angestellter,
- handelt im Namen und für Rechnung seines Dienstherrn (Arbeitgebers),
- ist ständig für seinen Dienstherrn im Außendienst beschäftigt,
- ist mit einer Handlungsvollmacht (Artvollmacht) ausgestattet,
- bezieht ein Gehalt, ggf. Umsatzprovision.

Der Handelsvertreter
- ist selbstständiger Kaufmann,
- handelt im Namen und für Rechnung seines Auftraggebers,
- ist ständig für einen oder mehrere Auftraggeber beschäftigt,
- ist mit Vermittlungs- oder Abschlussvollmacht ausgestattet,
- erhält bei Geschäftsabschluss eine Provision.

Der Kommissionär

- ist selbstständiger Kaufmann,
- handelt im eigenen Namen und für Rechnung des Kommittenten,
- ist ständig oder von Fall zu Fall für einen oder für mehrere Auftraggeber beschäftigt,
- ist mit Abschlussvollmacht ausgestattet,
- erhält bei Geschäftsabschluss eine Provision.

Der Handelsmakler

- ist selbstständiger Kaufmann,
- handelt im Namen seiner wechselnden Auftraggeber,
- vermittelt Verträge über die Anschaffung oder Veräußerung von Waren, Wertpapieren, Versicherungen u. Ä.,
- erhält bei Geschäftsabschluss eine Provision.

4.6.2.5 Sonstige kaufmännische Hilfsgewerbe: Spediteur, Frachtführer, Lagerhalter

4

Spediteur, Frachtführer und Lagerhalter sind Hilfsgewerbe bei der Versendung und Lagerung von Gütern. Sie betreiben ein Handelsgewerbe und sind damit Kaufmann *(§ 1 HGB)*.

Spediteur

Rechtsgrundlagen: *§§ 453–466 HGB*

> **Spediteur** ist, wer es gewerbsmäßig übernimmt, Güterversendungen durch Frachtführer oder Verfrachter von Seeschiffen für Rechnung des Versenders in eigenem Namen zu besorgen *(§ 453 HGB, Speditionsvertrag)*.

Aufgrund seiner besonderen Kenntnisse über die verschiedenen Transportmittel und Verkehrswege ist er in der Lage, Gütertransporte unter den Gesichtspunkten der Kosten, Sicherheit und Schnelligkeit zu organisieren.

Beispiele:

Danzas AG, Schenker AG

Versender und Spediteur schließen einen Speditionsvertrag, durch den sich der Spediteur verpflichtet, den Versand zu veranlassen.

In eigenem Namen zu besorgen bedeutet, dass der Spediteur andere, also Frachtführer oder Verfrachter (Reedereien), beauftragt, für ihn Güterbeförderungen durchzuführen.

Der Spediteur ist allerdings befugt, die Beförderung des Gutes selbst durchzuführen *(Selbsteintritt, § 458 HGB);* es ist ihm also gesetzlich erlaubt, Frachtführer und Spediteur in einem zu sein.

Wichtige Vertragspartner des Spediteurs sind Frachtführer und Lagerhalter.

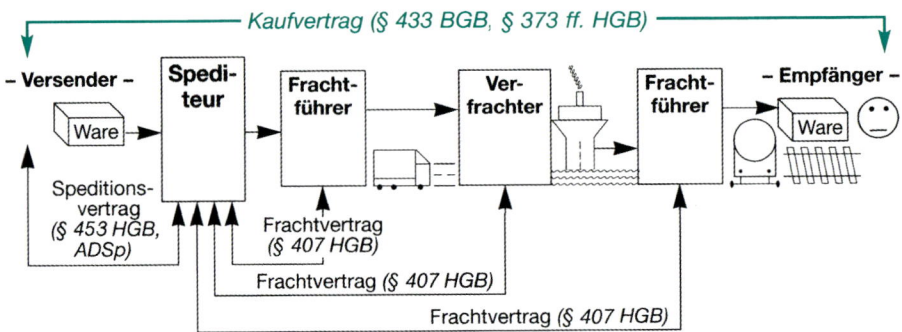

Frachtführer

Rechtsgrundlagen: *§§ 407–452d HGB, Transportrechtsreformgesetz*

> **Frachtführer** ist, wer es gewerbsmäßig übernimmt, die Beförderung von Gütern
> **auszuführen** *(§ 407 HGB).*

Der Frachtvertrag ist ein Werkvertrag mit Geschäftsbesorgungscharakter, es ist ein
echter Vertrag zugunsten Dritter.

Der Frachtführer nimmt Güter entgegen, befördert sie innerhalb der Lieferfrist zum Bestimmungsort, um dem Empfänger den Besitz zu verschaffen.

Man unterscheidet entsprechend dem eingesetzten Transportmittel Lkw-, Bahn-, Luft-
und Seefracht.

Beispiele:

Deutsche Bahn AG, Deutsche Lufthansa AG

Lagerhalter

Rechtsgrundlagen: *§§ 467–475h HGB*

> **Lagerhalter** ist, wer gewerbsmäßig die Lagerung und Aufbewahrung von Gütern
> übernimmt *(§ 467 HGB).*

Im Wirtschaftsleben ist eine zeitlich ununterbrochene Aufeinanderfolge der betrieblichen Funktionsbereiche Beschaffung der Rohstoffe, Güterproduktion und Absatz der
Fertigerzeugnisse nicht zu erreichen. Der Lagerhalter stellt seinen Kunden Lagerräume
und Verladeeinrichtungen zur Verfügung.

Übungsaufgaben

1. Erläutern Sie die typischen Merkmale eines Handelsgewerbes.

2. Annemie Winter möchte sich selbstständig machen. Sie beabsichtigt die Eröffnung einer kleinen Geschenkboutique.
   a) Geben Sie Auskunft über die Meldebestimmungen, die Frau Winter zu beachten hat.
   b) Welche Kaufmannseigenschaft kann Frau Winter erwerben?
      Begründen Sie Ihre Auffassung.
   c) Welche handelsrechtlichen Bestimmungen finden für Frau Winter keine Anwendung?

3. Frau Möchte, Mannheim, hat einen kleinen Lebensmittelladen für Käse eröffnet. Das Unternehmen erfordert keinen in kaufmännischer Weise eingerichteten Geschäftsbetrieb.
   Frau Möchte überlegt, diese Tätigkeit
   ■ entweder als Kleingewerbetreibende oder
   ■ als Kauffrau i. S. d. HGB auszuüben.
   Frau Möchte bittet Sie, die Unterschiede zwischen einem Kleingewerbetreibenden und einer Kauffrau i. S. d. HGB für die nachfolgenden Sachverhalte zu erklären.

   Begründen Sie Ihre Angaben durch Rechtsquellen.

   a) Frau Möchte wird von ihrer Freundin gebeten, für ein Darlehen über 8 000,00 € an die Freundin gegenüber der A-Bank zu bürgen.
      In welcher Form kann die Bürgschaft erfolgen?
   b) Frau Möchte liefert an die Gaststätte „Zum Hungrigen" Käse im Wert von 200,00 € gegen Rechnung. Die Gaststätte zahlt den Rechnungsbetrag nach 20 Tagen.
      Kann Frau Möchte Säumniszinsen verlangen?
   c) Frau Möchte erhält von der Käserei Lochkäse GmbH, Landau, eine Sendung mit völlig verunreinigten Käse. Warenwert 1 000,00 €. Dies entdeckt Frau Möchte erst am übernächsten Tag.
      Überprüfen Sie die Rügepflicht.
   d) Das Unternehmen „Guten Appetit OHG" bestellte telefonisch bei Frau Möchte Käse zum Preis von 500,00 € zuzüglich USt. Die „Guten Appetit OHG" bestätigt schriftlich die Bestellung zum Preis von 500,00 € zuzüglich USt. abzüglich 3 % Skonto.
      Frau Möchte antwortet nicht auf das Schreiben. Welcher Preis gilt?
   e) Die Nichte Nina arbeitet in den Schulferien bei Frau Möchte. Während einer Abwesenheit von Frau Möchte bedient Nina eine Kundin, die für 30,00 € Käse kauft und bar bezahlt.
      Nina stellt eine ordnungsgemäße Rechnung aus, steckt aber den Kaufpreis für den Käse in ihre Hosentasche und verbraucht das Geld für sich.
      Kann Frau Möchte von der Kundin nochmals den Kaufpreis verlangen?
   f) Frau Möchte überlegt, sich die Bezeichnung „Käseladen Mimi Möchte" zuzulegen.
      Ist dies rechtlich möglich?
   g) Nach welchen steuerrechtlichen Vorschriften ist der Gewinn zu ermitteln?
   h) Sind IHK-Beiträge zu zahlen?

4. Unterscheiden Sie zwischen
   ■ Öffentlichkeit des Handelsregisters und
   ■ öffentlicher Glaube des Handelsregisters.

5. Geben Sie Auskunft über Aufgabe, Aufbau und Inhalt des Handelsregisters.

6. Entscheiden Sie, ob und ggf. in welche der beim Amtsgericht geführten Register die nachfolgenden Sachverhalte einzutragen sind.
   a) Bestellung einer Grundschuld,
   b) Erteilung einer Prokura,
   c) Erwerb eines Geschäftsanteils an der Volksbank Sinntal e. G.,
   d) Erteilung einer Handlungsvollmacht,
   e) Kapitalerhöhung einer AG,
   f) Gründung einer GmbH,
   g) Aufnahme des Steuerberaters Michael Klein in die Sozietät Hecker & Partner.

7. Klaus Hobel möchte in Kürze einen Baustoffhandel eröffnen.
   Geben Sie Auskunft,
   ■ wo er sein Unternehmen anzumelden hat,
   ■ wem die zuständige Behörde die Gewerbeanmeldung mitteilen wird,
   ■ ob durch die Gewerbeanmeldung Pflichtmitgliedschaften entstehen.

4

8. Entscheiden Sie in den nachfolgenden Fällen, ob die Handelsregistereintragung
   - deklaratorischer (= rechtsbekundender) oder
   - konstitutiver (= rechtserzeugender)

   Natur ist.

   a) Eintragung des Weingutes Beulwitz & Sohn OHG,
   b) Ernennung des Angestellten Alexander Gluffke zum Prokuristen,
   c) Eintragung der Modeboutique Mia Maierling,
   d) Entzug der Prokura des Angestellten Ferdinand Gluffke,
   e) Herabsetzung der Einlage eines Kommanditisten,
   f) Eintragung der Bauunternehmung B. Tong GmbH.

9. Prüfen Sie die Kaufmannseigenschaft.

1	Istkaufmann	
2	Kannkaufmann	
3	Formkaufmann	
4	Scheinkaufmann	
5	Kein Kaufmann	

a) Arbeitsgemeinschaft Hochtief AG & Bauwens GmbH, Baulos 13,
b) Sanatorium Prof. Dr. Diaboli (150 Betten),
c) Tom Töller, Handelsvertreter,
d) Modeboutique Elvira Ellis GmbH,
e) Deutsche Treuhand AG, Wirtschaftsprüfungsgesellschaft.

10. Nennen Sie die wesentlichen Eintragungstatbestände des
    - Genossenschaftsregisters,
    - Vereinsregisters,
    - Partnerschaftsregisters,
    - Güterrechtsregisters.

11. Erklären Sie den Unterschied zwischen Einzel-, Gesamt- und Filialprokura.

12. Unterscheiden Sie zwischen Handlungsvollmacht und Prokura im Hinblick auf:
    - Umfang der Vertretungsmacht,
    - Form der Erteilung,
    - Eintragung ins Handelsregister,
    - nicht erlaubte Rechtshandlungen.

13. In einer Papiergroßhandlung in der Rechtsform der KG sind vertretungsberechtigt der Komplementär, ein Prokurist und ein Handlungsbevollmächtigter.

    Stellen Sie fest, wer die folgenden Rechtsgeschäfte abschließen kann:

1	nur der Komplementär
2	sowohl der Komplementär als auch der Prokurist
3	jeder Vertretungsberechtigte

a) Kauf von 100 Mio. Blatt Schreibmaschinenpapier,
b) Anlage eines Teils der Unternehmensrücklagen in Aktien,
c) Aufnahme eines Darlehens über 500 000,00 €,
d) Veräußerung der Handelsunternehmung,
e) Erteilung einer Einkaufsvollmacht (Artvollmacht) an einen Angestellten,
f) Unterzeichnung der Bilanz.

14. Erläutern Sie die Grundsätze der Firmenwahrheit und Firmenklarheit.

15. Frau Gern ist Angestellte der Kölle Boutique e. K., Köln. Die Kölle e. K. erwirbt und verkauft fertige Damenbekleidungssachen. Frau Gern ist alleinige Mitarbeiterin.
    Die Eigentümerin erkrankt schwer und ist völlig arbeitsunfähig.

    a) Kann Frau Gern Kleider einkaufen und verkaufen?
    b) Kann sie für den Erwerb von neuen Kleidern das Bankkonto überziehen?
    c) Dürfte sie eine weitere Verkäuferin einstellen?
    d) Ist sie berechtigt, dieser Verkäuferin Anweisungen zu erteilen?
    e) Kann sie eine Umsatzsteuer-Voranmeldung für den Monat Mai erstellen und unterschreiben?
    f) Kann Frau Gern eine sog. „schwarze" Kasse einführen?

4

16. Stephan Meuter und Bernd Schmücker beabsichtigen die Gründung einer OHG. Unternehmensgegenstand soll der Vertrieb und die Installation von Personal Computern sein. Der Gesellschaftsvertrag wird am 15. März abgeschlossen. Die Geschäfte werden am 1. April aufgenommen. Die Eintragung ins Handelsregister erfolgt am 15. April.

a) Wann entsteht die OHG?
b) Nennen Sie drei Angaben, die zur Eintragung ins Handelsregister anzumelden sind.
c) Zeigen Sie drei Möglichkeiten der Firmierung für die OHG auf.
d) Welche Rechtswirkung hat die Eintragung
  ■ bezüglich der Kaufmannseigenschaft der OHG,
  ■ bezüglich der Firma der OHG?

17. Erläutern Sie Aufgaben eines
  ■ Handelsvertreters,
  ■ Handelsmaklers,
  ■ Kommissionärs,
  ■ Spediteurs,
  ■ Frachtführers,
  ■ Lagerhalters.

18. Prüfen Sie, ob in den nachfolgenden Fällen ein Handelsgewerbe betrieben wird:

a) die Tätigkeit eines nicht rechtsfähigen Vereins,
b) die GbR,
c) die eheliche Gütergemeinschaft,
d) die Erbengemeinschaft.

Begründen Sie Ihre Entscheidung.

4

5 Unternehmensformen

> Gesellschaft ist jeder vertragliche, privatrechtliche Zusammenschluss von zwei oder mehr Personen zur Verfolgung eines vereinbarten gemeinsamen Zwecks (*§ 705 BGB*).

Das Gesellschaftsrecht ist Teil des Privatrechts und regelt insbesondere

- die Organisationsformen für Gesellschaften,
- die Gründung und Beendigung von Gesellschaften,
- die Struktur in der Gesellschaft, in erster Linie die Willensbildung sowie das Verhältnis der Gesellschafter untereinander,
- die privatrechtlichen Beziehungen der Gesellschaft zu Dritten,
- die Haftung der Gesellschaft,
- die Vertretungsmacht der Gesellschafter.

Im deutschen Gesellschaftsrecht werden die möglichen Gesellschaftsformen nach deutschem Recht abschließend aufgezählt. Zur Auswahl stehen insbesondere

- Personenhandelsgesellschaften wie die Gesellschaft bürgerlichen Rechts (GbR), die Offene Handelsgesellschaft (OHG) und die Kommanditgesellschaft (KG) oder
- Kapitalgesellschaften wie die Aktiengesellschaft (AG) oder die Gesellschaft mit beschränkter Haftung (GmbH).

Die maßgeblichen Rechtsgrundlagen finden sich in zahlreichen Spezialgesetzen, wie etwa dem AktG, dem GmbHG oder dem HGB; zusätzlich finden die allgemeinen Bestimmungen des BGB Anwendung.

5.1 Unternehmensbegriff

In Deutschland gibt es kein einheitliches Unternehmensrecht. Der Begriff Unternehmen wird unterschiedlich definiert und ist vom Zweck und Willen des jeweiligen Gesetzes bestimmt.

Beispiele:

HGB:	*Handelsgewerbe, Handelsgeschäft, Handelsgesellschaft*
AktG, GmbHG:	*Gesellschaft*
UStG:	*gesamte selbstständige gewerbliche oder berufliche Tätigkeit*
GewO:	*Gewerbe(betrieb)* *MitbestG* *Unternehmen*
BetrVG:	*Betrieb* *StGB:* *Unternehmen (§ 265b StGB)*

Nachfolgend werden die Begriffe Betrieb und Unternehmen unterschieden:

- Der **Betrieb** ist der Ort der Leistungserstellung, also eine räumlich-technische Einheit.
- Die **Unternehmung** ist dagegen die rechtliche und organisatorisch-wirtschaftliche Einheit.
- Das **Unternehmen** kann aus mehreren Betrieben bestehen. Der Gesetzgeber verwendet i. d. R. anstelle des Begriffs Unternehmung den Begriff Unternehmen.

Beispiele:

- *Verbundene Unternehmen, beteiligte Unternehmen, Konzernunternehmen, abhängige und herrschende Unternehmen (§ 15 ff. AktG)*
- *Unternehmensverträge (§ 291 ff. AktG)*

In der **Wirtschaftslehre** haben die Begriffe *Unternehmen* und *Unternehmung* die gleiche Bedeutung.

5.2   Übersicht über die Unternehmensformen

Unter Rechtsform eines Unternehmens ist die rechtliche Organisation bzw. der rechtliche Rahmen eines Unternehmens zu anderen Unternehmen und zum Gemeinwesen zu verstehen.

Die Gesellschaftsformen/Rechtsformen unterscheiden sich insbesondere bei der Leitungsbefugnis, der Haftung, den Finanzierungsmöglichkeiten, der Gewinn- und Verlustbeteiligung, den Rechnungslegungs- und Publizitätsvorschriften, der Steuerbelastung. Unternehmen können von natürlichen und/oder juristischen Personen gegründet werden.

Beispiele:

- *Volkswagen AG: Stimmrechtsverteilung dieses privatrechtlichen Unternehmens am 31.12.2016:*
  - *juristische Person des Privatrechts (Porsche Automobil Holding SE z. Z. 30,80 %),*
  - *institutionelle Anleger aus dem Ausland 22,5 %, die Qatar Holding LLC (z.Z. 14,6 %),*
  - *die juristischen Personen des öffentlichen Rechts, das Land Niedersachsen mit 11,8 %*
  - *weitere Aktionäre mit 18,1 %, institutionelle Anleger Inland 2,3 %.*
- *Stadtwerke Bonn GmbH: Alleinige Eigentümerin dieses privatrechtlichen Unternehmens ist die Gebietskörperschaft Stadt Bonn.*

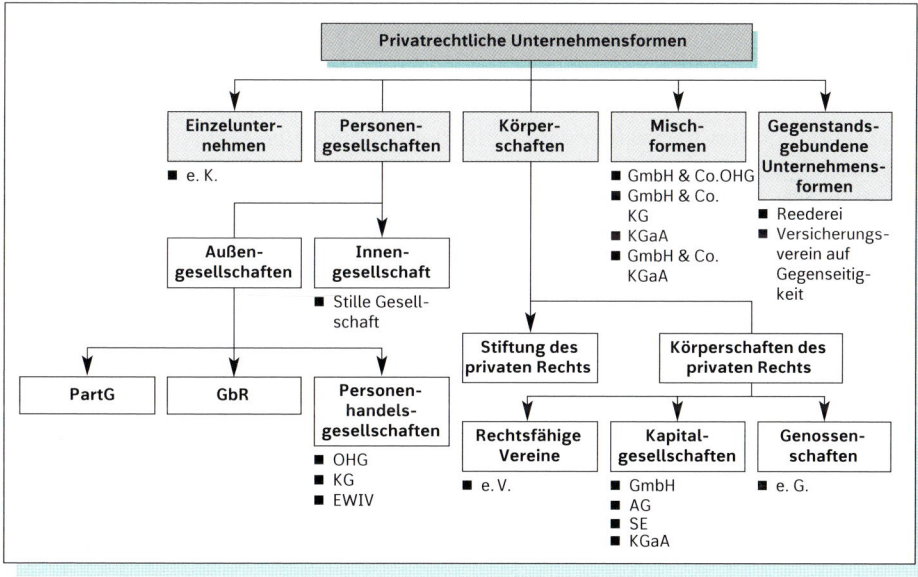

5.3 Gründe für die Wahl der Unternehmensform

Die Frage, welche Rechtsform für ein privatwirtschaftliches Unternehmen sinnvoll erscheint, stellt sich, wenn

- ein Unternehmen gegründet wird,
- sich für das Unternehmen wesentliche persönliche, rechtliche, wirtschaftliche oder steuerliche Faktoren ändern.

Beispiele:

- *persönliche Faktoren: die Geschäftsführung soll Angestellten übertragen werden, Möglichkeit der Änderung der Gesellschaftsverhältnisse*
- *rechtliche Faktoren: Haftungsbeschränkung der Gesellschafter, sinnvolle Trennung von Geschäfts- und Privatvermögen zum Zweck der Vermögenssicherung, Publizitäts- und Prüfungspflichten des Jahresabschlusses, Mitbestimmung*
- *wirtschaftliche Faktoren: die Kapitalbeschaffung soll erleichtert werden*
- *steuerliche Faktoren: um die ertragsteuerliche Belastung bei Vollthesaurierung (Minimierung der Gewinnausschüttungen) zu reduzieren, soll eine KG in eine GmbH umgewandelt werden (Senkung des KSt-Satzes auf 25 %)*

Es kommt im Wirtschaftsleben auch vor, dass ein einzelner persönlicher Grund zu einer Umwandlung der Unternehmensform führt.

Beispiel:

Ein großes deutsches Handelsunternehmen wird in der Unternehmensform der GmbH geführt. Die Gesellschafter legen großen Wert auf Geheimhaltung aller Angaben über den Jahresabschluss. Mit Einführung des „Gesetzes über die Rechnungslegung von bestimmten Unternehmen und Konzernen" (Publizitätsgesetz) muss der Jahresabschluss der GmbH veröffentlicht werden. Die Gesellschafter beschließen, die GmbH in eine KG umzuwandeln, weil für diese Unternehmensform das Publizitätsgesetz (noch) nicht gilt.

Im Vordergrund der Rechtsformwahl stehen regelmäßig die Fragen nach der **Haftungsbeschränkung** und der **Vermögenssicherung**, d. h., es ist für eine saubere Trennung zwischen Privat- und Geschäftsvermögen zu sorgen.

Um im Einzelfall die richtige Wahl der Unternehmensform zu treffen, sollte ein Katalog von Entscheidungskriterien zusammengestellt, vergleichend gegenübergestellt und gewertet werden. Eine Reihe von Entscheidungsfaktoren beeinflussen sich gegenseitig.

5

Beispiel:

Je stärker die Haftungsbeschränkung, desto schwieriger ist die Fremdkapitalbeschaffung.

Entscheidungskriterien für die Wahl der Unternehmungsform

betriebswirtschaft- liche Gründe	zivilrechtliche Gründe	handels- und steuer- rechtliche Gründe	persönliche Gründe
Businessplan	■ Rechtsform	■ lokale, regionale und	■ persönliche Voraus-
■ Geschäftsidee/	■ Geschäftsführung	nationale Steuern und	setzungen und
-konzept	■ Vertretungsbefugnis	Steuertarife	Präferenzen
■ persönliche	■ Kapitalausstattung	■ Aufwand für	■ Anzahl der Gründer
Rahmenbedingungen	■ Haftungs beschränkung	Rechnungslegung,	■ Qualifikation der
■ Markteinschätzung	■ Änderungen der Be-	Pflichtprüfung, Ver-	Gründer
■ Wettbewerbssituation	teiligungsverhältnisse	öffentlichung des	■ Einsatzfähigkeit und
■ Zukunftsaussichten	■ Unternehmensnach-	Jahres abschlusses	-willigkeit der Gründer
■ Genehmigungen	folge, Nach lassrege-	■ Mitbestimmung und	■ Erbfolge
■ Marketing, Werbung	lung	Mitwirkung von AN	■ persönliche Steuer-
■ *Versicherungen*	■ Firma	■ Wettbewerbsrecht	belastung
Finanzierung des	■ Art und Umfang des	■ Unterschiede in der	■ Beteiligung am Gewinn
Unternehmens	Handelsgewerbes	Besteuerung der Per-	und Verlust sowie am
■ Kapitalbeschaffungs-	■ Form und Inhalt des	sonen- und Kapitalge-	Vermögen
möglichkeiten	Gesellschafts vertrages	sellschaften bei er-	■ Image der Rechtsform
■ Höhe des Eigen kapitals	■ Anzahl der Gesell-	tragsabhängigen	■ Publizität
■ Entnahme- und Ein-	schafter	Steuern (ESt, KSt,	■ Rechnungslegung
lagerechte		KiSt, GewSt)	■ Offenlegung der Rech-
■ Beteiligung am Ver-		■ steuerliche Belastun-	nungslegung
mögen, insbesondere		gen bei Umwandlungen	■ Umfang, Form und
an den stillen Reserven		■ Unterschiede in der	Kos ten der Gründung
und am Firmenwert		Belastung durch Erb-	■ Registerkosten
■ Gewinn- und Verlust-		schaft- und Schen-	■ Beurkundungs kosten
beteiligung		kungsteuer	■ Sicherung des Unter-
■ Anzahl der Gesell-		■ Kosten der Ab schluss-	nehmens
schafter		prüfer, evtl. des No-	■ Sicherung der
■ *Gründungsaufwand*		tars, Gerichtskosten	Unternehmernach folge
Führung des		■ Publizitätspflichten und	■ Alterssicherung der
Unternehmens		-kosten	Gesellschafter
■ Leitungsbefugnis		■ steuerliche Gesamt-	■ private Vermögens-
■ Beschluss fassung/		belastung	sicherung
Willensbildung		■ Fördermaßnahmen	■ ehelicher Güterstand
■ Mitbestimmung und		(Investitionszulagen,	■ Scheidungsfolgen
Arbeitsschutz		Sonderabschrei-	■ Leitungsbefugnisse
■ Prüfungspflichten		bungen)	■ Haftungsverhältnisse
■ Firma		■ Ertragsteuerbelastung	■ Haftungsbeschränkung
■ Publizität		auf der Ebene der	■ Beratungsfähigkeit
■ *Art, Umfang und*		Gesellschaft der	■ Beratungswilligkeit
Kos ten der		Gesellschafter	
Rechnungs legung			
Standort des			
Unternehmens			
■ Rohstoffe, Grund-			
stücke, Gebäude,			
Energie, Verkehr,			
Absatz			
■ Arbeitskräfte			
■ Steuerbelastung			

5

Entscheidungen über die Unternehmensform können durch gesetzliche Vorschriften[1] eingeschränkt werden:

- Hypothekenbanken, Kapitalanlagegesellschaften, bestimmte Versicherungen dürfen nur in der Form der GmbH oder AG geführt werden,
- die Rechtsform Versicherungsverein auf Gegenseitigkeit (VVaG) kann nur von Versicherungsgesellschaften gewählt werden,
- die Rechtsform Genossenschaft ist nur für ein Unternehmen wählbar, welches die Voraussetzungen nach *§ 1 GenG* erfüllt,
- für bestimmte Rechtsformen sind Mindestanforderungen zu beachten
  (z. B.: GmbH   → EK mindestens 25 000,00 €,
  *   AG   → EK mindestens 50 000,00 €,*
  *   Genossenschaft → mindestens 3 Gründer).*

Die Unternehmung ist in der Wahl ihrer Rechtsform grundsätzlich frei. Die Entscheidung hängt letztlich von folgenden Umständen ab:	
Eigentumsverhältnisse:	■ Zahl der Gesellschafter ■ Entscheidungsgewalt
Geschäftsführung/Vertretung:	■ einzeln ■ gemeinschaftlich
Finanzierung:	■ Möglichkeiten der Beschaffung von Fremd- und Eigenkapital
Kreditwürdigkeit:	■ Bereitschaft von Geldgebern, Fremdkapital zur Verfügung zu stellen
Haftung:	■ Haftungsumfang bei Verlusten
Steuerbelastung:	■ Ertragsteuern ■ Substanzsteuern

5.4 Einzelunternehmung

Rechtsgrundlagen: *§§ 1–104 ff. Handelsgesetzbuch (HGB)*
                              Bürgerliches Gesetzbuch (BGB)
                              Gewerbeordnung (GewO)

Kennzeichen und Bedeutung

Bei der **Einzelunternehmung** ist eine einzelne natürliche Person – der Einzelunternehmer – selbstständig

- gewerblich,
- land- oder forstwirtschaftlich oder
- freiberuflich

tätig.

---

[1] *z. B. KAGG = Gesetz über Kapitalgesellschaften*

Eine einzelne Person ist **Eigentümer** und **Inhaber**, trägt allein das unternehmerische Risiko, übernimmt allein die Verantwortung und Entscheidungsbefugnis. Träger von Rechten und Pflichten ist nur der Einzelunternehmer. Nur er kann unter seiner Firma klagen und verklagt werden.

Diese Rechtsform ist besonders geeignet für kleine und mittlere Unternehmen.

Die Einzelunternehmung ist die häufigste Unternehmensrechtsform in Deutschland. Es gibt zurzeit in Deutschland ca. 2,2 Mio. Einzelunternehmen.

Vorteile	Nachteile
■ Entscheidungskompetenz und Verantwortung liegen alleine in der Hand der Inhaberin/des Inhabers ■ Vertretungs- und Geschäftsführungsbefugnis obliegt der Einzelunternehmerin/dem Einzelunternehmer ■ dadurch schnelle Entscheidungs- und Reaktionsmöglichkeiten ■ Gründung ist billig und unkompliziert ■ der Gewinn steht alleine dem Unternehmer zu ■ kein Mindestkapital erforderlich ■ Einzelunternehmer kann jederzeit EK aus Privatvermögen oder durch Aufnahme stiller Gesellschafter erhöhen ■ vorhandenes Eigenkapital kann jederzeit durch die Einzelunternehmerin/den Einzelunternehmer entnommen werden ■ anzuwenden sind nur die Vorschriften des Betriebsverfassungsgesetzes (bei mind. 5 ständig Beschäftigten) und das Gesetz über Sprecher-Ausschüsse für leitende Angestellte (mind. 10 leitende Angestellte) ■ gute Akzeptanz als Geschäftspartner	■ begrenzte Erweiterungsmöglichkeiten ■ alleinige persönliche Haftung des Unternehmers mit seinem Geschäfts- und Privatvermögen ■ Gefahr von Fehlentscheidungen ■ Existenz ist an die Person des Unternehmers gebunden ■ begrenzte Erweiterungsmöglichkeiten, sie sind abhängig von der Vermögenslage des Unternehmers ■ alleinige Übernahme des Verlustrisikos ■ begrenzte, vom Vermögen und der Kreditwürdigkeit des Unternehmers abhängige Kapitalaufbringungsmöglichkeit ■ Abhängigkeit von der Persönlichkeit des Einzelunternehmers/der Einzelunternehmerin ■ Unternehmerlohn, Miet- und Pachtzinsen für vom Einzelunternehmer überlassene Wirtschaftsgüter dürfen nicht als Betriebsausgaben ausgewiesen werden

Kaufleute als Einzelunternehmer sind auch in anderen europäischen Ländern zu finden. Die Rechtsvorschriften sind allerdings zum Teil nicht vergleichbar.

Name der Einzelunternehmer in verschiedenen **europäischen Ländern**:

Belgien	Een Manzzaak, Artisan
Frankreich	Artisan
	Commerçant
Irland	Sole trader
Italien	solo commerciante

Luxemburg	Een Manzzaak, Artisan
Niederlande	Een Manzzaak
Vereinigtes	Sole Trader,
Königreich	Sole Proprietorship

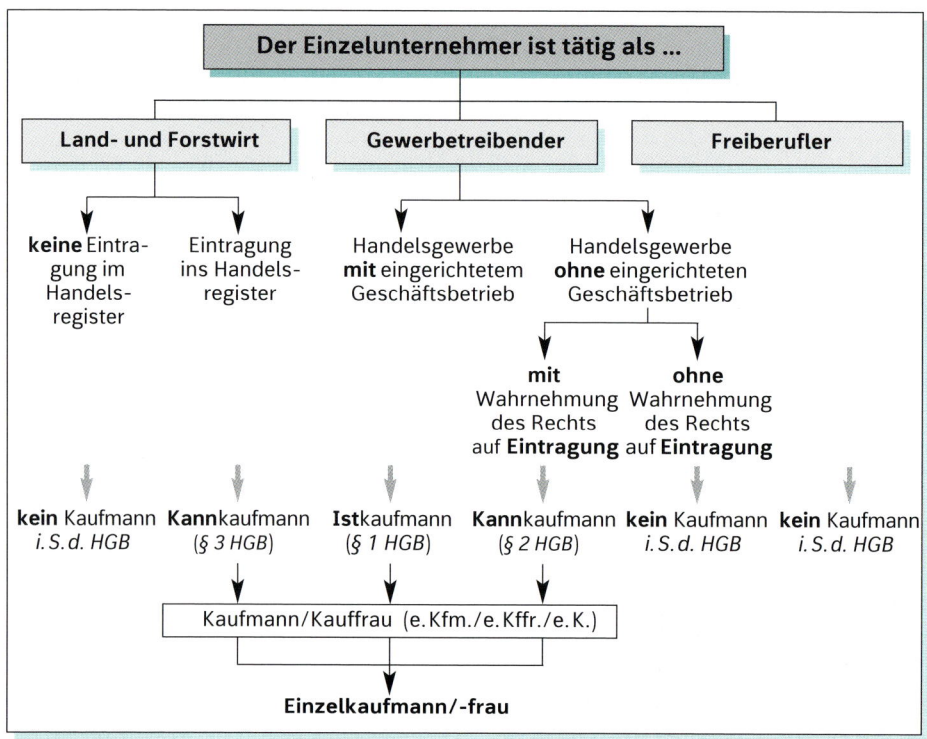

5

Gründung

Die Gründung einer Einzelunternehmung erfolgt formlos. Falls die Unternehmung einen in kaufmännischer Weise eingerichteten Geschäftsbetrieb erfordert, muss eine **Eintragung im Handelsregister, Abteilung A,** vorgenommen werden.

Rechtsverhältnis

Die Einzelunternehmung ist

- **nicht** rechtsfähig, parteifähig, deliktsfähig,
- **nicht** grundbuchfähig, insolvenzfähig, wechselfähig.

Träger von Rechten und Pflichten ist der Einzelunternehmer. Er kann unter seiner Firma klagen und verklagt werden.

Buchführung/Inventar/Bilanz

Alle Einzelkaufleute – kapitalmarktorientierte und nicht kapitalmarktorientierte – sind von der Pflicht zur Buchführung nach *HGB* und zur Inventar- und Bilanzaufstellung nach *§ 241a HGB* befreit, wenn an zwei aufeinanderfolgenden Geschäftsjahren

- die Umsatzerlöse pro Geschäftsjahr   ≤ 600 000,00 €,
- der Jahresüberschuss pro Geschäftsjahr ≤   60 000,00 €

als Schwellenwerte nicht überschritten worden sind. Dies bedeutet, sie können den Gewinn durch Einnahmen-Überschussrechnung (EÜR) ermitteln.

Einzelkaufleute, die die vorgenannten Grenzen überschreiten, sind zur doppelten Buchführung, Inventarerstellung und Bilanzierung verpflichtet *(§§ 238-241 HGB)*.

◼ Firma

Ist das Einzelunternehmen Kaufmann i. S. d. *HGB*, so ist es verpflichtet, eine **Firma** anzunehmen *(§ 18 Abs. 1 HGB)*. Die Firma bei Einzelkaufleuten muss nach *§ 19 Abs. 1 Nr. 1 HGB* enthalten:

- einen Personennamen, eine Sach- oder eine Fantasiebezeichnung,
- die Rechtsformbezeichnung: eingetragene Kauffrau, eingetragener Kaufmann oder die Abkürzungen „e. K.", „e. Kffr.", „e. Kfm.".

Beispiele:

Klara Kummer e. Kffr.; Otto Brenne e. K., Inhaber: Julius Schöning; Pusteblume e. Kfm.

Wird ohne eine Änderung der Person der in der Firma enthaltene Name des Geschäftsinhabers oder eines Gesellschafters geändert, so kann die bisherige Firma fortgeführt werden *(§ 21 HGB)*. Bei Erwerb eines bestehenden Handelsgeschäftes darf die bisherige Firma fortgeführt werden, auch wenn sie den Namen des bisherigen Geschäftsinhabers oder den Namen von Gesellschaftern enthält *(§ 22 HGB)*.

Die Firma darf keine Angaben enthalten, die geeignet sind, über geschäftliche Verhältnisse, die für die angesprochenen Verkehrskreise wesentlich sind, irrezuführen *(§ 18 Abs. 2 HGB)*.

◼ Kapital

Ein Mindestkapital ist nicht vorgeschrieben. Einlagen und Entnahmen werden über das Privatkonto, ein Unterkonto des Eigenkapitalkontos, gebucht.

Möglichkeiten der Eigenkapitalerhöhung:

- Kapitalzufuhr durch den Unternehmer, Obergrenze ist sein Privatvermögen,
- Aufnahme eines oder mehrerer stiller Gesellschafter,
- Nichtentnahme von Gewinnen (= Selbstfinanzierung).

◼ Geschäftsführung und Vertretung

Geschäftsführung und Vertretung liegen allein beim Einzelunternehmer. Kaufleute können Prokura und Handlungsvollmachten, Minderkaufleute nur Handlungsvollmachten erteilen *(§§ 48–58 HGB)*.

◼ Haftung

Der Einzelunternehmer haftet für alle Verbindlichkeiten des Unternehmens

- **alleine**,
- **persönlich** und
- **unbeschränkt**

mit seinem Geschäfts- und Privatvermögen.

Beim Verkauf des Unternehmens unter Fortführung der Firma haftet er für Verbindlichkeiten im Zeitpunkt des Ausscheidens, wenn die bis dahin begründeten Verbindlichkeiten vor Ablauf von 5 Jahren nach Ausscheiden fällig und daraus Ansprüche gegen ihn gerichtlich geltend gemacht worden sind; bei öffentlich-rechtlichen Verbindlichkeiten genügt der Erlass eines Verwaltungsaktes. Die Frist beginnt mit dem Ende des Tages, an dem das Ausscheiden in das Handelsregister eingetragen worden ist *(§§ 25, 26 HGB)*. Die Verjährungsfrist von 5 Jahren gilt allerdings nur, soweit nicht nach den allgemeinen gesetzlichen Bestimmungen kürzere Verjährungsfristen gelten *(§ 196 ff. BGB)*.

5

■ Einstellung der gewerblichen Tätigkeit

Die Einstellung der gewerblichen Tätigkeit eines Unternehmers ist nur dann eine Auflösung nach *§ 16 Abs. 3 EStG*, wenn

- äußere erkennbare Umstände eindeutig erkennen lassen, dass der Betrieb endgültig aufgegeben werden soll **oder**
- gegenüber dem Finanzamt eine eindeutige Erklärung zur Auflösung der Einzelunternehmung abgegeben wird. Ein evtl. Aufgabegewinn ist nach *§ 16 Abs. 3 EStG* steuerlich begünstigt.

■ Steuerliche Behandlung

1. Einkommensteuer

Einkommensteuerpflichtig ist der **Einzelunternehmer,** nicht die Einzelunternehmung *(§ 1 Abs. 1 EStG).* Die Steuerpflicht beginnt mit der Entscheidung, selbstständig zu werden *(§ 1 Abs. 1 i. V. m. § 2 Abs. 1 S. 1 Nr. 2 EStG).* Bei Einzelunternehmen sind je nach Tätigkeit einkommensteuerrechtlich die Einkünfte zu unterscheiden in

- Einkünfte aus Land- und Forstwirtschaft,
- Einkünfte aus Gewerbebetrieb,
- Einkünfte aus selbstständiger Arbeit.

Die *Vorbereitungshandlungen* zur Gründung sowie der *organisatorische Aufbau* des Unternehmens werden steuerrechtlich bereits zu den Einkünften aus Gewerbebetrieb gerechnet, soweit kein land- und forstwirtschaftlicher Betrieb bzw. keine freiberufliche Tätigkeit gegeben ist.

5

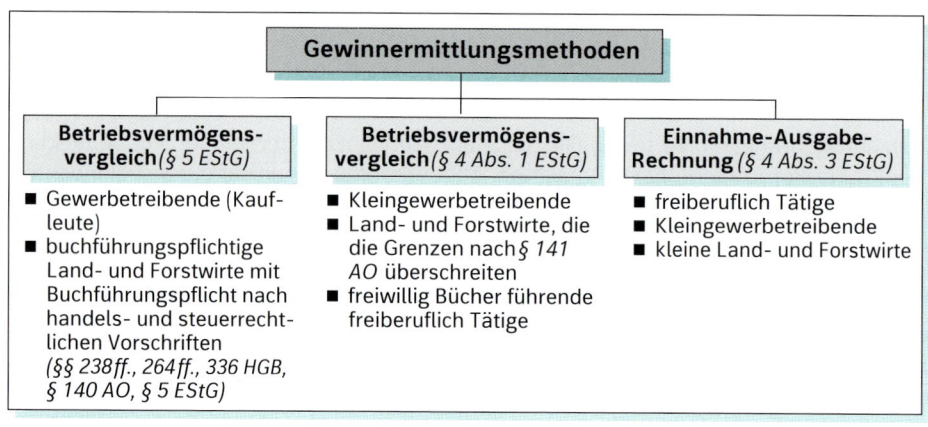

Gewinnermittlungsmethoden		
Betriebsvermögens-vergleich *(§ 5 EStG)*	**Betriebsvermögens-vergleich** *(§ 4 Abs. 1 EStG)*	**Einnahme-Ausgabe-Rechnung** *(§ 4 Abs. 3 EStG)*
■ Gewerbetreibende (Kaufleute) ■ buchführungspflichtige Land- und Forstwirte mit Buchführungspflicht nach handels- und steuerrechtlichen Vorschriften *(§§ 238ff., 264ff., 336 HGB, § 140 AO, § 5 EStG)*	■ Kleingewerbetreibende ■ Land- und Forstwirte, die die Grenzen nach *§ 141 AO* überschreiten ■ freiwillig Bücher führende freiberuflich Tätige	■ freiberuflich Tätige ■ Kleingewerbetreibende ■ kleine Land- und Forstwirte

2. Gewerbesteuer

Die Einzelunternehmung ist gewerbesteuerpflichtig *(§ 2 GewStG)*, wenn ein **Gewerbebetrieb** i. S. d. *§ 15 EStG* vorliegt. Mit Bestehen des Gewerbebetriebes und der Aufnahme der nach außen gerichteten Tätigkeiten beginnt die Gewerbesteuerpflicht.
Vorbereitungshandlungen begründen keine Steuerpflicht; Kosten der Vorbereitung dürfen bei der Gewerbesteuer nur berücksichtigt werden, wenn sie nach Beginn der Gewerbesteuerpflicht anfallen.
Rein land- und forstwirtschaftliche sowie selbstständige freiberufliche Tätigkeit ist **nicht** gewerbesteuerpflichtig.
Die Gewerbesteuer ist **keine** Betriebsausgabe *(§ 4 Abs. 5b EStG).*

3. Umsatzsteuer

Eine natürliche Person wird ab dem Entschluss, eine *„nachhaltige Tätigkeit zur Erzielung von Einnahmen"* selbstständig auszuüben, **Unternehmer** i. S. d. *§ 2 UStG*. Alle Umsätze des Unternehmens nach *§ 1 Abs. 1 UStG* sind umsatzsteuerbar; soweit keine Steuerfreiheit vorliegt, auch umsatzsteuerpflichtig.

Das Erbringen von Einlagen aus dem Privatvermögen in das Vermögen der Einzelunternehmung stellt keinen umsatzsteuerpflichtigen Vorgang dar, weil keine Leistungen im Leistungsaustausch erfolgen. Die Besonderheiten des *§ 19 UStG* sind zu beachten.

4. Grunderwerbsteuer

Überträgt der Einzelunternehmer ein Grundstück aus seinem Privatvermögen in das Betriebsvermögen, so entsteht **keine** Grunderwerbsteuerpflicht.

Bei einer **Einzelunternehmung** ...

- ist eine einzelne natürliche Person alleiniger Inhaber,
- übernimmt der Einzelunternehmer Geschäftsführung und Vertretung,
- haftet der Einzelunternehmer persönlich und unbeschränkt,
- muss – sofern kein Kleingewerbe vorliegt – eine Eintragung ins Handelsregister, Abteilung A, erfolgen,
- muss – sofern eine Handelsregistereintragung erfolgt – eine Firma mit dem Zusatz „e. K.", „e. Kfm." oder „e. Kffr." geführt werden,
- gelten bei einem Kaufmann die Vorschriften des *HGB* in vollem Umfang.

Vorteile	Nachteile
■ kein Mindestkapital, keine bzw. wenig Gründungsformalitäten ■ führt eine Firma, die verkauft und vererbt werden kann ■ kann den Gerichtsstand frei vereinbaren ■ kann Prokura erteilen ■ geringer Gründungsaufwand und geringe Gründungskosten ■ Gewinn steht alleine dem einzelnen Eigentümer zu ■ eigenverantwortliche Geschäftsführung ■ schnelle und freie Entscheidungen und Marktanpassungen sind möglich	■ keine Kontrolle ■ Gefahr von Fehlentscheidungen ■ unbegrenzte Haftung mit Privat- und Geschäftsvermögen ■ Verbreiterung der Kapitalbasis nur über eigenes Vermögen möglich ■ Unternehmer trägt Verlustrisiko alleine

5

Übungsaufgaben

1. Unterscheiden Sie Einzelkaufmann und Einzelunternehmen.
2. Woran erkennen Sie einen kaufmännisch eingerichteten Geschäftsbetrieb?
3. Welche Einzelunternehmen werden ins Handelsregister eingetragen?
4. Wie firmiert eine Einzelunternehmung eines Kaufmanns (eine Eintragung im Handelsregister ist erfolgt)?
5. In welchem Umfang haftet der Einzelunternehmer?
6. Wer vertritt die Einzelunternehmung gegenüber Dritten im Geschäftsleben?
7. Stellen Sie Vor- und Nachteile der Einzelunternehmung gegenüber.
8. Kann ein Einzelkaufmann Prokura erteilen?
9. Frau Doris Durst möchte einen Getränkehandel gründen. Bei der Anmeldung zum Handelsregister erfährt sie, dass unter der Firma „Doris Durst e. Kffr." bereits eine Eintragung erfolgt ist. Wie könnte in diesem Falle die neue Firma lauten?

10. Der Einzelunternehmer vergisst, die Umsatzsteuer in Höhe von 10 000,00 € zu zahlen. Wer haftet gegenüber dem Finanzamt für diese Verbindlichkeit? Begründen Sie Ihre Auffassung.

11. Zu welchen Einkunftsarten i. S. d. *EStG* können die Einkünfte aus einem Einzelunternehmen zählen?

12. Prüfen und begründen Sie, welche der nachfolgenden Firmen für eine Einzelunternehmung rechtlich zulässig sind.

a) Karl Heinz König, e. Kfm.　　　　　　　d) K. H. König

b) Karl H. König　　　　　　　　　　　　e) König, e. Kfm.

c) König Lebensmittelhandel, e. Kfm.　　　f) Karl H. König Lebensmittelhandel

13. Die Einzelunternehmerin Klara Klar e. Kffr. möchte ein Grundstück aus ihrem Privat- in das Betriebsvermögen einbringen. Prüfen und begründen Sie, ob dieser Vorgang grunderwerbsteuerpflichtig ist.

14. Wessel Wald betreibt seit mehreren Jahren eine Holzhandlung als Einzelhandelsunternehmen. Das Unternehmen ist unter der Firma Wald e. K. im Handelsregister eingetragen und hat 24 Mitarbeiter.

a) Muss eine Eintragung in das Handelsregister erfolgen?

b) In welchem Umfang haftet Herr Wald?

5.5　Personengesellschaften

Zu den Personengesellschaften zählen

- Gesellschaft bürgerlichen Rechts (GbR),
- Offene Handelsgesellschaft (OHG),
- Kommanditgesellschaft (KG),
- Stille Gesellschaft,
- Partenreederei,
- Europäische wirtschaftliche Interessenvereinigung (EWIV).

Personengesellschaften

- entstehen durch Gesellschaftsvertrag zwischen mindestens zwei Personen, die sich zur Erfüllung eines gemeinsamen Zwecks zusammenschließen,
- werden von den Gesellschaftern selbst geführt und nach außen vertreten,
- sind gekennzeichnet von der gesamthänderischen Vermögensverwaltung (*§ 719 BGB*).

Bei Personengesellschaften

- gilt laut Gesetz bei Beschlüssen das Einstimmigkeitsprinzip *(GbR § 709 BGB, OHG § 119 HGB, KG §§ 161 Abs. 2, 119 HGB)*,
- führen Beschlussmängel, wie *z. B. fehlerhafte Einberufung, fehlerhaftes Beschlussverfahren, Verstoß gegen Bestimmungen des Gesellschaftsvertrages, Missachtung ungeschriebener Minderheitenrechte oder Treuepflichten*, grundsätzlich zur Unwirksamkeit / Nichtigkeit der Beschlüsse.

Die beteiligten Personen sind zugleich die Gesellschafter und die Eigentümer des Unternehmens. Ihre Einlagen bilden das Gesellschaftsvermögen.

Personenhandelsgesellschaften nach HGB können gegründet werden, um

- ein Handelsgewerbe und / oder
- Vermögensverwaltung (bei Besitz- oder Objektgemeinschaften)

zu betreiben.

Kleingewerbetreibende dürfen Personenhandelsgesellschaften (OHG, KG) nach dem *HGB* auch dann gründen, wenn nach Art und Umfang kein in kaufmännischer Weise eingerichteter Geschäftsbetrieb vorliegt. In diesem Falle hat die Eintragung – abweichend von *§ 123 HGB* – *konstitutive Wirkung.* Mit der Eintragung erhalten die Kleingewerbetreibenden die Kaufmannseigenschaft.

Anlässe zur Gründung einer Gesellschaft können sein:

- Verbreiterung der Eigenkapitalbasis,
- Ausweitung der Kreditaufnahmemöglichkeiten infolge der Erhöhung des Eigenkapitals und der Aufnahme neuer Gesellschafter,
- Verteilung des unternehmerischen Risikos und des Arbeitsanfalls auf mehrere Personen,
- Bindung von Führungspersönlichkeiten und Fachleuten an das Unternehmen,
- Ausnutzung steuerlicher Vorteile *(z. B. durch Gründung von Familiengesellschaften),*
- Absicherung der Existenz des Unternehmens über den Tod des Einzelunternehmers hinaus,
- persönliche Gründe des einzelnen Unternehmers *(z. B. Altersabsicherung, Alter, Krankheit, Tod),*
- Erhöhung der Wettbewerbsfähigkeit durch Zusammenschluss mit anderen Unternehmen,
- Beteiligung von Mitarbeitern.

Beim Ausscheiden eines Gesellschafters aus der Personenhandelsgesellschaft besteht die Gesellschaft weiter.

5.5.1 Gesellschaft bürgerlichen Rechts

Rechtsgrundlagen: *§§ 705–740 BGB*

Kennzeichen und Bedeutung

> Eine **GbR** liegt nur vor, wenn
> - durch den Gesellschaftsvertrag sich
> - **mindestens zwei Personen** (Gesellschafter) zusammenschließen, um
> - einen gemeinsamen Zweck in der im Vertrag bestimmten Weise zu fördern, insbesondere die vereinbarten Beiträge zu leisten *(§ 705 BGB).*
> - Die GbR ist **kein Kaufmann** i. S. d. *HGB.*

Die Gründung der Gesellschaft des bürgerlichen Rechts ist einfach, kostengünstig und vielseitig einsetzbar. Sie eignet sich für langfristige als auch kurzfristige Zusammenschlüsse.

Die Gesellschaft bürgerlichen Rechts (GbR; auch: bürgerlich-rechtliche Gesellschaft = **BGB-Gesellschaft**) kann zu jedem beliebigen Zweck gegründet werden; dieser darf nicht gegen ein Gesetz verstoßen *(§ 134 BGB)* und nicht sittenwidrig sein *(§ 138 BGB).* Der **Gesellschaftszweck** kann auf Dauer oder auf eine vorübergehende Zeit gerichtet sein.

Die GbR kann zu jedem erlaubten Zweck gegründet werden.

Der Zweck muss

- gemeinsam erreicht werden, d. h. Förderung eines von **allen** Gesellschaftern gemeinsam angestrebten Zweckes,
- durch Zusammenwirken **aller** Gesellschafter zustande kommen.

Der Zweck kann erwerbswirtschaftlicher, religiöser, wissenschaftlicher, sportlicher oder politischer Art sein.

Die GbR kommt in der Praxis häufig vor. Die Gesellschafter wissen oft gar nicht, dass eine Gesellschaft vorliegt.

5

Beispiele:

Fahrgemeinschaften zum Arbeitsplatz, Tippgemeinschaft beim Lotto und Totto, ärztliche Gemein-schaftspraxis, Anwalts-, Steuerberater-, Wirtschaftsprüfersozietät, Bauherrengemeinschaft, Wohngemeinschaft, Mieter, die gemeinsam Heizöl beschaffen

Auch Kaufleute benutzen bei Gelegenheitsgeschäften, Arbeitsgemeinschaften, erlaubten Kartellen und sonstigen Interessengemeinschaften diese Rechtsform.

Beispiele:

■ *Arbeitsgemeinschaft (ARGE) in der Bauwirtschaft*
■ *Bauherrengemeinschaft*
■ *Vorgründungsgesellschaft einer GmbH (Gründerzusammenschluss vor Erstellung des notariellen Vertrages)*
■ *Ehepartner besitzen und bewirtschaften ein Mietshaus (umsatzsteuerrechtlich Schriftform!)*

Die GbR kann eine reine **Innengesellschaft** sein.

Beispiel:

Der Tiefbauunternehmer Tief schließt mit der Gemeinde Wachtberg einen Vertrag zur Erstellung einer Kläranlage. Anschließend führt er gemeinsam mit den beiden Bauunternehmern Stein und Mörtel die Arbeiten durch. Zwischen der Gemeinde Wachtberg und den Unternehmern Stein und Mörtel besteht keine vertragliche Beziehung.

Die GbR kann eine **Außengesellschaft** sein (hiermit wird USt-Pflicht begründet).

Beispiel:

Die Bauunternehmer Zement, Pfanne und Hohlblock bilden eine Arbeitsgemeinschaft, die mit der Gemeinde Wachtberg einen Vertrag zur Erstellung einer Kläranlage schließt.

5

■ Gründung

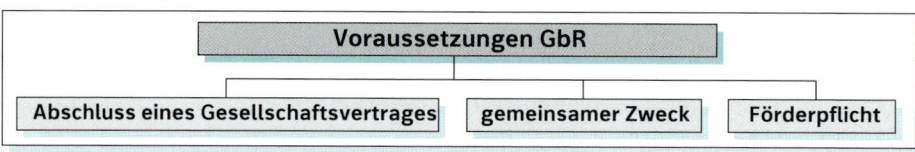

Die GbR entsteht durch einen **Gesellschaftsvertrag**, d. h. ein gegenseitiger verpflichtender Schuldvertrag durch einander entsprechende Willenserklärungen der Gesellschafter.

Der Gesellschaftsvertrag ist **formfrei**. Er kann schriftlich, mündlich oder durch konkludentes Handeln wirksam werden. Es erfolgt **keine Eintragung** in ein Register. Der Abschluss bzw. die Änderung des Gesellschaftsvertrages erfordert Einstimmigkeit unter den Gesellschaftern. Wegen steuerlicher Mitwirkungs- und Nachweispflichten *(§ 90 ff. AO)*, aus Beweissicherungsgründen und aus Gründen der langfristigen Erhaltung der Gesellschaft erscheint ein schriftlicher Gesellschaftsvertrag zweckmäßig.

Der Inhalt des Gesellschaftsvertrages und der vereinbarte gemeinsame Zweck dürfen nicht gegen ein gesetzliches Verbot oder gegen die guten Sitten verstoßen, anderenfalls ist der Vertrag nichtig *(§§ 134, 138 BGB)*.

Der Gesellschaftsvertrag bedarf der notariellen Form, wenn Leistungen erbracht werden, die eine notarielle Form verlangen wie z. B. die Übertragung des Eigentums von Grundbesitz *(§ 311b BGB, evtl. § 518 BGB)*.

Der Gesellschaftsvertrag sollte beinhalten *(§§ 706–740 BGB)*

- Gesellschaftszweck,
- Geschäftsführung und Vertretung,
- Interne Haftungsverteilung,
- Tätigkeitsvergütungen,
- Entnahmerecht,
- Gewinn- und Verlustrechnung,
- Informations- und Kontrollrecht,
- Wettbewerbsverbot,
- Abtretung von Geschäftsanteilen,
- Ausscheiden von Gesellschaftern,
- Tod eines Gesellschafters,
- Abfindung.

Zweck der Gesellschaft

Der Zweck der Gesellschaft muss von allen Gesellschaftern gemeinsam verfolgt werden, d. h., in der Gemeinschaft GbR darf nicht jeder ausschließlich seine eigenen Zwecke verfolgen.

Beispiel:

Mehrere Steuerberater verfolgen berufliche Zwecke und üben ihren Beruf gemeinschaftlich als Sozietät in der Rechtsform GbR aus.

Pflicht zur Förderung des Zweckes

Im Gesellschaftsvertrag werden insbesondere Art und Höhe der Beitragsleistungen bestimmt.

Gesellschafter

Es müssen mindestens zwei natürliche und/oder juristische Personen *(z. B. e. V., e. G., GmbH, AG)* oder Personengesellschaften *(z. B. OHG, KG, GmbH & Co. KG)* Gesellschafter sein.
Sind im Vertrag keine Regelungen über die Organisation der GbR getroffen, gelten die gesetzlichen Vorschriften der *§§ 709–715 BGB*.

Rechtsverhältnis

Die GbR ist

- **keine** Handelsgesellschaft i. S. d. *HGB*,
- **nicht** berechtigt, eine Firma zu führen, sie kann nur unter einem Namen auftreten,
- nur dann **rechtsfähig**, d. h. Träger der in ihrem Namen begründeten Rechte und Pflichten, wenn sie nach außen am Rechtsverkehr teilnimmt,
- Schuldnerin von Umsatzsteuerschulden nach *§ 2 UStG* und von Gewerbesteuerschulden nach *§ 5 GewStG*,
- **parteifähig** *(§ 50 Abs. 1 ZPO)*, d. h., sie kann in einem Prozess als Gesellschaft klagen und verklagt werden,
- **nicht** deliktsfähig,
- **grundbuchfähig** *(§ 15 Abs. 1 c GBV i. V. m. dem ERVGBG[1])*, wenn sie einen eigenen Namen führt,
- **insolvenzfähig** *(§ 11 Abs. 1 Nr. 1 InsO)*,
- **scheck- und wechselfähig** *(BFH-Urteil v. 15.07.1997, XI ZR 154/96)*,
- **berechtigt**, sich an anderen Personengesellschaften zu beteiligen,
- **nicht** buchführungspflichtig nach *HGB*, evtl. aber nach *§ 141 AO*.

Die Gesellschafter und die GbR selbst können Träger von Rechten und Pflichten sein, d. h., die GbR kann in eigener Person Gläubiger und Schuldner vertraglicher und gesetzlicher Ansprüche sein.
Die GbR kann selbst dingliche Rechte erwerben *(§ 14 Abs. 2 BGB)*.
Weiterhin kann die GbR klagen und verklagt werden.

---

[1] *„Gesetz zur Einführung des elektronischen Rechtsverkehrs und der elektronischen Akten im Grundbuchverfahren sowie zur Änderung weiterer grundbuch-, register- und kostenrechtlicher Vorschriften"*

▪ Kapital

Es ist **kein Mindestkapital** vorgeschrieben. Die Einlagen der Gesellschafter können nach *§ 705 BGB* in jeder beliebigen Größenordnung in Geld, Sachwerten, Dienstleistungen oder Nutzungseinlagen erbracht werden.

Das Kapitalkonto wird als **variables und/oder festes Kapitalkonto** geführt; Kapitalkonten können für jeden Gesellschafter einzeln geführt werden.

Die der GbR übertragenen Einlagen werden als gemeinschaftliches Gesellschaftsvermögen der GbR geführt, das allen Gesellschaftern als Gemeinschaft (dem gesamten Gesamthandvermögen) zusteht.

Ein Gesellschafter kann weder über seinen Anteil am Gesellschaftsvermögen noch über seinen Anteil an den einzelnen zum Gesellschaftsvermögen gehörenden Gegenstände allein verfügen; nur alle Gesellschafter können gemeinsam verfügen *(§ 719 Abs. 1 BGB)*.

Das Gesamthandvermögen wird bei der Besteuerung den einzelnen Gesellschaftern der GbR anteilig zugerechnet *(§ 39 Abs. 2 Nr. 2 AO)*.

Gegen eine Forderung, die zum Gesellschaftsvermögen gehört, kann der Schuldner nicht eine ihm gegen einen einzelnen Gesellschafter zustehende Forderung aufrechnen *(§ 719 Abs. 2 BGB)*.

▪ Register

Die Rechtsfähigkeit erlangt die GbR ohne jede Eintragung in ein Register.

Die GbR kann durch konstitutive Eintragung in das Handelsregister die Kaufmannseigenschaft erwerben; es gelten dann die Vorschriften für die OHG bzw. die KG.

▪ Name der GbR

Die GbR ist **keine Handelsgesellschaft** und darf deshalb **keine** Firma führen. Sie hat den Eindruck einer Firma zu vermeiden.

Die GbR kann im Geschäftsverkehr unter einem eigenen Namen/Geschäftsbezeichnung auftreten. Die Geschäftsbezeichnung einer GbR kann aus dem/den Namen der Eigentümer, aus einer Fantasiebezeichnung oder einer Kombination bestehen; sie muss zur Kennzeichnung geeignet sein. Der Name muss aussprechbar sein und Unterscheidungskraft besitzen. Der Zusatz „GbR" ist gesetzlich nicht vorgeschrieben, dient aber der Rechtsklarheit.

Bei einer Sozietät von Steuerberatern müssen nach *§ 16 BOStB* auf den Briefbögen der Sozietät **alle** Sozien unter ihrem Vor- und Zunamen und Berufsbezeichnungen aufgeführt werden.

> **Beispiele:**
>
> *Heiner Hofman und Karin Hauer GbR*
> *Karin Kann, Steuerberaterin, und Fritz Funk, Wirtschaftsprüfer, GbR*
> *Durch die fehlende handelsrechtliche Rechtsform wird die Nichtkaufmannseigenschaft nach außen deutlich.*

▪ Geschäftsführung

Geschäftsführung beinhaltet das Management, d. h. das Innenverhältnis wie *z. B. Überwachung der Produktion, Buchführung und Jahresabschluss, Erledigung der Korrespondenz*.

Gesetzliche Regelung

Die Geschäftsführung der GbR steht **allen** Gesellschaftern grundsätzlich gemeinschaftlich zu *(§ 709 BGB)* und wirkt im **Innenverhältnis**. Es gilt grundsätzlich das Einstimmigkeitsprinzip, jedoch können Mehrheitsbeschlüsse vereinbart werden.

Vertragliche Regelung

Die Geschäftsführung kann im Gesellschaftsvertrag einem oder mehreren Gesellschaftern übertragen werden; dadurch sind die übrigen Gesellschafter von der Geschäftsführung ausgeschlossen *(§ 710 BGB)*. Die Übertragung der Geschäftsführung kann entzogen oder gekündigt werden durch

■ einstimmigen Beschluss der Gesellschafter,

■ Mehrheitsbeschluss, wenn dies im Gesellschaftsvertrag vereinbart wurde.

Sind Entscheidungen zu treffen, die die Gesellschaft als Ganzes betreffen, so haben alle Gesellschafter ein Mitspracherecht.

> **Beispiel:**
>
> *Aufnahme neuer Gesellschafter, Änderung des Zwecks der Gesellschaft*

Es ist unzulässig, alle Gesellschafter von der Geschäftsführung auszuschließen und einem Dritten – Nichtgesellschafter – die Geschäftsführung zu übertragen.

Widerspruchsrecht: Ein von der Geschäftsführung ausgeschlossener Gesellschafter hat ein Widerspruchsrecht *(§ 711 BGB)* und ein Nachprüfungsrecht *(§ 716 BGB)*.

Vertretung

Die gesetzliche Vertretungsmacht wirkt im **Außenverhältnis**, d. h., es geht darum, intern gefällte Entscheidungen gegenüber Außenstehenden, *z. B. der Abschluss eines Vertrages mit Dritten*, zu vertreten.

Die Vertretungsmacht hat, wer geschäftsführender Gesellschafter ist. Sie erfolgt durchalle Gesellschafter, soweit keine Übertragung *(§ 710 BGB)* durch Vertrag vorgenommen wird (vgl. auch *§§ 714, 715 BGB*).

Die GbR-Gesellschafter schließen Verträge im Namen der Gesellschaft, wenn sie vertretungsbefugt sind *(§§ 164 Abs. 1, 709, 710, 714 BGB)*. Durch den Vertragsabschluss wird eine Gesellschaftsschuld begründet.

Handelt ein alleinvertretungsberechtigter Geschäftsführer allein, so ist er aufgrund der Rechtsfähigkeit der GbR organschaftlicher Vertreter der GbR. Dies ist eine vom gesetzlichen Prinzip der Gesamtvertretung *(§§ 709, 714 BGB)* abweichende gesellschaftsvertragliche Vertretungsregelung, die im Rechtsverkehr aufgrund fehlender Registereintragungen nicht nachvollziehbar ist. Deshalb muss er eine Vollmacht der übrigen Gesellschafter im Original vorlegen oder das Vertretungsrecht muss aus dem geltenden Gesellschaftsvertrag nachgewiesen werden (analog *§§ 174, 167 BGB*).

Pflichten der Gesellschafter

1. Beitragspflicht

Jeder Gesellschafter hat die **Pflicht** zur Leistung von **Beiträgen** (Einlagen). Die Einlagen können in Geld, Sachwerten, als Dienstleistung, durch Übertragung von Rechten oder durch Einbringung von „Know-how" geleistet werden. Wird keine Vereinbarung über die Höhe der Beiträge getroffen, so sind von den Gesellschaftern gleiche Beiträge zu leisten *(§ 706 BGB)*. Eine Erhöhung der Beiträge erfordert eine Änderung des Gesellschaftsvertrages. Die Summe der eingebrachten Beiträge der Gesellschafter ergibt das Gesellschaftsvermögen *(§ 718 BGB)* und unterliegt der gesamthänderischen Bindung, d. h., ein Gesellschafter kann über seinen Anteil am Gesellschaftsvermögen nicht verfügen *(§ 719 BGB)*.

2. Nachschusspflicht

■ Im Gesellschaftsvertrag kann eine Nachschusspflicht vereinbart werden.

■ Ist hierüber nichts vereinbart, so sind die Gesellschafter nicht verpflichtet, ihre Einlagen zu erhöhen, wenn das Gesellschaftsvermögen aufgezehrt ist *(§ 707 BGB)*.

5

- Reicht jedoch das Gesellschaftsvermögen bei Verlusten zur Begleichung der gemeinschaftlichen Schulden nicht aus, so sind die Gesellschafter zum Nachschuss verpflichtet *(§ 735 BGB)*.

3. Treuepflicht

Jeder Gesellschafter hat die Pflicht,

- sich für die Zwecke der GbR einzusetzen,
- alles zu unterlassen, was der GbR schaden könnte *(§ 705 BGB)*,
- der Gesellschaft keinen Wettbewerb zu bieten,
- Mitgesellschafter über Vorgänge der GbR vollständig und zutreffend zu informieren.

> **Beispiel:**
>
> *Verrat von Betriebsgeheimnissen*

4. Pflicht zur Geschäftsführung

5. Sorgfaltspflicht – Schadensersatzpflicht der Gesellschafter

Jeder Gesellschafter ist bei der Erfüllung seiner Pflichten angehalten, in Angelegenheiten der Gesellschaft so sorgfältig zu handeln, wie er in eigenen Angelegenheiten handeln würde *(§ 708 BGB)*. Der Gesellschafter haftet in jedem Fall für grobe Fahrlässigkeit und Vorsatz *(§ 277 BGB)*. Eine Haftung für eigenes Verschulden kann vereinbart werden *(§ 276 BGB)*.

Nicht eingelöste Pflichten eines Gesellschafters können nur von einem oder mehreren Gesellschaftern eingefordert werden, auch wenn der fordernde Gesellschafter von der Geschäftsführung ausgeschlossen ist.

> **Beispiel:**
>
> *Frau Haben, Herr Haben und Herr Nichts gründen eine GbR; laut Vertrag soll jeder eine Einlage von 4 000,00 € leisten. Herr Nichts erbringt keine Einlage. Die GbR kann die Einlage nicht einklagen, weil sie nicht rechts- und parteifähig ist. Es kann aber z. B. Frau Haben den Anspruch auf Zahlung gegen Herrn Nichts geltend machen und einklagen.*

▌ Rechte der Gesellschafter

1. Mitwirkungsrechte

- Geschäftsführungsbefugnis *(§ 709 ff. BGB)*,
- Kontrollrechte *(§ 716 BGB)*,
- Recht auf Kündigung *(§ 723 BGB)*,
- Befugnis zur Mitentscheidung in Grundsatzfragen,
- Vermögensrechte *(§ 721 ff. BGB)*,
- Übertragbarkeit von Gesellschaftsrechten an Dritte *(§ 717 BGB)*.

2. Recht auf Gewinn- und Verlustanteil

Ist die Gesellschaft nur auf kurze Dauer angelegt, erfolgt die Gewinn- und Verlustverteilung erst nach der Auflösung der Gesellschaft; ist sie von längerer Dauer, hat der Rechnungsabschluss und die **Gewinnverteilung** am Schluss eines Geschäftsjahres (bei der GbR immer gleich Kalenderjahr) zu erfolgen *(§ 721 BGB)*.

Die Gewinn- und Verlustbeteiligung richtet sich nach den Regelungen des Gesellschaftsvertrages. Sind die Anteile der Gesellschafter am Gewinn und Verlust nicht vertraglich bestimmt, so erhält jeder Gesellschafter **unabhängig** von der Höhe eventuell unterschiedlicher Einlagen den gleichen Anteil am Gewinn oder trägt den gleichen Anteil am Verlust *(§ 722 BGB)*.

> **Beispiel:**
>
> *Frau Denk und Herr Über haben eine Lottotippgemeinschaft. Es bestehen keine besonderen vertraglichen Vereinbarungen. Frau Denk zahlt je Woche 5,00 €, Herr Über 10,00 € ein. Die GbR gewinnt 50 000,00 €. Frau Denk und Herr Über haben Anspruch auf einen Gewinnanteil von je 25 000,00 €.*

5

◾ Haftung

Für die Verbindlichkeiten einer BGB-Gesellschaft haften neben dem Gesellschaftsvermögen die Gesellschafter analog *§ 128 HGB* grundsätzlich akzessorisch, persönlich, primär und unbeschränkt[1].

Die Gesellschafter haften mit ihrem Gesellschafts- und Privatvermögen für

- rechtsgeschäftliche Verbindlichkeiten der GbR (analoge Anwendung von *§ 128 HGB*),
- Steuerschulden der GbR,
- gegen die GbR gerichtete Ansprüche aus ungerechtfertigter Bereicherung und aus unerlaubter Handlung,
- Verbindlichkeiten der GbR gegenüber einem Gesellschafter der GbR.

Gläubiger können einen Gesellschafter beliebig auswählen und in vollem Umfang in Anspruch nehmen. Um gegen einen Gesellschafter der GbR vollstrecken zu können, ist – wie bei der OHG – ein Vollstreckungstitel gegen den einzelnen Gesellschafter notwendig.

Untereinander haften die Gesellschafter zu gleichen Teilen.

Vertragliche Ansprüche lassen sich jedoch bei entsprechenden Gestaltungsvoraussetzungen wirksam durch **Haftungsausschluss** begrenzen. Die Rechtsprechung lässt unter zwei Voraussetzungen den Haftungsausschluss zu:

- Vertretungsbeschränkung im Gesellschaftsvertrag,
- Erkennbarkeit der Vertretungsbeschränkung für Dritte *(z. B. Hinweis auf den Geschäftsbriefen: „Die Haftung ist auf das Gesellschaftsvermögen begrenzt.")*.

Ausscheidende Gesellschafter haften für vor dem Ausscheiden begründete Verbindlichkeiten gegenüber Dritten weiterhin, bei Dauerschuldverhältnissen bis zum nächstmöglichen oder nächstzumutbaren Kündigungstermin, maximal aber 5 Jahre *(§ 736 BGB i. V. m. § 160 HGB)* ab Kenntnis des Ausscheidens.

Neu eingetretene Gesellschafter einer GbR haften für bereits bestehende Verbindlichkeiten analog nach *§ 130 HGB* persönlich, d. h. mit dem eingebrachten Kapital sowie mit ihrem Privatvermögen und als Gesamtschuldner zusammen mit den Altgesellschaftern.

◾ Beschlüsse

Gesellschafterbeschlüsse verlangen Einstimmigkeit nach Köpfen, wenn keine vertragliche Regelung vorhanden ist. Jeder Gesellschafter hat eine Stimme.

Mehrheitsbeschlüsse sind möglich, wenn dies im Gesellschaftsvertrag bestimmt ist.

Für die GbR gibt es keine gesetzlichen Vorschriften über Form und Durchführung von Gesellschafterversammlungen.

◾ Wechsel/Neueintritt von Gesellschaftern

Bei einem Eintritt neuer Gesellschafter:

- muss (auch formlos) zwischen „Alt"- Gesellschaftern und „Neu"- Gesellschaftern ein Vertrag geschlossen werden,
- müssen alle „Alt"- Gesellschafter zustimmen.
- entstehen neue Gesellschafteranteile,
- haften die „Neuen" für die vor Eintritt begründeten Verbindlichkeiten der GbR.

Ein Neueintritt kann auch durch Vererbung erfolgen, wenn dies vertraglich vereinbart wurde.

Der Austritt eines Gesellschafters führt zur Auflösung der GbR, es sei denn, es ist vereinbart, dass die Gesellschaft von den verbleibenden Gesellschaftern weitergeführt wird *(§§ 736, 737, 729 BGB)*.

5

---

[1] Vgl. *BGH-Urteil vom 08.02.2011, Az. II ZR 243/09.*

■ Auflösung der Gesellschaft

Die GbR kann jederzeit aufgelöst werden. **Auflösungsgründe** können sein:

- Auflösungsbeschlüsse aller Gesellschafter,
- Zeitablauf,
- Erreichung bzw. Nichterreichung des Gesellschaftszwecks *(§ 726 BGB)*,
- Kündigung eines Gesellschafters *(§ 723–725 BGB)*,
- Tod eines Gesellschafters *(§ 727 BGB),* wenn der Gesellschaftsvertrag keine andere Regelung vorsieht,
- Eröffnung des Insolvenzverfahrens über das Vermögen der Gesellschaft *(§ 728 Abs. 1 BGB)* oder eines Gesellschafters,
- Vereinigung der Gesellschaftsanteile in einer Hand *(§§ 723–729 BGB)*.

Die **Auseinandersetzung** bei Auflösung der Gesellschaft bzw. Ausscheiden eines Gesellschafters hat den Zweck:

- Gläubiger zu befriedigen,
- Schulden an Gesellschafter zurückzuzahlen,
- Einlagen zurückzuerstatten,
- Überschüsse oder Verluste zu gleichen Teilen oder entsprechend dem Vertrag zu verteilen.

■ Steuerliche Behandlung

1. Einkommensteuer

Die GbR ist kein selbstständiges Steuersubjekt, d. h., sie selbst ist nicht einkommensteuerpflichtig. Der Gewinn wird anteilig bei den Gesellschaftern,

- die natürliche Personen sind, zur Einkommensteuer veranlagt,
- die juristische Personen sind, zur Körperschaftsteuer erfasst.

Bei natürlichen Personen werden die Einkünfte der Gesellschafter einer GbR in einem Verfahren **einheitlich** ermittelt **und gesondert** durch einen Feststellungsbescheid *(§§ 179, 180 Abs. 1 Nr. 2a AO)* nach Art und Höhe der Einkünfte den Personen zugerechnet, denen sie nach den Vertragsverhältnissen zustehen. Die Art der Einkünfte i. S. d. *§ 2 Abs. 1 EStG* richtet sich nach der Tätigkeit des Unternehmens (Einkünfte aus Gewerbebetrieb, Kapitalvermögen, selbstständiger Arbeit *(z. B. Steuerberatersozietät)* oder Vermietung und Verpachtung). Die in diesem Verfahren ermittelten Einkünfte sind Grundlage der Veranlagung der einzelnen Gesellschafter zur ESt *(§ 182 Abs. 1 AO)*.

Die **Steuerpflicht** entsteht bereits mit Aufnahme der Vorbereitungshandlungen. Der Gewinn oder Verlust der GbR wird einheitlich und gesondert festgestellt und auf die Gesellschafter entsprechend ihrem Beteiligungsverhältnis aufgeteilt *(§§ 179, 180 AO)*. Erzielt die GbR Einkünfte aus Gewerbebetrieb und zahlt sie Gewerbesteuer, wird eine Steuerermäßigung durch „Anrechnung der Gewerbesteuer" in Höhe des 3,8-fachen **anteiligen** GewSt-Messbetrages auf die tarifliche Einkommensteuer der einzelnen Gesellschafter gewährt *(§ 35 Abs. 1 Nr. 2 EStG)*.

Die Gesellschafter der GbR sind **Mitunternehmer**, wenn sie gewerblich tätig sind. Deshalb wird keine Kapitalertragsteuer auf Gewinnzuweisungen an die Gesellschafter erhoben. Kennzeichen einer Mitunternehmerschaft sind:

- die Übernahme von wirtschaftlichen Risiken (Gewinn- und Verlustbeteiligung),
- die Erbringung von Kapitaleinlagen, Vermögensbeteiligung *einschließlich Beteiligung* an den *stillen Reserven* und am *Firmenwert*,
- das Recht zur eigenverantwortlichen Entnahme von betrieblichen Mitteln für Privatzwecke, Mitsprache- und Mitwirkungsrechte, die die eines Darlehensgebers überschreiten.

Keine Mitunternehmerschaft liegt bei sog. Hilfsgesellschaften vor, die nur den Gesellschaftern für deren Betriebe durch gemeinschaftliche Übernahme von Aufwendungen wirtschaftliche Vorteile vermitteln wie *z. B. Labor-, Büro-, Apparate- oder Werbegemeinschaften.*

Die GbR ist nur buchführungs- und bilanzierungspflichtig, wenn sie
- Kaufmann ist *(§§ 2, 262 HGB)* oder
- die steuerlichen Grenzen nach *§ 141 AO* überschreitet.

Für eine freiberuflich tätige GbR entsteht weder über *§ 140 AO* noch über *§ 141 AO* eine Buchführungspflicht, weil diese Vorschriften nicht für Einkünfte i. S. d. *§ 18 EStG* gelten. Für die GbR gelten die Gewinnermittlungsvorschriften des *EStG*, insbesondere die *§§ 4 ff., 15 und 16 EStG;* der *§ 4a EStG* gilt nicht für die GbR. Das hat zur Folge, dass der Gewinnermittlungszeitraum für eine gewerblich tätige GbR immer das Kalenderjahr sein muss, weil sie nicht ins Handelsregister eingetragen wird.

2. Gewerbesteuer

Gewerbesteuerpflicht wird nur begründet, wenn ein **Gewerbebetrieb** vorliegt *(§ 2a GewStG)*. Liegt teilweise eine gewerbliche und eine nichtgewerbliche Tätigkeit vor, so wird insgesamt eine gewerbliche Tätigkeit unterstellt. Die Gewerbesteuerpflicht beginnt mit Beginn der gewerblichen Tätigkeit. Schuldner der Gewerbesteuer ist die GbR *(§ 5 Abs. 1 S. 3 GewStG)*. Die Gewerbesteuer ist **keine** Betriebsausgabe *(§ 4 Abs. 5b EStG)*. Eine Freiberufler-GbR zahlt keine Gewerbesteuer.

3. Umsatzsteuer

Gesamtschuldner nach *§ 44 AO* sind die GbR als Steuerschuldnerin und der steuerpflichtige Gesellschafter als Haftungsschuldner.
Sowohl die **GbR selbst** als auch die **Gesellschafter** können jeweils selbstständige **Unternehmer** nach *§ 2 UStG* sein.

GbR als Außengesellschaft

Die *Merkmale* der GbR als Außengesellschaft:
- tritt nach außen in Erscheinung,
- Ausstattung mit einer gemeinsamen Geschäftsführung *(R 16 UStR)*,
- Zustellung der Umsatzsteuerbescheide an die GbR als Steuerschuldnerin *(§ 13 Abs. 2 UStG)*.

4. Bewertungsrecht

Die Bewertung des Grundbesitzes wird für die Erbschaft- und Schenkungsteuer in den *§§ 176–198 BewG*, für die Grunderwerbsteuer in den *§§ 138–150 BewG* und die Bewertung von land- und forstwirtschaftlichem Vermögen in den *§§ 158–175 BewG* geregelt. Der Begriff der wirtschaftlichen Einheit und der Umfang des land- und forstwirtschaftlichen Vermögens richten sich nach *§ 33 BewG*.

> **Beispiele:**
> *Praxisgemeinschaften, Sozietäten, Arbeitsgemeinschaften mit Auftragsausführung in eigenem Namen*

Gesellschafter einer GbR als umsatzsteuerliche Unternehmer

Wenn die Gesellschafter einer GbR eine eigene Betätigung außerhalb der GbR ausüben, begründen sie die Unternehmereigenschaft nach *§ 2 UStG*. Entscheidend für die Erlangung der Unternehmereigenschaft ist das Auftreten nach außen. Erfolgt ein Leistungsaustausch zwischen einem Gesellschafter und der GbR, so sind beide umsatzsteuerliche Rechtssubjekte und der Leistungsaustausch ist umsatzsteuerpflichtig, wenn eine Gegenleistung, ein Entgelt, entrichtet wird.

> **Beispiele:**
> *Gesellschafter vermietet ein Fotokopiergerät an die GbR, Gesellschafter erbringt entgeltliche Beratungsleistung an die GbR.*

Eine GbR als reine **Innengesellschaft** kann **nicht Unternehmer** i. S. d. *UStG* sein *(z. B. Bürogemeinschaften)*.

5. Grunderwerbsteuer

Die Übereignung von inländischen Grundstücken an die GbR verlangt notarielle Beurkundung *(§ 313 BGB)* und ist grunderwerbsteuerpflichtig *(§ 1 Abs. 1 Nr. 1 GrEStG)*.

Überträgt ein Gesellschafter ein inländisches Grundstück auf eine GbR, so wird die Steuer in Höhe des Anteils nicht erhoben, mit dem der Veräußerer am Gesamthandsvermögen beteiligt ist *(§ 5 Abs. 2 GrEStG)*. Schuldner der Grunderwerbsteuer ist die GbR.

■ Steuerliche Besonderheiten

Für die GbR gelten grundsätzlich die Vorschriften des *EStG*, des *UStG* und des *GewStG*. Besonderheiten:

■ **Abweichendes Wirtschaftsjahr**
   § 4a Abs. 1 S. 2 Nr. 2 EStG gilt nur für Kaufleute.

■ **Arbeitsgemeinschaften im Bauhandwerk**
   Führt die ARGE nur einen Auftrag (Werkvertrag nach *§ 631 BGB*) aus, so gilt:
   • keine gesonderte Gewinnfeststellung nach *§ 180 Abs. 4 AO,*
   • Ausweis der Gewinnanteile unmittelbar bei den Gesellschaftern der GbR,
   • keine Grunderwerbsteuerpflicht, da die GbR in diesem Fall nicht als Gewerbebetrieb, sondern als anteilige Betriebsstätte angesehen wird *(§ 2a GewStG)*.
   Führt die ARGE dagegen mehr als einen Werk- und / oder Werklieferungsvertrag aus, ist die Gesellschaft ein Gewerbebetrieb *(§ 2a GewStG)*.

■ **GbR von Angehörigen der Freien Berufe**
   § 15 Abs. 1 S. 1 Nr. 2 EStG ist analog anzuwenden: Jeder Gesellschafter erzielt Einkünfte aus selbstständiger Arbeit *(§ 18 Abs. 4 EStG)*. Der Gewinn kann nach *§ 4 Abs. 3 oder § 4 Abs. 1 EStG* ermittelt werden.

■ **GbR in der Landwirtschaft**
   Es muss auch hier – wie bei Gewerbebetrieben – eine Gewinnerzielungsabsicht vorhanden sein. Eine steuerliche Anerkennung der GbR verlangt, dass die erzielten Gewinne und nicht nur die Einnahmenüberschüsse verteilt werden.

Die **GbR** ...
■ entsteht durch einen Gesellschaftsvertrag, der formlos von mindestens zwei Personen geschlossen werden kann, ■ ist rechts- und parteifähig, d. h., sie kann unter ihrem Namen Rechte erwerben, Pflichten eingehen, klagen und verklagt werden, ■ verpflichtet ihre Gesellschafter zur gemeinschaftlichen Geschäftsführung und Vertretung; Einzelgeschäftsführung und -vertretung können vereinbart werden, ■ führt keine Firma und wird nicht ins Handelsregister eingetragen, ■ verpflichtet ihre Gesellschafter zur unbeschränkten, unmittelbaren und gesamtschuldnerischen Haftung.

Vorteile	Nachteile
■ einfache Gründung, geringe Gründungskosten, keine Handelsregister-Eintragung, keine notarielle Beurkundung ■ kein Mindestkapital ■ viel Spielraum bei der Vertragsgestaltung ■ Verantwortung wird auf mehrere Schultern verteilt ■ das Risiko und die Haftung werden geteilt ■ Erhöhung der Eigenkapitalbasis ■ Erweiterung der Kreditbasis ■ der Verlust wird von mehreren getragen	■ Einschränkung der Selbstständigkeit ■ der Gewinn ist zu teilen ■ Gefahr von Unstimmigkeiten ■ unbeschränkte Haftung jedes einzelnen Gesellschafters auch bei Verschulden von Mitgesellschaftern ■ fehlende oder unvollständige Gesellschaftsverträge sind oft existenzbedrohend

Übungsaufgaben

1. Nennen Sie die gesetzlichen Grundlagen der GbR.
2. Welche Vorteile ergeben sich für eine unternehmerische Betätigung in der Rechtsform der Personengesellschaft?
3. Wie wird eine GbR gegründet?
4. Nennen Sie Beispiele für eine GbR.
5. Beschreiben Sie die rechtliche Stellung der GbR.
6. Warum hat die GbR keine Firma?
7. Wer führt die Geschäfte der GbR?
8. Wer vertritt die GbR?
9. Nennen Sie Pflichten und Rechte der Gesellschafter.
10. Wie wird der Gewinn oder Verlust der GbR verteilt?
11. Nehmen Sie Stellung zur Haftung der Gesellschafter.
12. Wie ist das Vermögen der GbR einzuordnen?
13. Zehn Personen verabreden, eine gemeinsame Reise nach Brüssel durchzuführen. Frau Müller als Mitglied dieser Gruppe wird beauftragt, alle organisatorischen Maßnahmen vorzunehmen. Prüfen Sie, ob eine GbR vorliegt. Begründen Sie Ihre Entscheidung.

5.5.2 Offene Handelsgesellschaft

Rechtsgrundlagen: *§§ 105–160 HGB*
§§ 705–740 BGB

Kennzeichen und Bedeutung

> Die **OHG** (general partnership) ist eine **Personenhandelsgesellschaft**
> - bei der sich mindestens zwei Personen auf vertraglicher Grundlage zusammenschließen,
> - um gemeinschaftlich ein kaufmännisches Unternehmen i. S. d. *§ 1 HGB* (Handelsgewerbe, keine freiberufliche Tätigkeit) unter gemeinsamer „Firma" zu betreiben,
> - bei der sich die Gesellschafter verpflichten, den gemeinsamen Zweck (= Betreiben eines Handelsgewerbes) zu fördern, insbesondere die vereinbarte Einlage zu leisten,
> - bei der die Gesellschafter unbeschränkt mit ihrem Geschäfts- und Privatvermögen gegenüber den Gesellschaftsgläubigern haften,
> - bei der die Gesellschafter Kaufleute i. S. d. *HGB* sind (ordnungsgemäße Buchhaltung und Bilanzierung).

Die Gesellschafter der OHG sind gleichberechtigte, gleich verpflichtete, risikofreudige Personen, die sich gegenseitig vertrauen müssen. Die OHG ist für jeden Geschäftszweig vorstellbar. Infolge der unbegrenzten Haftung der Gesellschafter gilt sie als besonders kreditwürdig. In Deutschland gibt es rund 16 000 Unternehmen in der Rechtsform der OHG.

Gründung

Innenverhältnis

Die OHG entsteht durch einen **Gesellschaftsvertrag** zwischen mindestens zwei Personen. Gesellschafter können natürliche und/oder juristische Personen, eine OHG oder KG sein. Die Vorschriften der GbR finden auf die OHG Anwendung, soweit das *HGB* nichts anderes vorschreibt *(§§ 105 Abs. 2 HGB i. V. m. § 705 BGB)*.

Der Gesellschaftsvertrag

- führt die Rechte und Pflichten der Gesellschafter auf,
- ist formfrei, d. h., er kann schriftlich, mündlich oder durch konkludentes Handeln wirksam werden.

> **Beispiel:**
>
> *Vier Erben eines Einzelunternehmers führen den Großhandel für Kfz-Zubehör weiter. Die still-*
> *schweigende Fortführung des Handelsgewerbes unter gemeinschaftlicher Firma ist als stillschwei-*
> *gende Errichtung einer OHG anzusehen.*

Im Geschäftsleben ist für den Gesellschaftsvertrag die Schriftform üblich; aufgrund steuerlicher Mitwirkungs- und Nachweispflichten *(§ 90 ff. AO)* in jedem Fall zweckmäßig. Alle grundlegenden Vereinbarungen der Gesellschafter sollten klar, eindeutig und zweifelsfrei formuliert werden, um Streitigkeiten zu vermeiden.

Eine notarielle Beurkundung des Gesellschaftsvertrages ist erforderlich, wenn ein Gesellschafter ein Grundstück als Einlage einbringt *(§ 311b BGB)*.

Außenverhältnis

Betreibt die OHG ein *Handelsgewerbe, so* existiert die Gesellschaft ab **Aufnahme** der gewerblichen Betätigung mit Dritten *(§ 123 HGB)*. Die nachfolgende, pflichtgemäße **Eintragung** ins Handelsregister hat nur noch *deklaratorische* Wirkung.

Erfordert das Unternehmen nach Art und Umfang keinen in kaufmännischer Weise eingerichteten Geschäftsbetrieb, so entsteht die OHG erst durch Eintragung in das Handelsregister. Die Eintragung hat in diesem Fall konstitutive Wirkung; vor der Eintragung gelten die Regelungen der GbR.

Gesellschaftsvertrag

§ 1 Firma, Sitz
(1) Die Firma der Gesellschaft lautet Möge & Gern OHG.
(2) Sitz der Gesellschaft ist Wachtberg.

§ 2 Gegenstand des Unternehmens
(1) Gegenstand des Unternehmens ist die Herstellung von Möbelbeschlägen aller Art.
(2) Die Gesellschaft ist berechtigt, sämtliche zur Erreichung des Unternehmensgegenstandes zweckdienlichen Geschäfte durchzuführen.

§ 3 Dauer, Geschäftsjahr
(1) Die Gesellschaft wird zum 1. Aug. 20.. auf unbestimmte Dauer errichtet.
(2) Geschäftsjahr ist das Kalenderjahr.

§ 4 Einlagen
(1) Die Gesellschafter Möge und Gern haben eine Bareinlage in Höhe von jeweils 20 000,00 € zu leisten.
(2) Die Einlagen sind innerhalb von 14 Tagen nach Unterzeichnung des Gesellschaftsvertrages zur Zahlung fällig und auf das Konto der Gesellschaft einzuzahlen.

§ 5 Geschäftsführung und Vertretung
(1) Zur Geschäftsführung und Vertretung ist jeder Gesellschafter allein berechtigt und verpflichtet.
(2) Maßnahmen, die über den üblichen Rahmen des Geschäftsbetriebes hinausgehen, dürfen nur von beiden Gesellschaftern gemeinsam vorgenommen werden. Dies gilt insbesondere für den Erwerb, die Veräußerung und die Belastung von Grundstücken und grundstücksgleichen Rechten, die Bestellung von Prokuristen, den Abschluss von Rechtsgeschäften aller Art zwischen der Gesellschaft auf der einen sowie den Gesellschaftern oder deren Angehörigen i. S. d. *§ 15 Abgabenordnung* auf der anderen Seite sowie den Abschluss von Verträgen mit einmaligen oder laufenden Verpflichtungen, die einen Gesamtbetrag von 10 000,00 € übersteigen.

§ 6 Jahresabschluss
Der Jahresabschluss ist als Handels- und Steuerbilanz innerhalb von sechs Monaten seit Ende des Geschäftsjahres zu erstellen. Soweit nicht zwingende handelsrechtliche Vorschriften entgegenstehen, hat die Handelsbilanz der für Zwecke der Einkommensteuerbesteuerung aufzustellenden Steuerbilanz zu entsprechen.

§ 7 Ergebnisverteilung
Von dem festgestellten Jahresgewinn erhält jeder Gesellschafter vorab einen Anteil in Höhe eines 3 % über dem jeweiligen Basiszinssatz der Europäischen Zentralbank liegenden Prozentsatzes seines Kapitalanteils. Der darüber hinausgehende Gewinn entfällt je zur Hälfte auf Möge und Gern.

5

§ 8 Entnahmen

Jeder Gesellschafter ist berechtigt, 75 % des auf ihn entfallenden Gewinnanteils für das letzte Geschäftsjahr zu entnehmen. Während des Geschäftsjahres kann monatlich darüber hinaus $\frac{1}{24}$ des Vorjahresgewinns entnommen werden. Darüber hinausgehende Entnahmen sind nur mit Zustimmung aller Gesellschafter zulässig.

§ 9 Kündigung

(1) Die Gesellschaft kann von jedem Gesellschafter unter Einhaltung einer Frist von sechs Monaten zum Ende eines Geschäftsjahres gekündigt werden, erstmals jedoch zum 31. Dez. 20... Die Kündigung bedarf der Schriftform.

(2) Der verbleibende Gesellschafter ist berechtigt, das Geschäft mit allen Aktiva und Passiva zu übernehmen. Er muss dem ausscheidenden Gesellschafter den Kapitalanteil auszahlen, der sich aus der Auseinandersetzungsbilanz zum Tag der Auflösung ergibt. Von diesem Betrag sind 40 % sofort, 30 % nach einem Jahr und 30 % nach zwei Jahren zuzüglich 6 % Zinsen fällig.

§ 10 Schlussbestimmungen

(1) Änderungen und Ergänzungen dieses Vertrages bedürfen der Schriftform.

(2) Sollten sich einzelne Bestimmungen dieses Vertrages als ungültig erweisen, wird dadurch die Gültigkeit dieses Vertrages im Übrigen nicht berührt.

Wachtberg, den 17. Juli 20..

Möge

(Monika Möge)

Gern

(Gerd Gern)

Rechtliche Stellung

Die OHG ist

- als Personenhandelsgesellschaft **Kaufmann** i. S. d. *HGB (§ 6 HGB)*,
- **keine juristische Person**, d. h., sie hat zwar keine eigene Rechtspersönlichkeit, sie ist ihr aber der juristischen Person angenähert *(§ 124 HGB)*. Das hat zur Folge, dass die OHG unter ihrer Firma Rechte erwerben und veräußern kann, d. h., sie kann z. B.
  - Verträge abschließen,
  - Verbindlichkeiten eingehen,
  - Eigentum erwerben und übertragen;
- unter ihrer Firma **partei-**, aber **nicht prozessfähig** *(§ 50 ZPO)*, d. h., sie kann unter ihrer Firma klagen und verklagt werden (→ Annäherung an juristische Personen); die Gesellschafter sind im Prozess Partei und nicht Zeugen. Die OHG muss im Prozess durch die Gesellschafter vertreten werden;
- **deliktsfähig** *(analog § 31 BGB, § 1 UWG)*;
- **grundbuchfähig**, d. h., sie kann unter ihrer Firma Eigentum an Grundstücken erwerben;
- **insolvenzfähig** *(§ 11 Abs. 2 InsO)*;
- **buchführungspflichtig** nach *§ 238 ff. HGB*,
- **zur Aufstellung eines Jahresabschlusses** (Handelsbilanz, *§ 242 HGB*), der i. d. R. nicht veröffentlicht werden muss, **sowie einer Steuerbilanz** *(§ 140 ff. AO)* **verpflichtet.**

  Ausnahme: Mindestens zwei Grenzen für Großunternehmen nach dem Publizitätsgesetz müssen überschritten werden.

Zur Zwangsvollstreckung in das Gesellschaftsvermögen der OHG ist ein gegen die Gesellschaft gerichteter Titel erforderlich *(§ 124 Abs. 2 HGB)*. Ein Gerichtsurteil gegen alle Gesellschafter genügt nicht.

Möglich ist bei der OHG die Eröffnung des Insolvenzverfahrens, wenn die OHG

- zahlungsunfähig ist,
- ihr die Zahlungsunfähigkeit droht,
- sie überschuldet ist *(§§ 16–19 InsO)*.

Handelsregister

Die OHG ist unverzüglich nach Beginn der Geschäftstätigkeit bei dem Amtsgericht, in dessen Bezirk sie ihren Sitz hat, zur Eintragung ins Handelsregister, Abteilung A, anzumelden *(§ 106 HGB)*. Die Eintragung ist für eine Gesellschaft, die ein Handelsgewerbe betreibt, konstitutiv.

Die Anmeldung ist von sämtlichen Gesellschaftern mit Namensunterschrift aller vertretungsberechtigten Gesellschafter unter Angabe der Firma zu bewirken *(§ 108 HGB)*.

Die **Anmeldung** muss enthalten:

■ den Namen, Vornamen, Geburtsdatum und Wohnort jedes Gesellschafters,
■ die Namensunterschriften,
■ evtl. staatliche Genehmigungen,
■ die Firma und den Sitzort der Gesellschaft,
■ den Zeitpunkt, mit welchem die Gesellschaft begonnen hat *(§ 106 HGB)*
■ ggf. Abweichungen von der Einzelvertretungsbefugnis eines jeden Gesellschafters,
■ den Geschäftszweig.

Wer seiner Pflicht zur Anmeldung nicht nachkommt, kann vom Registergericht durch Festsetzung von Zwangsgeld dazu angehalten werden *(§ 14 HGB)*.

Firma

Die gemeinschaftliche Firma der OHG besteht nach *§ 19 Abs. 1 Nr. 2 HGB* aus

■ Personennamen, Sach- oder Fantasiebezeichnungen und
■ der Rechtsformbezeichnung „offene Handelsgesellschaft" oder einer verständlichen Abkürzung wie „OHG".

Bei Beteiligung einer Kapitalgesellschaft muss dies in der Firma zum Ausdruck kommen *(§ 19 Abs. 2 HGB)*.

Kapital

Für jeden Gesellschafter ist mindestens ein **Kapitalkonto** zu führen; eine Mindesteinlage ist dabei nicht vorgeschrieben.

Es bietet sich die Führung folgender Kapitalkonten an:

■ **Festes Kapitalkonto**

Es empfiehlt sich, für jeden Gesellschafter ein **festes Kapitalkonto** zu führen. Dieses Konto sollte die Grundlage bilden für Stimmrechtsregelungen, die Beteiligungsquote an stillen Reserven beim Ausscheiden oder der Liquidation und auch als Schlüssel für die Gewinn- und Verlustverteilung.

■ **Variables Kapitalkonto**

Es können neben dem Kapitalkonto I weitere im Gesellschaftsvertrag vereinbarte variable Kapitalkonten für Gesellschafter geführt werden. Bei diesen variablen Kapitalkonten gilt: Wird auf dem jeweiligen variablen Kapitalkonto auch ein Verlust gebucht, so gilt dieses als Unterkonto des Kapitalkontos I. Steuerrechtlich bilden das Kapitalkonto und dieses Unterkonto, auf dem Verluste erfasst wurden, ein einheitliches Kapitalkonto[1].

Einlagen: Bei Einlagen von Geldbeträgen oder Wirtschaftsgütern ist jeweils zu prüfen, auf welchem Kapitalkonto die Einlage erfasst wird.

Wird die Einlage über Kapitalkonto I gebucht, so ist zu klären, ob sich die Anteile der Gesellschaftsrechte und daraus folgend die Gewinnverteilung, die Auseinandersetzungsansprüche sowie die Entnahmerechte ändern sollen. Wird die Einlage über ein variables Kapitalkonto gebucht, über das keine Verluste erfasst werden, so ist ein Darlehenskonto anzunehmen, das keine zusätzlichen Gesellschaftsrechte entstehen lässt. Dieser entgeltliche Vorgang ist nach *§ 6 Abs. 1 Nr. 1 oder 2 EStG* zu bewerten.

---

[1] Vgl. BMF-Schreiben vom 11.07.2011, IV C 6 – S 2178/09/10001.

■ Rücklagenkonto

Moderne Gesellschaftsverträge berücksichtigen die Bildung von Rücklagenkonten, weil das gesetzliche Recht, die Gewinne in voller Höhe entnehmen zu dürfen, die Kapitalbasis der Gesellschaft schwächen kann.

Ist die Bildung von Rücklagen nicht vertraglich vorgesehen, so verlangt die Bildung die Zustimmung aller Gesellschafter.

Zu empfehlen ist, für jeden Gesellschafter ein eigenes Rücklagenkonto zu führen; die Gesellschafter haben die den Rücklagen zugeführten Gewinnanteile entsprechend ihrer Gewinnbeteiligungsquote zu versteuern. Hierfür sollte vertraglich ein gesondertes Entnahmerecht geregelt werden.

Kapitalerhöhungen sind möglich durch Erhöhung der Kapitaleinlagen der Gesellschafter, Aufnahme neuer Gesellschafter oder durch Gewinnthesaurierung, d. h. Ansammlung von Gewinnen auf den Kapitalkonten.

Das Gesellschaftsvermögen der OHG ist **Gesamthandsvermögen** aller Gesellschafter, d. h., die Gesellschafter sind anteilig am Vermögen der OHG beteiligt und können nur gemeinschaftlich über das Vermögen verfügen.

Organisationsstruktur einer OHG

Zu unterscheiden sind ...	
■ Geschäftsführungsbefugnis	Sie bezieht sich auf die Kompetenzfelder im **Innen**verhältnis der Gesellschafter; dies kann durch Vertrag individuell vereinbart werden (*§§ 109 ff. HGB*).
■ Vertretungsmacht	Sie regelt, wer im **Außen**verhältnis gegenüber Dritten die Befugnis hat, im Namen der Gesellschaft mit Wirkung für und gegen alle Gesellschafter rechtsgeschäftliche Erklärungen abgeben zu dürfen.
■ Gesellschafterbeschlüsse	Alle Gesellschafter haben bei Grundlagenbeschlüssen und Maßnahmen von außergewöhnlicher Geschäftsführung mitzuwirken (*§ 119 Abs. 1 HGB*). Beschlüsse müssen einstimmig erfolgen, abweichende Vereinbarungen sind zulässig (*§ 119 HGB*).

5

Geschäftsführung

Gesetzliche Regelung

Zur Geschäftsführung der OHG sind **alle Gesellschafter** berechtigt und verpflichtet (*§ 114 Abs. 1 HGB*), d. h., jeder einzelne Gesellschafter kann alleine tätig werden (*§ 115 Abs. 1 HGB*), wenn es um Handlungen geht, die der gewöhnliche Betrieb des Handelsgewerbes mit sich bringt (*§ 116 Abs. 1 HGB*). Durch diese Regelung wird die OHG im täglichen Geschäftsleben beweglich, es kann schnell entschieden und gehandelt werden. Geschäfte, die ungewöhnlich sind und die Grundlage und den Kernbereich der Gesellschaft betreffen, können nur von allen Gesellschaftern gemeinsam beschlossen werden (*§§ 116 Abs. 2, 119 Abs. 1 HGB*).

Beispiele:

- ■ *Der Kauf eines neuen Grundstücks verlangt die Mitwirkung aller Gesellschafter.*
- ■ *Die Errichtung einer neuen Filiale bedarf der Zustimmung aller Gesellschafter.*
- ■ *Der Einkauf von üblichen Waren kann von einem Gesellschafter allein entschieden werden.*
- ■ *Der Reparaturauftrag für den Lieferwagen kann von einem Gesellschafter allein erteilt werden.*

Vertragliche Regelung

Art und Umfang der Geschäftsführung sind im Gesellschaftsvertrag beliebig vereinbar. *Abweichend* von der gesetzlichen Regelung kann die Geschäftsführung

- ■ von allen/mehreren Gesellschaftern gemeinschaftlich oder
- ■ von nur einem einzelnen Gesellschafter ausgeübt werden (*§ 114 Abs. 1 oder 2 HGB*).

Bei Gefahr im Verzug kann auch bei Geschäftsführung von allen/mehreren Gesellschaftern ein geschäftsführender Gesellschafter ausnahmsweise allein handeln. Widerspricht einer der geschäftsführenden Gesellschafter einer Handlung anderer Gesellschafter, so ist diese zu unterlassen *(§ 115 Abs. 1, 2 HGB)*.

Der Gesellschaftsvertrag kann bestimmen, dass
- die Geschäftsführungsbefugnis des einzelnen Gesellschafters auf ein bestimmtes Ressort *(z. B. Personal, Beschaffung, Fertigung, Marketing)* beschränkt ist,
- bei grundlegenden und ungewöhnlichen Geschäften Mehrheitsbeschlüsse notwendig sind *(§ 119 HGB)*,
- Gesellschafter durch Vertrag von der Geschäftsführung ausgeschlossen werden; diesen steht dann das Recht zu, zur Kontrolle Einsicht in die Handelsbücher und Unterlagen zu nehmen. Eine Einschränkung des Kontrollrechts ist möglich, es darf aber nicht Grund zu der Annahme unredlicher Geschäftsführung bestehen *(§ 118 Abs. 1, 2 HGB)*.

Die Befugnis zur Geschäftsführung kann einem Gesellschafter auf Antrag der übrigen Gesellschafter nur durch gerichtliches Urteil entzogen werden, wenn ein wichtiger Grund vorliegt *(§ 117 HGB)*.

Der **Bestellung eines Prokuristen** müssen alle geschäftsführenden Gesellschafter zustimmen. Der Widerruf der Prokura kann dagegen durch einen der geschäftsführenden Gesellschafter erfolgen *(§ 116 Abs. 3 HGB)*.

Vertretung

Die Vertretung der OHG gegenüber Dritten erfolgt durch die Gesellschafter oder durch bevollmächtigte Personen wie Prokuristen und Handlungsbevollmächtigte *(§ 123 ff. HGB)*.

Die Vertretung umfasst **nicht** solche Geschäfte, die den Bestand der Gesellschaft betreffen oder die Grundlagengeschäfte sind.

Gesetzliche Regelung

Zur Vertretung der Gesellschaft nach außen ist **jeder einzelne Gesellschafter** allein berechtigt (Grundsatz der Einzelvertretung), wenn dies nicht durch den Gesellschaftsvertrag ausgeschlossen *(§ 125 Abs. 1 HGB)* oder eingeschränkt worden ist.

Abweichungen von der Einzelvertretung müssen im Handelsregister eingetragen werden. Die Eintragung hat deklaratorische Wirkung *(§ 15 HGB)*.

Vertragliche Regelung

Der Gesellschaftsvertrag kann bestimmen, dass
- alle Gesellschafter/mehrere Gesellschafter (Gesamtvertretungsmacht, *§ 125 Abs. 2 HGB)* oder
- ein/mehrere Gesellschafter nur gemeinsam mit einem Prokuristen (unechte Gesamtvertretungsmacht, *§ 125 Abs. 3 HGB)*

zur Vertretung der OHG ermächtigt sind.

Häufig wird im Geschäftsleben vereinbart, dass zwei geschäftsführende Gesellschafter zusammenwirken müssen. Es kann auch bestimmt werden, dass einzelne Gesellschafter Einzelvertretungsmacht haben, andere Gesellschafter hingegen nur im Zusammenwirken mit anderen Gesellschaftern die OHG vertreten dürfen.

Jede **Änderung** der Vertretungsbefugnisse ist von allen Gesellschaftern zur Eintragung ins Handelsregister anzumelden *(§ 125 Abs. 4 HGB)*.

Bei Vorliegen eines wichtigen Grundes kann einem Gesellschafter die Vertretungsmacht nur durch einen gerichtlichen Beschluss entzogen werden *(§ 127 HGB)*.

Vertretung der OHG gegenüber Dritten	
Einzelvertretungsbefugnis (Grundsatz)	**Abweichungen (sind im HR einzutragen)**
■ jeder Gesellschafter allein gegeüber Dritten ■ Vertragsabschlüsse durch einen Gesellschafter binden die OHG	■ Gesellschafter dürfen die OHG nur gemeinschaftlich vertreten ■ ein Gesellschafter darf nur mit einem Prokuristen zusammen die OHG vertreten ■ ein Gesellschafter ist von der Vertretung ausgeschlossen

> Der **Umfang der Vertretungsmacht** kann zum Schutz unternehmensfremder Personen (Dritter) **nicht eingeschränkt** werden *(§ 126 Abs. 1 HGB)*.

Die Vertretungsmacht der Gesellschafter erstreckt sich auf alle gerichtlichen und außergerichtlichen Geschäfte und Rechtshandlungen *(§ 126 Abs. 1 HGB)*, d. h. auf alle gewöhnlichen und ungewöhnlichen Geschäfte, einschließlich der Veräußerung und Belastung von Grundstücken sowie der Erteilung und des Widerrufs einer Prokura.

Die Vertretungsmacht kann auf eine oder mehrere Niederlassungen vertraglich beschränkt werden *(§ 126 Abs. 3 i. V. m. § 50 Abs. 3 HGB)*.

> **Beachten Sie:**
> ■ Die Vertretungsmacht beinhaltet nicht das Recht, Änderungen des Gesellschaftsvertrages vorzunehmen. Deshalb umfasst die Vertretungsmacht nicht das Recht, neue Gesellschafter aufzunehmen oder die Kündigung eines Gesellschafters zu bestätigen.
> ■ Die Vertretungsmacht berechtigt aber dazu, einen stillen Gesellschafter aufzunehmen, weil dieser nicht die vollen Rechte eines Gesellschafters hat.
> ■ Die Vertretungsmacht umfasst nie den Kernbereich des Unternehmens.
>
> > *Beispiel:*
> > *Verkauf des gesamten Unternehmens*

Pflichten der Gesellschafter

Aufgrund fehlender gesetzlicher Vorschriften gelten die Pflichten der Gesellschafter der GbR weitgehend auch für die Gesellschafter der OHG.

1. Beitragspflicht

Jeder Gesellschafter hat die Pflicht zur Leistung von Beiträgen *(§§ 705, 706 BGB)*. Die Beiträge (= Einlagen) können in Form von Geld, Sachwerten, als Dienstleistung, durch Übertragung von Rechten und/oder durch Einbringung von „Know-how" erbracht werden.

Übereignete Sachen gehen in das Betriebsvermögen der OHG über. Sachen, die Eigentum eines Gesellschafters bleiben und der OHG zum Gebrauch überlassen werden, sind steuerlich dem Sonderbetriebsvermögen des Gesellschafters zuzurechnen.

Der Beitrag des einzelnen Gesellschafters wird als Kapitaleinlage (Eigenkapitalanteil) in der Bilanz der OHG ausgewiesen. Die Höhe der Kapitaleinlage richtet sich nach der vertraglichen Vereinbarung und ist termingerecht zu leisten. Andernfalls können Zinsen und Schadensersatzansprüche geltend gemacht werden *(§ 111 HGB)*.

5

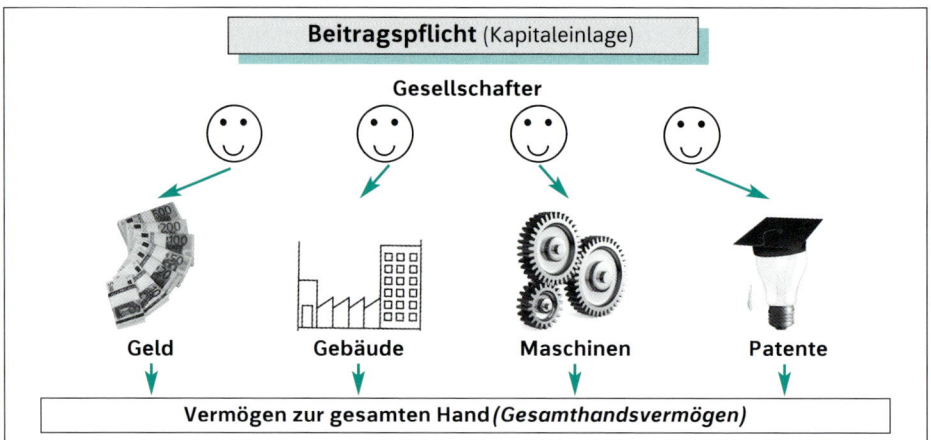

2. Treuepflicht

Jeder Gesellschafter hat die **Pflicht**,

- sich für die Zwecke der Gesellschaft einzusetzen,
- alles zu unterlassen, was der OHG schaden könnte.

Bei **Verletzung** der Treuepflicht kann

- auf Unterlassung geklagt werden,
- ein Schadensersatzanspruch entstehen,
- bei wichtigem Grund das Gesellschaftsverhältnis gekündigt werden *(§ 723 Abs. 1 BGB)*,
- ein Gesellschafter ausgeschlossen werden *(§ 737 BGB)*.

3. Sorgfaltspflicht – Schadensersatzpflicht der Gesellschafter

Jeder Gesellschafter ist bei der Erfüllung seiner Pflichten angehalten, in Angelegenheiten der Gesellschaft so sorgfältig zu handeln, wie er in eigenen Angelegenheiten handeln würde *(§ 708 BGB)*. Der Gesellschafter haftet grundsätzlich für grobe Fahrlässigkeit und Vorsatz *(§ 277 BGB)*.

4. Wettbewerbsverbot

Ein Gesellschafter darf ohne Einwilligung der anderen Gesellschafter

- weder in dem Handelszweig der Gesellschaft Geschäfte tätigen
- noch sich als persönlich haftender Gesellschafter an einer anderen gleichartigen Handelsgesellschaft beteiligen *(§ 122 Abs. 1 HGB)*.

Im Geschäftsleben ist es üblich, dass das Wettbewerbsverbot nicht nur während der Zugehörigkeit zur Gesellschaft, sondern auch befristet nach dem Ausscheiden zu beachten ist. Hierdurch soll vermieden werden, dass Kenntnisse, Erfahrungen, Kundenstamm, zukünftige Entwicklungen, Zuliefereranschriften usw. zum Nachteil der Gesellschaft verwertet werden.

5. Beteiligung am Verlust

Der Verlust eines Wirtschaftsjahres wird nach Köpfen verteilt *(§ 121 Abs. 3 HGB)*, wenn keine andere Regelung vereinbart worden ist.

▮ Rechte der Gesellschafter

1. Recht auf Geschäftsführung

Die Geschäftsführung betrifft die interne Verwaltung der Gesellschaft und das Verhältnis der Gesellschafter untereinander.

Die Befugnis zur Geschäftsführung erstreckt sich auf alle Handlungen, die der Betrieb des Handelsgewerbes gewöhnlich mit sich bringt *(§ 116 Abs. 1 HGB)*.

Sind Entscheidungen zu treffen, die die Gesellschaft als Ganzes betreffen, so haben alle Gesellschafter ein Mitspracherecht *(§ 116 Abs. 2 HGB)*.

Beispiele:

Aufnahme neuer Gesellschafter, Änderung des Zwecks der Gesellschaft, Errichtung neuer Betriebsstätten

2. Recht auf Widerspruch

Jeder geschäftsführende Gesellschafter hat ein Widerspruchsrecht gegen Handlungen der übrigen Gesellschafter *(§ 115 Abs. 1 HGB)*. Die Handlung, der widersprochen wird, hat zu unterbleiben.

3. Recht auf Vertretung

Jeder Gesellschafter ist zur Vertretung der Gesellschaft im Außenverhältnis ermächtigt, wenn er nicht durch Gesellschaftsvertrag von der Vertretung ausgeschlossen worden ist *(§ 125 Abs. 1 HGB)*.

4. Recht auf Gewinnanteil

Jeweils für den Schluss des Geschäftsjahres ist nach den Vorschriften über die Bilanzierung, die durch die Grundsätze ordnungsgemäßer Buchführung ergänzt werden, der Gewinn oder Verlust zu ermitteln *(§§ 120 Abs. 1, 238, 242 ff. HGB)*.

Die Aufstellung der Bilanz wird von den geschäftsführenden Gesellschaftern vorgenommen und umfasst alle vorbereitenden Maßnahmen bis zu ihrer Abschlussreife. Die Feststellung des Jahresabschlusses ist ein Grundlagengeschäft, dem alle Gesellschafter zustimmen müssen, damit der Jahresabschlusses für alle Gesellschafter und für Außenstehende verbindlich wird.

Der einem Gesellschafter zustehende Gewinn wird nach Feststellung durch alle Gesellschafter seinem Kapitalkonto gutgeschrieben, das während des Geschäftsjahres entnommene Geld wird dem Kapitalkonto belastet *(§ 120 HGB)*.

Gesetzliche Regelung

Vom Jahresgewinn erhält jeder Gesellschafter 4 % auf seinen Kapitalanteil; der Rest wird nach Köpfen auf die Gesellschafter verteilt. Reicht der Jahresgewinn hierzu nicht aus, so bestimmt sich der Anteil nach einem entsprechend niedrigeren Satz *(§ 121 S. 1 HGB)*. Verluste des Wirtschaftsjahres werden gleichmäßig auf die Gesellschafter verteilt (wenn keine andere Regelung vereinbart ist) und müssen von diesen ggf. ausgeglichen werden *(§ 121 Abs. 3 HGB)*.

Beispiel:

Gesellschafter der Gebrüder Oben OHG sind Otto und Ottmar Oben. Der Jahresgewinn beträgt 264 000,00 €. Otto Oben hat für private Zwecke mtl. 7 000,00 € und Ottmar Oben mtl. 10 500,00 € entnommen.

Gesellschafter	Kapitalanteile (alt)	4 % Zinsen	Restgewinn	Gesamtgewinn	Privatentnahmen	Kapitalanteil (neu)
Otto Oben	300 000,00 €	12 000,00 €	120 600,00 €	132 600,00 €	84 000,00 €	348 600,00 €
Ottmar Oben	270 000,00 €	10 800,00 €	120 600,00 €	131 400,00 €	126 000,00 €	275 400,00 €
	570 000,00 €	22.800,0 €	241 200,00 €	264 000,00 €	210 000,00 €	624 000,00 €

Vertragliche Regelung

Die gesetzliche Gewinnverteilung wird im Geschäftsleben überwiegend durch vertragliche Regelungen (dispositives Recht) ersetzt, um ggf. die unterschiedlichen Arbeitsleistungen und Kapitaleinlagen der einzelnen Gesellschafter, den besonders angesehenen Namen, Kreditwürdigkeit, persönliche Eigenschaften, Leistungs- und Führungsqualitäten usw. eines Gesellschafters angemessen zu berücksichtigen.

Häufig werden deshalb Vereinbarungen nach folgendem Muster getroffen:

1. Schritt: Zahlung von besonderen Tätigkeits-/Erfolgsvergütungen (Tantiemen) an geschäftsführende Gesellschafter

2. Schritt: Verzinsung des eingesetzten Kapitals
3. Schritt: Verteilung des Restgewinns

5. Recht auf Entnahme

Jeder Gesellschafter kann bis zu 4 % des Kapitalanteils des Vorjahres und – soweit dies nicht der Gesellschaft schadet – die übrigen Gewinnanteile entnehmen. Den Kapitalanteil kann ein Gesellschafter nur mit Einwilligung der anderen Gesellschafter vermindern *(§ 122 HGB)*.

Das Entnahmerecht wird i. d. R. im Gesellschaftsvertrag gesondert geregelt.

Werden an Gesellschafter monatlich „Gehälter" gezahlt, so sind diese Aufwendungen handelsrechtlich Betriebsausgaben, steuerrechtlich können sie zwar als „gesonderte Gehälter" (= Betriebsausgaben) gebucht werden, aber bei der Gewinnermittlung nach *§ 4 Abs. 1* bzw. *§ 5 EStG* sind sie dem ermittelten Gewinn wieder hinzuzurechnen.

■ Gesellschafterbeschlüsse

Beschlüsse sind *z. B. notwendig für die Feststellung des Jahresabschlusses, für Änderungen des Gesellschaftsvertrages, Aufnahme neuer Gesellschafter, Ausscheiden eines Gesellschafters, vorzeitige Auflösung der Gesellschaft, Ausschließung eines Gesellschafters, Antrag auf gerichtliche Entscheidung der Entziehung der Geschäftsführung.*

■ Haftung

> Für alle Verbindlichkeiten der Gesellschaft haften die Gesellschafter der OHG
> ■ mit dem Gesellschaftsvermögen und darüber hinaus
> ■ persönlich *(§ 128 HGB)* als Gesamtschuldner *(§ 421 BGB)*.

Die persönliche Haftung der Gesellschafter einer OHG kann für alle Verbindlichkeiten der Gesellschaft nicht beschränkt werden und kann nicht vertraglich ausgeschlossen werden *(§ 128 S. 2 HGB)*.

Auswirkungen der Haftung:

■ Im Außenverhältnis haften alle Gesellschafter der OHG **unmittelbar, direkt, unbeschränkt, persönlich und gesamtschuldnerisch/solidarisch** mit dem Geschäftsvermögen der Gesellschaft und ihrem Privatvermögen.

■ Ein Gläubiger kann **unmittelbar** von jedem Gesellschafter die Befriedigung seiner gesamten Ansprüche verlangen; er kann gleichzeitig gegen die OHG klagen und ein Urteil in das Privatvermögen eines Gesellschafters erwirken.

■ Das Finanzamt kann mittels Haftungsbescheid *(§ 191 Abs. 1 AO)* jeden einzelnen Gesellschafter für die Steuerschulden der OHG belangen, wenn die Vollstreckung in das bewegliche Vermögen der OHG ohne Erfolg geblieben ist *(§ 219 S. 1 AO)* oder anzunehmen ist, dass die Vollstreckung erfolglos sein wird.

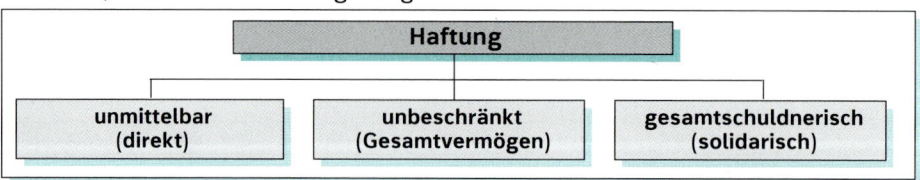

unmittelbar	Jeder Gläubiger kann sich nach Belieben an jeden Gesellschafter mit der Aufforderung wenden, Gesellschaftsverbindlichkeiten auszugleichen.
unbeschränkt	Jeder Gesellschafter haftet mit dem Gesellschaftsvermögen und seinem Privatvermögen.
solidarisch	Es gilt der Grundsatz: einer für alle, alle für einen.
Neueintritt	Neu eintretende Gesellschafter haften für Verbindlichkeiten der Gesellschaft, wenn im Gesellschaftsvertrag keine anderen Regelungen getroffen worden sind.
Ausscheiden	Ausscheidende Gesellschafter haften noch fünf Jahre nach Löschung im Handelsregister für Verbindlichkeiten, die im Zeitpunkt des Ausscheidens bestanden haben.

5

> **Beachten Sie bitte:**
> Die **Gesellschafter** haften unbeschränkt für Gesellschaftsschulden, aber die OHG haftet *nicht für Privatschulden* der Gesellschafter. Möglich ist hier nur eine Pfändung des Kapitalanteils des verschuldeten Gesellschafters.

Ein Gläubiger hat die Möglichkeit zu entscheiden, wer für die Verbindlichkeit haften soll:
- ein Gesellschafter, mehrere Gesellschafter oder alle Gesellschafter,
- nur die OHG,
- Gesellschafter und OHG.

Einwendungen des Gesellschafters *(§ 129 HGB)*:

Bei Inanspruchnahme durch einen Gläubiger kann der einzelne Gesellschafter geltend machen:
- Einwendungen, die von der OHG erhoben werden können,

  Beispiel:

  Die Schuld ist bezahlt, verrechnet oder verjährt.

- persönliche Einwendungen,

  Beispiel:

  Aufrechnung mit einer privaten Forderung

- nur eine aufschiebende Einrede, wenn das Rechtsgeschäft durch die OHG angefochten worden ist. Solange ein Anfechtungsgrund besteht, hat der Gesellschafter ein Leistungsverweigerungsrecht.

Besonderheiten

Werden juristische Personen Gesellschafter einer OHG, so beschränkt sich die Haftung auf das Vermögen dieser juristischen Person. Wenn keine natürlichen Personen Gesellschafter sind, wird gefordert:
- In den Geschäftsbriefen der OHG sind aufzuführen *(§ 125a HGB)*:
  - Rechtsform und Sitz der Gesellschaft,
  - zuständiges Registergericht der Gesellschaft und Registriernummer im Handelsregister,
  - Firmen der Gesellschafter,
  - die nach § 35a GmbHG und § 80 AktG vorgeschriebenen Angaben.
- Bei Zahlungsunfähigkeit, drohender Zahlungsunfähigkeit oder Überschuldung besteht die Pflicht, den Antrag auf Eröffnung des Insolvenzverfahrens zu stellen *(§ 130a HGB, §§ 16–19 InsO)*.
- Die nach den *§§ 32a, 32b GmbHG* getroffenen Regelungen über kapitalersetzende Gesellschafterdarlehen gelten auch für die OHG *(§ 129a HGB)*.

Die erhöhten **Anforderungen** gelten **nicht**, wenn zu den Gesellschaftern eine OHG oder KG gehört, bei der ein persönlich haftender Gesellschafter eine natürliche Person ist.

Wechsel der Gesellschafter

Aufnahme eines neuen Gesellschafters

Die Aufnahme eines neuen Gesellschafters ist grundsätzlich bei Zustimmung aller bisherigen Gesellschafter möglich. Der neue Gesellschafter haftet Dritten gegenüber für die vor seinem Eintritt begründeten Verbindlichkeiten gleich den anderen Gesellschaftern, wenn die Firma fortgeführt wird *(§§ 128, 130 HGB)*.

Ausscheiden eines bisherigen Gesellschafters

Die OHG ist ein personenbezogener Zusammenschluss. Einen freien Wechsel oder der Verkauf von Anteilen durch Gesellschafter gibt es nicht.

Das Ausscheiden eines Gesellschafters *(z. B. Kündigung)* **beendet** das bisherige Gesellschaftsverhältnis, aber **nicht** den Bestand der bisherigen OHG *(§ 131 HGB)*.

Folgende **Gründe** führen nach *§ 131 Abs. 2 HGB* zum Ausscheiden eines Gesellschafters:
- Eröffnung des Insolvenzverfahrens über das Vermögen des Gesellschafters,
- Kündigung des Gesellschafters,
- Eintritt von weiteren im Gesellschaftsvertrag vorgesehenen Fällen,
- Beschluss der Gesellschafter.

Der Tod eines Gesellschafters führt nicht zur Auflösung der Gesellschaft, sondern wird als Ausscheiden des verstorbenen Gesellschafters gewertet. Die Gesellschaft kann von den verbleibenden Gesellschaftern und/oder den Erben weitergeführt werden.

Ausscheidende Gesellschafter haften für Verbindlichkeiten der OHG *(§ 159 HGB)* im Zeitpunkt des Ausscheidens, wenn die bis dahin begründeten Verbindlichkeiten vor Ablauf von fünf Jahren nach dem Ausscheiden fällig und daraus Ansprüche gegen ihn gerichtlich geltend gemacht worden sind; bei öffentlich-rechtlichen Verbindlichkeiten genügt der Erlass eines Verwaltungsaktes. Die Frist beginnt mit dem Ende des Tages, an dem das Ausscheiden in das Handelsregister eingetragen worden ist *(§ 15 Abs. 2 HGB)*. Die Verjährungsfrist von 5 Jahren gilt nur, sofern nicht kürzere Verjährungsfristen gelten *(§§ 194 ff. BGB)*.

Werden im Gesellschaftsvertrag keine anderen Regelungen getroffen, so kann der Ausschluss eines Gesellschafters aus wichtigem Grund auf Antrag der übrigen Gesellschafter durch Beschluss eines Gerichtes herbeigeführt werden *(§ 140 HGB)*.

> **Beispiel:**
>
> *Ein Gesellschafter macht sich schwerwiegender und grob fahrlässiger Pflichtverletzungen schuldig.*

Fortsetzung der OHG mit den Erben eines Gesellschafters

Die Fortsetzung der OHG mit dem oder den Erben eines Gesellschafters muss im Gesellschaftsvertrag bestimmt sein, um den Bestand der OHG nicht zu gefährden *(§ 139 HGB)*. Möglich ist
- die Fortsetzung der bisherigen Gesellschaftsverhältnisse durch den Erben mit allen Rechten und Pflichten,
- Umwandlung der OHG in eine KG und Eintritt des Erben als Kommanditist; der Erbe muss diese Entscheidung innerhalb von drei Monaten treffen.

> **Beispiel:**
>
> *Der Erbe ist beruflich und örtlich anders gebunden und will keine Aufgaben in der OHG übernehmen.*

Jeder Gesellschafterwechsel ist dem Handelsregister anzumelden *(§ 143 Abs. 2 HGB)*.

Scheidet ein Gesellschafter aus dem Gesellschaftsverhältnis aus, ohne dass ein neuer Gesellschafter in die OHG eintritt, so erlischt der Gesellschaftsanteil des ausscheidenden Gesellschafters und er erhält einen schuldrechtlichen **Abfindungsanspruch** gegen die OHG *(§ 105 Abs. 2 HGB i. V. m. §§ 738 Abs. 1 S. 2, 730–735 BGB)*. Infolge des Ausscheidens eines Gesellschafters erweitert sich die Mitgliedschaft der verbleibenden Gesellschafter *(§ 738 Abs. 1 S. 1 BGB)*.

Um den Wert der Beteiligung festzustellen, wird eine Abschichtungs- oder Auseinandersetzungsbilanz für den Ausscheidungstag erstellt. Dies führt zu einer Neubewertung aller Positionen *(z. B. der Ermittlung von stillen Reserven)*. Nicht einfach ist in diesen Fällen die Bewertung des Firmenwertes. Für diesen Fall sollten weitgehende Regelungen im Gesellschaftsvertrag getroffen werden, um Streitigkeiten zu vermeiden. Entspricht die Abfindung des ausscheidenden Gesellschafters dem Buchwert seines Kapitalkontos, so tritt in der Bilanz an die Stelle des Kapitalkontos eine Abfindungsverbindlichkeit. Erhält der ausscheidende Gesellschafter mehr als den Buchwert seines Kapitalkontos, spricht das für die Existenz von stillen Reserven. Der ausscheidende Gesellschafter erzielt in Höhe des Mehrbetrages einen Veräußerungsgewinn, der nach *§§ 16, 34 EStG* steuerbegünstigt ist.

Der oder die verbleibenden Gesellschafter müssen – ggf. in Ergänzungsbilanzen – den über das Kapitalkonto des ausscheidenden Gesellschafters hinausgehenden **Abfindungsbetrag** (= Mehrbetrag) anteilmäßig bei den Wirtschaftsgütern hinzurechnen (aktivieren), die stille Reserven enthalten. Übersteigt der Abfindungsbetrag den Anteil des Ausscheidenden an den stillen Reserven, ist der übersteigende Betrag als **Geschäftswert/Firmenwert** zu aktivieren.

Leistet die OHG an ausscheidende Gesellschafter

- Sachwerte, so liegt eine umsatzsteuerbare Leistung gegen Entgelt, hier gegen Verzicht auf Gesellschaftsanteile vor; es handelt sich um einen tauschähnlichen Umsatz; die Bemessungsgrundlage bestimmt sich nach *§ 10 Abs. 2 S. 2 UStG*;
- Bargeld, Bankguthaben oder Darlehen, so sind diese Leistungen nach *§ 4 Nr. 8 UStG* umsatzsteuerfrei.

■ Auflösung der Gesellschaft

Die Beendigung der Gesellschaft OHG vollzieht sich in zwei unterschiedlichen Schritten:
- erster Schritt: **Auflösung,**
- zweiter Schritt: **Auseinandersetzung**.

Erst nach Abschluss der Auseinandersetzung ist die Gesellschaft beendet.

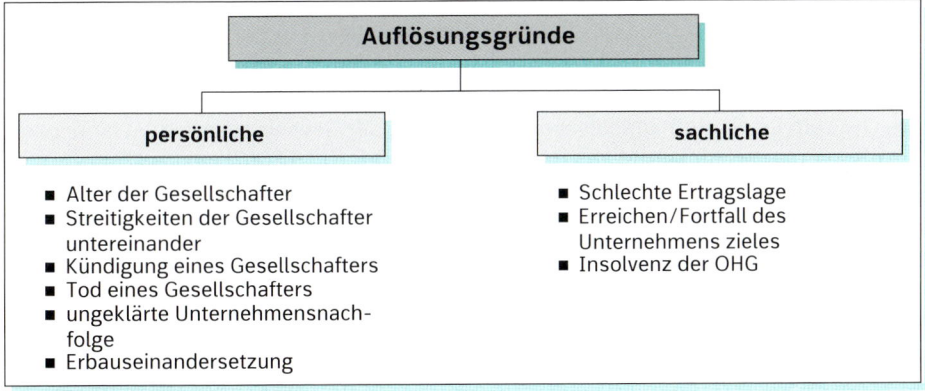

Gesetzliche Auflösungsgründe sind *(§ 131 ff. HGB)*:
- Zeitablauf,
- Beschluss der Gesellschafter,
- Eröffnung des Insolvenzverfahrens über die OHG,
- gerichtliche Entscheidung bei Vorliegen eines wichtigen Grundes.

Zusätzliche **vertragliche Auflösungsgründe** können vereinbart werden. Die Auflösung der OHG muss zum Handelsregister angemeldet werden. Im Falle der Insolvenzeröffnung erfolgt die Abmeldung von Amts wegen *(§§ 31, 32 InsO)*.

Auseinandersetzung

Wenn kein Konkurs eröffnet wurde und im Gesellschaftsvertrag keine Regelungen für die Auflösung getroffen worden sind, so findet nach der Auflösung die Liquidation statt *(§ 145 HGB)*.

Ablauf der Liquidation *(§ 145 ff. HGB)*:
1. Ernennung der Liquidatoren,
2. Anmeldung der Liquidatoren zur Eintragung ins Handelsregister,
3. Übernahme der Geschäftsführung und Vertretung durch die Liquidatoren,
4. Anmeldung der Änderung der Firma *(z. B. „... OHG i. L.")*,
5. Beendigung der laufenden Geschäfte,

6. Einzug der Gesellschaftsforderungen,
7. Umsetzung des Vermögens in Geld,
8. Befriedigung der Gläubiger,
9. Erstellung einer Liquidationsbilanz,
10. Verteilung des verbleibenden Vermögens an die Kapitaleigner im Verhältnis der Kapitalanteile der Schlussbilanz *(§ 155 HGB)*.

Die OHG ist mit der Verteilung des verbleibenden Vermögens beendet. Nach der Beendigung der Liquidation ist das **Erlöschen** der Firma von den Liquidatoren zur Eintragung in das Handelsregister anzumelden.

Wenn Gläubiger nicht befriedigt werden konnten, so haften die Gesellschafter der OHG für Verbindlichkeiten der OHG im Zeitpunkt der Liquidation, wenn die bis dahin begründeten Verbindlichkeiten vor Ablauf von fünf Jahren nach der Liquidation fällig und daraus Ansprüche gegen sie gerichtlich geltend gemacht worden sind; bei öffentlich-rechtlichen Verbindlichkeiten genügt der Erlass eines Verwaltungsaktes. Die Frist beginnt mit dem Ende des Tages, an dem die Liquidation in das Handelsregister eingetragen worden ist *(§ 160 Abs. 1 HGB)*.

▮ Steuerliche Behandlung der OHG

Einkommensteuer

Einkommensteuerpflichtig ist **nicht** die Gesellschaft OHG, einkommensteuerpflichtig sind die Träger des Gesamtvermögens, die Gesellschafter. Diese sind Mitunternehmer. Eine OHG übt i. d. R. ein Handelsgewerbe aus, d. h., der Gewinn oder Verlust ist bei den Gesellschaftern als Einkünfte aus Gewerbebetrieb *(§§ 15, 16 EStG)* anzusetzen.

Ausnahmen:
- reine Freiberuflergesellschaft oder
- Vermögensverwaltungsgesellschaft

Die Gewinnermittlung je Gesellschafter (→ Mitunternehmer) erfolgt in Stufen:

1. Stufe:	- Ermittlung des Gewinns/Verlustes der Personengesellschaft OHG - Aufteilung des ermittelten Gewinns/Verlustes auf die Gesellschafter gem. der GuV-Verteilungsabrede im Gesellschaftsvertrag bzw. laut Gesetz (= Gewinnanteil aus Mitunternehmerschaft)
2. Stufe:	Gesellschaftern, die Mitunternehmer i. S. d. *§ 15 Abs. 1 Nr. 2 EStG* sind, werden als gewerbliche Einkünfte nicht nur ihre Anteile am Gewinn/Verlust der Gesellschaft, sondern auch ihre Sondervergütungen zugerechnet. Hierbei handelt es sich um Vergütungen an den bzw. die Gesellschafter für Dienstleistungen, Darlehensgewährungen oder für die Vermietung und Verpachtung von Wirtschaftsgütern. Für Wirtschaftsgüter des **Sonderbetriebsvermögens** eines jeden Gesellschafters sind für diesen eine Sonderbilanz und eine Sonder-GuV aufzustellen, um die Sondervergütungen festzustellen.
3. Stufe:	Addition der Ergebnisse: Gewinnanteil aus der Mitunternehmerschaft *(§ 15 Abs. 1 S. 1 Nr. 2 Hs. 1 EStG)* + Sondervergütungen *(§ 15 Abs. 1 S. 1 Nr. 2 Hs. 2 EStG)* + Anteil am Ergänzungsbilanzergebnis <hr>= steuerlicher Gesamtgewinn des Gesellschafters als Mitunternehmer Dieser Gesamtgewinn unterliegt dem persönlichen ESt-Steuersatz des einzelnen Gesellschafters.

Sind die Gesellschafter der OHG Körperschaften, so unterliegen die den einzelnen Körperschaften zugerechneten Gewinnanteile der Körperschaftsteuer. Kapitalertragsteuer wird in diesem Fall nicht einbehalten.

Gewerbesteuer

Als Handelsgesellschaft erzielt die OHG i.d.R. Einkünfte aus Gewerbebetrieb.
Auf der Ebene der inländischen OHG wird Gewerbesteuer berechnet. Schuldner der GewSt ist die OHG *(§ 5 Abs. 1 GewStG)*.
Es ist der gesondert und einheitliche Gewinn der OHG zu ermitteln; er ist Grundlage für die Ermittlung des Gewerbeertrages. Als Personengesellschaft kann die OHG einen Freibetrag nach *§ 11 Abs. 1 Nr. 1 GewStG* abziehen; weiterhin wird den Gesellschaftern der OHG die gezahlte anteilige GewSt zum Teil auf ihre Einkommensteuerschuld angerechnet, um eine Doppelbelastung zu vermeiden.

Keine Gewerbesteuerpflicht besteht bei
- land- und forstwirtschaftlicher Tätigkeit,
- selbstständiger Tätigkeit,
- Vermögensverwaltung.

Umsatzsteuer

Die OHG ist Unternehmer nach *§ 2 Abs. 1 UStG* und tätigt Umsätze i.S.d. *§ 1 Abs. 1 UStG*. Die OHG ist selbst Steuerpflichtiger und Steuerschuldner der Umsatzsteuer.
Die Steuerpflicht entsteht mit Abschluss des Gesellschaftsvertrages und der Aufnahme der nach außen gerichteten Tätigkeit.
Ist die OHG selbst Unternehmer i.S.d. *UStG*, ist auch jeder Leistungsaustausch zwischen der OHG und den Gesellschaftern den Regelungen des UStG unterworfen.

Grunderwerbsteuer

Erwirbt die OHG ein Grundstück für das Gesamthandsvermögen der OHG, so ist die Grundstückseinbringung gem. *§ 1 Abs. 1 Nr. 1 GrEStG* grunderwerbsteuerpflichtig, wenn die Freigrenze überschritten wird.
Legt ein Mitunternehmer ein Grundstück ein, so ist nach *§ 5 Abs. 2 GrEStG* zu prüfen, ob eine Steuerbefreiung in Höhe des Anteils, mit dem der Veräußerer am Vermögen der OHG beteiligt ist, greift.
Grundstücks- oder Anteilsübertragungen im Rahmen bestimmter betrieblicher Umstrukturierungen sind von der Grunderwerbsteuer befreit.

Schenkungs- und Erbschaftsteuer

Bei der Übertragung von Betriebsvermögen im Wege der Schenkung oder Erbfolge auf einen Nachfolger wird bei der Erbschaftsteuer ein spezieller Freibetrag nach *§§ 13a, 13b ErbStG* für Betriebsvermögen gewährt.

5

Die **OHG** ...

- ist eine Personenhandelsgesellschaft mit mindestens zwei Gesellschaftern,
- ist stets Kaufmann,
- ist ins Handelsregister Abteilung A einzutragen; alle Gesellschafter sind zur Anmeldung verpflichtet,
- führt eine Personen-, Sach- oder Fantasiebezeichnung mit mindestens einem Zusatz „OHG", erfordert weder Mindesteinlagen noch Mindestkapital.
- Das Vermögen der OHG ist Gesamthandsvermögen der Gesellschafter.
- Die Gesellschafter haften für Verbindlichkeiten der OHG unmittelbar, unbeschränkt und gesamtschuldnerisch.
- Die Geschäftsführung steht bei gewöhnlichen Geschäften allen Gesellschaftern grundsätzlich einzeln zu.
- Die Vertretung der OHG geschieht grundsätzlich durch die Gesellschafter einzeln.
- Wenn keine andere vertragliche Regelung getroffen wurde, wird zur Gewinnverteilung zuerst die Kapitaleinlage jedes Gesellschafters mit 4 % verzinst, der verbleibende Gewinn wird **nach Köpfen** verteilt; ein Verlust wird **nach Köpfen** verteilt.

Vorteile	Nachteile
■ Gründung ohne Mindestkapital ■ geringe Anforderungen an Form und Inhalt des Gesellschaftsvertrages ■ differenzierte Kenntnisse der Gesellschafter verbessern die Geschäftsführung ■ erhöhte Kreditwürdigkeit durch die Vollhaftung der Gesellschafter ■ großes Interesse der Gesellschafter an der Geschäftsführung und dem Unternehmensbestand durch die gesamthänderische Haftung und Kapitalbildung ■ Verantwortung wird auf mehrere Schultern verteilt ■ das Risiko wird geteilt ■ Erhöhung der Eigenkapitalbasis ■ Erweiterung der Kreditbasis, relativ kreditwürdig ■ der Verlust wird von mehreren getragen ■ infolge der persönlichen Haftung der Gesellschafter hohes Ansehen bei Geschäftspartnern ■ Möglichkeit der steuerlichen Verrechnung von Verlusten mit sonstigen Einkünften der Gesellschafter	■ Handelsregistereintragung ist zwingend ■ direkte, unbeschränkte, gesamtschuldnerische Haftung ■ fehlende Kontrollorgane ■ Gefahr der Aushöhlung des Haftungsvolumens durch aufwendige Lebensführung der Gesellschafter ■ Einschränkung der Selbstständigkeit ■ der Gewinn ist zu teilen ■ Gefahr von Unstimmigkeiten (Kündigung, Abfindungsansprüche) ■ unbeschränkte Haftung auch bei Verschulden von Mitgesellschaftern ■ keine Haftungsbeschränkung gegenüber Gläubigern der OHG ■ Tätigkeitsvergütungen und Sondervergütungen können nicht als Betriebsausgaben angesetzt werden

5

Übungsaufgaben

1. Wann entsteht die OHG im Innenverhältnis und im Außenverhältnis?

2. Beschreiben Sie die rechtliche Stellung der OHG.

3. Wer kann Gesellschafter der OHG werden?

4. In welche Abteilung des Handelsregisters wird die OHG eingetragen? Welche Daten werden eingetragen? Wer muss die Anmeldung vornehmen?

5. Welche Firmenbezeichnungen sind möglich, wenn die OHG-Gesellschafter Mühsam, Fleißig und Willig heißen?

6. In welcher Form können die Kapitalkonten der Gesellschafter in der Bilanz aufgeführt werden?

7. Wer führt die Geschäfte der OHG?

8. Grenzen Sie die Begriffe Geschäftsführung und Vertretung ab.

9. Erklären Sie den Begriff Gesamthandsvermögen.

10. Wer vertritt die OHG gegenüber Dritten?

11. Beschreiben Sie Rechte und Pflichten der Gesellschafter.

12. Zeigen Sie auf, wie ein Verlust bzw. ein Gewinn nach gesetzlichen Vorschriften zu verteilen ist.

13. Wie werden Beschlüsse der Gesellschafter gefasst?

14. Beschreiben Sie die Haftung der Gesellschafter.

15. Nennen Sie gesetzliche Auflösungsgründe der OHG.

16. Die Spül GmbH und Herr Hans Klug wollen eine OHG gründen. Zeigen Sie auf, welche Firma möglich ist.

17. Herr Pech ist mit 50 000,00 €, Frau Glück mit 300 000,00 € an einer OHG beteiligt.
    a) Die OHG erwirtschaftet einen Gewinn von 84 000,00 €.
    b) Die OHG erwirtschaftet einen Verlust von 49 000,00 €.
    Zeigen Sie auf, wie der Gewinn/Verlust nach den gesetzlichen Bestimmungen zu verteilen ist.

18. Die Wunderschön OHG hat als Gesellschafter Frau Wunderschön, Herrn Schnell und Frau Fit. Laut Gesellschaftsvertrag wird für die Geschäftsführung die Regelung des *§ 114 Abs. 1 HGB* festgeschrieben. Herr Schnell beauftragt den Bauunternehmer Stein, für die Wunderschön OHG eine neue Fertigungshalle zu errichten. Prüfen Sie, ob Herr Schnell seine Rechte und Pflichten als Gesellschafter beachtet hat.

19. Gesellschafter der „Geschwister Blatt OHG" sind Bernd Blatt und Bertha Blatt mit einer Kapitaleinlage von jeweils 50 000,00 €. Die OHG erzielt einen Gewinn von 124 000,00 €. Wem und wie wird der Gewinn einkommensteuerrechtlich zugerechnet?

20. Prüfen Sie in den nachfolgenden Fällen, ob Gewerbesteuerpflicht vorliegt.
    ■ Pingelig und Genau OHG, Steuerberatungsgesellschaft,
    ■ Hammer OHG, Großhandel für Herrenbekleidung.
    Begründen Sie Ihre Entscheidung.

21. Nennen Sie steuerrechtliche Vorteile, wenn Familienangehörige als Gesellschafter in eine OHG aufgenommen werden.

22. Prüfen Sie, ob die Firma „Hilmar Himmel & Freundin" zulässig ist.

23. In welchem der nachfolgenden Sachverhalte ist eine Eintragung ins Handelsregister notwendig?
    a) Gründung einer Gesellschaft bürgerlichen Rechts,
    b) Aufnahme einer neuen Gesellschafterin in eine bestehende OHG,
    c) Insolvenz der OHG.

24. Frau Möchte und Frau Gerne gründen eine OHG. Im Gesellschaftsvertrag wird vereinbart, dass Frau Möchte für den kaufmännischen Teil und Frau Gerne für die Herstellung von Damenhosen zuständig sein sollen. Die Möchte & Gerne OHG wird am 11. Nov. ins Handelsregister eingetragen. Am 15. Nov. erfolgt die Veröffentlichung der Eintragung.
    a) Frau Gerne bestellt eine Nähmaschine im Werte von 30 000,00 € zuzüglich USt,
    b) Frau Möchte nimmt einen Kredit bei der Bank über 80 000,00 € auf.
    Prüfen Sie, ob die beiden Verträge für die OHG verbindlich sind.

25. Die Gesellschafter der Himmel OHG sind Herr Himmel und Frau Hölle. Für Geschäftsführung und Vertretung der OHG gelten die gesetzlichen Regelungen.
    a) Herr Himmel least einen Kopierer für das Unternehmen.
    b) Frau Hölle kauft in Unkenntnis des Leasinggeschäfts von Herrn Himmel einen Kopierer.
    Prüfen Sie, ob die Verträge für die OHG verbindlich sind.

5

26. Der Gesellschafter Haben der Haben & Nichts OHG möchte für seinen privaten Lebensunterhalt 3 000,00 € entnehmen. Beurteilen Sie diesen Vorgang.

27. Karla Köbes, Jens Jeetso und Miriam Mecker möchten zusammen eine OHG gründen.
Die Geschäftstätigkeit wird am 12.03.2018 aufgenommen, am 18.03.2018 wird der Gesellschaftervertrag notariell beurkundet, am 29.09.2018 erfolgt die Eintragung beim zuständigem Handelsregister.
Laut Gesellschaftervertrag sind Karla Köbes und Jens Jeetso gemeinschaftlich zur Vertretung der OHG berechtigt, Miriam Mecker hat Alleinvertretungsrecht. Jeder Gesellschafter ist mit 50 000,00 € beteiligt.

a) Ab wann existiert die OHG? Wie wird die Gesellschaft vorher behandelt?

b) Am 20.03.2018 bestellt Frau Köbes für die OHG einen Firmen-Pkw.
Prüfen Sie, ob sie zu diesem Erwerb berechtigt ist.

c) Herr Jeetso und Frau Köbes erwerben im Einverständnis mit Frau Mecker eine neue Verpackungsmaschine zum Preis von 40 000,00 € zuzüglich USt. Der Verkäufer der Maschine verlangt den vollen Kaufpreis von der vermögenden Frau Köbes.
Muss Frau Köbes für den gesamten Kaufpreis alleine einstehen?

d) Das Unternehmen macht im Geschäftsjahr 15 einen Verlust von 20 000,00 €. Herr Jeetso verlangt für seinen privaten Lebensunterhalt eine Auszahlung von 8 000,00 €.
Hat er auf diese Zahlung einen Rechtsanspruch?

e) Erstellen Sie die Verlustbeteiligung der Gesellschafter, wenn die gesetzliche Regelung anzuwenden ist.

28. Vier Personen, zwei Frauen F und G sowie zwei Männer M und N, möchten eine OHG gründen. Der Handelszweck ist der Vertrieb von Fahrrädern. Alle sollen zu gleichen Teilen an der OHG beteiligt werden. Sie haben folgende Fragen im Rahmen der Gründung:

a) Erfordert der Gesellschaftsvertrag eine besondere Form?

b) Ist für die zukünftigen Gesellschafter eine Mindesteinlage gefordert?

c) Worauf muss der Betrieb der OHG gerichtet sein?

d) Die Firmenbezeichnung soll „Girls & Boys" lauten. Ist das möglich? Bitte begründen Sie.

e) Muss die Firma in das Handelsregister eingetragen werden?

f) Am 01.04.2012 wurde die OHG als „Fahrspaß OHG" korrekt in das Handelsregister eingetragen. Die Geschäftstätigkeit wurde bereits am 18. Februar 2012 aufgenommen. Welche Folgen ergeben sich hieraus?

g) Muss die OHG Bücher führen?

h) Nennen Sie die Vor- und Nachteile der OHG.

i) Welche Wirkung hat die HR-Eintragung?

j) Wer ist gesetzlich zur Vertretung und wer zur Geschäftsführung berechtigt?

k) Der Gesellschafter N ist nicht fähig, die Geschäftsführung und Vertretung auszuüben. Kann ihm das Recht auf Geschäftsführung und Vertretung entzogen werden?

l) Kann F als Gesellschafterin alleine entscheiden, ob eine weitere Gesellschafterin aufgenommen wird?

m) Wie ist die Haftung im Insolvenzfall?

n) Die Gesellschafterin G hat ohne jede Rücksprache mit den anderen Gesellschaftern für die OHG einen Pkw für 60 000,00 € gekauft.
• Muss G als Käuferin den Kaufpreis alleine bezahlen?
• Muss G infolge ihres Anteils von 25 % auch nur 25 % des Kaufpreises bezahlen?
• Müssen F, M und N 75 % des Kaufpreises bezahlen?

o) Es kommt zum Streit zwischen den Gesellschaftern. F und G wollen als Gesellschafter aussteigen. Nehmen Sie dazu Stellung.

5.5.3 Kommanditgesellschaft

Rechtsgrundlagen: *§§ 161–177a HGB*
§ 161 Abs. 2 i. V. m. §§ 105–160 HGB
§ 105 Abs. 2 i. V. m. §§ 705–740 BGB

Kennzeichen und Bedeutung

Die **KG** ist eine **Personenhandelsgesellschaft**,

- deren Zweck auf den Betrieb eines **Handelsgewerbes** unter gemeinschaftlicher Firma gerichtet ist,
- wobei bei einem oder mehreren Gesellschaftern, den **Kommanditisten**, die Haftung gegenüber den Gesellschaftsgläubigern auf eine bestimmte Vermögenseinlage beschränkt ist,
- während bei dem anderen Teil der Gesellschafter, den **Komplementären**, die Haftung unbeschränkt ist *(§ 161 HGB)*.

Die Vollhafter (Komplementäre) sind Kaufleute, die Teilhaber (Kommanditisten) nicht.

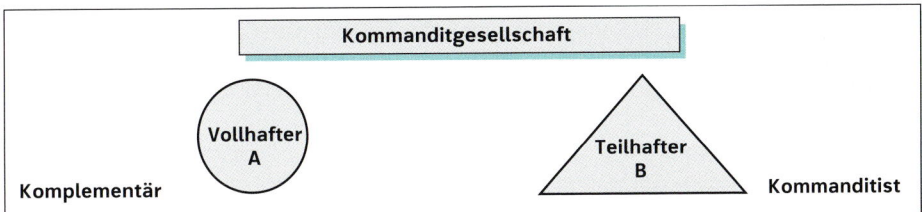

Die KG ist sehr beliebt und bei kleineren und mittleren Unternehmen verbreitet. Die KG bietet die Möglichkeit, die Eigenkapitalbasis zu erweitern, ohne gleichzeitig Geschäftsführung und Vertretung erweitern zu müssen. Das Publizitätsgesetz gilt für die KG nicht, soweit nicht zwei Grenzen für Großunternehmen nach Publizitätsgesetz überschritten werden.
Soweit in den *§§ 161–177a HGB* nichts anderes bestimmt ist, gelten für die KG die Rechtsvorschriften der OHG.
In Deutschland werden etwa 137 700 Kommanditgesellschaften (einschließlich der GmbH & Co. KG, AG & Co. KG) gezählt, wovon ca. 17 100 reine Kommanditgesellschaften sind.

Gründung

Innenverhältnis

Die KG entsteht im Innenverhältnis durch einen **Gesellschaftsvertrag** zwischen mindestens zwei Personen. Dies können natürliche und/oder juristische Personen, eine OHG, eine BGB-Gesellschaft oder eine KG sein.
Der Gesellschaftsvertrag ist **formfrei**, d. h., er kann schriftlich, mündlich oder durch konkludentes Handeln wirksam werden.
Im Geschäftsleben ist die Schriftform üblich; auch aufgrund steuerlicher Mitwirkungs- und Nachweispflichten *(§ 90 ff. AO)*. Alle grundlegenden Vereinbarungen der Gesellschafter sollten klar, eindeutig und zweifelsfrei aufgeführt werden, um Streitigkeiten möglichst zu vermeiden. Der Gesellschaftsvertrag sollte Mindestregeln enthalten zu Gegenstand, Firma, Sitz, Namen und Anschriften der Gesellschafter, Art und Umfang der Einlagen der Gesellschafter, Geschäftsführungs- und Vertretungsbefugnissen, Gewinn- und Verlustbeteiligung, Beendigung der Gesellschaft und Ausscheiden von Gesellschaftern.

Außenverhältnis

Betreibt die KG ein Handelsgewerbe, so existiert die Gesellschaft ab Aufnahme der Tätigkeit. Wird die Geschäftstätigkeit bereits vor der Eintragung ins Handelsregister mit Zustimmung der Kommanditisten (Teilhafter) aufgenommen, so haften diese für alle Verbindlichkeiten bis zur Eintragung ins Handelsregister wie Gesellschafter der OHG, es sei denn, dem Gläubiger ist die Beteiligung als Kommanditist bekannt *(§ 176 HGB)*. Es gelten bis zur Eintragung die Vorschriften für die GbR.

■ Rechtliche Stellung

Die KG ist
- wie die OHG **keine juristische Person**, sie ist aber der juristischen Person angenähert, d. h., sie hat keine eigene Rechtspersönlichkeit. Dies hat zur Folge, dass die KG unter ihrer Firma
  - Rechte erwerben und veräußern,
  - Verbindlichkeiten eingehen,
  - klagen und verklagt werden kann *(§§ 161 Abs. 2, 124 HGB)*,
  - Verträge abschließen,
  - Eigentum erwerben und übertragen,
- **partei-**, aber **nicht prozessfähig** *(§ 50 ZPO)*,
- **deliktsfähig** *(§ 31 BGB analog, § 1 UWG)*,
- **grundbuchfähig**, d. h., sie kann unter ihrer Firma Eigentum an Grundstücken erwerben,
- **insolvenzfähig** *(§ 11 InsO)*,
- **buchführungspflichtig** nach *§ 238 HGB*.

■ Handelsregister

Die KG ist über einen Notar von sämtlichen Gesellschaftern bei dem Amtsgericht, in dessen Bezirk sie ihren Sitz hat, zur Eintragung ins Handelsregister, Abteilung A, anzumelden *(§ 162 HGB)*.

Die **Anmeldung** muss enthalten:
- den Namen, Vornamen, das Geburtsdatum und den Wohnort jedes Gesellschafters sowie bei juristischen Personen einen beglaubigten HR-Auszug,
- die Firma der Gesellschaft und den Ort, wo sie ihren Sitz hat,
- den Zeitpunkt, mit welchem die Gesellschaft begonnen hat,
- die Bezeichnung der Kommanditisten,
- den Betrag der Einlage eines jeden Kommanditisten.

Bei der Bekanntmachung der Gesellschaftseintragung sind keine Angaben zu den Kommanditisten zu machen *(§ 162 Abs. 2 HGB)*.

■ Firma

Die Firma der KG besteht aus:
- Personennamen (möglich sind sowohl der/die Namen der Komplementäre als auch der Kommanditisten), Sach- oder Fantasiebezeichnungen und
- der Rechtsformbezeichnung „Kommanditgesellschaft" oder einer verständlichen Abkürzung wie „KG".

■ Kapital

Auf die *Komplementäre* treffen die gleichen Regelungen zu wie auf die Gesellschafter der OHG.

Für die *Kommanditisten* sind zunächst feste Kapitalkonten in Höhe des Haftungskapitals, das im Handelsregister eingetragen ist, zu führen. Daneben weist die KG variable

„Kapital"-Konten als Darlehens- oder Verrechnungskonten aus, auf denen die ausgeschütteten Gewinne und Entnahmen der Kommanditisten erfasst werden und die aus der Sicht der KG Verbindlichkeitscharakter haben.

Ein eventueller Verlust kürzt die Kapitaleinlagen.

Gesellschaftsvermögen

Das Gesellschaftsvermögen ist Gesamteigentum aller Gesellschafter.

Geschäftsführung

Gesetzliche Regelung

Zur Geschäftsführung der KG sind nur die Komplementäre berechtigt und verpflichtet *(§ 164 i. V. m. § 114 Abs. 1 HGB)*. Der Gesetzgeber unterstellt, dass diese Gesellschafter ihre Arbeitskraft der KG voll zur Verfügung stellen.

Die *Kommanditisten* sind von der Geschäftsführung ausgeschlossen. Geschäfte jedoch, die ungewöhnlich sind und die Grundlage und den Kernbereich der Gesellschaft betreffen, bedürfen der Zustimmung der Kommanditisten *(§ 164 HGB)*.

Vertragliche Regelung

Für die *Komplementäre* bestehen die gleichen Gestaltungsmöglichkeiten wie für die Gesellschafter der OHG.

Einem *Kommanditisten* kann zwar Geschäftsführungsbefugnis *(§§ 115, 116 HGB)*, nicht jedoch Vertretungsmacht *(§ 170 HGB)* erteilt werden.

Sind an einer KG viele Kommanditisten beteiligt, so kann der Gesellschaftsvertrag vorsehen, dass ein **Beirat** (Aufsichtsrat, Verwaltungsrat oder Ähnliches) neben oder an Stelle der Kommanditisten deren Zustimmungsrechte *(§ 164 HGB)* und Kontrollrechte *(§ 166 HGB)* wahrnimmt.

Vertretung

Zur Vertretung der Gesellschaft nach außen ist jeder einzelne geschäftsführende *Komplementär* allein berechtigt (Einzelvertretung). Gesetzliche und vertragliche Regelungen gelten für die Komplementäre analog den Bestimmungen über die OHG.
Kommanditisten sind nicht zur Vertretung der Gesellschaft ermächtigt *(§ 170 HGB)*, sie können aber durch Gesellschaftsvertrag jede Art von Vollmacht – auch Prokura – erhalten. Die Prokura kann jederzeit aus wichtigem Grund entzogen werden *(§ 52 Abs. 1 HGB)*.

Pflichten der Gesellschafter

Aufgrund fehlender gesetzlicher Vorschriften gelten die Pflichten der Gesellschafter der OHG weitgehend auch für die Gesellschafter der KG. Besonderheiten ergeben sich nur für die Kommanditisten.
Kommanditisten unterliegen nicht dem Wettbewerbsverbot *(§ 165 HGB)*, weil davon auszugehen ist, dass sie von der Geschäftsführung ausgeschlossen sind und somit keine betriebsinternen Daten weiterverwerten können. Sofern im Gesellschaftsvertrag eine Geschäftsführung für Kommanditisten vorgesehen ist, kann davon ausgegangen werden, dass in diesem Fall das Wettbewerbsverbot auch gilt.
Der Verlust eines Wirtschaftsjahres wird angemessen verteilt *(§ 168 HGB)*, wenn keine andere vertragliche Regelung vereinbart ist. Der *Kommanditist* nimmt aber am Verlust nur bis zur Höhe seines im Handelsregister eingetragenen Kapitalanteils und seiner noch rückständigen Einlage teil *(§ 167 Abs. 3 HGB)*.

5

▣ Rechte der Gesellschafter

Die *Komplementäre* werden wie die Gesellschafter der OHG behandelt. Folgende Besonderheiten ergeben sich für die *Kommanditisten:*

Gewinnverteilung

Gewinn bzw. Verlust werden nach den Vorschriften des HGB ermittelt.

Der Bilanzentwurf wird von den vollhaftenden Gesellschaftern aufgestellt, die verbindliche Feststellung der Bilanz sowie die Ergebnisverwendung *(z. B. Rücklagenbildung)* gehören zu den Grundlagenentscheidungen, die von allen Gesellschaftern beschlossen werden müssen. Im Gesellschaftsvertrag können abweichende Regelungen vereinbart werden.

Gesetzliche Gewinnverteilung nach *§ 168 HGB:*

- zunächst 4 % auf die Kapitaleinlagen; diese Kapitalverzinsung steht den Gesellschaftern nur zu, wenn ein entsprechender Gewinn erzielt worden ist.
- der über die Kapitalverzinsung hinaus zur Verfügung stehende Gewinnanteil ist im angemessenen Verhältnis vorzunehmen.

Komplementäre können durch Stehenlassen des Gewinns ihre Kapitaleinlagen erhöhen. Die zurechenbaren Gewinnanteile eines *Kommanditisten* dürfen seinem Kapitalkonto nur so lange gutgeschrieben werden, bis die vereinbarte Kapitaleinlage erreicht ist *(§ 167 Abs. 2 HGB)*. Ist die Kapitaleinlage bereits vollständig eingezahlt, so ist der Gewinnanteil dem Darlehenskonto bzw. Verrechnungskonto des Kommanditisten gutzuschreiben.

Die gesetzliche Gewinnverteilung wird im Geschäftsleben überwiegend durch vertragliche Regelungen (dispositives Recht) ersetzt, um ggf. die unterschiedlichen Arbeitsleistungen und Kapitaleinlagen der einzelnen Gesellschafter, den besonders angesehenen Namen, Kreditwürdigkeit, persönliche Eigenschaften, Leistungs- und Führungsqualitäten usw. eines Gesellschafters angemessen zu berücksichtigen.

Beispiel:

Der Jahresgewinn der Unten KG beträgt 68 000,00 €, Komplementär ist Ulli Unten. Er erhält vorweg für seine Arbeitsleistung 24 000,00 €, Kommanditistin ist Ulla Unten.

Gesellschafter	Kapitalanteile	4 % Zinsen	Vorweg Vollhafter	Angemessene Restverteilung	Gewinnanteil
Ulli Unten	90 000,00 €	3 600,00 €	24 000,00 €	36 000,00 €	63 600,00 €
Ulla Unten	10 000,00 €	400,00 €		4 000,00 €	4 400,00 €
	100 000,00 €	4 000,00 €	24 000,00 €	40 000,00 €	68 000,00 €

Verlustbeteiligung

Komplementäre und Kommanditisten werden in gleicher Weise mit einem Verlustanteil belastet. Der Verlustanteil mindert den Kapitalanteil, hierbei kann der Kapitalanteil auch negativ werden.

Wird das Kapitalkonto eines Kommanditisten durch Verluste gekürzt, muss dieses Konto in der Zukunft durch Gewinngutschriften wieder aufgefüllt werden. Die zurechenbaren Gewinnanteile eines *Kommanditisten* dürfen seinem Kapitalkonto nur so lange gutgeschrieben werden, bis die vereinbarte Kapitaleinlage erreicht ist *(§ 167 Abs. 2 HGB)*.

An einem Verlust nimmt der Kommanditist nur bis zum Betrage seines Kapitalanteils und seiner noch rückständigen Einlage teil *(§ 167 Abs. 3 HGB)*.

Entnahmerecht

Komplementären steht gesetzlich ein Entnahmerecht in Höhe von 4 % des für das letzte Geschäftsjahr festgestellten Kapitalanteils zu. Das Entnahmerecht ist unabhängig davon, ob die Gesellschaft Gewinn erzielt hat.

Das Entnahmerecht gilt *nicht für Kommanditisten (§ 169 Abs. 1 HGB)*. Dieser hat nur Anspruch auf Auszahlung des ihm zustehenden Gewinnanteils, wenn die vertraglich vereinbarte Kapitaleinlage bereits voll geleistet worden ist. Das Entnahmerecht des Kommanditisten ist aus seiner Treuepflicht heraus zu versagen, wenn sein Kapitalanteil durch vorherige Verluste die vereinbarte Kapitaleinlage unterschreitet oder unterschreiten würde. Hat ein Kommanditist aufgrund einer im guten Glauben ordnungsgemäß erstellten Bilanz gutgläubig Gewinnanteile erhalten, so ist er nicht zur Rückzahlung verpflichtet *(§ 172 Abs. 5 HGB)*. Im Gesellschaftsvertrag können andere Regelungen getroffen werden.

Kontrollrecht der Kommanditisten

Ein Kommanditist hat

- ein **ordentliches Informationsrecht** *(§ 166 Abs. 1 HGB)*. Dies beinhaltet einen Anspruch auf „abschriftliche Mitteilung" des Jahresabschlusses sowie dessen Prüfung anhand von Einsichtnahme in die Bücher und Geschäftsunterlagen der Gesellschaft. Das Informations- und Kontrollrecht des Kommanditisten kann gerichtlich durch Leistungsklage vor den ordentlichen Gerichten eingeklagt werden.
- ein **außerordentliches Informationsrecht** *(§ 166 Abs. 3 HGB)* bei wichtigen Gründen *(z. B. bei drohenden Schäden für die Gesellschaft bzw. den Kommanditisten oder bei begründetem Verdacht nicht ordnungsgemäßer Geschäftsführung)*.

Bei Vorliegen eines wichtigen Grundes *(z. B. Verdacht der nicht ordnungsgemäßen Buchführung oder erhebliches Misstrauen gegenüber der Geschäftsführung)* kann auf Antrag eines Kommanditisten das Gericht das Kontrollrecht erweitern *(§ 166 Abs. 3 HGB)*.

Widerspruchsrecht des Kommanditisten

Die Kommanditisten können einer Handlung der Komplementäre nur widersprechen, wenn diese über den gewöhnlichen Betrieb des Handelsgewerbes hinausgeht *(§ 164 S. 1 2. Hs. HGB)*.
Das Widerspruchsrecht kann vertraglich ausgeschlossen werden.

Beschlussfassung bei Grundlagenentscheidungen

Bei allen Entscheidungen über die Grundlagen der Gesellschaft müssen die Kommanditisten wie die Komplementäre uneingeschränkt an der Willensbildung beteiligt werden, wenn der Gesellschaftsvertrag keine andere Regelung enthält. Es gilt das Einstimmigkeitsprinzip *(§§ 161 Abs. 2, 119 HGB)*.
Das Stimmrecht der Kommanditisten kann vertraglich ausgeschlossen werden.

5

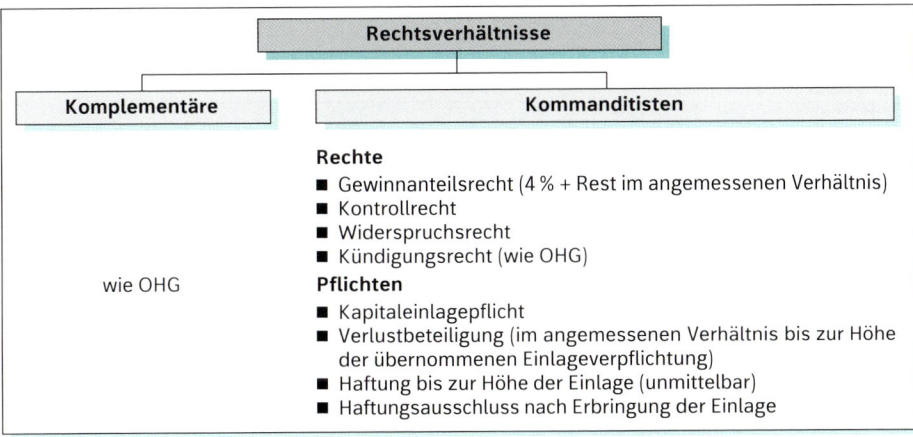

■ Haftung

Der **Komplementär** haftet mit seinem gesamten persönlichen Vermögen für die KG; er haftet unmittelbar, unbeschränkt und gesamtschuldnerisch. Ein Gläubiger kann sich entweder an den Komplementär oder an die Gesellschaft wenden (wie bei der OHG).

Der **Kommanditist** haftet gegenüber Gläubigern der KG

- **vor Eintragung in das Handelsregister:**
  - unbeschränkt, wenn er der Aufnahme der gewerblichen Tätigkeit zugestimmt hat *(§ 176 HGB)*,
  - beschränkt bis zur Höhe seiner vereinbarten Einlage, wenn er der Aufnahme der gewerbliche Tätigkeit nicht zugestimmt hat.
- **ab Eintragung in das Handelsregister:**
  nur auf Geldersatz bis zur Höhe der im Gesellschaftsvertrag vereinbarten und in das Handelsregister eingetragenen Kapitaleinlage persönlich, beschränkt auf die Haftsumme, direkt, unmittelbar, akzessorisch und als Gesamtschuldner *(§§ 171 Abs. 1, 172 Abs. 1 HGB)*.

Die Haftung ist ausgeschlossen, wenn der Kommanditist die Einlage geleistet hat *(§ 171 Abs. 1 HGB)*.

Wurde die im Handelsregister eingetragene Kapitaleinlage des Kommanditisten noch nicht voll erbracht, so haftet der teilhaftende Gesellschafter mit dem im Handelsregister eingetragenen und veröffentlichten Haftungsbeträgen.

Änderungen des Haftungskapitals gelten erst ab Eintragung ins Handelsregister für die Zukunft *(§§ 174, 175 HGB)*.

Die Haftsumme ist beschränkt auf den im Handelsregister eingetragenen Betrag *(§ 172 Abs. 1 HGB)*.

Beispiel:

Die vereinbarte Einlage des Kommanditisten Wichtig beträgt 50 000,00 €. Eingezahlt wurden im Jahre 01 30 000,00 €. Im Jahre 02 erfolgte eine Zuschreibung aus Gewinnanteilen von 5 000,00 €, d. h., Herr Wichtig hat bisher nur 35 000,00 € an Einlagen erbracht, dennoch haftet er unabhängig davon für die volle Haftungssumme von 50 000,00 €.

Vereinbarungen über den Erlass oder die Stundung der Kapitaleinlage des Kommanditisten sind Gläubigern gegenüber unwirksam *(§ 172 Abs. 3 HGB)*.

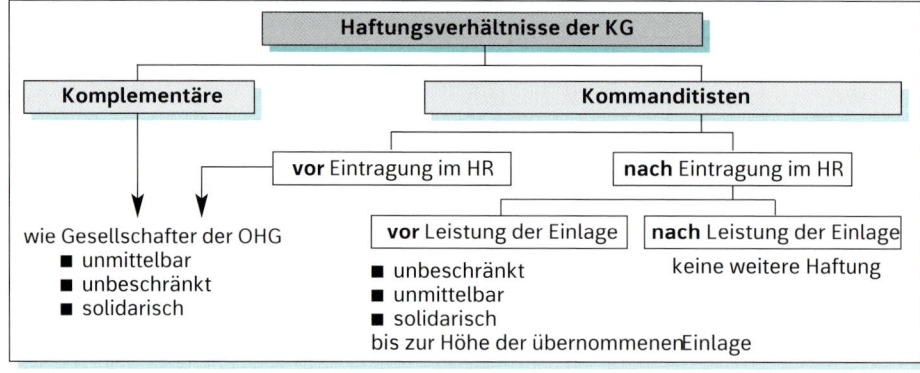

Wechsel der Gesellschafter/Auflösung der Gesellschaft

Für die Komplementäre gelten die gleichen Bestimmungen wie für die Gesellschafter der OHG *(§ 131 Abs. 2 HGB)*.
Die Auseinandersetzung beim Ausscheiden eines Kommanditisten bzw. bei der Liquidation entspricht den Regelungen für einen Komplementär (vgl. Ausscheiden eines Gesellschafters der OHG).

Steuerliche Behandlung der KG

Die Behandlung der KG bei der **Einkommen-/Gewerbe-/Umsatz-/Grunderwerb-/ Schenkung- und Erbschaftsteuer** entspricht der OHG. Lediglich beim Kommanditisten ist die beschränkte Verlustverrechnung nach *§ 15a EStG* zu beachten.

Die **KG** ...

- ist eine Personenhandelsgesellschaft mit mindestens zwei Gesellschaftern, von denen einer Komplementär (Vollhafter) und einer Kommanditist (Teilhafter) ist.
- entsteht durch formlosen Gesellschaftsvertrag.
- ist stets Kaufmann und muss ins Handelsregister – Abteilung A – eingetragen werden.
- führt eine Personen-, Sach- oder Fantasiebezeichnung mit mindestens dem Zusatz „KG".
- erfordert keine Mindesteinlagen und kein Mindestkapital.
- Die Rechte und Pflichten der Komplementäre entsprechen denen der Gesellschafter der OHG.
- Die Komplementäre haften unbeschränkt, unmittelbar und gesamtschuldnerisch. Die Haftung der Kommanditisten ist auf die im Gesellschaftsvertrag vereinbarten und im Handelsregister eingetragenen Einlagen beschränkt.
- Das Vermögen der Gesellschaft ist Gesamthandsvermögen der Gesellschafter.
- Geschäftsführung und Vertretung erfolgen grundsätzlich einzeln durch die Komplementäre.
- Die Kommanditisten sind von der Geschäftsführung und Vertretung ausgeschlossen.
  Sie haben jedoch ein: • Kontrollrecht,   • Gewinnanteilsrecht,
                          • Widerspruchsrecht,   • Kündigungsrecht.
- Zur Gewinnverteilung werden, falls nicht wie üblich vertraglich anders geregelt, zuerst die Kapitaleinlagen der Gesellschafter mit 4 % verzinst; der verbleibende Gewinn wird – ebenso wie ein eventueller Verlust – in angemessenem Verhältnis aufgeteilt.

Vorteile	Nachteile
zusätzlich zu den Vorteilen wie bei der OHG:	zusätzlich zu den Nachteilen wie bei der OHG:
 ■ Beteiligungsmöglichkeit ohne Mitarbeitsverpflichtung (Teilhafter) ■ Haftungsbegrenzung auf die Höhe der Einlage (Teilhafter) ■ Erweiterung der Kapitalbasis durch Kommanditisteneinlagen, ohne die Herrschaftsrechte der Komplementäre einzuschränken ■ besonders geeignet für Familienunternehmen, die ihre Geschäftsführungs- und Vertretungsbefugnisse nicht aufteilen wollen	 ■ je geringer die Haftungssubstanz der Komplementäre bei Volleinzahlung der Kommanditisteneinlagen, desto kreditunwürdiger die KG ■ nur Kontrollrecht und eingeschränktes Widerspruchsrecht (Teilhafter)

5

Übungsaufgaben

1. Wann entsteht die KG im Innen- und im Außenverhältnis?

2. Wer kann Gesellschafter der KG sein?

3. Welchen Zweck verfolgt die KG?

4. a) In welche Abteilung des Handelsregisters und bei welchem Handelsregister wird die KG eingetragen?
   b) Welche Daten werden eingetragen?
   c) Wer muss die Anmeldung der KG zum Handelsregister vornehmen?

5. Welche Möglichkeiten der Firmenbezeichnung gibt es bei der KG, wenn die Komplementäre Dick, Dünn und Mollig heißen?

6. In welcher Form können die Kapitalkonten der Gesellschafter in der Bilanz geführt werden?

7. Grenzen Sie die Begriffe Geschäftsführung und Vertretung ab.

8. Erklären Sie den Begriff Gesamthandsvermögen.

9. Wer vertritt die KG gegenüber Dritten?

10. Beschreiben Sie Rechte und Pflichten der Gesellschafter.

11. Zeigen Sie auf, wie ein Verlust bzw. ein Gewinn nach gesetzlichen Vorschriften zu verteilen ist.

12. Wie werden Beschlüsse der Gesellschafter gefasst?

13. Beschreiben Sie die Haftung der Gesellschafter.

14. Nennen Sie gesetzliche Auflösungsgründe der KG.

15. Welche Angaben müssen in einem Geschäftsbrief enthalten sein?

16. Herr Böse ist als Komplementär mit 300 000,00 €, Frau Lieb als Kommanditistin mit 50 000,00 € an einer KG beteiligt.
    a) Die KG erwirtschaftet einen Gewinn von 154 000,00 €.
    b) Die KG erwirtschaftet einen Verlust von 70 000,00 €.

    Zeigen Sie auf, wie der Gewinn bzw. Verlust nach *§ 168 HGB* zu verteilen ist.

17. Die Bild KG hat als Gesellschafter Frau Bild, Herrn Gesund als Komplementäre und Frau Sportlich als Kommanditistin. Laut Gesellschaftsvertrag wird für die Geschäftsführung die analoge Regelung des *§ 114 Abs. 1 HGB* festgeschrieben. Herr Gesund bestellt Frau Sportlich zur Prokuristin der Bild KG. Prüfen Sie, ob Herr Gesund seine Rechte und Pflichten als Gesellschafter beachtet hat.

18. Gesellschafter der *„Geschwister Sonne KG"* sind Sigi Sonne als Vollhafter und Olga Sonne als Teilhafter mit einer Kapitaleinlage von jeweils 50 000,00 €. Die KG erzielt einen Gewinn von 94 000,00 €. Wem und wie wird der Gewinn einkommensteuerrechtlich zugerechnet?

19. Nennen Sie steuerrechtliche Vorteile, wenn Familienangehörige als Gesellschafter in eine Kommanditgesellschaft aufgenommen werden.

20. Die Gesellschafter Herr Gras und Frau Grün planen, eine Gras & Co. KG zu errichten. Zweck des Unternehmens ist die Anlage und Erstellung von Gartenanlagen. Die vertragliche Einlage des Komplementärs über 40 000,00 € wird voll geleistet, die Kommanditistin hingegen zahlt nur 50 % der vereinbarten Kapitaleinlage ein. Die Gras & Co. KG schuldet dem Finanzamt Bonn 30 000,00 € Umsatzsteuer. Prüfen Sie, ob das Finanzamt von Frau Grün die Zahlung der Umsatzsteuer verlangen kann.

21. Der Kommanditist Eifrig der Muster KG besucht im Auftrag des Unternehmens eine Messe. Auf einem Messestand wird ihm ein äußerst günstiges Angebot zum Einkauf von Rohstoffen gemacht. Nach kurzer Überlegung bestellt er Rohstoffe im Werte von 40 000,00 €. Prüfen Sie, ob die Muster KG an dieses Rechtsgeschäft gebunden ist.

22. Frau Meise und Herr König wollen eine Kommanditgesellschaft gründen. Frau Meise will sich verpflichten, eine Einlage von 50 000,00 € zu übernehmen. Herr König soll eine Einlage von 100 000,00 € leisten. Frau Meise soll Komplementärin werden. Die Kapitaleinlagen werden zu 50 % eingezahlt.

5

a) Wie kann die Firma lauten?

b) Nach 7 Monaten gerät die KG in Zahlungsschwierigkeiten. Könnte ein Gläubiger von Herrn König die Zahlung der Geldschuld verlangen?

23. Herr Verrückt und Frau Unbedacht möchten eine Kommanditgesellschaft gründen. Zweck der Gesellschaft soll der Einkauf von Rauschgift sein, um dieses in kleinen Mengen an minderjährige Schüler zu verkaufen. Prüfen Sie, ob eine Gesellschaft mit diesem Unternehmenszweck gegründet werden kann. Begründen Sie Ihre Entscheidung.

24. Rosi Rot ist Komplementärin und Gina Gelb ist Kommanditistin der Tulpe KG. Die Gesellschaft kauft Schnittblumen ein, um sie an Einzelhändler weiterzuveräußern.
Laut Gesellschaftervertrag muss Gina Gelb 100 000,00 € als Einlage leisten.
Von diesem Betrag sind bereits 85 000,00 € geleistet.

a) Prüfen Sie, ob die Kommanditistin Gelb unmittelbar und persönlich für Verbindlichkeiten der KG haftet.

b) Frau Gelb möchte sich weiterhin an der Blumen OHG beteiligen, die ein direkter Konkurrent der Tulpe KG ist. Frau Rot ist gegen die Beteiligung. Kann Frau Gelb Gesellschafterin der Blumen OHG werden? Begründen Sie kurz Ihre Entscheidung.

25. An der Haselnuss KG sind beteiligt:
■ Rita Rose als Komplementärin mit einer Einlage von 50 000,00 €,
■ Toni Tulpe als Komplementär mit einer Einlage von 50 000,00 €,
■ Nina Narzisse als Kommanditistin mit einer Einlage von 5 000,00 €.

a) Wer ist zur Geschäftsführung und Vertretung der KG berechtigt?

b) Frau Rose und Herr Tulpe wollen Benno Birke als neuen Komplementär aufnehmen. Sie teilen dies Frau Narzisse mit. Diese ist strikt gegen die Aufnahme eines weiteren Gesellschafters. Kann sich Herr Birke dennoch an der KG beteiligen?

c) Im abgelaufenen Wirtschaftsjahr hat die KG einen Verlust von 60 000,00 € gemacht. Die Gesellschafter vereinbaren, den Verlust wie folgt aufzuteilen:

• Frau Rose übernimmt 3 Teile,
• Herr Tulpe 2 Teile und
• Frau Narzisse 1 Teil des Verlustes.
Welchen Betrag muss jeder Gesellschafter als Verlust übernehmen?

26. Wessel Wald betreibt seit mehreren Jahren eine Holzhandlung als Einzelhandelsunternehmen. Das Unternehmen ist unter der Firma Wald e. K. im Handelsregister eingetragen und hat 24 Mitarbeiter.

a) Ein alter Schulfreund bietet Wald an, sich an dem Unternehmen zu beteiligen. Die beiden Parteien werden sich nach kurzer Verhandlung einig und erstellen handschriftlich am 03.03.10 einen Gesellschaftsvertrag zur Gründung einer KG. Ist dies rechtlich möglich?

b) In der neuen KG soll Wessel Wald Komplementär und der Schulfreund Frank Fink Kommanditist werden. Die Eintragung der KG in das Handelsregister wird in öffentlich beglaubigter Form, d. h. über einen Notar, angemeldet. Die Eintragung erfolgt am 06.06.10. Am 04.04.10 hat Wessel Wald eine Lieferung von Bauholz über 20 000,00 € bestellt.

• Wann entsteht die KG?
• Wie ist die Handlung von Wessel Wald im Innen- und Außenverhältnis zu beurteilen?

c) Frank Fink ist gegen diese Bestellung. Durfte Wald ohne Zustimmung von Fink die Bestellung in Auftrag geben?

d) Der Kommanditist Fink mietet eine neue Lagerhalle für die KG an. Ist die KG an diesen Vertrag, der von Fink alleine abgeschlossen wurde, gebunden?

e) Fink möchte aufgrund privater finanzieller Schwierigkeiten aus der KG 25 000,00 € entnehmen. Ist dies möglich?

f) Fink ist mit 50 000,00 € an der KG beteiligt. Mit Vertragsabschluss wurden 18 000,00 € eingezahlt; der Restbetrag der Einlage sollte mit Eintragung der KG in das Handelsregister am 06.06.10 fällig werden. Am 05.05.10 fordert ein Lieferant der Holzhandlung von Fink die Begleichung einer Rechnung über 6 000,00 €. Ist Fink zur Zahlung verpflichtet?

g) Die beiden Gesellschafter möchten eine Mitarbeiterin zur Prokuristin ernennen. Wer kann in diesem Unternehmen den Prokuristen ernennen?

h) Kann die Prokura im Innen- und im Außenverhältnis eingeschränkt werden?

i) Angenommen, die KG macht im Jahre 11 einen Verlust, im Jahre 12 einen Gewinn. Kann der Kommanditist im Jahre 13 die volle Ausschüttung seines Gewinnanteils aus Jahr 12 verlangen?

5

5.5.4   Stille Gesellschaft

Rechtsgrundlagen: *§§ 230 –236 HGB*
§§ 705 –740 BGB

▨ Kennzeichen und Bedeutung

- Die **Stille Gesellschaft** ist eine Innengesellschaft.
- Der stille Gesellschafter ist am Gewinn beteiligt (*§ 231 HGB*).
- Die Beteiligung am Verlust kann vertraglich ausgeschlossen werden (*§ 232 HGB*).
- Es entsteht kein gemeinsames Gesellschaftsvermögen. Die typisch stille Beteiligung ist in der Bilanz des Stillen „wie eine Kapitalforderung" zu behandeln. Im Jahresabschluss des Inhabers des Handelsgewerbes ist sie als „qualifizierter Kredit" und damit als Fremdkapital auszuweisen. Demgemäß sind auch die anlässlich der Begründung eines stillen Gesellschafsverhältnisses zu entrichtenden Nebenkosten nach den für Darlehen geltenden Rechtsregeln aktiv abzugrenzen (BFH, Urteil v. 14.11.2012 – I R 19/12).
- Die Kapitaleinlage wird nicht in der Bilanz ausgewiesen.
- Die Einlage des stillen Gesellschafters geht in das Vermögen des/der Geschäftsinhaber über, d. h., er hat kein eigenes Gesellschaftsvermögen (BFH vom 05.06.1985).

Der Inhaber des Handelsgeschäftes, an der sich der stille Gesellschafter beteiligt, muss Kaufmann sein. Bei der Beteiligung kann es sich laut Gesellschaftsvertrag um eine reine Vermögensbeteiligung (= stille Beteiligung, *§ 230 HGB*) an dem Handelsgewerbe handeln, jedoch kann der stille Gesellschafter auch eine dem Kommanditisten ähnliche Stellung übernehmen.

Die Kapitaleinlage des stillen Gesellschafters geht in das Vermögen des Inhabers des Handelsgewerbes über, er hat also kein eigenes Gesellschaftsvermögen (BFH vom 05.06.1985).

Die Kapitaleinlage ist wirtschaftlich ein qualifizierter Kredit, rechtlich aber verantwortliches Kapital.
Die stille Gesellschaft
- dient als Mittel der Kapitalbeschaffung für bestehende Unternehmen,
- tritt nach außen nicht in Erscheinung (→ Innengesellschaft laut BFH vom 28.10.1992),
- verlangt keine aktive Beteiligung des stillen Gesellschafters an der Geschäftsführung,
- kann sich an Unternehmen aller Rechtsformen beteiligen.

Die Einlage wird in der Bilanz **nicht als Kapitaleinlage** ausgewiesen, d. h., die stille Beteiligung ist für Dritte nicht erkennbar. Der Ausweis der Beteiligung erfolgt als sonstige Beteiligung. Der stille Gesellschafter ist zwingend am Gewinn zu beteiligen; eine Beteiligung am Verlust kann ausgeschlossen werden *(§ 231 HGB)*. Die Beteiligung ist eine reine Innengesellschaft; nach außen tritt nur das Handelsgewerbe in Erscheinung.

▨ Stiller Gesellschafter

Jedermann kann stiller Gesellschafter sein:
- natürliche Personen *(z. B. Familienangehörige, nahe Angehörige, Mitarbeiter)* und juristische Personen,
- BGB-Gesellschaften (GbR),
- Einzelkaufleute,

- Handelsgesellschaften (OHG, KG, GmbH, AG, e. G.),
- Erbengemeinschaften.

Mehrere stille Gesellschafter können jeder einzeln oder alle zusammen an einer Unternehmung beteiligt sein.

Gründung

Die stille Gesellschaft entsteht durch **Gesellschaftsvertrag** *(§ 705 BGB)* zwischen der Unternehmung und dem stillen Gesellschafter. Der Gesellschaftsvertrag ist **formfrei**, d. h., er kann mündlich, schriftlich oder durch konkludentes Handeln wirksam werden. Da die Regelungen des *HGB* nicht vollständig sind, sollten detaillierte vertragliche Vereinbarungen getroffen werden. Fehlen diese Vereinbarungen, gelten die Vorschriften der *§ 705 ff. BGB,* soweit sie nicht das Außenverhältnis betreffen.

Formvorschriften gelten nur, wenn entweder Grundstücke *(§ 313 BGB)* oder GmbH-Anteile *(§ 15 GmbHG)* eingelegt werden.
Das Handelsgewerbe betreibt nicht der stille Gesellschafter, sondern der „andere" *(§ 230 Abs. 1 HGB).* Nur der „andere" oder die „anderen" Gesellschafter sind Kaufleute.

In dem Gesellschaftsvertrag sind zu regeln

- die Erreichung des gemeinsamen Zwecks,
- die Beteiligung nach Art, Umfang und Höhe,
- die Beteiligung nur am Gewinn oder am Gewinn und Verlust,
- die evtl. Beteiligung am Gesellschaftsvermögen.

Arten

Es gibt die stille Gesellschaft

- in der gesetzlichen Ausgestaltungsform: *typische stille Gesellschaft,*
- in der von der gesetzlichen Regelung abweichenden Form: *atypische stille Gesellschaft.*

Die Unterscheidung in typische oder atypische stille Gesellschaft ist im Wesentlichen für steuerliche Zwecke bedeutsam, weil steuerlich die atypische stille Gesellschaft als Mitunternehmerschaft behandelt wird.

Handelsregister

Die stille Gesellschaft wird **nicht** ins Handelsregister eingetragen.

Rechtliche Stellung

Die stille Gesellschaft ist

- **nicht** rechtsfähig, d. h., sie hat keine eigene Rechtspersönlichkeit, sie erwirbt nicht die Kaufmannseigenschaft,
- **keine** selbstständige Handelsgesellschaft; sie ist nur eine Innengesellschaft (erstellt damit keine Handelsbilanz),
- **keine** juristische Person, d. h., sie kann als stille Gesellschaft
  - **keine** Rechte erwerben und veräußern,
  - **keine** Verbindlichkeiten eingehen,
  - **keine** Verträge abschließen,
  - **kein** Eigentum erwerben und übertragen,
  - **keine** Grundstücke erwerben, **keine** dinglichen Rechte an Grundstücken eingehen,

- **nicht** partei- und prozessfähig,
- **nicht** insolvenzfähig,
- **nicht** deliktsfähig,
- **nicht** scheck- und wechselfähig,
- grundbuchfähig,
- **nicht** buchführungspflichtig,
- **nicht** im Handelsregister einzutragen.

Firma

Die stille Gesellschaft hat **keine eigene Firma**. In der Firma des Handelsgewerbes darf weder ein Hinweis auf die stille Gesellschaft noch der Name des stillen Gesellschafters enthalten sein *(§§ 18 Abs. 2, 19 Abs. 4 HGB)*.

Kapital

Es wird **keine Mindesteinlage** und kein Mindestkapital gefordert. Die Einlage ist nur wertmäßig festzustellen. Für den stillen Gesellschafter wird kein Kapitalkonto geführt. Seine Beteiligung geht in das Vermögen der/des Geschäftsinhaber(s) über *(§ 230 Abs. 1 HGB)*, d. h., es entsteht allein wegen des stillen Gesellschafters kein Gesellschaftsvermögen. Das Kapital des stillen Gesellschafters wird in der Bilanz des Unternehmens Fremdkapital. Der stille Gesellschafter hat aber ein Rückforderungsrecht.

Entnahmerecht, Gewinnbeteiligung

Der stille Gesellschafter hat **kein Entnahmerecht**; er hat nur ein Recht auf Auszahlung seines Gewinnanteils. Eine Gewinnbeteiligung ist vorgeschrieben, eine Verlustbeteiligung kann vereinbart, aber auch vertraglich ausgeschlossen werden *(§ 231 HGB)*.

Geschäftsführung

Gesetzliche Regelung

Die Geschäftsführung steht allein dem Geschäftsinhaber zu. Dieser kann sein Handelsgewerbe beliebig erweitern oder veräußern; eine Genehmigung des stillen Gesellschafters ist nicht notwendig. Der stille Gesellschafter hat nur der Fortführung des stillen Gesellschaftsverhältnisses zuzustimmen.

Vertragliche Regelung

Vertraglich ist es möglich, dem stillen Gesellschafter Geschäftsführungsbefugnis zu erteilen.

Vertretung

Gesetzliche Regelung

Das Unternehmen wird allein von dem bzw. den Geschäftsinhabern vertreten.

Vertragliche Regelung

Dem stillen Gesellschafter kann Prokura oder Handlungsvollmacht erteilt werden. Diese Vollmacht bezieht sich aber immer auf das Handelsgewerbe, nicht auf die stille Gesellschaft selbst.

5

Pflichten des stillen Gesellschafters

1. Beitragspflicht
Der stille Gesellschafter hat die Pflicht zur Leistung von Beiträgen (Einlagen). Die Einlagen können in Geld, Sachwerten, als Dienstleistung, durch Übertragung von Rechten, durch Einbringung von „Know-how" geleistet werden.

2. Treuepflicht
Jeder stille Gesellschafter hat die Pflicht,
- sich für die Zwecke der Gesellschaft einzusetzen,
- alles zu unterlassen, was dem Handelsgewerbe schaden könnte.

3. Wettbewerbsverbot
Es gibt kein gesetzliches Wettbewerbsverbot für stille Gesellschafter. Entsprechende vertragliche Vereinbarungen können getroffen werden *(analog § 705 BGB i. V. m. §§ 112, 113 HGB)*.

Rechte des stillen Gesellschafters

1. Kontrollrecht
Dem stillen Gesellschafter steht nur das Recht zu,
- Abschriften des Jahresabschlusses, d. h. der Handels- und Steuerbilanz sowie der Gewinn- und Verlustrechnung, zu verlangen,
- Einsichtnahme in Handelsbücher und -papiere zu nehmen, wenn dies zum Verständnis der Angaben im Jahresabschluss notwendig ist *(§ 233 HGB)*.

2. Recht auf Gewinnanteil
Die Art und der Umfang der Gewinnbeteiligung sind im Gesellschaftsvertrag zu regeln. Fehlt eine vertragliche Regelung, ist ein den Umständen nach angemessener Gewinnanteil zu leisten *(§ 231 Abs. 1 HGB)*, d. h., im Zweifel sind gleiche Gewinnanteile festzustellen *(§ 722 Abs. 1 BGB)*.

Der Gewinnanteil des stillen Gesellschafters stellt für das Unternehmen, an dem er beteiligt ist, Aufwand (= „Gewinnanteil des stillen Gesellschafters") dar, der zum Bilanzstichtag als sonstige Verbindlichkeit auszuweisen ist.

Wird der Gewinnanteil nicht ausgezahlt, so erhöht sich nicht der vereinbarte Einlagebetrag *(§ 232 Abs. 3 HGB)*, sondern der Betrag ist auf einem gesonderten Verbindlichkeitskonto zu passivieren. Ist der stille Gesellschafter auch am Verlust beteiligt, so ist der Verlustanteil bei der Gesellschaft als Ertrag zu behandeln, der die Rückzahlungsverpflichtung (Verbindlichkeit) vermindert.

3. Recht auf Entnahme
Ein gesondertes Entnahmerecht steht dem stillen Gesellschafter nicht zu.

Haftung

Für Verbindlichkeiten des Handelsunternehmens haftet nur die Unternehmung bzw. ihre Geschäftsinhaber, nicht dagegen der stille Gesellschafter. Ist die Einlage noch nicht vollständig eingezahlt, so muss der stille Gesellschafter im Falle des Insolvenzverfahrens den noch ausstehenden Betrag einzahlen. Er kann anschließend seine gesamte Einlage als Insolvenzforderung anmelden *(§ 236 HGB)*.

Auflösung und Beendigung der stillen Gesellschaft

Es gelten die gesetzlichen Auflösungsgründe *(§ 723 ff. BGB)*. Für die Kündigung des stillen Gesellschafters finden die gesetzlichen Vorschriften entsprechende Anwendung *(§§ 132, 134 HGB)*. Eine fristlose Kündigung aus wichtigem Grund ist ohne Klageerhebung möglich *(§ 723 BGB)*. Bei Tod des stillen Gesellschafters wird die Gesellschaft nicht aufgelöst *(§ 234 Abs. 2 HGB)*, die Erben treten an die Stelle des stillen Gesellschafters. Bei Umwandlung in eine andere Rechtsform und bei Veräußerung hat der stille Gesellschafter ein außerordentliches Kündigungsrecht *(§§ 234–235 HGB)*.

Auseinandersetzung

Weil die stille Gesellschaft kein Gesellschaftsvermögen besitzt, gibt es keine „echte" Auseinandersetzung. Mit Eintritt des Auflösungsgrundes entsteht der Anspruch des stillen Gesellschafters auf Auszahlung seines Guthabens in Geld *(§ 235 Abs. 1 HGB)*.

5

Stille Gesellschaft

Typischer stiller Gesellschafter
(kapitalistische Form, § 230 Abs. 1 HGB)

- Beteiligung am laufenden Erfolg
- mögliche Verlustbeteiligung
- keine unternehmerischen Mitspracherechte
- für den Handelsbetrieb ist die Gewinnbeteiligung Betriebsausgabe nach § 4 Abs. 4 EStG

Atypischer stiller Gesellschafter
(unternehmerische Form)

Vertragliche Vereinbarung in Abweichung von den gesetzlichen Bestimmungen, wenn der stille Gesellschafter
- unternehmerisches Risiko übernehmen und sich unternehmerisch (z. B. durch Beteiligung an der Geschäftsführung) entfalten kann,
- neben dem Gewinn und Verlust an den Vermögenswerten, insbesondere an den stillen Rücklagen und am Firmenwert, beteiligt ist,
- über Stimmrecht verfügt,
- Kontrollrechte ausüben kann,
- das Recht zum Widerspruch hat.

Für den atypischen stillen Gesellschafter wird Mitunternehmerschaft (§ 15 Abs. 2 S. 1 Nr. 2 EStG) angenommen.

Abgrenzungen

Stiller Gesellschafter	Einlage GbR
■ Einlage geht in das Vermögen der/des Geschäftsinhaber/-s über ■ Innengesellschaft	■ Gesamthandsvermögen ■ zielt auf Außenwirkung ab

Stiller Gesellschafter	Kommanditeinlage
■ keine gemeinsame Firma ■ keine Eintragung ins Handelsregister ■ Einlage geht in das Vermögen der/des Geschäftsinhaber(s) über ■ Beteiligung am Gewinn zwingend, Verlustbeteiligung ist möglich ■ im Insolvenzfall ist die Einlage Forderung	■ gemeinsame Firma ■ Eintragung ins Handelsregister ■ Haftung mit der im Handelsregister eingetragenen Kapitaleinlage ■ Beteiligung am Gewinn und Verlust

Stiller Gesellschafter	partiarisches Darlehen
■ Erreichung eines gemeinsamen Zwecks ■ Einlage geht in das Vermögen der/des Geschäftsinhaber(s) über ■ kein Ausweis in der Bilanz ■ hat ein Kontrollrecht ■ erhält keine feste Erfolgszusage ■ Beteiligung am Verlust möglich ■ Übertragung der stillen Beteiligung nur mit Zustimmung des/der Geschäftsinhaber(s) ■ i. d. R. unbefristet ■ je stärker die Mitsprache- und Überwachungsrechte, umso größer die Vermutung einer stillen Beteiligung	■ kapitalmäßige Beteiligung steht im Vordergrund ■ Darlehen mit Gewinnbeteiligung ■ Ausweis in der Bilanz ■ kein Kontrollrecht des Darlehensgebers ■ neben Gewinnbeteiligung ist ein fester Zinssatz vereinbar ■ keine Verlustbeteiligung ■ Darlehensforderung ist frei übertragbar ■ i. d. R. feste Laufzeit ■ je schwächer die Mitsprache- und Überwachungsrechte, umso größer die Vermutung eines partiarischen Darlehens

Stiller Gesellschafter	Dienstvertrag mit Gewinnbeteiligung
■ Leistung einer Einlage ■ kein Dienstvertrag ■ nicht weisungsgebunden ■ Beteiligung am Erfolg	■ keine Einlage ■ Dienstvertrag ■ weisungsgebunden ■ Erfolgsanteil ist Lohnbestandteil (Tantieme)

5

Steuerliche Behandlung

1. Einkommensteuer

Die stille Gesellschaft ist **kein** selbstständiges Steuersubjekt i. S. d. *EStG*.

Stille Gesellschaft	
Typische stille Gesellschaft	**Atypische stille Gesellschaft**
■ a) Beteiligung gehört zum Privatvermögen: Einkünfte aus Kapitalvermögen *§ 20 Abs. 1 Nr. 4 EStG* Der Gewinn ist im Jahr des Zuflusses zu erfassen. b) Beteiligung gehört zum Betriebsvermögen: Die stille Beteiligung gehört zum Betriebsvermögen des stillen Teilhabers. ■ keine Mitunternehmerschaft ■ keine Beteiligung an den stillen Reserven und am Firmenwert ■ Abgeltungsteuer ist einzubehalten ■ Gewährung Sparerfreibetrag	■ Einkünfte aus Gewerbebetrieb wegen Mitunternehmerschaft nach *§ 15 Abs. 1 Nr. 2 EStG* Der Gewinn ist dem jeweiligen Wirtschaftsjahr der Gewinnentstehung zuzurechnen *§ 43 Abs. 1 Nr. 3 EStG.* ■ Beteiligung an den stillen Reserven und am Firmenwert ■ einheitliche und gesonderte Gewinnfeststellung durch Bescheid *§§ 179 Abs. 1, 180 Abs. 2 AO* ■ Anrechnung des 1,8-fachen anteiligen Gewerbesteuer-Messbetrages

Die stille Gesellschaft ist kein Kaufmann i. S. d. *HGB* und deshalb nach *§ 238 HGB* weder buchführungs- noch bilanzierungspflichtig; daher erfolgt die in *§ 232 HGB* vorgeschriebene Gewinnermittlung auf der Grundlage des Jahresabschlusses des oder der Geschäftsin-haber. Da für den stillen Gesellschafter weder handelsrechtlich noch steuerrechtlich ein Gesellschaftsvermögen (Betriebsvermögen) entsteht, kann auch kein Betriebsvermö-gensvergleich nach *§ 5* bzw. *§ 4 Abs. 1 EStG* durchgeführt werden. Handelsrechtlich und steuerrechtlich gibt es nur einen Gewinn des Einzelunternehmers oder der Gesellschaft. Aus diesem Gewinn wird der Anteil des stillen Gesellschafters gezahlt. Der nach *§ 15 Abs. 1 Nr. 2 EStG* zu ermittelnde Gewinnanteil des stillen Gesellschafters ist nur auf der Grund-lage der Bilanz des oder der Geschäftsinhaber zu ermitteln. Der steuerliche Gesamt-gewinn und die steuerliche Gesamtbilanz der Mitunternehmerschaft ergeben sich aus der Addition der Ergebnisse der Steuerbilanz des stillen Gesellschafters unter Hinzurechnung des Gewinnanteils und etwaiger Sondervergütungen/Sonderausgaben des stillen Gesell-schafters *(Vfg. OFD Frankfurt a. M. vom 26. Juni 1996 S. 224 I A – 37 – St II 21).*

Gewinnausschüttungen an stille Gesellschafter sind für das ausschüttende Unterneh-men steuerlich abzugsfähige Betriebsausgaben.

2. Gewerbesteuer
■ *Typische stille Gesellschaft*: Es besteht keine Gewerbesteuerpflicht für die stille Betei-ligung, weil durch die Beteiligung kein Gewerbebetrieb entsteht *(§ 2 Abs. 1 GewStG)*. Das Unternehmen, an dem der stille Gesellschafter beteiligt ist, ist gewerbesteuer-pflichtig. Hält der stille Gesellschafter seinen Anteil im Privatvermögen, so ist nach *§ 8 Nr. 3 GewStG* der als Betriebsausgabe abgesetzte Gewinnanteil des stillen Ge-sellschafters dem Gewerbeertrag hinzuzurechnen.

5

- *Atypische stille Gesellschaft*: Steuerschuldner ist der jeweilige Inhaber des Handelsgeschäftes *(§ 5 Abs. 1 S. 1 GewStG i. V. m. A 35 Abs. 2 und 16 Abs. 5 GewStR)*. Der
stille Gesellschafter ist Mitunternehmer, deshalb wird sein Gewinnanteil nicht nach
§ 8 Nr. 1c GewStG dem Gewerbeertrag hinzugerechnet *(§ 50 Abs. 3 S. 3 GewStR)*. Der
Gewinnanteil ist Teil des Gewinns des Unternehmens *(§ 15 Abs. 1 S. 1 Nr. 2 EStG
i. V. m. § 7 GewStG)*. Gewerbesteuerpflicht besteht für die Gesellschaft.

3. Umsatzsteuer
Der stillen Gesellschaft fehlt die Unternehmereigenschaft *(§ 2 Abs. 1 UStG)*, deshalb
entfällt die eigene Umsatzsteuerpflicht.

Die **stille Gesellschaft ...**

- ist kein selbstständiger Handelsbetrieb und hat kein selbstständiges Gesellschaftsvermögen.
- entsteht durch einen formfreien Gesellschaftsvertrag.
- hat keine eigene Firma und darf in der Firma des anderen nicht erwähnt werden.
- ist abzugrenzen von
  - der Einlage bei der GbR,
  - der Kommanditeinlage,
  - dem partiarischen Darlehen,
  - dem Dienstvertrag.

Der Stille Gesellschafter
- beteiligt sich mit einer Vermögenseinlage an einem Handelsgewerbe, das ein anderer betreibt;
die Einlage wird Betriebsvermögen des anderen.
- kann im Falle der Insolvenz die geleistete Vermögenseinlage als Forderung anmelden.
- verlangt keine aktive Beteiligung an der Geschäftsleitung;
- kann sich an allen Rechtsformen als stiller Gesellschafter beteiligen;
- kann auftreten in Form von: a) **typischer** stiller Gesellschafter,
                                                  b) **atypischer** stiller Gesellschafter.

5

Vorteile	Nachteile
■ diese Beteiligungsform kann unabhängig von der Rechtsform eines Unternehmens eingesetzt werden ■ keine Eintragung ins Handelsregister ■ relativ freie Vertragsgestaltung, keine Formvorschriften ■ der Unternehmer behält die volle Handlungsfreiheit ■ Verbreiterung und Stärkung der Kapitalbasis, ohne dass dies nach außen in Erscheinung tritt ■ Erweiterung der Kreditbasis ■ keine persönliche Haftung des stillen Gesellschafters, Haftung ist beschränkt auf die Höhe der Einlage ■ der Verlust wird von mehreren getragen ■ Beteiligungsmöglichkeit ohne Mitarbeitsverpflichtung ■ die Beteiligung ist nach außen nicht erkennbar	■ Einlage wird Vermögen des Eigentümers ■ kein eigenes Gesellschaftsvermögen ■ nur Innengesellschaft ■ bei Umwandlung der Rechtsform bzw. bei Veräußerung von Unternehmensteilen muss die Zustimmung der stillen Gesellschafter eingeholt werden

Übungsaufgaben

1. Erklären Sie das stille Gesellschaftsverhältnis.

2. Wer kann stiller Gesellschafter werden?

3. Erläutern Sie, ob die stille Gesellschaft eine selbstständige Handelsgesellschaft ist.

4. Wird die Einlage des stillen Gesellschafters in der Bilanz als Kapitaleinlage oder als Darlehen ausgewiesen?

5. Erklären Sie die rechtliche Stellung der stillen Gesellschaft.

6. Nennen Sie Pflichten und Rechte eines stillen Gesellschafters.

7. In welchem Umfang haftet der stille Gesellschafter?

8. Unterscheiden Sie zwischen dem typischen und dem atypischen stillen Gesellschafter.

9. Grenzen Sie den stillen Gesellschafter ab
   a) vom Kommanditisten,
   b) vom partiarischen Darlehen.

10. Prüfen Sie, ob die Firma „Meier GmbH & Still" möglich ist. Begründen Sie Ihre Entscheidung.

11. Welche Einkünfte nach EStG erzielt
    a) der typische stille Gesellschafter,
    b) der atypische stille Gesellschafter?

12. Herr Müller beteiligt sich mit einer Vermögenseinlage von 20 000,00 € an dem Einzelunternehmen Karin Pech. Die Einlage wurde zu 60 % eingezahlt. Das Einzelunternehmen muss das Insolvenzverfahren beantragen. Welche Pflicht hat der stille Gesellschafter und welches Recht hat er nach Erfüllung der Pflicht?

13. Wim Wollte betreibt in Wachtberg eine Elektrohandlung unter der Firma Wollte e. K. Er möchte eine neue Lagerhalle erstellen, hierzu braucht er zusätzlich 150 000,00 €.
    a) Herr Wollte hat die Wahl zwischen einem langfristigen Darlehen zu festen Zinsen bei einer langen festen Laufzeit über seine Hausbank oder der Finanzierung über eine typische stille Gesellschaft. Das Geschäftsjahr entspricht dem Kalenderjahr.
    b) Herr Wollte hat sich entschlossen, seine Freundin Karin Kannes als typische stille Gesellschafterin zu beteiligen. Der Gewinnanteil wird mit 12 % Verzinsung der Einlage fest vereinbart. Die Beteiligung gilt ab 01.01.2017 und ist für eine unbestimmte Zeit eingegangen worden.
    Hat die stille Beteiligung Auswirkungen auf Firma und/oder Eintragung im Handelsregister?
    c) Berechnen Sie den Gewinnanteil von Frau Kannes im Jahre 2017.
    d) Wie wird dieser Gewinnanteil von Frau Kannes in der Einkommensteuer-Erklärung erfasst?
    e) Wie wird der Gewinnanteil von Frau Kannes in der Wollte e. K. behandelt?
    f) Am 12. Juli 2017 will Herr Wollte einen neuen Kleinlaster zum Preis von 50 000,00 € zuzüglich Umsatzsteuer kaufen. Er teilt dies Frau Kannes mit, diese lehnt die Anschaffung ab, weil aus ihrer Sicht die Anschaffung völlig unsinnig ist.
    Kann Herr Wollte dennoch den Kleinlaster erwerben?
    g) Aufgrund der Haltung von Herrn Wollte will Frau Kannes Ende Juli 2017 den Gesellschaftsvertrag kündigen. Zu welchem frühestmöglichen Termin kann dieses Gesellschaftsverhältnis gekündigt werden?

5

5.5.5 Europäische wirtschaftliche Interessenvereinigung (EWIV)

Rechtsgrundlagen: *EG-Verordnung Nr. 213/85*
EWIV-Ausführungsgesetz vom 14.04.1988

Grundlagen der EWIV (European Economic Interest Group bzw. Groupement Européen d'Intérêt Economique) als Unternehmensform für kleinere und mittlere Unternehmen:

Gründung	Schriftlicher EWIV-Vertrag (Statuten), es sollten aufgeführt werden die Organe, die Zusammenarbeit, eine Geschäftsordnung (internal regulation), die Einlagen (Bar-Sacheinlagen), die Haftung sowie Regelungen über den Gewinn und Verlust, kein Mindestkapital.
Mitglieder	Man spricht von Mitgliedern, nicht von Gesellschaftern: Mindestens zwei Mitglieder aus zwei verschiedenen EU-Mitgliedsstaaten. Die Mitglieder müssen rechtlich selbstständig sein. Mitglieder können sein: Einzelunternehmen, Personen- und Kapitalgesellschaften, Freiberufler, Selbstständige, Vereine, öffentlich-rechtliche Körperschaften.
Anmeldung	Anmeldung durch den Geschäftsführer über einen Notar, der an das Registergericht weiterleitet: ■ Anmeldeschreiben mit Angabe von Firma, Sitz, Gegenstand der Unternehmung, Liste der Mitglieder, Geschäftsführung, ■ Statuten (Gründungsvertrag), ■ Protokoll der Gründungsversammlung.
Handelsregister	Eintragung in Abteilung A des HR.
Firma	Name und Zusatz EWIV.
Rechtspersönlichkeit	■ Wird ins Handelsregister eingetragen und übernimmt eigene Rechte und Pflichten, kann Verträge abschließen und andere Rechtshandlungen vornehmen, ■ kann klagen und verklagt werden, ■ keine juristische Person, ähnelt einer Personengesellschaft.
Haftung	Nach außen haften die Mitglieder gesamtschuldnerisch und unbeschränkt. Im Innenverhältnis können Haftungsgrenzen vereinbart werden.
Geschäftsführung	Mindestens eine natürliche Person.
Steuern	Gewinne müssen reinvestiert oder an die Mitglieder ausgeschüttet werden. Die EWIV ■ darf keine Gewinne machen und zahlt deshalb keine Steuern, ■ darf Rücklagen bilden, ■ ist Unternehmer i. S. d. *UStG* und sollte eine USt-IdNr. führen, ■ zahlt keine Unternehmenssteuern wie *z. B. KSt, GewSt.*

5.6 Kapitalgesellschaften

Kapitalgesellschaften sind als juristische Personen Handelsgesellschaften und Kaufleute nach *§ 6 HGB* (Formkaufleute)[1]. Im Gegensatz zu den Personengesellschaften ist

■ eine *kapitalmäßige Beteiligung* der Gesellschafter notwendig (ohne Kapitaleinlage keine Beteiligung!),
■ eine *persönliche Mitarbeit* der Gesellschafter *nicht notwendig.*

---

[1] Vgl. S. 320 f.

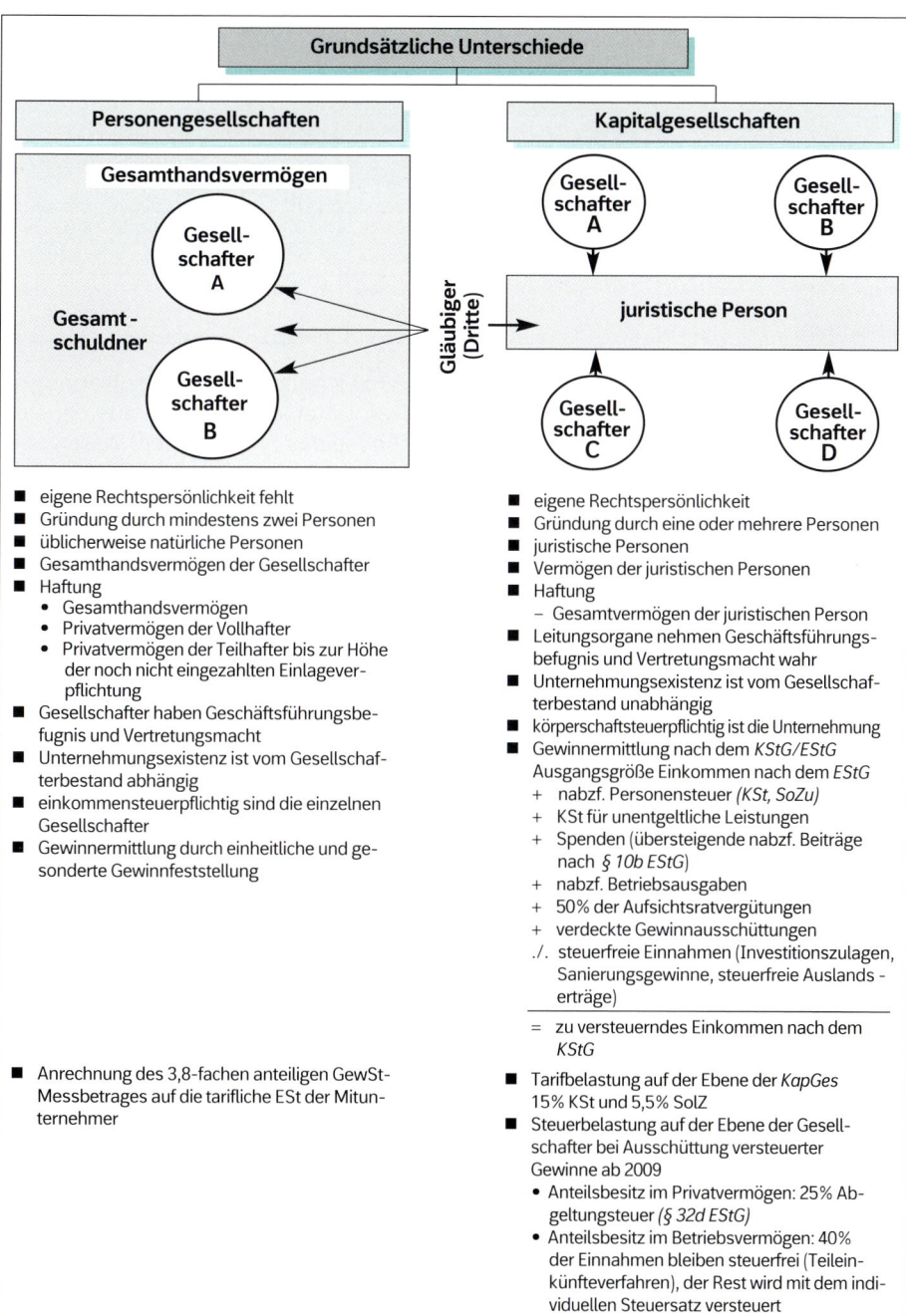

Grundsätzliche Unterschiede

Personengesellschaften

Gesamthandsvermögen

Gesellschafter A

Gesamtschuldner

Gesellschafter B

Gläubiger (Dritte)

Kapitalgesellschaften

Gesellschafter A

Gesellschafter B

juristische Person

Gesellschafter C

Gesellschafter D

- eigene Rechtspersönlichkeit fehlt
- Gründung durch mindestens zwei Personen
- üblicherweise natürliche Personen
- Gesamthandsvermögen der Gesellschafter
- Haftung
  - Gesamthandsvermögen
  - Privatvermögen der Vollhafter
  - Privatvermögen der Teilhafter bis zur Höhe der noch nicht eingezahlten Einlageverpflichtung
- Gesellschafter haben Geschäftsführungsbefugnis und Vertretungsmacht
- Unternehmungsexistenz ist vom Gesellschafterbestand abhängig
- einkommensteuerpflichtig sind die einzelnen Gesellschafter
- Gewinnermittlung durch einheitliche und gesonderte Gewinnfeststellung

- Anrechnung des 3,8-fachen anteiligen GewSt-Messbetrages auf die tarifliche ESt der Mitunternehmer

- eigene Rechtspersönlichkeit
- Gründung durch eine oder mehrere Personen
- juristische Personen
- Vermögen der juristischen Personen
- Haftung
  - Gesamtvermögen der juristischen Person
- Leitungsorgane nehmen Geschäftsführungsbefugnis und Vertretungsmacht wahr
- Unternehmungsexistenz ist vom Gesellschafterbestand unabhängig
- körperschaftsteuerpflichtig ist die Unternehmung
- Gewinnermittlung nach dem *KStG/EStG* Ausgangsgröße Einkommen nach dem *EStG*
  - + nabzf. Personensteuer *(KSt, SoZu)*
  - + KSt für unentgeltliche Leistungen
  - + Spenden (übersteigende nabzf. Beiträge nach *§ 10b EStG*)
  - + nabzf. Betriebsausgaben
  - + 50% der Aufsichtsratvergütungen
  - + verdeckte Gewinnausschüttungen
  - ./. steuerfreie Einnahmen (Investitionszulagen, Sanierungsgewinne, steuerfreie Auslandserträge)
  - = zu versteuerndes Einkommen nach dem *KStG*

- Tarifbelastung auf der Ebene der *KapGes* 15% KSt und 5,5% SolZ
- Steuerbelastung auf der Ebene der Gesellschafter bei Ausschüttung versteuerter Gewinne ab 2009
  - Anteilsbesitz im Privatvermögen: 25% Abgeltungsteuer *(§ 32d EStG)*
  - Anteilsbesitz im Betriebsvermögen: 40% der Einnahmen bleiben steuerfrei (Teileinkünfteverfahren), der Rest wird mit dem individuellen Steuersatz versteuert *(§ 3 Nr. 40 EStG)*

Die gesetzlichen Vertreter von KapG und Personenhandelsgesellschaften i. S. d. *§ 264a HGB* sind nach *§ 325 HGB* verpflichtet, ihre Rechnungslegungsunterlagen fristgerecht im Bundesanzeiger offenzulegen. Bei Nichtbefolgung der Vorschriften zur Offenlegung droht die Festsetzung eines Ordnungs- oder eines Bußgeldes gem. *§ 335 HGB*. Große Unternehmen – auch Personengesellschaften und Einzelunternehmen – müssen die in *§ 5 Publizitätsgesetz (PublG)* aufgeführten Unterlagen offenlegen.

Kapitalgesellschaften werden nach Größenkriterien an zwei aufeinanderfolgenden Abschlussstichtagen unterschieden.

	Größenklassen nach ...				
	§ 267a HGB	§ 267 Abs. 1 HGB	§ 267 Abs. 1 HGB	§ 267 Abs. 3 HGB	§ 1 Abs. 1 PublG
	Kleinstkapitalgesellschaften	kleine Kapitalgesellschaften	mittelgroße Kapitalgesellschaften	große Kapitalgesellschaften	große Unternehmen[1]
Bilanzsumme	bis 350 000,00 €	bis 6 000 000,00 €	bis 20 000 000,00 €	über 20 000 000,00 €	über 65 000 000,00 €
Umsatzerlöse	bis 700 000,00 €	bis 12 000 000,00 €	bis 40 000 000,00 €	über 40 000 000,00 €	über 130 000 000,00 €
Arbeitnehmer im Jahresdurchschnitt	bis 10 AN	bis 50 AN	bis 250 AN	über 250 AN	über 5 000 AN

Die Bilanzsumme umfasst nach *§ 267 Abs. 4a HGB* das Anlage- und Umlaufvermögen, Rechnungsabgrenzungsposten sowie einen aktiven Unterschiedsbetrag aus der Vermögensrechnung. In die Umsatzerlöse sind alle Erlöse aus Erzeugnissen, Waren oder Dienstleistungen einzubeziehen (*§ 277 Abs. 1 HGB*). Der Umfang der Offenlegungspflichten richtet sich nach bestimmten Größenkriterien und Größenklassen.

Erleichterungen für Kleinstkapitalgesellschaften hinsichtlich der Rechnungslegungs- und Offenlegungsvorschriften:

Offenlegungspflichten
Den Jahresabschluss (JA) müssen ab Eintragung beim elektronischen Bundesanzeiger ...
... offenlegen aufgrund der Gesellschaftsform: <ul><li>Kapitalgesellschaften: Aktiengesellschaften, Kommanditgesellschaften auf Aktien, GmbHs,</li><li>eingetragene Genossenschaften,</li><li>Personenhandelsgesellschaften ohne eine natürliche Person als persönlich haftender Gesellschafter (GmbH & Co. KG sowie OHG mit einer Kapitalgesellschaft als persönlich haftendem Gesellschafter) und</li><li>Zweigniederlassungen bestimmter ausländischer Kapitalgesellschaften, insbesondere Limiteds.</li></ul>
... offenlegen aufgrund des Betätigungsfeldes, unabhängig von der Rechtsform: <ul><li>Kreditinstitute,</li><li>Finanzdienstleistungsinstitute,</li><li>Pensionsfonds,</li><li>Versicherungsunternehmen.</li></ul>
... alle Unternehmen offenlegen, die in 3 aufeinanderfolgenden Geschäftsjahren 2 der 3 folgenden Merkmale erfüllen (*§ 3 Abs. 1 PublG*): <ul><li>Bilanzsumme über 65 Mio. €,</li><li>Umsatzerlöse über 130 Mio. €,</li><li>durchschnittlich über 5 000 Mitarbeiter (*§ 1 Abs. 1 PublG*).</li></ul>
... einreichen: <ul><li>**Kleinstkapitalgesellschaften** i. S. d. *§ 267a HGB*: verkürzte Bilanz (*§ 266 HGB*)</li><li>**Kleine Unternehmen** i. S. d. *§ 264 Abs. 1 S. 4 HGB*:<ul><li>Bilanz,</li><li>Anhang ohne Angaben zur GuV.</li></ul></li><li>**Mittelgroße Unternehmen** i. S. d. *§ 264 Abs. 1 S. 3 HGB* gem. *§ 325 HGB* i. V. m. *§ 327 HGB*:<ul><li>Jahresabschluss mit Bestätigungsvermerk des Abschlussprüfers,</li><li>Anhang,</li><li>Lagebericht,</li><li>zusätzlich rechtsformspezifische Dokumente (*z. B. Angaben zur Ergebnisverwendung, Bericht des Aufsichtsrates*).</li></ul></li><li>Große Unternehmen i. S. d. *§ 254 Abs. 1 HGB* gem. *§ 325 HGB*:<ul><li>Jahresabschluss mit Bestätigungsvermerk des Abschlussprüfers,</li><li>Anhang,</li><li>Lagebericht,</li><li>zusätzlich rechtsformspezifische Dokumente gem. *§ 325 HGB*.</li></ul></li></ul>

---

[1] Es gibt Erleichterungen für Personengesellschaften und Einzelkaufleute bei den Offenlegungspflichten; sie brauchen i. d. R. nur die Bilanz einschl. Anlagen zur Bilanz offenzulegen.

Offenlegungspflichten	
Den Jahresabschluss (JA) müssen ab Eintragung beim elektronischen Bundesanzeiger ...	
... einreichen wo:	▪ JA-Unterlagen sind beim Betreiber des elektronischen Bundesanzeigers einzureichen, der die fristgerechte und vollständige Einreichung der Unterlagen prüft und gem. *§ 329 Abs. 4 HGB* bei Verstößen gegen die Offenlegung das Bundesamt für Justiz informiert, das Ordnungsgeld-verfahren einleitet und evtl. Ordnungsgelder bis maximal 25 000,00 € verhängt.
wann:	▪ Die Einreichung beim elektronischen Bundesanzeiger zur Offenlegung des JA muss grundsätzlich spätestens in-nerhalb von 12 Monaten nach dem Abschlussstichtag er-folgen. Für kapitalmarktorientierte Kapitalgesellschaften gilt eine Einreichungsfrist von 4 Monaten. Hierunter fallen sowohl börsennotierte Unternehmen wie auch solche Un-ternehmen, die andere Wertpapiere (etwa Schuldverschrei-bungen) begeben haben, die an einem organisierten Markt gehandelt werden.

Der Einzelabschluss großer Kapitalgesellschaften i. S. d. *§ 267 Abs. 3 HGB* kann für die Pflichtveröffentlichung wählen zwischen entweder

▪ dem traditionellen HGB-Abschluss oder

▪ dem testierten IFRS[1]-Abschluss *(§ 325 Abs. 2a HGB)*.

Diese Größenmerkmale gelten auch für Personengesellschaften i. S. d. *§ 264 HGB (z. B. bestimmte GmbH & Co. KGs)*.

Für die **Einordnung** ist zu beachten:

▪ Es müssen mindestens zwei der drei genannten Größenmerkmale über- oder unter-schritten worden sein,

▪ es treten die Rechtsfolgen nur ein, wenn die Merkmale an den Abschlussstichtagen von zwei aufeinander folgenden Geschäftsjahren über- oder unterschritten werden *(§ 267 HGB)*.

Bei Nichtbeachtung der Publizitätspflichten kann ein Zwangsgeld/Ordnungsgeld ge-gen die vertretungsberechtigten Mitglieder der Kapitalgesellschaft festgesetzt werden *(§§ 334, 335, 335a HGB, § 140a FGG)*.

Jahresabschluss und **Lagebericht** sind bei

▪ kleinen Kapitalgesellschaften von der Pflicht zur Abschlussprüfung ausgenommen *(§ 316 Abs. 1 HGB)*,

▪ mittelgroßen Kapitalgesellschaften von Wirtschaftsprüfern, Wirtschaftsprüfungsge-sellschaften, vereidigten Buchführern oder Buchprüfungsgesellschaften zu prüfen *(§ 319 Abs. 1 HGB)*,

▪ großen Kapitalgesellschaften von Wirtschaftsprüfern oder Wirtschaftsprüfungsge-sellschaften zu prüfen *(§ 316 Abs. 1 HGB)*.

In verschiedenen EU-Richtlinien zum Gesellschaftsrecht sind verbindlich Grundlagen für die nationalen Gesetze zur *„Gesellschaft mit beschränkter Haftung"* und zur *„Aktienge-sellschaft"* festgelegt, um bereits bei Kapitalgesellschaften eine teilweise Koordinierung der Rechts- und Verwaltungsvorschriften zu erzielen. Allerdings gibt es in den einzelnen Ländern noch viele weitgehend national bestimmte unterschiedliche Regelungen wie *z. B. über die Anzahl der Organe bei der AG (Deutschland: HV, AR und Vorstand; Vereinigtes Königreich: HV und Board) oder den Umfang der Mitbestimmung der Arbeitnehmer*.

---

[1] **I**nternational **F**inancial **R**eporting **S**tandards: Sammlung von international anerkannten Rech-nungslegungsstandards und Interpretationen

Bezeichnung der den deutschen Rechtsformen GmbH und AG nahe stehenden Rechtsformen in den verschiedenen EU-Ländern:

Land[1]	Gesellschaft mit beschränkter Haftung		Aktiengesellschaft	
Belgien	Société privée à responsabilité limitée Besloten vennootschap met beperkte Aansprakelijkheid	B.V.B.A.	La société anonyme De naamloze vennootschap	S. A. N. V.
Dänemark	Anspartsselskaber		Aktieselskabet	
Frankreich	Société à responsabilité limitée	S.A.R.L.	La société anonyme	S. A.
Irland	Private company limited by shares or by guarantee		The public company limited by shares, the public company limited by guarantee and having a share capital	
Italien	Società a Responsabilità Limitata	S.R.L.	La Società per Azioni	S. P. A.
Luxemburg	Société à responsabilité limitée	S.A.R.L	La société anonyme	S. A.
Niederlande	Besloten vennootschap met beperkte Aansprakelijkheid	B.V.	De naamloze vennootschap	N. V.
Portugal	Sociedade por Quotas		A sociedade anónima de responsabilidade Limitada	
Spanien	Sociedad de Responsabilidad Limitada SRL		La Sociedad Anónima	S. A.
Vereinigtes Königreich	Private company limited by shares or by guarantee		The public company limited by shares, the public company limited by guarantee and having a share capital	

5.6.1   Gesellschaft mit beschränkter Haftung

Die Gesellschaft mit beschränkter Haftung (GmbH) ist eine Rechtsform für Unternehmen, die als juristische Person des Privatrechts einzuordnen ist und die zu den Kapitalgesellschaften zählt.

Das wesentliche Merkmal ist, dass die Haftung der Eigentümer und der geschäftsführenden Gesellschafter auf das Einlagekapital beschränkt ist. Das private Vermögen der Anteilseigner ist i. d. R. anders als bei Personengesellschaften im Insolvenzfall vor dem Zugriff der Gläubiger geschützt. Zu unterscheiden sind

- die **„klassische" GmbH** mit einem Mindeststammkapital von 25 000,00 € und
- die **haftungsbeschränkte Unternehmergesellschaft** *(§ 5a GmbHG)* als Einstiegsvariante der GmbH, die interessant ist für Existenzgründer, die zu Beginn ihrer Tätigkeit wenig Kapital haben und benötigen. Die UG (haftungsbeschränkt) ist eine GmbH, die ohne bestimmtes Mindeststammkapital gegründet werden kann.

5.6.1.1   Klassische Gesellschaft mit beschränkter Haftung (GmbH)

Rechtsgrundlagen: *Gesetz betreffend die Gesellschaften mit beschränkter Haftung (GmbHG)*
Handelsgesetzbuch (HGB)
Gesetz über die Rechnungslegung von bestimmten Unternehmen und Konzernen (PubIG)
Kapitalgesellschaften und Co.-Richtlinien-Gesetz (KapCoRiLiG)
EU-Richtlinien zum Gesellschaftsrecht

■ Kennzeichen und Bedeutung

Die **GmbH** ist eine Handelsgesellschaft mit körperschaftlicher Organisation und mit **eigener Rechtspersönlichkeit:**
- Die GmbH beruht auf einer Satzung (= Gesellschaftsvertrag) mit einem bestimmten Mindestinhalt *(§ 3 GmbHG)* und der Abschluss bedarf der notariellen Form *(§ 2 Abs. 1 GmbHG)*.
- Die Haftung der Gesellschafter ist auf die Höhe der vertraglich vereinbarten Geschäftsanteile – früher Stammeinlage – begrenzt.

---

[1] Griechenland: ausgelassen wegen Schriftzeichen

5

- Für die Verbindlichkeiten der Gesellschaft haftet den Gläubigern nur das Gesellschaftsvermögen *(§ 13 GmbHG)*.
- Sie gilt als Handelsgesellschaft und kann zu jedem gesetzlich zulässigen Zweck durch eine oder mehrere Personen gegründet werden *(§§ 1, 13 GmbHG)*.

  Beispiele:

  wirtschaftliche, wissenschaftliche, kulturelle, sportliche, gemeinnützige Zwecke

- Die Gesellschafter einer GmbH sind keine Kaufleute, ausgenommen deren Handelsgesellschaften als Gesellschafter.
- Die GmbH ist Formkaufmann *(§ 6 HGB)*.

Die Rechtsform der GmbH ist aus folgenden Gründen **vorteilhaft**:
- Die Gründung der GmbH erfordert einen geringen oder keinen Kapital- und Gründungsaufwand.
- Eine weitgehende Satzungsautonomie erlaubt flexible Regelungen der Gesellschaftsangelegenheiten (entschieden weniger strenge Regelungen als in der AG).
- Die Haftung der Gesellschafter ist auf die Geschäftsanteile – früher Stammeinlage – beschränkt.
- Die GmbH eignet sich zur Ausgliederung bestimmter Funktionen *(z. B. Vertrieb, Forschung, EDV)* aus mehreren Unternehmen und Zusammenfassung in einer Unternehmung.
- Die Gesellschafter können steuerliche Vorteile in Anspruch nehmen *(z. B. bei der Gewerbesteuer durch Erfassung der Geschäftsführergehälter als Betriebsausgabe)*.
- Als juristische Person sichert sie die Fortführung der Unternehmung.

Beachte: Die Haftungsbeschränkung beeinträchtigt die Kreditwürdigkeit der GmbH. Dieser **Nachteil** kann beseitigt werden, indem einzelne Gesellschafter Kredite an die GmbH durch ihr Privatvermögen *(z. B. Grundpfandrechte, persönliche Bürgschaftserklärungen)* absichern.

5

Gründung

Zur Gründung einer GmbH ist mindestens eine natürliche und/oder juristische Person erforderlich, aber auch OHG, KG und GbR können Gründungsmitglieder sein.

Die Gründung der GmbH erfolgt streng formal (Gesellschaftsvertrag, Leistung der Mindesteinlagen nach *§ 7 Abs. 2 GmbHG*, Eintragung ins HR nach *§§ 37 Abs. 1 HGB, 11 GmbHG*). Zur Vereinfachung von Standardgründungen werden zwei beurkundungspflichtige Musterprotokolle *(§ 2 Abs. 1a GmbHG i. V. m. Anlage 1)* als Anlage zum GmbH-Gesetz zur Verfügung gestellt. Die Gründung verlangt mehr Aufwand und es entstehen höhere Kosten *(z. B. Rechtsanwalts-, Notar-, Steuerberatungskosten)*.

Die Gründung der GmbH erfolgt in drei Stufen:

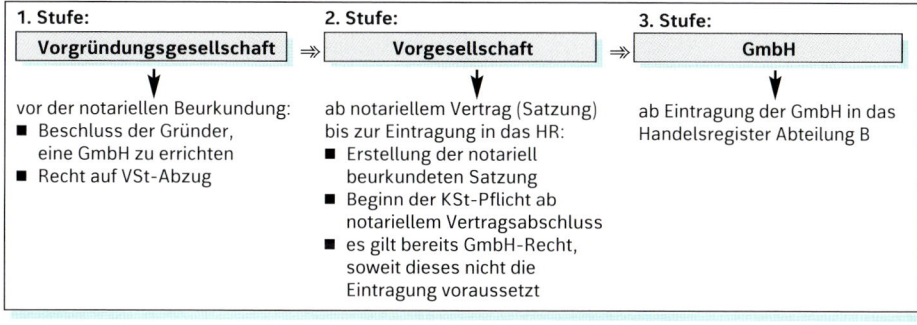

1. Stufe:	2. Stufe:	3. Stufe:
Vorgründungsgesellschaft ⇒	**Vorgesellschaft** ⇒	**GmbH**
vor der notariellen Beurkundung: ■ Beschluss der Gründer, eine GmbH zu errichten ■ Recht auf VSt-Abzug	ab notariellem Vertrag (Satzung) bis zur Eintragung in das HR: ■ Erstellung der notariell beurkundeten Satzung ■ Beginn der KSt-Pflicht ab notariellem Vertragsabschluss ■ es gilt bereits GmbH-Recht, soweit dieses nicht die Eintragung voraussetzt	ab Eintragung der GmbH in das Handelsregister Abteilung B

1. Vorgründungsgesellschaft

Die Gesellschaft befindet sich in der ersten Phase der Gründung. Die Gründer verpflichten sich, für die künftige GmbH tätig zu werden. Es werden nur interne Regelungen getroffen oder vorbereitet; Außenkontakte fehlen noch. Die Vorgründungsgesellschaft besteht vor der notariellen Beurkundung und wird

- als GbR *(§ 705 ff. BGB)* geführt, wenn man davon ausgeht, dass kein Handelsgewerbe vorliegt,
- als OHG *(§ 105 ff. HGB)* behandelt, wenn Handelsgeschäfte i. S. d. *§ 1 Abs. 2 HGB* getätigt werden *(BFH vom 03.02.1998)*. In diesem Falle übernehmen alle Gründungsgesellschafter die Gesamtgeschäftsführung, aber jeder einzelne ist bei unternehmensbezogenen Rechtsgeschäften nach außen vertretungsbefugt.

Die Gesellschafter haften – wie bei der OHG – für die eingegangenen Verpflichtungen und Verbindlichkeiten unmittelbar, persönlich, gesamtschuldnerisch und unbeschränkt mit ihrem gesamten Vermögen.

Steuerlich wird die Vorgründungsgesellschaft wie eine Personengesellschaft behandelt: Die auf die Vorgründungsgesellschaft entfallenden positiven und negativen Einkünfte werden einheitlich und gesondert festgestellt und anschließend anteilig den Gesellschaftern zugerechnet.

2. Vorgesellschaft = Vor-GmbH

Die **Vor-GmbH** ist die durch notariellen Gesellschaftsvertrag *(§ 2 GmbHG)* errichtete, aber noch nicht eingetragene GmbH *(BFH v. 08.11.89. I R 174/86)*. Dieser Vertrag ist von allen Gesellschaftern zu unterzeichnen.

GmbH-Vertrag	
Der GmbH-Vertrag muss beinhalten *(§ 3 Abs. 1 GmbHG)*:	Der GmbH-Vertrag sollte weiterhin beinhalten Regelungen über:
<ul><li>Firma *(§ 4 GmbHG)*</li><li>inländischen Sitz *(§ 4a GmbHG)*</li><li>Gegenstand des Unternehmens</li><li>Höhe des Stammkapitals</li><li>Stammeinlage eines jeden Gesellschafters</li></ul>	<ul><li>die Berufung von Geschäftsführern</li><li>die Zeichnung der Namensunterschriften der Geschäftsführer</li><li>die Versicherung der Geschäftsführer über das Nichtvorliegen von Umständen, die die Untauglichkeit als Geschäftsführer zur Folge haben</li><li>den Umfang der Vertretungsbefugnis</li><li>die Beschlussfassung der Gesellschafter</li><li>die Einberufung der Gesellschafterversammlung</li><li>die Verteilung der Gewinne und Verluste</li><li>die Verfügung der Geschäftsanteile</li><li>die Vererbung von Geschäftsanteilen</li><li>die Erstellung des Jahresabschlusses</li><li>das Ausscheiden von Gesellschaftern</li><li>eine Schiedsklausel</li></ul>

Der/die Geschäftsführer haben nach Einzahlung des Mindeststammkapitals *(§ 78 GmbHG)* die in *§ 8 GmbHG* festgelegten Anlagen (notarieller Gesellschaftsvertrag, Legitimation der Geschäftsführer, Gesellschafterliste, Sachgründungsbericht, Versicherung und Nachweis, dass das Mindeststammkapital eingezahlt wurde, die inländische Geschäftsanschrift, Art und Umfang der Vertretungsbefugnis der Geschäftsführer) zusammenzustellen und dann unter Vorlage dieser Anlagen die Eintragung in das HR beim örtlich zuständigen Registergericht zu beantragen.

3. Entstehung der GmbH

Das Registergericht prüft die formellen und materiellen Eintragungsvoraussetzungen. Liegen alle Unterlagen vor und bestehen keine Bedenken, erfolgt die Eintragung. Mit Eintragung ins Handelsregister entsteht die GmbH.

Die Veröffentlichung der Eintragung im Handelsregister und deren Bekanntmachung und der zum Handelsregister eingereichten Dokumente erfolgt über das Unternehmensregister (*§§ 8b, 10 HBG*).

Rechtsverhältnis

Die GmbH ist

- **Kapitalgesellschaft,**
- **juristische Person,**
- stets **Gewerbetreibender** als **Formkaufmann**; sie gilt auch dann als Handelsgesellschaft, wenn sie kein Handelsgewerbe betreibt *(§§ 13 GmbHG, 6 HGB)*,
- **partei**-, aber nicht **prozessfähig**, d. h., sie muss im Prozess durch den Geschäftsführer vertreten werden *(§ 35 GmbHG)*,
- **deliktsfähig, grundbuchfähig, insolvenzfähig,**
- **scheck- und wechselfähig,**
- **buchführungspflichtig** nach *§§ 238 ff., 242 Abs. 1, 264 Abs. 1, 267 HGB, §§ 13 Abs. 3, 41 GmbHG,*
- **publizitätspflichtig** im Rahmen der nach *§ 267 Abs. 1 HGB* vorgesehenen Größenklassen.

Firma

Die GmbH muss nach *§ 4 GmbHG* als Firma

- eine Sach-, Fantasie- oder Personenbezeichnung führen **und**
- den vollen oder gekürzten Zusatz „*Gesellschaft mit beschränkter Haftung*".

Beispiel:

Frau Zilke, Herr Kelz und Herr Lins betreiben eine Brotfabrik. Mögliche Firmenbezeichnungen:
Personenfirma: *Zilke GmbH; Kelz GmbH; Lins GmbH; Zilke und Lins GmbH; Zilke und Kelz GmbH*
Sachfirma: *Brotfabrik GmbH; Schwarzbrot GmbH; Weißbrot GmbH; Brot GmbH; Backwaren GmbH*
Fantasiefirma: *Brotkrümmel GmbH; Wasser & Mehl GmbH*

Kapital

Die Kapitaleinlage eines jeden Gesellschafters wird Geschäftsanteil – früher Stammeinlage – genannt. Geschäftsanteile können aufgeteilt, zusammengelegt und einzeln oder zu mehreren an einen Dritten übertragen werden. Die Höhe der Nennbeträge für den einzelnen Geschäftsanteil kann unterschiedlich bestimmt werden, aber die Summe der Nennbeträge aller Geschäftsanteile muss mit dem Stammkapital übereinstimmen *(§ 5 Abs. 3 S. 2 GmbHG)*. Die Geschäftsanteile sind frei verfügbar, d. h. veräußerbar, vererbbar und belastbar, wenn die Übertragung in der Satzung nicht eingeschränkt wurde (= Vinkulierung). Geschäftsanteile, d. h. Teile des Stammkapitals, dürfen nicht an die Gesellschafter ausgezahlt werden. Die Summe der Geschäftsanteile bildet das Stammkapital.
Es müssen im Gesellschaftsvertrag mindestens übernommen werden als
- Mindest-Stammkapital der GmbH *(§ 5 Abs. 1 GmbHG)*   25 000,00 €,
- Mindest-Geschäftsanteil eines Gesellschafters   1,00 €.

5

Jeder Euro Einlage gewährt eine Stimme, wenn in der Satzung nichts Anderweitiges bestimmt ist. Der Nennbetrag der Geschäftseinlagen muss immer auf volle Euro lauten.

Das Stammkapital ist in der Bilanz als **gezeichnetes Kapital** aufzuführen. Dies ist nach *§ 272 Abs. 1 S. 1 HGB* als Teil des Eigenkapitals dasjenige Kapital, auf das die Haftung der Gesellschafter für die Verbindlichkeiten der Kapitalgesellschaft gegenüber den Gläubigern beschränkt ist.

Gezeichnetes Kapital, das noch nicht auf das Gesellschaftskonto eingezahlt wurde, ist rechtlich eine Forderung der GmbH an den/die Gesellschafter.

Die Posten „Gezeichnetes Kapital" und „Nicht eingeforderte ausstehende Einlagen auf das gezeichnete Kapital" sind auf der Passivseite der Bilanz auszuweisen. Der verbleibende Betrag – nach Saldierung beider Posten – ist als Posten „Eingefordertes Kapital" in der Hauptspalte der Passivseite auszuweisen; der eingeforderte, aber noch nicht eingezahlte Betrag ist unter den Forderungen gesondert auszuweisen und entsprechend zu bezeichnen *(§ 272 Abs. 1 S. 2 HGB)*.

Die **Einlagen** können in verschiedenen **Formen** erbracht werden:
- durch Bareinlagen. Dies sind Einlagen, die in Geld erbracht werden.
- durch Sacheinlagen. Hier werden Sachen oder Rechte eingebracht, so *z. B. Wertgegenstände, Maschinen, Forderungen usw.*
- durch gemischte Einlagen. Unter einer gemischten Einlage versteht man die Verbindung von Bar- und Sacheinlagen. Der Gesellschafter kann also *z. B. einen Teil der Einlage in Maschinen oder anderen Sachen leisten und einen Teil in bar*.

Die *Einlagen* müssen zum Zeitpunkt der Anmeldung der Eintragung der GmbH in das Handelsregister in folgendem *Umfang* erbracht sein:
- Bareinlagen brauchen nicht in voller Höhe erbracht, sondern nur zu einem Viertel eingezahlt sein.
- Sacheinlagen sind immer in voller Höhe zu erbringen. Darüber hinaus muss der Wert der Sacheinlage in einem Sachgründungsbericht nachgewiesen werden. Werden gebrauchte Gegenstände eingebracht, wird zum Nachweis der Werthaltigkeit in aller Regel ein Sachverständigengutachten verlangt.
- Bei der gemischten Einlage sind die Sachen vollständig zu erbringen, die Bareinlagen zu einem Viertel.

Bei der Gründung einer GmbH muss das Stammkapital wenigstens zur Hälfte eingezahlt sein, damit die Gesellschaft eingetragen wird *(§ 5 GmbHG)*. Dabei ist auf jeden Geschäftsanteil wenigstens ein Viertel des Nennbetrags des Geschäftsanteils einzuzahlen *(§ 7 Abs. 2 GmbHG)*.

GmbH-Anteile sind nicht teilbar, nicht wertpapierrechtlich verbrieft und damit **nicht börsenfähig**. Die Übertragung von GmbH-Anteilen erfordert notarielle Beurkundung.

▪ Organe der GmbH

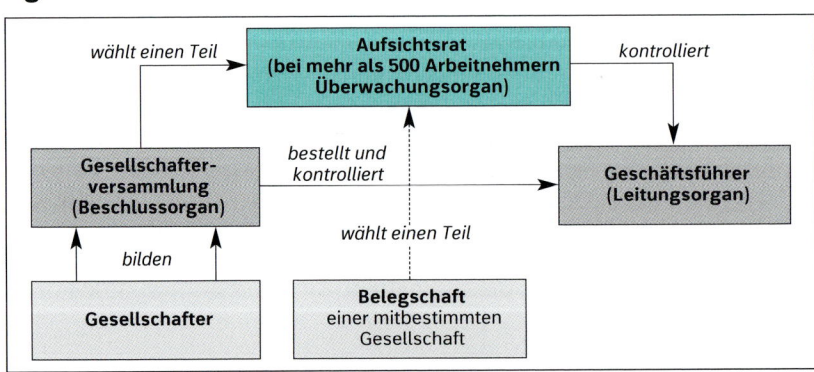

Der Gesetzgeber schreibt der GmbH zwingend mindestens zwei Organe vor:

- die Gesellschafterversammlung als oberstes Organ (§ 45 ff. GmbHG) und
- den oder die Geschäftsführer als Handlungsorgan (§§ 6, 35 ff. GmbHG).

Gesellschafterversammlung

Gesellschafter kann nur sein, wer auf der Gesellschafterliste im Handelsregister aufgeführt ist. Die Gesellschafterliste ist Legitimationsgrundlage und Rechtsscheinträger. In der zum Handelsregister einzureichenden Gesellschafterliste einer GmbH (§ 40 GmbHG) sind für **jeden** Geschäftsanteil unabhängig von seinem Nennbetrag dessen prozentuale Beteiligung am Stammkapital der Gesellschaft anzugeben.

Die **Gesellschafterversammlung** ist oberstes Willensbildungsorgan. Ihr Aufgabenkreis umfasst (§ 46 GmbHG):

- Treffen von Grundentscheidungen,
- Beschluss über die Festsetzung des Jahresabschlusses und die Verwendung des Ergebnisses,
- Bestimmung, Bestellung und Abberufung von Geschäftsführern[1] (§ 46 Abs. 5 GmbHG),
- Änderungen des Gesellschafter-Geschäftsführer-Dienstvertrages,
- Aufstellung von Regeln zur Prüfung und Überwachung der Geschäftsführung,
- Beschluss über die Einforderung von Einzahlungen auf die Stammeinlagen,
- Beschluss über die Rückzahlung von Nachschüssen,
- Bestellung von Prokuristen[2] und Handlungsbevollmächtigten,
- Teilung und Einziehung von Geschäftsanteilen.

Beschlüsse erfordern die einfache Mehrheit der abgegebenen Stimmen. Jeder volle Euro-Betrag eines Geschäftsanteils gewährt eine Stimme (§ 47 GmbHG). Beschlüsse, die zur **Änderung** des Gesellschaftsvertrages führen (z. B. Erhöhung der Stammeinlagen), erfordern eine 3/4-(= **qualifizierte**) Mehrheit und notarielle Beurkundung (§§ 53, 60 GmbHG).
Die Einladung zur Gesellschafterversammlung muss durch eingeschriebenen Brief mit einer Frist von mindestens einer Woche erfolgen (§ 51 Abs. 1 GmbHG).

Ein **Aufsichtsrat**

- kann bei bis 500 Arbeitnehmern unter Beachtung aktienrechtlicher Vorschriften bestellt werden (§ 52 GmbHG),
- muss bei mehr als 500 Arbeitnehmern bestellt werden und zu 1/3 aus Arbeitnehmervertretern bestehen (§ 129 BetrVG i. V. m. § 77 Abs. 1),
- muss bei mehr als 2 000 Arbeitnehmern bestellt werden und zur Hälfte aus Arbeitnehmervertretern bestehen (§ 1 MitbestG), die Geschlechterquote von 30 % ist zu beachten (Gesetz für die gleichberechtigte Teilhabe von Frauen und Männern an Führungspositionen, BGBl. Nr. 17 v. 30.04.2015),
- muss bei Montangesellschaften bestellt werden (§ 3 MontanMitbestG).

5

---

[1] In der Satzung kann geregelt werden, dass einzelne Gesellschafter, eine Gesellschaftergruppe, ein außen stehender Dritter oder der Aufsichtsrat das Sonderrecht haben, den Geschäftsführer zu bestimmen, zu bestellen oder abzuberufen.

[2] Nach § 48 Abs. 1 HGB kann der gesetzliche Vertreter (Geschäftsführer) Prokura erteilen, die Zustimmung der Gesellschafter-Versammlung (§ 46 Nr. 7 GmbHG) ist **nur** im Innenverhältnis notwendig.

Die Aufgaben des Aufsichtsrates richten sich

- bei freiwilligen Aufsichtsräten (bis 500 Arbeitnehmern) nach dem Gesellschaftsvertrag *(BetrVG 1952),*
- bei vorgeschriebenen Aufsichtsräten nach dem Betriebsverfassungsgesetz *(§§ 76, 77 BetrVG 1952),* dem Mitbestimmungsgesetz und den Vorschriften des Aktienrechts *(§ 52 GmbHG).*

Geschäftsführung

Die **Geschäftsführung** betrifft das **Innenverhältnis** der GmbH und umfasst das Recht zum Handeln für die Gesellschaft. Die Geschäftsführung wird vom **Geschäftsführer** der GmbH ausgeübt. Es können auch mehrere Geschäftsführer bestellt werden. Die allgemeinen Anforderungen an den Geschäftsführer werden durch Gesetze, seinen Anstellungsvertrag, die Satzung der Gesellschaft, die Geschäftsordnung, Beschlüsse der Gesellschafter und auch Einzelanweisungen konkretisiert.

Das Recht auf Geschäftsführung wird abgeleitet aus dem **Gesellschaftsvertrag** und den **Beschlüssen** der Gesellschafter. Die Gesellschafterversammlung bildet den Willen; der Geschäftsführer führt den Willen aus. Der Gestaltungsspielraum des Geschäftsführers sollte im Geschäftsführervertrag genau geregelt sein.

Der Geschäftsführer ist der **gesetzliche Vertreter** der GmbH.

Der Geschäftsführer muss eine natürliche, unbeschränkt geschäftsfähige Person sein *(§ 6 Abs. 2 GmbHG);* er handelt mit Wirkung für und gegen die GmbH. Durch ihn wird die GmbH handlungsfähig.

Möglich sind

- angestellte Geschäftsführer, die nicht gleichzeitig Gesellschafter sind,
- Geschäftsführer, die gleichzeitig Gesellschafter sind (Gesellschafter-Geschäftsführer).

Zuständig für die Bestellung des Geschäftsführers sind die Gesellschafter *(§ 46 Abs. 5 i. V. m. § 46 Abs. 2 GmbHG);* im Gesellschaftervertrag kann einem anderen Organ oder einem Gesellschafter die Zuständigkeit übertragen werden.

Unterliegt die GmbH dem Mitbestimmungsgesetz oder dem Montanmitbestimmungsgesetz, so obliegt die Bestellung des Geschäftsführers dem Aufsichtsrat *(§ 31 MitbestG, § 12 MontanMitbestG).*

Der Geschäftsführer wird normalerweise **bestellt**

- im Gesellschaftsvertrag *(§ 6 Abs. 3 S. 2 GmbHG)* oder
- durch einfachen Beschluss der Gesellschafterversammlung mit einfacher Mehrheit, wenn im Gesellschaftsvertrag keine anderen Regelungen vorgegeben werden *(§ 46 Nr. 5 GmbHG).*

Jede Bestellung oder Abberufung eines Geschäftsführers ist zur Eintragung ins Handelsregister anzumelden.

Die Geschäftsführung kann ausgeübt werden

- bei Einzelgeschäftsführung durch einen Geschäftsführer allein,
- bei Gesamtgeschäftsführung durch mehrere Geschäftsführer gemeinsam.

Hauptfunktionen des Geschäftsführers sind

- im Außenverhältnis die *Vertretungsbefugnis (§§ 35 Abs. 1, 36 GmbHG)* und
- im Innenverhältnis die *Geschäftsführungsbefugnis (§ 37 Abs. 2 GmbHG).*

Die **Aufgaben** der Geschäftsführer werden festgelegt durch Dienstvertrag *(§ 612 ff. BGB)*, *GmbHG* und Gesellschafterbeschlüsse.

Die Geschäftsführer haben insbesondere die **Pflicht**,

- die Geschäftsführung entsprechend den Weisungen der Gesellschafter und unter Beachtung des Gesellschaftsvertrages auszuüben,
- die Gesellschaft nach außen zu vertreten und im Innenverhältnis die Unternehmensleitung auszuüben,
- die Geschäfte der Gesellschaft immer mit der Sorgfalt eines ordentlichen Kaufmanns auszuführen,
- die Mitarbeiter auszuwählen und zu überwachen,
- sich loyal gegenüber der GmbH zu verhalten (Treuepflicht, Wettbewerbsverbot),
- für eine ordnungsgemäße Buchführung und Bilanzierung zu sorgen *(§§ 41, 42 GmbHG)*; dies umfasst die Inventarpflicht, die Pflicht zur Aufstellung des Jahresabschlusses und des Lageberichtes, die Erteilung des Prüfungsauftrages an die Abschlussprüfer, die Mitwirkung an der Abschlussprüfung durch Auskunfts- und Vorlagepflichten, die Pflicht zur Offenlegung des Jahresabschlusses sowie die Aufbewahrung dieser Unterlagen,
- die Steuererklärungen der GmbH persönlich zu unterschreiben und abzugeben *(§§ 34, 69 AO)*, sie übernehmen mit der Unterzeichnung die persönliche Haftung dafür, dass die steuerlichen Verpflichtungen der Gesellschaft gem. *§ 43 GmbHG* mit der Sorgfalt eines ordentlichen Kaufmanns erfüllt werden,
- das Stammkapital vor verbotenen Auszahlungen zu bewahren *(§§ 30, 43 Abs. 3 GmbHG)*,
- den verbotenen Erwerb eigener Anteile zu verhindern *(§§ 33, 43 Abs. 3 GmbHG)*,
- die Gesellschafterversammlung einzuberufen *(§ 49 GmbHG)*,
- bei Zahlungsunfähigkeit oder Überschuldung den Insolvenzeröffnungsantrag zu stellen *(§ 64 GmbHG)*.

5

Für Geschäftsführer besteht ein **Wettbewerbsverbot**, das aber vertraglich aufgehoben werden kann. In Angelegenheiten der Gesellschaft hat der Geschäftsführer die Sorgfalt eines ordentlichen Kaufmanns anzuwenden *(§ 43 Abs. 1 GmbHG)*.

Der Geschäftsführer ist Angestellter der GmbH und erhält ein Gehalt, das steuerlich dann als Betriebsausgabe ansetzbar ist, wenn klare, eindeutige und angemessene Vereinbarungen über die Tätigkeitsvergütung sowie andere Vorteile schriftlich vorliegen[1]. Eine Angemessenheitsprüfung erfolgt im Rahmen einer LSt- oder Außenprüfung; sie prüft, ob das Gehalt einem Fremdvergleich standhalten kann. Zahlt die GmbH ein zu hohes Gehalt, so wird eine *verdeckte Gewinnausschüttung* unterstellt, die auf der Ebene der Gesellschafter zu einer Umqualifizierung der Einkünfte von nichtselbstständiger Arbeit zu Einkünften aus Kapitalvermögen, evtl. einer KSt-Mehrbelastung und Gewerbesteuernachzahlung führt. Haftungsbeschränkt ist nur die Gesellschaft GmbH, nicht aber der Geschäftsführer. Verletzt er seine Sorgfaltspflichten, haftet er mit seinem gesamten Privatvermögen für entstandene Schäden *(§ 43 Abs. 1 GmbHG)*.

Bei **Gesellschafter-Geschäftsführern** ist zum Nachweis die Schriftform für den Arbeitsvertrag zu empfehlen, in dem alle Leistungen der GmbH an den Geschäftsführer *(z. B. Gehalt, Tantieme, Sonderzahlungen, Zuschläge, Direktversicherungen, Betriebsrente, Annehmlichkeiten, Auslagenersatz)* aufgelistet werden.

---

[1] Vgl. *§ 32a KStG, R 36 KStR*.

Stellung des/der Geschäftsführer:

- **Arbeitsrechtlich:**
  GmbH-Geschäftsführer sind arbeitsrechtlich **keine Arbeitnehmer** *(§§ 5 Abs. 2 Nr. 1 u. Abs. 3 BetrVerfG, 14 KSchG, 5 Abs. 1 S. 3 ArbGG, 3 Abs. 1 S. 2 MitBestG).*
  Es gelten für sie z. B. *nicht das Bundesurlaubsgesetz, die Arbeitszeitordnung, sonstige tarifliche Bedingungen, Arbeitnehmer-Schutzrechte, die arbeitsrechtlichen Vorschriften über Kündigung (KSchG), Lohn- und Gehaltsfortzahlung.*

- **Lohnsteuerrechtlich:**
  Geschäftsführer einer GmbH **sind lohnsteuerlich Arbeitnehmer** i. S. d. *EStG.*
  Neben einem festen angemessenen Grundgehalt können vertraglich weitere Gehalts-bestandteile wie *z. B. Urlaubs- und Weihnachtsgeld, Tantiemen, Versorgungszusagen, betriebsübliche Altersvorsorge, Privatnutzung eines Firmen-Pkw* vereinbart werden. Auch diese rechnen zum steuerpflichtigen Arbeitslohn und sind als Einkünfte aus nicht selbstständiger Arbeit in der ESt-Erklärung in der Anlage N zu erklären. Das Geschäfts-führergehalt ist als Betriebsausgabe ansetzbar und mindert damit das KSt-pflichtige Einkommen und den Gewerbeertrag der GmbH.
  Unangemessene Zahlungen, die keinem Fremdvergleich standhalten, sind bei Gesell-schafter-Geschäftsführern **verdeckte Gewinnausschüttungen** an den Gesellschafter, *z. B. steuerfreie Zuschläge für Sonntags-, Feiertags- oder Nachtarbeit sowie überhöhte Gehälter als Einkünfte aus Kapitalvermögen.*
  Werden dem Gesellschafter-Geschäftsführer neben seinem Arbeitslohn noch Gewinn-ausschüttungen von der GmbH ausgezahlt, so erzielt er Einkünfte aus Kapitalvermögen.

- **Sozialversicherungsrechtlich:**
  Abhängig Beschäftigte sind in den Betrieb des Arbeitgebers – hier die GmbH – einge-gliedert und sind an die Weisungen des Arbeitgebers – hier der Generalversammlung der GmbH – gebunden, was Ort, Zeit und Art und Weise der Arbeit angeht.

  Es ist zu prüfen, ob der Geschäftsführer abhängig beschäftigt ist.

  Die Sozialversicherungspflicht von GmbH-Geschäftsführern entscheidet darüber, ob die GmbH von dem Gehalt des Geschäftsführers neben der LSt, KiSt, SolZ auch SV-Bei-träge einbehalten muss und ob sie zusätzlich Arbeitgeberbeiträge zur SV leisten muss.

  Durch das **Statusfeststellungsverfahren** wird mithilfe der DEÜV-Meldung bei Eintritt des Geschäftsführers in das Beschäftigungsverhältnis auf Antrag der sozialversiche-rungspflichtige Status des Geschäftsführers geprüft *(§ 28a Abs. 3.2 Nr. 1e SGB IV, § 7a Abs. 1 SGB IV)*[1][2]. Die Entscheidung ist für alle Träger der gesetzlichen Sozialversiche-rung bindend.

Bei selbstständiger Tätigkeit des Geschäftsführers entfällt i. d. R. die Beitragspflicht zur Sozialversicherung. Der Geschäftsführer hat sich selbst zu versichern, er trägt allein die zu zahlenden Beiträge. Eine Selbstständigkeit eines Gesellschafter-Geschäftsführers wird sozialversicherungsrechtlich angenommen bei Besitz ab 50 % der Gesellschaftsan-teile oder bei Vorliegen umfassender Vetorechte laut Gesellschaftsvertrag unter 50 %.

---

[1] Vgl. www.deutsche-rentenversicherung.de/Allgemein/de/Inhalt/5_Services/04_formulare_und _antraege/01_versicherte/01_vor_der_rente/_DRV_Paket_Versicherung_Statusfeststellung. html.

[2] Steuerberater dürfen Mandanten nicht in Statusfeststellungsverfahren vertreten (BStBK 33/2014). Es ist eine Vorbehaltsaufgabe der Rechtsberatung.

[3] Mit **Sperrminorität** kann man bei einer **Abstimmung** das beantragte Ergebnis verhindern, auch dann, wenn man nur über eine Minderheit an Anteilen verfügt.

Fremd-Geschäftsführer (ohne Beteiligung an der Gesellschaft) und Gesellschafter-Geschäftsführer bis zu einer Beteiligung von unter 25 % gelten als sozialversicherungspflichtige Arbeitnehmer. Gesellschafter-Geschäftsführer mit Beteiligung unter 50 % und Sperrminorität (mindestens 25 %) gelten als abhängig beschäftigt, weil sie im Innenverhältnis keine Rechtsmacht besitzen.

Aufgaben des/der Geschäftsführer/-s als Leitungsorgan der GmbH	
Geschäftsführung im Innenverhältnis	Vertretung im Außenverhältnis
<ul><li>Geschäftsleitung: Wahrnehmung der Managementfunktion, Organisation und Überwachung des Geschäftsbetriebes</li><li>Verantwortung für die Buchführung, Vorbereitung und Aufstellung des Jahresabschlusses und des Lageberichts</li><li>Einberufung der Gesellschafterversammlung</li><li>Durchführung der Gesellschafterbeschlüsse</li><li>Auskunftserteilung gegenüber Gesellschaftern</li></ul>	<ul><li>Anmeldung zum Handelsregister</li><li>Einreichung einer veränderten Gesellschafterliste zum Handelsregister</li><li>Vertretung der GmbH gegenüber Dritten in allen gerichtlichen und außergerichtlichen Angelegenheiten (§ 35 Abs. 1 GmbHG)</li><li>Der Umfang der Vertretungsmacht ist unbeschränkt und unbeschränkbar.</li><li>Stellung des Antrags auf Eröffnung eines Insolvenzverfahrens bei Zahlungsunfähigkeit oder Überschuldung</li></ul>

Vertretung

Die GmbH wird durch die Geschäftsführer gerichtlich und außergerichtlich vertreten. Sind mehrere Geschäftsführer bestellt, sind sie alle nur gemeinschaftlich zur Vertretung der Gesellschaft befugt, wenn der Gesellschaftsvertrag nichts anderes bestimmt (§ 35 GmbHG).

Haftung

Gegenüber Dritten haftet die GmbH „beschränkt", d. h., für Verbindlichkeiten der GmbH haftet grundsätzlich nur das Gesellschaftsvermögen[1] (§ 13 Abs. 2 GmbHG). Die Gläubiger können sich nicht aus dem Privatvermögen der Gesellschafter befriedigen.

Die Haftungsbeschränkung auf das Gesellschaftsvermögen gilt erst ab Eintragung der GmbH in das Handelsregister (zuvor haften die Gründungsmitglieder auch mit ihrem Privatvermögen).

Nach § 43 GmbHG haften Geschäftsführer für **Pflichtverletzungen**, wenn sie schuldhaft (= vorsätzlich oder fahrlässig) gehandelt haben. Ihre steuerrechtliche Haftung bestimmt sich aus §§ 43, 69 AO, für Gesellschafter-Geschäftsführer greift zusätzlich der § 74 AO.

Beispiele für Pflichtverletzungen durch den Geschäftsführer:

Nichtabgabe von Steuererklärungen, falsche und unrichtige Angaben in Steuererklärungen, Nichtzahlung oder verspätete Zahlung von Steuern, Verletzung der Buchführungs- und Aufzeichnungspflichten.
Erst nachdem die Vollstreckung in das bewegliche Vermögen der GmbH erfolglos war, kann das Finanzamt den Geschäftsführer als Haftungsschuldner in Anspruch nehmen.

Beachten Sie bitte:

- Die Haftungsbeschränkung hat zwar rechtliche, aber im Normalfall keine tatsächlichen Folgen, weil Gläubiger (z. B. Banken) verlangen, dass die Haftungsbeschrän-

---

[1] Sind die Gesellschafter beherrschend und gleichzeitig Geschäftsführer sowie noch anderweitig unternehmerisch tätig (als *Einzelunternehmer, Gesellschafter einer OHG, Komplementär einer KG*), dann wendet der BGH die Regelungen für den faktischen Konzern an und **dehnt die Haftung** auch auf das Privatvermögen dieser Gesellschafter **aus**. Das BAG hat sich ebenfalls dieser Rechtsauffassung angeschlossen (BAG 9 AZR 197/92 v. 08.03.1994).

kungen durch persönliche Bürgschaften oder Kreditsicherheiten aus dem Privatvermögen der Gesellschafter indirekt wieder aufgehoben werden.

- Es empfiehlt sich, bei Eheleuten den Güterstand zu überdenken. Im Rahmen eines notariellen Ehevertrages *(§§ 1408, 1410 BGB)* sollte der gesetzliche Güterstand der Zugewinngemeinschaft derart abgeändert werden, dass ein Zugewinnausgleich aus dem betrieblichen Bereich für den Fall der Scheidung der Ehe ausgeschlossen oder gemindert wird *(§ 1372 ff. BGB)*.

Pflichten der Gesellschafter

Als Gesellschafter bzw. als Inhaber eines Geschäftsanteils gilt nur, wer in der im Handelsregister aufgenommenen Gesellschafterliste eingetragen ist.

Pflichten der Gesellschafter:
- Leistung der vereinbarten Geschäftsanteile *(§ 19 GmbHG)*,
- Zahlung von Verzugszinsen bei verspäteter Einzahlung *(§ 20 ff. GmbHG)*,
- Nachschusspflicht bei vertraglicher Vereinbarung *(§ 26 GmbHG)*.
- Weitere Pflichten können vertraglich begründet werden, *z. B.:*
  - *Gewährung eines Darlehens an die GmbH,*
  - *Nutzungsüberlassung von Rechten und Sachen,*
  - *Übernahme von Geschäftsführertätigkeiten,*
  - *Wettbewerbsverbot,*
  - *Insolvenzantragspflicht bei Führungslosigkeit der GmbH.*

Nachschusspflicht	
beschränkte *(§ 28 GmbHG)*	**unbeschränkte *(§ 27 GmbHG)***

■ Höchstbetrag ist im Gesellschaftsvertrag festgelegt
■ **Kaduzierung**
des Geschäftsanteils bei Nichtzahlung, Geschäftsanteil wird für verlustig erklärt *(§ 21 GmbHG)*
■ Öffentliche Versteigerung *(§§ 23–24 GmbHG)*
  • *Mehrerlös* erhält die *GmbH*
  • *Mindererlös* trägt der ausgeschiedene Gesellschafter
	■ Gesellschafter beschließen über die Höhe des Nachschusses
	■ **Abandonrecht**
	Gesellschafter kann sich von dem eingeforderten Nachschuss befreien, indem er innerhalb eines Monats nach Aufforderung zur Einzahlung der Gesellschaft seinen Anteil zur Verfügung stellt
	■ Öffentliche Versteigerung *(§§ 23–24 GmbHG)*
	  • *Mehrerlös* erhält der ausgeschiedene Gesellschafter
	  • *Mindererlös* trägt die GmbH

Rechte der Gesellschafter

- Teilnahme an der Gesellschafterversammlung und Stimmrecht *(§ 45 ff. GmbHG)*
- Auskunfts- und Einsichtsrecht *(§ 51a GmbHG)*
- Anfechtung von Gesellschafterbeschlüssen
- Anspruch auf Gewinnanteil *(§ 29 GmbHG)*
- Anspruch auf Anteil am Liquidationserlös *(§ 72 GmbHG)*

Gewinnverteilung

Der **Jahresüberschuss** ist im Verhältnis der Gesellschaftsanteile zu verteilen *(§ 29 Abs. 1 und 3 GmbHG)*. Im Gesellschaftsvertrag können andere Regelungen vereinbart werden.

Beispiele:

- *Verwendung des Jahresüberschusses zur Bildung von Gewinnrücklagen oder eines Gewinnvortrages (§ 21 Abs. 2 GmbHG)*
- *Erfassung der Gewinnanteile der Gesellschafter auf Kontokorrentkonten mit Verbindlichkeitscharakter*

Besonderheiten

Der/die Geschäftsführer der GmbH haben den Jahresabschluss und den Lagebericht für die GmbH zu erstellen und der Gesellschafterversammlung vorzulegen.

Jahresabschluss und Lagebericht

- sind von allen Geschäftsführern aufzustellen *(§ 264 HGB)*,
- werden unter Beachtung der Grundsätze ordnungsgemäßer Buchführung erstellt und
- haben ein den tatsächlichen Verhältnissen entsprechendes Bild der Vermögens-, Finanz- und Ertragslage der Kapitalgesellschaft GmbH zu vermitteln,
- müssen nach Erstellung unverzüglich den Gesellschaftern vorgelegt werden *(§ 42a GmbHG)*,
- müssen bei mittelgroßen GmbHs dem vereidigten Buchprüfer/Wirtschaftsprüfer, bei großen GmbHs dem Wirtschaftsprüfer zur Prüfung vorgelegt werden; nach Prüfung ist der Prüfungsbericht den Gesellschaftern vorzulegen,
- müssen bei Vorhandensein eines Aufsichtsrates von diesem geprüft werden; über die Prüfung ist ein Bericht zu erstellen, der von den Geschäftsführern den Gesellschaftern vorgelegt werden muss,
- müssen vom gesetzlichen Vertreter der GmbH unverzüglich nach der Vorlage und Feststellung durch die Gesellschafter beim Unternehmensregister eingereicht werden.

5

	Kleinst-GmbH	kleine GmbH	mittelgroße GmbH	große GmbH
zu erstellen sind	■ Bilanz	■ Jahresabschluss	■ Jahresabschluss ■ Lagebericht	■ Jahresabschluss ■ Lagebericht
Frist zur Aufstellung	6 Monate	6 Monate	3 Monate	3 Monate
Pflicht zur Prüfung durch ...	entfällt	entfällt	Ja, durch vereidigten Buchprüfer oder Wirtschaftsprüfer	Ja, durch Wirtschaftsprüfer
Frist zur Feststellung	11 Monate	11 Monate	8 Monate	8 Monate
Offenlegung	12 Monate	12 Monate	12 Monate	12 Monate
Offenzulegen sind ...	Bilanz	Bilanz und Anhang	Jahresabschluss und Lagebericht	Jahresabschluss und Lagebericht

Auflösung der Gesellschaft

Gesetzliche Auflösungsgründe sind *(§ 60 GmbHG)*:

- Ablauf der vereinbarten Dauer,
- Gesellschafterbeschluss mit 3/4-Mehrheit der abgegebenen Stimmen, sofern der Gesellschaftsvertrag nichts anderes bestimmt,

- gerichtliches Urteil oder gerichtliche Beschlüsse,
- Verfügungen des Registergerichtes,
- Insolvenzeröffnung und rechtskräftige Abweisung des Insolvenzantrages mangels Masse *(§ 60 Abs. 1 Nr. 4 und 5 GmbHG)*.

Die GmbH gilt als beendet, wenn
- die GmbH vermögenslos ist und
- die Löschung der GmbH im Handelsregister erfolgt ist.

Auseinandersetzung

Wenn kein Insolvenzverfahren eröffnet wurde, findet nach dem Auflösungsbeschluss der Gesellschafterversammlung die **Liquidation** statt *(§ 65 ff. GmbHG)*.

Ablauf der Liquidation

Die Geschäftsführer, auch **Liquidatoren** genannt, führen regelmäßig die Abwicklung der Unternehmung durch *(§ 66 GmbHG)*. Auch andere Personen können zum Liquidator bestellt werden.

Aus Gründen des Gläubigerschutzes ist folgendes Verfahren einzuhalten:
- Veröffentlichung des Auflösungsbeschlusses und Eintragung ins Handelsregister *(§ 65 GmbHG)*,
- die Firmenbezeichnung erhält auf allen Geschäftsbriefen den Zusatz „i. L." (in Liquidation) *(§ 71 Abs. 5 GmbHG)*,
- Bestellung eines Liquidators *(§ 66 ff. GmbHG)*,
- Veräußerung der Vermögensgegenstände *(Maschinen, Grundstücke, Vorräte)*, Einziehung der Forderungen, Ausgleich der Verbindlichkeiten und Rechnungslegung durch Aufstellung einer Eröffnungsbilanz zu Beginn der Liquidation und Jahresabschlüsse mit Lageberichten für die Dauer des Liquidationsverfahrens *(§ 71 GmbHG)*,
- Verteilung des verbleibenden Vermögens *(§ 72 GmbHG)*,
- Löschung der Firma im Handelsregister nach Erstellung der Schlussrechnung *(§ 74 GmbHG)*,
- Geschäftsbücher sind 10 Jahre von einem der Gesellschafter oder einem Dritten aufzubewahren (in Ermangelung einer Regelung im Gesellschaftsvertrag bestimmt das Gericht den Ort der Aufbewahrung) *(§ 74 Abs. 2 GmbHG)*.

Auswirkungen:
- Arbeitnehmer verlieren ihren Arbeitsplatz,
- Kunden benötigen einen neuen Zulieferer,
- Förderung der Unternehmenskonzentration.

Die Gesellschaft entschließt sich nur dann zur **Liquidation**, wenn der **Unternehmensverkauf im Ganzen für sie nicht vorteilhafter** ist.

Besonderheiten

Einpersonen-GmbH

Die Gründung einer Einpersonen-GmbH ist nach *§ 1 GmbHG* zulässig, d. h., eine Person ist alleiniger Gesellschafter und hält alle Geschäftsanteile in einer Hand.
Streng zu unterscheiden ist aber zwischen dem Gesellschafter als natürliche Person und der Gesellschaft als juristische Person.

Die Gründung dieser Einpersonen-GmbH kann insbesondere bei einem Einzelkaufmann
- die Unternehmenskontinuität sichern,
- die Haftung für einen Einzelunternehmer beschränken.

Weil der Allein-Gesellschafter die Gesellschafterversammlung bildet, müssen die Beschlüsse im Interesse der Rechtssicherheit unverzüglich nach Zustandekommen protokolliert und unterzeichnet werden *(§ 48 GmbHG)*.

Freiberufler-GmbH

Die Vorteilhaftigkeit der Freiberufler-GmbH liegt in der Möglichkeit der Bildung von Pensionsrückstellungen und der Haftungsbeschränkung. Allerdings hat die GmbH eine Berufshaftpflichtversicherung von mindestens 2,5 Mio. € je Einzelfall abzuschließen.

 ## Steuerliche Behandlung

Körperschaftsteuer

- **Besteuerung auf der Ebene der Gesellschaft**
  Die juristische Person GmbH ist als eigenständige juristische Person unbeschränkt körperschaftsteuerpflichtig, wenn sie ihren Sitz oder ihre Geschäftsleitung im Inland hat *(§ 1 KStG)*.
  Die Steuerpflicht entsteht mit Abschluss des Gesellschaftsvertrages und damit ab Bestehen der Vorgesellschaft. Einlagen sind nicht körperschaftsteuerpflichtig.
  Die Körperschaftsteuer bemisst sich nach dem zu versteuernden Einkommen *(§ 7 Abs. 1 KStG)* der GmbH. Bemessungsgrundlage zur Errechnung[1] der Körperschaftsteuer ist das zu versteuernde Einkommen der GmbH *(§ 7 Abs. 1 KStG)*.

	Jahresüberschuss bzw. Jahresfehlbetrag
+/–	steuerliche Gewinnkorrekturen
=	**Steuerbilanzgewinn bzw. -verlust**
+	verdeckte Gewinnausschüttungen
+	nicht abziehbare Betriebsausgaben
+	Spenden
–	verdeckte Einlagen
–	andere steuerfreie Vermögensmehrungen
–	abzugsfähige Spenden
=	**Einkünfte aus Gewerbebetrieb**
–	Verlustvortrag
=	**zu versteuerndes Einkommen**

Der Steuersatz hierauf beträgt z. Z. 15 % *(§ 23 Abs. 1 KStG)*.
Bemessungsgrundlage für den Solidaritätszuschlag ist die festzusetzende Körperschaftssteuer *(§ 3 Abs. 1 Nr. 1 SolzG)*. Hiervon werden 5,5 % Solidaritätszuschlag erhoben *(§ 4 SolzG)*.

- **Besteuerung auf der Ebene der Gesellschafter**
  Die GmbH-Beteiligung gehört zum Privatvermögen:
  - Die Erträge aus der Beteiligung unterliegen als Einnahmen aus Kapitalvermögen der Abgeltungssteuer in Höhe von 25 % (zzgl. SolZ + evtl. KiSt) nach *§ 32d EStG*. Anfallende Werbungskosten können steuerlich nicht angesetzt werden.
  - Ist der Gesellschafter zu mindestens 25 % bzw. bei beruflicher Tätigkeit des Gesellschafters für die GmbH zu mindestens 1 % an der GmbH beteiligt *(§ 32d Abs. 2 EStG)*, kann er die Beteiligungserträge wahlweise (Antrag spätestens zusammen mit der Abgabe der ESt-Erklärung) nach dem Teileinkünfteverfahren in Höhe von 60 % versteuern.

---

[1] Vereinfachtes Berechnungsschema

Die GmbH-Beteiligung gehört zum Betriebsvermögen:
- Gesellschafterin ist eine Personengesellschaft.
  Gehört die Beteiligung zum Betriebsvermögen, sind die Ausschüttungen der GmbH den Einkünften aus Gewerbebetrieb hinzuzurechnen und als solche zu versteuern.
- Gesellschafterin ist eine Kapitalgesellschaft.
  Ist die Gesellschafterin selbst eine Kapitalgesellschaft, sind die Gewinnausschüttungen (Dividenden) an sie nach *§ 8b Abs. 1 KStG* steuerfrei. Nach *§ 8b Abs. 5 KStG* werden 5 % der jeweiligen Ausschüttung als nicht abzugsfähige Betriebsausgaben behandelt. Dies führt zu einer Erhöhung des zu versteuernden Einkommens.

Der GmbH-Geschäftsführer ist an der GmbH beteiligt:
- Der Gesellschafter-Geschäftsführer hat sein Geschäftsführergehalt als Einkünfte aus nicht selbstständiger Arbeit zu versteuern.
- Für die Dividenden aus der Beteiligung kann er zum Teileinkünfteverfahren optieren.

Gewerbesteuer

Eine GmbH erzielt gem. *§ 8 Abs. 2 KStG* in vollem Umfang Einkünfte aus Gewerbebetrieb *(auch § 2 Abs. 2 GewStG)*.
Kraft Rechtsform ist die GmbH ein Gewerbebetrieb und ist damit grundsätzlich gewerbesteuerpflichtig. Grundlage für die Berechnung der GewSt ist der Gewinn/Verlust laut *KStG*. Dieser wird um Hinzurechnungen nach *§ 8 GewStG* erhöht und um Kürzungen nach *§ 9 GewStG* vermindert. Die GmbH erhält im Gegensatz zu Personengesellschaften **keinen** Freibetrag.

Umsatzsteuer

Die GmbH ist Unternehmerin nach *§ 2 Abs. 1 UStG* und tätigt Umsätze i. S. d. *§ 1 Abs. 1 UStG*. Die GmbH ist selbst Steuerpflichtige und Steuerschuldnerin der Umsatzsteuer.
Die Steuerpflicht entsteht mit Abschluss des Gesellschaftsvertrages und der Aufnahme der nach außen gerichteten Tätigkeit.
Weil die GmbH selbst Unternehmerin i. S. d. *UStG* ist, ist auch jeder Leistungsaustausch zwischen der GmbH und den Gesellschaftern den Regelungen des *UStG* unterworfen.

Grunderwerbsteuer

Erwirbt die GmbH ein Grundstück für die GmbH, so ist die Grundstückseinbringung gem. *§ 1 Abs. 1 Nr. 1 GrEStG* grunderwerbsteuerpflichtig, wenn die Freigrenze überschritten wird. Grundstücks- oder Anteilsübertragungen im Rahmen bestimmter betrieblicher Umstrukturierungen sind von der Grunderwerbsteuer befreit *(§ 6a GrEStG)*.

Schenkungs- und Erbschaftsteuer

Bei der Übertragung von Betriebsvermögen im Wege der Schenkung oder Erbfolge auf einen Nachfolger wird bei der Erbschaftsteuer ein spezieller Freibetrag nach *§§ 13a, 13b ErbStG* für Betriebsvermögen gewährt.

Die **GmbH** ...

- ist eine juristische Person des Privatrechts,
- gilt unabhängig von ihrem Gegenstand als Handelsgesellschaft,
- kann von nur einer Person gegründet werden (Einmann-GmbH),
- entsteht durch Eintragung ins Handelsregister, Abteilung B,
- führt eine Sach-, Fantasie- oder Personenfirma mit dem Zusatz „GmbH",
- ist selbstständiges Steuersubjekt,
- hat zwei, ggf. drei Organe:
  - die Gesellschafterversammlung als Beschlussorgan,
  - den/die Geschäftsführer als Leitungsorgan,
  - ggf. den Aufsichtsrat als Überwachungsorgan (nur zwingend in einer mitbestimmten GmbH).
- Der Gesellschaftsvertrag bedarf notarieller Beurkundung. *Ausnahme*: UG (haftungsbeschränkt).
- Das gezeichnete Kapital heißt Stammkapital, die Einlagen der Gesellschafter Stammeinlagen.
- Für die Verbindlichkeiten der GmbH haftet nur das Gesellschaftsvermögen; die Haftung der Gesellschafter ist auf die Höhe ihrer Stammeinlagen beschränkt.
- Geschäftsführung und die Vertretung obliegen dem/den Geschäftsführer(n).
- Für die GmbH gilt die abgestufte Publizitätspflicht.

Vorteile	Nachteile
■ Gründung mit geringem oder keinen Kapital und geringen Gründungskosten als Kapitalgesellschaft ■ Beschränkung des Verlustrisikos auf Stammeinlage (Firmenkapital, mindestens Stammkapital) ■ keine persönliche Haftung ■ Anteile können veräußert und vererbt werden ■ Möglichkeit der Eigenkapitalerweiterung durch Aufnahme neuer Gesellschafter ■ Gesellschafter haben weitgehendes Mitverwaltungsrecht ■ abgestufte Publizitäts- und Rechnungslegungspflichten ■ geeignet für kleinere und mittlere Unternehmungen sowie Familiengesellschaften oder als Ein-Mann-GmbH zur Begrenzung des Haftungsrisikos ■ Vergütungen an Geschäftsführer (i. d. R. gleichzeitig Gesellschafter) sind steuerlich abziehbare Betriebsausgaben ■ Die GmbH kann auch als Handwerksbetrieb gegründet werden, wenn weder Gesellschafter noch Geschäftsführer Handwerksmeister sind, wenn ein Handwerksmeister oder Ingenieur mit mindestens dreijähriger Praxis eingestellt wird.	■ geringe Kreditwürdigkeit (Banken verlangen i. d. R. die persönliche Haftungsübernahme durch die Gesellschafter bei Kreditzusagen) ■ ggf. Nachschusspflicht ■ Gesellschaftsanteile sind nicht über die Börse handelbar ■ fehlendes Kontrollorgan bei nicht zwingend mitbestimmungspflichtigen Gesellschaften ■ strenge formale Anforderungen und umständliche Übertragung von Anteilen wegen notarieller Beurkundung ■ kein Zwang zur Bildung gesetzlicher Rücklagen ■ kein Freibetrag bei der Gewerbesteuer ■ Aufwendige formelle Erfordernisse bei der Gründung. *Ausnahme*: UG (haftungsbeschränkt) ■ Die steuerliche Abwicklung ist komplizierter als bei Personengesellschaften. ■ Der Freibetrag bei der Gewerbesteuer nach dem Gewerbeertrag gilt nicht für die GmbH. ■ höhere Anforderungen an Bilanzierung und Offenlegung

5

5.6.1.2   Unternehmergesellschaft – UG (haftungsbeschränkt)

Rechtsgrundlagen: *§ 5a GmbHG*

Die Unternehmergesellschaft/UG (haftungsbeschränkt) ist keine eigene Rechtsform. Sie ist eine Unterform der „klassischen" GmbH, bei der das Stammkapital weniger als 25 000,00 € beträgt.

Für die UG (haftungsbeschränkt) gelten – soweit keine Spezialregelungen zutreffen – ansonsten alle gesetzlichen Regelungen der GmbH.

Gründung	■ Es ist ein notariell beurkundeter Gesellschaftsvertrag notwendig. Möglich sind
	  ● ein individueller Gesellschaftsvertrag oder
	  ● das Musterprotokoll nach *§ 2 Abs. 1a S. 2 und 3 GmbHG mit der Anlage 1a und 1b.*
	■ Nur **Bargründungen** sind erlaubt *(§ 5a Abs. 2 GmbHG).*

Handelsregister	Die UG (haftungsbeschränkt) entsteht erst mit Eintragung in das Handelsregister, Abteilung B.

Firma	■ Name oder Sachbezeichnung mit dem Zusatz
	  ● „Unternehmergesellschaft (haftungsbeschränkt)" oder
	  ● „UG (haftungsbeschränkt)".
	■ Der Zusatz „mbH" darf nicht geführt werden *(§ 5a Abs. 1 GmbHG).*
	■ Es gelten die Vorschriften nach *§ 4 GmbHG und § 17 ff. HGB.*

Rechtsverhältnis	Die UG (haftungsbeschränkt) ■ tritt – vertreten durch die Geschäftsführung – selbstständig im Geschäftsverkehr als Kapitalgesellschaft mit eigener Rechtspersönlichkeit (juristische Person) auf, ■ kann selbst klagen und verklagt werden, ■ kann Eigentum erwerben und eigenes Vermögen besitzen, ■ ist buchführungspflichtig, bilanzierungspflichtig und eigenständig steuerpflichtig. Ist das Stammkapital vollständig eingezahlt, gelten die Sonderregelungen für die UG nicht mehr (OLG München vom 23.09.2010, 31 Wx 149/10).
Kapital	■ Das Stammkapital kann auf jeden vollen Euro-Betrag lauten, der das Mindeststammkapital nach *§ 5 Abs. 1 GmbHG* unterschreitet *(§ 5a Abs. 1 GmbHG).* ■ Mindeststammkapital im Zeitpunkt der Gründung: 1,00 €. ■ Maximales Stammkapital: 24 999,00 €. ■ Bei mehreren Gesellschaftern muss jeder Gesellschafter mindestens 1,00 € Einlage leisten. ■ Das vereinbarte Stammkapital muss immer in voller Höhe vor der Anmeldung eingezahlt werden (Pflicht zur Volleinzahlung). ■ Eine Sacheinlage ist unzulässig, solange die Gesellschaft nicht über ein Stammkapital in Höhe von 25 000,00 € verfügt[1].

---

[1] *§ 5a Abs. 2 S. 2 GmbHG; BGH vom 19.04.2011, II ZB 25/10*

Rücklage	■ Die UG (haftungsbeschränkt) muss eine gesetzliche Rücklage bilden *(§ 5 Abs. 3 GmbHG)*.
	■ Jedes Jahr muss ein Viertel des Jahresüberschusses in die Rücklage eingestellt werden.
	■ Die Rücklage darf nur verwendet werden
	  • zur Erhöhung des Stammkapitals aus Gesellschaftsmitteln,
	  • zum Ausgleich eines Verlustes aus dem lfd. Jahr oder
	  • zum Ausgleich eines Verlustvortrages aus dem Vorjahr.
	■ Die Verpflichtung zur Bildung der Rücklage entfällt erst, wenn die Gesellschafterversammlung eine Erhöhung des Stammkapitals auf mindestens 25 000,00 € beschließt.

Umwandlung von UG (haftungsbeschränkt) in GmbH	Die Bezeichnung UG (haftungsbeschränkt) kann weiterhin geführt werden, auch dann, wenn das Stammkapital die Grenze von 25 000,00 € überschritten hat.
Organe	■ Bei der Gründung der UG (haftungsbeschränkt) muss mindestens ein Geschäftsführer bestellt werden. ■ Wird das Musterprotokoll verwendet, muss zwingend ein Geschäftsführer bestellt werden. Er vertritt die Gesellschaft.
Haftung	Mit der Eintragung der UG (haftungsbeschränkt) in das Handelsregister entsteht die Haftungsbeschränkung, d. h., für Verbindlichkeiten der UG (haftungsbeschränkt) haftet allein das Gesellschaftsvermögen.
Steuerrecht	■ Steuerrechtlich ist die UG (haftungsbeschränkt) wie eine GmbH zu behandeln. ■ Werden die Gesellschaftsanteile im Betriebsvermögen gehalten, gilt das Teileinkünfteverfahren. ■ Ist das Gesellschaftsvermögen Privatvermögen, so ist die Abgeltungsteuer anzuwenden.

5

Gegenüberstellung: UG – Ltd.

Gegenüberstellung	Unternehmergesellschaft = UG (haftungsbeschränkt)	Limited (Ltd.) = Private Company Limited by Shares
Einordnung	Kapitalgesellschaft	Kapitalgesellschaft
Steuer	körperschaftsteuer- und gewerbesteuerpflichtig	Eine Ltd., die nach englischem Steuerrecht in Großbritannien einen Sitz haben muss und die gleichzeitig mit ihrer Geschäftsleitung auch in Deutschland ansässig ist, wird nach dem deutschen *EStG* den deutschen Gewinnermittlungsvorschriften, der Körperschaftsteuer und der Gewerbesteuer unterworfen.
Gründung	Notarkosten	■ Keine Notarkosten, ■ schriftlicher Vertrag nach englischem Recht in englischer Sprache.
Mindesteinlage	1,00 € je Gesellschafter	1,00 Pfund
Handelsregister	einfache Eintragung ins HR	■ Eintragung ins englische HR, ■ beim deutschen HR muss eine Zweigniederlassung angemeldet werden.
Struktur	■ Durch Beschluss der Gesellschafterversammlung werden ein oder mehrere Geschäftsführer bestellt. ■ Die Anmeldung zur Eintragung des bzw. der Geschäftsführer in das Handelsregister setzt die notariell beglaubigte Unterschrift des bzw. der Geschäftsführer voraus.	Eine Ltd. muss zumindest einen „Director" (Vorstand/Geschäftsführer) und einen „Company Secretary" (Schriftführer der Gesellschaft) bestellen. Die meisten Ltd. sind verpflichtet, „Auditors" (Wirtschaftsprüfer) zur Überprüfung der einzureichenden Bilanzen zu bestellen.
Haftung	auf Gesellschaftsvermögen begrenzt	
Sitz	Hauptsitz in Deutschland, Nebensitz im Ausland zulässig	Erster Sitz in England, selbstständige Zweigniederlassung mit wirtschaftlichem Schwerpunkt in Deutschland
Organe	Gesellschafter und Geschäftsführer	Shareholder (Gesellschafter) und Director (Geschäftsführer), Secretary (Verwalter) als dritte Person notwendig
Anzeigepflichten	Der Jahresabschluss muss beim elektronischen Unternehmensregister eingereicht werden.	■ Es ist ein registriertes und telefonisch erreichbares Büro – meist ein Anwaltsbüro oder ein Office-Center – zu führen. ■ Die Führung eines Bankkontos in England ist notwendig. ■ Der Jahresabschluss muss innerhalb von 9 Monaten in englischer Sprache beim englischen Register vorgelegt werden.

Jahresabschluss	Es gelten die Regelungen des *HGB* und des Steuerrechts.	■ Jährlich muss die Ltd. den Bericht der Direktoren, eine Bilanz, eine Gewinn- und Verlustrechnung und ein Testat des Abschlussprüfers einreichen.
		■ Getrennte Abschlüsse
		  a) nach englischem Recht,
		  b) nach deutschem HGB und deutschem Steuerrecht.

5

Übungsaufgaben

1. Welche Gründe sprechen für die Gründung einer GmbH?

2. Beschreiben Sie den Gründungsablauf einer GmbH.

3. Mit welchem Rechtsakt wird die GmbH „geboren"?

4. Wer kann Gesellschafter der GmbH werden?

5. Welche Angaben müssen im Gesellschaftsvertrag festgeschrieben werden?

6. Bei welchem Handelsregister und in welche Abteilung wird die GmbH eingetragen?

7. Welche Angaben muss die GmbH in Geschäftsbriefen aufführen?

8. Beschreiben Sie die rechtliche Stellung der GmbH.

9. Wie heißen
   a) das Eigenkapital der GmbH,
   b) die Anteile der Gesellschafter?

10. Nennen Sie die Organe der GmbH und beschreiben Sie deren Aufgaben.

11. Bei welchen Beschlüssen der Gesellschafter sind Formvorschriften zu beachten?

12. Beschreiben Sie den Haftungsumfang der Gesellschafter.

13. Nennen Sie Rechte und Pflichten der Gesellschafter.

14. Wie werden nach dem *GmbHG* der Gewinn und Verlust verteilt?

15. Welche Rechnungslegungsvorschriften gelten für den Jahresabschluss der GmbH?

16. Wer führt die Geschäfte der GmbH und vertritt die GmbH?

17. Wann und durch wen ist der Jahresabschluss einer GmbH prüfungspflichtig?

18. Die „Himmel & Erde GmbH" beschäftigt im Geschäftsjahr 01 insgesamt 55 Mitarbeiter und erzielt einen Umsatz von 3 100 000,00 €.
    a) Innerhalb welcher Frist sind der Jahresabschluss und der Lagebericht zu erstellen?
    b) Welche Abschlussprüfer dürfen den Jahresabschluss prüfen?

19. Die alleinige Gesellschafterin und Geschäftsführerin der Mode GmbH bestellt Frau Forsch zur Prokuristin. Gemäß Dienstvertrag darf Frau Forsch keine Einkäufe über einen Betrag von 15 000,00 € tätigen. Frau Forsch bestellt für ihr neues Büro Einrichtungsgegenstände im Gesamtwert von 22 000,00 € bei der Sofa GmbH. Als Frau Mode von diesem Vertrag hört, erklärt sie den Vertrag für nichtig. Prüfen Sie, ob der Vertrag zwischen Frau Forsch und der Sofa GmbH für die Mode GmbH rechtsverbindlich ist.

20. Herr Dunkel und Frau Hell wollen einen Großhandel für Kfz-Zubehör in der Rechtsform GmbH gründen. Nennen Sie mögliche Firmennamen.

21. Prüfen Sie, ob die Firma *„Hefeback GmbH & Still"* zulässig ist. Begründen Sie Ihre Entscheidung.

22. Die „Gelb und Grün KG", Goslar, überlegt die Umwandlung in eine GmbH.
    An der KG sind beteiligt die Komplementäre Grün mit 80 000,00 €, Gelb mit 100 000,00 €, die Kommanditisten Rot mit 160 000,00 €, Blau mit 140 000,00 €.
    a) Beschreiben Sie die Rechte und Pflichten der Gesellschafter einer GmbH.
    b) Nennen Sie neue Rechte der Kommanditisten an der zukünftigen GmbH.
    c) Zählen Sie Gründe auf, die für die Umwandlung in eine GmbH sprechen.
    d) Nennen Sie Rechte der Gesellschafterversammlung.
    e) Welche Angaben werden bei der Eintragung der GmbH in das Handelsregister gefordert?

5

23. Es wurde eine UG (Unternehmergesellschaft) haftungsbeschränkt mit 10,00 € gegründet. Im ersten Geschäftsjahr wurde ein Gewinn erzielt. Wie ist der Gewinn zu verwenden?

24. Pia Pauk, Sven Saftig und Nora Neu beschließen am 06.12.09, eine GmbH zu gründen. Sie verhandeln und entwerfen einen Gesellschaftsvertrag, der notariell beurkundet wird. Der Gesellschaftsvertrag wurde am 10.01.10 von allen Gesellschaftern unterschrieben und notariell beurkundet. Der Antrag auf Eintragung erfolgte am 10.02.10; die Eintragung in das Handelsregister erfolgte am 10.03.10.
Laut Gesellschaftsvertrag sind als Geschäftsanteile i. S. d. *§ 5 GmbHG* zu erbringen:
Pauk 9 000,00 €, Neu 9 000,00 € und Saftig 7 000,00 €.
Laut Gesellschaftervertrag sind Frau Pauk und Herr Saftig die Geschäftsführer der GmbH.

a) In welcher gesetzlich vorgeschriebenen Form muss die Anmeldung zur Eintragung in das Handelsregister erfolgen?

b) In welcher Abteilung des Handelsregisters ist die GmbH einzutragen?

c) Ist die GmbH Kaufmann i. S. d. HGB?

d) Wie hoch muss das Stammkapital bei der Gründung sein? Nennen Sie die Rechtsquelle.

e) Könnte auch eine GmbH gegründet werden, wenn die Gesellschafter zusammen nur 12 000,00 € aufbringen könnten?

f) Frau Pauk hatte bereits am
  • 07.12.09,
  • 11.02.10,
  • 11.03.10
  Büromöbel für 6 000,00 € gekauft, der Kaufpreis war sofort fällig. Wie ist jeweils die Rechtslage?

5.6.2 Aktiengesellschaft (AG) nach deutschem Recht

Rechtsgrundlagen: *Aktiengesetz (AktG)*
Handelsgesetzbuch (HGB)
EU-Richtlinien zum Gesellschaftsrecht

Kennzeichnung und Bedeutung

- Die AG ist
  - eine **Kapitalgesellschaft**, bei der die Haftung für Verbindlichkeiten auf das Gesellschaftsvermögen beschränkt ist *(§ 1 AktG)*.
  - eine **juristische Person**, eine Gesellschaft mit eigener Rechtspersönlichkeit *(§ 1 Abs. 1 AktG)*, d. h., sie kann *z. B. – vertreten durch ihren Vorstand – Verträge schließen oder vor Gericht klagen*.
  - alleine aufgrund ihrer Rechtsform und unabhängig von ihrer Tätigkeit eine Handelsgesellschaft i. S. d. *HGB (§ 3 Abs. 1 AktG i. V. m. § 6 Abs. 2 HGB)*,
  - Formkaufmann *(§ 6 Abs. 2 HGB)*.
- Die AG ist eine Gesellschaft mit eigener Rechtspersönlichkeit.
- Die Gesellschafter (= Aktionäre/Shareholder) sind mit Einlagen auf das in Aktien zerlegte Grundkapital beteiligt, ohne für die Verbindlichkeiten der AG zu haften *(§ 1 AktG)*.
- Die Aktionäre werden nicht aufgrund der Beteiligung Kaufleute.
- Die Aktiengesellschaft kann zu allen rechtlich zulässigen Zwecken gegründet werden.
- Aktiengesellschaften können als Kapitalgesellschaft mit prinzipiell unbegrenzter Aktionärszahl weitaus mehr Kapital mobilisieren als die traditionellen, meist auf wenige Teilnehmer beschränkten Personengesellschaften. Sie können mehrere Millionen Aktionäre, sprich Eigentümer, haben.

Bei der AG erfolgt eine Trennung zwischen Kapitalgebern, den Aktionären (Eigentümern) und der Unternehmensleitung. Die Zerlegung des Grundkapitals in kleine Beträge ermöglicht es der AG, sich über den Kapitalmarkt große Geldbeträge zu beschaffen. Daher ist die AG besonders für Großunternehmen mit einem hohen Kapitalbedarf geeignet.

Zu unterscheiden sind

- börsennotierte und
- nicht börsennotierte Aktiengesellschaften.

Von den gesamten Unternehmen werden nur 0,2 % in der Rechtsform der AG (einschl. KGaA) geführt, in ihnen sind aber ca. 20 % der Arbeitnehmer beschäftigt. Rund 20 % der Gesamtumsätze aller Unternehmen erwirtschaften Aktiengesellschaften.

Gründung

Zum Schutz der Kapitalanleger gibt es für die Gründung der AG genaue Rechtsvorschriften (*§§ 23–53 AktG*).

Die Gründung erfolgt in 2 Stufen.

1. Stufe: Vorgesellschaft

- An der Feststellung des Gesellschaftsvertrages, der **Satzung**, müssen sich eine oder mehrere Personen beteiligen, welche die Aktien gegen Einlagen übernehmen (*§ 2 AktG*).
- Die Satzung muss mindestens enthalten (*§ 23 Abs. 3 AktG*): die Firma, den Gegenstand und die inländische Geschäftsanschrift der AG; die Höhe des Grundkapitals; den Nennbetrag, die Anzahl und die Art der Aktien; die Zahl der Mitglieder des Vorstandes; Art und Umfang der Vertretungsbefugnis der Vorstandsmitglieder; Bestimmungen über die Form der Bekanntmachungen der Gesellschaft (*§ 23 Abs. 4 AktG*).
- Die Satzung muss durch notarielle Beurkundung festgestellt werden (*§ 23 AktG*).
- Die Satzung legt fest, ob eine Bar-, Sachgründung oder gemischte Gründung erfolgen soll (*§§ 54, 27 AktG*).
- Mit der Übernahme aller Aktien durch die Gründer ist die Gesellschaft errichtet (*§ 29 AktG*). Die Gründer bestellen den ersten Aufsichtsrat und den Abschlussprüfer für das erste Geschäftsjahr. Der Aufsichtsrat bestellt sodann den ersten Vorstand (*§ 30 AktG*).
- Die Vorgesellschaft wird als GbR handlungsfähig. Die Gründer haften persönlich und gesamtschuldnerisch (*§ 41 AktG*).

2. Stufe: Entstehung der AG als juristische Person

Die AG ist bei dem Amtsgericht, in dessen Bezirk sie ihren Sitz hat, von allen Gründern und Mitgliedern des Vorstandes und des Aufsichtsrates zur **Eintragung** in das Handelsregister, Abteilung B, anzumelden (*§ 36 Abs. 1 AktG*). Die Eintragung wirkt konstitutiv, d. h. rechtsbegründend (*§ 41 Abs. 1 HGB*).

Die AG tritt in die Rechte der Vorgesellschaft ein; sie übernimmt nur die Verbindlichkeiten der Vorgesellschaft, die in der Satzung oder im Gesetz vorgesehen sind.

5

Für die **Anmeldung** zur Eintragung ins Handelsregister sind elektronisch zu übermitteln (*§ 45 AktG*):

■ Bestellung der Organe und des Abschlussprüfers (*§ 30 AktG*),

■ Einzahlung der eingeforderten Einlagen (*§§ 36, 36a AktG*),

■ Vorlage eines schriftlichen Gründungsberichts (*§ 32 AktG*),

■ Prüfung der Gründung durch Vorstand, Aufsichtsrat und die Gründungsprüfer (*§ 33 AktG*),

■ Anmeldung der Gesellschaft durch alle Gründer, den Vorstand und den Aufsichtsrat (*§ 36 AktG*).

Firma

Die Aktiengesellschaft muss nach *§ 4 AktG* als Firma
■ eine Sach-, Fantasie- oder eine Personenbezeichnung führen **und**
■ den Zusatz „Aktiengesellschaft" oder eine allgemein verständliche Abkürzung dieser Bezeichnung wie „AG" enthalten.

Wird ein bestehendes Unternehmen in eine AG umgewandelt, so kann die bisherige Firma – auch als Personenfirma – fortgeführt werden, wenn der Zusatz *„Aktiengesellschaft"* hinzugefügt wird.

Beispiele:

■ *Es soll eine neue AG gegründet werden, Zweck der Gesellschaft ist der Vertrieb von Neu- und Gebrauchtwagen. Firma: Autohaus AG, Auto AG, Fahrzeug AG*
■ *Die Müller KG soll in der Rechtsform der AG weitergeführt werden. Firma: Müller AG*

5

Rechtsverhältnis

Die AG ist
■ eine **juristische Person**, d. h. Träger von Rechten und Pflichten,
■ eine **Kapitalgesellschaft**,
■ **partei**-, aber **nicht prozessfähig**, d. h., sie muss im Prozess durch den Vorstand vertreten werden,
■ **deliktsfähig, grundbuchfähig, insolvenzfähig,**
■ **scheck- und wechselfähig,**
■ **buchführungspflichtig** nach *§ 238 ff. HGB,*
■ **publizitätspflichtig**, der Umfang richtet sich nach der Größenklasse *(§ 267 Abs. 1 HGB).*

Kapital

Der **Mindestnennbetrag** des **Grundkapitals** der AG beträgt 50 000,00 € *(§ 7 AktG).* In der Satzung werden die Zahl der ausgegebenen Aktien, ihre Art sowie die Höhe des von den Gründern aufzubringenden Grundkapitals festgelegt.

Die Höhe des Grundkapitals ist auf der Passivseite der Bilanz als **gezeichnetes Kapital** (nominal capital) auszuweisen *(§ 266 Abs. 3 A 1 HGB).*

Das Gesellschaftskapital ist i. d. R. höher als das Grundkapital.

Beispiel:

Aktien werden zu Preisen über dem Nennbetrag ausgegeben (Überpari-Emission).

- Die Aktie ist – im Gegensatz zum Geschäftsanteil der GmbH – ein übertragbares Wertpapier (security).
- Eine **Aktie** verbrieft das Mitgliedsrecht an der AG. Aus diesem Recht werden abgeleitet:
  - ein Vermögensrecht, d. h. ein Recht auf Anteil am Bilanzgewinn (Dividende), ggf. Anteil am Liquidationserlös, Bezugsrecht bei Ausgabe neuer Aktien,
  - ein Organschaftsrecht, d. h. Recht auf Teilnahme an der Hauptversammlung, Stimmrecht, Mitverwaltungsrecht, Auskunftsrecht *(§§ 12, 60 Abs. 1, 134 I, 271 Abs. 2 AktG).*
- Der Nennbetrag (face value) je Aktie beträgt mindestens 1,00 € *(§ 8 Abs. 1 AktG).*
- Bei **Bargründungen** muss vor der Eintragung ins Handelsregister mindestens 1/4 des geringsten Ausgabebetrags und bei der Überpari-Emission auch der Mehrbetrag über den Nennbetrag hinaus einbezahlt werden. Beträgt z. B. der Nennwert einer Aktie 100,00 €, müssen hiervon mindestens 25 % (= 25,00 €) einbezahlt werden.
  Bei **Sachgründung** muss die Sacheinlage zu 100 % geleistet werden.
- Aktien sind börsennotiert *(§ 3 Abs. 2 AktG)*, wenn sie an einem Markt gehandelt werden, der von staatlich anerkannten Stellen geregelt und überwacht wird. An diesem Markt müssen regelmäßig Aktien gehandelt werden und für das Publikum muss der Markt unmittelbar oder mittelbar zugänglich sein (→ Notierung im geregelten Markt und im amtlichen Handel).
- Die Aktionäre haben die Pflicht, ihre Einlageleistung so zu erbringen, dass entweder der Nennbetrag oder ein höherer Ausgabewert gezahlt wird *(§ 54 AktG)*; Unterpari-Emissionen sind somit unzulässig. Das bei der Emission erzielte Aufgeld (Agio) ist in die Kapitalrücklage einzustellen.
- Die Aktie ist ein Wertpapier und kann nach den sachenrechtlichen Vorschriften übertragen werden *(§ 929 ff. BGB).*
- Aktien werden unterschieden nach der Beteiligung am Grundkapital, nach der Übertragbarkeit und nach dem verbrieften Recht.
- Veränderungen im gezeichneten Kapital einer AG verlangen einen Beschluss der Hauptversammlung mit Dreiviertelmehrheit.

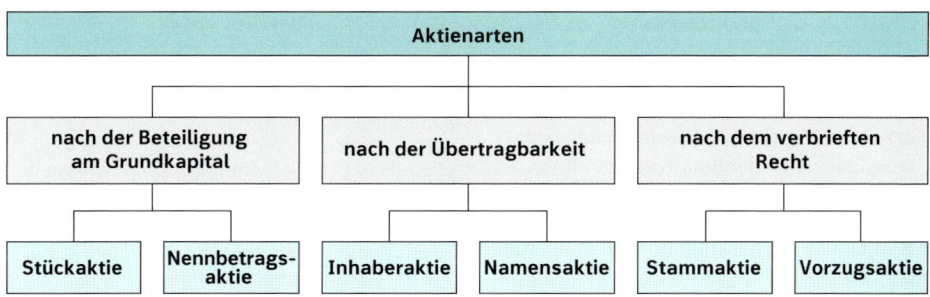

Stückaktie (no-par-value-share)	Nennbetragsaktie
■ Die Gesellschaft verfügt über ein nennbetragsmäßig festgesetztes Grundkapital, das in Aktien zerlegt wurde. ■ Der Aktionär ist zu einem Bruchteil am Grundkapital der AG beteiligt. ■ Die Gesamtzahl der ausgegebenen Aktien ist in der Satzung angegeben. Durch Division des Grundkapitals durch die Zahl der ausgegebenen Aktien kann rechnerisch der Anteil einer Aktie am Grundkapital ermittelt werden. Er muss mindestens 1,00 € betragen.	■ Der Aktionär ist mit dem Nennwert am Grundkapital der AG beteiligt. Die Summe der Nennwerte aller ausgegebenen Aktien entspricht dem Grundkapital der AG. ■ Der Mindestnennwert je Aktie beträgt 1,00 €.
Beispiel:	*Beispiel:*
Das Grundkapital der Villip AG beträgt 5 687 500,00 €. Es wurde in der Satzung eine Stückzahl von 1 750 000 Stück angegeben. Katrin Kann besitzt 25 000 Stück Aktien. *(5 687 500,00 € : 1 750 000 Stück) = 3,25 € je Stück* *Der rechnerische Anteil einer Aktie am Grundkapital beträgt 3,25 € (→ rechnerischer Nennwert).* *Anteile von Frau Kann: 25 000 Stück · 3,25 € = 81 250,00 € Die Aktionärin Kann ist mit 81 250,00 € am Grundkapital der Villip AG beteiligt.* *Berechnung des prozentualen Anteils von Frau Kann: (25 000 Stück · 100 : 1 750 000 Stück) = 1,4286 % Frau Kann besitzt als Aktionärin eine Beteiligung von 1,4286 % an der Villip AG.*	*Das Grundkapital der Pech AG beträgt 38 500 000,00 €. Der Nennwert der Aktie beträgt 1,00 €. Margot Möchte besitzt 15 000 Stück Aktien der Pech AG.* *(15 000 Stück · 100 : 38 500 000,00 €) = 0,3896 % Die Aktionärin Möchte besitzt eine Beteiligung von 0,3896 % an der Pech AG.*

5

Stammaktie	Vorzugsaktie
Die Aktie gewährt alle satzungsmäßigen und gesetzlichen Aktionärsrechte: ■ Recht auf Dividende (Gewinnbeteiligung) ■ Teilnahme an der Hauptversammlung ■ Stimmrecht in der Hauptversammlung ■ Bezugsrecht bei der Ausgabe junger Aktien ■ Anspruch auf Auskunft durch den Vorstand ■ Anspruch auf Anteil am Liquidationserlös	Die Aktie ist mit einem besonderen Vorrecht ausgestattet. Von Bedeutung ist in Deutschland die kumulative, stimmrechtslose Vorzugsaktie. Die AG beschafft sich hierdurch neues Eigenkapital, ohne dass sich die Stimmrechtsverhältnisse in der Hauptversammlung ändern. ■ Es wird ein Vorrecht in Form eines nachzuzahlenden Dividendenvorzugs (Mehr- oder Mindestdividende) gewährt. ■ Bevor die Stammaktionäre eine Dividende erhalten, muss zunächst die Zahlung des Dividendenvorzugs gesichert sein. ■ Wenn die Ertragsverhältnisse der AG eine Ausschüttung in der versprochenen Höhe nicht zulassen, ist der Dividendenvorzug im nächsten Jahr nachzuzahlen. ■ Falls die Nachzahlung nicht möglich ist, haben die Aktionäre das Stimmrecht, bis alle Rückstände der vergangenen Jahre nachgezahlt sind.

Namensaktie	Inhaberaktie
Die Übertragung der Aktie (Orderpapier) erfolgt durch Einigung und Übergabe der indossierten Aktie. Zusätzlich muss der Aktionär mit Namen, Anschrift und Geburtsdatum in das Aktienregister der Gesellschaft eingetragen werden.	Die Übertragung der Aktie erfolgt durch Einigung und Übergabe der Aktien *(§§ 929 ff. BGB)*.
Vorteile: ■ Verbesserung der Investor Relations durch namentliche Kenntnis der Aktionäre ■ Stärkung der Bindung des Aktionärs an die Gesellschaft ■ frühzeitiges Erkennen feindlicher Übernahmen durch andere Unternehmen infolge der Eintragung ins Aktienregister ■ leichte Identifizierbarkeit von Insidergeschäften durch die Börsenaufsicht ■ international vorherrschende Aktienart	**Vorteile:** ■ leichte, schnelle, formlose Übertragbarkeit der Aktie ■ Der Aktionär bleibt anonym gegenüber der AG.

In den meisten Fällen existieren heute Aktien nicht mehr in physischen Einzelurkunden. Stattdessen sind die Rechte der Aktionäre in einer **Globalurkunde** zusammengefasst, die bei einer Wertpapiersammelbank hinterlegt ist. Der einzelne Aktionär erlangt ein Miteigentumsrecht nach Bruchteilen an dem auf diese Weise zusammengefassten Wertpapiersammelband. Bei einer Eigentumsübertragung tritt an die Stelle der Übergabe der Aktie die Umschreibung im Depotbuch der Wertpapiersammelbank.

5

Eigenkapital

Das **handelsrechtliche Eigenkapital** einer Kapitalgesellschaft gliedert sich wie folgt:

Kapital- und Gewinnrücklagen sind offene Rücklagen. Sie sind variable Teile des Eigenkapitals und werden aufgrund gesetzlicher Vorschriften, auf gesellschaftsvertraglicher oder auf freiwilliger Basis bei Kapitalgesellschaften gebildet.

Offene Rücklagen entstehen

■ durch Zurückhaltung von Gewinnen im Rahmen der Innenfinanzierung (= Gewinnrücklage),
■ durch die Einlage von zusätzlichem Eigenkapital im Rahmen der Außenfinanzierung, *z. B. durch Gesellschafterzuzahlungen (Kapitalrücklage).*

Eigenkapitalausweis bei einer kleinen Kapitalgesellschaft *§ 266 Abs. 1 S. 3 HGB*	Eigenkapitalausweis bei einer mittelgroßen und großen Kapitalgesellschaft *§ 266 Abs. 1 S. 3 A HGB*

I. Gezeichnetes Kapital
 II. Kapitalrücklage
 III. Gewinnrücklage
 IV. Gewinnvortrag/Verlustvortrag
 V. Jahresüberschuss/Jahresfehlbetrag
	I. Gezeichnetes Kapital
	 II. Kapitalrücklage
	 III. Gewinnrücklagen:
	     1. gesetzliche Rücklage,
	     2. Rücklage für Anteile an einem herrschenden oder mehrheitlich beteiligten Unternehmen,
	     3. satzungsmäßige Rücklagen,
	     4. andere Gewinnrücklagen
	 IV. Gewinnvortrag/Verlustvortrag
	 V. Jahresüberschuss/Jahresfehlbetrag

Als **Kapitalrücklage** auszuweisen sind: Der Betrag, der

- bei der Ausgabe von Anteilen einschließlich von Bezugsanteilen über den Nennbetrag hinaus erzielt wird, dem **Agio**.
- bei der Ausgabe von Schuldverschreibungen für Wandlungsrechte und Optionsrechte zum Erwerb von Anteilen erzielt wird.
- aufgrund von Zuzahlungen, die Gesellschafter gegen Gewährung eines Vorzugs für ihre Anteile leisten, erzielt wird.
- aufgrund von anderen Zuzahlungen, die Gesellschafter in das Eigenkapital leisten, erzielt wird.

Gewinnrücklagen werden aus einbehaltenen, d. h. nicht ausgeschütteten, Gewinnen des Geschäftsjahres oder früherer Geschäftsjahre gebildet *(§ 272 Abs. 3 HGB)*.

Organe

Die Aktiengesellschaft ist eine eigene juristische Person, die

- körperschaftlich organisiert ist,
- unabhängig vom Mitgliederbestand ist,
- eine eigenständige Organisation mit selbstständigen Organen hat.

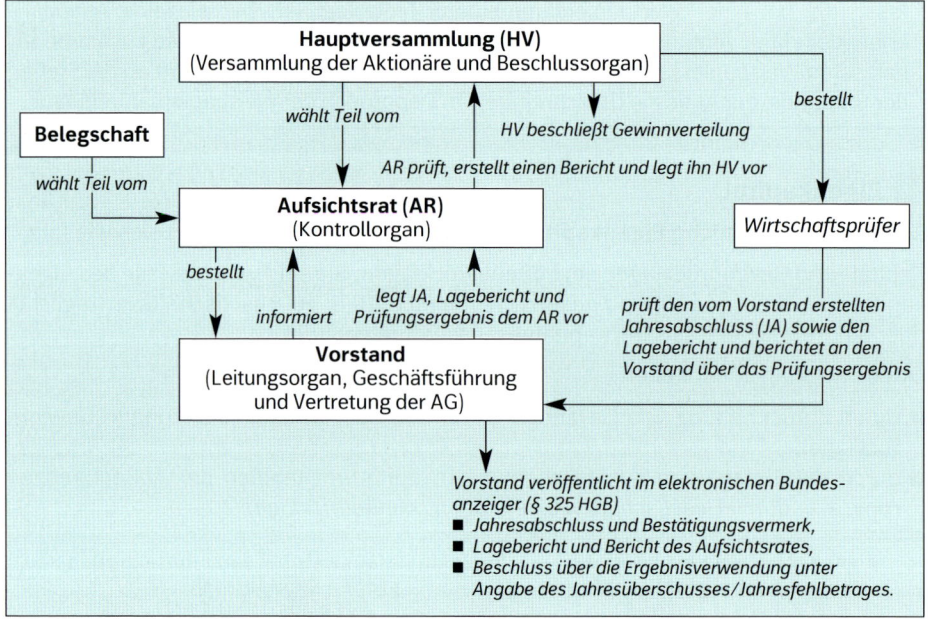

Vorstand (management board)

Der Vorstand leitet die AG unter eigener Verantwortung, trifft Führungsentscheidungen und trägt die Verantwortung für die wirtschaftliche Entwicklung des Unternehmens und das ihm anvertraute Kapital. Er muss aus mindestens einer natürlichen, unbeschränkt geschäftsfähigen Person, bei einer AG mit einem Grundkapital von mehr als 3 000 000,00 € aus mindestens zwei natürlichen Personen bestehen *(§ 76 AktG)*. Der

Vorstand wird vom Aufsichtsrat für höchstens 5 Jahre bestellt; eine weitere Bestellung für höchstens 5 Jahre ist zulässig *(§ 84 Abs. 1 AktG)*. Werden mehrere Personen zum Vorstand berufen, so kann der Aufsichtsrat eine Person zum Vorstandsvorsitzenden (Chief Executive Officers = CEO) ernennen *(§ 84 Abs. 2 AktG)*.

Pflichten des Vorstandes:

- Geschäftsführung und Vertretung *(§§ 76–78 AktG),*
- Überwachung der Organisation und der Buchführung, eine interne Revision und ein angemessenes Risikomanagement sind als Leitungsaufgabe wahrzunehmen *(§§ 76, 317 Abs. 4 AktG),*
- regelmäßige, mindestens vierteljährliche Berichterstattung an den Aufsichtsrat über die geschäftliche Lage der AG *(§ 90 AktG);* dieser Bericht muss die vergangene und die zukünftige Entwicklung darlegen, insbesondere sind die Finanz-, Investitions- und Personalplanung zu erläutern,
- Aufstellung des Jahresabschlusses und Lageberichtes,
- Vorlage des Jahresabschlusses, Lageberichtes und Prüfungsberichtes sowie eines Vorschlages für die Verwendung des Bilanzgewinns, über den die Hauptversammlung beschließen soll, an den Aufsichtsrat *(§ 170 AktG),*
- Vorbereitung von Beschlüssen auf der Hauptversammlung,
- Ausführung von Beschlüssen der Hauptversammlung,
- Offenlegung des Jahresabschlusses mit Bestätigungsvermerk durch Einreichung beim Handelsregister innerhalb von 9 Monaten nach Ende des Geschäftsjahres *(§ 325 ff. HGB),*
- Einberufung der ordentlichen Hauptversammlung in den ersten 8 Monaten des Geschäftsjahres *(§ 175 AktG),*
- Sorgfaltspflicht und Wettbewerbsverbot, Verschwiegenheitspflicht *(§§ 93, 88 AktG),*
- Vorstand und Aufsichtsrat börsennotierter Gesellschaften müssen jährlich erklären, den Empfehlungen der Regierungskommission Deutscher Corporate Governance Kodex entsprochen zu haben *(§ 161 AktG),*
- Anzeigepflicht bei Verlust,
- bei Zahlungsunfähigkeit oder Überschuldung Beantragung der Eröffnung des Insolvenzverfahrens *(§ 92 AktG).*

Die **Vorstandsmitglieder sind regelmäßig Angestellte** der AG. Der Anstellungsvertrag – Dienstvertrag nach *§ 611 ff. BGB* – wird vom Aufsichtsrat mit dem einzelnen Vorstandsmitglied geschlossen *(§ 84 Abs. 1, 5 AktG)*. Die Vorstandsbezüge, i. d. R. Festgehalt und Beteiligung am Gewinn (Tantieme), sind **Einkünfte aus nicht selbstständiger Arbeit** *(§ 19 EStG).*

Mitglieder des Vorstandes einer Aktiengesellschaft sowie deren Stellvertreter sind für diese Tätigkeit nicht versicherungspflichtig:
- Krankenversicherung: eine freiwillige Weiterversicherung ist denkbar *(§ 9 SGB V),*
- Rentenversicherung: versicherungsfrei nach *§ 1 S. 4 SGB VI,* eine freiwillige Versicherung ist möglich *(§ 7 SGB VI);*
- Arbeitslosenversicherung: versicherungsfrei *(§ 27 Abs. 1 Nr. 5 SGB III);*
- Unfallversicherung: auf schriftlichen Antrag ist nach *§ 6 SGB VII* eine freiwillige Versicherung zulässig,
- Pflegeversicherung: nach *§ 20 SGB I* sind Mitglieder der gesetzlichen Krankenversicherung, nach *§ 23 SGB XI* Privatversicherte versicherungspflichtig; eine freiwillige Weiterversicherung ist nach *§ 26 SGB XI* möglich.

▮ Aufsichtsrat (supervisory board)

Der Aufsichtsrat besteht aus mindestens drei, höchstens 21 Mitgliedern *(§ 95 AktG)*. Dies müssen natürliche und unbeschränkt geschäftsfähige Personen sein *(§ 100 Abs. 1 AktG)*, die nicht gleichzeitig Vorstandsmitglied, Stellvertreter eines Vorstandsmitglieds, Prokurist oder Generalbevollmächtigter dieser AG *(§ 105 AktG)* und nicht gleichzeitig in mehr als 10 anderen Aufsichtsräten Mitglied sind *(§ 100 Abs. 2 S. 1 Nr. 2 S. 2 AktG)*. Neu zu besetzende Aufsichtsratsposten in börsennotierten und voll mitbestimmten Unternehmen sind mit einem Frauenanteil von 30 % zu besetzen.

bei einem Grundkapital			
bis zu	1 500 000,00 €	→	höchstens 9 Mitglieder
bis zu	10 000 000,00 €	→	höchstens 15 Mitglieder
mehr als	10 000 000,00 €	→	höchstens 21 Mitglieder

Die Anzahl der Aufsichtsratsmitglieder muss durch 3 teilbar sein. Der Aufsichtsrat wird von der Hauptversammlung für 4 Jahre gewählt, soweit diese nicht als Aufsichtsratsmitglieder der Arbeitnehmer *(§ 101 AktG, § 76 BetrVerfG, MitbestG, MontanMitbestG)* zu wählen sind.In Aufsichtsräten voll mitbestimmungspflichtiger und börsennotierter Unternehmen gilt eine Frauenquote von 30 % der Aufsichtsratsmitglieder.

Aufgaben des Aufsichtsrates

Der Aufsichtsrat ...

- wirkt bei der Unternehmensleitung mit durch
  - Bestellung und Abberufung der Vorstandsmitglieder sowie gerichtliche und außergerichtliche Vertretung der Aktiengesellschaft ihnen gegenüber,
  - Prüfung und Feststellung des Jahresabschlusses sowie bei der Entscheidung über Gewinnrücklagen *(§§ 171, 172, 58 Abs. 2 AktG)*,
  - Begründung und Ausübung von Zustimmungsvorbehalten *(§ 111 Abs. 4 AktG)*;
- überwacht und kontrolliert durch
  - laufende Überwachung der Geschäftsführung durch Einsichtnahme und Prüfung,
  - Kenntnisnahme der periodischen Berichte und Anfordern besonderer Berichte des Vorstandes,
  - Anfordern von Vorstandsberichten;
- nimmt an Leitungsaufgaben des Vorstandes teil und beeinflusst die zukünftige Geschäftspolitik der Gesellschaft; er ist ein zentrales Organ der Corporate Governance, d. h., er nimmt neben der Überwachungsaufgabe auch Beratungsaufgaben war *(§ 161 AktG)*,
- erteilt den Prüfungsauftrag an den Abschlussprüfer, der von der Hauptversammlung gewählt worden ist *(§ 111 Abs. 2 AktG)*,
- hat das Recht auf Einsichtnahme und Prüfung der Bücher, Schriften und Vermögensgegenstände *(§ 111 Abs. 2 AktG)*,
- prüft und stellt den Jahresabschluss, den Lagebericht und den Vorschlag zur Verwendung des Bilanzgewinns und der Berichterstattung über das Ergebnis der Prüfung an die Hauptversammlung fest *(§ 171 AktG)*,
- beruft eine außerordentliche Hauptversammlung ein, wenn es das Wohl der Gesellschaft erfordert *(§ 111 Abs. 3 AktG)*,
- vertritt die Gesellschaft in gerichtlichen und außergerichtlichen Angelegenheiten gegen die Vorstandsmitglieder *(§ 112 AktG)*.

Aufsichtsratsmitglieder
- sind **selbstständig tätig,**
- erhalten für ihre Tätigkeit eine Vergütung *(§ 113 AktG)*, die als **Einkunft aus selbstständiger** Arbeit einkommensteuerpflichtig ist *(§ 18 Abs. 1 Nr. 3 EStG)*,
- sind zugleich **Unternehmer** *(§ 2 UStG)* und umsatzsteuerpflichtig,
- haben eine Verschwiegenheitspflicht *(§ 116 AktG)*,
- müssen mindestens zweimal im Kalenderjahr tagen *(§ 110 Abs. 3 AktG)*.

Hauptversammlung (annual general meeting)

Die Hauptversammlung ist die Interessenvertretung der Aktionäre der AG und zugleich das oberste Beschlussorgan der Gesellschaft.

Die Hauptversammlung beschließt im Wesentlichen *(§ 119 AktG)* über:
- die Bestellung/Abberufung der Aufsichtsratsmitglieder *(§§ 119 Abs. 1, Nr. 1, 101, 103 AktG)*,
- die Verwendung des Bilanzgewinnes *(§§ 119 Abs. 1, Nr. 2, 174 AktG)*,
- die Entlastung des Vorstandes und des Aufsichtsrates *(§§ 119 Abs. 1, Nr. 3, 120 AktG)*,
- verbindliche Regeln zur Vergütung von Vorständen in börsennotierten Unternehmen *(§ 87 AktG)*
- Zustimmung zum Abschluss von Unternehmensverträgen *(§ 293 AktG)*,
- Umwandlung der AG durch Verschmelzung *(§§ 2 ff., 60 ff. UmwG)*, Formwechsel *(§§ 190 ff., 141 ff. UmwG)*,
- Anmeldung von Schadensersatzansprüchen gegenüber Gründern, Vorstand und Aufsichtsrat *(§ 147 AktG)*,
- die Bestellung des Abschlussprüfers für das laufende Geschäftsjahr,
- Satzungsänderungen *(§ 119 Abs. 1, Nr. 5 AktG)*,
- Kapitalerhöhungen bzw. -herabsetzungen *(§ 119 Abs. 1, Nr. 6 AktG)*,
- Auflösung der Gesellschaft.

Die Hauptversammlung kann zusammentreffen
- als **ordentliche Hauptversammlung** *(§ 120 Abs. 1 AktG)*; sie findet jährlich in den ersten 8 Monaten des Geschäftsjahres statt;
- als **außerordentliche Hauptversammlung** *(§ 121 Abs. 1 AktG)*, wenn es das Wohl der Gesellschaft erfordert,
- bei Einberufung durch den Vorstand *(§ 121 Abs. 2 AktG)*, durch den Aufsichtsrat *(§ 111 Abs. 3 AktG)*.

Teilnahmeberechtigt sind alle Aktionäre. Die Aktionäre üben ihr Stimmrecht nach Aktiennennbeträgen des in der Hauptversammlung vertretenen (anwesenden) Kapitals aus. Es ist ein Verzeichnis aller erschienenen und vertretenen Aktionäre zu erstellen *(§ 129 AktG)*. Das Stimmrecht kann auch durch Dritte, insbesondere durch Kreditinstitute ausgeübt werden *(§ 135 AktG)*. Gewöhnliche Beschlüsse der Hauptversammlung bedürfen der **einfachen Mehrheit**, satzungsändernde Beschlüsse einer **qualifizierten Mehrheit** *(§ 133 Abs. 1 AktG)*. Eine mehr als 25%ige Beteiligung in der Hand eines Aktionärs bezeichnet man als **Sperrminorität**. Jeder Beschluss der Hauptversammlung ist durch eine notariell aufgenommene Niederschrift zu beurkunden *(§ 130 AktG)*.

5

Rechte und Pflichten von Aktionären	
Rechte	**Pflichten**
■ Mitwirkungsrechte: • Teilnahme an der Hauptversammlung *§ 118 Abs. 1 AktG* • Stimmrecht *§§ 12, 134 AktG* • Auskunftsrecht *§§ 131, 132 AktG* • Anfechtung von HV-Beschlüssen *§ 245 AktG* ■ Vermögensrechte (Beispiele): • Anspruch auf Dividende *§§ 58 Abs. 4, 60, 174 Abs. 2, Nr. 2 AktG* • Bezugsrecht bei Kapitalerhöhungen *§ 186 AktG* • Anspruch auf Liquidationserlös *§ 271 AktG* ■ Minderheitenrechte: • Ersatzansprüche *§§ 50, 93 Abs. 4, 3, 116, 117 Abs. 4, 147 AktG* • Einberufung der Hauptversammlung *§ 122 AktG* • Bestellung von Sonderprüfungen *§§ 142 Abs. 2, 256 Abs. 2 AktG*	■ Leistung der übernommenen Kapital-einlage *§ 54 Abs. 2 AktG* ■ Treuepflicht ■ Haftung mit dem Wert der Aktien

Geschäftsführung

Der Vorstand führt die Geschäfte der AG in eigener Verantwortung. Zur Geschäftsführung sind alle Vorstandsmitglieder nur gemeinschaftlich befugt, wenn die Satzung oder die Geschäftsordnung des Vorstandes keine abweichende Regelung bestimmt (*§§ 77 Abs. 1, 82 Abs. 2 AktG*).

Die Vorstandsmitglieder haben bei ihrer Geschäftsführung die Sorgfalt eines ordentlichen und gewissenhaften Geschäftsleiters anzuwenden. Bei Verletzung dieser Pflicht können sie zum Ersatz des entstandenen Schadens als Gesamtschuldner verpflichtet werden (*§ 93 AktG*).

Vertretung

Der Vorstand vertritt die Aktiengesellschaft in allen gerichtlichen und außergerichtlichen Angelegenheiten. Wenn die Satzung nichts anderes bestimmt, so erfolgt die Vertretung gemeinschaftlich (*§ 78 AktG*).

Die Vertretungsbefugnis des Vorstandes kann nicht beschränkt werden (*§ 82 Abs. 1 AktG*).

Haftung

Die Haftung Gläubigern gegenüber ist auf das **Gesellschaftsvermögen** der AG **beschränkt**.

Für Steuerschulden kann der Vorstand haften, wenn

■ steuerliche Pflichten verletzt worden sind und hierdurch ein Haftungsschaden entstanden ist,

■ der Vorstand schuldhaft gehandelt hat.

Gewinnverwendung

Der Vorstand hat dem Aufsichtsrat den Jahresabschluss und den Lagebericht vorzulegen. Zugleich hat der Vorstand dem Aufsichtsrat den Vorschlag vorzulegen, den er der Hauptversammlung für die Verwendung des Bilanzgewinns machen will (*§ 170 AktG*).

Der Bilanzgewinn ist der nach Abzug eines etwaigen Verlustvortrages und nach Dotierung der gesetzlichen Rücklage und anderer Rücklagen verbleibende Teil des **Jahresüberschusses.**

Gesetzliche Rücklagen

5 % des um einen etwaigen Verlustvortrag geminderten Jahresüberschusses müssen so lange der gesetzlichen Rücklage zugeführt werden, bis die gesetzliche Rücklage und die Kapitalrücklagen zusammen 10 % des Grundkapitals erreichen *(§ 150 Abs. 2 AktG).*

Freiwillige Rücklagen

Vorstand und Aufsichtsrat können bis zur Hälfte des Jahresüberschusses in die freiwilligen Rücklagen einstellen, wenn die Satzung es vorsieht *(§ 58 Abs. 2 AktG).*

Bilanzgewinn

Der verbleibende Restgewinn wird gem. des Beschlusses der Hauptversammlung in weitere freiwillige Rücklagen eingestellt, an die Aktionäre als Dividende ausgeschüttet und/oder als Gewinn auf das nächste Jahr vorgetragen *(§ 58 Abs. 3 AktG).*
Billigt der Aufsichtsrat den Jahresabschluss, so ist er **festgestellt**, sofern nicht Vorstand und Aufsichtsrat beschließen, die Feststellung des Jahresabschlusses der Hauptversammlung zu überlassen *(§ 172 AktG).*

Die Hauptversammlung beschließt über die Verwendung des Bilanzgewinns *(§ 174 AktG)*. Die Anteile der Aktionäre am Bilanzgewinn bestimmen sich nach dem Verhältnis der Aktiennennbeträge. Den auf die einzelne Aktie entfallenden Gewinnteil bezeichnet man als **Dividende**.

Rechnerische Ermittlung des bilanziellen Eigenkapitals <u>vor</u> erfolgter Gewinnverwendung:	Rechnerische Ermittlung des bilanziellen Eigenkapitals <u>nach</u> erfolgter Gewinnverwendung:
Gezeichnetes Kapital − nicht eingeforderte Einlagen + Kapitalrücklage + Gewinnrücklagen − eigene Anteile + Eigenkapitalanteil der „Sonderposten mit Rücklageanteil" und der „Baukostenzuschüsse" + Jahresüberschuss − Jahresfehlbetrag + Gewinnvortrag (alt) − Verlustvortrag (alt) − auszuschüttender Betrag	Gezeichnetes Kapital − nicht eingeforderte Einlagen + Kapitalrücklage + Gewinnrücklagen − eigene Anteile + Eigenkapitalanteil der „Sonderposten mit Rücklageanteil" und der „Baukostenzuschüsse" + Bilanzgewinn − Bilanzverlust − auszuschüttender Betrag
= Bilanzielles Eigenkapital	= Bilanzielles Eigenkapital

Gliederung der offenen Rücklagen

Rücklagenkategorie	Kleine Kapital-gesellschaft	Mittelgroße Kapital-gesellschaft	Große Kapital-gesellschaft
II. Kapitalrücklage	x	x	x
− Eingefordertes Nachschusskapital			
(§ 42 Abs. 3 GmbHG)	x	x	x
III. Gewinnrücklagen	x	x	x
1. gesetzliche Rücklage		x*	x
2. Rücklage für eigene Anteile		x*	x
3. satzungsmäßige Rücklagen		x*	x
4. andere Gewinnrücklagen		x*	x

* Diese Unterkategorien brauchen nicht offengelegt zu werden *(§ 327 Nr. 1 HGB).*

5

Für den Jahresabschluss der AG gelten erweiterte Rechnungslegungsvorschriften
(§§ 264–335 HGB):

- Der Vorstand einer AG hat einen Jahresabschluss *(§ 242 HGB)* mit einem Anhang sowie einen Lagebericht aufzustellen *(§ 264 Abs. 1 HGB)*.
- Die gesonderten Gliederungsvorschriften sind zu beachten *(§ 265 ff. HGB)*.
- Die Form der Darstellung und die Gliederung der aufeinander folgenden Bilanz sowie der GuV-Rechnung sind beizubehalten *(§ 265 Abs. 1 HGB)*, um einen Vergleich zu ermöglichen.
- In der Bilanz und der GuV-Rechnung ist zusätzlich zu jedem Posten der entsprechende Betrag des vorhergehenden Geschäftsjahres anzugeben *(§ 265 Abs. 2 HGB)*, um die Entwicklung nachvollziehen zu können.
- Der Jahresabschluss ist innerhalb von drei Monaten des neuen Geschäftsjahres (bei kleinen Kapitalgesellschaften innerhalb von 6 Monaten) aufzustellen *(§ 265 Abs. 1 HGB)*. Eine derartige Frist fehlt für Einzelunternehmen und Personengesellschaften.
- Die allgemeinen Bewertungsvorschriften für Einzelunternehmen und Personengesellschaften *(§§ 252–256 HGB)* gelten auch für die AG, allerdings sind die Einschränkungen und Ergänzungen nach den §§ 279–283 HGB anzuwenden.
- Für die Gewinn- und Verlustrechnung kleiner und mittelgroßer Kapitalgesellschaften gelten Erleichterungen *(§ 276 HGB)*.
- Zusätzlich zum Jahresabschluss ist ein Lagebericht zu erstellen *(§ 289 HGB)*. Dieser hat einzugehen auf:
  - Vorgänge von besonderer Bedeutung, die nach Ende des Geschäftsjahres eingetreten sind,
  - die voraussichtliche Entwicklung der AG,
  - den Bereich der Forschung und Entwicklung,
  - bestehende Zweigniederlassungen der AG,
  - Risiken der künftigen Entwicklung.
- Der Jahresabschluss der AG ist durch einen Wirtschaftsprüfer oder eine Wirtschaftsprüfungsgesellschaft zu prüfen *(§ 319 Abs. 1 HGB)*. Die Prüfer werden durch das Gericht bestellt *(§ 318 Abs. 3 S. 2 HGB)*.
  Der Abschlussprüfer hat über das Ergebnis der Prüfung schriftlich jedem Aufsichtsratsmitglied *(§ 170 AktG)* zu berichten. Es ist festzustellen, ob die Buchführung, der Jahresabschluss und der Lagebericht den gesetzlichen Vorschriften entsprechen. Die Posten des Jahresabschlusses sind aufzugliedern und ausreichend zu erläutern. Über Verstöße gegen Gesetz, Satzung oder Gesellschaftsvertrag sowie über den Bestand das Unternehmen gefährdender oder beeinträchtigender Entwicklungen muss berichtet werden *(§ 321 HGB)*.
  Hat der Abschlussprüfer keine Einwendungen gegen das Ergebnis des Jahresabschlusses, so erteilt der Abschlussprüfer den Bestätigungsvermerk, sein Testat *(§ 322 HGB)*.
- Die AG unterliegt wie die GmbH der abgestuften **Publizitätspflicht** *(§ 325 HGB)*.

Kleine Aktiengesellschaft

Die Vereinfachung des Aktienrechtes hatte das Ziel, mittelständischen Unternehmungen die Eigenkapitalbeschaffung zu erleichtern, die Chancen für die Sicherung der Unternehmenskontinuität zu erhöhen und gleichzeitig die Vorteile sowohl der GmbH als auch der börsennotierten AG in einer Rechtsform zu vereinen. Durch die Entschlackung der Rechtsvorschriften wurde bürokratischer Ballast entfernt, um die Hürden für die Gründung einer kleinen AG abzusenken.

Für Aktiengesellschaften mit einem überschaubaren Aktionärskreis gelten Erleichterungen:

- Zulassung der **Einpersonengründung** *(§ 2 AktG)*,
- Verzicht auf die Hinterlegung des Berichts des Gründungsprüfers bei den örtlichen Handelskammern *(§§ 34 Abs. 3, 37 Abs. 4 Nr. 4, 40 Abs. 2 AktG)*,
- Stärkung der Satzungsautonomie hinsichtlich der Gewinnverwendung *(§ 58 Abs. 2 S. 2 AktG)*,
- Zulassung der Einberufung der Hauptversammlung durch eingeschriebenen Brief *(§§ 121 Abs. 4, 124 Abs. 1, 242 Abs. 2 AktG)*,
- Verzicht auf sämtliche Einberufungsformalien bei der Hauptversammlung *(§ 121 Abs. 6 AktG)*,
- Formerleichterungen bei der Protokollierung von Routine-Hauptversammlungsbeschlüssen *(§ 130 Abs. 1 AktG)*,
- Ausschluss des Bezugsrechtes bei Kapitalerhöhungen *(§ 186 Abs. 2 AktG)*,
- Gleichstellung von kleinen Aktiengesellschaften bis 500 Arbeitnehmern mit der GmbH bei der Aufsichtsratsbildung/Mitbestimmung.

Kleine Aktiengesellschaft	
Die rechtlichen Grundlagen für die Kleine AG wurden durch das Gesetz für Kleine Aktiengesellschaften und zur Deregulierung des Aktienrechts vom 2. August 1994 sowie das Gesetz zur Bereinigung des Umwandlungsrechts vom 29. Oktober 1994 gelegt. Die wichtigsten Vorteile gegenüber den Regelungen für die börsennotierte AG:	
Kleine AG	**Vorteile**
■ **Mindestanzahl der Gründer:** Eine Person genügt	Gleichstellung mit GmbH-Gründung, Vereinfachung, „Strohmänner" nicht mehr erforderlich
■ **Gewinnverwendung:** Bis zu 50 Prozent können durch Vorstand und Aufsichtsrat in die Rücklage eingestellt werden. Satzung kann Vorstand und Aufsichtsrat zur Einstellung eines größeren oder kleineren Teils ermächtigen.	Mehr Flexibilität bei Ausschüttungen
■ **Hauptversammlung:** • **Einberufung** Soweit Aktionäre namentlich bekannt, genügt eingeschriebener Brief	Vereinfachung, Kosteneinsparung, da Bekanntmachung einschließlich Tagesordnung und etwaiger Gegenanträge von Minderheitsaktionären in den Gesellschaftsblättern nicht erforderlich ist
• **Protokoll** Notarielle Beurkundung der Beschlüsse nur, wenn mindestens Drei-Viertel-Mehrheit für Beschlussfassung erforderlich ist	Vereinfachung, Kosteneinsparung, da obligatorische Beurkundung der Beschlüsse durch notariell aufgenommene Niederschrift entfällt
■ **Mitbestimmung:** Bei bis zu 500 Beschäftigten keine drittelparitätische Arbeitnehmervertretung im Aufsichtsrat für nach dem 10. August 1994 gegründete AG – im Unterschied zur börsennotierten AG. Für ältere gilt eine Übergangsregelung von 5 Jahren bis zum Wegfall der Mitbestimmung	Gleichstellung mit GmbH-Regelung, Vermeidung psychologischer (Umgründungs-)Hemmnisse, Kosteneinsparung

5

Die Kleine AG ist **nicht** börsennotiert.

Vorteile der „Kleinen AG"	Nachteile
■ verbessert die Bonität, weil der Finanzbedarf durch einen überschaubaren Personenkreis gedeckt wird, spätere Kapitalerhöhungen sowie der Gang zur Börse können einfacher umgesetzt werden; ■ strikte Trennung zwischen Aufsichtsrat und Vorstand, der Aufsichtsrat berät und kontrolliert den Vorstand, ■ erleichtert die Unternehmernachfolge, ■ der Gründungsaufwand entspricht etwa dem der GmbH, ■ Geschäftsanteile können ohne juristische und notarielle Beurkundung übertragen werden.	■ kostenintensive notarielle Beurkundung notwendig ■ vergrößert den bürokratischen Aufwand, ■ verlangt höhere Transparenz, ■ erschwert die Steuergestaltung.

Steuerliche Behandlung

Körperschaftsteuer

■ Besteuerung auf der Ebene der Gesellschaft

Die juristische Person GmbH ist als eigenständige juristische Person unbeschränkt körperschaftsteuerpflichtig, wenn sie ihren Sitz oder ihre Geschäftsleitung im Inland hat *(§ 1 KStG)*.

Die Steuerpflicht entsteht mit Abschluss des Gesellschaftsvertrages und damit ab Bestehen der Vorgesellschaft. Einlagen sind nicht körperschaftsteuerpflichtig. Die Körperschaftsteuer bemisst sich nach dem zu versteuernden Einkommen *(§ 7 Abs. 1 KStG)* der GmbH. Bemessungsgrundlage zur Errechnung der Körperschaftsteuer ist das zu versteuernde Einkommen der GmbH *(§ 7 Abs. 1 KStG)*.

Der Steuersatz hierauf beträgt 15 % *(§ 23 Abs. 1 KStG)*. Bemessungsgrundlage für den Solidaritätszuschlag ist die festzusetzende Körperschaftssteuer *(§ 3 Abs. 1 Nr. 1 SolzG)*. Hiervon werden 5,5 % Solidaritätszuschlag erhoben *(§ 4 SolzG)*.

■ Besteuerung auf der Ebene der **inländischen Anteilseigner**[1]

	Privatpersonen	Einzel- oder Perso-nengesellschaften	Kapitalgesellschaf-ten
ESt-Pflicht in Deutschland	Erträge nach § 20 Abs. 2 Nr. 1 EStG unterliegen dem Abgeltungssteuer-satz nach § 32d Abs. 1 EStG von 25 % + SolZ + evtl. KiSt, wenn sie zusammen mit allen übrigen Kapitalerträgen des Kalenderjahres den Sparerfreibetrag von 801,00 € (Ledige) bzw. 1602,00 € (Verheiratete) übersteigen *(§ 20 Abs. 9 EStG)*.	Erträge sind in der ESt-Veranlagung zu 40 % steuerfrei *(§ 3 Nr. 40a EStG)*.	**Beteiligung unter 10 %:** Dividenden sind zu versteuern *(§ 8b Abs. 4 KStG)*. **Beteiligung ab 10 %:** Dividenden sind in der KSt-Veranlagung zu 95 % steuerfrei *(§§ 8b Abs. 1 KStG)*.

---

[1] Vgl. www.steuerliches-info-center.de/DE/SteuerrechtFuerInvestoren/Informationsblaetter/Besteuerung_von_Dividenden.pdf.

	Privatpersonen	Einzel- oder Personengesellschaften	Kapitalgesellschaften
Steuerabzug bei Zufluss	Depotverwahrende Bank behält 25 % KapESt + Solidaritätszuschlag + evtl. KiSt ein.		
Anrechnung/ Erstattung der Abzugssteuer	Die Besteuerung ist mit dem Steuerabzug abgegolten.	Volle Anrechnung der einbehaltenen Steuer (= Quellensteuer) auf die ESt-Schuld	Volle Anrechnung der einbehaltenen Steuer (= Quellensteuer) auf die KSt-Schuld.
Effektive Belastung mit deutscher ESt	100 % der Dividende unterliegen dem Abgeltungssteuersatz von 26,375 % (ohne KiSt).	60 % der Dividende unterliegen dem individuellen ESt-Satz.	5 % der Dividenden unterliegen dem KSt-Satz von 15 %.
Ansatz von Werbungskosten (WK)/Betriebsausgaben (BA)	nein Mit dem Sparerfreibetrag werden alle WK wie z. B. Depotgebühren oder Fahrtkosten zur Hauptversammlung einer AG abgegolten.	beschränkt Betriebsausgaben können zu 60 % steuermindernd berücksichtigt werden.	**Beteiligung unter 10 %:** BA können abgezogen werden *(§ 8b Abs. 4 KStG).* **Beteiligung ab 10 %:** 5 % sind nicht abzugsfähige BA *(§§ 8b Abs. 1, 5 KStG).* BA, die im Zusammenhang mit Dividenden stehen, wie *z. B. FK-Zinsen,* sind abziehbar *(§ 8b Abs. 5 S. 2 KStG).*

Gewerbesteuer

Kraft Rechtsform ist die AG ein Gewerbebetrieb und damit grundsätzlich gewerbesteuerpflichtig. Grundlage für die Berechnung der GewSt ist der Gewinn/Verlust laut *KStG.* Dieser wird um Hinzurechnungen nach *§ 8 GewStG* erhöht und um Kürzungen nach *§ 9 GewStG* vermindert.
Die AG erhält im Gegensatz zu Personengesellschaften keinen Freibetrag.

Umsatzsteuer

Die AG ist Unternehmerin nach *§ 2 Abs. 1 UStG* und tätigt Umsätze i. S. d. *§ 1 Abs. 1 UStG.* Die AG ist selbst Steuerpflichtige und Steuerschuldnerin der Umsatzsteuer.
Die Steuerpflicht entsteht mit Abschluss des Gesellschaftsvertrages und der Aufnahme der nach außen gerichteten Tätigkeit.
Weil die AG selbst Unternehmerin i. S. d. *UStG* ist, ist auch jeder Leistungsaustausch zwischen der AG und den Aktionären den Regelungen des UStG unterworfen.

Grunderwerbsteuer

Erwirbt die AG ein Grundstück für die AG, so ist die Grundstückseinbringung gem. *§ 1 Abs. 1 Nr. 1 GrEStG* grunderwerbsteuerpflichtig, wenn die Freigrenze überschritten wird. Grundstücks- oder Anteilsübertragungen im Rahmen bestimmter betrieblicher Umstrukturierungen sind von der Grunderwerbsteuer befreit *(§ 6a GrEStG).*

Schenkungs- und Erbschaftsteuer

Bei der Übertragung von Betriebsvermögen im Wege der Schenkung oder Erbfolge auf einen Nachfolger wird bei der Erbschaftsteuer ein spezieller Freibetrag nach *§§ 13a, 13b ErbStG* für Betriebsvermögen gewährt.

5

Die AG ...

- ist eine Gesellschaft mit eigener Rechtspersönlichkeit,
- hat ein in Aktien zerlegtes Grundkapital,
- entsteht mit der Eintragung ins Handelsregister, Abteilung B,
- gilt unabhängig von ihrem Gegenstand als Handelsgesellschaft,
- ist immer Kaufmann i. S. d. *HGB*,
- führt eine Sach-, Fantasie- oder Personenfirma mit dem Zusatz „AG",
- ist als juristische Person selbstständiges Steuersubjekt,
- haftet ihren Gläubigern nur mit ihrem Gesellschaftsvermögen; die Haftung der Aktionäre ist auf die Höhe ihrer Einlagen begrenzt.
- Aktionäre können natürliche Personen, Personengesellschaften und juristische Personen sein.
- Der Gesellschaftsvertrag wird Satzung genannt.
- Eine bestehende Firma kann unter Hinzufügung des Zusatzes „AG" fortgeführt werden.
- Inhaberaktien können frei übertragen werden.
- Organe der AG sind:
  - der Vorstand als Leitungsorgan,
  - der Aufsichtsrat als Überwachungsorgan,
  - die Hauptversammlung als Interessenvertretung der Aktionäre.
- Geschäftsführung und Vertretung der AG obliegen dem Vorstand.
- Für die AG gelten erweiterte Vorschriften für die Rechnungslegung, Prüfung und Offenlegung.
- Für kleinere Aktiengesellschaften gelten Erleichterungen.

5

Vorteile	Nachteile
- große Risikostreuung - hohe formale und sachliche Anforderungen - geringes Haftungsrisiko für Aktionäre - leichter Erwerb und einfache Veräußerbarkeit der Kapitalbeteiligung (Aktie) - einfache Kapitalbeschaffung durch Ausgabe „junger Aktien" oder Fremdkapitalaufnahme als emissionsfähiges Unternehmen über die Börse - keine persönliche Bindung zwischen Teilhabern (Aktionären) und Gesellschaft - der Bestand des Unternehmens ist unabhängig von der Zusammensetzung der Aktionäre - die Leitung kann gut von außen kommenden Personen übertragen werden - Trennung von Unternehmensleitung und Kapital - breite Streuung des Eigentums an Produktionsmitteln durch Stückelung des Kapitals in viele kleine Kapitalanteile - starke Marktstellung ermöglicht hohe soziale Leistungen und überdurchschnittliche Investitionen in Forschung und Entwicklung - geeignet für große Unternehmen mit hohem Kapitalbedarf	- umfangreiche Gründungsmodalitäten - hohe Gründungskosten - bei der Gründung der Unternehmung hohe Publizitätspflichten - teure und umfangreiche Auflagen, *z. B. Abhaltung der Hauptversammlung, Börsenauflagen* - hohe laufende Kosten für umfangreiche Prüfungs- und Publizitätspflichten - ausgeweitete Rechnungslegungs- und Prüfungsvorschriften - Machtkonzentration durch Unternehmenszusammenschlüsse (Konzernbildung) - weitreichende Mitbestimmungsmöglichkeiten der Arbeitnehmer

Übungsaufgaben

1. Wer kann Gesellschafter der AG werden?
2. Wie heißt der Gesellschaftsvertrag der AG und welche Daten muss er mindestens enthalten?
3. Wer muss die Eintragung in das Handelsregister beantragen?
4. Wie lautet die Firmenbezeichnung einer AG?
5. Welche Angaben müssen in Geschäftsbriefen einer AG enthalten sein?
6. Beschreiben Sie die Gründung einer AG.
7. Welche Vorteile verbinden sich mit der Gründung einer kleinen Aktiengesellschaft?
8. Beschreiben Sie das Rechtsverhältnis der AG.
9. Wie setzt sich das Eigenkapital einer AG zusammen?
10. Welche Arten von Aktien sind zu unterscheiden?
11. Welche Rechte entstehen aus der Aktie?
12. Bis zu welchem Betrag haften Aktionäre?
13. Beschreiben Sie die Organe der AG.
14. Welche Einkünfte erzielen
    a) Vorstandsmitglieder,
    b) Aufsichtsratsmitglieder im Rahmen ihrer Tätigkeit für die AG?
15. Nennen Sie Aufgaben
    a) des Vorstandes,
    b) des Aufsichtsrates,
    c) der Hauptversammlung.
16. Wer führt die Geschäfte der AG und vertritt die AG?
17. Nennen Sie Beispiele für die erweiterten Rechnungslegungsvorschriften.
18. Welche Aktiengesellschaften können von vereidigten Buchprüfern geprüft werden?

5.6.3 | Kommanditgesellschaft auf Aktien

5

Rechtsgrundlagen: *Aktiengesetz (AktG)*
Handelsgesetzbuch (HGB)

> Die **Kommanditgesellschaft** auf Aktien *(§§ 278–290 AktG)* ist eine Gesellschaft mit eigener Rechtspersönlichkeit (Sonderform einer AG), bei der
> - mindestens ein Gesellschafter den Gesellschaftsgläubigern unbeschränkt haftet,
> - die übrigen Gesellschafter (= Kommanditaktionäre) an dem in Aktien zerlegten Grundkapital beteiligt sind, ohne persönlich für die Verbindlichkeiten der Gesellschaft zu haften.

Organe der KGaA sind
- Vorstand,
- Aufsichtsrat und
- Hauptversammlung.

Der Vorstand ist der persönlich haftende Gesellschafter. Der Komplementär übernimmt die Geschäftsführung.
Häufig ist der Komplementär eine GmbH (GmbH & Co. KGaA) oder eine AG (AG & Co. KGaA). Die Haftung des Komplementärs ist beschränkt.
Die Hauptversammlung – die Versammlung der Kommanditaktionäre – hat einen eingeschränkten Einfluss auf den Vorstand der KGaA.
Der Aufsichtsrat *(§ 278 Abs. 3 AktG)* wird von der Hauptversammlung gewählt und kann von dieser auch wieder abberufen werden. Der Komplementär kann nicht Mitglied des Aufsichtsrats sein.

Gesellschafter der KGaA	
persönlich haftende Gesellschafter[1] +	**Kommanditaktionäre**
■ entsprechen in ihrer Rechtsstellung den Komplementären der KG ■ Vorschriften des *HGB* über die Komplementäre der KG finden Anwendung, soweit es sich um deren Rechtsbeziehungen untereinander, mit Dritten und der Gesamtheit der Kommanditgesellschaft handelt	■ entsprechen in ihrer Rechtsstellung den Aktionären der AG ■ Vorschriften des *AktG* über die Aktionäre finden grundsätzlich Anwendung

Bedeutung

Häufig wählen Familienunternehmen diese Rechtsform, weil
■ damit Familienmitglieder einen starken Kontrolleinfluss behalten, obwohl große Aktienanteile des Unternehmens verkauft werden,
■ die KGaA sehr widerstandsfähig gegenüber Übernahmeversuchen ist.

Beispiele:
■ *Rewe Deutscher Supermarkt KGaA*
■ *Borussia Dortmund GmbH & Co. KGaA, 1. FC Köln GmbH & Co. KGaA*

Firma

Die Aktiengesellschaft muss nach *§ 279 AktG* als Firma
■ eine Sach-, Fantasie- oder eine Personenbezeichnung führen **und**
■ den Zusatz *„Kommanditgesellschaft auf Aktien"* oder eine allgemein verständliche Abkürzung dieser Bezeichnung wie „KGaA" enthalten.
Wenn in der Gesellschaft keine natürliche Person persönlich haftet, muss die Firma eine Bezeichnung enthalten, die die Haftungsbeschränkung kennzeichnet *(§ 279 Abs. 2 HGB)*.

Geschäftsführung und Vertretung

Die Geschäftsführung und Vertretung obliegen den **Komplementären**, sie übernehmen die Aufgaben des Vorstandes wie bei der Aktiengesellschaft. Ihre rechtliche Stellung ist aber stärker, weil sie nicht vom Aufsichtsrat gewählt, sondern nur beaufsichtigt werden.

Eigenkapital

Zu unterscheiden sind
■ die „Kapitalanteile der Komplementäre" und
■ das „Grundkapital" aus den Einlagen der Kommanditaktionäre.

---

[1] Gemäß *§ 279 Abs. 2 AktG* ist die KGaA auch zulässig, wenn der Komplementär keine natürliche Person ist *(z. B. GmbH & Co. KGaA)*.

▧ Steuerliche Besonderheiten

1. Einkommensteuer

Die Gewinnanteile der Komplementäre aufgrund ihrer Kapitalanteile als Komplementäre sind als Einkünfte aus Gewerbebetrieb *(§ 15 Nr. 3 EStG)* anzusetzen.

Die Gewinnanteile an die Kommanditaktionäre stellen bei diesen Einkünfte aus Kapitalvermögen *(§ 20 Abs. 1 EStG)* dar.

2. Körperschaftsteuer

Die KGaA ist nach *§ 1 KStG* körperschaftsteuerpflichtig, ausgenommen hiervon sind nur die Gewinnanteile der Komplementäre, die nicht zum Grundkapital gehören *(§ 9 Nr. 2 KStG).*

Vorteile	Nachteile
■ der persönlich in vollem Umfang haftende Gesellschafter ist stark an das Unternehmen gebunden ■ große Risikostreuung ■ geringes Haftungsrisiko	■ komplizierte und kostenintensive Gründung ■ hohe laufende Kosten ■ erschwert Steuergestaltung

---

5.6.4   Die Europäische Aktiengesellschaft – Societas Europaea (SE)

Rechtsgrundlagen: *Verordnung (EG) Nr. 2157/2001 des Rates vom 08.10.2001 über das Statut der Europäischen Gesellschaft (SE).*
Gesetz zur Einführung der Europäischen Aktiengesellschaft, SEEG, HGB, AktG

5

▧ Kennzeichen und Bedeutung

Die SE ist eine Option für bestehende, grenzüberschreitend tätige Gesellschaften. Die SE ist eine Rechtsform für Unternehmen, die in verschiedenen Mitgliedsstaaten der Europäischen Union sowie in Island, Liechtenstein und Norwegen tätig sind oder tätig werden wollen. Die SE tritt europaweit als rechtliche Einheit auf, d. h., Kapitalgesellschaften werden bei Gründungen von Niederlassungen und Betriebsstätten in den EU-Ländern einheitlich als SE geführt (und nicht mehr unter den jeweiligen nationalen Rechtsformen).

> *Beispiele:*

Allianz SE, BASF SE

▧ Gründung

Die Gründung einer SE erfolgt
- durch **Verschmelzung** von mindestens zwei nationalen Aktiengesellschaften aus verschiedenen Mitgliedsstaaten der EU,
- durch **Umwandlung** einer nationalen Aktiengesellschaft in eine SE, wenn diese nationale Aktiengesellschaft seit mindestens zwei Jahren eine dem Recht eines anderen Mitgliedsstaates unterliegende Tochtergesellschaft oder Zweigniederlassung hat,
- durch **Gründung** einer gemeinsamen, grenzüberschreitenden Holding-SE durch mindestens zwei nationale Kapitalgesellschaften aus verschiedenen Mitgliedsstaaten.

■ Register

Die SE wird in das für Kapitalgesellschaften in den Mitgliedsstaaten zuständige Register – in Deutschland in das Handelsregister Abt. B – eingetragen, in dem sie satzungsmäßig den Sitz hat. Der Sitz muss der Ort der Hauptverwaltung sein. Mit der Eintragung in das zuständige Handelsregister wird die **SE** eine juristische Person mit **eigener Rechtspersönlichkeit**. Die Eintragung wird im Amtsblatt der Europäischen Gemeinschaft veröffentlicht.

■ Rechtsverhältnis

Die Verordnung über das Statut regelt Gründung und Organisation der SE; sie verweist immer wieder auf das Recht des Staates, in dem die SE ihren Sitz hat.

■ Firma

Die SE muss in ihrer Firma den Zusatz „SE" führen.

■ Pflichtangaben auf Geschäftsangaben

Es gelten die Angaben wie bei der AG.

■ Kapital und Haftung

Das Mindestkapital der SE beträgt 120 000,00 €. Die SE hat Zugang zum Aktienmarkt. Es haften die Aktionäre mit dem Aktienwert und die SE als juristische Person mit dem gesamten Vermögen.

■ Leitungsorgane

Zwei verschiedene Leitungssysteme sind zulässig:
- das **monoistische System** *(z. B. in Großbritannien)*
  Dieses System kennt nur ein Verwaltungsorgan (= Verwaltungsrat = Board).
- das **dualistische System** *(z. B. in Deutschland)*
  Dieses System ist gekennzeichnet durch ein Leitungsorgan (= Vorstand) und ein Aufsichtsorgan (= Aufsichtsrat).

Beim monoistischen System muss in Deutschland auch die Mitbestimmung beachtet werden, d. h., Arbeitnehmervertreter müssten in das Leitungsorgan eingebaut werden. Im dualistischen System sind die Arbeitnehmervertreter im Aufsichtsrat vertreten.

■ Rechnungslegung

Die SE muss einen Jahresabschluss erstellen, der aus der Bilanz, Gewinn- und Verlustrechnung, dem Anhang zum Jahresabschluss, dem Bericht zum Geschäftsablauf und zur Lage der Gesellschaft besteht.
Die Hauptversammlung beschließt auf Vorschlag des Vorstandes über das Ergebnis des Jahresabschlusses. Eine Gewinnausschüttung erfolgt in Form einer Dividende.

■ Steuerliche Behandlung

Die SE soll dort ihre Steuern bezahlen, wo die SE ihren Sitz hat. Die SE ist körperschaftsteuerpflichtig, ausgeschüttete Gewinne unterliegen nach Anrechnung der KSt. dem individuellen ESt.-Steuersatz der Gesellschafter.

5.7 Eingetragene Genossenschaft (e. G.)

Rechtsgrundlagen: *Genossenschaftsgesetz (GenG)*
EU-Richtlinien zum Gesellschaftsrecht

Kennzeichen und Bedeutung

Genossenschaften sind Vereinigungen beliebig vieler Mitglieder mit gemeinsamen wirtschaftlichen Interessen. Dieser Zusammenschluss soll der Selbsthilfe dienen oder die wirtschaftlichen Interessen der einzelnen Beteiligten fördern *(§ 1 GenG)*. Genossenschaften, die in den Mitgliedstaaten der Europäischen Gemeinschaft tätig sind, haben die Möglichkeit, eine Unternehmensverfassung nach Gemeinschaftsrecht zu wählen: **Europäische Genossenschaft** (Societas Cooperativa Europaea, SCE).

Kennzeichen sind insbesondere

- gleiche Rechte für alle Mitglieder,
- gemeinwirtschaftlich begründeter Geschäftsbetrieb,
- Selbstverwaltung durch die Genossenschaftsorgane,
- keine Gewinnmaximierung.

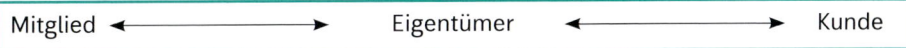

Mitglied ◄────────► Eigentümer ◄────────► Kunde

Ursprünglicher Gedanke der Genossenschaftsidee ist es, dass sich Landwirte oder kleinere Gewerbebetriebe zusammenschließen, um gemeinschaftlich günstiger einkaufen oder verkaufen zu können und damit gegenüber Großunternehmen konkurrenzfähig zu bleiben.

Beispiele:

- *Vertriebsgenossenschaften z. B. für landwirtschaftliche Betriebe einer Gegend*
- *Einkaufsgenossenschaften z. B. für Maler, Dachdecker, Bäcker, Metzger, Bauern usw.*
- *Kreditgenossenschaften (Volks- und Raiffeisenbanken)*
- *Wohnungsbaugenossenschaften*
- *Konsumgenossenschaften*
- *Dienstleistungsgenossenschaften, Produktivgenossenschaften*
- *Wohnungsbaugenossenschaften*
- *Zwangsgenossenschaften, z. B. Jagdgenossenschaften, Deichachten, Realgemeinden*

Die Genossenschaften fühlen sich heute zunehmend nicht mehr nur der Förderung ihrer Mitglieder verpflichtet, sondern verfolgen i. d. R. wie andere Unternehmen die Absicht, Gewinn zu erzielen.

Gründung

Mindestens drei **Personen** *(§ 4 GenG)* sind für die Gründung einer Genossenschaft nötig. Gründungsmitglieder können natürliche Personen, Unternehmen oder juristische Personen sein.

Die Genossenschaft erfordert einen schriftlichen Gesellschaftsvertrag der Gründungsmitglieder, die sog. **Satzung** *(§ 5 GenG)*. Eine notarielle Beurkundung ist hierfür nicht erforderlich.

Die Genossenschaft ist im **Genossenschaftsregister**, das bei den Amtsgerichten geführt wird, anzumelden. Durch die Eintragung in das Genossenschaftsregister erhält die Gesellschaft den Status einer eingetragenen Genossenschaft und muss den Zusatz e. G. in ihrer Firma führen *(§ 13 GenG)*.

Die Genossenschaft ist als juristische Person Trägerin von Rechten und Pflichten und kann als solche selbst klagen und verklagt werden *(§ 17 GenG)*.

Die Genossenschaft benötigt, ebenso wie andere Gesellschaften, die gewerblich tätig sind, eine Gewerbeausübungsbescheinigung („Gewerbeschein"). Dieser wird beim ört-

5

lich zuständigen Gewerbeamt bzw. Verbraucherschutzamt am Sitz der Genossenschaft durch den Vorstand angemeldet.

Der Kreis der Mitglieder, der Genossen, ist nicht geschlossen, d. h., die e. G. kann durch Aufnahme neuer Mitglieder erweitert werden. Die **Mitgliedschaft** wird durch die Eintragung in das Genossenschaftsregister erworben. Jedes Mitglied muss einen Geschäftsanteil übernehmen, dessen Höhe im Statut festgelegt ist *(§ 15 GenG)*.

In der **Satzung** (früher Statut) müssen bestimmt werden *(§§ 6, 7, 36 GenG)*:
- Gegenstand, Firma und Sitz der e. G.,
- Regelungen über
  - die Form der Berufung der Generalversammlung,
  - den Vorsitz in Versammlungen,
  - die Protokollierung von Beschlüssen,
  - die Form der Bekanntmachungen,
  - die Veröffentlichungsorgane,
- die Höhe des Geschäftsanteiles jedes Mitgliedes sowie Regelungen über die Einzahlungs- und Haftpflicht,
- Grundsätze über die Aufstellung und Prüfung der Bilanz,
- die Bildung eines Reservefonds zur Deckung ggf. sich ergebender Verluste,
- die Anzahl der zur Beschlussfassung erforderlichen Aufsichtsratsmitglieder.

Register

Die Satzung sowie die Mitglieder des Vorstandes sind in das **Genossenschaftsregister** bei dem Gericht einzutragen, in dessen Bezirk die e. G. ihren Sitz hat *(§ 10 GenG)*. Die Anmeldung hat durch alle Vorstandsmitglieder zu erfolgen *(§ 11 Abs. 1 GenG)*.

Der **Anmeldung** sind beizufügen
- die von allen Mitgliedern unterschriebene Satzung,
- eine Liste der Mitglieder,
- eine Abschrift der Urkunden über die Bestellung des Vorstandes und des Aufsichtsrates,
- die Bescheinigung über den Beitritt zu einem genossenschaftlichen Prüfungsverband,
- Zeichnung der Unterschriften des Vorstandes in öffentlich-beglaubigter Form.

Rechtsverhältnis

Die e. G.
- ist eine **juristische Person** *(§ 17 GenG)*, d. h. Träger von Rechten und Pflichten,
- gilt als **Kaufmann/Handelsgesellschaft**, auch wenn sie kein Gewerbe betreibt *(§ 17 GenG, § 6 HGB)*,
- ist **partei-**, aber **nicht prozessfähig**; die e. G. wird im Prozess durch den Vorstand vertreten,
- ist **deliktsfähig, grundbuchfähig, insolvenzfähig, scheck- und wechselfähig.**

Firma

Die Genossenschaft nimmt als **Kaufmann** i. S. d. HGB am Geschäftsverkehr teil und muss deshalb als Genossenschaft einen Namen führen, über den sie eindeutig identifizierbar ist, unter dem sie klagen und verklagt werden kann. Hierfür gelten die Grundzüge des Firmenrechts. Die Genossenschaft ist verpflichtet, auf ihre Rechtsnatur hinzuweisen, d. h., die Genossenschaft muss nach *§ 3 GenG* als **Firma**
- eine Sach-, Fantasie- oder eine Personenbezeichnung führen und
- den Zusatz „eingetragene Genossenschaft" oder die Abkürzung „e. G." enthalten.

Pflichtangaben auf Geschäftsbriefen

Für Genossenschaften gelten entsprechend die für die AG und die GmbH dargestellten Regeln.

Sofern der Aufsichtsrat der Genossenschaft einen Vorsitzenden hat, muss dieser mit dem Familiennamen und mit mindestens einem ausgeschriebenen Vornamen angegeben werden *(§ 25a GenG)*.

Kapital

Es gibt weder Mindestkapitalvorschriften für die einzelnen Geschäftsanteile der Genossen noch für die e. G. insgesamt. Durch die Aufnahme oder das Ausscheiden von Genossen kann sich das Gesamtkapital immer wieder verändern. Die Summe der eingezahlten Geschäftsanteile und die Rücklagen bilden das Eigenkapital der Genossenschaft.

In der Satzung sind **Geschäftsanteil, Mindesteinzahlungsbetrag** und **Haftsumme** für einen Genossenschaftsanteil festgelegt *(§§ 5 ff. GmbHG)*.

Die Einzahlungen, die Gewinngutschriften und ggf. die Reduzierungen aufgrund von Verlusten bilden das **Geschäftsguthaben** (= tatsächlicher Betrag, mit dem sich der Genosse beteiligt). Gewinne werden so lange gutgeschrieben, bis der Geschäftsanteil erreicht ist.

Die Satzung kann für den Insolvenzfall die unbeschränkte oder beschränkte Nachschusspflicht bis zur Höhe der Haftsumme des Genossen bestimmen.

Durch die Satzung kann ein Mindestkapital *(§ 8 a GenG)* eingeführt werden, bei dessen Unterschreitung keine Auseinandersetzungsguthaben mehr ausgezahlt werden.

Organe

Die Genossenschaft hat eine körperschaftliche Struktur und damit Organe, durch die sie handelt. Das GenG sieht für die Genossenschaft folgende Organe vor:

- die Generalversammlung *(§ 43 GenG)*,
- den Aufsichtsrat *(§ 9 GenG)* und
- den Vorstand *(§ 9 GenG)*.

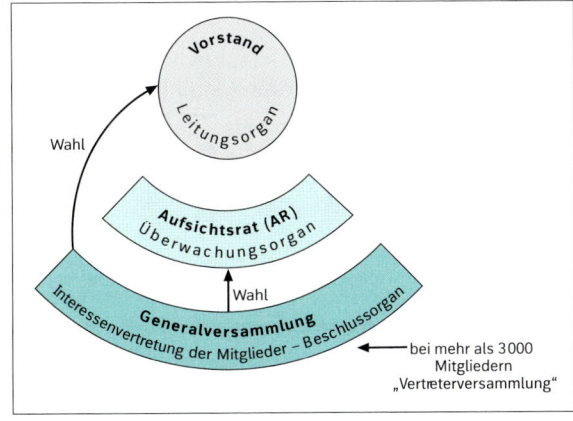

5

◼ Vorstand

Der **Vorstand** wird – je nachdem, wie es die Satzung vorsieht – von der Generalversammlung oder dem Aufsichtsrat gewählt.

Aufgaben des Vorstandes:
- Er vertritt die Genossenschaft nach innen und nach außen.
- Ihm obliegt die Geschäftsführung.
- Er leitet die Geschäfte in eigener Verantwortung.
- Er ist jedoch an die Weisungen der Generalversammlung und der Satzung gebunden.
- Er vertritt die e.G. in allen gerichtlichen und außergerichtlichen Angelegenheiten.
- Er besteht aus mindestens zwei Mitgliedern der Genossenschaft.

◼ Aufsichtsrat

Der **Aufsichtsrat** besteht, soweit die Satzung keine höhere Zahl festsetzt, aus drei von der Generalversammlung zu wählenden Mitgliedern *(§ 36 GenG)*. Bei mehr als 500 Arbeitnehmern sind die für die AG geltenden Vorschriften über die Mitbestimmung anzuwenden *(§§ 76, 77 BetrVG)*.

Aufgaben des Aufsichtsrats sind *(§ 38 GenG)*:
- Er überwacht den Vorstand bei der Geschäftsführung in allen Zweigen der Verwaltung.
- Er hat das Recht auf Einsichtnahme in Bücher und Schriften der e.G.
- Er prüft die Vermögensverhältnisse, den Jahresabschluss und den Lagebericht.
- Er schlägt die Verwendung des Jahresüberschusses vor.
- Er berichtet der Generalversammlung über die Prüfung.
- Er beruft die Generalversammlung ein.

Weitere Aufgaben können durch die Satzung bestimmt werden. Der Aufsichtsrat ist berechtigt, die e. G. bei Abschlüssen von Verträgen mit dem Vorstand zu vertreten *(§ 39 GenG)*.

◼ Generalversammlung

Die Generalversammlung ist die Gesamtheit der Genossen. Sie
- beschließt mit einfacherMehrheit,
- wählt den Aufsichtsrat, der aus mindestens drei Mitgliedern aus ihrer Mitte besteht,
- kann per Beschluss über die Führung der Geschäfte mitentscheiden,
- entscheidet über die Gewinnverteilung,
- kann Weisungen erteilen,
- stellt den Jahresabschluss fest *(§ 48 Abs. 1 GenG)* und
- beschließt Satzungsänderungen und ggf. die Auflösung der e. G.

Bei mehr als 3 000 Mitgliedern muss, bei mehr als 1 500 Mitgliedern kann eine Vertreterversammlung eingerichtet werden. Sie übernimmt dann die Aufgaben der Generalversammlung *(§ 43a GenG)*.

Rechte der Mitglieder	Pflichten der Mitglieder
<ul><li>Benutzung der Genossenschaftseinrichtungen</li><li>Teilnahme an der Generalversammlung</li><li>Gewinnanteilsrecht</li><li>Kündigungsrecht</li><li>Auszahlung des Geschäftsguthabens bei Ausscheiden</li><li>ggf. Anteil am Liquidationserlös</li></ul>	<ul><li>Leistung des übernommenen Geschäftsanteils</li><li>ggf. Nachschusspflicht im Konkursfall in Höhe der vereinbarten Haftsumme</li><li>Beachtung der Beschlüsse der Generalversammlung</li></ul>

Haftung

Die Genossenschaft haftet für ihre Verbindlichkeiten nur bis zur Höhe ihres Vermögens. Das Vermögen setzt sich aus den Einlagen der Mitglieder, den Geschäftsanteilen, zusammen. Diese werden auch Genossenschaftsanteile genannt, die i. d. R. als Geldleistungen oder Sacheinlagen erbracht werden. Sollte im Falle der Insolvenz das Vermögen der Genossenschaft die Gläubiger nicht befriedigen, kann durch die Satzung eine Nachschusspflicht der Mitglieder bestimmt sein. Das Gesetz bestimmt für diesen Fall, dass die Summe des festgelegten Nachschusses nicht geringer sein darf als der Geschäftsanteil.
Die Gründungsmitglieder sind aber nicht verpflichtet, eine Nachschusspflicht in der Satzung zu regeln. Ebenso besteht die Möglichkeit, ein Mindestkapital satzungsmäßig festzuschreiben. Bei Genossenschaften tritt im Fall von Verlusten ggf. ein Garantiefonds ein.

Eintritt in die e. G. – Austritt einzelner Mitglieder

Personen, die nach Gründung der Genossenschaft Mitglied werden möchten, können dies durch schriftliche, unbedingte **Beitrittserklärung** erreichen. Die Beitrittserklärung muss zugelassen werden. Sofern nicht die Satzung etwas anderes vorsieht, erfolgt die Zulassung über die Generalversammlung beziehungsweise die Vertreterversammlung.

Ist die Genossenschaft auf unbestimmte Zeit gegründet worden, ist die Mitgliedschaft ebenfalls zeitlich nicht begrenzt (Dauerschuldverhältnis). Ein Austritt ist durch **Kündigung**, in Abhängigkeit von der Satzung, möglich *(§ 65 GenG)*. Nach der gesetzlichen Regel kann eine Kündigung nur mit einer dreimonatigen Frist zum Ende des Geschäftsjahres erfolgen. Die Auseinandersetzung mit dem ausscheidenden Gesellschafter erfolgt sodann auf Grundlage der Jahresabschluss-Bilanz. Dadurch soll verhindert werden, dass die Genossenschaft bei Ausscheiden eines Mitglieds während des laufenden Jahres zwecks Auseinandersetzung eigens eine Austrittbilanz anfertigen muss.
Zum anderen soll die Genossenschaft vor dem plötzlichen Ausfall von Mitgliedern, insbesondere dem Abfließen von Kapital, geschützt werden.
Längere Kündigungsfristen können durch die Satzung vereinbart sein.
Neben der ordentlichen Kündigung kann ein Mitglied aus wichtigem Grund außerordentlich kündigen. Diese Kündigungsgründe hat der Gesetzgeber im *GenG* abschließend aufgeführt *(§ 67a GenG)*.
Die Kündigung eines einzelnen Mitgliedes führt **nicht zur Auflösung** der Gesellschaft, da diese in ihrem Bestand von den Personen ihrer Mitglieder unabhängig ist.
Eine weitere Möglichkeit, aus der Genossenschaft auszutreten, ist die **Übertragung** des Geschäftsguthabens durch schriftlichen Vertrag *(§ 76 GenG)*.

5

Gewinn- und Verlustbeteiligung

Ein Gewinn oder Verlust ist entsprechend den auf die Geschäftsanteile geleisteten Einzahlungen zu verteilen *(§ 19 GenG)*.

Verbandsprüfung

Jede e. G. muss einem genossenschaftlichen Prüfungsverband angehören *(§ 54 GenG)*. Die Verbandsprüfer prüfen die handelsrechtliche Ordnungsmäßigkeit des Jahresabschlusses und des Lageberichtes *(§ 58 GenG)*.

Rechnungslegung

Es gelten die Vorschriften des *§ 33 GenG* und die Vorschriften der *§§ 238 ff. HGB* unter besonderer Ergänzung der *§§ 336 ff. HGB*.

■ Steuerliche Behandlung

Die e. G. ist ein selbstständiges Steuersubjekt.

1. Körperschaftsteuer auf der Ebene der Gesellschaft

Die Genossenschaft ist als Kapitalgesellschaft unbeschränkt körperschaftsteuerpflichtig *(§ 1 Abs. 1 Nr. 2 KStG)*. Der Steuersatz beträgt 15 % des Gewinns *(§§ 23 Abs. 1, 27 Abs. 1 KStG)* zuzüglich Solidaritätszuschlag.

Besonderheiten:
- Befreiungsvorschriften für bestimmte landwirtschaftliche Genossenschaften *(§ 5 Abs. 1 Nr. 14, § 25 KStG)*,
- Absetzungen von Warenrückvergütungen *(§ 22 KStG)*.

2. Einkommensteuer auf der Ebene der Mitglieder (Genossen)

Gewinnanteile, die die e. G. an ihre Mitglieder ausschüttet, sind daraufhin zu untersuchen, ob die Anteile an der e. G. dem Betriebs- oder Privatvermögen zuzuordnen sind. Gehören die Geschäftsanteile zum

- land- und forstwirtschaftlichen Vermögen → Einkünfte aus L. u. F. *(§ 13 EStG)*,
- Betriebsvermögen → Einkünfte aus Gewerbebetrieb *(§ 15 EStG)* oder Einkünfte aus selbstständiger Tätigkeit *(§ 18 EStG)*,
- Privatvermögen → Dividenden aus Anteilen an einer e. G. gehören zu den Kapitaleinkünften und werden mit 25 % ESt + SolZ + ggf. KiSt besteuert *(§ 20 Abs. 1 Nr. 1 EStG)*.

3. Gewerbesteuer

Die e. G. ist Handelsbetrieb i. S. d. Gewerbesteuergesetzes *(§ 2 Abs. 2 Nr. 2 GewStG)*.

4. Umsatzsteuer

Die e. G. ist **Unternehmerin** *(§ 2 UStG)* und tätigt Umsätze i. S. d. *§ 1 ff. UStG.*

Die **e. G.** …
■ ist juristische Person,
■ verfolgt als Formalziel die Förderung des Erwerbs oder der Wirtschaft ihrer Mitglieder (Genossen),
■ muss immer aus mindestens drei Mitgliedern bestehen,
■ wird in das Genossenschaftsregister des zuständigen Amtsgerichts eingetragen,
■ führt in der Firma den Zusatz „eingetragene Genossenschaft" oder „e. G.",
■ muss einem genossenschaftlichen Prüfungsverband angehören,
■ hat drei Organe: die Generalversammlung, den Aufsichtsrat und den Vorstand,
■ erfordert kein Mindestkapital.
Außerdem sind zu beachten:
■ Die Satzung (Statut) der e. G. bedarf der Schriftform.
■ Die auf die Geschäftsanteile der Mitglieder eingezahlten Beiträge heißen Geschäftsguthaben.
■ Die Satzung kann eine beschränkte oder unbeschränkte Nachschusspflicht der Mitglieder vorsehen.
■ Geschäftsführung und Vertretung obliegen dem Vorstand.

5

Vorteile	Nachteile
■ das Haftungsrisiko ist für jeden Genossen begrenzbar ■ für Schulden der e. G. haftet nur die Genossenschaft ■ Bei der Genossenschaft gilt das Prinzip der Selbstorganschaft. Dadurch bleibt die Leitung dieser Unternehmensform in den Händen der Mitglieder. ■ flache Hierarchien, Mitbestimmung ■ finanzielle Sicherheit für den Einzelnen	■ mindestens 3 Gründer ■ Eintragung in das Genossenschaftsregister

Übungsaufgaben

1. Welches Formalziel verfolgt die e. G.?
2. Wie viele Mitglieder muss eine e. G. mindestens haben?
3. Erklären Sie den Satz: „Der Kreis der Mitglieder der e. G. ist nicht geschlossen".
4. Welche Fakten müssen im Statut geregelt werden?
5. In welches Register ist die e. G. einzutragen?
6. Erläutern Sie die Rechtsverhältnisse der e. G.
7. Wie firmiert die e. G.?
8. Wer führt die Geschäfte und vertritt die e. G.?
9. Beschreiben Sie die Aufgaben der einzelnen Organe der e. G.
10. Erläutern Sie die Haftung der Mitglieder.
11. Grenzen Sie die Kompetenzen ab:
    a) Generalversammlung der e. G.,
    b) Hauptversammlung der AG,
    c) Gesellschafterversammlung der GmbH.

5

5.8 Mischformen

Im Gesellschaftsrecht können die Parteien die Rechtsverhältnisse selbstständig gestalten, soweit keine zwingenden Rechtsvorschriften vorhanden sind. Das ist vom Gesetzgeber beabsichtigt, damit die rechtlichen, wirtschaftlichen und sonstigen Gegebenheiten des Einzelfalles berücksichtigt werden können.

Infolge der zum Teil erheblichen Unterschiede im Haftungs- und Steuerrecht sind in der Praxis **Kombinationen** aus Personengesellschaften und Kapitalgesellschaften entstanden.

5.8.1 GmbH & Co. KG

Rechtsgrundlagen: *§§ 161–177a, 238–263, 264a–335b HGB*
GmbHG
Kapitalgesellschaften- und Co.-Richtlinien-Gesetz (KapCoRiLiG)

█ Kennzeichen und Bedeutung

> Die GmbH & Co. KG ist …
> - zivilrechtlich eine Kommanditgesellschaft,
> - eine Personengesellschaft, an der als haftender Gesellschafter (Komplementär) eine Kapitalgesellschaft – hier die GmbH – beteiligt ist; d. h., die GmbH & Co. KG haftet wie eine GmbH zuzüglich der Kommanditeinlage.

Zweck einer KG ist der Betrieb eines Handelsgewerbes.

Ist die GmbH als Komplementär alleinige Geschäftsführerin, so liegt nach *§ 15 Abs. 3 Nr. 2 EStG* Mitunternehmerschaft vor, weil auf der Ebene der KG gewerbliche Einkünfte unterstellt werden. Die Kommanditisten sind nur dann Mitunternehmer, wenn ihnen Unternehmerinitiative und Übernahme von Unternehmerrisiko unterstellt werden können.

Steuerrechtlich wird der Gewinn einheitlich und gesondert festgestellt und anteilig den Gesellschaftern zugerechnet.

Gründe für die Wahl dieser Rechtsform können sein:
- Haftungsbeschränkung aller Gesellschafter,
- Verbindung der steuerlichen Vorteile von Personen- und Kapitalgesellschaften *(z. B. Freibetrag und Staffelsatz bei der Gewerbesteuer)*,
- Sicherung des Bestandes des Unternehmens für den Fall des Todes des Unternehmers unter weitgehender Erhaltung der Firma,
- Ausnutzung der Möglichkeit, einen fachlich kompetenten Geschäftsführer als leitenden Angestellten einzustellen,
- Erleichterung der Kapitalbeschaffung, wenn die Gesellschafter bereit sind, weitere Einlagen in Form von Kommanditeinlagen zu leisten.

In der Rechtsprechung wird die GmbH & Co. KG immer mehr den Kapitalgesellschaften angenähert, weil einerseits die persönliche Haftung fehlt und andererseits die Haftungsmasse begrenzt wird.

> **Beispiele:**
> - *Die Firma muss einen auf die Haftungsbeschränkung hinweisenden Vermerk beinhalten, wenn keine natürliche Person unbeschränkt haftet (§ 19 Abs. 5 HGB).*
> - *Überschuldung ist, anders als bei Personengesellschaften, Insolvenzgrund.*
> - *In den Geschäftsbriefen müssen alle Angaben wie bei Kapitalgesellschaften enthalten sein (§ 177a i. V. m. §§ 125a HGB, 35a HGB, 35a GmbHG).*
> - *Gewährt die Komplementär-GmbH der GmbH & Co. KG ein Darlehen, so kann sie ihre Forderung im Insolvenzfall nicht als Insolvenzforderung anmelden (§ 172a HGB i. V. m. § 32a GmbHG).*
> - *Einbeziehung in die Publizitätspflicht nach den Regelungen für Kapitalgesellschaften mit geringen Ausnahmen.*

█ Gründung

Die Gründung einer GmbH & Co. KG erfolgt in **zwei Schritten**:
- Abschluss des notariell beurkundeten Gesellschaftsvertrages zur Errichtung der GmbH,
- Eintragung der GmbH in Abteilung B des zuständigen Handelsregisters,
- Abschluss des zweiten Gesellschaftsvertrages zur Gründung der KG,
- Eintragung der Personengesellschaft GmbH & Co. KG in Abteilung A des Handelsregisters.

Folge: Es sind zwei selbstständige Gesellschaften mit eigenen Rechtsregeln entstanden.

Die GmbH & Co. KG ist eine **Kommanditgesellschaft**; aus diesem Grund sind zu ihrer Gründung zwei Gesellschafter notwendig: der Komplementär als Mitunternehmer und der Kommanditist.

1. Modell: Eine einzelne Person gründet eine GmbH & Co. KG

Eine Person gründet zuerst eine GmbH. Nach Eintragung der GmbH in das Handelsregister gründet dieselbe Person, die alleinige Inhaberin der GmbH ist, zusammen mit der bereits gegründeten GmbH eine Kommanditgesellschaft, d. h., der alleinige Gesellschafter der GmbH (= hier Komplementär) ist gleichzeitig auch Kommanditist.

2. Modell: Zwei oder mehrere Personen gründen eine GmbH & Co. KG

Zwei oder mehr Personen gründen zuerst eine GmbH. Nach Eintragung in das Handelsregister gründet die GmbH zusammen mit denselben Personen und ggf. weiteren Personen eine Kommanditgesellschaft.

Für die Gründung der GmbH gelten die Vorschriften des *GmbHG*, für die Gründung der KG die Vorschriften des *HGB (§§ 161–177a HGB)*. Die Gründungskosten der GmbH sind Aufwand der GmbH; sie dürfen nicht in das Betriebsergebnis der KG einfließen.

Gesellschafter

Gesellschafter der GmbH & Co. KG sind
- die juristische Person „GmbH" als Komplementär und
- natürliche weitere oder juristische Personen als Kommanditisten.

Kommanditisten und Gesellschafter der Komplementär-GmbH können verschiedene Personen sein oder es kann Personenidentität bestehen.

Zur Gründung ist mindestens eine natürliche oder juristische Person notwendig.

Kommanditisten und Gesellschafter der Komplementär-GmbH können sein …	
… gleiche Personen (Personenidentität): Kommanditist ist gleichzeitig GmbH-Gesellschafter.	… verschiedene Personen: Kommanditist ist nicht GmbH-Gesellschafter.
■ GmbH-Anteile gehören zum Sonder-Betriebsvermögen II. ■ Gewinnausschüttungen der GmbH sind gewerbliche Einkünfte gem. § 15 Abs. 1 Nr. 2 EStG. ■ Ist der Komplementär Geschäftsführer der GmbH, ist das Gehalt des Geschäftsführers eine Tätigkeitsvergütung i. S. d. § 15 Abs. 1 Nr. 2 EStG.	■ Die GmbH-Anteile sind dem Privatvermögen des Kommanditisten zuzurechnen. ■ Gewinnausschüttungen sind gem. § 20 Abs. 1 Nr. 1 EStG Einkünfte aus Kapitalvermögen. ■ Ist ein Kommanditist Geschäftsführer, so ist sein Gehalt Einkunft aus nicht selbstständiger Arbeit i. S. d. § 19 Abs. 1 Nr. 1 EStG.

Gesellschaftsvertrag

Es ist zu erstellen
■ der Gesellschaftsvertrag der GmbH-Gesellschafter,
■ der Gesellschaftsvertrag der KG-Gesellschafter.

Der Gesellschaftsvertrag der GmbH muss notariell beurkundet werden *(§ 2 GmbHG)*, der Gesellschaftsvertrag der KG ist dagegen formfrei.

Handelsregister

■ Die **GmbH** ist ins Handelsregister *Abteilung B* einzutragen.
■ Die Personenhandelsgesellschaft **GmbH & Co. KG** ist ins Handelsregister Abteilung A einzutragen.

Rechtsverhältnis

Die GmbH & Co. KG ist
■ eine **Personenhandelsgesellschaft**,
■ **quasi juristische Person**, besitzt also keine eigene Rechtspersönlichkeit,
■ unter ihrer Firma **partei-**, aber **nicht prozessfähig** *(§ 50 ZPO)*, die Gesellschaft wird im Prozess durch die Komplementär-GmbH, diese durch ihre(n) Geschäftsführer *(§ 35 GmbHG)* vertreten,
■ **deliktsfähig**,
■ **grundbuchfähig**,
■ **buchführungspflichtig** nach *§ 238 ff. HGB, § 41 ff. GmbHG i. V. m. § 264 HGB,*
■ **Kaufmann** i. S. d. *HGB (§§ 1–3 HGB)*.

Firma

Die gemeinschaftliche Firma muss nach *§ 19 HGB* immer
■ eine Sach-, Fantasie- oder eine Personenbezeichnung führen *(§ 18 Abs. 1 HGB)* **und**
■ einen Zusatz *„GmbH & … KG"* enthalten *(§ 19 Abs. 1 Nr. 3 und Abs. 2 HGB)* **und**
■ eine Bezeichnung tragen, welche die Haftungsbeschränkung kennzeichnet.

Beispiel:

Komplementär:	*Dach GmbH*
Kommanditist:	*Herr Manfred Meise*
mögliche Firma:	*Dach GmbH & Co. KG*

Geschäftsführung

Eine KG wird nach *§§ 161 Abs. 2, 125 Abs. 1, 170 HGB* durch ihre Komplementäre, die nach *§§ 161 Abs. 2, 114, 164 HGB* die Geschäfte führen, vertreten. Bei der GmbH & Co. KG ist der vertretungs- und geschäftsführungsberechtigte Komplementär eine GmbH, somit ist der Geschäftsführer der GmbH, der eine natürliche Person sein muss, gleichzeitig der Geschäftsführer der GmbH & Co. KG *(§ 6 Abs. 2 S. 1 GmbHG)*.
Es können mehrere Geschäftsführer bestellt werden.

Vertretung

Allein dem/den Geschäftsführer/-n steht unmittelbar für die GmbH Dritten gegenüber die unbeschränkbare Vertretung *(§ 37 Abs. 2 GmbHG)* zu, mittelbar auch für die KG.

Haftung

Die Komplementäre haften unbeschränkt für die Verbindlichkeiten der GmbH sowie der KG. Für die Komplementär-GmbH als juristische Person bedeutet dies, dass die Haftung der GmbH auf das Gesellschaftsvermögen der GmbH beschränkt ist. Somit haftet die **Komplementär-GmbH** umfangmäßig unbegrenzt bis zur Höhe ihres Vermögens *(§§ 128, 161 Abs. 2 HGB)*.
Hat der Kommanditist seine Einlage in vollem Umfang erbracht, so ist die Haftung auf die Kommanditeinlage begrenzt, die im Handelsregister eingetragen ist.
Sollte die vereinbarte Einlage noch nicht in voller Höhe vom Kommanditisten geleistet worden sein, haftet dieser Dritten gegenüber unmittelbar und unbeschränkt bis zur Höhe der im HR eingetragenen Kapitaleinlage, d. h. auch mit dem Privatvermögen *(§ 171 Abs. 2 HGB)*.

Gewinnverteilung

Sie erfolgt entsprechend den im Gesellschaftsvertrag getroffenen **Vereinbarungen**; im Zweifel gelten die Vorschriften der KG *(§ 168 HGB)*.
Aufsichtsrats- und Beiratsvergütungen, die eine GmbH & Co. KG an diese Organe zahlt, sind nur dann Betriebsausgaben, wenn diese Personen nicht Mitunternehmer der GmbH & Co. KG sind.

Besonderheiten

Für die GmbH und für die KG sind getrennte Buchhaltungen einzurichten.
Bei der **KG** müssen für die GmbH ein Komplementär-Kapitalkonto sowie ein Verrechnungskonto geführt werden.

Bei der **GmbH** sind auszuweisen als
- aktive Bestandskonten:
  - die Beteiligung an der KG in Höhe des Kapitalkontos der GmbH an der KG,
  - das Verrechnungskonto KG, dieses Konto ist spiegelbildlich zu dem bei der KG für die GmbH geführten Verrechnungskonto zu sehen;
- passive Bestandskonten:
  - die Verrechnungskonten der Gesellschafter,
  - die Einzahlungsverpflichtung bei der KG,
- Erfolgskonto:
  - Konten über die Erträge aus der KG-Beteiligung,
- Aufwandskonten:
  - Konten über die Verluste aus der KG-Beteiligung.
- Für Bilanz und Gu+V sind neben den *§§ 238–263 HGB* zusätzlich die Vorschriften nach *§§ 264a–335b HGB* (für Kapitalgesellschaften) zu beachten.

5

In der Bilanz oder im Anhang sind die Entwicklungen des Anlagevermögens (→ Anlagegitter *§ 268 Abs. 2 HGB*) sowie alle Forderungen und Verbindlichkeiten nach Laufzeiten (→ Forderungs- und Verbindlichkeitsspiegel, *§ 268 Abs. 4, 5 HGB)* darzustellen. Weiterhin sind die Bewertungsvorschriften nach *§§ 279, 280 Abs. 2 HGB* zu beachten. Die Gu+V muss in Staffelform erstellt werden.

■ Unter Eigenkapital sind auszuweisen:
  • Kapitalanteile der GmbH als Komplementär,
  • Kapitalanteile der Kommanditisten,
  • Rücklagen,
  • Gewinn-/Verlustvortrag,
  • Jahresüberschuss/-fehlbetrag (*§§ 264c Abs. 2, 266 Abs. 3 a HGB).*

■ Die „Freiberufler"-GmbH & Co. KG ist eine gewerblich geprägte Personengesellschaft *(§ 15 Abs. 3 Nr. 2 EStG).*

Steuerliche Behandlung

1. Einkommensteuer

Die GmbH & Co. KG ist eine Personengesellschaft. Besteuert werden deshalb die Gesellschafter.

Die Gewinnanteile der Komplementär-GmbH sind nach *§ 7 KStG* körperschaftssteuerpflichtig.

Die Besteuerung der Gesellschafter der Komplementär-GmbH richtet sich danach, ob es sich um eine juristische Person oder um eine natürliche Person handelt.

Sondervergütungen, die ein Gesellschafter für seine Tätigkeit im Dienst der KG, für die Hingabe von Darlehen oder die Nutzungsüberlassung von Wirtschaftsgütern bezieht, dürfen den steuerlichen Gewinn nicht mindern *(§ 15 Abs. 1 Nr. 2 2. Hs. EStG).*

Geschäftsführergehälter für einen Geschäftsführer, der kein Kommanditist ist, sind Einkünfte aus nichtselbstständiger Tätigkeit nach *§ 19 EStG.*

Ist der Geschäftsführer gleichzeitig Kommanditist, sind die Gehaltszahlungen Vergütungen i. S. d. *§ 15 Abs. 1 Nr. 2 EStG.*

2. Gewerbesteuer

Die GmbH & Co. KG ist eine gewerblich geprägte Personengesellschaft, die grundsätzlich der Gewerbesteuerpflicht unterliegt. Eine Komplementär-GmbH zahlt keine Gewerbesteuer, weil diese bereits von der KG abgeführt wird, an der sie beteiligt ist *(§ 9 Nr. 2 GewStG).*

3. Umsatzsteuer

Die GmbH & Co. KG ist **Unternehmerin** *(§ 2 UStG)* und tätigt Umsätze i. S. d. *§ 1 ff. UStG.* Die GmbH ist zusätzlich selbstständig umsatzsteuerpflichtig.

Die Steuerpflicht entsteht mit Abschluss des Gesellschaftsvertrages und der Aufnahme der nach außen gerichteten Tätigkeit.

Zahlt die GmbH & Co. KG an die Komplementär-GmbH für die Geschäftsführungsleistung und die Übernahme der Haftung gesondert berechnete Entgelte als feste monatliche Vergütung, so ist diese Vergütung als Leistung gegen Entgelt mit 19 % umsatzsteuerpflichtig, weil die GmbH ein selbstständiger, nachhaltiger, mit Einnahmeerzielungsabsicht tätiger Unternehmer ist *(BFH, Urteil v. 03.03.2011, V R 24/10, BFH/ NV 2011 S. 1092).*

Wenn die GmbH & Co. KG keine Umsätze ausführt, die den Vorsteuerabzug ausschließen *(z. B. Vermietung von Immobilien, ärztliche Leistungen)*, kann die in Rechnung gestellte Umsatzsteuer als Vorsteuer angesetzt werden.

Die Personengesellschaft ist Auftraggeber und Leistungsempfänger einer Leistung, deshalb muss für Zwecke des Vorsteuerabzugs die Rechnung unbedingt auf die Personengesellschaft – nicht die Gesellschafter – ausgestellt werden.

Die **GmbH & Co. KG ...**

- ist eine Personenhandelsgesellschaft mit mindestens zwei Gesellschaftern, von denen einer Komplementär (Vollhafter in der Rechtsform der GmbH) und einer Kommanditist (Teilhafter) ist,
- entsteht durch formlosen Gesellschaftsvertrag (KG) und notariell beurkundeten Gesellschaftsvertrag (GmbH),
- ist stets Kaufmann und muss als KG ins Handelsregister – Abteilung A – (die GmbH hingegen als juristische Person in Abteilung B) eingetragen werden,
- erfordert keine Mindesteinlagen oder kein Mindestkapital bei der KG.
- Rechte und Pflichten der Gesellschafter, Geschäftsführung und Vertretung, Haftung und Gewinnverteilung erfolgen auf der Ebene der Kommanditgesellschaft (GmbH & Co. KG) nach den Regelungen der Rechtsform der KG; auf der Ebene des Komplementärs (GmbH) nach den Regelungen des *GmbHG*.

Vorteile	Nachteile
■ erleichterte Kapitalbeschaffung, wenn die Gesellschafter bereit sind, weitere Kommanditeinlagen zu leisten oder weitere Kommanditisten aufzunehmen	■ Gründungsvertrag zwischen GmbH und Kommanditisten muss erstellt werden
■ Komplementärin ist die GmbH, d. h. die vollhaftende Gesellschafterin, diese ist wiederum von der Rechtsform her in der Haftung beschränkt, dies bedeutet, Ausschluss der Vollhaftung	■ schwierige Fremdkapitalbeschaffung, da nicht besonders kreditwürdig
■ Erleichterung der Nachfolgeregelung bei Tod eines persönlich haftenden Gesellschafters	■ durch Verkauf der Geschäftsanteile an der GmbH können andere unerwünschte Personen in der Geschäftsführung auftauchen
■ Unternehmensfortführung von Personengesellschaften in der Rechtsform der GmbH & Co. KG, wenn sich Erben oder Gesellschafter nur als Kapitalgeber engagieren wollen	■ erweiterte Publizitätspflicht
■ eignet sich besonders für Familienunternehmungen mit vielen Gesellschaftern, die an der Geschäftsführung und Vertretung nicht beteiligt werden sollen	■ angemessene Gewinnverteilung zwischen GmbH und Kommanditisten muss sichergestellt sein; eine Angemessenheit liegt nur vor, wenn der GmbH genügend Mittel zur Tätigkeit, dem Kapitalverzinsungs- und Haftungsrisiko verbleiben

■ Erhaltung der steuerlichen Vorteile der Personengesellschaft	■ einkommensteuerlich
	  • Vergütungen gem. *§ 15 Abs. 1 S. 1 Nr. 2 EStG* Einkünfte aus Gewerbebetrieb
	  • bei der KG können keine Vergütungen an Unternehmer als Betriebsausgaben angesetzt werden
	  • keine Abzugsfähigkeit von Pensionsrückstellungen für Gesellschafter-Geschäftsführer

■ einkommensteuerlich
  • ideale Rechtsform, um legal die Gewinnverteilung zwischen nahen Angehörigen in Familienunternehmen zu steuern,
  • Verluste auf der Ebene der Gesellschafter unter Beachtung des *§ 15a EStG* sind mit anderen Einkünften ausgleichsfähig	

5

5.8.2 GmbH & Co. OHG

Rechtsgrundlagen: *§§ 105–160 HGB*
GmbHG

> Die GmbH & Co. OHG ist
> - zivilrechtlich eine offene Handelsgesellschaft mit mindestens einer GmbH als voll haftender Gesellschafter,
> - eine Personengesellschaft, an der als haftender Gesellschafter eine Kapitalgesellschaft – hier die GmbH – beteiligt ist. Durch diese Struktur greift auch beim Vollhafter eine Haftungsbeschränkung.

Bei der Gründung der GmbH & Co. OHG wird zunächst mindestens eine GmbH gegründet, die dann anstatt einer natürlichen Person Vollhafter der OHG wird. Damit wird die an sich unbegrenzte Haftung der OHG-Gesellschafter auf das/die Gesellschaftsvermögen der GmbH begrenzt.
Die GmbH & Co. OHG haftet wie eine GmbH zuzüglich der OHG-Einlagen.
Eine einzelne natürliche Person kann sich mithilfe der GmbH & Co. OHG in der Rechtsform einer OHG mit Haftungsbegrenzung selbstständig machen.
Die Rechtsform GmbH & Co. OHG ergibt Sinn, wenn ihre persönlich haftenden Gesellschafter ausschließlich Kapitalgesellschaften sind.

Beispiele:

- *Westdeutsche Lotterie GmbH & Co. OHG*
- *Telefónica Germany GmbH & Co. OHG*
- *OTIS GmbH & Co. OHG*
- *Siemens Business Services GmbH & Co. OHG*

- *Aldi Einkauf GmbH & Co. OHG*
- *DHL Vertriebs GmbH & Co. OHG*
- *Volkswagen Logistics GmbH & Co. OHG*
- *Sauer-Danfoss GmbH & Co. OHG*

Die Aussagen zur OHG und zur GmbH & Co. KG können weitgehend übernommen werden.

5.8.3 GmbH mit Beteiligung eines atypischen stillen Gesellschafters

Rechtsgrundlagen: *§§ 230–237 HGB*
GmbHG

Horst GmbH & Still (= Innengesellschaft)	
Komplementär-GmbH (im Außenverhältnis) Die GmbH handelt nach außen.	**Stiller Gesellschafter** (im Innenverhältnis)
§§ 1 Abs. 1, 8 Abs. 1 KStG *i. V. m. § 15 Abs. 1 Nr. 2 EStG*	*§ 20 Abs. 1 Nr. 4 EStG* oder *§ 8 Abs. 2 KStG*

Der **atypische stille Gesellschafter**	Der **typische stille Gesellschafter** ist nur
• ist in der GmbH tätig und	Kapitalgeber.
• übernimmt Mitunternehmerrisiko.	Er hat einen Anspruch auf
	• Rückzahlung der Einlage und
	• Gewinnanteile.
■ GmbH und stiller Gesellschafter bilden eine Mitunternehmerschaft. ■ Gewinnanteile des stillen Gesellschafters sind gewerbliche Einkünfte i. S. d. *§ 15 Abs. 1 Nr. 2 EStG.* ■ Die GmbH-Anteile des stillen Gesellschafters sind dem Sonder-Betriebsvermögen II zuzurechnen.	■ Die GmbH-Anteile sind dem Privatvermögen des stillen Gesellschafters zuzurechnen. ■ Gewinnausschüttungen sind gem. *§ 20 Abs. 1 Nr. 4 EStG* Einkünfte aus Kapitalvermögen. ■ Ist ein stiller Gesellschafter Mitarbeiter der GmbH & Still, so ist sein Gehalt Einkunft aus nicht selbstständiger Arbeit i. S. d. *§ 19 Abs. 1 Nr. 1 EStG.*

Kennzeichen und Bedeutung

Die GmbH ist eine **Kapitalgesellschaft**. Der stille Gesellschafter beteiligt sich mit einer Vermögenseinlage an der GmbH, wobei die Handelsgesellschaft von einem anderen, d. h. nicht von dem stillen Gesellschafter, betrieben wird.

Die Aufnahme eines stillen Gesellschafters erfolgt meistens, um
■ die Kapitalausstattung der GmbH zu verbessern und/oder um
■ GmbH-Verluste auf die Gesellschafter steuerlich überzuführen, Einkünfte auf nahe Angehörige, *z. B. Kinder*, zu verlagern.

Gesellschaftsvertrag

Ein schriftlicher Gesellschaftsvertrag muss zwischen der GmbH und dem stillen Gesellschafter geschlossen werden. Dieser Vertrag verlangt keine notarielle Beurkundung; Ausnahme: Die Vermögenseinlage des Stillen besteht in Grundbesitz *(§ 311b BGB)* oder in GmbH-Anteilen *(§ 15 GmbHG)*.

Firma

Es gelten die Vorschriften für die GmbH; der stille Gesellschafter darf nicht in der Firmenbezeichnung erwähnt werden.

Vorteile

Der **stille Gesellschafter**, der am Verlust, an den stillen Reserven und am Firmenwert beteiligt wird, gilt als atypischer stiller Gesellschafter und damit als Mitunternehmer.
■ Hierdurch kommt es zu Ersparnissen bei der Gewerbesteuer, weil der Gewinnanteil des stillen Gesellschafters den Gewinn mindert. Der stille Gesellschafter wird – wie bei Personengesellschaften – mit einem eigenen Freibetrag versehen.
■ Eine GmbH kann den Finanzbedarf mit fremden Mitteln gut decken und gleichzeitig gute Erträge anbieten.

Steuerliche Behandlung

Wenn der Inhaber des Handelsgeschäftes eine GmbH ist, erzielt der an der GmbH atypisch beteiligte Gesellschafter gewerbliche Einkünfte, unabhängig davon, ob die Tätigkeit der GmbH und des atypisch still beteiligten Gesellschafters die Voraussetzungen eines Gewerbebetriebes nach *§ 15 Abs. 2 EStG* erfüllt *(BMF-Schr. vom 26. Nov. 1987 IV B2 S. 2241–61/87).*

5.8.4 Betriebsaufspaltung

Kennzeichen und Bedeutung

Bei einer **Betriebsaufspaltung** – auch Doppelgesellschaft genannt – werden die betrieblichen Funktionen **eines** Unternehmens in zwei rechtlich selbstständig und nebeneinander handelnde Einheiten aufgeteilt mit folgendem Ergebnis:
- Es bestehen **rechtlich zwei** Unternehmen: eine Personengesellschaft als Besitzunternehmen und eine Kapitalgesellschaft als Betriebsunternehmen.
- Es handelt sich **wirtschaftlich** um **ein** Unternehmen.

Beispiel:

Vorher: **ein** *Unternehmen*   *Kunz & Meier OHG*

Nachher: **zwei** *Unternehmen: Doppelgesellschaft*   *Kunz & Meier OHG*   +   *Kunz GmbH*

Besitz-   *Betriebs-*
unternehmen   *unternehmen*

Ein bisher in einer Rechtsform handelndes Unternehmen wird aufgespalten in zwei *rechtlich selbstständige Unternehmen:*

Bildung einer Besitzpersonen- und einer Betriebskapitalgesellschaft (echte Betriebsaufspaltung)

Die betrieblichen Risiken der Beschaffung, der Herstellung und des Vertriebes werden auf die Kapitalgesellschaft *(z. B. GmbH)* übertragen, hingegen die beweglichen und unbeweglichen Gegenstände des Anlagevermögens (*wesentliche Betriebsgrundlagen* wie Grundstücke, Maschinen, Fuhrpark) bleiben Vermögen der Besitzpersonengesellschaft (GbR, OHG, KG oder Einzelunternehmung). Die Besitzpersonengesellschaft hat nur die Anschaffung, Pflege, Unterhaltung und Nutzungsüberlassung der Anlagegüter zum Betriebszweck.

Voraussetzung für eine Betriebsaufspaltung ist eine sachliche und personelle Verflechtung der Unternehmen.

Steuerrechtlich müssen zwei Voraussetzungen für eine Betriebsaufspaltung erfüllt sein:
- sachliche Verflechtung: Überlassung mindestens **einer wesentlichen Betriebsgrundlage**,
- persönliche Verflechtung: Bestehen eines **einheitlichen geschäftlichen Betätigungswillens**.

Die steuerliche Rechtsfolge ist, dass die Besitzpersonengesellschaft Gewerbebetrieb bleibt.

Sachliche Verflechtung

Das Besitzunternehmen überlässt dem gewerblich tätigen Betriebsunternehmen
- bestimmte Wirtschaftsgüter zur Nutzung,
- auf schuldrechtlicher oder dinglicher Grundlage Vermögensgegenstände zur Nutzung,
- Vermögensgegenstände, die wesentliche Betriebsgrundlage für das Betriebsunternehmen sind.

> **Beispiele:**
> - *Ein Grundstück mit Gebäude ist voll auf die Bedürfnisse des Betriebsunternehmens herge-richtet und gestaltet.*
> - *Ein Grundstück dieser Art und/oder Lage ist für die Fortführung des Betriebsunternehmens notwendig.*

■ Das Besitzunternehmen vermietet oder verpachtet an das Betriebsunternehmen wesentliche Betriebsgrundlagen wie materielle Wirtschaftsgüter *(z. B. Fahrzeuge, Maschinen, Grundstücke, Gebäude)* und immaterielle Wirtschaftsgüter *(z. B. Lizenzen, Patente)*.
Eine unentgeltliche Nutzungsüberlassung ist möglich *(BFH-Urt. vom 24. April 1991)*.

Personelle Verflechtungen

Eine **personelle Verflechtung** liegt vor, wenn eine Person oder Personengruppe das Besitz- und das Betriebsunternehmen in der Weise beherrscht, dass sie in der Lage ist, in beiden Unternehmen einen einheitlichen Geschäfts- und Betätigungswillen durchzusetzen *(BFH, Urteil v. 01.07.2003, VIII R 24/01, BFH/NV 2003 S. 1266)*. Eine Person bzw. Personengruppe ist sowohl am Betriebs- als auch am Besitzunternehmen beteiligt und kann ihren Willen („einheitlichen geschäftlichen Betätigungswillen") durchsetzen.

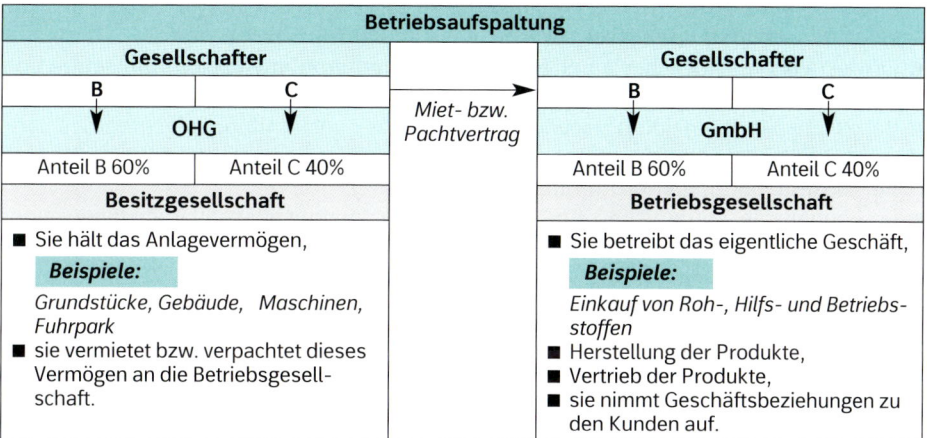

◼ Rechtsfolgen der Betriebsaufspaltung

■ Durch die Betriebsaufspaltung entstehen zwei zivil- und steuerrechtlich selbststän-dige gewerbliche Unternehmen, das Besitz- und das Betriebsunternehmen, die unabhängig voneinander bilanzieren.
■ Sind die sachlichen und personellen Voraussetzungen für eine Betriebsaufspaltung erfüllt, sind beide Unternehmen Gewerbebetriebe, die gewerbesteuerpflichtig sind.
■ Die Betriebs-Kapitalgesellschaft (i. d. R. eine GmbH) ist zivil- und steuerrechtlich ein eigenes Rechtssubjekt, das mit seinem Einkommen der Körperschaftsteuer unterliegt.
■ Die Verträge zwischen Besitz- und Betriebsunternehmen werden bei Einhaltung des Fremdvergleichsgrundsatzes steuerlich anerkannt.
■ Die Gesellschafter, die nur am Besitzunternehmen beteiligt sind, erzielen gewerbliche Einkünfte.
■ Die Anteile an der Betriebs-GmbH sind notwendiges Betriebsvermögen des Besitz-unternehmens.

Beispiel:

Das Besitzunternehmen vermietet Grundstück Langstr. an das Betriebsunternehmen und Grundstück Bruckstr. an eine dritte Person, so gilt: Weil die Vermietung an das Betriebsunternehmen als gewerblich anzusehen ist, muss auch die Vermietung an die dritte Person gewerblich sein.

- Bestimmte Wirtschaftsgüter, die Eigentum der Gesellschafter sind, sind nicht Privateigentum der Gesellschafter, sondern notwendiges Sonderbetriebsvermögen der Gesellschafter an dem Besitzunternehmen. Auch gilt somit Gewerbesteuerpflicht.
- Besitz- und Betriebsunternehmen sind **zwei selbstständige Unternehmen**, die unabhängig voneinander bilanzieren.

Ziele der Aufspaltung

- Die persönliche Haftung der Betriebs(kapital)gesellschaft wird beschränkt, um im Insolvenz- oder Haftungsfall nicht die Verfügungsbefugnis über die wichtigen Wirtschaftsgüter des Anlagevermögens, die regelmäßig in der Besitz(kapital)gesellschaft liegen, zu verlieren.
- Die Arbeitnehmermitbestimmung kann evtl. durch eine Betriebsaufspaltung vermieden werden wie z. B. die Gründung eines Betriebsrats gem. § 1 BetrVG und die eines Wirtschaftsausschusses nach §§ 106-110 BetrVG.
- Es besteht die Möglichkeit bei einem Familienunternehmen, eine familienfremde Person an der Geschäftsführung zu beteiligen.
- Bei Pflicht zur Bilanzierung sowie bei Publizitäts- und Prüfungspflichten des Jahresabschlusses können aufgrund der Größenkriterien gem. § 267 HGB durch eine Betriebsaufspaltung Erleichterungen eintreten.
- Es können die steuerlichen Vorteile einer Personengesellschaft mit denen einer Kapitalgesellschaft kombiniert werden.

Steuerliche Bedeutung

Besitz- und Betriebsunternehmen sind zivil- und steuerrechtlich selbstständige Unternehmen, die *unabhängig* voneinander eigene Bilanzen erstellen.

Die Betriebsaufspaltung macht nur Sinn, wenn mit *beständigen* Gewinnerwartungen für die Zukunft zu rechnen ist.

Besteuerung des Besitzunternehmens

- Das Besitzunternehmen erzielt nur Einnahmen aus Vermietung und Verpachtung für die Nutzungsüberlassung von Gegenständen des Anlagevermögens, die zum gewerblichen Betriebsvermögen des Besitzunternehmens gehören. Diese Erträge sind gewerbliche Einkünfte.
- Die Beteiligung an der Betriebsgesellschaft gehört zum Betriebsvermögen der Besitzpersonengesellschaft.
- Bei der Beteiligung einer Personengesellschaft an einer GmbH sind die Gewinnausschüttungen, die anzurechnende KSt Einkünfte aus Gewerbebetrieb *(§ 15 Abs. 1 S. 1 Nr. 2 i. V. m. § 20 Abs. 3 EStG)*, die den Gesellschaftern (Mitunternehmern) nach Maßgabe ihrer Beteiligung zugerechnet werden müssen.
Ausschüttungen/Zinszahlungen der Betriebskapitalgesellschaft an das Besitzunternehmen sind Einnahmen aus Gewerbebetrieb.

Besteuerung des Betriebsunternehmens

- Das regelmäßig in der Rechtsform einer Kapitalgesellschaft geführte Betriebsunternehmen ist körperschaftsteuerpflichtig.

- Die gezahlten Pachtzinsen an die Besitzgesellschaft sind Betriebsausgaben, wenn der Pachtvertrag zwischen Besitz- und Betriebsgesellschaft einen angemessenen Pachtzins, der auch zwischen Fremden üblich wäre, vorsieht. Überhöhte Pachtzinsen stellen in Höhe des unangemessenen Teils verdeckte Gewinnausschüttungen dar *(§ 8 Abs. 3 S. 2 KStG)*.
- Vergütungen an die Gesellschafter-Geschäftsführer der Betriebskapitalgesellschaft sind Betriebsausgaben. Der Gesellschafter-Geschäftsführer erzielt Einkünfte aus nichtselbstständiger Arbeit *(§ 19 EStG)*.
- Zuführungen zu Pensionsrückstellungen für Gesellschafter-Geschäftsführer sind unter bestimmten Voraussetzungen als Betriebsausgaben ansetzbar.

Bildung einer Produktionspersonen- und einer Vertriebskapitalgesellschaft (unechte Betriebsaufspaltung)

Die Aufspaltung eines Unternehmens führt dazu, dass die Produktionsstätte als ein Unternehmen *(z. B. als OHG, KG)* erhalten bleibt und daneben ein neues Unternehmen *(z. B. GmbH)* tritt, das nur den Vertrieb übernimmt. In der Regel übernimmt die Vertriebsgesellschaft die produzierten Waren zu festen **Verrechnungspreisen**.

Die Höhe der Verrechnungspreise bestimmt, in welchem Unternehmen die Gewinne erzielt werden sollen. Sind beispielsweise die Verrechnungspreise hoch, so werden die Gewinne in erster Linie bei der Personengesellschaft erzielt. Sind die Verrechnungspreise niedrig, entstehen die Gewinne in erster Linie bei der Kapitalgesellschaft.

Steuerliche Bedeutung

Die **Doppelgesellschaft** macht es möglich, dass die Gewinne und Verluste bezüglich ESt und KSt so zwischen den beiden Gesellschaften aufgeteilt werden, dass höchstmögliche Steuervorteile unter legaler Ausnutzung aller Steuerfreibeträge und Steuertarife von beiden Unternehmen ausgenutzt werden.

Die **Betriebsaufspaltung** hat als Instrument zur Optimierung der laufenden Steuerbelastung deutlich an Bedeutung verloren. Gegenüber der einfachen Kapitalgesellschaft lassen sich meist keine Steuervorteile mehr erzielen. Umso stärker wiegen die steuerlichen Unsicherheiten bei Betriebsaufspaltungssachverhalten.

5.9 Organisationsformen für freie Berufe

5.9.1 Organisationsform für steuerberatende Berufe

Steuerberater sind Angehörige eines „freien Berufs" und ein unabhängiges Organ der Steuerrechtspflege *(§ 1 Abs.1 BOStB)*. Steuerberater dürfen sich nach *§ 56 Abs. 1 StBerG* zur gemeinsamen Berufsausübung zusammenschließen

- mit anderen Steuerberatern und Steuerbevollmächtigten,
- mit Angehörigen der wirtschaftsprüfenden Berufe (WP, vBP),
- mit Angehörigen der rechtsberatenden Berufe (RA und Patentanwälte).

Unzulässig ist ein Zusammenschluss mit Gewerbetreibenden *(z. B. Unternehmensberatern, Versicherungs-, Bausparvertretern und -maklern, Datenverarbeitungsunternehmen)*.

Freiberuflich Tätige können heute zwischen folgenden Gesellschaftsformen wählen: GbR, OHG, KG, PG, PartG mbB, GmbH und AG.

Formen der Zusammenarbeit

Bürogemeinschaft (§ 56 Abs. 2 StBerG)

Mehrere Freiberufler schließen sich mit dem Ziel zusammen, aus Kosteneinsparungsgründen gemeinsam Büroräume und -einrichtungen zu nutzen.

Die Gründung einer Bürogemeinschaft ist der zuständigen Kammer anzuzeigen. Sie darf nicht auf Geschäftspapieren oder Praxisschildern ausgewiesen werden *(§§ 53 Abs. 2 BOStB, 56 Abs. 2 StBerG).*

Bürogemeinschaften sind reine Innengesellschaften. Nur bei gemeinsam vorzunehmenden Rechtsgeschäften *(z. B. Miet- und Pachtverträgen, Kaufverträgen)* werden sie zivilrechtlich Außengesellschaften.

Die einzelnen Mitglieder agieren bei einer Bürogemeinschaft bezüglich der Berufsausübung und der Mandatsbeziehungen völlig selbstständig. Steuerberater dürfen mit anderen Steuerberatern, Steuerbevollmächtigten, Wirtschaftsprüfern, vereidigten Buchprüfern, Mitgliedern einer Rechtsanwaltskammer und der Patentanwaltskammer, den in *§ 3 Nr. 2 und 3 StBerG* genannten Vereinigungen, Lohnsteuerhilfevereinen, Vereinen i. S. d. *§ 4 Nr. 8 StBerG* und Gesellschaften und Personenvereinigungen i. S. d. *§ 155 Abs. 1 StBerG* eine Bürogemeinschaft bilden

Kooperation (§ 56 Abs. 3 StBerG)

Kooperationen sind grenzüberschreitende Zusammenschlüsse mit ausländischen Berufsangehörigen, die ihre berufliche Niederlassung im Ausland haben. Sie sind zulässig, wenn diese im Ausland einen der in *§ 3 Nr. 1 StBerG* genannten Berufen in der Ausbildung und den Befugnissen vergleichbaren Beruf ausüben und die Voraussetzungen für die Berufsausübung den Anforderungen entspricht.

Sozietät (§ 56 Abs. 1 StBerG)

Sozietäten sind örtliche oder überörtliche Zusammenschlüsse von Freiberuflern unter gemeinsamem Namen mit gemeinsamem Personal, um gemeinsam Mandanten zu betreuen.

Eine Sozietät ist eine Gesellschaft bürgerlichen Rechts (GbR) mit dem Ziel, den Beruf gemeinschaftlich auszuüben. Die Vorteile einer Sozietät sind hauptsächlich gemeinschaftliche Berufsausübung, Rationalisierung, Spezialisierung, Vertretung bei Urlaub und Krankheit.

Die Bezeichnung der Sozietät kann aus den Namen der Sozien (= Gesellschafter) bestehen, aber auch aus einer Sach- oder Fantasiebezeichnung. Kurzbezeichnungen sind zulässig, *z. B. in Form einer reinen Personenfirma, einer gemischten Personen- und Sachfirma sowie einer reinen Sach- oder Fantasiebezeichnung.* Auch sind Buchstabenkürzel oder andere an den Namen der Sozietät angelehnte Kurzbezeichnungen erlaubt.

Auf den Geschäftspapieren einer Sozietät müssen alle Sozien mit Namen und Berufsbezeichnungen aufgeführt werden.

Bei gemischten Sozietäten haften Steuerberatersozien analog nach *§ 128 HGB* persönlich auch für Verbindlichkeiten der Sozietät aus berufsfremden Tätigkeiten, die Rechtsanwälten bzw. Wirtschaftsprüfern vorbehalten sind *(BGH 10.05.2012 – IX ZR 125/10).*

Ein Sozius haftet analog nach *§§ 128, 160 Abs. 1 HGB* bei Ausscheiden aus einer Sozietät bis zu fünf Jahre nach dem Ausscheiden für die bis dahin begründeten Verbindlichkeiten der Sozietät.

Der Zusammenschluss zu einer Sozietät hat regelmäßig die Bildung von Gemeinschaftsvermögen zur Folge *(§ 718 BGB)*; dieses steht den Gesellschaftern zur gesamten Hand zu

(*§ 719 BGB*). Es besteht u. a. aus dem von den Gesellschaftern in die Sozietät eingebrachten Praxisvermögen, aus dem eingelegten Barvermögen und aus den Einnahmen aus der Berufstätigkeit.

Die gemeinschaftliche Verpflichtung aller Sozien bedeuten u. a., dass grundsätzlich alle Sozien den Mandanten persönlich mit ihrem Privatvermögen auf Schadensersatz haften, auch wenn der Schaden nur von einem - dem mit der Sache befassten - Sozius verschuldet wurde. Die persönliche Haftung der Gesellschafter kann nur durch eine entsprechende individualvertragliche Vereinbarung mit den jeweiligen Vertragspartnern ausgeschlossen werden.

Steuerberatungsgesellschaft *§ 24 BOStB, § 49 ff. StBerG*

Steuerberatungsgesellschaften können von Steuerberatern zur geschäftsmäßigen Hilfeleistung in Steuersachen gegründet werden.

Nach *§ 49 StBerG* können Steuerberatungsgesellschaften in der Rechtsform der GmbH, UG, AG, KGaA, KG, OHG und PartG gegründet werden wenn

- bei der zuständigen Steuerberaterkammer (= Kammer, in deren Bezirk der Gesellschaftssitz liegt), bei der Antrag auf Anerkennung als Steuerberatungsgesellschaft gestellt wurde *(§ 40 DVStB)* und die Kammer eine Anerkennungsurkunde ausgestellt hat. (Für die Anerkennung werden insbesondere der zulässige Kreis der Gesellschafter, die Geschäftsführung, die gesetzliche Vertretung, die Einzahlung des Mindestkapitals und der Abschluss der Berufshaftpflichtversicherung geprüft),
- die Mitglieder des Vorstandes, die Geschäftsführer oder die persönlich haftenden Gesellschafter Steuerberater sind,
- die Bezeichnung "Steuerberatungsgesellschaft" in die Firma oder den Namen aufgenommen wird (ausgenommen Partnerschaftsgesellschaft).

Aufgrund der Haftungsbegrenzung durch die Rechtsform einer Kapitalgesellschaft, wie *z. B. einer GmbH,* geht das Freiberufler-Privileg verloren.

Kapitalgesellschaften sind
- grundsätzlich Gewerbebetriebe und daher gewerbesteuerpflichtig[1],
- zur doppelten Buchführung und der Vorlage von Bilanzen verpflichtet und müssen ein Mindestkapital einbringen.

5.9.2 Partnerschaftsgesellschaft

Natürliche Personen, die einem Beruf nach *§ 50 Abs. 2 StBerG* angehören, können als Steuerberatungsgesellschaft die Partnerschaftsgesellschaft wählen *(§ 49 StBerG).*
Rechtsgrundlagen: *Gesetz über Partnerschaftsgesellschaften Angehöriger Freier Berufe (PartGG)*
§§ 105–160 HGB
§§ 705–740 BGB

Kennzeichen und Bedeutung

> Die **Partnerschaftsgesellschaft** (PG) ist eine Personengesellschaft, in der sich zwei oder mehrere natürliche Personen in der Eigenschaft als Angehörige Freier Berufe i. S. d. *§ 1 Abs. 2 PartGG, wie z. B. Rechtsanwälte, Wirtschaftsprüfer, Steuerberater, Ärzte, Architekten,* auf den Grundlagen des BGB zur Ausübung ihrer Berufe zusammenschließen.

[1] Vgl. *BFH vom 03.12. 2003 IV B 192/03 BStBl II 2004, 303.*

Die PG übt ausschließlich eine freiberufliche Berufstätigkeit aus, sie übt **kein** Handelsgewerbe aus *(§ 1 PartGG)*.

- *Freiberufler können sich zwar zu einer OHG zusammenschließen, aber diese ist als Kaufmann
  mit den Wesensmerkmalen des Freien Berufes nicht vereinbar.*
- *Häufig schließen sich Freiberufler zu einer GbR zusammen; diese ist aber in ihrer Struktur rechtlich wenig verfestigt und normalerweise nicht auf Dauer angelegt.*

■ Gründung

Angehörige der Freien Berufe schließen einen schriftlichen **Partnerschaftsvertrag** ab
(Schriftform), in dem Name und der Sitz der Partnerschaft, Namen und Vornamen der
Partner sowie der in der Partnerschaft ausgeübte Beruf und der Wohnort jedes Partners sowie der Gegenstand der Partnerschaft aufgeführt werden.

Die PG wird im Verhältnis zu Dritten mit ihrer Eintragung in das beim Amtsgericht geführte
Partnerschaftsregister wirksam. In der Anmeldung müssen die einzelnen Partner die
Zugehörigkeit zu dem Freien Beruf, den sie in der Partnerschaft ausüben, nachweisen
(§§ 1, 4 Abs. 2, 7 PartGG).
Die Partner erbringen ihre beruflichen Leistungen unter Beachtung des für sie geltenden
Berufsrechts; im Übrigen richtet sich das Rechtsverhältnis der Partner untereinander nach
dem Partnerschaftsvertrag. Fehlen hierüber Vereinbarungen, so gelten die gesetzlichen Regelungen für die Gesellschafter der OHG *(§§ 6 PartGG, 110–116 Abs. 2 HGB, 117–119 HGB)*.

Partnerschaftsregister

Die Anmeldung der Partnerschaft muss in notariell beglaubigter Form beim zuständigen Registergericht eingereicht werden.[1]
Die Höhe der Kosten richtet sich nach der Anzahl der Gesellschafter und der Veröffentlichungsgebühr.
Einzutragen sind Name, Sitz und Gegenstand der Partnerschaft, Name, Anschrift und
Berufsbezeichnung aller beteiligten Partner sowie die vereinbarten Vertretungsbefugnisse. Weiterhin müssen auch Eröffnung, Einstellung oder Aufhebung eventueller Insolvenzverfahren sowie Auflösungen von Partnerschaften aktenkundig gemacht werden.

■ Rechtsverhältnis

Die PG ist
- namensrechtsfähig,
- weitgehend rechtsfähig, d. h., sie kann Eigentum erwerben, klagen und verklagt werden, Verbindlichkeiten eingehen[2],
- **keine** Handelsgesellschaft i. S. d. *HGB,*
- zwar namensrechtsfähig, führt aber **keine** Firma,
- **deliktsfähig** *(§ 31 BGB),*
- **insolvenzfähig** *(§ 11 InsO),*
- **grundbuchfähig**, d. h., sie kann unter ihrem Namen Eigentum an Grundstücken erwerben,
- **nicht** buchführungspflichtig nach *HGB.*

■ Name der Partnerschaft

Die PG führt **keine Firma**, sondern **einen Namen**. Der Name der PG muss enthalten:
- den Nachnamen mindestens eines Partners,

---

[1] Siehe Partnerschaftsregisterverordnung (*PRV*).
[2] *§ 7 Abs. 2 u. 3 PartGG i. V. m. § 124 Abs. 1 HGB*

- den Zusatz *„und Partner"* oder *„Partnerschaft"* und
- die Berufsbezeichnung aller in der PG vertretenen Berufe *(§ 2 PartGG).*

Beispiel:

Susi Steuer & Partner, Steuerberatung

Für die Angaben auf den Geschäftsbriefen der PG ist *§ 125a Abs. 1 S. 1 und Abs. 2 HGB* entsprechend anzuwenden *(§ 7 Abs. 4 PartG).*

Der Partnerschaftsname darf bei Tod und Ausscheiden eines Partners fortgeführt werden. Ein Namensschutz für die PG gilt analog dem Firmenschutz *(§ 2 Abs. 2 PartGG i. V. m. § 37 HGB).*

Kapital

Es wird **keine Mindesteinlage** und kein Mindestkapital gefordert. Die Partnerschaft ist Trägerin des Gesellschaftsvermögens.

Geschäftsführung und Vertretung

Jeder Partner ist im Rahmen seiner berufsrechtlichen Möglichkeiten zur Geschäftsführung berechtigt und kann die PG allein vertreten. Im Übrigen gelten die Vorschriften der OHG *(§§ 124, 125 Abs. 1–2 u. 4, 126, 127 HGB i. V. m. § 7 PartGG).* Jeder Partner handelt bei der Erbringung der beruflichen Leistung eigenverantwortlich und unabhängig.

Haftung der Partner

Verträge werden im Namen der Partnerschaft, nicht der einzelnen Partner abgeschlossen.
- Haftung für Verbindlichkeiten der Partnerschaft *(§ 8 Abs. 1 PartGG)*
  Es haften alle Partner der PG als Gesamtschuldner mit ihren Privatvermögen und das Gesellschaftsvermögen.
- Haftung für Schadensersatzansprüche aus beruflichen Fehlern *(§ 8 Abs. 2 PartGG).*
  Für berufliche Fehler *(z. B. Beratungsfehler)* haftet/haften nur der/die Partner, der/die den Auftrag bearbeitet hat/haben *(Handelndenhaftung).*
  In einem Team von Spezialisten haftet jeder Partner mit, d. h., er haftet auch für Fehler, auf die er keinen Einfluss nehmen kann.

Sollte das Privatvermögen des handelnden Partners zu gering sein und/oder seine Berufshaftpflichtversicherung nicht ausreichen, müssen Verbindlichkeiten gegenüber Gläubigern aus dem Gesellschaftskapital bestritten werden. Ein späterer Ausgleich für Minderungen oder Aufzehrungen des Gesellschaftskapitals lässt sich allenfalls im Innenverhältnis vertraglich regeln.

Später eintretende Gesellschafter haften für bestehende Verbindlichkeiten *(§ 8 Abs. 1 S. 2 PartGG i. V. m. § 130 HGB).*

Betriebsvermögen

Betriebsvermögen der PG ist das den Partnern zur gesamten Hand *(§ 719 BGB)* zustehende gemeinsame Vermögen (Gesamthandvermögen, vgl. OHG).
Wie bei der Mitunternehmerschaft sind als Sonderbetriebsvermögen Wirtschaftsgüter zu erfassen, die den einzelnen Partnern gehören und dem Betrieb der Partnerschaft dienen.

Gewinn und Verlust

Im Partnerschaftsvertrag sollte geregelt werden,
- wie der Gewinn/Verlust zu ermitteln ist *(§ 4 Abs. 3 EStG oder § 4 Abs. 1 EStG),*
- wie der Gewinn/Verlust zu verteilen ist.

5

Bei fehlenden vertraglichen Regelungen gelten für die Gewinn- und Verlustverteilung die gesetzlichen Regeln für die GbR *(§ 722 BGB)*.

◼ Ausscheiden eines Partners/Auflösung der Partnerschaft

- Für das Ausscheiden eines Partners sind die *§§ 131–144 HGB* entsprechend anzuwenden.
- Tod, Kündigung, Insolvenz eines Partners bewirken nur das Ausscheiden dieses Partners.
- Verliert ein Partner die Zulassung zu dem Freien Beruf, so muss er aus der Partnerschaft ausscheiden.
- Die Beteiligung an einer PG ist nicht vererblich, es sei denn, die Erben sind Angehörige des Freien Berufes *(§ 9 PartGG)*.

Möglich ist bei der PG die Eröffnung eines Insolvenzverfahrens über das Vermögen der PG, wenn
- die PG zahlungsunfähig ist,
- der PG Zahlungsunfähigkeit droht,
- die PG überschuldet ist.

Liquidationsablauf und Haftungsverhältnisse nach Ausscheiden aus der PG bestimmen sich nach den Vorschriften des *HGB* zur OHG.

◼ Steuerliche Behandlung der Partnerschaft

1. Einkommensteuer

Die PG ist selbstständiges Steuersubjekt für die Feststellung des Unternehmensgewinnes und der Einkunftsart nach dem Einkommensteuerrecht. Es gelten die einkommensteuerlichen Vorschriften wie bei der OHG mit folgenden Unterschieden:

- Die einzelnen Partner erzielen **Einkünfte aus selbstständiger Arbeit** *(§ 18 Abs. 1 Nr. 1 EStG i. V. m. § 15 Abs. 4 EStG),* wenn sie aufgrund eigener Fachkenntnisse leitend und eigenverantwortlich tätig sind *(§ 18 Abs. 1 Nr. 1 S. 3 EStG)*. Mitunternehmerschaft liegt vor, wenn alle Partner die jeweilige freiberufliche Tätigkeit höchstpersönlich ausüben.
- Sind allerdings berufsfremde Personen an der PG beteiligt und/oder sehr viele Mitarbeiter bei einem Zusammenschluss von Freiberuflern *(z. B. Zusammenschluss von Laborärzten)* angestellt, so ist der gesamte Gewinn als Einkunft aus Gewerbebetrieb zu behandeln.
- Ist ein Partner einer PG neben der freiberuflichen Tätigkeit auch gleichzeitig gewerblich tätig, ist zu prüfen, ob nicht die gesamte Tätigkeit als gewerbliche Tätigkeit der PG anzusehen ist. Eine freiberufliche Tätigkeit ist weiterhin zu unterstellen, wenn der Partner die gewerbliche Tätigkeit gesondert als eigene berufliche Tätigkeit auf eigene Rechnung durchführt.
- Der Gewinn aus freiberuflicher Tätigkeit kann nach *§ 4 Abs. 3 (Einnahme-Überschuss-Rechnung)* oder *§ 4 Abs. 1 EStG (Betriebsvermögensvergleich)* ermittelt werden. Die Grenzen des *§ 141 AO* finden keine Anwendung. Die Aufzeichnungspflichten nach dem Anwendungserlass zu *§ 140 AO* sind zu beachten.

2. Gewerbesteuer

Die PG ist im Regelfall weder Gewerbebetrieb i. S. d. *HGB* noch i. S. d. *GewStG*. Es besteht keine Gewerbesteuerpflicht. Allerdings gilt bei geringster gewerblicher Tätigkeit die sog. „Abfärbewirkung", d. h., sämtliche Gesellschaftsgewinne sind gewerbesteuerpflichtig.

3. Bewertungsrecht/Umsatzsteuer/Grunderwerbsteuer

Die Besteuerung der PG richtet sich nach den Grundsätzen zur Besteuerung der OHG.

> **Die PG ...**
>
> - kann nur von natürlichen Personen gegründet werden, die einen Freien Beruf ausüben,
> - wird in das beim Amtsgericht geführte Partnerschaftsregister eingetragen,
> - tritt nach außen unter dem Nachnamen eines Partners mit dem Zusatz *„und Partner"* bzw. *„Partnerschaft"* auf.
> - Es gelten Einzelgeschäftsführung und Einzelvertretung.
> - Für die Verbindlichkeiten der PG haften neben dem Gesellschaftsvermögen die Partner persönlich und gesamtschuldnerisch, soweit keine andere vertragliche Regelung vorliegt.

Vorteile	Nachteile
- einfache Vertragsgestaltung - keine Gewerbesteuer - Gewinn kann nach *§ 4 Abs. 3 EStG* ermittelt werden - Umsatzsteuer nach vereinbarten Entgelten - geschützter Name durch Registereintragung - Freistellung von der persönlichen Haftung für Arbeitsfelder, für die andere Partner verantwortlich sind, ist möglich	- Notar-, Gerichtskosten für Eintragung und Änderungen - relativ wenig bekannte und akzeptierte Unternehmensform

Übungsaufgaben

1. Für welche Berufsgruppen ist die PG zulässig?
2. Wer kann Partner einer PG werden?
3. Unter welchem Namen tritt die PG im Rechtsverkehr auf?
4. Wie haften
   a) die Gesellschaft,
   b) die Partner?
5. Beschreiben Sie die rechtliche Stellung der PG.
6. Welche Beschränkungen der Partnerschaft sind vertraglich möglich?
7. Wer führt die Geschäfte der PG und wer vertritt die PG?
8. Die StB. Karl Genau, Fritz Findig, Hilda Himmel und Dr. Petra Pingelig haben bis zum 31. Dez. eine PG unter dem Namen *„Karl Genau und Partner"* betrieben. Karl Genau verstirbt am 4. Jan. des nächsten Jahres. Fritz Findig scheidet aus Altersgründen aus der Kanzlei aus. Hilda Himmel verliert zum 1. Jan. ihre Zulassung zum Freien Beruf und Martin Mund möchte als neuer Partner aufgenommen werden.
   a) Prüfen Sie, ob die PG fortgeführt werden kann.
   b) Unter welchem Namen könnte eventuell die zukünftige PG nach außen auftreten?
9. Frau Gerecht, Herr Richtig und Frau Buch sind als Wirtschaftsprüfer Partner der PG *„Gerecht und Partner"*. Die PG verliert einen Schadensersatzprozess wegen fehlerhafter Berufsausübung von Frau Gerecht gegen einen Mandanten und muss 4 000 000,00 € Schadensersatz zahlen. Die Berufshaftpflichtversicherung übernimmt laut Mitteilung vertragsgemäß 1 800 000,00 € dieses Schadens.
   a) Wer haftet für den Restbetrag, wenn keine gesonderten vertraglichen Vereinbarungen getroffen worden sind?
   b) Welche vertraglichen Regelungen hätten die Partner treffen können?

5

5.9.3 Partnerschaftsgesellschaft mit beschränkter Berufshaftung

Rechtsgrundlagen: Partnerschaftsgesellschaftsgesetz *(PartGG)*

■ Gründung

Die Partnerschaftsgesellschaft mit beschränkter Berufshaftung[1] ist eine Personengesellschaft für freie Berufe wie *z. B. für Steuerberater, Wirtschaftsprüfer, Rechtsanwälte und Patentanwälte.*

Die PartmbB entsteht mit Abschluss des Partnerschaftsvertrages. Gegenüber Dritten wird die PartmbB nach *§ 7 Abs. 1 PartGG* erst mit Eintragung in das Partnerschaftsregister (Voraussetzung ist der Nachweis durch eine Versicherungsbescheinigung nach *§ 113 Abs. 2 VVG i. V. m. § 4 Abs. 3 PartGG)* wirksam.

■ Rechtsverhältnis

Die PartG mbB ist
- **namensrechtsfähig** (keine Firma!),
- **rechtsfähig,** d. h., sie hat eine eigene Rechtspersönlichkeit,
- **klageberechtigt und verklagbar,**
- **deliktsfähig** *(§ 31 BGB),*
- **insolvenzfähig** *(§ 11 InsO),*
- **grundbuchfähig,** d.h., sie kann unter ihrem Namen Eigentum an Grundstücken erwerben,
- **keine Handelsgesellschaft** i. S. d. HGB.

■ Berufshaftpflichtversicherung

Je Partner muss entsprechend den Berufsgesetzen[2] eine Berufshaftpflichtversicherung von der PartG mbB abgeschlossen und nachgewiesen werden gegenüber
- der zuständigen Berufskammer und
- dem Partnerschaftsregister *(§ 4 Abs. 3 PartGG).*

■ Name der Partnerschaft

Die PartG mbB führt **keine Firma**, sondern **einen Namen**. Der Name der PartG mbB muss enthalten:
Name von mindestens einem Partner
+ Zusatz „und Partner" oder „Partnerschaft"
+ Berufsbezeichnungen aller Partner der Partnerschaft
+ Zusatz „mit beschränkter Berufshaftung" (mbB, *§ 2 PartGG)*

Beispiel:

Susi Steuer Part mbB

Für die Angaben auf den Geschäftsbriefen der Partnerschaftsgesellschaft ist *§ 125a Abs. 1 S. 1 und Abs. 2 HGB* entsprechend anzuwenden *(§ 7 Abs. 4 PartGG).*

---

[1] Mustervertrag auf der Internetseite der Wirtschaftsprüferkammer: Vgl. www.wpk.de/neu-aufwpkde/alle/2014/sv/mustervertrag-zur-errichtung-einer-partgmbb.
[2] Vgl. für RA *§ 51a Abs. 2 S. 1 BRAO,* für WP *§ 54 Abs. 1 WPO,* für StB *§ 67 StBerG, § 52 DVStB.* Die Mindestversicherungssumme vervielfacht sich entsprechend der Anzahl der Partner. Bei fehlender Versicherung entfällt die Haftungsbeschränkung; es gilt *§ 8 Abs. 2 PartGG.*

Kapital

Es wird keine Mindesteinlage und kein Mindestkapital gefordert. Die Partnerschaft ist Trägerin des Gesellschaftsvermögens.

Geschäftsführung und Vertretung

Die Partner einer PartG mbB sind selbst mit der Geschäftsführung betraut.

Geschäftsbriefe

Für die Angabe auf Geschäftsbriefen der PartG mbB ist *§ 125a Abs. 1 S. 1, Abs. 2 HGB* entsprechend anzuwenden, d. h., die Haftungsbeschränkung muss auf Geschäftspapieren angegeben werden.

Haftung der Partner

Voraussetzung für die Haftungsbeschränkung auf das Gesellschaftsvermögen ist der Abschluss einer Berufshaftpflichtversicherung entsprechend den Berufsgesetzen je Partner.

In einer PartG mbB

- ist die Haftung nur für Verbindlichkeiten aus Schäden „wegen fehlerhafter Berufsausübung" und auf Schadensfälle aus „Aufträgen der PartG mbB" auf das Gesellschaftsvermögen beschränkt, d. h., die **Handelndenhaftung** wird ausgeschlossen, wenn die durch Gesetz vorgegebene Berufshaftpflichtversicherung entsprechend den Berufsgesetzen nachgewiesen werden kann. Diese soll die fehlende persönliche Haftung im Interesse der Gläubiger ausgleichen.
- ist die Haftung für alle anderen Verbindlichkeiten, *z. B. aus Miet-, Pacht-, Leasing-, Arbeitsverträgen, unerlaubter Handlung*, eine gesamtschuldnerische Haftung, d. h., es haften
  - die Partner persönlich und gesamtschuldnerisch,
  - die Partnerschaftsgesellschaft.

Deliktische Ansprüche gegen einzelne Partner unterliegen nicht der Haftungsbeschränkung. Übersteigt die Höhe des Schadensersatzanspruchs die vorgeschriebene Mindestversicherungssumme für die PartG mbB, so lebt nicht die persönliche Haftung des Partners wieder auf. Allerdings ist zu prüfen, ob u. U. die persönliche Inanspruchnahme der Partner nach allgemeinem Deliktsrecht greift.

Gewinn und Verlust

Im Partnerschaftsvertrag sollte geregelt werden,

- wie der Gewinn/Verlust zu ermitteln ist (*§ 4 Abs. 3 EStG oder § 4 Abs. 1 EStG*),
- wie der Gewinn/Verlust zu verteilen ist.

Handelsgesellschaft

Die PartG mbB ist **keine** Handelsgesellschaft. Es besteht keine Bilanzierungspflicht. Die **„Freiberufler"-GmbH/AG** muss als Handelsgesellschaft (*§ 6 Abs. 1 HGB*) Handelsbücher führen (*§ 238 HGB*), jährlich einen Abschluss mit Bilanz sowie Gewinn- und Verlustrechnung aufstellen (*§§ 242, 266, 275 HGB*) und ihn, wenn sie nicht als „kleine" Kapitalgesellschaft gilt (*§ 267 HGB*), prüfen lassen (*§ 316 HGB*).

5

▮ Gewerbesteuer

Die PartG mbB ist weder körperschafts- noch gewerbesteuerpflichtig.

Eine **„Freiberufler"-GmbH/AG** ist allein wegen ihrer Rechtsform gewerbesteuerpflichtig *(§ 8 Abs. 2 KStG, § 2 Abs. 2 S. 1 GewStG).*

Übungsaufgabe

1. Die Steuerberaterinnen „Fleißig und Gut" möchten sich zu einer Gesellschaft zusammenschließen. Sie bitten Sie deshalb, die Gesellschaftsformen der GbR, der GmbH und der PartG mbB hinsichtlich der Gewinnermittlung, Buchführungspflicht, Besteuerung und Haftung gegenüberzustellen.

5.10 Gesamtbetrachtung der Unternehmensformen

Allgemeine Unterschiede		
	Einzelunternehmen, Personengesellschaften	**Kapitalgesellschaften**
Rechts-persönlichkeit	Keine juristische Person Personengesellschaften haben **keine** eigene Rechtspersönlichkeit, d. h., jeder voll haftende Gesellschafter muss gesamtschuldnerisch für die Gesellschaft einstehen.	Juristische Person Kapitalgesellschaften haben **eine** eigene Rechtspersönlichkeit, d. h., sie können als juristische Person klagen und verklagt werden.
Unternehmer	▪ Persönlichkeit des/der Unternehmer steht im Vordergrund, ▪ die Leitung des Unternehmens ist zugleich Kapitalgeber.	▪ Das Unternehmen wird von einer Unternehmensleitung geführt, die weitgehend freie Hand hat, ▪ Trennung von Leitungs- und Kapitalfunktion.
Vermögen des Unternehmens	Gesamthandsvermögen der Gesellschafter	Vermögen der juristischen Person Die Gesellschafter von Kapitalgesellschaften haften nicht mit dem Privatvermögen.
Haftungskapital	Vermögen der Gesellschaft + Privatvermögen der vollhaftenden Gesellschafter + nur bei KG: Privatvermögen der teilhaftenden Gesellschafter bis zur Höhe der im Handelsregister eingetragenen, aber noch nicht geleisteten Einlage	Das Vermögen der Kapitalgesellschaft, der Kapitalgeber haftet nur mit seiner Einlage.
Gesellschafter aus steuerlicher Sicht	Jeder Gesellschafter – auch der Kommanditist – gilt als Mitunternehmer *(§ 15 Abs. 1 S. 1 Nr. 2 EStG).*	Jeder Gesellschafter – auch der beherrschende Gesellschafter – gilt als Kapitalgeber *(§ 20 Abs. 1 Nr. 1 EStG).*
Besteuerung des Gewinns	▪ Der Gewinnanteil des Gesellschafters unterliegt beim Gesellschafter der Einkommensteuer. ▪ Die Personengesellschaft selbst unterliegt nicht der Einkommensteuer.	Der Gewinn unterliegt ▪ der Körperschaftsteuer bei der Kapitalgesellschaft und ▪ bei der Ausschüttung der Einkommensteuer beim Gesellschafter (natürliche Person).

5

In Deutschland gibt es keine einheitliche Unternehmensbesteuerung.

Aufgrund

- unterschiedlicher Steuerarten und unterschiedlicher Bemessungsgrundlagen *(z. B. zu versteuerndes Einkommen laut EStG, Gewerbeertrag laut GewStG),*
- unterschiedlicher Berücksichtigung von Freibeträgen *(z. B. bei der Gewerbesteuer),*
- abweichender Spitzensteuersätze bei der *ESt* und der *KSt*

kommt es bei den einzelnen Rechtsformen zu einer unterschiedlichen Besteuerung.

Steuerliche Unterschiede zwischen Personen- und Kapitalgesellschaften		
	Einzelunternehmen (EU) **Personengesellschaften (P)**	**Kapitalgesellschaften**
Ertragsteuern	■ Gewinne/Verluste unterliegen beim **Unternehmer**/beim **Mitunternehmer**. Gewinne werden dem Unternehmer/ Gesellschafter zugeordnet und unterliegen als Einkünfte aus Gewerbebetrieb der Einkommensteuer bei gewerblichen Unternehmen. ■ progressiver ansteigender Steuersatz von 15 % bis 45 % je nach Höhe des zu versteuernden Einkommens ■ Grundfreibetrag bei der ESt ■ Vergütungen aus Verträgen zwischen Gesellschafter und Gesellschaft wie *z. B. Unternehmerlohn, Darlehenszinsen* können **nicht** als Betriebsausgaben gebucht werden. ■ Erzielt eine EU oder P Verluste, so können die Verlustanteile der einzelnen Gesellschafter mit den positiven anderen Einkünften im Rahmen der einheitlichen Gewinnfeststellung ausgeglichen werden (Verlustausgleich). Dies gilt nicht für Kommanditisten und stille Gesellschafter *(§ 15a EStG)*. ■ Gewinn/Verlust kann durch Einnahme-Überschussrechnung bzw. Betriebsvermögensvergleich ermittelt werden. ■ Refinanzierungszinsen im Zusammenhang mit dem Erwerb von EU oder P sind voll abzugsfähig.	■ Gewinne/Verluste werden auf der **Unternehmensebene** der Körperschaftsteuer unterworfen. Steuersatz: 15 % ■ Erst nach Gewinnausschüttung sind die Gewinnanteile als Einkünfte aus Kapitalvermögen beim Gesellschafter einkommensteuerpflichtig (Abgeltungsteuer). ■ proportionale KSt-Belastung ■ kein Grundfreibetrag bei der KSt ■ Vergütungen aus Verträgen zwischen Gesellschafter und Gesellschaft mindern als Betriebsausgaben die Bemessungsgrundlage für KSt und GewSt. Diese Vergütungen sind beim Gesellschafter einkommensteuerpflichtig. ■ Verluste können nicht auf die Gesellschafter übertragen werden. ■ Gewinn/Verlust muss durch Betriebsvermögensvergleich festgestellt werden. ■ Möglichkeit der Bildung von Pensionsrückstellungen für Gesellschafter-Geschäftsführer. ■ Bei **Kapitalgesellschaften** werden die Gehälter der das Unternehmen leitenden Personen *(z. B. Geschäftsführer, Vorstand)* als Betriebsausgabe gewinnmindernd gebucht. Dies führt insbesondere bei der GewSt zu einer unterschiedlichen Behandlung, weil der Gewinn Grundlage für die Ermittlung des Gewerbeertrages laut *GewStG* ist.

5

Steuerliche Unterschiede zwischen Personen- und Kapitalgesellschaften		
	Einzelunternehmen (EU) Personengesellschaften (P)	**Kapitalgesellschaften**
Ertragsteuern	■ Nicht entnommene Gewinne werden **auf Antrag nicht** mit dem persönlichen Steuersatz des Gesellschafters, sondern mit einem ermäßigten Steuersatz von 28,25 % zzgl. SolZ und KiSt versteuert. Für einen Mitunternehmer ist Voraussetzung für die Steuerermäßigung, dass er zu mehr als 10 v. H. am Gewinn der P beteiligt ist oder sein Gewinnanteil mehr als 10 000,00 € beträgt. ■ Alle Vergütungen der Unternehmung an die Mitunternehmer in Form von Tätigkeits- oder Sondervergütungen sind steuerlich als vorweggenommene Gewinne zu behandeln und führen bei den Gesellschaftern der OHG und KG als Sonderbetriebseinnahmen zu Einkünften aus Gewerbebetrieb, bei der Partnerschaftsgesellschaft zu Einkünften aus selbstständiger Tätigkeit *(§ 15 Abs. 1 EStG)*.	
Grunderwerbsteuer	■ Die Einbringung eines Grundstücks in das Betriebsvermögen ist bei EU grunderwerbsteuerfrei, bei P anteilig verringert.	■ Bei Kapitalgesellschaften ist bei Einbringung eines Grundstückes die volle GrESt zu zahlen *(§§ 5, 6 GrEStG)*.
Gewerbesteuer	■ Steuermesszahl 3,5 % ■ Freibetrag 24 500,00 € ■ Anrechnung in Höhe des 3,8-fachen Gewerbesteuermessbetrages auf die ESt ■ GewSt ist keine Betriebsausgabe für den einkommensteuerlichen Gewinn. ■ keine Gewerbesteuerrückstellung in der Steuerbilanz ■ Gewerbesteuerrückstellung in der Handelsbilanz	■ Steuermesszahl 3,5 % ■ kein Freibetrag ■ keine Anrechnung auf KSt ■ GewSt ist keine Betriebsausgabe. ■ Gewerbesteuerrückstellung in der Handelsbilanz

5

Übersicht				
	Einzelunternehmung	**GbR**	**OHG**	**KG**
Rechtsgrundlagen	*§§ 1 ff. HGB*	*§§ 705–740 BGB*	*§§ 105–160 HGB*	*§§ 161–177 HGB*
Eigentümer	Inhaber	Gesellschafter	Gesellschafter	Komplementär (Vollh.) Kommanditist (Teilh.)
Merkmale	– Istkaufmann – Kannkaufmann – Kein Kaufmann	– Personengesellschaft nach BGB, – beliebiger Zweck	– Personengesellschaft, – Betrieb eines Handelsgewerbes	– Personengesellschaft, – Betrieb eines Handelsgewerbes
Gründung	formfrei, geringe Gründungskosten, 1 natürliche Person, Entstehung mit Aufnahme der werbenden Tätigkeit	formfreier Gesellschaftsvertrag, zwei oder mehr Personen	formfreier Vertrag von mind. zwei Personen, Entstehung mit Beginn der Geschäftstätigkeit, spätestens ab Eintragung ins HR	formfreier Vertrag von mind. zwei Personen; Entstehung mit Aufnahme der Geschäftstätigkeit, spätestens ab Eintragung ins HR
Mindestkapital	Keine Vorschriften	Keine Vorschriften	Keine Vorschriften	Keine Vorschriften
Firma	Personen-, Sach- oder Fantasiebezeichnung + Zusatz e. K./e.Kffr./ e. Kfm.	Keine Firma, Name + Zusatz GbR + evtl. Bezeichnung	Personen-, Sach- oder Fantasiebezeichnung + Zusatz OHG	Personen-, Sach- oder Fantasiebezeichnung + Zusatz KG
Gesetzliche Regelung der Geschäftsführung (betrifft das Innenverhältnis und kann vertraglich geändert werden)	Der Inhaber ist zur Geschäftsführung berechtigt und verpflichtet.	– alle Gesellschafter gemeinschaftlich, – Widerspruchsrecht des einzelnen Gesellschafters	– jeder Gesellschafter alleine (Einzelgeschäftsführungsbefugnis, kann aber durch Vertrag geändert werden, dispositives Recht), – Widerspruchsrecht des einzelnen Gesellschafters, – bei außergewöhnlichen Geschäften: Zustimmung aller Gesellschafter	– jeder Komplementär alleine (Einzelgeschäftsführungsbefugnis) – Widerspruchsrecht des einzelnen Komplementärs – bei außergewöhnlichen Geschäften: Zustimmung aller Gesellschafter, Kontrollrecht des Kommanditisten
Vertretungsbefugnis (betrifft das Außenverhältnis und ist vertraglich änderbar, in diesem Fall eintragungspflichtig)	Der Inhaber ist zur Vertretung berechtigt und verpflichtet.	– alle Gesellschafter gemeinschaftlich (Gesamtvertretungsbefugnis)	– jeder Gesellschafter alleine (Einzelvertretungsbefugnis)	– jeder Komplementär alleine (Einzelvertretungsbefugnis) – Prokuraerteilung an Kommanditisten ist möglich
Haftung	– persönlich, – unbeschränkt mit Privat- und Betriebskapital	– unbeschränkte Haftung aller Gesellschafter mit Privat- und Betriebskapital, – Haftungsbegrenzung möglich, wenn für Dritte erkennbar	– unbeschränkte, unmittelbare und solidarische Haftung aller Gesellschafter mit Privat- und Betriebskapital	– Komplementäre wie OHG – die Kommanditisten haften bis zur Höhe der vereinbarten Kapitaleinlage
Gewinnverteilung (gesetzliche Regelung)	Der Gewinn steht allein dem Inhaber zu.	Gleiche Gewinnanteile für alle Gesellschafter, unabhängig von der Höhe der Einlagen; vertraglich sind andere Lösungen zulässig.	– 4 % Verzinsung auf Einlage, – Rest nach Köpfen, – Verlust nach Köpfen	– 4 % auf Einlage, – Rest im angemess. Verhältnis, – Verlust im angemess. Verhältnis
Kreditwürdigkeit	Kreditwürdigkeit wird bestimmt von der Höhe des Privat- und Betriebsvermögens des Inhabers, gleichzeitig ist dies aber auch die Grenze.	Kreditwürdigkeit wird bestimmt von der Höhe des Privat- und Betriebsvermögens der Gesellschafter.	Kreditwürdigkeit wird bestimmt von der Höhe des Privat- und Betriebsvermögens der Gesellschafter.	Kreditwürdigkeit wird bestimmt von der Höhe des Privat- und Betriebsvermögens der Komplementäre.
Auflösungsgründe	– Entscheidung des Inhabers, – Insolvenzeröffnung	– Beschluss der Gesellschafter, – Vertragsablauf, – Erreichung/Nichterreichung des Zweckes der Gesellschaft, – Insolvenzeröffnung über das Vermögen eines Gesellschafters, – Tod oder Kündigung eines Gesellschafters, wenn keine anderen Vereinbarungen bestehen	– Beschluss der Gesellschafter, – Vertragsablauf, – Insolvenzeröffnung über das Vermögen der OHG, – Insolvenzeröffnung über das Vermögen eines Gesellschafters, – Tod oder Kündigung eines Gesellschafters, führen **nicht** zur Auflösung der OHG	– Beschluss der Gesellschafter, – Vertragsablauf, – Insolvenzeröffnung über das Vermögen der KG, – Insolvenzeröffnung über das Vermögen eines Gesellschafters, – Tod oder Kündigung eines Gesellschafters führen **nicht** zur Auflösung der KG
Organe	keine	keine	keine	keine

5

Übersicht			
	GmbH	**AG**	**e. G.**
Rechtsgrundlagen	HGB GmbH-Gesetz	HGB AktG = Aktiengesetz	HGB Genossenschaftsgesetz = GenG
Eigentümer	Gesellschafter	Aktionäre	Genossen
Merkmale	– juristische Person – Kapitalgesellschaft – beliebiger Zweck	– juristische Person – Kapitalgesellschaft – beliebiger Zweck	Gesellschaft zum Zweck der Förderung des Erwerbs und der Wirtschaft der Mitglieder (= Genossen) durch gemeinschaftlichen Geschäftsbetrieb
Gründung	– mind. 1 Person – notarielle Beurkundung des Gesellschaftervertrages, soweit nicht der Mustervertrag verwendet wird	– mind. 1 Person – notarielle Beurkundung der Satzung der AG	– mind. 3 Personen – Schriftform der Satzung
Mindestkapital	– Stammkapital mind. 25 000,00 € (= gezeichnetes Kapital) – mind. 1,00 € je Geschäftsanteil – Mindestkapital 1,00 € bei UG	– Grundkapital mind. 50 000,00 € (= gezeichnetes Kapital) – Mindestnennwert je Aktie 1,00 €	– keine Vorschriften, – Geschäftsguthaben muss mindestens 10 % des Geschäftsanteils betragen
Firma	Personen-, Sach- oder Fantasiebezeichnung + Zusatz GmbH	Personen-, Sach- oder Fantasiebezeichnung + Zusatz AG	Personen-, Sach- oder Fantasiebezeichnung + Zusatz e. G.
Gesetzl. Regelung der Geschäftsführung (betrifft das Innenverhältnis, vertraglich änderbar)	ein Geschäftsführer oder mehrere Geschäftsführer gemeinsam (⇒ Gesamtgeschäftsführungsbefugnis)	alle Vorstandsmitglieder gemeinsam (⇒ Gesamtgeschäftsführungsbefugnis)	alle Vorstandsmitglieder gemeinsam (⇒ Gesamtgeschäftsführungsbefugnis)
Gesetzl. Regelung der Vertretungsbefugnis (betrifft das Außenverhältnis, vertraglich änderbar) (eintragungspflichtig)	ein Geschäftsführer oder mehrere Geschäftsführer gemeinsam (⇒ Gesamtvertretungsbefugnis)	alle Vorstandsmitglieder gemeinsam (⇒ Gesamtvertretungsbefugnis)	alle Vorstandsmitglieder gemeinsam (⇒ Gesamtvertretungsbefugnis)
Haftung	– Gesellschaftsvermögen – Gesellschafter haften bis zur Höhe ihrer Stammeinlage	– Gesellschaftsvermögen – Gesellschafter haften bis zur Höhe ihrer Aktieneinlage	– Gesellschaftsvermögen – Gesellschafter haften bis zur Höhe der Haftungssumme laut Statut
Gewinnverteilung (gesetzliche Regelung)	– im Verhältnis der Geschäftsanteile – bei UG nach Einstellung eines 25 %igen JÜ-Anteiles in die gesetzliche Rücklage Restgewinnverteilung im Verhältnis der Geschäftsanteile	im Verhältnis der Aktiennennbeträge	im Verhältnis der Geschäftsguthaben
Kreditwürdigkeit	Begrenzte Kreditwürdigkeit infolge der beschränkten Haftung	gute Kreditwürdigkeit	gute Kreditwürdigkeit
Auflösungsgründe	– Gesellschafterbeschluss (mind. 75 % der abgegebenen Stimmen) – Vertragsablauf laut Gesellschaftervertrag – Insolvenzeröffnung	– Hauptversammlungsbeschluss (mind. 75 % der abgegebenen Stimmen) – Vertragsablauf laut Satzung – Insolvenzeröffnung	– Generalversammlungsbeschluss (mind. 75 % der abgegebenen Stimmen) – Vertragsablauf laut Statut – Insolvenzeröffnung
Organe	– Gesellschafterversammlung – evtl. Aufsichtsrat – Geschäftsführer	– Hauptversammlung – i. d. R. Aufsichtsrat – Vorstand	– Generalversammlung – i. d. R. Aufsichtsrat – Vorstand

5

▣ Vergleichbare Rechtsformen in anderen Ländern

Land	Deutsche Rechtsform	Abkürzung	Rechtsform
Belgien	AG	S.A./N.V.	Société anonyme/de naamlose Vennootschap
	GmbH	SPRL	Société privée à responsabilité limitée
		BVBA	Besloten vennootschap met beperkte aansprakelijkheid
Dänemark	OHG	IS	Interessentskab
	KG	KS	Kommanditselskab
	AG	AS	Aktieselskap
	GmbH	ApS	Anspartselskap
	e. G.	Amba	Andelsselskab
Finnland	OHG		Avoin Ighitó
	KG		Kommamdittiyhió
	AG	Oy	Osakeyhtió
	GmbH	Oy	Osakeyhtió
	e. G.		Osuuskunta
Frankreich	GbR	SC	Société civile
	OHG	SNC	Société en nom collectif
	KG	SNC	Société en commandite simple
	AG	SA	Société anonyme
	GmbH	SARL	Société à responsabilité limitée
	Einmann-GmbH	EURL (EUARL)	Enterprise unipersonelle à responsabilité limitée
	e. G.		Société Coopérative
Griechenland	GmbH	EPE	Eteria periorismenis
	AG	AE	Anonymos Eteria
Großbritannien Irland	GbR		Unlimited Company
	OHG		Partnership
	KG		Limited Partnership
	GmbH	Ltd	Private Company limited by shares
	AG	Plc	Joint-stock company, Public Limited Company (PLC)
	e. G.		Cooperative Society
Italien	KG	S.a.	Societá in accomandita
	KGaA	Sapa	Societá in accomandita per azioni
	GmbH	S.R.L.	Societá a Responsabilitá limitata
	AG	SpA	Societá per Azioni
Luxemburg	OHG	S.e.n.c.	Société en nom collectif
	KG	S.e.c.s.	Société en commandite simple
	GmbH	S.A.R.L.	Société à responsabilité limitée
	AG	S.A.	Société anonyme
	KGaA	S.e.c.a.	Société en commandite par actions
	e. G.	S.c.	Société coopérative
Niederlande	OHG	VoF	Vennootschap onder Firma
	KG	CV	Commanditaire Vennootschap
	GmbH	BV	Besloten Vennootschap met beperkte aansprakelijkheid
	AG	NV	Naamloze Vennootschap
	KGaA	CVoA	Commanditaire Vennootschap op Andelen
Österreich	OHG	OHG	Offene Handelsgesellschaft
	KG	KG	Kommanditgesellschaft
	GmbH	Ges.m.b.H.	Gesellschaft mit beschränkter Haftung
	AG	AG	Aktiengesellschaft
Polen	GbR		Spólka Akcyjna
	OHG		Spólka handlowa jawna
	KG		Spólka komandytowa
	GmbH	Sp.z.o.o.	Spólka z ograniczona odpowiedzialnoscia
	AG	S.A.	Spólka Akcyjna
Portugal	GbR		Sociedade Civil
	OHG		Sociedade em nome colectivo
	KG		Sociedade de Comandita
	GmbH		Sociedade por Quotas
	AG		A Sociedade anonima de responsabilidade limitada
Schweden	GbR		Enkeltbolag
	OHG		Handelsbolag
	KG		Kommanditbolag
	AG	AB	Aktienbolaget
Schweiz	GbR		Einfache Gesellschaft
	OHG		Kollektivgesellschaft
	KG	KG	Kommanditgesellschaft
	GmbH	GmbH	Gesellschaft mit beschränkter Haftung
	AG	AG/SA	Aktiengesellschaft/Société anonyme
Spanien	OHG	SRC	Sociedad Regular Colectiva Compania
	KG	SC	Sociedad en Comandita
	GmbH	SRL	Sociedad de Responsabilidad Limitada
	AG	S.A.	Sociedad Anónima
USA	OHG		General Partnership
	KG	LP	Limited Partnership
	GmbH	Ltd.	Limited Company/Close Corporation
	AG	Corp.	Stock Corporation
		Inc.	Public Corporation/Business Corporation

5

Übungsaufgaben

1. Die Himmel & Hölle OHG, die bereits seit 40 Jahren besteht, soll in die Rechtsform AG umgewandelt werden. Wie lautet die Firma nach der Umwandlung?

2. An der Kummer KG ist der Kommanditist Peter Pech beteiligt. Laut Handelsregister hat er eine Kapitaleinlage von 40 000,00 € zu leisten. Bisher wurden – wie vereinbart – nur 30 000,00 € als Einlage an die Gesellschaft überwiesen. Infolge eines Kalkulationsfehlers muss die Gesellschaft Insolvenz anmelden. Welche Wirkung hat dies für den Kommanditisten Pech? Muss er die restlichen 10 000,00 € Anteil noch leisten?

3. Die Schreinermeister Heiner Holz und Bert Bock, Bonn, wollen in der Unternehmensform GmbH & Co. KG eine Schreinerei gründen.
    a) Prüfen Sie, ob Handwerker in der Unternehmensform GmbH einen Betrieb eröffnen dürfen.
    b) Welches Startkapital müssen Holz und Bock zusammen und/oder einzeln aufbringen?
    c) Sollte bzw. muss ein Gesellschaftsvertrag erstellt werden? Wie heißt solch ein Vertrag? Wer ist zu Rate zu ziehen? In welcher Form ist der Vertrag zu erstellen?
    d) Wer könnte die Gesellschaft leiten (vertreten und führen)?
    e) Wie könnte die Firma der Gesellschaft lauten?

4. Frau Wunder ist atypische stille Gesellschafterin des Einzelunternehmens Helmer Hund. Wie wirkt sich dies bei der Gewerbesteuer aus?

5. Wie werden Einkünfte der Gesellschafter einer KG einkommensteuerrechtlich behandelt?

6. Der Gesellschafter Schön der „Wunderbar und Schön OHG" stirbt. Welche Wirkungen hat das auf das Bestehen der Gesellschaft?

7. Welche Unternehmensformen sind körperschaftsteuerpflichtig?

8. Erklären Sie den Begriff „Mitunternehmer".

9. Nennen Sie die Unterschiede bezüglich der Prüfungspflicht von Jahresabschlüssen der Personen- und Kapitalgesellschaften.

10. Frau Geld möchte sich als Kommanditistin an der „Wetter KG" beteiligen. Inwieweit haftet Frau Geld für Verbindlichkeiten der Gesellschaft, die vor ihrer Eintragung als Kommanditistin entstanden sind?

11. Wie lange und bis zu welcher Höhe haften Gesellschafter einer OHG bei Ausscheiden aus der Gesellschaft?

12. Unterscheiden Sie die Begriffe „Geschäftsführung" und „Vertretung" einer Gesellschaft.

13. Zeigen Sie wichtige steuerliche Unterschiede zwischen Personen- und Kapitalgesellschaften auf.

14. Erklären Sie Aufbau und Ziel einer Doppelgesellschaft.

15. Prüfen Sie, worin die steuerrechtlichen Möglichkeiten und Vorteile einer Familiengesellschaft in der Rechtsform „GmbH & Co. KG" liegen könnten.

16. Nennen Sie Organe einer Aktiengesellschaft und beschreiben Sie kurz die Aufgaben dieser Organe.

17. Listen Sie Gründe für die Wahl der Unternehmensform „GmbH & Co. KG" auf.

18. Frau Bund, Herr Specht und Frau Gerne wollen eine Kommanditgesellschaft gründen. Frau Bund und Herr Specht sind als Komplementäre, Frau Gerne als Kommanditistin geplant. Zeigen Sie auf, in welchen verschiedenen Formen die Firma geführt werden kann.

19. Erstellen sie einen Fragenkatalog (Checkliste) für eine neu zu gründende selbstständige berufliche Tätigkeit.

5

20. Die Steuerberaterinnen Fleißig und Gut möchten sich zu einer Gesellschaft zusammenschließen. Die beiden bitten Sie, einmal die Gesellschaftsformen der GbR und der GmbH hinsichtlich der Gewinnermittlung, Buchführungspflicht, Besteuerung und Haftung gegenüberzustellen.

21. Zeigen Sie zivilrechtliche Unterschiede zwischen der GmbH und der GmbH & Co. KG auf.

22. Nennen Sie grundsätzliche Besteuerungsunterschiede zwischen
    a) Einzelunternehmen/Personengesellschaften und
    b) Kapitalgesellschaften.

23. Tim Wichtig und Rita Recht wollen ein Unternehmen in der Rechtsform GmbH & Co. KG gründen. Beide wollen an der neuen GmbH und der neuen KG zu gleichen Teilen beteiligt sein. Es soll eine reine Bargründung erfolgen, bei der jeder Gesellschafter jeweils 38 000,00 € Kommanditeinlage leisten soll. Das Stammkapital der GmbH soll 22 000,00 € betragen. Geschäftsführer der GmbH sollen die beiden Gesellschafter sein.
    a) In welcher Reihenfolge erfolgt die Unternehmensgründung?
    b) Machen Sie Angaben zu den jeweiligen Rechtsgrundlagen, der jeweiligen Rechtsform, zum Gesellschaftervertrag, zum Zeitpunkt des Abschlusses des Gesellschaftervertrages der GmbH & Co. KG sowie zu den Einlagen.
    c) Wann ist die GmbH & Co. KG entstanden?
    d) Wie sind die Haftungsverhältnisse bei dieser GmbH & Co. KG?

24. Sabine Sauer und Lukas Lenker betreiben die BonSaLe GmbH als kleine Kapitalgesellschaft i. S. d. § 267 Abs. 1 HGB.
    a) Bei welcher Institution muss eine GmbH ihren Jahresabschluss einreichen?
    b) In welcher Form muss die Einreichung erfolgen?
    c) Welche Unterlagen des Rechnungswesens sind einzureichen?
    d) Bis zu welchem Datum muss der Jahresabschluss für das Jahr 10 eingereicht worden sein?
    e) Mit welcher Sanktion muss die GmbH rechnen, wenn die Offenlegungspflicht bis zu diesem Stichtag nicht erfolgt ist?

5

6 Finanzkrisen und Auflösung der Unternehmung

6.1 Notleidende Unternehmung

Ein Betrieb, der sich in einer Krise befindet, wird als notleidende Unternehmung bezeichnet. Folgen sind

- **Zahlungsschwierigkeiten** (vorübergehender Mangel an flüssigen Mitteln) oder
- **Zahlungsunfähigkeit** (dauernder Mangel an flüssigen Mitteln).

6.1.1 Merkmale und Ursachen

Es gibt deutliche **Merkmale** (Kennzeichen), die auf ein „Notleiden" hinweisen.

Beispiele:

Umsatz- und Gewinnrückgang, Verlust, Eigenkapitalrückgang, Verschuldungszunahme, Zahlungsschwierigkeiten, Zahlungsunfähigkeit

Inner- und außerbetriebliche Faktoren können für das „Notleiden" einer Unternehmung verantwortlich sein. Die folgende Tabelle nennt Beispiele für mögliche Ursachen.

	innerbetriebliche Ursachen	außerbetriebliche Ursachen
Umsatzeinbußen	■ schleppende Auftragsabwicklung ■ häufige Produktmängel ■ veraltete Produkte ■ falsche Preispolitik ■ technische Überalterung ■ Kunden wechseln zur Konkurrenz ■ Großkunde fällt aus ■ Änderung der Produktpalette ■ falsche Markteinschätzung	■ Nachfragerückgang im In- und/oder Ausland ■ Billigimporte, Konkurrenzdruck ■ Bedarfsverschiebung (Mode, Marktsättigung) ■ Wettbewerbsverschärfung ■ Änderung der Verbrauchsgewohnheiten ■ Änderungen der gesetzlichen Vorschriften ■ technische Neuerungen
Kostenanstieg	■ Personalüberhang ■ erhebliche Fluktuation ■ veraltete Produktionsanlagen ■ Lagerüber- oder zu geringer Lagerbestand ■ Fehlinvestitionen	■ Anstieg der Kreditzinsen ■ Lohnsteigerungen ■ Verteuerung des Wareneinsatzes ■ Bindung an wenige Großlieferanten ■ ineffektive Werbestrategien
Liquiditätseinschränkungen	■ geringe Eigenkapitalausstattung ■ falsche Kapitalverwendung ■ Unterdeckung bei Versicherungsschäden ■ überhöhte Privatentnahmen ■ Kapitalentzug durch zu hohe Privatentnahmen ■ Finanzierungslücken durch Überschreiten der Kostenplanung	■ Reduzierung der Kreditlimite durch Kreditinstitute ■ Forderungsausfälle ■ Verlängerung der Zahlungsziele an Kunden ■ höhere Anzahlungsverpflichtungen

	innerbetriebliche Ursachen	außerbetriebliche Ursachen
Geschäftsführungs-mängel/fehlendes Controlling	■ Fehlentscheidungen des Managements ■ geringe Aussagefähigkeit des Rechnungswesens und der Kostenrechnung ■ schlechte Organisation ■ zögerliche Entscheidungen von Aufsichtsgremien ■ mangelnde juristische Qualifikation	■ kein aktuelles Auskunftswesen ■ falsche externe Beratung ■ Fehlanalysen durch Forschungsinstitute ■ mangelnde Überwachung durch Prüfungsunternehmen

Mögliche Sofort-Maßnahmen wären *z. B.*
- *Vertrieb und Verkauf ankurbeln,*
- *Kosten senken wie z. B. Zurückfahren von Überstunden, keine Neueinstellungen,*
- *Liquidität generieren,*
- *Hausbank kontaktieren und evtl. Kreditlimit erhöhen,*
- *offene Forderungen schneller beitreiben,*
- *mit Lieferanten/Dienstleistern großzügigere Zahlungsziele vereinbaren,*
- *Leistungsträger langfristig an das Unternehmen binden.*

Zusätzlich sollten alle Bereiche des Unternehmens überprüft werden. Defizite sollten aufgedeckt werden, um zukunftsorientierte Verbesserungen planen zu können.

6.1.2 Folgen

Gerät ein Unternehmen in eine finanzielle Krise, so können die Verbindlichkeiten nicht mehr zum Fälligkeitstermin ausgeglichen werden. Dies löst dann eine Kettenreaktion Dritter aus, die das Unternehmen erst recht in schwierige Situationen führen kann.

Beispiele:

- *Banken kündigen Kredite, wenn Tilgung und Zinszahlungen nicht erfüllt werden,*
- *Lieferanten drohen mit Einstellung der Lieferungen, wenn Rechnungen offen bleiben,*
- *Arbeitnehmer verlassen das Unternehmen, weil die Löhne nicht oder nur schleppend gezahlt werden.*

Ein Ausweg aus einer Finanzkrise, um ein Unternehmen gesund zu machen, ist die Sanierung. Die Insolvenz oder die Liquidation führen hingegen zu ihrer Auflösung.

6

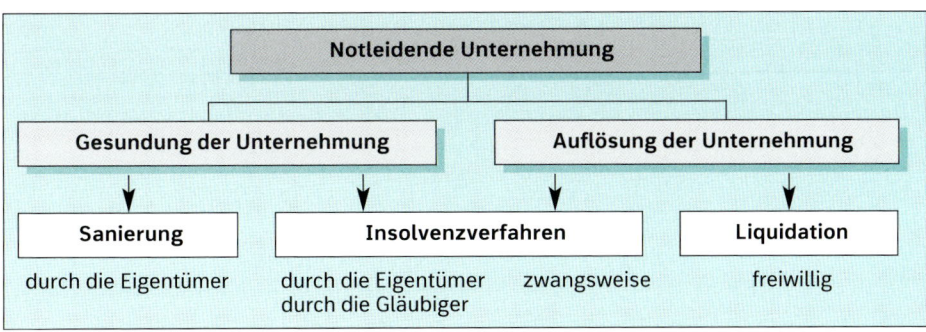

6.2   Sanierung

6.2.1   Merkmale

Die Sanierung beinhaltet alle Maßnahmen organisatorischer und finanzieller Art, die darauf gerichtet sind, ein Unternehmen oder einen Unternehmensträger (juristische oder natürliche Person) vor dem finanziellen Zusammenbruch zu bewahren und wieder ertragsfähig zu machen (unternehmensbezogene Sanierung).[1] Ein Unternehmen sollte nur dann saniert werden, wenn sein Fortführungswert den Liquidationswert übersteigt.

Voraussetzungen für das rechtzeitige Erkennen der Störungen sind
- Kontrolle aller Teilbereiche,   ■ Bilanzanalysen,   ■ Betriebsvergleiche.

6.2.2   Maßnahmen

6.2.2.1   Allgemeine Sanierung

Nach der Art der Ursachen lässt sich zwischen einer allgemeinen Sanierung im weiteren Sinne und einer kapitalmäßigen Sanierung im engeren Sinne unterscheiden.

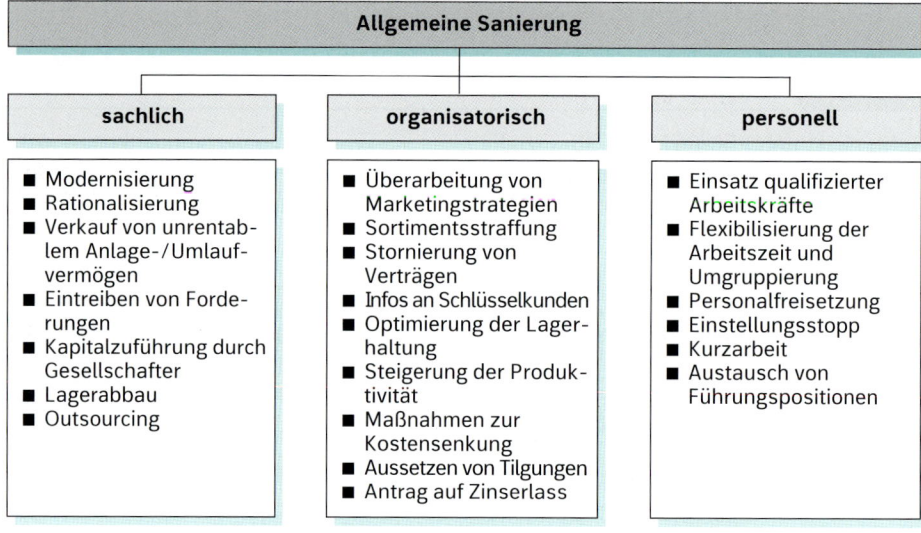

Allgemeine Sanierung

sachlich	organisatorisch	personell
■ Modernisierung ■ Rationalisierung ■ Verkauf von unrentablem Anlage-/Umlaufvermögen ■ Eintreiben von Forderungen ■ Kapitalzuführung durch Gesellschafter ■ Lagerabbau ■ Outsourcing	■ Überarbeitung von Marketingstrategien ■ Sortimentsstraffung ■ Stornierung von Verträgen ■ Infos an Schlüsselkunden ■ Optimierung der Lagerhaltung ■ Steigerung der Produktivität ■ Maßnahmen zur Kostensenkung ■ Aussetzen von Tilgungen ■ Antrag auf Zinserlass	■ Einsatz qualifizierter Arbeitskräfte ■ Flexibilisierung der Arbeitszeit und Umgruppierung ■ Personalfreisetzung ■ Einstellungsstopp ■ Kurzarbeit ■ Austausch von Führungspositionen

---

[1]   Vgl. *OFD Frankfurt/M. v. 22.02.2017 – S 2140 A – 4 – St 213.*

Kapitalmäßige Sanierung

Die kapitalmäßige Sanierung im engeren Sinne wird auch als finanzielle Sanierung bezeichnet. Sie vollzieht sich durch Veränderung des Eigenkapitals oder Fremdkapitals.

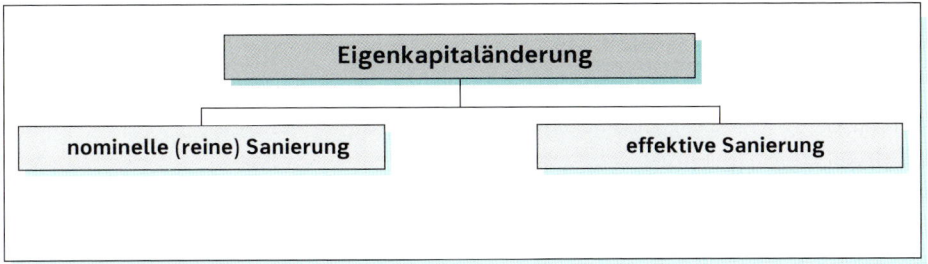

Nominelle Sanierung

Die **nominelle Sanierung** beseitigt eine Unterbilanz durch Anpassung des Eigenkapitals an das Vermögen durch:

- **Rücklagenauflösung**
  Der erwirtschaftete Verlust darf bei Kapitalgesellschaften nicht über das Grundkapital/Stammkapital ausgebucht werden. Der saldierte Verlust erscheint auf der Aktivseite der Bilanz, wenn der Fehlbetrag höher ist als das Kapital (= Unterbilanz). Die Auflösung der Rücklagen erfolgt in Höhe des Verlustvortrages.

- **Kapitalherabsetzung**
  Die Minderung des Grundkapitals/Stammkapitals wird erreicht durch Herabstempelung der Aktiennennwerte (max. bis zum Mindestnennbetrag 1,00 €). Aufkauf und Vernichtung von eigenen Aktien sind dabei möglich.

- **Zusammenlegung von Anteilen**
  Zusammenlegung von Anteilen in einem bestimmten Verhältnis, sodass sich nach Auflösung der Unterbilanz die Möglichkeit für die Bildung einer kleinen Kapitalrücklage ergibt.

Die genannten Maßnahmen haben gemeinsam, dass dem Unternehmen keine neuen Mittel zur Verfügung gestellt werden.

Beispiele:

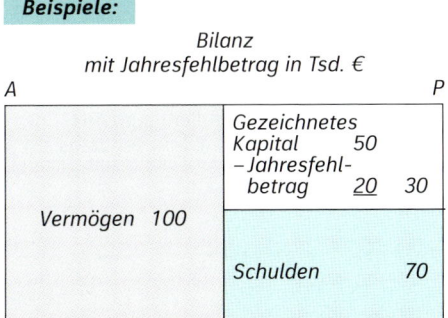

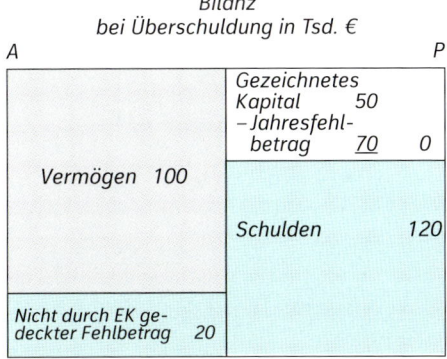

Verrechnung durch Rücklagenauflösung

vor Sanierung in Tsd. €   *nach Sanierung in Tsd. €*

A   P   A   P

| Vermögen 100 | Gezeichnetes Kapital 40
Rücklagen 20
– Jahresfehl-betrag __10__ 50 |
| | Schulden 50 |

| Vermögen 100 | Gezeichnetes Kapital 40
Rücklagen __10__ 50 |
| | Schulden 50 |

Verrechnung durch Zusammenlegung von Anteilen

vor Sanierung in Tsd. €   *nach Sanierung in Tsd. €*

A   P   A   P

| Vermögen 100 | Gezeichnetes Kapital 60
– Jahresfehl-betrag __20__ 40 |
| | Schulden 60 |

| Vermögen 100 | Gezeichnetes Kapital 30
Rücklagen __10__ 40 |
| | Schulden 60 |

Effektive Sanierung

Die **effektive Sanierung** geht von der Zuführung neuer Eigenkapitalmittel oder der Auszahlung von Entschädigungen aus.

6

Effektive Sanierung

neue Finanzmittelzufuhr	Entschädigungsauszahlung
■ Zahlung durch Gesellschafter ■ Einforderung von Nachschüssen	■ Einziehung von Anteilen ■ Erwerb eigener Aktien; Differenz zwischen Kurs- und Nennwert dient zum Ausgleich des Bilanzverlustes

Verrechnung durch Zuzahlung

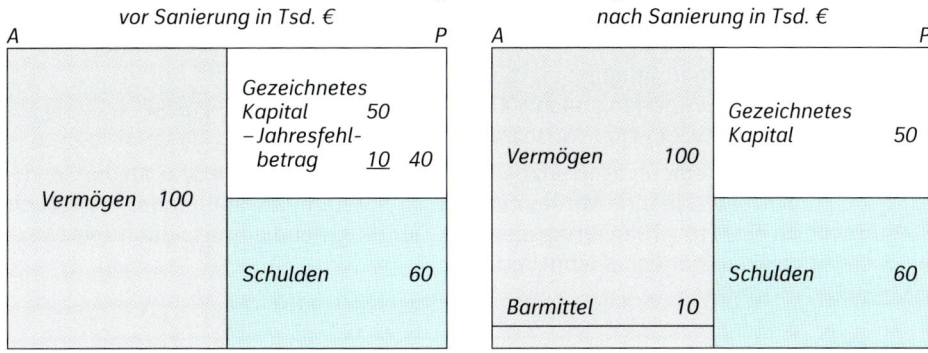

Anteilseigner haben die Wahl zwischen der nominellen (reinen) und der effektiven Sanierung. Mischformen sind denkbar.

Umwandlung Fremdkapital in Eigenkapital

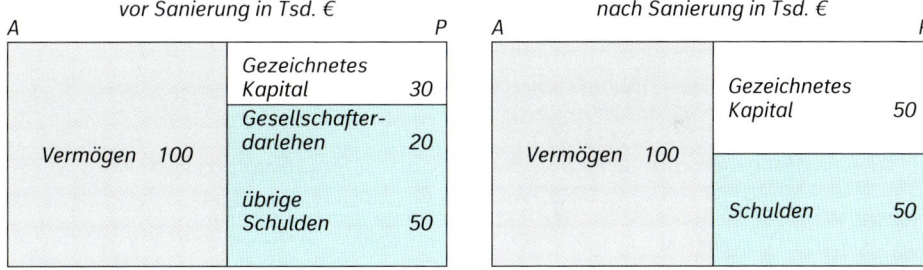

6.2.2.3 Steuerliche Folgen

Beim Gläubiger

Der Gläubiger weist in seiner Bilanz den Aktivposten „Forderungen" aus.

■ Kaufleute, die nach § 5 EStG den Gewinn ermitteln, **müssen**,
■ Kaufleute, die den Gewinn nach § 4 EStG berechnen, **dürfen**

Forderungen, deren Eingang infolge der wirtschaftlichen Notlage des Schuldners unsicher wird, auf den niedrigeren Teilwert abschreiben.

6

▊ Beim Schuldner

Schuldner, die das Jahresergebnis durch Betriebsvermögensvergleich ermitteln,

- **müssen** bei Gewinnermittlung nach *§ 5 EStG,*
- **dürfen** bei Gewinnermittlung nach *§ 4 Abs. 1 EStG*

die Verbindlichkeit in voller Höhe ansetzen.

Erlässt ein Gläubiger einem insolvenzbedrohten Unternehmen zum Zwecke der Sanierung ganz oder teilweise eine Verbindlichkeit, so entsteht sowohl handels- als auch steuerrechtlich ein Ertrag (Sanierungsgewinn). Der Unternehmer muss dann seine Verbindlichkeit gewinnerhöhend ausbuchen.

6.3   Insolvenz

Rechtsgrundlagen:

- *Insolvenzordnung (InsO)*
- *Zivilprozessordnung (ZPO)*
- *Gesetz zur weiteren Erleichterung der Sanierung von Unternehmen (ESUG 2012)*

> **Insolvenz** bedeutet, dass Unternehmen, Selbstständige, Freiberufler, Privatpersonen (Verbraucher) und Kleinunternehmer ihre Zahlungsverpflichtungen (Forderungen der Gläubiger) im Zeitpunkt der Fälligkeit nicht mehr erfüllen können. Hauptgrund ist die Überschuldung, d. h., die Schulden übersteigen das in der Bilanz auszuweisende Vermögen.

Gründe für die Entstehung der Insolvenz und Auswirkungen

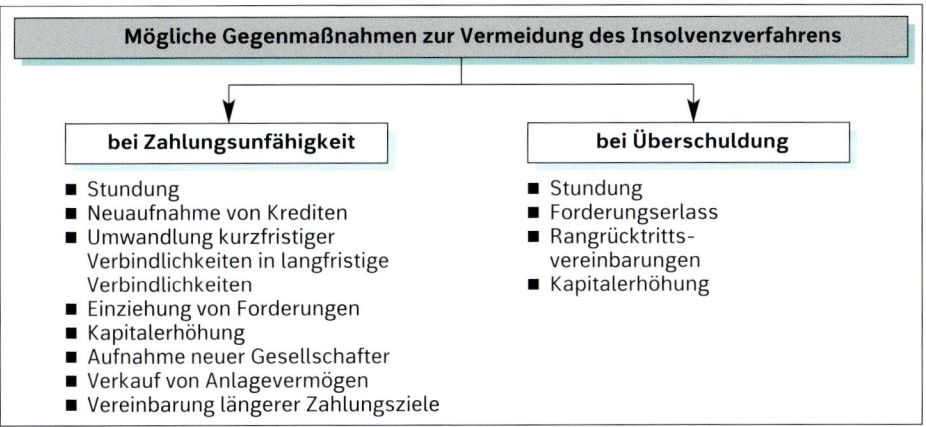

Ziel der Insolvenz

Ziel des Insolvenzverfahrens ist es, in einer wirtschaftlichen Lage des Schuldners, in der er seine Zahlungsverpflichtungen gegenüber seinen Gläubigern nicht mehr dauerhaft erfüllen kann, einen Ausgleich zwischen Schuldner und Gläubigern zu erreichen und für die bestmögliche Befriedigung aller Gläubiger zu sorgen. Hierzu wird dem Schuldner die Verfügungsbefugnis über sein gesamtes Vermögen entzogen und auf einen unabhängigen Insolvenzverwalter übertragen, der die Aufgabe hat, das Schuldnervermögen (Insolvenzmasse, § 35 InsO) zu verwalten, es zu verwerten (Liquidation) und den erzielten Erlös an die Gläubiger zu verteilen.

Das Insolvenzverfahren schützt
- die **Gläubiger**, weil sichergestellt wird, dass alle Forderungen wenigstens teilweise erfüllt werden und der wirtschaftliche Verlust des Schuldners gleichmäßig verteilt wird.
- den **Schuldner** vor Zwangsvollstreckung durch einzelne Gläubiger (Pfändungsschutz ab Eröffnung des Insolvenzverfahrens).

Das Insolvenzverfahren dient dazu, die Gläubiger eines Schuldners gemeinschaftlich zu befriedigen:

1. Möglichkeit: Zerschlagung des Unternehmens, indem das vorhandene Vermögen des Schuldners verwertet und der Erlös verteilt wird

2. Möglichkeit: Durchführung einer Sanierung; aus den Erlösen werden die Gläubiger befriedigt
- übertragende Sanierung (= Verkauf des Unternehmens)
- Insolvenzplanverfahren

Die Insolvenz verläuft nach dem Prinzip der gleichmäßigen und quotenmäßigen Befriedigung („Verlustgemeinschaft der Gläubiger") im Gegensatz zum Prioritätsprinzip der Einzelzwangsvollstreckung *(z. B. § 804 III ZPO, §§ 53 ff., 38, 39, 199 InsO)*.
Die Insolvenz verfolgt die Absicht, die Gläubiger anteilsmäßig (quotal) zu befriedigen und eine planlose Vollstreckung und Zerschlagung des Unternehmens des Schuldners zu verhindern.
Dem redlichen Schuldner wird Gelegenheit gegeben, sich von seinen restlichen Verbindlichkeiten zu befreien *(§ 1 S. 2 InsO)*.

6

6.3.1   Arten des Insolvenzverfahrens

Arten	InsO	
1. Unternehmensinsol- **venzverfahren:**		
■ **Regelverfahren**	*§ 35 ff.*	Alle Unternehmensinsolvenzen sowie Insolvenzen von Selbstständigen unterfallen dem Regelinsolvenzverfahren. Die Masse wird nach gesetzlichen Vorschriften verwertet.Die Masseverwertung/Verteilung erfolgt gem. einer vom Gericht bestätigten „Einigung" zwischen den Gläubigern untereinander und mit Einschränkungen *(§ 247 InsO)* dem Schuldner.
■ **Insolvenzplanver-** **fahren**	*§ 217 ff.*	Die an der Insolvenz Beteiligten können einen Insolvenzplan erstellen. Dieser besteht aus einem darstellenden Teil (Informationsteil) und einem gestaltenden Teil (Vollzugsteil). Der darstellende Teil enthält die Beschreibung der Unternehmenslage, der Insolvenzursachen und der erforderlichen Sanierungsmaßnahmen. Die Gläubiger und das Insolvenzgericht sollen darin über das Ziel des Plans und den Weg zu dessen Erreichung unterrichtet werden. Planziele können *z. B. die Eigensanierung, die Liquidation oder ein Moratorium zur Stundung von Forderungen* sein.
■ **Eigenverwaltung** **(einschl. Schutz-** **schirmverfahren**	*§ 270 ff.*	Die Eigenverwaltung sieht vor, dass die Geschäftsführung weiter über das Firmenvermögen verfügen kann und dabei von einem gerichtlich bestellten vorläufigen Sachwalter beaufsichtigt wird.
2. Besonderes Insolvenz- **verfahren für Verbrau-** **cher und Kleinunter-** **nehmer**	*§ 304 ff.*	Das **Verbraucherinsolvenzverfahren** steht Personen offen, ■ die **nicht** selbstständig tätig sind oder waren, *z. B. Arbeitnehmern, Rentnern oder Arbeitsuchenden,* ■ ehemals Selbstständige, wenn die Vermögensverhältnisse überschaubar sind (= weniger als 20 Gläubiger) und wenn gegen sie keine Forderungen aus Arbeitsverhältnissen *(z. B. LSt, SV-Beiträge)* bestehen. Als Insolvenzgrund gelten: Der Schuldner muss zahlungsunfähig sein oder ihm droht die Zahlungsunfähigkeit.
3. Insolvenzverfahren **über Sondervermögen** ■ **Nachlassinsolvenz** ■ **Insolvenzverfahren** **über Gesamtgut**	*§ 315 ff.* *§ 332 ff.*	Wurde von dem Erben/den Erben die Erbschaft durch ausdrückliche Erklärung oder durch Verstreichenlassen der Ausschlagungsfrist angenommen, dann haftet der Erbe/die Erben für alle **Schulden des Erblassers** mit dem ererbten Vermögen und dem Privatvermögen des Erben/der Erben.

6

	Erfährt ein Erbe von der **Zahlungsunfähigkeit** oder Überschuldung des Nachlasses, sollte ■ fristgemäß die Erbschaft ausgeschlagen werden, ■ die Annahme der Erbschaft angefochten werden oder beantragt werden, ■ die **Nachlassverwaltung** angeordnet werden oder ■ das **Nachlassinsolvenzverfahren** beim Insolvenzgericht des Amtsgerichts, in dessen Bezirk der Verstorbene zuletzt wohnte, beantragt werden. Den Antrag zur **Nachlassinsolvenz** dürfen der Erbe selbst, der Testamentsvollstrecker, der Verwalter des Nachlasses, ein anderer Nachlasspfleger sowie jeder Nachlassgläubiger stellen; Miterben sind ebenfalls antragsberechtigt. Ziel der Nachlassverwaltung bei einer Nachlassinsolvenz ist es, die Interessen des Erben/der Erben an der Vermeidung einer umfassenden Haftung zu wahren und zu bewirken, dass **Eigengläubiger des Erben** mit ihren Forderungen nicht zum **Nachlass gehörende Vermögenswerte vollstrecken** können, *§ 1984 Abs. 2 BGB, § 325 InsO.*

6.3.2   Unternehmensinsolvenz (Regelinsolvenz)

Dieses Verfahren ist anzuwenden

■ für Unternehmen (einschl. Kleinunternehmen), bei Nachlassangelegenheiten,
■ für natürliche Personen, die u. a. als Gesellschafter an einem größeren Unternehmen beteiligt sind,
■ für Personen, die früher eine selbstständige Tätigkeit ausgeübt haben und deren Vermögensverhältnisse nicht überschaubar sind, d. h., sie haben mehr als 19 Gläubiger oder es bestehen Forderungen aus Arbeitsverhältnissen.

Das Insolvenzverfahren ist **schriftlich** auf vorgeschriebenen Formularen unter Nennung des Insolvenzgrundes zu beantragen[1]. Antragsberechtigt sind die Gläubiger und der Schuldner (*§ 13 InsO*). Das Insolvenzverfahren beginnt mit dem Eröffnungsantrag (*§ 13 Abs. 1 InsO*).

Insolvenzverfahren werden im Internet öffentlich bekannt gemacht[2] *(§ 9 InsO i. V. m. § 1 ÖBekInsIntV[3])*. Voraussetzung für die Insolvenzeröffnung ist die Insolvenzfähigkeit des Schuldners *(§ 11 InsO)*.

6

---

[1] Vgl. www.justiz.nrw.de/BS/formulare/insolvenz/index.php.
[2] www.insolvenzbekanntmachungen.de/
[3] Verordnung zu öffentlichen Bekanntmachungen in Insolvenzverfahren im Internet

Antrag auf Eröffnung des Insolvenzverfahrens *(§ 15 Abs. 3 InsO)*		
allgemeiner Grund (generell für alle Rechtsformen)	■ **Zahlungsunfähigkeit** *§ 17 InsO*	Zahlungsunfähigkeit liegt vor, wenn der Schuldner nicht in der Lage ist, die fälligen Zahlungspflichten zu erfüllen. Zahlungsunfähig[1] ist i. d. R., wer ■ sich innerhalb eines Zeitraums von 3 Wochen nicht die notwendigen Kreditmittel beschaffen kann, um die eingeforderten Verbindlichkeiten auszugleichen, ■ mindestens 10 % seiner fälligen Verbindlichkeiten nicht begleichen kann.
Antrag durch den Schuldner	■ **drohende Zahlungsunfähigkeit** *§ 18 InsO*	Bestehende Zahlungsverpflichtungen können auf Basis eines Liquiditätsplanes im Zeitpunkt der Fälligkeit nicht mehr beglichen werden.
juristische Personen, wie z. B. GmbH, e. V., AG, e. G.	■ **Überschuldung** *§ 19 InsO*	Überschuldung liegt vor, wenn die Fortführungswerte der Aktiva die Passiva nicht decken. Eine Überschuldung[2] wird mit einer Sonderbilanz (Überschuldungsbilanz) festgestellt, die den Unternehmenswert ermittelt. Der Vorstand einer AG oder Geschäftsführer einer GmbH sind verpflichtet, unverzüglich – spätestens drei Wochen nach Kenntnis – Insolvenzantrag zu stellen.
	■ **Führungslosigkeit von Gesellschaften** *§ 15a Abs. 3 InsO*	Wird die Gesellschaft führungslos, obliegt den Gesellschaftern die Insolvenzantragspflicht. Führungslosigkeit liegt vor, wenn ■ Organe wie Geschäftsführer einer GmbH oder der Vorstand einer AG das Amt niedergelegt haben, ■ aus einem anderen Grund, wie *z. B. Tod, schwere Krankheit,* die Führung ausfällt *(§ 15 a Abs. 3 InsO).*
zuständiges Gericht	■ **sachlich** ■ **örtlich**	■ Amtsgericht, dessen Sitz am Ort des Landgerichts liegt *(§ 2 Abs. 1 InsO)* ■ Zuständig ist das Insolvenzgericht, in dessen Bezirk • der Schuldner wohnt oder seinen Sitz hat oder • die wirtschaftliche Tätigkeit des Schuldners liegt.
Antrag		Der Insolvenzeröffnungsantrag muss schriftlich beantragt werden (Vordrucke[3]) durch ■ den/die Schuldner bei Zahlungsunfähigkeit oder Überschuldung oder ■ den Gläubiger, wenn folgende Voraussetzungen gleichzeitig gegeben sind: 1. Der Gläubiger hat ein rechtliches Interesse an der Insolvenzeröffnung. 2. Es besteht eine nicht geringe Forderung an den Schuldner. 3. Es liegt ein Insolvenzgrund (Zahlungsunfähigkeit oder Überschuldung des Schuldners) vor; der Gläubiger muss das Vorliegen eines Eröffnungsgrundes für das Insolvenzverfahren gegenüber dem Insolvenzgericht glaubhaft machen[4]. Die gesetzlichen Vertreter einer Personengesellschaft, einer juristische Person, einer Genossenschaft o. Ä. sind bei Vorliegen eines Antraggrundes zum Antrag auf Verfahrenseröffnung verpflichtet. Der Insolvenzgrund ist glaubhaft zu machen *(§ 15 Abs. 2 InsO).*

Bei Zweifeln oder fehlenden Kenntnissen ist die Geschäftsführung eines Unternehmens verpflichtet, sich von einer fachlich qualifizierten Person beraten zu lassen[5].

---

[1] *§ 17 InsO, BGH-Urteil vom 25.05.2005, IX ZR 123/04, BGH-Urteil vom 19.07.2007, IX ZB 36/07*
[2] Überschuldung liegt nicht vor, wenn die Fortführung des Unternehmens überwiegend wahrscheinlich ist; dies ist anzunehmen, wenn die Aufrechterhaltung der Zahlungsfähigkeit innerhalb des Prognosezeitraums hinreichend begründet werden kann.
[3] Vgl. www.justiz.nrw.de/BS/formulare/insolvenz.
[4] *§ 14 Abs. 1 S. 2 InsO*; vgl. auch *BGH-Urteil vom 11.04.2013, IX ZB 256/11.*
[5] *BGH-Urteil vom 27.03.2012, II ZR 171/10*

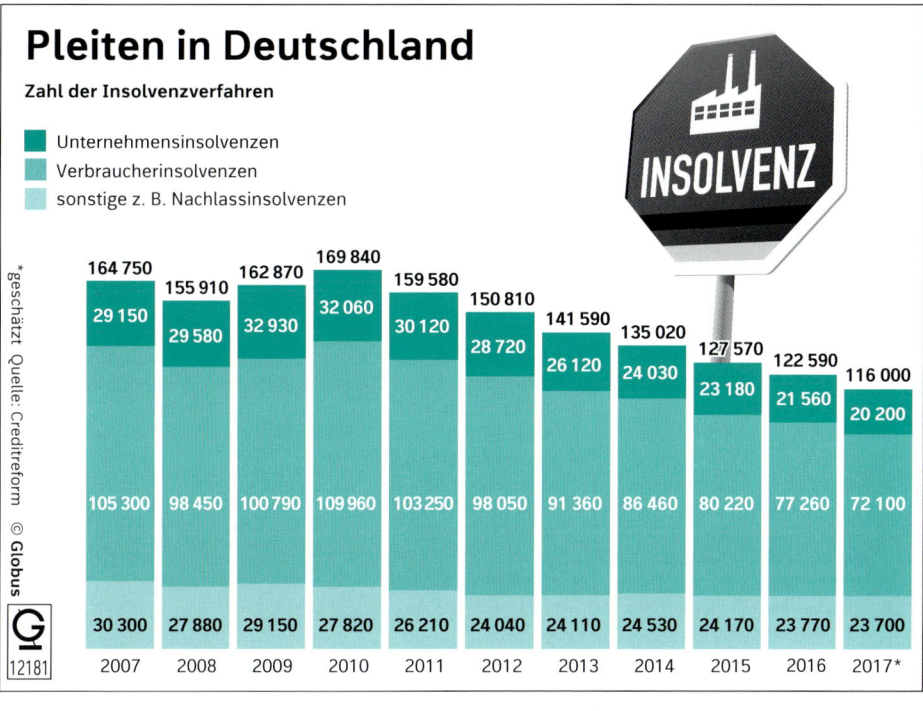

Pleiten in Deutschland

Zahl der Insolvenzverfahren

- ■ Unternehmensinsolvenzen
- ■ Verbraucherinsolvenzen
- ■ sonstige z. B. Nachlassinsolvenzen

*geschätzt Quelle: Creditreform © Globus

12181

	2007	2008	2009	2010	2011	2012	2013	2014	2015	2016	2017*
Gesamt	164 750	155 910	162 870	169 840	159 580	150 810	141 590	135 020	127 570	122 590	116 000
Unternehmensinsolvenzen	29 150	29 580	32 930	32 060	30 120	28 720	26 120	24 030	23 180	21 560	20 200
Verbraucherinsolvenzen	105 300	98 450	100 790	109 960	103 250	98 050	91 360	86 460	80 220	77 260	72 100
sonstige	30 300	27 880	29 150	27 820	26 210	24 040	24 110	24 530	24 170	23 770	23 700

■ Das Insolvenzverfahren[1]

1. Schriftlicher Antrag auf Eröffnung des Insolvenzverfahrens an das zuständige Insolvenzgericht *(§ 13 InsO)* durch den/die Schuldner oder den/die Gläubiger bei Insolvenzfähigkeit des Schuldners *(§ 11 InsO)*; keine Einleitung von Amts wegen

↓

2. Einleitung des Insolvenzverfahrens *(§§ 11–25 InsO)*
Das Insolvenzgericht (= Amtsgericht, in dessen Bezirk der Mittelpunkt der selbstständigen wirtschaftlichen Tätigkeit des Schuldners liegt) prüft, ob

- ■ ein Eröffnungsgrund gegeben ist *(§ 16 InsO)*,
- ■ Ermittlungen von Amts wegen eingeleitet werden müssen,
- ■ vorläufige Sicherungsmaßnahmen einzuleiten sind *(§§ 21 ff. InsO)*,
- ■ die Erhebung von Unterlagen und Informationen vom Schuldner notwendig ist,
- ■ das Vermögen gesichert und erhalten werden könnte und zur Fortführung des Unternehmens des Schuldners einzusetzen ist,
- ■ ein Gutachten zum Eröffnungsgrund, zur Insolvenzfähigkeit und Fortführung des Unternehmens eingeholt werden sollte.

Das Gericht kann insbesondere

- ■ einen vorläufigen Insolvenzverwalter bestellen,
- ■ einen vorläufigen Gläubigerausschuss einsetzen,
- ■ dem Schuldner ein allgemeines Verfügungsverbot auferlegen oder anordnen, dass Verfügungen des Schuldners nur mit Zustimmung des vorläufigen Insolvenzverwalters wirksam sind,
- ■ Maßnahmen der Zwangsvollstreckung gegen den Schuldner untersagen oder einstweilen einstellen, soweit nicht unbewegliche Gegenstände betroffen sind,
- ■ eine vorläufige Postsperre anordnen.

↓   ↓

6

---

[1] Vgl. amt24.sachsen.de/.

3. Eröffnungsbeschluss *(§ 27 InsO)*

- Bezeichnung von Insolvenzschulden
- Berufung des Insolvenzverwalters
- Insolvenzeröffnung *(§ 27 Abs. 2 Nr. 1–3 InsO)*
- Insolvenzverwaltung *(§ 56 InsO)*
- Aufforderung an die Gläubiger, ihre Forderungen anzumelden *(§ 28 InsO)*
- evtl. Einsetzen des Gläubigerausschusses *(§ 67 InsO)*
- sonstige Sicherungsmaßnahmen
- Berichts- und Prüfungstermin *(§ 29 InsO)*

Abweisung mangels Masse *(§ 26 InsO)*
Das Insolvenzgericht weist den Antrag auf Eröffnung des Insolvenzverfahrens ab, wenn das Vermögen des Schuldners voraussichtlich nicht ausreichen wird, um die Verfahrenskosten (Gerichtskosten, Honorar und Auslagen des Insolvenzverwalters) zu decken.

4. Berichts- und Prüfungstermin *(§ 29 InsO, § 156 InsO)*

- Prüfen und Feststellen der Forderungen der Insolvenzgläubiger
- Bericht des Insolvenzverwalters über die Lage, Insolvenzursachen und Sanierungsfähigkeit des Unternehmens
- Entscheidung der Gläubiger über den weiteren Verlauf des Insolvenzverfahrens

ggf. Einstellung wegen

- Masselosigkeit *(§ 207 InsO)*
- Masseunzulänglichkeit *(§ 211 InsO)*
- fehlendem/entfallenem Eröffnungsgrund *(§ 212 InsO)*
- sonstigen Gründen *(§ 213 InsO)*

Folgen:

- Ende des Verfahrens
- Wiederaufleben der Haftung

5. Befriedigung der Gläubiger

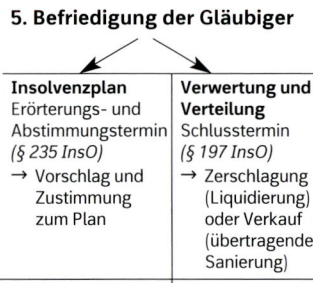

Insolvenzplan	**Verwertung und Verteilung**
Erörterungs- und Abstimmungstermin *(§ 235 InsO)*	Schlusstermin *(§ 197 InsO)*
→ Vorschlag und Zustimmung zum Plan	→ Zerschlagung (Liquidierung) oder Verkauf (übertragende Sanierung)

6. Abschluss des Insolvenzverfahrens

Sanierung *(§ 244 ff. InsO)*	**Restschuldbefreiung**	**Wiederaufleben der Haftung**
■ Umsetzung + Überwachung ■ Schuldentilgung nach Plan	(nur natürliche Personen)	■ Forderungen laut „Schlussliste" ■ ggf. Nachtragszahlungen an Gläubiger *(§ 207 InsO)*

▨ Wirkungen der Insolvenzeröffnung

- Das Insolvenzgericht veröffentlicht den Eröffnungsbeschluss sofort im Internet unter www.insolvenzbekanntmachungen.de und auszugsweise im elektronischen Bundesanzeiger unter www.ebundesanzeiger.de.
- Es erfolgt die Eintragung eines „Insolvenzvermerks" in das Handelsregister sowie ggf. in das Grundbuch.
- Nach *§ 115 InsO* **erlöschen** mit Verfahrenseröffnung sämtliche **Aufträge**, die der Schuldner begeben hat.
- Der Insolvenzverwalter wird nach Insolvenzeröffnung bei einem gegenseitigen Vertrag, der vom Schuldner und vom anderen Teil nicht oder nicht vollständig erfüllt wurde, die Vertragserfüllung gem. *§ 103 InsO* ablehnen; dies hat zur Folge, dass eine geleistete Anzahlung i.d.R. verloren ist, weil der Kunde, der bereits Geldleistungen erbracht hat, diese nur als Rückforderungsansprüche als Insolvenzgläubiger geltend machen kann.
- Der Schuldner bleibt Vermögensträger, aber **verliert** die **Verwaltungs- und Verfügungsbefugnis** über sein Vermögen; diese gehen auf den Insolvenzverwalter über, wenn das Gericht ein allgemeines Verfügungsverbot auferlegt *(§§ 22 Abs. 1, 80, 81, 148 InsO)*.
- Verfügungen des Insolvenzschuldners nach der Verfahrenseröffnung über einen Gegenstand, der in die genannte Insolvenzmasse fällt, sind unwirksam *(§ 81 Abs. 1 S. 1 InsO)*.
- Die Eröffnung des Insolvenzverfahrens führt nach *§ 240 ZPO* zu einer Unterbrechung aller anhängigen Verfahren und Prozesse, die die Insolvenzmasse betreffen.
- Nach Insolvenzeröffnung entstandene Steuern und Sozialversicherungsbeiträge sind als Masseforderungen bei Fälligkeit vollständig vom Insolvenzverwalter termingerecht abzuführen.
- Insolvenzgläubiger können ihre Forderungen nur nach den Vorschriften des Insolvenzverfahrens verfolgen *(§ 87 InsO)*.
- Mit Eröffnung des Insolvenzverfahrens endet die Möglichkeit der einzelnen Gläubiger, im Wege der Einzelzwangsvollstreckung gegen den Schuldner vorzugehen *(§ 89 InsO)*. Es besteht ein Vollstreckungsverbot bei Masseverbindlichkeiten *(§ 91 InsO)*.
- Ab Eröffnung des Insolvenzverfahrens sind für die Gläubiger des Insolvenzschuldners die Aufrechnungsmöglichkeiten beschränkt *(§ 96 InsO)*.
- Nach Eröffnung des Insolvenzverfahrens ist ein Rechtserwerb an Gegenständen der Insolvenzmasse ausgeschlossen *(§ 91 InsO)*.
- Der Insolvenzschuldner hat Auskunfts- und Mitwirkungspflichten *(§ 97 InsO)*.
- Auf Antrag kann das Gericht eine Postsperre verfügen *(§ 99 InsO)*.
- Die Gläubigerversammlung muss den Umfang des Unterhalts für den Schuldner und seine Familie aus der Insolvenzmasse beschließen *(§ 100 InsO)*.

Aufgaben des Steuerberaters im Fall einer möglichen Insolvenz sind insbesondere

- die betriebswirtschaftliche Beratung des Schuldners im Vorfeld der Insolvenz,
- nur bei ausdrücklicher Beauftragung die Prüfung, ob Gründe für die Eröffnung eines Insolvenzverfahrens vorliegen,
- Beratung bei der Erstellung eines Sanierungskonzepts,
- vorbereitende Arbeiten für die Erstellung eines Insolvenzplans,

6

- Übernahme der handels- und steuerrechtlichen Rechnungslegungspflichten, wie *z. B. Erstellung einer Inventur, vorläufige Vermögensaufstellung, Insolvenz-Buchführung,*
- Erstellung von Gutachten zur Vermögens-, Ertrags- und Finanzlage sowie Einschätzung der künftigen zu erwartenden Entwicklung des Unternehmens.

Weiterhin kann der Steuerberater bei der Beschaffung von Kaufinteressenten helfen und unterstützend bei Kaufverhandlungen mitarbeiten.

Steuerberater haben **nicht** die Pflicht, auf eine erkannte oder eingetretene Insolvenzreife der Gesellschaft infolge Überschuldung und die Notwendigkeit einer Überschuldungsprüfung, bzw. die Pflicht, auf die Stellung eines Insolvenzantrags hinzuweisen.

Bestellung des Insolvenzverwalters

Das Insolvenzgericht bestellt nach Eröffnung des Insolvenzverfahrens einen Insolvenzverwalter.

Wesentliche Aufgaben des Insolvenzverwalters nach Insolvenzeröffnung sind folgende:
- Übernahme der Geschäftsführung und Vertretung für das Unternehmen, wenn das Insolvenzgericht keine Stilllegung verfügt
- Inbesitznahme des gesamten schuldnerischen Vermögens
- Eintritt in alle vermögensrechtlichen Beziehungen des Unternehmens
- Erstellung von Verzeichnissen über die Vermögens- und Finanzlage, über die Anzahl der Gläubiger
- Führung einer Insolvenztabelle (Liste mit Forderungen der Gläubiger)
- Verwaltung und Verfügung über die Insolvenzmasse *(§§ 27 Abs. 1 S. 1, 80 ff. InsO)*

Beachten Sie:
Die Gesellschafter der GbR und OHG sowie die Komplementäre der KG müssen außerhalb des Insolvenzverfahrens unbeschränkt für Verbindlichkeiten der Unternehmung einstehen.
- Führen der Handelsbücher und Erstellung des Jahresabschlusses
- Erfüllung der steuerlichen Pflichten für das insolvente Unternehmen während der Dauer des Insolvenzverfahrens, wie *beispielsweise Steueranmeldungen und -erklärungen, z. B. LSt-, USt-, GewSt-Anmeldungen fristgerecht abgeben, Steuern aus der Insolvenzmasse bezahlen*
- bestmögliche Befriedigung der Forderungen der Gläubiger

Der Insolvenzverwalter kann Folgendes beim Gericht beantragen:
- Eintragungen ins Grundbuch
- Einberufung der Gläubigerversammlung
- Anordnung der Postsperre
- gerichtliche Zustimmung zu einer Betriebsänderung
- arbeitsgerichtliche Beschlussverfahren zum Kündigungsschutz
- Setzen einer Verwertungsfrist
- Anordnung der Nachtragsverteilung

Berechnungsverfahren

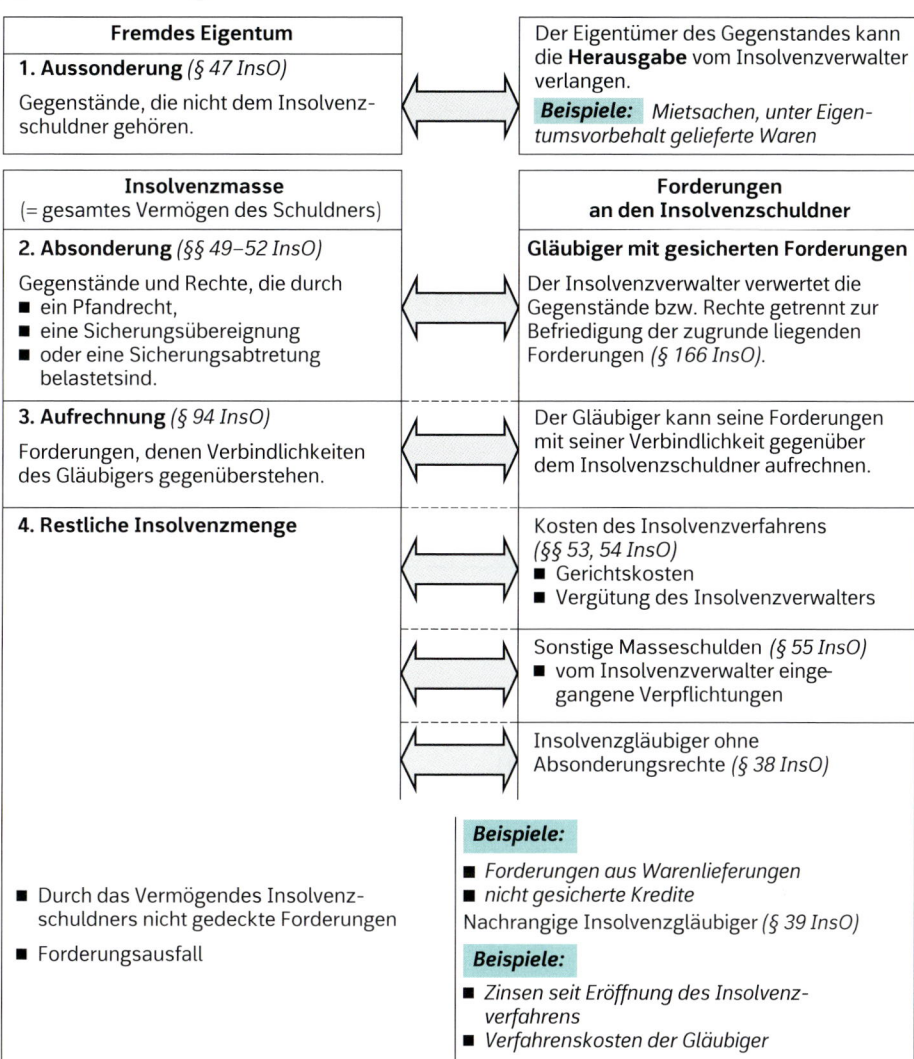

Fremdes Eigentum	Der Eigentümer des Gegenstandes kann die **Herausgabe** vom Insolvenzverwalter verlangen.
1. Aussonderung *(§ 47 InsO)*	
Gegenstände, die nicht dem Insolvenzschuldner gehören.	**Beispiele:** *Mietsachen, unter Eigentumsvorbehalt gelieferte Waren*

Insolvenzmasse (= gesamtes Vermögen des Schuldners)	Forderungen an den Insolvenzschuldner
2. Absonderung *(§§ 49–52 InsO)*	**Gläubiger mit gesicherten Forderungen**
Gegenstände und Rechte, die durch ■ ein Pfandrecht, ■ eine Sicherungsübereignung ■ oder eine Sicherungsabtretung belastet sind.	Der Insolvenzverwalter verwertet die Gegenstände bzw. Rechte getrennt zur Befriedigung der zugrunde liegenden Forderungen *(§ 166 InsO)*.
3. Aufrechnung *(§ 94 InsO)* Forderungen, denen Verbindlichkeiten des Gläubigers gegenüberstehen.	Der Gläubiger kann seine Forderungen mit seiner Verbindlichkeit gegenüber dem Insolvenzschuldner aufrechnen.
4. Restliche Insolvenzmenge	Kosten des Insolvenzverfahrens *(§§ 53, 54 InsO)* ■ Gerichtskosten ■ Vergütung des Insolvenzverwalters
	Sonstige Masseschulden *(§ 55 InsO)* ■ vom Insolvenzverwalter eingegangene Verpflichtungen
	Insolvenzgläubiger ohne Absonderungsrechte *(§ 38 InsO)*

Beispiele:
■ *Forderungen aus Warenlieferungen*
■ *nicht gesicherte Kredite*
Nachrangige Insolvenzgläubiger *(§ 39 InsO)*

Beispiele:
■ *Zinsen seit Eröffnung des Insolvenzverfahrens*
■ *Verfahrenskosten der Gläubiger*

■ Durch das Vermögen des Insolvenzschuldners nicht gedeckte Forderungen
■ Forderungsausfall

6

Beispiel:

Bei der Insolventa GmbH verbleibt nach der Befriedigung vorrangiger Verbindlichkeiten eine restliche Insolvenzmasse von 150 000,00 €. Folgende Forderungen wurden noch angemeldet:

■ *Insolvenzgläubiger ohne Absonderungsrechte* .... 750 000,00 €
■ *Nachrangige Insolvenzgläubiger* .... 35 000,00 €

Von der Bonafide GmbH wurden angemeldet:

■ *Forderungen aus Warenlieferungen* .... 12 500,00 €
■ *Zinsforderungen seit Insolvenzeröffnung* .... 100,00 €

Insolvenzquote für nicht bevorrechtigte Insolvenzgläubiger: $\frac{150\,000,00 \cdot 100}{750\,000,00} = \underline{20\,\%}$

Der Insolvenzverwalter überweist 2 500,00 € (= 20 % von 12 500,00 €) an die Bonafide GmbH. Die nachrangige Forderung wird nicht bedient.

▮ Insolvenzplanverfahren

Innerhalb des Regelverfahrens bietet die Insolvenzordnung das Instrument des Insolvenzplans an (*§ 217 ff. InsO*). Der Insolvenzplan eröffnet die Möglichkeit, eine Insolvenz einvernehmlich und durch den Schuldner/die Gläubiger gesteuert abzuwickeln (*§ 217 ff. InsO*). Anstelle des Regelinsolvenzverfahrens kann bei Unternehmen auf Anregung von Schuldner und/oder Insolvenzverwalter das Insolvenzplanverfahren treten *(§ 218 InsO)*. Die Gläubiger können durch Beschluss der Gläubigerversammlung den Insolvenzverwalter mit der Aufstellung eines Insolvenzplanes beauftragen. Ziel dieses Verfahrens ist, abweichend von den Vorschriften über das Regelinsolvenzverfahren unter Beteiligung aller Parteien einen Insolvenzplan zu erstellen, um einvernehmlich einen Weg aus der Krise zu finden und die Masse zu verwerten und zu verteilen *(§ 217 InsO)*.

Im Insolvenzplan werden die Ursachen für die Krise festgestellt, die wirtschaftliche Lage beschrieben und analysiert, Vermögensübersichten und ein Finanzplan werden erstellt sowie Lösungsmöglichkeiten aufgezeigt. Der Plan verlangt die Bestätigung durch das Insolvenzgericht.

Dieses Verfahren ist viel flexibler als das Regelinsolvenzverfahren, aber es wird selten angewendet, weil zu viele Parteien aufeinandertreffen und unterschiedliche Interessen verfolgen.

6.4   Freiwillige Liquidation

> Die **Liquidation** ist eine freiwillige Auflösung eines Unternehmens durch den Inhaber, indem alle Vermögensteile in Geld, also in liquide (flüssige) Mittel umgewandelt werden.

6.4.1   Auflösungsgründe

Ein Unternehmen darf nur aufgelöst werden, wenn keine Versorgungsverpflichtungen gegenüber anderen mehr bestehen (*z. B. § 70 GmbHG, § 149 HGB, §§ 161 Abs. 2, 149 HGB*).

Persönliche Auflösungsgründe	Sachliche Auflösungsgründe
▪ Alter des Inhabers und ungeklärte Unternehmensnachfolge ▪ Tod des Inhabers; die Erben sehen sich außerstande, das Unternehmen fortzuführen. ▪ Streitigkeiten der Gesellschafter untereinander ▪ Ein oder mehrere Gesellschafter kündigen die Gesellschaft. ▪ Erbauseinandersetzung	▪ schlechte Ertragslage ▪ Erreichen/Fortfall des Unternehmensziels/Unternehmenszwecks ▪ Erschöpfung der notwendigen Rohstoffe ▪ Es droht Insolvenz oder Zahlungsunfähigkeit. ▪ Hausbank verlängert nicht die Kreditlinie, es drohen Kreditkündigungen und die Verwertung von Sicherheiten. ▪ Die Gläubiger des Unternehmens haben plötzlich Finanzprobleme und können bzw. wollen nicht mehr wie bisher Aufträge erteilen.

6.4.2   Ablauf des Liquidationsverfahrens

Der Unternehmer/bisherige Gesellschafter/Geschäftsführer/Vorstand, auch **Liquidator** genannt, führt regelmäßig selbst die **Abwicklung** der Unternehmung durch. Auch andere Personen können zum Liquidator bestellt werden.

Der Unternehmer/bisherige Gesellschafter/Geschäftsführer/Vorstand/externe oder interne Liquidator erstellt einen Liquidationsplan und setzt diesen um.

Es sind vorzunehmen
- die Bewertung aller Vermögenswerte unter Einzelveräußerungsgesichtspunkten,
- die Ermittlung der Abwicklungskosten,
- die Erstellung eines Auslaufplans der betrieblichen Abläufe, wie *z. B. Produktion,*
- die Kündigungen sowie Stornierung von Verträgen, wie *z. B. Miet- und Pachtverträgen, Versicherungsverträgen, Lieferanten-, Kundenverträgen,*
- die Information der öffentlichen Stellen, wie *z. B. der Bundesagentur für Arbeit wegen Massenentlassungen, Verhandlungen mit den Sozialversicherungsträgern sowie evtl. Genehmigungen, wie z. B. bei Entlassungen von Schwerbehinderten beim Integrationsamt, evtl. Verhandlung mit dem Pensionssicherungsverein,*
- die Information der Arbeitnehmer, die Erstellung eines Sozialplans, evtl. Verhandlungen mit dem Betriebsrat sowie die Vorbereitungen für die Kündigungen der Arbeitnehmer,
- die Unterrichtung der Banken und Kreditgeber, Verhandlungen über die Kreditlinie.

■ Auswirkungen

- Veröffentlichung des Auflösungsbeschlusses und Eintragung im Handelsregister
- Die Firmenbezeichnung erhält auf allen Geschäftsbriefen den Zusatz „i. L." (in Liquidation).
- Einziehung der Forderungen
- Veräußerung der Vermögensgegenstände *(z. B. Maschinen, Grundstücke, Vorräte)* nach *§ 149 HGB*
- Controlling
- Bezahlung aller Schulden
- Verteilung des verbleibenden Vermögens
- Löschung der Firma im Handelsregister
- Arbeitnehmer verlieren ihren Arbeitsplatz.
- Gesellschafter von Personengesellschaften haften noch 5 Jahre ab Eintragung des Löschungsbeschlusses in das Handelsregister (soweit eine Anspruchsverjährung nicht vorher eintritt).
- Die Geschäftsbücher sind 10 Jahre aufzubewahren (bei Kapitalgesellschaften und Genossenschaften bestimmt das Gericht den Ort der Aufbewahrung).

Der Inhaber entschließt sich nur dann zur Liquidation, wenn der Unternehmensverkauf im Ganzen für ihn nicht vorteilhafter ist.

6

6.4.3   Steuerliche Folgen

■ Einkommensteuer

Bei Einzelunternehmen und Personengesellschaften (Mitunternehmerschaften) ist Voraussetzung, dass jede betriebliche Tätigkeit eingestellt wird, d. h., das Unternehmen muss als selbstständiger Organismus erlöschen. Deshalb ist einkommensteuerlich die Liquidation als **Veräußerung eines ganzen Betriebes** in Form der **Betriebsaufgabe** anzusehen *(§§ 16 u. 34 EStG).*

■ Körperschaftsteuer

Bei der Liquidation von Kapitalgesellschaften ist für den Beginn der Abwicklung eine **Liquidationseröffnungsbilanz** aufzustellen sowie für den Schluss des Abwicklungszeitraumes eine **Liquidationsschlussbilanz**. An die Stelle des sonst üblichen

Wirtschaftsjahres tritt steuerlich der Zeitraum der Abwicklung, der **Besteuerungszeitraum** soll jedoch **drei Jahre nicht übersteigen** *(§ 11 KStG)*.
Der Liquidationsgewinn als Unterschied zwischen dem Liquidations-Anfangsvermögen und -Endvermögen unterliegt der Körperschaftsteuer. Steuerfreie Vermögenszugänge während des Abwicklungszeitraumes sind aus dem Liquidationsgewinn herauszurechnen. Die am Ende der Abwicklung aufzustellende Liquidationsschlussbilanz zeigt regelmäßig auf der Aktivseite nur noch die flüssigen Mittel und auf der Passivseite nur das Kapital.

Der Zeitraum der Abwicklung beginnt mit der Auflösung; die Steuerpflicht endet erst, wenn die Liquidation rechtsgültig abgeschlossen ist, d. h. nach Ablauf des Sperrjahres.

▪ Gewerbesteuer

Bei Einzelunternehmen und Personengesellschaften (Mitunternehmerschaften) ist der Aufgabegewinn aus der Liquidation gewerbesteuerfrei. Bei Kapitalgesellschaften ist der Liquidationsgewinn jedoch nicht privilegiert, sondern unterliegt der normalen Besteuerung nach dem *GewStG*.

▪ Umsatzsteuer

Veräußerungsgeschäfte sind Hilfsgeschäfte und zählen zum Leistungstatbestand des Unternehmens. Die normalen Regelungen des *§ 1 Abs. 1 UStG* für Umsätze sind anzuwenden.

6.5 Ansatzmöglichkeiten zur Früherkennung von Krisen

Um Krisen frühzeitig zu erkennen, sollte zur Erkennung betrieblicher Schwachstellen und wirtschaftlicher Fehlentwicklungen ein zuverlässiges Kontrollsystem installiert werden. Eine nahende Unternehmenskrise kann aus folgenden Kennzahlen abgelesen werden:

1. **Umsatz**
   Die Umsatzentwicklung sollte kontrolliert und analysiert werden.
   Der Gesamtumsatz, der Umsatz je Kunde, je Mitarbeiter, je Quadratmeter-Verkaufsfläche sollte ermittelt und mit vorangegangenen Zeiträumen verglichen werden.
   Bei Umsatzrückgängen kann mit Erweiterung des Produktangebots, verbesserter Produktqualität, zusätzlicher Werbung, zusätzlichen Bemühungen der Absatzhelfer gegengesteuert werden.

2. **Kosten**
   Die Gesamtkostenentwicklung, die Aufteilung in fixe und variable Kosen sowie nach Kostenarten, Kostenstellen und/oder Kostenträgern muss ständig überwacht werden. Zusätzlich sind ständig Kosteneinsparungsmöglichkeiten zu überprüfen.

   Beispiele:
   - *Outsourcing,*
   - *Möglichkeiten der Senkung von Personalkosten,*
   - *Preisvergleiche und Überprüfung der derzeitigen Lieferanten,*
   - *Überprüfung der Reise- und Bewirtungskosten,*
   - *Überdenken der geplanten Marketingmaßnahmen,*
   - *Vergleich der Kosten für die Kreditaufnahme*

6

3. Gewinn/Verlust

Obwohl Gewinn/Verlust immer vergangenheitsbezogen festgestellt werden, kann anhand von Werten des Vorjahres, der Konkurrenz, der Branche die Entwicklung des Unternehmens nachvollzogen werden. Geeignete Kennziffern sind Umsatz-, Eigenkapital- und Gesamtkapitalrentabilität.

4. Deckungsbeitrag

Ein Auftrag empfiehlt sich nur dann anzunehmen und auszuführen, wenn der Verkaufspreis alle dem Produkt direkt zurechenbaren Kosten übersteigt, d. h., es wird ein positiver Deckungsbeitrag erreicht.

5. Liquidität

Der Anteil von flüssigen Mitteln am Gesamtvermögen ist infolge geringer Barmittel niedrig. Die Erhaltung der Liquidität durch monatliche Überprüfung der Liquiditätsgrade ist für die zukünftige Stabilität des Unternehmens unverzichtbar.

6. Hoher **Forderungsbestand** (Kundenziel) bei sehr schleppendem Zahlungseingang.

7. Hohe Gläubigerkapitalquote infolge geringen Eigenkapitals.

8. Niedrige Gesamtkapitalrendite infolge schlechter Erfolgslage.

9. Hohe kurzfristige Bankverbindlichkeitsquote infolge unausgewogener Fristen- und Gläubigerstruktur im Fremdkapitalbereich.

Übungsaufgaben

1. Nennen Sie Kennzeichen und Ursachen einer notleidenden Unternehmung.

2. Welche Auswege aus einer Finanzkrise bieten sich einer notleidenden Unternehmung an?

3. Erklären Sie, warum das oberste Ziel die Gesundung der Unternehmung darstellt, wenn sie in Zahlungsschwierigkeiten gerät.

4. Geben Sie Beispiele für eine kapitalmäßige Sanierung an und erläutern Sie die Maßnahmen anhand von Bilanzveränderungen vor und nach der Sanierung.

5. Wodurch unterscheidet sich die effektive Sanierung von der kapitalmäßigen Sanierung und der Fremdkapitaländerung?

6. Nennen Sie die Unterschiede zwischen einer Sanierung und dem Insolvenzverfahren.

7. Welche steuerlichen Folgen ergeben sich bei der Sanierung?

8. Welche Wirkungen hat die Insolvenzeröffnung?

9. Beschreiben Sie die Zielsetzung eines Insolvenzplanes.

10. Welche Gründe sprechen gegen die Restschuldbefreiung?

11. Erläutern Sie das vereinfachte Insolvenzverfahren.

12. Welche Gründe sprechen für die Auflösung eines Unternehmens durch Liquidation?

13. Welcher Verfahrensablauf ist aus Gläubigerschutzgründen bei der Auflösung durch Liquidation einzuhalten?

6

14. Steuerlich ergeben sich Besonderheiten im Liquidationsfall. Erklären Sie die besonderen steuerlichen Folgen in den einzelnen Steuerarten.

15. Über das Vermögen Bollig KG, Bonn, wurde die Eröffnung des Insolvenzverfahrens beantragt.
    a) Wer kann diesen Antrag stellen?
    b) Wo muss dieser Antrag gestellt werden?
    c) Unter welchen Voraussetzungen kann ein Insolvenzverfahren eröffnet werden?
    d) Das Gericht lehnt die Eröffnung des Insolvenzverfahrens mangels Masse ab.
       Was bedeutet diese Aussage?

16. Erklären Sie den Begriff Zahlungsunfähigkeit und seine Bedeutung bei Krisen des Unternehmens.

17. Nennen Sie Aufgaben der Insolvenzverwaltung.

18. Was bedeutet „Befriedigung der Gläubiger" im Insolvenzverfahren?

19. Nennen Sie einige Aufgaben, die bei einer freiwilligen Liquidation zu berücksichtigen wären.

6

7 Investition und Finanzierung

7.1 Investition

7.1.1 Investitionsarten

Die betriebliche Leistungserstellung setzt voraus, dass finanzielle Mittel zur Verfügung stehen, die zur Anschaffung und Aufrechterhaltung der erforderlichen Betriebsausstattung und Beschaffung der benötigten Arbeitsmaterialien eingesetzt werden können.

Aktiva (Vermögen)	Bilanz	Passiva (Kapital)
Anlagevermögen (langfristig gebundene Vermögensteile)		**Eigenkapital** (Geschäftsanteile, Kapitalrücklagen, Gewinnrücklagen, Gewinnvortrag, Jahresüberschuss)
Umlaufvermögen (kurzfristig gebundene Vermögensteile)		**Fremdkapital** – langfristig – kurzfristig
Mittelverwendung = Investitionen		**Mittelbeschaffung** = Finanzierung

Unter **Investition** versteht man die Verwendung finanzieller Mittel zur Beschaffung von Sach- und Finanzvermögen für unternehmerische Zwecke.[1] Investitionen erfordern eine **Investitionsplanung**:

- es ist zu prüfen, ob die Investition vorteilhaft ist,
- es ist zwischen verschiedenen Investitionsalternativen eine Auswahl zu treffen,
- es ist ein optimales Investitionsprogramm (Portfoliomanagement) festzulegen,
- es ist der optimale Ersatzzeitpunkt für eine Anlage zu bestimmen.

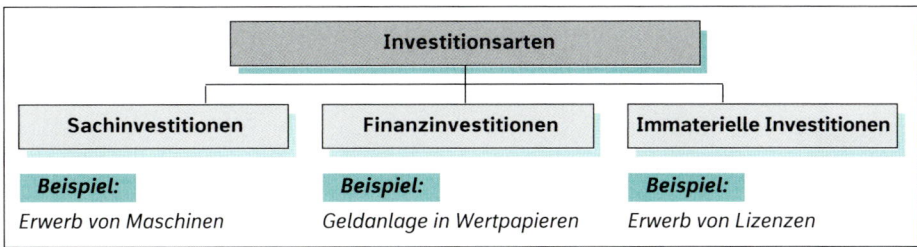

7

Sachinvestitionen

Sachinvestitionen sind Mittelverwendungen für betrieblich benötigte Produktionsmittel.

---

[1] Im Gegensatz hierzu ist der volkswirtschaftliche Investitionsbegriff enger gefasst. Vgl. hierzu S. 154 f.

- **Anlageinvestitionen** dienen der Aufrechterhaltung, Erweiterung oder Modernisierung der Produktionskapazität. Sie sind in der Bilanz dem Anlagevermögen zugeordnet.

  Beispiele:

  - *Grundstücke und Gebäude*
  - *technische Anlagen und Maschinen*
  - *Betriebs- und Geschäftsausstattung*

- **Vorratsinvestitionen** dienen der Bildung der nötigen Vorräte an Ausgangsmaterialien und Endprodukten. Sie sind in der Bilanz dem *Umlaufvermögen* zugeordnet.

  Beispiele:

  - *Roh-, Hilfs-, Betriebsstoffe*
  - *unfertige und fertige Erzeugnisse und Waren*

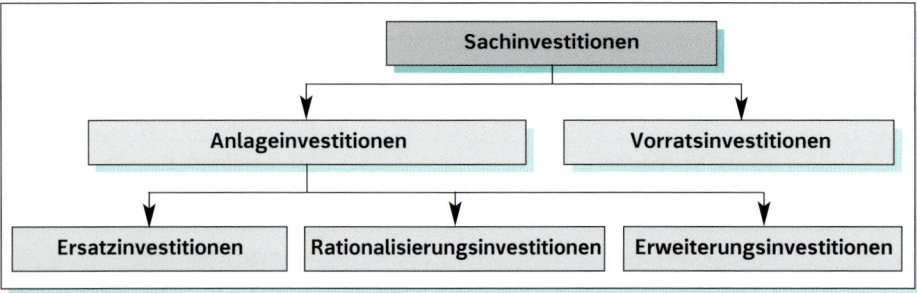

Der Umfang und die Zusammensetzung der erforderlichen Investitionen hängen von der Größe und dem Gegenstand der Unternehmung ab.

Finanzinvestitionen

> **Finanzinvestitionen** sind Mittelverwendungen für Finanzanlagen der Unternehmung. Bilanziell können sie – je nach Kapitalbindungsdauer – dem Anlage- oder dem Umlaufvermögen zugeordnet sein.

Finanzinvestitionen dienen der
- rentablen Anlage vorübergehend nicht benötigter Geldmittel,
- langfristigen Beteiligung an anderen Unternehmen,
- Vorsorge gegen unternehmerische Risiken.

Beispiele:

Festgeldanlagen, Wertpapieranlagen, Beteiligungen

Immaterielle Investitionen

Dies sind Investitionen im Entwicklungs- und Ausbildungsbereich. Sie beeinflussen wie Sachinvestitionen den Leistungsbereich des Unternehmens. Das ist bei Finanzinvestitionen nicht der Fall. Eine Investition setzt immer eine Kapitalbeschaffungsmaßnahme voraus. Die Bewertung ist bei immateriellen Investitionen schwierig und komplex.

Beispiel:

Die Nutzungsdauer einer PC-Schulungsmaßnahme ist aufgrund der Mitarbeiterfluktuation und des technischen Fortschritts schwer abzuschätzen.

7.1.2   Grundsatz der fristenkongruenten Finanzierung

Unter **Finanzierung** versteht man alle Maßnahmen zur Beschaffung der für die Unternehmung benötigten Geldmittel für die Leistungserstellung und -verwertung. Es ist zu prüfen,

- welche Finanzierungsformen kommen im Unternehmen zum Einsatz?
- wie unterscheiden sich die einzelnen Finanzierungsinstrumente?

Aufgabe der Finanzierung ist die Aufrechterhaltung des finanziellen Gleichgewichts der Unternehmung: **Finanzielles Gleichgewicht** liegt vor, wenn die betrieblichen Einzahlungs- und Auszahlungsströme in der Weise aufeinander abgestimmt sind, dass die Unternehmung jederzeit liquide ist, d. h. ihre fälligen Zahlungsverpflichtungen erfüllen kann.

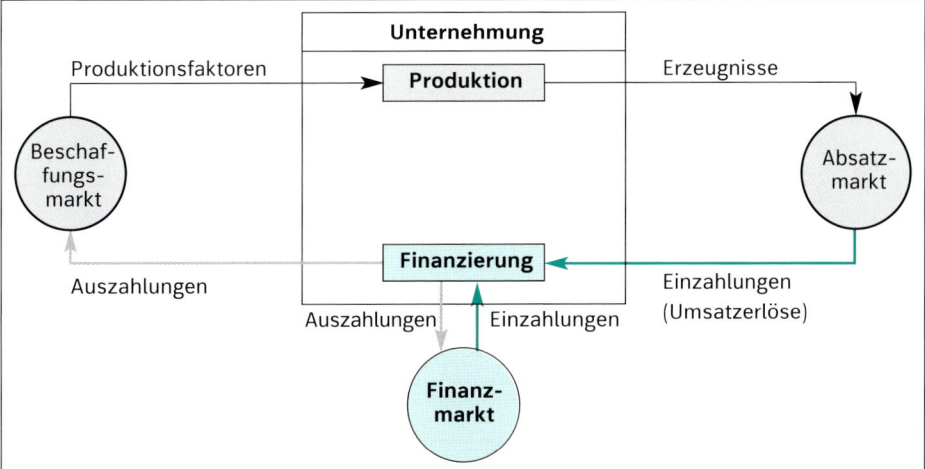

Die Art der Finanzierung hängt eng mit der Art der Investition zusammen. Die **„Goldene Finanzierungsregel"** fordert die **Fristenkongruenz** von Mittelherkunft und Mittelverwendung:

Die Geldmittel müssen der Unternehmung mindestens so lange zur Verfügung stehen, wie sie im Vermögen gebunden sind. Die Kapitalbindungsdauer der Vermögenswerte soll nicht länger sein als die Fristigkeit der dazu eingesetzten Geldmittel.

Das bedeutet:
- Kurzfristig aufgenommenes Geld darf nur zur Finanzierung kurzfristig gebundener Vermögensgegenstände eingesetzt werden.
- Langfristig gebundene Vermögensgegenstände sind langfristig zu finanzieren.

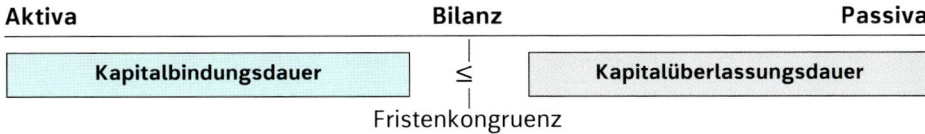

| Aktiva | Bilanz | Passiva |

Fristenkongruenz

Eine Verletzung des Finanzierungsgrundsatzes kann zur Illiquidität der Unternehmung führen.

Beispiel:

Die Nutzungsdauer einer Maschine beträgt 4 Jahre. Zu ihrer Finanzierung wird Kapital benötigt, das der Unternehmung mindestens für diesen Zeitraum zur Verfügung steht. Es dauert 4 Jahre, bis die Anschaffungskosten der Maschine über den Verkauf der damit hergestellten Produkte erwirtschaftet (hereingeholt) worden sind. Würde zur Finanzierung der Maschine ein Kredit mit einer Laufzeit von nur einem Jahr eingesetzt, so wäre die Finanzierung für die restlichen drei Jahre ungesichert.

7

7.2 | Finanzierungsarten

Finanzierung beinhaltet alle Maßnahmen zur **Bereitstellung finanzieller** Mittel *auf Zeit* für Unternehmen.

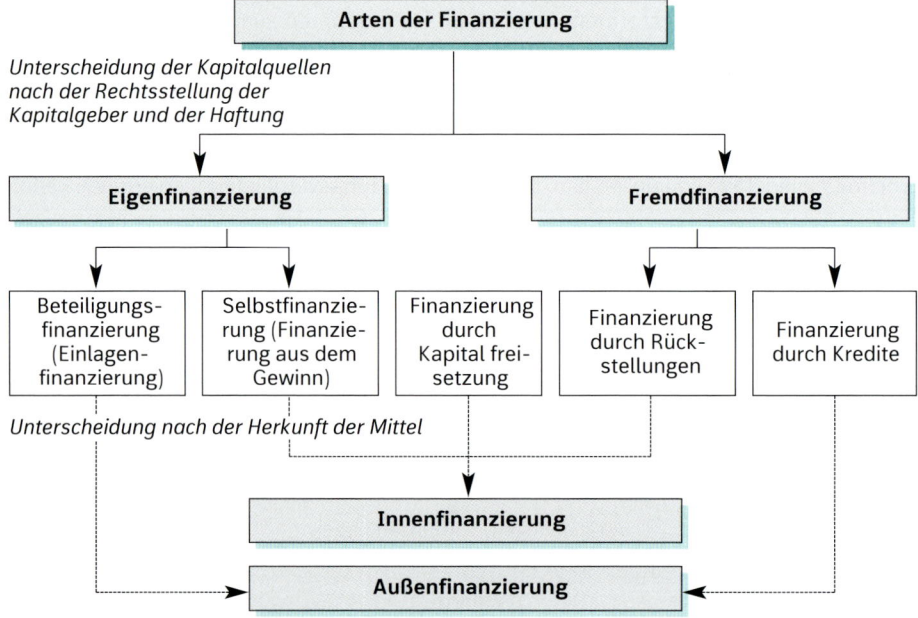

7.2.1 | Außenfinanzierung

Bei der **Außenfinanzierung** wird das Kapital von außen in die Unternehmung eingebracht. Aus der Struktur der Passivseite ergeben sich wesentliche **Instrumente der Außenfinanzierung**:

- Beteiligungsfinanzierung (Eigenfinanzierung),
- kurz- und mittelfristiges Fremdkapital,
- langfristiges Fremdkapital.

Man unterscheidet zwischen **Eigen-** und **Fremdfinanzierung**.

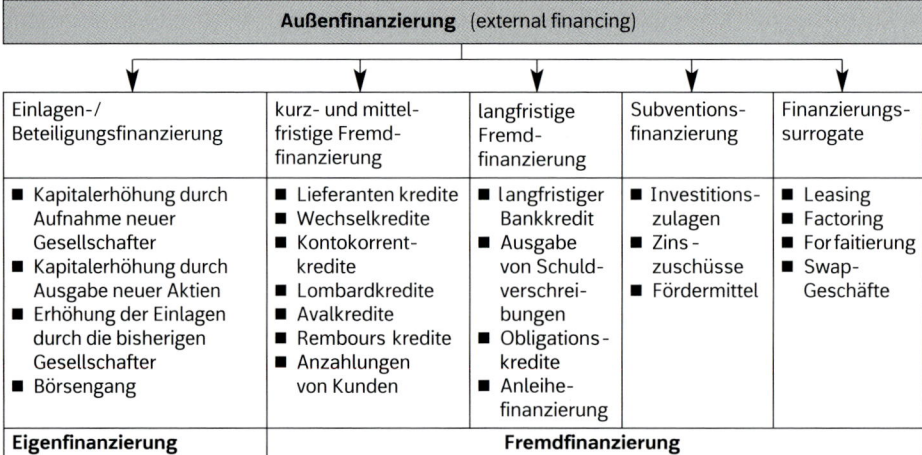

Außenfinanzierung (external financing)				
Einlagen-/ Beteiligungsfinanzierung	kurz- und mittel- fristige Fremd- finanzierung	langfristige Fremd- finanzierung	Subventions- finanzierung	Finanzierungs- surrogate
■ Kapitalerhöhung durch Aufnahme neuer Gesellschafter ■ Kapitalerhöhung durch Ausgabe neuer Aktien ■ Erhöhung der Einlagen durch die bisherigen Gesellschafter ■ Börsengang	■ Lieferanten kredite ■ Wechselkredite ■ Kontokorrent- kredite ■ Lombardkredite ■ Avalkredite ■ Rembours kredite ■ Anzahlungen von Kunden	■ langfristiger Bankkredit ■ Ausgabe von Schuld- verschrei- bungen ■ Obligations- kredite ■ Anleihe- finanzierung	■ Investitions- zulagen ■ Zins - zuschüsse ■ Fördermittel	■ Leasing ■ Factoring ■ Forfaitierung ■ Swap- Geschäfte
Eigenfinanzierung	**Fremdfinanzierung**			

▨ Einlagen-/Beteiligungsfinanzierung

Bei der Beteiligungsfinanzierung fließt der Unternehmung durch Erhöhung der Kapitaleinlagen der vorhandenen Gesellschafter oder durch Aufnahme neuer Gesellschafter zusätzliches **Eigenkapital** zu. Es handelt sich bei dieser Eigenfinanzierung um **Außenfinanzierung** mit Eigenkapital.

Die Art und Möglichkeit der Beteiligungsfinanzierung hängt von der Rechtsform der Unternehmung ab.

Beispiele:

- *e. K.: Überführung von Wirtschaftsgütern des Privatvermögens in das Betriebsvermögen*
- *OHG: Aufnahme eines neuen Gesellschafters in eine bestehende OHG*
- *KG: Erhöhung der Einlage der/des Kommanditisten*
- *GmbH: Erhöhung des Stammkapitals durch den/die Gesellschafter*
- *AG: Kapitalerhöhung durch Ausgabe neuer Aktien*
  (Nennwert = Grundkapital, Agio = Kapitalrücklage)
- *e. G.: Aufnahme neuer Genossen in die Genossenschaft*
- *Aufnahme eines stillen Gesellschafters*
- *Beteiligung von Kapitalbeteiligungsgesellschaften, Venture-Capital-Gesellschaften (VCs)*

Beurteilung der Beteiligungsfinanzierung aus der ...
... Sicht des Kapitalgebers
Der Kapitalgeber ist Miteigentümer (Teilhaber) der Unternehmung und hat daher - ein Mitspracherecht bei der Leitung der Unternehmung, - einen Anspruch auf einen seiner Beteiligungsquote entsprechenden *Anteil am Gewinn*, - für den Fall der Auflösung der Unternehmung einen Anspruch auf einen seiner Beteiligungsquote entsprechenden Anteil am *Liquidationserlös*. **Aber:** Der Kapitalgeber trägt das unternehmerische Risiko und haftet mit seiner Kapitaleinlage, ggf. auch mit seinem Privatvermögen, für eventuell eintretende Verluste. Im Insolvenzfall erleidet er einen Totalverlust.
... Sicht des Kapitalnehmers
- Das Eigenkapital steht der Unternehmung unbefristet zur Verfügung und eignet sich daher in besonderer Weise zur Finanzierung des Anlagevermögens. - Die Liquidität der Unternehmung wird nicht durch feste Zinszahlungen und Kapitalrückzahlungen belastet.   Zwar wird auch das Eigenkapital in Form von Gewinnausschüttungen „verzinst", doch wird die Höhe der Gewinnausschüttung von den Eigentümern bzw. der Geschäftsleitung der Unternehmung selbst bestimmt. - Eine hohe Eigenkapitalquote erhöht die Kreditwürdigkeit und erleichtert die Beschaffung von Fremdkapital. - Eine hohe Eigenkapitalquote macht die Unternehmung weniger krisenanfällig. **Aber:** - Durch die Aufnahme neuer Gesellschafter kommt es zu einer Änderung der Herrschaftsverhältnisse in der Unternehmung. - Der Gewinn der Unternehmung muss mit allen Gesellschaftern geteilt werden.
... steuerrechtlichen Sicht
Für die Beteiligungsfinanzierung ist die Regelung des § 34a EStG von Bedeutung, weil ein Unternehmer, der seinem Unternehmen Eigenkapital zuführt, in den nachfolgenden Abrechnungsperioden für die darauf entfallenden zusätzlichen Erträge, wenn er sie nicht entnimmt, die begünstigte Besteuerung beantragen kann. Bei vorteilhafter Antragstellung werden die Kapitalkosten der Beteiligungsfinanzierung gemindert. Im anderen Fall erfolgt die Besteuerung nach § 32a EStG.

7

■ Fremdfinanzierung (debt financing)

Bei der **Fremdfinanzierung (Kreditfinanzierung)** überlassen Kreditinstitute oder andere Geldgeber (Kreditgeber) der Unternehmung (Kreditnehmer) **Fremdkapital** für eine bestimmte Zeit in Form von Krediten.

Kennzeichen der Fremdfinanzierung:
- der Kreditgeber hat Anspruch auf Zins und Tilgung, im Insolvenzfall auf die Insolvenzmasse,
- die Überlassung der fremden Mittel ist zeitlich begrenzt,
- der Kreditgeber (Gläubiger) erlangt *keine* Mitbestimmung, wird aber je nach Höhe des
  Kredites auf die Geschäftsführung einwirken,
- der Kredit belastet durch Zinszahlung und Tilgung die Liquidität des Unternehmens,
- die Kreditkosten *(z. B. Kreditzinsen)* sowie ein evtl. Agio/Disagio können einkommensteuerlich als Aufwand gebucht werden (**Beachte:** Hinzurechnung zum Gewinn nach
  § 8 Nr. 1 GewStG).

Beispiele:

langfristige Fremdfinanzierung:	*kurzfristige Fremdfinanzierung:*
■ *Industrieobligationen*	■ *Lieferantenkredite*
■ *Wandelschuldverschreibungen*	■ *Anzahlungen von Abnehmern*
■ *Schuldscheindarlehen*	■ *Kontokorrentkredite*
■ *Grundschulden*	■ *Wechselkredite*
	■ *Lombardkredite*
	■ *Avalkredite*

Sonderformen der Fremdfinanzierung sind Leasing und Factoring.

Das mögliche Ausmaß der Fremdfinanzierung hängt von der Kreditwürdigkeit (Bonität)
der Unternehmung ab.

Beurteilung der Fremdfinanzierung aus der ...
... Sicht des Kapitalgebers (Gläubigers)
Der Kapitalgeber ist Gläubiger der Unternehmung. ■ Er hat einen festen Anspruch auf Zahlung der vereinbarten Zinsen und die Rückzahlung (Tilgung) des Kapitals. ■ Er haftet nicht für Verluste der Unternehmung. Sein Risiko ist auf die Leistung des Kapitaldienstes beschränkt. Im Insolvenzfall hat er einen Anspruch auf Anteil an der Insolvenzmasse bzw. ist bei Stellung einer Kreditsicherheit absonderungsberechtigt.
... Sicht des Kapitalnehmers (Schuldners)
■ Sind die Fremdkapitalzinsen geringer als der durch die Investition erzielte Ertrag, so wird dadurch die Eigenkapitalrentabilität erhöht (positiver Leverage-Effekt). ■ Die zu zahlenden Zinsen können als Betriebsausgaben steuerlich geltend gemacht werden. ■ Kurzfristiges Fremdkapital eignet sich in besonderer Weise zur Finanzierung des Umlaufvermögens, langfristiges Fremdkapital kann zur Finanzierung des Anlagevermögens eingesetzt werden. ■ Die Herrschaftsverhältnisse innerhalb der Unternehmung werden nicht verändert. **Aber:** ■ Die zu zahlenden Zinsen sind Fixkosten und erhöhen den kostendeckenden Preis. ■ Die Liquidität der Unternehmung wird durch den laufenden Kapitaldienst belastet. ■ Sind die Fremdkapitalzinsen höher als der durch die Investition erzielte Ertrag, so wird dadurch die Eigenkapitalrentabilität verringert (negativer Leverage-Effekt).
... steuerrechtlichen Sicht
Die Fremdfinanzierung ist sowohl gegenüber der Eigenfinanzierung bei Besteuerung nach *§ 32a EStG* als auch bei begünstigter Versteuerung nach *§ 34a EStG* günstiger, weil die Gewinne bei Inanspruchnahme der Begünstigung doppelt belastet werden und bereits der begünstigte Einkommensteuerersatz gem. *§ 34a EStG* in Höhe von 28,25 % (zuzüglich SolZ und KiSt) den Abgeltungssteuersatz gem. *§ 32d EStG* in Höhe von 25 % übersteigt.

7

Leverage-Effekt

Unter dem Leverage[1]-Effekt ist die Wirkung der Finanzierungskosten des Fremdkapitals auf die Eigenkapitalverzinsung zu verstehen.

Beispiel:

Ein Unternehmer möchte in eine gewerbliche Immobilie, die 1 000 000,00 € kostet, 500 000,00 € Eigenkapital investieren. Der Restbetrag von 500 000,00 € wird durch einen Kredit finanziert.

Annahmen: FK-Zinsen	4,6 %	6,6 %
eingesetztes Gesamtkapital (GK)	1 000 000,00 €	1 000 000,00 €
jährliche Mieteinnahmen	55 000,00 €	55 000,00 €
Gesamtkapitalrentabilität	5,5 %	5,5 %
eingesetztes Eigenkapital (EK)	500 000,00 €	500 000,00 €
aufgenommenes Fremdkapital (FK)	500 000,00 €	500 000,00 €
Fremdkapitalzinssatz	4,6 %	6,6 %
zu zahlende Zinsen 500 000,00 € · 4,6 % / 6,6 %	23 000,00 €	33 000,00 €
Eigenkapitalrendite	6,4 %	4,4 %
Beurteilung	Durch die niedrigeren FK-Zinsen ist die EK-Rendite (6,4 %) größer als die Gesamtkapitalrentabilität (5,5 %). → positiver Leverage Effekt	Die höheren FK-Zinsen reduzieren die EK-Rendite (4,4 %) auf einen Wert unterhalb der Gesamtkapitalrentabilität (5,5 %). → negativer Leverage Effekt

Nebenrechnungen:

Bei vollständiger Eigenfinanzierung wird der Gewinn den Mieteinnahmen (55 000,00 €) entsprechen. Bei Kreditfinanzierung wird der Gewinn durch die Fremdkapitalzinsen verringert.

1. Fall:
Mieteinnahmen – FK-Zinsen = 55 000,00 € – 23 000,00 € = 32 000,00 €

$$\text{Gesamtkapital-rentabilität} = \frac{(Gewinn + FK\text{-}Zinsen) \cdot 100}{Gesamtkapital} = \frac{55\,000,00 \cdot 100}{1\,000\,000,00} = 5,5\,\%$$

$$\text{Eigenkapital-rentabilität} = \frac{Gewinn \cdot 100}{Eigenkapital} = \frac{32\,000,00 \cdot 100}{500\,000,00} = 6,4\,\%$$

2. Fall:
Mieteinnahmen – FK-Zinsen = 55 000,00 € – 33 000,00 € = 22 000,00 €

$$\text{Gesamtkapital-rentabilität} = \frac{(Gewinn + FK\text{-}Zinsen) \cdot 100}{Eigenkapital} = \frac{55\,000,00 \cdot 100}{1\,000\,000,00} = 5,5\,\%$$

$$\text{Eigenkapital-rentabilität} = \frac{Gewinn \cdot 100}{Eigenkapital} = \frac{22\,000,00 \cdot 100}{500\,000,00} = 4,4\,\%$$

7

---

[1] Engl. leverage = Hebel

Positiver Leverage-Effekt:	Der zusätzliche Einsatz von Fremdkapital führt zu einer **Erhöhung der Eigenkapitalrentabilität**, wenn der Zinssatz für das Fremdkapital niedriger ist als die Verzinsung des Gesamtkapitals (= Gesamtkapitalrentabilität). Man spricht von der Hebelwirkung zunehmender Verschuldung auf die Eigenkapitalrentabilität.
Negativer Leverage-Effekt:	Der zusätzliche Einsatz von Fremdkapital führt zu einer **Senkung der Eigenkapitalrentabilität**, wenn der Zinssatz für das Fremdkapital höher ist als die Verzinsung des Gesamtkapitals (= Gesamtkapitalrentabilität).

▣ Umfinanzierung

Die Umfinanzierung führt nicht zu einem Zufluss zusätzlicher finanzieller Mittel, sondern bewirkt lediglich die Veränderung der Kapitalstruktur der Unternehmung.

Umfinanzierung (refinancing)	
innerhalb des Fremdkapitals	**zwischen Fremd- und Eigenkapital**
Umwandlung im Hinblick auf die Fristigkeit	**Umwandlung von Fremdkapital in Eigenkapital**
Beispiel:	*Beispiel:*
Kurzfristiges Fremdkapital wurde zur Finanzierung einer längerfristigen Investition eingesetzt. ZurSicherstellung einer fristenkongruenten Finanzierung erfolgt nun eine Umwandlung in langfristiges Fremdkapital.	*Aufgrund einer Unternehmenskrise verzichtet ein Gläubiger auf Zinszahlung und Tilgung und wandelt das Darlehen in eine Unternehmensbeteiligung um.*
Umwandlung im Hinblick auf den Kapitalgeber	**Umwandlung von Eigenkapital in Fremdkapital**
Beispiel:	*Beispiel:*
Ein hochverzinsliches Darlehen wird gekündigt und durch ein neues Darlehen eines anderen Kreditgebers (mit günstigeren Konditionen) ersetzt.	*Ein Gesellschafter einer OHG scheidet aus, stellt jedoch sein altes Geschäftskapital der Unternehmung weiterhin als Darlehen zur Verfügung.*

7

7.2.2　Innenfinanzierung

Bei der **Innenfinanzierung** kommen die finanziellen Mittel (Kapital) aus den Unternehmen aufgrund der betrieblichen Leistungserstellung und Umsatztätigkeit.

Die hierdurch bereitgestellten Geldmittel fließen indirekt von außen in die Unternehmung, da sie als Gewinne bzw. Kosten in die Preise einkalkuliert und somit in den erzielten Umsatzerlösen enthalten sind.

Man unterscheidet hierbei zwischen der Selbstfinanzierung, der Finanzierung aus Abschreibungserlösen und durch Rückstellungen sowie der Finanzierung durch Kapitalfreisetzung.

Innenfinanzierung (internal financing)			
Selbstfinanzierung	**Finanzierung aus Abschreibungen**	**Finanzierung aus Kapitalfreisetzung**	**Finanzierung aus Rückstellungen**
■ offene Selbstfinanzierung: Finanzierung durch Nichtausschüttung von Gewinnen: a) Personengesellschaften: Ausweis auf den EK-Konten b) Kapitalgesellschaften: Ausweis als Gewinnrücklagen ■ stille Selbstfinanzierung: a) Finanzierung durch verdeckte Gewinne zur Bildung stiller Rücklagen b) Unterbewertung von Aktiva, Übverbewertung von Passiva, Nichtaktivierung von WG, Unterlassen von Zuschreibungen	vorübergehende oder dauernde Zurückbehaltung erwirtschafteter Abschreibungswerte	■ Finanzierung aus Rationalisierung ■ Veräußerung von Teilen des Anlagevermögens ■ Kapitalfreisetzung infolge Lagerabbau ■ Kapitalfreisetzung durch Verkauf von Forderungen (Factoring) ■ „sale and lease back"	vorübergehende Bildung von Rückstellungen, die auf Dauer zu keinem oder verringerten Aufwand führen
Eigenfinanzierung			**Fremdfinanzierung**

Selbstfinanzierung (self-financing)

Bei der **offenen Selbstfinanzierung** wird auf die Ausschüttung der erwirtschafteten Gewinne ganz oder teilweise verzichtet. Die einbehaltenen Gewinne werden den bilanziellen Rücklagen/ dem Eigenkapital der Unternehmung zugeführt und erhöhen die Eigenkapitalbasis.

Die Selbstfinanzierung ist – wie die Beteiligungsfinanzierung – eine Form der **Eigenfinanzierung**. Bei der Selbstfinanzierung treten keine zusätzlichen Kreditgeber oder Eigentümer auf, die im Unternehmen ein Mitspracherecht haben wollen.

Bei Aktiengesellschaften müssen so lange 5 % des Jahresüberschusses der gesetzlichen Rücklage zugeführt werden, bis die gesetzliche Rücklage und die Kapitalrücklagen 10 % des Grundkapitals erreichen.

Beurteilung der Selbstfinanzierung

- ■ Für kleine und mittlere Unternehmungen ist die Selbstfinanzierung häufig die einzige Möglichkeit der Eigenfinanzierung.
- ■ Durch die Selbstfinanzierung gewinnt die Unternehmung dauerhaftes („ewiges") Kapital, das frei von Rückzahlungsverpflichtungen ist und auch keine laufenden Kapitalkosten verursacht.
- ■ Durch die Selbstfinanzierung bleibt die Unternehmung unabhängig von anderen Kapitalgebern.
- ■ Die Selbstfinanzierung erhöht die Kreditwürdigkeit der Unternehmung.

7

Beurteilung der Selbstfinanzierung aus steuerrechtlicher Sicht

Einzel-, Mitunternehmer und Personengesellschaften können nach *§ 34a EStG* für nicht entnommene Gewinne eine begünstigte Besteuerung beantragen, die bei späterer Entnahme eine Nachversteuerung auslöst.

Unter rein steuerrechtlichen Gesichtspunkten ist die Fremdfinanzierung vorteilhafter, weil alle Formen der Eigenfinanzierung dann stärker belastet werden, wenn der tarifliche Einkommensteuersatz den Satz der Abgeltungsteuer übersteigt.

Die Fremdfinanzierung ist sowohl gegenüber der Eigenfinanzierung bei Besteuerung nach *§ 32a EStG* als auch begünstigter Versteuerung nach *§ 34a EStG* günstiger, weil die Gewinne bei Inanspruchnahme der Begünstigung doppelt belastet werden und bereits die begünstigte Einkommensteuersatz nach *§ 34a EStG* in Höhe von 28,25 % (zuzüglich Solidaritätszuschlag und Kirchensteuer) den Abgeltungsteuersatz nach *§ 32d EStG* in Höhe von 25 % übersteigt.

Gründe für Selbstfinanzierung

Gründe für eine Selbstfinanzierung können sein:
- im Gesellschaftsvertrag sind die Entnahmen durch die Gesellschafter beschränkt.
- Einzel- und Personengesellschaften unterliegen seitens der Banken Kreditbeschränkungen.

Kann ein Unternehmen zwischen mehreren Finanzierungsmöglichkeiten wählen, sollte diejenige mit den geringsten Kapitalkosten gewählt werden.

Das bedeutet, man entnimmt den Gewinn, wenn die Kapitalkosten der Selbstfinanzierung größer sind als die anderen zur Verfügung stehenden Finanzierungsformen.

Damit ist die Unternehmensrendite mit den Kapitalkosten der Selbstfinanzierung zu vergleichen. Diese sind definiert als die erwirtschaftete Rendite des Unternehmens vor Steuern, damit der Einbehalt des Gewinns dasselbe Endvermögen ergibt wie eine Entnahme mit anschließender Anlage am Kapitalmarkt.

Die **stille (verdeckte) Selbstfinanzierung** erfolgt durch Bildung **stiller Rücklagen**, d. h. von solchen Rücklagen, die aus der Bilanz dem externen Betrachter nicht ersichtlich sind. Während offene Rücklagen aus dem versteuerten Gewinn gebildet werden, erfolgt die Bildung stiller Rücklagen (stille Reserven) durch die Minderung des auszuweisenden Gewinns, indem Aufwendungen höher oder Erträge geringer ausgewiesen werden, als es den tatsächlichen Gegebenheiten entspricht.

Stille Rücklagen sind somit versteckte Gewinne, die erst bei Auflösung der betreffenden Bilanzposition offengelegt und auch erst dann versteuert werden. Die Bildung stiller Rücklagen führt zu einer Ertragsteuerstundung; dies führt zu einer Steuerverlagerung und bedeutet einen Liquiditäts- und Zinsgewinn für die Unternehmung.

Stille Rücklagen können – soweit steuerlich bzw. handelsrechtlich zulässig – gebildet werden durch:

Unterbewertung von Vermögensgegenständen

Beispiel:

Es werden Abschreibungen verrechnet, die wesentlich über den tatsächlich vorliegenden Wertminderungen der Vermögensgegenstände liegen.

Anschaffungskosten einer Maschine:	*60 000,00 €*
tatsächliche Nutzungsdauer:	*10 Jahre*
tatsächliche jährliche Wertminderung:	*6 000,00 €*

Würde die Unternehmung die Maschine über einen Zeitraum von nur 5 Jahren abschreiben, so stände sie nach Ablauf dieser Zeit mit einem Erinnerungswert von 1,00 € zu Buche, obwohl sie tatsächlich noch einen Wert von 30 000,00 € hat.

Die Differenz zwischen dem Buchwert der Maschine und ihrem tatsächlichen Wert ist ein versteckter Gewinn. Bei einem Verkauf der Maschine über ihrem Buchwert würde die stille Rücklage aufgedeckt und der entstehende Gewinn müsste versteuert werden.

Nichtaktivierung von Vermögensgegenständen

Beispiel:

Geringwertige Wirtschaftsgüter über 250,00 € bis 800,00 € Anschaffungskosten ohne USt können im Jahr der Anschaffung in vollem Umfang als Aufwand erfasst werden, obwohl ihre Nutzungsdauer mehr als ein Jahr beträgt.

7

In beiden Fällen ist das tatsächliche Vermögen größer als das ausgewiesene Vermögen:

ausgewiesene Werte	**tatsächliche Werte**

Aktiva	Bilanz	Passiva	Aktiva	Bilanz	Passiva
		Eigenkapital			Eigenkapital
Vermögen		Fremdkapital	Vermögen		Fremdkapital
				Unterbewertung	stille Reserven

Überbewertung von Verbindlichkeiten

Beispiele:

Rückstellungen sind Verbindlichkeiten, deren Höhe und/oder Fälligkeit ungewiss ist. Man unterscheidet z. B. Prozess-, Steuer-, Pensionsrückstellungen. Werden sie aus Gründen der Vorsicht höher angesetzt, als spätere Beanspruchungen zu erwarten sind, entstehen stille Rücklagen.

In diesem Fall sind die tatsächlichen Verbindlichkeiten größer als die ausgewiesenen Verbindlichkeiten:

ausgewiesene Werte	**tatsächliche Werte**

Aktiva	Bilanz	Passiva	Aktiva	Bilanz	Passiva
		Eigenkapital			Eigenkapital
Vermögen		Überbewertung	Vermögen		stille Reserven
		Fremdkapital			Fremdkapital

Vorteile der Selbstfinanzierung	**Nachteile der Selbstfinanzierung**
■ stärkt die Unabhängigkeit des Unternehmens, ■ keine Zinszahlungspflichten, ■ formlos, keine Nebenkosten, ■ keine Änderung der Beteiligungsverhältnisse, ■ hoher Freiheitsgrad der Unternehmensleitung	■ keine langfristige Planungsmöglichkeit, ■ keine Fremdüberprüfung des Investitions- vorhabens (Gefahr von Fehlinvestitionen)

Finanzierung aus Abschreibungserlösen

Das Anlagevermögen einer Unternehmung besteht aus Vermögensteilen, die i. d. R. über einen mehrjährigen Zeitraum genutzt, dadurch im Wert gemindert und abgenutzt werden.

> Die Wertminderung der Sachanlagen wird als **Abschreibungsaufwand** berechnet und gebucht. Durch die Abschreibung werden die Anschaffungskosten auf die Jahre der Nutzung verteilt. Die Höhe der Abschreibung ist abhängig von der Nutzungsdauer und dem Abschreibungsverfahren.

Zu unterscheiden sind
- bilanzielle Abschreibung: die Abschreibungen werden als Aufwand in der GuV erfasst und sichern eine richtige bilanzielle Bewertung nach HGB und Steuerrecht der Wirtschaftsgüter,
- kalkulatorische Abschreibung: die Höhe der Abschreibungen orientiert sich am ökonomisch erfolgten tatsächlichen Wertverzehr und wird als Kostenbestandteil in die Preisberechnung einbezogen.

Die Abschreibungsgegenwerte fließen der Unternehmung somit laufend über die Umsatzerlöse zu und können bis zum Zeitpunkt der Ersatzbeschaffung (Reinvestition) angelegt oder für weitere Finanzierungszwecke verwendet werden.

7

Voraussetzungen für den Finanzierungseffekt:

- Einrechnung der kalkulatorischen Abschreibung in die Absatzpreise,
- die Wettbewerbssituation erlaubt die teilweise oder volle Einbeziehung der kalkulatorischen Abschreibung in die Marktpreise,
- keine Ausschüttung der erwirtschafteten Beträge an die Kapitaleigner.

Beispiele:

Der Bauunternehmer Bau nutzt einen Kran in seinem Unternehmen; die Anschaffungskosten betrugen 201 600,00 €; die Wiederbeschaffungskosten im Zeitpunkt der Neuanschaffung werden auf 240 000,00 € geschätzt. Die Nutzungsdauer wird auf 8 Jahre veranschlagt, die jährliche Einsatzzeit beträgt 1 200 Stunden; Arbeitslohn 55,00 €, sonstige Kosten 15,00 €, Gewinnzuschlag 10,00 €. Herr Bau kalkuliert seinen Angebotspreis für eine Kranstunde:

Kalkulation bei Ansatz der AfA nach § 7 Abs. 1 EStG		Kalkulation bei Ansatz der kalkulatorischen Abschreibung	
Arbeitslohn einschl. aller Lohnnebenkosten	55,00 €	Arbeitslohn einschl. aller Lohnnebenkosten	55,00 €
+ Abschreibung → (201 600 : 8) : 1 200 =	**21,00 €**	**+ Abschreibung** → (240 000 : 8) : 1 200 =	**25,00 €**
+ sonstige Kosten	15,00 €	+ sonstige Kosten	15,00 €
+ Gewinnzuschlag	10,00 €	+ Gewinnzuschlag	10,00 €
= Angebotspreis	101,00 €	= Angebotspreis	105,00 €

Die Finanzierung aus Abschreibungserlösen wird auch als **Finanzierung durch Vermögensumschichtung** bezeichnet: Der Wert der Sachanlagen nimmt durch die Abschreibungen ab, während der Wert der Finanzaktiva durch den Eingang der Abschreibungserlöse zunimmt (Aktivtausch).

■ Kapazitätserhaltungseffekt

Die Finanzierung aus Abschreibungserlösen dient in erster Linie zur Finanzierung von Ersatzinvestitionen. Nach Ablauf der Nutzungsdauer der Investitionsobjekte sollten die zur Ersatzbeschaffung erforderlichen Geldmittel über die Verkaufserlöse in die Unternehmung zurückgeflossen sein.

Eine einmal vorhandene Unternehmenskapazität kann auf diese Weise ohne Zuführung neuer Mittel erhalten werden.

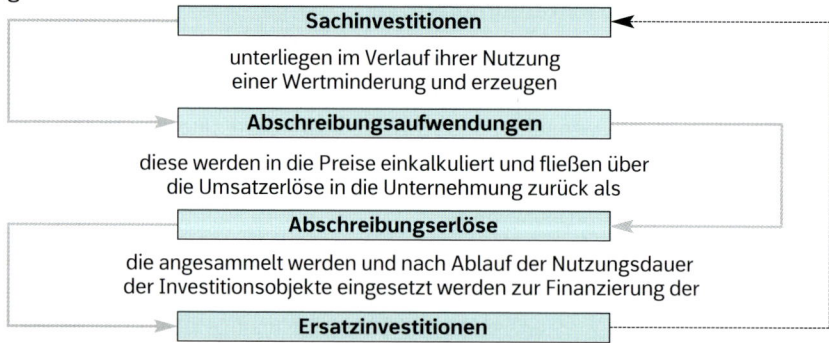

Beispiel:

Die Anschaffungskosten für eine EDV-Anlage betragen 30 000,00 €. Die Nutzungsdauer wird auf 5 Jahre geschätzt.
Bei linearer Abschreibungsmethode beträgt der jährliche Abschreibungsaufwand 6 000,00 €. Vorausgesetzt, die Unternehmung konnte die Abschreibungen über den Umsatzprozess „verdienen", verfügt sie nach Ablauf der Nutzungsdauer über den zur Ersatzinvestition erforderlichen Geldbetrag.

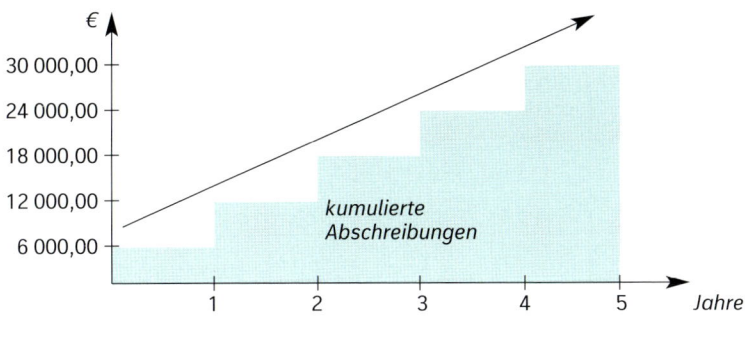

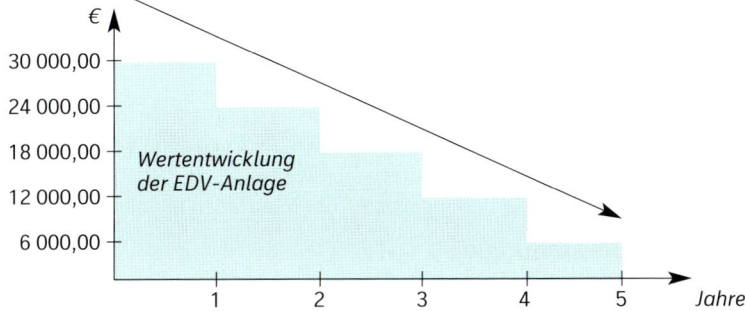

Bei einer Preissteigerung für die erforderliche Ersatzinvestition entsteht eine sog. **Abschreibungslücke**. Die Summe der Abschreibungswerte ist in diesem Fall niedriger als der Wiederbeschaffungspreis für den Anlagegegenstand. Eine Abschreibung vom voraussichtlich höheren Wiederbeschaffungspreis ist steuerlich unzulässig. Die Abschreibungslücke kann nur durch zusätzliche Außenfinanzierung oder durch Selbstfinanzierung aus Gewinnen gefüllt werden. Eine zu hohe Gewinnausschüttung kann daher die Substanz der Unternehmung gefährden.

Abschreibungslücke	Preisanstieg
Summe der Abschreibungen	Wiederbeschaffungskosten

Kapazitätsfreisetzungseffekt

Werden in einer größeren Unternehmung mehrere gleichartige Anlagegegenstände eingesetzt, so können die eingehenden Abschreibungsgegenwerte bereits vor dem Ablauf der Nutzungsdauer der Gegenstände zur Finanzierung von Erweiterungsinvestitionen eingesetzt werden. Die vorhandene Unternehmenskapazität könnte auf diese Weise ohne zusätzliche Fremd- oder Eigenmittel erweitert werden.

Beispiel:

Eine Unternehmung beschafft in fünf aufeinander folgenden Jahren je eine Maschine im Wert von 10 000,00 €. Die Finanzierung erfolgt aus eigenen Mitteln. Die Nutzungsdauer der Maschinen beträgt 5 Jahre.

Die Abschreibung soll linear erfolgen.

$$\text{Abschreibungsbetrag pro Jahr} = \frac{\text{Anschaffungskosten}}{\text{Nutzungsdauer}} = 2\,000,00\ €$$

7

Maschine	1. Jahr	2. Jahr	3. Jahr	4. Jahr	5. Jahr	6. Jahr
	€	€	€	€	€	€
Nr. 1	2 000,00	2 000,00	2 000,00	2 000,00	2 000,00	2 000,00
Nr. 2	–	2 000,00	2 000,00	2 000,00	2 000,00	2 000,00
Nr. 3	–	–	2 000,00	2 000,00	2 000,00	2 000,00
Nr. 4	–	–	–	2 000,00	2 000,00	2 000,00
Nr. 5	–	–	–	–	2 000,00	2 000,00
jährliche Abschreibung	2 000,00	4 000,00	6 000,00	8 000,00	10 000,00	10 000,00
liquide Mittel	2 000,00	6 000,00	12 000,00	20 000,00	30 000,00	30 000,00
– Reinvestition	–	–	–	–	10 000,00	10 000,00
freigesetzte Mittel	**2 000,00**	**6 000,00**	**12 000,00**	**20 000,00**	**20 000,00**	**20 000,00**

Die im 5. (6., 7. usw.) Jahr insgesamt verdienten Jahresabschreibungen entsprechen den Wiederbeschaffungskosten für die im 1. (2., 3. usw.) Jahr angeschafften Maschinen.
Die Abschreibungsbeträge der ersten vier Jahre sind dauerhaft freigesetzt und können für Erweiterungsinvestitionen eingesetzt werden.

Voraussetzungen für den Kapazitätsfreisetzungseffekt sind:

- Die jährlichen Abschreibungen fließen tatsächlich über die Verkaufserlöse in die Unternehmung zurück. Das bedeutet, das Unternehmen muss in der Lage sein, sein Absatzvolumen entsprechend der gestiegenen Kapazität auszuweiten.
- Die Anschaffungskosten bzw. Wiederbeschaffungskosten der Maschinen bleiben konstant.

Finanzierung durch Rückstellungen

Rückstellungen sind Verbindlichkeiten (Schulden) des Unternehmens gegenüber Dritten. Rückstellungen unterscheiden sich von Verbindlichkeiten, weil

- Grund, Höhe und/oder Fälligkeit zum Zeitpunkt des Wertansatzes ungewiss sind,
- die wirtschaftliche Verursachung in der laufenden Rechnungsperiode liegt.

Die Höhe der Rückstellung muss nach vernünftiger kaufmännischer Beurteilung erfolgen *(§ 253 Abs. 1 HGB)*.

Das Handelsgesetzbuch unterscheidet nach *§ 249 HGB* in der Handelsbilanz

- Rückstellungen für ungewisse Verbindlichkeiten einschl. Pensionen und Anwartschaften auf Pensionen,
- Rückstellungen für drohende Verluste aus schwebenden Geschäften,
- Rückstellungen für im Geschäftsjahr unterlassene Aufwendungen für Instandhaltung,
- Rückstellungen für Gewährleistungen.

Durch die Bildung von Rückstellungen können Geldmittel an die Unternehmung gebunden und bis zur Auflösung der Rückstellung zu Finanzierungszwecken eingesetzt werden.

Da die Rückstellungen der Begleichung erst in der Zukunft fälliger Verbindlichkeiten dienen, sind sie in der Bilanz dem Fremdkapital zuzuordnen. Man kann daher die Finanzierung durch Rückstellungen auch als innerbetriebliche Fremdfinanzierung ansehen.

Aktiva   **Bilanz**   Passiva

	Eigenkapital
	Rückstellungen
langfristige Verwendung ◄┄┄┄┄┄┄┄┄	■ Pensionsrückstellungen
	■ Prozessrückstellungen
kurzfristige Verwendung ◄┄┄┄┄┄┄┄┄	■ Steuerrückstellungen
	■ Aufwandsrückstellungen
	Fremdkapital

Soweit Rückstellungen in zulässiger Weise gebildet werden, stellen sie einen abzugsfähigen Aufwand dar, der den Gewinn der Unternehmung und damit auch die Ertragssteuerbelastung reduziert.

Die Finanzierungswirkungen ergeben sich aus dem Zufluss bzw. aus dem vermiedenen Abfluss liquider Mittel.

Die Finanzierungswirkung basiert auf folgenden Voraussetzungen:
- bei der Kalkulation der Selbstkosten einer Leistung werden die gebildeten Rückstellungen eingerechnet,
- der Markt akzeptiert die Leistung zu den berechneten Preisen einschließlich einkalkulierter Rückstellungen,
- die Liquiditätsansprüche Dritter werden zeitlich nicht unmittelbar angemeldet; somit stehen die kalkulierten und vereinnahmten Rückstellungsbeträge dem Unternehmen bis zur Inanspruchnahme als liquide Mittel für Zwecke der Finanzierung zur Verfügung.

Für den Finanzierungscharakter der Rückstellungen ist deren Fristigkeit entscheidend. Die durch Rückstellungen gebundenen finanziellen Mittel stehen der Unternehmung nur für den Zeitraum zwischen ihrer Bildung und Auflösung bzw. Inanspruchnahme zur Verfügung. Fällt der Grund, für den die Rückstellung gebildet wurde, ganz oder teilweise fort, so ist die betreffende Rückstellung gewinnerhöhend aufzulösen.

Da Rückstellungen bei ihrem Wertansatz einen Ermessensspielraum beinhalten, können sie durch zu hohen Ansatz auch zu einem Instrument der stillen Selbstfinanzierung werden.

Beispiel:

Ein Pharmaunternehmen ist zur Zahlung von Schadensersatz aufgrund der vom Kläger vermuteten schädlichen Nebenwirkung eines Medikamentes verklagt worden. Das Unternehmen hat zur Risikovorsorge gegen den drohenden Prozessverlust eine Prozessrückstellung in Höhe von 500 000,00 € gebildet.
Das Gericht verurteilt das Unternehmen schließlich zu einer Zahlung von 300 000,00 € Schadensersatz.
Die Rückstellung ist aufzulösen:
- *300 000,00 € werden an den Kläger gezahlt,*
- *200 000,00 € werden als Ertrag gewinnerhöhend gebucht.*

Die Mehrzahl der Rückstellungsfälle ist kurzfristiger Natur. Sie werden meistens in dem auf den Jahresabschluss folgenden Geschäftsjahr aufgelöst. Der Finanzierungseffekt dieser Rückstellungen ist daher begrenzt.

Beispiele:
- *Rückstellungen für zu erwartende Steuernachzahlungen (Steuerrückstellungen)*
- *Rückstellungen für unterlassene Instandhaltungen*

Ein dauerhafter, langfristiger Finanzierungseffekt wird durch die **Pensionsrückstellungen** erzielt:

Verpflichtet sich eine Unternehmung ihren Mitarbeitern gegenüber zur Zahlung von Alters-, Invaliden- oder Hinterbliebenenbezügen, dann kann sie bereits vom Zeitpunkt der Pensionszusage an Rückstellungen bilden. Sie stehen der Unternehmung somit für einen langfristig geplanten Zeitraum zur Verfügung und können je nach Mitarbeiterzahl und Altersstruktur der Mitarbeiter einen beträchtlichen Umfang erreichen.

Voraussetzung für die steuerliche Anerkennung der Pensionsrückstellungen ist eine Berechnung nach versicherungsmathematischen Grundsätzen, in die die wahrscheinliche Lebens-/Invaliditätserwartung der begünstigten Mitarbeiter einzubeziehen ist.

Aufgrund ihres langfristigen Charakters können Pensionsrückstellungen in gewissem Umfang zur Finanzierung von Anlageinvestitionen eingesetzt werden.

7

Die Entscheidung über die Art der Finanzierung ist also abhängig von

- der Art und den Kosten der Investition,
- den Kosten der Finanzierung,
- der Rechtsform der Unternehmung.

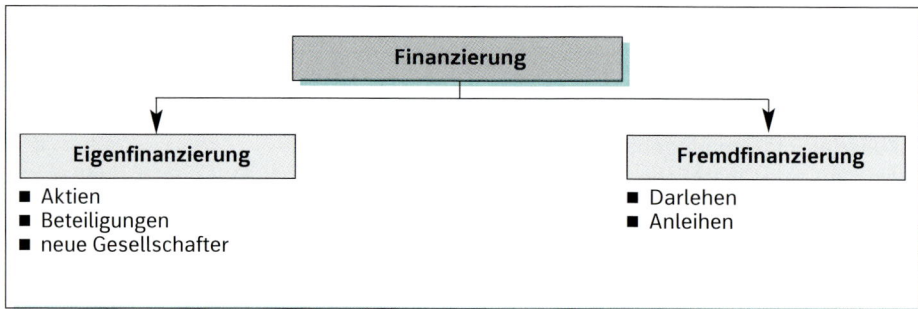

7.3 | Sonderformen der Finanzierung

Finanzierung bedeutet Beschaffung von Kapital, dies beinhaltet somit auch
- schnellere Umwandlung von Forderungen in liquide Mittel,
- Verkauf von Gebäuden und Zurückmieten des Gebäudes oder
- Leasen von Investitionsgütern.

Diese Vorgänge erhöhen den Umfang der zur Verfügung stehenden liquiden Mittel, weil kein Kapital langfristig gebunden wird.

7.3.1 | Factoring

Factoring ist eine Form der Absatzfinanzierung: Die Factoring-Gesellschaft – Factor genannt – kauft einem Factoring-Kunden im Rahmen eines Vertrages Forderungen aus Lieferungen und Leistungen ab.

Factoring-Gesellschaft und Factoring-Kunde sind jeweils Unternehmer.

Beispiel:

Die Wam Textilhandel GmbH beliefert ca. 60 Modeboutiquen. Sie räumt ihren Abnehmern jeweils ein Zahlungsziel von 60 Tagen ein. Die Forderungsbeträge schwanken zwischen 1 500,00 € und 9 000,00 € pro Lieferung. Der Jahresumsatz der Wam GmbH beträgt 8 000 000,00 €.

Für Unternehmen ist Factoring besonders interessant, wenn

- diese über hohe Forderungsbestände, aber geringe Eigenmittel verfügen,
- die Umsätze bei hohem Wareneinsatz stark wachsen,
- beim Einkauf durch Inanspruchnahme von Skontierung liquide Mittel eingespart werden können.

Unternehmen, die regelmäßig über einen hohen Forderungsbestand verfügen, brauchen die Fälligkeit der Forderungen nicht abzuwarten, sondern können sich durch den Verkauf der Forderung sofort Liquidität verschaffen.

Die Abnehmer des Factoring-Kunden (Debitoren) werden über die Forderungsabtretung informiert und können mit schuldbefreiender Wirkung nur noch an den Factor zahlen (*offenes Factoring*).

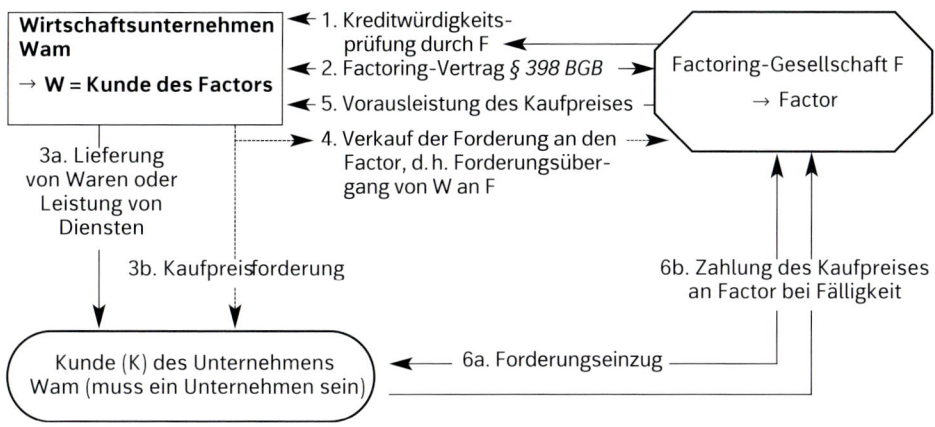

Ablauf: A. Vor Abschluss eines Factoring-Vertrages prüft der Factor die Bonität der Abnehmer des zukünftigen Kunden (Kreditwürdigkeitsprüfung).

B. Der Factor bestimmt anschließend das Limit, in dessen Rahmen er das Ausfallrisiko übernimmt.

C. Factor und Wirtschaftsunternehmen schließen einen Factoring-Vertrag; in dessen Rahmen verkauft das Unternehmen Forderungen an den Factor. Dieser Vertrag ist typengemischt; er enthält Elemente des Rechtskaufs *(§ 453 BGB)*, der entgeltlichen Geschäftsbesorgung *(§ 675 BGB)* und des Darlehens *(§ 607 BGB)*.

D. Das Unternehmen teilt den Kunden mit, dass die Forderungen an den Factor verkauft worden sind und dass zukünftig der Rechnungsbetrag an den Factor zu zahlen ist.

E. Das Unternehmen sendet an den Factor über jede versandte Rechnung eine Kopie.

F. Der Factor kauft die Forderung an, wenn sie im Rahmen des vereinbarten Limits liegt.

G. Bei Ankauf schreibt der Factor dem Unternehmen den Rechnungsbetrag unter Abzug von ca. 10–15 % Sicherungseinbehalt vom Kaufpreis für Skontoabzug und Mängelrügen gut. Dieser Sicherungsvorbehalt wird nach vollständigem Geldeingang beim Factor dem Unternehmen gutgeschrieben.

Merkmale des Factoring

- Die Factoring-Gesellschaft erwirbt nur Forderungen aus Lieferungen und Leistungen; andere Forderungen sind vom Ankauf ausgeschlossen.
- Die Factoring-Gesellschaft erwirbt grundsätzlich nur Forderungen gegenüber gewerblichen Abnehmern, die regelmäßig oder mehrfach beim Factoring-Kunden kaufen (Mehrfachabnehmer); der Ankauf von Forderungen gegenüber Endabnehmern, also Privatpersonen, kommt i.d.R. nicht in Betracht.
- Die Factoring-Gesellschaft verlangt von ihren Klienten, dass diese
  - in den Bereichen Produktion und Handel tätig sind,
  - einen bestimmten Mindestjahresumsatz haben *(z. B. 3 000 000,00 €)*,
  - über einen möglichst konstanten festen Kreis von Dauerabnehmern verfügen.

7

- Für Factoring geeignet sind nur Forderungen, die
  - ein Zahlungsziel von i. d. R. maximal 90 Tagen haben,
  - im Durchschnitt mindestens 1 000,00 € betragen.

Aufgrund des Forderungsverkaufs kommt es beim Factoring-Kunden bilanziell betrachtet zu einer **Vermögensumschichtung** (Aktivtausch). Es handelt sich dennoch um eine besondere Form der Außen- bzw. Fremdfinanzierung, da die Factoring-Gesellschaft den Zeitraum zwischen der Fälligkeit der Forderungen und dem Zeitpunkt des Forderungserwerbs durch ihre Mittelbereitstellung von außen überbrückt.

Funktionen des Factoring

Je nach Ausgestaltung des Factoring-Vertrages erfüllt die Factoring-Gesellschaft folgende Funktionen:

„echtes" Factoring	Finanzierungs-funktion	+	Dienstleistungs-funktion	+	Delkredere-funktion
„unechtes" Factoring	Finanzierungs-funktion	+	Dienstleistungs-funktion		

- **Dienstleistungsfunktion**

  Der Factor übernimmt die Debitorenbuchhaltung, das Forderungsinkasso und das Mahnwesen, Bonitätsprüfungen, Erstellen von statistischen Materialien, diverse Beratungsdienstleistungen.

- **Delkrederefunktion**

  Der Factor übernimmt das Ausfallrisiko, indem er darauf verzichtet, seinen Kunden solche Forderungen zurückzubelasten, bei denen der Debitor zahlungsunfähig wird. Die Haftung des Factors beschränkt sich ausschließlich auf die Bonität der Debitoren. Sie schließt nicht die Haftung für den rechtlichen Bestand der Forderungen ein. Um zu verhindern, dass der Kunde ausschließlich zweifelhafte Forderungen veräußert, wird er verpflichtet, alle Forderungen an den Factor abzutreten. Dieser behält sich darüber hinaus das Recht vor, zweifelhafte Forderungen vom Ankauf auszuschließen.

- **Finanzierungsfunktion**

  Auf Wunsch des Kunden erfolgt eine Bevorschussung der Forderungen (bis zu 90 %). Der Kunde kann selbst entscheiden, zu welchem Zeitpunkt und in welchem Umfang er von der Bevorschussung Gebrauch machen will. Der Restbetrag dient der Sicherung für etwaige Gewährleistungsansprüche seitens der Debitoren (Mängelrügen, Fakturierungsfehler) und wird bei vollständiger Rechnungsregulierung durch die Debitoren bzw. bei Eintritt des Delkrederefalls dem Kunden vergütet.

Die **Kosten des Factoring** – insbesondere Zinsen, Factoringentgelt, Kosten für Debitorenmanagement und Debitorenausfallrisiko – setzen sich aus der **Factoring-Gebühr** *(z. B. 5 % vom Umsatz)* und den banküblichen **Zinsen** für Kontokorrentkredite zusammen.

Vorteile des Factoring	Nachteile des Factoring
▪ Schnellerer Forderungsausgleich, ▪ Vermeidung des Forderungsausfallrisikos, evtl. Vermeidung von Verlusten aus Insolvenzen der Abnehmer je nach Absicherung im Vertrag, ▪ Kosteneinsparungen bei der Debitorenbuchhaltung sowie dem Inkasso- und Mahnwesen, ▪ verbesserte Liquiditätsausstattung: Kapitalfreisetzung durch Abbau der Außenstände, ▪ höhere Liquidität und damit bessere Finanzierungsmöglichkeiten, ▪ keine Kreditverhandlungen mit Banken, ▪ Lieferantenkredite können infolge verbesserter Liquidität kurzfristig unter Abzug von Skonti beglichen werden, ▪ Verkürzung der Bilanzsumme, ▪ Verbesserung der Bilanzstruktur durch Reduzierung des Umlaufvermögens, ▪ höhere Eigenkapitalquote und verbesserte Gesamtrentabilität, ▪ evtl. Reduzierung der Gewerbesteuer, ▪ Factor gibt Bonitätshinweise über evtl. Kunden, ▪ Factor überwacht Zahlungsziele, ▪ Factor zahlt spätestens nach 90–120 Tagen nach Fälligkeit, ▪ Factor übernimmt die Rechtsfolgekosten, ▪ Ersparung von Wertberichtigungen.	▪ Kosten für die Inanspruchnahme der Dienstleistungen des Factors, diese Kosten liegen über Kreditkosten, ▪ zusätzlicher Organisations- und Verwaltungsaufwand für die Auslagerung dieser Aufgaben, ▪ höhere Liquidität und damit bessere Finanzierungsmöglichkeiten.

In der **Praxis** werden – je nach konkreter Ausgestaltung – unterschiedliche Factoring-Verträge angeboten:

Arten	Beschreibung
Full-Service-Factoring (Standard-Factoring)	Der Factor ▪ kauft die Forderungen an und zahlt sofort, ▪ trägt das Ausfallrisiko (Forderungsausfallschutz für rückversicherbare Debitoren), ▪ ist für das Debitorenmanagement, das Mahnwesen und die Beitreibung überfälliger Forderungen zuständig. Der Kunde des Factors zahlt eine umsatzabhängige Pauschale.
Online-Factoring	Die Factoring-Prozesse werden per Datenübertragung abgewickelt.
Fälligkeits-Factoring	Der Factoring-Kunde nutzt die Vorteile der vollständigen Risikoabsicherung und der Entlastung beim Debitorenmanagement, verzichtet aber auf die sofortige Regulierung des Kaufpreises.
Inhouse-Factoring (Bulk-Factoring bzw. Eigenservice-Factoring)	Die Rechnungsabwicklung erfolgt im eigenen Unternehmen, um den Kontakt zum Kunden zu erhalten, aber ihre Forderungen und das Ausfallrisiko werden an einen Factor weitergegeben. Die Factoring-Gebühr ist günstiger.
Echtes Factoring **Unechtes Factoring**	Der Factor übernimmt ▪ das Ausfallrisiko (Delkredereschutz), ▪ kein Ausfallrisiko.
Export- und Import-Factoring	Factoring kann für den inländischen und den grenzüberschreitenden Geschäftsverkehr genutzt werden.
Offenes Factoring	Dem Kunden des am Factoring beteiligten Unternehmens wird angezeigt, dass die Bezahlung der offenen Forderungen nur an den Factor mit befreiender Wirkung bezahlt werden kann.
Stilles Factoring	Der Kunde erhält **keine** Mitteilung über den Verkauf der Forderung an den Factor.
Reverse-Factoring (umgekehrtes Factoring)	Der Factoring-Anbieter schließt einen Vertrag mit dem Abnehmer von Waren, in dem er sich dazu verpflichtet, die Forderungen von dessen Lieferanten vorzufinanzieren. Der Lieferant bekommt sein Geld innerhalb der Skontofrist. Der Abnehmer, also Auftraggeber des Factors, kann sich hingegen noch bis zum ursprünglichen Zahlungsziel Zeit lassen, ehe er das Geld an den Factor zurückerstattet.

7

7.3.2 Leasing

> **Leasing** ist die mietähnliche, **entgeltliche Nutzungsüberlassung** beweglicher oder unbeweglicher Wirtschaftsgüter des Anlagevermögens durch den Hersteller oder eine Leasing-Gesellschaft an den nutzungsberechtigten Leasing-Nehmer für eine bestimmte Zeit.

Leasing ist eine Alternative zur Fremd- bzw. Eigenfinanzierung: Anstelle des fremd- oder eigenfinanzierten Kaufs wird ein Gegenstand geleast. Weil es keine konkreten Rechtsvorschriften über Leasing gibt, wird ein der Miete *(§ 535 ff. BGB)* oder Pacht *(§ 581 ff. BGB)* angenähertes Vertragsverhältnis geschlossen.

Der Leasing-Gegenstand sichert die Forderungen des Leasing-Gebers. Wird der Leasing-Nehmer während der Nutzungsdauer des Leasing-Gegenstandes zahlungsunfähig, so kann der Leasing-Geber als Eigentümer den Gegenstand verwerten, d. h. seinen Ausfall verringern.

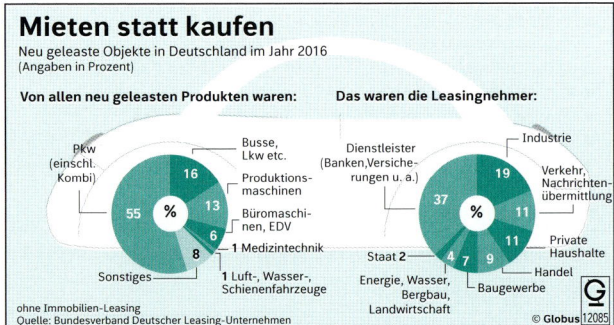

Deshalb wird der Leasing-Geber bei schwer verwertbaren Gegenständen eine gute Bonität des zukünftigen Kunden verlangen.

Steuerliche Zuordnung des Leasinggegenstandes nach *§ 39 AO*:

Wirtschaftsgüter sind dem Eigentümer zuzurechnen. Sollte allerdings ein anderer als der Eigentümer die tatsächliche Herrschaft über den Gegenstand derart ausüben, dass er den Eigentümer i. d. R. für die gewöhnliche betriebliche Nutzungsdauer von der Einwirkung auf den Gegenstand ausschließt, so ist das Wirtschaftsgut dem anderen zuzuordnen.

Dies bedeutet, wem – Leasing-Geber oder Leasing–Nehmer – das Wirtschaftsgut zuzurechnen ist, kann endgültig erst nach Prüfung der inhaltlichen Gestaltung des Vertrages entschieden werden. Die Bezeichnung des Leasingvertrages ist nicht maßgebend.

Beim Operating-Leasing ist das Wirtschaftsgut vom Leasing-Geber zu bilanzieren.

Bei Finanzierungsleasing entscheiden über die Zurechnung des Wirtschaftsgutes

- das Verhältnis von betrieblicher Nutzungsdauer zur Grundmietzeit,
- etwaige Optionsrechte (Kaufoption, Mietverlängerungsoption) des Leasing-Nehmers.

Umsatzsteuer

Wird der Leasinggegenstand vom Leasing-Geber bilanziert, so ist die Überlassung des Gegenstandes an den Leasing-Nehmer als sonstige Leistung nach *§ 1 Abs. 1 Nr. 1 i. V. m. § 3 Abs. 9 UStG* steuerbar; Entgelt sind die einzelnen Leasingraten. Bei Immobilien ist die evtl. Steuerfreiheit nach *§ 4 Nr. 12 UStG* zu prüfen; der Leasing-Geber kann evtl. nach *§ 9 Abs. 1 UStG* zur Umsatzbesteuerung optieren. Obwohl die Summe der Leasingraten i. d. R. den Kaufpreis übersteigen wird, ist die Differenz zwischen Kaufpreis und Summe der Leasingraten keine steuerfreie Kreditgewährung nach *§ 4 Nr. 8 UStG*, sondern Bestandteil des Entgelts.

7

Die Umsatzsteuer entsteht jeweils mit Ablauf des Voranmeldezeitraumes, für den die Leasingrate entrichtet worden ist. Ist die Forderung an eine Bank abgetreten worden, so ist *R 177 Abs. 4 UStR* zu beachten.

Die Wirtschaftspraxis hat verschiedene Leasing-Grundtypen entwickelt:

▨ Direktes Leasing – indirektes Leasing

Ist der Leasing-Geber gleichzeitig auch Hersteller des Leasing-Objekts, so spricht man von **direktem Leasing** oder auch **Hersteller-Leasing**.

Diese Form des Leasings setzt einen finanzkräftigen Leasing-Geber voraus. Es handelt sich hierbei meist um größere Unternehmen, die das Leasing zugleich als Instrument der Absatzförderung einsetzen. Als vorteilhaft erweist sich hier für den Leasing-Nehmer, dass der fachkundige Leasing-Geber gleichzeitig auch die Wartung des Leasing-Objektes übernehmen kann.

Beim **indirekten Leasing** ist zur Wahrnehmung der Finanzierungsfunktion zwischen Hersteller und Leasing-Nehmer ein herstellerunabhängiges Finanzierungsinstitut, die **Leasing-Gesellschaft**, eingeschaltet. Die Leasing-Objekte werden nach den individuellen Bedürfnissen der Leasing-Nehmer angeschafft und von der **Leasing-Gesellschaft** u. U. bis zu 100 % finanziert.

Die Leasing-Gesellschaft ihrerseits refinanziert sich bei einem Kreditinstitut.

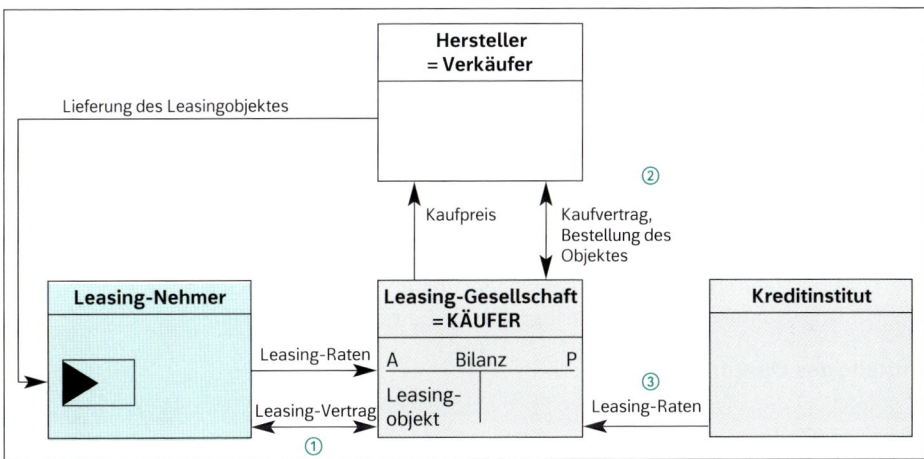

▨ Konsumgüter-Leasing – Investitionsgüter-Leasing

Leasing-Verträge können sich auf Konsumgüter (Konsumgüter-Leasing) oder auf Investitionsgüter (Investitionsgüter-Leasing) beziehen.

Bei beweglichen Leasingobjekten spricht man von Mobilien-Leasing, bei unbeweglichen Objekten von Immobilienleasing.
Die Verträge über Immobilienleasing haben eine lange Laufzeit *(z. B. bis 30 Jahre)*. Der Leasinggeber oder eine Tochtergesellschaft von ihm treten als Bauherren auf. Nach

Fertigstellung der Immobilie wird diese dem Leasingnehmer für eine lange Vertragsdauer *(z. B. bis 30 Jahre)* überlassen. Im Leasingvertrag wird dem Leasingnehmer häufig eine Kaufoption eingeräumt, die durch eine Vormerkung im Grundbuch abgesichert ist.

Eine besondere Gestaltungsvariante des Investitions-Leasings ist das **Sale-and-lease-back-Verfahren**:

Bei diesem Verfahren ist der Leasing-Nehmer zunächst Eigentümer, *z. B. eines bereits genutzten Bürogebäudes*, aber der derzeitige Eigentümer benötigt Liquidität.

Der Eigentümer verkauft und übereignet den Gegenstand – *z. B. das Bürogebäude* – an eine Leasinggesellschaft; diese hingegen least den Gegenstand als Leasinggeber an den bisherigen Eigentümer als neuen Leasing-Nehmer zurück, d. h., der bisherige Nutzer nutzt den Gegenstand weiter.

Der Leasing-Nehmer erhält den Kaufpreis, d. h., er hat einen Liquiditätszufluss in Höhe des Kaufpreises, aber er muss während der Nutzungsdauer laut Leasingvertrag regelmäßig Leasingraten zahlen.

▮ Operating-Leasing – Finanzierungsleasing

Operating-Leasing

Das Leasing-Objekt wird beim Operating-Leasing während der gesamten Nutzungsdauer von verschiedenen Unternehmen für einen Teil der gesamten Nutzungsdauer des Objektes geleast, d. h., der einzelne Leasingnehmer least den Leasinggegenstand nur für eine kurze Zeit.

Der Leasingvertrag kann mit einem Wartungsvertrag gekoppelt werden.

Nach Ablauf der Vertragsdauer muss der Leasingnehmer Anschlussleasingverträge sicherstellen, um die Amortisierung der Anschaffungskosten zu erreichen.

Der Leasingnehmer hat ein Kündigungsrecht.

Diese Form des Leasings ist der gewöhnlichen Miete angenähert.
Der Leasing-Geber bilanziert den Leasinggegenstand und schreibt ihn ab.
Der Leasing-Nehmer setzt die Leasingraten als Betriebsausgaben an.

Vorteile des Operating-Leasing:

- Engpässe des Leasing-Nehmers *(z. B. Ausfall eines Kopierers)* können kurzfristig überbrückt werden,
- die kurze Leasingdauer erlaubt es, einen Gegenstand vor einem Erwerb zu testen,
- eine Kündigung ist jederzeit oder zumindest unter erleichterten Bedingungen möglich,
- der Leasing-Nehmer verpflichtet sich finanziell nur für einen kurzen überschaubaren Zeitraum,
- es können die wirtschaftlich und technisch aktuellen Anlagegüter genutzt werden.

Finanzierungsleasing

Beim Finanzierungsleasing ist eine bestimmte – meist unkündbare – Grundmietzeit fest vereinbart, die i. d. R. kürzer ist als die betriebsgewöhnliche Nutzungsdauer des Leasing-Gegenstandes.

Bei dieser Leasingform überwälzt der Leasing-Geber auf den Leasing-Nehmer bestimmte Risiken:

Der Leasing-Nehmer trägt die Gefahr der technischen Veralterung, des zufälligen Untergangs sowie der Beschädigung; weiterhin übernimmt im Normalfall der Leasing-Nehmer die Kosten der Instandhaltung, bei Immobilienleasing die öffentlichen Lasten *(z. B. Grundsteuer)*.

Zu unterscheiden sind

- **Vollamortisationsverträge:** Der Leasing-Geber erwirtschaftet während der unkünd-
  (full-pay-out)   baren Grundmietzeit die kompletten Anschaffungs- oder Herstellungskosten einschließlich aller Nebenkosten *(z. B. Finanzierungskosten)* und des Gewinnzuschlages.

- **Teilamortisationsverträge:** Während der Nutzungsüberlassung innerhalb der festen Grundmietzeit erfolgt keine vollständige Amortisation der Anschaffungs- oder Herstellungskosten, der noch nicht erzielte Restbetrag muss nach der Grundmietzeit, *z. B. durch Abschluss eines Übernahmekaufvertrages*, errechnet werden.

Wesentlich für die Beurteilung des Finanzierungsleasings ist seine steuerliche Beurteilung und die Vertragsabwicklung am Ende der Grundmietzeit.

Man unterscheidet hierbei Leasing-Verträge

- mit Mietverlängerungsoption,
- mit Kaufoption,
- ohne Kauf- und Mietverlängerungsoption.

Um die Leasing-Raten in vollem Umfang als Betriebsausgaben absetzen zu können, ist eine Vertragsgestaltung notwendig, aufgrund derer das Leasing-Objekt bilanziell dem Leasing-Geber zugerechnet wird. Voraussetzung für die Bilanzierung beim Leasing-Geber ist eine vereinbarte Grundmietzeit von mindestens 40 % und höchstens 90 % der betriebsgewöhnlichen Nutzungsdauer des Leasing-Objekts.

Eine pauschale Beurteilung des Finanzierungsleasings ist nicht möglich. Ob es gegenüber dem kreditfinanzierten Kauf vorteilhaft ist, kann nur für den Einzelfall und unter Einbeziehung steuerlicher Aspekte beurteilt werden.

Wird der Gegenstand bilanziell dem Leasing-Geber zugeordnet, können die Leasing-Raten beim Leasing-Nehmer als sofort abzugsfähige Betriebsausgaben ertragsteuermindernd abgesetzt werden.

Nachteilig ist beim Finanzierungsleasing die gegenüber dem kreditfinanzierten Kauf höhere Liquiditätsbelastung:

Während bei einem kreditfinanzierten Kauf für die Amortisation die gesamte betriebsgewöhnliche Nutzungsdauer zur Verfügung steht, muss beim Finanzierungsleasing die Amortisation in der kürzeren Grundmietzeit erbracht werden.

7

> **Beispiel:**
>
> *Leasing-Grundmietzeit (Vollamortisation)*... *4 Jahre*
> *Kreditfinanzierung (= betriebsgewöhnliche Nutzungsdauer)*.. *6 Jahre*

Liquiditätsbelastung

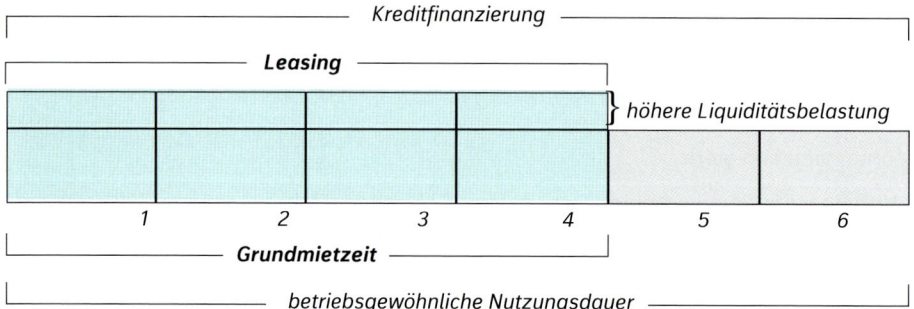

Auch unter Kostengesichtspunkten fällt der Vergleich zum fremdfinanzierten Kauf häufig zuungunsten des Finanzierungsleasing aus:

Bei einer *kreditfinanzierten* Anschaffung muss die Unternehmung aufwenden:

Bei einer *leasingfinanzierten* Anschaffung muss die Unternehmung aufwenden:

- Gewinn
- Risikoprämie
- Verwaltungskosten
- Anschaffungskosten
- Refinanzierungskosten des Leasing-Gebers

- Kreditzinsen
- Kredittilgung

Der Leasing-Nehmer muss für seinen speziellen Fall, ggf. mithilfe des steuerberatenden Berufsstandes prüfen, ob die steuerlichen und sonstigen Vorteile *(z. B. Beratungsleistungen, Servicefunktion des Leasing-Gebers)* die vergleichsweise hohe Fixkosten- und Liquiditätsbelastung aufgrund der Leasing-Raten rechtfertigen.

Operating-Leasing	Finanzierungsleasing
Das Leasing-Objekt ist ein Standardprodukt, für das i. d. R. ohne Schwierigkeiten ein Anschlussmieter gefunden werden kann.	Das Leasing-Objekt wird nach den individuellen Wünschen des Leasing-Nehmers hergestellt bzw. von der Leasing-Gesellschaft gekauft.
Beispiele:	*Beispiele:*
- *Kraftfahrzeuge* - *Fotokopiergeräte* - *Berufskleidung*	- *EDV-Systeme* - *Produktionsanlagen* - *Verwaltungsgebäude*
Das Vertragsverhältnis ist kurzfristig bzw. kurzfristig kündbar.	Das Vertragsverhältnis ist während der Grundmietzeit unkündbar.
Das Objekt wird bilanziell dem Leasing-Geber zugerechnet; die Leasing-Raten können vom Leasing-Nehmer als Betriebsausgaben abgesetzt werden.	Die Leasing-Raten können vom Leasing-Nehmer nur dann als Betriebsausgaben abgesetzt werden, wenn das Leasing-Objekt bilanziell dem Leasing-Geber zugerechnet wird.
Der Leasing-Geber ist darauf angewiesen, das Objekt mehrmals zu vermieten, da die Leasing-Raten eines Leasing-Nehmers nicht zur Amortisation des Objekts ausreichen.	Die während der Grundmietzeit zu zahlenden Leasing-Raten sind so kalkuliert, dass der Leasing-Geber den überwiegenden Teil der Investitionskosten daraus amortisieren kann.
Das **Investitionsrisiko** trägt der **Leasing-Geber**.	Das **Investitionsrisiko** trägt der **Leasing-Nehmer**.

7

Leasing-Grundtypen

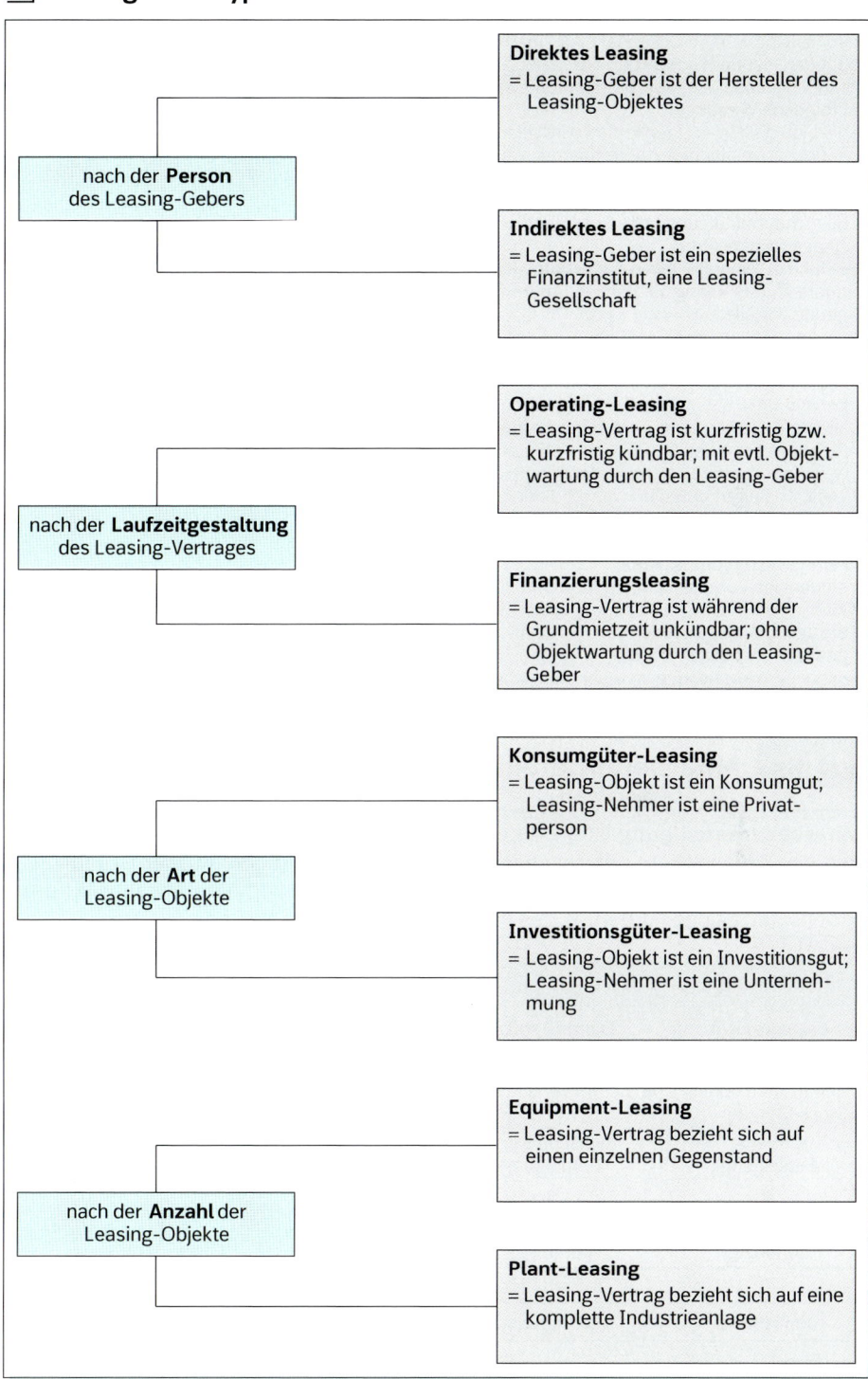

nach der Person des Leasing-Gebers

Direktes Leasing
= Leasing-Geber ist der Hersteller des Leasing-Objektes

Indirektes Leasing
= Leasing-Geber ist ein spezielles Finanzinstitut, eine Leasing-Gesellschaft

nach der Laufzeitgestaltung des Leasing-Vertrages

Operating-Leasing
= Leasing-Vertrag ist kurzfristig bzw. kurzfristig kündbar; mit evtl. Objektwartung durch den Leasing-Geber

Finanzierungsleasing
= Leasing-Vertrag ist während der Grundmietzeit unkündbar; ohne Objektwartung durch den Leasing-Geber

nach der Art der Leasing-Objekte

Konsumgüter-Leasing
= Leasing-Objekt ist ein Konsumgut; Leasing-Nehmer ist eine Privatperson

Investitionsgüter-Leasing
= Leasing-Objekt ist ein Investitionsgut; Leasing-Nehmer ist eine Unternehmung

nach der Anzahl der Leasing-Objekte

Equipment-Leasing
= Leasing-Vertrag bezieht sich auf einen einzelnen Gegenstand

Plant-Leasing
= Leasing-Vertrag bezieht sich auf eine komplette Industrieanlage

7

Vorteile des Leasings für den Leasing-Nehmer	Nachteile des Leasings für den Leasing-Nehmer

Beim Leasing wird im Gegensatz zur Finanzierung kein Kapital gebunden, sondern es werden die Leasing-Raten für das Investitionsgut aus dem daraus erzielten Umsatz bezahlt. Dies hat folgende Wirkungen:
■ die Liquidität/das Eigenkapital wird geschont und steht für andere Investitionen zur Verfügung,
■ kein Eingriff in den Kreditspielraum, die Kreditlinie bei der Hausbank bleibt erhalten,
■ Bilanzneutralität, denn das Leasingobjekt wird beim Leasinggeber aktiviert.
Dies führt zu einer positiven Auswirkung auf die Eigenkapitalquote für das Rating bei Banken. Außerdem bietet Leasing folgende Vorteile:
■ der Leasingnehmer zahlt nur den Wertverfall während der Nutzung, nicht die Anschaffungskosten des Wirtschaftsgutes,
■ keine Verpflichtungen mehr nach Rückgabe des Leasinggegenstandes,
■ leichtere Kreditaufnahme durch geringere Bonitätsprüfung,
■ Planungssicherheit und sichere Kalkulationsgrundlage, weil die Höhe der Leasing-Raten langfristig vereinbart wird, keine Kostenerhöhungen während der Laufzeit,
■ die Eigenkapitalquote und der Verschuldungsgrad verändern sich nicht,
■ keine Beschaffungskosten,
■ steuerliche Vorteile: Leasingraten und Sonderzahlungen sind in voller Höhe Betriebsausgaben und mindern damit ertragsabhängige Steuern,
■ geringes Investitionsrisiko,
■ schnellere Anpassung an technologischen Wandel, d. h. Nutzung der neuesten Technik.
	■ der Leasing-Nehmer ist kein Eigentümer i. S. d. BGB,
	■ i. d. R. ist der Leasingvertrag in der Grundmietzeit nicht kündbar,
	■ hohe Gesamtkosten, weil
	  • die Leasing-Raten i. d. R. höher als bei einem fremdfinanzierten Kauf des Leasing-Guts sind,
	  • zusätzlich laufende Kosten für Versicherungen, Reparaturen oder Instandhaltungsmaßnahmen anfallen,
	■ evtl. hohes Restwertrisiko,
	■ Kündigungsgefahr: Bei Zahlungsverzug kann der Leasing-Geber den Vertrag fristlos kündigen und evtl. Schadensersatzforderungen stellen.

7.3.3 Mitarbeiterbeteiligungen

Mitarbeiterbeteiligung ist die Beteiligung von Arbeitnehmern am Betriebsvermögen des Arbeitgebers auf gesellschafts- und/oder schuldrechtlicher Grundlage. Ziele sind stärkere Identifikation mit dem Unternehmen, erhöhte Attraktivität des Arbeitsplatzes und Förderung des unternehmerischen Denkens.

Mitarbeiterkapitalbeteiligungen[1]		Mitarbeiterbeteiligungen	
Eigenkapital	**Fremdkapital**	**Erfolgsbeteiligung**	**Investivkapital**
■ Direktbeteiligungen ■ Belegschaftsaktien ■ Stock-Options	■ Mitarbeiterdarlehen ■ Schuldverschreibung	■ Gewinnbeteiligung ■ Ertragsbeteiligung	■ Mitarbeiterguthaben ■ Zeitwertpapiere
Indirekte Beteiligung	Typische stille Beteiligung		
↑	↑	↑	↑
rechtsformabhängig	nicht rechtsformabhängig	nicht rechtsformabhängig	nicht rechtsformabhängig
Informations- und Mitarbeiterrechte			
umfassend	geringfügig	geringfügig	keine

---

[1] Quelle: Kaehlert, Günter: BBK: Mitarbeiterbeteiligungen 5/2009, S. 237. (verändert)

7.4 Kreditinstitute

7.4.1 Aufgaben der Kreditinstitute

> **Kreditinstitute** sind Dienstleistungsunternehmen, die Bankgeschäfte gewerbs-
> mäßig betreiben *(§ 1 KWG)*. Geschäftsbanken sind Wirtschaftsunternehmen, die
> Dienstleistungen rund ums Geld anbieten.

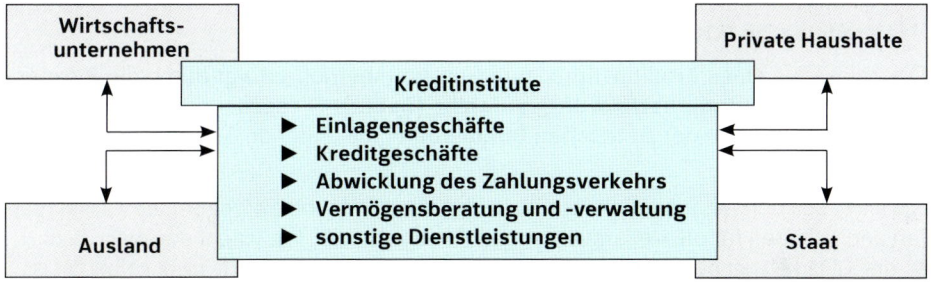

> Die **Kreditinstitute** sammeln Einlagen und gewähren **Kredite**.

Im **Einlagengeschäft** nehmen sie von Privatpersonen und Unternehmungen zur kurz-,
mittel- und langfristigen Geldanlage kleine und größere Beträge entgegen. Die Einleger
werden auf diese Weise zu Gläubigern der Kreditinstitute und erhalten je nach Anlage-
dauer und -betrag als Gegenleistung in unterschiedlicher Höhe Zinsen.

Im **Kreditgeschäft** werden diese Geldmittel der Wirtschaft wieder zur Verfügung gestellt. Die Kreditnehmer sind Schuldner der Kreditinstitute und zahlen für die Kapitalüberlassung entsprechend der Kreditart und der Kreditlaufzeit Kreditzinsen.

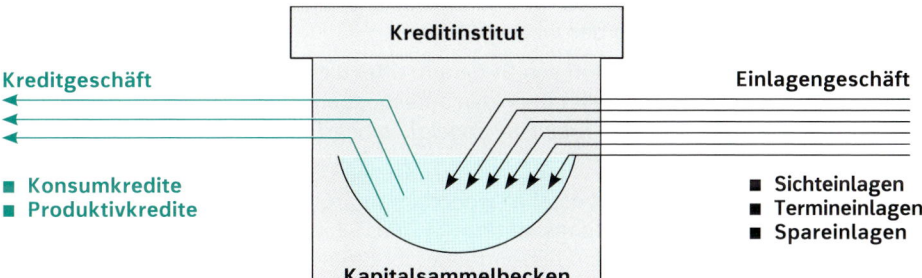

Beaufsichtigung der Kreditinstitute

Für Euro-Staaten gilt eine gemeinsame Bankenaufsicht durch die **Europäische Zentralbank (EZB)** für alle großen und systemrelevanten Banken der Euro-Zone (ca. 130 Banken
im Euro-System). Alle weiteren Banken, wie *z. B. Sparkassen und Volksbanken*, unterliegen
der nationalen Bankenaufsicht und der Bundesanstalt für Finanzdienstleistungsaufsicht.

7

Beispiel:

Große und systemrelevante Banken in Deutschland:

Aareal Bank AG, Bayerische Landesbank, Commerzbank AG, DekaBank Deutsche Girozentrale, Deutsche Apotheker- und Ärztebank e. G., Deutsche Bank AG, DZ BANK AG Deutsche Zentral-Genossenschaftsbank, HASPA Finanzholding, HSH Nordbank AG, Hypo Real Estate Holding AG, Landesbank Baden-Württemberg, Landesbank Berlin Holding AG, Landesbank Hessen-Thüringen Girozentrale, Landeskreditbank Baden-Württemberg-Förderbank, Landwirtschaftliche Rentenbank, Münchener Hypothekenbank e. G., Norddeutsche Landesbank-Girozentrale, NRW.Bank, SEB AG, Volkswagen Financial Services AG, WGZ BANK AG Westdeutsche Genossenschafts-Zentralbank

In Deutschland ist das Kreditwesen in seiner Geschäftätigkeit mehr als jeder andere Wirtschaftszweig an umfassende Gesetzesvorschriften gebunden, die im **Gesetz über das Kreditwesen** *(KWG)* niedergelegt sind.

Die Zulassung eines Kreditinstituts zum Geschäftsbetrieb erfolgt durch die **Bundesanstalt für Finanzdienstleistungsaufsicht (BaFin)**. Diese Behörde überwacht in Zusammenarbeit mit der **Deutschen Bundesbank** die laufende Geschäftätigkeit der Kreditinstitute.

Sie wirkt solchen Missständen innerhalb des Kreditwesens entgegen, die zu Nachteilen und Schäden für die Gesamtwirtschaft führen können. Sie wacht darüber, dass
- die Sicherheit der den Kreditinstituten anvertrauten Vermögenswerte nicht gefährdet ist,
- eine ordnungsgemäße Durchführung der Bankgeschäfte jederzeit gewährleistet ist.

Melde-Auskunftspflichten

Gesetz zum automatischen Austausch von Informationen über Finanzkonten in Steuersachen (FKAustG), Zinsinformationsverordnung (ZIV)

Banken müssen nach dem Globalen Meldestandard *(Common Reporting Standard – CRS sowie dem FKAustG)* unter Angabe von Name, Adresse, Ansässigkeitsstaat, Steueridentifikationsnummer, Geburtsdatum und -ort, Kontonummer, Name und Identifikationsnummer des meldenden Bankinstituts Kapitalerträge wie Zinsen, Dividenden und andere Kapitalerträge aus Vermögenswerten solcher Konten, Veräußerungs- und Einlösungserlöse von Finanzanlagen, insbesondere von Wertpapieren sowie angemeldete Freibeträge für Kapitalerträge und deren Inanspruchnahmen an das Bundeszentralamt für Steuern (BZSt) übermitteln. Diese Daten werden dort gespeichert, bearbeitet und an inländische und ausländische Finanzbehörden weitergegeben.

Weiterhin können die Bankkonten von Beziehern öffentlicher Leistungen, die davon abhängig sind, dass der Antragsteller über kein anrechenbares Vermögen bzw. Einkommen verfügt *(z. B. BAföG, Sozialhilfe, Arbeitslosengeld)*, in begründeten Einzelfällen vom BZSt überprüft werden.

Gesetzliche Auskunftspflichten bestehen weiterhin aufgrund von *§ 161 a StPO* gegenüber Staatsanwaltschaft und Ermittlungsrichtern, *§§ 30a, 93 AO* gegenüber dem Finanzamt, *§§ 44 ff. KWG* gegenüber dem Bundeszentralamt für Steuern, *§ 2 GwG* gegenüber Behörden, *§ 41 Abs. 4 BAföG* gegenüber Arbeitsamt und BAföG-Amt und aufgrund von SCHUFA-Klauseln.

7.4.2   Arten der Kreditinstitute

In Deutschland besteht das Bankensystem aus den Geschäftsbanken (Kreditinstituten) und der Zentralbank, der Deutschen Bundesbank. In Deutschland dominiert das Universalbankprinzip. Banken in Deutschland unterscheiden sich insbesondere nach Größe und Rechtsform.

Neben den Banken treten im Finanzsystem als wichtige Finanzinstitutionen auch Versicherungen und Investmentfonds auf.

Übersicht: Banken in Deutschland	
Universalbanken	**Spezialbanken**
Diese Banken bieten das gesamte zulässige Leistungsangebot laut Kreditwesengesetz an.	Dies sind Kreditinstitute, die nur einzelne, bestimmte Bankgeschäfte anbieten, die in Deutschland im Kreditwesengesetz definiert sind.
■ Kreditbanken ■ Sparkassen und Landesbanken ■ Kreditgenossenschaften	**Beispiele:** ■ *Bausparkassen* ■ *Investmentbanken* ■ *KfW AöR (früher: Kreditanstalt für Wiederaufbau)*

Die Kreditbanken umfassen die Großbanken, die Regionalbanken, sonstige Kreditbanken und die Zweigstellen ausländischer Banken.

Universalbanken

Die Universalbanken erledigen alle herkömmlichen Bankgeschäfte „unter einem Dach". Die Universalbank ist der in Deutschland vorherrschende Banktyp. Nach der Rechtsform wird zwischen drei Gruppen von Kreditinstituten unterschieden:

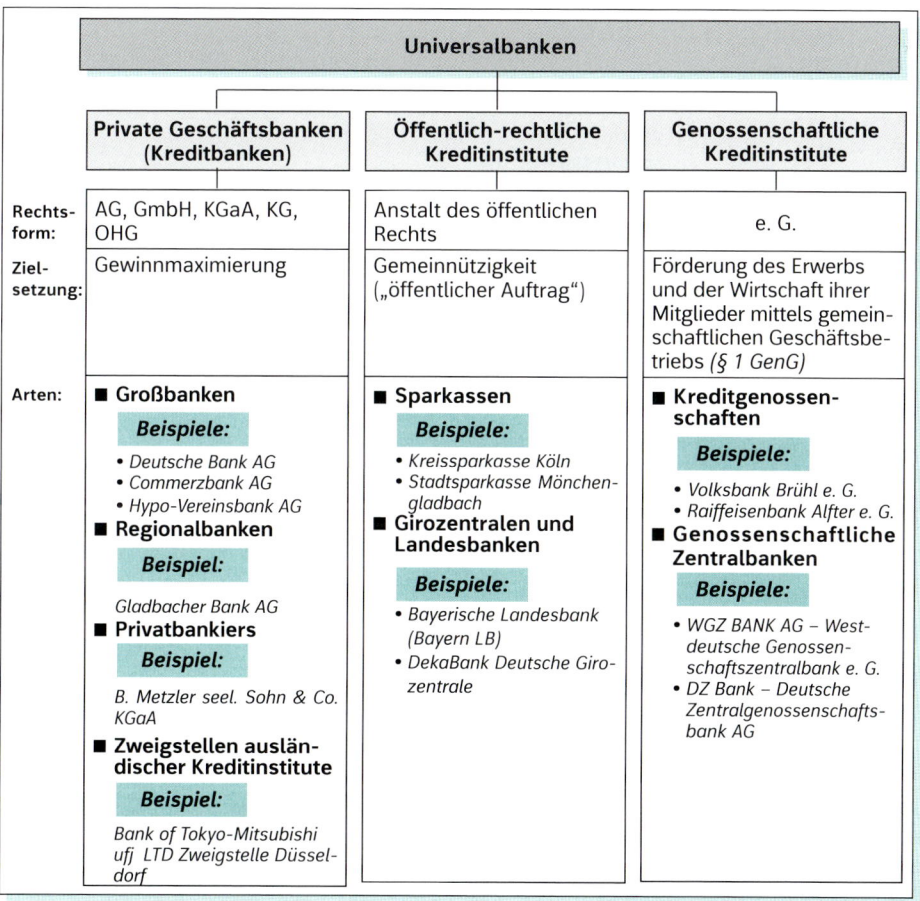

	Private Geschäftsbanken (Kreditbanken)	**Öffentlich-rechtliche Kreditinstitute**	**Genossenschaftliche Kreditinstitute**
Rechtsform:	AG, GmbH, KGaA, KG, OHG	Anstalt des öffentlichen Rechts	e. G.
Zielsetzung:	Gewinnmaximierung	Gemeinnützigkeit („öffentlicher Auftrag")	Förderung des Erwerbs und der Wirtschaft ihrer Mitglieder mittels gemeinschaftlichen Geschäftsbetriebs *(§ 1 GenG)*
Arten:	■ **Großbanken** **Beispiele:** • *Deutsche Bank AG* • *Commerzbank AG* • *Hypo-Vereinsbank AG* ■ **Regionalbanken** **Beispiel:** *Gladbacher Bank AG* ■ **Privatbankiers** **Beispiel:** *B. Metzler seel. Sohn & Co. KGaA* ■ **Zweigstellen ausländischer Kreditinstitute** **Beispiel:** *Bank of Tokyo-Mitsubishi ufj LTD Zweigstelle Düsseldorf*	■ **Sparkassen** **Beispiele:** • *Kreissparkasse Köln* • *Stadtsparkasse Mönchengladbach* ■ **Girozentralen und Landesbanken** **Beispiele:** • *Bayerische Landesbank (Bayern LB)* • *DekaBank Deutsche Girozentrale*	■ **Kreditgenossenschaften** **Beispiele:** • *Volksbank Brühl e. G.* • *Raiffeisenbank Alfter e. G.* ■ **Genossenschaftliche Zentralbanken** **Beispiele:** • *WGZ BANK AG – Westdeutsche Genossenschaftszentralbank e. G.* • *DZ Bank – Deutsche Zentralgenossenschaftsbank AG*

7

▪ Spezialkreditinstitute

Diese Kreditinstitute bieten nur bestimmte Bankdienstleistungen nach dem KWG an.

Zu den **Spezialbanken** zählen:	
Realkreditinstitute	Dies sind Banken, die langfristige Kredite[1] für Immobilienfinanzierungen gewähren und sich dafür als Sicherheit eine Grundschuld oder eine Hypothek in das Grundbuch des Beleihungsobjektes eintragen lassen. Sie finanzieren sich durch Ausgabe von Schuldverschreibungen (sog. Pfandbriefe), die von Privatleuten, Versicherungen und anderen Banken erworben werden. **Beispiele:** *Deutsche Hypothekenbank AG, HSH Nordbank AG, Deutsche Pfandbriefbank AG*
Bausparkassen	Dies sind Kreditinstitute, deren Geschäftsbetrieb darauf gerichtet ist, Einlagen von Bausparern (Bauspareinlagen) entgegenzunehmen und aus den angesammelten Beträgen den Bausparern für wohnungswirtschaftliche Maßnahmen Gelddarlehen (Bauspardarlehen) zu gewähren *(§ 1 BauSparkG)*. **Beispiele:** *Wüstenrot Bausparkasse AG, Aachener Bausparkasse AG, Bausparkasse Schwäbisch Hall*
Banken mit Sonderaufgaben	Sie nehmen Aufgaben wahr, die von anderen Kreditinstituten nicht oder nicht in ausreichendem Umfang erfüllt werden. Sie bieten *z. B. direkte Kredithilfen an und unterstützen öffentliche Institutionen bei der Durchführung wirtschaftspolitischer Maßnahmen.* **Beispiele:** *NRW Bank, Deutsche Industriebank AG, Landwirtschaftliche Rentenbank, Ausfuhrkredit-GmbH, Industriekreditbank AG – Deutsche Industriebank, Siedlungs- und Landesrentenbank, Kreditanstalt für Wiederaufbau (KfW)*
Sonstige Spezialbanken	Dies sind meist Bürgschaftsbanken. Sie unterstützen durch Vergabe von Bürgschaften als vollwertige Sicherheit für Kreditinstitute gewerbliche Unternehmen und freie Berufe bei der Kredit- oder Beteiligungsfinanzierung. **Beispiele:** *Bürgschaftsbank Nordrhein-Westfalen GmbH, Niedersächsische Bürgschaftsbank GmbH*

7

---

[1] Realkredit = Kredit, der durch eine Grundschuld oder Hypothek abgesichert ist

7.5 Kreditarten

7.5.1 Kreditbegriff

Zu den vordringlichen Aufgaben der Kreditinstitute gehört es, die Geldmittel, die sie als **Sicht-, Termin-** und **Spareinlagen** entgegennehmen, der Volkswirtschaft in Form von Krediten wieder zur Verfügung zu stellen. Dabei vertrauen die Kreditinstitute darauf, dass die ausgegebenen Kredite *(credere, lat. = glauben)* bei Fälligkeit vom Kreditnehmer wieder zurückgezahlt werden.

> Ein **Kredit** ist die zeitweilige, befristete Überlassung eines Geldbetrages durch einen Kreditgeber an einen Kreditnehmer zur freien oder vertragsgebundenen Nutzung mit der Erwartung, dass der Kreditnehmer
> - den Kredit zurückzahlt und
> - die vereinbarten Zinsen zahlt.
>
> Allgemeine Gesetzesgrundlage sind die Bestimmungen des BGB über das **Darlehen**, engl. loan *(§ 488 ff. BGB)*.

Im allgemeinen Sprachgebrauch hat das Wort „Kredit" darüber hinaus eine weitere Bedeutung. So versteht man darunter auch das Vertrauen auf die Fähigkeit und Bereitschaft des Kreditnehmers, seine Zahlungsverpflichtungen ordnungsgemäß zu erfüllen *(„Jemand genießt Kredit")*.

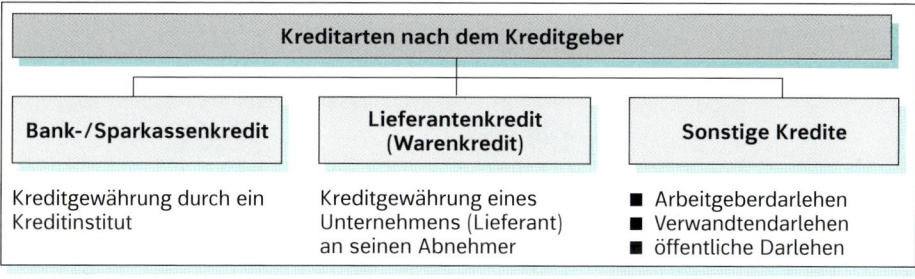

Kreditarten nach dem Kreditgeber

Bank-/Sparkassenkredit	Lieferantenkredit (Warenkredit)	Sonstige Kredite
Kreditgewährung durch ein Kreditinstitut	Kreditgewährung eines Unternehmens (Lieferant) an seinen Abnehmer	■ Arbeitgeberdarlehen ■ Verwandtendarlehen ■ öffentliche Darlehen

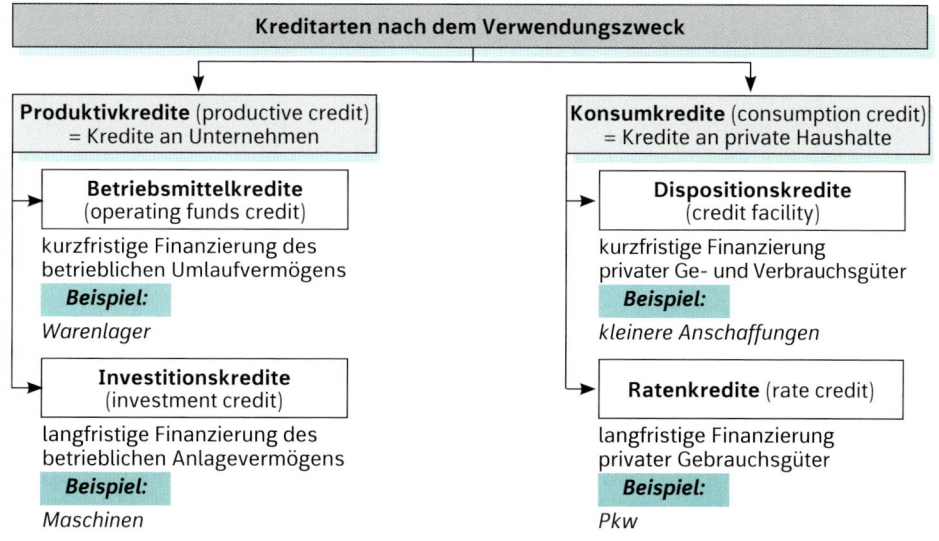

Kreditarten nach dem Verwendungszweck

Produktivkredite (productive credit) = Kredite an Unternehmen

Betriebsmittelkredite (operating funds credit)
kurzfristige Finanzierung des betrieblichen Umlaufvermögens
Beispiel:
Warenlager

Investitionskredite (investment credit)
langfristige Finanzierung des betrieblichen Anlagevermögens
Beispiel:
Maschinen

Konsumkredite (consumption credit) = Kredite an private Haushalte

Dispositionskredite (credit facility)
kurzfristige Finanzierung privater Ge- und Verbrauchsgüter
Beispiel:
kleinere Anschaffungen

Ratenkredite (rate credit)
langfristige Finanzierung privater Gebrauchsgüter
Beispiel:
Pkw

7

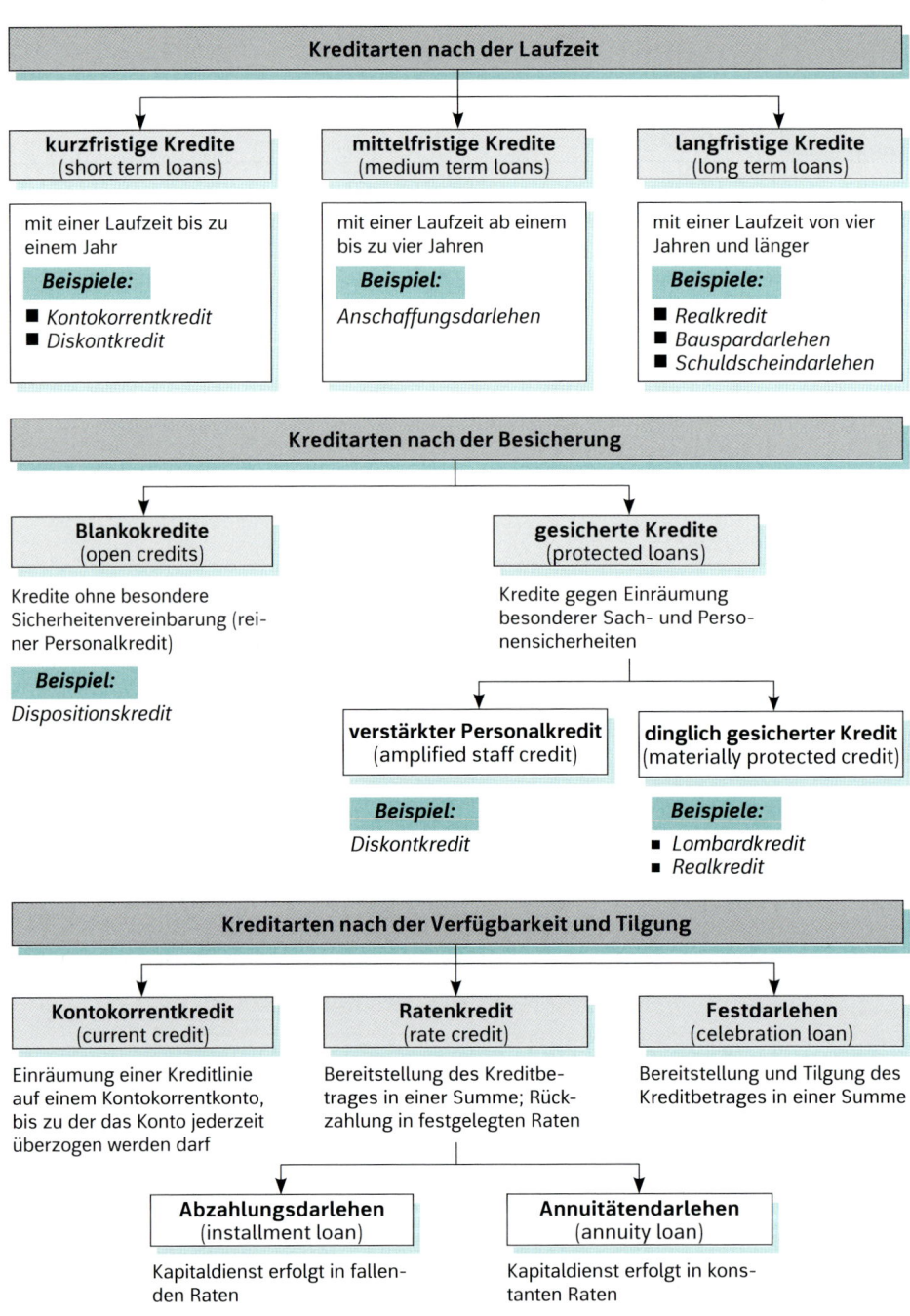

Kreditarten nach der Laufzeit

kurzfristige Kredite
(short term loans)

mit einer Laufzeit bis zu einem Jahr

Beispiele:
- *Kontokorrentkredit*
- *Diskontkredit*

mittelfristige Kredite
(medium term loans)

mit einer Laufzeit ab einem bis zu vier Jahren

Beispiel:
Anschaffungsdarlehen

langfristige Kredite
(long term loans)

mit einer Laufzeit von vier Jahren und länger

Beispiele:
- *Realkredit*
- *Bauspardarlehen*
- *Schuldscheindarlehen*

Kreditarten nach der Besicherung

Blankokredite
(open credits)

Kredite ohne besondere Sicherheitenvereinbarung (reiner Personalkredit)

Beispiel:
Dispositionskredit

gesicherte Kredite
(protected loans)

Kredite gegen Einräumung besonderer Sach- und Personensicherheiten

verstärkter Personalkredit
(amplified staff credit)

Beispiel:
Diskontkredit

dinglich gesicherter Kredit
(materially protected credit)

Beispiele:
- *Lombardkredit*
- *Realkredit*

Kreditarten nach der Verfügbarkeit und Tilgung

Kontokorrentkredit
(current credit)

Einräumung einer Kreditlinie auf einem Kontokorrentkonto, bis zu der das Konto jederzeit überzogen werden darf

Ratenkredit
(rate credit)

Bereitstellung des Kreditbetrages in einer Summe; Rückzahlung in festgelegten Raten

Festdarlehen
(celebration loan)

Bereitstellung und Tilgung des Kreditbetrages in einer Summe

Abzahlungsdarlehen
(installment loan)

Kapitaldienst erfolgt in fallenden Raten

Annuitätendarlehen
(annuity loan)

Kapitaldienst erfolgt in konstanten Raten

7.5.2 Kreditvertrag – Kreditprüfung – Kreditleihe

Den Kreditinstituten sind aufgrund ihres Einlagengeschäfts fremde Vermögenswerte anvertraut. Sie müssen ihre Kreditkunden daher mit besonderer Sorgfalt auswählen, damit die Rückzahlung der Kredite gewährleistet ist.

Kreditantrag   Kreditprüfung   Kreditbewilligung   Kreditannahme

Kreditantrag

Ein Kunde, der bei seinem Kreditinstitut einen Kredit in Anspruch nehmen möchte, stellt nach mündlicher Vorbesprechung einen schriftlichen Kreditantrag.
Das Kreditinstitut verwendet hierzu ein besonderes **Kreditantragsformular**, das vom Kreditsachbearbeiter aufgrund der Angaben des Antragstellers ausgefüllt wird.

Der Kreditantrag enthält
- Angaben über die Person des Kreditnehmers

  bei natürlichen Personen: bei Unternehmen:
  - Name   - Firma
  - Geburtstag und -ort   - Geschäftssitz
  - Anschrift   - Branche
  - Familienstand   - Namen der vertretungsberechtigten Personen
  - Beruf   *(z. B. Gesellschafter, Geschäftsführer, Prokuristen)*

- Einkommen und Vermögen des Kreditnehmers
- bei natürlichen Personen: Einwilligung zur SCHUFA-Meldung (Schutzgemeinschaft für allgemeine Kreditsicherung)
- Verwendungszweck des Kredits
- Höhe und Laufzeit des Kredits
- vorgesehene Kreditsicherheit
- Unterschrift des Antragstellers

Kreditprüfung

Das Kreditinstitut überprüft zunächst die Angaben zur Person des Antragstellers und stellt die **Kreditfähigkeit** fest.

> **Kreditfähigkeit** ist die Fähigkeit, Kreditverträge rechtswirksam abschließen zu können.

Kreditfähig sind
- voll geschäftsfähige natürliche Personen,
- Personenhandelsgesellschaften („quasi juristische Personen"),
- Partnerschaftsgesellschaften,
- juristische Personen.

Die Personenhandelsgesellschaften und die juristischen Personen werden bei der Antragstellung durch ihren gesetzlichen Vertreter *(z. B. Geschäftsführer, Vorstand)* oder einen vertraglichen Vertreter *(z. B. Prokurist)* vertreten.
Im nächsten Schritt versucht das Kreditinstitut, sich ein Bild über die **Kreditwürdigkeit**, die **Bonität**, des Kunden zu verschaffen.

> **Kreditwürdigkeitsprüfung** umfasst die Prüfung der wirtschaftlichen und finanziellen Verhältnisse eines möglichen Kreditnehmers – hier eines Unternehmens – durch einen Kreditgeber *(z. B. Bank)* mit dem Ziel der Risikoeinschätzung des Kreditengagements, ob dieser gewährte oder neu zu gewährende Kredite störungsfrei bis zum Ende der Laufzeit entsprechend den Vereinbarungen zurück zahlen kann.

7

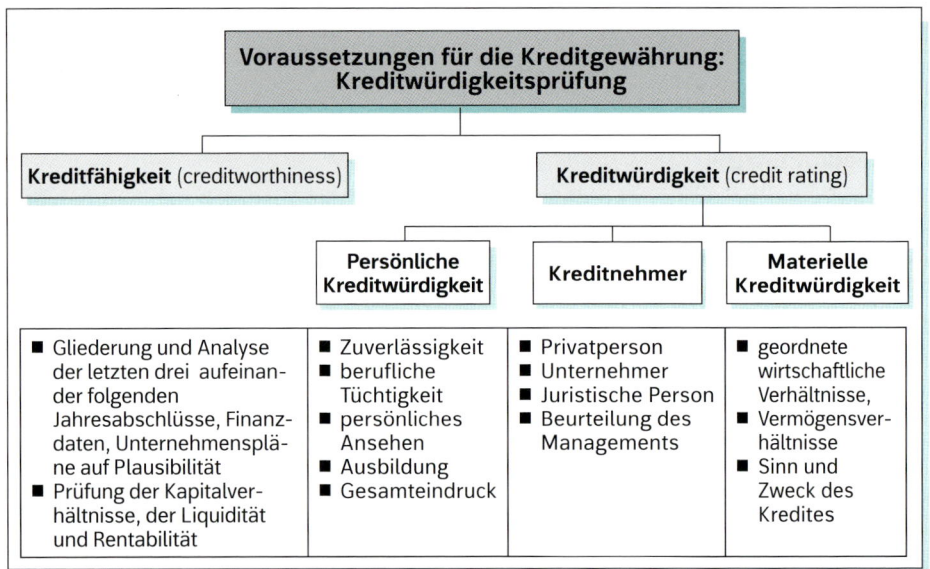

Die Prüfung der Kreditwürdigkeit erfolgt aufgrund von Unterlagen, die der Kreditnehmer dem Kreditinstitut einreicht oder die vom Kreditinstitut selbst beschafft werden.

Auskünfte über den Kreditnehmer
- Selbstauskunft
- Fremdauskünfte
  - Kreditinstitute
  - Auskunfteien *(z. B. SCHUFA = Schutzgemeinschaft für allgemeine Kreditsicherung)*
  - Geschäftspartner
- öffentliche Register

Bankauskünfte werden nur dann *(streng vertraulich und ohne Obligo)* erteilt, wenn der Anfragende ein berechtigtes Interesse an der gewünschten Auskunft glaubhaft darlegt. Sie enthalten keine geschäftlichen Einzelheiten, sondern beschränken sich auf allgemein gehaltene Feststellungen und Urteile über die wirtschaftlichen Verhältnisse des Kunden.
- **Bankauskünfte über juristische Personen und Kaufleute**, die im Handelsregister eingetragen sind, werden erteilt, sofern dem Kreditinstitut keine anders lautende Weisung des Kunden vorliegt.
- **Bankauskünfte über Privatkunden und sonstige Personen** und Vereinigungen werden nur dann erteilt, wenn eine ausdrückliche Zustimmung vorliegt.

Unterlagen zur Prüfung der wirtschaftlichen Situation des Kreditnehmers

Die Banken sind verpflichtet, durch zeitnahe Vorlagen geeigneter Unterlagen nachzuweisen, dass der Kreditnehmer kapitaldienstfähig ist, d. h., er muss seine Leistungsfähigkeit nachweisen, Zinsen und Tilgungen innerhalb der vorgesehenen Laufzeit des Kredites ordnungsgemäß erbringen zu können.

Rating

Ratings sind Urteile, in denen anhand einer festgelegten, genau definierten Ratingskala die Kreditwürdigkeit von Unternehmen danach benotet wird, ob aufgrund der wirtschaftlichen Fähigkeit des Unternehmens zukünftige Zins- und Tilgungsverpflichtungen jederzeit in voller Höhe rechtzeitig erfüllt werden können.

Dieses Urteil dient dazu, den Preis für Fremdkapital (Zins) für den Kreditnehmer zu bestimmen.

Ziel ist es, möglichst genau die Ausfallwahrscheinlichkeit des Kreditnehmers innerhalb eines Jahres (Probability of Default = PD) zu bestimmen.

Bei guter Kreditwürdigkeit ist der Zins niedriger, bei Unternehmen mit einer schlechten Bonität sind höhere Zinsen („Risikoaufschlag") zu berechnen.

Die Bundesanstalt für Finanzdienstleistungsaufsicht (BaFin) überprüft die Ratingverfahren der Kreditinstitute.

Ein idealtypisches Rating-System setzt sich aus folgenden Komponenten zusammen:

- **Hard Fact- und Soft Fact-Rating:**
  - Unter **Hard Facts** (quantitative Kennziffern) fallen alle Beurteilungen, die aus vergangenheitsbezogenen Bilanzen und den GuV-Rechnungen abgeleitet werden, wie Aussagen über die Vermögenslage und -entwicklung, die Finanzlage und -entwicklung, die Bilanzpolitik sowie die Ertragslage und -entwicklung, eine Cashflow-Analyse oder eine Kontendatenanalyse.
  - Zu den **Soft Facts**, die insbesondere die zukünftige Unternehmenspolitik einschätzen sollen, zählen die nicht klar messbaren qualitativen Faktoren, wie Management, Mitarbeiter bzw. Markt- und Wettbewerbssituation des Unternehmens, Informationsverhalten gegenüber dem Kreditinstitut usw.

- **Branchen-Rating:** Es wird die jeweilige Branche mit ihren Zukunftsaussichten und Risikofaktoren beurteilt.

- **Individuelle Rating-Komponente:** Je nach vorhandenen Informationen wird das einzelne Unternehmen individuell eingeschätzt.

- **Rating-Ergebnis:** Die Risikofaktoren werden unterschiedlich stark gewichtet. Anschließend wird über eine statistisch-mathematische Rating-Funktion die Rating-Note als Ergebnis des Ratings berechnet.

Das Rating-Ergebnis, die Möglichkeiten der Sicherheitsleistungen, die gewünschte Kredithöhe und die Bonität werden zukünftig die Kreditkonditionen für das Unternehmen beeinflussen.

Kreditbewilligung

Fällt die Kreditprüfung positiv aus, erhält der Kunde ein **Kreditbewilligungsschreiben**, in dem die Bedingungen im Einzelnen aufgeführt sind, zu denen das Kreditinstitut zur Kreditgewährung bereit ist.

7

Kreditannahme

Mit der Annahme der im Kreditbewilligungsschreiben genannten Bedingungen durch den Kunden kommt der **Kreditvertrag** zustande. Der Kreditbetrag wird i. d. R. auf dem Kontokorrentkonto des Kunden bereitgestellt.

Der Kreditnehmer haftet aus dem Kreditvertrag für:
- die kontraktgerechte Rückführung des Kredites,
- die kontraktgerechte Zahlung der Kreditkosten,
- die Einhaltung von Nebenabreden.

Der Kreditnehmer verpflichtet sich laut AGB, wesentliche Änderungen in seinen wirtschaftlichen und rechtlichen Verhältnissen unverzüglich dem Kreditinstitut mitzuteilen.

Gleichzeitig mit dem Abschluss des Kreditvertrags wird regelmäßig ein **Kreditsiche-rungsvertrag** abgeschlossen, durch den der Kreditnehmer dem Kreditinstitut eine Kreditsicherheit zur Verfügung stellt.

▉ Kreditkosten

Die Summe aller anfallenden Kosten bei Aufnahme eines Kredites bzw. Darlehens sind die Kreditkosten (Fremdkapitalkosten). Hierzu rechnen insbesondere Zinsen und Nebenkosten wie *z. B. Provisionen, Gebühren, Rechtskosten, Auslagenersatz, Kosten für die Stellung von Sicherheiten und deren Verwaltung.* Sie sind je nach Kreditart, Höhe und Laufzeit des Kredites unterschiedlich und können auch von Bank zu Bank und mit Markt- und damit Verhandlungsmachtstellung des Kreditnehmers variieren. Reine Bearbeitungsentgelte sind unzulässig[1].

7.5.3   Kontokorrentkredit

Der Kontokorrentkredit ist die in der Praxis am weitesten verbreitete Form des kurzfristigen Kredits. Er wird über das **Kontokorrentkonto** *(§ 355 HGB)* abgewickelt. Eine gute Bonität bedeutet ein besseres Rating und beeinflusst damit den Kontokorrentkreditrahmen und den Zinssatz.

> Der **Kontokorrentkredit** ist ein variabler, kurzfristiger Kredit, der dem Kreditnehmer auf seinem **Kontokorrentkonto** von der kontoführenden Bank zur Verfügung gestellt wird. Bis zu der festgesetzten **Kreditlinie** (Kreditgrenze) kann der Kreditnehmer durch Verfügung auf seinem Konto diesen Kredit in Anspruch nehmen und ihn auch jederzeit wieder zurückführen.
> Der Kontokorrentkredit ist an ein bestimmtes Kontokorrentkonto gebunden. Seine Höhe richtet sich nach der Höhe der monatlichen Einkünfte des Kontoinhabers. Eine volle Ausschöpfung des Kontokorrentkredites verschlechtert das Rating.

Der Kreditnehmer kann auf diese Weise die Kreditinanspruchnahme ganz auf seinen jeweiligen Kreditbedarf abstimmen.

Er verfügt damit über eine finanzielle Reserve, auf die er jederzeit zurückgreifen kann.

---

[1] Insbesondere BGH-Urteile, vom 13.05.2014 (Az.: XI ZR 405/12 und Az.: XI ZR 170/13)

Der Kontokorrentkredit ist ein vergleichsweise teurer Kredit. Er wird i. d. R. kurzfristig gewährt. Bei ordnungsgemäßer Kontoführung ist eine mehrjährige Prolongation üblich. Bei guter Bonität wird der Kontokorrentkredit als Blankokredit gewährt.

Der **Kontokorrentkredit** dient

- als **Betriebsmittelkredit** der Finanzierung des betrieblichen Umsatzprozesses,
- als **Dispositionskredit** der Konsumfinanzierung durch Kontoüberziehung in Höhe von zwei bis drei Monatsgehältern.

Wird das Kontokorrentkonto mit Duldung der Bank über die vereinbarte Grenze hinaus überzogen, spricht man von einer **geduldeten Überziehung**. Hierfür wird ein höherer Zinssatz in Rechnung gestellt.

Verfügungen können durch Barabhebung, Überweisung, Einlösung von Schecks und Lastschriften erfolgen.

Beispiele:

Die Steuerfachangestellte Monika Gerz unterhält ihr Gehaltskonto bei der Rhein-Ruhr Bank AG. Die Bank hat ihr mitgeteilt, dass sie ihr Konto bis zum Betrag von 5 000,00 € überziehen darf.

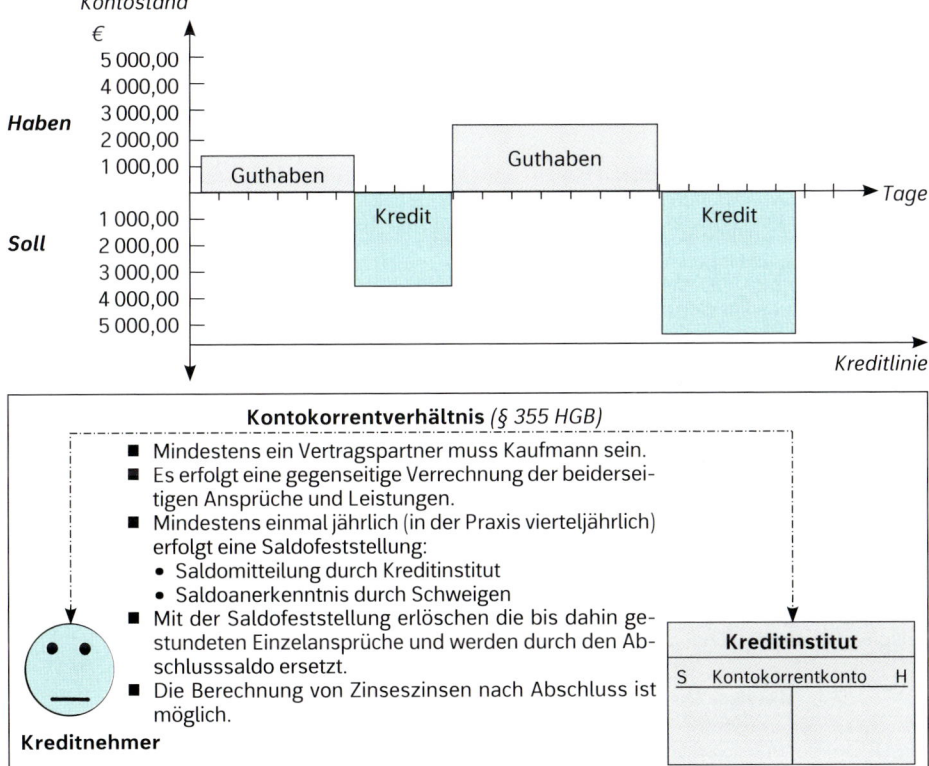

Es ist zu unterscheiden zwischen:

Tagessaldo	und	**Abschlusssaldo**
... informiert aktuell über den **rechnerischen** Kontostand *während* der KK-Periode.		... ist der **rechtliche** Saldo der Abschlussrechnung gem. *§ 355 HGB* am Ende der KK-Periode bzw. bei Kündigung des Kontokorrentverhältnisses unter Berücksichtigung von Zinsen und Gebühren.

7.5.4 Ratenkredit

Der **Ratenkredit** ist ein Kredit, der

- zur Finanzierung größerer Ausgaben dient,
- in einer Summe bereitgestellt und
- über einen längeren Zeitraum entsprechend einem im Voraus festgelegten Tilgungsplan zurückgezahlt wird.

Merkmale des Anschaffungsdarlehens	
Verwendungszweck	Finanzierung langlebiger Gebrauchsgüter
Darlehenssumme	meist ab 5 000,00 €
Laufzeit	6 bis 72 Monate
Tilgung	in festen Monatsraten; die einzelnen Raten setzen sich aus einem Tilgungs- und einem Zinsanteil zusammen
Kreditkosten	Zinsen und einmalige Bearbeitungsgebühr
Besicherungsmöglichkeiten	■ Sicherungsübereignung ■ Bürgschaft ■ Sicherungsabtretung ■ Restschuldversicherung ■ Pfandrecht

Beispiel:

Die Eheleute Sofie und Jonas Lehmann beantragen bei ihrem Kreditinstitut einen Ratenkredit zur Finanzierung eines neuen Pkw.

Kaufpreis	*40 000,00 €*
Erlös aus dem Verkauf seines alten Pkw	*5 000,00 €*
Einsatz eigener liquider Mittel	*15 000,00 €*
Beantragte Kreditsumme	*20 000,00 €*

Der Kredit soll in 48 Monatsraten getilgt werden.
Der Zinssatz beträgt 0,36 % p. M.
Das Kreditinstitut stellt eine einmalige Provision von 2 % in Rechnung.

Kreditbetrag	*20 000,00 €*
2 % Provision	*400,00 €*
0,36 % Zinsen pro Monat: 200 · 0,36 · 48	*3 456,00 €*
Gesamtschuld	*23 856,00 €*
Rückzahlung .... 48 Raten zu je	*497,00 €*

Die effektiven Kreditkosten müssen dem Kreditnehmer vom Kreditinstitut mitgeteilt werden. Sie betragen 9,34 % p. a.

In einer **Haushaltsrechnung** (Kapitaldienstberechnung) werden Einnahmen und Ausgaben zur Ermittlung des frei verfügbaren Resteinkommens gegenübergestellt, um die Tragbarkeit der monatlichen Belastung zu beurteilen.

Beispiel: Haushaltsrechnung für die Eheleute Sofie und Jonas Lehmann, zwei Kinder

Monatliche Einnahmen		Monatliche Ausgaben	
Nettoeinkommen Antragsteller	2 050,00 €	Miete inkl. Nebenkosten	675,00 €
Nettoeinkommen Mitantragsteller	750,00 €	Auto (laufende Kosten, Steuern, Versicherungen)	200,00 €
Kindergeld	380,00 €	Lebenshaltungskosten (Pauschalbetrag)	1 100,00 €
Sonstige Einnahmen	–	Versicherungen	125,00 €
		Kreditraten/Leasingraten	160,00 €
		Sparpläne/Bausparraten	–
		Sonstige regelmäßige Ausgaben	40,00 €
Gesamteinnahmen	**3 180,00 €**	**Gesamtausgaben**	**2 300,00 €**

Realkredite

> **Realkredite** sind durch Grundpfandrechte abgesicherte, langfristige Kredite an Privatpersonen und Unternehmungen zur Finanzierung von Baumaßnahmen und des Erwerbs von Immobilien.

Die Tilgung erfolgt entsprechend einem im Voraus festgelegten Tilgungsplan. Die Darlehensbedingungen für Realkredite umfassen u. a.

- die Festlegung des Zinssatzes und ggf. des Disagios,
- die Rückzahlungsmodalitäten (Tilgungshöhe und Tilgungsart).

Zinssatz und Auszahlungskurs

Die effektiven Zinskosten des Realkredits werden bestimmt durch den nominellen Zinssatz und den Auszahlungskurs.

- Der **Nominalzinssatz** ist der auf den nominellen Darlehensbetrag bezogene Zinssatz.
- Das **Disagio** (Damnum, Abgeld) ist der Abschlag, der ggf. bei Auszahlung des Darlehens vorgenommen wird, also die Differenz zwischen dem nominellen Darlehensbetrag und dem Darlehensauszahlungsbetrag.
- Der effektive Zinssatz ist der auf den tatsächlichen Kreditbetrag bezogene Zinssatz; er schließt die durch das Damnum (Disagio) entstehenden Kosten mit ein.

Beispiel:	
Darlehensbetrag:	*100 000,00 €*
Zinssatz:	*6,25 % p. a.*
Zinsfestschreibung:	*10 Jahre*
Auszahlungskurs:	*96,5 %*
Disagio:	*3,5 %*
tatsächlich zur Verfügung stehender Kreditbetrag	*96 500,00 €*
zu verzinsende und zu tilgende Darlehensschuld	*100 000,00 €*
anfänglicher effektiver Jahreszins	*6,85 % p. a.*

Das **Disagio** dient
- der Deckung der mit der Kreditbearbeitung beim Kreditinstitut entstehenden Kosten,
- der Feineinstellung der Effektivverzinsung auf das aktuelle Kapitalmarktzinsniveau,
- ggf. einer über die Nominalverzinsung hinausgehenden einmaligen Zinszahlung. Ein hohes Disagio führt in diesem Fall zu einer geringeren nominellen Zinsbelastung, verlängert aber die Laufzeit des Darlehens.

Steuerlich ist das Disagio das einmalige Kostenentgelt für die Geldbeschaffung. Der Kreditnehmer kann das Disagio ggf. als Werbungskosten bzw. als Betriebsausgaben steuermindernd geltend machen.

Im Hinblick auf die **Zinsbindung** unterscheidet man:

Darlehen mit Festzinsvereinbarung

Der Zinssatz ist für einen im Voraus bestimmten Zeitraum der Darlehenslaufzeit *(z. B. 5 Jahre)* festgeschrieben. Nach Ablauf der Zinsbindung wird eine Bedingungsanpassung vorgenommen.

7

Darlehen ohne Zinsfestschreibung

Der Zinssatz ist variabel. Er wird während der Kreditlaufzeit der aktuellen Veränderung des Kapitalmarktzinssatzes angepasst.

Im Hinblick auf die **Rückzahlungsmodalitäten** unterscheidet man:

Annuitätendarlehen

Die jährliche Belastung, bestehend aus Tilgung und Zinsen, die **Annuität**, ist für die gesamte Laufzeit des Darlehens konstant.

Der in der Annuität enthaltene Tilgungsanteil steigt von Jahr zu Jahr um die ersparten Zinsen.

Beispiel:

Darlehensbetrag: 180 000,00 €
Nominalzinssatz: 6 % p. a.
Tilgungssatz: 1 % p. a. (anfänglich)

Tilgungsplan

Jahr	Darlehen	6 % Zinsen	Tilgung	Annuität
1	180 000,00 €	10 800,00 €	1 800,00 €	**12 600,00 €**
2	178 200,00 €	10 692,00 €	1 908,00 €	**12 600,00 €**
3	176 292,00 €	10 577,52 €	2 022,48 €	**12 600,00 €**
4	174 269,52 €	10 456,17 €	2 143,83 €	**12 600,00 €**
5	172 125,69 €	.	.	.
:	:	:	:	:

Das Darlehen ist nach ca. 33 Jahren getilgt.

Abzahlungsdarlehen

Die jährliche Belastung bestehend aus Tilgung und Zinsen sinkt von Jahr zu Jahr.

Der in der Annuität enthaltene Tilgungsanteil bleibt über die gesamte Laufzeit des Darlehens konstant.

Beispiel:

Darlehensbetrag: 180 000,00 €
Nominalzinssatz: 6 % p. a.
Tilgungssatz: 5 % p. a. (anfänglich)

Tilgungsplan

Jahr	Darlehen	6 % Zinsen	Tilgung	Annuität
1	180 000,00 €	10 800,00 €	9 000,00 €	**19 800,00 €**
2	171 000,00 €	10 260,00 €	9 000,00 €	**19 260,00 €**
3	162 000,00 €	9 720,00 €	9 000,00 €	**18 720,00 €**
4	153 000,00 €	9 180,00 €	9 000,00 €	**18 180,00 €**
5	144 000,00 €	.	.	.
:	:	:	:	:

Das Darlehen ist nach 20 Jahren getilgt.

Festdarlehen

Die jährliche Belastung besteht nur in Höhe der Zinsen. Die Darlehensrückzahlung erfolgt in einer Summe am Ende der Darlehenslaufzeit.

Steuerliche Behandlung von Krediten und Kreditzinsen

Bei **Bilanzierung** nach *§ 4 Abs. 1 EStG* und *§ 5 EStG* sind Kredite nach Laufzeiten gestaffelt mit dem Rückzahlungsbetrag zu bilanzieren, wenn
- dem Unternehmen Mittel zugeführt werden,
- die zugeführten Mittel in wirtschaftlichem Zusammenhang mit dem Betrieb stehen oder zu diesem Zwecke übernommen werden,
- die zugeführten Mittel tatsächlich für betriebliche Zwecke verwendet werden.

Zinsschulden werden mit dem Zeitpunkt der Entstehung als Betriebsausgaben erfasst, wenn sie betrieblich veranlasst sind. Dies ist der Fall, wenn die Kredite zum Betriebsvermögen zu rechnen sind.

Ein **Damnum** (Abgeld) ist als aktiver Rechnungsabgrenzungsposten zu aktivieren und
- bei Annuitäten- und Abzahlungsdarlehen digital,
- bei Fälligkeitsdarlehen linear

auf die Laufzeit des Darlehens zu verteilen.

Für **alle Rechtsformen** gilt die **Zinsschrankenregelung** nach *§ 4h EStG*.

7.6 Kreditsicherungen

Der Kreditgeber verlangt für Kredite wie *z. B. ein Darlehen* nach *§ 488 Abs. 1 BGB* i. d. R. Sicherheiten, auf die er zurückgreifen kann, wenn der Kreditnehmer seine Zahlungsverpflichtungen aus dem Kreditvertrag nicht erfüllt.

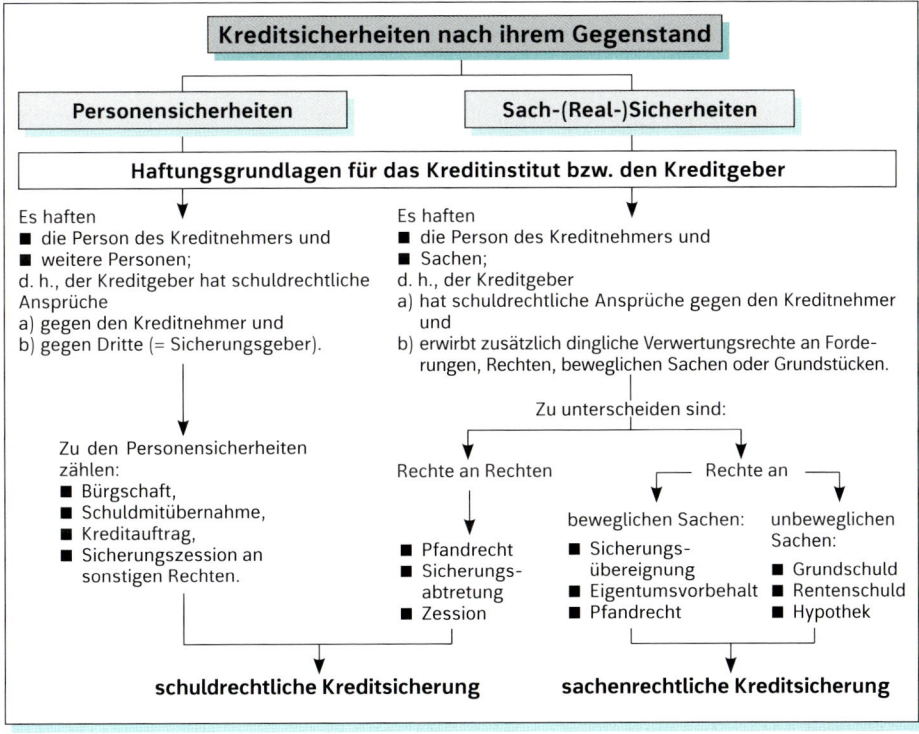

7

Ziel des Kreditgebers ist es, das sich aus dem Kreditgeschäft ergebende Risiko so gering wie möglich zu halten.

Unter Kreditsicherung sind zu verstehen die Überlassung
- von Vermögenswerten und/oder
- Rechten.

Neben der Sicherung des Kredites sollte die Prüfung der Höhe des Kapitalbedarfs sowie die Verwendung des Kapitals treten.

Ein großer Teil der Kreditausfälle beruht auf Ereignissen, die erst nach Einräumung des Kredites eintreten. Deshalb sollten zur **Kreditüberwachung** regelmäßig Kontrollen erfolgen, die die vereinbarungsgemäße Kreditverwendung, den Stand der wirtschaftlichen Verhältnisse des Kreditnehmers und den Wert der erbrachten Sicherheiten überprüfen.

Akzessorische und nicht akzessorische Sicherheiten

Akzessorische Sicherheiten

Rechtsgrundlagen: *§§ 767 Abs. 1, 1163 Abs. 1, 765 Abs. 2, 1113 Abs. 2, 1204 Abs. 2, 1210 Abs. 1, 401, 412, 770, 1137 Abs. 1, 1211 Abs. 1 BGB*

Akzessorische[1] Sicherheiten bestehen nur, wenn die zu sichernde Forderung besteht, d. h., sie sind in Entstehung, Übertragung und Fortbestand von der gesicherten Forderung abhängig.

Beispiele:

- *Personensicherheiten:*   *Bürgschaft*
- *Sachsicherheiten:*   *Pfandrecht an beweglichen Sachen und Forderungen, Hypothek*

Diese Sicherheiten bestehen nur in der aktuellen Höhe der noch bestehenden zu sichernden Forderung.

Besteht die Forderung noch nicht oder nicht mehr, so ist die akzessorische Sicherheit nicht rechtsgültig.

Der Sicherungsgeber kann dem Gläubiger alle dem Schuldner zustehenden Einreden entgegenhalten, weil der Gläubiger nur eine Sicherheit in Höhe der tatsächlichen Schuld nebst Nebenkosten *(z. B. Verzugszinsen)* schuldet.

Nicht akzessorische Sicherheiten, abstrakte oder fiduziarische[2] Sicherheiten

Diese sind **nicht** vom Bestand der zu sichernden Forderungen abhängig, d. h., sie können erhalten bleiben, wenn die Forderung an den Kreditnehmer wegfällt.

Beispiele:

- *Personensicherheiten:*   *Garantie, Schuldmitübernahme*
- *Sachsicherheiten:*   *Grundschuld, Sicherungsübereignung, Sicherungsabtretung*

Im Sicherungsvertrag werden zwischen dem Sicherungsgeber und dem Schuldner schuldrechtliche Vereinbarungen getroffen, die denen der akzessorischen Sicherung gleichkommen. Das Sicherungsrecht selbst bleibt aber unabhängig von der zu sichernden Forderung, d. h., die Sicherheiten können auch ohne Bestehen einer Forderung verwertet oder in Anspruch genommen werden.

7.6.1   Personensicherheiten

Bei Personalsicherheiten haftet neben dem Schuldner mindestens eine weitere Person für die Erfüllung der Verbindlichkeit.

Bürgschaft

Rechtsgrundlagen: *§ 765 ff. BGB*   *§§ 349, 350, 356 HGB*
                         Art. 25 ScheckG   *Art. 30–32, 47 WG*

---

[1] akzessorisch → zusätzlich, hinzutretend
[2] fiduziarisch → vertrauend

- Bei der Bürgschaft tritt der Bürge neben den Schuldner; er haftet zusätzlich zum Schuldner gegenüber dem Kreditgeber für die Erfüllung der Pflichten aus dem Kreditvertrag (Zinszahlung, Tilgung).
- Der Bürge haftet nur für **den noch nicht getilgten Teil der Hauptschuld**, weil die Bürgschaft akzessorisch (= forderungsabhängig) ist.
- Die Bürgschaft ist ein einseitig verpflichtender Vertrag des Bürgen gegenüber dem Gläubiger des Dritten, für die Erfüllung der Verbindlichkeit des Dritten einzustehen *(§ 765 ff. BGB)*.
- Der Bürgschaftsvertrag verlangt bei **Nichtkaufleuten Schriftform** mit Originalunterschrift *(§ 766 BGB)*; **Kaufleute** untereinander können sich **mündlich verbürgen**, wenn die Bürgschaft für sie ein Handelsgeschäft ist.
- Die Bürgschaft erlischt, sobald der Kreditnehmer seine Zahlungsverpflichtungen erfüllt hat.
- Eine per Formularvertrag vereinbarte Haftung des Bürgen für alle gegenwärtigen und zukünftigen Verbindlichkeiten eines Schuldners ist unwirksam.
  Dies gilt auch, wenn der Bürge Kaufmann i. S. d. *HGB* ist.

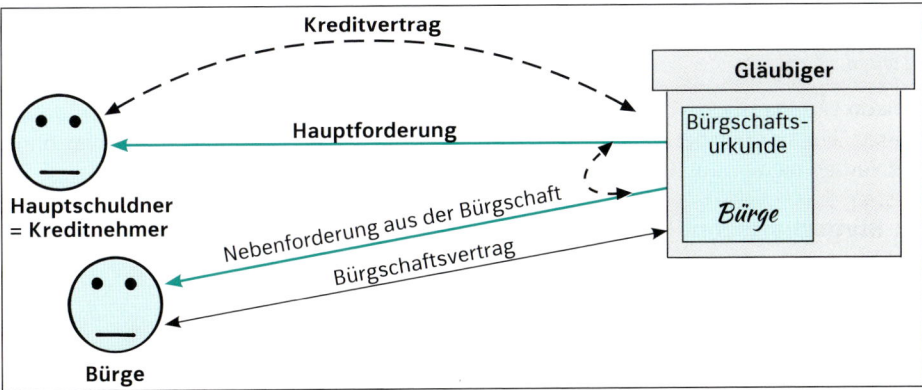

Kleine und mittlere Unternehmen können gegen eine Bearbeitungsgebühr (ca. 1 %) und Kosten von jährlich bis zu 1,5 % der verbürgten Summe eine Bürgschaft durch staatliche Bürgschaftsbanken der Bundesländer sowie der Europäischen Investitionsbank oder der Deutschen Ausgleichsbank für Kredite und andere Finanzierungen beantragen.

Bürgschaftsarten

1. Gewöhnliche Bürgschaft

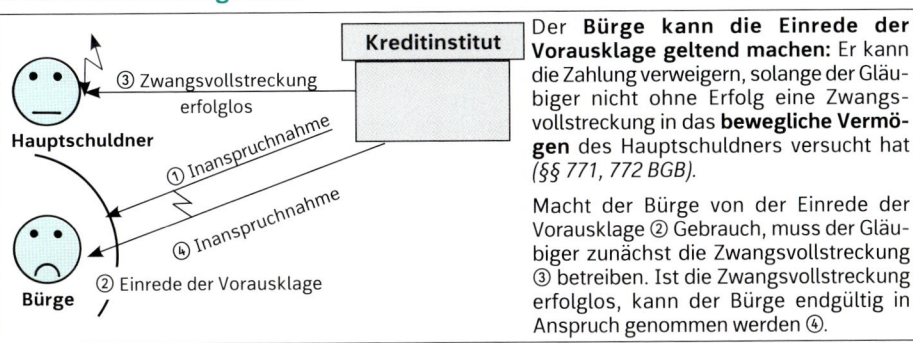

Der **Bürge kann die Einrede der Vorausklage geltend machen:** Er kann die Zahlung verweigern, solange der Gläubiger nicht ohne Erfolg eine Zwangsvollstreckung in das **bewegliche Vermögen** des Hauptschuldners versucht hat *(§§ 771, 772 BGB)*.

Macht der Bürge von der Einrede der Vorausklage ② Gebrauch, muss der Gläubiger zunächst die Zwangsvollstreckung ③ betreiben. Ist die Zwangsvollstreckung erfolglos, kann der Bürge endgültig in Anspruch genommen werden ④.

7

2. Die Ausfallbürgschaft

Die **Ausfallbürgschaft** unterscheidet sich von der gewöhnlichen Bürgschaft durch die erweiterte Vollstreckungs- und Verwertungspflicht des Gläubigers und die Verpflichtung des Gläubigers, auch ohne **Einrede der Vorausklage** des Bürgen die erfolgreiche Zwangsvollstreckung nachzuweisen. Im Falle der Sicherheitenverwertung *(z. B. durch eine Zwangsversteigerung von Maschinen, Immobilien usw.)* bleibt oft noch ein Restkreditbetrag offen, der durch den Verwertungserlös nicht gedeckt ist. Der Ausfallbürge muss nun für diesen offenen Restbetrag aufkommen

3. Selbstschuldnerische Bürgschaft

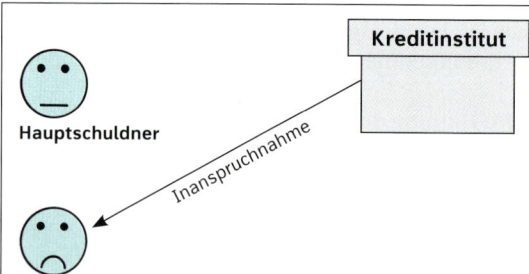

Kreditinstitut

Hauptschuldner

Inanspruchnahme

Bürge

Der **Bürge verzichtet auf die Einrede der Vorausklage**. Der Gläubiger kann sich bei Fälligkeit sofort an den Bürgen wenden *(Selbstschuldnerische Bürgschaft kraft Vertrages, § 773 BGB).* Ist für den Bürgen die Bürgschaft ein Handelsgeschäft, so steht ihm die Einrede der Vorausklage nicht zu *(Selbstschuldnerische Bürgschaft kraft Gesetzes, § 349 HGB).*

Banken verlangen i. d. R. die selbstschuldnerische Bürgschaft (häufig betraglich unbegrenzt), weil sie dann bei Zahlungsverzug sofort gegen den Bürgen vorgehen können, ohne sich vorher mit dem zahlungsunfähigen Schuldner auseinandersetzen zu müssen.

Bürgschaftsähnliche Sicherheiten

Schuldmitübernahme/Schuldbeitritt

Bei der Schuldmitübernahme verpflichtet sich eine dritte Person durch Vertrag neben dem bisherigen Schuldner, beide haften dem Kreditgeber gegenüber als Gesamtschuldner.

Beispiel:

Eintritt eines neuen Gesellschafters in eine OHG (§ 130 HGB)

Garantie

Der Garantiegeber (Garant) verpflichtet sich in einem einseitig verpflichtenden Vertrag, einem Dritten zuzusichern, dass ein bestimmter Erfolg eintritt oder ein Misserfolg nicht zustande kommt.

Beispiel:

Ein Kreditinstitut garantiert im Rahmen einer Leistungsgarantie dafür, dass sein Kunde die Vertragspflicht aus einem Kaufvertrag gegenüber dem Käufer erfüllt.

Kreditauftrag

Ein Auftraggeber beauftragt in seinem Namen für seine Rechnung – und nicht im Namen des Schuldners – einen Kreditgeber, einem anderen einen Kredit zu geben. Der Auftraggeber haftet wie bei der Bürgschaft.

Sicherungszession[1]

Wechselakzept

---

[1] Vgl. S. 553 ff.

7.6.2 Sachsicherheiten

Bei Sachsicherheiten (= Realsicherheiten) stellt der Kreditnehmer **Sachwerte zur Sicherung des Kredits** bereit.

7.6.2.1 Zession (Sicherungsabtretung, Forderungsabtretung)

Zur Kreditsicherung können nicht nur dem Kreditnehmer gehörende *Sachen,* sondern auch *Forderungen* dienen, die der Kreditnehmer gegenüber Dritten hat.

> Bei einer **Sicherungsabtretung** (Sicherungszession) tritt ein Schuldner eigene Forderungen an Dritte, an seinen Gläubiger als Sicherheitsleistung ab.
> Der Schuldner überträgt als bisheriger Gläubiger – Zedent – seine eigene Forderung oder eine Vielzahl von eigenen Forderungen durch einen Abtretungsvertrag an den neuen Anspruchsinhaber (= **Zessionar**, neuer Kreditgeber) zur Sicherung der neuen Forderung(en), die dieser gegenüber dem Zedenten hat.
> Durch die Sicherungsabtretung tritt der Zessionar in die Rechtsstellung des Zedenten ein und ist berechtigt, die Forderung selbst einzuziehen.
> Bei der in der Praxis meist vereinbarten stillen Zession ist der Zedent hingegen weiter ermächtigt, Zahlungen an sich zu verlangen. Die Abtretung wird hierbei erst nach Eintritt des in einer Sicherungsvereinbarung definierten Sicherungsfalles offengelegt.

Die Sicherungsabtretung ist gesetzlich nicht geregelt; sie hat sich aus der Praxis entwickelt und ist von der Rechtsprechung als Instrument der Kreditsicherung anerkannt; sie erfolgt nach den allgemeinen Bestimmungen des BGB über die Abtretung von Forderungen *(§ 398 BGB).*

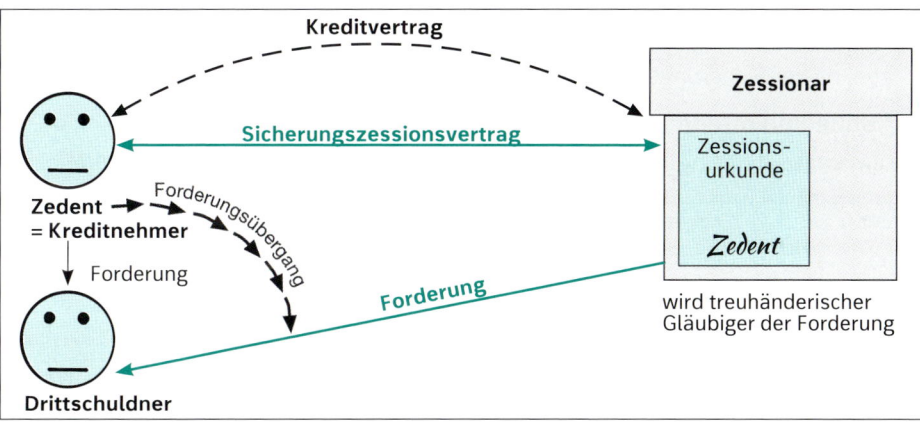

Zur Sicherungsabtretung geeignete Forderungen sind:

- Gehaltsforderungen
- Forderungen aus Warenlieferungen und Leistungen
- Forderungen aus Sparguthaben
- Forderungen aus Bauspar- und Versicherungs-
- Forderungen aus Pacht- und Mietzins verträgen

Beispiel:

Die Eheleute Renate und Fabian Hübsch haben bei ihrem Kreditinstitut einen Ratenkredit zur Finanzierung ihrer neuen Wohnungseinrichtung beantragt.
Zur Kreditsicherung wird eine Gehaltsabtretung in Höhe von monatlich 250,00 € vereinbart.

Nicht abtretbar sind

- **unpfändbare Forderungen:** Ihre Abtretung ist **gesetzlich verboten** *(§ 400 BGB),*

Beispiele:

- *Lohn- und Gehaltsforderungen innerhalb der Pfändungsfreigrenze*
- *Unterhaltsansprüche eines Kindes gegen seine Eltern*

7

- Forderungen, deren Abtretbarkeit **vertraglich** zwischen Gläubiger und Schuldner **ausgeschlossen** ist *(§ 399 BGB)*.

  > **Beispiele:**
  > - *Abtretungsausschluss von Gehaltsansprüchen im Arbeitsvertrag*
  > - *Abtretungsausschluss von Kaufpreisforderungen in den AGB des Käufers*

Fiduziarität der Sicherungsabtretung

Aufgrund der Sicherungsabtretung wird das Kreditinstitut **fiduziarischer** (treuhänderischer) Gläubiger der Forderung.

Das bedeutet: Im **Außenverhältnis** ist das Kreditinstitut rechtlicher Gläubiger der zur Sicherung abgetretenen Forderung.

Im **Innenverhältnis** ist die Gläubigerstellung des Kreditinstituts jedoch beschränkt:

- **Eingeschränktes Verwertungsrecht**
  Erfüllt der Kreditnehmer seine Zahlungsverpflichtungen nicht, so kann das Kreditinstitut die Forderung einziehen, um mit dem so erzielten Erlös *seine* Forderung gegenüber dem Kreditnehmer auszugleichen. Ein dabei erzielbarer Überschuss steht dem Kreditnehmer zu.
- **Bilanzierung der abgetretenen Forderung beim Sicherungsgeber**
  Der Kreditnehmer bleibt Geschäfts- bzw. Vertragspartner seines Schuldners und damit der für die Bilanzierung maßgebliche wirtschaftliche Gläubiger.
- **Absonderungsrecht bei Insolvenz des Sicherungsgebers**
  Bei einem Insolvenzverfahren wird die Forderung abgesondert von den übrigen Vermögenswerten des Gemeinschuldners und zugunsten des Kreditinstituts verwertet.
- **Verpflichtung zur Rückübertragung der Forderung**
  Sobald der Kredit getilgt ist, muss das Kreditinstitut die Forderung zurückübertragen, da der Sicherungszweck entfallen ist.

Stille und offene Zession

Die Sicherungsabtretung kann **mit oder ohne Benachrichtigung** des Drittschuldners erfolgen.

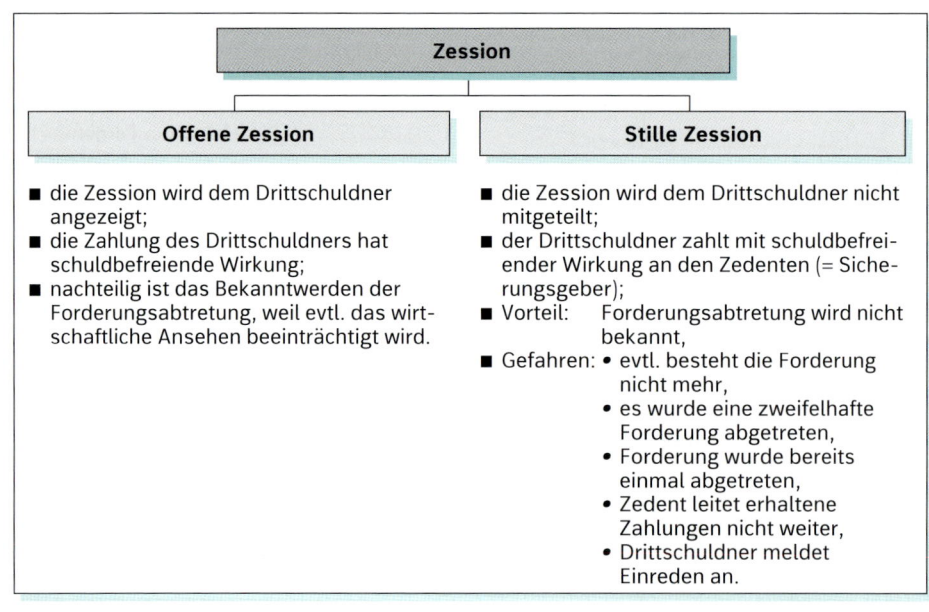

Zession	
Offene Zession	**Stille Zession**

■ die Zession wird dem Drittschuldner angezeigt;
■ die Zahlung des Drittschuldners hat schuldbefreiende Wirkung;
■ nachteilig ist das Bekanntwerden der Forderungsabtretung, weil evtl. das wirtschaftliche Ansehen beeinträchtigt wird.
	■ die Zession wird dem Drittschuldner nicht mitgeteilt;
	■ der Drittschuldner zahlt mit schuldbefreiender Wirkung an den Zedenten (= Sicherungsgeber);
	■ Vorteil: Forderungsabtretung wird nicht bekannt,
	■ Gefahren: • evtl. besteht die Forderung nicht mehr,
	   • es wurde eine zweifelhafte Forderung abgetreten,
	   • Forderung wurde bereits einmal abgetreten,
	   • Zedent leitet erhaltene Zahlungen nicht weiter,
	   • Drittschuldner meldet Einreden an.

7

Im Interesse des Kreditnehmers wird in der Praxis jedoch häufig auf die Offenlegung der Zession verzichtet, weil hierbei die Kreditaufnahme und die Forderungsabtretung dem Drittschuldner nicht bekannt werden.

Eine stille Zession kann jederzeit in eine offene Zession umgewandelt werden.

Einzel- und Rahmenzession

Die Sicherungsabtretung kann sich auf eine **einzelne Forderung** oder auf ein **Bündel von Forderungen** beziehen.

Reicht nämlich eine einzelne Forderung zur Sicherung eines Kredites nicht aus, können ggf. auch mehrere Forderungen gleichzeitig abgetreten werden.

Insbesondere die Abtretung von Forderungen aus Warenlieferungen und Leistungen wird in Form einer Rahmenabtretung vorgenommen.

Eine Rahmenabtretung erfolgt in der Praxis in Form einer **Globalzession**: Der Kreditnehmer tritt alle gegenwärtigen und künftig entstehenden Forderungen gegenüber einem **bestimmten Kreis** von Drittschuldnern ab. Der Wert dieser Forderungen muss den im Kreditsicherungsvertrag vereinbarten Mindestdeckungsbestand erreichen. Die abgetretenen Forderungen werden i. d. R. durch die Anfangsbuchstaben der Drittschuldner abgegrenzt. Der Forderungsübergang geschieht hier bereits zum Zeitpunkt der Entstehung der Forderungen, also nicht wie bei der **Mantelzession** mit Übergabe einer Debitorenliste.

> **Beispiel:**
>
> **Auszug aus einem Globalzessionsvertrag**
> *Zur Sicherung aller bestehenden und künftigen Ansprüche, die der Union Bank gegen den Sicherungsgeber aus der Geschäftsverbindung zustehen, tritt der Sicherungsgeber an die Bank seine sämtlichen bestehenden und künftigen Forderungen aus Warenlieferungen und Leistungen gegen alle Schuldner des Sicherungsgebers mit den Anfangsbuchstaben A–M ab.*
> *Der realisierbare Wert der abgetretenen Forderungen muss jeweils mindestens 110 % der Verbindlichkeiten des Kreditnehmers gegenüber der Bank betragen (Deckungsgrenze). Unterschreitet der Wert der abgetretenen Forderungen die Deckungsgrenze, ist der Sicherungsgeber zur Abtretung entsprechender neuer Forderungen verpflichtet.*
> *Der Sicherungsgeber hat der Bank bis zum 10. eines jeden Monats eine Bestandsliste über die an die Bank abgetretenen, noch ausstehenden Forderungen einzureichen.*

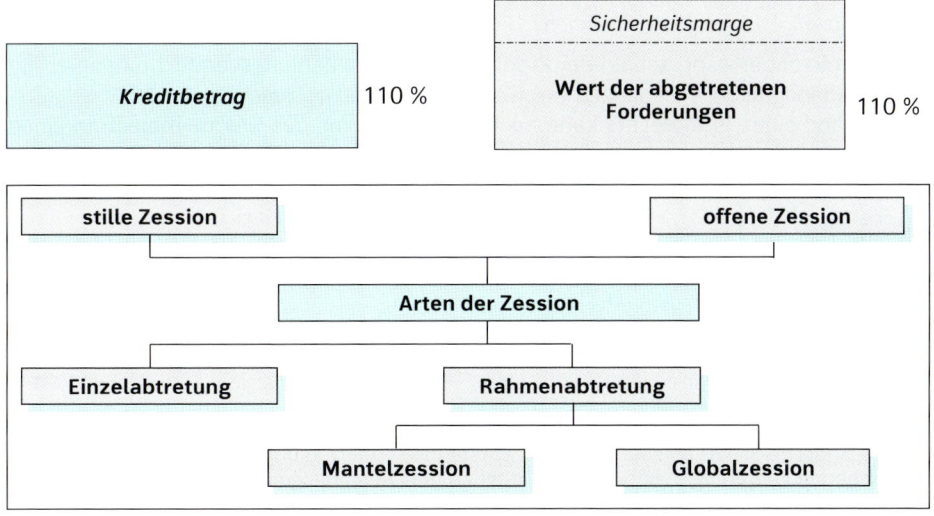

7

7.6.2.2 Pfandrecht

Das **Pfandrecht** ist ein zur Sicherung einer Forderung bestelltes akzessorisches[1] Recht an einer fremden Sache: Es räumt dem Pfandgläubiger das Recht ein, den Pfandgegenstand zu verwerten, falls der Schuldner seine Zahlungsverpflichtungen nicht erfüllt *(§ 1204 ff. BGB)*.

Der Verpfänder bleibt zwar Eigentümer des Pfandgegenstandes, er kann jedoch über ihn nicht mehr verfügen, da zur Rechtswirksamkeit der Pfandrechtsbestellung die Übergabe des Pfandes an den Pfandgläubiger notwendig ist. Die Übergabe des Pfandgegenstandes entfällt, wenn der Pfandgläubiger bereits in dessen Besitz ist.

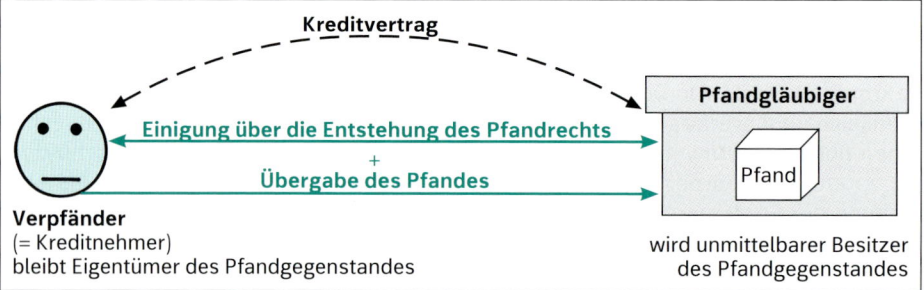

Als Pfand eignen sich in der Praxis nur solche Wertgegenstände, die vom Pfandgläubiger problemlos verwertet werden können. Bevorzugt sind vor allem börsennotierte Wertpapiere.

Die vom Kreditnehmer angebotenen Pfandobjekte werden vom Kreditinstitut nicht mit ihrem vollen Wert beliehen. Bei Wertpapieren schwankt der Beleihungssatz zwischen 50 % und 90 % des aktuellen Marktwertes.

Ein durch die Verpfändung von beweglichen Sachen, insbesondere Wertpapieren, gesicherter Kredit wird als **Lombardkredit** bezeichnet.

Beispiel:

Der Bankkunde Florian Probst verpfändet seinem Kreditinstitut zur Sicherstellung eines Lombardkredits 100 PETRO-Aktien. Bei einem Börsenkurs von 300,00 € je Aktie und einem Beleihungssatz von 60 % beträgt die maximale Kredithöhe 18 000,00 €.

Das Pfandrecht erlischt, sobald der Kreditnehmer seine Zahlungsverpflichtungen erfüllt hat. Der Pfandgläubiger ist danach verpflichtet, das Pfand freizugeben.

Gegenstand eines Pfandrechts kann auch eine Forderung des Kreditnehmers an einen Dritten sein *(z. B. ein Sparguthaben)*. In diesem Fall ist zur rechtswirksamen Bestellung des Pfandrechts eine **Pfandanzeige** an den Dritten erforderlich *(§§ 1273, 1280 BGB)*.

Beispiel:

Frau Clara Schmücker beabsichtigt, im Haus von Herrn Niko Rheindorf eine Wohnung zu mieten. Die Mietbedingungen lauten: Miete 500,00 € je Monat, Nebenkosten 100,00 € je Monat.
Der Mieter verpflichtet sich, dem Vermieter zur Sicherung seiner Ansprüche eine Mietkaution in Höhe von drei Monatsmieten (1 500,00 €, vgl. § 550b BGB) zu stellen.
Die Mieterin richtet ein Sparbuch in Höhe von 1 500,00 € ein und verpfändet das Guthaben zu Gunsten des Vermieters. Die Bestellung des Pfandrechts an einer Spareinlage (§§ 1274, 1279 BGB) erfordert

---

[1] Akzessorische Sicherungsmittel sind in Entstehung, Übertragung und Fortbestand von der gesicherten Forderung abhängig, sie entstehen nur, wenn die gesicherte Forderung entsteht (Beispiele: Bürgschaft, Hypothek, Pfandrecht).

- *die Einigung zwischen Pfandgläubiger (Vermieter) und Verpfänder (Mieter) und*
- *die Anzeige der Verpfändung durch den Verpfänder (Mieter) an die kontoführende Stelle (§ 1280 BGB).*

Das Sparbuch wird dem Vermieter für die Dauer des Mietverhältnisses in Gewahrsam gegeben.

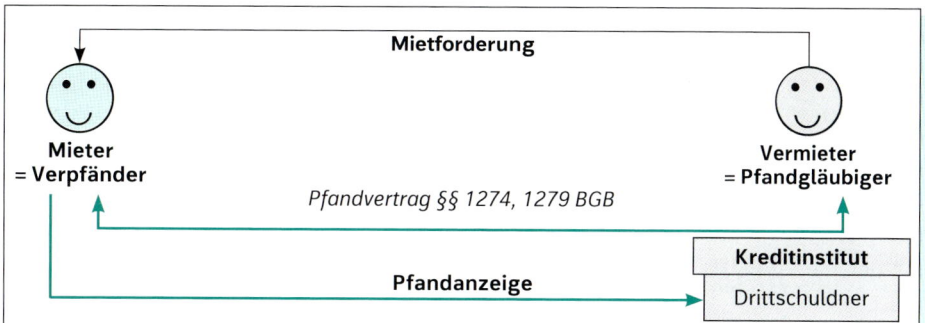

Beachte:

Steuerschuldner für Steuern auf Erträge aus dem Mietkautionskonto ist der Mieter.

Verwertung des Pfandes

1. Pfandreife	2. Androhung der Pfandverwertung	3. Pfandverwertung
Die pfandgesicherte Forderung muss fällig sein *(§ 1228 BGB)*.	Die Pfandverwertung muss dem Eigentümer angedroht werden *(§ 1234 BGB)*.	Die Pfandverwertung ist erst nach Ablauf einer Wartefrist zulässig *(§§ 1234 BGB, 368 HGB)*.

Die Verwertung eines Pfandes muss grundsätzlich im Wege der **öffentlichen Versteigerung** *(z. B. durch einen Gerichtsvollzieher oder Notar)* erfolgen. Bei Wertpapieren ist auch ein Verkauf zum amtlichen Börsenkurs zulässig *(§§ 1235, 1221 BGB)*.
Ein erzielbarer Verwertungsüberschuss steht dem Kreditnehmer zu.

Arten des Pfandrechts

Arten des Pfandrechts	
Vertragliches Pfandrecht	Das Pfandrecht entsteht durch **Vertrag** zwischen dem Verpfänder und dem Pfandgläubiger.
Gesetzliches Pfandrecht	Das Pfandrecht besteht **kraft Gesetzes**, ohne dass die beteiligten Parteien ausdrücklich eine Verpfändung vereinbart haben. **Beispiele:** <ul><li>*Pfandrecht des Kommissionärs (§ 397 HGB)*</li><li>*Pfandrecht des Vermieters (§ 559 BGB)*</li><li>*Pfandrecht des Verpächters (§ 592 BGB)*</li></ul>
Pfändungs-pfandrecht	Das Pfandrecht entsteht im Wege der **Zwangsvollstreckung** in das Vermögen eines säumigen Schuldners *(§§ 803, 804 ZPO)*. <ul><li>Die **Pfändung** der im Gewahrsam des Schuldners befindlichen **beweglichen Sachen** erfolgt dadurch, dass der Gerichtsvollzieher diese Sachen in Besitz nimmt oder durch Anbringung des Pfandsiegels die Pfändung des Gegenstandes deutlich macht *(§ 808 ZPO)*.</li><li>Die **Pfändung von Forderungen** erfolgt durch Zustellung eines gerichtlichen Pfändungsbeschlusses *(§ 829 ZPO)*.</li></ul>

Die verschiedenen Pfandrechte gewähren dem jeweiligen Pfandgläubiger die gleichen Rechte *(§ 804 ZPO, § 1257 BGB)*.

7

Beispiel:

Frau Möchte beabsichtigt, im Haus von Herrn Müller eine Wohnung zu mieten.
Die Mietbedingungen lauten: Miete 500,00 € je Monat, Nebenkosten 100,00 € je Monat.
Der Mieter verpflichtet sich, dem Mieter zur Sicherung seiner Ansprüche eine Mietkaution in Höhe
von drei Monatsmieten (1 500,00 €, vgl. § 550b BGB) zu stellen.

Mögliche Lösung:
Die Mieterin richtet ein Sparbuch in Höhe von 1 500,00 € ein und verpfändet das Guthaben zugunsten
des Vermieters. Die Bestellung des Pfandrechts an einer Spareinlage (§§ 1274, 1279 BGB) verlangt
- *die Einigung zwischen Pfandgläubiger (Vermieter) und Verpfänder (Mieter) und*
- *die Anzeige der Verpfändung durch den Verpfänder (Mieter) an die kontoführende Stelle (§ 1280 BGB).*

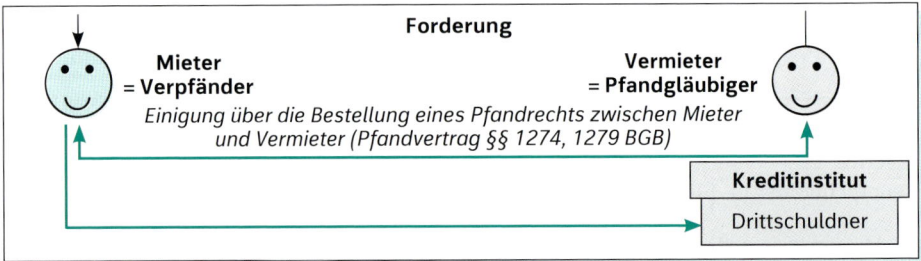

Beachten Sie bitte:

Steuerschuldner für Steuern auf Erträge aus dem Mietkautionskonto ist der Mieter.

Erlöschen des Pfandrechts

- Der Pfandgegenstand wurde rechtmäßig verwertet *(§ 1242 BGB).*
- Die Forderung, für die das Pfandrecht bestellt wurde, besteht nicht mehr *(§ 1252 BGB).*
- Der Pfandgläubiger gibt das Pfand dem Verpfänder zurück *(§ 1253 BGB).*
- Der Pfandgläubiger verzichtet auf das Pfandrecht *(§ 1255 BGB).*

7.6.2.3   Sicherungsübereignung

Die Sicherungsübereignung dient bei Darlehen und Krediten **als Sicherheit für den Kreditge-ber**, *z. B. für die Bank*. Der Kreditgeber erwirbt das Eigentumsrecht an einer beweglichen Sache *(z. B. Auto, Schmuck etc.)*.

Die Verpfändung einer beweglichen Sache verlangt die Übergabe der Sache an den Pfandgläu-biger. Dies bedeutet, der Gegenstand kann nicht mehr privat oder betrieblich genutzt werden.

Wenn der Sicherungsgegenstand weiterhin vom Kreditnehmer genutzt werden soll und er unmittelbarer Besitzer des Gegenstandes bleiben soll, bietet sich die nicht gesetzlich ge-regelte Sicherungsübereignung als abstrakte Kreditsicherheit an.

Abgrenzung Verpfändung – Sicherungsübereignung		
	Verpfändung	**Sicherungsübereignung**
Der Kreditgeber (= Gläubiger) ...	... wird Besitzer der Sache.	... wird Eigentümer der Sache.
Der Kreditnehmer (= Schuldner) ...	... bleibt Eigentümer der Sache, die er nicht mehr nutzen kann.	... bleibt Besitzer und Nutzer der Sache.

7

Im Rahmen der Sicherungsübereignung
- wird dem Kreditgeber treuhänderisch (= fiduziarisch) das Eigentum übertragen,
- kann der Kreditgeber nur in bestimmten Fällen auf das Eigentum zurückgreifen.

Die Sicherungsübereignung verlangt drei Rechtsgeschäfte
1. einen Kreditvertrag *(§ 488 BGB)*,
2. die dingliche Sicherungsübereignung *(§ 930 BGB)* und
3. die schuldrechtliche Sicherungsabrede.

Die Sicherungsübereignung hat sich in der Praxis entwickelt und ist von der Rechtsprechung als Kreditsicherung anerkannt.

Bei der **Sicherungsübereignung**

- wird der Kreditgeber Eigentümer einer Sache, die bisher dem Kreditnehmer gehörte,

- bleibt der Kreditnehmer Besitzer und Nutzer der übereigneten Sache,

- kann der Kreditnehmer als Besitzer die übereignete Sache nur mit schriftlicher Zustimmung des Kreditgebers veräußern,

- ist der Kreditgeber bei Nichterfüllung seiner Forderung berechtigt, die Herausgabe der Sache zu verlangen und sie anschließend zu verwerten, um die offenen Zahlungen zu begleichen. Erst die Verwertung selbst löst steuerbare Umsätze aus, sowohl zwischen Sicherungsnehmer und Erwerber als auch zwischen Sicherungsgeber und Sicherungsnehmer.

Die Eigentumsübertragung erfolgt i. d. R. nach *§ 930 BGB* durch Einigung, Vereinbarung eines Besitzmittlungsverhältnisses (Besitzkonstitut) und der Sicherungsabrede. Ein gutgläubiger Erwerb des Sicherungsnehmers ist i. d. R. nicht möglich, weil nach *§ 933 BGB* die notwendige Übertragung des unmittelbaren Besitzes fehlt.

Gegenüber Dritten hat der Sicherungsgeber einen Herausgabeanspruch aus *§ 985 BGB*.

Einigung	+	Besitzkonstitut	+	Sicherungsabrede
Die Vertragspartner einigen sich darüber, dass das Eigentum sicherungshalber vorübergehend an den Kreditgeber übergehen soll.		Die Übergabe des Sicherungsgutes wird durch einen Vertrag *(z. B. Leihe, Verwahrung)* ersetzt, der den Kreditnehmer weiterhin zum unmittelbaren Besitz berechtigt.		Die Sicherungsabrede verbindet Kredit und Sicherheit. In einem schuldrechtlichen Vertrag werden Verwertungsmöglichkeiten des Treuhandeigentums, die Eigentumsausübung des Gläubigers und die Einreden des Schuldners gegen den Gläubiger vereinbart. Bei Zahlungsunfähigkeit des Schuldners kann der Gläubiger die Sache verkaufen oder versteigern lassen.

7

Beispiel:

Autofinanzierung – Kfz-Darlehen mit Sicherungsübereignung: Der Kreditgeber (z. B. die Bank) behält den Fahrzeugbrief unter Verwahrung, bis der Pkw vollständig abgezahlt ist. Der Nutzer des Fahrzeugs – der Kreditnehmer – kann das Kfz nur benutzen. Alle weiteren Rechte bleiben beim Kreditgeber. Oftmals wird bei einem Kfz-Darlehen mit Sicherungsübereignung auch verlangt, dass das jeweilige Fahrzeug im Vollkasko-Tarif versichert wird, um den Werterhalt des Fahrzeugs zu garantieren.

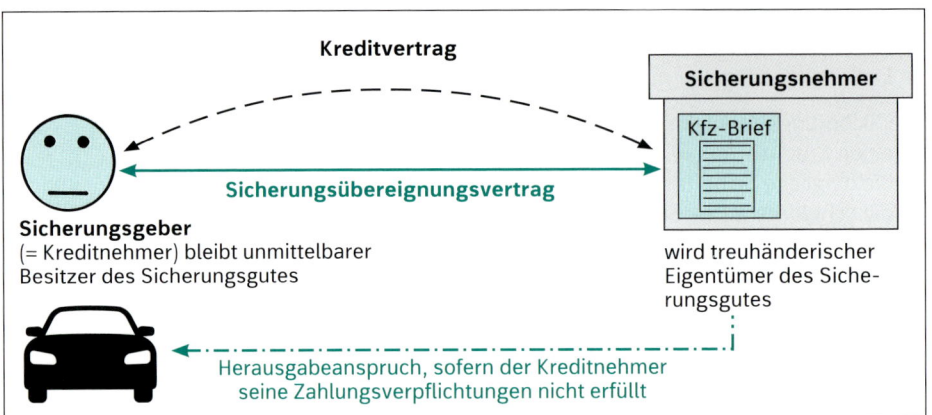

Zur Sicherungsübereignung geeignete Vermögensteile sind:

■ Kraftfahrzeuge (Vollkasko, Abtretung aller Ansprüche aus der Versicherung)

■ Maschinen

■ Waren *(Rohstoffe, Fertigerzeugnisse, Vorräte, Einrichtung)*

Fiduziarität der Sicherungsübereignung

Aufgrund der Sicherungsübereignung erlangt das Kreditinstitut ein fiduziarisches (treu-händerisches) Eigentum. Das bedeutet:

Im **Außenverhältnis** ist das Kreditinstitut rechtlicher Eigentümer der sicherungsübereig-neten Sache.

Im **Innenverhältnis** ist das Eigentumsrecht des Kreditinstituts jedoch beschränkt:

■ **Eingeschränktes Verwertungsrecht**

Erfüllt der Kreditnehmer seine Zahlungsverpflichtungen nicht, so kann das Kreditinstitut die Herausgabe der Sache verlangen und diese versteigern lassen oder zum Marktpreis verkaufen, um mit dem erzielten Erlös seine Forderung auszugleichen. Ein bei der Ver-wertung erzielbarer Überschuss steht dem Kreditnehmer zu.

■ **Bilanzierung des Sicherungsobjektes beim Sicherungsgeber**

Der Kreditnehmer behält das Nutzungsrecht an der Sache und damit das für die Bilan-zierung maßgebliche wirtschaftliche Eigentum.

■ **Absonderungsrecht bei Insolvenz des Sicherungsgebers**

Bei einem Insolvenzverfahren wird das Sicherungsobjekt abgesondert von den übrigen Vermögenswerten des Gemeinschuldners und zugunsten des Kreditinstituts verwertet.

■ **Verpflichtung zur Rückübertragung des Eigentums**

Sobald der Kredit getilgt ist, muss das Kreditinstitut das Eigentum am Sicherungsge-genstand an den Kreditnehmer zurückübertragen.

Risiken der Sicherungsübereignung

Die Sicherungsübereignung ist für das Kreditinstitut als Sicherungsnehmer mit Risiken verbunden, die den Wert dieser Kreditsicherheit erheblich beeinträchtigen können.

- Das Sicherungsobjekt ist durch seine Nutzung beim Kreditnehmer einem natürlichen Verschleiß und damit einer Wertminderung ausgesetzt.

- Das Sicherungsobjekt könnte gestohlen, beschädigt oder zerstört werden.

- Das Sicherungsobjekt könnte doppelt übereignet werden *(z. B. eine Übereignung einer kreditfinanzierten Maschine, Eigentumsvorbehalt).*

- Das Sicherungsobjekt unterliegt bereits einem gesetzlichen Vermieter-/Verpächterpfandrecht.

- Das Sicherungsobjekt gehört bereits zum Zubehör eines mit einem Grundpfandrecht belasteten Grundstücks und fällt damit in die Zubehörhaftung.

- Der Sicherungsgeber veräußert das Sicherungsobjekt an einen gutgläubigen Dritten.

	Mobiliarpfandrecht	Sicherungsübereignung
Kreditnehmer (Sicherungsgeber)	bleibt Eigentümer der verpfändeten Sache	bleibt unmittelbarer Besitzer der übereigneten Sache
Kreditgeber (Sicherungsnehmer)	wird unmittelbarer Besitzer der Sache (Pfandrechtsgläubiger)	wird treuhänderischer Eigentümer und mittelbarer Besitzer der Sache

7.6.2.4 Eigentumsvorbehalt

Zur Finanzierung des betrieblichen Umsatzprozesses bedienen sich die Unternehmen häufig des **Lieferantenkredites**. Hierbei gewährt der Lieferant einer Ware seinem Abnehmer ein **Zahlungsziel**, d. h., dieser braucht erst nach Ablauf eines vereinbarten Zeitraums die Rechnung zu bezahlen. Der Lieferantenkredit gilt als eines der gängigsten Instrumente der Unternehmensfinanzierung. Er erhöht die durchschnittlichen Forderungslaufzeiten, die gegenfinanziert werden müssen.

Beispiel:

Die DETA Stahl AG beliefert die Rusche Maschinenbau AG mit Stahlprodukten, Rechnungsbetrag 65 000,00 €.
Die Zahlungsbedingung der DETA Stahl AG lautet:
Sofortzahlung unter Abzug von 3 % Skonto oder Zahlung nach 90 Tagen rein netto Kasse.

Die Kosten des Lieferantenkredits entsprechen damit dem Skontoabzug, der bei Sofortzahlung gewährt wird.

Beispiel:

Die Zinskosten des Lieferantenkredits betragen bei der Zahlungsbedingung der DETA Stahl AG:

$$Zinssatz\ p.\ a. = \frac{Skontosatz\ in\ \% \cdot 360}{Zahlungsziel\ in\ Tagen} = \frac{3 \cdot 360}{90} = 12\ \%\ p.\ a.$$

7

Die Sicherstellung des Lieferantenkredits erfolgt durch ausdrückliche Vereinbarung eines **Eigentumsvorbehalts** *(§ 455 BGB).*

Beispiel:

Auszug aus einem Kaufvertrag mit Zahlungsziel: „Die Ware bleibt bis zur restlosen Bezahlung des Kaufpreises unser Eigentum."

Der Eigentumsvorbehalt dient

- der Sicherung der Kaufpreisforderung, die der Verkäufer dem Käufer ganz oder teilweise gestundet hat,
- dem Schutz vor dem Zugriff anderer Gläubiger auf das Vorbehaltsgut.

Wird über das Vermögen des Käufers das Insolvenzverfahren eröffnet, so kann der Insolvenzverwalter

- die Zahlungsforderung des Verkäufers erfüllen oder
- dem Vorbehaltsverkäufer die Ausübung des Aussonderungsrechts gestatten *(§ 47 InsO).*

Einfacher Eigentumsvorbehalt

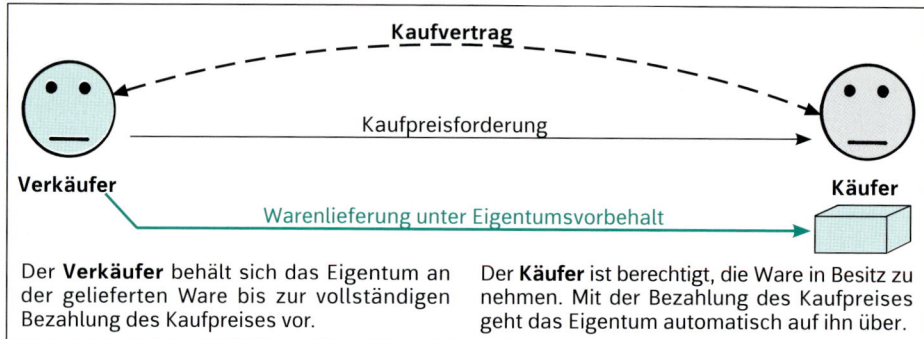

Der **Verkäufer** behält sich das Eigentum an der gelieferten Ware bis zur vollständigen Bezahlung des Kaufpreises vor. | Der **Käufer** ist berechtigt, die Ware in Besitz zu nehmen. Mit der Bezahlung des Kaufpreises geht das Eigentum automatisch auf ihn über.

Verlängerter Eigentumsvorbehalt

Eigentumsvorbehalt mit Verarbeitungsklausel

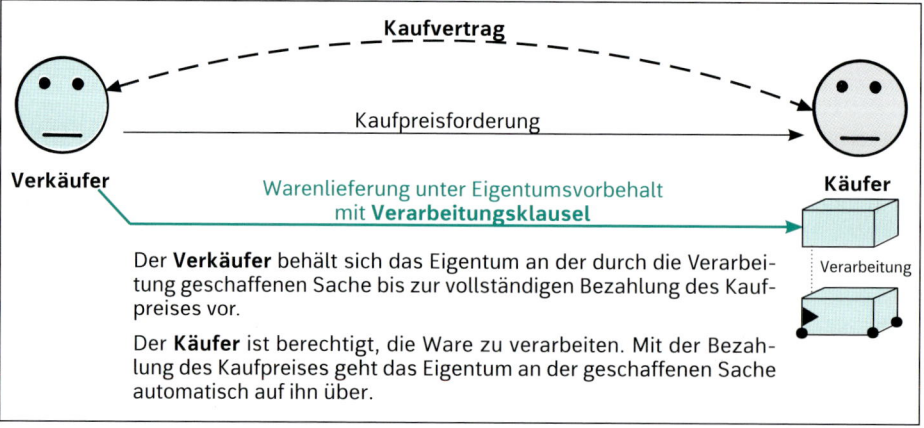

Der **Verkäufer** behält sich das Eigentum an der durch die Verarbeitung geschaffenen Sache bis zur vollständigen Bezahlung des Kaufpreises vor.

Der **Käufer** ist berechtigt, die Ware zu verarbeiten. Mit der Bezahlung des Kaufpreises geht das Eigentum an der geschaffenen Sache automatisch auf ihn über.

Eigentumsvorbehalt mit Vorausabtretungsklausel

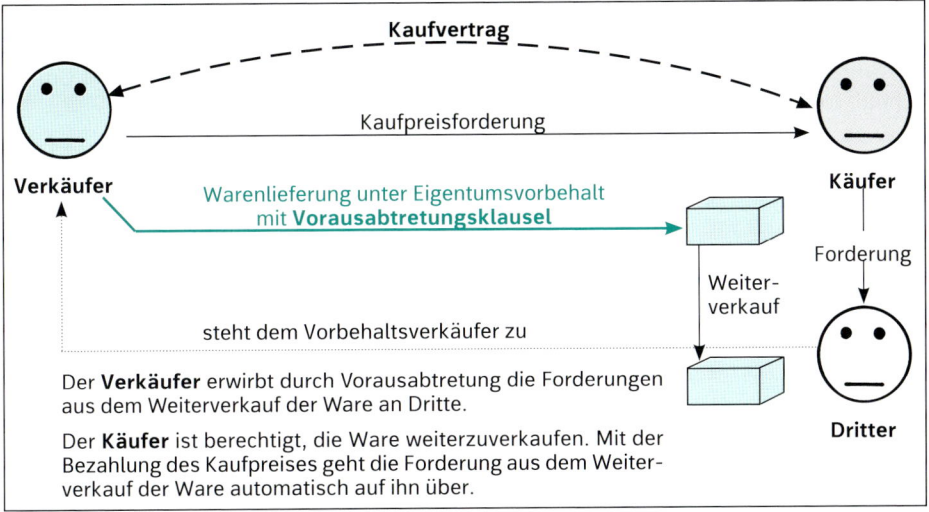

7.6.2.5 **Grundpfandrechte**

> Grundpfandrechte sind besitzlose, dingliche Verwertungsrechte an Grundstücken zur Sicherung von Geldforderungen.

Bürgschaft, Mobiliarpfandrecht, Sicherungsübereignung und -abtretung eignen sich hauptsächlich zur Besicherung kurz- und mittelfristiger Kredite. Bei langfristigen Krediten bedeuten diese Sicherungsmittel keine ideale Sicherheit, da sie im Zeitablauf Wertminderungen unterliegen würden.

In besonderem Maße wertbeständig sind dagegen Immobilien (Grundstücke und Gebäude). Bei der Vergabe langfristiger Kredite bevorzugen die Kreditinstitute daher eine Sicherstellung durch **Grundpfandrechte** (lien on property), die in **Abteilung III** des Grundbuches eingetragen werden.

Zu den Grundpfandrechten zählen
■ die Hypothek *(§ 1113 ff. BGB)*,
■ die Grundschuld *(§ 1191 ff. BGB)* und
■ die Rentenschuld *(§ 1199 ff. BGB)*.

Grundpfandrechte dienen als Sicherung für Kredite. Grundpfandrechte sind dingliche Verwertungsrechte. Der Gläubiger kann bestimmte Geldsummen notfalls im Wege der Zwangsversteigerung *(§ 1147 BGB)* aus dem Grundstück zurückerhalten, wobei die Inhaber von Grundpfandrechten eine bevorzugte Stellung einnehmen.

Die Hypothek wird kaum noch verwendet, Normalfall ist die Bestellung einer Grundschuld. Die Vorschriften der Hypothek gem. *§ 1192 BGB* finden auf die Grundschuld Anwendung.

Gemeinsamkeiten von Grundschuld und Hypothek:
■ Sie sind dingliche Verwertungsrechte.
■ Sie lasten auf dem Grundstück unabhängig vom Eigentümer des Grundstücks.
■ Sie müssen zu ihrer Wirksamkeit ins Grundbuch eingetragen werden (Publizitätsprinzip).
■ Sie unterliegen den Grundsätzen über den Rang der Rechte (maßgebend ist die Rangfolge).

7

Grundpfandrechte (Hypotheken, Grundschulden, Rentenschulden) können in Euro, Schweizer Franken und in US-Dollar angegeben werden *(VO über Grundpfandrechte vom 30.10.1998).*

Ein Grundpfandrecht ist die Belastung eines Grundstücks mit einer Hypothek oder Grundschuld, vornehmlich zum Zwecke der Kreditsicherung.

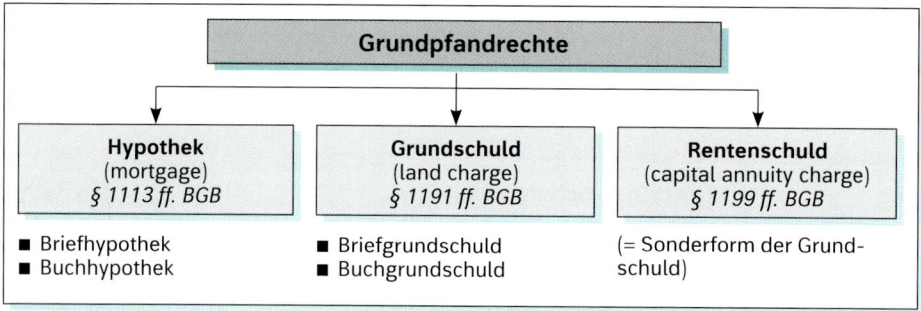

Ein **Grundpfandrecht**	ist die Belastung eines Grundstücks mit einer Hypothek oder Grundschuld, vornehmlich zum Zwecke der Kreditsicherung.
Ein **Grundstück**	ist jeder abgegrenzte Teil der Erdoberfläche, der im Grundbuch als rechtlich selbstständige Einheit gesondert aufgeführt ist.
Ein **Realkredit**	ist ein durch ein Grundpfandrecht abgesicherter Kredit, der insbesondere zur Finanzierung privater oder gewerblicher Baumaßnahmen und des Erwerbs von Immobilien verwendet wird.

Grundbuch (land register)

Das Grundbuch
- ist ein öffentliches Register, das in elektronischer Form von den Grundbuchämtern der Amtsgerichte geführt wird,
- dokumentiert die im Bezirk des Amtsgerichts gelegenen Grundstücke und gibt erschöpfend und zuverlässig Auskunft über die das Grundstück betreffenden Rechtsverhältnisse *(z. B. Eigentümer, Rechte Dritter, Lasten und Beschränkungen, Rangverhältnisse),*
- dient dem Rechtsverkehr mit Grundstücken: Jede rechtsgeschäftliche Rechtsbegründung und Rechtsänderung an Grundstücken bedürfen zu ihrer Wirksamkeit neben der Einigung über die Rechtsänderung zusätzlich der Eintragung in das Grundbuch.

Unter dem **Liegenschaftskataster** versteht man die Gesamtheit der amtlichen Karten und Bücher zum Nachweis des tatsächlichen Bestandes der Grundstücke und der rechtmäßigen Grundstücksgrenzen. Das **kommunale Vermessungs- und Katasteramt** führt u. a.:
- die **Flurkarte**, in der (i. d. R. im Maßstab 1 : 1000) die Flurstücke einschließlich ihrer Bebauung kartiert sind,
- das **Liegenschaftsbuch**, das Auskunft über Lage, Größe, Nutzungsart und Eigentümer der Grundstücke gibt.

Öffentlichkeit des Grundbuchs

Nach *§ 12 GBO* ist die Einsicht in das Grundbuch nur Personen zu gestatten, die ein berechtigtes *(z. B. ein rechtliches, öffentliches oder wissenschaftliches)* Interesse darlegen.

Ohne besonderes Interesse können Eigentümer und bereits im jeweiligen Grundbuchblatt eingetragene Berechtigte/Gläubiger, Notare und im Wege der Rechtshilfe öffentliche inländische Behörden Einsicht nehmen.

Zum „uneingeschränkten automatisierten elektronischem Abrufverfahren" über das Internet sind Notare, öffentlich bestellte Vermessungsingenieure, im Wege der Rechtshilfe Gerichte und öffentliche inländische Behörden zugelassen.

Das „eingeschränkte elektronische Abrufverfahren" steht allen Interessenten offen, insbesondere: Rechtsanwälten, Steuerberatern, Wirtschaftsprüfern, Banken, Sparkassen, Bausparkassen, Versicherungen, Energieversorgungsunternehmen. Dieser Personenkreis erhält erst Einsicht, wenn ein berechtigtes Interesse nachgewiesen wird.

Wer zur Internet-Einsicht ins Grundbuch berechtigt ist, kann kostenpflichtig Ausdrucke und Abschriften daraus beantragen. Die Auszüge können in beglaubigter Form (amtlicher Ausdruck) oder unbeglaubigter Form (Ausdruck) erteilt werden.

Das Grundbuch hat eine öffentliche Beweisfunktion, d. h., dass sich der Erwerber oder andere interessierte Personen einen verbindlichen Überblick über die Rechtsverhältnisse an dem Grundstück verschaffen können *(§§ 891, 892, 893 BGB)*.

Der Inhalt des Grundbuchs genießt öffentlichen Glauben *(§ 892 BGB)*.

- **Positive Publizität:** Die Angaben im Grundbuch gelten gutgläubigen Dritten gegenüber als richtig und vollständig.
- **Negative Publizität:** Eintragungspflichtige, aber nicht eingetragene oder unrichtig gelöschte Rechte und Verfügungsbeschränkungen gelten als nicht bestehend.

Der öffentliche Glaube erstreckt sich nur auf die Rechte, die in den drei Abteilungen eingetragen sind.

Der Inhalt des Grundbuchs genießt **keinen** öffentlichen Glauben, wenn
- die Unrichtigkeit der Eintragung der betreffenden Person bekannt ist,
- gegen die Richtigkeit einer Eintragung ein **Widerspruch** eingelegt und eingetragen wurde.

Grundbucheintragungen

Grundbucheintragungen erfolgen nur

- auf schriftlichen Antrag eines Beteiligten bei dem für das Grundstück zuständigen Grundbuchamt *(§ 13 GBO)*,
- nach Zustimmung derjenigen, deren Rechte durch die Eintragung betroffen werden,

> **Beispiel:**
> *Die Eintragung einer Grundschuld verlangt die Zustimmung durch die Eigentümer.*

- auf Ersuchen des Gerichts *(z. B. Insolvenzvermerk, Zwangsversteigerungsvermerk)* oder einer Behörde *(z. B. bei Sanierungsverfahren)*,
- bei Nachweis der erforderlichen Eintragungsvoraussetzungen durch öffentliche oder öffentlich beglaubigte Urkunden *(§ 29 GBO)*.

> **Beispiele:**
> *Vorzulegen sind*
> - *zur Änderung des Eigentümers aufgrund eines Erbfalls ein Erbschein oder ein notarielles Testament,*
> - *für die Löschung einer zugunsten einer Bank eingetragenen Grundschuld die Erklärung der Bank, dass diese mit der Löschung einverstanden ist (sog. „Bewilligung").*

Notare besorgen auf Verlangen der Parteien die benötigten Unterlagen und überwachen den Vollzug der Grundbucheintragung.

7

Aufbau und Inhalt des Grundbuchs

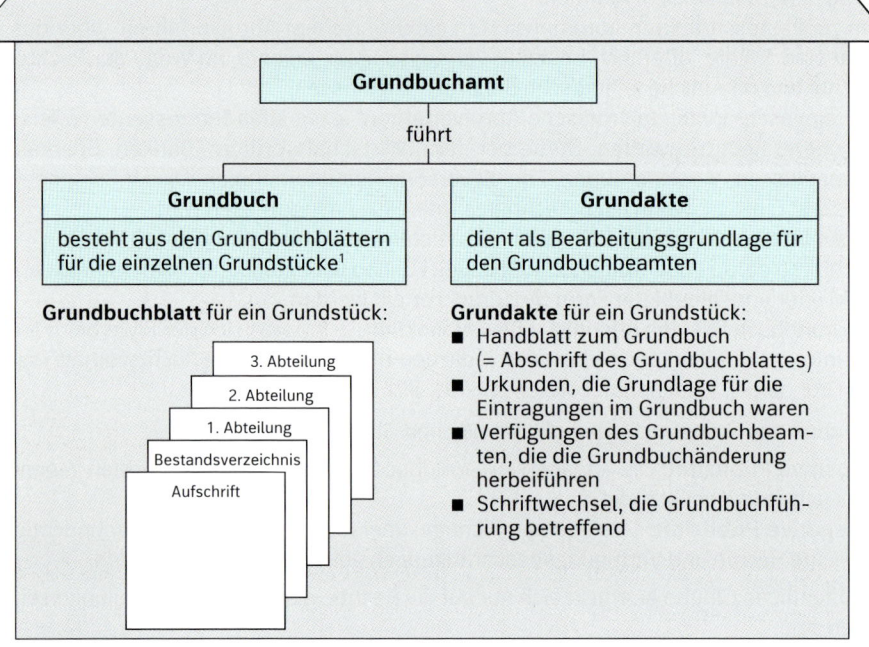

Aufschrift

Die Aufschrift ist das „Titelblatt" eines Grundbuchauszugs.
Sie enthält:
- das zuständige Amtsgericht
- den Grundbuchbezirk
- die Nummer des Grundbuchblattes

Bestandsverzeichnis

Das Bestandsverzeichnis enthält Angaben über „technische" Merkmale bzw. Eigenschaften des Grundstücks. Es genießt keinen öffentlichen Glauben. Das Bestandsverzeichnis gibt Auskunft über:
- die vermessungstechnische Lokalisierung des Grundstücks (Gemarkung, Flur-Nr., Flurstück-Nr.),
- Lage des Grundstücks (Straße und Hausnummer),
- Größe des Grundstücks,
- ggf. Rechte, die mit dem Eigentum an diesem Grundstück verbunden sind.

Beispiel:

Wegerecht an einem benachbarten Grundstück

---

[1] Zum Teil bereits bei vielen Amtsgerichten in elektronischer Form geführt.

▨ Erste Abteilung

Die erste Abteilung enthält Angaben über die Eigentumsverhältnisse des Grundstücks.
Sie gibt Auskunft über:

- Name, Wohnort und Geburtstag des Eigentümers
- Rechtsgrund des Eigentumserwerbs
- Zeitpunkt des Eigentumserwerbs

▨ Zweite Abteilung

Die zweite Abteilung enthält die Lasten und Beschränkungen, die mit dem Eigentum an diesem Grundstück verbunden sind. Eintragungen in der zweiten Abteilung können den Sicherungswert des Grundstücks erheblich mindern.

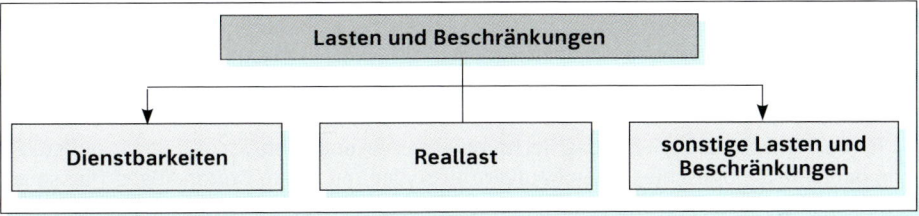

Dienstbarkeiten

Der Berechtigte besitzt ein Nutzungsrecht am Grundstück; der Eigentümer hat dies zu dulden.

Man unterscheidet:

- **Grunddienstbarkeit**
  Der jeweilige Eigentümer eines anderen Grundstücks darf das dienende Grundstück in einer bestimmten Weise nutzen.

  Beispiel:
  Der Grundstückseigentümer muss dem jeweiligen Eigentümer des Nachbargrundstücks einen Zufahrtsweg über sein Grundstück gestatten.

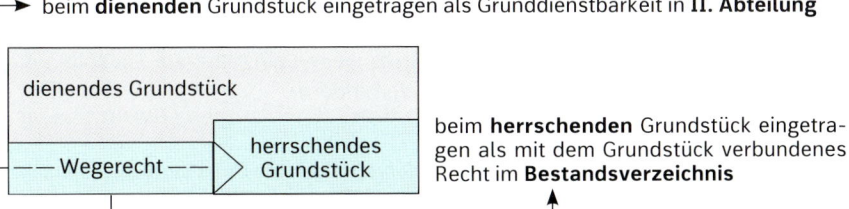

- **Beschränkt persönliche Dienstbarkeit**
  Eine bestimmte Person darf das Grundstück in einer bestimmten Weise nutzen.

  Beispiel:
  Ein Energieversorgungsunternehmen darf eine Hochspannungsleitung über das Grundstück führen.

- **Nießbrauch**
  Eine bestimmte Person darf sämtliche Nutzungen aus dem Grundstück ziehen.

  Beispiel:
  Die Eltern übertragen das Eigentum am Grundstück auf ihr Kind, behalten sich selbst aber den Nießbrauch vor.

7

Reallast

Der Berechtigte hat das Recht auf regelmäßige wiederkehrende Leistungen aus dem Grundstück.

Beispiel:

Ein kinderloses Ehepaar verkauft das Grundstück gegen Zahlung einer lebenslänglichen monatlichen Geldrente.

Sonstige Lasten und Beschränkungen

- **Erbbaurecht**

  Der Erbbauberechtigte hat gegen Zahlung eines Erbbauzinses das veräußerliche und vererbliche Recht, auf dem Grundstück ein Bauwerk zu haben.

  Beispiel:

  Die katholische Kirche räumt einer kinderreichen Familie auf einem kircheneigenen Grundstück ein auf 99 Jahre befristetes Erbbaurecht ein.

- **Vorkaufsrecht**

  Der Vorkaufsberechtigte hat das Recht, bei einem eventuellen Verkauf des Grundstücks in den bereits abgeschlossenen Kaufvertrag zu den mit einem Dritten abgeschlossenen Bedingungen an dessen Stelle als Käufer einzutreten *(§§ 1094–1104 BGB)*.

- **Auflassungsvormerkung**

  Der schuldrechtliche Anspruch aus dem Kaufvertrag auf Übertragung des Eigentums am Grundstück wird durch die Eintragung dinglich abgesichert.

  Beispiel:

  Der Käufer zahlt während der Bauzeit Teilbeträge an den Bauträger; der Bauträger veranlasst die Eintragung einer Auflassungsvormerkung zugunsten des Käufers. Nach Fertigstellung des Objektes und vollständiger Zahlung des Kaufpreises wird der Käufer als Eigentümer in das Grundbuch eingetragen.

  Verfügungen über das Grundstück durch den Eigentümer *(z. B. Bestellung von Grundpfandrechten, Eintragung von Lasten und Beschränkungen)* sind nach der Eintragung der Auflassungsvormerkung dem Vormerkungsberechtigten gegenüber unwirksam *(§ 883 BGB)*.

- **Verfügungsbeschränkungen**

  Verfügungsbeschränkungen werden von Amts wegen eingetragen. Sie sollen die Belastung und Veräußerung des Grundstücks verhindern.

  Beispiele:

  - *Vermerk über die Eröffnung des Insolvenzverfahrens über den Grundstückseigentümer*
  - *Vermerk über die Anordnung der Zwangsversteigerung des Grundstücks*

7

▮ Dritte Abteilung

In der dritten Abteilung sind auf dem Grundstück lastende Grundpfandrechte eingetragen. Man unterscheidet **Hypothek** und **Grundschuld.**

▮ Rangordnung von Grundstücksbelastungen

Die an einem Grundstück bestehenden Rechte sind untereinander nicht gleichberechtigt, sondern stehen in einem Rangverhältnis zueinander. Die Rangfolge der Grundstücksrechte ist insbesondere dann entscheidend, wenn der Grundstückseigentümer seine Verpflichtungen aus den eingetragenen Belastungen nicht erfüllen kann und es zur Zwangsvollstreckung in das Grundstück kommt.

Beispiel:

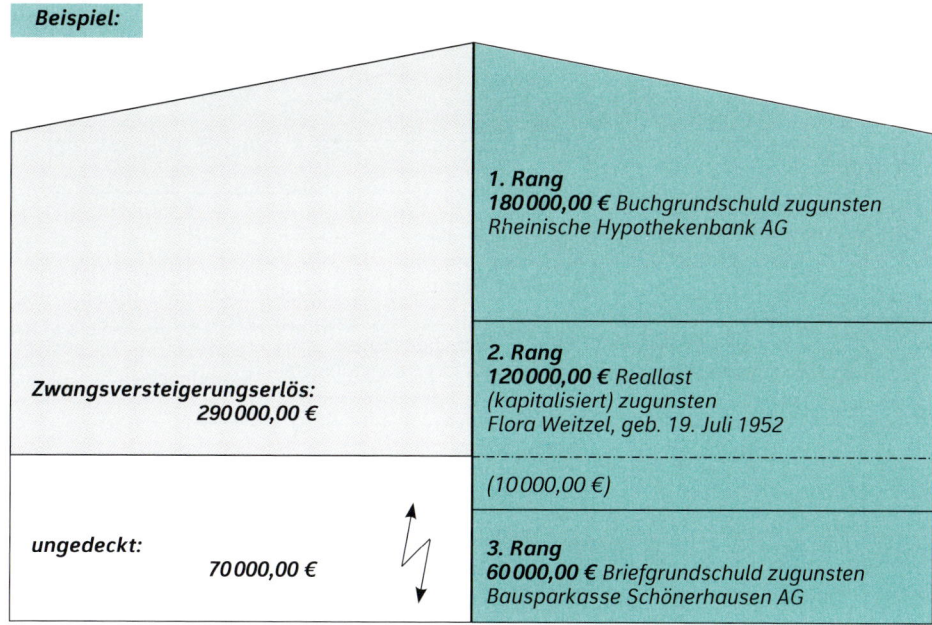

Zwangsversteigerungserlös: 290 000,00 €

1. Rang
180 000,00 € *Buchgrundschuld zugunsten Rheinische Hypothekenbank AG*

2. Rang
120 000,00 € *Reallast (kapitalisiert) zugunsten Flora Weitzel, geb. 19. Juli 1952*

(10 000,00 €)

ungedeckt: 70 000,00 €

3. Rang
60 000,00 € *Briefgrundschuld zugunsten Bausparkasse Schönerhausen AG*

Gesetzliche Rangfolge

- **Locus-Prinzip:** Sind mehrere Rechte in derselben Abteilung des Grundbuchs eingetragen, so wird der Rang nach der Reihenfolge der Eintragungen bestimmt.
- **Tempus-Prinzip:** Sind mehrere Rechte in verschiedenen Abteilungen eingetragen, so hat das zeitlich früher eingetragene Recht den Vorrang.

Vertragliche Rangfolge

Die vertragliche Vereinbarung einer von der gesetzlichen Rangfolge abweichenden Regelung ist möglich.

- **Rangänderung:** Die Rangänderung wird nachträglich durch Einigung zwischen den betroffenen Personen geändert. Die Eintragung der Rangänderung bedarf der Zustimmung des Eigentümers, soweit sie die dritte Abteilung des Grundbuchs betrifft. Bei einem Rangtausch dürfen ggf. existierende Zwischenrechte nicht beeinträchtigt werden.
- **Rangvorbehalt:** Der Eigentümer kann sich bei Eintragung eines Rechts den (Vor-) Rang für später einzutragende Rechte freihalten. Die Eintragung des Rangvorbehalts bedarf der Einigung des Eigentümers mit dem Berechtigten, dessen Recht durch den Rangvorbehalt zurücktritt.

Bestellung eines Grundpfandrechtes

Die **Bestellung** eines Grundpfandrechtes erfolgt durch Einigung in notarieller Form und Eintragung ins Grundbuch *(§ 873 BGB)*.

7

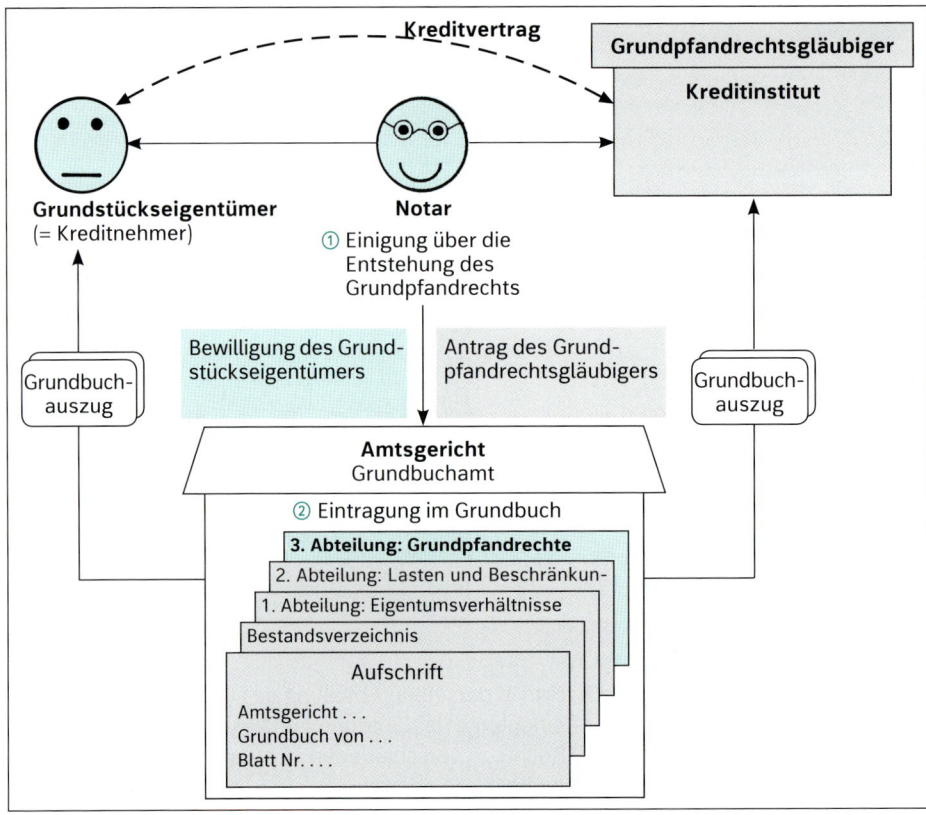

Hypothek und Grundschuld im Vergleich

Hypothek	Grundschuld
Eine Hypothek ist ein Pfandrecht an einem Grundstück zur Sicherung einer bestimmten Forderung *(§ 1113 ff. BGB)*. Die Hypothek ist für ein bestimmtes Darlehen bestellt und mit dessen Rückzahlung verbraucht.	Eine Grundschuld ist die Belastung eines Grundstücks mit einer bestimmten Geldsumme *(§ 1191 ff. BGB)*.
Die Hypothek ist **akzessorisch**: Es besteht ein untrennbarer rechtlicher Zusammenhang zwischen dem persönlichen Anspruch aus der Darlehensgewährung und dem dinglichen Anspruch aus der Hypothek. Der Anspruch aus der Hypothek wird durch den Umfang des persönlichen Anspruchs bestimmt.	Die Grundschuld ist **abstrakt**: Es besteht kein rechtlicher Zusammenhang zwischen dem persönlichen Anspruch aus der Darlehensgewährung und dem dinglichen Anspruch aus der Grundschuld. Der Anspruch aus der Grundschuld existiert unabhängig von dem persönlichen Anspruch.

Der **dingliche Haftungsanspruch** aus dem Grundpfandrecht erstreckt sich auf:

- das **Grundstück**
- die **wesentlichen Bestandteile des Grundstücks**

  Beispiele: *Gebäude, Pflanzen*

- das **Zubehör**, soweit es dem Grundstückseigentümer gehört

  Beispiele: *Maschinen, Geräte, Vieh*

- die **Grundstückserträge**

  Beispiel: *Mieteinnahmen*

In der Praxis wird die **Grundschuld** gegenüber der Hypothek aufgrund ihrer Abstraktheit als Kreditsicherungsmittel **bevorzugt**:

- Die Grundschuld bleibt auch bei teilweiser oder völliger Kreditrückzahlung in voller Höhe bestehen.
  Sie kann deswegen auch zur Besicherung von Krediten mit wechselndem Kreditsaldo *(z. B. Kontokorrentkrediten)* herangezogen werden.
- Die Grundschuld kann auf den Namen des Grundstückseigentümers eingetragen werden (Eigentümergrundschuld).
  Durch Abtretung der Grundschuld und Übergabe des Grundschuldbriefes ist der Grundstückseigentümer jederzeit in der Lage, eine Kreditsicherheit stellen zu können.
- Die Eintragung einer **Zwangsvollstreckungsklausel** ist möglich.
  Gemäß *§ 794 Ziff. 5 ZPO* kann eine Zwangsvollstreckung aufgrund einer Urkunde betrieben werden, die ein Notar in der vorgeschriebenen Form aufgenommen hat und in der die Zahlung einer bestimmten Geldsumme versprochen wird. Unterwirft sich der Schuldner im Rahmen der Grundschuldbestellungsurkunde der sofortigen Zwangsvollstreckung, so fällt er praktisch ein „Urteil gegen sich selbst". Der Gläubiger kann jederzeit mit der vollstreckbaren (Bestellungs-)Urkunde Zwangsvollstreckungsmaßnahmen einleiten. Kreditinstitute verlangen bei der Bestellung einer Grundschuld grundsätzlich die Unterwerfung unter die sofortige Zwangsvollstreckung und ihre Eintragung ins Grundbuch.

Löschung von Grundpfandrechten

Die **Löschung** des Grundpfandrechts erfolgt grundsätzlich nach Tilgung der ihr zugrunde liegenden Darlehensschuld. Der Grundpfandrechtsgläubiger ist zur Erteilung einer **Löschungsbewilligung** verpflichtet. Aufgrund der Löschung rücken die nachfolgenden Rechte um eine Rangstelle nach oben.

Gesetzlicher Löschungsanspruch *(§ 1179a BGB)*

Der Gläubiger eines Grundpfandrechtes kann vom Eigentümer des Grundstückes die Löschung vor- oder gleichrangiger Hypotheken verlangen, wenn diese nach Rückzahlung der Forderung zu Eigentümergrundschulden geworden sind.

Vertraglicher Löschungsanspruch

Ist bei einer Grundschuld der Sicherungszweck entfallen, steht dem Grundstückseigentümer ein Rückgewährsanspruch der Grundschuld zu. Ein nachrangiger Gläubiger besitzt keinen gesetzlichen Löschungsanspruch für vorrangige Grundschulden. Deshalb lässt sich der Gläubiger vom Eigentümer die Rückgewährsansprüche gegenüber vorrangigen Grundschuldgläubigern abtreten, damit er selbst nach Erledigung des Sicherungszweckes die Löschung der vorrangigen Rechte veranlassen kann.

Zwangsvollstreckung

Erfüllt der Darlehensschuldner seine Zahlungsverpflichtungen nicht, so kann der Grundpfandrechtsgläubiger die Zwangsvollstreckung in das Grundstück betreiben.

- **Zwangsverwaltung:** Der Anspruch des Grundpfandrechtsgläubigers wird aus den Erträgen des Grundstücks *(z. B. Mieteinnahmen)* befriedigt.
- **Zwangsversteigerung:** Der Anspruch des Grundpfandrechtsgläubigers wird aus dem Versteigerungserlös des Grundstücks befriedigt.

7

7.6.3 | Kreditversicherung

Kreditrisiken können begrenzt werden durch

- sorgfältige Beurteilung der Kreditwürdigkeit der Kreditnehmer,

- Streuung des Kreditvolumens auf eine Vielzahl nach Art, Kundenkreis, Höhe und Laufzeit unterschiedlicher Kredite,

- Hereinnahme von Kreditsicherheiten,

- Abschluss einer Kreditversicherung.

> Durch den Abschluss einer **Kreditversicherung** kann das aus einer Kreditvergabe eingegangene Risiko auf eine Versicherungsgesellschaft abgewälzt werden.

Die Kreditversicherung ist ein besonderer Geschäftszweig der Versicherungen:

Die Versicherungsgesellschaft schützt den Versicherungsnehmer (Kreditinstitute, Unternehmungen) vor Vermögensschäden, die dadurch entstehen, dass ein Schuldner seinen Zahlungsverpflichtungen gegenüber seinem Gläubiger (= Versicherungsnehmer) nicht nachkommt.

- **Warenkreditversicherungen** versichern Unternehmen gegen den Ausfall von Forderungen aus Lieferantenkrediten (Delkredere-Versicherung).

- **Restschuldversicherungen** versichern Kreditinstitute bei der Vergabe von Konsumkrediten. Bei Tod bzw. Arbeitsunfähigkeit des Kreditnehmers übernimmt die Versicherung die noch ausstehenden Ratenverpflichtungen des Kunden.

- **Ausfuhrkreditversicherungen** versichern Kreditinstitute und Unternehmen gegen Forderungsausfälle aus Auslandskrediten.

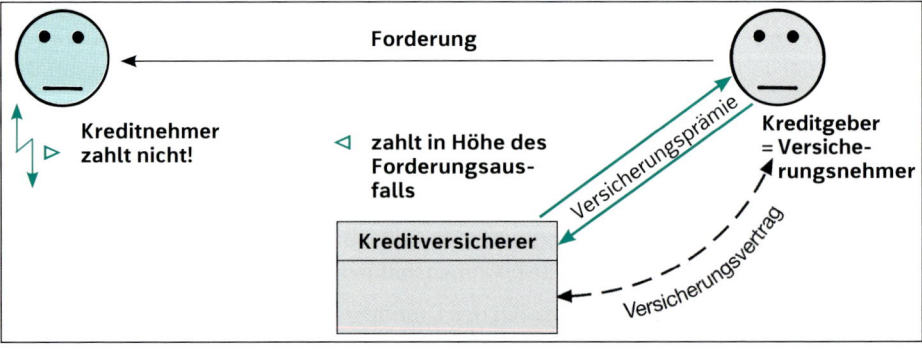

Anders als bei den Sach- und Personensicherheiten stellt nicht der Kreditnehmer die Sicherheit für den von ihm in Anspruch genommenen Kredit, sondern der Kreditgeber schließt durch eine Versicherung den ihm aus der möglichen Zahlungsunfähigkeit seines Schuldners drohenden Vermögensschaden aus.

Die Kosten für die Versicherung trägt i. d. R. der Kreditgeber, der sie allerdings – ggf. verdeckt durch höhere Preise bzw. Zinsen – auf den Kreditnehmer überwälzen kann.

Übungsaufgaben

1. Was versteht man unter „Investition"?

2. Erläutern Sie den Inhalt der „Goldenen Finanzierungsregel".

3. Stellen Sie vergleichend Beteiligungs- und Fremdfinanzierung gegenüber
   a) aus der Sicht des Kapitalgebers,
   b) aus der Sicht des Kapitalnehmers.

4. Beschreiben Sie die Bildung stiller Rücklagen.

5. Erläutern Sie folgende Aussage: *„Abschreibungserlöse können zur Finanzierung von Ersatzinvestitionen eingesetzt werden."*

6. Erläutern Sie die Funktionen des „echten" Factoring.

7. Stellen Sie vergleichend gegenüber:
   a) Operating Leasing   – Finanzierungsleasing,
   b) Direktes Leasing   – Indirektes Leasing.

8. Welche Finanzierungsart liegt bei folgenden Sachverhalten vor?
   1 Außenfinanzierung   2 Innenfinanzierung   3 Fremdfinanzierung   4 Eigenfinanzierung
   a) Bildung einer offenen Rücklage
   b) Ausgabe junger Aktien bei einer AG
   c) Inanspruchnahme eines Zahlungsziels eines Lieferanten
   d) Finanzierung aus Abschreibungen
   e) Überziehung des Kontokorrentkontos
   f) Bildung einer Pensionsrückstellung
   g) Forderungsverkauf an eine Factoringgesellschaft
   h) Aufnahme eines Kommanditisten
   i) Bildung einer Rücklage für Ersatzbeschaffung
   j) Verkauf von Forderungen an Factor
   k) Bildung einer Rückstellung für Gewährleistungen
   l) Umwandlung von Gewinnrücklagen in Freiaktien für Alt-Aktionäre
   m) Ein Existenzgründer erwirbt einen neuen PC auf Ziel
   n) Eine GmbH nimmt einen neuen Gesellschafter auf
   o) Eine GmbH erhält von der Hausbank einen Kredit über 70000,00 €
   p) Eine AG gibt Industrieobligationen aus
   q) Ein unbebautes Grundstück, das mit 200000,00 € in der Bilanz steht, wird für 300000,00 € verkauft
   r) Einzelunternehmer erhöht Rücklagen
   s) Bezahlung der Waren mit Mitteln vom privaten Sparkonto durch den Einzelunternehmer
   t) Kunde leistet Anzahlung
   u) Einstellung von 100000,00 € aus dem Gewinn in Rücklagen
   v) Einrechnung der Abschreibung in die Produktpreise
   w) KG nimmt neuen Kommanditisten auf
   x) Bildung stiller Reserven durch hohe Abschreibungen
   y) Die bilanzielle AfA übersteigt die kalkulatorische Abschreibung
   za) Vornahme einer außergewöhnlichen Abschreibung
   zb) OHG-Gesellschafter erhöhen ihren Kapitalanteil durch Bareinlagen

7

9. An der Wim KG, Wachtberg, sind die Gesellschafter Wim als Komplementär und Wau als Kommanditist beteiligt. Zum 31.12.01 wird die nachfolgende ordnungsgemäße Bilanz vorlegt:

Aktiva	Bilanz der Wim KG zum 31.12.01		Passiva
Grund und Boden	100 000,00 €	Kapital Wim 450 000,00 €	
Gebäude	390 000,00 €	– Entnahmen 42 000,00 €	
Betriebsausstattung	450 000,00 €	+ Gewinnanteil 77 000,00 €	485 000,00 €
Büroausstattung	120 000,00 €	Kapital Wau	500 000,00 €
Vorräte	160 000,00 €	Sonderposten mit Rücklageanteil	44 000,00 €
Forderungen	44 000,00 €	(Ansparrücklage)	
Bank	30 000,00 €	Rückstellungen	25 000,00 €
Kasse	10 000,00 €	langfristiger Bankkredit	165 000,00 €
		Verbindlichkeiten aus L. u. L.	85 000,00 €
	1 304 000,00 €		1 304 000,00 €

a) Erklären Sie die Begriffe Investition und Finanzierung.

b) Erklären Sie die Begriffe Eigen- und Fremdfinanzierung.

c) Errechnen Sie aus der obigen Bilanz die Höhe der Selbstfinanzierung des Gesellschafters Wim.

d) Ermitteln Sie aus der Bilanz ■ die Beteiligungsfinanzierung als Außenfinanzierung,
   ■ die Fremdfinanzierung als Außenfinanzierung.

e) Welche Finanzierungsart stellt die Position „Sonderposten mit Rücklageanteil" dar?

10. Aus den Unterlagen der Bodo GmbH entnehmen Sie bitte folgende Vorgänge.
    Prüfen Sie, ob ein Finanzierungsvorgang vorliegt, und nennen Sie kurz die Art der Finanzierung.

    a) Die Bodo GmbH verkauft gebrauchte Büromöbel für 8 000,00 € zuzüglich 19 % USt. Der Restbuchwert der Büromöbel betrug vor dem Verkauf 2 000,00 €.

    b) Ein Kontokorrentkredit über 20 000,00 € wird in ein langfristiges Darlehen umgewandelt.

    c) Das Stammkapital der GmbH wird um 30 000,00 € durch die Auflösung von Rücklagen in gleichem Umfang erhöht.

    d) Die GmbH erhöht ihr Stammkapital durch einen Nachschussbeschluss aller Gesellschafter um 30 000,00 €.

11. Prüfen Sie jeweils Darlehen und Leasing hinsichtlich der Wirkungen auf Bilanz, GuV, Gewerbesteuer, Kosten und Investitionsrisiko.

12. Factoring ist eine Finanzierungsalternative mittelständischer Unternehmen.

    a) Was versteht man unter „Factoring"?

    b) Beschreiben Sie die bilanzielle Wirkung, die durch das Factoring beim Kunden der Factoring-Gesellschaft hervorgerufen wird.

    c) Nennen Sie einen Grund, der die Praktizierung dieses Finanzierungsinstruments unmöglich macht.

    d) Wie verhält sich die Factoring-Gesellschaft, wenn der Drittschuldner bei einer Forderung nicht zahlt,
       ■ weil die an ihn gelieferte Ware Mängel aufweist,
       ■ weil er illiquide ist?

13. Geben Sie einen Überblick über die verschiedenen Bankengruppen in Deutschland.

14. Was versteht man unter einem Kredit?

15. Unterscheiden Sie zwischen Kreditfähigkeit und Kreditwürdigkeit.

16. Beschreiben Sie die einzelnen Schritte zum Zustandekommen eines Kreditvertrages.

17. Die Union Bank unterbreitet StB. Michael Klein folgendes Ratenkreditangebot:
    ■ *Kreditbetrag: 12 000,00 €*
    ■ *2 % Provision*
    ■ *0,36 % Zinsen pro Monat*
    ■ *Laufzeit: 48 Monate*
    Ermitteln Sie
    a) die Höhe der monatlichen Rate,
    b) die Effektivverzinsung.

7

18. Die Zilke GmbH beantragt bei der Union Bank einen Investitionskredit in Höhe von 300 000,00 €. Zur Prüfung der Kreditwürdigkeit verlangt die Bank die Jahresabschlüsse der letzten drei Jahre.
    a) Nennen Sie vier Bilanzkennziffern, die zur Beurteilung der Kreditwürdigkeit herangezogen werden können.
    b) Begründen Sie, weshalb die mittels Jahresabschlussanalyse gewonnenen Kennziffern nur eine begrenzte Aussagekraft für die Beurteilung der Kreditwürdigkeit haben.

19. Die Kallo e. K., Köln, möchte mit der Müller OHG, Minden, dauerhaft Geschäftsbeziehungen eingehen.
    Aufgrund ausgefallener Forderungen gerät die Müller OHG in Zahlungsschwierigkeiten und braucht einen Kredit über 200 000,00 €. Die Also Bank ist bereit, diesen Kredit zu gewähren, wenn die Müller OHG einen Bürgen stellt.
    Um dem Kunden zu helfen, erklärt Herr Keiner, der Eigentümer der Kallo e. K., sich mündlich zu einer Übernahme der Bürgschaft bereit.
    Der Kredit an die Müller OHG wird notleidend. Die Bank verlangt von Herrn Keiner die Erfüllung der Verpflichtungen aus der Bürgschaft. Herr Keiner verweigert die Erfüllung des Bürgschaftsvertrages mit der Begründung: 1. Seine mündlich erklärte Bürgschaft sei rechtlich ohne Bedeutung.
                                                                                                          2. Ihm stehe die Einrede der Vorausklage zu.
    a) Zwischen welchen Parteien wurde ein Bürgschaftsvertrag geschlossen?
    b) Was verstehen Sie unter „Einrede der Vorausklage"?
    c) Beurteilen Sie die ablehnende Haltung des Herrn Keiner.
    d) Erläutern Sie den Begriff Akzessorietät der Bürgschaft.

20. Die Vertragsparteien Bauma GmbH und Tiefbau e. K. vereinbaren zur Sicherung eines Kredites die Sicherungsübereignung des Kaufgegenstandes.
    a) Welche Gegenstände sind zur Sicherungsübereignung geeignet?
    b) Welche rechtlichen Vereinbarungen werden zwischen Kreditgeber und Kreditnehmer getroffen?
    c) Welche Vorteile hat die Sicherungsübereignung gegenüber der Verpfändung einer Sache?
    d) Beschreiben Sie die Rechte des Kreditgebers für den Fall der Insolvenzeröffnung über das Vermögen des Kreditnehmers.

21. Zur Sicherung des Investitionskredites an die Zilke GmbH verlangt die Union Bank die Sicherungsübereignung von fünf Lastkraftwagen.
    a) Beschreiben Sie die rechtlichen Vereinbarungen zwischen der Union Bank und der Zilke GmbH.
    b) Warum verlangt die Union Bank die Übergabe der Kraftfahrzeugbriefe?
    c) Entscheiden Sie, bei wem die sicherungsübereigneten Lastkraftwagen bilanziert werden. Begründen Sie Ihre Auffassung.
    d) Wie kann sich die Union Bank davor schützen, dass die Lastkraftwagen aufgrund eines Unfalls ihren Sicherungswert verlieren?
    e) Welches Recht kann die Union Bank in einem evtl. Insolvenzverfahren gegen die Zilke GmbH geltend machen?

22. Unterscheiden Sie zwischen Sicherungsübereignung und Pfandrecht im Hinblick auf Besitz und Eigentum des Sicherungsgegenstandes.
    Die Zilke GmbH kann augenblicklich ihrer Zahlungsverpflichtung in Höhe von 20 000,00 € gegenüber der Baustoffhandlung Kurt Eichholz KG nicht nachkommen und bittet daher um einen Zahlungsaufschub. Zur Sicherung der Forderung bietet die Zilke GmbH die Abtretung ihrer Forderung in Höhe von 25 000,00 € gegenüber der Fa. Kirchner & Quack an. Die Eichholz KG ist mit einer stillen Zession einverstanden.
    a) Wer ist in diesem Fall
       ■ Zessionar,
       ■ Zedent,
       ■ Drittschuldner?
    b) Welche Rechtshandlungen sind zum Zustandekommen der Sicherungsabtretung erforderlich?
    c) Entscheiden Sie, bei wem die abgetretene Forderung bilanziert wird. Begründen Sie Ihre Auffassung.
    d) Nennen Sie drei Risiken, die mit einer stillen Zession verbunden sind.

7

23. Die Modeboutique Elvira Ellis GmbH (alleinige Gesellschafterin: Frau Elvira Ellis) benötigt zur Erweiterung ihrer Geschäftsräume einen Kredit in Höhe von 80 000,00 €. Die Union Bank ist bereit, den Kredit gegen Verpfändung von Wertpapieren, erforderlichenfalls durch Übernahme einer selbstschuldnerischen Bürgschaft von Frau Ellis zur Verfügung zu stellen.

Frau Ellis verfügt in ihrem bei der Union Bank unterhaltenen Depot über folgende Wertpapiere:

Stück/Nennwert	Gattung	Kurs	Beleihungssatz
– 50 –	DETA-Stahl-AG-Aktien	322,00 €	60 %
– 75 –	PETRO-Chemie-AG-Aktien	275,60 €	60 %
25 000,00 €	6,5 % Bundesobligation	101,25 %	75 %

a) Ermitteln Sie den gesamten Beleihungswert des Wertpapierdepots.

b) Über welchen Betrag müsste die Bürgschaftssumme lauten?

c) Unterscheiden Sie zwischen einer Ausfallbürgschaft und einer selbstschuldnerischen Bürgschaft.

d) Wer ist im vorliegenden Fall
  - Bürge,
  - Bürgschaftsnehmer,
  - „Dritter"?

e) Beschreiben Sie die Pfandverwertung, falls die Elvira Ellis GmbH ihren Verpflichtungen aus dem Kreditvertrag nicht nachkommt.

24. Die Rhein-Ruhr-Bank hat der Zilke GmbH einen Investitionskredit in Höhe von 180 000,00 €, Zinssatz 7,5 % p. a., anfänglicher Tilgungssatz 4,5 % p a., bewilligt. Die Annuität soll über die gesamte Laufzeit des Darlehens konstant bleiben. Der Kredit soll durch die Belastung des Geschäftsgrundstücks der Zilke GmbH, Verkehrswert 300 000,00 €, mit einer erstrangigen Grundschuld gesichert werden.

a) Geben Sie Auskunft darüber,
  - was man unter dem Grundbuch versteht,
  - wo das Grundbuch geführt wird,
  - welche Eintragungen das Grundbuch enthält.

b) Beschreiben Sie die rechtlichen Maßnahmen zur Bestellung der Grundschuld.

c) Aus welchem Grund besteht die Rhein-Ruhr-Bank auf Eintragung einer erstrangigen Grundschuld verbunden mit einer Zwangsvollstreckungsklausel?

d) Erstellen Sie einen Tilgungsplan für die ersten drei Jahre.

25. Aus der Rechnungslegung der Norik AG liegen Ihnen folgende Zahlenangaben über das zurückliegende Geschäftsjahr 21 vor:

(in Klammern: Veränderung gegenüber dem Vorjahr)

Gezeichnetes Kapital	600 000,00	€	(unverändert)
Kapitalrücklagen	51 000,00	€	(unverändert)
Gewinnrücklagen	150 000,00	€	(+25 000,00 €)
Jahresüberschuss	50 000,00	€	(+12 000,00 €)
Pensionsrückstellungen	320 000,00	€	(+15 000,00 €)
Umsatzerlöse	4 250 000,00	€	(−95 000,00 €)
Abschreibungen auf Sachanlagen	50 000,00	€	(unverändert)
außerordentliche Aufwendungen	20 000,00	€	(+15 000,00 €)
außerordentliche Erträge	6 000,00	€	(−10 000,00 €)

Berechnen Sie

a) die Eigenkapitalrentabilität des Jahres 21 (Basis: Eigenkapital zu Beginn des Geschäftsjahres 21),

b) den Cashflow des Jahres 21.

c) Begründen Sie, warum der Cashflow bei der Kreditwürdigkeitsprüfung eine verlässlichere Beurteilungsgrundlage darstellt als der Jahresüberschuss.

d) Nennen Sie grundsätzliche Kritikpunkte, welche die Tauglichkeit der Bilanzanalyse als Instrument der Kreditwürdigkeitsprüfung einschränken.

7

26. Unterscheiden Sie zwischen Mantel- und Globalzession im Hinblick auf:
    a) den Zeitpunkt des Forderungsüberganges,
    b) die Bestimmung bzw. Bestimmbarkeit (Individualisierung) der zedierten Forderungen.

27. Erläutern Sie den Unterschied zwischen der Forderungsabtretung im Rahmen des Factoring und der Sicherungszession.

28. Die EURO-Bank hat der Impex GmbH einen Kontokorrentkredit in Höhe von 250 000,00 € eingeräumt. Der Kredit wird durch die sicherungsweise Abtretung von Forderungen der Impex GmbH gegen ihre Kunden gesichert.
    Folgender Textausschnitt ist dem Kreditsicherungsvertrag entnommen:
    „Die gegenwärtigen Forderungen gehen mit Abschluss dieses Vertrages, die künftigen mit ihrer Entstehung auf die EURO-Bank über."
    a) Um welche Art von Zessionsvertrag handelt es sich hier?
    b) Auf welche Weise erfährt die Bank, welche Forderungen derzeit an sie abgetreten sind?
    c) Warum lässt sich die Bank von ihrem Kunden Blankoabtretungserklärungen aushändigen?
    d) Nennen Sie 3 Gründe, die die Bank veranlassen könnten, eine Abtretungserklärung einem Drittschuldner zuzusenden.
    e) Nach 3 Jahren wechselt die Impex GmbH die Bankverbindung, nachdem sie vorher ihren Kontokorrentkredit zurückgeführt hat. Zu diesem Zeitpunkt beträgt der an die EURO-Bank abgetretene Forderungsbestand noch 45 000,00 €. Welche Verpflichtung ergibt sich aus diesem Sachverhalt für die EURO-Bank? Begründen Sie Ihre Auffassung.

29. Beschreiben Sie das rechtliche Zustandekommen eines Grundpfandrechts.

30. Worauf erstreckt sich der dingliche Haftungsanspruch aus einem Grundpfandrecht?

31. Zur Finanzierung der umfassenden Sanierung eines Mehrfamilienhauses beantragt ein Privatkunde bei der Union Bank ein Darlehen in Höhe von 504 000,00 €. Die gesamte Jahresreinmiete des Objektes beträgt 75 000,00 €.
    Der Kredit wird als Annuitätendarlehen zu folgenden Konditionen bereitgestellt:
    Zinssatz: 5,5 % p. a.
    Disagio: 4 %
    Tilgung: 2 %
    a) Nennen Sie die Sicherheit, die im Allgemeinen zur Sicherung dieses Kredites herangezogen wird.
    b) Ermitteln Sie den Ertragswert des Objektes bei einem Kapitalisierungszinssatz von 5 %.
    c) Über welchen Betrag muss die nominelle Darlehenssumme lauten, wenn der gewünschte Betrag effektiv zur Auszahlung gelangen soll?
    d) Nennen Sie zwei Gründe für das Disagio.
    e) Über welchen Betrag lautet die vom Kunden zu leistende Annuität?
    f) Erstellen Sie einen Tilgungsplan für die beiden ersten Jahre.

32. Entscheiden Sie bei den nachfolgenden Eintragungen betreffend das Grundstück Blatt Nr. 4711, an welcher Stelle des Grundbuches diese verzeichnet sind.
    a) Wegerecht des jeweiligen Eigentümers des Nachbargrundstücks (Blatt Nr. 4712)
    b) Reallast in Form einer monatlichen Geldzahlung
    c) Eigentümergrundschuld
    d) Auflassungsvormerkung
    e) Recht des jeweiligen Grundstückseigentümers (Blatt Nr. 4711), über das Nachbargrundstück (Blatt Nr. 4712) eine Abwasserleitung zu führen
    f) Vermerk über die Anordnung der Zwangsversteigerung des Grundstücks
    g) Löschung einer Hypothek

7

33. Geben Sie Auskunft über die Anwendung des Eigentumsvorbehalts als Instrument der Kreditsicherung.

34. Die Kannes GmbH, Köln, möchte eine neue Lagerhalle bauen. Der Kreditbedarf wird auf 200 000,00 € geschätzt.

Die Bilanz der Kannes GmbH zeigt zum 31.12.01 folgendes Bild:

Aktiva		Bilanz der Kannes GmbH zum 31.12.01	Passiva
AV unbebaute Grundstücke	400 000,00 €	Eigenkapital	650 000,00 €
Büroausstattung	50 000,00 €	Darlehen	200 000,00 €
Betriebsausstattung	310 000,00 €	kurzfr. Verbindlichkeiten	150 000,00 €
Wertpapiere	40 000,00 €		
UV Forderungen	110 000,00 €		
Bank	90 000,00 €		
	1 000 000,00 €		1 000 000,00 €

a) Welche Vermögensgegenstände der Bilanz eignen sich für die Kreditsicherung
   ■ eines mittelfristigen Kredites,
   ■ eines langfristigen Kredites?

b) Nennen Sie für geeignete Vermögensgegenstände jeweils eine zutreffende Kreditsicherung.

c) Für den Erweiterungsbau gewährt die Hausbank Helf AG einen Kredit in Höhe von 140 000,00 €, wenn einer Sicherung durch Grundpfandrecht zugestimmt wird.
   Welche Grundpfandrechte kennen Sie? Nennen Sie wesentliche Unterschiede.

d) Der Geschäftsführer überlegt, die Ausstattung der neuen Lagerhalle durch eine Ausdehnung des Kontokorrentkreditrahmens zu finanzieren.
   ■ Welcher Finanzierungsgrundsatz wird dabei verletzt?
   ■ Welche negativen Folgen hat die Finanzierung durch einen Kontokorrentkredit?

e) In welcher Weise könnten die in der Bilanz ausgewiesenen Wertpapiere zur Kreditsicherung herangezogen werden? Erläutern Sie kurz, wer Besitzer und wer Eigentümer der Wertpapiere ist!

f) Welche anderen Möglichkeiten der Kreditsicherung bieten sich aufgrund der in der Bilanz ausgewiesenen Wirtschaftsgüter noch an? Welche Vorteile hat diese Art der Kreditsicherung für die GmbH?

35. Erläutern Sie die grundsätzlichen Möglichkeiten zur Begrenzung von Kreditrisiken.

36. Erklären Sie den Begriff Selbstfinanzierung.

37. Nennen Sie Vor- und Nachteile der Selbstfinanzierung.

38. Welche Vorteile kann Fahrzeugleasing gegenüber dem Kauf bieten?

39. Für wen ist Rating wichtig?

40. Nennen und beschreiben Sie dingliche Rechte.

41. Frau und Herr Stein möchten für sich ein Einfamilienhaus kaufen. Sie benötigen zum Erwerb des Hauses einen Kredit.

a) Welche Nebenkosten sollten beim Erwerb eines Hauses für die Gesamtkosten eingeplant werden?

b) Welche Faktoren beeinflussen die Höhe des Kreditzinses?

c) Schätzen Sie den Betrag in Prozent, den die monatliche Darlehenssumme Ihrer Meinung nach nicht überschreiten sollte.

7

8 Grundzüge der Wirtschaftsordnung und Wirtschaftspolitik

8.1 Ziele unternehmerischen Handelns im System der sozialen Marktwirtschaft

Ein wirtschaftliches Handeln setzt immer bewusstes Handeln voraus. Unternehmungen verfolgen dabei **Zielsetzungen**, die sich nach den grundsätzlichen Aufgaben, die sie zu erfüllen haben, richten.

> In der Marktwirtschaft sind Unternehmen bestrebt, durch Angebot von bedarfsgerechten Sachgütern und Dienstleistungen Gewinne zu erzielen (Gewinnstreben bzw. Gewinnmaximierung = **erwerbswirtschaftliches Prinzip**).

Um dieses **Oberziel** zu erreichen, sind die Unternehmungen bestrebt, zwei wichtige Zwischenziele anzustreben:
- **Kostenminimierung** (kostengünstige Produktion)
- **Umsatzmaximierung** (größtmöglicher Umsatz)

Das Gewinnstreben wird von anderen Formalzielen begleitet oder steht teilweise mit ihnen in Konkurrenz.

Die Unternehmung ist innerhalb der sozialen Marktwirtschaft Bestandteil eines komplexen gesellschaftlichen Umfeldes. Sie muss bei ihren Entscheidungen und Zielsetzungen die Interessen der unterschiedlichen Bezugsgruppen berücksichtigen.

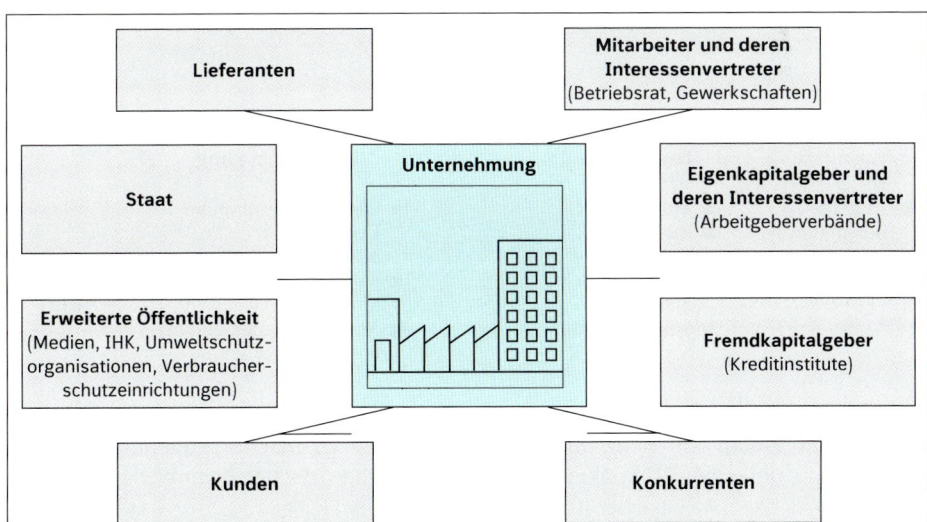

8

Konkurrierende Formalziele				
Marktmacht	**Sicherung**	**Image**	**Ökologie**	**Sozialverträg-lichkeit**
■ Auswertung des Markt-anteils ■ Einflussnahme auf Menschen (Kunden, Lieferanten, Politiker)	■ Sicherung der Zahlungsfähig-keit (Liquidität) ■ Sicherung des Vermögens	■ Ansehen in der Öffentlichkeit ■ Bewahrung der Unterneh-menstradition	■ Schonung der natürlichen Ressourcen ■ Reduzierung der Umwelt-belastungen (Kontaminie-rung)	■ Arbeitsplatz-sicherung ■ Verbesserung des Betriebs-klimas

Formalziele sind allgemeine Handlungsgrundsätze, an denen die Unternehmung ihre langfristigen Entscheidungen ausrichtet. Sie sind nur zu erreichen, wenn die Unternehmung bedarfsgerechte Leistungen (Sachgüter, Dienstleistungen) anbieten kann. Nur für solche Güter ist der Nachfrager bereit, den von der Unternehmung kalkulierten (berechneten) Preis zu zahlen. Die erzielten Einnahmen ermöglichen dem Unternehmen die Beschaffung und den Einsatz der benötigten Produktionsfaktoren.

> Das **Sachziel** der Unternehmung ist die Produktion nachfragewirksamer Leistungen.

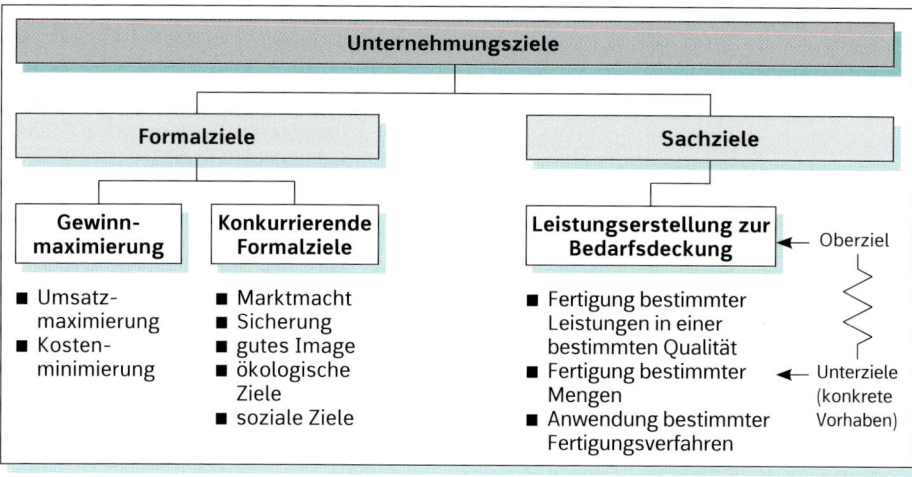

Aus den **Oberzielen** *(z. B. Gewinnmaximierung)* leiten sich **Zwischenziele** ab, aus diesen wiederum die Unterziele als konkrete (greifbare) Vorhaben, die der Zielerreichung dienen.

8

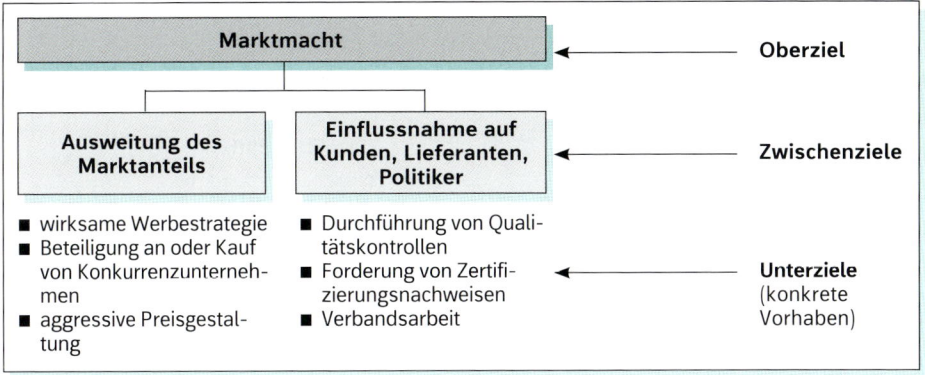

Unternehmen sind bemüht, mehrere Ziele gleichzeitig zu erreichen. Häufig jedoch ist eine **Zielharmonie** nicht festzustellen, sondern es liegen **Zielkonflikte** vor.

Zielkonflikte			
Rationalisierung	**Ökonomie**	**Unternehmereinkommen**	**Marktmacht**
Arbeitsplatzsicherheit	**Ökologie**	**Arbeitnehmereinkommen**	**Konkurrenz**

Vielfältige **gesellschaftliche Sicherungen** sorgen innerhalb des Systems der sozialen Marktwirtschaft dafür, dass das Gewinnstreben der Unternehmungen nicht einseitig zulasten der Arbeitnehmer und Verbraucher geht:

So findet in den alljährlichen Tarifverhandlungen zwischen Arbeitgeberverbänden und Gewerkschaften stets ein Tauziehen statt, das den Arbeitnehmern ein angemessenes Stück am Unternehmenserfolg sichern soll. Auf den Konsumgütermärkten suchen zahlreiche Verbraucherverbände und Aufklärungsaktionen durch den Staat den Sachverstand des Verbrauchers gegenüber der Produktvielfalt der Anbieter zu schärfen.

8.2 Bereiche der Wirtschaftspolitik

Die verantwortliche Rolle des Staates innerhalb der sozialen Marktwirtschaft hat zur Folge, dass die wirtschaftliche Entwicklung neben den Selbststeuerungskräften des Marktes weitgehend abhängig und beeinflusst ist von den Zielen und regelnden Maßnahmen der staatlichen Wirtschaftspolitik sowie der Europäischen Union (EU) und der Europäischen Zentralbank (EZB).

8

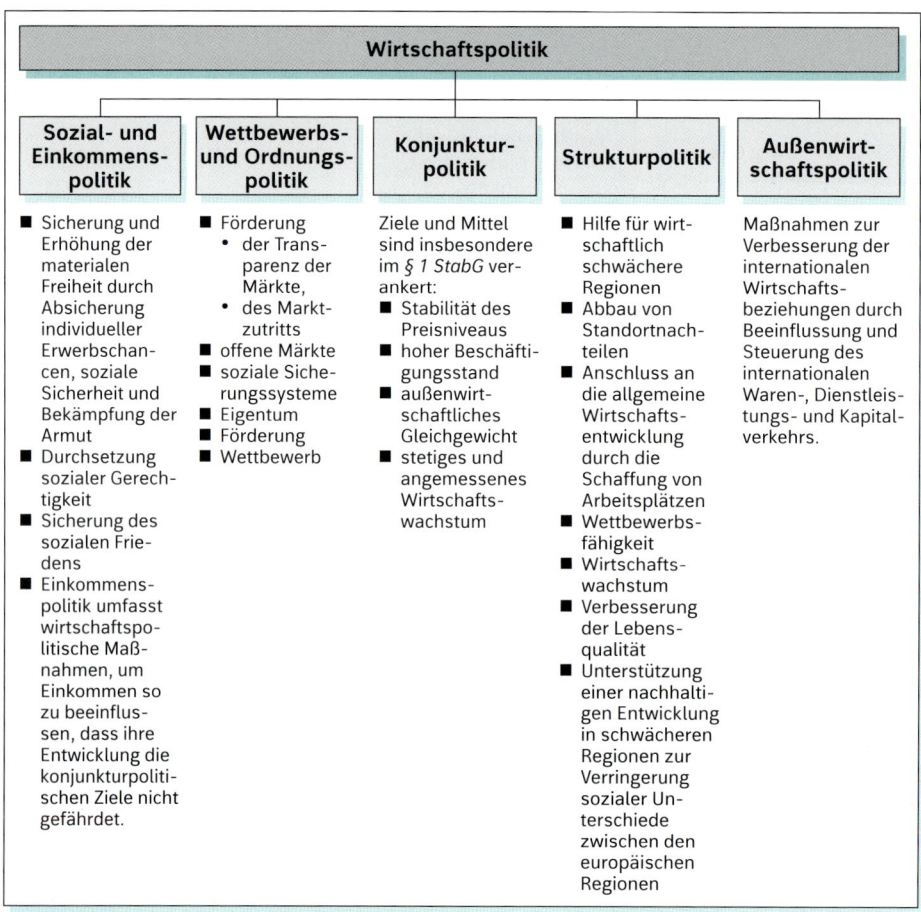

8.3 Konjunkturpolitik

8.3.1 Konjunkturschwankungen

Eine völlig gleichmäßige wirtschaftliche Entwicklung ist unter den Bedingungen der Marktwirtschaft nicht zu erreichen.

Veränderte Wünsche der Konsumenten, technische Neuerungen, Kostensteigerungen, die außenwirtschaftliche Lage, aber auch die Zukunftserwartungen und das politische Klima beeinflussen die wirtschaftliche Aktivität innerhalb der Volkswirtschaft und lassen Auf- und Abwärtsbewegungen im Wirtschaftsablauf entstehen.

> Unter **Konjunktur** versteht man die sich wiederholenden Schwankungen der wirtschaftlichen Aktivität einer Volkswirtschaft und die dadurch hervorgerufenen Veränderungen der Beschäftigungslage, der Preisniveauentwicklung und des Wirtschaftswachstums.

Von den Konjunkturschwankungen zu unterscheiden sind die **saisonalen Schwankungen** und **der langfristige Wirtschaftstrend**.

- **Saisonale Schwankungen** sind jahreszeitlich bedingte Schwankungen der wirtschaftlichen Aktivität.

Beispiele:

- *In extremen Schlechtwetterperioden kommt die Bauwirtschaft zum Erliegen.*
- *Der Einzelhandel erzielt im Monat Dezember verglichen mit den übrigen Monaten des Jahres über-durchschnittlich hohe Umsätze.*

■ Der **Wirtschaftstrend** ist die durch technologische Umwälzungen, wegweisende Erfindungen und Veränderungen der politischen Ordnung verursachte langfristige Entwicklung der Volkswirtschaft.

Konjunkturzyklen sind die sich wiederholenden Auf- und Abwärtsbewegungen bei den Wachstumsraten des Bruttoinlandsprodukts. Während eines Konjunkturzyklus lassen sich vier typische Zeitabschnitte unterscheiden:

Phase 1: **Aufschwung** (Expansion)   Phase 2: **Hochkonjunktur** (Boom)
Phase 3: **Abschwung** (Rezession)   Phase 4: **Tiefstand** (Talsohle, Depression)

Die Dauer eines Konjunkturzyklus ist ebenso wie die Dauer der einzelnen Konjunktur-phasen und die Intensität der konjunkturellen Ausschläge unterschiedlich. Einige Kon-junkturzyklen dauerten in der Vergangenheit nur 4 Jahre, andere wiederum erstreckten sich über mehr als 10 Jahre.

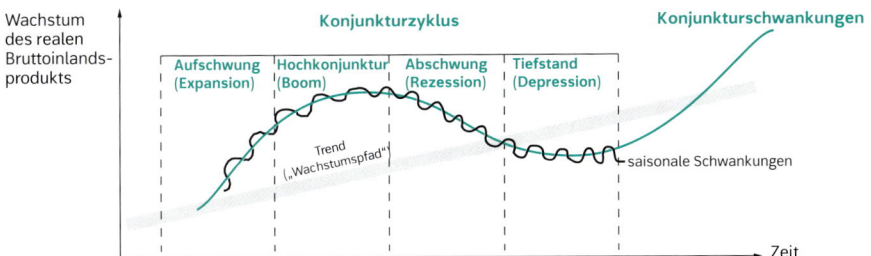

Konjunkturindikatoren dienen der *Konjunkturdiagnose* und *-prognose*, indem sie Auskunft über den Zustand und die Entwicklungstendenz der gesamtwirtschaftlichen Lage geben. Sie liefern der Regierung und der Zentralbank wichtige Informationen für die Konjunkturpolitik.

■ **Frühindikatoren** zeigen die zukünftige Wirtschaftsentwicklung.

> **Beispiele:** *Auftragseingang, offene Stellen*

■ **Präsenzindikatoren** zeigen die aktuelle Konjunkturphase.

> **Beispiele:** *reales BIP, Industrieproduktion, Kapazitätsauslastung*

■ **Spätindikatoren** beschreiben zeitverzögert die Konjunkturentwicklung.

> **Beispiele:** *Preisniveau, Löhne, Arbeitslosigkeit*

Veränderung der Konjunkturindikatoren	
konjunktureller Aufschwung	**konjunktureller Abschwung**
■ Wachstum des Bruttoinlandsprodukts ■ Anstieg des Preisniveaus ■ steigende Kapazitätsauslastung ■ vermehrte Investitionen ■ steigende Steuereinnahmen des Staates ■ steigende Löhne	■ Rückgang des Bruttoinlandsprodukts ■ stabiles bzw. sinkendes Preisniveau ■ sinkende Kapazitätsauslastung ■ verringerte Investitionen ■ sinkende Steuereinnahmen des Staates ■ konstante bzw. nur schwach steigende Löhne

8

Die Konjunkturschwankungen werden verursacht durch Veränderungen der **gesamtwirtschaftlichen Nachfrage (N)** und des **gesamtwirtschaftlichen Angebots (A)**.

Fall (1):

N > A: Es kommt zu einer konjunkturellen **Aufwärtsentwicklung.**

Angeregt durch die erhöhte Nachfrage steigen die Produktion, die Kapazitätsauslastung und die Investitionstätigkeit in den Unternehmungen. Dadurch nimmt die Beschäftigung zu, sodass die Arbeitslosigkeit sinkt.
Die günstige Absatzlage und die zunehmende Kapazitätsauslastung veranlassen die Unternehmungen, die Preise für ihre Produkte zu erhöhen.
In der Hochkonjunktur stoßen die Unternehmungen an die Grenzen ihrer Produktionsmöglichkeiten. Es herrscht zwar Vollbeschäftigung, das Preisniveau steigt jedoch erheblich.

Fall (2):

A > N: Es kommt zu einer konjunkturellen **Abwärtsentwicklung.**

Aufgrund der gesunkenen Nachfrage und des dadurch hervorgerufenen Angebotsüberhangs schränken die Unternehmungen die Produktion und die Investitionstätigkeit ein. Es werden nicht mehr so viele Arbeitskräfte benötigt, es kommt zu Entlassungen.
Die schlechte Absatzlage führt zu Gewinneinbußen bei den Unternehmungen und zwingt sie teilweise zu Preisnachlässen. Während des konjunkturellen Tiefstandes ist die Arbeitslosenquote hoch, das Preisniveau ist stabil bzw. sinkt.
Mithilfe der Konjunkturpolitik versucht der Staat, die Schwankungen im Konjunkturverlauf zu glätten, d.h. einen möglichst gleichmäßigen Wirtschaftsverlauf zu erreichen.

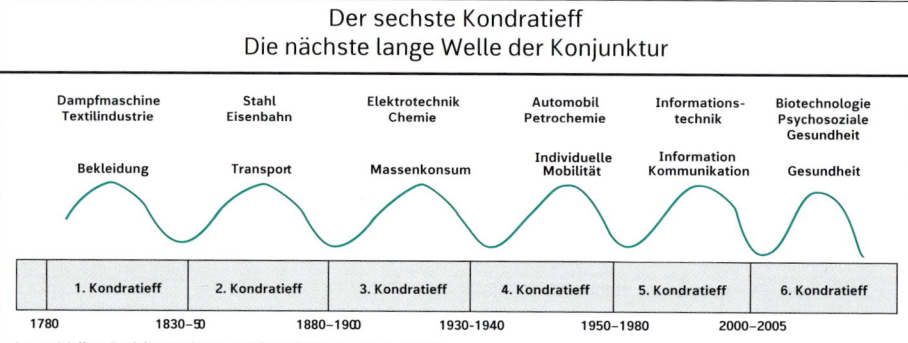

Der sechste Kondratieff
Die nächste lange Welle der Konjunktur

Lange Wellen, Basisinnovationen und ihre wichtigsten Bedarfsfelder

Der russische Wissenschaftler **Nikolai D. Kondratieff** (1892–1938) gilt als der Begründer der Theorie der langen Wellen. Bei seinen Konjunkturforschungen zwischen 1919 und 1921 fand er heraus, dass es außer kurzen, bis zu drei Jahre langen, und mittleren, bis zu elf Jahre dauernden Zyklen, auch lange Konjunkturwellen mit einer Dauer von 45–60 Jahren gibt. [...] [Er zeigte,] dass die wirtschaftliche Entwicklung in den westlichen Industrieländern seit Ende des 18. Jahrhunderts durch drei große Auf- und Abschwungswellen bestimmt wurde. [...] Ursache der langen Wellen, so Kondratieff, ist die dem Kapitalismus innewohnende Dynamik. Jede Produktionsweise stößt einmal an ihre Grenzen. Irgendwann ist ein Faktor so knapp, dass weiteres Wachstum zu teuer ist, sich also ökonomisch nicht mehr rentiert. Dann setzt in der Marktwirtschaft ein Suchprozess ein, um die bestehenden, realen Wachstumsbarrieren [...] zu überwinden.

Quelle: Nefiodow, Leo A.; Nefiodow, Simone: Der sechste Kondratieff – Die neue, lange Welle der Weltwirtschaft. In: kondratieff.net. www.kondratieff.net/der-sechste-kondratieff [06.08.2018]. (verändert)

8

Träger der Konjunkturpolitik sind die **Regierung** und die **Zentralbank**.

Konjunkturpolitik
Fiskalpolitik
Träger: Bundesregierung
Geldpolitik
Träger: Europäisches System der Zentralbanken (ESZB)
Einnahmenpolitik
Ausgabenpolitik
Zinspolitik
Geldmengenpolitik

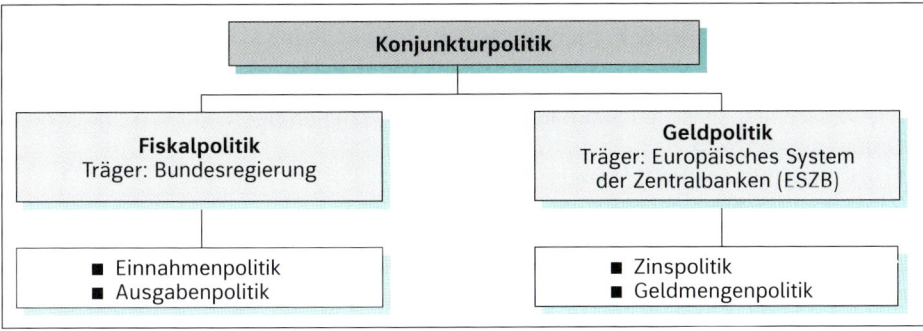

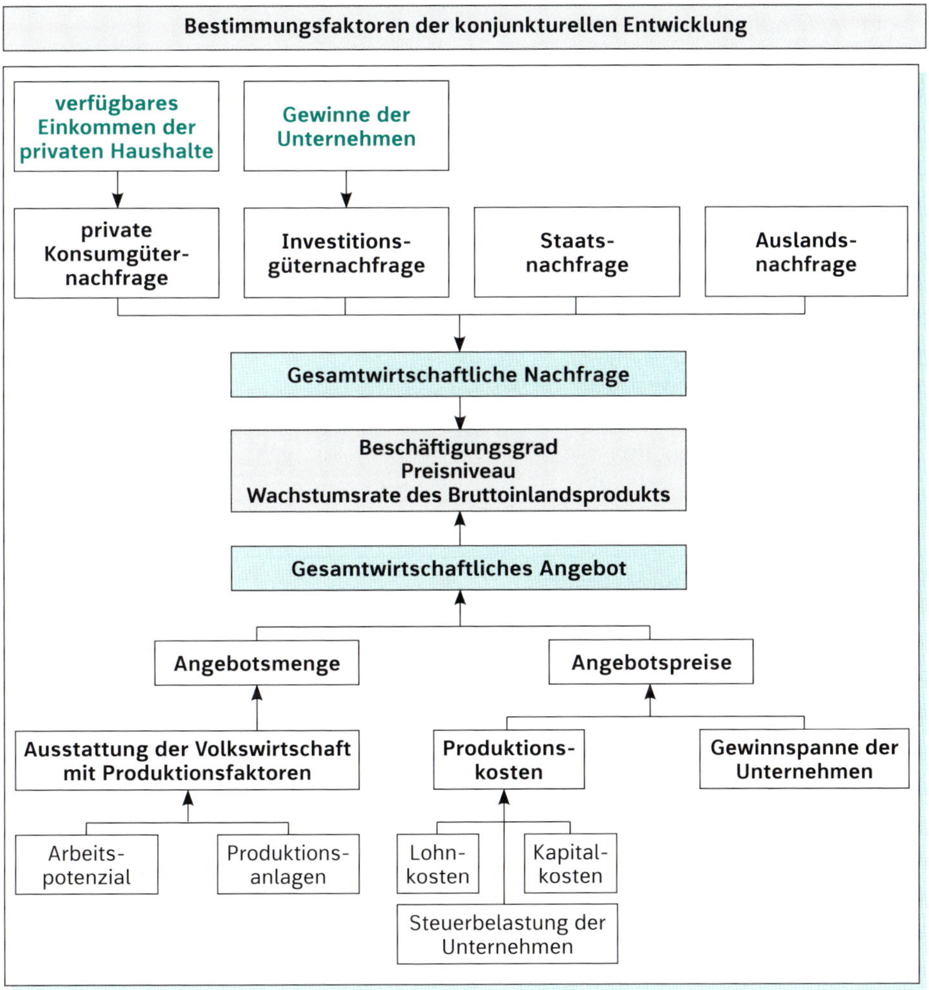

Bestimmungsfaktoren der konjunkturellen Entwicklung
verfügbares Einkommen der privaten Haushalte
Gewinne der Unternehmen
private Konsumgüternachfrage
Investitionsgüternachfrage
Staatsnachfrage
Auslandsnachfrage
Gesamtwirtschaftliche Nachfrage
Beschäftigungsgrad
Preisniveau
Wachstumsrate des Bruttoinlandsprodukts
Gesamtwirtschaftliches Angebot
Angebotsmenge
Angebotspreise
Ausstattung der Volkswirtschaft mit Produktionsfaktoren
Produktionskosten
Gewinnspanne der Unternehmen
Arbeitspotenzial
Produktionsanlagen
Lohnkosten
Kapitalkosten
Steuerbelastung der Unternehmen

8.3.2   Ziele der Konjunkturpolitik

In *§ 1 des Gesetzes zur Förderung der Stabilität und des Wachstums der Wirtschaft* werden die **vier Hauptziele der Konjunkturpolitik** für Bund, Bundesländer und Stadtstaaten genannt.

> Alle wirtschaftspolitischen Maßnahmen sollen im Rahmen der marktwirtschaftlichen Ordnung gleichzeitig
> 1. zur Stabilität des Preisniveaus,
> 2. zu einem hohen Beschäftigungsgrad und
> 3. zu außenwirtschaftlichem Gleichgewicht
> 4. bei stetigem und angemessenem Wirtschaftswachstum führen.

Werden diese vier Ziele gleichzeitig erreicht, spricht man vom **gesamtwirtschaftlichen Gleichgewicht**. Das Zusammenspiel der vier Ziele nennt man **magisches Viereck**, weil die einzelnen Ziele durch ihre wechselseitige Abhängigkeit nicht gleichzeitig zu erreichen sind und es somit zu Zielkonflikten kommt.

Beispiele:

■ *Wird Wirtschaftswachstum angestrebt, wird die Stabilität der Preise gefährdet.*
■ *Werden stabile Preise gewünscht, werden Wachstum und Vollbeschäftigung kaum zu erreichen sein.*
■ *Erreicht man eine hohe Beschäftigung, sind stabile Preise gefährdet.*

Die vier Hauptziele werden durch weitere wichtige Ziele ergänzt, wie gerechte Einkommensverteilung.

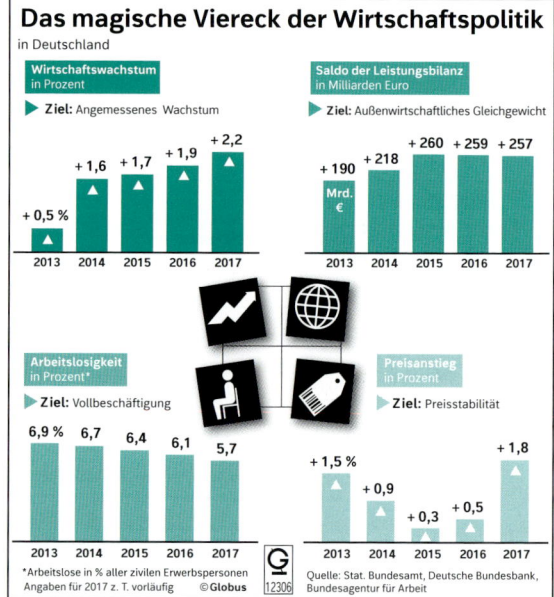

Das magische Viereck der Wirtschaftspolitik
in Deutschland

Wirtschaftswachstum in Prozent
▶ **Ziel:** Angemessenes Wachstum
+0,5 %   +1,6   +1,7   +1,9   +2,2
2013 2014 2015 2016 2017

Saldo der Leistungsbilanz in Milliarden Euro
▶ **Ziel:** Außenwirtschaftliches Gleichgewicht
+190   +218   +260   +259   +257   Mrd. €
2013 2014 2015 2016 2017

Arbeitslosigkeit in Prozent*
▶ **Ziel:** Vollbeschäftigung
6,9 %   6,7   6,4   6,1   5,7
2013 2014 2015 2016 2017
*Arbeitslose in % aller zivilen Erwerbspersonen
Angaben für 2017 z. T. vorläufig   ©Globus   12306

Preisanstieg in Prozent
▶ **Ziel:** Preisstabilität
+1,5 %   +0,9   +0,3   +0,5   +1,8
2013 2014 2015 2016 2017
Quelle: Stat. Bundesamt, Deutsche Bundesbank, Bundesagentur für Arbeit

8.3.2.1   Preisniveaustabilität

> Das **Preisniveau** bezeichnet den **Durchschnitt aller Waren- und Dienstleistungspreise in einer Volkswirtschaft**. Bei einem stabilen Preisniveau verliert das Geld nicht oder kaum an Wert.

8

Erhaltung der Umwelt, Sicherung von Ressourcen und Gewährleistung humaner Arbeitsbedingungen.

Es wird die Preisentwicklung anhand eines Preisindex (= Maßstab für den Preisanstieg) ermittelt. Das Preisniveau und die Kaufkraft des Geldes (= Maßstab für den Wert des Geldes) stehen in einer Volkswirtschaft in einem umgekehrten Verhältnis:

- **steigendes Preisniveau** → sinkende Kaufkraft = sinkender Geldwert[1]
- **sinkendes Preisniveau** → steigende Kaufkraft = steigender Geldwert

Stabilität des Preisniveaus bedeutet, dass die Preise über einen möglichst langen Zeitraum möglichst unverändert bleiben. Es wird das Preisniveau einer Periode mit dem Preisniveau einer zurückliegenden Periode verglichen. Preisniveaustabilität ist ein vorrangiges Ziel der Tätigkeit der Europäischen Zentralbank.

Die Stabilität der Preise wird mit einem **Verbraucherpreisindex** (VPI) einmal im Monat anhand des sog. Warenkorbs überprüft und errechnet. Der Warenkorb enthält verschiedene Produkte, die in einem durchschnittlichen Haushalt normalerweise verbraucht werden. Die Summe aller Preise dieses Warenkorbs ist das Maß zur Kontrolle des allgemeinen Preisniveaus.

Beispiele:

- *Aus Vereinfachungsgründen wird der Warenkorb beschränkt auf 4 Waren.*
  Lösungsweg:
  1. Schritt: Berechnung des Gesamtpreis aus Einzelpreis · Menge
  2. Schritt: Ermittlung der Gesamtpreise der Warenkörbe für die Jahre 10, 11 und 12
  3. Schritt: Feststellung des Preisindex:
  (Gesamtpreis Warenkorb des zu beurteilenden Jahres) : (Gesamtpreis Warenkorb Basisjahr)
  4. Schritt: Berechnung der Inflationsrate:
  Preisindex des zu beurteilenden Jahres – Preisindex Vorjahr

Im Basisjahr erworbene Mengen	Preise im Basisjahr 10 in €		Preise im Folgejahr 11 in €		Preise im Folgejahr 12 in €	
	pro Einheit	insgesamt	pro Einheit	insgesamt	pro Einheit	insgesamt
150 Brotlaibe	1,50	225,00	1,30	195,00	1,60	240,00
100 Tassen Kaffee	2,40	240,00	2,40	240,00	2,15	215,00
12 Friseurbesuche	20,00	240,00	22,00	264,00	23,00	276,00
1 Winterjacke	145,00	145,00	176,00	176,00	160,00	160,00
Gesamtpreis des Warenkorbs		850,00		875,00		891,00
Berechnung Preisindex	100,0		(875 · 100) : 850 = 102,9		(891 · 100) : 850 = 104,8	
Berechnung Inflationsrate			2,9 %		(891 · 100) : 875 = 1,8 %	

- *Ein Arbeitnehmer erzielt ein Netto-Monatseinkommen von 2500,00 €. Steigen die Preise der zum Lebensunterhalt benötigten Konsumgüter um 2,5 %, so kann der Arbeitnehmer mit dieser Geldsumme 97,56 % (= 100 : 102,50) der ursprünglich gekauften Gütermenge kaufen. Sein Realeinkommen ist um 61,00 € gesunken.*
  Fallen umgekehrt die Konsumgüterpreise um 2,5 %, so kann er mit 2500,00 € 2,63 % (= 100 : 97,44) mehr Güter kaufen als vorher. Sein Realeinkommen ist um 65,75 € gestiegen.

Messung der Kaufkraft

Es ist praktisch nicht möglich, die Preise für sämtliche Güter statistisch zu erfassen. Das **Statistische Bundesamt** in Wiesbaden, das die Preisentwicklung laufend beobachtet, beschränkt sich daher auf die Erfassung der Preisniveauänderung bei ausgewählten Gütergruppen.

8

---

[1] Man bekommt für eine Geldeinheit weniger Waren und Dienstleistungen als zuvor.
Vgl. www.ecb.int/ecb/educational/facts/html/index.de.html.

Beispiele:

Verbraucherpreisindex, Index der Einzelhandelspreise, Index der Erzeugerpreise für gewerbliche Produkte, Index für Großhandelsverkaufspreise, Index für Einfuhrpreise, Index für Ausfuhrpreise

Das Interesse der Bevölkerung richtet sich vor allem auf die Entwicklung der **Lebenshaltungskosten**. Das Statistische Bundesamt stellt deshalb durch Befragung einer Vielzahl von Haushalten zunächst fest, welche Konsumgüter die Haushalte gewöhnlich von ihrem Einkommen kaufen. Ergebnis dieser Untersuchung ist – bildlich gesprochen – die Zusammenstellung eines **Warenkorbes**, in dem, angefangen von den Nahrungsmitteln bis zur Zahnbürste und von der Miete bis zur Taxifahrt, alles in solchen Mengen und in solcher Zusammensetzung enthalten ist, wie es den Konsumgewohnheiten eines **repräsentativen** Haushaltes entspricht.

Die Gesamtausgaben für diesen Warenkorb werden durch laufende Marktbeobachtungen Monat für Monat neu festgestellt. Steigen die Gesamtausgaben für den Warenkorb, ist die Lebenshaltung teurer, sinken sie, ist sie billiger geworden.

Die Veränderung der Verbraucherpreise wird vom Statistischen Bundesamt durch Veröffentlichung des **Verbraucherpreisindex (VPI) = Preisindex für die Lebenshaltung** bekannt gegeben *(z. B. Single-Haushalte, Ehepaare, Familien, Rentnerehepaare, Ausgaben ausländischer Touristen).*

Der **VPI** dient der Beurteilung der Geldwertentwicklung in Deutschland. Er ist Orientierungsmaßstab *z. B. bei Lohnverhandlungen, in vertraglichen Vereinbarungen über die Höhe von wiederkehrenden Zahlungen (Wertsicherungsklausel).*
Die Gesamtkosten des zugrunde liegenden Warenkorbes werden dabei für ein bestimmtes Jahr, das **Basisjahr**, = 100 Prozent gesetzt.

Der Preisindex ist die Prozentzahl, die angibt, um wie viel Prozent sich das Preisniveau in den folgenden **Berichtsjahren** gegenüber dem Basisjahr verändert hat.

Im Hinblick auf die Europäische Wirtschafts- und Währungsunion wurde eine Harmonisierung der Preismessung für die Lebenshaltung auf europäischer Ebene entwickelt. Das **Statistische Amt der Europäischen Gemeinschaften (Eurostat)** veröffentlicht für den Zeitraum ab 1995 das Ergebnis dieser Preis-

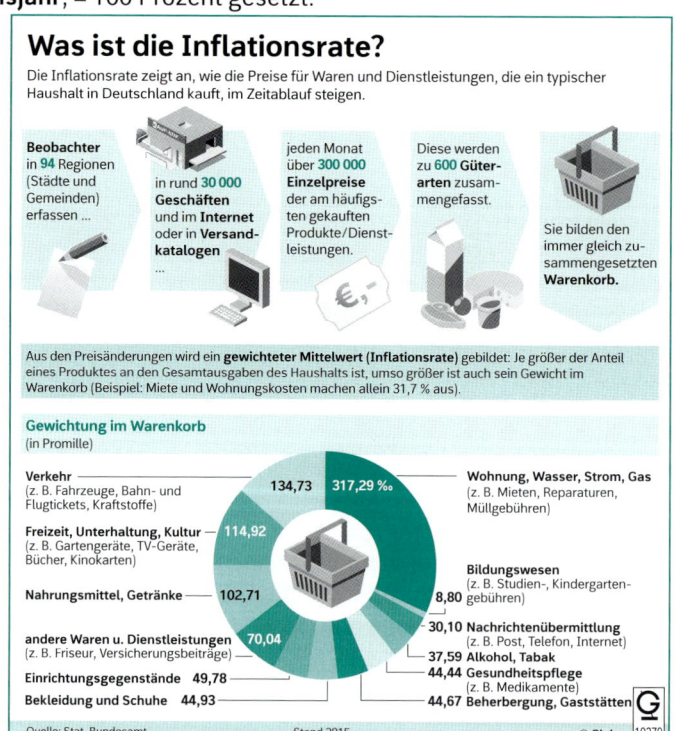

Was ist die Inflationsrate?

Die Inflationsrate zeigt an, wie die Preise für Waren und Dienstleistungen, die ein typischer Haushalt in Deutschland kauft, im Zeitablauf steigen.

Beobachter in **94** Regionen (Städte und Gemeinden) erfassen ... in rund **30 000** **Geschäften** und im **Internet** oder in **Versandkatalogen** ...

jeden Monat über **300 000** **Einzelpreise** der am häufigsten gekauften Produkte/Dienstleistungen.

Diese werden zu **600 Güterarten** zusammengefasst.

Sie bilden den immer gleich zusammengesetzten **Warenkorb.**

Aus den Preisänderungen wird ein **gewichteter Mittelwert (Inflationsrate)** gebildet: Je größer der Anteil eines Produktes an den Gesamtausgaben des Haushalts ist, umso größer ist auch sein Gewicht im Warenkorb (Beispiel: Miete und Wohnungskosten machen allein 31,7 % aus).

Gewichtung im Warenkorb
(in Promille)

Verkehr (z. B. Fahrzeuge, Bahn- und Flugtickets, Kraftstoffe) — 134,73

317,29 ‰ **Wohnung, Wasser, Strom, Gas** (z. B. Mieten, Reparaturen, Müllgebühren)

Freizeit, Unterhaltung, Kultur — 114,92 (z. B. Gartengeräte, TV-Geräte, Bücher, Kinokarten)

Nahrungsmittel, Getränke — 102,71

8,80 **Bildungswesen** (z. B. Studien-, Kindergartengebühren)

andere Waren u. Dienstleistungen 70,04 (z. B. Friseur, Versicherungsbeiträge)

30,10 **Nachrichtenübermittlung** (z. B. Post, Telefon, Internet)

37,59 **Alkohol, Tabak**

Einrichtungsgegenstände 49,78

44,44 **Gesundheitspflege** (z. B. Medikamente)

Bekleidung und Schuhe 44,93

44,67 **Beherbergung, Gaststätten**

Quelle: Stat. Bundesamt   Stand 2015   © **Globus** 10379

8

messung als **Harmonisierten Verbraucher-Preis-Index (HVPI)**. Er beruht auf den nationalen HVPIs, die in allen Staaten des Euro-Währungsgebietes nach einer einheitlichen Methode erstellt werden.

■ Einflussgrößen der Kaufkraftentwicklung

Die Kaufkraft des Geldes bleibt so lange unverändert, wie sich das Verhältnis zwischen dem Wert der in einer Volkswirtschaft umgesetzten Gütermenge und der nachfragewirksamen Geldmenge nicht ändert.

> Die **nachfragewirksame** Geldmenge wird bestimmt durch die vorhandene **Menge an Zahlungsmitteln** und die **Umlaufgeschwindigkeit** des Geldes.

Beispiel:

Wenn ein 100-€-Schein im Laufe eines Jahres 20-mal seinen Besitzer wechselt, also 20-mal zur Bezahlung eines Kaufpreises verwendet wird, so können mit diesem 100-€-Schein Güter im Wert von 2000,00 € gekauft werden.
Bei einer Umlaufgeschwindigkeit des Geldes von 20 und einer Geldmenge von 100,00 € ergibt sich folglich eine nachfragewirksame Geldmenge von 2000,00 €.

> Der **Wert der umgesetzten Gütermenge** ist die Menge der verkauften Güter, das **Handelsvolumen**, multipliziert mit den dazugehörigen Preisen.

Beispiel:

Ein Computersystem wird vom Hersteller zum Preis von 1500,00 € an den Großhändler, von diesem zum Preis von 1800,00 € an den Einzelhändler verkauft. Der Einzelhändler verkauft den PC schließlich zum Preis von 2300,00 € an den Endverbraucher.
Der Wert der umgesetzten Gütermenge beträgt in diesem Fall 5600,00 €.

Der Zusammenhang zwischen der Geld- und der Güterseite einer Volkswirtschaft lässt sich auch mithilfe der **Quantitätsgleichung** (Verkehrsgleichung) ausdrücken:

$$\underbrace{G \cdot U}_{\text{Geldseite}} = \underbrace{H \cdot P}_{\text{Güterseite}}$$

G = Geldmenge	Bargeld und Sichteinlagen in Händen der Nichtbanken
U = Umlaufgeschwin-digkeit des Geldes	durchschnittliche Anzahl der Zahlungstransaktionen, die mit der vorhandenen Geldmenge innerhalb des zugrunde liegenden Zeitraums ausgeführt werden
H = Handelsvolumen	Menge der innerhalb des zugrunde liegenden Zeitraums umgesetzten Güter und Dienstleistungen
P = Preisniveau	durchschnittliche Höhe der Preise der umgesetzten Güter

Mithilfe der Quantitätsgleichung lässt sich zeigen, dass das Preisniveau abhängig ist

- ■ von der Geldmenge,
- ■ der Umlaufgeschwindigkeit des Geldes
- ■ und dem Handelsvolumen.

8

$$P = \frac{G \cdot U}{H}$$

Beispiel:

Ein nachhaltiges Wachstum der Geldmenge bei konstanter Umlaufgeschwindigkeit des Geldes führt zu einem Ansteigen des Preisniveaus, wenn nicht die Güterproduktion zunimmt.

In einer Marktwirtschaft kommt es immer wieder zu Geldwertschwankungen. Es ist nicht immer zu verwirklichen, dass die gesamtwirtschaftliche Nachfrage und das gesamtwirtschaftliche Angebot einander genau entsprechen.

> Unter **Inflation** versteht man den Anstieg des Preisniveaus, während mit **Deflation** das Fallen des Preisniveaus bezeichnet wird.

Inflation	Gründe	■ Preiserhöhungen basieren auf gestiegenen Löhnen, gestiegenen Produktionskosten, gestiegenen Rohstoffpreisen oder erhöhten Steuern *(z. B. Erhöhung der Mehrwertsteuer)*, ■ hohe Nachfrage.
	Voraussetzungen	■ Die Kapazitäten der Unternehmen sind ausgelastet, ■ die Verbraucher verfügen über ausreichend hohe Einkommen, um die gestiegenen Preise zu bezahlen, ■ hohe Staatsverschuldung, wirtschaftliches Wachstum und massenhafte Geldvermehrung, ■ die EZB muss die Zinsen in einer solchen Situation auf niedrigem Niveau halten.
	Wirkungen	■ Geldentwertung durch Verteuerung von Leistungen, dadurch sind insbesondere Personen mit niedrigem oder festem Einkommen betroffen, ■ Preise steigen schneller als die Löhne, ■ schleichende Wertabnahme von Sparvermögen (Schuldner profitieren bei Inflation, Gläubiger verlieren), ■ Staaten mindern leichter hohe Schuldenbestände.
Deflation	Gründe (Beispiele)	■ Rückgang der Nachfrage der privaten Haushalte, der Verbraucher, des Staates, des Auslands, ■ Rückgang der nachgefragten Geldmenge in Erwartung sinkender Preise, ■ Umlauf des Geldes verlangsamt sich, weil der Konsum sinkt, ■ Unternehmer senken Preise infolge gesättigter Märkte.
	Voraussetzungen	■ Konsumzurückhaltung der Verbraucher infolge Angst vor Arbeitsplatzverlust oder möglicher Einkommensminderungen, gleichzeitig steigende Rücklagenbildung, ■ Investitionszurückhaltung der Unternehmer infolge geringerer Umsätze und sinkender Gewinne, eingeleitete Rationalisierungsmaßnahmen führen häufig zu Entlassungen von Arbeitnehmern, ■ sinkende Steuereinnahmen und häufig steigende Staatsverschuldung.
	Wirkungen	■ Ständig fallende Preise führen dazu, dass Anschaffungen/Investitionen hinausgezögert werden oder sogar unterbleiben, dies führt zu einer Schwächung der Konjunktur, ■ Schuldner sind die Verlierer, die Gläubiger gewinnen, ■ Staaten erhöhen i. d. R die Schulden, dies führt zu steigenden Zinsausgaben und geringeren Investitionsmöglichkeiten der Staaten.

Beide **Krankheitsbilder** des Geldes sind mit negativen Folgen für eine Volkswirtschaft verbunden.

Zum Beispiel bei einer Inflation gibt es Gewinner und Verlierer.

Inflationsgewinner sind ...	Inflationsverlierer sind ...
■ **Geldschuldner** Sie haben „gutes Geld" erhalten und zahlen „schlechtes Geld", also durch einen Kaufkraftverlust entwertetes Geld, zurück. ■ **Öffentliche Haushalte** Einerseits werden die Staatsschulden entwertet, andererseits nehmen die Staatseinnahmen inflationsbedingt (steigende Preise führen zu USt-Mehreinnahmen) und strukturell bedingt (steigende Einkommen führen aufgrund der Steuerprogression zu ESt-Mehreinnahmen) zu.	■ **Geldgläubiger** Die Zinserträge und das angelegte Kapital werden real geschmälert, sodass die Kaufkraft des Gesparten nur wenig steigt oder sogar abnimmt. ■ **Bezieher fester Einkommen** Erst mit Verzögerung kommt es bei Lohn- und Gehaltsempfängern zu Einkommenserhöhungen und damit zu einem Kaufkraftausgleich („Lohn-Preis-Spirale"). Bei Rentnern und den Beziehern von festen Unterhaltsleistungen, Wohngeld und BAföG-Zahlungen ist die zeitliche Verzögerung noch ausgeprägter.

Vermögende Personen sind vor Inflationsverlusten weitgehend geschützt. Da sie ihr Vermögen häufig in Sachwerten, insbesondere Immobilien und Aktien, angelegt haben, steigt der Nominalwert ihres Vermögens, sodass ihr realer Wert erhalten bleibt.

8.3.2.2 Hoher Beschäftigungsstand

Grundlage der Güterproduktion sind die vorhandenen Produktionseinrichtungen und die Menschen, die ihre Arbeitskraft den Unternehmungen zur Verfügung stellen.

> Ein **hoher Beschäftigungsstand** ist erreicht, wenn die Kapazitätsauslastung der Produktionsanlagen hoch ist und alle diejenigen Menschen, die arbeiten wollen und können, tatsächlich eine Beschäftigung finden.

Der Wunsch, einen Arbeitsplatz zu haben, ist ein elementares menschliches Ziel. Wer keine Arbeit hat, muss sich nicht nur finanziell einschränken, sondern leidet auch unter Prestigeverlust und dem Gefühl, nutzlos zu sein.

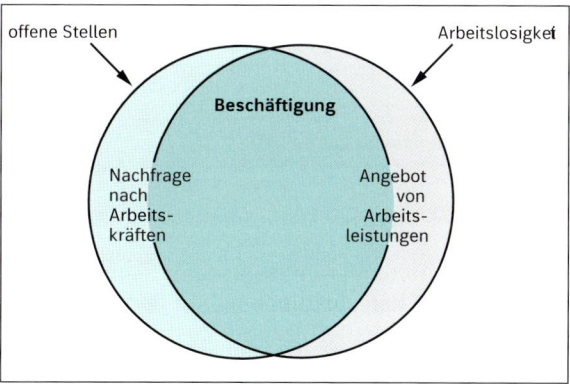

Ein wichtiges Ziel der Konjunkturpolitik ist es daher, dafür zu sorgen, dass alle diejenigen, die arbeiten wollen, einen Arbeitsplatz finden.

Auf dem **Arbeitsmarkt** treffen die Nachfrage der Unternehmen nach Arbeitskräften und das Angebot an Arbeitskräften zusammen.

8

Die Beschäftigungslage auf dem Arbeitsmarkt wird mit der **Arbeitslosenquote** gemessen.

Arbeitslosenquote
bezogen auf alle zivilen Erwerbspersonen

$$= \frac{\text{Anzahl der registrierten Arbeitslosen} \cdot 100}{\text{Anzahl der Erwerbspersonen}}$$

(zivile Erwerbspersonen: Summe der abhängigen Erwerbstätigen (ohne Soldatinnen und Soldaten) sowie der Selbstständigen und mithelfenden Familienangehörigen)

Arbeitslosenquote
bezogen auf alle abhängigen zivilen Erwerbspersonen

$$= \frac{\text{Anzahl der registrierten Arbeitslosen} \cdot 100}{\text{Anzahl der abhängigen Erwerbspersonen}}$$

(abhängige zivile Erwerbspersonen: Summe der sozialversicherungspflichtig Beschäftigten (einschl. Auszubildender), der geringfügig Beschäftigten, der Beamten (ohne Soldaten und Soldatinnen), der Personen in Arbeitsgelegenheiten und der auspendelnden Grenzarbeitnehmer)

Erwerbspersonen sind Personen mit Wohnsitz in Deutschland (Inländerkonzept), die eine unmittelbar oder mittelbar auf Erwerb gerichtete Tätigkeit ausüben oder suchen (Selbstständige, mithelfende Familienangehörige, abhängig Beschäftigte), unabhängig von der Bedeutung des Ertrages dieser Tätigkeit für ihren Lebensunterhalt und ohne Rücksicht auf den Umfang der von ihnen tatsächlich geleisteten oder vertragsmäßig zu leistenden Arbeitszeit. Erwerbspersonen setzen sich aus den Erwerbstätigen und den Erwerbslosen zusammen).

Arbeitslose sind nach *§ 16 Abs. 2 SGB III* Personen, die wie beim Anspruch auf Arbeitslosengeld

- vorübergehend nicht in einem Beschäftigungsverhältnis stehen,
- eine versicherungspflichtige Beschäftigung suchen und
- dabei den Vermittlungsbemühungen der Agentur für Arbeit zur Verfügung stehen und
- sich bei einer Agentur für Arbeit arbeitslos gemeldet haben.

Teilnehmer an Maßnahmen der aktiven Arbeitsmarktpolitik gelten nicht als arbeitslos.

Beispiel:

In einer Volkswirtschaft gibt es 100 Erwerbspersonen, davon 15 Selbstständige und 5 Arbeitslose.

100 Erwerbspersonen		
	85 abhängige Erwerbspersonen	15 Selbstständige
5 Arbeitslose	80 abhängige Beschäftigte	
	95 Erwerbstätige insgesamt	

$ALQ = \dfrac{5 \cdot 100}{100} = \underline{\underline{5{,}00\,\%}}$ (Basis zivile Erwerbspersonen)

$ALQ = \dfrac{5 \cdot 100}{85} = \underline{\underline{5{,}88\,\%}}$ (Basis abhängige zivile Erwerbspersonen)

Da innerhalb einer Volkswirtschaft aufgrund saisonaler Schwankungen, struktureller Veränderungen und einer natürlichen Fluktuation unter den Arbeitnehmern immer ein gewisses Maß an Arbeitslosigkeit existiert, gilt der Zustand der Vollbeschäftigung als erreicht, wenn die Arbeitslosenquote ca. 2 – 4 % nicht übersteigt.

Während die **subjektiven Ursachen der Arbeitslosigkeit** in der Person des Arbeitnehmers, seiner Disposition oder seinem Verhalten liegen, beruhen die **objektiven Ursachen der Arbeitslosigkeit** auf den sachlichen Gegebenheiten der Volkswirtschaft.

Subjektive Ursachen der Arbeitslosigkeit

- Qualifikationsmängel
- Alter
- Nationalität

- Krankheit/Behinderung
- Geschlecht
- Charakterliche Eigenschaften

Objektive Ursachen der Arbeitslosigkeit

Konjunkturelle Arbeitslosigkeit

Aufgrund der zu geringen gesamtwirtschaftlichen Nachfrage benötigen die Unternehmungen nicht mehr so viele Arbeitskräfte. Die gesamte Volkswirtschaft ist quer durch alle Branchen und Regionen von dieser Arbeitslosigkeit betroffen.

Maßnahme des Staates: > **Konjunkturpolitik** der Bundesregierung und der Deutschen Bundesbank

---

Strukturelle Arbeitslosigkeit

Aufgrund der Nachfrageverschiebungen, Veränderungen in der Bevölkerungsstruktur oder der Einführung neuer Technologien kommt es in bestimmten Branchen oder Regionen zu erhöhter Arbeitslosigkeit.

Maßnahme des Staates: > **Strukturpolitik** mithilfe von Subventionen

---

Saisonale Arbeitslosigkeit

In bestimmten Wirtschaftszweigen kommt es zu natürlichen, jahreszeitlich bedingten Beschäftigungsschwankungen.

Maßnahme des Staates: > **keine**, da die Ursachen dieser Arbeitslosigkeit nicht beseitigt werden können.

Friktionelle Arbeitslosigkeit

Durch die Liquidation bzw. Insolvenz einer Unternehmung oder durch einen beabsichtigten Stellenwechsel bei Arbeitnehmern kann vorübergehend Arbeitslosigkeit entstehen.

Maßnahme des Staates: > **keine**, da eine gewisse Fluktuation unter den Arbeitnehmern sowie die Schließung unrentabel arbeitender Unternehmungen zu den natürlichen Begleiterscheinungen einer Marktwirtschaft gehören.

8.3.2.3 Außenwirtschaftliches Gleichgewicht

Die Volkswirtschaft der Bundesrepublik Deutschland ist durch vielfältige und umfangreiche Wirtschaftsbeziehungen mit dem Ausland verbunden.

Beispiel:

Die deutsche Wirtschaft ist in hohem Maße exportorientiert und damit auch exportabhängig. Gleichzeitig ist Deutschland als rohstoffarmes Land aber auch auf Importe – insbesondere im Energiebereich (Erdöl, Erdgas) – angewiesen. Im Jahr 2010 wurden von Deutschland Waren im Wert von 952,0 Milliarden € ausgeführt und Waren im Wert von 797,1 Milliarden € eingeführt. Der Außenhandelssaldo erreichte den „Überschuss" von 154,9 Milliarden €.

Der **Außenwirtschaftsverkehr** umfasst den Waren-, Dienstleistungs-, Kapital-, Zahlungs- und sonstigen Wirtschaftsverkehr mit fremden Wirtschaftsgebieten sowie den Verkehr mit Auslandswerten und Gold zwischen Gebietsansässigen *(§ 1 AWG)*.

8

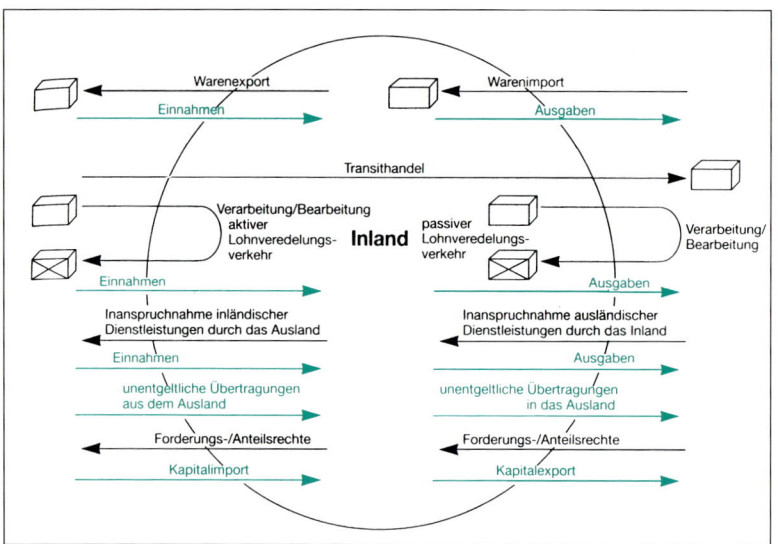

> Die **Zahlungsbilanz** ist die statistische Gegenüberstellung der Devisenzuflüsse und -abflüsse zwischen Gebietsansässigen (in Deutschland ansässige natürliche und juristische Personen) und Gebietsfremden (im Ausland ansässige natürliche und juristische Personen) innerhalb einer Periode *(z. B. innerhalb eines Jahres)*.

Der Begriff „Bilanz" ist irreführend, da die Zahlungsbilanz keine zeitpunktbezogene Vermögensaufstellung ist, sondern eine in Teilbilanzen aufgegliederte Gegenüberstellung von Wertströmen vom Inland ins Ausland und vom Ausland ins Inland.

Zahlungsbilanzschema der Deutschen Bundesbank								
Leistungsbilanz					Vermögens-übertragungen *(z. B. Schuldenerlasse, Schenkungen, Zuschüsse von der EU, Erbschaften)*	Kapitalbilanz		Saldo der statistisch nicht aufgliederbaren Transaktionen, sog. „Restposten"
Außenhandel (Warenaus- und -einfuhren)	Ergänzungen zum Warenverkehr (Lagerverkehr)	Dienstleistungsbilanz (u. a. Finanz-, Reise-, Transport-, Patent- und Lizenzdienstleistungen)	Erwerbs- und Vermögenseinkommen (Zinsen und Einkünfte aus unselbstständiger Arbeit)	Laufende Übertragungen (entgeltliche Leistungen ohne Gegenleistung, z. B. Spenden, Renten, Beiträge)		Kapitalinvestitionen *(z. B. Beteiligungen),* Wertpapieranlagen, Veränderungen der Währungsreserven	darunter Veränderungen der Währungsreserven zu Transaktionswerten	

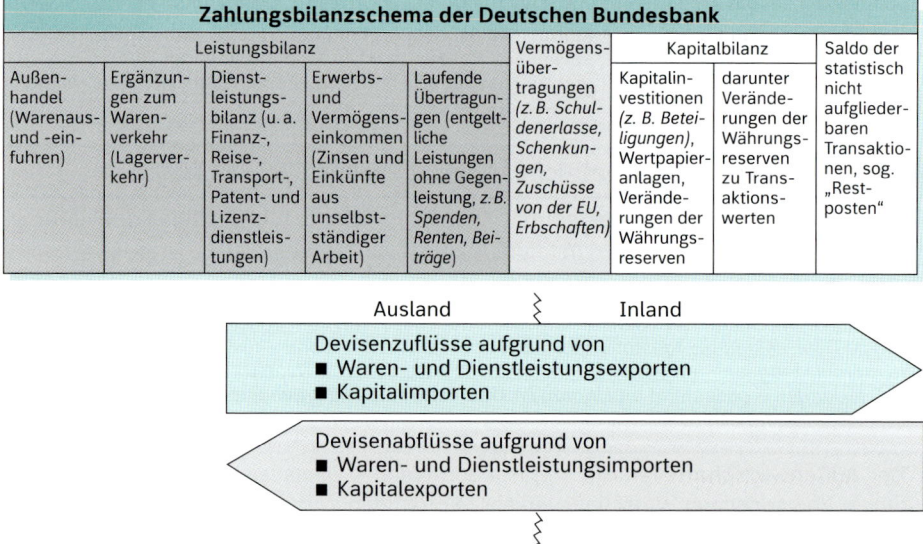

> **Außenwirtschaftliches Gleichgewicht** bedeutet, dass die Zahlungsströme zwischen dem Inland und dem Ausland einander entsprechen, d.h., dass die Zahlungsbilanz ausgeglichen ist.

Zahlungsbilanzungleichgewichte werden verursacht durch anhaltende Überschüsse bzw. Defizite im Waren-, Dienstleistungs- und Kapitalverkehr mit dem Ausland. Nachhaltige Ungleichgewichte können zu erheblichen Störungen der Wirtschaftslage im Inland führen.

Durch die Schaffung des gemeinsamen Euro-Währungsraumes wurden die nachteiligen Wirkungen von Zahlungsbilanzungleichgewichten gegenüber den Euro-Handelspartnern *(z. B. zwischen Deutschland und Frankreich)* beseitigt.

Wechselkursschwankungen und außenwirtschaftlich verursachte Geldmengenstörungen können nur durch Zahlungsbilanzungleichgewichte gegenüber Volkswirtschaften außerhalb des Euro-Währungsraumes *(z. B. USA, Japan)* hervorgerufen werden.

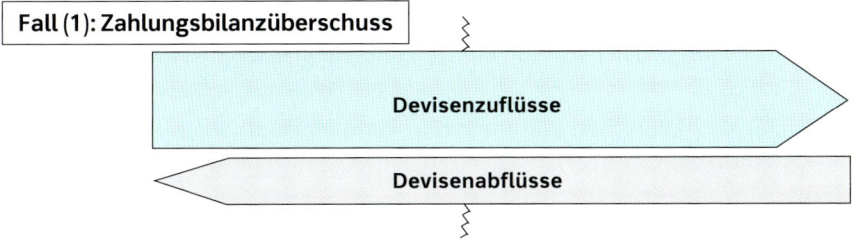

Ein Zahlungsbilanzüberschuss gegenüber Volkswirtschaften außerhalb des Euro-Währungsraumes führt tendenziell zu
- einem Kursanstieg des Euro: Auslandswährungen *(z. B. USD, JPY, CHF)* werden billiger. Die Inlandswährung (EUR) gewinnt an Wert,
- einer Vermehrung der Währungsreserven und einem Wachstum der inländischen Geldmenge.

Folgen:
- Der Kauf inländischer Produkte wird im Ausland teurer. Die deutsche Exportwirtschaft muss mit einem Umsatzrückgang rechnen. Arbeitsplätze in exportorientierten Unternehmen sind in Gefahr.
- Das Geldmengenwachstum löst einen expansiven Effekt aus und lässt die Gefahr eines Preisniveauanstiegs entstehen *(importierte Inflation)*.

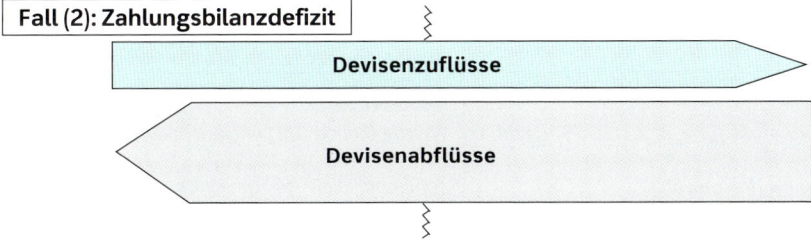

Ein Zahlungsbilanzdefizit führt tendenziell zu
- einem Kursverlust des Euro: Auslandswährungen *(z. B. USD, JPY, CHF)* werden teurer. Die Inlandswährung (EUR) verliert an Wert,
- einem Abbau der Währungsreserven und einer Verknappung der inländischen Geldmenge.

Folgen:
- Der Kauf ausländischer Produkte wird für das Inland teurer. Soweit wichtige Importe *(z. B. Rohstoffe)* nicht durch Erzeugnisse aus dem Inland ersetzt werden können, ist mit einem Anstieg des Preisniveaus zu rechnen *(Kosteninflation)*.
- Die Verknappung der Geldmenge löst einen kontraktiven Effekt aus und kann aufgrund steigender Zinsen die Beschäftigungslage im Inland belasten.

▣ Devisenkurse

> **Begriffsdefinitionen:**
>
> **1. Währung**
> - Währung im weiteren Sinn: Verfassung und Ordnung des gesamten Geldwesens eines Landes
> - Währung im engeren Sinn: Geldeinheit eines Staates oder Gebietes, *z. B. USD, EUR*
>
> **2. Wechselkurs[1]**
> Austauschverhältnis zwischen zwei Währungen
>
> **3. Sorten**
> ausländisches Bargeld in Form von Münzen und Banknoten
>
> **4. Devisen**
> Bestände an ausländischen Währungen in Form von Guthaben, Forderungen, Schecks, Wechseln
>
> **5. Tausch**
> Der Ankaufkurs von Sorten liegt aus der Sicht der Bank über dem Devisenkurs, der Verkaufskurs darunter. Diese Differenz soll die Kosten der Geschäftsbanken ausgleichen; diese Spanne zwischen An- und Verkaufskurs legt jede Bank selbst fest. In der Regel werden nur Banknoten und keine Münzen getauscht.

Tauschgeschäfte von Währungen erfolgen zum jeweils gültigen Kurs, dem Austauschverhältnis zweier Währungen.

Der Devisenkurs ergibt sich aus Angebot und Nachfrage der jeweiligen Auslandswährung. Allen bargeldlosen Transaktionen mit unterschiedlichen Währungen liegt der Devisenkurs zugrunde. Diese Kurse können auf zwei verschiedene Arten (Notierung) dargestellt werden:

Preisnotierung	Mengennotierung
Die Preisnotierung gibt an, wie viel eine Einheit der Fremdwährung kostet. Der Preis für eine Einheit der ausländischen Währung wird in Inlandswährung (EUR) angegeben.	Die Mengennotierung zeigt an, wie viel Einheiten Fremdwährung man für eine Einheit der eigenen Währung bekommt. Der Preis für eine Einheit der inländischen Währung (EUR) wird in ausländischen Währungseinheiten *(z. B. USD, GBP)* angegeben.
Beispiel:	**Beispiel:**
Wie viel Euro muss für z. B. 1 USD ($) gezahlt werden? *Zahlenbeispiele (frei gewählt):* *1,00 EUR = 1,10 US-Dollar (USD)* *1,00 EUR = 1,09 Schweizer Franken (CHF)* *1,00 EUR = 0,84 Britisches Pfund (GBP)*	*Welche Menge USD entspricht einem Euro?* *Zahlenbeispiele (frei gewählt):* *1 USD = 0,91 EUR* *1 CHF = 0,92 EUR* *1 GBP = 1,19 EUR*
Mathematisch sind die beiden Notierungen jeweils der Kehrwert der anderen.	

8

> **Beispiel:**
>
> *Ein Importeur wird sich im internationalen Handel in mehreren Ländern erkundigen, wo er die günstigste Bezugsquelle finden kann. So muss ein Textilhersteller, der Stoffe aus Fernost beziehen will, die in der jeweiligen Landeswährung angegebenen Preise in Euro umrechnen, um einen Angebotsvergleich durchführen zu können. Dazu benötigt er den jeweiligen Devisenkurs der entsprechenden Landeswährung.*

---

[1] Der Begriff Wechselkurs stammt aus der Zeit, in der der internationale Zahlungsverkehr überwiegend mit Handelswechseln abgewickelt wurde.

Devisenkurse beeinflussen den Export und den Import von Ländern.

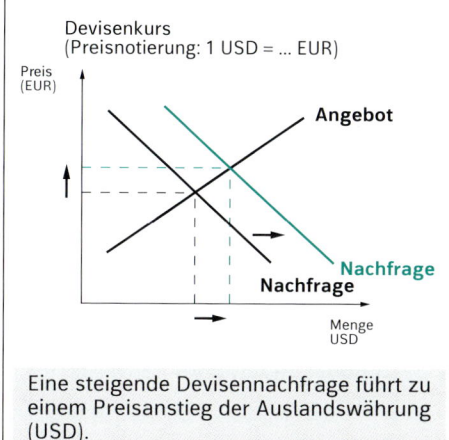

Devisenkurs
(Preisnotierung: 1 USD = … EUR)

Eine steigende Devisennachfrage führt zu einem Preisanstieg der Auslandswährung (USD).

↓

Die Inlandswährung (EUR) verliert gegenüber der Auslandswährung (USD) an Wert.

↓

Der Kurs des Euro gegenüber dem Dollar (Mengennotierung) fällt.

Folgen für den Außenhandel im „Euroland":

- Exporte werden begünstigt, da die Kaufkraft der Auslandswährung im Inland steigt.

- Importe werden erschwert, da die Kaufkraft des Euro im Ausland sinkt.

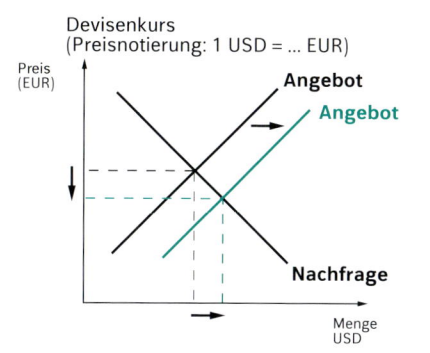

Devisenkurs
(Preisnotierung: 1 USD = … EUR)

Ein steigendes Devisenangebot führt zu einem Preisrückgang der Auslandswährung (USD).

↓

Die Inlandswährung (EUR) gewinnt gegenüber der Auslandswährung (USD) an Wert.

↓

Der Kurs des Euro gegenüber dem Dollar (Mengennotierung) steigt.

Folgen für den Außenhandel im „Euroland":

- Exporte werden erschwert, da die Kaufkraft der Auslandswährung im Inland sinkt.

- Importe werden begünstigt, da die Kaufkraft des Euro im Ausland steigt.

Folgen von Wechselkursveränderungen auf die Verbraucherpreise[1] (vereinfacht)		
	↓ **Abwertung**	↑ **Aufwertung**
Importe	↓ günstiger	↑ teurer
Exporte	↑ teurer	↓ günstiger
Güternachfrage im Inland (Annahme: gleichbleibendes Angebot)	↓ sinkt	↑ steigt
Preise (Preisniveau)	↓ sinken	↑ steigen

8.3.2.4 Quantitatives – qualitatives Wachstum

Die Verbesserung der Lebensbedingungen ist seit jeher ein Ziel der Menschheit. Wirtschaftswachstum ist umso wichtiger, je niedriger das Versorgungsniveau und der Lebensstandard der Bevölkerung sind.
Wirtschaftswachstum führt jedoch nur dann zu einer Verbesserung der Lebensbedingungen des Einzelnen, wenn die Wachstumsrate des Inlandsprodukts größer ist als die Wachstumsrate der Bevölkerung.

8

---

[1] Quelle: Deutsche Bundesbank: Geld und Geldpolitik. In: bundesbank.de. www.bundesbank.de/Redaktion/DE/Downloads/Veroeffentlichungen/Schule_und_Bildung/geld_und_geldpolitik.pdf?__blob=publicationFile, S. 184 [06.08.2018]. (verändert)

> **Maßstab für das Wirtschaftswachstum** ist die jährliche Wachstumsrate des Bruttoinlandsprodukts (BIP).

Das Stabilitätsgesetz fordert ein *„stetiges"* und *„angemessenes"* Wirtschaftswachstum:
- **„Stetig"** bedeutet, dass das Wirtschaftswachstum gleichmäßig, d. h. ohne hektische Ausschläge und ohne Wachstumsunterbrechungen, erfolgen soll.
- **„Angemessen"** bedeutet, dass das Wirtschaftswachstum nur insoweit erfolgen soll, als es die übrigen Ziele des Stabilitätsgesetzes nach Möglichkeit unterstützt, zumindest aber nicht gefährdet. Das Ziel Wirtschaftswachstum soll also nicht um jeden Preis verfolgt werden.

> Das **reale Wirtschaftswachstum** ist Ausdruck für die um den Anstieg des Preisniveaus bereinigte Veränderung des Bruttoinlandsprodukts.

Da der Wert des Bruttoinlandsprodukts bestimmt wird durch die Menge der produzierten Güter und Dienstleistungen und deren Preise, wird bei einem Anstieg des allgemeinen Preisniveaus das tatsächliche Wachstum des Bruttoinlandsprodukts nicht sichtbar. Man muss daher zwischen dem *nominellen* und dem *realen* Wirtschaftswachstum unterscheiden.

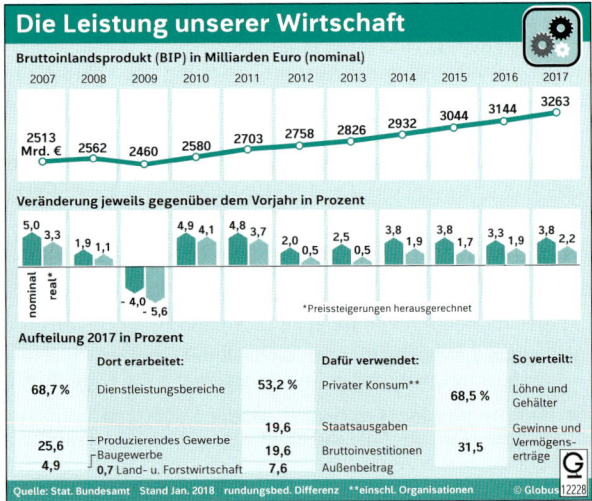

Die Knappheit der Rohstoff- und Energievorräte und steigende Umweltbelastungen führen zu einem **Spannungsverhältnis zwischen Ökonomie und Ökologie** und zeigen den Menschen zunehmend die Grenzen eines auf der Ausbeutung der Natur begründeten Wirtschaftswachstums auf.

Die Wachstumsrate des Bruttoinlandsproduktes ist eine rein **quantitative** Größe, die nur geringe Aussagefähigkeit für die Lebensqualität hat:
- Unentgeltliche und verdeckte Leistungen *(z. B. Leistungen im Rahmen der Schattenwirtschaft)* werden vom BIP nicht erfasst. Gerade sie tragen aber sicher nicht unerheblich zum individuellen Wohlstand bei.
- Immaterielle Wohlstandsmöglichkeiten *(z. B. Freizeit, höhere Lebenserwartung, bessere Bildung)* sind im BIP nicht enthalten.
- Das BIP macht keine Aussagen über die individuelle Einkommens- und Vermögensverteilung.
- Das BIP enthält auch Wohlstandsfolgekosten *(z. B. Behandlungskosten von Wohlstandserkrankungen, Renaturierung von Müllhalden).*

Man spricht von einem **qualitativen** Wachstum, wenn es darauf abzielt,
- nicht nur ökonomische, sondern auch ökologische Gesichtspunkte bei Investitionsentscheidungen zu berücksichtigen,
- energie- und ressourcenschonende/-sparende Produktionsverfahren zu praktizieren,
- die Produktion umweltbelastender Sachgüter einzuschränken bzw. aufzugeben,
- die Produktion ökologisch unbedenklicher Güter und Dienstleistungen zu begünstigen,

8

- bereits eingetretene Umweltschäden zu beseitigen,
- die Arbeitsbedingungen zu verbessern,
- bestehende soziale Ungerechtigkeiten abzubauen.

8.3.2.5   Zielkonflikte

Der Gesetzgeber hat es bei der Formulierung des Stabilitätsgesetzes vermieden, zwischen den Zielen Preisniveaustabilität, hoher Beschäftigungsstand, außenwirtschaftliches Gleichgewicht und Wirtschaftswachstum eine Rangordnung aufzustellen.

Den verantwortlichen Politikern ist damit der gesetzliche Auftrag erteilt, die gleichzeitige Verwirklichung der genannten Ziele anzustreben, bzw., wenn dies nicht möglich ist, die Wirtschaftspolitik auf das am meisten gefährdete Ziel zu konzentrieren.

Die Erfahrungen der Gegenwart und der Vergangenheit zeigen, dass es in der Realität offensichtlich nur unter besonders günstigen Bedingungen möglich ist, alle vier Ziele gleichzeitig zu erreichen.

Grund hierfür ist, dass zwischen den Zielen Konflikte bestehen. Es existieren Abhängigkeitsbeziehungen, die dazu führen können, dass die Verfolgung des einen Ziels gleichzeitig die Erreichung eines oder mehrerer der übrigen Ziele gefährdet. Man spricht auch von dem **„magischen Viereck"**, weil es offensichtlich magischer Kräfte bedürfte, alle Ziele gleichzeitig zu erreichen.

Zielkonflikte treten insbesondere dann auf, wenn die Ziele Preisniveaustabilität und hoher Beschäftigungsstand gleichzeitig unerfüllt sind und über die Prioritätensetzung unter den Zielen und den Kurs der einzuschlagenden Konjunkturpolitik zu entscheiden ist.

Beispiele:

- *Eine Senkung des Zinsniveaus und die Erhöhung der Staatsausgaben dienen der Bekämpfung der Arbeitslosigkeit, sie können aber auch zu einem Anstieg des Preisniveaus führen.*
- *Eine Erhöhung des Zinsniveaus und die Reduzierung der Staatsausgaben dienen der Bekämpfung der Inflation, sie können aber auch zu einem Rückgang der Beschäftigung führen.*

Die Pfeile zwischen den Zielen deuten die Abhängigkeitsbeziehungen zwischen den Zielen an. Die äußeren Pfeile weisen auf einen tendenziellen Zielkonflikt, die inneren Pfeile auf eine eher harmonische Zielbeziehung hin.

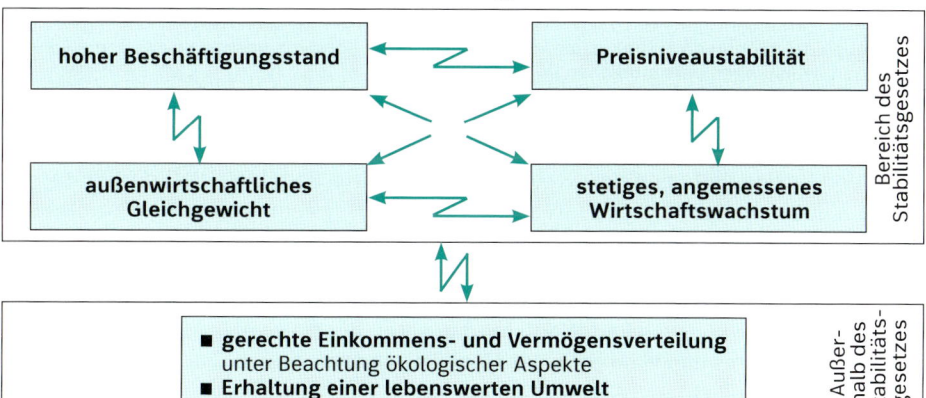

8

8.3.2.6   Zielerweiterungen

▪ Sozialverträgliche Einkommens- und Vermögensverteilung

Das Ziel Wirtschaftswachstum gewinnt dann eine besondere Bedeutung, wenn das Ziel einer sozialverträglichen Einkommens- und Vermögensverteilung in den wirtschaftspolitischen Zielkatalog aufgenommen wird.

Das liegt daran, dass in einer wachsenden Wirtschaft eine Einkommensumverteilung leichter durchzuführen ist als in einer stagnierenden Wirtschaft. In einer wachsenden Wirtschaft nämlich könnten den Beziehern niedriger und mittlerer Einkommen gegenüber den besser gestellten Bevölkerungsgruppen höhere Zuwachsraten ihrer Einkommen zugebilligt werden. In einer stagnierenden Wirtschaft *(Nullwachstum)* dagegen müsste eine beabsichtigte Einkommensumverteilung zwangsläufig zu einer Einkommensminderung des reicheren Bevölkerungsteils führen, was bei diesem aufgrund des Besitzstandsverlustes zu Unsicherheit, Motivationsverlust und Widerständen führen könnte.

> **Was ist eine gerechte Einkommens- und Vermögensverteilung?**
>
> Ist eine ausschließlich an der **individuellen Leistung** orientierte Verteilung von Einkommen und Vermögen gerecht? Oder verspricht das **Gleichheitsprinzip** größtmögliche Gerechtigkeit?
>
> Das sind die Extrempositionen bei der Beantwortung einer Frage, die die Menschen seit jeher bewegt und für die es noch keine Antwort gibt. Denn einen objektiven Maßstab für Gerechtigkeit gibt es nicht.
>
> Für die Marktwirtschaft gilt: Wer qualifiziert, initiativ und tüchtig ist und bereit ist, Verantwortung und Risiko zu tragen, wird mit relativ hohem Einkommen und Vermögen belohnt. Wer jedoch wenig Initiative entfaltet, das Risiko scheut oder weniger qualifiziert ist, erzielt allenfalls ein durchschnittliches Einkommen. Und: Durch den marktwirtschaftlichen Verteilungsprozess wird nur solchen Personen Einkommen zugeteilt, die sich am Wirtschaftsleben als Erwerbstätige oder Kapitalgeber beteiligen.
>
> Das verfassungsrechtlich verankerte **Sozialstaatsprinzip** verpflichtet den Staat, für soziale Sicherheit und Gerechtigkeit innerhalb der Gesellschaft zu sorgen. Seine Sozialpolitik zielt unter anderem darauf ab, den Einzelnen bei Krankheit, Unfall, Invalidität und Arbeitslosigkeit zu schützen und wirtschaftlich benachteiligte oder schwache Bevölkerungskreise zu unterstützen.
>
> Instrumente der Sozial- und Einkommenspolitik sind unter anderem:
> - die progressive Besteuerung der Einkommen natürlicher Personen
> - die progressive Besteuerung erbbten Vermögens
> - die staatliche Förderung der Vermögensbildung und der privaten Altersvorsorge
> - die staatliche Förderung des privaten Wohnungsbaus
> - Transferzahlungen: Renten, Pensionen, Arbeitslosenunterstützung, Kindergeld, Wohngeld, BAföG-Zahlungen
> - Steuererleichterungen aufgrund der Abzugsfähigkeit von Sonderausgaben und außergewöhnlichen Belastungen bei natürlichen Personen

▪ Nachhaltiges Wirtschaften – ökologische Ziele

Nach den beiden verheerenden Weltkriegen, der Wirtschaftskrise und der Phase des Wiederaufbaus in Europa hat das westliche Wirtschaftssystem mit seinen Prinzipien des Freihandels, des Wachstums und der sozialen Sicherheit beispiellose Erfolge erzielt. Währungsstabilität, Kranken- und Arbeitslosenversicherung, Rentensystem sowie staatlich geförderte Ausbildungsgänge haben vor allem in der Bundesrepublik Deutschland für einen gesellschaftlichen Konsens und **Wohlstand** gesorgt, der die soziale Marktwirtschaft als gerade vorbildhaftes und alternativloses Modell erscheinen lässt.

Doch ist der **wirtschaftliche Wohlstand** mit einem ebenso beispiellosen *Raubbau an der Natur,* einer *Verschwendung der Ressourcen* und einer *Ökonomisierung* nahezu sämtlicher Lebensbereiche erkauft worden. Noch niemals sind so viele Waren produziert, umgesetzt und verbraucht worden wie heute. Gleichzeitig ist aber auch noch keine Generation so leichtfertig mit Rohstoffen, Energien und erbbten Naturwerten umgegangen wie unsere.

> **„Rat für Nachhaltige Entwicklung"** der Bundesregierung[1]:
> - Die Weltgemeinschaft ist seit 1992 der nachhaltigen Entwicklung verpflichtet – jedes einzelne Land für sich, aber auch gemeinsam, müssen wir dieses Versprechen umsetzen.
> - Nachhaltige Entwicklung (von der Weltkommission für Umwelt und Entwicklung als „Substainable Development" bezeichnet) heißt, Umweltgesichtspunkte gleichberechtigt mit sozialen und wirtschaftlichen Gesichtspunkten zu berücksichtigen. Zukunftsfähig wirtschaften bedeutet also: Wir müssen unseren Kindern und Enkelkindern ein intaktes ökologisches, soziales und ökonomisches Gefüge hinterlassen. Das eine ist ohne das andere nicht zu haben.

Eine zunehmende Anzahl von Unternehmen hat Entsprechungserklärungen zum **Deutschen Nachhaltigkeitskodex (DNK)**[2] aus dem Jahre 2011 vorgelegt.

> **Umweltkonflikte** entstehen immer dann, wenn Wirtschaftssubjekte zwischen alternativen Verhaltensweisen entscheiden können und ein ökologisch sinnvolles Verhalten zu individuellen Nachteilen führt.

Beispiele:

- *Eine Arbeitnehmerin möchte gern mit öffentlichen Verkehrsmitteln ihren Arbeitsplatz erreichen. Die Fahrzeit beträgt dann über eine Stunde, während sie mit dem Pkw trotz Stau nur max. 20 Minuten benötigen würde.*
- *Die Anhebung des Dieselkraftstoffpreises scheitert an der erheblichen Zunahme der Transportkosten mit der Folge einer Verteuerung der Waren und weiterer Reduzierung der internationalen Wettbewerbsfähigkeit.*
- *Der Verzicht auf Pestizide in der landwirtschaftlichen Intensivnutzung verringert die Ertragsfähigkeit der Nutzflächen.*

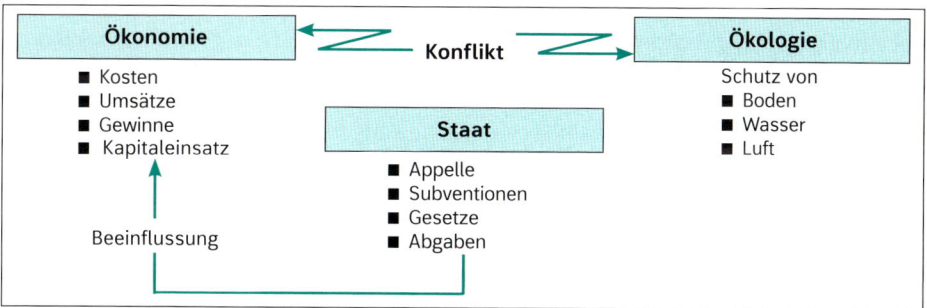

Die vorrangige Aufgabe der Wirtschaft besteht heute darin, Wege eines ökologisch verträglichen Wirtschaftens zu finden. Das bedeutet zunächst, ganzheitlich statt wachstumsorientiert zu denken und den effektiven Naturverbrauch und die erforderlichen Reparaturkosten des Ökosystems in die **wirtschaftliche Gesamtrechnung** einzubeziehen. Ein kurzfristiges Gewinn- und Erfolgsstreben verhindert langfristiges „nachhaltiges Wachstum" unter Einschluss vertretbarer **ökologischer Kosten**. Um nachhaltiges Wachstum zu erreichen, sind tief greifende Reformen des Energie-, Verkehrs- und Steuersystems und die Verbesserung der Umweltverträglichkeit der Güterproduktion und des Konsums vonnöten.

8

---

[1] Vgl. www.nachhaltigkeitsrat.de.
[2] Vgl. www.nachhaltigkeitsrat.de/projekte/eigene-projekte/deutscher-nachhaltigkeitskodex.

Die **Vernachlässigung der Umwelt** kann – vordergründig betrachtet – oftmals den wirtschaftlichen Interessen der Wirtschaftsteilnehmer durchaus entsprechen:
- Umweltverträgliche Güter sind oft teurer.
- Umweltverträgliche Güter genügen vielfach nicht den Qualitätsansprüchen *(z. B. Recyclingpapier)*.
- Umweltverträgliche Fertigungsverfahren erfordern einen höheren Kapitaleinsatz.
- Umweltverträgliche Produktionsmengen führen zu geringeren Absatzmengen und damit zu höheren Kosten pro Stück.

Mit der Lösung dieser Konflikte i. S. d. Umwelt sind die privaten Wirtschaftssubjekte oft überfordert. Hier greift der Staat mit mehr oder weniger scharfen Maßnahmen ein.

▨ Einhaltung der Schuldenbremse[1]

Die Schuldenbremse für Bund und Länder ist in Deutschland eine im Grundgesetz *(Art. 109 Abs. 3 GG)* verankerte Regelung mit Verfassungsrang, die
- die Nettoneuverschuldung von Bund und Ländern begrenzen soll,
- Bund und Länder verpflichten soll, ihre Haushalte ohne Einnahmen aus der Aufnahme von Krediten auszugleichen.

Der Bund (ab 2016) und die Länder (ab 2020) sollen die Staatsverschuldung auf der dann erreichten Höhe einfrieren. Neue Kredite werden grundsätzlich verboten.
- Der Bund darf in jedem Jahr nur **neue Kredite in Höhe von 0,35 %** vom Bruttoinlandsprodukt (BIP) aufnehmen.
- Die Länder dürfen ab 2020 **gar keine neuen Schulden** mehr machen.

Nur in bestimmten Ausnahmefällen *(z. B. Art. 109 Abs. 3 S. 4, 115 Abs. 2 S. 2, 115 GG)* dürfen weiter Kredite aufgenommen werden:
- In einem Konjunkturabschwung dürfen zusätzliche Kredite aufgenommen werden. Diese werden auf einem **„Kontrollkonto"** festgehalten und müssen in einem Konjunkturaufschwung symmetrisch, aber „konjunkturgerecht" getilgt werden.
- Einmalig darf der Bund Kredite in Höhe von **1,5 %** vom BIP auf dem Kontrollkonto stehen lassen; erst bei höherer Kreditaufnahme beginnt die Pflicht zur Tilgung.
- Weitere Kredite dürfen bei Naturkatastrophen und außergewöhnlichen Notsituationen aufgenommen werden. Diese sind „binnen eines angemessenen Zeitraums" zu tilgen.

Bei Bürgschaften für ausländische Schulden, *z. B. im Rahmen der Eurokrise,* gibt es keinerlei Obergrenzen.

Bund und Länder haben drei Möglichkeiten, ihre Schulden zu verringern:
- Die Einnahmen werden bei gegebenen Ausgaben erhöht *(z. B. Steuererhöhungen)*.
- Die Ausgaben werden reduziert *(z. B. Kürzungen der Sozialleistungen, Bildungsausgaben, Personalausgaben)*.
- Die Möglichkeiten der Einnahmenerhöhung und Ausgabenkürzung werden gleichzeitig ausgeschöpft.

8

---

[1] www.bundesfinanzministerium.de/Content/DE/Standardartikel/Themen/Oeffentliche_
Finanzen/Schuldenbremse/kompendium-zur-schuldenbremse-des-bundes.pdf?__
blob=publicationFile&v=9

8.3.3   Konjunkturpolitische Steuerungskonzepte

8.3.3.1   Fiskalpolitik – Nachfragesteuerung

Weil der Staat zu einem großen Teil (in Deutschland mit ca. 35 %) an der Entstehung und Verwendung des Bruttoinlandsprodukts beteiligt ist, haben seine Haushaltsentscheidungen erheblichen Einfluss auf die wirtschaftliche Entwicklung der Volkswirtschaft.

Fiskalpolitik

- beinhaltet alle staatlichen **Steuerungsmaßnahmen**, wie *z. B. Steuerpolitik, Investitionsförderung*, Subventionspolitik, mit denen der Staat in das in der Volkswirtschaft stattfindende Wirtschaftsgeschehen eingreifen kann.
- bedeutet den Einsatz öffentlicher **Ausgaben und Einnahmen**, um gemeinwirtschaftlichen Ziele zu erreichen.
- hat das **Ziel**,
  - Konjunkturschwankungen entgegenzuwirken und ein stetiges, stabiles Wirtschaftswachstum zu gewährleisten,
  - auf das gesamtwirtliche Gleichgewicht regulierend einzuwirken,
  - für eine faire Verteilung der Einkommen zu sorgen.

Die Ziele des **Europäischen Fiskalpakts** – „Vertrag über Stabilität, Koordinierung und Steuerung in der Wirtschafts- und Währungsunion" – sind Haushaltsdisziplin in den Unterzeichnerstaaten und Vermeidung eines übermäßigen Haushaltsdefizits.
Instrumente des Europäischen Fiskalpakts sind insbesondere:

- **Defizit-/Schuldenabbau:** Die Staaten sollen nahezu ausgeglichene Haushalte anstreben. Das jährliche, um Konjunktur- und Einmaleffekte bereinigte Staatsdefizit eines Landes darf 0,5 % der Wirtschaftskraft nicht übersteigen.
- **Defizitverfahren:** Bei Verletzung der Obergrenze bei Neuverschuldung wird das Defizitverfahren automatisch ausgelöst. Verhindert werden kann dies nur mit qualifizierter Mehrheit. Die Gesamtverschuldung, die über 60 % der Wirtschaftsleistung liegt, soll pro Jahr um ein Zwanzigstel reduziert werden.
- **Schuldenbremse:** Die Staaten sollen nationale, rechtlich verbindliche Schuldenbremsen einführen.
- **EuGH/Klagerecht:** Der Europäische Gerichtshof (EuGH) darf überprüfen, ob die Staaten die Schuldenbremse in nationales Recht umgesetzt haben. Anderenfalls kann das Land vom EuGH verklagt werden.
- **Verknüpfung mit ESM:** Der „Fiskalpakt" soll mit dem ESM[1] verknüpft werden, sodass ESM-Hilfen nur die Euro-Länder erhalten, die auch den „Fiskalpakt" unterzeichnet haben.
- **Sanktionen:** Der EuGH kann Geldstrafen gegen Länder verhängen, die die Schuldenregel nicht umsetzen. Die Strafe soll nicht höher als 0,1 % der Wirtschaftsleistung sein und an den künftigen Rettungsschirm ESM gezahlt werden.
- **Gültigkeit:** Der Pakt ist am 1. Januar 2013 in Kraft getreten.

8

---

[1] Europäische Stabilitätsmechanismus = European Stability Mechanism

8.3.3.2   Nachfragesteuerung– nachfrageorientierte Wirtschaftspolitik

Die **Nachfragesteuerung** der Volkswirtschaft beruht auf der Überlegung, dass über die gesamtwirtschaftliche Nachfrage das Volkseinkommen und die Beschäftigung innerhalb der Wirtschaft gesteuert werden können.

Steigerung/Senkung der gesamtwirtschaftlichen Nachfrage	Steigerung/Senkung der Produktion in den Unternehmungen	Beeinflussung ■ der Beschäftigung ■ des Preisniveaus ■ des Wachstums

Da sich die Kassen der öffentlichen Haushalte während eines konjunkturellen Aufschwungs aufgrund steigender Steuereinnahmen allmählich füllen, ist es für den Staat natürlich nahe liegend (und verführerisch), diese Steuermehreinnahmen auch wieder auszugeben. Ein solches Verhalten würde allerdings die konjunkturelle Aufwärtsentwicklung noch verstärken, also prozyklisch wirken.

> Das Konzept der **antizyklischen Fiskalpolitik** verlangt, dass der Staat seine Einnahmen- und Ausgabenpolitik in den einzelnen konjunkturellen Phasen genau entgegengesetzt zum Verhalten der übrigen Wirtschaftssubjekte (Unternehmen, private Haushalte), also antizyklisch, gestaltet.

Ziel der **antizyklischen Fiskalpolitik** ist es, durch geeignete Maßnahmen eine Verstetigung des Konjunkturverlaufs herbeizuführen.

■ Im **Konjunkturaufschwung** sollte der Staat seine eigene Nachfrage senken, um die konjunkturelle Aufwärtsbewegung und den damit verbundenen Preisniveauanstieg nicht zu verstärken.

■ Im **Konjunkturabschwung** sollte der Staat dagegen seine eigene Nachfrage erhöhen, um die konjunkturelle Abwärtsbewegung und den damit verbundenen Beschäftigungsrückgang zu bremsen.

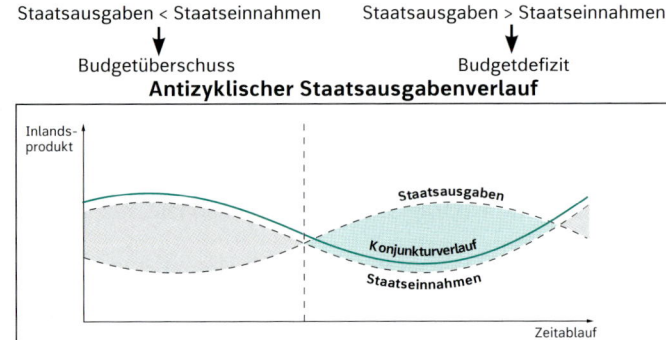

Weil jedoch im konjunkturellen Abschwung die Steuereinnahmen zurückgehen, können die fehlenden Mittel nur durch eine verstärkte Kreditaufnahme der öffentlichen Haushalte finanziert werden. Diesen Vorgang bezeichnet man als **deficit spending.**

8

Fiskalpolitisches Instrumentarium gem. Stabilitätsgesetz *(StabG)*
Konjunkturdämpfung

■ **Ausgabenkürzung bei Bund und Ländern**

Wirkungen: Durch Reduzierung seiner eigenen Nachfrage, die Teil der gesamtwirtschaftlichen Nachfrage ist, bremst der Staat den konjunkturellen Auftrieb.
Die frei werdenden Mittel sollen bei der Zentralnotenbank als Konjunkturausgleichsrücklage stillgelegt und damit dem Geldkreislauf entzogen werden.
Die damit verbundene Geldverknappung führt tendenziell zu einem Anstieg des Zinsniveaus und unterstützt damit den restriktiven Kurs der Zentralnotenbank.

■ **zeitlich befristete Erhöhung der Einkommen- und Körperschaftsteuer in Form eines sog. Konjunkturzuschlages**

Wirkungen: Die Einkommensteuererhöhung führt zu einer Verringerung des verfügbaren Einkommens bei den privaten Haushalten.
Bei konstanter Spar- bzw. Konsumquote stehen nunmehr weniger Mittel für konsumtive Zwecke zur Verfügung. Die Konsumgüternachfrage sinkt.
Die Körperschaftsteuererhöhung belastet die Unternehmen und übt damit einen dämpfenden Einfluss auf die Investitionsgüternachfrage aus. Gewerbesteuererhöhungen durch die Kommunen üben den gleichen Einfluss auf lokaler Ebene aus.

■ **Aussetzung bzw. Verringerung der Möglichkeit degressiver Abschreibungen bzw. von Sonderabschreibungen in den Unternehmen**

Wirkung: Durch diese Maßnahme werden die steuerlich abzugsfähigen Betriebsausgaben reduziert, was zu einer Erhöhung des zu versteuernden Gewinns bei den Unternehmen führt und damit die Möglichkeiten der verdeckten Selbstfinanzierung verringert.

Konjunkturbelebung

■ **Ausgabenerhöhung bei Bund und Ländern**

Wirkungen: Die Erhöhung der staatlichen Nachfrage soll die zu geringe Konsumgüter-/Investitionsgüternachfrage ausgleichen und so zu einer Ankurbelung der Wirtschaft führen.
Die dazu benötigten Geldmittel sollen – falls vorhanden – zunächst durch Auflösung der Konjunkturausgleichsrücklage und ggf. durch vermehrte öffentliche Kreditaufnahme beschafft werden (deficit spending).

■ **zeitlich befristete Senkung der Einkommen- und Körperschaftsteuer**

Wirkungen: Die Einkommensteuersenkung führt zu einer Erhöhung des verfügbaren Einkommens bei den privaten Haushalten. Bei konstanter Konsum- bzw. Sparquote stehen jetzt mehr Geldmittel für konsumtive Zwecke zur Verfügung. Die Konsumgüternachfrage wird belebt.
Die Körperschaftsteuersenkung entlastet die Unternehmen und verschafft ihnen Mittel für Investitionen.

■ **Wiedereinsetzung der Möglichkeit degressiver Abschreibungen bzw. von Sonderabschreibungen in den Unternehmen**

Wirkung: Durch diese Maßnahme werden die steuerlich abzugsfähigen Betriebsausgaben erhöht, was zu einer Minderung des zu versteuernden Gewinns bei den Unternehmen führt und die Möglichkeiten der verdeckten Selbstfinanzierung erhöht.

8

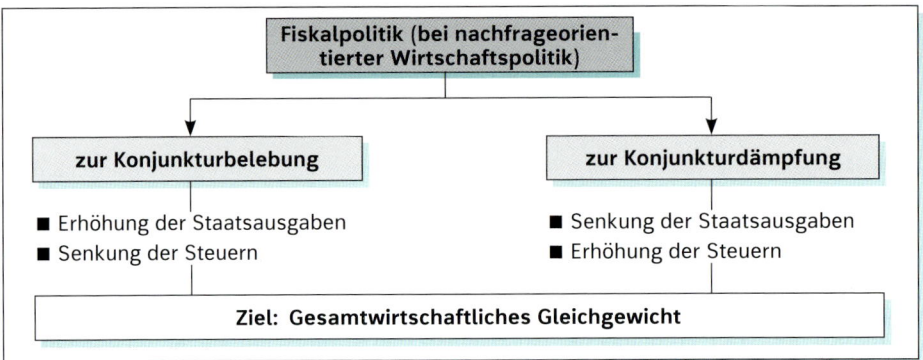

Nicht immer hat sich in der Vergangenheit die **antizyklische Fiskalpolitik** als wirkungsvoll erwiesen. Die wichtigsten Einwände sind:

- Konjunkturprogramme führen nur zu Strohfeuereffekten.
- Die Steuereinnahmen steigen nicht im gewünschten Umfang, sodass die Staatsverschuldung steigt.
- Die staatliche Kreditaufnahme beansprucht den Kapitalmarkt so stark, dass Zinserhöhungen unausbleiblich sind.
- Es kommt zu Mitnahmeeffekten, sodass die Wirksamkeit einzelner Maßnahmen schwer überprüfbar ist.

Beispiel:

Die Bundesregierung kündigt eine befristete Investitionszulage in Höhe von 10 % ab dem 1. Januar des kommenden Jahres an. Unternehmen werden ihre geplanten Investitionen auf das Folgejahr verschieben, um in den Genuss der Investitionszulage zu kommen.

- Eine Wirtschaftspolitik, in der von Fall zu Fall bestimmte Instrumente eingesetzt werden (Stop-and-go-policy), ist unberechenbar und kann bei den betroffenen Wirtschaftssubjekten unerwartete Reaktionen hervorrufen.
- Die erhofften Wirkungen treten mit zeitlicher Verzögerung ein und entfalten sich u. U. zum „falschen" Zeitpunkt, sodass sie prozyklisch wirken.

8.3.3.3   Angebotssteuerung – angebotsorientierte Wirtschaftspolitik

Die Alternative zur Nachfragesteuerung ist die **Angebotssteuerung**. Grundüberlegung dieser Strategie ist, dass die Beschäftigungslage und die Höhe des Volkseinkommens bestimmt werden durch die Rentabilität der Produktion.

Der Staat versucht daher, die Antriebskräfte der Marktwirtschaft zu stärken und die Anreize zum Investieren, zu Innovationen, zur Leistung und zur Anpassung an neue Umweltbedingungen zu verbessern.

Staatliche Auflagen, Gesetze und Subventionen, aber auch die Steuerbelastung sollen hierbei auf das Notwendigste beschränkt werden, um die Eigeninitiative und die schöpferischen Kräfte der Menschen als Triebfeder der Marktwirtschaft zu fördern und damit die wirtschaftliche Dynamik zu erhalten.

Durch Stärkung der Angebotsseite und Erleichterung der Angebotsbedingungen sollen Beschäftigung und Nachfrage verbessert werden:

- Privatisierung öffentlicher Unternehmen,
- Senkung der Lohnnebenkosten,
- Rückverlagerung von gemeinschaftlichen Risiken auf den Einzelnen,
- Abbau von Arbeits- und Kündigungsschutzregelungen,
- Stärkung der Subsidiarität (Selbstvorsorge),
- Abbau von Subventionen,
- Öffnung öffentlicher Monopole.

Die **Angebotssteuerung** der Volkswirtschaft beruht auf der Überlegung, dass die Verbesserung der Investitionsbedingungen für die Unternehmungen zu erhöhter Beschäftigung und mehr Wirtschaftswachstum führt.

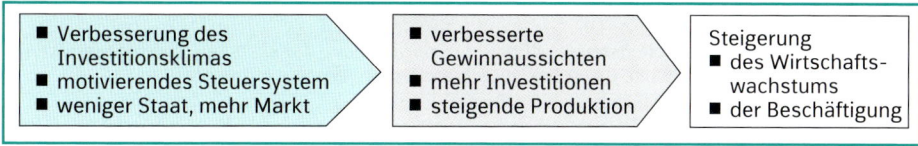

Steuerpolitik

Auf die Entstehung, Verteilung und Verwendung des Inlandsprodukts kann der Staat durch seine politischen Möglichkeiten Einfluss nehmen und sie in die gewünschte Richtung steuern.

Dabei gibt es grundsätzlich zwei Politikbereiche, je nachdem, ob die **Einnahmenseite** oder die **Ausgabenseite** des Staatshaushaltes betroffen ist.

Dreh- und Angelpunkt staatlicher Politik ist die finanzielle Situation der öffentlichen Haushalte. Nur wenige wirtschaftspolitische Maßnahmen des Staates bleiben ohne Wirkung auf die staatlichen Einnahmen und Ausgaben.

Die **Einnahmen des Staates** resultieren aus:

- Steuern,
- Abgaben, Gebühren und Beiträgen,
- öffentlicher Kreditaufnahme,
- öffentlichen Erwerbseinkünften.

Haupteinnahmequelle des Staates sind die Steuern.

Der schottische Moralphilosoph und Nationalökonom **Adam Smith** hat **Steuergrundsätze** entwickelt, die teilweise heute noch gelten.

- **Gleichmäßigkeit der Besteuerung:** Die Steuerpflicht des Einzelnen soll im Verhältnis zu seiner Leistungsfähigkeit stehen.
- **Bestimmtheit der Steuergesetze:** Die Steuerforderung soll gesetzlich klar fixiert sein und Willkür der Steuereintreiber verhindern.
- **Bequemlichkeit der Steuererhebung:** Durch eine günstige Termingestaltung und eine bequeme Erhebungsart soll der Steuerpflichtige bei seiner Steuerentrichtung unterstützt werden.
- **Billigkeit der Steuererhebung:** Die hohe Steuerlast soll nicht demotivieren. Für die Steuererhebung ist die kostengünstigste Methode zu wählen.
- **Akzeptanz der Besteuerung:** Erforderlich ist, dass die Besteuerung nicht dem Gewerbefleiß hinderlich ist und die Bürger von Geschäftszweigen abhält, die einer großen Zahl von Menschen Unterhalt und Beschäftigung geben.

8

Direkte Steuern belasten die Einkommenserzielung. Direkte Steuern sind **nicht** abwälzbare Steuern, Steuerschuldner und Steuerträger sind identisch.	**Indirekte Steuern belasten die Einkommensverwendung.** Indirekte Steuern sind abwälzbare Steuern, Steuerschuldner und Steuerträger sind **nicht** identisch.
■ Sie sind wachstums- und investitionshemmende Steuern. ■ Ersparnisse und Investitionen werden durch sie besteuert. ■ Einkommen und Gewinne werden durch sie besteuert.	■ Sie sind wachstums- und investitionsfreundliche Steuern. ■ Ersparnisse und Investitionen bleiben durch sie steuerfrei. ■ Konsum wird durch sie besteuert.
Sie entsprechen einem leistungsorientierten Steuersystem.	Sie entsprechen einem investitionsorientierten Steuersystem.
Beispiele: *Einkommensteuer, Körperschaftsteuer, Abgeltungsteuer, private Hundesteuer, Gewerbesteuer*	*Beispiele:* *Energiesteuer, Tabaksteuer, Stromsteuer, Biersteuer, Kaffeesteuer, Umsatzsteuer*

Der Zusammenhang zwischen der Steuerpolitik und dem Inlandsprodukt ergibt sich aus der volkswirtschaftlichen **Steuerquote**.

Diese setzt die Steuereinnahmen in Beziehung zum Bruttoinlandsprodukt und wird in Prozent ausgedrückt.

$$\textbf{Volkswirtschaftliche Steuerquote} = \frac{\text{Steuereinnahmen} \cdot 100}{\text{Bruttoinlandsprodukt}}$$

Ziele der Besteuerung

In einer modernen Volkswirtschaft gehen die Ziele der Besteuerung über die Finanzierung der Aufgaben der öffentlichen Verwaltungseinrichtungen und Institutionen hinaus.

■ **Wirtschaftspolitische Gründe**

- **Konjunkturpolitische Ziele**

  Beispiele:

  Senkung der Einkommensteuer, um das verfügbare Einkommen der Bürger und damit die gesamtwirtschaftliche Nachfrage zu erhöhen; Zahlung von Investitionszulagen und Subventionen

- **Gesundheitspolitische Ziele**

  Beispiel:

  Erhebung der Tabaksteuer und Steuer auf Alkohol

- **Lenkungspolitische Ziele**

  Beispiele:

  Kfz-Steuer gestaffelt nach Schadstoffklassen; niedrigere Kfz-Steuer für Elektrofahrzeuge; die Tabaksteuer soll das Rauchen eindämmen; die Alkopop-Steuer soll den Preis so erhöhen, dass diese Getränke von Jugendlichen weniger gekauft werden; die Ökosteuer soll zu weniger Energieverbrauch und damit zu geringerem Schadstoffausstoß anhalten

- **Verteilungs- und sozialpolitische Ziele**

  Beispiel:

  Förderung der Familien, Arbeitslosenunterstützung, Unterstützung bei Frührente, Erhebung der Ökosteuer auf Mineralöl zur Finanzierung der Rentenversicherung

- **Bevölkerungspolitische Ziele**

  Beispiel:

  Steuererleichterungen für Familien durch hohe Kinderfreibeträge

- **Strukturpolitische Ziele**

  Beispiel:

  Zahlung von Subventionen an bestimmte Unternehmen in bestimmten Regionen zur Erhaltung oder Anpassung an den Strukturwandel, Einführung von Zöllen, Förderung der neuen Bundesländer

- **Wettbewerbspolitische Ziele**

  Beispiel:

  Förderung von Wind- und Sonnenenergie

8

■ **Verteilungs- und sozialpolitische Gründe**
Umverteilung von Einkommen und Vermögen i. S. d. Sozialstaatsprinzips

■ **Ökologische Lenkung**
Erhebung von Steuern bzw. Abgaben mit dem vorrangigen Ziel einer ökologischen Lenkungswirkung

> **Beispiele:**
>
> *Änderung der Mineralölsteuer, Stromsteuer und Kfz-Steuer*

■ **Fiskalische Gründe**
Einnahmenerzielung zur Deckung der Ausgaben der öffentlichen Hand

■ **Harmonisierung von Steuern**

> **Beispiel:**
>
> *einheitliche Umsatzsteuer in der Europäischen Union zur Förderung des Wettbewerbs zwischen europäischen Unternehmen*

Länderfinanzausgleich (LFA)

Die Grundzüge der Finanzbeziehungen zwischen Bund und Ländern sowie der Länder untereinander sind in *Art 106, 107 GG* geregelt.

Der Länderfinanzausgleich hat die Aufgabe, die sich durch die Steuerverteilung ergebenden Finanzkraftunterschiede unter den Ländern angemessen auszugleichen, damit alle Länder und Stadtstaaten in die Lage versetzt werden, den ihnen zugewiesenen Aufgaben nachzukommen.

Zu unterscheiden sind:

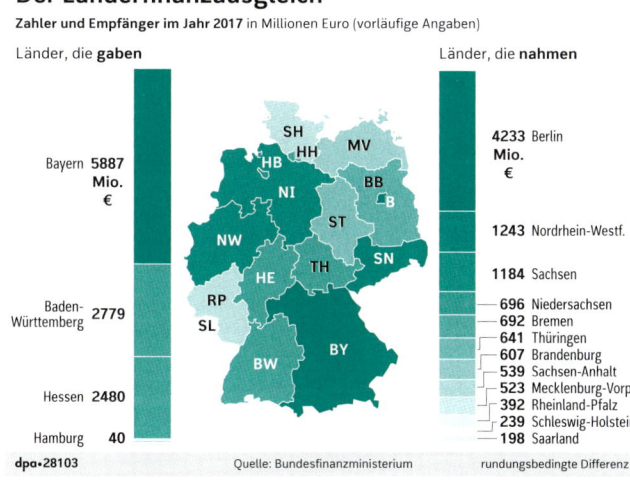

Der Länderfinanzausgleich
Zahler und Empfänger im Jahr 2017 in Millionen Euro (vorläufige Angaben)

Länder, die **gaben**

Bayern 5887 Mio. €
Baden-Württemberg 2779
Hessen 2480
Hamburg 40

Länder, die **nahmen**

4233 Berlin Mio. €
1243 Nordrhein-Westf.
1184 Sachsen
696 Niedersachsen
692 Bremen
641 Thüringen
607 Brandenburg
539 Sachsen-Anhalt
523 Mecklenburg-Vorp.
392 Rheinland-Pfalz
239 Schleswig-Holstein
198 Saarland

dpa•28103   Quelle: Bundesfinanzministerium   rundungsbedingte Differenz

■ **horizontaler Finanzausgleich:**
Die Länder untereinander helfen sich gegenseitig mit finanziellen Mitteln.

Das horizontale Ausgleichssystem ist durch folgende Elemente gekennzeichnet:
- die horizontale Umsatzsteuerverteilung,
- der horizontale Finanzausgleich unter den Ländern,
- die den horizontalen Länderfinanzausgleich ergänzenden Bundesergänzungszuweisungen.

■ **vertikaler Finanzausgleich:**
Der Bund vergibt an die schwächeren Länder finanzielle Mittel, wenn die Finanzkraft eines Landes unter 99,5 % des Landesdurchschnitts aller Bundesländer bleibt, obwohl ein horizontaler Finanzausgleich stattfand.

8

8.3.4   Geldpolitik im Europäischen System der Zentralbanken

8.3.4.1   Europäische Wirtschafts- und Währungsunion

▨ Maastrichter Vertrag – Dreistufenplan

Grundlage der Währungsunion ist der 1992 von den damals 12 EU-Mitgliedsländern geschlossene Vertrag von Maastricht.

Die offizielle Bezeichnung des Maastrichter Vertrages lautet „Vertrag über die Europäische Union". Ziel des Vertrages ist die engere Zusammenarbeit der Völker Europas. Es werden dabei fünf Hauptziele verfolgt:

- ▪ Stärkung der demokratischen Legitimität der Organe,
- ▪ bessere Funktionsfähigkeit der Organe,
- ▪ Einführung einer Wirtschafts- und Währungsunion,
- ▪ Entwicklung einer sozialen Dimension der Gemeinschaft,
- ▪ Einführung einer gemeinsamen Außen- und Sicherheitspolitik.

Die gemeinsame europäische Währung wurde in drei Schritten verwirklicht.

Die drei Stufen der Wirtschafts- und Währungsunion[1]		
		Dritte Stufe **1. Januar 1999**
	Zweite Stufe **1. Januar 1994**	Unwiderrufliche Festlegung der Umrechnungskurse
Erste Stufe **1. Juli 1990**	Errichtung des EWI	Einführung des Euro: erst Buchgeld – dann Bargeld
Verstärkte Zusammenarbeit der Zentralbanken	Verbot der Gewährung von Zentralbankkrediten an öffentliche Stellen	Inkrafttreten des Stabilitäts- und Wachstumspakts
Uneingeschränkter Kapitalverkehr	Koordinierung der Geldpolitik und Stärkung der wirtschaftlichen Konvergenz	Einrichtung des Wechselkursmechanismus II
Verbesserung der wirtschaftlichen Konvergenz	Prozess hin zur Unabhängigkeit der Zentralbanken	Durchführung einer einheitlichen Geldpolitik durch das Eurosystem

Zu Beginn der dritten Stufe am 1. Januar 1999 trat die Währungsunion in Kraft.

In den meisten Ländern der Europäischen Wirtschaftsunion gilt der Euro als Währung.[2]

Die Kriterien des Maastricht-Vertrages wurden im **Vertrag über die Arbeitsweise der Europäischen Union (AEU)** weiterentwickelt. Insbesondere in Reaktion auf die Staatsschuldenkrise wurden die Regelwerke um weitere Abkommen ergänzt sowie neue Institutionen geschaffen.

▨ Konvergenzkriterien für die Eurozone

Mit der Einführung der gemeinsamen Währung wollte man einen gemeinsamen Binnenmarkt schaffen, der frei von Wechselkursschwankungen ist und somit die Wirtschaft beleben.

8

---

[1]   Quelle: Deutsche Bundesbank: Geld und Geldpolitik. In: www.bundesbank.de. www.bundesbank.de/Redaktion/DE/Downloads/Veroeffentlichungen/Schule_und_Bildung/geld_und_geldpolitik.pdf?__blob=publicationFile, S. 139 [06.08.2018].

[2]   Vgl. S. 612 zu den teilnehmenden Ländern durch Vertretung im EZB-Rat.

Die Stabilität einer Währung verlangt unter anderem **Haushaltsdisziplin** von den einzelnen Staaten. In Dublin wurde 1996 der Europäische Stabilitätspakt beschlossen, dessen Anforderungen und Sanktionen aber weiterhin **Maastricht-Regeln** genannt werden. Die EU-Mitgliedsstaaten sind nach *Art. 126, 140 AEU-Vertrag*[1] und dem Maastricht-Vertrag verpflichtet, folgende fiskalischen und monetären Werte (= Konvergenzkriterien) einzuhalten:

■ **Defizit:** Das öffentliche Defizit darf 3 % des BIP nicht überschreiten, und der öffentliche Schuldenstand darf nicht mehr als 60 % des BIP betragen.
■ **Preisstabilität:** Die Inflationsrate darf nicht mehr als 1,5 % über derjenigen der drei preisstabilsten Mitgliedstaaten liegen.
■ **Finanzlage** der öffentlichen Hand:
  • Der staatliche Schuldenstand darf nicht mehr als 60 % des BIP betragen.
  • Das jährliche Haushaltsdefizit darf nicht mehr als 3 % des BIP betragen.

■ **Wechselkursstabilität:** Der Staat muss mindestens zwei Jahre lang ohne Abwertung am Wechselkursmechanismus teilgenommen haben.
■ **Langfristige Zinssätze:** Der Zinssatz langfristiger Staatsanleihen darf nicht mehr als 2 % über dem Durchschnitt der drei preisstabilsten Mitgliedstaaten liegen.

Die Konvergenzkriterien sollen gewährleisten, dass die wirtschaftliche Entwicklung innerhalb der WWU ausgewogen und ohne Spannungen zwischen den Mitgliedstaaten verläuft. Insbesondere erhebliche Verletzungen der Haushaltsdisziplin in verschiedenen Mitgliedsländern führen zu Dauerverstößen gegen die Maastricht-Kriterien und damit zu einer dauerhaften Krise des Euro.

Ziele der Währungsunion

Art. 119–144, 219, 282–284 Vertrag über die Arbeitsweise der Europäischen Union (AEUV)

Mit der Währungsunion werden vor allem folgende Ziele angestrebt:
■ Vollendung des Binnenmarktes durch Beseitigung von Wechselkursschwankungen und Wegfall der Transaktionskosten bei Devisengeschäften sowie der Kosten für die Absicherung gegen Kursschwankungen
■ Gewährleistung der Vergleichbarkeit der Kosten und Preise in der Union, was den Verbrauchern hilft, den Handel innerhalb der Union belebt und die Unternehmenstätigkeit erleichtert
■ Stärkung der Währungsstabilität und der Finanzkraft Europas, indem
  • jede Möglichkeit der Spekulation mit den Währungen der Union ausgeschaltet wird,
  • durch die wirtschaftliche Dimension der Währungsunion eine gewisse Immunität der neuen Währung gegen internationale Spekulation gewährleistet wird

Das Eurosystem – die Europäische Zentralbank (EZB) und die nationalen Zentralbanken der Euroländer (NZB) – verfolgt eine gemeinsame Geldpolitik, aber die Finanzpolitik bleibt weiter in nationaler Verantwortung.

Die Geldpolitik muss von einer stabilitätsorientierten Finanzpolitik der Mitgliedsstaaten begleitet werden, weil Probleme einzelner Staaten alle Mitgliedstaaten in der Währungsunion treffen.

Alle Euroländer haben sich verpflichtet, mittelfristig einen ausgeglichenen Haushalt zu erreichen. Es ist vertraglich festgelegt, dass in der Währungsunion weder die Gemeinschaft noch ein Mitgliedstaat für die Schulden eines anderen haftet („No-Bail-out").

8

---

[1] Vertrag über die Arbeitsweise der Europäischen Union (AEUV oder AEU-Vertrag)

Die Zahlungsunfähigkeit eines EU-Staates kann die Finanzstabilität der gesamten Eurozone gefährden. Deshalb wurde zur Rettung einzelner Euroländer der **ESM** (**E**uropäischer **S**tabilitäts**m**echanismus) durch völkerrechtlichen Vertrag als internationale Finanzinstitution mit Sitz in Luxemburg gegründet. Sein Zweck ist es, Finanzmittel zu mobilisieren und diese in finanzielle Schwierigkeiten geratene Mitgliedstaaten der Eurozone unter strikten wirtschaftspolitischen Auflagen und Unterstützung durch verschiedene Finanzierungsinstrumente zur Verfügung zu stellen, wenn dies nach Bewertung der EZB notwendig ist, um die Stabilität des Euro-Währungsgebietes insgesamt zu wahren.

Instrumente des ESM sind vorsorgliche Finanzhilfen, Darlehen, Finanzhilfen in Form von Darlehen zur Rekapitalisierung von Finanzinstituten (indirekte Bankenrekapitalisierung), Finanzhilfen in Form von direkter Bankenrekapitalisierung, Primärmarktkäufe, Sekundärmarktinterventionen.

Der ESM verfügt über rund 705 Milliarden € Stammkapital, aufgeteilt in rund 80,5 Milliarden € einzuzahlendes und rund 624,5 Milliarden € abrufbares Kapital.

Die Finanzierungsanteile der einzelnen Mitgliedstaaten ergeben sich aus dem Anteil am Kapital der EZB.

Wer um Unterstützung des ESM bittet, muss dafür Gegenleistungen wie *z. B. Strukturreformen und/oder Sparprogramme* erbringen.[1]

| 8.3.4.2 | **Europäisches System der Zentralbanken** |

Das **Europäische System der Zentralbanken** (ESZB) ist zweistufig aufgebaut und umfasst
- die Europäische Zentralbank (EZB) und
- die (rechtlich selbstständigen und unabhängigen) nationalen Zentralbanken (NZB) aller EU-Mitgliedstaaten, unabhängig davon, ob sie den Euro eingeführt haben oder nicht.

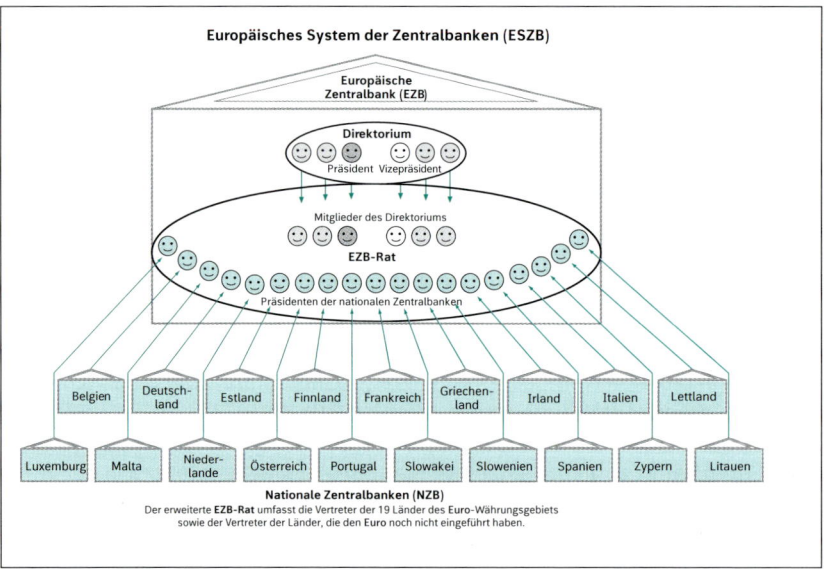

Die EZB und die NZB bilden rechtlich und administrativ einen Verbund, in dem Entscheidungen grundsätzlich <u>zentral von der EZB</u> getroffen werden.

[1] Quelle: Bundesministerium der Finanzen: Europäischer Stabilitätsmechanismus. In: www.bundesfinanzministerium.de. www.bundesfinanzministerium.de/Web/DE/Themen/Europa/Stabilisierung_des_Euroraums/Stabilitaetsmechanismen/EU_Stabilitaetsmechanismus_ESM/eu_stabilitaetsmechanismus_esm.html [06.05.2018]. (verändert)

Das **Eurosystem** besteht aus der EZB und den nationalen Zentralbanken der Länder, die den Euro eingeführt haben. Das Eurosystem ist institutionell, funktionell und personell unabhängig. Dem **Euro-Währungsgebiet** gehören die EU-Länder an, die den Euro eingeführt haben. Solange es EU-Mitgliedstaaten gibt, die nicht dem Euro-Währungsgebiet angehören, werden das Eurosystem und das ESZB nebeneinander bestehen.

Die Geldpolitik der EZB vollzieht sich durch Transaktionen im Markt, durch Kreditvergabe an Geschäftsbanken oder durch An- und Verkäufe von Wertpapieren, Fremdwährungen oder Edelmetallen.

Europäische Zentralbank (EZB) – European Central Bank (ECB)

Die EZB wird geleitet vom EZB-Rat, der aus einem sechsköpfigen Direktorium einschließlich des Präsidenten besteht, sowie den Präsidenten der nationalen Zentralbanken der Euro-Zonen-Länder. Die Europäische Zentralbank bildet im Verbund mit den Zentralbanken das Europäische System der Zentralbanken.

Rechtsform:	Gesellschaft nach internationalem Völkerrecht
Sitz:	Frankfurt/Main
Rechtsgrundlagen:	Vertrag über die Europäische Gemeinschaft *(EGV)* Satzung des Europäischen Systems der Zentralbanken und der Europäischen Zentralbank *(ESZB-, EZB-Satzung)*
Gezeichnetes Kapital:	10 825 007 069,61 € (Stand 01.01.2015)
	Das gezeichnete Kapital wird von den nationalen Zentralbanken nach einem Schlüssel aufgebracht, der den Anteil der eigenen Bevölkerung und des eigenen Bruttoinlandsprodukts an der Gesamtbevölkerung bzw. dem gesamten Bruttoinlandsprodukt der Gemeinschaft berücksichtigt. Die Gewinnverwendung erfolgt entsprechend den Anteilen der nationalen Zentralbanken am gezeichneten Kapital.
Währungsreserven:	Zur Erfüllung ihrer devisenpolitischen Aufgaben haben die nationalen Zentralbanken einen Teil ihrer Währungsreserven aus Drittwährungen *(z. B. USD, Yen)* an die EZB zu übertragen. Hierbei gilt der gleiche Schlüssel wie bei der Aufbringung des gezeichneten Kapitals. Die nationalen Zentralbanken haben in Höhe des Gegenwertes Forderungen gegen die Europäische Zentralbank erhalten.
Beginn der Tätigkeit:	1. Januar 1999
Unabhängigkeit:	Die Europäische Zentralbank (EZB) ist finanziell und disziplinarisch unabhängig von den Regierungen und anderen EU-Institutionen.

Ziele und Aufgaben der Europäischen Zentralbank

Die Aufgaben des **Europäischen Systems der Zentralbanken (ESZB)** und des **Eurosystems** sind im **Vertrag über die Arbeitsweise der Europäischen Union** (AEU-Vertrag) festgelegt und werden in der **Satzung des Europäischen Systems der Zentralbanken und der Europäischen Zentralbank** weiter ausgeführt.

Das **Eurosystem** besteht aus der **EZB und den nationalen Zentralbanken (NZB)** der EU-Mitgliedstaaten, die den Euro bereits eingeführt haben.

Das **ESZB** umfasst die **EZB und die Nationalen Zentralbanken** aller EU-Mitgliedstaaten *(Art. 282 Abs. 1 AEU-Vertrag)*.

Die Unterscheidung zwischen Eurosystem und ESZB bleibt notwendig, solange es EU-Mitgliedstaaten gibt, deren Währung nicht der Euro ist.

Die EZB nimmt zur Durchführung von Geschäften aus dem Aufgabenbereich des ESZB die NZB in Anspruch.

8

Es gilt das **Subsidiaritätsprinzip**. Die EZB führt nur diejenigen Aufgaben selbst aus, die von den nationalen Zentralbanken nicht in der gewünschten Weise wahrgenommen werden können.

Aufgaben der Europäischen Zentralbank - EZB					
Preisstabilität	**Finanzstabilität**				**Bankenaufsicht**
Aufgabe der Geldpolitik ist es, Preisstabilität sicherzustellen. Zinspolitik ist hier in erster Linie das Standardinstrument.	Festlegung und Ausführung der Geldpolitik für das EURO-Währungsgebiet.	Durchführung der Devisengeschäfte.	Halten und verwalten der offiziellen Währungsreserven der Mitgliedstaaten des Eurogebietes (Portfoliomanagement).	Fördern des reibungslosen Funktionieren des Zahlungssystems.	Aufsicht über Kreditinstitute, die in Mitgliedstaaten niedergelassen sind[1]
Art. 127 Abs. 1 AEU-Vertrag	*Art. 127 Abs. 1 AEU-Vertrag*				*Art. 127 Abs. 6 AEU-Vertrag und Verordnung Nr. 1024/2013 des Rates*

Weitere Aufgaben der EZB:
- Die EZB hat das ausschließliche Recht, die Ausgabe von Banknoten innerhalb des Euroraums zu genehmigen.
- Die EZB erhebt in Zusammenarbeit mit den nationalen Zentralbanken (NZB) statistische Daten, die sie zur Wahrnehmung der Aufgaben des ESZB benötigt.
- Das Eurosystem trägt zur reibungslosen Durchführung der von den zuständigen Behörden auf dem Gebiet der Aufsicht über die Kreditinstitute und der Stabilität des Finanzsystems ergriffenen Maßnahmen bei.
- Die EZB unterhält Arbeitsbeziehungen mit den relevanten Organen, Einrichtungen und Foren sowohl innerhalb der EU als auch auf internationaler Ebene, damit das Eurosystem seine Aufgaben wahrnehmen kann.
- Die EZB unterstützt die allgemeine Wirtschaftspolitik in der Union.
- Die EZB handelt im Einklang mit dem Grundsatz einer offenen Marktwirtschaft mit freiem Wettbewerb.
- Die EZB sichert eine ausreichende Vertrauenswürdigkeit und Solidität der Kreditinstitute sowie des gesamten Finanzsystems.
- Die EZB trägt zur reibungslosen Durchführung der von den zuständigen Behörden auf dem Gebiet der Aufsicht über die Kreditinstitute und der Stabilität des Finanzsystems ergriffenen Maßnahmen bei.

Im Rahmen der Bankenaufsicht erhält die EZB weitreichende Aufsichts- und Untersuchungsbefugnisse:

- sie ist für die Erteilung der im EU-Recht geregelten Banklizenzen oder deren Entzug zuständig,

---

[1] europäische Aufsichtsmechanismus = **S**ingle **S**upervisory **M**echanism= SSM
Verordnung zur Übertragung besonderer Aufgaben im Zusammenhang mit der Aufsicht über Kreditinstitute auf die
Europäische Zentralbank = SSM-Verordnung.

- sie beurteilt den Erwerb von Beteiligungen von mindestens 10 % und überwacht bei den von ihr unmittelbar beaufsichtigten Banken die Eigenkapital- und Liquiditätsanforderungen,
- sie kann erhöhte Eigenkapitalanforderungen festlegen, Geldbußen verhängen und bei Fehlverhalten der Banken frühzeitig intervenieren.

Die geldpolitischen Entscheidungen trifft die Zentralbank auf Grundlage einer geldpolitischen Strategie, mit deren Hilfe sie geldpolitischen Handlungsbedarf erkennt und aus der sich die notwendige geldpolitische Reaktion ergibt.

Die geldpolitischen Maßnahmen setzen am Bankensystem an und wirken dann über verschiedene Kanäle auf das Preisniveau. Dieser Übertragungsprozess benötigt Zeit. Entscheidend dabei ist, wie private Haushalte, Unternehmen und der Staat erfahrungsgemäß handeln, wenn die Zentralbank eine geldpolitische Maßnahme trifft.

Adressaten der Geldpolitik[1]:

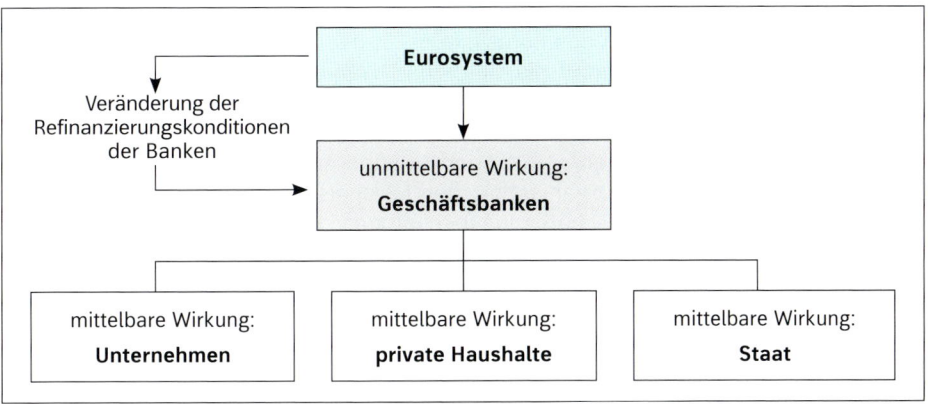

Autonomie des Europäischen Systems der Zentralbanken

> Bei der Wahrnehmung ihrer Befugnisse, Aufgaben und Pflichten darf weder die Europäische Zentralbank noch eine nationale Zentralbank Weisungen von Organen oder Einrichtungen der Gemeinschaft, Regierungen der Mitgliedstaaten oder anderen Stellen einholen oder entgegennehmen *(Art. 129 AEUV)*.

Die Unabhängigkeit des ESZB ist eine wichtige Voraussetzung für die Sicherung eines stabilen Geldwertes innerhalb der Gemeinschaft. Die Autonomie des ESZB soll sicherstellen, dass Geldmenge und Zinsniveau unter Kontrolle gehalten werden. Die Erfahrungen mit regierungsabhängigen Zentralnotenbanken sind denkbar schlecht. Immer wieder wurde auf diese Weise in der Vergangenheit die Zentralnotenbank zur Finanzierung öffentlicher Ausgaben missbraucht. Aufgrund mangelnder Etatdisziplin und einer durch die Zentralbank finanzierten öffentlichen Kreditaufnahme kam es zu einer Ausweitung der Geldmenge (Fiskalinflation) und damit zu einer Geldwertminderung.

8

---

[1] Quelle: Deutsche Bundesbank: Geld und Geldpolitik. In: bundesbank.de. www.bundesbank.de/Redaktion/DE/Downloads/Veroeffentlichungen/Schule_und_Bildung/geld_und_geldpolitik.pdf?__blob=publicationFile, S. 178 [06.08.2018]. (verändert)

Um das ESZB vor unerwünschten Eingriffen durch die Gemeinschaft und die nationalen Regierungen zu schützen, ist

- die Unterstützung der allgemeinen Wirtschaftspolitik durch das ESZB dem Ziel der Preisstabilität untergeordnet,
- die Kreditgewährung an öffentliche Haushalte weder der EZB noch den nationalen Zentralbanken erlaubt.

■ Geschäftskreis des Europäischen Systems der Zentralbanken

Geschäftspartner des ESZB sind nur Kreditinstitute. Sofern eine Mindestreservepflicht besteht, dürfen nur die mindestreservepflichtigen Kreditinstitute an den Refinanzierungsgeschäften teilnehmen. Ansonsten umfasst der Geschäftskreis alle Kreditinstitute im Euro-Währungsraum.

■ Organe der Europäischen Zentralbank

Oberstes Entscheidungsorgan des Eurosystems ist der **Europäische Zentralbankrat** (EZB-Rat). Der EZB-Rat bestimmt die Geld- und Währungspolitik der Europäischen Zentralbank, d.h., ihm sind nahezu alle zentralen Entscheidungskompetenzen zugewiesen, insbesondere das Recht, Leitlinien und Entscheidungen zur Ausführung der dem Eurosystem übertragenen Aufgaben zu erlassen. Der EZB-Rat legt ferner die Geschäftsordnung und die Organisation der Europäischen Zentralbank und ihrer Beschlussorgane sowie die Beschäftigungsbedingungen für das Personal der EZB fest[1].

Die Beschlüsse werden mit einfacher Mehrheit gefasst. Nur bei Fragen der Kapitalausstattung, der Währungsreserven und der Gewinnverteilung verfügen die nationalen Zentralbanken über ein gewichtiges Stimmrecht, das sich nach der Höhe des Kapitalanteils richtet. Seine Mitglieder sind

- die Präsidenten der nationalen Zentralbanken,
- die Mitglieder des Direktoriums.

Abstimmungen erfolgen nach dem Rotationsprinzip, d. h., es werden die Zentralbankpräsidenten entsprechend der Wirtschaftskraft und der Größe des Finanzsektors ihrer Heimatländer in Gruppen eingeteilt. Bei 19 bis 21 Mitgliedstaaten werden drei Gruppen gebildet:

1. Gruppe: Die sechs Mitglieder des EZB-Direktoriums haben ein dauerhaftes Stimmrecht (→ 6 von 21 Stimmen).
2. Gruppe: Die größten fünf Länder (Deutschland, Frankreich, Italien, Spanien, Niederlande) bilden die erste Gruppe, auf die insgesamt vier Stimmrechte im EZB-Rat entfallen. Die Stimmen innerhalb dieser Gruppe rotieren im monatlichen Turnus, sodass jeden Monat einer der Präsidenten der Zentralbanken der fünf größten Länder keine Stimme im Rat hat (→ 4 von 21 Stimmen).
3. Gruppe: Auf die restlichen Notenbanken entfallen insgesamt elf Stimmrechte, die ebenfalls im monatlichen Rhythmus rotieren (→ 11 von 21 Stimmen).

Insgesamt werden die Stimmrechte im EZB-Rat zurzeit auf 21 reduziert und begrenzt.

8

---

[1] Quelle: Deutsche Bundesbank: Geld und Geldpolitik. In: www.bundesbank.de. www.bundesbank.de/Redaktion/DE/Downloads/Veroeffentlichungen/Schule_und_Bildung/geld_und_geldpolitik.pdf?__blob=publicationFile, S. 143 [06.08.2018]. (verändert)

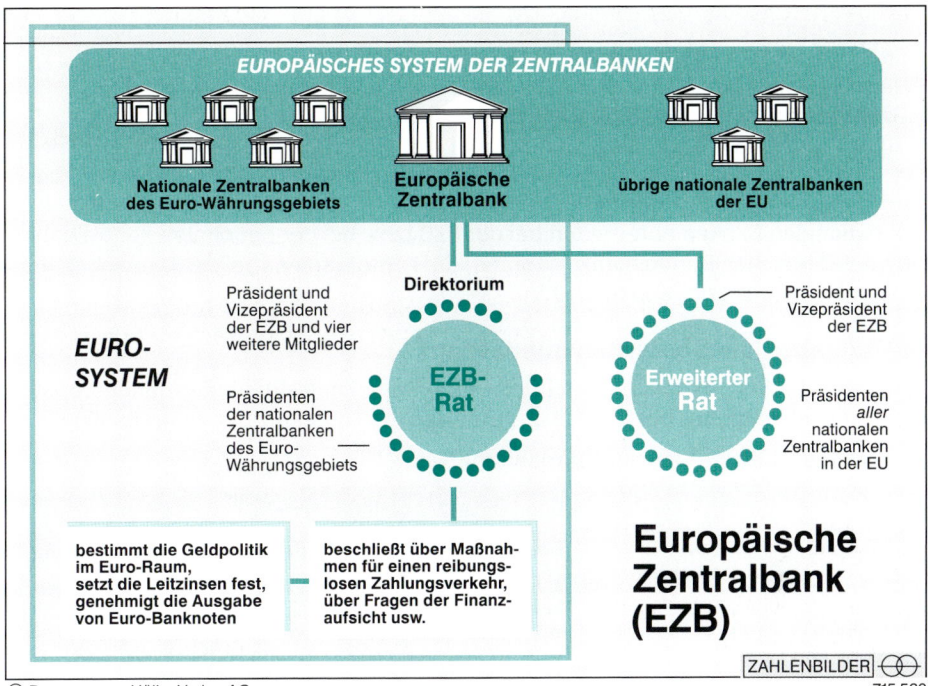

715 560

Der **erweiterte EZB-Rat** koordiniert die Geld- und Währungspolitik der Euro-Länder und der Nicht-Euro-Länder.

Seine Mitglieder sind

■ der EZB-Präsident,
■ der EZB-Vizepräsident,
■ die Präsidenten der Zentralbanken aller EU-Mitgliedsländer.

Auf diese Weise werden auch diejenigen EU-Länder, die noch nicht an der Währungsunion teilnehmen, an Beratungen beteiligt.

Deutsche Bundesbank

Mit dem Vertrag von Maastricht wurden die Regelungen zur Wirtschafts- und Währungsunion im Gemeinschaftsrecht verankert. Die Vorschriften im EG-Vertrag und im ESZB-Statut bilden den Rechtsrahmen für die Aufgaben des Eurosystems und damit der Bundesbank als dessen Bestandteil.

Die **Deutsche Bundesbank** ist die Zentralbank der Bundesrepublik Deutschland. Die Geschäfte der Bundesbank werden von den Hauptverwaltungen sowie den Filialen wahrgenommen.

Als **nationale Zentralbank** innerhalb des ESZB und als Mitglied des Europäischen Systems der Zentralbanken führt die Bundesbank die in ihren Zuständigkeitsbereich fallenden geldpolitischen Beschlüsse der EZB aus.

8

Rechtsform:	Bundesunmittelbare juristische Person des öffentlichen Rechts
Sitz:	Frankfurt/Main
Rechtsgrundlage:	Gesetz über die Deutsche Bundesbank *(BBankG)*
Grundkapital:	2,5 Mrd. € *(§ 2 BBankG)*
	Das Grundkapital steht dem Bund zu und damit auch der entstehende Bundesbankgewinn *(§ 27 BBankG)*

Die nationalen Banken unterhalten bei der EZB bzw. bei der nationalen Zentralbank – hier der Deutschen Bundesbank – Konten; die Kontonummer bei der Deutschen Bundesbank entspricht der Bankleitzahl.

Aufgaben der Deutschen Bundesbank

Die Deutsche Bundesbank ist nach *§ 3 BBankG* als Zentralbank der Bundesrepublik Deutschland integraler Bestandteil des Europäischen Systems der Zentralbanken.

Die **Kerngeschäftsfelder der Bundesbank**[1] sind:

Deutsche Bundesbank: Stabilität sichern				
Bargeld	**Finanz- und Währungssystem**	**Geldpolitik**	**Bankenaufsicht**	**Unbarer Zahlungsverkehr**
Effiziente Bargeldversorgung und -infrastuktur	Stabiles Finanz- und Währungssystem	Preisstabilität im Euroraum	Funktionsfähigkeit der deutschen Kredit- und Finanzdienstleistungsinstitute	Sicherheit und Effizienz von Zahlungsverkehrs- und Abwicklungssystemen
Internationale Kooperation/Mitgliedschaft in internationalen Gremien				
Forschung/wirtschaftspolitische Analyse				

Weitere Aufgaben:	
Aufgaben im Eurosystem/ESZB	**Nationale und internationale Aufgaben**
■ Mitwirkung bei der Erfüllung der Aufgaben des Eurosystems mit dem vorrangigen Ziel der Preisstabilität ■ Mitentscheidung der gemeinsamen Geldpolitik im EZB-Rat durch den Präsidenten der Deutschen Bundesbank ■ Umsetzung der Geldpolitik des Eurosystems in Deutschland ■ Refinanzierung des deutschen Bankensystems ■ Versorgung mit Bargeld und Pflege des Bargeldumlaufs ■ Verwaltung der Währungsreserven der Deutschen Bundesbank ■ Sorge für die bankmäßige Abwicklung des Zahlungsverkehrs im Inland und mit dem Ausland ■ Information und Öffentlichkeitsarbeit über die Aufgaben und die Geldpolitik des Eurosystems	■ Mitwirkung bei der Bankenaufsicht ■ Erhebung, Aufbereitung und Veröffentlichung von Wirtschaftsstatistiken, Zahlungsbilanz ■ Hausbank des Staates, Kontenführung für den Staat, Übernahme des Zahlungsverkehrs, Unterstützung beim Emissionsgeschäft, Beratung ■ Beratung der Bundesregierung in währungspolitischen Angelegenheiten ■ Portfoliomanagement: Versorgungsrücklage für Bundesbeamte, Vermögensverwaltung „Geld und Währung" ■ Schlichtungsstelle für den Überweisungsverkehr ■ Wahrnehmung der deutschen Mitgliedschaft im Internationalen Währungsfonds (IWF), Vertretung in internationalen Gremien (G7, G10, OECD, BIZ, WFA) ■ technische Zentralkooperation ■ volkswirtschaftliches Forschungszentrum ■ allgemeine Information und Öffentlichkeitsarbeit

---

[1]   Quelle: Deutsche Bundesbank: Geld und Geldpolitik. In: www.bundesbank.de. www.bundesbank.de/Redaktion/DE/Downloads/Veroeffentlichungen/Schule_und_Bildung/geld_und_geldpolitik.pdf?__blob=publicationFile, S. 148 [06.08.2018]. (verändert)

◼ Aufbau und Organe der Deutschen Bundesbank

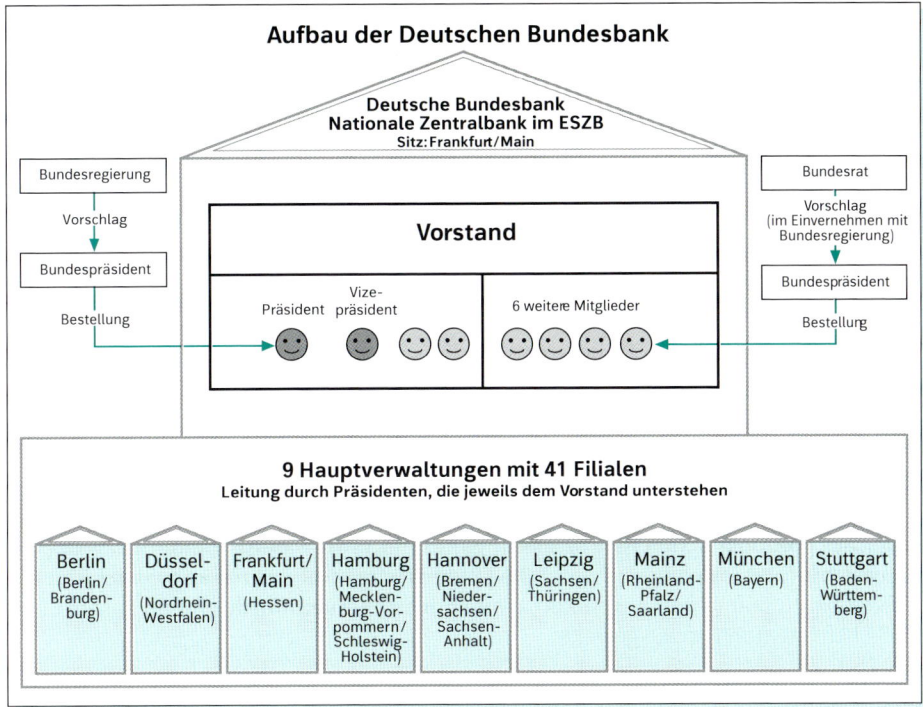

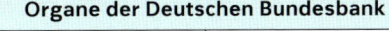

Vorstand (§ 7 BBankG)	Hauptverwaltungen (§ 8 BBankG)
Der Vorstand verwaltet die Bundesbank. Dem Vorstand gehören an: ◼ der Präsident und der Vizepräsident der Bundesbank, ◼ 6 weitere Mitglieder. Die Mitglieder des Vorstands werden vom Bundespräsidenten bestellt. Die Bestellung des Präsidenten und des Vizepräsidenten sowie von 2 weiteren Mitgliedern erfolgt auf Vorschlag der Bundesregierung, die der übrigen Mitglieder auf Vorschlag des Bundesrates im Einvernehmen mit der Bundesregierung.	Die Hauptverwaltungen werden jeweils von einem Präsidenten geleitet, der dem Vorstand der Deutschen Bundesbank untersteht. Diese tragen die Bezeichnung Präsident der Hauptverwaltung.

8

8.3.4.3 Geldpolitische Instrumente der Europäischen Zentralbank (EZB)

Der geldpolitische Handlungsrahmen des Eurosystems[1] umfasst die allgemeinen Regelungen für die geldpolitischen Instrumente und Verfahren des Eurosystems, um die vom EZB-Rat getroffenen Entscheidungen zur Implementierung der Geldpolitik im Euroraum dezentral umzusetzen. Die geldpolitischen Geschäfte des Eurosystems werden in allen

---

[1] Vgl. www.bundesbank.de/Navigation/DE/Aufgaben/Geldpolitik/Geldpolitischer_Handlungsrahmen/geldpolitischer_handlungsrahmen.html.

Mitgliedstaaten zu einheitlichen Bedingungen durchgeführt. Die Deutsche Bundesbank ist für die Durchführung der Geldpolitik des Eurosystems mit deutschen Geschäftspartnern verantwortlich.

Der geldpolitische Handlungsrahmen setzt sich aus einer Reihe von **geldpolitischen Instrumenten** zusammen:

Das Eurosystem führt Offenmarktgeschäfte durch, bietet ständige Fazilitäten an und verlangt von Kreditinstituten, Mindestreserven auf Konten im Eurosystem zu halten. Der geldpolitische Handlungsrahmen des Eurosystems ist so festgelegt, dass die Teilnahme eines großen Kreises von Geschäftspartnern gewährleistet ist. Mindestreservepflichtige Institute können die ständigen Fazilitäten des Eurosystems in Anspruch nehmen und an den Offenmarktgeschäften des Eurosystems über Standardtender teilnehmen. Bei endgültigen Käufen bzw. Verkäufen ist der Kreis der Geschäftspartner nicht von vornherein beschränkt.

Für alle Kreditgeschäfte des Eurosystems sind ausreichende **Sicherheiten** zu stellen. Das Eurosystem hat ein einheitliches Verzeichnis notenbankfähiger Sicherheiten geschaffen, die für sämtliche Kreditgeschäfte des Eurosystems verwendet werden können. Der EZB-Rat kann die Instrumente, Konditionen, Zulassungskriterien und Verfahren für die Durchführung von geldpolitischen Geschäften des Eurosystems jederzeit ändern.

Im Rahmen der vom EZB-Rat beschlossenen geldpolitischen **Sondermaßnahmen** werden aktuell alle **geldpolitischen Refinanzierungsgeschäfte** als **Mengentender** mit Vollzuteilung durchgeführt, es wurden zusätzliche **längerfristige Refinanzierungsgeschäfte** mit Laufzeit bis zu drei Jahren angeboten, die **Mindestreserveanforderungen** gesenkt und der Sicherheitenrahmen ausgeweitet.

Feinsteuerungsoperationen richten sich zudem derzeit nicht an einen eingeschränkten Bieterkreis, sondern an alle geldpolitischen Geschäftspartner. Zusätzlich werden in Ergänzung des bestehenden geldpolitischen Handlungsrahmens temporär geldpolitische Outright-Käufe sowie gezielte längerfristige Refinanzierungsgeschäfte (GLRGs/TLTROs) durchgeführt und Fremdwährungsliquidität angeboten. Alle geldpolitischen Sondermaßnahmen sind ausdrücklich temporär angelegt und können vom EZB-Rat jederzeit beendet werden.

Zentralbankgeld

Zentralbankgeld ist das von der Zentralbank geschaffene Geld. Das Zentralbankgeld umfasst den Bestand an umlaufenden Banknoten und Münzen sowie die Einlagen der Banken bei der Zentralbank – in Deutschland bei der Deutschen Bundesbank.

Zentralbankgeld „entsteht" durch ...	Zentralbankgeld wird „vernichtet" durch ...
■ Ankauf der EZB von • Gold, • Devisen, • Wertpapieren der Banken, ■ Kreditgewährung an Banken durch die EZB.	■ Verkauf der EZB von • Gold, • Devisen, • Wertpapieren an die Banken, ■ Kredittilgung der Banken an die EZB.

Die Offenmarktpolitik (= Hauptrefinanzierungsinstrument)

Geschäftsbanken benötigen für ihre Geschäfte Liquidität in Form von Zentralbankgeld. Die Bereitstellung von Zentralbankgeld geschieht vor allem über die sog. Offenmarktgeschäfte.

> Offenmarktgeschäfte sind mittel- und langfristige Refinanzierungsgeschäften mit einer Laufzeit von einer Woche bis zu drei Monaten, sie umfassen
>
> - Kredite an Geschäftsbanken, die durch Hinterlegung von Pfändern besichert sind,
> - den Kauf oder Verkauf von Wertpapieren oder Devisen durch die Zentralbank „am offenen Markt", an dem alle zugelassenen Geschäftspartner des Eurosystems beteiligt sind.
>
> Die Zentralbank kann grundsätzlich Wertpapiere wie z. B. *Aktien, Schuldverschreibungen, Kreditforderungen, Anleihen* endgültig („outright") oder nur für eine bestimmte Zeit ankaufen bzw. verkaufen („befristete Transaktion"). Welche Wertpapiere refinanzierungsfähig sind, bestimmt die Zentralbank.

Kauft die Zentralbank von einer Geschäftsbank Wertpapiere an, so schreibt sie der Geschäftsbank den entsprechenden Betrag als Sichteinlage auf ihrem Zentralbankkonto gut: Es wird Zentralbankgeld geschaffen, über das die Geschäftsbank verfügen kann.

Bei einer befristeten Transaktion muss sich die verkaufende Geschäftsbank aber verpflichten, die Papiere nach einer bestimmten Zeit wieder zurückzukaufen. Solch ein Offenmarktgeschäft mit Rückkaufvereinbarung nennt man in der Fachsprache **Pensionsgeschäft**[1] (repurchase agreement oder kurz „Repo").

Offenmarktgeschäfte der EZB, die von den nationalen Zentralbanken ausgeführt werden, haben Auswirkungen auf die Geldmenge und die Kosten für Kredite in der Volkswirtschaft.

Ständige Fazilitäten

Ständige Fazilitäten sind kurzfristige Refinanzierungsgeschäfte. Das Eurosystem bietet den Banken zwei ständige Fazilitäten an:

- **Spitzenrefinanzierungsfazilität:** Die Geschäftsbanken nehmen Kredite auf, sie beschaffen sich bei der EZB „über Nacht" Liquidität gegen Hinterlegung von Sicherheiten.
- **Einlagefazilität:** Die Geschäftsbanken legen bei der EZB „über Nacht" überschüssiges Geld an.

Die ständigen Fazilitäten (= ständig angebotene Geschäfte) können von den Geschäftsbanken auf eigene Initiative und nach eigenem Ermessen in Anspruch genommen werden. Die geldpolitische Funktion der ständigen Fazilitäten besteht vor allem darin, dem Zins für kurz laufende Interbankenkredite („Tagesgeld") eine Ober- bzw. Untergrenze zu setzen.

Liquidität führt die EZB dem Markt zu, indem sie den Geschäftsbanken, die hierfür wöchentlich in einem Tenderverfahren[2] Gebote abgeben, über die nationalen Zentralbanken Kredite zur Verfügung stellt. Die Geschäftsbanken müssen diese Kredite verzinsen und als Sicherheiten Vermögenswerte hinterlegen.

Es gibt zwei Möglichkeiten:

- **Mengentender:** Die EZB legt Zins und Volumen der Kreditvergabe fest.
  Die Geschäftsbanken geben die von ihnen gewünschte Menge an Zentralbankgeld an. Es findet eine gleichmäßig prozentuale Zuteilung an alle Geschäftsbanken statt.
- **Zinstender:** Die Geschäftsbanken nennen sowohl die gewünschte Menge als auch den Zinssatz, zu dem sie das Zentralbankgeld wollen. Die Zuteilung erfolgt in der Reihenfolge des höchsten Zinsgebots (höchstes Zinsgebot erhält vermutlich vollen Anteil).

8

---

[1] Vgl. *§ 340 b HGB.*
[2] **Tender** beschreibt die Ausschreibung einer Kreditvergabe durch die EZB, wobei die Laufzeit des Kredites eine Woche beträgt.

◼ Die Mindestreservepolitik

Ansatzpunkt der Geldpolitik ist der Bedarf der Geschäftsbanken an Zentralbankgeld, weil Bankkunden Zentralbankgeld in Form von Bargeld nachfragen. Das Eurosystem verpflichtet die Geschäftsbanken zur Haltung von Mindestreserven in Form von Zentralbankgeld, d. h., eine Geschäftsbank muss ein Konto bei der Zentralbank führen und dieses Konto muss im Durchschnitt einer „Reserveperiode" eine bestimmte Einlage ausweisen, deren Höhe einen bestimmten Prozentsatz der Kundeneinlagen bei der jeweiligen Geschäftsbank beträgt. Weiterhin benötigen Geschäftsbanken Zentralbankgeld für die Abwicklung des bargeldlosen Zahlungsverkehrs. Um dies zu gewährleisten, vergibt das Eurosystem an die Geschäftsbanken Kredite.

Der Kreditbetrag wird von der kreditgewährenden Zentralbank der Geschäftsbank auf deren Zentralbankkonto als Einlage gutgeschrieben. Diese Einlagen auf Konten der Zentralbanken des Eurosystems sowie das umlaufende Bargeld sind „Zentralbankgeld". Dieses Geld kann nur von der Zentralbank geschaffen werden. Diese hat so einen Hebel, mit dem das Eurosystem auf die Geschäftstätigkeit der Banken, insbesondere auf deren Konditionen im Kredit- und Einlagengeschäft, Einfluss nehmen kann.[1]

> **Mindestreserve** ist die Verpflichtung der Geschäftsbanken, zusätzlich zur Barreserve einen bestimmten Prozentsatz der Einlagen ihrer Kunden auf ihrem Girokonto bei der EZB zu halten. **Mindestreservepolitik** beschränkt die Giralgeldschöpfung der Geschäftsbanken.
> - Eine hohe Mindestreserve vermindert die Möglichkeiten der Giralgeldschöpfung.
> - Eine Erhöhung der Mindestreserve wirkt i. d. R. konjunkturdämpfend.

Beispiel:

Der Kunde A zahlt 40 000,00 € bei Bank B ein.

Es entsteht eine Sichteinlage von 40 000,00 € auf seinem Konto. Bei einer angenommenen Mindestreserve von 10 % muss die Geschäftsbank B 4 000,00 € Mindestreserve bei der EZB halten.

In einer Marktwirtschaft werden Angebot und Nachfrage weitgehend über die Preise gesteuert. Erhöht sich oder senkt sich im Eurosystem der Zinssatz, zu dem die Geschäftsbanken Kredite und damit Zentralbankgeld erhalten können, so ändern sich die Beschaffungskosten für die Geschäftsbanken. Diese Änderung werden sie wiederum an ihre Bankkunden weitergeben.

8

---

[1]   Vgl. Deutsche Bundesbank: Geld und Geldpolitik S. 189 ff.

Auswirkungen geldpolitischer Impulse	
kurzfristige Auswirkungen	**längerfristige Auswirkungen**
Höhere kurzfristige Zinsen erhöhen die gesamte Zinsstruktur, es steigen auch oft die längerfristigen Zinsen und damit die Finanzierungskosten für längerfristige Kredite. Die geldpolitischen Zinssätze werden als „Leitzinsen" bezeichnet. Leitzinsen sind der Satz für die ■ Einlagefazilität, ■ Spitzenrefinanzierungsfazilität, ■ Hauptrefinanzierungsgeschäfte. Leitzinsen haben folgende Funktionen: a. sie bestimmen den Zinssatz, zu dem die Geschäftsbanken bei der Notenbank ihres Landes Kredite aufnehmen können, b. sie dienen der Einflussnahme auf den Konjunkturverlauf, weil sie die Kreditaufnahme von Verbrauchern, Wirtschaft und den öffentlichen Haushalten beeinflussen.	Leitzinsen und langfristige Zinssätze beeinflussen sich nicht so unmittelbar wie bei den kurzfristigen Zinsen. Eine Zinssteigerung der Zentralbank bedingt nicht, dass die langfristigen Zinsen im gleichen Ausmaß steigen. Anschaffungen von langlebigen Wirtschaftsgütern werden häufig mit Krediten finanziert. Daraus folgt, dass für die Kaufentscheidung nur der langfristige Zinssatz mitentscheidend ist. Bei langfristig höheren Zinsen sinkt die Kreditnachfrage und somit die gesamtwirtschaftliche Nachfrage. Aufgrund einer zu hohen gesamtwirtschaftlichen Nachfrage aufkommende Inflationsgefahren können daher durch Anhebung der langfristigen Zinssätze verringert werden, weil damit die Kreditfinanzierung verteuert wird. Weiterhin verleiten höhere Zinsen die Wirtschaftssubjekte dazu, mehr Geldkapital zu bilden.

Transmissionsmechanismus[1] – der Zusammenhang zwischen Zinssätzen und Preisen

Der Transmissionsmechanismus (= Feinsteuerung des Leitzinses) ist der Prozess, durch den sich geldpolitische Entscheidungen auf die Volkswirtschaft und das Preisniveau auswirken.

Weil dieser Mechanismus nur mit langen, variablen und ungewissen Zeitverzögerungen abläuft, lassen sich die Auswirkungen der geldpolitischen Maßnahmen auf die Wirtschaft und das Preisniveau nur schwer vorhersagen. Stellt eine Notenbank dem Bankensystem Finanzmittel zur Verfügung, so verlangt sie dafür Zinsen.

Der Transmissionsmechanismus soll zeigen wie geldpolitische Maßnahmen, *z. B. eine Geldmengenverminderung*, auf die Größen wirkt, die damit gesteuert werden sollen wie *z. B. Preisniveau, Beschäftigung, BIP*.

Geldpolitische Sondermaßnahmen der EZB

Während der Finanzkrise musste die EZB aufgrund der Störungen in Marktsegmenten außergewöhnliche Maßnahmen einsetzen, die aber mit dem Vertrag vereinbar und für das Erreichen der Ziele des Eurosystems erforderlich sind. Weil Unternehmen im Euroraum ihre Finanzmittel i. d. R. bei Banken aufnehmen und sich nicht über die Kapitalmärkte finanzieren, richten sich diese Sondermaßnahmen überwiegend an den Bankensektor.

Beispiele:

■ *Bereitstellung von Liquidität über Mengentender mit Vollzuteilung*
Das Eurosystem beurteilt im Normalfall bei der Durchführung der Offenmarktgeschäfte den gesamten Liquiditätsbedarf des Bankensektors und teilt diesen Betrag mittels Tenderverfahren – i. d. R. Zinstender – zu, d. h., die Banken zahlen den im Rahmen ihres Gebots angegebenen Zins. Das Eurosystem kann sich auch für Mengentender entscheiden, bei denen der Zinssatz im Voraus festgelegt wird und die Banken den Geldbetrag nennen, den sie zu diesem Festsatz aufnehmen wollen.

8

[1] Quelle: Deutsche Bundesbank: Transmissionsmechanismus. In: www.bundesbank.de. www.bundesbank.de/Redaktion/DE/Glossareintraege/T/transmissionsmechanismus.html [06.08.2018]. (verändert)

In Ausnahmesituationen wie der Finanz- und der Staatsschuldenkrise kann die EZB im Vorfeld beschließen, den Banken den gesamten Betrag zuzuteilen, den diese zu einem Festsatz aufzunehmen wünschen.

■ **Ausweitung des Verzeichnisses zugelassener Sicherheiten**
Das Eurosystem kann eine Änderung der Mindestanforderungen für Sicherheiten durch die Banken beschließen, wenn diese Kredite bei der EZB aufnehmen möchten, um den Geschäftsbanken einen ausreichenden Zugang zu Zentralbankgeld zu ermöglichen.

■ **Längerfristige Bereitstellung von Liquidität**
Das Eurosystem führt jeden Monat ein längerfristiges Refinanzierungsgeschäft mit dreimonatiger Laufzeit durch. In Ausnahmesituationen können Refinanzierungsgeschäfte häufiger und mit längeren Laufzeiten durchgeführt werden.

■ **Bereitstellung von Liquidität in Fremdwährung**
Falls Banken nur beschränkten Zugang zu Finanzmitteln in Fremdwährung haben, kann das Eurosystem ihnen diese Liquidität in Zusammenarbeit mit anderen Zentralbanken zur Verfügung stellen.

■ **Änderung des Mindestreservesatzes**
Durch Änderung des Mindestreservesatzes, der zur Berechnung der von den Kreditinstituten zu haltenden Mindestreserven verwendet wird, kann die EZB Einfluss auf den Liquiditätsbedarf des Bankensystems nehmen.

■ **Endgültige Käufe bestimmter Schuldverschreibungen**
Um die Übertragung geldpolitischer Impulse auf die Gesamtwirtschaft und letztendlich auf das allgemeine Preisniveau zu gewährleisten, kann das Eurosystem Interventionen an den Märkten für öffentliche und private Schuldverschreibungen im Euroraum durchführen, indem es bestimmte Vermögenswerte endgültig kauft (statt sie nur als Sicherheiten hereinzunehmen).

Ankauf von Staatsanleihen

■ **Outright Monetary Transactions** (OMT)
[...] Im Rahmen des OMT-Programms kann das Eurosystem Staatsanleihen bestimmter [finanzschwacher] Euroländer in vorab nicht explizit begrenzter Höhe auf dem Sekundärmarkt ankaufen. Der EZB-Rat zielt mit diesem Programm darauf, einen angemessenen monetären Transmissionsprozess und die Einheitlichkeit der Geldpolitik sicherzustellen. Voraussetzung für den Ankauf von Staatsanleihen im Rahmen des OMT-Programms ist, dass der betreffende Staat sich Auflagen im Rahmen eines EFSF-/ESM-Programms unterwirft. Das OMT-Programm sieht vor, dass durch die Wertpapierkäufe geschaffene Zentralbankgeld zu „sterilisieren", das heißt, dem Geldmarkt dieses Geld wieder zu entziehen[1].

■ **Quantitative Easing** (= QE = Quantitative Lockerung = monetäre Lockerung)
Dies ist eine Form der Geldpolitik der EZB, die erst eingesetzt wird, wenn der Zinssatz der EZB bei null bzw. annähernd bei null liegt und eine expansive Geldpolitik durchgesetzt werden soll. Die EZB kauft Banken in größerem Umfang Staatsanleihen und private Anleihen ab. Ziel ist, die Banken durch den Verkauf der Anleihen mit frischem Geld zu versorgen, damit diese wiederum neuen Anleihen oder Aktien von Unternehmen kaufen. Die Unternehmen bekommen somit frisches Geld für Investitionen und für die Neueinstellung von Mitarbeitern. Dies soll zu mehr Nachfrage nach Waren und Dienstleistungen führen und damit zu einer Steigerung der Verbraucherpreise. Das QE soll die Inflation und damit das Wirtschaftswachstum ankurbeln.

Unterschied zwischen QE und OMT: Bei QE kauft die EZB nach einem bestimmten Schlüssel Staatsanleihen aller Eurostaaten. Bei OMT kauft die EZB ausschließlich Anleihen finanzschwacher Staaten.

8

---

[1] Quelle: Deutsche Bundesbank: Geldpolitische Outright-Geschäfte. In: www.bundesbank.de. www.bundesbank.de/Redaktion/DE/Glossareintraege/G/geldpolitische_outright_geschaefte. html [06.08.2018]. (verändert)

Veränderungen der Leitzinsen

Die von der Europäischen Zentralbank festgelegten Leitzinsen gelten nur für Transaktionen, die die EZB mit den Kreditinstituten des Euroraumes tätigt. Die wichtigste Gruppe dieser laufenden Geschäfte sind die Refinanzierungen, mit denen die EZB laufend für ausreichende Barmittel bei den Banken sorgt. Die Banken zahlen im Gegenzug dafür an die EZB Zinsen, die wiederum die Finanzierungskosten der Banken bestimmen. Die Banken geben die geänderten Finanzierungskosten über die Zinshöhe an ihre Kunden weiter.

Leitzinsen sind ...

- der Satz für die Einlagenfazilität:

  Dies ist der Zinssatz, zu dem die Banken überschüssige Zentralbankguthaben bis zum nächsten Geschäftstag im Eurosystem anlegen können.

  Dieser Zinssatz bildet faktisch die untere Grenze des Tagesgeldsatzes.

- der Satz für die Spitzenrefinanzierungsfazilität:

  Zu diesem Zinssatz können Banken bei Hinterlegung entsprechender Sicherheiten „über Nacht" Liquidität aus dem Eurosystem bekommen.

  Dieser Zinssatz ist faktisch die obere Zinsgrenze für das Tagesgeld.

- der Satz für die Hauptrefinanzierungsgeschäfte:

  Zu diesem Zinssatz wird den Banken in einem wöchentlichen Tenderverfahren[1] Zentralbankgeld zur Verfügung gestellt.

Leitzinsen ...

- bestimmen den Zinssatz, zu dem Banken untereinander und bei der Notenbank ihres Landes Kredite aufnehmen können.
- dienen der Einflussnahme auf den Konjunkturverlauf, weil sie die Kreditaufnahme von Verbrauchern, der Wirtschaft und den öffentlichen Haushalten beeinflussen.
- sind ein Regulierungsinstrument, durch das die EZB u. a. die im Umlauf befindende Geldmenge steuern kann. Über die Geldmengenregulierung kann die EZB auf die wirtschaftliche Situation insgesamt Einfluss nehmen.

> **Beispiel:**
>
> *In einer konjunkturellen Abschwungphase versucht die EZB, durch Senken der Leitzinsen Privatpersonen zum Konsum und Unternehmen zu Investitionen zu ermutigen, um die Wirtschaft wieder „anzukurbeln". Durch eine Leitzinssenkung kommen die Banken „billiger" an EZB-Geld und können somit die Kreditzinsen niedriger ansetzen.*
> - *positive Wirkung: niedrigere Kreditzinsen, Vorteile für Kreditnehmer*
> - *negative Wirkung: niedrigere Zinsen für verzinsliche Geldanlagen, Nachteil für z. B. Spareinlagen, Sparbriefe oder Tagesgelder*

Veränderungen der Leitzinsen[2] ...

- wirken sich unmittelbar auf Banken sowie Geldmarktzinsen aus und beeinflussen indirekt die Zinsen für Bankkredite und -einlagen.
- beeinflussen die Erwartungen; die Erwartungen künftiger Leitzinsänderungen wirken sich wiederum auf die mittel- und langfristigen Zinsen aus.
- haben Auswirkungen auf die Preise für Vermögenswerte *(z. B. Aktienkurse)* und den Wechselkurs; Veränderungen des Wechselkurses können sich direkt auf die Inflation auswirken; *beispielsweise können die Preise für Importgüter steigen.*

---

[1] Ausschreibungs- bzw. Zuteilungsverfahren: Die EZB bietet den Banken, *z. B. Deutsche Bank, Commerzbank*, „frisches" Geld an. Diese müssen dafür Sicherheiten in Form von Wertpapieren und Anleihen bei der EZB hinterlegen.

[2] Vgl. www.bundesbank.de/Redaktion/DE/Dossier/Service/schule_und_bildung_kapitel_6.html?notFirst=true&docId=145112.

8

- beeinflussen die Spar- und Investitionsentscheidungen von privaten Haushalten und Unternehmen; *z. B. beeinträchtigen höhere Zinsen i.d.R. die Kreditaufnahme.*
- wirken sich auf das Kreditangebot aus; höhere Zinsen können z.B. dazu führen, dass die Rückzahlung von Krediten für Darlehensnehmer schwieriger wird; Banken könnten den Umfang der Kreditvergabe an private Haushalte und Unternehmen verringern, was sich sowohl auf den Konsum als auch die Investitionen auswirken würde.
- führen zu Änderungen der gesamtwirtschaftlichen Nachfrage und der Preise; Veränderungen beim Konsum und bei den Investitionen wirken sich auf die Höhe der inländischen Nachfrage nach Waren und Dienstleistungen in Relation zum inländischen Angebot aus; übersteigt die Nachfrage das Angebot, dürfte es zu einem Aufwärtsdruck auf die Preise kommen.
- wirken sich auf das Kreditangebot für Banken aus; Leitzinsänderungen können die Grenzkosten der Außenfinanzierung der Banken auf verschiedene Weise beeinflussen und sind abhängig von deren Eigenmittel- bzw. Kapitalausstattung.

Leitzinsänderungen wirken sich erst mit einer zeitlichen Verzögerung (i.d.R. bis zu einem Jahr) auf Wachstum und Inflation aus.

Leitzinssenkung/Leitzinserhöhung

Es wird erwartet, dass aufgrund einer **Leitzinssenkung** für Verbraucher sowie Unternehmen Kredite günstiger werden, gleichzeitig wird die Verzinsung für Sparguthaben sinken. Dies hat zur Folge, dass die Sparneigung zurückgeht und der Konsum steigt. Zum Teil werden sogar Sparguthaben aufgelöst und zusätzliche Kredite aufgenommen, um Investitionen zu finanzieren. Die Investitionen der Unternehmen steigen.

Eine **Leitzinserhöhung** soll dazu führen, dass Verbraucher mehr sparen und gleichzeitig kaum noch Kredite aufnehmen, sodass der Konsum zurückgeht und damit die Investitionsneigung abnimmt.

Der Preis einer Ware/Dienstleistung ergibt sich in einem marktwirtschaftlichen System aus dem Angebot und der Nachfrage. Weil die Nachfrage aber vom gewünschten Konsum abhängig ist, kann festgestellt werden, dass der Leitzins auch die Preisniveaustabilität beeinflusst.

Somit hat die EZB im Euroraum die Möglichkeit, mittels Leitzinsveränderungen die Preisniveaustabilität zu regulieren.

Vereinfachte Wirkung der Änderung (Transmission) der Geldpolitik durch die EZB		
Leitzinsänderung Wirkung auf ...	↓ Senkung der Leitzinsen	↑ Erhöhung der Leitzinsen
die Refinanzierung der Banken	↓ günstiger	↑ teurer
Zinsen für den Bankkunden	↓ sinken	↑ steigen
Kreditnachfrage durch Nichtbanken	↑ steigt	↓ sinkt
Investitions- und Konsumgüternachfrage im Inland (Annahme: gleichbleibendes Angebot)	↑ steigt	↓ sinkt
Preise (Preisniveau)	↑ steigen	↓ sinken

Bei einer **Leitzinssenkung** sind auch mögliche **Nebenwirkungen** zu berücksichtigen.

Beispiele:

- *Es kommt zu realen Vermögens- und Wertverlusten bei Sparern, wenn der Sparzins und der Zins für Anleihen unter der Inflationsrate liegen.*
- *Anhaltende niedrige Zinsen führen zu Wertverlusten bei Lebensversicherungen und bei privaten Altersvorsorgeversicherungen, weil die erwarteten Kapitalsammelbeträge nicht erreicht werden.*

8

- *Sinkende Zinsen bedeuten einen sinkenden Anreiz zum Sparen und Vorsorgen für das Alter. Dabei müssten die Menschen heute mehr als bisher vorsorgen, um ihren Lebensstandard im Alter zu sichern (demografischer Wandel).*
- *Aufgrund des niedrigen Zinsniveaus investieren Privatleute, Unternehmen, Versicherungen und Investmentfonds wegen der höheren Rendite Vermögen im Ausland.*
- *Unternehmen investieren verstärkt in Fabriken und Geschäftsbereiche im Ausland.*
- *Die Zinsspanne[1] der Banken sinkt. Ein steigender Zinssatz der EZB kann zu Verlust von Eigenmitteln führen, weil ein Verlust aus Zinsgeschäften eintreten kann.*
- *Schwache Banken nutzen die günstigen Zentralbankkredite eher zum Kauf von höherverzinslichen Staatsanleihen von Krisenstaaten anstatt für Unternehmenskredite. Das erhöht die gegenseitige Abhängigkeit von schwachen Staaten und schwachen Banken.*
- *Die Banken geben die niedrigen Zinsen nicht an Unternehmen und Konsumenten weiter, weil die Banken stattdessen das „billige" Geld der EZB aufgrund der besseren Rendite in Staatsanleihen investieren.*
- *Senkt die EZB den Leitzins, zahlen die Sparer und Unternehmen am Ende für die Verschuldung der Staaten: Das „billige" Geld der EZB stützt die Fortsetzung der niedrigen Erträge für Sparer und gibt den Banken günstige Finanzmittel zum Kauf von Anleihen. Das hält die Refinanzierungskosten der Staaten niedriger, als sie angesichts der realen wirtschaftlichen Fakten sein dürften.*
- *Niedrige Zinsen, Liquiditätsspritzen und Bankenrettungsprogramme verhindern die notwendige Bereinigung des Finanzsystems.*
- *Je mehr risikobehaftete Wertpapiere die EZB im Zuge von unkonventioneller Geldpolitik in ihrer Bilanz angehäuft hat, desto geringer ist auch ihr eigener Anreiz, aus der Niedrigzinspolitik wieder auszusteigen. Bei hohen Buchungsverlusten auf marode Vermögenswerte in ihrer Bilanz würde das Eigenkapital aufgezehrt. Die EZB wäre auf die Rekapitalisierung durch die Staaten angewiesen, was die Unabhängigkeit der EZB weiter einschränken würde.*
- *In einem extremen Niedrigzinsumfeld „fressen" die Gebühren (z. B. Verwaltungskosten, Bankgebühren, Produktkosten) vieler anderer Produkte (z. B. Anleihenfonds, Dachfonds, Dach-Hedgefonds) die erzielten Renditen auf, sodass auch hier ein Schrumpfungsprozess vorhersehbar ist.*
- *Ein Problem im Euroraum ist derzeit die Tatsache, dass die Zinsen momentan ausgerechnet in EU-Ländern niedrig sind, wo sie nach rein konjunkturellen Gesichtspunkten höher sein müssten, und dort hoch sind, wo sie niedriger sein müssten.*

8.3.4.4 Weitere Institutionen in Währungs- und Finanzfragen

Aufgrund der Internationalisierung der Finanzmärkte sind weltweite Kooperationen entstanden, die sich mit Währungs- und Finanzfragen beschäftigen und die geldpolitischen Maßnahmen der EZB begleiten und beeinflussen können.

Internationaler Währungsfonds (IWF)

Der **Internationale Währungsfonds** (**IWF** = International Monetary Fund, IMF) ist eine Sonderorganisation der Vereinten Nationen. Die Aufgaben des IWF sind insbesondere
- durch Zusammenarbeit in Währungsfragen, die wirtschaftliche Stabilität mit dem Ziel weltweit stabiler Währungsbeziehungen sicherzustellen,
- die Förderung eines ausgewogenen Welthandels,
- die Beseitigung von Devisen- und anderen Handelsbeschränkungen,
- die Gewährung von Krediten bei negativer Zahlungsbilanz (sog. Sonderziehungsrechte).

Der IWF hat Kriterien und Verfahrensregeln zur Überwachung entwickelt, die in jährlichen Konsultationen besprochen werden.

Weltbankgruppe

Zur Weltbankgruppe gehören:
- **IBRD:** Internationale Bank für Wiederaufbau und Entwicklung (International Bank for Reconstruction and Development)

8

---

[1] Zinsspanne = Differenz zwischen den Zinsen, die Banken für ihre Finanzierung aufwenden müssen, und den Zinsen, die sie durch Kreditvergabe einnehmen

- **IDA:** Internationale Entwicklungsorganisation (International Development Association)
- **IFC:** Internationale Finanz-Corporation (International Finance Corporation)
- **MIGA:** Multilaterale Investitions-Garantie-Agentur (Multilateral Investment Guarantee Agency)
- **ICSID:** Internationales Zentrum zur Beilegung von Investitionsstreitigkeiten (International Centre for Settlement of Investment Disputes)

Die Weltbankgruppe will die wirtschaftliche Entwicklung von weniger entwickelten Staaten durch finanzielle Hilfen, Beratung und technische Hilfe fördern.

G7, G8, G10, G20

Mit dem Ziel der wirtschafts- und währungspolitischen Zusammenarbeit wurden verschiedene informelle Staatengruppierungen gebildet.
Die Zusammensetzung und die Aktivitäten der Ländergruppen sind überwiegend historisch gewachsen. Deren Benennung erfolgte nach der ursprünglichen Anzahl der teilnehmenden Staaten.

- **G7** = Deutschland, Frankreich, Großbritannien, Italien, Japan, Kanada, USA
- **G8** = G 7 + Russland
- **G10** = G 7 + Belgien, Niederlande, Schweden, Schweiz
- **G20** = G 8 + Argentinien, Australien, Brasilien, China, Indien, Indonesien, Mexiko, Saudi-Arabien, Südafrika, Südkorea, Türkei, Europäische Union

Finanzstabilitätsrat (FSB)

Im Auftrag der G20 behandelt der Finanzstabilitätsrat in seinem Plenum, seinen drei ständigen Ausschüssen sowie in verschiedenen Arbeitsgruppen finanzsektorbezogene Fragestellungen der internationalen Staatengemeinschaft und berichtet an die G20-Finanzminister und -Zentralbankpräsidenten.

Bank für internationale Zusammenarbeit (BIZ)

Aufgabe der BIZ ist die Förderung der Zusammenarbeit zwischen den Zentralbanken und die Erleichterung des internationalen Zahlungsausgleichs. Die BIZ stellt Dienstleistungen bei internationalen Zahlungsgeschäften bereit, verwaltet Währungsreserven und gewährt kurzfristige Kredite.

Organisation für wirtschaftliche Zusammenarbeit und Entwicklung (OECD)

Ziele der OECD sind u. a. die Unterstützung einer nachhaltigen Wirtschaftsentwicklung, die Steigerung von Beschäftigung und Lebensstandards, die Förderung des Welthandels und die Wahrung der Finanzstabilität.

8.4　Wettbewerbspolitik

8

> **Aufgabe der Wettbewerbspolitik** ist es, im Interesse der Verbraucher und der Unternehmen einen möglichst unbeschränkten Wettbewerb zu gewährleisten und nachhaltig zu sichern.

Funktionierender Wettbewerb ist eine wesentliche Voraussetzung für Wachstum und Beschäftigung in unserer Volkswirtschaft. Wettbewerb fördert Innovationen, eine optimale Allokation

(Zuteilung) von Ressourcen, die Souveränität der Verbraucher sowie eine leistungsgerechte Verteilung finanzieller Mittel, darüber hinaus begrenzt er wirtschaftliche Macht.

8.4.1 Wirtschaftsordnung der Bundesrepublik Deutschland

Zu unterscheiden sind:

1. Wirtschaftsverfassung
Dies ist die Gesamtheit aller Rechtsnormen in einer Volkswirtschaft. Hierzu rechnen EU-Recht, Verfassung/Grundgesetz, Gesetze, Verordnungen, Gewohnheitsrecht, Gerichtsentscheidungen.

2. Wirtschaftssystem
Das Wirtschaftssystem benennt die Gestaltung, Struktur und Organisation des Wirtschaftslebens in einem Land. Im Wesentlichen werden unterschieden: freie Marktwirtschaft (rein theoretisches Modell), soziale Marktwirtschaft *(z. B. in Europa)*, korporatistische Marktwirtschaft *(z. B. in Russland)*, sozialistische Marktwirtschaft *(z. B. in China)*, Zentralverwaltungswirtschaft/Planwirtschaft *(z. B. in Nordkorea)* und Mischformen.

3. Wirtschaftsordnung
Wirtschaften wird durch rechtliche Regeln gesteuert. Ein Staat gibt dies durch die Ausgestaltung der Verfassung/das Grundgesetz, der Gesetze und Verordnungen vor.
Die Wirtschaftsordnung beinhaltet die Rahmenbedingungen in einer Volkswirtschaft, die den Ablauf und die Steuerung des Wirtschaftsverkehrs, die Eigentumsrechte *(z. B. Privateigentum)*, die finanzwirtschaftlichen Prozesse *(z. B. Kapitalbeschaffung, Kapitalverwendung, Zahlungsverkehr)*, die Preisbildung am Markt, die Freizügigkeit von Arbeit, Kapital, Gütern sowie Dienstleistungen, die Ziele der betriebswirtschaftlichen Tätigkeit *(z. B. Absicht, Gewinn zu erzielen)* regeln.

Die **freie Marktwirtschaft** ist ein rein theoretisches Wirtschaftssystem, das nirgendwo umgesetzt ist. Bei diesem Modell bestimmt der Markt alleine durch Angebot und Nachfrage ohne staatliche Eingriffe, welche Produkte und Dienstleistungen in welcher Menge und zu welchem Preis produziert und angeboten werden.

Voraussetzungen für eine freie Marktwirtschaft sind unter anderem Vertrags-, Gewerbe-, Konsumentenfreiheit, Recht auf freie Berufswahl, Privateigentum, Produktionsmittel in Privatbesitz, freier Wettbewerb, freier Marktzugang für Konsumenten und Produzenten, freie Preisbildung.

Bei diesem Wirtschaftssystem greift der Staat nicht in den Markt ein *(z. B. keine Steuern, keine Zölle, keine gesetzlichen Beschränkungen, keine Kontrolle des Wettbewerbs durch das Kartellamt, keine Sozialabgaben, keine Wettbewerbsbeschränkung)*.

Die Wirtschaftsordnung der Bundesrepublik Deutschland ist eine Weiterentwicklung der freien Marktwirtschaft. In ihr vereinigen sich die Grundprinzipien des marktwirtschaftlichen Leistungswettbewerbs mit einer um sozialen Ausgleich bemühten staatlichen Beeinflussung des Wirtschaftsgeschehens.

Der Staat versucht, möglichen Fehlentwicklungen sowie den sozialen und ökologischen Folgeproblemen der freien Marktwirtschaft, wie sie unter den Bedingungen des wirtschaftlichen Liberalismus sichtbar wurden, durch seine Sozialpolitik und durch die Festsetzung geeigneter Rahmenbedingungen entgegenzutreten.

Der Begriff **Soziale Marktwirtschaft** wurde erstmals von Prof. Dr. Müller-Armack geprägt. Prof. Dr. Ludwig Erhard hat als Wirtschaftsminister mit der von ihm maßgeblich beeinfluss-

8

ten Wirtschafts- und Währungsreform von 1948 und seiner Wirtschaftspolitik das Konzept einer sozial ausgerichteten Marktwirtschaft in der Bundesrepublik umgesetzt.

Im Grundgesetz wird auf eine Beschreibung der Ordnung des Wirtschaftssystems verzichtet, aber es werden verbindliche und für Unternehmer, Arbeitnehmer und Gewerkschaften einklagbare Grundrechte genannt.

Beispiele:

- *Vertragsfreiheit, abgeleitet aus der Handlungsfreiheit (Art 2. Abs. 1 GG)*
- *Recht, Vereine und (Handels-)Gesellschaften zu gründen (Art. 9 Abs. 1 GG)*
- *Recht, Vereinigungen (z. B. Gewerkschaften und Arbeitgeberverbände) zu gründen (Art. 9 Abs. 3 GG)*
- *Recht auf Aufenthalt und Wohnung an jedem Ort im Bundesgebiet (Art. 11 Abs. 1 GG)*
- *Berufs-, Gewerbe- und Unternehmerfreiheit sowie das Recht der freien Wahl des Arbeitsplatzes (Art. 12 Abs. 1 GG)*
- *Privateigentum und unternehmensbestimmtes Eigentum mit seiner ökonomischen Nutzbarkeit sowie das Erbrecht an Privateigentum (Art. 14 Abs. 1 GG)*
- *Sozialisierungsermächtigung von Grund und Boden, Naturschätzen und Produktionsmitteln (Art. 15 GG)*
- *Sozialstaatsprinzip (Art. 20 Abs. 1 GG)*

Im Einigungsvertrag zwischen der Bundesrepublik Deutschland und der DDR (Deutschen Demokratischen Republik) vom 18.05.1990 wurde erstmals die **soziale Marktwirtschaft** als gemeinsame Wirtschaftsordnung für die Währungs-, Wirtschafts- und Sozialunion in einer Rechtsnorm vereinbart.

Das Konzept der sozialen Marktwirtschaft wurde später als Wirtschaftsordnung auf die Europäische Union übertragen.

8.4.2   Ordnungspolitische Rahmenbedingungen der Marktwirtschaft

Die Rolle des Staates ist innerhalb der Marktwirtschaft naturgemäß eine andere als innerhalb ihres Gegenmodells, der Zentralverwaltungswirtschaft.

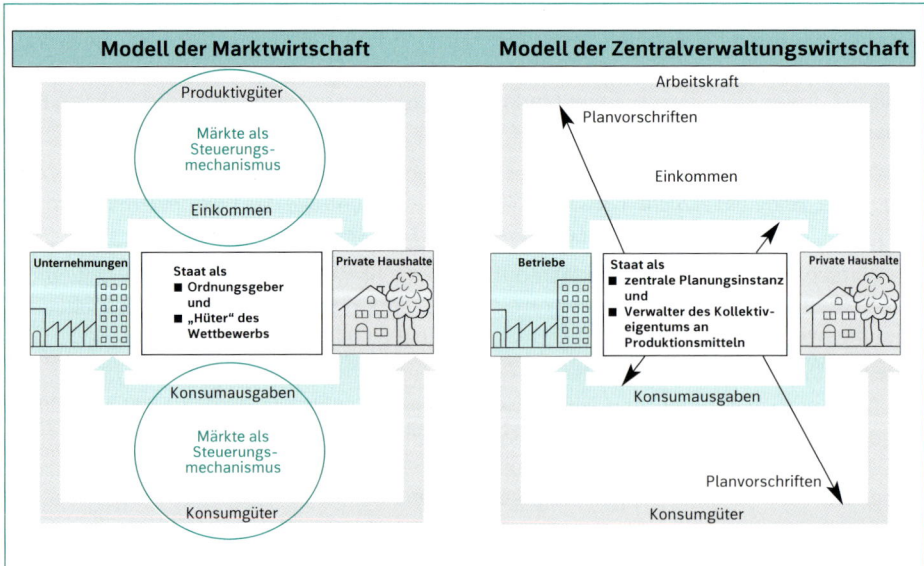

Während innerhalb der Zentralverwaltungswirtschaft der Staat den Wirtschaftsprozess bis ins Detail durch einen umfassenden volkswirtschaftlichen Gesamtplan lenkt, planen und entscheiden innerhalb der Marktwirtschaft die Wirtschaftssubjekte selbstständig. Der Staat verzichtet grundsätzlich auf unmittelbare Eingriffe in das Wirtschaftsgeschehen. Er setzt lediglich die Rahmenbedingungen, die die Wirtschaftssubjekte bei ihren Entscheidungen zu berücksichtigen haben.

Beispiele:

- *Steuergesetzgebung*
- *Arbeits- und Sozialgesetzgebung*
- *Umweltschutzbestimmungen*

Insbesondere hat der Staat als Ordnungsgeber die Aufgabe, für die Einhaltung der Spielregeln des marktwirtschaftlichen Wettbewerbs zu sorgen. Die Wettbewerbspolitik steht daher im Mittelpunkt der Ordnungspolitik des Staates.

Konstitutive (bestimmende) Elemente der sozialen Marktwirtschaft sind insbesondere die folgenden Freiheitsrechte:

- **Gewerbefreiheit**
  Die Gründung eines Unternehmens, die Festlegung des Unternehmensgegenstandes und die unternehmerischen Entscheidungen sind unter Beachtung der vom Staat gesetzten Rahmenbedingungen frei.
- **Schutz des Privateigentums (Eigentumsgarantie)**
  Die Wirtschaftssubjekte haben grundsätzlich die freie Verfügungsgewalt über ihr Privateigentum an Produktionsmitteln und Konsumgütern.
- **Freihandel**
  Jeder kann seinen Geschäftspartner frei wählen.
  Der internationale Waren-, Dienstleistungs- und Kapitalverkehr kann ungehindert von Handelsbarrieren und Beschränkungen fließen.
- **Vertragsfreiheit und der daraus resultierende marktwirtschaftliche Wettbewerb**
  Die Ausgestaltung der Verträge bleibt den Kontrahenten im Rahmen der bestehenden Gesetze frei überlassen.
- Flankierende Gesetze als Ersatzregeln bei Marktversagen
- Soziale Umverteilung durch öffentliche Haushalte
- **Konsumfreiheit**
  Die Konsumenten sind in ihren Kaufentscheidungen frei.
- **Freie Berufswahl, freie Wahl der Arbeitsstätte**
  Die Arbeitnehmer können ihre Arbeitskraft anbieten, in welchem Beruf und bei welchem Arbeitgeber auch immer sie wollen.

Die wirtschaftlichen Freiheitsrechte sind lediglich in solchen Fällen beschränkt und beschränkbar, bei denen dies aus übergeordneten gesellschaftlichen Interessen angezeigt ist.

Beispiel:

Der Grundsatz der Gewerbefreiheit wird insoweit durchbrochen, als bestimmte Gewerbzweige, die von gesamtwirtschaftlicher Bedeutung sind (Kreditinstitute, Versicherungen), nur mit staatlicher Genehmigung und unter staatlicher Aufsicht betrieben werden dürfen.

8

Der Staat greift in einer sozialen Marktwirtschaft insbesondere ein

- durch Gesetze, wenn die freiheitliche Wirtschaftsordnung angegriffen wird.

  Beispiele:

  Gesetz gegen Wettbewerbsbeschränkung (GWB), Gesetz gegen unlauteren Wettbewerb (UWG), Patentgesetz (PatG), Gebrauchsmustergesetz (GebrMG), Urhebergesetz (UrhG), Verbraucherschutzgesetze

- durch wirtschaftspolitische Maßnahmen.

  Beispiele:

  Ex- oder Importbeschränkungen, Steuervergünstigungen, Subventionen, Förderung von bestimmten Wirtschaftsbereichen aus gesamtwirtschaftlichem Interesse, Erbringung von Sozialleistungen, Vorratshaltung von lebensnotwendigen Gütern

8.4.3   Wettbewerb als „Motor" der Marktwirtschaft

Im Mittelpunkt der marktwirtschaftlichen Ordnung steht der Wettbewerb. Er ist gleichsam der Motor, der die Wirtschaft antreibt.

Der Wettbewerb zwingt die Unternehmen, sich ganz auf die Wünsche der Konsumenten einzustellen. Um am Markt bestehen zu können, müssen die Produzenten Güter oder Dienstleistungen herstellen, die nach Art, Qualität und Preis den Vorstellungen der Verbraucher entsprechen.

Das Gewinnstreben und der Druck des Wettbewerbs lassen zwischen den Unternehmen einen harten **Konkurrenzkampf** entstehen. Allerdings wird dieser Kampf mit friedlichen Mitteln ausgetragen, denn einzig erlaubte **Kampfmittel** sind Preise, Produktqualitäten, Konditionen, Serviceleistungen, Werbung. Nutznießer des Wettbewerbs sind allein die Konsumenten.

Der **Wettbewerb** erfüllt folgende gesamtwirtschaftlich wichtige Funktionen:

- **Innovationsfunktion:** *Antrieb zum Fortschritt*

  Um ihren Gewinn zu erhöhen oder um dem Druck der Konkurrenz zu begegnen, suchen die Unternehmen ständig nach günstigeren Produktionsmethoden, nach technischen Neuerungen, nach verbesserten oder neuartigen Produkten. Dies bewirkt einen Fortschritt innerhalb der Wirtschaft, der den allgemeinen Lebensstandard hebt und den Verbrauchern zugutekommt.

- **Ausschaltungsfunktion:** *Ausschaltung nicht konkurrenzfähiger Unternehmen*

  Unternehmen, die mit der technischen und wirtschaftlichen Entwicklung nicht Schritt halten können, die im Preis von ihren Konkurrenten unterboten werden, die in der Qualität ihrer Produkte hinter anderen Unternehmen zurückstehen, werden vom Markt verdrängt.

- **Lenkungsfunktion:** *Lenkung der Produktionsfaktoren*

  Der Wettbewerb lenkt die produktiven Kräfte innerhalb der Volkswirtschaft dorthin, wo sie besonders rentabel (Ertrag bringend) eingesetzt werden können. Die jeweiligen Marktpreise geben ein Bild von der Situation auf den verschiedenen Märkten. Hohe Marktpreise signalisieren den Unternehmen, wo sich Gewinnchancen bieten und Marktlücken existieren. Produktionszweige, die aufgrund einer rückläufigen Nachfrage nicht mehr rentabel sind, werden aufgegeben. Die dabei freigesetzten Produktionsfaktoren finden stattdessen bei der Produktion solcher Güter Verwendung, die besonders gefragt sind und Zukunft haben.

8

8.4.4 Unternehmenskonzentration

Die wirtschaftliche Realität zeigt, dass sich ein wirksamer Wettbewerb nicht automatisch von alleine einstellt und erhält, sondern dass auf der Unternehmensseite häufig die Tendenz besteht, sich dem Konkurrenzdruck durch den Zusammenschluss mit anderen Unternehmen zu entziehen.

Die **Wettbewerbskonzentration** führt dazu, dass die Anzahl der Wettbewerber abnimmt und sich die Anteile der am Markt verbleibenden Unternehmen auf immer weniger große Anbieter konzentrieren. Sie kann die Innovations-, Ausschaltungs- und Lenkungsfunktion des Wettbewerbs beeinträchtigen.

Unternehmenszusammenschlüsse, einerlei in welcher Form sie sich vollziehen, führen zur Konzentration wirtschaftlicher Kraft. Nach der Produktionsstufe lassen sich verschiedene **Konzentrationsformen** unterscheiden.

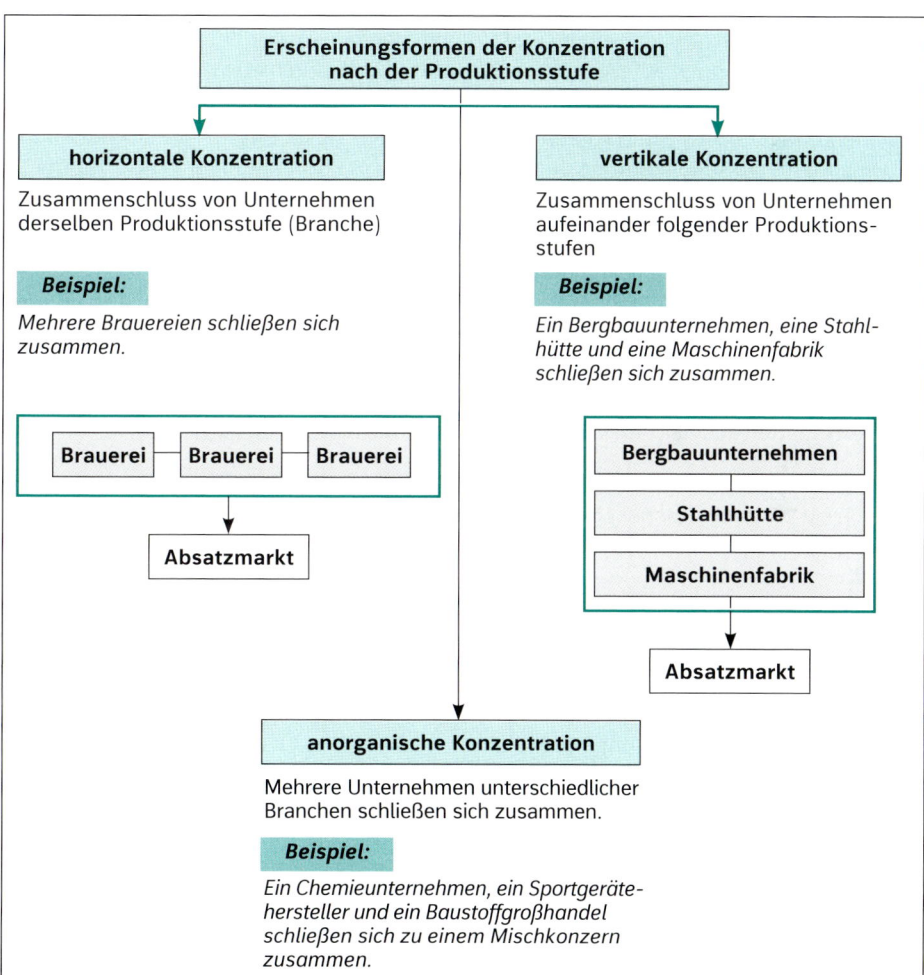

8

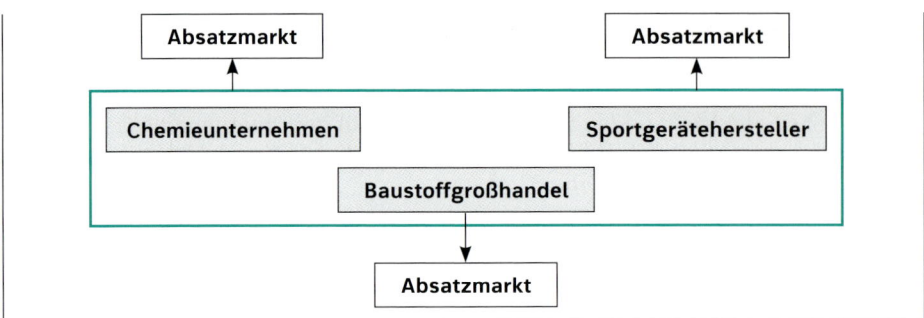

Wirtschaftliche Konzentrationsprozesse müssen sehr differenziert beurteilt werden. Eine einseitig negative Beurteilung wäre sachlich falsch:

- Oft entsteht erst durch Konzentration ein leistungsfähiges Unternehmen, das einerseits dem Druck der nationalen und globalen Konkurrenz standhalten kann, andererseits für etablierte Wettbewerber zu einem ernst zu nehmenden Konkurrenten wird. Konzentrationsprozesse können auf diese Weise die Wettbewerbsintensität sogar erhöhen.

- Die industrielle Konzentration ermöglicht eine Produktion in großen Stückzahlen. Dadurch können die Stückkosten gesenkt werden (Gesetz der Massenproduktion). Diese Kostenvorteile kommen den Konsumenten in Form niedriger Preise zugute.

- Bestimmte Produkte *(z. B. Flugzeuge, Benzin, Industrieanlagen)* können aus Wirtschaftlichkeitsgründen und aufgrund technischer Gegebenheiten nur von Großunternehmen hergestellt werden.

- Konzentration führt zu einer größeren Kapitalkraft, die teure Investitionen und umfangreiche Ausgaben für Forschung und Entwicklung erst möglich macht.

- Diversifizierende Unternehmen (Mischkonzerne) sind weniger krisenanfällig, da sie die in einer Geschäftssparte ggf. entstehenden Verluste durch Gewinne in den anderen Geschäftssparten ausgleichen können; dies erhöht die Arbeitsplatzsicherheit.

Konzentrationsprozesse sind vor allem dann negativ zu beurteilen, wenn

- durch sie Wettbewerbsbeschränkungen entstehen, sodass die Wettbewerbsintensität zum Nachteil der Konsumenten verringert wird,
und
- sie zur Erlangung von Marktmacht führen.

Unternehmen bzw. Unternehmenszusammenschlüsse mit großer Marktmacht sind zumindest der Versuchung ausgesetzt, ihre Marktmacht zu missbrauchen, d. h. Gewinne zu erzielen, die weniger auf ihrer eigentlichen Marktleistung als vielmehr auf ihrer marktbeherrschenden Stellung beruhen.

8

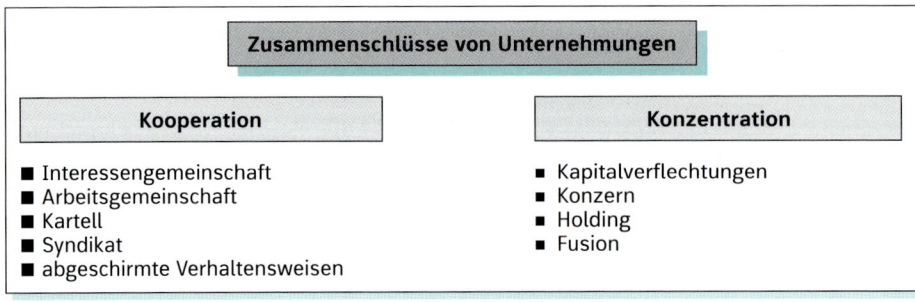

Kooperationsformen

Interessengemeinschaft

Unternehmen, die rechtlich selbstständig bleiben, schließen sich zu einem gemeinsamen wirtschaftlichen Zweck zusammen, meist in der Rechtsform einer BGB-Gesellschaft (GbR) oder eines eingetragenen Vereins (e. V.).

Gemeinsame Zwecke können sein:

- Forschung und Entwicklung
- Nutzung von Datenverarbeitungsanlagen
- Aus- und Weiterbildung der Mitarbeiter
- Durchführung von Marktuntersuchungen
- Werbung und Öffentlichkeitsarbeit (Public Relations)
- Ausbeutung von Rohstoffvorkommen

Beispiele:

- *Verband der Automobilindustrie e. V.*
- *Interessengemeinschaft Saarländischer Bergbau-Zulieferer e. V.*

Arbeitsgemeinschaft (ARGE)

Unternehmen, die rechtlich selbstständig bleiben, schließen sich zur gemeinsamen Durchführung eines Auftrags zusammen, meist in Form einer BGB-Gesellschaft.

Beispiele:

- *Bau einer Brücke*
- *Errichtung eines Kraftwerks*

Nach Durchführung des Auftrags endet die Arbeitsgemeinschaft. Eine besondere Form ist das **Konsortium**, bei dem sich Unternehmen zusammenschließen, um bei größeren finanzwirtschaftlichen Vorhaben Volumina und Risiken zu verteilen.

Beispiele:

Kreditkonsortium, Emissionskonsortium

Kartelle

> Ein **Kartell** liegt vor, wenn eine Gruppe gleichartiger, unabhängiger Unternehmen gemeinsam wettbewerbsbeschränkende Absprachen *z. B. über Preise oder Märkte* trifft, um diese aufzuteilen und um den Wettbewerb einzuschränken.

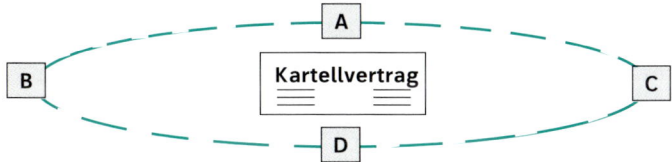

Die Kartellmitglieder bleiben rechtlich und wirtschaftlich selbstständig, sie können sich auf einen festgelegten Marktanteil verlassen und haben es nicht nötig, neue Produkte oder Qualitätsleistungen zu wettbewerbsfähigen Preisen anzubieten. Letztlich zahlen also die Verbraucher höhere Preise für weniger Qualität. Kartelle sind in Deutschland **grundsätzlich verboten**.

8

Beispiele:

Kartellrechtlich unzulässige Absprachen:

Preiskartelle	*Wettbewerber A und Wettbewerber B vereinbaren, dass sie künftig ihre Produkte nicht unter einem bestimmten Mindestpreis anbieten werden.*
Quoten- oder Produktionskartelle	*Zwei Baustahlhändler kommen überein, dass innerhalb Bayerns Unternehmen A ausschließlich Kunden beliefern soll, die einen jährlichen Bedarf von mehr als 150 000 t Stahl haben. Kunden mit einem darunterliegenden Jahresbedarf sollen ausschließlich von Unternehmen B versorgt werden.*
Gebietskartelle	*Vier Zementhersteller teilen sich Deutschland in vier Verkaufsgebiete auf und verpflichten sich, die Verkaufsgebiete der jeweils anderen drei Mitbewerber nicht zu beliefern.*
Submissionskartelle	*Bauunternehmen sprechen ihre Preise bei der öffentlichen Ausschreibung einer Flughafenerweiterung ab.*

◼ Freistellung vom Kartellverbot

Das Gesetz gegen Wettbewerbsbeschränkungen (GWB) erlaubt unter bestimmten Bedingungen eine Freistellung vom Kartellverbot. Es gilt die Generalklausel des *§ 2 GWB*. Danach ist eine Vereinbarung vom Kartellverbot freigestellt, wenn sie den Wettbewerb fördert und den Beteiligten keine unnötigen Beschränkungen auferlegt *(System der Legalausnahme)*. Unternehmen müssen daher in allen Fällen eigenverantwortlich selbst beurteilen, ob ihr Verhalten sich spürbar auf den Wettbewerb auswirkt und die Voraussetzungen für eine Freistellung erfüllt. Diese Selbsteinschätzung erfordert umfangreiche Kenntnisse des Wettbewerbsrechtes. Ein Anspruch gegenüber dem Kartellamt auf eine Auskunft über die rechtliche Zulässigkeit der geplanten Vereinbarung besteht nicht.

---

§ 2 GWB
Freigestellte Vereinbarungen

(1) Vom Verbot des *§ 1 GWB* freigestellt sind Vereinbarungen zwischen Unternehmen, Beschlüsse von Unternehmensvereinigungen oder aufeinander abgestimmte Verhaltensweisen, die unter angemessener Beteiligung der Verbraucher an dem entstehenden Gewinn zur Verbesserung der Warenerzeugung oder -verteilung oder zur Förderung des technischen oder wirtschaftlichen Fortschritts beitragen, ohne dass den beteiligten Unternehmen

1. Beschränkungen auferlegt werden, die für die Verwirklichung dieser Ziele nicht unerlässlich sind, oder

2. Möglichkeiten eröffnet werden, für einen wesentlichen Teil der betreffenden Waren den Wettbewerb auszuschalten.

(2) ...

◼ Mittelstandskartelle

Eine Ausnahme von der Freistellung kraft Gesetzes gilt für Vereinbarungen zwischen kleineren und mittleren Unternehmen (bis 250 Mitarbeiter, bis 50 Mio. € Umsatz, bis 43 Mio. € Bilanzsumme), die im Wettbewerb miteinander stehen. Ihnen ist die Bildung von Mittelstandskartellen nach *§ 3 GWB* gestattet. Um Klarheit über die Zuverlässigkeit ihrer Kartellbildung zu erlangen, haben sie einen Anspruch auf eine Entscheidung des Kartellamtes, dass kein Anlass zum Ergreifen besteht (Nichttätigkeitsbescheid).

8

> **§ 3 GWB**
>
> **Mittelstandskartelle**
>
> (1) Vereinbarungen zwischen miteinander im Wettbewerb stehenden Unternehmen und Beschlüsse von Unternehmensvereinigungen, die die Rationalisierung wirtschaftlicher Vorgänge durch zwischenbetriebliche Zusammenarbeit zum Gegenstand haben, erfüllen die Voraussetzungen des *§ 2 Abs. 1 GWB*, wenn
>
> 1. dadurch der Wettbewerb auf dem Markt nicht wesentlich beeinträchtigt wird und
> 2. die Vereinbarung oder der Beschluss dazu dient, die Wettbewerbsfähigkeit kleiner oder mittlerer Unternehmen zu verbessern.

Beispiel:

Mehrere Schreinereibetriebe gründen eine gemeinsame Gesellschaft zur Durchführung von Generalunternehmeraufträgen bei Großprojekten im Bereich von Schreinerausbaugewerken sowie Laden- und Geschäftsausstattungen. Die Gesellschafter haben sich auf unterschiedliche Bereiche des Bauschreinerhandwerks und benachbarter Bereiche spezialisiert, wie z. B. den Ladenbau einschließlich Schlosserei, Kühltechnik, Gastronomieausbau, Türen- und Fensterbau, Treppenbau, Einbruchsicherung, Feuerschutz. Sie bringen ihre jeweiligen Fachkenntnisse in die Kooperation mit ein und bewirken so eine Rationalisierung der betrieblichen Abläufe bei allen Beteiligten; die gemeinsame Gesellschaft eröffnet ihnen bessere Möglichkeiten zur Vermarktung ihres Angebots.

Syndikat

> Das **Syndikat** ist eine Sonderform des Kartells mit eigener Rechtspersönlichkeit: Es wickelt als Verkaufs- und Abrechnungsstelle den gesamten Absatz der beteiligten Unternehmen ab.

Dieser Zusammenschluss ist also eine besonders straffe **Form des Absatzkartells**. In der Regel wird es in der Rechtsform einer GmbH geführt.

Es kommt vor allem in Wirtschaftszweigen vor, in denen die Produkte weitgehend standardisiert sind (Kohle, Eisen, Stahl). Sein Vorteil liegt in der zentralen Absatzorganisation, die eine gemeinsame Werbung und Absatzpolitik ermöglicht. Dadurch sind Kostenvorteile erzielbar.

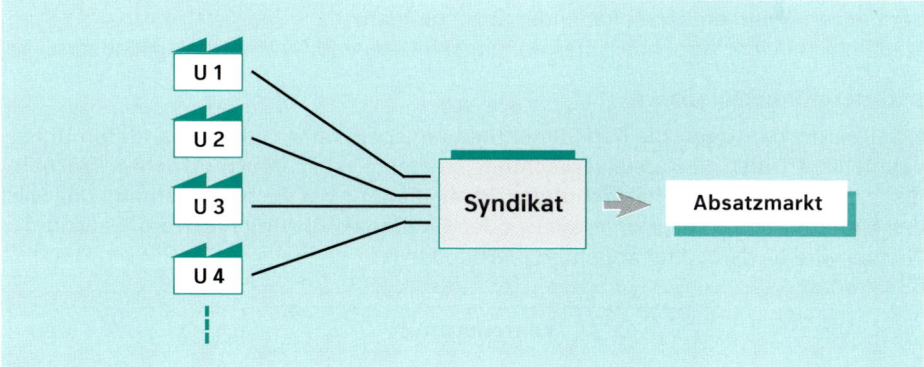

Abgestimmte Verhaltensweisen

> **Abgestimmte Verhaltensweisen** sind informelle Absprachen bzw. stillschweigende Übereinkommen *(Parallelverhalten)* zwischen Unternehmen derselben Branche zum Zweck der Wettbewerbsbeschränkung.

Sie sind häufig in Oligopolmärkten zu beobachten: Preispolitische Entscheidungen eines Unternehmens *(Preisführer)* üben eine Signalwirkung aus und ziehen gleichgerichtete Preisänderungen bei Konkurrenzunternehmen nach sich. Abgestimmte Verhaltensweisen können i.d.R. nur vermutet, letzten Endes aber nicht bewiesen werden.

Konzentrationsformen

Die jeweiligen Unternehmen verlieren bei dem Konzern und der Holding ihre wirtschaftliche Selbstständigkeit; bei der Fusion zusätzlich die rechtliche Selbstständigkeit.

Kapitalverflechtungen

Kapitalverflechtungen entstehen dadurch, dass sich ein Unternehmen an einem anderen Unternehmen kapitalmäßig beteiligt.
- Minderheitsbeteiligungen
- Schachtelbeteiligungen (über 25 %)
- Mehrheitsbeteiligungen (über 50 %)
- indirekte Beteiligungen (mittelbar)

Die Beherrschung der Tochter erfolgt bei der Aktiengesellschaft in drei Stufen.
- **Sperrminorität:** Mit 25 % Kapitalanteil (plus 1 Stimme) können Hauptversammlungsbeschlüsse verhindert werden, die eine 3/4-Mehrheit erfordern.
- **Absolute Mehrheit:** Mit 50 % Kapitalanteil (plus 1 Stimme) können die meisten Ziele eines Hauptaktionärs durchgesetzt werden.
- **Satzungsändernde Mehrheit:** Mit 75 % Kapitalanteil können praktisch alle eigenen Vorstellungen in der Gesellschaft verwirklicht werden.

Konzern

> Kapitalverflechtungen führen zur Entstehung eines **Konzerns**, wenn ein herrschendes Unternehmen *(Muttergesellschaft)* über ein oder mehrere abhängige Unternehmen *(Tochtergesellschaften)* die einheitliche Leitung ausübt.

Die einheitliche Leitung ermöglicht es, die wirtschaftlichen Interessen und Aufgaben der Konzernunternehmen aufeinander abzustimmen.
Man unterscheidet zwischen Unterordnungskonzern und Gleichordnungskonzern.

Unterordnungskonzern

Ein Unternehmen kauft die Kapitalmehrheit an einem oder mehreren anderen Unternehmen auf. Durch die Kapitalverflechtung entsteht ein sog. **Mutter-Tochter-Verhältnis**, das oft mit einem **Beherrschungsvertrag** (Leitung der Tochterunternehmung wird der Mutterunternehmung unterstellt) oder **Gewinnabführungsvertrag** (Gewinn der Tochter wird an die Mutter abgeführt) verbunden ist.

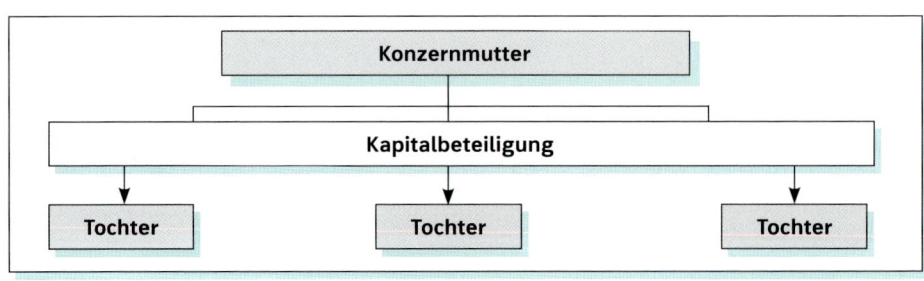

■ Gleichordnungskonzern

Die Konzernunternehmungen tauschen ihre Kapitalbeteiligungen gleichmäßig aus. Dazu müssen die Unternehmen kein neues Kapital aufbringen. Aufgrund der Ausgewogenheit der Beteiligung besteht ein gleichgewichtiger, gegenseitiger Einfluss. Man spricht dann von **Schwestergesellschaften**. Die einheitliche Leitung entsteht hier durch gegenseitige Abstimmung.

Holding

Als Dachgesellschaft stellt sie die Verwaltungsspitze eines Konzerns dar und beherrscht die angeschlossenen Gesellschaften. Sie ist i. d. R. reine Verwaltungs- und Finanzierungsgesellschaft. Die beteiligten Unternehmen bleiben rechtlich selbstständig.

> **Beispiele:**

AWG Holding AG, LBB Holding AG - Landesbank Berlin

Fusion

> Bei einer **Fusion** (= Verschmelzung) wird eine Unternehmung unter Aufgabe ihrer rechtlichen und wirtschaftlichen Selbstständigkeit mit dem gesamten Vermögen in ein anderes Unternehmen eingegliedert.

Die aufzunehmende Unternehmung erlischt durch die **Fusion**. Es ist auch möglich, dass alle fusionierenden Unternehmen gelöscht werden. Sie übertragen dann ihr gesamtes Vermögen auf eine gemeinsam von ihnen gegründete neue Gesellschaft (Fusion durch Neugründung). Kapitalbeteiligungen und beabsichtigte Fusionen müssen dem **Bundeskartellamt** und ggf. der EU-Kommission ab einer bestimmten Größenordnung angezeigt werden. Fusionsverbote können ausgesprochen werden, wenn durch den Zusammenschluss eine marktbeherrschende Stellung entstehen würde.

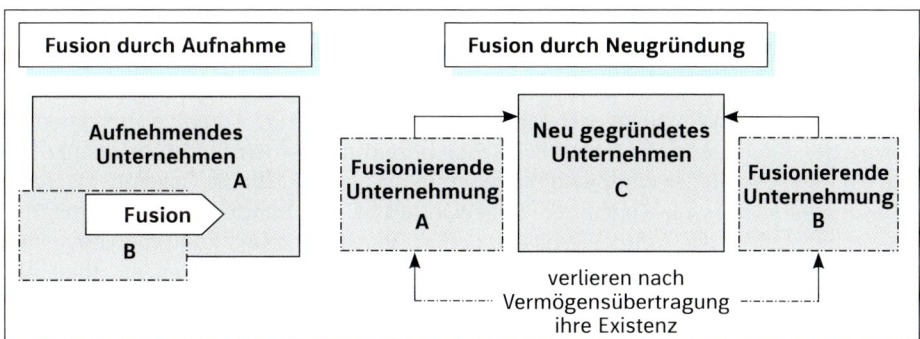

8

8.4.5   Wettbewerbsrecht

Wettbewerb
- ist in einer Volkswirtschaft das Bestreben konkurrierender Unternehmen um Marktanteile,
- ist ein Steuerungsmechanismus in einem marktwirtschaftlichen Wirtschaftssystem.

In der Europäischen Union ist es Ziel des Wettbewerbsrechts
- die Einheit des Binnenmarktes zu garantieren,
- die Monopolbildung und marktbeherrschende Stellungen von Unternehmen auf den Märkten zu unterbinden,
- zu verhindern, dass Unternehmen Märkte untereinander aufteilen,
- die wirtschaftliche Effizienz und Innovationen zu fördern sowie
- die Interessen der Verbraucher zu schützen.

Beispiel:

Man kann den marktwirtschaftlichen Wettbewerb durchaus mit einem sportlichen Wettkampf vergleichen:
Würde ein Fußballspieler im Kampf um den Ball seinen Gegenspieler mit einem Stoß seines Ellbogens ausschalten, so würde dies den Tatbestand des unlauteren Wettbewerbs erfüllen (= Foul).
Eine bereits vorher unter den beiden Mannschaften getroffene Absprache darüber, wer aus dem Spiel als Sieger hervorgeht, oder eine einseitige Begünstigung durch den Schiedsrichter, wäre eine Wettbewerbsbeschränkung (= Schiebung).

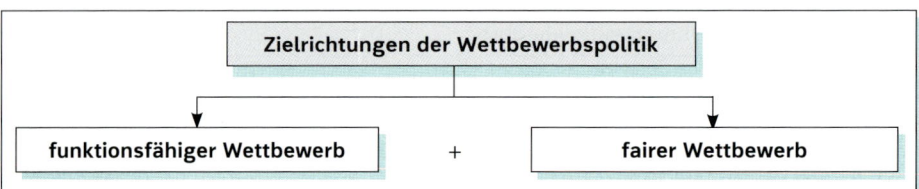

Der **Wettbewerb** ist funktionsfähig, wenn die Innovations-, Ausschaltungs- und Lenkungsfunktion des Wettbewerbs gesichert und die Erzielung von „Machtgewinnen" ausgeschlossen ist.

▉ Gesetz gegen Wettbewerbsbeschränkungen

Das **Gesetz gegen Wettbewerbsbeschränkungen** (*GWB*, kurz *Kartellgesetz* genannt) kann als das „Grundgesetz" der Marktwirtschaft bezeichnet werden. Sein Kerngedanke ist, dass ein funktionsfähiger Wettbewerb den größten Nutzeffekt für die Gesamtwirtschaft, insbesondere aber für die Konsumenten gewährleistet. Das **Bundeskartellamt** mit Sitz in Bonn beobachtet die Wettbewerbssituation in Deutschland und kann mithilfe seiner wettbewerbspolitischen Instrumente gegen Wettbewerbsbeschränkungen vorgehen. Als „Hüter des Wettbewerbs" versucht das Bundeskartellamt, die künstliche Entstehung von Marktmacht und den Missbrauch bestehender Marktmacht zu verhindern.

Kapitalbeteiligungen und beabsichtigte **Fusionen** müssen dem Bundeskartellamt ab einer bestimmten Größenordnung angezeigt werden. **Fusionsverbote** können ausgesprochen werden, wenn durch den Zusammenschluss eine marktbeherrschende Stellung entstehen würde.

8

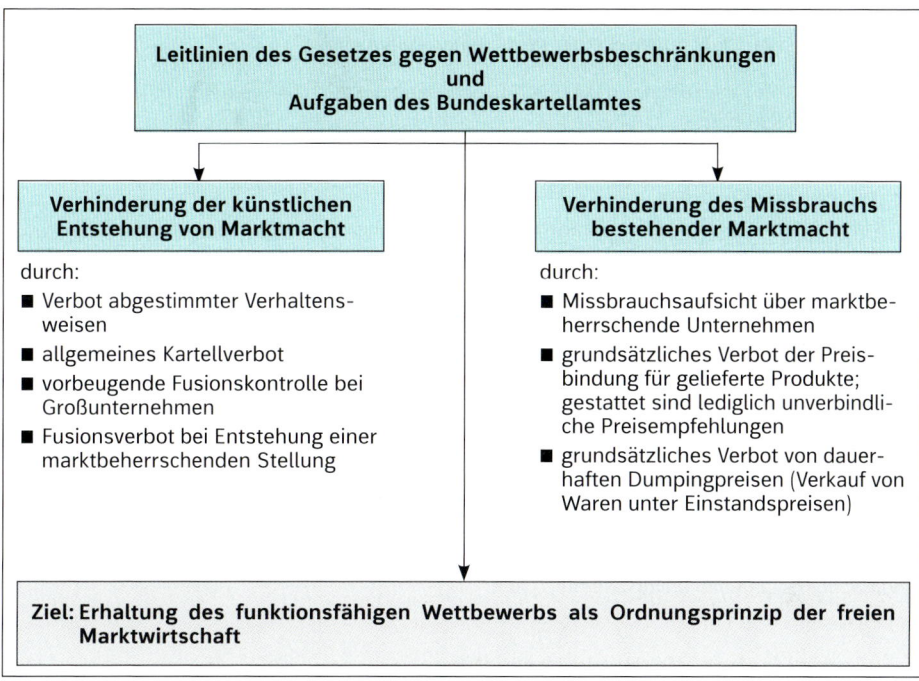

Leitlinien des Gesetzes gegen Wettbewerbsbeschränkungen
und
Aufgaben des Bundeskartellamtes

Verhinderung der künstlichen Entstehung von Marktmacht

durch:
- Verbot abgestimmter Verhaltensweisen
- allgemeines Kartellverbot
- vorbeugende Fusionskontrolle bei Großunternehmen
- Fusionsverbot bei Entstehung einer marktbeherrschenden Stellung

Verhinderung des Missbrauchs bestehender Marktmacht

durch:
- Missbrauchsaufsicht über marktbeherrschende Unternehmen
- grundsätzliches Verbot der Preisbindung für gelieferte Produkte; gestattet sind lediglich unverbindliche Preisempfehlungen
- grundsätzliches Verbot von dauerhaften Dumpingpreisen (Verkauf von Waren unter Einstandspreisen)

Ziel: Erhaltung des funktionsfähigen Wettbewerbs als Ordnungsprinzip der freien Marktwirtschaft

Gesetz gegen den unlauteren Wettbewerb

Das **Gesetz gegen den unlauteren Wettbewerb** *(UWG)* soll dafür sorgen, dass der Wettbewerb unter den Anbietern fair, d. h. ausschließlich mit zulässigen Wettbewerbsinstrumenten (Preispolitik, Produktpolitik, Werbung, Vertriebspolitik), geführt wird. Es schützt Unternehmen und Verbraucher vor unlauteren (= unfairen) Wettbewerbspraktiken.

Unlauterer Wettbewerb ist eine Verhaltensweise, durch die ein Anbieter für sich Vorteile gegenüber seinem/seinen Konkurrenten erreichen will, die nicht auf seiner Leistung, sondern auf unfairen Wettbewerbspraktiken beruhen.

> Das Gesetz dient dem **Schutz** der Mitbewerber, der Verbraucherinnen und Verbraucher sowie der sonstigen Marktteilnehmer vor unlauteren geschäftlichen Handlungen. Es schützt zugleich das Interesse der Allgemeinheit an einem unverfälschten Wettbewerb *(§ 1 UWG i. v. m. der Richtlinie über unlautere Geschäftspraktiken des Europäischen Parlaments – EWR).*

Sittenwidriges Verhalten

Sittenwidrig ist das „Anreißen", die Belästigung durch aufdringliche Werbung. Es verhindert eine ruhige und sachliche Prüfung des Angebotes.

Beispiele:
- *unerbetene Telefonanrufe, um Geschäftsabschlüsse anzubahnen,*
- *Zusenden unbestellter Waren (der Empfänger lehnt durch Schweigen das Angebot des Verkäufers ab; er muss die Ware nur eine angemessene Zeit aufbewahren und darf sie nicht in Gebrauch nehmen),*
- *Ansprechen von Kunden auf der Straße,*

8

- *Firmen- und Markenzeichenmissbrauch,*
- *Saisonschlussverkäufe außerhalb der festgelegten Zeiten,*
- *Verleumdung (Diskriminierung) von Konkurrenten,*
- *Bestechung von Geschäftspartnern durch Geschenke oder „Schmiergelder", um im Wettbewerb bevorzugt zu werden,*
- *unerlaubte Benutzung anvertrauter Vorlagen, Vorschriften, Modelle usw. zu eigenen Zwecken.*

Vergleichende Werbung

Nach *§ 6 Abs. 1 UWG* ist „vergleichende Werbung jede Werbung, die unmittelbar oder mittelbar einen Mitbewerber oder die von einem Mitbewerber angebotenen Waren oder Dienstleistungen erkennbar macht." Vergleichende Werbung ist erwünscht und auch erlaubt, wenn die Unlauterkeitsmerkmale aus *§ 6 Abs. 2 UWG* beachtet werden.

Beispiele:

Erlaubte Slogans:
- *Brillenhersteller „Lieber besser aussehen als zu viel bezahlen"*
- *Betreiber von Autowaschanlagen: „Ja zur Autowäsche mit weichem Textil – Nein zu Kratzern im Lack"*

Nicht erlaubt:
- *Wir sind viel besser als Fleischer Mustermann.*
- *Gaststätte: „Unsere Preise sind unübertroffen: Bei uns kostet ein Glas Kölsch 1,00 €, in der Rathausschänke dagegen unverschämte 1,50 €."*

█   Europäisches Wettbewerbsrecht

> Die Europäische Kommission und die nationalen Wettbewerbsbehörden setzen sich gemeinsam für die **Wahrung eines freien und lauteren Wettbewerbs** in der Europäischen Union ein:
> - Sie gehen gegen wettbewerbsbeschränkende Geschäftspraktiken vor,
> - sie prüfen Unternehmenszusammenschlüsse, um festzustellen, ob sie den Wettbewerb behindern,
> - sie öffnen Branchen für den Wettbewerb, die bisher durch staatliche Monopole geprägt waren,
> - sie überwachen Finanzhilfen nationaler EU-Regierungen für Unternehmen,
> - sie kooperieren weltweit mit anderen Wettbewerbsbehörden.

Die Europäische Gemeinschaft und die Mitgliedstaaten sind dem „Grundsatz einer offenen Marktwirtschaft mit freiem Wettbewerb" verpflichtet *(Art. 4, 98 EG)*. Die Wettbewerbsregeln der *Art. 81–89 EG* sind eine wesentliche Säule des geforderten „Systems, das den Wettbewerb innerhalb des Binnenmarkts vor Verfälschungen schützt".

Im Rahmen der Wirtschaftspolitik in der Europäischen Union und der Anwendung der Gesetzgebung hat die **Europäische Kommission** eine wesentliche Bedeutung. Europäisches Recht ist maßgeblich bei Kartellen und der Missbrauchsaufsicht, wenn der zwischenstaatliche Handel und gemeinschaftsweit bedeutende Wirtschaftsaktivitäten betroffen sind. Die nationalen Kartellbehörden und Gerichte sind uneingeschränkt verpflichtet, europäisches Recht anzuwenden, damit wird die Anwendung des europäischen Wettbewerbsrechts dezentralisiert.

Für die Kontrolle von Unternehmenszusammenschlüssen ist die Europäische Kommission zuständig, wenn die Umsätze der betroffenen Unternehmen bestimmte in *Art. 1 der Fusionskontrollverordnung (FKVO)* festgelegte Grenzen überschreiten.

8

Die neuen europäischen Regelungen zeugen insgesamt von einem stärker ökonomisch orientierten Ansatz in der europäischen Wettbewerbspolitik, dem sog. „more economic approach". Damit gemeint ist eine stärkere Ausrichtung auf **ökonomische Effizienz**, verbunden mit dem Einsatz moderner ökonomischer Modelle und statistischer Methoden sowie einer größeren Berücksichtigung von Konsumenteninteressen.

8.4.6 Verbraucherschutz

Die Europäische Union ist ein freier Markt mit zurzeit 28 Ländern und rund 500 Millionen Verbrauchern.[1] Der Schutz der Verbraucher ist eines der übergeordneten Ziele der EU, um die Lebensqualität aller Verbraucher zu verbessern. Das **Vertrauen der Verbraucher** ist für eine wettbewerbsfähige EU unbedingt notwendig, um Wachstum und Arbeitsplätze zu schaffen.

Der Verbraucherschutz in der EU wird
- durch rechtliche EU-Regelungen, die in nationales Recht umzusetzen sind, für alle Mitgliedsstaaten vereinheitlicht,
- durch Unterstützung der Verbraucherzentralen in den einzelnen Ländern, durch Informations- und Aufklärungskampagnen gefördert.

Wesentliche Grundsätze des Verbraucherschutzes in der EU
■ Jeder soll kaufen können, was er will und wo er will.
■ Ist die Ware nicht in Ordnung, kann sie zurückgeschickt werden.
■ Für Lebensmittel und Konsumgüter sollen hohe Sicherheitsstandards gelten.
■ Jeder hat ein Recht darauf zu wissen, was er isst.
■ Es muss für Verbraucher faire Verträge geben.
■ Verbraucher müssen ihre Meinung ändern dürfen.
■ Die Preise sollen vergleichbar sein.
■ Verbraucher dürfen nicht in die Irre geführt werden.
■ Der Verbraucherschutz muss auch im Urlaub gelten.
■ Bei grenzüberschreitenden Streitigkeiten müssen effektive Rechtsschutzmöglichkeiten greifen.

Das **Wirtschaftsleben** in der EU ist gekennzeichnet durch Vertragsfreiheit und Privatautonomie. Das freie Spiel der Kräfte braucht einen **staatlichen Regelungsrahmen**, um so für einen gerechten Ausgleich der Interessen aller am Wirtschaftsverkehr Teilnehmenden zu sorgen. Insbesondere Verbraucher brauchen rechtlichen Schutz, weil sie gegenüber Unternehmen vielfach in einer schwächeren Position sind.

Der Verbraucherschutz ist eine wichtige Ergänzung der Wettbewerbspolitik. Er stärkt den Wettbewerb, indem er die Verbraucher gegenüber den Unternehmen, die eine vergleichsweise starke Position innehaben, schützt.

Ursachen hierfür sind insbesondere
- mangelnde Markttransparenz der Verbraucher,
- mangelnde Kenntnis der Verbraucherrechte,
- mangelnder Wettbewerb zwischen den Anbietern,
- Nachfrage nach Kleinstmengen,
- irrationales Kaufverhalten,
- die wirtschaftliche Unterlegenheit der Verbraucher,
- die strukturelle Unterlegenheit der Verbraucher infolge fehlender Fachkenntnisse und Erfahrungen sowie fehlender Informationen.

8

---

[1] Nach dem geplanten EU-Austritt des Vereinigten Königreichs zum 30.03.2019 gehören zur EU nur noch 27 Länder und rund 450 Millionen Verbraucher.

> Unter **Verbraucherschutz**[1] ist die Gesamtheit der rechtlichen Bestimmungen zu verstehen, die den Verbraucher nach § 13 BGB im Verhältnis zum Unternehmer nach § 14 BGB beim Abschluss von Verträgen und anderen Rechtsgeschäften vor Übervorteilung schützen sollen.

Die **Verbraucherzentralen** in den 16 Bundesländern bieten als gemeinnützige Vereine, die durch die öffentliche Hand (EU, Bund, Länder, Gemeinden) finanziert werden:

■ Verbraucherberatung, vor allem durch Aktionen und Kampagnen, Ausstellungen, Einzelberatungen, Gruppenberatungen, schriftliche Beratung i. d. R. per E-Mail, Internetgestaltung und -recherche, Kurzauskünfte und Verweise, Presse- und Öffentlichkeitsarbeit, Schulung von Multiplikatoren, Selbstinformationssystem/Infothek,

■ Informationen zu Fragen des Verbraucherschutzes,

■ Hilfe bei Rechtsproblemen und Vertretung der Interessen der Verbraucher auf Landesebene.

Die Dachorganisation, die Verbraucherzentrale Bundesverband, vertritt die Interessen der Verbraucher gegenüber Politik, Wirtschaft und Gesellschaft auf Bundesebene.

Verbrauchersendungen im Hörfunk und im Fernsehen sowie Verbraucherzeitschriften – wie die Stiftung Warentest als selbstständige rechtsfähige Stiftung des bürgerlichen Rechts (Beschluss des Bundestages vom 04.12.1964) – bieten Information und Aufklärung durch Vergleiche von Warenpreisen und -qualitäten, vergleichende Warentests und kritische Bewertungen von Produkten und Dienstleistungen. Außerdem nehmen sie Stellung zu Verkaufs- und Werbemethoden, Ernährungs-, Gesundheits-, Umwelt-, Steuer- und Rechtsfragen.

Verbraucherschutzverbände und **Verbraucherzeitschriften** stehen im Dienst der Verbraucher, indem sie

■ Preis- und Leistungsvergleiche (Tests) durchführen, auswerten und veröffentlichen,

■ über Verbraucherrechte und die „Tücken des Kleingedruckten" informieren,

■ leichtgläubige Konsumenten vor „Verkäufertricks" und „Konsumentenfallen" warnen.

Nur ein gut informierter und kritischer Verbraucher ist ein gleichgewichtiger und vor einer Übervorteilung geschützter Marktpartner.

▉ Verbraucherschutzgesetze

Die Vorschriften zum Verbraucherschutz in der EU verlangen, dass an dem Rechtsgeschäft auf der einen Seite ein Verbraucher und auf der anderen Seite ein Unternehmer beteiligt ist.

> **Verbraucher** ist jede natürliche Person, die ein Rechtsgeschäft zu einem Zweck abschließt, der weder ihrer gewerblichen noch ihrer selbstständigen beruflichen Tätigkeit zugerechnet werden kann.

> **Unternehmer** ist, wer ein Rechtsgeschäft in Ausübung einer gewerblichen oder selbstständigen beruflichen Tätigkeit mit Dritten abschließt. Unternehmer ist demnach Gewerbetreibender, Landwirt und Freiberufler.

Im deutschen Recht gibt es kein kompaktes Verbraucherschutzgesetz, weil Verbraucherschutz rechtlich nicht immer abgrenzbar ist.

---

[1] www.dolceta.eu

Verbraucherschutznormen	
Normen im Bürgerlichen Gesetzbuch (BGB)	**Sonstige Rechtsnormen**

■ Allgemeine Schutznormen
  • Allgemeine Geschäftsbedingungen
    (§§ 305–310 BGB)
■ Besondere Vertragstypen
  • Vertrag über Grundstücke *(§ 311b Abs. 1 BGB i. V. m. dem Beurkundungsgesetz)*
  • Verbrauchsgüterverkauf *(§ 474 ff. BGB)*
  • Verbraucherdarlehensverträge *(§ 491 ff. BGB)*
  • Finanzierungshilfen *(z. B. Stundung, Ratenzahlung, § 506 BGB)*
  • Ratenlieferungsverträge *(§ 510 BGB)*
  • Teilzahlungsgeschäfte *(§ 507 BGB)*
  • Darlehensvermittlungsverträge *(§ 655a BGB)*
  • Teilzeit-Wohnrechtevertrag *(§ 481 ff. BGB)*
  • Vorschriften über die Wohnraummiete *(§§ 535 bis 548 BGB, soweit sich nicht aus den §§ 549 bis 577 a BGB etwas anderes ergibt)*
■ Besondere Vertriebsformen
  • Außerhalb von Geschäftsräumen geschlossene Verträge, früher Haustürgeschäfte *(§ 312 b BGB)*
  • Fernabsatzverträge *(§ 312 c BGB)*
  • Verträge im elektronischen Geschäftsverkehr *(§§ 312 i, j BGB)*
	■ BGB-Informationspflichten-Verordnung *(BGB-InfoV)*
	■ EG-Verbraucherschutzdurchsetzungsgesetz *(VSchDG)*
	■ Europäische Gerichtsstands- und Vollstreckungsverordnung *(EuGVVO)*
	■ Fernunterrichtsschutzgesetz (Fern-USG)
	■ Gesetz zur Verbesserung von Fahrgastrechten im Eisenbahnverkehr
	■ Gesetz gegen den unlauteren Wettbewerb *(UWG)*
	■ Gesetz über den Verkehr mit Lebensmitteln, Tabakerzeugnissen, kosmetischen Mitteln und sonstigen Bedarfsgegenständen
	■ Preisangabenverordnung *(PAngV)*
	■ Rechtsberatungsgesetz *(RBerG)*
	■ Telekommunikationsgesetz *(TKG)*
	■ Telekommunikations-Kundenschutzverordnung *(TKV)*
	■ Verbraucherinformationsgesetz
	■ Verbraucherinsolvenz *(§ 286 ff. InsO)*
	■ Wohnungsvermittlungsgesetz *(WoVermG)*
	■ zahlreiche Verordnungen mit sehr detaillierten Vorschriften, z. B. *Kosmetikverordnung, Fleischhygienegesetz, Arzneimittelgesetz*

Verbraucherschutzgesetze basieren i. d. R. auf europäischen Normen. EU-Verbraucherschutzgesetze gelten für jeden Verkauf durch gewerbliche Verkäufer an in der EU ansässige Verbraucher; dies gilt unabhängig vom Geschäftssitz des Verkäufers *(z. B. USA, China, Schweiz etc.).*

Beispiel:

Bei eBay erfolgen gewerbliche Verkäufe an in der EU ansässige Verbraucher, sofern der Verkäufer
- *zu verkaufende Waren auf einer für ein EU-Mitgliedsland bestimmten eBay-Webseite einstellt oder*
- *weltweiten Versand anbietet und eindeutig in der EU ansässige Kunden anspricht (z. B. durch die Sprache des Angebots, durch Nennung spezifischer Versandkosten in der EU etc.).*

Gewerbliche Verkäufer müssen in allen Angeboten in deutlich sichtbarer und verständlicher Weise folgende Informationen angeben:
■ Kontaktdaten:
  • den Namen ihres Unternehmens und (soweit anwendbar) die vollständigen Namen der Vertretungsbefugten des Unternehmens,
  • die Anschrift des Unternehmens (Postfach reicht nicht aus),
  • Kontaktangaben einschließlich E-Mail-Anschrift, Telefonnummer, Faxnummer,
  • Gesellschaftsnummer und Handelsregister (soweit anwendbar),
  • Umsatzsteuer-Identifikationsnummer (soweit anwendbar).
■ Eindeutige, klare und unmissverständliche Preisangaben sowie Angaben, ob im Preis Steuern und Lieferung enthalten sind, ferner sind für den Käufer evtl. anfallende Kosten wie *z. B. Zölle, Einfuhrsteuern oder Gebühren* anzugeben.
■ Informationen über das Vertragsrücktrittsrecht des Käufers.
■ Nennung der Allgemeinen Geschäftsbedingungen im Angebot oder im Rahmen einer Selbstauskunft.

8

■ Allgemeine Geschäftsbedingungen (*§§ 305–310 BGB*)

Nach *§ 305 Abs. 1 BGB* sind **Allgemeine Geschäftsbedingungen (AGB)** branchenbezogene Vertragsbedingungen,

- die für eine Vielzahl von Verträgen im kaufmännischen Verkehr vorformuliert sind; d. h., der Verwender – leistender Unternehmer, *z. B. Bank, Handelskaufmann* – muss beabsichtigen, die Bedingungen mehrmals zu verwenden,
- in denen die vorformulierten Vertragsbedingungen vorgegeben werden, d. h., sie werden somit **nicht** ausgehandelt und der Inhalt ist reglementiert. Diese Bedingungen gelten grundsätzlich nur für die vertragsschließenden Parteien.
- die eine Vertragspartei – der Verwender – der anderen Vertragspartei bei Abschluss eines Vertrages im Vertrag selbst oder in einem gesonderten Schriftstück einseitig vorgibt.

Ein Unternehmer kann durch AGB die gesetzlichen Regelungen in Verträgen in zahlreichen Punkten zu seinen Gunsten modifizieren.

Es gibt keine gesetzliche Pflicht zur Verwendung von AGB. Verwendet ein Unternehmer keine AGB, so gelten die gesetzlichen Regelungen.

Gerichte und gesetzlich vorgeschriebene Informations- und Belehrungspflichten *z. B. im Bereich Fernabsatz* verpflichten Unternehmen zur Verwendung von AGB. Insbesondere bei Rechtsgeschäften mit Privatpersonen im Internet besteht de facto ein AGB-Zwang.

Der Gesetzgeber hat erkannt, dass durch die einseitige Vorgabe von Vertragsklauseln die Gefahr besteht, dass der Kunde durch den Verwender benachteiligt wird. Um dies zu mindern, untersagt das BGB die Verwendung bestimmter Klauseln in den AGB vollständig (*§§ 307 BGB*) und hat der Rechtsprechung die Möglichkeit eröffnet, weitere Klauseln zu überprüfen und evtl. für rechtswidrig zu erklären.

Allgemeine Geschäftsbedingungen (AGB)	
Vorteile für den Verwender	**Verwendung**
■ Rationalisierung durch Standardisierung von Inhalten ■ Vereinheitlichung der Vertragsverhandlungen ■ Rechtssicherheit und Lückenfüllung, weil das Gesetz für den infrage stehenden Vertragstyp keine oder nur geringe Regelungen *(z. B. Franchising, Versicherungs- und Bankverträge)* kennt ■ Verbesserung der Rechtsposition des Verwenders *(z. B. durch Risikoabwälzung, Beschränkungen, Ausschlüsse, Freistellungen von der Haftung)* ■ Kosten- und Zeitersparnis ■ Risikoabsicherung	AGB werden häufig verwendet *z. B. in Miet-, Kauf-, Bauverträgen, in Verträgen des Bankrechts und bei Verträgen mit Internetanbietern.* Nach *§ 307 Abs. 1 BGB* müssen die Bestimmungen in den AGB klar und verständlich (Transparenzgebot) sein, ansonsten sind sie unwirksam. Die AGB sind <u>nicht</u> anwendbar: ■ bei Verträgen der Versorgungswirtschaft (*§ 310 Abs. 2 BGB*), ■ bei Verträgen auf dem Gebiet des Erb-, Familien- und Gesellschaftsrechts sowie auf Tarifverträge, Betriebs- und Dienstvereinbarungen (*§ 310 Abs. 4 BGB*). AGB sind eingeschränkt einsetzbar bei Verträgen zwischen Unternehmen, juristischen Personen des öffentlichen Rechts oder öffentlich-rechtlichen Sondervermögen (*§ 310 Abs. 1 BGB*).

8

Allgemeine Geschäftsbedingungen (AGB)	
Vorteile für den Verwender	**Verwendung**
Beispiele: ■ *AGB der Banken* ■ *AGB der Versicherungen* ■ *AGB der Reiseveranstalter* ■ *AGB der Transportunternehmen*	*Beispiele:* *In den AGB können z. B. geregelt werden: Allgemeines, Geltungsbereich, Angebot und Vertragsschluss, Leistungsumfang, Leistungsort, Vergütung, Aufrechnung, Eigentumsvorbehalt, Leistungsstörungen, Leistungsänderungen, Pflichten des Auftraggebers, Abnahme, Gewährleistung, Haftungsregelung, Sonderbedingungen, Zahlungsweise, Verpackungskosten, Beförderungskosten, Erfüllungsort, Gerichtsstand, Gewährleistungsansprüche bei Mängeln.*

AGB werden nur Vertragsbestandteil, wenn die andere Vertragspartei
■ durch den Verwender ausdrücklich auf die AGB hingewiesen wurde,
■ die Möglichkeit hat, diese in zumutbarer Weise zur Kenntnis zu nehmen,
■ der Geltung der AGB ausdrücklich zustimmt.

Überraschende und mehrdeutige Klauseln werden nach *§ 305c BGB* nicht Vertragsbestandteil. Unwirksam sind Klauseln, die gegen Treu und Glauben verstoßen (*§ 307 Abs. 1 BGB*).

Schutz des Verbrauchers durch allgemeine Schutzbestimmungen und Klauselverbote (§§ 305–310 BGB)

Klauselverbote bei Verbraucherverträgen

In den AGB kann von den gesetzlichen Bestimmungen abgewichen werden. Aber *§ 308, 309 BGB* verbieten bestimmte Klauseln in den AGB, die den Verbraucher in **unangemessener Art und Weise** benachteiligen.
Das AGB-Recht kennt zwei Arten von Klauselverboten:
■ die Klauselverbote <u>mit</u> Wertungsmöglichkeit des *§ 308 BGB* <u>u n d</u>
■ die Klauselverbote <u>ohne</u> Wertungsmöglichkeit des *§ 309 BGB*.

Ist eine Inhaltskontrolle von vorformulierten Vertragsklauseln nach *§ 307 Abs. 3 BGB* zulässig, dürfen die AGB nicht gegen die Klauselverbote der *§ 308, 309 BGB* verstoßen.

Klauselverbote <u>mit</u> Wertungsmöglichkeit: Die in *§ 308 BGB* aufgelisteten Klauseln enthalten unbestimmte Rechtsbegriffe wie *z. B.* „unangemessen lange" in *§ 308 Nr. 1, 1a und 1b BGB*. Die Feststellung der Unwirksamkeit einer solchen Klausel erfordert eine richterliche Wertung (Auslegung) unter Berücksichtigung des Einzelfalls *(z. B. Vertragsgegenstand und Branche)*.	Klauselverbote <u>ohne</u> Wertungsmöglichkeit: Alle in *§ 309 Nr.1 bis 13 BGB* aufgelisteten Klauseln dürfen nicht in den AGB enthalten sein. Werden sie dennoch aufgeführt, so sind sie <u>immer unwirksam</u>, ohne dass es auf eine richterliche Wertung ankommt.
Folgende Klauseln können unter anderem unzulässig sein: ■ Es wird eine unangemessen lange Frist bestimmt, innerhalb derer ein Angebot anzunehmen oder abzulehnen ist bzw. in der die Leistung zu erbringen ist. ■ Vereinbarung eines Rücktrittsvorbehalts, durch den der Verwender jederzeit und ohne Grund vom Vertrag zurücktreten kann. ■ Der Verwender behält sich Änderungen und Abweichungen von der zugesagten Leistung vor. ■ Der Verwender legt eine unangemessen hohe Vergütung bzw. Aufwandsersatz fest, für den Fall, dass der Kunde vom Vertrag zurücktreten möchte.	Folgende Klauseln sind z. B. immer unzulässig: ■ Der Verwender behält sich Preiserhöhungen für Waren vor, die innerhalb von vier Monaten ab dem Abschluss des Vertrags geliefert werden sollen (ausgenommen Dauerschuldverhältnisse). ■ Der Verwender untersagt dem Vertragspartner, die Forderung mit einer Forderung seinerseits aufzurechnen. ■ Der Verwender stellt sich selbst von der Pflicht frei, bei Zahlungsverzug eine Mahnung auszusprechen oder eine Nacherfüllungsfrist zu setzen. ■ Der Verwender vereinbart eine Vertragsstrafe für den Fall des Annahme- oder Zahlungsverzugs oder des Rücktritts vom Vertrag.

8

Allgemeine Geschäftsbedingungen (AGB)	
Vorteile für den Verwender	**Verwendung**
Bei Verstoß gegen § 308 BGB muss zusätzlich die Prüfung einer unangemessenen Benachteiligung des Vertragspartners vorgenommen worden.	Verstößt eine AGB-Bestimmung gegen eine der Klauseln in § 309 BGB, ist sie immer unwirksam.

Folgen eines Verstoßes gegen die AGB-Vorschriften des BGB:

3. Die Klausel selbst ist insgesamt unwirksam.
4. Die Unwirksamkeit einzelner Klauseln lässt regelmäßig die Wirksamkeit des restlichen Vertrages unberührt (§ 306 Abs. 1 BGB).
5. Nur bei unzumutbarer Härte für eine der Parteien wird der gesamte Vertrag unwirksam (§ 306 Abs. 3 BGB).

Entsteht durch die entfallene AGB-Klausel eine Vertragslücke, gelten anstelle der unwirksamen Klauseln gem. § 306 Abs. 2 BGB die gesetzlichen Regelungen.

8.5 Strukturpolitik

Die Entwicklung einer Volkswirtschaft ist mittel- und langfristig gesehen durch technologische, demographische, gesellschaftliche, soziale, politische und ökonomische Wandlungen ihrer Wirtschaftsstruktur gekennzeichnet.

In einer dynamischen Wirtschaft entwickeln sich nicht alle Wirtschaftsbereiche gleichmäßig. Während einige Branchen hohe Wachstumsraten aufweisen, stagnieren andere oder verzeichnen eine rückläufige Tendenz. Auch in den einzelnen Regionen kann es zu einer unterschiedlichen Entwicklung kommen.

Für entwickelte Volkswirtschaften ist ein ständiger Strukturwandel charakteristisch. **Die Wirtschaftsstruktur** verändert sich insbesondere durch die Globalisierung, die Digitalisierung, neues besseres Wissen über Produkte und Prozesse und die Veränderung von einer Industriegesellschaft zu einer Dienstleistungsgesellschaft.

Sozialstruktur beinhaltet die Gliederung der Gesellschaft, die unterschiedlichen Gruppen und Schichten, Gesellschaftsstruktur, die Bevölkerungsentwicklung, Probleme der sozialen Ungleichheit, die Auflösung von Klassen und Schichten, Wirkungen der Bildungsungleichheit, weil diese Faktoren die Lebenschancen der Menschen in einer modernen Wissensgesellschaft entscheidend mitbestimmen.

> Unter **Strukturwandel** sind fortwährende grundlegende Veränderungen von wirtschaftlichen, sozialen und gesellschaftlichen Strukturen in Regionen zu verstehen.

Wirtschaftliche Strukturen ändern sich *z. B. durch marktwirtschaftlichen Wettbewerb, internationale Arbeitsteilung, durch die Entwicklung neuer kostengünstigerer Produktionsverfahren, technischer Fortschritt veränderte Produktionsverfahren, Produkte, Konsumverhalten und Arbeitsbedingungen.*

8

Beispiel:

Der prozentuale Anteil der Dienstleistungen in Deutschland an der gesamtwirtschaftlichen Wertschöpfung nimmt zu (1970: 48 %, 2013: 69 %).

Der Anteil der Industrie hingegen nimmt ab (1970: 36,5 %, 2013: 30 %).

Wesentliche **Strukturelemente** einer Volkswirtschaft sind:

- Produktionsschwerpunkte
- Bevölkerungs-/Bedarfsstruktur
- Stand des technischen Wissens
- vorhandene Infrastruktur

- Wirtschaftsordnung/Rechtsordnung/Steuersystem
- staatlicher Anteil am Bruttoinlandsprodukt
- Standortverteilung der Unternehmungen
- Bildungsstand der Bevölkerung

Maßstab für den Strukturwandel ist die Veränderung der Anteile der verschiedenen *Wirtschaftsbereiche, -branchen und -regionen* am Bruttoinlandsprodukt.

Wesentliche **Strukturelemente** einer Volkswirtschaft sind:

- Produktionsschwerpunkte
- Bevölkerungs-/Bedarfsstruktur
- Stand des technischen Wissens
- vorhandene Infrastruktur

- Wirtschaftsordnung/Rechtsordnung/Steuersystem
- staatlicher Anteil am Bruttoinlandsprodukt
- Standortverteilung der Unternehmungen
- Bildungsstand der Bevölkerung

Maßstab für den Strukturwandel ist die Veränderung der Anteile der verschiedenen *Wirtschaftsbereiche, -branchen und -regionen* am Bruttoinlandsprodukt.

Veränderungen der Wirtschaftsstruktur führen zunächst für die betroffenen Wirtschaftssubjekte zu Problemen.

Beispiele:

- *Arbeitnehmer verlieren ihre Arbeitsplätze in ihren angestammten Berufen und müssen sich umschulen lassen.*
- *Unternehmen müssen bestimmte Produktbereiche/Produktionsstandorte aufgeben.*
- *Kommunen verlieren durch Unternehmensschließungen Steuereinnahmen.*

Strukturpolitik (auch Kohäsionspolitik genannt)

- ist ein Teilbereich der allgemeinen Wirtschaftspolitik durch EU, Bund, Länder und Gemeinden;

- will auf vorhandene Wirtschaftsstrukturen so einwirken, dass sie für die Zukunft besser gerüstet sind, so soll *z. B. wirtschaftlich schwächeren* **Regionen** *geholfen werden, Standortnachteile abzubauen, um an der allgemeinen Wirtschaftsentwicklung teilnehmen zu können*;

- beinhaltet staatliche wirtschaftspolitische Maßnahmen, um z. B.
  - sektoral bestimmte Wirtschaftszweige wie *z. B. Landwirtschaft, Kohlebergbau* **(sektorale Strukturpolitik)** oder
  - regional bestimmte Gebiete wie *z. B. Ruhrgebiet, neue Bundesländer* **(regionale Strukturpolitik)**

in einer Volkswirtschaft strukturell zu beeinflussen.

Wichtige Instrumente der Strukturpolitik sind insbesondere Steuererleichterungen, Subventionen, Gebote und Verbote sowie finanzielle Förderung von Forschung, Bildung und Ausbildung.

8

Aktionsbereiche der Strukturpolitik		
Gesamtwirtschaft	**Wirtschaftssektoren**	**Wirtschaftsregionen**

Wichtige **Förderziele** bzw. **Förderbereiche der Strukturpolitik** sind:

- Aufbau und Ausbau der Infrastruktur,
- Umweltschutz,
- Bildungssektor/Erhöhung der Produktivität des „human capital",
- Förderung von Forschung und Entwicklung/Wissenschaftsförderung,
- Wohnungsbauförderung,
- Vermögensbildung/gerechte Einkommens- und Vermögensverteilung,
- Mittelstandsförderung/Hilfe bei Existenzgründungen,
- Sicherung eines freien und effizienten Kapitalmarktes,
- Regionalförderung in strukturschwachen bzw. monostrukturierten Gebieten.

Instrumente der Strukturpolitik

Subventionspolitik

Staatliche Einnahmenpolitik	**Staatliche Ausgabenpolitik**

■ Steuererleichterungen
■ Sonderabschreibungen
	■ öffentliche Finanzhilfen
	  – Eigenkapitalhilfen
	  – zinsgünstige Darlehen
	  – Investitionszulagen
	■ öffentliche Aufträge

Ordnungspolitik

Möglichkeit 1: **Deregulierung** *(„weniger Staat")*

- Abbau von Verwaltungshemmnissen des Staates
- Privatisierung öffentlicher Einrichtungen und staatlicher Unternehmungen bzw. Unternehmensbeteiligungen

↑ ⋀
Gegensätzliche Positionen
⋁ ↓

Möglichkeit 2: **Regulierung** *(„mehr Staat")*

- staatliche Genehmigung und Beaufsichtigung für bestimmte Branchen
- Verbote und Auflagen für bestimmte Produkte bzw. Produktionsverfahren
- Verstaatlichung privater Unternehmungen bzw. Gründung staatlicher Betriebe

8

Strukturpolitik in der EU

Die **Strukturpolitik** nimmt als zentraler Politikbereich der Europäischen Union etwa ein Drittel der Haushaltsmittel in Anspruch. Sie soll der Festigung des wirtschaftlichen, sozialen und territorialen Zusammenhalts („der Kohäsion") in der EU dienen und zielt dabei insbesondere auf die Schaffung von Arbeitsplätzen, Wirtschaftswachstum sowie die Stärkung der Wettbewerbsfähigkeit in den Regionen mit Entwicklungsrückstand (sog. „strukturschwache Regionen"), um damit die Lebensqualität der Menschen zu verbessern[1].

Es sollen deshalb zielgerichtete Investitionen in Bildung, Forschung und Entwicklung, die Ausrichtung auf eine kohlenstoffarme, energieeffiziente Wirtschaft und eine wettbewerbsfähige Industrie eingesetzt werden. Kohäsions- und Strukturpolitik ist damit auch Ausdruck der Solidarität der EU mit ihren weniger entwickelten Mitgliedstaaten und Regionen.

Strukturfonds

Strukturfonds sind Instrumente der Strukturpolitik zur Erreichung der strukturpolitischen Ziele, in dem die EU Finanzmittel zur Bewältigung der wirtschaftlichen und sozialen Strukturprobleme bereitstellt, wenn zusätzlich öffentliche Mittel des betreffenden Landes beigesteuert werden.

Die EU-Regionalförderung erfolgt zusätzlich zu der Unterstützung der Mitgliedstaaten und darf diese nicht ersetzen. Mit Strukturfonds fördert die Europäische Union das wirtschaftliche Wachstum und die Beschäftigung in den Mitgliedstaaten direkt[2]:

- **Europäische Fonds für regionale Entwicklung (EFRE)**
  Hauptaufgaben: Förderung von Regionen mit wirtschaftlichem Aufholbedarf. Gefördert werden Investitionen zur Schaffung und Erhaltung dauerhafter Arbeitsplätze sowie Projekte zur Verbesserung der Infrastruktur. Zudem soll das Entwicklungspotential der Regionen durch die Unterstützung lokaler Initiativen vor allem kleiner und mittlerer Unternehmen (KMU) verbessert werden.
- **Europäischer Sozialfonds (ESF)**
  Hauptaufgaben: Bekämpfung der Arbeitslosigkeit, die Entwicklung beruflicher Kenntnisse, Fähigkeiten und Qualifikationen zur Eingliederung von Langzeitarbeitslosen und Jugendlichen, berufliche Bildung und Umschulung von Personen, denen der Ausschluss aus dem Arbeitsmarkt droht, die Förderung der Chancengleichheit von Frauen und Männern auf dem Arbeitsmarkt, soziale und beruflich Eingliederung von Jugendlichen und benachteiligten Arbeitskräften. Der Fonds beteiligt sich *z. B. an der Finanzierung von Maßnahmen der beruflichen Bildung und Berufsberatung oder der Einstellung und der Entlastung bei den Lohnkosten.*
- **Europäischer Ausrichtungs- und Garantiefonds für die Landwirtschaft, Abteilung Ausrichtung (EAGFL-A)**
  Hauptaufgaben:
  - Unterstützung der Anpassung der Agrarstrukturen in den Mitgliedstaaten im Rahmen der Gemeinsamen Agrarpolitik und Förderung der Entwicklung des ländlichen Raumes durch Investitionshilfen zur Senkung der Produktionskosten und Steigerung der Effizienz der Betriebe sowie zur besseren Vermarktung land- und forstwirtschaftlicher Erzeugnisse.

---

[1] Vgl. www.bmwi.de/DE/Themen/Europa/Strukturfonds/eu-kohaesions-und-strukturpolitik.html.
[2] Vgl. www.eu-info.de/europa/6325.

8

- Unterstützung der Verbesserung der ländlichen Infrastruktur, der Sanierung der Dörfer sowie der Entwicklung des Fremdenverkehrs und des Handwerks.

■ **Finanzierungsinstrument für die Ausrichtung der Fischerei (FIAF)**
Hauptaufgaben: Gewährung von Zuschüssen für die Finanzierung von Investitionen zur Umstrukturierung und Modernisierung der Fischereiflotte sowie zur Verbesserung der Vermarktungs- und Verarbeitungsbedingungen.

■ **Kohäsionsfonds**
Hauptaufgaben: Förderung von Projekten des Umweltschutzes und der Verkehrsinfrastruktur in Mitgliedstaaten, deren Bruttoinlandsprodukt (BIP) pro Kopf weniger als 90 % des Unionsdurchschnitts beträgt.

8.5.1   Infrastrukturpolitik

Die optimale Ausnutzung der vorhandenen Ressourcen und damit die Verwirklichung eines größtmöglichen Wohlstandszuwachses ist entscheidend beeinflusst von der Infrastruktur. Sie stellt eine wichtige Vorbedingung für die wirtschaftliche Gesamtentwicklung der Volkswirtschaft dar.

> **Infrastruktur** bezeichnet die wirtschaftlichen und organisatorischen Grundlagen, die für das Funktionieren und die Entwicklung einer arbeitsteiligen Volkswirtschaft notwendig sind.

Zu unterscheiden sind
- die **natürliche Infrastruktur:** *z. B. Klima, geografische Lage, Menschen;*
- die von **privaten Organisationen gestaltete Infrastruktur:** *z. B. Investitionen und Dienstleistungen von Unternehmen, Bau von privaten Flughäfen und Straßen, private Schulen und Kindergärten, private Krankenhäuser, Energieversorgungs- und Telekommunikationsanbieter;*
- die **vom Staat zur Verfügung gestellte Infrastruktur:** *z. B. Verwaltungs- und Bildungseinrichtungen, Universitäten, Verkehrssysteme wie Straßen, Wasser- und Schienenwege, Flugplätze, Gesundheitswesen, innere und äußere Sicherheit, Rechtssystem.*

Infrastrukturnetze sind die Lebensadern der modernen Gesellschaft. Die Verkehrsnetze auf Straße, Schiene und in der Luft, die Elektrizitäts- und Gasversorgung, die Telekommunikationsnetze sowie die Wasser-, Abwasser- und Entsorgungsnetze sind fundamentale Voraussetzung für unser Leben und für alle wirtschaftlichen Tätigkeiten. Eine leistungsfähige Infrastruktur ist zudem ein zentraler Standortfaktor.

Eine besondere Schwierigkeit bei der Beurteilung von Infrastrukturinvestitionen besteht darin, dass ihre Nützlichkeit nicht wie bei privaten Investitionen über eine Rentabilitätskennziffer abzuschätzen ist. Die Art, das Ausmaß und die Prioritätenfolge der Infrastrukturinvestitionen sind daher i. d. R. politisch umstritten.

Die Kosten der Infrastrukturinvestitionen werden überwiegend aus den Etats der einzelnen Gebietskörperschaften (Bund, Länder und Gemeinden) bestritten und – sofern das Steueraufkommen nicht ausreicht – über öffentliche Kreditaufnahmen auf dem Kapitalmarkt refinanziert.

Beispiele: *Emission von Bundesanleihen, -obligationen, Kommunalschuldverschreibungen usw.*

8

8.5.2 Umweltpolitik

Natürliche Lebensgrundlagen *(Art. 20a GG)*
Der Staat schützt auch in Verantwortung für die künftigen Generationen die natürlichen Lebensgrundlagen im Rahmen der verfassungsmäßigen Ordnung durch die Gesetzgebung und nach Maßgabe von Gesetz und Recht durch die vollziehende Gewalt und Rechtsprechung.

Die Eingriffe des Menschen in die Natur haben in den „modernen" Gesellschaften so zugenommen, dass sie mehr und mehr zu einer globalen Bedrohung nicht nur für die zukünftigen Generationen, sondern auch für die lebenden Menschen geworden sind.

Die wirtschaftliche Entwicklung hat den Menschen in der Vergangenheit zwar einen hohen materiellen Wohlstand beschert, doch gleichzeitig zu einer globalen Umweltbelastung geführt, die die Regenerationsfähigkeit von Boden, Wasser und Luft überfordert.

Umweltbewusstes Handeln beginnt in den Köpfen der Konsumenten und Produzenten!

*Der **Konsument** kann sich fragen:*
- *Wie kann ich die Entstehung von Müll vermeiden?*
- *Wie kann ich Energie und Wasser sparen?*
- *Bin ich bereit, auf umweltschädliche Produkte zu verzichten?*
- *Bin ich bereit, für ein umweltfreundliches Produkt einen ggf. höheren Preis zu zahlen?*
- *Nutze ich Mehrwegverpackungen und Recyclingcontainer?*
- *Bin ich bereit, Einkäufe und Besorgungen zu Fuß oder mit dem Fahrrad zu erledigen?*
- *Bin ich bereit, wo es geht, auf das Autofahren zu verzichten und öffentliche Verkehrsmittel zu benutzen?*

*Der **Produzent** kann sich fragen:*
- *Sind die verwendeten Materialien giftfrei und recyclingfähig?*
- *Sind die verwendeten Materialien ausreichend gekennzeichnet?*
- *Erfolgt die Produktion Energie sparend und unter Vermeidung von umweltschädlichen Emissionen und Lärm?*
- *Sind die Arbeitsplätze in meinem Unternehmen frei von Gefährdungen für die Gesundheit meiner Mitarbeiter?*
- *Werden die von meinen Lieferanten bezogenen Produkte umweltverträglich hergestellt?*
- *Ist das Produkt reparaturfreundlich und langlebig?*
- *Ist die Verpackung des Endproduktes umweltgerecht?*
- *Ist für eine umweltgerechte Entsorgung von Abfallstoffen gesorgt?*

Unser aller Aufgabe ist es, den gegenwärtigen und nachfolgenden Generationen eine lebenswerte Umwelt zu erhalten.

Die Erfahrung hat jedoch gezeigt, dass Privatinitiative und individuelles Umweltbewusstsein zur Bewahrung der Umwelt nicht ausreichend sind. Die Erhaltung des Ökosystems ist daher auch eine staatliche Aufgabe von besonderer Bedeutung.

8

Aufgabenbereiche der Umweltpolitik

Schutz der Natur vor nachteiligen Wirkungen menschlicher Eingriffe	Beseitigung bereits eingetretener Naturschäden

Handlungsbereiche der Umweltpolitik	
■ Luft- und Wasserreinhaltung ■ Abfallwirtschaft/Recycling von Abfallstoffen ■ Förderung umweltfreundlicher Energie- erzeugung ■ Lärmbekämpfung/Lärmschutz	■ umweltgerechte Verkehrs- und Städteplanung ■ Naturschutz und Landschaftspflege ■ Altlastensanierung/Rekultivierung

Ziele
■ Das Verhalten aller Wirtschaftssubjekte soll so beeinflusst werden, dass Umweltbelastungen, Ressourcenabbau und Umweltrisiken reduziert und vermieden werden. ■ Umweltschutz muss das Interesse der Menschen am Schutz der Naturgrundlagen zum langfristigen Selbstschutz und Eigennutz in einer lebenswerten Umwelt berücksichtigen.

Prinzipien der Umweltpolitik

Die Umweltpolitik gibt Grundsätze vor, wie umweltpolitische Instrumente ausgewählt und ausgestaltet werden sollten.

Prinzipien der Umweltpolitik		
Prinzipien	**Erklärungen**	***Beispiele***
Verursacherprinzip	Kosten zur Vermeidung, zur Beseitigung und zum Ausgleich von Umweltbelastungen und -schäden sollen demjenigen zugerechnet werden, der sie verursacht hat.	■ *Abwassergebühren* ■ *Emissionsabgaben* ■ *Abfallgebühren*
Vermeidungsprinzip, Vorsorgeprinzip	Vorbeugend sollen Umweltschäden vermieden bzw. möglichst gering gehalten werden. Umweltschutz soll vorausschauend und zukunftsorientiert sein.	■ *Auflagen* ■ *Abgaben wie z. B. Öko-steuer* ■ *Haftung für Umwelt-schäden*
Gemeinlastenprinzip	Die Kosten für Umweltbelastungen und -schäden sollen von allen getragen werden, d. h., die öffentliche Hand finanziert die Maßnahmen. Dieses Prinzip sollte dann angewendet werden, wenn ■ die Umweltbelastungen nicht zugeordnet werden können, ■ die Zuordnung für den Einzelnen wirtschaftlich nicht zumutbar ist.	■ *Sonderabschreibungen für Umweltschutzinvestitionen* ■ *staatliche Zuschüsse für Umweltinvestitionen*
Kooperationsprinzip	Alle Gruppen der Gesellschaft, d. h. alle Bürger, die Unternehmen und alle staatlichen Institutionen, sind zum Umweltschutz aufgerufen, weil er eine Gemeinschaftsaufgabe ist.	■ *Umweltverträglichkeits-prüfungen* ■ *Umweltschutzmaßnahmen, z. B. zur Vermeidung von Luftverschmutzung, Gewässerschutz* ■ *Selbstverpflichtungen*
Nutznießerprinzip	Der Nutzer einer Umweltressource zahlt demjenigen eine Entschädigung, der durch Unterlassen seiner Umweltnutzung die Qualität der Ressource erhält bzw. verbessert und deshalb Einkommenseinbußen hat.	■ *Hilfen zur Unterlassung von Urwaldabholzungen* ■ *Dept-for-Nature-Swaps*
Quellenprinzip	Umweltbelastungen sollen an der Quelle des Entstehens bekämpft werden.	*EU-Verbot für grenzüberschreitende Abfalltransporte*

8

Staatliche Maßnahmen

Die Instrumente der staatlichen Umweltpolitik sind vielfältig geworden.

Nur **hoheitlichen Vorschriften** mit verbindlichen Standards, Genehmigungsverfahren, Geboten, Verboten und überprüfbaren Zielvorgaben würden bei dem raschen technischen Fortschritt sehr schnell zu Überregulierungen führen. Deshalb müssen neben den hoheitlichen Vorschriften Anpassungsspielräume zugelassen werden. Es muss die Eigenverantwortlichkeit der Verursacher gefördert werden.

staatliche Umweltmaßnahmen in verschiedenen Teilbereichen	
Bereich	*Beispiele*
Energieerzeugung	■ *Ausstieg aus der Energieerzeugung durch Atomkraftwerke* ■ *Förderung erneuerbarer Energien wie Solarstrom, Stromerzeugung durch Windkraftwerke* ■ *Emissionshandel zum Klimaschutz*
Agrarbereich	■ *Förderung erneuerbarer Energie wie Gaserzeugung aus Biomassen* ■ *Förderung der ökologischen Landwirtschaft* ■ *Förderung des Anbaus von Pflanzen, die zur Energieerzeugung verwendet werden können wie Raps* ■ *Errichtung von Landschaftsschutzgebieten und Biotopen*
Bauen	■ *Strenge Bauvorschriften zur Energieeinsparung* ■ *Förderung des ökologischen Bauens* ■ *Maßnahmen zum Gewässerschutz* ■ *Müllentsorgung* ■ *FCKW-Verbot*
Verkehr	■ *Einführung der Ökosteuer und der Lkw-Maut* ■ *Förderung umweltfreundlicher Motoren* ■ *Einführung des Katalysators für alle Fahrzeuge* ■ *Ausgestaltung der Kfz-Steuer nach dem CO_2-Ausstoß* ■ *Förderung von Biotreibstoffen* ■ *Modernisierung des Bahnnetzes* ■ *Lärmschutzvorschriften*
Steuerpolitik	■ *Abschaffung bzw. Einschränkung der Pendlerpauschale* ■ *Abschaffung der Eigenheimzulage* ■ *Einbeziehung ökologischer Grundsätze bei der Kfz-Steuer* ■ *Einführung der Lkw-Maut* ■ *Sonderabschreibungen für bestimmte ökologische Maßnahmen*

Beispiel:

Der Staat kann versuchen, durch finanzpolitische Maßnahmen in Form spezieller Umweltsteuern („Ökosteuern") umweltschädliche Verhaltensweisen zu „bestrafen" oder in Form von Subventionen umweltfreundliches Verhalten zu „belohnen".

Allgemeine Verbote und Auflagen

Der Staat kann durch Verbote, Auflagen und Haftungsvorschriften versuchen, umweltverträgliches Verhalten zu erzwingen. Diese sind zwar schnell wirksam, haben jedoch den Nachteil, dass solche Produzenten bzw. Konsumenten, die keine Ausweichmöglichkeit haben, hart betroffen sind. Umweltschutzdirigismen müssen folglich ausgewogen eingesetzt werden, um die übrigen wirtschaftspolitischen Ziele nicht zu gefährden.

8

Beispiele:

■ *Umweltverträglichkeitsprüfung*   ■ *generelles FCKW-Verbot*
■ *Kohlendioxid-Grenzwertauflagen*

Das **Bundesimmissionsschutzgesetz** schützt vor schädlichen Umwelteinwirkungen durch Luftverunreinigungen, Lärm, Erschütterungen und ähnliche Vorgänge. Die betroffenen Unternehmen müssen sich einem Genehmigungsverfahren unterziehen.

Beispiele:

- *Chemieanlagen*
- *Tankstellen/Autowaschanlagen*
- *Müllverbrennungsanlagen*
- *tierwirtschaftliche Anlagen*
- *Eisen- und Stahlgießereien*

Das **Umwelthaftungsgesetz** regelt Schadensersatzansprüche bei Beeinträchtigungen von Luft und Boden durch den Betrieb einer gefahrgeneigten Anlage. Kerngedanke der Gefährdungshaftung im Umweltrecht ist, dass eine Schadensersatzpflicht des Verursachers auch dann eintritt, wenn ihm kein fahrlässiges oder vorsätzliches Verschulden nachzuweisen ist. Allein die Errichtung und Unterhaltung einer erhöhten Gefahrenquelle stellt eine Gefährdung dar, die zur Haftung führen kann.

8.5.3   Sektorale Strukturpolitik

Unter **sektoraler Strukturpolitik** sind wirtschaftspolitische Maßnahmen zu verstehen, die auf bestimmte Wirtschaftszweige (Sektoren) ausgerichtet sind. Es sollen insbesondere

- bestehende Strukturen erhalten werden,
- die Anpassung bestimmter Wirtschaftszweige an die sich wandelnden Bedingungen erleichtert werden,
- die künftige Wirtschaftsstruktur fördernd gestaltet werden.

Beispiele:

- *Subventionen an Unternehmen, die Energie sparende oder umweltfreundliche Technologien einsetzen oder entwickeln.*
- *Sektorale Strukturpolitik in der Landwirtschaft: Flurbereinigung, wasserwirtschaftliche Maßnahmen, Beratung und Ausbildung sowie die Förderung der Vermarktung und der Beschaffung im Agrarbereich, Investitionsbeihilfen, Förderung der Betriebsaufgabe, Infrastrukturmaßnahmen, ländliche Entwicklungsprogramme, Dorferneuerung, Förderung des Agrartourismus.*

Subventionen sind

a) in der Finanzwirtschaft: Subventionen sind einseitige Übertragungen des Staates an Unternehmen oder auch Privatpersonen.

b) nach *§ 264 Abs. 7 StGB*: Subvention ist eine Leistung aus öffentlichen Mitteln nach Bundes- oder Landesrecht an Betriebe oder Unternehmen, die wenigstens zum Teil
- ohne marktmäßige Gegenleistung gewährt wird und
- der Förderung der Wirtschaft dienen soll bzw. als eine Leistung aus öffentlichen Mitteln nach dem Recht der EU, die wenigstens zum Teil ohne marktmäßige Gegenleistung gewährt wird

Es können drei Arten von Subventionen unterschieden werden:

- **Förderungssubventionen:** *z. B. Förderung von Unternehmensneugründungen*,
- **Anpassungssubventionen:** Vereinfachung von Anpassungsprozessen, denen Betriebe ausgesetzt sein können,
- **Erhaltungssubventionen:** Erhaltung wirtschaftlicher, kultureller und landeskultureller Strukturen *z. B. in der Landwirtschaft und im Bergbau*.

Argumente für Subventionen	Argumente gegen Subventionen
■ *Einkommen:* Subventionen stützen Einkommen oder die Produktion. ■ *Marktpreise:* Durch Subventionen lassen sich Marktpreise beeinflussen. ■ *Politischer Zweck:* Durch Subventionen lässt sich ein politisch erwünschter Zweck fördern.	■ *Eingriff in das Marktgeschehen:* Subventionen greifen in das natürliche Marktgeschehen ein und bringen es aus dem Gleichgewicht. ■ *Verschwendung:* Durch Subventionen werden Unternehmen am Leben gehalten deren Produkte vom Markt nicht (mehr) gewünscht werden. Steuergelder werden verschwendet. ■ *Modernisierung:* Subventionen verhindern, dass veraltete Industrien absterben und moderne Industrien wachsen können. Hohe Subventionsausgaben in Deutschland sind dafür mitverantwortlich, dass dem Staat Geld für seine Kernaufgaben (Bildung, Infrastruktur, Sicherheit, Rechtsprechung) fehlt. ■ *Fehlsteuerung:* Oftmals werden Subventionen weiter gezahlt, wenn der ursprüngliche politische Zweck nicht mehr gegeben ist *(z. B. Subventionen für den Wohnungsbau, während gleichzeitig Wohnungen wegen Leerstandes abgerissen werden).*

Das Anliegen sektoraler Strukturpolitik ist es, auf der einen Seite die zukunftsträchtigen Bereiche der Wirtschaft zu fördern und ggf. auf der anderen Seite den zur Schrumpfung neigenden Branchen im Strukturwandel Anpassungshilfen für eine erfolgreiche Zukunftsbewältigung zu geben.

Die Subventionspraxis zeigt immer wieder, dass allen öffentlichen Finanzhilfen und sonstigen Vergünstigungen aufgrund des Gewöhnungseffektes bei den Subventionsempfängern eine Tendenz zur Dauerhaftigkeit innewohnt. In der Realität werden Subventionen daher häufig zum Hemmnis statt zum Motor des Strukturwandels, und nicht wenige Anpassungshilfen erweisen sich im Nachhinein als reine „Konservierungsmittel". Subventionen verhindern marktgerechte Preise, da sie die Produktion von Gütern künstlich verbilligen. Es bedarf einer großen politischen Durchsetzungskraft, einmal bewilligte Subventionen wieder zu kürzen oder gar zu streichen.

Der Dienstleistungsbereich stellt in Deutschland heute rund drei Viertel der Arbeitsplätze. Fast ebenso hoch ist sein Beitrag zur Wertschöpfung (70 %). Innovative, wettbewerbsfähige und qualitativ hochwertige Dienstleistungen erschließen nicht nur selbst Wachstumspotenziale, sondern verhelfen auch gleichzeitig ihren Kunden zu mehr Produktivität und Innovation. Unternehmensdienstleistungen sind heute so eng mit der industriellen Wertschöpfung verzahnt, dass sie zu einem wesentlichen Erfolgsfaktor für Produktion und Warenexport werden. Bezogen auf die deutsche Industrie bedeutet das: Der Industriestandort Deutschland behauptet sich langfristig nur gemeinsam mit produktiven und wettbewerbsfähigen Dienstleistungsunternehmen.

8

Sektoraler Strukturwandel in Deutschland Anteil der Wirtschaftssektoren am Bruttoinlandsprodukt in Prozent[1]								
	1950	1960	1970	1980	1990	2000	2010	2017
Primärer Sektor: Landwirtschaft, Forst-wirtschaft, Fischerei	25,00	2,80	2,00	1,80	1,80	1,20	1,60	1,50
Sekundärer Sektor: Produzierendes Gewerbe	43,00	47,80	49,00	44,20	40,20	30,30	24,50	24,60
Tertiärer Sektor: Dienstleistungen	32,00	49,40	49,00	54,00	58,00	68,50	73,90	73,90

Erwerbstätige in Deutschland nach Wirtschaftssektoren[2]				
Jahr	**Insgesamt in 1 000**	**Primärer Sektor:** Land- und Forstwirt-schaft, Fischerei, Anteil in %	**Sekundärer Sektor:** Produzierendes Gewerbe, Anteil in %	**Tertiärer Sektor:** Übrige Wirtschafts-bereiche, Dienstleis-tungen, Anteil in %
2017	44 276	1,4	24,1	74,5
2015	43 638	1,4	24,2	74,4
2012	42 033	1,5	24,7	73,7
2011	41 570	1,6	24,6	73,8
2010	41 020	1,6	24,5	73,9
2000	40 892	1,9	28,5	69,6
1990	30 409	3,5	36,6	59,9
1980	27 420	5,1	41,1	53,8
1970	26 589	8,4	46,5	45,1
1960	26 063	13,7	47,9	38,3
1950	19 570	24,6	42,9	32,5

8.5.4   Regionale Strukturpolitik

In jeder Volkswirtschaft gibt es Gebiete, die sich durch eine unterdurchschnittliche Wirtschaftsleistung auszeichnen.

Solche sog. **strukturschwachen Gebiete**
- sind häufig monostrukturiert *(Dominanz einer bestimmten Branche)*,
- haben vielfach mit natürlichen Standortnachteilen (Randlage) zu kämpfen,
- weisen eine unzulängliche Infrastruktur *(unzulängliche Verkehrsanbindung)* auf,
- haben oftmals Imageprobleme.

---

[1] Quelle: Eigene Darstellung, Daten entnommen aus: Statistisches Bundesamt. In: www.destatis.de/DE/ZahlenFakten/GesamtwirtschaftUmwelt/VGR/VolkswirtschaftlicheGesamtrechnungen.html [06.08.2018]. © Statistisches Bundesamt (Destatis), 2018.

[2] Quelle: Eigene Darstellung, Daten entnommen aus: Statistisches Bundesamt. In: www.destatis.de/DE/ZahlenFakten/GesellschaftStaat/Bevoelkerung/Bevoelkerung.html [06.08.2018]. © Statistisches Bundesamt (Destatis), 2018.

> **Aufgaben** der regionalen Strukturpolitik:
>
> ■ strukturschwachen Regionen helfen,
> ■ Standortnachteile ausgleichen,
> ■ regionale Entwicklungsunterschiede abbauen.
>
> **Ziel:** Den Anschluss einer Region an die allgemeine Wirtschaftsentwicklung wieder herzustellen, um ein binnenwirtschaftliches Wohlstands-/Einkommensgefälle zu vermeiden.

Zur Förderung benachteiligter Regionen gilt es zunächst, die Infrastruktur zu verbessern, um durch günstige Rahmenbedingungen Anreize für private Investoren zu schaffen.

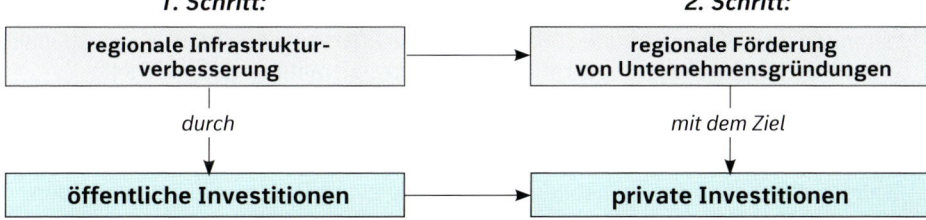

Neue Impulse erfährt die regionale Strukturpolitik aus den europäischen Gemeinschaftsaufgaben und Förderungsprogrammen, die die Entwicklung bestimmter Wirtschaftsräume innerhalb der Europäischen Union beeinflussen.

Beispiel:

Ruhrgebiet: Nach dem Niedergang der Montanindustrie – Kohlebergbau und Stahlindustrie - entwickelt sich diese Region zu einer Region mit hochtechnologischen Industrien (z. B. im Umweltschutzbereich) für moderne Dienstleistungen und für Bildung und Kultur.

8.6 Idee und Wirklichkeit der sozialen Marktwirtschaft

Die Gegenüberstellung von Idee und Wirklichkeit der sozialen Marktwirtschaft zeigt, dass ungeachtet ihrer unbestreitbaren Erfolge in vielen Bereichen von Wirtschaft und Gesellschaft nur teilweise befriedigende Ergebnisse erreicht wurden.

Gemessen an ihren Zielen blieben wichtige Probleme vor allem auf den Gebieten der Konjunktur-, Wettbewerbs-, Vermögens- und Umweltpolitik ungelöst.

■ Mithilfe der Konjunkturpolitik konnten weder Vollbeschäftigung noch Preisniveaustabilität dauerhaft gewährleistet werden.

■ Die Konzentration innerhalb der Wirtschaft nimmt weiterhin zu und bedroht den marktwirtschaftlichen Leistungswettbewerb.

■ Die Vermögensverteilung innerhalb der Gesellschaft wird vielfach als ungerecht empfunden.

■ Zunehmende Umweltbelastungen gefährden die Lebensgrundlagen von Mensch und Natur. und verlangen soziale politische Gegenmaßnahmen.

■ Der Staat darf keine Klientelpolitik betreiben. Faire Löhne, Ausbau der Kinderbetreuung, bessere Bildung und eine soziale Flankierung des europäischen Binnenmarktes sollten stärker angestrebt werden.

8

■ Der Steuer- und Sozialwettbewerb in Europa muss eingedämmt und europaweit geregelt werden.
  Der Anstieg des Niedriglohnbereichs, die Zunahme unsicherer Arbeitsplätze zulasten der Vollzeitbeschäftigten sowie die Tarifflucht verlangen eine Korrektur durch den Staat, weil die Lohnschere immer größer wird und keine ausreichende Altersvorsorge zu erwarten ist.
  In den Unternehmen breitet sich der „Finanzkapitalismus" aus, die Manager bedienen immer stärker die kurzfristigen finanziellen Interessen der Kapitaleigner. Die Regierenden dulden immer mehr eine solche Machtverschiebung zulasten des sozialen Ausgleichs.

■ Zum Teil wird eine stärkere Betonung der **marktwirtschaftlichen Komponente** gefordert. Der hohe Staatsanteil berge die Gefahr in sich, dass der marktwirtschaftliche Steuerungsmechanismus durch die Rolle des Staates in Wirtschaft und Gesellschaft behindert werde. Dringendstes Problem sei eine überzeugende Wettbewerbspolitik, welche den Selbststeuerungskräften des Marktes zu mehr Geltung verhelfe.

■ Auf der anderen Seite wird die Auffassung vertreten, dass die **soziale Komponente** nicht konsequent genug verwirklicht sei. Nur über eine verstärkte staatliche Einflussnahme könnten die drängenden Probleme des Arbeitsmarktes, des Umweltschutzes, der Vermögensbildung, der Energieversorgung usw. gelöst werden.

Übungsaufgaben

1. Erläutern Sie die Aufgaben des Staates im Rahmen der
   a) Konjunkturpolitik,   c) Strukturpolitik,
   b) Wettbewerbspolitik,   d) Umweltpolitik.

2. Grenzen Sie konjunkturelle und saisonale Schwankungen voneinander ab.

3. Nennen Sie die Bestimmungsfaktoren
   a) der gesamtwirtschaftlichen Nachfrage,
   b) des gesamtwirtschaftlichen Angebots.

4. Erläutern Sie die Ziele des „magischen Vierecks".

5. Unterscheiden Sie zwischen Nominalwert und Realwert des Geldes.

6. Ein Angestellter erhielt zu Beginn des Jahres ein Nettogehalt in Höhe von 2 500,00 €.
   Am Ende des Jahres erhöht sich das Nettogehalt auf 2 687,50 €. Im selben Jahr stieg der Preisindex für die Lebenshaltung von 120 % auf 129,6 %.
   Stellen Sie fest,
   a) um wie viel Prozent,   b) um wie viel Euro
   sich die Kaufkraft des Angestellten real verändert hat.

7. Beschreiben Sie die „Warenkorbmethode" als Instrument der Kaufkraftmessung.

8. Begründen Sie, weshalb der Inhalt des Warenkorbes, der zur Kaufkraftmessung herangezogen wird, von Zeit zu Zeit in seiner Zusammensetzung verändert werden muss.

9. Nennen Sie die Einflussgrößen, die aufgrund der Quantitätstheorie des Geldes den Geldwert bestimmen.

10. Was versteht man unter dem außenwirtschaftlichen Gleichgewicht?

11. Unterscheiden Sie die Begriffe „quantitatives" und „qualitatives" Wachstum. Gehen Sie ein auf das Spannungsverhältnis von Ökonomie und Ökologie.

12. Nennen Sie Instrumente des Staates zur sozialen Umverteilungspolitik.

13. In einer Volkswirtschaft ist die Arbeitsproduktivität um 4 % und im gleichen Zeitraum das Lohnniveau um 7 % gestiegen.
    Mit welchen Auswirkungen muss gerechnet werden

8

    a) ... auf die Preispolitik der Unternehmungen?
    b) ... auf die Ertragskraft der Unternehmungen?
    c) ... auf die Personalpolitik der Unternehmungen?

14. Erläutern Sie das Konzept der antizyklischen Fiskalpolitik.

15. Stellen Sie fest, um welche Art der Arbeitslosigkeit es sich in den nachfolgenden Fällen handelt.
    a) Ein Arbeitnehmer kündigt sein Beschäftigungsverhältnis, um sich eine besser bezahlte Stelle zu suchen; zwischenzeitlich ist er arbeitslos.
    b) Aufgrund der hohen Überkapazitäten innerhalb der Werftindustrie müssen mehrere Werke stillgelegt werden.
    c) Aufgrund einer allgemeinen Nachfrageschwäche müssen die Unternehmungen ihre Produktion drosseln. Es kommt zu Entlassungen.
    d) Aufgrund des frühen Wintereinbruchs kommt die Bauwirtschaft zum Erliegen. Die Bauarbeiter erhalten Schlechtwettergeld.

16. Ordnen Sie den nachfolgenden wirtschaftspolitischen Entscheidungen den zutreffenden Bereich der Wirtschaftspolitik zu.
    a) Anhebung des Zinsniveaus.
    b) Novellierung des *GWB* zum Zweck der verschärften Missbrauchsaufsicht über marktbeherrschende Unternehmen.
    c) Genehmigung eines Strukturkrisenkartells für die deutsche Stahlindustrie.
    d) Erhöhung der Umsatzsteuer zur Finanzierung eines Beschäftigungsprogramms.
    e) Erhöhung der Mindestreservesätze.
    f) Subventionierung öffentlicher Verkehrsträger.

Ordnungspolitik	1
Fiskalpolitik	2
Geldpolitik	3
Strukturpolitik	4

17. Entscheiden Sie, ob die Verhaltensweisen der nachfolgend aufgeführten Wirtschaftssubjekte in den jeweiligen konjunkturellen Phasen konjunkturneutral (1), zyklisch (2) oder antizyklisch (3) wirken.

Verhaltensweisen	Konjunkturphase
a) Die privaten Haushalte schränken ihre Konsumausgaben ein.	Rezession
b) Das Ausland tritt auf den inländischen Gütermärkten verstärkt als Nachfrager auf.	Boom
c) Die Bundesregierung beschließt drastische Sparmaßnahmen, damit durch die konjunkturbedingten Steuermindereinnahmen kein Haushaltsdefizit entsteht.	Rezession
d) Die Bundesregierung beschließt ein Förderprogramm zugunsten der Werftindustrie.	Boom
e) Die Investitionsgüternachfrage der Unternehmen ist rückläufig.	Rezession
f) Die EZB senkt die Zinsen.	Rezession

18. Im **StabG** sind die fiskalpolitischen Ziele und Instrumente des Bundes und der Länder zur Globalsteuerung der Volkswirtschaft festgelegt.
Entscheiden Sie bei den nachfolgenden fiskalpolitischen Maßnahmen, ob diese der

1	Einnahmenpolitik zur Konjunkturbelebung
2	Einnahmenpolitik zur Konjunkturdämpfung
3	Ausgabenpolitik zur Konjunkturbelebung
4	Ausgabenpolitik zur Konjunkturdämpfung

zuzuordnen sind.
    a) Herabsetzung der Einkommensteuer um 10 % für die Dauer eines Jahres,
    b) Gewährung eines Investitionsbonus in Form von Steuererleichterungen,
    c) Aussetzung der degressiven Abschreibung,
    d) Verwendung der konjunkturbedingten Steuermehreinnahmen zur Bildung einer Konjunkturausgleichsrücklage.

19. Welche Kriterien müssen von den EU-Mitgliedsstaaten erfüllt sein, um an der Europäischen Währungsunion teilnehmen zu können?

20. Beschreiben Sie die Aufgaben der Europäischen Zentralbank.

21. Erläutern Sie die Aufgaben, Ziele und Organe der Europäischen Zentralbank.

8

22. Mit der Veränderung ihrer Leitzinsen gibt die EZB ein wichtiges geldpolitisches Signal. Begründen Sie diese Aussage.

23. Erläutern Sie die Wirkungsweise der Mindestreservepolitik.

24. Informieren Sie sich über die Höhe der aktuellen Leitzinsen der EZB und begründen Sie diese vor dem aktuellen konjunkturellen Hintergrund.

25. Welche Funktionen erfüllt der Wettbewerb innerhalb der marktwirtschaftlichen Ordnung?

26. Stellen Sie die möglichen Nachteile und Vorteile von Konzentrationsprozessen innerhalb der Volkswirtschaft gegenüber.

27. Grenzen Sie horizontale, vertikale und anorganische Konzentration voneinander ab.

28. Stellen Sie die Aufgaben des *GWB* und des *UWG* vergleichend gegenüber.

29. Begründen Sie die Notwendigkeit einer Verbraucherschutzgesetzgebung.

30. Welche Instrumente stehen im Rahmen der Strukturpolitik zur Verfügung?

31. Umweltbewusstes Handeln zwingt die Wirtschaftsteilnehmer zu einem Umdenkungsprozess, um wettbewerbsfähig zu bleiben. Welche Maßnahmen im Rahmen der Umweltpolitik sind möglich, um das Ziel „Sicherung einer lebenswerten Umwelt" zukünftig zu erreichen?

32. Welche gesetzlichen Regelungen sollen ein umweltverträgliches Verhalten erzwingen? Inwieweit unterstützt die Verpackungsverordnung die gewünschte Verhaltensänderung? Grenzen Sie voneinander ab die „sektorale" und „regionale" Strukturpolitik.

33. Stellen Sie die Auswirkungen auf die Strukturpolitik dar, wenn im Rahmen der aktuellen Steuerreform die Subventionen erheblich gekürzt werden sollen.

34. Der Warenkorb ist die Grundlage für die Berechnung des Verbraucherpreisindex.
   a) Erklären Sie die Ermittlung des Verbraucherpreisindex.
   b) Zeigen Sie an einem selbst gewählten Beispiel, wie der prozentuale Anstieg der Inflation zweier aufeinanderfolgender Jahre errechnet werden kann.

35. Eine hohe Inflationsrate ist schädlich für die Volkswirtschaft. Begründen Sie dies an einem Beispiel und stellen Sie die Folgen anhand einer Wirkungskette dar.

36. Inflation kann verschiedene Ursachen haben. Beschreiben Sie drei verschiedene Ursachen.

37. Wenn in einer Volkswirtschaft kontinuierlich die Preise steigen, dann hat das i. d. R. negative Auswirkungen. Daher versucht die EZB eine Inflation zu verhindern.
   a) Wann gilt das Ziel der Preisstabilität für die EZB als erreicht?
   b) Erklären Sie, wie die Erreichung der Zielsetzung Stabilität des Preisniveaus in der Bundesrepublik Deutschland gemessen wird.
   c) Erklären Sie, welche Folgen der Kaufkraftverlust des Geldes für die verschiedenen Wirtschaftsteilnehmer in einer Volkswirtschaft hat.

38. Grenzen Sie die Begriffe Erwerbslose – Arbeitslose voneinander ab.

39. Warum ist die Einführung des € in der EU von Bedeutung?

40. Welche Verpflichtungen gehen die EU-Länder mit der Einführung des € ein?

41. Welche Elemente umfasst die Wirtschaftspolitik der EU?

8

Sachwortverzeichnis

A

Abmahnung 50
Abschreibungsfinanzierung 519
Akkordlohn 70
Aktie 435
Altersvorsorge 82, 110
Änderungskündigung 48
Anfechtbarkeit 249, 250
Angebot 200
Angebotssteuerung 606
Anlageinvestition 510
Anmeldung 311
Antrag-Annahme 252
Arbeit 148
Arbeitgeber 57
Arbeitgebervereinigungen 59
Arbeitsbedingungen 9
Arbeitsbewertung 74
Arbeitsgericht 125
Arbeitskosten 157
Arbeitslosenquote 584
Arbeitslosenversicherung 97
Arbeitsrecht 36
Arbeitsschutz 11
Arbeitssicherheit 23
Arbeitsteilung 146, 147
Arbeitsverhältnis, befristet 43
Arbeitsvertrag 61
Arbeitswelt 9
Arbeitszeit 11
Arbeitszeitgesetz 15
Arbeitszeugnis 53
arglistige Täuschung 252
Artvollmacht 338
Aufhebungsvertrag 43
Aufsichtsrat 440
Ausbildungsberufsbild 30
Ausbildungsförderung 110
Ausbildungsrahmenplan 30
Ausbildungsvertrag 228
Außenfinanzierung 512
Außenwirtschaft 171
außenwirtschaftliches
   Gleichgewicht 593
Aussperrung 68
Auszubildender 33

B

Basiszinssatz 289
Bedarf 133, 136
Bedarfsdeckungsprinzip 144
Bedürfnisse 133
Beglaubigung 248
Berufsausbildung 28
Berufsausbildungsvertrag 33
Berufsschulbesuch 14
Berufung 301
Beschäftigung 591
Besitz 234, 235
Besitzkonstitut 559
Besitz, mittelbarer 236
Besitz, unmittelbarer 236
Beteiligungsfinanzierung 513
Beteiligungslohn 72
Beteiligungsrechte 75
betriebsbedingte Kündigung 50
Betriebsmittel 148
Betriebsrat 75
Betriebsvereinbarung 15, 64
Betriebswirtschaft 141
Beurkundung 248
BGB 218
Boden 148, 150
Bringschuld 272
Bundesagentur für Arbeit 97
Bundesbank 618
Bürgschaft 549
Bürogemeinschaft 472
BWL 141

D

Datenschutz 116
Datensicherheit 116, 122
deklaratorische Eintragung 329
Deliktsfähigkeit 229
Deutsche Bundesbank 617
Devisenkurse 596
duale Ausbildung 26

E

Eigenschaftsirrtum 251
Eigentum 234
Eigentumserwerb 237

Eigentumserwerb,
   gutgläubig 239
Eigentumsvorbehalt 561
eingetragene Genossenschaft
   (e. G.) 453
Einkommenseffekt 167
Einkommen, verfügbares 182
Einzelunternehmung 356
Elterngeld 19
Elternzeit 19
Entlohnung 69
Entstehungsrechnung BIP 177
Erfüllung 270
Erfüllungsgeschäft 255
Erfüllungsort 271
Erklärungsirrtum 251
Ersitzung 238
Europäische Zentralbank 613
Existenzbedürfnisse 133

F

Factoring 524
Fernabsatzgeschäft 262
Finanzierung 512
Finanzierungsarten 512
Finanzierungshilfe 265
Finanzkrisen 488
Firma 321, 322
Firmenrecht 321
Firmenschutz 324
Firmenwert 325
Fiskalpolitik 603
Forderungsabtretung 553
Formalziel 580
Formkaufmann 320
Formvorschriften 246
Frachtführer 348
Fremdfinanzierung 512
Fristenkongruenz 511
Fusionskontrolle 641

G

Geldkreislauf 164
Geldpolitik 610
Geldschuld 272
Generalvollmacht 338

Genossenschaft 453
Genossenschaftsregister 333
Gerichtsbarkeit 124
Gerichtsstand 273
geringfügige Beschäftigung 54
Gesamthandseigentum 235
Geschäftsfähigkeit 223
Geschäftsführer 418
Geschäftsunfähigkeit 224
Gesellschaft bürgerlichen Rechts (GbR) 363
Gesellschaft mit beschränkter Haftung (GmbH) 412
Gesundheitsschutz- kennzeichnung 24
Gewährleistungsanspruch 278
Gewerkschaften 57
Gewohnheitsrecht 214
Gleichgewichtspreis 196
GmbH & Co. KG 459
GmbH & Co. OHG 466
GmbH & Stille Gesellschaft 466
Grundbuch 240, 564
Grundpfandrechte 563
Grundschuld 564
Grundstückserwerb 240
Gründung 311
Gründung, Planung 313
Gründungsmöglichkeiten 313
Güter 138
Güterangebot 138
Güterkreislauf 163
Güterstandsregister 333

H
Handelsgewerbe 315
Handelsmakler 346
Handelsrecht 309
Handelsregister 326
Handelsvertreter 341
Handlungsbevollmächtigter 337
Handlungsfähigkeit 223
Handlungsgehilfe 336
Handlungsreisender 343
Hauptversammlung 441
Haushalte, private 143
Hemmung 303
HGB 309
Holschuld 272

Humanbeziehungen 11
Humanitätsprinzip 142
Hypothek 564

I
Inflation 590
Infrastrukturpolitik 652
Inhaltsirrtum 251
Innenfinanzierung 512, 516
Insolvenz 494
Insolvenzplanverfahren 504
Investition 167, 509
Irrtum 251
Istkaufmann 318

J
Jugendarbeitsschutzgesetz 13
Juristische Personen, öffentliches Recht 223
Juristische Personen, Privatrecht 222

K
Kannkaufmann 318
Kapazitätseffekt 167
Kapazitätserhaltungseffekt 520
Kapazitätsfreisetzungseffekt 521
Kapital 148, 152
Kapitalgesellschaften 408
Kartell 635
Kaufleute nach HGB 310
Kaufmann 315
Kaufvertrag 255
Klageschrift 299
Klageverfahren 292, 299
Kleingewerbe 319
Kommanditgesellschaft auf Aktien 449
Kommanditgesellschaft (KG) 391
Kommissionär 344
Komplementärgüter 190
konstitutive Eintragung 329
Konsumquote 166
Kontokorrentkredit 544
Konzern 638
Kosten 192
Krankenversicherung 86
Kredit 539
Kreditarten 539

Kreditfähigkeit 541
Kreditinstitute 535
Kreditsicherheiten 549
Kreditvertrag 540
Kreditwürdigkeit 541
Krisenerkennung 506
Kündigung, Arbeitsvertrag 44
Kündigung, außerordentliche 45
Kündigung, ordentliche 45
Kündigungsschutz 52
Kündigungsschutzverfahren 53
kurzfristige Beschäftigung 55

L
Lagerhalter 348
Leasing 528
Leistungserbringung 271
Leistungslohn 70
Leistungsort 271
Leistungsstörungen 275
Leverage-Effekt 515
Lieferungsbedingungen 274
Liquidation 504
Liquidität 160
Lohnformen 69
Lohnquote 179

M
Mahnbescheid 296
Mahnung 293
Mahnverfahren 295
Mangel 276
Mängelhaftungsrecht 260
Mängelrechte 277
Markt 184
Marktformen 186
Marktpreis, Funktionen 200
Markträumungsfunktion 200
Markt, unvollkommener 195
Markt, vollkommener 193
Marktwirtschaft 579
Maslow 134
Masse 495
Maximumprinzip 142
Mindestlohn 69
Mindestpreis 203
Minijob 55
Minimumprinzip 142
Mitbestimmung 74
Mitwirkung 75
Monopol 186

Motivirrtum 252
Mutterschutz 16

N

Nachfrage 133, 189, 198
Nachfragesteuerung 603
Nachfrageüberhang 203
Neubeginn 303
Nichtigkeit 249
Nicht rechtzeitige Zahlung
  285

O

Offene Handelsgesellschaft
  (OHG) 373
Offenmarktgeschäft 620
öffentliches Recht 217
ökonomisches Prinzip 141
Oligopol 186

P

Partnerschaftsgesellschaft
  473
Partnerschaftsregister 333
Personalzusatzkosten 73
Personengesellschaften 362
Personen, juristische 220
Personen, natürliche 220
Pfandrecht 549, 556
Pflegeversicherung 101
Pflichten und Rechte aus dem
  Arbeitsverhältnis 41
Polypol 186
Preisbildung 196
Preiselastizität 189
Preisniveaustabilität 586
Privatrecht 217
Produktionsfaktoren 156
Produktivität 158
Prokurist 339

R

Rahmenbedingungen für
  Arbeit 10
Rahmenlehrplan 32
Rang 569
Ratenkredit 546
Ratenlieferungsvertrag 265
Rating 542
Recht, dispositives 219
Rechte 233
Recht, öffentliches 219
Rechtsgeschäft 245

Rechtsmittel 301
Rechtsnormen 214
Rechtsobjekte 230
Rechtsordnung 213
Rechtsquellen 214
Rechtssubjekte 220
Recht, subjektives 219
Rechtsverkehr, Gegenstände
  234
Recht, zwingendes 219
Regelinsolvenz 497
Register 332
Reisender 341
Rentabilität 160
Rentenberechnung 92
Rentenschuld 564
Rentenversicherung 90
Revision 301
Rückstellungsfinanzierung
  522

S

Sachen 230
Sachgründung 433
Sachziel 580
Sanierung 490
Scheinkaufmann 320
Schickschuld 272
Schriftform 246, 249, 374
Schuldmitübernahme 549
Selbstfinanzierung 517
Sicherungsübereignung
  558
Societas Europaea (SE) 451
Sozialgericht 127
Sozialhilfe 108
Sozialpolitik 81
Sozialversicherung 84
Sozietät 472
Sparen 154, 166
Sparquote 166
Spediteur 347
Staat 165
Standortfaktoren 151
Steuer 481
Steuerberaterkammer 59
Steuerpolitik 607
Streik 66
Strukturpolitik 648
Stückkosten 193
Substitutionsgüter 190
Subventionen 170
Syndikat 637

T

Tarifkonflikte 65
Tarifverträge 60
Tarifvertragsarten 62
Taschengeldgeschäft 227
Teilzahlungsgeschäft 265
Textform 246
Transferzahlungen 169

U

Übermittlungsirrtum 251
Überwachungsorgane
  Arbeitsschutz 12
UG (haftungsbeschränkt) 428
Umlageverfahren 89
Umweltschonungsprinzip 142
Unfallschutz 23
Unfallversicherung 105
Unternehmensformen 352,
  480
Unternehmensform,
  Entscheidungsgründe 355
Unternehmenskonzentration
  633
Unternehmensregister 333
Unternehmergesellschaft/UG
  (haftungsbeschränkt) 428
Unternehmer nach BGB 222
Unternehmung, Anmeldung
  311
Unternehmungsziele 580

V

Verarbeitung 238
Verbindung 238
Verbraucher 221
Verbraucherbauvertrag 266
Verbraucherdarlehensvertrag
  264
Verbraucherschutz 643
Verbrauchervertrag 247, 259
Vereinsregister 333
Verflechtung 468
verfügbares Einkommen 183
Verjährung 301
Verjährungsfristen 302
Vermischung 238
Verpflichtungsgeschäft 257
Verschuldensfähigkeit 229
Versicherungen 84
Versicherungsvertrag 265
Verteilungsrechnung BIP 177
Vertrag 250

Vertrag im elektronischen
    Geschäftsverkehr 263
Vertrag, Rechte/Pflichten 256
Vertragsarten 254
Vertragsrecht 214
Verwendungsrechnung BIP
    177
Volkswirtschaft 141
vollkommener Markt 193
Vollmacht 338
Vorstand 438

W
Währungsunion 610
Warenschulden 272
Werkstoffe 148

Wettbewerbspolitik 628
Wettbewerbsrecht 640
widerrechtliche Drohung 252
Widerruf 268
Widerrufsbelehrung 267
Widerrufsrecht 267
Willenserklärung 242
Wirtschaften 140
wirtschaftliches Handeln 144
Wirtschaftlichkeit 159
Wirtschaftsbereiche 146
Wirtschaftsgüter 140
Wirtschaftspolitik 582
Wirtschaftswachstum 175,
    598
Wohngeld 109

Z
Zahlungsbedingungen 274
Zahlungsbilanz 594
Zahlungserinnerung 293
Zahlungsort 273
Zahlungsschwierigkeiten 488
Zahlungsunfähigkeit 488
Zahlungsverzug 285
Zeitlohn 69
Zession 553
Zubehör 232
Zwangsvollstreckung 571

Bildquellenverzeichnis

Innenteil

Bergmoser + Höller Verlag AG, Aachen: S. 58.1, 90, 126, 127, 617

fotolia.com, New York: S. 25.1–25.2 (vektorisiert), 25.3–25.4 (unknown), 25.5 (r.classen), 25.6 (bilderzwerg), 25.7 (vektorisiert), 25.8 (unknown), 25.9 (vektorisiert), 25.10 (r.classen), 25.12 (unknown), 25.13 (WoGi), 25.14 (unknown), 380.3 (James Steidl), 380.4 (Esther Wagner)

MEV Verlag GmbH, Augsburg: S. 380.1

Picture-Alliance GmbH, Frankfurt am Main: S. 58.2, 66, 73, 83, 95, 101, 109, 110, 115, 123, 137, 146, 150, 166, 169, 170, 171, 227, 352, 499, 528, 586, 588, 598, 609 (alle dpa-infografik)

stock.adobe.com, Dublin: S. 173.1 (bilderzwerg), 173.2 (La Gorda), 560 (martialred)

Verband der Privaten Bausparkassen e. V., Berlin: S. 153

Umschlag

MEV Verlag GmbH, Augsburg